當代中國審美文化

# 당대 중국 심미문화

中華社會科學基金(Chinese Fund for the Humanities and Social Sciences)
中華學術外譯項目
과제명:《當代中國審美文化》(韓文版)
과제번호:13WZW004

 ▪ 한 손에 잡히는 중국, 차이나하우스

當代中國審美文化

# 당대 중국 심미문화

천옌 · 리훙춘 엮음

진쥐화 · 장재웅 옮김

차이나하우스

목차

역자
서문

　3년 가까이에 걸쳐 번역된 『당대중국심미문화』의 한국어판도 이제 출판을 앞두고 있다. 생각해보면 이 책의 한국어 번역이 나오기까지 오랜 기다림이 있었다. 역자는 베이징외국어대학교, 베이징어언대학교에서 통·번역 수업을 강의하고, 정치, 경제, 문화 등의 여러 분야에서 크고 작은 통·번역 일을 경험하면서 많은 한국인을 접할 수 있었다. 그때마다 한국인이 당대 중국을 잘 이해하지 못하는 것에 적지 않게 당황했고 언젠가 한국에 당대 중국을 알려야겠다는 생각을 하게 되었다.

　산둥(山東) 대학교로 오고 나서 새로운 생활에 적응하느라 역자의 꿈을 펼칠 엄두도 내지 못하고 다시 몇 년의 세월을 보냈다. 당대 중국을 소개하겠다던 계획이 차일피일 미루어지는 것에 조바심을 갖던 중에 역자는 우연치 않게 2013년 '사회과학기금번역프로젝트(社會科學基金中華學術外譯項目)'에 신청할 기회를 얻었다. 그때 조금의 망설임 없이 이 기회를 빌려 당대 중국을 소개할 수 있는 『당대중국심미문화』를 선택해 번역하기로 결심했다. 운 좋게도 이 책이 선정되어 당대 중국을 한국에 소개하고자 하는 역자의 오랜 바람이 결실을 맺게 되었다.

　신청을 준비하면서 장재웅 교수님께 공역을 제안하였다. 공동 역자인 장재웅 교수와는 중국 중앙민족대학교 박사 과정에서 같이 수학했다는 특별한 인연이 있다. 2014년부터 본격적으로 번역에 착수하였다. 빠른 시일 내에 번역, 출간되리라는 기대 속에 초고는 바로 완성할 수 있었으나 피치 못할 사정으로 출간을 진행할 수 없어, 2년 넘는 시간을 끌고 말았다. 수많은 우여곡절을 거치고 마침내 이렇게 책이 나올 수 있게 된 것이 다행스럽기만 하다.

『당대중국심미문화』는 '교육부 인문사회과학 중점연구기지 중대연구 프로젝트'인 '당대 중국 문화산업과 심미문화 발전의 현황 및 대책 연구(01JAZJD750.11-44007)'의 연구 성과물이다. 이 책은 통시적 관점에서 신중국 이후의 복식, 건축, 문학, 미술, 음악, 무용, 희극, 영화, 텔레비전, 네트워크, 광고 등 제 방면에 걸쳐 당대 중국 심미문화의 변화 과정을 추적하고 향후 발전방향을 전망했다. 특히 심미문화가 새롭게 추구해야 할 모습을 독창적인 연구관점과 다양한 이론을 통해 폭넓고 깊이 있게 제시하였을 뿐만 아니라, 논증으로 인용된 사례 또한 적절하여 일반 독자도 쉽게 이해할 수 있다는 장점을 지니고 있다. 이 같은 점이 이 책의 학술성을 한 차원 더 높여주었기에 2008년에는 '세 가지 백점(三個壹百)' 원창도서출판공정상(原創圖書出版工程獎)을, 2010년에는 제24회 산동성사회과학우수성과(山東省社會科學優秀成果) 최우수상을, 2013년에는 제6회 전국대학교인문사회과학우수성과(全國高校人文社會科學優秀成果) 우수상을 받게 되었다. 이는 이 책이 지닌 가치에 비추어보면 당연한 결과일 것이다.

이 책은 서론을 포함해 총 15장으로 구성되어 있다. 원서에는 목차가 상세히 제시되어 있는데, 번역본에서는 조금 간단하게 제시하였다. 물론 본문에는 그대로 반영되어 있다. 구체적인 번역 과정에서 역자들이 챕터를 나누어 번역한 뒤 수많은 논의를 거쳐 용어를 통일하고 가능한 부적절한 표현을 문맥에 맞게 수정하려고 정성을 들였지만 아직도 부족한 부분이 있는 듯하여 아쉽기만 하다. 또한 오역을 피하려 노력했으나 이 또한 쉬운 일은 아니었다. 혹시라도 원서의 명성을 훼손하지 않았을까 하는 두려운 마음이 든다.

이에 독자의 질정을 구하는 바이다.

이번 『당대중국심미문화』 번역본을 내는 데 여러 분들의 도움이 있었다. 무엇보다도 이 책의 저자인 천옌 교수님을 먼저 꼽지 않을 수 없다. 이 프로젝트 신청을 위해 천옌 교수님과 연락했을 때, "훌륭한 신진학자군!"이라고 긍정적으로 격려해주시면서 적극적인 도움을 주셨다. 천옌 교수님께 먼저 심심한 감사의 마음을 전한다. '이문회우(以文會友)'의 소중한 기회까지 얻었다는 점에서 역자는 정말 행운아이다. 이 책의 한국어판에 저자의 서문을 부치면 좋겠지만, 천옌 교수님이 갑자기 작고하시는 바람에 불가능한 일이 되고 말았다. 안타깝기 그지없다. 천옌 교수님 생전에 출판을 서두르지 못한 역자의 게으름을 자책하면서 이 책이 하늘에 계신 천옌 교수님께 누가 되지 않기를 바랄 뿐이다.

그리고 이 책이 번역될 때까지 참으로 오랜 시간 기다려 주신 차이나하우스 출판사 이건웅 사장님, 안우리 편집부장님 그리고 이 책의 한국 출판을 허락해준 중국 허난런민(河南人民) 출판사의 천즈잉(陳智英) 부총편집장님과 웨이진량(韋金良) 편집께도 진심으로 감사 드린다.

당대 중국의 변화하는 모습을 고스란히 담아낸 이 역서의 출간으로 한국 독자들이 당대 중국문화의 정수를 느끼고 당대 중국을 이해하는 데 작은 도움이 되기를 기대한다.

역자를 대표하여 진쥐화(金菊花) 씀
2019년 1월 30일

　　총 4권으로 구성된 『중국심미문화사』를 출간한 후에 나는 고대 심미문화 연구를 현대로 확장시키기 위해 바로 당대 심미문화 정리 작업에 착수했다. 마침 내가 몸담고 있는 교육부 인문사회과학중점 연구기지에서 '당대 심미문화산업 및 심미문화발전 현황과 대책 연구'라는 제목의 프로젝트 공모가 나왔던 터라 나는 수도사범대학(首都師範大學)의 왕더성(王德勝)교수와 공동으로 이 연구 프로젝트(과제번호:01JAZJD750.11-44007)를 책임지게 되었다. 연구의 최종 성과물이 될 『당대중국심미문화』의 편집장을 내가 맡고, 왕더성 교수는 『당대중국문화산업』 편집을 주관해 두 권의 저서로 출판하기로 계획했다.

　　반만년의 역사를 정리한 『중국심미문화사』에 비해, 『당대중국심미문화』에서 다룬 것은 고작 반세기밖에 되지 않은 실로 '짧디 짧은' 시간이다. 그러나 바로 이 '짧디 짧은' 시간 동안 중국사회에는 거대한 변화가 일어났고, 이는 심미문화 영역에서 가장 직접적으로 느낄 수 있었다. 따라서 반세기 이래 중국인의 심미 추구, 심미 관념, 심미 풍격, 심미 정취의 변화 발전을 전면적이면서도 정확하게 기술하고, 변화의 원인과 발전 맥락을 분석하며, 더 나아가 이해득실과 경험교훈을 총괄해 향후 전망과 역사적 추세를 예시하는 것은 말 그대로 복잡하고도 흥미로운 일이 아닐 수 없다. 이 작업을 위해 나는 다음과 같은 필진을 구성해 각각에게 집필할 내용을 맡겼다. 서론은 천옌(陳炎), 제1장은 리훙춘(李紅春), 제2장은 천징(陳靜), 제3장은 왕옌장(王彦章), 제4

장은 황파유(黃發友), 제5장은 양샤오핀(楊小品), 제6장은 왕첸(王茜), 제7장은 양첸(楊茜), 제8장은 팡페이(龐飛), 제9장은 징훙메이(景虹梅), 제10장은 장서우강(張守剛), 제11장은 멍원빈(孟文彬), 제12장은 판아이셴(範愛賢), 제13장은 가오샤오강(高小康)과 저우지원(周紀文), 제14장은 이핑처(儀平策)가 각각 맡았다. 집필자의 연구성과와 연구방향을 충분히 고려하여 집필을 분담하였고, 실제 집필 과정에서도 연구내용 추진 상황과 제시 규범안에 대해 끊임없이 교류했음에도 불구하고 초안에는 학술 관점이나 서술 내용 면에 있어 일치되지 못한 부분이 여전히 남아 있었다. 당시 나는 산둥대학교 『문사철(文史哲)』 주필로 있다가 이내 문학방송대학(College of literature and Journalism) 학장으로 자리를 옮기게 되어, 바쁜 업무로 인해 원고 수합 마무리 작업을 할 수 없었다. 그래서 리훙춘 부편집이 저자들과 연락하여 1년 넘게 수정, 보완 작업을 해야 했다. 이렇게 완성된 수정 원고가 내 손에 다시 넘어 왔을 때, 나는 문학방송대학 학장에서 산둥대학 부총장 겸 대학원장으로 승진하여, 더욱 바빠진 행정업무 탓에 학술연구에 할애할 개인 시간을 더욱 더 확보할 수 없게 되었다. 하지만 원고 총괄 작업에 관여하지 않은 채 출판에 붙일 수는 없었다. 이에 1년 넘게 원고를 잡고 있다가 2007년 여름방학에야 원고 감수 및 수정을 겨우 마무리하게 되었다. 삽화는 리훙춘에게 부탁하였고, 그렇게 완성된 최종본을 출판사에 넘겼다. 이 책에 들어간 삽화 대부분은 도서나 인터넷에서 취해 왔으나, 가급적 구체적인 출처를 명시했음을 밝히는 바이다. 그러나 시간 관계상 또 제반 여건상 삽화 저자와 일일이 연락을 취하지 못했는데, 이 지면을 빌어 감사의 말을 전함과 동시에, 저서에 인용한 삽화 관련 저자와 연락해 비용을 지불할 것을 약속한다.

이 저서의 출판에 즈음해 편집장으로서 먼저 집필을 맡아준 여러 집필

진들게 감사의 인사를 전하고 싶다. 이들은 저서가 출판되기까지 각자 담당한 내용을 책임껏 연구하였고, 수정 과정에서도 적극적인 협조를 아끼지 않았다. 그리고 자발적으로 또 꼼꼼하게 원고를 수합하고, 저자 연락 등 번거로운 일을 마다하지 않은 리훙춘 부편집에게도 감사의 마음을 전한다. 삽화 작업을 도와준 것도 고맙게 생각하고 있다. 마지막으로 허난런민(河南人民)출판사의 천즈잉(陳智英) 부총편집장과 이 저서의 편집을 담당해 준 웨이진량(韋金良) 편집에게도 고마움을 전하고 싶다. 출판사에서 2006년에 일찌감치 이 저서를 주요 프로젝트 사업으로 선정했음에도 불구하고 나의 작업 지체로 인해 원래 계획을 포기해야 하는 상황까지 발생했다. 다시금 주요 프로젝트 사업으로 채택되어 이렇게 빠른 시일 내에 독자와 만날 수 있게 된 것은 모두 출판사 측에서 여러 모로 애 써준 덕분이다.

천옌

2008년 1월 9일 산둥대학교에서

일러
두기

1. 중국어 발음의 한글 표기는 원칙적으로 현행 국립국어원의 외래어 표기법을 따랐다.

2. 고유명사의 표기

   1) 인명과 지명은 1919년을 기준으로 그 이전의 것은 한국어 발음으로, 그 이후의 것은 중국어
      발음으로 표기하고 처음 등장할 때만 한자를 번체자로 병기했다.

   2) 기타 고유명사는 중국어 발음으로 표기하고 처음 등장할 때만 한자를 번체자로 병기했다.

      예) 출판사명 四川人民出版社 → 쓰촨런민(四川人民)출판사 / 공장명 長春第一汽車制造廠
      → 창춘(長春) 제1자동차제조공장 / 건축명 北京友誼賓館 → 베이징유이빈관 / 민족명 傣族
      → 다이족(傣族) / 사이트명 〈千秋〉 → 〈첸추(千秋)〉 / 신보명 人民日報 → 『런민(人民)일보』

3. 현재 한국인에게 익숙한 일부 고유명사는 예외적으로 한국어 발음으로 표기했다.

      예) 人民大會堂 → 인민대회당 / 紅樓夢 → 홍루몽 / 『중국건축연감 1984~1985(中國建築年鑒
      1994~1995)』

4. 중국어로 표기된 외래어는 가능한 한글로 표기하고 외국어를 병기했다.

5. [역자주]는 원문에는 없지만 번역자가 한국어로 옮기는 과정에서 일반 독자들의 이해를 돕
   기 위해 추가한 주석들이다. 일부는 [역자주]라는 표시 없이 본문 괄호 안에 직접 넣었다.

      예) 월극(越劇: 浙江省 紹興 지방에서 발생한 연극)

6. 책은 『 』, 논문은 「 」, 작품은 〈 〉로 표기했다.

# 서론

## 심미문화: 국가 '소프트파워'의 중요한 내용

'소프트파워'란 미국 하버드대학의 조지프 나이(Joseph Nye) 교수가 처음 사용한 용어이다. 조지프 나이는 국가의 종합적 국력은 경제, 과학기술, 군사력 등 '하드파워'만이 아니라 문화와 가치관, 사회제도, 발전 패턴, 생활방식, 이데올로기 등 '소프트파워'도 포함된다고 주장했다. 이렇게 볼 때 문화의 주요 구성 부분인 '심미문화'는 '소프트파워' 중에서도 가장 '소프트'한 부분이 아닐 수 없다. 이렇게 소프트한 '심미문화'는 최근 학술계의 광범위한 주목을 받고 있으며, 관련 논문과 저서들도 열거할 수 없을 정도로 쏟아지고 있다. 또 이를 둘러싼 토론이나 논쟁도 쉽게 접할 수 있다. 이는 그다지 중요하게 생각하지 않았던 '심미문화'가 국가 발전의 잠재력 및 민족 발전의 내재적 가능성과 크게 연관되어 있음을 사람들이 의식 혹은 무의식적으로 깨달았기 때문이다. 따라서 '심미문화'의 중요성은 세 마디로 표현할 수 있을 듯하다. 첫째, 예술은 생산력이다. 둘째, 심미는 궁극적 관심이다. 셋째, 문화는 자원이다.

# 제1절

# 생산력으로서의 예술

## 1. 인간 주체의 세 가지 잠재적 능력

정치경제학의 중요한 개념인 '생산력'은 역사유물론의 핵심 범주이기도 하다. 역사유물론적 관점에서 보면 생산력은 생산관계를 결정하고 경제적 토대는 상부구조를 결정하며 사회적 존재는 사회적 의식을 결정한다. 이처럼 층층이 연역되고 끊임없이 발전되어온 인류문화 구조 속에서 생산력은 가장 혁신적이고 활발하며 가장 근본적인 역할 요소이다. 『중국대백과전서·경제학』의 해석에 따르면, 이른바 생산력이란 "인류가 자연을 개조하는 과정에서 인간의 욕구를 충족시켜주는 물질적 재화를 창출하기 위해 사용되는 모든 능력을 가리킨다."[1] 즉 "생산력은 생산자와 생산수단, 생산대상 등의 요소로 구성되는데, 일정한 생산경험(또는 과학지식)과 생산기능을 가진 노동자는 생산력의 주체로서 생산과정에서 주도적인 역할을 수행한다."

생산과정에서 생산력의 주체인 노동자가 주도적 역할을 수행한다는 것은 의심할 바 없다. 그러나 이런 생산력의 '주도적' 능력을 '생산경험'이나 '생산기능', '과학지식' 등 세 가지로 귀결시키는 것에 대해서는 더 검토할 필요가 있다. 생산력 주체인 노동자는 최소한 체력, 지력, 심미 판단력(정서와 상상

---

1. 『중국대백과전서:경제학(CD판)』(中國大百科全書 : 經濟學(光盤版), 중국대백과전서(中國大百科全書)출판사, 2000년, '생산력' 조목.

력) 등 생산과 관련된 세 가지 주체 능력을 갖추어야 하는데, 이 세 가지 능력의 역사적 발전은 곧 생산력 발전의 세 단계로 표현된다.

농업, 목축업, 어업 위주의 1차산업이 주도적 지위를 차지하던 농경사회에서 사람들은 어깨로 지고 손이나 공구로 땅을 파는 등 원시적인 육체의 힘으로 자연계를 개조함으로써 외부 자연과 직접 물물교환을 해야 했다. 이 시기 인간의 노동력은 사회 생산력의 가장 주된 요소였기에 인간의 체력이 크게 중시될 수밖에 없었다. 인민공사 시기의 노동점수제가 이를 생생하게 증명해준다. 그러나 수렵, 어업, 방목 및 경작 등은 체력 이외에도 일정한 경험을 필요로 했기에 인간의 경험도 이 시기 농경사회에서 중요한 생산 요소로 작용했다. 경험이란 과학과 달리 개별 생산자가 오랜 세월동안 축적해온 감성적 인식이므로, 이론화되고 체계화된 지식형태로 발전하지는 못했다. 따라서 구체적인 생산과정을 통한 직접 전수만 가능할 뿐, 교육을 통한 간접 전수는 불가능했다. 인간의 생산경험은 나이가 들면서 풍부해지고 인간의 쇠망과 더불어 소실된다. 이것이 곧 고대사회에서 연장자가 추대받던 원인이기도 하다. 물론 농경사회에서 가축도 생산활동에서 중요한 위치를 차지했지만, 모든 가축은 인간이 장악하고 인간에 의해 부려져야만 생산 요소로 거듭날 수 있다. 이런 의미에서 가축은 일종의 생산수단에 불과하다.

기계제조업을 대표로 하는 2차산업이 주도적 지위를 차지하던 산업사회에서 인간의 노동력 경험이 과학기술에 자리를 내주면서 사회생산력의 주요 요소에 변화가 생겨났다. 물론 그렇다고 해서 인간의 체력과 경험이 더 이상 생산력 요소가 아니라는 것이 아니다. 다만 단순한 체력과 직관적인 경험은 더 이상 생산력의 주요 요소가 될 수 없었음을 뜻한다. 기계화 작업이 가능한 상황에서 인류는 더 이상 근육의 힘을 통해 자연물과 직접 물물교환하지 않았다. 대신 기계를 이용해 간접적으로 자연을 개조했다. 어업과 수렵, 경작 위주 시대에 모든 가축이 인간에 의해 조종되고 부려졌던 것처럼, 산업사회에서도 모든 기계는 여전히 사람이 만들어내고 사람에 의해 다뤄졌다. 단 가축이 인간의 체력과 경험에 의해 주로 조종되고 부려졌다면 기계의 제조와 사용은 인간의 과학기술에 더 많이 의지했다는 점에서 차별화된다. 체력이나 경험과 달리 과학기술은 체계적인 교육과 훈련을 통해서만 장악할 수 있어서, 선천적으로 지닐 수 있거나 생산과정에서 점차 쌓을 수 있지 않다. 따라서 산업사회에서는 교육의 보급, 교육수준의 제고가 생산자 집단의 생산수준을 사회적으로 향상시키는 주요 수단이었다. 이에 과학발명과 기술창조 과정에서 인간의 정신노동은 점차 육체노동보다 중요해졌고, 지적으로 우월한 자가 체력적으로 뛰어난 자에 비해 더욱 중시 받게 되었다. 학력과 졸업증서가 점차 오래 축적된 생산경험을 대체하고, 엘리트들이 경험 풍부한 연장자들을 대체하면서 사회생산의 핵심 역량으로 자리매김하게 되었다. 또한 수렵, 어업, 농업 등이 기계화된 작업 라인에 자리를 내주면서 신체 건장하고 생각 단순한 이른바 '건장한 노동자'들이 차츰 설 자리를 잃게 되었다. 한편 과학기술의 생산활동에 대한 '기여도'가 날로 높아지면서 사람들 사이의 선천적 체질 및 후천적 경험의 차이는 그다지 중요하지 않게 되었다. 따라서 '지식 및 인재에 대한 존중'은 기존의 '체력 및 경험에 대한 존중'을 대체함과 동시에 일종의 필연적 역사 선택이 되었다. 이러한 상황에서 사람들은 '과학기술이야말로 제1의 생산력'이라고 주장하기에 이르렀다.

한편 물질적인 부의 축적과 생활 수준의 향상으로 인해 인류의 산업구조는 거듭 변화해갔다. '밀과 가축 등의 생산에 소요되는 시간은 날로 줄어드는데 반해 기타 물질적·지적 생산에 투입되는 시간은 상대적으로 늘어났다.'[1]는 마르크스의 지적처럼, 농업, 임업, 목축업, 어업의 충분한 발전은 인간의 1차적 물질 수요를 만족시켰고 기계제조업의 발전은 인간의 물질 수요를 더욱 충족시켰다. 물질적 부가 상대적으로 풍족해지면서 인류는 정신적 부를 창조하는 데 더 많은 시간을 투입할 수 있게 되었고, 이에 산업구조에 새로운 변화가 생겨나게 되었다.

1920년대 호주와 뉴질랜드에서는 이미 농공업을 각기 '1차산업'과 '2차산업'으로 보는 등 산업구조에 대한 구분의식이 생겨 났다. 이를 기반으로 로널드 피셔(Ronald Aylmer Fisher)는 '3차산업'이라는 개념을 제기하고, 이를 물질적 수요보다 고차원적인 인간의 정신적 수요를 만족시키는 생산활동의 총칭으로 정의했다. "현대경제의 발전과 더불어 물질적 수요를 제외한 보다 고차원적인 수요를 충족시키는 산업이 신속하게 발전하였다. 이로써 사회경제 발전에 있어 공업 종사자가 농업 종사자를 초과하고 서비스업 종사자가 공업 종사자를 초과하는 추세를 보였는데, 이와 같은 추세를 경제학에서는 '페티 클라크의 법칙(Petty Clark's law)'이라 한다."[2] 1970년대 이래 대부분의 선진국에서 3차산업의 발전속도가 1, 2차산업을 추월했으며, 오늘날 3차산업은 이미 선진국 경제 성장의 주요 부문으로 자리매김하고 있다.

일반적인 분류 기준으로 보면 "1, 2차산업은 물질 재화 생산에 직접 참여하는 산업부문이고, 3차산업은 물질 재화 생산에 직접 참여하지 않는 산업부문이다. 제품 차원에서는 물질 및 비물질 형태로 구분된다."[3] 그러나 이들 간의 차이를 설명할 때 소비경험적 측면에서 접근하는 것이 보다 합리적일 것이다. 1차산업과 2차산업이 주로 인간의 물질적 수요에 호소하는 데 반

1. 『마르크스엥겔스전집(馬克思恩格斯全集)』 46권(상), 인민(人民)출판사, 1979년, P.120.

2. 『중국대백과전서:경제학(CD판)』, 중국대백과전서출판사, 2000년, '1차산업, 2차산업, 3차산업' 조목.

3. 『중국대백과전서:경제학(CD판)』, 중국대백과전서출판사, 2000년, '1차산업, 2차산업, 3차산업' 조목.

해, 3차산업은 인간의 정신적 수요에 더 많이 호소하기 때문이다. 이렇듯 인간의 정신적 수요에 대한 호소를 주요 형식으로 하는 '3차산업'에서는 체력, 지력보다 노동자의 심미적 판단력이 더 큰 입지를 지닌다. 서비스업을 대표로 하는 3차산업이 주도적 지위를 차지하는 탈산업사회(post-industeial society)[1]에서 생산력 요소로서의 예술의 중요성은 날로 커지고 있다.

## 2. 가치 실현의 세 가지 효과적인 경로

'탈산업사회'의 주요 생산력 요소인 예술은 주로 다음과 같은 세 가지 경로를 통해 가치를 실현한다.

우선 예술은 심미감상에 직접 쓰이는 정신적 제품이라는 가치를 지닌다. 예술은 심미감상에 직접 쓰이는 정신적 제품으로서, 오늘날에 생겨난 것이 아니라 오래전부터 존재해왔다. 하지만 생산력 수준이 낮았던 고대 사회에서 광범위한 대중은 정신적 향유에 할애할 시간이 넉넉치 못했고, 예술을 추구하는 문화 소양도 높지 않았으며, 심미 자원을 얻는 정보 수단마저 더욱 충분치 않았던 탓에, 심미와 예술활동은 소수의 유한계급만이 누리는 특권이다시피 했고, 상업행위가 아닌 이데올로기 활동으로서 주로 종교나 정치와 긴밀히 연결되어 있었다. 노예사회나 봉건사회에서 귀족계급이라면 상당한 양과 최상의 질을 뽐내는 예술작품을 소유하고 있었을 터이지만, 이런 작품들이 거의 유통 영역에 유입되지 않았던 까닭에 상품으로서의 보편적 사회가치를 실현할 수 없었다.

산업사회 특히 탈산업사회에 들어와 생산력 수준이 제고되면서 광범위

---

1. [역자주] '정보사회(information society)' 로 번역되기도 한다.

한 대중들도 노동시간 외 여유시간에 심미·예술활동을 할 수 있게 되었다. 또한 노동의 과학기술화로 인해 광범위한 대중은 어느 정도 문화적 소양을 갖추게 되었는데, 이것이 곧 대중들의 심미 및 예술활동을 가능케 한 요인이었다. 또 대중매체의 출현으로 대중들은 편리한 정보수단을 이용해 심미 및 예술 자원을 확보하게 되었는데, 이는 대중 심미 및 예술활동에 편리를 제공했다. 심미 및 예술활동이 비로소 황실 귀족의 전유물에서 벗어나 광범위한 대중의 소비 대상이 된 것이다. 소비가 생산을 결정하는 상품경제 시대이다 보니 심미 및 예술에 비록 이데올로기적 기능이 남아있긴 했지만, 가장 중요한 것은 언제나 상품적 속성이었다. 다시 말해 소설이나 영화, 희극의 출품 여부는 상인들에게 충분한 경제적 이익을 창출해줄 수 있는가에 달려 있었다. 이 '보이지 않는 손'의 조종 하에 예술가들의 정서와 상상력 역시 부를 창조하는 귀중한 자원으로 탈바꿈하면서 예술의 생산력 요소도 최대한 발현되었다.

이 즈음에서 사람들이 가장 먼저 떠올리는 것은 역시 영화산업일 것이다. 통계에 따르면 2001년 미국 할리우드의 흥행수입은 83.5억불에 달했다. 징화스바오(京華時報) 2002년 5월 8일자 보도에 따르면 미국영화사상 하루 흥행 수입 톱5는 차례로 〈스파이더맨(spiderman)〉(개봉 1일차) 4,141만불, 〈해리포터(Harry Potter)〉(개봉 2일차) 3,351만불, 〈해리포터〉(개봉 1일차)3,233만불, 〈미이라 2(The Mummy Returns)〉(개봉 2일차) 2,859만불, 〈스타워즈 에피소드 1: 보이지 않는 위험(Star Wars The Phantom Menace 1)〉(개봉 1일차) 2,854만불 순이었다. 한 편의 영화가 이처럼 어마어마한 경제적 가치를 창출한다는 것은 과거 어느 시대에도 상상할 수 없는 일이었다. 이는 미국만이 아니다. 이를테면 2004년 중국 영화 흥행수입은

15억 위안을 돌파했는데, 중국 국가 TV방송총국(國家廣電總局)의 데이타 공개에 따르면 그 중 중국 영화가 흥행수입의 55%를 차지해 처음으로 할리우드 영화를 추월했다고 한다. 같은 해 흥행수입 톱3 영화인 〈연인(十面埋伏, House of Flying Daggers)〉, 〈쿵푸 허슬(功夫, Kung Fu Hustle)〉, 〈천하무적(天下無賊, A World Without Thieves)〉은 각각 1.5억 위안, 1.25억 위안, 1.01억 위안에 달하는 수익을 올렸는데, 연초에 개봉한 〈핸드폰〉의 8,000만 위안까지 합치면 2004년 한 해에 장이머우(張藝謀), 펑샤오강(馮小剛), 저우싱츠(周星馳) 등 3인이 4억 위안 넘는 흥행수익을 올린 셈이다. 물질생활이 날로 풍요로워짐에 따라 사람들은 예술에 더욱 많은 돈과 시간을 투자할 수 있게 되어, 몇 백 위안 되는 티켓을 구입해서 음악회나 예술공연을 감상하고 신작 시사회에 참가하는 일이 더 이상 꿈이 아닌 현실이 되었다. 장이머우가 감독한 오페라 〈투란둬(圖蘭朶, Turandot)〉는 한국 서울에서만 11차례 공연되었는데, 티켓 한 장이 2,000불에 매매되고 무려 14만이나 되는 관중을 동원한 덕에 행사 주최측은 30억원의 이윤을 남겼다고 한다.

영화, 희극 등 전통예술업계와 어깨를 나란히 한 것은 영상음향 산업이다. 세계 거물급 영화제작사인 와인스타인 컴퍼니(The Weinstein Company)의 연간 영업액은 100억불에 달하며, 회사 소유자인 하비 웨인스타인(Harvey Weinstein)은 빌 게이츠(Bill Gates) 못지 않은 세계적인 재력가로 손꼽힌다. 빌 게이츠는 과학기술로, 하비 웨이스타인은 예술로 부를 이루었다는 점이 다를 뿐이다. 그렇다면 이 두 가지 서로 다른 부의 축적 경로를 우리가 살아가는 이 시대의 서로 다른 두 가지 생산력 요소라 할 수 있지 않을까? 물론이다. 과학기술계의 엘리트가 빌 게이츠만이 아닌 것처럼, 연예계의 거장도 미국의 하비 웨인스타인이나 중국의 장이머우, 펑샤오강만 있는 것이 아니다. 따라서 탈산업사회에 들어선 오늘날, 농경사회에서의 '연령 숭배'와 산업사회의 '학력 숭배'는 이제 '스타 숭배'로 페시티즘(fetishism)이 바뀌었다. 농경사회에서 '광대'로 불리던 사람들이 이제 시대의 총아가 되었다.

전통적인 영화, 연예계 외에 광고매체업, 게임제작업도 점차 '일확천금'을 꿈꾸는 낙원이 되었다. 미국 프라이스워터하우스 쿠퍼스(Pricewaterhouse Coopers) 회계사무소의 연구보고에 따르면, 세계적인 불경기에도 2002년 연예계와 매체업의 수입은 여전히 크게 늘어나 사상 처음으로 1억불 선을 돌파했다고 한다. 이렇게 수많은 사례 앞에서 과연 '예술은 생산력이다'는 명백한 사실을 부인할 수 있겠는가?

생산력 요소로서의 예술의 가치는 예술작품의 파생물을 생산하는 방식으로도 실현된다. '2차 영상물 제품(post-movie product)'으로도 불리는 예술작품의 '파생물'이란 영상 저작물이 얻은 어마어마한 반향 효과에 힘입어 영상물 속의 인물, 내용에서 파생 혹은 확장되어 나온 완구나 복장 등 트렌드 상품 및 이들을 이용한 상표를 말한다. 제임스 힐튼(James Hilton)의 소설 〈잃어버린 지평선(Lost Horizon)〉은 '샹그리라 호텔(Shangri-La Hotel)'이라는 5성급 호텔 브랜드를, 디즈니 만화 〈미키마우스와 도널드 덕(Donald Duck)〉은 '디즈니랜드'라는 테마공원을 탄생시켰다. 영화 〈니모를 찾아서(Finding Nemo)〉 상영 후 소비자들은 파란색의 '니모'와 금황색의 '도리(Dory)', 괴상망측하게 생긴 '장수 거북이(Leatherback Turtle)' 등의 매력에 푹 빠져들었고, 〈스타워즈(Star Wars)〉와 〈매트릭스(The Matrix)〉 상영 후에는 시장에 진짜와 똑같은 완구들이 넘쳐났으며, 영화 속 티셔츠와 모자, 바바리코트 등 수백 종의 크고작은 상품까지 등장했다. 여기에 영상물에 부대되는 영화 포스터, 영상 제품, 전자게임, 도서, 우표 등까지 합하면 헤아릴 수 없이 많다. 통계에 따르면 미국의 2차 영상물 제품은 영화산업 총수입의 73%를 차지한다고 한다. 미국 영화산업의 실소득이 흥행수입의 2~4배임을 알 수 있다. 여기에 뒤늦게 눈 뜬 중국 영화산업도 재미를 보기 시작했다. 〈영웅(英雄, Hero)〉은 중국영화 중 사상 최고의 흥행수입을 기록했을 뿐만아니라 국내 처음으로 2차 영상물 제품의 연구개발을 시도한 작품으로, 1,780만 위안의 가격에 DVD와 VCD 저작권을 판매했다. 한편 '영웅'에 이어 제작된 다큐멘터리 〈히어러 코스(Hero Cause Documentary)〉도 30만 위안이라는 높은 가격에 판매되었는가 하면, 영화 〈영웅〉을 각색한 동명 소설도 출판되었고, 지금은 중국우편총공사(中國郵票總公司)와 협력하여 '영웅' 인물우표 발행을 준비 중이라고 한다.[1] 물론 예술작품을 빌려 소비를 자극하는 상업행위는 그 옛날 〈삼도부(三都賦)〉가 낙양(洛陽)의 종이값을 오르게 한 데 비하면 손색이 있기는 하지만 말이다.

마지막으로, 생산력의 주요 요소인 예술은 예술품이나 그 파생물을 직접 감상하는 것을 통해 가치를 실현할 뿐만 아니라 예술작품에 '심미 부가가치'를 부여해 실용적 제품으로 거듭나게 함으로써 가치를 실현하기도 한다. 이것이 가장 중요한 가치이다. 이를테면 농민이 수확한 솜 한 근을 시장에 내다 팔면 몇 위안을 벌 수 있고, 노동자가 이 솜으로 천을 짜서 팔면 몇십 위안을 받을 수 있으며, 재봉사가 이 천으로 옷으로 만들면 몇백 위안을 벌 수 있다. 그러나 피에르가르뎅(Pierre Cardin)과 같은 대가가 디자인할 경우 수천, 심지어 수만 위안에 판매되기도 한다. 몇 위안의 솜이 수천, 수만 위안의 패션으로까지 탈바꿈한 데는 '과학기술의 부가가치'뿐만 아니라 '심미 부가가치'의 작용이 훨씬 크다. 그러니 과학기술이 생산력이라는 것을 주장하면서

---

1. 두솽(杜爽), 「2차 영상물 제품: 재부의 속편도 미친듯 팔려(電影後產品 : 財富續集也瘋狂)」, 『중국경영보(中國經營報)』, 2003년 8월 25일.

예술이 생산력임을 부인할 이유가 없지 않은가?

사실상 과학기술이 전면적으로 발전할수록, 또 상품생산이 사람들의 일상적 실용 목적을 기본적으로 만족시킬수록 예술의 생산 기능이 더욱 중시된다. 마치 사람들이 밥을 먹을 때 먼저 허기를 달래고, 배불리 먹고, 영양까지 챙긴 뒤에야 비로소 음식의 색, 향, 맛에 신경을 쓸 수 있는 것처럼, 과거에 사람들이 배를 채우는 데 만족했다면 이제는 맛 뿐만아니라 식당의 실내 인테리어, 분위기, 풍격까지 요구한다. 이 모두가 사람들의 정서와 상상력에 스며들어가 '심미 부가가치'의 형식으로 경제적 이익을 실현하기 시작했다. 건축을 예로 들어 보자. 모더니즘 건축과 포스트모더니즘 건축의 가장 큰 차이는 전자는 기능주의를 주장하는 반면 후자는 기능을 초월한 정신적 추구를 지향한다는 데 있다. 모더니즘 건축이 과학지상주의를 표방한다면 포스트모더니즘 건축은 과학을 초월한 인문적 소양을 중시한다. 더욱 중요한 것은 포스트모더니즘 건축의 정신적 추구나 인문적 소양은 고대건축의 종교화 및 윤리화와 달리 심미를 그 핵심적 요소로 삼는다는 점이다. 포스트모더니즘 건축은 다른 모더니즘 건축에 비해 확실히 더 많은 '심미 부가가치'를 지니고 있다. 음식과 건축 뿐 아니라 다른 상품의 생산과 소비도 마찬가지이다. 어떤 상품이건 인간의 사용수요를 만족시킨 후에야 상품 자체의 심미 예술기능이 비로소 부각될 수 있다. 10여 년 전까지만 해도 휴대폰의 크기는 벽돌만했다. 당시 디자이너의 가장 큰 바람이라면 바로 휴대폰의 크기와 무게를 줄여 사용에 편리를 제공하는 것이었지만, 오늘날 이는 이미 실현되어 이제는 기능의 보강 외에 제품의 디자인과 트렌드 등에까지 신경을 써야 한다. 디자인이 새롭고 개성적이며 보기 좋은 휴대폰이 같은 매장에 있는 평범한 디자인의 동일 기능 휴대폰에 비해 훨씬 높은 값에 팔린다. 최근에는 승용차가 중국 도시 주민들의 주요 소비 품목이 되었는데, 기능, 가격, 연비 외에 승용차 구입을 결정하는 또 다른 요소는 디자인이다. 휴대폰, 승용차 외 다른 상품도 예외가 아니다. 색상의 조화나 매끄러운 디자인은 물론, 심지어 포장까지도 시장에서 상품의 가치를 결정하는 중요한 요소로 거듭나고 있다.

이 밖에, 시장경제 시대에는 예술의 힘을 빌려 상품을 홍보하고 판촉하는 경우도 적지 않다. '공급이 수요를 초과'하는 경쟁 앞에서 아름답고 절묘한 광고가 손님들의 '취향'을 날로 사로잡고 있다. 2002년 중국 본토의 광고소비 총액은 20%가량 증가해 100억불에 달했는데, 닐슨(nielsen) 조사전문업체의 통계에 따르면 그중 '시나닷컴'의 연간 광고 수입만 1억위안을 초과했다고 한다. 닐슨 아태(亞太)지역 회장인 포레스트 디디에(Forrest L. Didier)는 "중국의 광고시장이 연간 두자리 수의 증가율을 유지하고 있는 것으로 보아 2010년 전에 일본을 초월해 미국에 버금가는 세계 제2의 광고시장으로 발전할 전망"[1]이라고 말했다. 광고는 상업적인 정보를 전달하지만 상업적 정보의 전달은 다시 예술로 포장해야 한다. 바로 이런 이유로 TV와 인터넷이 널리 보급되어 인류는 이미 '주목경제' 시대에 진입했다고 주장하는 사람들이 생겨난 것이다. 이는 공급이 수요를 초과하는 시장환경에서, 대중매체를 통해 소비자의 시선을 사로잡아 새로운 소비 붐을 이끌어내야만 경쟁 속에서 확고한 위치를 차지할 수 있음을 의미한다.

예술의 생산력이 가치를 실현할 수 있는 부문은 위에서 언급한 몇 가지에 국한되지 않는다. 영국인들은 광고, 건축, 예술, 문물, 공예품, 공업디자인, 패션 디자인, 영화, 인터랙티브 온라인게임, 음악, 표현예술, 출판, 소프트웨어, 텔레비전 방송 등 산업을 창의산업이라 간주한다. 문화경제학자 케

---

1. 「중국매체정보(中國媒體資訊)」, 『북방신보(北方晨報)』, 2003년 6월 30일.

이브스(Caves)는 "넓은 범위에서 문화, 예술 또는 오락적 가치와 연관된 제품이나 서비스를 제공하는 산업"으로 창의산업을 정의했는데, 여기에는 출판물, 시각예술(회화와 조각), 표현예술(희극, 오페라, 음악회, 무용), 오디오 제품, 영화와 TV 등과 트렌드, 완구나 게임 등이 포함된다. 기존의 경제생활에서 위의 산업들은 특별히 중요한 지위를 차지하지 못했다. 그러나 영국의 문화미디어체육부(DCMS)가 2001년에 발표한 『창의산업 전문 보고서』에 따르면 그 해 영국의 창의산업이 1,125억 파운드의 생산액을 창출해 GDP의 약 5%를 차지하는 등, 이미 여타 제조업이 국내총생산에서 차지하는 비율을 압도적으로 초월했다. 미국의 경우 2001년 한 해에 저작권산업이 국민경제에 기여한 양만 해도 약 5,351억불에 달해, 국내총생산의 5.24%를 차지했다. 2000년 일본은 영화와 음악에서 세계 2위의 수입을 올렸고 전자게임 프로그램에서는 세계 1위를 기록했다. 그런가 하면 한국은 2003년 영상, 음악, 휴대폰, 전자게임 등 4대 산업 수출액이 두자리 수로 증가해 사상 처음으로 철강을 추월했다. "자본의 시대는 가고 창의의 시대가 왔다!"고 경탄하는 사람도 있을 것이다. 이것이 바로 생산력 요소로서의 예술이 날로 중요한 역할을 담당함을 입증하는 것 아니겠는가?

더이상 논증하지 않아도 '예술이 생산력'이라는 관점은 이미 일상생활의 모든 생활용품 및 교환방식에서 충분히 체현되고 있다. 물론 문학작품에서 무대 연출로, 음반 녹음에서 영상 감상으로, 예술 전시에서 컴퓨터게임으로 옮겨가는 과정에 있어 과학기술이 제공한 제반 조건을 무시할 수는 없지만, 그 중 가장 직접적이고 중요한 요소는 예술과 미학이지 더 이상 기술과학이 아니다.

## 3. 당대 중국사회의 3대 성격

위의 분석을 통해 생산력의 주요 요소는 분명 사람이지만 시대별로 사람의 능력에 대한 생산력의 요구는 서로 달랐음을 알 수 있다. 이런 측면에서 볼 때, "인류의 가장 중요한 생산력은 근로자, 즉 노동자"[1]라는 레닌의 관점은 산업사회에만 적용된다고 할 수 있다. 산업사회 이전 시대에서 인류의 가장 중요한 생산력은 결코 노동자가 아니었다. 또 탈산업사회에서 가장 중요한 인류의 생산력 역시 반드시 노동자는 아니다. 노동자와 마찬가지로 산업사회의 과학자와 탈산업사회의 예술가도 모두 근로자이다. 단 의지하는 것이 각각 체력, 지능과 심미 판단력이라는 면에서 그 노동방식이 다를 뿐이다. 좀 더 근본적으로 말하자면 인류의 생산력 요소가 역사적으로 풍부하게 발전하게 된 것은 인류의 체력과 지력, 심미창조력이 논리적으로 전개된 덕분이다.

이 점을 명확히 알고 나면 우리의 연구는 역사유물주의적 성격을 띠면서 더욱 자각적이고 강력하게 잠재적 생산력 자원을 발굴하는 데 도움이 될 것이다. 특수한 역사 원인으로 인해 당대 중국은 산업사회 이전 시대와 산업사회, 탈산업사회 등 역사의 세 단계를 같은 역사 시기 사회환경 속에 압축시켜 재현했다. 현단계 중국 사회의 성격을 굳이 평가한다면, 산업사회이면서 산업사회 이전 시대와 탈산업사회의 경제적 요소를 동시에 지니고 있는 개발도상국으로 정리할 수 있을 것이다. 현재의 상황에 비추어 볼 때, 과학기술은 '제1생산력'이라는 중요한 지위를 여전히 차지하고 있다. 도시와 농촌 간의 경제발전은 불균형적이고, WTO 가입 후 세계 경제와의 긴밀한 연결 속에서 중국의 경제생활과 문화생활에는 포스트모더니즘적 요소가 날로 늘어나고 있다.

---

1. 『레닌선집(列寧選集)』 제3권, 인민출판사, 1972년, P. 843.

이와 같은 배경 하에서 생산력 요소로서의 예술은 역사적으로 이미 큰 역할을 했고 앞으로도 여전히 크게 작용할 것이다.

1995년 당시 국내 발전상황에 근거하여 국무원에서는 '과학과 교육을 통한 국가진흥(科敎興國)' 발전방향을 제기하였고, 2002년의 '16대 보고(十六大報告)'에서는 사회주의 문화사업 육성을 처음으로 의정에 올렸다. 사회과학과 자연과학이 '똑같이 중요하다'는 장쩌민(江澤民) 중국 국가주석의 정치적 견해도 이런 시각에서 해석할 수 있다. 역사적 관점에서 이 문제를 대면할 때, 우리는 교육 발전과 문화 전략이라는 두 방면에서 관련 대응책을 세워야 한다.

과거에는 '예술이 생산력'이라는 것을 잘 이해하지 못했기에 한동안 중국의 교육은 이과를 중시하고 문과를 경시하며, 지능 개발을 중시하고 감성 함양을 경시하는 불균형과 한계를 보였다. 정감과 상상력을 포함한 인간의 '심미 판단력'은 새로운 생산력 요소의 전제조건으로, 체력 내지는 이른바 지능과도 구별된다. 이를 기반으로 심리학자들은 '지능지수' 외에 '감성지수'라는 지표를 추가해 인간의 심미 판단력을 측정하는데, '감성지수'의 제고는 인간의 논리적 사변능력과 과학지식이 아닌 형상사유 능력 및 인문수양에 주로 의지하므로 중국에서 인문사회과학을 크게 발전시키는 것은 정신문명 재건뿐만 아니라 물질문명 재건에도 유리하다.

# 제2절

# 궁극적 관심으로서의 심미

## 1. 철학의 궁극적 관심

변증법에서는 인류 진화과정을 소외과정으로 풀이한다. 자연에서 이탈되고 사회의 속박에서 벗어날 때 인간은 비로소 독립적 개체로서 진정한 의미의 인간이 될 수 있으며, 진정한 의미의 인간은 삶의 유한함과 고독을 느낄 수밖에 없다. 따라서 문명인은 육체적 욕구 만족을 위한 먹고 입는 행위 외에도 정신적 위안을 필요로 하는데, 정신적 위안의 최종 지향점은 인간의 궁극적 관심에 있다. 인간의 궁극적 관심에는 대략 세 가지 형식이 존재한다. 첫째, 다양한 현실세계에 통일적으로 본체 존재라는 철학적 승인을 부여하는 것, 둘째 유한한 개체 생명에 무한한 가치 의미의 종교적 승인을 부여하는 것, 셋째, 소외된 현실에 심미 정서적 위로라는 예술적 승인을 부여하는 것이다. 인류 문명이 발전하면서 철학적 존재론과 종교적 형이상학 모두 학술이론적인 면에서 끊임없는 위기에 봉착했다. 따라서 이제는 예술이 인류의 궁극적 관심이라는 역사 사명을 자각적으로 짊어져야 한다.

궁극적 관심 문제는 서구 철학사에서 최초로 '형이상학'적 명제 형식으로 제기되었다. 이 문제를 연구하기 위해서는 우선 '형이상학'에 대해 짚고 넘어가야 한다. '형이상학'이라는 단어는 처음에 저서 제목으로 등장했다.

고대 그리스의 위대한 철학자 아리스토텔레스가 사망한 후 안드로니쿠스(Andronicus)가 그의 유작을 정리, 편찬했는데, 『물리학(physica)』을 편찬한 뒤 저서의 명명 문제로 어려움을 겪게 된다. 왜냐하면 이 저서에서는 볼 수도 만질 수도 없고, 현실세계와 전혀 다른 초경험적(transcendent) 영역인 우주 본체를 다루고 있었기 때문이다. 신중을 기하기 위해 안드로니쿠스는 이 저서를 'ta meta ta physica'라고 명명했는데, 뜻인즉 '물리학 다음'이었다. 이를 라틴어로 번역한 것이 바로 'metaphysica'이다. 훗날 이 단어가 중국에 소개될 때, 번역가는 『역전·계사(易傳·繫辭)』에 있는 "형상 위의 것을 도(道)라 하고, 형상 아래의 것을 기(器)라 한다."는 내용에 근거해 '형이상학'이라 번역하였다.

'기(器)'란 술주전자나 찻잔처럼 현실에 확실히 존재하는 물건들로, 넓은 의미에서 인류가 상대하는 현실 속의 다양한 사물들을 말한다. '도(道)'란 이념, 태일(太一) 등 추상적이고 '현묘한 사유'의 대상으로, 넓은 의미에서 보면 볼 수도 만질 수도 없는 인류의 초경험적 본체를 뜻한다. 따라서 '기'나 '도'와 관련된 연구는 각각 자연과학과 철학에 속한다고 볼 수 있다. 고대 그리스 시기 자연과학과 철학은 아직 광학, 화학, 전자기학 및 인식론, 윤리학, 미학 등으로 세분화되지 않았기에 아리스토텔레스가 말한 자연과학과 철학은 넓은 의미에서의 '물리학'과 '형이상학(본체론)'에 해당한다. 물리학은 현실 속의 사물들을 연구하는데, 이 연구는 인간의 현실생활 개선에 목적을 두므로 가치가 뚜렷하다. 그렇다면 보이지도 않고 만질 수도 없는 초경험적 본체를 연구하는 형이상학의 연구 의의는 어디에 있을까?

그리스인에게 있어 현실 속 사물에 대한 지식은 효과적이나 한계가 있었다. 또 이런 현실 경험의 밑바탕에는 '존재', '원초(primordium)', '본체' 등

보다 내적이고 본질적인 초경험적 대상이 숨겨져 있었다. 현실 체험을 연구하는 물리학이나 자연과학 연구가 우리의 생활 개선에 지혜를 더해준다면, 초경험적 대상을 연구하는 형이상학이나 철학은 지혜가 아니라 '지혜(지식)에 대한 사랑(philosophia)'으로 직접적인 혜택이나 실리를 가져다주지 못하지만 인간의 정신적인 수요를 만족시킨다. 따라서 사랑은 일종의 정신적, 정감적인 수요이다. 그렇다면 고대 그리스인들은 왜 '지혜(지식)에 대한 사랑'을 반드시 필요로 했을까?

모든 물종(物種) 중에서 인간은 가장 총명하고도 탐욕스러운 존재이다. 따라서 인간은 대량의 물질적 부를 창조하여 개인의 육체적 욕구를 만족시키고, 대량의 정신적 부를 창조하여 개인의 정신적 욕구를 만족시킨다. 지혜는 인간으로 하여금 개체의 한계를 알게 하지만, 탐욕은 이런 한계에 굴하지 않고 무한한 생명을 추구하게 한다. 이집트 파라오의 피라미드나 중국 황제의 지하궁전이 그랬듯이 인간은 늘 유한한 육체의 장생을 기원했다. 그러나 불행하게도 인간의 육체적 삶이란 연장 가능하지만 영원할 수 없다는 것이 명석한 사람들에 의해 밝혀지면서 인간은 육체가 아닌 다른 곳에 정신을 기탁할 수밖에 없었고, 이로 인해 '지혜(지식)에 대한 사랑'이 생겨나게 되었다. 고대 그리스의 철학자들은 현실세계에 대한 객관적인 연구에 머물지 않고, 자연과학 영역을 초월한 초경험적이고 영원한 우주의 본체를 연구하고자 했다. 하지만 이는 자연과학 연구에 더 튼튼한 기초를 마련하기 위해서가 아니었으며, 인간의 존재에 대한 궁극적 관심이라는 보다 영원한 '고향'의 존재 근거를 찾기 위해서였다고 해야 할 것이다. 이것이 바로 형이상학 또는 '존재론(ontology)' 연구의 의의이다.

복잡한 객관세계는 어떤 물질로 통일되는가? 이 문제를 둘러싸고 고대 그리스 철학자들은 두 진영으로 나뉘었다. 한 파는 한 가지 물질 재료에 착안해서 이 특수한 물질 재료를 형이상적 높이로 끌어올렸는가 하면, 다른 한 파는 대상의 형식 속에서 객관 세계를 벗어난 형이상적 본체를 추출해냈다. 전자는 이오니아 학파(Ionian school)의 초기 대표인물인 탈레스(Thales, 물), 아낙시만드로스 (Anaximandros, 비정형의 것(apeiron))[1], 아낙시메네스(Anaximenes, 기)와 헤라클레이토스(Heraclitus)에서 시작되어, 아나크사고라스(Anaxagoras, 종자), 엠페도클레스(Empedocles, 수/화/토/기)의 과도기를 거쳐 레우키포스(Leucippus)와 데모크리토스(Democritus, 원자)에 와서 성숙기를 맞이했다. 후자는 피타고라스 학파(Mathematikoi)의 피타고라스(Pythagoras, 수)에서 시작해 엘리아 학파(Eleatic School)의 파르메니데스(Parmenides)와 제논(Zeno, 존재)을 거쳐 소크라테스(Socrates)와 플라톤(Platon, 이념)에 의해 성숙기를 맞이했다. 전통적 해석에서는 위의 두 이론을 유물론과 유심론으로 구분한다. 그러나 양자 모두 우주의 근원에 대한 고대인의 소박한 해석에 불과하기에 세계의 본질을 '물'로 보는 것이 세계의 본질을 '수(數)'로 보는 것보다 더 고명하다 할 수는 없다. 왜냐하면 이런 예측성 판단은 당시 생산력 수준의 한계로 인해 내용과 형식이라는 틀에서 벗어날 수 없었기 때문이다.

위와 같은 철학적 기초 위에서 아리스토텔레스는 유명한 '4원인 (질료인, 형상인, 동력인, 목적인)설'을 제기했다. 그 중에서도 아리스토텔레스는 사물의 원료와 본질을 구성하는 '질료'와 '형상'이라는 2대 요소를 특별히 중시했는데, 이 두 요소가 합쳐져 구체적인 사물을 구성하고 이로써 공동으로 세계의 근원을 구성한다고 보았다. 이와 같은 아리스토텔레스의 관점은 사

---

1. 예슈산(葉秀山)은 아낙시만드로스(Anaximandros)의 '무정형(無定形)' 이 곧 '물(水)' 임을 지적했다. 『소크라테스 이전 철학(前蘇格拉底哲學)』, 인민출판사, 1982년 참조.

실 위의 두 철학 사상의 종합에 불과하다. 가령 역사상 모든 철학자들을 반드시 '유물론자'와 '유심론자'로 분류해야 한다면 아리스토텔레스는 아마 '유물론과 유심론 사이를 배회한 철학자'라 해야 할 것이다. 사실 아리스토텔레스가 한 것은 당시 철학가들이 할 수 있는 모든 것을 종합했을 뿐이다. 그러나 아리스토텔레스의 등장 이후 스콜라 철학은 그 어떤 새로운 주장도 세울 수 없었고 또 세우지도 못했다. 그저 아리스토텔레스의 철학을 분해했을 따름이다. 예컨대 유명론자(唯名論者)들은 '질료' 부분을 견지하면서 강화시켰고, 실재론자(實在論者)들은 '형식' 부분을 견지하면서 강화시켰다.

근대에 들어서 본체론 연구가 더 이상 깊은 성과를 이루지 못하자 철학자들은 연구의 중심을 인식론으로 전향하게 되었다. 인간의 세계인식 문제를 해결해야만 세계의 근원 문제에도 비로소 답할 수 있기 때문이다. 인간의 세계인식 문제를 둘러 싸고 근대 철학자들은 경험주의(특히 영국)와 합리주의(특히 유럽 대륙) 두 진영으로 나뉘었다. 인식의 감성적 경험을 중시한 경험주의는 감각과 경험에서 출발하여, 인식의 결과를 경험적 재료의 총합으로 보았다. 반면 인식의 이성적 형식을 중시한 합리주의는 사유력에서 출발하여 인식의 결과를 이성적 형식의 연역과 추리로 보았다. 얼핏 보면 두 학파 모두 재료와 형식을 중시하므로 이 역시 고대 두 철학 원칙의 연장선상에 있는 것 같다. 그러나 경험론자들은 근대 과학에서 귀납법(歸納法)을 수용했고, 유물론자들은 근대 수학에서 연역법(演繹法)을 수용해 새로운 생산력 수준에 기초와 전제를 제공하였다. 그러나 경험적 귀납법만으로는, 새로운 지식을 얻을 수는 있었지만 이러한 지식의 보편적 유효성을 보장하기 힘들었다. 왜냐하면 귀납에 사용되는 재료는 늘 제한적이어서, 결국 우연과 필연으로 돌아갈 수밖에 없었기 때문이다. 반대로 논리적인 연역만으로는, 비록 도출해낸 결과의 엄밀성과 신뢰성을 확보할 수 있었지만 새로운 지식을 생산해낼 수 없었다. 왜냐하면 논리적 연역이 근거로 했던 최초 전제는 연역 스스로 제공한 것이 아니기 때문이다.

이를 바탕으로 칸트(Kant)는 감성과 이성, 귀납과 연역, 경험적 재료와 선험적 형식을 통합시켜 이원론(dualism)을 제시했다. 칸트는 감성은 생각해내는 것이 아니고, 지성은 볼 수 없으므로 오직 양자의 결합을 통해서만이 지식을 얻을 수 있다고 주장했다. 이로써 '선험적 종합 판단이 어떻게 가능할까?'라는 인식론 난제에 답을 한 셈이다. 그러나 칸트의 이론대로라면, 인류의 모든 지식은 선험적 시공 개념을 지닌 주체가 외부세계로부터 감각체험을 통해 구체적 재료를 얻는다는 것을 전제로 하는데, 초경험적인 우주 본체는 이러한 시, 공간에 존재하지 않으므로 인식할 수 없는 존재이다. 이렇다 보니 칸트의 인식론 성과는 형이상학 연구에 새로운 방법론을 제공하지 못했을 뿐더러 오히려 전통 본체론 연구에 큰 도전이 되었다. 칸트는 결국 "나는 형이상학을 사랑했지만 형이상학은 나를 사랑하지 않았다."는 의미심장한 말을 남겼다.

칸트에 이어 등장한 주의설(主意說), 생명철학, 존재주의를 대표로 하는 인간주의 철학(Humanistic Philosophy)은 인간 주체의 의지, 욕망, 본능으로부터 우주 본체를 바라보는 독특한 방법을 찾아냈지만, 필요한 도구가 결핍되어 있던 탓에 경험을 통한 이해와 추측을 기초로 연구를 진행했다. 반면 경험론 비판, 논리적 실증주의, 실용주의를 대표로 하는 과학론(philosophy of science)은 세계의 본질이라는 형이상학적 명제를 사실, 거짓 여부를 실증할 수 없는 '거짓명제'로 간주하면서 철학 연구에서 제외시켰다. 이에 본체론 연구는 다시 정체기에 접어들어 궁극적 관심의 행방도 묘연해지고 말았다.

## 2. 종교의 궁극적 관심

인류의 문화행위를 보면 철학에만 본체론이 있는 것이 아니라 종교에도 형이상적 의미가 담겨 있다. 하지만 이성적 방식으로 우주의 본체를 탐구하는 철학과 달리 종교는 신앙 차원에서 주재자를 숭배한다. 또 우주의 본체를 추상화하는 철학과 달리 종교는 주재자를 인격화한다. 그러나 철학의 '지혜(지식)에 대한 사랑'과 종교의 '신에 대한 사랑'의 내재적 원인은 같아서, 그 심원한 동력인즉 모두 유한한 인류의 삶에 무한한 의지처, 곧 궁극적 관심을 찾고자 하는 것이었다.

"종교는 인류 정신의 꿈이다."라는 포이어바흐(Feuerbach)의 말처럼 현실 속 인간의 삶은 짧고 나약하며 유한하다. 반면 인간의 염원은 자유롭고 만능이며 무한하다. 이 모순을 극복하기 위해 인류는 비로소 종교를 만들어내, 환상에 존재하는 신성한 천국에서 인간의 염원을 만족시키고 꿈을 실현하고자 했다. 포이어바흐는 또 종교의 본질이란 인간의 본질을 대상화하여 인간으로 하여금 자신으로부터 분리되어 나오게 한 다음, 이상화된 인격을 초인간적인 우주적 주재로 간주하여 이를 존숭하고 경배하면서 이를 통해 자신의 유한함을 구원해주기를 바라는 것이라고 지적했다. 따라서 신이 완벽하게 형상화될수록 인류의 나약함과 무기력함이 오히려 부각되고, 인류가 신을 높이 떠받들수록 인류의 천박함과 저속함이 역으로 드러나며, 인류가 신을 긍정할수록 인류 자체를 부정하게 되는 등, 인간의 본질은 종교가 인간본질을 대상화하는 과정에서 소외되었다. 결국 신은 지존무상의 지배자가 되었지만 인간은 오히려 죄업 무거운 노예로 전락했다. 인간이 신을 창조했지 신이 인간을 창조한 것이 아닌데도 말이다.

철학자들이 본체론 존재의 과학성을 논증하고자 노력을 아끼지 않았던 것처럼, 종교가들도 자신이 존숭하는 신이 존재한다는 합법성을 끊임없이 논증해 왔는데, 이런 논증의 중요한 도구가 바로 '목적론'이다. 새가 날기 위해 날개를 갖고 짐승이 걷기 위해 다리를 갖고 있듯이, 목적론적 측면에서 보면 만물만사의 존재는 모두 우주의 주재자인 지존무상한 신의 의도적 안배이지 결코 임의적이거나 우연한 현상이 아니다. 또 대다수의 종교가들이 볼 때, 이 세상에 새와 짐승이 있는 것은 더 높은 목적, 곧 인간의 존재를 위해서이다. 즉 지존무상의 지위를 가진 신이 이 세상을 창조한 것은 그의 자식인 인간에게 생존의 터전을 마련해주기 위함이다. 이 점을 이해해야만 우리는 신의 지혜를 이해할 수 있고 또 신의 은혜에 감사하며 더 나아가 신의 힘에 귀의할 수 있다. 그러나 문제는 인류 문명의 발전과 더불어 목적론을 주요 도구로 삼아 온 신학과 기계론을 주요 도구로 하는 과학 사이의 골이 날로 깊어졌다는 사실이다. 우리가 살고 있는 지구가 우주의 중심이 아니라 태양계의 한 행성에 불과하다는 사실이 코페르니쿠스(Copernicus)나 브루노(Bruno)의 '지동설'에 의해 알려지면서 하나님이 인류를 위해 세계를 창조했다는 주장은 더 이상 지탱하기 어려워졌다. 다윈(Darwin)과 헉슬리(Huxley)의 '진화론'은 자연계의 발전에는 그 어떤 목적도 없고, 고등 동물인 인간도 그저 원숭이로부터 진화되었음을 밝혀주었다. 이에 신의 인간 창조설의 황당무계함이 더더욱 드러났다.

과학적 원리나 법칙에서 볼 때 종교학자들이 동경하는 천국은 경험적인 차안(此岸, Diesseits)의 세계가 아닌 초경험적인 피안(彼岸, Jenseits)의 세계로서, 우리의 감관에 그 어떤 확실한 경험적 재료도 제공하지 못하므로 탐지할 수 없다. 칸트의 이론대로라면 천국은 신앙의 실체를 이룰 수는 있지만 지식의 대상은 될 수 없다. 즉 어떠한 신을 신앙하든 이는 어디까지나 개개인의 일이다. 스스로가 자신의 신앙을 견지하고 이를 위해 헌신할 수 있으나 신앙을 보편적 진리로 삼아 다른 사람들에게 믿도록 강요할 권리까지는 없다. 이런 상황에서 니체(Nietzsche)는 결국 "신은 죽었다."라고 고백해 세인을 놀라게 했던 것이다.

신은 죽었다. 그러나 인간은 살아 있다. 우리는 신에게 버림 받았다... 신은 죽었다. 신은 인간이 그동안 지켜온 행위 규범과 가치 기준까지도 같이 무덤으로 가져갔다. 이 모든 것이 신이 준 것이기 때문에... 신은 죽었다. 그러나 태양은 여전히 빛나고 지구도 변함없이 돌고 있으니, 우주의 목적은 대체 무엇일까? 이 모든 것이 신의 의지에 의해 창조된 것이 아니란 말인가? 이것은 아마 서구인, 더 나아가 신앙 위기에 직면한 모든 유신론자들의 심리일 것이다. 그렇다면 어떤 힘으로 이 위기에 맞설 것인가? 과연 이성으로 가능할까? 이성은 종교를 비판하는 유력한 무기이기는 해도 자체적 힘만으로는 신앙문제를 해결하지 못한다. 그렇다면 과학으로는 가능할까? 과학은 육체적인 고통을 덜어 줄 수는 있어도 정신적인 고통은 덜어주지 못한다. 이성과 과학은 우리에게 인간이 이 세상에 오게 된 것이 신의 뜻이 아니라 일종의 우연이었음을 말해준다. 인간은 어디까지나 구름에 달 가듯 나그네처럼 대천세계에 왔다 떠나가는 존재에 불과하다. 인간 개개인이 어떤 자세로 우연히 주어진 자신의 삶을 대하고 유한한 삶을 초월해야 하는지, 이성과 과학에서는 답을 찾을 수 없다. 프랑스의 저명한 실존주의 학자 꺄뮤(Camus)가 말한 것처럼 "이성적 방식으로 해석할 수 있는 세계라면 어떤 결함이 있을지라도 친절한 세계이다. 그러나 우주의 환각과 광명이 모두 사라지면 인간은 자신이 낯선 이처럼 느껴진다. 다시 불러올 수 없는 방랑자가 되버린다. 잃어버린 고향에 대한 기억도 박탈되고 미래 세계에 대한 희망도 상실했기 때문이다. 이렇게 인간은 자신의 생활로부터 분리되어 무대에서 내려온 배우처럼 실로 허탈함을 느낀다."[1]

그러나 문제는 여기서 그치지 않는다. 철학자들이 우주의 본체를 '물', '불', '이념', '태일(太一)' 등으로 달리 이해한 것처럼, 인간이 창조한 신도 유태인들에 의해 창조된 여호와, 기독교도들이 신격화한 예수, 불교도들이 존숭하는 석가모니, 무슬림이 떠받드는 알라처럼 그 종류가 다양하다. 각 교파에서 존숭하는 우주의 주재자에 대한 주장은 서로 일치하지 않을뿐더러 상호 대립하기까지 한다. '십자군 전쟁'에서 '9.11테러' 사건에 이르기까지, 모두 다른 교파의 극단주의자들이 이교도들을 무력으로 정복하고 제압하려고 한 데서 비롯되었다. 하지만 세상 모두에게 다 받아들여지는 종교를 세운다는 것은 세상 모두 인정하는 철학을 세우는 것처럼 한낱 꿈에 불과하다. 결국 철학 본체론의 정립이 아득하듯이 종교 형이상학적 노력도 수포로 돌아갈 수밖에 없는 듯하다. 이로써 인류의 궁극적인 관심은 또다시 물거품이 되었다.

## 3. 예술의 궁극적 관심

그렇다면 인류는 과연 어떤 방식으로 자신의 궁극적 관심을 실현할 수 있을까? 아마도 예술이 마지막 기대주일 것이다.

서구 전통 관념에서 예술의 주요 기능은 객관적 현실세계를 그려내고 재현하는 데 있다. 플라톤의 '모방설'은 아리스토텔레스에 의해 합리적으로 개조되었다. 즉 소위 '그림자의 그림자', '모방의 모방', '진리와 거리가 멀던 것'

---

1. 까뮈(Camus), 『시찌푸스의 신화』, 『현대서방문론선(現代西方文論選)』, 상하이이원(上海譯文)출판사, 198년, p.357.

이 "시를 쓰는 활동은 역사를 기록하는 일보다 더 철학적이고 엄숙한 일이 되었다. 이는 역사가 개인적인 일을 서술하는 데 반해 시의 묘사 대상인 사실은 보편성을 지니기 때문이다."[1]라고 인식하는 데까지 발전하였다. 그러나 인식과 모방은 어디까지나 인식과 모방일뿐, 만약 시 짓기 등 예술활동이 인식론적 효능만 갖고 있다면 과학으로부터 독립된 고유의 가치는 어떻게 입증되어야 할까?

중국 전통관념에서 보면 예술의 주된 기능은 사람들의 사회행위를 규범화하고 지도하는 것이다. 이를테면 공자의 '시교(詩敎)', '악교(樂敎)' 등 이론이 비록 훗날 유자들에 의해 더욱 풍부한 내용을 획득하면서 기존의 '흥(興), 관(觀), 군(群), 원(怨)'이 "부부 사이를 다스리고, 효경(孝敬)을 완성하고, 인륜을 두텁게 하고, 교화를 아름답게 하고, 풍습을 바꾸는 것"[2]으로 변화하고, '정치를 살피고 보완하고', "정서를 발산하여 바르게 인도하는"[3] 도구가 되었지만 교화와 윤리는 여전했다. 시와 음악을 포함한 예술활동에 도덕교화적 기능밖에 없다면, 윤리로부터 독립된 고유한 의미는 과연 또 어떻게 찾을 수 있을까?

서로 다른 인류 공동체에 의해 공유되는 문화 현상인 예술이 등장한 데는 분명 보다 의미 깊고 특수한 기능이 있을 것이다. 예술작품에 비록 인식적 요소가 포함되어 있긴 하지만, 이런 인식적 요소는 예술 가치의 관건이 아니다. 그렇지 않고서야 해부학적 규범에 그다지 부합하지 않는 쉬베이홍(徐悲鴻)의 〈분마도(奔馬圖)〉가 그렇게 높은 가격으로 책정될 리 없다. 예술에 교화적 성분이

---

1. 아리스토텔레스, 『시학(詩學, poetics)』 뤄녠성(羅念生)역, 인민출판사, 1962년, p.29.

2. 『모시서(毛詩序)』, 『중국역대미학문고(中國歷代美學文庫)』 진한권(秦漢卷), 고등교육(高等教育)출판사, 2003년, p.24.

3. 백거이 「여원구서(與元九書)」, 『중국역대미학문고(中國歷代美學文庫)』 수당오대편(隋唐五代卷), 고등교육출판사, 2003년, p.91.

있기는 하지만 이 또한 예술 가치의 결정적 요소는 아닐 것이다. 그렇지 않고서야 도덕적 내용이 전혀 포함되지 않은 베토벤의 〈월광 소나타〉가 그렇게 길이 칭송될 리 없다. 따라서 예술이 예술인 까닭은 인식이나 교화 때문이 아니라 인간에게 정서적인 위로를 가져다 주기 때문이다. 이와 같은 정서적 위로는 여러 차원으로 나눌 수 있겠지만 결국은 소외된 사람들을 정신적으로 배려하는 것으로, 크게 '1차적 관심'과 '궁극적 관심'으로 분류할 수 있다. '1차적 관심'이란 일상 생활에 대한 사람들의 정서적 긴장을 완화시켜주고 위로하고 해소시켜 주는 것으로, 이런 방식을 통해 건강상태를 회복시켜 주는 것을 뜻한다. 이를테면 하루 일과 후 영화관에 가서 흥미진진한 할리우드 영화를 관람한다든지, 노래방에 가서 유행가를 부른다든지 하는 것은 비록 인간의 정신이나 영혼에 큰 영향을 주지 못해도 저차원의 정신적 향유는 될 수 있다. 반면 '궁극적 관심'은 삶의 의미를 인간이 깨닫고 이해하고 추궁하는 것으로, 이를 통해 인간의 삶은 정신적 승화를 완성한다. 이를테면 외롭고 쓸쓸하거나 감정적 위기를 겪을 때, 콘서트 홀에 가서 교향악을 감상하거나 극장에 가서 비극적인 오페라를 감상하게 되면 즐거워지거나 답답한 마음을 달래지는 못해도, 인간의 영혼을 울려 감정적 승화를 가져올 수 있다. 서로 다른 차원, 다른 상태, 다른 처지에 놓인 감상자에게 있어 이 두 가지 예술 형식은 모두 나름의 존재 가치가 있다. 하지만 예술적 가치 측면에서 '궁극적 관심'은 '1차적 관심'에 비해 분명 더 큰 의의를 지닌다. 이는『삼자경(三字經)』이나『금병매(金瓶梅)』가『고시19수(古詩十九首)』나『홍루몽(紅樓夢)』에 못 미치는 이유이기도 하다.

우수한 예술작품이라면 아무리 평범하고 사소한 일일지라도 '궁극적 관심'으로 승화시켜 이해한다. 이를테면 당나라의 대시인 백거이(白居易)가 젊은 시절에 쓴 오언율시 〈부득고원초송별(賦得高原草送別)〉의 경우가 그러하다.

| 무성한 초원의 풀들은 | 離離原上草 |
| 해마다 자라고 시들어 | 一歲一枯榮 |
| 들불도 다 태우지 못하고 | 野火燒不盡 |
| 봄바람 불어오면 다시 자라나네. | 春風吹及生 |
| 저 멀리 풀들 오래된 길을 덮어 | 遠芳侵古道 |
| 그 푸르름이 황폐한 성까지 닿아있는데 | 晴翠接荒城 |
| 왕손마저 보내려니 | 又送王孫去 |
| 우거진 풀처럼 이별의 슬픔 가득하네. | 萋萋滿別情 |

통속적이고 알기 쉬우며 깊은 철리가 담겨있지 않는 것 같지만 이 시가 오랜 세월 전해 오며 칭송될 수 있었던 것은 바로 '궁극적 관심'이라는 중요한 의미를 담고 있기 때문이다. 이 시는 송별시인데, 수련(首聯)에서 읊고 있는 내용은 이러하다. 황폐해진 오래된 길에 풀들이 무성한데, '해마다 자라고 시드는' 풀의 삶이 마치 세세대대 이어져 내려오는 인간의 삶과도 같아, 숙명의 순환 속에 끊임없이 새로운 희망이 피어난다. 시의 경련(頸聯)에서는 주제를 드러내며 나아가 풀의 인생 여정을 파헤친다. "들불도 다 태우지 못하고"라는 시구는 인생의 고난을 의미하고 "봄바람 불어오면 다시 자라나네"는 생명의 강인함을 암시한다. 지나간 것을 거슬러 올라가고 찾아올 것을 추구하는 일. 인류는 바로 이러한 비극적 고난의 현실 속에서 한 걸음씩 나아가고 있지 않는가? 함련(頷聯)에서는 다시 '풀'을 묘사하고 있는데 '방(芳)', '취(翠)'라는 두 글자를 빌어 풀의 향과 색을 생생하게 표현하고 '오래된 길(古道)'과 '황폐한 성(荒城)'으로 시간과 공간을 서로 교차시키면서 자연과 사회, 개인과 역사에 대해 자유롭게 연상을 펼침과 동시에 이런 연상을 통해 생명의 가치와 의의를 재상기시킨다. 미련(尾聯)은 다시 송별의 주제로 마감한다. 시

인은 친구에 대한 석별의 정을 직접 토로하는 대신, 의인화 기법으로 정경(情景)을 융합시킴으로써 '우거진' 풀의 모습을 통해 견디기 힘든 인간의 감정을 담아냈다. 40자로 된 이 짧은 시 한 수가 이러하니, 한 편의 연극이나 영화, 소설은 더할 것이다. 〈오이디푸스 왕(Oedipus Rex)〉의 절망의 몸부림에서 〈파우스트(Faust)〉의 완강한 탐구까지, '햄릿(hamlet)'의 뼈저린 성찰에서 〈고도를 기다리며(Waiting for Godot)〉의 무감각한 기대감까지, 〈이소(離騷)〉의 끊임없는 진리 추구와 탐색에서 〈귀거래사(歸去來辭)〉의 고금을 막론한 한적한 생활에 대한 추구까지, 〈모란정(牡丹亭)〉의 생사를 초월한 사랑에서 『홍루몽』의 색즉시공의 수수께끼까지, 동서고금을 막론하고 민족과 지역을 초월해 영원한 가치를 지닌 예술작품이라면 어떤 작품이든 모두 형이상학적 '궁극적 관심'을 담고 있다.

여기서 다시 언급해야 할 것은 예술작품의 '궁극적 관심'은 인간의 정감 호소를 주요 특징으로 하지, 철학이나 종교처럼 인간의 이성 또는 의지에 호소하지 않는다는 점이다. 따라서 이런 '궁극적 관심'은 소외된 현실 속 인간의 삶에 어떤 심미적인 정감 위로를 제공하지만, 다양한 현실세계에 어떤 통일된 존재론적 본체를 제공하거나 유한한 개체의 삶에 어떤 무한한 영혼적 귀착점을 찾아 주지는 않는다. 이러한 위로는 유한한 삶에 무한한 삶의 의미를 부여하기에, 예술은 철학 및 종교와 동등한 가치와 기능을 지닌다.

서구 역사에서 예술이 지니는 이런 '궁극적 관심'의 가치와 기능은 이미 적지 않은 사상가들에 의해 발견되었는데, 이들은 이를 소외된 현실에 저항하는 유력한 무기로 삼았다. 루소(Rousseau)는 인류가 발전하면 할수록 도덕적으로 타락하고, 이성은 인류 스스로에게 진정한 행복을 가져다 줄 수 없다고 판단해 낭만적인 예술활동에 기대를 걸었다. 칸트는 예술활동의 심미 판단력은 인간의 상상력과 지성의 조화를 가능케 해, 분열된 순수 이성과 실천 이성을 결합하고, 지(知), 정(情), 의(意)의 상호 통일을 형성한다고 여겼다. 쉴러(Schiller)는 예술이 창조한 '움직이는 형상(活動形象)'만이 현실생활에서 산산조각 난 인격을 다시 회복시켜 유토피아적 심미로 들어서게 한다고 보았고, 헤겔(Hegel)은 종교나 철학처럼 예술 또한 '절대 정신'이 자아복귀하는 데 반드시 경유해야 하는 길이라고 주장했다. 쇼펜하우어(Schopenhauer)는 갈림길에서 방황하는 '의지'를 잠시 마비시켜 혼란으로 인해 불안정한 주체로 하여금 잠시 평온을 되찾게 하는 것이 예술이라 하였다. 니체는 추악한 진리, 허위적인 종교와 달리 예술은 인간의 삶에 적극적인 힘을 실어 준다고 여겼다. 또 프로이드(Freud)는 종교나 과학처럼 예술 역시 문명에 억압당한 '자아'를 해방시켜 심미적 정감으로 '승화'시킨다고 보았다. 베버(Weber)는 종교가 구제적 역할을 수행하지 못하고 있는 현실에서 오직 예술의 구원만이 문명의 소외에 대항할 수 있는 효과적인 방법이라고 주장했다. 그런가 하면 하이데거(Heidegger)는 시는 소외된 언어를 회복시키지만 예술은 숨겨진 존재로 하여금 다시 모습을 드러내게 한다고 주장했다.

고대 중국은 서구에 비해 철학 본체론이 발달하지 못했고, 이데올로기 면에서도 종교가 주도적인 지위를 차지하지 못했다. 따라서 선인들의 '궁극적 관심'은 예술의 심미적 위로로 실현되는 경우가 많았는데, 이와 같은 문화의 '보상(compensation)작용'은 중국 고전예술을 크게 발전시킨 요인이기도 했다. 문명을 이룩한 인류가 소외의 고통에 빠지게 된 이유는 바로 생산력과 생산관계라는 '예리한 검'이 인간과 자연, 인간과 사회와의 원시적인 관계를 단절시켰기 때문이다. 따라서 소외의 고통를 치유하는 고전예술이 가장 많이 사용하던 방식은 인간과 자연, 인간과 사회와의 단절을 치유하고 회복시켜, 짧디짧은 인간의 삶을 영원한 자연의 존재와 연결시키고, 유한한 개체의 삶과 무한한 인류의 생활을 연결시키는 것이었다. 따라서 인간은 '동쪽 울타리 아래서 국화를 꺾다가, 문득 남산을 바라보네(采菊東籬下, 悠然見南山)'[1]와 같은 의경(意境) 속에서 '이 안에 참 뜻이 있으나, 따져보려다 이내 말을 잊었네(此中有眞意, 欲辯已忘言)'[2]와 같은 깊은 깨달음을 얻고, '앞으로는 옛사람 보이지 않고, 뒤로는 올 사람 보이지 않는(前不見古人, 後不見來者)' 처지에서 '아득한 천지를 생각하며, 홀로 서글피 눈물 짓는(念天地之悠悠, 獨愴然而涕下)' 슬픈 감정을 읽어내며, '사람에게는 슬픔과 기쁨, 만남과 헤어짐이 있고, 달에는 흐릴 때와 맑을 때 둥글 때와 이지러질 때가 있네(人有悲歡離合, 月有陰晴圓缺)'와 같은 아쉬움 속에서는 '내 다만 바라는 건 그대가 오래도록 살아, 천리 밖에서나마 저 고운 달을 함께 보는 것(但願人長久, 千里共嬋娟)'과 같은 위로를 찾을 수 있었던 것이다. 바꾸어 말해, 고향을 그리든 옛 일을 회상하든, 사업이든 사랑이든, 세속적인 감정의 연장선에서 끊임없이 탐구하다 보면 인간과 자연, 인간과 사회를 연결하는 곳에서 무한한 삶의 의미를 찾게 된다는 것이다. 이 의미가 완전히 밝혀지고 실현되지 못할 수도 있으나 이러한 탐구는 그 자체만으로도 '궁극적 관심'으로서의 기능과 가치를 지닌다.

현대화된 산업사회에서 예술의 '궁극적 관심'은 뚜렷한 현실적 의미를 지니는데, 이는 서구의 전통 철학과 종교가 점차 쇠락하고, 중국 전통의 인간과 자연, 인간과 사회 간의 원시적인 연계도 날로 파괴되어가기 때문이다. 세속화, 상업화, 현대화된 생활이 도래하고 인간의 물질생활이 날로 풍부해짐에 따라 정신세계는 날로 고독해진다. 이런 상황에서 예술의 인식 기능과

---

1. [역자주] '동쪽 울타리아래서 국화를 따는데 멀리 남산이 보이네' 로 번역될 수도 있다.

2. [역자주] '여기에 인생의 참뜻이 담겨 있으니 그 심오함을 어찌 표현할 수가 있으랴' 로 번역될 수도 있다.

정치 교화 기능은 저하되는 반면 '궁극적 관심'의 인류학적 가치는 날로 강화되고 있다. 상업화, 정보화, 글로벌화 시대에 이와 같은 예술의 기능은 철학관념과 종교 신앙을 초월해 강력한 이데올로기로 자리매김함으로써 국경을 넘고, 민족이라는 단단한 장벽을 넘어 인류 정신의 재통합을 이끌어낼 수 있을 것이다. 이처럼 가치적 측면에서 접근해야만 우리는 비로소 차이위안페이(蔡元培)의 "미학교육으로 종교를 대신해야 한다(以美育代宗教)"에 담긴 깊은 의미를 진정으로 이해할 수 있을 것이다.

# 제3절

## 자원으로서의 문화

### 1. 비물질 형태의 사회적 존재

형이하학적 측면에서 '예술은 생산력이고', 형이상학적 측면에서 '심미는 궁극적 관심이다.' 그렇다면 당대를 살아가는 중국인으로서 우리는 과연 어떻게 예술의 '부가가치'를 개발하고 심미적인 '정서적 위안'을 찾아야 할까? 이에 대한 답은 문화인데, 문화는 곧 자원이기 때문이다.

'문화는 자원이다'라는 명제를 명확히 논증하기 위해서는 먼저 '문화'와 '자원'이라는 두 주요 개념을 구체적으로 살펴볼 필요가 있다. 몇년 전 '문화 붐'과 관련된 토론에서 한 학자가 통계를 통해 '문화'라는 단어에 140여 가지의 정의가 있다고 설명하였고, 최근에 또 다른 학자도 영어에 문화에 관한 정의가 260여 가지나 되어, 가장 풍부한 함의를 지닌 단어 중 하나라고 지적한 바 있다. 여기서 짚고 넘어가야 할 것은 "우리가 말하는 문화란 존재와 의식 사이에 있는 특수 층위의 개념이라는 사실이다. 객관적인 물질 존재 측면에서 문화는 사회의식에 속한다. 양사오(仰韶, Yangshao) 시대의 채도(彩陶)와 은상(殷商)시기의 '도철(饕餮)'을 통해 그 시대의 문화를 발견할 수 있지만, 우리가 말하는 문화는 채도와 도철 그 자체가 아니라 채도와 도철 등이 전하는 시대적 풍모나 민족적 습관, 집단적 기질 등 볼 수도 만질 수도 없는 것들이다. 주관적 사회 의식 측면에서 볼 때 문화란 우연한 사상적 관점이나 개인의 주관적 의지에 의해 전이되는 것이 아니기 때문에 사회적 존재에 속하는 것처럼 보인다. 그러나 문화는 인간의 구체적인 관점이나 개인 의지에 영향을 주는 상대적으로 안정된 사회적 존재이다. 비록 물질적인 형태로 사람들 앞에 직접 놓여있진 않지만, 문화는 사회적 인간 그 누구도 벗어날 수 없고 초월하기 어려운 존재이다. 이러한 문화는 행위규범과 법률제도 등 인간의 외적인 형식에서 나타날 뿐만아니라 심리습관, 사고방식 등 인간의 내적인 형식에도 침투해 오랜 역사발전 속에서 이른바 '문화-심리구조'나 '집단 무의식' 등으로 축적되어 있다. 따라서 철학적인 언어로 위의 내용을 굳이 요약한다면 '문화'는 일종의 비물질 형태의 사회적 존재로 정의할 수 있을 것이다.[1]

'자원'이라는 단어는 사전마다 달리 해석되어 있다. 이를테면 『현대한어사전(現代漢語詞典)』에서는 "생산자료 및 생활재료의 천연적 원천"[2]으로 정의하고 있는 반면, 『현대한어대사전(現代漢語大詞典)』에서는 "생산자료 및 생활자료 등의 원천"[3]이라고 정의하고 있다. 이로부터 '천연적'이라는 단어가 매우 중요함을 알 수 있는데 『현대한어사전』의 해석대로라면 '존재와 의식 사이'에 있는 '문화'는 인간이 창조해 낸 것으로, '천연적'인 것이 아니므로 '자원'에 포함시킬 수 없다. 하지만 『현대한어대사전』의 정의대로라면 '비물질 형태의 사회적 존재'인 '문화'는 '생산자료 및 생활자료 등의 원천'이 될 수만 있으면 '자원'으로 간주해도 무방하다.

그렇다면 우리가 일컫는 '문화'는 과연 '생산자료 및 생활자료 등의 원천'이

1. 천옌(陳炎), 『반이성사조에 대한 성찰(反理性思潮的反思)』, 산둥대학교(山東大學)출판사, 1994년, p.10.

2. 『현대한어사전(現代漢語詞典)』, 상무인서관(商務印書館), 2002년 증보판, P.1662.

3. 『현대한어대사전』, 현대한어대사전(現代漢語大詞典)출판사, 1997년 축쇄본, P.6003.

될 수 있을까? 막스 베버의 연구는 우리에게 중요한 가르침을 준다. 1905년에 출판된 저서 『프로테스탄티즘의 윤리와 자본주의 정신(The Protestant Ethic and the spirit of capitalism)』에서 이 독일 학자는 유럽의 청교도 윤리(protestant ethic)와 자본주의 제도 간의 내적 연계를 다루었다. 그는 서구의 현대화를 근검한 생활방식과 맡은 바 업무에 최선을 다하는 정신을 근간으로 하는 청교도(Puritan)의 금욕주의, 그리고 행위에 대한 이성적인 고찰과 엄밀한 태도를 근간으로 하는 청교도의 이성적 관념의 상호작용으로 해석했다. 따라서 이와 유사한 문화 동력이 없는 중국과 같은 동방 국가에는 이에 상응하는 사회적 변혁도 있을 수 없으므로 오랫동안 농업경제사회에 머물러 있었다고 설명했다. 막스 베버의 이 이론이 꼭 정확하다고는 할 수 없다. 일본과 '아시아의 네 마리 용(亞洲四小龍)', 나아가 중국 경제의 도약은 날로 세계의 주목을 받고 있다. 그럼에도 불구하고 석유나 석탄이 자원인 줄만 알고 종교나 풍습 등 볼 수도 만질 수도 없는 문화가 자원에 속한다는 것을 전혀 상상하지도 못했던 우리들에게, 막스 베버의 연구는 그 연구 시각 자체만으로 큰 계시를 준다.

다국적 자본이 날로 확대되면서 문화자원에 대한 이와 같은 인식은 사람들의 투자 이념에 더욱 큰 영향을 미치고 있다. 예를 들어, 수중의 사업자금을 투자해 해외 공장을 세우는데, 이를 위해 최적의 환경을 선택한다고 하자. 이 경우 우리의 선택에 영향 주는 예비 지역의 요소로는 물산, 원료, 기후 등 자연조건과 치안과 법률 등 사회환경이 포함된다. 또 민족전통, 종교신앙 등 문화적 요소도 포함시켜야 할 것이다. 만약 자연조건 및 사회환경 요소에 대한 평가 결과가 동등할 경우, 마지막으로 투자의 경제적 효율에 확실한 영향을 미치는 것은 바로 문화적 요소이다. 그러므로 문화 요소에 대한 평가는 지극히 중요하다. 연구 결과에 따르면, 자금을 불교문화 지역에 투입했을 경우 생산효율은 낮지만 (노사)갈등 해소비용 역시 낮고, 기독교문화 지역에 투입했을 경우 생산효율은 제고되지만 (노사)갈등 손실비용 역시 늘어나며, 유교문화 지역에 투자했을 경우 생산효율은 높고 (노사)갈등 손실비용은 적은 대신 대인 거래에 쓰이는 자본금이 늘어났다고 한다. 다시 말해 자연조건과 사회환경을 배제했을 때, 상기 문화요소는 틀림없이 '생산자료 및 생활자료 등의 원천'이 될 수 있기에 '자원'적 성격을 지닌다.

공장이 이러하니 나라나 지역의 경우는 더할 것이다. '2차 세계대전' 이후에 일본과 '아시아의 네마리 용'의 뒤를 이어 중국 경제가 도약하면서 사람들은 자원으로서의 문화적 잠재 의의에 대해 진지하게 생각하기 시작했다. '제2차 세계대전' 시기 일본의 '가미카제' 특공대가 개인의 목숨도 아랑곳 않은 채 자살폭격을 할 수 있었던 까닭을 도무지 이해할 수 없듯이, 회사가 부도나면 일본의 직원들이 회사를 옮기는 대신 자살을 택하는 이유도 미국인들은 이해하지 못한다. 그래서 '일본 문화와 일본 기업의 집단정신', '유가문화와 자본주의 시장경제' 등을 포함한 자못 신빙성 있는 연구과제들이 학계에 제기되고 있다. 물론 '자원'에 속하는 동방 문화가 현대 경제에 미치는 영향이 긍정적인 것만은 아니다. 한 연구결과에 따르면, 유교문화의 영향 하에 일본과 '아시아의 네마리 용' 더 나아가 중국의 직원들은 확실히 기업 집단정신을 지니고 있어서 개인의 발전과 회사의 흥망성쇠를 동일시하며, 지나친 노사 마찰을 절제하지만, 대신 직원이 기업에 종속되어 있어 기존의 규칙만을 고수한 채 융통성이 없으며, 자격을 따지고 서열을 중시하는 관리 방식도 쉽게 야기하는 등, 일정 정도 개인의 발전을 속박해 서구의 직원들처럼 능동적이고 창의적이지 못하다고 한다. '아시아 금융위기' 발발을 계기로 사람들은 인정

(人情)을 중시하는 유가문화의 특성으로 인해 기업 거래 중 사교비가 늘어날 뿐만아니라 종종 법률을 경시해 의사결정 실책과 자본의 유실이 생겨났다는 사실을 알게 되었다. 이 모두 진지하고도 구체적으로 연구해야 할 대상이다.

## 2. 감성과 이성 사이에 있는 문화적 자원

자원의 일종인 '문화'에는 잠재적 '보고'가 숨겨져 있다. 따라서 구체적인 내용을 둘러싼 전문 연구 이외에 보다 거시적인 시각에서 서로 다른 민족문화의 장단점을 비교, 고찰할 필요가 있다. 그렇다면 서구와 비교했을 때 중국문화의 '보고'에는 과연 어떤 것들이 있을까? 비교문화 연구를 통해 고대사회가 문명사회로 진입하는 과정에서 감성과 이론의 분열 대립으로 인해 서구문화는 감성과 이성으로 양분화 되어 갔음을 알 수 있었다. 감성의 극단은 스포츠로, 이성의 극단은 과학으로 표현되었다. 반면 아시아의 고대사회가 문명사회로 진입하면서 보여준 '조숙함으로' 인해, 중국문화에는 감성과 이성 모두가 발달하지 못하였고, 대신 감성과 이성이 상호 융합되고 상호 침투되어 이루어진 예술과 공예가 발달하였다.

감성적 생명을 극도로 표현하는 서구의 스포츠는 몸을 단련하고 국가의 위력을 떨치기 위한 행동일뿐만 아니라, 나아가 인류의 감성적 생명에 대한 탐구이자 일종의 육체적 도취이기도 하다. 따라서 인류의 감성적 극한에 도전할 수 있는 모든 것에 서구인들은 경기종목을 만들었다. 가파로운 절벽을 오르고, 바다 깊이 잠수하고, 절묘한 절벽 다이빙이나 극히 위험한 카레이싱(car racing)에 도전하고, 그다지 아름다워 보이지도 않은 '보디빌딩 콘테스트'나 백해무익한 '빨리먹기대회' 등도 벌인다. 우리가 봤을 때 황당하고 웃긴 일들이지만, 바로 이런 황당한 일이 있기에 인류의 감성적 생명이 올림픽이라는 전통 속에서 활기를 띨 수 있는 것이다. 한편 이성적 생명을 극도로 표현하는 서구의 과학사업은 생산력을 발전시키고 생활을 개선했음은 물론, 인류의 이성적인 생명력에 대한 탐구이자 일종의 정신적 심취이기도 했다. 따라서 인류의 이성적 극한에 도전할 수 있는 영역이라면 서구인들은 모두 과학적으로 실천해냈다. 이를 위해 서구인은 추상적이고 현묘한 사유에 잠기고, 시스템을 구축하며, 육안으로 볼 수 없는 미시의 세계나 인간의 육체가 접촉하지 못하는 우주 공간을 연구했다. 또 '파(波)'와 '입자(粒)' 사이에서 초경험적인 현상을 발견하고, '시간(時)'와 '공간(空)' 사이에서 모순적인 학설들을 세웠다. 이런 것들은 모두 불가사의하게 느껴지지만 바로 이런 불가사의를 통해 물질세계를 개조하는 과정에서 인간의 이성적 삶은 강대해질 수 있었다.

서구문화의 '보고'는 감성과 이성의 양극에 있어서 스포츠와 과학이 특히 발달했지만, 감성과 이성의 중간지대는 그들의 약점이어서 예술과 공예는 크게 발달하지 못했다. 물론 서구에도 황홀한 예술 명품들이 많지만 서구식 예술은 대개 과학화되거나 스포츠화되어 있다. 고대 서구인은 '모방설'에 근거해 현실생활에 대한 반영이나 인식을 예술활동의 궁극적인 목표로 삼고, 예술을 이성행위의 담체로 보았다. 따라서 해부학, 투시학, 기하학, 역사학 등의 시각에서 조소(雕塑), 회화, 원림, 소설을 나름대로 연구했지만, 막상 예술 자체의 심미 목적은 망각하고 있었다. 현대 서구인은 카타르시스 이론에 근거해 예술행위를 통해 억압당한 정서와 잠재의식을 표출하는 등, 예술을 감성적 정욕의 외각으로 여겼다. 이에 히스테리한 브레이크 댄스와 시끄러운 로큰롤을 창작하였고, 애욕과 범죄 스토리를 바탕으로한 추격전과 총격전, 그리고 첨단기술을 동원한 액션신과 대량의 파괴 장면으로 감관을 자극하고 욕망을 만족시키는 할리우드 영화를 제작할 수 있었다. 이런 작품들은 스포츠처럼 인간의 생리적 감관을 자극하고 인간의 육체적 욕망을 만족시킬 수는 있지만, 심미적 정감이라는 독특한 매력은 잃어버렸다.

　서구문화의 '금맥(金脈)' 분포와 달리 중국문화는 감성과 이성 모두 발달하지 못했기에 체육과 과학의 발전 모두 미흡했다. 감성 면에 있어 중국문화는 '지족하며 늘 즐거워한다', '능히 참으며 편히 지낸다', '남을 이기지 않는다', '남에게 뒤지는 것을 부끄러워하지 않는다' 등의 관념을 지니고 있었다. 이렇듯 경쟁의식을 멸시하고 모험과 열정을 억압하는 사상은 기예를 다루는 스포츠 사업 전개에 불리했음은 물론, 능동적으로 현실을 변혁하고자 하는 감성적 충동, 자아를 자연의 대립 면에 두고 인간의 몸으로 자연과 대항하는 용기, 새로운 것에 대한 갈망과 모험적인 열정 등 서구적 특성의 결여를 초래했다. 중국문화는 '고요히 먼 곳에 이른다', '불변으로써 만 가지 변화에 응한다' 등의 격언 속에 늘 심취되어 있었다. 이와 같은 문화 환경 속에서 올림픽과 같은 스포츠 전통이 아니라 '장수에 도움이 되는' 기공(氣功)과 '호흡법을 중시하는' 태극권이 발달했다. 이성 면에 있어서도 중국문화는 '지행합일(知行合一)', '경세치용(經世致用)' 정신을 담고 있다. 이성실천을 중시하고 사변이성을 경시하는 이런 전통 덕택에 중화민족은 종교신비주의의 기로에 들어서지 않을 수 있었으나, 지식구조의 자유 공간과 미지세계에 대한 탐색 열정도 동시에 차단해버렸다. 중국인도 반복적인 측정을 통해 원주율의 π 치를 상당히 정확하게 계산해냈지만 유클리드(Euclid)처럼 기하학 체계를 세우지는 못했다. 또 거듭된 실천 끝에 천단(天壇) 기년전(祈年殿)과 같은 정교한 건축물을 세웠지만, 뉴톤처럼 역학체계를 세우지는 못했다. 중국인은 결코 머리가 나쁘지 않다. 그러나 이성의 날개에 실용적인 금속품이 실리는 순간 높이 비상할 수는 없다.

만약 중국문화의 약점이 감성과 이성의 양극에 있어 스포츠와 과학이 발달하지 못했다고 한다면, 중국문화의 '보고' 또한 감성과 이성이 어우러진 지대에 있기 때문에 예술과 공예가 특히 발달했다고 할 수 있다. 중국이 '예술과 공예의 나라'로 불리는 것은 선조들이 우리에게 선진(先秦)시기의 『시경(詩經)』, 전국시기의 초사(楚辭), 한나라의 사부(辭賦), 육조시기의 사륙변려문(四六駢儷文), 당시(唐詩), 송사(宋詞), 원곡(元曲), 명청(明淸) 소설 등 예술 명작들을 물려주어서가 아니요, 양사오(仰韶)의 채도(彩陶), 량주(良渚)의 옥기(玉器), 은상(殷商)의 청동기, 한나라의 석상(石像), 당나라의 삼채(三彩), 송나라의 점토 인형(泥塑), 원나라의 청화자기, 명나라의 원림(園林), 청나라의 궁전 등 범예술적인 공예품들을 남겨주어서도 아니다. 이는 예술에 옛사람들의 사고방식과 행위방식 그 자체가 고스란히 남아있기 때문이다. 서구의 스콜라철학자들이 논리와 수학을 통해 우주, 나아가 조물주의 비밀을 파헤칠 때 수당시기에 시작된 중국의 과거제도는 시 창작과 글 쓰는 능력을 온 나라 관리가 반드시 지녀야 할 필수 교양으로 제시했다. 서구와 달리 중국 고대 지식인들은 어두침침하고 으스스한 교회당에서 천문력 계산법을 연구하는 대신 거문고를 타고 바둑을 두고 글을 쓰고 그림을 그리면서 심신을 수련했다. 즉 유교의 '충효로 나라를 안정시키고, 예악으로 나라를 다스리는' 전통은 자연히 글쓰기를 '경국대업(經國大業), 불후성사(不朽盛事)'의 높이로 끌어올렸고, '만물을 타고 유유자적하는' 도가 철학은 예술적 태도로 처세하도록 도와주었다.

서구의 예술과 공예가 스포츠와 과학의 영향을 받았다면 중국의 스포츠와 과학은 예술과 공예로부터 오히려 제약을 받았다. 감성적인 면에서 중국의 스포츠는 서구처럼 육체의 감성적 생명력을 발산하는 것을 뛰어난 능력으로 여기지 않았으며, 감성 속에 이성이 있고 육체에 정신이 내재한다고 보았다. 따라서 서구의 복싱이 감성적 능력을 직접 대결하는 데 반해, 중국의 무술은 정확하게 공격하고 힘껏 쳐야 할 뿐만아니라, 화려한 권술과 멋진 발차기로 미적 감수성도 전달해야 한다. 이처럼 중국의 스포츠는 예술화되어 있다. 지금도 세계적인 스포츠 대회에서 중국이 우위를 점하는 종목들은 대부분이 예술적 성분이 포함된 체조, 다이빙, 피겨 스케이팅 등이며, 축구처럼 육체적인 대항을 강조하는 시합에는 취약하다. 이성적인 측면에서도 중국인의 과학활동은 서구처럼 이성적 사변(思辨)을 파고들어 연구하는 데에 능하지 않고, 감성과 이성의 통일, 감성과 사변의 결합을 강조한다. 어찌 보면 매우 공예화 되었다고도 할 수 있다. 중국인이 자부하는 '4대 발명'도 자세히 들여다 보면 모두 공예적 성분을 내포하고 있어, 순수 이론과학이라고는 할 수 없다. 이 모두가 중국과 서구문화가 나름대로 자기만의 특점과 장점을 지니고 있음을 보여주고 있다. 중국문화의 장점은 감성이나 이성, 체육이나 과학에 있지 않다. 그러나 감성과 이성이 결합된 예술과 공예에서 중국인이 거둔 성과는 괄목할 만하다.

## 3. '문화 자각'의 역사적 의의

중국과 서구 문화의 자원구조적 분포와 관련된 위의 분석이 비록 거시적이고 거칠며 간략하고 단순하지만, 이를 통해 우리의 '문화 자각'은 어느 정도 더해졌을 것이다. '아편전쟁' 이래로 우리는 늘 문화적 몰지각 상태에 빠져 있었다. 적지 않은 사람들은 총과 대포로 위력을 과시한 서구의 과학이 우리보다 선진적이듯 다른 것도 우리보다 우월할 것이라고 생각했다. 그리하여 선진기술은 물론 예술적인 방면에서도 서구를 본받고자 했다. '시단(詩壇) 혁명', '소설계(小說界) 혁명' 이래 중국은 서구식 '반영론(反映論)'을 예술이 나아가야 할 발전 방향으로 삼았는가 하면, 감관을 자극하는 '할리우드' 패턴을 본뜨느라 자기만의 유구한 예술전통을 점차 잃어갔다. 그 결과 남의 것도 흉내 내지 못하고 자기 전통마저도 잃고 말았다. 굴원, 사마천, 이백, 두보, 소식, 조설근과 같이 자랑스런 인물이 있는데도 서구인이 제정한 노벨상을 받지 못해 가슴 아파하는 난감한 처지에 놓이고 말았다.

이상의 고찰을 통해 우리는 어떠한 민족의 문화이건 모두 복잡하면서도 체계적인 구조체로서, 내부의 요소들이 서로 연결되어 조화를 이루고 있으며, 이 연결과 조화를 통해 인류의 기본적인 수요를 만족시킨다는 것을 알 수 있었다. 따라서 한 가지로 전체를 개괄할 수 없듯이 어떤 문화의 단일 요소를 그 문화를 평가하는 유일한 기준으로 삼아서는 안 되고, 그 어떤 분석도 하지 않고 한 문화로 다른 문화를 통섭하거나 대체하고자 해서도 안 된다. 혹자는 과학만이 민족의 흥망성쇠를 결정짓는 관건적인 요소일 뿐, 공예와 예술은 있어도 그만 없어도 그만인 존재임이 역사를 통해 이미 입증되었다면서 이의를 제기할 수 있다. 사실 우리 선조들이 시(詩), 사(詞), 가(歌), 부(賦), 거문고(琴), 바둑(棋), 서법(書), 회화(畫) 등을 깊이 연구하는 데 개인의 지혜를 모으지 않고 기술(術), 이치(理), 변화(化) 등을 연구하는 데 힘썼다면 '아편전쟁' 발발 시 총과 대포로 위력을 과시한 서구에게 패하지도 않았을 것이다. 과학기술이 제1생산력인 오늘날 실제 효용을 지닌 과학지식 개발에 주력하지 않고 여전히 심미문화의 민족 전통에만 심취되어 있다면 결과적으로는 백해무익할 것이다. 그러나 좀 더 깊이 살펴 보면 얼핏 정확해 보이는 위의 관점이 반드시 성립되지 않음을 발견할 수 있다. 그렇다고 과학기술의 중요성을 부정하고 서구문화를 받아들이지 말라고 주장하는 것은 아니다. 오히려 태도는 명확하다. 근본적으로 서구문화도 나름의 장단점이 있고 중국문화에도 자신만의 우결점이 있기 때문이다. 따라서 다른 사람의 장점을 본받아 자기 단점을 보완함으로써 더 풍부하고 건전한 자기문화를 구축하는 것이 바람직하다. 이는 '세계화'가 날로 심화되는 역사적 배경 하에서 더욱더 중요한 과제라 할 수 있다.

이런 동기 하에 필자는 이미 4권으로 된 『중국심미문화사』를 주필해, 오천년 넘는 중국 심미문화의 역사적 발전 속에서 필요한 영양분을 얻고자 했다.[1] 뒤이어 장장 40만 자[2] 넘는 『당대중국심미문화』의 편집을 주관해, 반세기 넘는 역사 속 중국 심미문화의 발전을 분석하고, 경험적 교훈을 집대성하기에 이르렀다. 경험이든 교훈이든 분명 모두 우리의 자산이며, 21세기 중국의 평화적 도약에 충분한 '소프트파워'를 제공할 것이다.

---

1. 천옌 주필, 『중국심미문화사(中國審美文化史)』, 산둥화보(山東畵報)출판사, 2000년.

2. [역자주] 중국어 분량을 말한다.

# 제1장

## 배경

반세기 넘는 시간 중국의 당대 심미문화에 심원하고 광범위한 변화가 일어났다. 단조롭고 칙칙한 녹색 군복과 남색 제복에서 다양하고 예쁜 원피스와 나팔바지, T셔츠, 미니스커트, 탕좡(唐裝), 하이힐로, 전국 무대를 채운 8편의 혁명 양판희(樣板戲)에서 수만 수천 편의 멜로, 총격, 공포, 판타지, 시대극 등 스크린을 가득 채운 수 많은 영화로, 단일한 주제와 격정적 정서의 '충자무(忠字舞)'와 대약진 시기의 민가(民歌)에서 다양한 내용과 전위적 풍격의 몽롱시(朦朧詩)와 '의식류(Stream of consciousness)' 기법을 사용한 소설, 실험극(實驗戲劇, Experimental theatre), 보디아트(Body Art)로, 찬양과 선동 가득한 붉은 태양 송가(紅太陽頌歌, The red sun)에서 개인 취향을 반영하는 서정적 대중가요와 캠퍼스 민요, 로큰롤 음악으로 바뀌었다. 영화도 단체로 조직하고 통일적으로 관람하던 데서 개인이 각자 즐기고 자유롭게 집에서 감상하는 소프 오페라(soap opera)로 바뀌었다. 이와같이 굴곡지고 복잡한 변화는 당대 심미문화의 전반적인 추세를 두 가지로 제시해주고 있다. 횡적인 면에서, 심미문화는 다른 문화 요소와 고도로 통합되고 통일되던 데서 점차 상대적으로 독립되고 분산된 관계로 나아갔다. 이로써 심미문화는 더 넓은 공간과 자주권을 확보할 수 있었다. 종적인 면에서, 여러 요소들을 자체적으로 재조합하고 집중시켜 단일적이고 정적이며 동질적이었던 초기 상태에서 복잡하고 다변적이며 이질적인 후기 상태로 나아갔다. 이로써 주류 문화와 엘리트 문화, 대중문화와 민간문화 등 여러 문화가 공존, 발전하는 오늘날의 국면을 열게 되었다.

한 시대의 심미문화 현상은 절로 생겨난 것이 아니라 그것이 처한 특정 시대의 복잡한 현실 토양 속에 깊이 뿌리내리고 있다. 따라서 보다 넓은 사회 역사 배경으로부터 접근해야만 당대 심미문화의 특정적인 의미와 풍부한 함의를 진정으로 이해할 수 있다.

# 제1절

# 심미문화에 끼친 시장경제의 영향

시장경제가 당대 심미문화에 끼친 영향은 점차 심화되는 과정으로 이해할 수 있는데, 이는 중국 사회에서 시장경제가 확립되고 발전, 성장해 온 역사와도 연결되어 있다. 신중국 건립 초기 시장경제의 성격과 범위, 역할 등의 문제에 관해 많은 사람들이 관심을 갖고 열띤 토론을 가졌다. 그러나 '11기 3중전회(三中全會)'까지만 해도 시장경제는 '자본주의의 꼬리'[1]로 간주되어 줄곧 배척당하고 비판 되어온 탓에 현실 생활에 뿌리 내리고 싹 틔우지 못했다. 따라서 시장경제의 사회 영향력 등은 논할 바도 못되었다. 이른바 '계획경제'(실은 '권력경제')가 30년 가까이 현실 생활과 사회 질서를 주도해 오다 보니 심미문화 활동도 뚜렷한 '계획'적 특색을 지닐 수 밖에 없었다.

당시 모든 문화 부문은 사업 기관에 소속되어 있었으므로 경제적으로 독립된 지위를 확보하지 못한 채 정부의 지원금만으로 운영해왔다. 심미문화의 자원과 자본, 노동력까지 모두 국가가 독점하고 있어, 무엇을 얼마나 어떻게 생산할 것인지 모두 정부의 통일적 지시에 따라야 했으며, 문화 단체나 예술가 개인이 사사로이 결정할 수 없었다. 이런 상황하에 문화 단체와 예술가는 이데올로기를 생산하고 포장하는 수공업 공장과 폴리티컬 총잡이(Political gunman)로 전락하고, 문화 생산품은 주제를 우선으로 하는 선

---

1. [역자주] 1955~1956년 사회주의적 개조가 끝난 후의 소농제 농업경제를 자본주의의 온상으로 지목하여 특정지어 이르는 말이다.

그림1-1-1 '붉은 바다로 물든 전국
(一片紅)' 우표

전품이 되버렸다.

따라서 신중국 건립 후 30년 간의 문화 작품 창작은 대부분이 '총노선, 대약진, 인민공사', '공업은 따칭(大慶)을, 농업은 다자이(大寨)를 배우자', '벽지체험(上山下鄉)', '사적인 이기주의와의 투쟁, 수정주의 사상에 대한 비판', '태양이 가장 붉고 마오(毛) 주석이 가장 친근하다(The Reddest Sun, Chairman Mao The Most Dear To All)', '차(茶)를 메고 베이징으로(Tea leaves to Beijing)' 등의 주제를 선전하는 내용이었으며, 어디를 가든 산과 물이 환희에 젖어 꾀꼬리가 노래하고 제비가 춤추는 태평성세가 펼쳐졌다.(그림1-1-1)[1] 이런 작품들이 내용과 형식 면에서 당시 국가를 건설하는 사람들의 고양된 열정과 미래에 대한 낭만적 기대를 반영하였고, '많이, 빨리, 잘, 경제적으로' 공화국을 건설하고자 하는 사람들의 열정을 고무시키는 데 있어 실제로 큰 역할을 했음은 부인할 수 없다. 그러나 이러한 예술 작품은 이데올로기와 현행 정책의 통제로부터 시종 벗어지지 못하였고, 내용과 형식 면에서도 지나치게 단일하고 단조로와 백화(百花)가 일제히 만개하는 심미문화의 국면을 형성하지 못했다.

'11기 3중전회' 후에야 시장경제는 비로소 계획경제의 속박에서 벗어나 개혁개방이라는 새로운 역사시기를 맞이하게 되었다. 12기 3중전회에서 중국공산당은 중국의 사회주의 경제를 공유제를 기초로 한 계획적 상품경제

---

1. 1968년 11월에 발행된 우표. 전국에 혁명위원회가 설립된 것을 경축하기 위해 발행되었다. 우표에 그려진 중국 지도에 빠진 부분이 있어 현재는 진품(珍品)이 되었다. [역자주] 1968년 9월 5일 신장 티베트 혁명위원회의 설립과 더불어 당시 양보일간(兩報一刊, 두 가지 신문과 한 가지 잡지의 약칭)신문인 인민일보(人民日報), 해방군보(解放軍報), 홍기(紅旗) 잡지는 '프롤레타리아 계급 문화대혁명의 전면적인 승리 만세: 신장, 티베트 혁명위원회의 설립을 열렬히 경축하며'라는 사실을 발표했는데, 이 사설에서는 위의 현상을 '붉은 바다로 물든 전국(一片紅)'이라 했다.

로 규정하고 '사회주의 상품경제' 개념을 도입하였다. 중국공산당 '제13차 전국대표대회'에서는 또 계획적인 상품경제의 기초 하에 계획경제와 시장경제를 결합한 경제제도의 추진을 제기했다. 중국공산당 '제14차 전국대표대회'에서는 사회주의 시장경제 체제 구축에 관한 개혁 목표를 제기함으로써 시장경제 발전을 위한 제도적, 체제적 보장을 마련했다. 오늘날 국민경제 생활 및 일상생활에서 시장경제의 중요성은 날로 커지고 있다. 과거 국가의 독점 하에 통일적으로 배급되던 제품이 이제 다원화된 시장 유통망 속에서 자유로이 거래되고, 개인이 구매, 소비할 수 있게 되었다. 시장경제의 출현은 기존의 국민경제 체제 구조를 변화시킴은 물론, 더 나아가 기존의 가치관과 정신적 면모, 행위 방식에 큰 충격을 주었다.

시장경제의 물결 속에서 심미문화도 차츰 큰 충격을 받아, 활동 방식과 운행 규칙 면에서 시장경제적 특징을 띠게 되었으며, 정부 권력기관의 묵인 하에 문화 부문은 사업기관과 기업이라는 이중 신분을 지니게 되었다. 특히 개인이 세운 문화 기업들이 대거 등장하면서 심미문화 생산은 더욱 시장화되었다. 오늘날 초보적으로 형성되기 시작한 중국의 문화시장은 음악과 영상, 서예와 그림, 신문과 잡지, 공연과 문물 등 하위 영역들로 가득 차 활력이 가득하다. 중국공산당 '제16차 전국대표대회'에서는 문화산업의 정당성을 한층 더 명확히 함으로써 심미문화 생산의 시장화와 상품화를 위해 드넓은 공간을 개척해주었다.

지금까지의 심미문화 발전을 놓고 볼 때, 현단계의 상품화와 시장화 추세는 대체적으로 진보적이고 개방적이라 할 수 있다. 왜냐하면 심미문화의 독립과 자유를 제고했을 뿐만 아니라, 세속화와 대중화도 강화했기 때문이다. 또 심미문화가 다양하고 형상적으로 발전했음은 물론, 더욱 생활화되고 더욱 현실화 되었기 때문다. 이 시기에 이르러 이전의 지나치게 초탈하고 고아하고 폐쇄적이고 편협하며 따스한 온정을 경시하던 심미문화에 근본적인 변화가 생겨났는데, 이러한 변화는 민주적이고 자유로운 대중 심미문화가 한창 형성되고 있음을 예고하고 있었다.

## 1. '무한경쟁 시스템을 향한 지식인의 도전' 과 심미문화 발전의 자유화

강한 분화(分化)의 역량으로 역사발전 과정에 등장한 시장경제는 정부와 사회의 분리를 가속화하고 시민사회를 형성했다. 또한 시장경제 자체도 행정권력의 조종과 간섭에서 점차 벗어나 독자적인 신분을 지니게 되었다. 시장경제는 근본적으로 자유경제에 속하는 만큼 스스로 생산하고 운영하며 조절한다. 따라서 정부의 권력과 이데올로기를 책임지는 것이 아니라 대중의 수요에 응하고 시장의 지시를 따르며 가치법칙의 변화에 주목한다. 이런 측면에서 볼 때 심미문화의 상품화는 곧 심미문화 제품의 자유화와 독립화를 의미한다. 심미문화의 생산, 유통과 소비 등의 단계가 더 이상 정부의 지시에 따르지 않으며, 이데올로기와도 적당히 거리를 두고 있기 때문이다.

1980년대 이래 크게 발전하기 시작한 시장경제 덕분에, 수많은 문화영역 종사자들이 사업기관으로부터 독립해, 경쟁을 통해 이윤을 추구하는 문화시장에 뛰어들었는데, 이를 통해 심미문화의 생산도 '제목을 주고 글을 짓는' 것에서 '자유롭게 창작하는' 것으로 바뀌었다. 1980년대 초기만 해도 '무한경쟁 시스템을 향한 지식인의 도전'은 이론이 분분한 새로운 개념이었으나 현재는 평범하다 못해 진부한 이야기가 되버렸다. 지난날 '무한경쟁 시스템

을 향한 지식인의 도전'이 뜻을 펴지 못한
지식인들이 생존을 위한 글쓰기로 장사를
한 것이었다면, 오늘날의 지식인들은 자신
이 지니고 있는 문화 자원을 이용해 문화
제품, 특히 심미문화제품의 창작에 자각
적으로 종사한다. 이에 경제적으로 독립
해 인격적, 신분적 자유를 누리고 있는 프
리랜서 작가와 문화 기업이 갈수록 많아

그림1-1-2 발라드의 여왕 양위잉(楊鈺瑩)

지고 있다.(그림1-1-2)[1] 이제 이데올로기는 더 이상 그들이 표현하고자 하는
유일한 주제도 아니고, 국가 권력도 더 이상 이들이 충성을 바쳐야 하는 유
일한 대상도 아니다. 나날이 풍부해지는 사회 생활과 감정들이 예술가들의
시야에 포섭되어, 시나리오 작가나 작가들에게 있어 궁정 비사(宮廷秘史)나
중요한 정치 뉴스, 은밀한 욕망과 본능에서 나온 충동, 일반인의 사소한 일
과 스타들의 염문 등은 모두 이윤을 창출할 수 있는 소재가 되었다. 인지상
정, 남녀 간의 사랑, 혈연 윤리, 개체 생존, 오락과 즐기기, 엣지 체험(Edge
experience) 등 과거에 의식적 혹은 무의식적으로 홀시되던 주제들이 재발
굴되어 문화시장의 주류를 이루었다. 각종 잡지들이 가득 진열된 노점, 음악
소리와 영상이 넘쳐나는 시끌벅적한 거리, 칼과 검을 휘두르는 격렬한 전투
장면과 선남선녀가 스크린을 채우는 영화관, 이 모든 곳에서 우리는 시장경
제가 심미문화에 가져다 준 활력과 위력을 느낄 수 있다.

　　제품의 유통 방식에 있어서도 당대 심미문화는 자기만의 자유로운 특성을
보여준다. 신중국 건립 이래 '문화대혁명' 직후까지만 해도 문화제품은 정부

---

1. 중국 가수 중에서 이른바 계약 가수라 할 수 있는 첫 번째 가수이다.

의 관리 하에 유통되었다. 즉 정부가 구체적인 배포 계획을 세우면 특정 발행 기관과 판매 기관에서 문화제품의 액수와 양을 정하여 여러 부문에 발송하거나, 원가보다 높은 가격을 책정해 대중들에게 판매했다. 그중 아직까지 막강한 영향력을 지닌 신화서점 역시 계획경제 시대의 산물이다. 그러나 문화제품의 배급을 지정하는 방식은 분명 사람들의 다양한 심미적 수요를 무시하고 나아가 억압하기도 한다. 이처럼 종이 한 장으로 모든 심미적 취향을 아우르려는 방식은 지금의 관점에서 볼 때 지나치게 기계적이고 독단적으로 비춰질 수 있으나, 이런 방식이 오랜 동안 문화 영역에 존재해왔던 사실은 부인할수 없다. 문화제품 자체가 희귀하고 품목도 단조롭던 시대에 행정 권력이 제품의 배포에 관여하게 되면, 심미문화 영역에 관료주의와 불평등 국면이 쉽게나타난다. 실제 상황도 이를 입증해준다. 신중국 건립 후 30년 동안, 『금병매(金瓶梅)』를 비롯한 수많은 고전문학 명저와 외국 영화, 특히 구소련의 영화는 '비판 연구'의 기치 하에 일부 특권자들에 의해 내부적으로 독점되었다. 문화영역으로 시장경제가 횡적 발전한 의의 중의 하나가 바로 문화제품의 이러한 배포제도를 타파해 이 제도로 인해 야기된 악영향을 어느 정도 바로잡았다는 것이다. 따라서 이 시기의 '문화제품'은 '문화상품'이 되어, 가치법칙과 수요공급에 따라 시장에서 자유로이 유통되었다. 인간의 다양화된 심미적 취향도 존중받아, 문화상품 앞에서 모든 사람들은 평등한 소비자가 되었다. 이에 문화제품의 독점권은 크게 약화될 수 밖에 없었다.

아울러 심미문화의 수용과 소비 방식에도 변화가 생겨났다. 즉 강압적인 집단활동에서 자유로운 개체 활동으로 바뀌었다. 계획경제 시대의 심미문화제품은 성격상 공유재산에 속하므로 조직적이고 집단적으로 받아들여질 수밖에 없었으며 개별성과 개성은 배제되었다. 정치가 모든 것을 지휘하던 시대에, 영화한 편을 볼지 말지, 어떤 경기를 좋아하는지, 어떤 옷을 입을지 등의 선택은 사실 이의를 제기할 수 없는 개인적 취향의 문제가 아니라, 맞고 틀리고와 연관된 정치적 문제였다. 개성적이고 개인적인 심미 추구는 위험이 잇따르는 정치적 모험이었다. 정치적 금기로 심미적 자유를 대체하는 이러한 방식은 당시 지극히 보편적이어서, 인간의 의식주 모든 일상 영역에 침투되어 있었다. 그러나 문화제품의 상품화와 더불어 과거의 정치적 금기들은 대대적으로 무너지기 시작했다. 심미적 자유가 날로 보장되면서, 사람들은 더욱 개인적이고 자유로운 것을 추구했다. 문화제품의 관람 여부와 관람 내용과 형식 등은 모두 스스로 결정하였는데, 특히 매스컴의 보급으로 더욱 저렴하고 편리하게 문화제품을 접할 수 있게 되었다. 심지어 집에서도 유선 TV, 컴퓨터 네트워크, CD, DVD, 소프트웨어, 간행물을 통해 자유롭게 문화제품을 감상하고 업무를 처리할 수 있게 되었다. 현행 법률에서는 전파 및 유포만 하지 않는다면 포르노나 에로 영화 감상을 정당한 행위로 간주한다. 이는 덩리쥔(鄧麗君)의 노래를 듣는 것마저 전전긍긍하던 시대에는 실로 상상조차 할 수 없는 일이었다.

## 2. '욕망 직시'와 심미문화의 통속화

시장경제는 본래 통속적이다. 따라서 인간 내면의 욕망을 무시하지 않고 직시하며, 통속적인 향락을 버리지 않고 고무한다. 또 엄격한 등급제에 반대하고, 사회적 유동을 억제하는 대신 강화한다. 마르크스(Karl Heinrich Marx)가 말한 것처럼 시장경제 앞에서 "고정적이고 경직된 모든 관계, 그리고 이에 대응하여 발전한 숭고한 관념과 관점들은 모두 사라지고, 새롭게 형성된 모든 관계는 고정되기도 전에 낡은 것이 되어 버린다. 등급이 있는 고정적인 모든 것들은 흔적도 없이 사라진다……."[1] 시장경제가 지닌 특색들은 자연경제의 답보적인 발전, 금욕주의와 분명 크게 대조된다. 만약 '시장경제 문화'라는 것이 있다면, 이 문화의 가장 중요한 특징은 바로 통속성과 대중성에 있을 것이며, 상품화된 심미문화는 필연적으로 이러한 문화적 특성을 지니거나 문화적 속성을 드러낼 것이다. 상품의 내적 요구 측면에서 볼 때, 당대 심미문화는 일반 상품처럼 시장 수요와 사회 수요, 대중 취향에 발맞추어 귀족의 전당에서 벗어나 시민의 광장으로 들어설 것이며, 그렇게 되면 대중의 통속적인 취향 및 심미적 실용성과 오락성에 대한 요구를 정정당당하게 겉으로 드러낼 것이다. 통속화와 생활화는 비켜갈 수 없는 당대 심미문화의 추세인 것이다. 타오둥펑(陶東風) 등이 말한 것처럼 "사시(史詩) 없는 이세기 말, (중략) 한 세기 동안 발전해 오던 심미 트렌드는 오히려 이 시점에서 크게 '굽이돌아' 통속화, 생활화, 향락화로 나아갔다. 대중소비의 세속적 취향이 처음으로 심미문화의 주도적 지위에 올라선 것이다."[2]

당대 심미문화는 내용과 풍격 면에 있어 과거 '맛을 넘어 선 맛'과 '형상 너머의 형상'을 추구하던 데서 벗어나 생활 본연의 모습에 다가갔다. 또 혁명적 구호를 리메이크하는 대신 인간 감정의 진실한 표현을 중시했다. 귀족적 취향과 전투적인 격정이 급격히 물러가고 통속적인 모습과 대중의 일상생활이 그 자리를 대신했다. 그제서야 사람들은 비로소 자신이 가장 필요로 하고 가장 가깝게 느끼며 또 가장 감동하는 것이 무엇인지를 알게 되었다. 이성 간의 사랑, 생사이별, 관혼상제, 실업과 취직, 무한경쟁 시스템을 향한 지식인의 도전, 그리고 기름, 소금, 간장, 초와 같이 자질구레한 일상의 것 등 더 이상 사

---

1. 마르크스, 엥겔스, 「마르크스, 엥겔스 선집(馬克思恩格斯選集)」 제1권, 인민(人民)출판사, 1972년, P.275.

2. 타오둥펑(陶東風)·진위안푸(金元浦), 「파편에서 건설로: 중국 당대심미문화 2인 토크(從碎片走向建設––中國當代審美文化二人談)」, 「문예연구(文藝研究)」, 1994년 제5기.

소할 수 없고 또 더 이상 평범할 수 없는 일련의 현실들이 이 시기에 와서 실질적인 의미를 지니게 되면서 심미문화의 주 관심사가 되었다. 한편 심미문화의 중심부로 치고 들어와 화면과 간행물의 핵심 위치를 차지한 평범한 인물들과 사소한 일들이 사업가들에 의해 셀링 포인트(selling point)로 세심히 포장되면서, 높은 시청률과 발행부수를 보장하는 둘도 없는 마법의 무기(Magic weapon)가 되었다. 또한 이렇게 공을 들여 제작된 통속적인 장면들은 마치 하나의 거울처럼 대중의 삶을 대중으로부터 적절히 분리시킴으로써 자기 자신을 돌아보고 삶을 성찰하며 정체성을 찾는 데 필요한 거리와 공간을 제공하였다. 이로써 드라마 〈갈망(渴望)〉, 〈한번 실컷(過把癮)〉의 대성공이 결코 우연이 아님과 왕쉮(王朔), 펑샤오강(馮小剛) 등이 높은 인기를 유지하는 것도 매우 자연스러운 일임을 알 수 있으니,(그림1-1-3)[1]

그림1-1-3 드라마 〈갈망(渴望)〉의 포스터

(그림1-1-4)[2] 이들 작품이 일반 대중의 꿈과 번뇌, 고민과 희열 속에 깊숙이 뿌리내리고 있는 데서 원인을 찾을 수 있다. 순수문학 잡지마저도 시장경제의 충격 하에 변화를 통해 출로를 찾아야 했기에, 지푸라기라도 잡는 심정으로 작품의 통속성, 평민성, 현실성을 추구하게 되었다. 즉 시장경제 속에서 심미문화가 생존하고 발전하기 위

그림1-1-4 〈이쪽저쪽(甲方乙方) 역자주–'갑방을방'으로도 번역됨〉의 포스터

---

1. 1980년대 말 높은 시청률을 기록하고 한때 큰 사회적 반향을 일으켰던 드라마이다. 그림 출처는 http://www.lady.qq.com/a/20070705/000029.htm.

2. 펑샤오강 감독의 첫 번째 신년맞이 영화다.

해서는 대중들의 통속적인 취향과 요구를 반드시 존중해야 했던 것이다. 사실 이는 심미문화가 날로 민주화되어감을 보여주는 중요한 지표이기도 하다.

　　오락 기능의 강조는 당대 심미문화의 통속화를 보여주는 두번째 표징이다. 이는 교화와 이성을 중시하고 오락과 감성을 소홀히 하던 전통문화와 크게 비교된다. 사회체제의 관료화로 인해 사회생활이 날로 경직되고 딱딱해지자, 감성에 대한 호소가 심리적 스트레스를 완화하고 정서를 조절하는 사회적 기능을 담당하게 되었다. 당대 심미문화 시장은 바로 이런 셀링 포인트에 역점을 두고 크게 개발되기 시작해, 신문이나 잡지, 영화, 텔레비전, 광고 모두 감성과 오락, 기분전환을 지향하게 되었다. 신문과 잡지에서 문화 오락은 줄곧 많은 지면을 차지하는데, 이들은 오락거리를 찾아내 제작·전파하고 제공한다는 기치를 확고하게 내걸고 연예인들의 스캔들, 재미 있는 일상 이야기, 해외에서 벌어진 기이한 이야기 등을 게재하고 있다. 방송이나 텔레비전의 오락 프로그램의 경우는 더욱 다양하다. 이를테면 각종 버라이어티쇼, 스페셜 서브젝트 파티(special subject party), 스타 인터뷰, 게임 쇼(퀴즈) 프로그램, 리얼리티 프로그램, 직장 쇼(職業秀, Workplace), 라이브 티어터(真實劇場, Live theatre) 등이 모두 이에 속한다. 심지어 '법제'와 같이 매우 근엄하게 느껴지는 주제까지도 '대중의 심판', '민간의 견해' 등 방식을 동원해 모두가 참여하는 지력(智力) 게임으로 등장했다. 상업화된 오락의 물결 속에서, 이제 오락화할 수 없는 것이 없는 것 같다. 오늘날 도시 생활 자체도 각종 오락 서비스를 끊임없이 제공하고 있어, 도시 거리에는 노래방, KTV, 오락실, 바(bar), 디스코텍, 커피숍, 오락실 등이 날로 늘어나고 있다. 이런 장소는 사람의 시선을 사로잡는 인테리어와 포장을 통해 일상과 구별되는 자유롭고 환상적인 시청각 공간을 제공한다. 중형 도시나 연해 지역에서, 오락산업이 해당 지역 국민 총생산액에서 차지하는 비중은 날로 늘어나고 있으며, 전반 시장경제 생산규모를 확대하는 필수적 일환으로 작용하고 있다.

## 3. 상업 판매와 심미문화의 도상화(圖像化)

당대 심미문화가 표현 방식 면에서 도상화 추세를 보이는 것은 누구나 쉽게 알 수 있다. 따라서 새로운 '이미지의 시대'가 이미 도래했다고 주장하는 사람도 없지 않다. 이와 같은 현상은 언어문자로 된 제품이 적극적으로 도상화로 발전해가는 것이나 이미지 상품이 대규모로 제조, 생산되는 것에서 찾아볼 수 있다. 오늘날 이미지가 신문·잡지 등 간행물 지면에서 차지하는 비중은 날로 늘어나고 있으며, 과거 줄곧 압도적인 지위에 있던 문자가 이미지의 각주나 해석으로 쓰이는 경우도 종종 볼 수 있다. 시중의 베스트셀러나 인기있는 도서만 봐도 거의 그림과 글이 혼재해 있어 생동감이 넘친다. 이를테면 일종의 이야기 그림책이라 할 수 있는 〈삽여랑(澀女郎)〉, 지미(幾米)의 〈왼쪽으로 가는 여자, 오른쪽으로 가는 남자(向左走向右走)〉 등은 한동안 베스트셀러 순위에서 높은 순위를 차지했다.(그림1-1-5)[1] 전자화 시대의 도래는 이미지 생산의 규모와 효율성을 한층 제고시켰다. TV나 컴퓨터의 보급으로 사람들의 일상생활은 이미지로 겹겹이 포위되어 있다. 이제 감각으로 느끼는 이미지들이 문자를 대신해 현대인들의 주된 즐거움의 원천이 되었으며, 도시 조성이나 가정의 인테리어, 슈퍼 매대 위에 진열된 수많은 상품이나 백화점 쇼윈도우의 디스플레이, 광장의 분수 축제나 로비의 현대생활 전시 등은 모두 시각적으로 사람들에게 새로운 내용과 경험을 선사한다.

---

1. 삼련서점(三聯書店), 2002년.

그림1-1-5 도서 지미의 〈왼쪽으로 가는 여자,
오른쪽으로 가는 남자〉 겉표지

이미지가 현대인의 삶에 전면적으로 개입하여 현대인의 시·감각기관이 가장 편하게 느끼는 거처가 된 데는 당대 전자공업 및 복제기술의 발달이 큰 역할을 했지만, 시장경제의 발전과도 밀접한 관계가 있다. 상품화된 심미문화가 최고의 발행 부수와 높은 시청률, 그리고 클릭률(CTR)을 확보하기 위해서는 내용적인 면에서 대다수 시청자들의 취향과 기호를 만족시켜야 할 뿐만 아니라, 형식적인 면에서도 그들이 받아들일 수 있어야 한다. 현재 우리 사회는 일정한 교육 수준을 지닌 고급 소비자를 문화시장에 아직 제공하지 못하고 있다. 그렇다 보니 문화상품 자체가 감상의 눈높이를 낮춤으로써 대중들에게 수용되는 수밖에 없다. 문자와 비교했을 때 이미지 제품은 더 간단하고 직설적이며 풍부하면서도 힘 있다. 또 빛과 영상, 형태와 소리 등 요소들을 총동원해 인간의 감각기관을 직접적으로 자극하기 때문에, 사람들은 강하고도 총체적인 체험을 할 수 있다. 더 깊은 차원에서 보면, 욕망의 경제라 할 수 있는 시장경제는 욕망을 생산·판매하고 만족시키며 가속화하면서 확대·재생산한다. 쌍둥이 형제라 할 수 있는 형상과 욕망은 상호 생성하면서 발전해나간다. 윤리적 금기와 도덕적 규칙이 느슨해진 시대에, 형상과 욕망은 당대 영상예술 속에서 완벽하게 결합되었다. 심리학적으로 보면, 미학적 형식은 욕망의 교묘한 분장에 지나지 않는다. 발터 벤야민(Walter Benjamin)은 카메라와 시각의 무의식을 논하면서, 형상과 욕망의 관계에 대해 이렇게 해석한 바 있다. "정신분석을 통해야만 본능적 무의식을 이해할 수 있듯이, 카메라에 의해 포착된 화면을 통해야만 우리는 시각의 무의식을 이해할 수 있으며, 이로써 시각의 무의식과 본능적 무의식이 매우 밀접하게 연관되어 있음을 알 수 있다. 왜냐하면 카메라에 의해 포착된 일상생활 속의 여러 모습들이 대부분 흔히 말하는 감각세계 외부에 존재하기 때문이다. 영화 속에서 시각적으로 접할 수 있는 기형적이고 진부한 것들, 파괴와 재난 장면들은 사실 변태적인 정신상태, 그리고 환각과 꿈에 의해 나타나는 것들이다."[1] 대중들의 생활 경험을 가지고 살펴보면, 인간의 가장 은밀한 욕망과 잠재의식은 분명 꿈의 형식으로 나타나며, 꿈은 또 늘 움직이는 이미지, 구체적인 줄거리, 적정한 리듬과 들끓는 격정 등으로 표현된다. 그래서 꿈이야말로 가장 위대하고 완벽한 예술이라고 주장하는 사람도 없지 않다. 적어도 프로이드(Freud)는 예술가를 몽상가로 간주했다. 현대 사회에도 결국 꿈과 유사한 예술이 나타났으니 그것이 바로 '드림웍스(DreamWorks)' 라 불리우는 영화들이다. 그 뒤를 이어 생겨난 TV도 이런 꿈의 세계를 현실에서 접할 수 있도록 하는 데 주력했다. 현재 영화와 텔레비전은 오늘날 생활 속의 이미지를 만들어내는 엔진이라 할 수 있다. 사람들이 TV와 컴퓨터 화면을 마주하는 시간으로 볼 때, 영상 산업은 이미 현대인의 일상과 밀접히 연관된 일부분이 되었다.

---

1. 벤야민, 『기계복제 시대의 예술작품(機械復制時代的藝術作品)』, 왕차이융(王才勇) 역, 저장촬영(浙江攝影)출판사, 1993년, P.36.

## 4. 일상 소비와 심미문화의 생활화

인류 초기에는 심미와 생활이 서로 어우러져 있었다. 원시적인 암벽화, 부락의 토템과 무술(巫術) 의식 등은 일상생활의 일부분이자 일종의 서정적인 심미활동이었다. 문명시대가 도래하면서 계급분화가 날로 뚜렷해지고 인간의 이성도 발달되었으며 사회적 분업도 심화되었다. 이에 심미활동도 일상생활에서 분리되어 나와, 자유롭고 독립적이며 초월적인 정신 범주가 되어 소수인의 여가생활에 활용되기 시작했다. 그러나 시장경제의 진일보 발전과 더불어 사회가 부유해지자 심미도 더 이상 원래의 전문 영역만을 고집하지 못하고 일상생활로 대규모 회귀하면서 대중의 생활소비품으로 자리잡게 되었다. 생활과 심미가 또 다시 서로 어우러져 피차 구분이 사라진 것이다.

시장경제가 심미문화를 생활화한 경로에는 심미문화 제품의 상품화와 상품의 심미화 두 가지가 있다. 상품화된 심미문화가 통속적이고 일상적인 소비품으로 전락함으로써 심미문화의 신분과 기능에도 극적인 변화가 생겨났다. 벤야민은 복제기술이 예술에 개입되면서 예술의 기능이 숭배에서 전시로 변화했다고 해석했는데, 이는 신성한 천국이 대중의 일상 세계로 나아가는 과정을 보여준다. 실제로 예술과 심미에 대한 시장경제의 개입도 같은 결과를 초래했다. 자본이 침투되면서 심미 제품은 더 이상 존경과 숭배를 받는 신성한 존재가 아니라, 지극히 평범한 생활용품과 소비품으로서, 인간의 의식주 등 일상적인 행위와 긴밀히 연결되어 갔다. 예술과 심미의 공간에도 변화가 생겨나기 시작해, 박물관, 갤러리, 전시관 등 좁은 공간에서 벗어나 거리, 광장, 마트, 주택 등으로 확대되었다. 오늘날 사람들의 일상생활 공간은 나날이 예술적이고 심미적으로 변화해가고 있다. 이를테면 책장에는 고전

명작 보급판이나 각종 그림책, 신문, 잡지가 진열되어 있는가 하면, 테이블 위에는 당일 석간 신문과 〈참고소식〉이 놓여져 있고, 벽에는 명인들의 서화로 제작된 달력이나 그림 시장에서 사온 그림 복제품이 걸려있으며, 사무용 테이블에는 인공 분재나 대규모로 생산된 조각품이 각각 놓여있다. 이렇게 전까지만 해도 특별히, 조심스럽게, 집중해서 감상해야만 하던 문화 제품이 이제 사람들이 바쁜 일상 속에서, 편하게 웃음 지으며, 스치고 지나는 존재가 되었다. 이들 문화 제품은 생활의 방관자에서 이제 생활을 장식하고, 분위기를 돋우는 생활배경이 되어 어느새 생활의 큰 물결 속으로 들어가 일상생활과 갈라 놓을 수 없는 일부분이 되었다.

상품의 심미화는 심미문화 생활화에 나타난 최신 현상이다. 상품으로 포위된 현대 생활에서 인간의 의식주는 모두 상품과 연결되어 있다. 그러나 상품경제가 번영, 발전하고 날로 풍부해짐에 따라, 특히 생산형 시장경제에서 소비형 시장경제로 전환되면서 상품 자체의 형태, 의미와 기능에도 전에 없던 변화가 생겨났다. 고전 마르크스주의 사회학적 시각에서 보면 상품의 가치는 사용 가치와 교환 가치 두 가지로 분류된다. 상품을 소비하는 것은 생산물을 점유하고 사용하는 것으로, 수요를 충족시키는 일종의 피동적 행위이다. 그러나 이러한 관점은 프랑스 사회학자 보드리야르(Jean Baudrillard)가 '소비는 생산'이라는 이론을 제기함으로써 바뀌기 시작한다. 즉 상품은 사용 가치와 교환 가치 외에 제3의 가치 즉 기호적 가치도 지니는데, 이런 측면에서 볼 때 상품 소비는 물질적인 소모임과 동시에 의미를 생산하는 과정이라 할 수 있으므로 수요에서 비롯된 피동적 행위이자 주동적 창조 행위라는 것이다. 이는 상품 소비에 문화 및 심미적 속성이 있음을 보여준다. 이로써 이른바 '소비문화' 현상이라는 것이 등장하였다.

중국 시장경제의 역사는 비록 20여 년 밖에 되지 않지만 가격, 판매, A/S를 둘러싼 제조업체와 상인 간의 분쟁을 보면 상품의 종류나 수량이 전례없이 대규모임을 알 수 있다. 시장을 더 많이 점유하기 위해, 각종 상품들은 예술 및 미학과 대대적으로 손잡고 보다 나은 디자인, 정교한 포장, 화려한 광고, 각종 리얼리티 쇼 등을 고안하는 데 주력했다. 그중에서도 특히 광고의 중요성이 부각었되는데, 이는 광고가 상품의 지명도를 높임과 동시에 일종의 문화적 의미와 가치까지 부여하기 때문이다. 일단 광고로 포장되고 나면, 사람들이 먹고 입는 것은 그저 비타민과 단백질, 화학섬유와 면, 마가 아니라 문화의 개념, 상징이 되기 때문이다. 문화가 재부라는 것이 실생활 속에서 확고부등하게 입증된 것이다. 따라서 소비문화를 구축하고 소비 분위기를 조성하는 것은 이윤을 추구하는 상인들의 필수 선택이 되었다. 한 통계 결과 분석에 의하면, 향후 5년 중국에 약 2억 가량의 중산층이 형성될 것이라고 하는데, 이들은 상대적으로 높고 안정적인 재정 수입을 확보하고 있어 '소비문화'의 중견이 될 전망이다. 또 이 계층규모가 확대됨에 따라 상품의 문화화, 심미화 추세도 날로 뚜렷해지고, 이로 인해 이른바 고상한 것과 통속적인 것, 상품과 예술, 예술과 생활, 심미와 소비 간의 경계도 점차 희미해질 것이다.

## 5. 이윤 추구와 심미문화의 저급화

자족경제와 제품경제(product economy) 사이에 놓인 시장경제는 불가피하게 이중성을 지닌다. 자족경제에 비해 '상품에 대한 의존을 기초로 하는 인간의 독립성'을 띠고 있으므로, 인간의 독립과 자유를 해방시키는 데 큰 역할을 했다. 또 제품경제에 비해 이윤 추구와 부의 축적을 과하게 강조하는 측면이 있다. 이윤과 부 또한 외적이고 구체적인 형식으로 인간을 지배하고 나아가 인간 주체성의 발전을 제한한다. 따라서 시장경제가 심미문화에 긍정적인 영향만을 가져다 주었다고는 할 수 없다. 상업주의가 예술의 적이라는 마르크스의 지적처럼, 물질적인 공리주의가 심미문화에 가져다 준 부정적 영향을 부인하는 것은 현실적이지 못하다.

시장경제에 진입한 후 원고료와 인세가 심미문화 생산자의 주요 수입원이 되면서 더 이상 행정 보조금과 정부 지원금에 의존하지 않아도 되었다. 이는 분명 심미문화 창조에 적잖은 독립성을 부여했다. 그러나 시장의 상업화 논리는 심미문화 생산에 발전공간과 생산장소를 제공하는 한편 심미문화 생산의 자유와 창조성을 끊임없이 제한했다. 바꾸어 말하면, 심미 창작은 당대에 들어와서 정치, 도덕, 윤리의 속박에서는 벗어났지만 다시 시장, 사업, 자본의 지배를 받게 된 것이다.

과거 문화 생산이 권력과 정부를 가까이 했다면 현재는 시장과 자본에 더 많이 치우쳐 있다. 오늘날 대중의 소비행위는 문화 회사나 예술가 개인의 부와 성공을 결정짓는 관건적 요소가 되었다. 특히 문화시장이 이익을 창출할 수 있게 되면서 더욱 많은 지식인들이 이 업종에 뛰어들었는데, 문화시장이 날로 번영, 발전하는 전반적 국면이 조성되면서 상호간 경쟁도 치열해져 우후죽순 새로운 회사가 생겨나는가 하면, 문을 닫고 파산하는 회사도 부지기수인 것이 현 주소이다. 이 치열한 경쟁 속에서 소비자의 수요를 최대한 만족시키면서 '보이지 않는 손'이라는 시장 메커니즘에 잘 적응하는 회사만이 문화시장에서 확고한 위치를 다질 수 있다. 이에 대중의 소비 취향은 새로운 제약 요소가 되어 당대 심미문화의 생산과 판매, 발행을 좌우하게 되었다.

대중 취향을 존중하다 보니 당대 심미문화는 세속화되고 민주화 되어갔다. 이는 위에서도 지적한 바 있다. 그러나 경제적 이익을 위해 인간의 가장 저급한 욕망과 야만적인 본능에 우선순위를 내준다면, 심미문화는 대중화에서 세속에 영합하는 데로 나아가기 쉬워 결국 저급화의 길을 걷게 될 것이다. 실제로 이는 사고의 깊이를 약화하고 형식적인 창조를 억압하는 과정이다. 예민한 미학 창조와 예술적 개성이 이제 수많은 상업적 모험에 직면해 있기 때문이다. 테오도르 아도르노(Theodor Adorno)가 "문화 산업의 모든 실천은 바로 각종 문화 형식에 적나라하게 이윤 동기를 투입하는 과정이다. 심지어 이러한 문화 형식이 일종의 상품 형식으로 이를 창작해낸 창작자를 위해 시장에서 처음 생존을 꾀하는 순간부터, 이미 이러한 성격을 지니게 된 것이다."[1] 라고 지적한 것처럼, 문화 회사와 문화 산업은 이윤 창출을 목적으로 한다. 일종의 투자로서의 문화 형식은 결과 예측이 어려운 모험을 최대한 피하려 하기에 당대 심미문화는 전반적으로 보수적이고 경직된 경향을 띤다. 이는 또한 유형화, 기계화, 프로그램화가 당대 심미문화의 주요 특징이 될 수밖에 없는 원인이기도 하다. 밀란 쿤데라(Milan Kundera)도 세속에 영합하는 것에 대한 분석을 통해, 상업화된 문화의 보수성과 경직성을 다음과 같이 설명한 바 있다. "세속에 영합한다는 것은 모든 대가를 치르면서 환심을 사고자 하는 대다수 사람들의 태도를 가리킨다. 다른 사람을 기쁘게 하기 위해서는 모든 사람들이 듣기 좋아하는 것이 무엇인지 확인해야 하고 기존의 사상에 복종해야 한다. 세속에 영합한다는 것은 기존의 사상을 미와 격동이라는 언어로 번역하는 것을 말한다. 이는 우리로 하여금 우리 자신에 대해, 그리고 우리가 생각하고 느껴왔던 평범함과 용렬함에 동정 어린 눈물을 흘리게 한다. (중략) 세속에 대한 영합은 우리의 일상적인 미학

---

1. 아도르노, 「문화산업에 대한 재고(文化工業再思考)」, 타오둥핑 외 편저, 『문화 연구(文化研究)』제1집, 톈진사회과학원(天津社會科學院)출판사, 2000년, P.199.

관점이자 도덕이 되었다."[1]

　사실 당대 심미문화의 일부 생산품들은 상업적 이윤의 추동 하에 더 멀리 나아갔다. 즉 세속에 영합하는 데서 저속화로 더 나아갔다. 이런 작품들은 종종 문화적 금기와 도덕적 금지 구역에 몰입해 잠재의식 속의 공격성, 관음증, 폭력, 음란 등 본능적 욕구를 들추어냈다. 오늘날 문화시장에서 우리는 조잡하기 짝이 없는 에로 소설, 음란 CD, 공포 영화 등을 쉽게 접할 수 있는데, 날로 발전하는 인터넷 기술은 이런 '리비도(libido) 제품'의 전파와 유통에 더욱 편리한 환경을 제공했다. 포르노와 경계에 있고 좋지 못한 풍속과 맞닿아 있는 이러한 저속화 경향은 당대 심미문화에서 다양하게 표현되고 있다. 2003년에 열린 제10차 전국인민대표대회에서 한 인민대표가 나서서 이에 대해 맹렬하게 규탄한 바 있다. 그는 저속한 내용의 광고와 이른바 창의라는 것들이 사람들의 가치관을 그릇되게 이끌어 사회적으로 악영향을 끼친다고 주장하였다. "명리를 추구하기 위해 상인들이 취한 각종 언론 전략은 잔머리와 잔재주에 불과하므로 예술 가치가 없다. 그들은 소비자의 지갑만 노리면서 사람들의 눈과 감각기관을 끊임없이 자극할 뿐이다. 이 와중에 수많은 문화인들은 알게 혹은 모르게 이들을 도와주는 공범 역할을 한다."[2]

## 6. 상업적 연맹과 문화 생산품 가치 근원의 본말 도치

　심미문화 제품의 가치는 어떻게 결정될까? 겉으로 보면 아주 답하기 쉬운 문제 같다. 작품의 가치는 당연히 이를 생산해낸 작가나 화가, 작곡가 등 제

---

1. 밀란 쿤데라, 『소설의 예술(小說的藝術)』, 멍메이(孟湄)역, 삼련서점, 1992년 P.159.

2. 자이웨이(翟偉), 우환칭(鄔煥慶), 「정신적 아부에 대한 인민대표의 규탄(人大代表抨擊精神媚俗)」 『베이징오락신보(北京娛樂信報)』, 2003년 3월 17일 참조.

1생산자에 의해 결정된다. 그들의 재능, 능력, 기교와 수양이 구체적으로 또 미묘하게 작품의 면모와 품질을 결정짓기 때문이다. 그러나 사회발전 과정의 '각성(Disenchantment)'화와 생산방식의 상업화, 제품화, 블록화와 더불어 위의 간단명료한 답은 사람들을 만족시키지 못하고 있다. 그렇다면 과연 문화 생산품의 진정한 생산자는 누구일까? 화가나 중개상일까? 아니면 작가나 출판사일까? 또 아니면 감독이나 영화배급사, 뉴스 매체, 문화평론가일까? 사실상 갈수록 많은 '비작가적' 요소들이 작품의 가치 결정 요소가 되어가고 있다. 바꾸어 말하면, 더 이상 창작자만이 작품에 가치를 부여하는 것이 아니라 예술 중개상, 문화평론가, 출판사와 뉴스 매체, 그밖의 수많은 요소들이 한데 어우러져 문화제품의 가치 증식 과정에 참여한다.

가치의 근원이 이렇게 분산되고 도치되는 현상은 영화와 텔레비전, 음악과 영상 등 문화제품의 제작과 생산, 발행 과정에서 가장 뚜렷하게 나타난다. 오늘날 배우나 가수는 예술을 생산하는 자유인이 아니라, 늘 어떤 회사에 소속되어 수시로 계약 해제가 될 수 있는 계약자이다. 노래의 선곡과 가창 방식, 장소 등은 모두 회사로부터 일괄적으로 배정받기 때문에 막상 이들에게는 아무런 자주권도 없다. 이에 회사 경영자와 스타 매니저의 중요성이 더욱 부각된다. 심지어 이들은 문화 생산품의 진정한 창작자를 넘어서, 가치 구성의 가장 중요한 부분이 되기도 한다. 겉으로 보면 이들은 배우나 가수를 고용하고 가수에 의존해 사는 사람에 불과하지만, 더 심층적인 의미에서 볼 때 이들이야말로 '상징적 자본'을 가진 '금융인'이다. 이들이 포장하여 연예계에 진출시킨 연예인을 통해 이들의 성망과 명성도 심미문화 제품 속에서 점점 제고된다. 이들의 성망과 명성이 높으면 높을수록 이들이 홍보하는 연예인의 홍보효과도 더 강력하고 효과적이 되며, 이들이 경영하는 작품의 품질에 대한 신뢰성도 더해지고 부가가치도 높아진다.

만약 회사 경영자가 문화제품의 생산 과정에서 가치 요소를 주입했다면, 예술 중개상은 문화제품의 판매 과정에서 가치적 요소를 주입했다고 할 수 있다. 이들은 대개 일정한 심미적 취향을 지니고 있어, 먼저 상대적으로 훌륭한 문화제품을 발굴하고 난 뒤 일련의 전시, 출판, 공연, 팬미팅회나 기자회견, 서명 세일(Signature sale) 등 이벤트를 통해 아주 평범한 제품으로 남겨질 뻔한 제품들을 인기 높고 가격 높은 고급 예술품으로 변화시킨다. 마찬가지로 이들의 명망과 신망이 높을수록 이들의 홍보 효과는 더욱 강력해지며, 이들이 추천하는 문화제품의 내실과 감상 가치도 높아진다.

매스컴과 예술 평론가들도 문화 생산품의 가치를 구성하는 요소이다. 매스컴의 참여 없이는 문화 활동이 진정한 의미에서의 문화 현상이 될 수 없을 만큼 매스컴은 오늘날 사회 생활에서 매우 중요한 지위를 차지하고 있다. 따라서 문화 회사, 경영자와 예술 중개상들은 종종 매스컴을 최고의 수단으로 꼽곤 한다. 매스컴이 있기에 스타도 영화와 텔레비전도 명실공히 자기 위력을 발휘할 수 있다. 스타의 성장과 영상 제작물의 탄생은 모두 매스컴이 지켜주어야만 가능하다. 매스컴은 배우나 연예인의 일거수일투족, 업무, 외출, 별자리, 취미, 혈액형, 신장 등까지도 일일이 보도해 이들이 대중의 우상으로 거듭날 수 있게 하고, 이들의 몸값과 지명도를 높여준다. 모든 영상 제작물이나 음악이 출시 되기 전에는 반드시 먼저 매스컴 홍보를 하는데, 이를 통해 이들의 출품작을 기대해도 좋을 만한 대단한 것으로 포장하여 대중들의 관람 욕구와 구매 욕구를 자극하고, 무의식중에 제품의 가치를 제고시킨다. 예술 평론가는 자신들의 전문지식과 명예로 대중 마음속에 가장 신뢰할 만한 '여론 지도교수' 역할을 한다. 이들의 긍정적인 평가는 판매 부진한 도서나 영화, CD의 몸값을 배로 늘려 다시금 큰 소비시장이 열리게 해준다. 오늘날 문화시장에서 활약하고 있는 많은 영화평론가, 도서평론가, 그리고 음악평론가들은 대중들로부터 받은 신뢰를 교모하게 이용해 끊임없이 목소리를 냄으로써 자신의 지위를 공고히 함과 동시에 넉넉한 보수를 챙기기에 여념이 없다. 평론마저도 직업적이고 상업적인 행위로 전락했음을 알 수 있다.

객관적으로 볼 때 창작자 아닌 기타 요소의 개입이 나쁜 것만은 아니다. 이를테면 문화 회사, 경영자와 예술 중개상의 등장은 문화제품의 직접 생산자에게 유리한 작업 환경을 조성해주어, 이들이 복잡한 사무에서 벗어나 예술 생산에만 전념할 수 있도록 해준다. 그러나 이들이 경제적 이윤을 위해 문화제품 주변으로 몰려들었음을 간과해서는 안 된다. 더 높은 이윤 창출을 위해서라면, 서로 단단한 동맹을 맺어 멀리서 호응하면서, 작품의 가치증식에서 차지하는 비심미적 요소 및 비예술적 요소의 핵심적 작용을 극대화한다. 이로 인해 예술창작에서 창작자가 지니고 있던 원래 지위는 소홀시되거나 가려지고, 대신 형식적이고 외부적이며 포장된, 비예술적이고 비심미적인 요소들이 오히려 주인 행세를 하며 작품 가치에서 핵심으로 작용한다. 이런 것들은 창조성이나 사상성, 참신성과는 거리가 멀기 때문에, 시끌벅적한 분위기를 조성해 부풀린 욕망을 자극할 수 있을지는 몰라도 진정한 예술적 내용을 제공하지는 못한다. 오늘날 문화시장에서도 이런 사례들을 많이 접할 수 있다. 이는 '코끼리가 새끼 낳는다고 난리를 떨다가 작은 쥐를 낳는' 식의 유머 풍자극을 방불케 한다. 이러한 풍자극 속에서 승자는 늘 스타나 문화 회사, 영화관, 매니저, 매스컴이고 패자는 늘 얼떨결에 영화관과 음상 전문 매장으로 등떠밀려 들어간 대중들이다. (그림1-1-6)[1] 소비자들이 머리를 가

---

1. 적지 않은 흥행수입을 올렸음에도 불구하고 간단한 줄거리와 시대에 뒤떨어진 사상으로 이 영화는 관중들로부터 보편적인 인정을 받지 못했다.

로 저으며 실망하면서 영화관을 나올 때는 이미 영화의 흥행 수입에 기여한 후이다. 문화산업시대 속에서, 이는 어쩌면 소비 대중들이 피할 수 없는 숙명일지도 모른다. 이런 측면에서 볼 때, 문화산업에 있어 "대중은 절대적으로 우선적인 것이 아니라 그 다음으로 중요한 존재이다. 이들은 작전의 대상이자 기계의 부속물이다. 소비자는 왕도 아니요, 문화제품의 주체도 아닌 객체일 뿐이다. 문화산업은 현실이 이러하다는 것을 받아들이게 한다."[1]는 테오도르 아도르노의 단언은 일리가 있다.

그림1-1-6 영화 『영웅(英雄)』의 홍보용 포스터

## 7. 트렌드와 심미문화의 패스트푸드화

현재 국내의 상품 생산이 비록 전국민을 풍요롭게 하는 수준에는 이르지 못했지만 일부 중대형 도시에는 이미 소비사회의 여러 특징이 나타나기 시작해, '오늘 돈으로 내일 일을 처리'하는 것이 날로 보편화된 소비성향이 되어가고 있다. 국가의 각종 정책 방침들, 이를테면 '노동절(五一)'과 '국경일(十一)' 등 법정 휴일과 '할부', '선지급금 제로(零首付)' 등 경제적 조치는 물론, 몇 년에 한번씩 진행되는 '공무원 급여 인상' 모두 의식적으로 전국민의 소비를 고무하고 있다. 오늘날 돈을 물쓰듯 하면서 쇼핑하는 것은 더 이상 안 좋은 도덕 습관이 아닌, 제창하고 고무해야 할 일종의 사회적 행위가 되었다. 소비

---

1. 아도르노, 「문화산업에 대한 재고」, 타오둥펑 외 편저, 『문화연구』 제1집, 텐진사회과학원출판사, 2000년, P.198~199.

를 권장하는 사회 환경하에서 상품의 사용가치가 상품의 가치를 보편적으로 대체하면서 사람과 상품 간의 관계도 날로 외재적이고 일시적인 색채를 띠게 되었으며, '일회성 소비'와 '이용 즉시 버리는 것'이 사회적 성향이 되었다.

이런 소비심리에는 무한한 상업 기회가 잠재되어 있기 때문에 상품 제조업체들은 두 손 벌려 환영한다. 이들은 상품의 사용 수명을 인위적으로 줄여 한번 사용하고 버리는 각종 상품을 만들어내는 한편, 광고 등 수단을 통해 어떤 구체적인 물건이나 어떤 유형의 상품들을 유행에서 밀려나게 한다. 이로써 아직 사용가치를 지닌 상품들이 소비자로부터 외면 받게 되는데, 이것이 바로 '유행'이 생겨나게 된 심층적 동기이다. "물건은 유행을 위해 생산해 내는 것이지, 생산하고 나서 유행하는 것이 아니다."[1]라는 조지 시메일(George Simerl)의 말처럼. 오늘날 소비시장을 보면 인간이 필요로 하는 옷, 식품에서 고차원적인 휴대폰, 컴퓨터, 자동차에 이르기까지, 개인용 작은 완구는 물론 오락실에서 즐길 수 있는 큰 오락 기계까지, 가구의 배치나 인테리어에서 인체 성형에 이르기까지, 미인 대회는 물론 백화점의 속옷 패션쇼에 이르기까지, 주마등처럼 새로운 색상과 디자인, 풍격, 기능 등을 끊임없이 개발해내고 있다. '올 해는 어떤 것이 유행할까?' 사람들은 기대에 부풀기도 하고 고민에 빠지기도 한다. 바로 '저쪽에서 방금 노래를 마치자 이쪽에서 새로 등장하'는 식의 익살극 속에서 잠시의 쾌락, 우연한 만남, 순간적 체험은 종전에 찾아 볼 수 없던 화려함을 선사한다. 오늘날 젊은이들은 시대 트렌드에 합류해 유행 칼라로 염색해야 아름답고 모던하다고 생각한다. 이른바 영구적이고 완벽한 것은 이미 마땅히 버려져야 할 낡은 도덕 보수주의의 누습이 되버렸다.

---

1. 아르놀트 하우저(Arnold hauser), 『예술사회학(藝術社會學)』 쥐옌안(居延安) 역, 쉐린(學林)출판사, 1987년. P.257.

원시적인 의미에서 일반 상품은 문화 상품과 분명 차이가 있다. 일반 상품은 물질 소비를 중시하는 반면, 문화 상품은 정신적 고양을 중시한다. 그러나 유행이나 시류라는 측면에서 볼 때 양자 모두 상품의 기호적 의미를 소비하고 정신적인 만족과 의미에 치중한다는 점에 있어서는 크게 구별되지 않는다. 일반 상품의 유행화 전략은 심미문화 상품에도 똑같이 적용될 수 있기에 우리는 유행 음악이나 신문, 잡지, 최신 게임, 소설 등 문화 형식들을 접할 수 있게 된 것이다. 게다가 음악, 영화, 서적, 게임 등을 포함한 많은 문화 제품에는 유행 순위표가 있다. 이는 당대 심미문화가 확실히 유행화 시대에 접어들었음을 보여준다. 심미문화는 은연 중 유행화에 소극적이고 피동적인 여러 요소들을 담고 있다.

우선 유행화로 인해 심미문화에는 저질품 생산과 감성 범람 현상이 생겨났다. 문화 사업가들은 늘 이윤이라는 궁극적 목표에 의해 생산을 정하는데, 이들에게 있어 저질품의 생산은 양질의 제품을 생산하는 것보다 수지에 맞는다. 저질품 생산에는 많은 투자가 필요하지 않을뿐더러, 사용 수명도 상대적으로 짧아 문화 제품의 소비 주기를 줄이고 가속화함으로써 판매 총량을 늘릴 수 있기 때문이다. 문화 제품의 저질화는 물질적 담체(擔體)의 저질화와 작품 의미의 하락을 수반한다. 오늘날 문화시장에서 물론 정교하게 포장된 문화제품들도 찾아 볼 수 있지만 엉성하게 만들어진 서적과 CD, DVD, 테이프, 비정규 신문 등도 적지 않다. 이와 같은 쓰레기 제품들은 주저없이 버릴 수 있다. 또 작품 내용 면에서 감각적인 자극을 추구하며 의미 창신을 폄하한다. 감각적 경험은 사상적 의미에 비해 생명주기가 짧아 사람들의 싫증을 쉽게 자아내 문화 제품 순환주기를 줄인다. 터미널과 부둣가의 쇼윈도우 거리, 골목의 모퉁이에서 사람들은 늘 포르노, 살인, 폭력을 볼거리로 내세운 비정규 신문과 잡지들을 접할 수 있다. 이런 비정규 신문과 잡지는 취향이 저속할뿐더러 예술성도 떨어져서 보고나면 버려지기 마련이다.

다음으로 유행화는 문화 제품 단명화(短命化)와 단소화(短小化)를 야기한다. '유행'이라는 단어 자체에는 '현재'와 '즉시'라는 뜻이 내포되어 있으며, 시작점과 종점이 있는 기간을 뜻한다. 이는 현재 유행하는 문화에 '유통기한'이 있고, 그 기한이 날로 짧아짐을 암시한다. 오늘날 영화, 드라마, 가요의 랭킹은 연도별 순위에서 월별, 주별 랭킹으로 그 주기가 급격히 단축되고 있다. (그림1-1-7)[1] 하루 전까지만 해도 듣기 좋다고 느껴지던 노래가 이튿날 들으면 시끄럽게 들린다. 하루에 1회 발간되는 석간신문의 경우도 몇 시간 지나고 나면 휴지통에 던져지는 신세를 면치 못한다. 카드와 엽서 등은 그 유통기한이 더더욱 짧아 몇 분밖에 되지 않는데, 한 번 웃음 짓고 나면 눈 앞에서 흩날리는 구름과 연기인양 사라져 버린다. 단소화와 단명화가 서로 연결된 셈이다. 이처럼 보고 나면 버리고, 보고 나면 잊어버리는 습관에 적응되다보니, 당대 문화제품들은 단소화 및 패스트푸트화 경향을 띠게 되었다.

그림1-1-7 중국 mtvtop닷넷음악(中國音樂在線)

현재 발행부수가 가장 많은 간행물은 장장 백만 자로 된 긴 편폭의 저서가 아니라 짧고 간략한 신문 잡지들이다. 이를테면 각 지역의 석간신문과 〈즈인(知音)〉, 〈구스후이(故事會)〉, 〈두저(讀者)〉, 〈뉘유(女友)〉 등 모두가 간단하고 짧은 것으로 성적을 올렸다. 유머러스하고 우스꽝스러운 휴대폰 문자는 더 말

---

1. 가요랭킹 2007년 제32주 리스트

할 나위도 없다. (그림1-1-8)[1] 컴퓨터 예술의 경우 현재 제법 유행하고 있는 프랙털 아트(fractal art), 플래시, 화면 보호기(Screen saver) 등이 있는데, 어떤 것은 한 장의 움직이는 이미지에 불과한 것도 있다. 이는 『홍루몽』과 같이 대대로 전해져 내려온 전통 명작들이 오늘날에 와서 인기가 시들해질 수밖에 없는 운명에 처했음을 예언하고 있다.

그림1-1-8 『즈인(知音)』 2006년

　마지막으로, 심미문화의 유행화는 소비 대중의 피동성을 높였다. 유행문화는 본질적으로 상업적 조종 하에 있는 문화로, 그 주도권은 상업문화를 제작하는 사람들에 의해 장악되어 있다. 이들은 경제 이익의 수요 하에 다음과 같이 세 가지로 문화제품을 발행하고 판매한다. 첫째, 같은 품목의 작품을 상대적으로 짧은 시간 내에 대거 소비자에게 덤핑으로 판매하고, 둘째, 새로운 수단을 동원해 대중의 소비 욕구를 끊임없이 자극함으로써 문화소비 방향을 이어가며, 셋째, 과거의 유행 양식을 복고하여 사람들의 추억을 불러일으킴으로써 소비를 부추긴다. 오늘날의 마오쩌둥(毛澤東) 붐, 역사극 붐, 옛 노래 다시 부르기 등도 이로 인해 생겨난 현상이라고 볼 수 있다.[2] "현대 대규모 생산 방식은 수단과 방법을 가리지 않고 사람들의 욕구를 이용하는데, 이는 종종 역효과를 가져오곤 한다. 즉 인간 감상 취향의 자연적인 발전을 방해하여 새로운 수요를 창조하는가 하면, 오래된 요구를 인위적으로 유지하

---

1. 이 저널은 2007년에 월 발행부수가 700만 부에 달해, 발행량 면에서 가장 앞선 국내 저널이다.

2. 야오원팡(姚文放), 「소비문화로서의 당대 심미문화(作為消費文化的當代審美文化)」, 『베이징사회과학(北京社會科學)』, 1995년 제3기 참조.

기도 한다."[1] 이처럼 유행을 이용해 이윤을 창출하는 방법은 문화제품의 사상적 깊이와 정신적 연결을 무시하기 십상이다. 현재의 유행이 새로운 수요를 창조하건 오래된 요구를 유지하건 간에 모두 상업적 이윤을 위해 취한 필요 수단에 불과하다. 이렇게 인위적으로 만들어낸 유행 앞에서, 소비 대중은 자연 피동적이고 무방비한 상태에 놓여질 수밖에 없다.

객관적으로 말해, 당대 심미문화에 끼친 시장경제의 영향은 위의 분석보다 훨씬 복잡하다. 연구자의 입장이나 연구 방법, 참조 체계의 차이로 인해 결론이 크게 차이 나고, 이에 대한 평가도 일치하지 않는다. 그런가 하면 심미문화에 대한 시장경제의 영향이 늘 직접적인 것만은 아니어서 때로는 중간단계를 거쳐야 하는데, 이는 관계를 복잡하게 만들기도 한다. 이 밖에 피차의 가치와 의의를 판정함에 있어 단순히 상업과 심미라는 두 요소만 볼 것이 아니라, 더 넓은 사회적 배경까지 고려해야 한다. 이 점은 매우 중요하다. 종적으로 보면, 역사상 여러 번 맞이했던 중국과 서구의 심미문화 번영기 모두 상업화라는 배경을 지니고 있다. 이를테면 서구의 르네상스와 중국 명나라 중엽의 문화가 그러하다. 횡적으로 보면, 중국에서의 시장경제의 등장은 심미문화에 대한 정치적 통제를 크게 약화시켰는 바, 그 의미가 실로 지대하다고 할 수 있다. 심미문화 발전에 미친 시장경제의 공로와 과실에 대해 역사적이고 객관적이며 체계적으로 고찰해 평가를 해야한다. 단순한 도덕적 분개나 논리적 추론은 연구에 도움이 되기는커녕 오히려 진상을 가릴 뿐이다.

---

1. 아놀드 하우저, 『예술사의 철학(藝術史的哲學)』, 천차오난(陳超南) 등 역, 중국사회과학(中國社會科學)출판사, 1992년, P.326.

# 제2절

## 심미문화를 향한 개인 영역의 호소

　중국인의 사회생활에서 개인 영역은 신생 사물에 가깝다. 개인 영역은 근본적으로 공공 영역 특히 국가 권력에 상대되는 사회활동 공간으로, 국가권력에 대해 필요한 제한을 가함으로써 개인이 경제, 도덕, 문화 및 심미 활동에 종사함에 있어 권력의 간섭을 받지 않아도 되는 공간을 제공했다. 이와 같은 개인 영역의 성격을 두고 위르겐 하버마스(Jurgen Habermas)는 만약 공공 영역이 평등을 핵심으로 한다면 개인 영역은 자유를 핵심으로 한다고 지적한 바 있다. 개인 영역은 그 자유로운 특성으로 인해 심미문화의 발전과 긴밀히 연결되어 있다. 왜냐하면 심미문화의 생성, 발전과 번영은 자유를 기초로 하기 때문이다. 이에 개인 영역은 각 시대마다 부침을 거듭하면서 당시 심미문화의 특징과 발전에 영향을 주거나 제약을 가했다.

　대체적으로 분류하면, 당대 중국에서의 개인 영역 발전과정은 크게 신중국 건립 초기부터 1970년대까지를 첫 번째 단계, 1980년대 초기부터 현재까지를 두 번째 단계로 구분할 수 있다. 30년 가까이 되는 첫 번째 단계에서 개인 영역은 크게 발전하지 못하고, 줄곧 정치, 경제, 문화 제도의 속박과 억압을 받았다. 이로 인해 이 시기의 심미 문화활동도 뚜렷한 정치성, 규율성과 공공성을 띠었으며, 문화제품의 내부적 공간도 전에 없던 동질화와 패턴화 경향을 보였다. 1980년대 이후 두 번째 단계에 진입해서야 개인 영역은 비로소 본격적으로 발전하였다. 시장경제의 확립, 사회구조의 조정에 따라 중국의 사회생활이 '탈정부화' 과정을 광범위하게 겪게 되면서, 개인이 자유로이 활동할 수 있는 공간과 시간도 날로 늘어났다. 이제 막 치고 올라온 공백 지대로서의 개인 영역은 필연적으로 문화의 형성을 호소함으로써 자신들의 이데올로기 대변인을 찾고자 했다. 이 시기부터 중국의 심미문화는 비로소 상대적으로 건강한 현대화의 길을 걷기 시작해 전에 없던 생기를 띠었다.

## 1. 신중국 건립 후 30년 간의 개인 영역 상황

개인 영역은 그 형성 자체가 현대적인 사건이다. 그것은 수많은 현실적인 조건을 기초로 형성되었는데, 그 첫 번째로 개인재산소유권의 확립을 꼽을 수 있다. 한나 아렌트(Hannah Arendt)는 개인재산권이야말로 개인을 공공권력의 침범으로부터 보호하는 효과적인 병풍이라고 설명했다. 다음으로 자유의 획득을 꼽을 수 있다. 이는 독립적인 개체가 자유롭게 활동하고 교유하는 데 필요한 전제이기 때문이다. 마지막으로 개인 주체 의식과 독립 의식의 형성을 들 수 있다. 개인 영역은 자유로운 개체 활동과 교유를 중시하므로 개체에 대해 더 높은 요구를 제기한다. 독립적인 개체가 자유 의식, 주체 의식과 독립적인 의식을 모두 구비했을 때, 이들의 활동과 교유는 비로소 자유롭고 자각적인 것이 될 수 있다. 또한 개인 영역도 이를 통해 자유로운 존재에서 자유롭게 활동하는 상태로 승화할 수 있다.

그림1-2-1 '개인주의와 투쟁하고 수정주의를 비판'하는 칼럼

신중국 건립 후 중국의 사회생활에는 거대한 변화가 일어났다. 나라 주인으로서의 국민의 권리가 헌법에 의해 보장되고, 평등과 자유 독립도 사회적 개체의 보편적인 의식으로 자리잡았다. 이는 마치 개인 영역의 형성이 필연적임을 보여주는 듯하다. 그러나 현실은 사실 그렇게 간단하지만은 않다. 신중국 건립 초에서 개혁개방 전까지만 해도 사회생활 영역은 줄곧 정부의 강권 통제 하에 놓여있었고, 구체적인 정치, 경제, 문화제도도 개인영역의 형성과 발전을 저해했다.

신중국 건립 이래 중국은 오랫동안 계획경제 제도와 공유제 소유제도를 실시해 왔다. 정부가 거의 모든 사회 재산을 독점하고, 경제 생산과 관련된 모든 권력도 엄격하게 장악했다. 신중국 건립 초에 자산계급 일부가 사유재산을 보유하고 있었으나, 계급 투쟁론이 다시금 거론되고 심화됨에 따라 정부의 통제에서 벗어난 재산들도 이어서 개조되거나 몰수되었다. 이런 소유제도 하에서 개인은 사유 재산을 가질수 없었고, 사유 재산으로 인해 세워졌던 보호벽도 따라서 사라졌다. (그림1-2-1)[1] 정부는 각종 사회 자원들을 전적으로 독점함은 물론, 자원의 배치권과 분배권까지도 소유했다. 여기에는 생산재료, 기술, 노동력, 나아가 권력, 명망, 지위와 기회 등의 자원까지도 포함되어 있었다. 이와 같은 상황으로 말미암아 개인은 정부에 지나치게 의존할 수밖에 없었으며, 이로 인해 개인 자유는 대폭 제한받게 되었다. 국가와 개인은 그 사이에 아무 것도 개입되지 않은 채 직접적으로 대립했다. 따라서 개체가 의식주 등 기본적인 생산재를 얻기 위해서는 국가 권력 앞에 수시로 노출될 수 밖에 없었다. 국가 권력은 전례 없이 깊숙하고도 폭 넓게 개체 생존의 모든 방면을 통제했다. 이러한 통제는 주로 미시적 조직이라 할

---

1. 그림 출처는 1967년 11월 21일, 『인민일보』

수 있는 '기관 단위'를 통해 구체적으로 실현되었다.

당시 중국 정치를 운영하던 기본 조직이자 미시적 세포인 이 '기관 단위'를 떠나서는 제반 권력이 정상적으로 가동될 수 없었다. 정부는 바로 이 '기관 단위'를 통해서 물질 자원과 인력 자본을 관리하고 배분했다. 이 시기 대다수 사회 구성원들은 정부에 의해 구체적인 '기관 단위' 조직원으로 분배되었다. 그러나 여기에서 말하는 '기관 단위'는 정부와 사회 간의 완충 지대나 하버마스가 지적한 공공영역이 아니다. '기관 단위'는 기실 정부 권력의 구체적인 집행자로 개체의 권익을 대표하는 것이 아니라 국가의 권위를 대표했다. '기관 단위'는 바로 이러한 사회 자원, 권력과 신분을 배분하는 중개자적 신분을 통해 사회 개체에 대한 정부의 통제와 관리를 실현했다. 이처럼 국가 차원의 '기관 단위' 조직들은 "사회적 개체들에게 사회 행위의 권력, 신분과 합법성을 부여함으로써 이들의 각종 수요를 만족시키고, 이들의 이익 수호를 표방하며 나아가 사상과 행위를 지배했다."[1] '기관 단위'라는 조직은 사실상 사회 자원을 배분하는 중개자적 신분을 통해 사회 개체에 대한 정부의 통제력을 집행했다. 사회적 개체가 어떤 '단위'를 떠나서 다른 '단위'에 수용되지 못하면 결국 사회적 신분을 잃게 된다. 더 중요한 것은 사회적 개체가 이로 인해 생활 내지는 생존에 대한 보장을 잃게 된다는 사실이다. 때문에 사회적 개체는 평생 한 곳에 묶여 지내기 십상이다. '문화대혁명' 후반부에는 심지어 한 '기관 단위' 구성원의 자녀들까지도 그 기관의 합법적인 계승자로 지목되었는데, 이들을 일컬어 '후계자(接班)'라고 불렀다. '기관 단위'에 대한 사회 구성원의 심각한 의존성은 근본적으로 정부에 대한 의존이라 할 수 있다.

'계급투쟁을 강령 삼아', '혁명을 중점화하고 생산을 촉진하는' 시대적 분

---

1. 위안팡(袁方)등 저, 『중국사회의 구조 전환(中國社會結構轉型)』, 중국사회(中國社會)출판사, 1998년, P.212.

위기 속에서, 정치적 기준과 정치적 요구는 필연적으로 정치를 제외한 기타 생활 영역의 문제들을 바라보고 처리하는 최고의 원칙이 될 수밖에 없었다. 정치 외의 기타 영역들은 무원칙적으로 자신의 내재적인 요구와 규칙을 포기하고, 정치적 목표와 임무에 복종함으로써 정치의 부속품이 되어야 했다. 더 나아가 계급 투쟁의 도구로 충당되어야 했다. 어떤 측면에서 볼 때 '문화대혁명'이 문학 예술을 돌파구로 삼은 것은, 심미활동 속에 본디 내포되어 있는 자유 정신이 물질적 세계에 비해 훨씬 복잡하고 통제하기 쉽지 않기에, 오직 정신적으로 철저히 길들여야만 외적 정치 활동에 합리적인 근거를 제공할 수 있을 것이라는 판단 때문이었다. 신중국 건립 후 30년 동안, 국가 권력은 계급 투쟁이라는 명의 하에 심미문화 활동을 끊임없이 지도하고 재정비함으로써 당시 중국 공산당에서 추진하고 있던 여러 노선, 방침 및 정책과의 내재적인 일치를 도모했다. 1963년과 1964년에 중공(中共) 중앙정부에서는 연이어 문예계에 두 가지 지시를 내렸는데, 희극, 희곡 예술, 음악, 무용, 영화, 문학을 포함한 문화 예술을 부패한 봉건주의, 자본주의 예술과 진보적인 사회주의 예술 두 진영으로 나누고, 봉건주의와 자본주의 예술이 압도적으로 심미문화 무대를 장악하고 있다면서 이에 대한 비판과 운동을 통해 문예 활동 무대로부터 축출해야 한다고 역설하였다. 얼마 후 문화예술계에 반자산계급운동과 수정주의 독초(毒草) 비판 운동이 일어났는데, 장칭(江青) 등은 이를 기회 삼아 이른바 '문예 반동노선 독재론(文藝黑線專政論)'을 제기하였다. 이는 향후 '문화대혁명' 발발에 여론적 기초를 제공했다.[1] 이처럼 전례 없이 무거운 정치적 분위기 속에서 심미문화 활동의 시·공간은 끊임없이 위축되었으며, 정치 투쟁과 경제 생산은 더 넓은 영역을 확보하게 되었다. 아울러 심미문화 활동의 성격에

---

1. 판쉬란(潘旭瀾) 주필, 『신중국문학사전(新中國文學詞典)』, 장쑤문예(江蘇文藝)출판사, 1993년, P.394~395 참조.

도 변화가 생겨, 원래도 많지 않았던 오락 및 취미 생활 내용이 줄어들고, 이데올로기 주입과 정치 도덕적 설교로 변질되었다. 나아가 심미문화 활동 형식도 개인적인 자유 활동에서 집단적인 공공행위로 바뀌어 수시로 권력의 감독과 조정을 받아야 했다. 이로써 당시의 심미문화 활동이 권력화, 공공화, 이데올로화되기 시작했음을 알 수 있다.

우선 심미문화 활동이 시·공간적으로 정치 활동과 경제 활동으로부터 전면적인 억압을 받음으로써 그 의미와 기능에도 변화가 생겨났다. '계급투쟁을 강령으로 삼아', '혁명을 중점화하고 생산을 촉진하는' 이데올로기적 환경 속에서, 문화 오락활동은 사람들의 체력을 회복시켜 생산과 업무에 다시 투입하게 하는 완충 지대로서 부속적인 지위에만 머물러 있었다. 그 시기 유행어 중에 '휴식할 줄 모르는 사람은 일할 줄도 모른다'라는 말이 있는데, 문화 오락 활동이 당시 생산노동 과정에서 갖는 의의는 오직 도구적인 것으로 제한되어 있었음을 보여준다. 1958년 11월부터 1960년 5월에 이르기까지, 중공 중앙정부는 두 차례에 걸쳐 인민 군중들에게 8시간의 수면 시간과 수면 시간 외 몇 시간의 자유 시간을 확보해줄 것을 지시했다. 이는 그 시기 사람들이 정상적인 휴식 시간과 여가 시간을 확보하지 못했음을 역설적으로 증명해준다.

다음으로, 심미문화 활동 방식도 엄격히 규제되고, 자유롭던 개인 활동이 조직화된 집단 활동으로 바뀌어 수시로 권력의 통제 하에 놓이게 되었다. 당시 최고의 도덕 원칙이었던 '집단주의'는 현실생활에 구체적으로 드러나 있는 대표적인 공산주의 도덕으로서 사회 구성원 모두에게 이기심을 극복하고 사회주의라는 대가정에 융합할 것을 요구했다. 집단주의는 일종의 도덕적 원칙이면서 행동의 일치성과 집단화를 상징하는 조직 원칙이었다. 이 원칙은 당시 모든 생활 방면에 일관되게 적용되어, 문화 오락도 집단적인 활동으로 간주되었다. 문화 오락활동에는 일련의 프로세스가 존재했는데, 활동 전의 동원 고무, 활동 후의 총결 보고가 바로 그것이다. 바로 이 과정을 통해 문화적 의의의 생

그림1-2-2 '사적인 이기주의와 투쟁(鬪私)' 관련 경험교류회
(講用會) 현장 모습

산과 소비를 통제하고 사람들의 사상을 통일시켰다. (그림1-2-2)[1] 이데올로기의 지배 하에서 근무와 학습은 물론 노래, 공연, 공연 관람, 무도회 개최 등까지도 거의 모두 집단적인 방식으로 진행되어 통일적으로 안배되고 집단적으로 움직이며 수시로 감독과 심사를 받아야 했다. 심미활동과 여가 취미 생활 내용도 구체적으로 제한을 받았는데 가장 두드러진 특징이라면 정치화 경향이 날로 뚜렷해졌다는 점이다. 독서와 관람, 음악의 선택에 있어 사람들은 독립성을 잃고 완전히 피동적인 수용자가 되어갔다. 1960년 제5기(期) 『중국청년(中國靑年)』에는 샤오원(肖文)이 보내온 편지글이 게재되었다. 그는 이 글에서 더 많은 자유와 시간을 갖고 취미 생활과 여가 활동을 즐겼으면 좋겠다고 적었다. 그 후 3개월 동안에 이 잡지사에는 이 문제와 관련된 만 여 통의 편지가 날아왔다. 잡지사는 그 중 일부를 선택해서 등재했는데, 그 내용은 대부분 샤오원을 단호하게 비판하는 것들이었다. 취미와 오락을 지나치게 중시하다 보면 소극적이 되고 타락할 수 있어 '진정한 혁명가'로 성장할 수 없다는 것이 편지를 보낸 이들의 보편적인 관점이었다. 이러한 토론을 통해 개인은 자기만의 작은 세계에 폐쇄되어 있어서는 안 되며, 여가 시간을 이용

---

1. 그림 출처는 1967년 11월 8일, 『인민일보』.

해 자신의 정치적 각성을 높여야 한다는 결론이 나왔다. 그 후로 여가 시간에 대한 정부의 통제는 날로 엄격해졌다. 1964년 제8, 9기 『중국청년』에 실린 〈여가 생활은 일을 위한 것이어야 한다〉, 〈퇴근 후에도 자신에 대한 요구가 엄격해야 한다〉, 〈여가 생활은 학습을 위주로 해야 한다〉 등의 글들로부터 여가 시간에 대한 정부의 지도 내용을 엿볼 수 있다. 백야(白夜)라는 필명의 저자가 투고한 〈개인주의의 작은 세계에서 벗어나〉라는 글은 개인성과 집단성, 개인성과 공공성 사이의 심각한 모순과 충돌을 한 층 더 깊이 드러났다. 개인 시·공 속의 심미활동을 어떻게 통제할 것인가는 그 시기 내내 존재하던 커다란 과제였다.

## 2. 신시기 이후의 개인 영역 상황

1980년대 초반부터 개혁개방이 심화되면서 고도로 통일되었던 사회구조도 상대적으로 분산되기 시작하였고, 사회 각 영역에 대한 정치의 '전지전능적' 통제 역할도 날로 무기력해졌다. 특히 날로 발전하는 시장 경제는 사회 각 영역의 분화와 독립에 끊임없이 동력을 제공하였다. 이와 같은 사회 변화와 구조 분열 과정 속에서, 개인 영역도 점차 정치적 통제에서 벗어나 독립적인 위치와 존재의 근거를 얻게 되었으며 개인의 사적 생활도 공공권력의 통제에서 벗어나 점차 개인 영역으로 진입하기에 이르렀다. 중국의 현실 생활만 보아도, 사람들은 보편적으로 개인 의식을 지니고 무조건 몸과 마음을 바쳐 어느 한 개인이나 조직을 위해 봉사하는 대신 스스로 즐길 수 있는 공간을 지키고자 했다. 이에 따라 '사적 공간', '개인 업무', '사적 활동', '개인 저술', '사적 일기', '사설 탐정', '개인 의사', '사설 서버' 등, '개인(사적)'이라는 단어가 들어간 명사들도 끊임없이 생겨났는데, 그 항목도 많고 수량 또한 헤아릴 수 없이 많았다. 개인 영역에 대한 사람들의 이해에 차이가 있긴 하나, 대부분 이 개념에 적극적인 가치와 의미를 부여했으며 지금도 '프라이버시 지켜주기', '사적인 공간 보호하기' 등의 구호들을 쉽게 찾아볼 수 있다.(그림1-2-3)[1] 개인성에 대한 자각적인 호소는 개혁개방 전 개인성에 대한 억압과 그 성질이 전혀 다르다. 제반 요소의 성숙을 통해, 현실생활에서 개인 영역의

그림1-2-3 2006년 6월간 『신주간(新周刊)』의 겉표지

출현은 시대의 흐름 상 자연스러운 추세임이 입증되고 있다.

그러나 이성적이고 신중한 태도로 판단해볼 때, 중국의 개인 영역은 아직 성숙하지 못했으며, 특히 법적인 면에 있어 전면적으로 보장받고 있지 못하다는 사실을 인정하지 않을 수 없다.[2] 이처럼 사적 영역이 여전히 여러 가지 문제를 안고 있긴 하지만, 개혁개방 이전에 비하면 분명 거침없는 기세로 성장하면서 실생활에 여러 가지 변화된 모습으로 기쁨을 선사하고 있다. 현재 중국에서 파악되는 개인 영역의 구체적인 상황은 대략 다음 몇 가지로 나누어 볼 수 있다.

우선 사회 노동 영역과 상품 교환 영역에서의 변화이다. 사회 노동 영역

---

1. '개인' 관련 화제는 날로 주목을 받고 있다.

2. 예컨대 인민대표대회에 제출한 사유재산 보호 관련 의제에 대해 혹자는 매우 근거 있는 주장을 제기한 바 있다. 초안에는 '정부는 공공이익 상의 필요가 있을 시 법률에 따라 공민의 사유재산을 징수하고 징용하며 보상할 수 있다.' 라는 규정이 있다. 그러나 정부 권력이 법에 의거해 사유재산을 징수하고 징용한다고 주장할 때 과연 개인이 정부와 논쟁할 수 있을지, 또 어떤 절차를 걸쳐 논쟁해야 하고 그 논쟁이 법원의 판결이 나전에 징수와 징용 가능하는지 등이 이 문제의 관건이다. 이러한 문제들을 충분히 고려하지 않았음이 분명하다.(시나닷컴(新浪)특별 시사 논평(特約時評) 「사유재산 보호의 관건은 절차에 있다(保護私産, 最重要的問題是程序)」 참조. http://news.sina.com.cn/c/2003-12-29/17142494351.shtml.

과 상품 교환 영역은 시장경제의 외적 표현 장소로, 시장경제의 확립과 동시에 등장하였다. 건국 초기에 시장경제에 대한 토론이 일찍이 진지하게 진행된 바 있지만, '문화대혁명'이 끝나고 나서야 비로소 정식으로 추진되었다. 특히 덩샤오핑(鄧小平)의 남방 순회 강연이 끝난 후에야 '사회주의 시장경제'는 비로소 사회 여러 계층으로부터 광범위하게 인정을 받아 현실에서 전면적으로 실시되기 시작했다. 독립적인 경영을 기초로 하는 시장경제는 외부에서 오는 지시와 간섭을 거부하는데 시장경제가 중국에서 신속하게 발전하게 된 데는 두 가지 원인이 있다. 첫째, 서구와 달리 중국에서 시장경제의 출현은 민간에서 정부에 이르는 투쟁과정에서 생겨난 것이 아니라, 정부가 자발적으로 일부 경제 영역에서 물러나 민간에 양도한 결과이다. 정부가 과거 '지시' 위주의 방식에서 '지도' 위주의 방식으로 전환한 것이야말로 시장경제가 중국에서 신속하게 발전할 수 있었던 근본적인 원인이다. 둘째, 중국의 정치적 성격으로 말미암아 이런 양도가 제한적일 수밖에 없었으나 그럼에도 불구하고 시장경제는 출현 즉시 '탈정부화'의 내재적 동력으로 작동하면서 국가 행정력의 간섭을 거부하고 독립적인 생존 공간을 끊임없이 확보해나갔다. 세계경제 일체화라는 커다란 배경 하에서, 특히 2001년 중국이 WTO에 가입하면서 시장경제의 자주적 경향은 날로 강해질 수 밖에 없었다. 중국 경제의 시장화, 현대화는 경제 일체화와 글로벌화를 향해 나아갔다. 따라서 사회 노동 및 상품 교환 영역도 시장경제 체계 속에 놓여지면서 독립과 자유를 크게 확보할 수 있었다. 시장경제에서 사회 개체는 그 누구의 안배나 지시에 따를 필요 없이 평등교환 원칙과 시장 내부의 자체적 법칙을 지키기만 하면 되었다. 시장화된 노동 세계 속에서, 과거 노동 위에 덧씌워졌던 신성하고도 허황된 광채는 결국 점차 빛을 잃어갔다. 노동과 일, 사업은 개인 삶의 향유, 자아 가치의 실현과 밀접한 관계를 맺었으며, 노동의 상징적 의의는 다시 현실적 의의로 회귀하여, 의식주 등과 긴밀히 연결된 일상생활의 일부분으로 자리잡았다.

개인 영역을 구성하는 두번째 요소는 가정이다. 과거 사회 세포로서 작용하던 가정은 한동안 유명무실해져, 재산 축적의 기능을 발휘하지도 못하고 물질 소비의 장소가 되지도 못하였다. 또한 폭력 요소의 침범에 저항할 수 없었으며, 인성을 배양하는 역할도 수행하지 못했다. 따라서 인구 번식 등 한정적인 사회적 기능을 감당하는 것 외에 완전히 정부화되고 공공화되고 권력화되었다. 개혁개방 이래 사회보장 체계가 구축되고 사유재산에 대한 법적 보호가 한층 강화됨에 따라 가정도 경제, 정치적인 구속에서 벗어나 점차 강렬한 개인화 특성을 드러내기 시작했다. 가정에 대한 통제 기능을 담당하던 과거의 '기관 단위' 조직도 이 시기에 와서는 점차 경제적 기능을 위주로 하는 회사로 대체되었다. 회사는 더 이상 권력 감시의 기구가 아니라 이윤을 창출하는 사회 조직으로 부상했다. 대부분의 농촌 지역과 도시 소상공업자들의 가정은 경제 생산과 재산 축적의 기능을 회복하였으며, 모든 가정의 가장 기본적인 기능은 물질 문화 소비였다. 특히 일하는 시간이 줄어들고 여가 시간이 늘어나는 한편, 오락시설과 통신시설이 한층 완비되면서 가정은 이제 소비 장소이자 오락공간이 되었고, 어떤 측면에서 볼 때는 인격 배양의 기능까지 수행하게 되었다. 오늘날 가정은 이미 개인활동의 주요 장소이다. 가정의 사적인 성격은 주로 다음과 같은 세 가지 면에서 나타난다. 먼저 그 구성방식에 있어 대부분의 가정은 남녀가 자유롭게, 자발적으로 결합하여 탄생한 것으로, 정치, 경제 등 외부 역량의 영향력이 날로 약화되고 있다. 특히 과거 중요한 역할을 담당했던 '기관 단위'는 이제 더 이상 권력의 지휘봉을 흔들면서 젊은 남녀를 마음대로 결합시키거나 갈라놓지 못한다. 지금은 혼인 등기 시에도 '기관 단위'의 인장과 소개장은 있어도 되고 없어도 그만이며, 이혼 역시 '기관 단위'의 거듭되는 방해나 갖가지 질문을 받지 않고 전적으로 남녀 쌍방의 의향에 따라 결정할 수 있다.[1] 둘째, 가정 생활의 내용도 더욱 자유롭고 풍부해졌다. 부부가 같이 공통된 취미와 기호에 따라 TV를 시청하거나 음악을 감상하고, 장기, 바둑, 낚시, 게임, 여행, 헬스 등 심신 건강에 도움이 되는 여러 활동들을 한다. 법에 위반되지 않는 한, 가족 구성원들은 더욱 다채로운 활동 방식을 마음대로 고안해낼 수 있다. 셋째, 가정은 자유로운 인성 교육과 양성이라는 임무를 나날이 충실히 감당할 수 있게 되었다. 외부적 환경 면에서 볼 때, 가정은 정치 권력의 직접적인 통제에서 벗어남과 동시에 경제 속박에서도 어느 정도 벗어났다. 이는 더 이상 가정이 가정 자체를 생산 노동의 현장으로 삼아 수입을 창출하는 것이 아니라 주로 월급으로 가정수입을 충당하게 되었기 때문이다. 또 개인이 밖에서 일하고 집으로 돌아 오면 외부적인 압박들로부터 벗어날 수 있기에, 가정이라는 공간은 자유롭게 즐길 수 있는 오락 공간으로 거듭날 수 있었다. 더 나아가 현대사회의 평등 사상은 가정 내 젠더 간의 차별을 없애주었다. 이는 현대의 가정이 '순수 인성'을 길러주는 자유 공간으로 거듭났음을 보여준다. 하버마스는 가정을 자발적인 공간, 사랑 공동체, 교육의 공간으로 규정 지으면서, 이상주의적 개념으로서의 '

1. 2000년 12월 1일에 중화전국여성연합회([역자주] 약칭은 全國婦聯)와 국가통계국이 여성 생활과 관련한 조사를 공동으로 진행했는데, 그 중 혼인 자주성 정도와 관련된 조사 결과에서 남녀 모두 혼인 자주성이 제고되었다고 여기는 것으로 나타났다. 초혼일 경우 여성은 '본인이 결정', '본인이 결정하고 부모의 의견을 구한다'는 비율이 61.5%였는데, 도시 지역 여성이 77.2%, 농촌 지역 여성이 56.2%였다. 그 중 외지에 나가 일을 한 경력이 있는 농촌 지역 여성이 68.8%에 달해, 전체 농촌 지역 여성에 비해 12.6% 높은 것으로 나타났다. 젊은 층의 혼인 자주성은 더 높았는데 35세 이하의 도시 지역 여성이 85.8%, 농촌 지역 여성이 75.6%에 달했다. 전적으로 '부모가 정하'는 비율은 도시와 농촌 모두 10년 전에 비해 크게 줄었는데, 상대적으로 농촌 지역이 도시 지역에 비해, 또 여성이 남성에 비해 더 크게 줄어들었다. (중화전국여성연합회와 국가통계국이 2001년 9월 4일 공동으로 발표한 「제2기 중국여성 사회지위표본 조사 주요 데이타 보고(第二期中國婦女社會地位抽樣調查主要數據報告)」참조. http://www.women.org.cn/womenorg/funvyanjiu/shujv.htm.

순수 인성'은 '내부 규율에 의해 자신의 내면 세계를 모든 외부적 목적으로부터 해방시키는 작업을 스스로 완성할 것'[1]을 요구한다고 주장했다. 순수 인성에 대한 자아 이해 및 인성의 배양이야말로 현대 가정이 지니는 인격 형성 차원의 기능이라 할 수 있다. 이런 점에서 볼 때 현대 가정은 이미 필연적인 영역에서 자유로운 영역으로 진입했고, 지금은 더 높은 차원의 정신적 공간을 향해 나아가고 있다.

그림1-2-4 향락파가 펴낸 『광저우 여가오락 완전정복(廣州休閑娛樂全攻略)』의 겉표지

취미 생활과 오락 활동은 현시점에 있어 개인 영역을 구성하는 또 하나의 주요 성분이다. 가정도 이 기능을 일부 담당하지만 모든 취미 생활과 오락 생활을 포함하지는 못한다. 이를테면 가라오케, 영화 관람, 사우나, 발 마사지, 힙합, 공원 산책, 등산, 암벽등반, 익스트림 체험, 쇼핑, 친구 사귀기, 낚시, 장기, 바둑 등은 가정의 범위를 벗어나 있지만 사람들에게 심신의 즐거움을 가져다준다. 일과 생활의 리듬이 빨라지고 경쟁에서 오는 스트레스가 늘어나면서 사람들의 심신은 지쳐 있다. 이에 취미 생활과 오락 활동은 현재 사회의 중요한 특징 중 하나임 동시에 사회문화 활동의 중요한 구성 성분이 되었다.(그림1-2-4)[2] 현대사회는 성격적인 측면에서 개인화와 자유화 특성이 두드러진다. 이는 한편으로는 정부와 '기관 단위'가 행정 권력을 동원해 사람들의 취미 생활과 오락 활동을 통일적으로 조직하는 대신 그 선택권을 개인에게 돌려주었기 때문이고, 다른 한편으로는 윤리 사회에서 법제 사회로의 전

---

1. 위르겐 하버마스, 『공론장의 구조 변동(公共領域的結構轉型)』, 차오웨이둥(曹衛東)등 역, 쉐린출판사, 1999년, P.51.

2. 취미 생활이나 오락 활동과 동시에 생겨난 것이 바로 '여가생활 지침(休閑指南)'이다. 『광저우 여가오락 완전정복(廣州休閑娛樂全攻略)』, 충칭(重慶)출판사, 2006년. 이 저서에서는 KTV, 호프집, 커피숍, 헬스클럽, 요가관, SPA관, 영화관과 헤어샵 등을 소개하고 있다.

환을 겪은 중국 사회에서 국가 법률에 위반되지 않는 한 사회적 개체가 전통 사회의 여러 윤리 규범들의 제약 없이 개인의 취향, 애호, 습관, 심지어 비이 성적인 본능에 의해 취미 생활과 오락 방식을 선택할 수 있게 되었기 때문이 다. 이 두 방면에 있어서의 변화로 인해 취미 생활과 오락 활동은 날로 개인 화, 자유화된 특징을 띠게 되었다. 물론 취미 생활과 오락은 오늘날 비로소 생긴 것이 아니라, 유구한 역사 전통을 갖고 있다. 전통사회에서 흔히 볼 수 있던 취미 생활과 오락 방식으로는 춘절 때의 묘회(廟會)와 춘절 대목장, 설 서(說書)와 연극 감상, 시 읊기와 부(賦) 짓기, 가무(歌舞)와 관현악 연주 등 이 있다. 그러나 당시 이런 활동들은 현대 사회의 취미 생활 및 오락 방식과 비교할 수조차 없다. 우선 양적인 면에서 보면, 현대 기계공업의 거대한 생 산력은 사람들을 고된 육체 노동과 가사 노동으로부터 해방시켜 취미 생활 과 오락에 할애하는 시간을 늘려주었다. 게다가 현대 매스컴을 비롯해서 초 고속으로 발전하는 과학기술은 더욱 다채로워진 여가 생활과 오락 내용, 방 식을 생산해냈다. 둘째, 질적인 면에서 보면, 취미 생활과 오락 활동은 전통 사회에서 대개 사회 재생산을 위한 것으로 간주되었지만 여가 시간이 늘어 나고 한결 여유로워진 현대사회에서는 사람들이 다원화된 자아를 추구하고 정신 세계를 넓히는 직접적인 생활방식으로 간주되고 있다. 파울러 유스테 스(Fowler Eustace)가 "한 사람이 자신의 오락(방식)을 선택하는 것은 자 신의 생활(방식)을 선택하는 것이기도 하다."[1] 라고 말한 것처럼. 취미 생활 과 오락은 이제 사회 개체 생활 속의 장식품이나 액세서리가 아니라 생활의 주된 구성 부분으로 승격되었다. 시장경제의 발전에 힘입어 취미 생활과 오 락은 국내 거대 산업으로 부상해, 각 지방 정부로부터 광범위한 중시를 받고

---

1. 오스굿(Osgood) 등 저, 『현대 생활방식의 이모저모(現代生活方式面面觀)』 황더싱(黃德興) 등 편역, 상하이사회과 학원(上海社科學院)출판사, 1987년. P.152.

있다. 도시의 거리를 거닐다 보면 여기 저기서 나이트클럽, 오락실, 헬스 클럽, KTV, 댄스 홀, 극장, 콘서트 홀, 북카페, 바, 게임방 등, 온 도시를 오색 찬란하게 물들이는 다양하고도 특색 있는 취미 생활과 오락의 장소들을 볼 수 있다. 정부도 휴일을 거듭 연장해 더욱 많은 여행의 기회를 마련해주었다. 춘절, 노동절, 그리고 국경일(國慶日)은 이미 여행업계의 수익을 톡톡히 올려주는 3대 여행 특수기가 되었다.[1] 취미 생활과 오락의 시장화, 상품화는 개인화와 개성화 특징을 진일보로 발전시켰는데, 이처럼 확대된 취미 생활과 풍부해진 오락 내용은 중국의 개인 영역이 한층 확장되었음을 보여준다.

이밖에 개인 공간의 확장은 개인 시간의 증가와도 깊은 관계가 있다. 이 두 가지는 개인 영역의 필수불가결한 요소이다. 1994년 3월 1일, 중국 정부는 지금의 주 6일제 근무를 5.5일제로 바꾸었고, 〈중화인민공화국 노동법(中華人民共和國勞動法)〉 제36조의 내용을 '국가는 노동자의 업무 시간이 8시간을 초과하지 않고 주 평균 업무 시간이 44시간을 초과하지 않도록 하는 노동제도를 실시한다.'로 새롭게 규정했다. 제41조에서는 '채용 기관은 생산 경영 수요에 근거하여 노동조합(工會) 및 노동자와의 협상을 통해 근무시간을 늘일 수 있으나, 통상적으로 1일 1시간을 초과할 수 없다. 특별한 이유로 인해 근무시간을 늘려야 할 경우, 노동자의 신체 건강을 담보하는 조건 하에서 근무시간을 늘리되, 3시간/일, 36시간/월을 초과할 수 없다.'라고 규정지었다. 이 규정들을 통해 여가 시간이 비로소 법적으로 보장되었으며, 정부는 이를 기초로 여러 차례 조정을 걸쳐 총 여가 시간을 한층 더 늘려 나갔다. 1995년 5월 1일, 정부는 주 5일제 근무제를 실시하고 근무시간을 기존의 44시간에서

---

1. 국가여행국(國家旅遊局)의 통계에 의하면 2001년 3대 휴일에 전국 총 관광객이 18269.6만/차에 달하고 735.8억위안에 달하는 관광수입을 올렸으며, 2002년 '국경일'의 경우 국내 관광객이 8,071만/차에 달하고 206억위안의 관광수입을 올렸다고 한다. 천샤오리(陳小力), 「13년 사이에 일어난 오락 방식의 변천(13年에 人們休閑方式的變遷)」, 「경제일보(經濟日報)」, 2002년 10월 23일 참조.

40시간으로 단축하였다. 1999년부터는 '노동절', '국경일'과 춘절 때에 7일 간의 연휴를 갖도록 정하면서 중국인들은 해마다 114일의 휴가를 갖게 되었다. 1년에 거의 1/3의 시간을 휴가로 보낼 수 있게 된 것이다. 물론 여가가 개인 시간, 자유 시간과 동일한 것은 아니지만, 여가의 증가가 개인 시간의 증가에 가능성을 제공한 것은 분명하다. 여가에는 수면, 식사, 배설, 부부생활, 가사 등 여러 가지 생리적 필수 사항들이 포함되어 있는데, 이는 개인이 자유로이 선택할 수 있는 것들이 아니다. 사회와 과학기술, 서비스업의 발달로 사람들이 이런 필수적인 일에 할애하는 시간은 날로 줄어들고, 개인이 자유롭게 컨트롤할 수 있는 시간은 상대적으로 늘어나게 되었다. 우선 교통수단의 발달로 출, 퇴근에 걸리는 시간이 줄어들었다.[1] 다음으로는 현대 사회의 전기화와 사회화로 인해 가사 노동 시간도 대폭 줄었다. 세탁기, 냉장고, 진공 청소기, 가스레인지, 전자레인지 등 여러 가전제품의 보급과 인스턴트 식품의 일상화 덕분에 가사 노동 시간은 1990년의 2시간 10분(남성)과 4시간 23분(여성)에서 1997년의 1시간 43분과 3시간 3분으로 각각 줄어들었다. 필수 소모 시간이 감소한 대신 자유로이 컨트롤할 수 있는 시간은 늘어났다. 개인 시간의 증가는 도시뿐만 아니라 전국적인 현상이 되었다.

## 3. 11기 3중전회 이후 심미문화의 개인화, 신체화와 다양화

개인 영역의 출현은 거대한 분화(分化) 역량과도 같아, 심미문화 활동을 국가권력의 직접적인 통제로부터 분리시켜 대중의 품으로 되돌려주었다. 국가권력은 심미문화에 대한 통제를 한번도 포기한 적이 없었으나, 개인 영역

---

1. 수도 베이징을 예로 들어 볼 때, 2001년 베이징 시민의 근무 시간과 출, 퇴근에 걸리는 통근 시간은 1986년과 1996년에 비해 각각 166분과 89분 줄어든 것으로 조사되었다.(자오팅(趙婷) 「베이징인의 일상생활 알아보기(了解北京人日常生活)」, 『베이징일보』, 2003년 2월 20일 참조)

은 탄력 있는 에어쿠션처럼 정치 압박을 약화시키거나 외부로부터 격리시켰다. 특히 심미문화 활동이 문화시장을 통해 글로벌화된 문화 유통에 참여하게 되면서부터 막강한 힘을 갖게 되었다. 이 힘은 국가 권력의 통제를 점차 약화시킴으로써 심미문화에 더욱 드넓은 활동 공간을 제공하였다. 이 시기부터 심미활동은 비로소 대대적으로 사유화(私有化), 개인화되기 시작했다. '문화대혁명' 시기 전국적으로 통일되었던 심미문화 공간도 층층이 단절되면서 자유화, 다양화의 길로 나아갔다.

심미문화 활동의 사유화는 우선 문화생산의 사유화에서 나타난다. 개혁개방이 심화, 발전하고 사회 노동 영역과 상품 자유 유통 영역이 형성됨에 따라, 문화인들도 사업 기관의 엄격한 통제에서 벗어나 자유 경쟁을 창도하고 이윤을 추구하는 실리적인 문화시장으로 뛰어들었다. 이와 동시에 문화 창작의 자유도 제고되었다. 이데올로기와 국가권력은 더이상 사람들이 표현하는 유일한 주제도, 유일한 헌신의 대상도 아니었다. 사람들은 자신의 취미와 기호, 자아 감성과 체험에 주목했으며, 심지어 내면의 은밀한 욕망과 감성적 충동에 눈을 돌리기도 하였다.

문화활동 사유화의 두 번째 방면은 수용과 소비의 사유화로 나타났다. 당대 생활에서 정치적, 윤리적 금기는 더 이상 심미문화 활동을 방해하는 주요 장애물이 아니다. 개인 공간 영역에서, 유포하지 않는다면, 폭력물이나 포르노를 감상한다 하더라도 비난 받지 않는다. 심미 문화상품의 의미를 이해함에 있어서도, 당대를 살아가는 개체는 자아 주동성을 지니며, 더 이상 국가에서 지정한 의미의 통제를 받으려 하지 않는다. 새로운 저서나 영화가 나오면 그것의 가치와 의미에 대해 광범위하고도 열띤 토론이 일어난다. 이와 같은 현상 자체에서 의미 생산의 다원화를 읽을 수 있다. 환경 면에 있어서, 인간의 심미문화 활동은 점차 개인적인 장소로 옮겨갔다. '계급투쟁'을 중심으로 한 과거 공공생활에 대한 권태로 인해 사람들은 외부 세계로부터 다시 개인생활 영역으로 복귀해 대부분의 자유 시간을 주로 가정에서 보내게 되었다. 라디오, TV, 녹음기, 비디오, 컴퓨터 등 가정용 매체의 보급은 이런 추세를 더욱 강화시켰는데, 그중에서도 사람들의 문화 오락활동에 가장 크게 영향을 미친 것은 단연코 TV이다. (그림1-2-5)[1] TV가 보급되기 전에는 공공적 색채를 지닌 영화가 당시 사람들의 주된 오락 대상이었다. 1980년대 전까지만 해도 중국의 영화 관람객 수는 해마다 최소한 300억에 달했다. 그러나 텔레비전의 보급과 더불어 수많은 영화 관람객이 TV 시청자로 바뀌었다. 2000년을 전후로, 국내 영화 관람객 수는 6억으로 줄어, 연평균 일 인당 영화 관람수가 0.5편, 관람 시간은 1시간 정도였다. 반면 사람들의 평균 TV 시청 시간은 대폭 늘어났다. 관련 통계 자료에 의하면 최근 몇년 간 사람들의 일평균 TV 시청 시간은 3시간 38분으로, 일평균 여가 시간인 6시간 25분 중 56.6%를 차지하는 것으로 나타났다.

그림1-2-5 류싱친(劉興欽)의 만화 『TV 중독자(電視迷)』의 겉표지

개인 영역 깊은 곳에 줄곧 감추어져 있던 인체도 개인 영역의 합법화와 더불어 사회에 등장하기 시작했고, 그 결과 지금의 심미문화는 강한 인체화 경향을 띠게 되었다. 전통 미학에서는 심미활동의 비공리성과 거리성을 줄곧 강조해 왔다. 따라서 심미문화도 정신성, 성찰성을 강조하면서 육체와 직감적인 일면을 상대적으로 홀시했다. 그러나 이성에 대한 회의가 생

---

1. TV는 그 사적인 특성으로 인해 현대 생활에서 중요한 위치를 차지하고 있다.(롄징(聯經)출판사, 1996년)

기고 전통이 설득력을 잃으면서 국가권력도 완충, 보류 상태에 놓이게 되었으며, 신체적 감각과 감성 체험은 인간과 외부를 연결시키는 든든한 연결 고리이자 정보의 회로가 되었다. 최근 이십년 동안, 신체의 직접적인 참여를 요구하는 심미활동이 시대의 심미 사조를 이끄는 주류로

그림1-2-6 2006년 마오밍(茂名)에서 열린 「통이서우거(同一首歌)」. 그림은 류환(劉歡)이 공연 현장에서 하는 현장에서 열창하는 모습

부상했다. 오늘날 대부분의 문화오락 활동은 흡사 모두 '인체'라는 마술봉을 둘러싸고 맴도는 것만 같다. 이를테면 관중의 물결 속에 땀을 비오듯 흘리는 축구 경기장에서 우레 같은 응원 소리에 서로 치고받는 권투장에 이르기까지, 경쾌한 리듬에 사람을 흥분시키는 디스코, 재즈와 락음악에서 아늑한 불빛과 몽롱한 분위기의 바 혹은 무도장에 이르기까지, 또 거리와 골목에 널린 KTV, 노래방에서 나날이 보급되는 가정용 카메라, 비디오, 노래방 기기에 이르기까지, 신속하게 증가하는 컴퓨터 인터넷, 개인 홈페이지에서 걸으면서 통화 가능한 휴대폰에 이르기까지, 미용실 네일아트샵, 눈썹 손질과 피어싱에서 전국을 휩쓴 헬스 붐, 다이어트 붐에 이르기까지, 그리고 T자형 무대에서의 모델 런웨이를 비롯해 실내 리듬 체조와 실외 암벽등반 운동에 이르기까지, 짜릿하고 자극적인 환상의 미궁에서 탁 트이고 청신한 휴일의 초원에 이르기까지, 신체가 직접 참여하여 형성한 심미문화 형식에 당대 대중의 시각, 청각, 후각, 미각, 촉각 등 신체적 감각기관이 총동원되어있다.(그림1-2-6)[1] 이로 인해 심미적인 순간 장면 하나하나가 몸놀림과 접촉하는

---

1. 그림 출처는 www.gdmm110.cn/html/xwzx/chinanews/903.html.

데, 우리의 몸도 이와 같은 미적 형식을 통해 무한히 이어진 시간 속으로 환원되어, 느끼고 보고 만질 수 있는 진실한 존재가 된다. 생명의 자연성과 진실성은 이로써 그 근원을 찾고, 오래 전에 상실한 감성적 쾌락과 삶의 욕구도 남김없이 표현되어 열정적으로 발산되었다. 몸의 격렬한 움직임 속에서, 목이 터지도록 부르는 노래 속에서, 자신의 피부를 어루만지는 속에서, 개인의 존재는 본연의 진실된 모습을 회복하였다.

어떤 측면에서 볼 때, 시간과 과정 속에서 삶과 체험과 존재를 파악하는 것은 욕망과 본능의 표출일 뿐만 아니라 더 고차원적인 문화에 대한 추구이기도 하다. 이것은 인간의 생존에 더 견고한 원천과 기초를 마련해주어, 보다 인성적인 또 다른 생명 법칙에 대한 외침을 표현한다. 이를 통해 한 때 성행했던 전통적 가치와 거짓 이상, 거짓 도덕을 무너뜨린다. 어쩌면 현재 '육감문화(肉感文化)'는 일종의 급진적인 '반문화(反文化)' 형식으로 더 도덕적인 새로운 문화를 추구한다고도 말할 수 있겠다.

11기 3중전회 후에 나타난 개인 영역의 확장 현상도 심미문화의 다양화를 가속화했다. 개인 영역은 행정권력의 간섭에서 벗어난 자유 공간을 구축함으로써 개체 의식과 자유 의식을 크게 활성화시켰다. 상대적으로 여유롭고 자유로운 환경에서, 사람들은 과거 억압 받았던 사상, 의지, 감정과 체험을 되살려내 오늘날의 생존 체험과 삶의 감수성을 풍부히 하였다. 또 개체 존재로서의 자아는 무엇으로도 환원할 수 없는 객관적 실체임을 보편적으로 인식하게 되었다. 따라서 사람들은 표현을 갈망하고 형식화된 자아와 생활, 그리고 형식화된 세계와 만나기를 희망했는데, 이것이 바로 정부가 독점한 발언권을 뒤흔든 내재적 동력이었다. 사회 계층 차원에서 볼 때, 이렇게 분화된 사회적 개체는 또 끊임없이 이동하고 조합해 과거 경직된 이원대립의 국면을 타파하고 다원 공생적인 새로운 계층 구조를 형성하였다.[1] 다양한 계층은 정치적, 경제적 지위가 다르며, 이로 인해 생활방식, 가치관, 생활태도도 달라진다. 이들은 필연적으로 사회적 담론 시스템 속에서 목소리를 내 자신만의 위치를 확보할 것을 요구한다. 고립적인 개체에 비해 계층의 담론은 더욱 강력하므로 문화적 억압을 타파하기에 용이하고, 의미의 창조자 겸 생산자로서 사회적 담론 형성에 참여한다. 특히 '문화시장'을 통한 의미의 생산이 가능해지면서 더욱 강력한 힘을 발하고, 이로써 의미 생산에 대한 행정권력의 독점적 통제를 점차 약화시키고 이완시킨다. 더욱이 현대 과학기술의 광범위한 개입으로, 특히 과학기술이 가져다준 세계적인 전파력으로 인해 개인 영역이 더욱 확장되면서, 의미 생산 주체의 다원화와 독립화에 더 많은 참조적인 시스템, 편리한 조건, 발표의 장을 제공했다. 의미 생산 주체의 다원화는 기존의 단일적이던 심미문화 공간을 무너뜨리고 분화시켰다. 심미문화 공간은 더 이상 단일하고 동질적이며 절대적이지 않으며, 오로지 이데올리기 지향적도 아니다. 대신 더 풍부하고 다양한 존재 형식과 가치 의미를 지닌 공간으로 거듭났다.

1976년 이후 중국의 심미문화는 상대적이고 개인적인 공간, 즉 사적이고 구체적인 공간으로 점차 바뀌어갔다. 이 공간은 각각의 성격이 다르고 특징도 달라서, 기존의 것과 전혀 다른 외적 형식과 내적 가치를 지녔다. 산과 바다, 강과 호수, 바람과 비, 우레와 소나기, 더 나아가 그곳이 거리와 도시이건, 토지와 농촌이건, 또 거실과 침실이건, 농가와 별장이건, 그가 농민과 노동자건 상인이건 지식인이건 간에, 서로 다른 서술 공간과 서정 구조 속에서 서로 다른 기능과 의미를 지니고 있었다. 시장경제라는 새로운 역사적 조

---

1. 루쉐이(陸學藝)등의 연구 보고서에서는 당대 중국사회를 국가와 사회 관리자, 경영인, 개인사업가, 전문기술직, 사무직, 자영업자, 서비스업자, 산업노동자, 농업 근로자, 도시와 농촌지역의 백수, 실업, 반실업자 등 10대 계층으로 분류했다.

건 하에서, 이런 이미지와 공간을 결합시키고 어떤 통일적인 의미를 부여하여 타인으로부터 인정을 받고자 하는 노력은 모두 '밑 빠진 독에 물 붓기'임에 틀림없다. 오늘날 개인 의식의 각성으로 문화공간의 상대화와 사유화, 개인화는 이미 물질적 보장이라는 전제를 얻었을 뿐만 아니라, 도덕적 우선권도 획득하였다. 분화되고 유동적이며 다원공생적인 계층 앞에서, 단일한 공간으로 모든 담론을 통일하려는 노력은 통하지 않을뿐더러 혐오감까지 일으킨다. 게다가 지금은 계층 간의 변동이 심하고 서로 간의 역량 구도가 뒤바뀌기도 하면서, 문화 공간이 끊임없이 서로 충돌하고 부딪치며 침투, 억압하고 변화하는 불안정한 상태에 처해 있다. 또한 전(前)산업사회, 산업사회, 탈산업사회적 특성이 한데 얽히고, 프리모더니즘, 모더니즘, 포스트모더니즘이 공존하며, 동서양의 경제, 과학기술, 문화가 상호 침투함으로 인해 중국 당대 문화 공간은 전에 없던 복잡성과 다양성을 띠고 있다. 따라서 현대 심미문화 판도에는 정부의 의도를 나타내는 이데올로기 문화도 있는가 하면 계몽을 외치는 엘리트 문화도 존재한다. 또 상업주의를 나타내는 도시문화가 있는가 하면 과거를 되돌아 봄으로써 새롭게 역사를 이어나가는 전통문화와 하층 민중의 취향과 마음을 읽을 수 있는 민간문화도 존재한다.

'문화대혁명' 시기의 문화 독재에 비하면 오늘날의 의미 생산 주체는 확실히 다원화되고 분산되었다. 개인 영역이 더 한층 확장됨에 따라 의미의 생산 주체도 보다 자유화되고 개방되며 다원화되었다. 어쩌면 이를 토대로 더욱 분산된 형태의 '소수집단의 문화'와 '개체 문화'의 등장도 낙관적으로 내다볼 수 있을 것이다. 국가 전체의 문화 지형도가 이로 인해 더욱 요동쳐 알아보기 힘들 정도로 복잡해질 수 있겠지만, 더 심층적인 의미에서 볼 때 이런 어지러움과 복잡함이야말로 문화 민주와 번영의 외재적인 표현이다.

# 제3절

## 심미문화의 과학기술화

하이데거(Heidegger)의 말처럼 과학기술은 현대인의 벗어날 수 없는 역사적 운명이다. 인류가 '욕망이라는 이름의 전차'에 오른 후, 과학기술은 이미 인류의 사회 생활에서 가장 막강한 결정력을 행사하는 존재가 되었다. 오늘날 대부분의 물질적, 정신적 수요들은 복잡한 기술 시스템을 통해야만 만족시킬 수 있는데, 현대 과학기술의 발전 역시 괄목할 만하다. 백과대사전에 수록된 용어 중에 업데이트가 가장 빠른 것이 바로 나노 기술, 정보망, 자기부상열차, 우주선, 유인 위성, 우주 정거장, 클론인, 가상 인물, 시험관 아기, 유전자 공학, 컴퓨터, 네트웍, 전자 상거래, 휴대폰, 문자, 이메일, 워드 파일, 컴퓨터 해커 등 과학기술 용어들인데, 이 용어들은 우후죽순마냥 대중들의 시야에 충격을 주면서 사람들의 지식 수용 능력을 시험하고 있다. 사회 맥락적 차이로 인해 중국에서의 과학기술의 발달은 그 역할도 크고 의미도 중대하다. 한때 빈곤과 낙후를 경험하고 외부의 침략과 지배를 받아온 중국인에게 과학기술의 발전은 생산 효율과 물질적 만족을 상징함과 동시에 민족 치욕의 역사를 딛고 강국의 꿈을 실현할 수 있는 가능성을 의미한다. 작은 성과일지라도, 과학기술의 발달은 언제나 사람들의 미묘한 흥분과 자유로운 상상을 불러 일으켰다. 정부가 '과학기술이 제1생산력'임을 천명한 후, 과학기술이 당대 중국에서 차지하는 우월한 지위는 더욱 두드러졌고, 현실 생활에 영향을 미치는 정도도 나날이 뚜렷해졌다.

중국 당대 심미문화에 끼친 과학기술의 영향은 쉽게 찾아 볼 수 있다. 문화발생적 측면에서 볼 때, 과학기술과 문화 심미는 애초부터 그 기원이 서로 연결되어있고 서로 영향을 주거나 받아왔다는 특성을 지닌다. 인류 생활 환경의 과학기술화는 사실 세계가 문화화, 심미화되는 과정이기도 하다. 종적으로 볼 때, 심미문화에 끼친 과학기술의 영향은 오랜 역사를 지니고 있다. 고대의 편종, 동라(銅鑼)에서 시작해 오늘날의 영화, TV에 이르기까지, 모두가 과학기술 발명 및 기술 진보에 의해 생겨난 것들이다. 오늘날의 현실만 보아도 인간의 심미문화 활동은 여전히 기술과 기술 생산품에 의지하고 있다. 이를테면 전자 기술과 위성 기술을 핵심으로 하는 TV의 경우, 국가정보화지표 측정 데이터 통계에 따르면 2000년 전국 TV 보유량은 백가구 당 106대, 상하이(上海)가 150대라고 한다. 광활한 농촌 지역도 TV 보유량이 백가구당 101.7대로 집계되었다. 아울러 사람들의 TV 시청 시간도 크게 늘어났다. 관련 통계 자료에 의하면, 최근 몇 년 간 사람들의 TV 시청 시간이 일평균 3시간 38분으로 나타났는데, 이는 6시간 25분이라는 대중들의 일평균 여가 시간에서 56.5%를 차지하는 수치이다. 이 외에 음반, DVD, 가라오케, 컴퓨터와 휴대폰 등도 사람들의 심미문화 활동에서 중요한 위치를 차지하고 있다. 과학기술의 도움이 없다면 심미문화는 분명 오늘날과 같은 규모와 발전을 이루지 못했을 것이다.

구체적으로 보면, 과학기술의 심미문화에 대한 촉진 작용은 여러 방면에서 찾아볼 수 있다. 우선 심미 대상에게 새로운 공간을 개척해주어 심미문화의 새로운 유형을 창조했는가 하면, 심미문화의 민주화와 자유화도 이끌어냈다. 또 심미문화의 외적 형식과 내적 특성을 변화시켰을 뿐만 아니라,

새로운 형태의 심미문화를 탄생시키고 심미문화의 생활화를 촉진시켜 친민적(親民的) 색채를 더했다. 그러나 과학기술은 필경 심미와 서로 다른 영역에 속하는 인류 활동인만큼 자기만의 내적 논리와 활동 법칙을 지니고 있다. 따라서 심미문화에 긍정적인 역할만을 한 것이 아니라, 여러 가지 함정을 파 심미문화로 하여금 발전 과정에서 방향을 잃게 하기도 하였다. 이런 까닭에 과학기술에 대한 사람들의 비판도 줄곧 끊이지 않고 있다. '현악기는 관악기만 못하고 관악기는 사람의 육성만 못하다', '우(竽)와 슬(瑟)을 완전히 없애 버리다' 등 과학기술을 배척하는 고대 관점을 비롯, 하이데거, 프랑크푸르트 학파(Frankfruter schule)의 기술에 대한 맹렬한 비난 등 여러 학설들로 인해, 과학기술과 심미문화의 관계는 현대 미학의 새로운 명제가 되곤 한다.

## 1. 망원경과 내시학(內視學) 그리고 심미 범주의 개척

과학기술은 인류의 자연 기관을 확장시켰다. 이는 인류의 자연 기관이 보다 강력해졌음을 의미한다. 인류는 과학기술의 힘을 빌려 자신의 활동 능력과 공간을 크게 제고하고 확장할 수 있었으며, 이로 인해 심미 대상의 범주도 확장할 수 있었다. 근대에 들어 인류는 문학, 조소, 음악 등 전통 예술 영역을 초월하여, 유연한 촉각을 넓디넓은 우주로 깊숙이 들이밀었다.

과거 줄곧 추측의 영역에만 속해 있던 무한히 멀고 크며, 무한히 가깝고 작은 신비한 것들이 지금은 심미의 대상이 되어 사람들의 시청각 속에 모습을 드러내고 있다. 항공 촬영한 화면 속에서 지구는 원래의 무게와 체적을 잃고 지극히 평범하고 감상할 수 있는 채색의 구(球)의 모습으로 다가왔다. 망원경의 도움으로 사람들은 유성우(流星雨)가 하늘에서 쏟아져 내리는 아름다운 모습을 보고 격찬하고, 백만 광년(光年) 밖에 있는 성운(星雲)이 폭발하는 웅장하고 화려한 경관도 볼 수 있게 되었다. 우주 여행도 이제 황당무계한 일이 아니다. 유인 우주선은 이미 사람을 태우고 달에 착륙하는 능력을 갖추었고 향후 이를 상업적 여행으로 실현할 수도 있다. 이제 '달에 사는 항아(姮娥)'와 '계수나무 베는 오강(吳剛)'은 더 이상 신화 속의 이야기가 아니다. 신비로 가득했던 망망대해는 과거에 비록 인류 활동의 금역이었지만, 잠수기술의 발달로 사람들은 해저에 사는 괴상망측하고 다양한 해양 생물들을 직접 눈으로 관찰할 수 있게 되었다. 과학기술의 발달로, 과거에 소홀히 여겨지거나 육안으로 볼 수도 없었던 지극히 미세한 사물들이 심미의 대상으로 다루어지게 되었다. 현대 촬영기계라면 전자 광학을 이용해 지극히 어두운 조명 아래서도 촬영이 가능하기 때문이다. 따라서 과거 육안으로 분별해내기 어려웠던 광경들이 이제는 화면에 뚜렷이 보인다. 불투명한 사물의 내부세계조차도 이제는 내시 과학 등의

그림1-3-1 황하 항공촬영 사진

기법을 통해 멋진 화면으로 감상할 수 있다.(그림1-3-1)[1] 인류의 몸은 예전부터 미화의 대상이었지만 지금처럼 사소한 것에까지 주목하고 심화하는 수준에까지 이르지 못했다. 오늘날 수많은 연예인들은 기실 성형외과 의사의 정교한 의술에 의해 탄생한 인공 제품에 지나지 않는다. 인체를 미화하는 과학기술력은 더 깊은 차원으로 심화되었다. 지금은 '형태'는 물론 성까지 전환할 수 있게 되어, 이제 선천적인 성(性)을 바꾸는 일은 기술적으로 전혀 문제되지

1. 그림 출처는 http://news.xinhuanet.com/forum/2006-12/04/content_5426250.htm.

않는다.[1] 기대되는 바는 현재 과학자들이 인간의 유전자 지도 제작을 완성하였다는 점인데, 한 국제 과학팀의 발표에 의하면 인체의 발육과 기관의 작동을 지휘하는 명령 체계를 탐색해내고, 일부 유전자를 재배치함으로써 더 완벽하고 건강한 신체를 만들어낼 수 있게 되었다고 한다. 이를 통해 인체의 미를 창조하는 과학기술력이 이미 유전자라는 생명의 가장 신비한 구역까지 깊이 진입했음을 알 수 있다.[2]

21세기 인류의 심미문화 생활에 깊은 영향을 가져다 준 것으로 대중전파기술을 빼놓을 수 없다. 이 기술은 실제로 커다란 지구를 작은 '지구촌'으로 만들었다. TV 생방송, 위성 중계 등 전파와 복제기술을 통해 모든 것을 쉽게 얻고, 세상 한 귀퉁이 지극히 개인적인 범주에서 발생한 일까지도 삽시간에 온 세계가 공유하는 화면이 되었다. 그믐날 밤에 열리는 '춘완(春晚)'은 산골 벽촌을 비롯해서 전국 어디서나 실시간 시청할 수 있어서 몇 억 인구가 함께 즐기는 해피타임이 되었는가 하면, 월드컵 결승전도 오대주를 아울러 피부색이 다르고 언어가 통하지 않는 수십 억 인구가 함께 즐길 수 있게 되었다. 이런 점에서 볼 때 TV는 이미 사람들이 슈퍼 심미 기관이 되어 사람들이 상상할 수 있는 모든 것을 섭렵하였다고 말할 수 있다. 특히 위성TV와 인터넷의 등장으로 국가와 지역 간의 장벽 문제가 기술적으로 해결되었는데, 이로써 사람들은 두문불출하고도 이국의 풍광을 만끽할 수 있게 되었다.

---

1. 저우창(周强), 장이(張儀), 〈어여쁜 여성에서 잘생긴 남성으로: 성전환 대사가 그녀를 위해 미래를 조각하다(靚女變俊男--變性大師為她雕琢未來)〉, 「쓰촨청년보(四川青年報)」 2001년 6월 16일 참조.

2. 「생명과학이 멋진 역사의 페이지를 넘기다(生命科學翻開精彩篇章)」, 「참고소식(參考消息)」, 2003년 4월 15일 참조.

## 2. 카메라 기술과 새로운 심미문화 유형의 증가

예술과 심미는 인류 문화 중 가장 초월적인 부분이다. 이는 예술과 심미가 늘 체재 외의 것을 표현하고 추구하며, 그것에 대한 사회의 전면적 훈계에서 벗어나고자 하는 경향이 있기 때문이기도 하지만, 스스로 현재 형식과 상태에 만족하지 않고 늘 새로운 창작 재료와 표현 방식을 갈망하기 때문이기도 하다. 과학기술의 새로운 변화와 발전은 바로 예술과 심미의 자아 갱신이라는 내적 수요에 부합하기 위한 것이었다. "모든 예술 형식의 발전 역사는 모두 위기였다. 위기에 놓인 예술 형식이 절박히 필요로 했던 효용은 기술 수준이 변화해야만, 즉 새로운 예술 형식 속에서만 자연 생성될 수 있었기 때문이다."[1] 벤야민의 관점에서 볼 때 새로운 예술 형식의 등장은 기술이 개입해야만 가능한데, 이러한 필요성은 전통 예술 내부에게 비롯된 것이므로 기술의 개입은 전통 예술이 추구하는 효용을 위한 지원이었다. 이 말은 곧 과학기술과 예술 형식 사이에는 침투와 피침투 관계뿐만 아니라 수요와 피수요의 관계도 존재한다는 것을 의미한다.

음성, 광학, 화학, 전기 기술은 19세기말 20세기 초의 중대한 발명으로, 사진과 영화를 탄생시켰다. 사진 촬영과 영화 관람은 오늘날 사람들의 일상 생활에서 쉽게 찾아 볼 수 있는 심미문화 활동이다. 무선 전파 기술의 발달과 라디오의 보급으로 라디오 방송은 신중국 건립 후 첫 10, 20년 동안 전국 수억 인구의 주된 오락 대상이 되었다. 그 뒤를 이어 전자 기술의 진일보 발전으로 TV가 라디오의 역할을 전면적으로 대체하면서 사람들의 일상 오락에서 가장 중요한 위치를 차지하게 되었다. 1990년대 이후 컴퓨터 기술

---

1. 벤야민, 『경험과 빈곤(經驗與貧乏)』, 왕빙쥔(王炳鈞) 등 역, 백화문예출판사, 1999년, P.285.

이 군수용에서 민용으로 바뀌면서 대대적인 기술적 발전을 이끌어냈다. 컴퓨터 조작이 간편해지고 가격이 저렴해지면서 인터랙티브 정보 네트워이 신속하게 보급되었고, 많은 도시 청년과 대학생들이 PC방에서나 혹은 개인용 컴퓨터로 오락 공간을 개척하고, 심미의 자취를 더듬기 시작했다. 위에서 언급한 주요 예술 및

그림1-3-2 프랙탈아트

심미 영역은 보다 구체적인 심미문화 유형, 예컨대 드라마, 텔레비전 단막극, 버라이어티쇼, MTV, 가라오케 등으로 구분할 수 있다. 컴퓨터 예술의 유형은 더욱 다양해서 인터넷 문학, 플래시, 프랙탈아트, 인터넷 채팅, 화면 보호기, 온라인 게임, 3D 애니메이션, 전자음악 등을 포함한다. (그림1-3-2)[1] 이밖에 사진 촬영 예술, 영화 촬영 예술, DV영화, 전자 애완동물, 설치 예술, 복제 예술 등도 모두 과학기술의 발달로 인해 탄생한 심미문화의 새로운 유형들이다. 이처럼 새로운 심미문화 유형의 탄생은 현대인의 심미공간을 풍부하게 하고, 현대인의 심미적 자유를 확장시켰다.

　새로운 심미문화 유형의 탄생은 양적 증가만이 아니라 더 높은 차원의 질적 변화까지 의미한다. 외적 형태나 내적 특질에 있어 이러한 새로운 심미문화 유형들은 전통적인 심미 형식과 전혀 다른 특징을 나타내며 강렬한 포스트 모더니즘 경향을 띠고 있다. 동시에 '진정성(authenticity)'의 쇠퇴야말로 새로운 당대 심미문화 형태의 가장 뚜렷한 특징일 것이다.

　벤야민은 1930년대에 일찍이 예술과 심미에 가져다준 과학기술 발전의 '경

---

1. 대칭과 조화를 특징으로 하지만 이런 대칭과 조화는 전통적인 의미에서 말하는 상하, 좌우, 중심 대칭만이 아니라 더욱이 국부적인 화면과 더 큰 범위에서의 국부 대칭, 국부와 전체의 대칭이라 할 수 있는 새로운 대칭을 일컫는다.

악'할만한 변화를 감지하고서, "예술 작품의 기술복제 수단이 다양화되면서 그것의 전시 기능도 크게 강화되어, 마치 원시시대처럼 극단적인 두 가치 사이의 양적 변화가 갑자기 예술품의 본질적인 질적 변화로 바뀌는 듯하다. (중략) 적어도 이를 인식하는 가장 효과적인 수단은 지금으로서는 사진 기술이고 향후에는 영화가 될 것이라는 점을 확신한다."[1]라고 적시했다. 지금의 기술복제 수준은 현존하는 모든 예술품을 복제의 대상으로 삼으며, 더 나아가 예술의 창작 방식으로까지 자리매김하고 있는데, 이 두 가지 상황으로 인해 예술품에는 심각한 영향과 변화가 일어날 것이라고 보았던 것이다. 전통 예술의 본질적 특성은 바로 지금 여기서 말하는 유일무이한 '진정성'에 있다. 하지만 복제 기술은 원작 복제본으로 하여금 시간과 공간의 구속으로부터 벗어나 끊임없이 흩어지고 평면화되게 함과 동시에도 '숭배'에서 '전시'로 가치 전환을 가져왔다. 벤야민은 이러한 변화를 기뻐하고 환영했다. 그는 진정성과 전통은 서로 이어져 있으며, 이제 전통은 혁신해야 할 대상이라고 여겼다. 또 전통을 제거해야만 사람들을 더욱 새로워진 경험의 세계로 인도할 수 있고, 전통에 구애되지 않은 새로운 시작의 서막을 열 수 있다고 주장했다. "경험의 결핍은 교양 없는 사람들을 장차 어디로 끌고 갈 것인가? 원점으로 끌고 가 다시 시작하게 할 것이다. 없는 데서 무언가를 하고 없는 데서 무언가를 구축해내며 앞을 내다보고 뒤를 돌아보지도 않게 할 것이다. 위대한 창조자 중에는 냉정하게 모든 것을 쓸어버린 사람이 적지 않다."[2]

　시간은 확실히 모든 것을 훼멸할 수 있다. 벤야민을 끝없이 '경악'하게 한 사진 촬영 기술과 영화 촬영 기술은 오늘날 이미 전통 예술형식이 되어버렸다. 오늘날의 복제기술은 더 높은 수준에 도달했는데, 특히 전자 기술과 디지

1. 벤야민, 『경험과 빈곤』, 왕빙쥔 등 역, 백화문예출판사, 1999년, P.270.

2. 벤야민, 『경험과 빈곤』, 왕빙쥔 등 역, 백화문예출판사, 1999년, P.254.

털 기술의 발전은 당대 심미문화의 형태를 한층 더 변화시켰다. 스튜디오와 필름에 비교했을 때, 전자 기술과 디지털 기술의 광범위한 응용력은 예술 창작을 원형에서 철저히 분리시켜 독립적인 영상 생산능력을 부여했다. 현재 영화나 TV예술에 나오는 장엄하고 기이한 장면들은 사실 모두 컴퓨터로 합성한 것들이다.[1] 이 밖에 SF영화, 애니메이션, 플래시 예술과 프랙털아트 등도 모두 컴퓨터로 설계한 것이다. 사실 이런 것들은 컴퓨터 제작을 통해서만 완성할 수 있다. 새로운 기술이 가져온 새로운 예술 형식을 벤야민이 만약 직접 목격했다면, 오늘날의 전자 장치들을 과연 얼마나 숭배하고, 또 어떤 식으로 '진정성'을 역사 범주로 간주하여 철저히 몸 밖으로 던져버렸을까? 인간이 필요로 하는 것은 더 이상 '진정성' 및 그것이 지니고 있는 신비성과 모호성, 불가접근성이 아님을 당대 생활이 입증해 주고 있다. 명확성과 동일성, 장식성, 전시성과 친근성 등의 특징을 지닌 심미문화는 상대적으로 당대 대중들로부터 많은 환심을 사고 있다. 왜냐하면 이런 심미문화는 광범하게 존재하는 사회 심층적 우려를 완화시킬 수 있을 뿐만 아니라, 전통적인 의미와 해석이라는 무거운 부담을 어느 정도 내려놓게 함으로써 가벼운 감성적 희열로 무거운 이성적 사고를 약화시킬 수 있기 때문이다.

존재 양식에 있어 이렇듯 새롭게 생겨난 문화 유형들은 뚜렷한 소프트화 및 정신화 경향을 띠고 있다. 조각에 사용되는 대리석, 유화에 사용되는 천과 물감, 서예에 사용되는 선지(宣紙)[2]와 먹 등, 전통적인 문화 제품은 거의 물질적인 형태를 지니고 있다. 이러한 예술 형식은 늘 일정한 물리적 공간을

---

1. 할리우드 영화 〈타이타닉〉은 디지털 기술을 정교하게 사용해 성공을 거둔 작품이다. 550여 대의 슈퍼 컴퓨터가 영화 제작에 투입되어 밤낮 없이 4개월 간 20만 폭이 넘는 화면을 제작했는데, 화면에 보이는 거센 파도와 차디찬 얼음, 연무, 노을, 부서진 대형 선박, 사람이 넘어지고 말이 나뒹구는 혼란한 장면들은 실은 디지털 기술로 합성한 것이지 실제 배경도, 배우가 직접 연기한 것도 아니다.

2. [역자주] 안후이(安徽)성에서 생산되는 서화용 고급 용지이다.

차지하면서 존재하는데, 사라지면서 한 줌의 재나 한 가닥 냄새, 그리고 부서진 돌 등을 남김으로써 물질이 일관적으로 지니고 있는 타성(惰性)을 나타낸다. 그러나 전자, 디지털 기술의 개입은 이런 물질적 타성을 정신적 특성을 지닌 유연성으로 전환시켰다. 이를테면 다채로운 컴퓨터 예술의 데이타 구성은 위치 측정과 형태 추적이 불가능할뿐더러 무게 측정도 불가능하다. 생성과 소실도 마치 사람의 사고나 정신처럼 신속해 부서진 잔여물이나 이상한 냄새도 남지 않는다. 그러니 '무공해 예술'이라 일컬어진다 해도 지나치지 않을 것이다. "창작을 말해보자면, 키보드를 쳐 소설이나 시가를 지어낼 수 있으니, 펜보다 확실히 간편하고 신속하다. 화면 속의 문자는 인(磷) 광화소가 보여진 결과물로 빛의 속도로 나타났다 사라진다. 그렇기 때문에 작가가 그가 다루고 있는 언어와 만나는 방식은 순식간에 즉시로 바뀐다. 간단히 말해 비물질적이다."[1]

작자의 비중심화도 새로운 심미문화 유형의 뚜렷한 특징이다. 이는 기술의 도움 하에 공시적(共時的) 집단창작이 가능해졌음을 의미하는 동시에, 기술 시스템 속에서 텍스트의 의의가 점차 창작자의 통제로부터 벗어났음을 의미한다. 영화 예술에 있어, 영화 한 편의 성공은 절대 어느 개인의 성과가 아니라 집단 노동의 결정체이다. 어떤 측면에서 개인의 창작은 전체의 안배와 운영에 복종해야 한다. 컴퓨터 네트웍의 망상 구조와 즉시적 성격은 집단 창작에 더 많은 공간을 제공했다. 여러 사람이 동시에 같은 웹페이지를 등록해 문자를 같이 주고 받는데, 지금 유행하는 메신저, QQ 등은 둘 내지는 여럿이서 대화할 수 있는 문자 채팅 소프트웨어이다. 오늘날 예술 창작을 보면, 작자는 갈수록 기계에 의존하고 자아를 축출하고 있다. 심지어 기꺼이 기계

---

1. 마크 포스터(Mark Poster), 『정보 양식론 : 포스트구조주의와 사회적 맥락(信息方式——後結構主義與社會語境)』, 판징예(範靜曄) 역, 상무인서관, 2000년, P.150~151.

의 조수가 되기도 한다. 매우 완벽해 보이는 음반도 대부분이 스튜디오에서 여러 차례 녹음한 뒤 반복적으로 가공해낸 결과물이다. 특히 로큰롤음악이나 타악기는 소위 현장 공연이 아예 존재하지 않는다. 이는 단지 각각의 연주자가 다른 사운드 트랙에서 먼저 녹음하고, 가끔씩 그 중 특정 부분을 신시사이저(synthesizer)에서 직접 다운 받아 가수 아닌 제작자가 각기 녹음된 사운드 트랙을 하나로 합쳐 이른바 '테이프 원본'으로 만들어낸 것일 뿐이다. 이 모든 과정에서 가수는 대부분 방관자적 위치에 있다. 이게 끝이 아니다. 기술의 도움으로 청중은 더욱 강해진 의미 창조 능력을 갖게 된다. 여기서 '창조 능력'이란 해석학적 의미에서의 '오독'을 말하는 것이 아니다. 수용자가 기술을 이용해 어느 정도 원작을 수정할 수 있게 됨으로써 매번 진행되는 감상이 '창작'으로 거듭나게 됨을 의미한다. 음반 감상 과정에서, 감상자가 만약 비교적 질 좋은 음향기기를 갖고 있다면 화음을 다시 독립된 성부로 분리시켜 하나하나 감상하고, 나아가 여러 사운드 트랙의 진폭과 주파수를 재조절하여 자신만의 '테이프 원본'을 만들 수 있다. 그래서 마크 포스터(Mark Poster)는 감탄어린 어조로 "전자의 개입으로 그들이 들을 수 있는 '정보'는 원 공연자가 들은 것보다 훨씬 많다. 과거를 재현하는 데만 탐닉하던 음악 언어지만, 이제 이런 탐닉은 자신도 모르는 사이 정보를 제작하는 새로운 복제본으로 변화했다. 정보 방식에서 원본의 복제는 모조품의 창조를 의미한다."[1] 라고 말했던 것이다.

이 외에 텍스트의 복제화와 파편화 및 이로 인한 개방성은 새로운 문화 형태의 또 다른 특징이다. 전통 텍스트는 어찌 보면 기이하고 분산적인 것 같지만 언제나 완전한 이야기를 서술하거나 만족할 만한 의경(意境)을 만들

---

1. 마크 포스터, 『정보양식론 : 후기구조주의와 사회적 맥락』, 판징예 역, 상무인서관, 2000년, P.18~19.

어내고자 시도했다. 즉 전통 텍스트는 레퍼런스(Reference)적인 텍스트로, 폐쇄적인 구조뿐만 아니라 고정된 의미도 갖고 있다. 만약 이러한 전통적 미학 정취로 당대의 수많은 미학 문화 생산품을 판단한다면, 우리는 이렇게 많은 작품 모두가 결국은 자기만의 독백, 알 수 없는 잠꼬대에 불과하다는 사실에 깜짝 놀라고 말 것이다. 이 텍스트들은 마음대로 붙여 놓은 칠교판(七巧板)처럼, 어떤 규칙을 따르거나, 어떠한 중심을 추구하지도 않는다. 비록 그다지 심각해 보이지 않지만 나름대로 눈부셔서 사람들의 이목을 이끌어 이에 빠져들게 만든다. 사방에 도배된 광고, 현란한 음악 MTV, 뭐라 하는지 딱히 알 수 없는 전자음악, 그리고 인터넷에 유행하는 '하이퍼텍스트(hypertext)' 등은 모두 전통과 맞서 싸우는 문화 선봉장이다. 이러한 예술 텍스트들을 보면 영상 간의 연결도, 장면 장면의 도약도, 자막의 연결도, 음악의 샘플도, 꼭 어떻게 해야 한다는 확정성을 지니고 있지 않다. 이들 간의 변환이 너무 빨라 도무지 이해할 수 없기에, MTV를 '미치광이의 언어'라고 비유하는 사람도 있다. 일부 전자음악도 이보다 더하면 더했지 덜하지 않다. 미국 컨트리 음악과 이태리 오페라, 중국의 경극을 긁어모으기도 하고, 아기 울음소리, 승려의 독경, 라디오 잡음, 시끌시끌한 거리의 소음과 파도 소리 등, 음악과 무관한 소리를 섞기도 한다. 이런 음악을 들으면서 청중은 이렇게 다른 소리들을 하나의 상대적으로 안정된 의의 체계 속으로 편입시키지 못한다. 이에 청중은 철저하게 시간 밖으로 격리된 채 복잡한 의미의 파편 속으로 빠져든다. 어쩌면 전자음악의 가장 큰 의의는 경험의 전달이 아니라 경험 창조에 있고, 사건 서술이 아니라 사건 제조에 있는지도 모른다. 또 사람들의 감관 시스템을 새롭게 하기 위해 참신한 소재, 중심 없는 한계를 제공하는지도 모른다. 만약 기술적으로 가능하다면, 이런 텍스트들을 무제한

적으로 갖다 붙여 영원히 개방되어 있는 공간, 끝없이 연결되어 있는 과정을
이룰 수도 있을 것이다. 이것이 바로 이들의 매력이기 때문이다.

## 3. 인터넷 창작과 심미문화의 자유화

과학기술의 낙후는 사람들의 문화 창작과 문화 소비를 제약해 왔다. 제
지술, 인쇄술이 발명되기 전에 일반 대중들은 저술과 회화에 필요한 용품을
구매할 여건을 갖추지 못했다. 송(宋)나라의 필승(畢昇)이 활자인쇄술을 발
명한 후에도, 서적과 화책을 찍어내는 데 들어가는 비용은 여전히 높았다.[1]
전통 사회와 문화 영역에서의 속박은 단순히 정치적 제한으로 인한 것만이
아님을 알 수 있다. 기술이 발달되면서 문화 영역에서의 독점과 여러 불평등
현상도 신속하게 해소되기 시작하고, 더 많은 일반인들이 문화 창작과 소비
능력을 갖추게 되었다. 심미 화폭에서의 그들의 이미지도 공동 범주에서 벗
어나 개인주의의 길로 나아가기 시작했다.

과학기술의 발달은 우선 저렴하고 간편한 심미 창조 수단을 대중들에게
제공했다. 오늘날 붓, 먹, 종이, 벼루 등 소위 문방사보(文房四寶)는 그 귀중
함을 느끼지 못할 정도로 이미 일반화되었다. 광전기 기술의 발달은 카메라,
DVD 캠코더 등의 탄생과 보급에 탄력을 가해 이미 기본적인 가정 생활용품으
로 자리잡게 하였다. 셔터를 누르는 순간마다 사람을 감동케 하는 장면과 풍경
이 기록된다. TV보다 늦게 등장한 가라오케는 순수한 대중오락 도구로, 음성
미화 시스템을 통해 대중들로 하여금 스타가 된 기분을 만끽하게 한다. 웨딩

---

1. 청나라 때에 119만 자나 되는 『사기(史記)』를 조판 인쇄하려면 글을 새기는 데만 은화 1400냥이 들었다고 한다. 활자
   인쇄술로 인쇄하더라도 『홍루몽』 1,000부를 찍는데 약 2,000냥의 은화가 들었다. 이는 건륭(乾隆) 연간 13만 근의 쌀
   가격 및 300 묘(畝) 경작지의 산출과 맞먹는 금액이었다. 『홍루몽』 한 부를 사서 보려면 4냥의 은화가 필요했는데, 이
   는 260근의 쌀 가격에 해당된다. (천리쉬(陳立旭) 『시장경제와 문화발전(市場經濟與文化發展)』, 저장인민(浙江人民)
   출판사, 1999년, P.146~147.

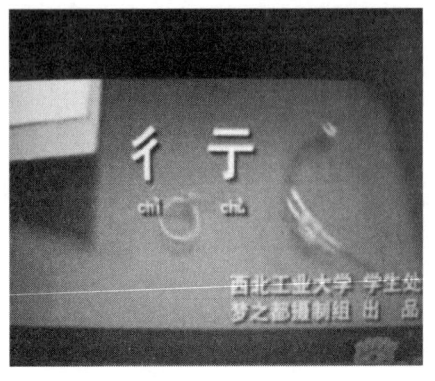

그림1-3-3 〈彳亍〉의 서막

촬영과 결혼식 비디오 녹화영상은 평범한 남녀를 곱게 분장하여 무대에 등장하는 주인공으로 만들었다. 이렇게 완성된 비디오와 사진은 물론 앨범이나 CD 속의 귀중한 소장품이 된다. 디지털 비디오 카메라가 발명되기 전에 영화 제작은 줄곧 스튜디오에서만 진행되었고 거액의 자금과 엄청난 노고를 필요로 했다. 그러나 디지털 DVD가 등장하면서 동영상 제작은 이미 집안에서 즐길 수 있는 개인 취미가 되어 도시 거리 곳곳에서 다양한 연령대의 사람들이 디지털 DVD로 개인 비디오를 촬영하는 모습을 볼 수 있다. (그림1-3-3)[1] 최근 몇 년 사이에 급속히 유행하기 시작한 인터넷은 자유성과 개방성이라는 특징으로 수많은 인터넷 작가들을 끌어 들여, 오늘날 이미 수천 개에 달하는 문학창작 사이트가 운영되고 있다. 그 중에서도 〈룽수샤(榕樹下, Under the banyan tree)〉, 〈첸추(千秋)〉, 〈한옌거(寒煙閣)〉 등은 큰 영향력을 지닌 사이트들이다. 이곳에서 들리는 언어와 목소리에는 확실히 더 순수한 의미의 개인적 풍격이 담겨 있다.

다음으로, 과학기술의 발달은 특권계급의 심미문화 독점 현상을 완화시켜 당대 심미문화를 온 국민이 공유할 수 있는 문화로 바꾸었다. 인쇄출판기술이 개선되고 전자 매스컴이 발달하면서, 과거 쓸쓸하게 유폐되어 있던 심미문화 자원이 부활하기 시작해, 계급, 문화, 전통, 지역, 국가, 민족과 종족을 초월해 날로 많은 독자층을 포섭하게 되었다. 인쇄기술의 발달로 각종

---

1. 제4회 중국대학생DV축제 당시 가장 인기가 높았던 작품이다.

문화 텍스트의 가격이 날로 저렴해지면서 중국 고대의 사서오경이건 해외의 명작이건, 모두 쉽게 구매해 일반 가정의 책장에 놓을 수 있게 되었다. 전자 매스컴 기술의 발달과 방송 TV의 보급으로 파바로티와 같은 세계 4대 성악가도 더 이상 소수만 향유하는 고아한 대상이 아니라 누구나 잘 알고 귀에 익은 친숙한 대중 인물이 되었다. 마찬가지로 경제적 여건과 신분 지위가 받쳐주지 않는 대중들도 위성 중계를 통해 치열한 경기나 화려한 공연을 실시간 시청할 수 있어서, 현장에 가지 못한 안타까움을 달랠 수 있다. 컴퓨터 네트웍이 보급되고 응용 소프트웨어가 날로 업그레이드되면서 심미문화 자원의 획득과 자유화, 민주화, 공공 유통성도 대폭 제고되었다. 과학기술이 제공한 이와 같은 자유와 편리로 인해, 리모콘을 손에 든 사람들은 마치 심미왕국의 대권을 손을 넣은 '소파 사령관'이 된 듯한 느낌을 받게 되었다.

## 4. 기호의 범람과 의미의 결핍

과학기술의 발달로 인해 당대 심미문화는 전에 없는 위기와 곤경에 처했다. 기호학적 측면에서 볼 때 독립 변수가 아닌 과학기술은 문화 전체에 종속되어 기호 체계의 결정과 제약을 받는다.[1] 이것이 곧 과학기술이 심미문화와 잘 통하고 심미문화를 지원해 주는 원인이기도 하다. 그러나 양자는 필경 다른 문화 영역에 속하기 때문에 내재적 논리와 운영 규범, 기대 가치 면에 있어 서로 다르거나 심지어 대립한다. 따라서 막스 베버(Max Weber)는

---

1. 인간의 목적은 기술의 형태와 방식을 결정한다. 이를테면, 검소한 자동차 사용을 중시하지 않는 사회에서는 기름 소모량이 큰 차를 생산하지만 근검절약을 중시하는 사회에서는 작고 정교하며 기름 소모량이 적고 내마모성이 있는 자동차를 생산한다. 인류가 기술을 사용하는 여러 가지 목적이 기술 문제의 제기와 해결을 결정짓는데, 이 목적은 대부분이 문화 관념에 의해 공동으로 결정된다. 이러한 관념은 아름다운 생활에 대한 사람들의 갈망과 기대를 보여 준다. (피터 코스로브스키(P.Koslowski) 『포스트 모더니즘 문화: 기술발전의 사회문화적 결과(Die postmoderne Kultur)』 마오이홍(毛怡紅)역, 중앙편역출판사, P.2∼3 참조)

과학기술은 동일한 논리와 총체적 요구를 따르고 심미문화는 개체성과 차이성, 자유성의 원칙을 따른다고 보았다. 과학기술의 급속한 발전은 심미문화에 필연적으로 여러 가지 압력을 가하게 되는데, 그 결과 인간은 자유와 개성과 창조성을 잃게 되었다. 루소, 니체, 하이데거 및 프랑크푸르트 학파 등 수많은 인문주의자들 모두 이를 예리하게 관찰해 내고 기술에 대한 맹렬한 비판을 퍼부었다. 비판의 초점도 심화되는 경향을 띠어, 생산력으로서의 과학기술이 자연을 지배해 심각한 생태문제를 야기시킴을 지적한 데 이어 이성적 도구로서의 기술이 개인을 지배해 인간으로 하여금 비판 능력을 상실한 '1차원적 인간(One-Dimensional Man)'이 되게 했다고 비판하였다. 이밖에 여기서 한 걸음 더 나아가 이데올로기로서의 과학기술이 사회 전반을 지배해 해방을 요구하는 사회의 아름다운 기대를 침해하고 거짓된 쾌락과 만족의 체계를 만들어냈다고 지적했다. 과학기술의 발달이 심미문화에 끼친 부정적인 영향은 무엇보다 의미를 거부하고 깊이를 약화한 데서 드러난다.

인생과 사회에 대한 특별한 깨달음으로 이른바 의미라는 것이 생겨난다. 의미는 문화가 지닐 수 있는 깊이를 상징하는데, 이는 형식이 담고 있는 내용이자 이미지나 소리로 전달하는 의미이며 주체성, 개체성, 창조성, 참신성과 긴밀히 연결되어 있다. 전통 심미문화에서 의미는 줄곧 심미문화 생산품의 핵심이었다. 유가가 강조하는 '시는 뜻을 말한다(詩言志)'나 도가가 추구하는 '뜻을 얻자 말을 잊는다(得意忘言)'는 모두 의미의 본체적 지위를 표명한다. 이른바 "말에 구체적인 뜻이 있다(言之有物)"라는 말이 있듯이, 문화 생산품은 외적인 형식 기호에 연연해서는 안되며 내적인 의미 감정을 더 중요시해야 함을 강조한다. 기호학적 측면에서 볼 때, 이 요구는 심미 기호의 표현 대상과 표현 의미가 적절히 일치되어야 하고, 상호 조화를 이루어 상대적으로 지속적인 평형을 유지해야 함을 뜻한다. 장시간 이어져 내려온 전통 농업사회에서는 생활 템포가 느리고 교류 환경이 폐쇄적인데다 심미 창조 수단 또한 낙후되어서 심미기호의 생산 속도와 수량 모두 제한적이었다. 사람들은 상대적으로 충분한 시간을 갖고 기호를 정리하고 소화하며 거기에 의미를 부여할 수 있었다. 전통 심미문화 창조에서 사람들이 자주 느낀 위기 감은 사실 의미의 결핍이 아니라 의미를 전달하는 기호의 부족에서 온 것이었다. 그래서 '글은 말을 다 표현하지 못하고, 말은 뜻을 다 표현하지 못한다', '정이 마음에서 동해 말로 나타난다. 말로 부족하여 감탄하게 되고, 감탄으로 부족하여 길게 노래하게 되며, 길게 노래하는 것으로 부족하여 저도 모르게 손으로 춤추고 발로 춤추는 것이다.', '생각이 사물에 미치지 못하고, 글이 생각에 미치지 못할까 늘 근심한다.' 등의 탄식이 생겨났던 것이다.

현대 사회 진입 이후, 과학기술이 가져온 거대한 생산능력으로 기호와 의미 사이의 상대적인 평형 상태가 변화하기 시작해, 기호와 형상은 부족하던 데서 풍부해진 반면 의미는 상대적으로 쇠락의 길을 걷게 되었다. 과학기술의 발달이 기호 생산에 선도적 수단을 제공하여 심미 창조에 거대한 생산력을 제공했던 것이다. 과거 수작업이었던 기호 생산 방식이 오늘날 대규모 기계화 생산에 의해 대체되고, 비효율적이던 수공 노동도 효율적인 공업생산으로 바뀌면서 기호의 종류와 수량이 크게 늘어났다. 특히 복제 기술과 원격전파 기술의 도움에 힘입어 방대한 수량과 다양한 형식의 기호 이미지가 일상 곳곳에 신속히 등장했다. 오늘날 상점 진열장이나 번화한 거리, 그리고 개인 가정의 TV 스크린 속에 등장하는 오색의 기호 이미지들은 눈부시고 귀가 먹먹할만큼이나 다양하다. 각종 새로운 기호, 새로운 이미지와 새로운 사물

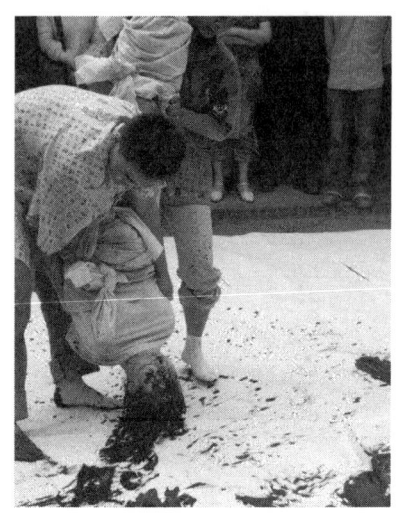

그림1-3-4 험난한 예술의 명명

이 물밀듯이 밀려든 것에 반해 의미의 생산은 날로 무기력해진다.(그림1-3-4)[1] 수많은 기호와 이미지, 현상이 통합되고 유형화되지 못한 채, 파편화 되어 각종 문화 사이를 떠다니고 있다. 모방과 복제가 과연 물질적인 낭비일까? 아니면 미학적 의의에서의 재창조일까? 전자음악은 순전히 소음일까? 아니면 현대적 의미에서의 예술일까? 온라인 게임은 시간을 허비하는 무의미한 오락일까? 아니면 최근에 발명한 새로운 심미 형식일까? 나체를 캔버스로 삼는 보디 페인팅은 일종의 예술일까? 아니면 포르노 전시라고 해야 더 적절할까? 소와 닭을 도살하는 동작은 미학적 의미에서의 과감한 탐색일까? 아니면 변태자의 일시적인 충동에 불과할까? 또 음식을 먹고 자라고 죽기까지 하는 전자애완동물은 어디까지가 예술의 대체품일까? 이처럼 쟁론이 끊이지 않는 현상들은 당대 생활에서 기호가 상대적으로 과잉되고 의미가 상대적으로 결핍되었음을 간접적으로 보여준다.

생활 공간이 현대화됨에 따라 사람들은 무의미한 기호와 대상, 내용 없는 형식들을 갈수록 많이 접하게 되었다. 실제로도 그렇다. 배경지식에 대한 소개가 없다면, 전통 고대 사회나 이국 타향에서 온 문화 기호들에 우리는 형식적인 쾌감을 제외하고는 더 깊은 의의를 느끼지 못할 것이다. 현대 기술은 선진적인 복제 수단을 빌려 이러한 유형의 문화 기호를 원시적 모체로부터 분리시킨 다음, 전파수단을 통해 해석할 수도 없고 유형화하기도 힘

1. 어떤 대학교에서 소녀의 머리를 붓으로 삼아 창작하는 모습이다.

든 기호 이미지들을 대량으로 우리 앞에 펼쳐놓는다. 현대 도시라는 공간과 이 공간에 사는 사람들 간의 관계가 왜 날로 낯설어지는지를 아마 쉽게 이해할 수 있을 것이다. 이렇게 모든 관계가 단절된 낯선 공간에서 사람들이 얻을 수 있는 것은 파편화된 영상, 우연한 소리, 깊은 의미라고는 찾아볼 수 없는 내용들과 화려한 형식들 뿐이다. 이곳에서는 주체 원칙은 통하지 않기에 이렇게 방대한 기호 제국 앞에서 사람들은 이미 효과적인 의미 체계를 구축할 능력을 잃고 말았다. 주체 원칙이 통하지 않기에 기호의 증식은 갈수록 자체적 조합에 의해 이루어지고, 개성은 금세 바람처럼 사라지는 유성우가 되어가고 있다.

문화제품이 창작 과정에서 의미에 대한 자아축출을 진행한 결과 의미의 결핍이 생겨난다. 당대 심미문화는 본질적으로 기계 문화이고 매체 문화이기에 높은 이윤과 광범위한 소비자층에 눈을 돌린다. 이로 인해 당대 심미문화는 필연적으로 '마음으로 느낄 수 있어도 말로 전달하기 어렵다'는 전통 심미문화의 정취와 분위기를 없앨 수밖에 없다. 또한 문화 제품에서 깊은 의미 내지는 개성 있는 색채를 없애야만 널리 전파되고 이해 가능해져 더 많은 수용자들을 끌어들일 수 있다. "어떠한 제품이든 소비자가 많으면 많을수록 문화 공장이 갖고있는 공장라인을 통해 현재 재생산될 가능성이 더욱 커지고 경제적 이윤도 더 높아진다. 따라서 제품은 대중의 공통점을 어필하고, 사회적 차이를 부정해야 한다."[1] 이렇게 당대 심미문화는 자각적이고 자발적으로 격식화, 패턴화, 유형화 창작의 길로 들어섰다. 폭력, 사랑, 애욕, 싸움, 조롱 등 가설적인 인류의 공통점들이 여러 문화 작품에 기계적으로 적용되는 문화 모체가 되어, 폭력물, 멜로물, 코미디, 경찰극, 공포물 등이 스크린

---

1. 존 피스크(John Fiske), 「대중문화의 이해」, 왕샤오위(王曉珏), 송웨이제(宋偉傑) 역, 중앙편역출판사, 2001년, P.34.

을 뜨겁게 달구고 있다. 소설 창작도 정신적인 창작에서 신체적인 창작, 나아가 하체 창작으로 발전했으며, 개별적인 문학 창작은 여성문학에서 기녀문학으로 전락했다. 서사 형식에 있어서도 이런 작품들은 현실의 엄혹함을 홀시하고 늘 전통적인 문화심리에 근거해 계속해서 재자가인(才子佳人)과 선남선녀 이야기, 사랑하는 남녀가 사랑을 이루는 이야기 및 인과응보식 이야기를 되풀이하고 있다. 이런 작품들이 전혀 의미가 없는 것은 아니다. 사랑을 노래하든 정의를 드높이든, 의미와 개념의 서로 다른 표현방식일 뿐이다. 그러나 문제는 같은 주제가 구체적인 스토리로 쉴새없이 되풀이되어 서두만 보고도 결말을 예측할 수 있을 때, 의미와 내용은 오히려 보도 못 본 척, 들어도 못 들은척 해도 그만인 맹점이 되어버리고, 이로써 의미마저 사라져버린다는 것이다. 의미가 버림 당한 상황에서 비극은 기존의 시장을 잃고, 숭고는 이성적 내용이라곤 전혀 없는 '거짓 숭고'로 바뀐다. 문화시장은 오늘날 대부분 기괴함을 다투고, 대중의 취향에 영합하여 감각기관을 자극하는 길을 걷고 있다. 기술로 첩첩이 만들어낸 공포스럽고 추하고 장엄하고 미개하며 괴이한 각종 화면과 장면만이 흥행수입을 올릴 수 있다. 아무런 인생 계시도 없는 연예인들의 스캔들이나 정계 풍파, 일반인의 참극 등이 크고 작은 잡지나 신문의 제1면 톱기사로 등장한다. 이로써 도구적 이성과 객관적 원칙이 표현적 이성과 주관적 원칙을 압도하고, 기계적인 복제가 아이디어와 상상력을 대체한다. 물론 그렇다고 해서 당대 심미문화가 전부 의의 상실의 위기에 이르렀다고 한다면, 이는 분명 편면적이고 단편적인 분석일 수밖에 없다. 사실 지금도 심미문화 창조 영역에서 많은 예술가들은 자신의 예술적 신념을 고집하면서 기술 이성의 침입을 거부하고 있다. 이들은 심적 내면의 정감을 존중하면서, 요동치는 삶의 물결과 의식의 흐름이 현실 속의 역경을 끊임없이 초월해 새로운 감성 형식과 표현 형식 속에 정착할 수 있게 한다. 관건은 진심 어린 이런 외침이 문화공업이라는 커다란 기계 앞에서 종종 너무 작아져 찾아보기조차 어렵다는 것이다.

## 5. 문화의 매스컴화와 피지배화

하버마스와 아도르노 등은 일찍이 1930년대와 1940년대에 이데올로기를 대표하는 과학기술이 문화 공업과 문화제품의 생산을 통제함으로써 대중의 의식을 통제하고 대중행위를 유도하는 기능을 발휘한다고 지적한 바 있다. 그러나 기술이 발달함에 따라 심미문화의 피지배적 성격도 새로운 양상을 보이고 있다.

당대 문화의 소비취향을 보면 신문, 잡지, 방송, TV, 인터넷 등 각종 전파매체가 날로 많이 이용되고 있다. 이런 수요는 당대 심미문화의 매스컴화도 함께 부추겼다. 뿐만 아니라 매스컴에 대한 사람들의 선호도를 고려하여 전통문화나 현대문화나 할 것 없이 더욱 많은 문화 콘텐츠가 전자화되고 디지털화되어가고 있다. 대형의 문화 콘텐츠 CD나 데이터베이스가 신흥 문화개발 이슈로 부상하고 있고, 각종 문학, 정기 간행물, 잡지들도 온라인 웹사이트를 운영하고 있다. 매스컴화된 문화는 문화의 원격 전파를 촉진하고 문화 수용자 층을 확대한다는 좋은 측면도 있지만, 더 쉽게 통제될 수 있다는 약점도 있다. TV 화면에 등장하는 영상과 화면들은 모두 새로이 배치되고 여러 차례 여과를 거쳐 반복적으로 수정된 정보들이다. 매체 소비자들에게 있어서 이는 분명 일종의 정신적, 심미적인 강요로, 막강한 이데올로기적 기능을 발휘한다. 심지어 사람들이 스스로 자유의 천국이라고 생각하는 인터넷마저도 실은 '특권 인물'의 조종 하에 있다. 한 프랑스 학자의 지적처럼 "인터넷 시대에는 문화를 사들인 사람이 세계를 지배할 수 있다. (중략) 지금 사람들은 자신의 재부, 미모, 사상, 이데올로기, 목소리 등을 모두 예술이 무엇인지 모르는 벼락부자 억만장자들에게 맡긴다. 마이크로소프트의 창시자 빌게이츠가 바로 이런 유형에 속한다. 지금 그는 문화를 독점하고 역사와 사람들의 기억을 조종하고 있다."[1]

겉으로 보면 매스컴화된 문화 세계는 이성적 비판 정신을 지닌 공공 토론을 정성껏 키워가는 것 같다. 라디오 방송과 텔레비전 방송, 그리고 신문, 잡지, 인터넷 모두가 사회, 문화 등 관련 화제를 둘러싸고 늘 토론을 벌인다. 이때 많은 관중과 청중도 초대 받아 스튜디오 내빈석에 앉아 화면 밖 방관자에서 화면 속의 참여자가 된다. 그러나 근본적으로 이러한 토론에는 더 많은 통제가 따른다. 우선, 프로그램의 의제 모두가 사전에 반복적인 심사를 거쳐 허락을 받은 것들이다. 진정 해결되어야 할 많은 문제들은 의도적으로 무시된 채 말이다. 둘째, 토론의 형식과 절차도 순서대로 하나씩 진행해야 하는데, 중재자의 역할을 담당하는 프로그램 사회자가 통제하고 유도하면서 의외의 상황이 발생하지 못하도록 한다. 마지막으로, 토론의 결과를 보면 늘 사전에 정해놓은 결론과 일치할 것을 요구한다. 이러한 과정에서 소위 '공통의 인식'이란 것도 불필요한 군더더기이며, 반대와 찬성을 주장하는 양측의 목소리도 하나가 노래하면 하나가 화답하는 식의 현장 쇼밖에 되지 않는다. 하버마스의 말처럼, 이렇게 조직된 토론 역시 현실 속의 행동을 대체해 평정의 역할을 발한다는 중요한 사회 심리적 기능을 지니기 때문이다.[2] 게다가 토론 과정에서 관중들의 웃음소리와 목소리를 통해 주류 담론은 순

1. 「세계의 새로운 주인에 대한 한 가지 조사(對世界的新主人的一項調査)」, 「참고소식(參考消息)」 2000년 4월 5일 참조.

2. 위르겐 하버마스, 「공론장의 구조변동」, 차오웨이둥(曹衛東) 등 역, 쉐린출판사, 1999년, P.191 참조.

조롭게 권력관계를 재생산하기도 한다. 관중의 현장 참여는 이 재생산 과정에 신뢰라는 정감어린 면사포를 씌워준다.

심미문화에 대한 과학기술의 개입은 이미 논란의 여지도 없는 현실이 되었고, 날로 심화되는 추세를 보이고 있다. 이런 개입과 영향에 대해 단순히 거부만 해서도 안 되고, 맹목적으로 낙관해서도 안 된다. 우리는 보다 냉정하고 객관적으로 과학기술의 개입이 초래한 적극적, 소극적인 영향을 분석해야 한다. 그 기초 위에서만 장점을 발휘하고 단점을 피함과 동시에 실생활 속의 구체적인 문제도 해결할 수 있을 것이다.

# 제2장

## 복식

문화 현상 중의 하나인 복식은 그 존재와 발전 자체가 실용적 수요이자 심미적 표징이다. 복식은 인체와 직접 접촉하면서 인간의 영혼을 외화한다. 어떤 측면에서 볼 때 한 시대의 복식은 그 시대의 생활수준, 도덕수준, 에토스와 심미 정취를 가장 직접적이고 명료하게 보여준다고 할 수 있다. 1949년 이래 중국의 복식은 흑백에서 칼라로 점차 바뀌고, 단조로운 데서 점차 풍부해졌는데, 마치 두꺼운 앨범을 펼쳐 보듯 이 기간에 일어난 여러 변화들을 자세히 음미해 볼만한 가치가 있다. 심미문화적 관점에서 볼 때, 복식은 개인 나아가 시대의 심미적 성향과 기풍을 가장 직접적으로 반영한다. 따라서 반세기 넘는 이 기간의 복식 변천사를 서술하고 연구하는 것은 곧 반세기 넘는 동안 중국인이 걸어온 심미 취향 변화 과정을 서술하고 연구하는 일이기도 하다. 이는 복식이 정치에, 정치가 도덕에 복종하던 데서 복식이 심미 및 개성에 복종하게 된 변화 과정이며, 또 단일에서 다양화로, 단일 이데올로기에서 다원적 이데올로기로 변화 발전한 과정이다. 시기 구분에 있어 1950년대에서 1970년대까지 약 30년 동안의 복식 문화를 하나로 일괄할 수 있으며, 1980년대는 과도기, 1990년대에서 현재까지는 중국 복식 심미 관념의 진정한 성숙기라 할 수 있다.

# 제1절

## 통일과 단조로움의 30년

    1949년 신중국이 건립되었다. 여러 해 동안 계속된 전란이 인민정부에 남긴 것은 전쟁의 폐허 뿐이었다. 신중국 건립 후 최우선 과제는 생산 발전과 경제 회복이었다. 1953년에서 1957년까지 진행된 제1차 5개년 계획 동안 중국 경제는 차츰 회복, 발전하였다. 그러나 1958년부터 1962년 사이에 진행된 대약진 운동으로 국민경제 전체가 기형적으로 변함으로써 경제재앙을 가져왔다. 또 1966년에서 1976년까지 10년 동안 지속된 '문화대혁명'은 국민경제를 붕괴의 위기로 몰아넣었다. 30년 가까운 시기 동안 중국의 일용품 시장은 국민의 가장 기본적인 수요밖에 충족시키지 못했다. 경제가 넉넉치 않았던 탓에 사람들은 생활필수품 외에 다른 물건을 살 수 없었고, 의복 구입에 투자하는 돈은 극히 제한적이어서 형편이 괜찮은 집이라 할지라도 일년에 한두 벌 정도밖에 구입하지 못했다. '새 옷으로 3년, 헌 옷으로 3년, 꿰매고 기워서 또 3년'이라는 구호는 당시 정치적 구호이자 그 시대의 진실한 모습이었다.

    관념적 차원에서 '간소와 소박'은 이 30년 동안 일상생활에서 줄곧 반복되고 제창되어온 행동 준칙이었다. 이 행동 준칙은 당시 사회경제적 조건에 부합하기도 하였지만, 이데올로기 측면에도 그 잠재적 근원이 있다. 위로 거슬러 올라가보면, 해방전쟁시기 국민당과 공산당은 각기 서로 다른 계급의 이익을 대표했다. 자산계급 이익을 대표하던 국민당은 브루주아식 생활방식을 갈망했기에 화려한 여성복과 세련된 남성복을 낭만적 생활 품격과 질 높은 삶의 직접적 체현으로 간주했다. 반면 노동 대중을 대표하던 공산당은 일종의 평등한 생활방식을 지향했기에 실용성이 배제된 심미적 추구와 대중으로부터 벗어난 개성 추구를 자연히 거부할 수밖에 없었다.

건국 초기인 1950, 60년대에 사람들은 고조된 정치 열정과 신중국 건설이라는 아름다운 염원으로 충만되어 있었다. 따라서 근검 절약과 낭비의 지양은 인민정부와 전체 인민의 자각적이고 자발적인 요구이자 행동이었다고 할 수 있다. 당시 사치와 낭비의 상징인 아름다운 복장은 당연히 받아들여지지 않았는데, 1950년에 발표된 샤오예무(蕭也牧)의 단편소설『우리 부부 사이(我們夫婦之間)』에서는 농촌 출신 여간부인 '나'의 아내가 도시에 들어와 살게 되면서 도시 여성들의 차림새를 보고 느낀 불쾌한 감정을 다음과 같이 묘사하고 있다. "여성들은 차마 눈을 뜨고 볼 수 없었다! 이렇게 추운 날에도 종아리를 드러 내놓고 다녔다. 가죽옷 입은 것을 누가 모를까봐 털을 밖으로 뒤집어 꺼내 입고 다녔다. 입술은 새빨갛다 못해 생쥐를 잡아 먹은 것 같고 머리는 암탉 둥지 같았다! 그러고도 대단히 아름다운 줄 안다. 전차에 앉아서도 손거울을 꺼내들고 한참을 들여다본다! 종일 왁자지껄 왔다갔다 다들 무얼 하는 걸까? (중략) 여하튼 한마디로 꼴볼견이다." 오늘날 안목으로 볼 때 이 아내가 본 도시 여성들의 차림새와 화장은 매우 정상적이다. 하지만 당시 사회적 환경 하에서 이는 지나치게 사치스러워 간소, 소박이라는 원칙에 부합하지도 않을뿐더러 당시 일변한 혁명적 여성 이상과도 거리가 멀었다. 사실 당시 정부는 차림새와 화장에 대해 그 어떤 강제적 요구도 하지 않았다. 다만 멋쟁이들 스스로가 사회 주류 의식으로 인해 모종의 압박감을 느꼈고, 무늬 있는 옷이나 치파오, 양복을 입고 거리에 나가는 것을 부끄러워하고 무안해했으며, 이를 일종의 낙후하고 반혁명적인 표현으로 간주하였다. 1949년에 열린 제1차 전국문예예술인대표대회[1]의 옷차림은 대체적으로 두 가지였다. 즉 군대에서 입던 황색 군복과 해방구(解放區)에서 입던 회색 제복, 그리고 국민당 통치 구역(國統區)의 문인들이 입고 다니던 다양한 색깔과 디자인의 양복과 장삼(長衫)[2]이었다. 1953년, 제2차 전국문예예술인대표대회의 대표들은 일제히 당시 가장 유행하던 회색 제복 차림으로 회의에 참석했다. 정치 사조의 영향으로 신중국 건국 초기 사람들은 해방구 복장 스타일을 자발적으로 따랐는데, 이는 정치적 열정에 기인한 자주적 선택이었다. 그러나 혁명건설적 동기 충만한 이 자주적 선택은 훗날 본래의 의미를 잃고 점차 확고한 정치이념으로 바뀌어갔다. 이에 어떤 옷을 입는가 하는 것이 곧 개인의 정치적 입장을 대변하기에 이르렀다. 문화대혁명시기에 이르러 복식에 신경쓰는 것은 자산계급 사상의 표현으로 간주되어 비판을 받았다.

1950~70년대 복식의 아름다움에 대한 사람들의 기본적인 관점은 소박하고 실용적이며 꾸밈이 없는 것이었다. 아름다움이란 고양된 정치적 열정에 있지 결코 화려한 장식에 있지 않았다. 이러한 심미적 관념 하에서 1950, 60, 70년대 복식의 주류는 간단히 '라오싼젠'(老三件)'과 '라오싼써(老三色)'로 요약되었다. '라오싼젠'은 중산복(中山裝), 레닌복(列寧裝), 군복(軍裝)을 가리키고 '라오싼써'는 복장의 빛깔인 회색, 녹색, 남색을 가리킨다. 그 단조로움과 무미건조함을 짐작할 수 있다.

중산복은 신해혁명 승리 후 손중산(孫中山)이 디자인한 복식이다. 1911년 신해혁명 이후 혁명당원 중에는 양복에 가죽 구두 차림새를 한 사람도 있었고 창파오(長袍)에 마과(馬褂)를 입은 사람도 있었다. 이처럼 분분한 차

---

1. [역자주] '전국문예예술인대표대회의'의 약칭은 '문대회(文代會)'이다.

2. [역자주] 중국 남자들이 입는 긴 적삼 형태의 전통적인 옷을 말한다.

림새를 둘러싸고 복식을 통일하자는 의견이 제기되었는데, 어떻게 통일할 것인가에 대해서는 의견이 일치하지 않았다. 손중산은 재봉사 출신인 황릉성(黃隆生)에게 '위생적이고 활동하기에 편하며, 경제적이면서도 보기 좋은 것'을 준칙으로 하는 신식 복장의 디자인을 의뢰했다. 황릉성은 중국과 외국의 각종 복식을 참고한 뒤 몇몇 샘플을 디자인하고 직접 봉제해 손중산으로 하여금 결정하도록 하였는데, 그중에서 영국의 학생복을 모델로 디자인한 복장이 손중산 등에 의해 선택되었다. 이것이 바로 오늘날 우리가 말하는 중산복이다. 중산복은 중국과 외국 복식의 장점만을 취한 것으로, 양복 안에 입는 셔츠의 빳빳한 스탠드 칼라에 숄 칼러를 덧붙였고, 4개의 아웃포켓과 5개의 단추가 있다. 4개의 포켓은 예(禮), 의(義), 염(廉), 치(恥)를 대표하고 5개의 단추는 행정, 입법, 사법, 고시(考試), 감찰(監察) 등 오권 분립을 상징해, 중화민족의 전통 특색을 잃지 않으면서 세계 사조의 현대적 정신에도 부합하였다. 1920년대 말 당시 국민정부에 의해 정식 예복으로 채택되어 사회에 보급된 이래, 중산복은 줄곧 중국 남장의 대표로 간주되어왔다. 1950년대에서 70년대에 사이에 중산복의 양식에 변화가 생겨났는데, 이를테면 칼라 부분이 꼭 잠기는 데서 점차 느슨해졌고, 라펠도 작던 것이 커졌다. 당시 마오쩌둥(毛澤東)이 이렇게 개량된 중산복을 아주 즐겨 입었기에 해외에서는 이를 '마오식 복장(毛式服裝)'이라고 불렀다. 중산복은 어떤 원단으로든 모두 제작이 가능하고, 평상복이나 예복으로도 활용 가능하며, 외교적인 장소이건 정중한 장소이건 두루 적합했다. 신중국 건립 초기 가장 유행했던 것은 포켓 4개를 뚜렷한 표지로 삼는 '간부복', 즉 회색 의복이었는데, 이것 역시 중산복이다. 이 시기 사람들은 중산복과 레닌복의 특징을 종합한 다음 '인민복'을 설계해냈는데, 이 복장의 특징은 피크트 라펠, 외줄 단추, 슬랜트 포

그림2-1-1 레닌복

켓으로, 중산복의 장중하고 대범한 멋도 살아있고 레닌복의 매끈하고 단순함도 지니고 있어 연령과 상관없이 모두에게 적합했다.

구소련 군복에서 온 레닌복은 라펠, 상의 상단에 더블 버튼이 있는 더블 브레스티드, 옷자락 하단의 양쪽 포켓, 여장의 경우 허리 부위의 허리 조이는 고무줄과 천으로 된 벨트 등을 그 특징으로 한다. 바지는 양복 바지로 주로 회색, 남색 두 가지 색상이 있다. 레닌복은 1950, 60년대에 가장 유행했는데 이는 당시 '중소밀월(中蘇蜜月)' 상황과 연관된다.(그림2-1-1)[1] 2차 세계대전 이후 세계는 미국을 중심으로 하는 자본주의 진영과 소련을 중심으로 하는 사회주의 진영으로 나뉘어 대립했다. 사회주의 진영의 국제적 구성원인 중국 정부는 한동안 '형님의 나라 소련을 모범으로 삼는' 역사적 행보를 취하면서 경제적, 정치적으로 의지했다. 이러한 상황은 민중의 삶에도 반영되어, '습련(習聯)'[2], '호소(好蘇)'[3] 등의 이름을 짓기도 하였고, 옷차림도 모방의 대상이 되었다. 스타일에 있어 레닌복은 기본적으로 군복의 느낌을 지니고 있어, 간결하고 빳빳하며 엄숙해 당시 고양된 혁명의 열정과 준군사화(準軍事化) 생활방식에도 잘 어울렸기에 도시에서 먼저 유행하기 시작했다.

군복은 1966~1976년 문화대혁명 기간에 가장 유행한 복식으로 '전국인민이 해방군을 배우자'는 구호 아래 일종의 신분 표지이자 순정치적 색채

---

1. 그림 출처는 http://www.toouoo.com/html/2007-06/144924.htm.

2. [역자주] '소련을 따라배운다'는 뜻이다.

3. [역자주] '소련을 좋아한다'는 뜻이다.

를 지닌 복장이 되었다. 군복은 군모, 군화, 군용 잡낭과 함께 착용하며, 보통 '데이크론'과 면포로 만들었다. 문화대혁명 기간에 사람들이 입던 옷은 모두 군복 디자인을 모방했다. 전국 방방곡곡에 녹색 군복이 유행했는데, 특히 청소년들은 군복 입는 것을 영광으로 생각해서 초록색의 저렴한 천까지도 불티나게 팔렸다. 군복을 못 사 입을 형편이라면 군모를 쓰는 것도 나쁘지 않았다. 이리하여 일부 지역에서는 군모 강탈하기가 유행하기도 하였다. 이를테면, 플랫폼에서 군모 쓴 사람이 기차 타고 출발하려는 것을 보면 일부러 가서 말을 건네다가 기차가 막 출발하려고 할 때 눈깜짝할 사이에 군모를 가로챈다든가 하는 식이었다.

중산복과 레닌복과 군복, 이른바 '라오싼젠'이 신중국 건립 후 30년 동안 유행하면서 회색, 녹색, 남색, 검은색이 이 시기의 주요 색상이 되었다. 남녀노소를 막론하고 또 직업과 상관없이 모두 똑같은 옷을 입었기에 직업과 성별, 개성 차이가 사라졌다. 이는 이 시기 중국인의 심미 의식이 얼마나 단조롭고 딱딱했는지를 형상적으로 보여준다. 이들은 간단하고 경제적인 실용주의를 기초로 삼고, 혁명적이고 투쟁적인 정치 경향을 원칙으로 삼았다. 그밖의 심미 추구란 있을 수 없었다.

아름다움에 대한 추구는 인간의 본성이기에, 과거의 자료들을 뒤적거리다 보면 이와 같은 천편일률 속에서도 억제할 수 없이 반짝이던 불빛을 발견해낼 수 있다. 시간적으로 보면 1956년에서 1960년대 초 사이에 중국 복식에 짧은 생동기가 있었다. 이 시기는 바로 제1차 5개년계획이 처음으로 성과를 올리기 시작하던 때로, 인민들의 생활 수준이 개선되고 사회 전반에 활기가 가득해지면서 1956년부터 정체적이고 단조로운 복식에 변화가 생겨나기 시작했다. 1956년 3월 17일, 『중국청년보(中國靑年報)』의 '주말(周末)' 특별란은 〈우리 복장 더 아름답게, 더 다양하게〉라는 제목 하에 3분의 2나 되는 편폭을 할애해 각종 복장 그림을 게재했다. 같은 해『신관찰(新觀察)』제4기(期)는 전국정협위원인 화쥔우(華君武), 예첸위(葉淺子), 딩충(丁聰) 등을 인터뷰한 복장 담화록을 게재하고, 대량의 독자 기고를 실었다. 각계 인사들은 단일한 스타일과 색상의 복식을 가급적 지양해야 한다고 목소리를 높였다. 당시 방직공업부의 부부장으로 있던 장친추(張琴秋)는 이 상황을 변화시키려면 '기관 여성동지들이 앞장서서 실천하고 사회 전반에 영향을 미칠 수 있도록 우리 모두가 제창해야 한다.'[1]고 역설했다. 이와 같은 호소 하에 젊은 여성들은 꽃무늬 블라우스, 그림이나 도안을 수놓은 치마를 입기 시작했고, 남성들 사이에서도 봄가을 셔츠, 양용 셔츠, 재킷, 스톰 코트 등이 유행하기 시작했다. 또 트렁크 밑에 오래 넣어 두었던 양복과 서양식 코트도 다시 꺼내 입기 시작했다. 1956년, 상하이시 부녀연합회(上海市婦聯)와 미술가협회가 공동으로 복식박람회를 개최하고, 박람회에 출품된 복장들을 같은 양식으로 2부씩 제작해 베이징과 상하이에서 동시에 전시했다. 이제 예쁜 옷 입는 것이 비로소 정당화 된 것이다. 기관 단위의 여성단 지부서기(支部書記)가 앞장서서 파마하고 새 옷을 입었다. 정부가 제창하고 지도자들이 앞장서자 많은 도시 여성들이 너도나도 천을 사서 옷을 지어 입었다. 그러나 호경기는 오래 못 가, 1960년대 초에 이르러 날로 긴장되어가는 정치적 환경 속에서 이제 막 싹트기 시작한 복식 시장은 소리없이 종적을 감추고 말았다. 그러나 이 짧디 짧은 몇 년 간의 생동기를 통해 아름다움에 대한 갈망과 추구는 사람들 마음 속에서 한번도 사라진 적이 없음을 확인할 수 있었다.

이로써 특정 시기 복식과 치장은 개인적 취향을 넘어서 정치태도와 계급

---

1. 리리즈(李立誌), 「1949~1956년 중국사회 풍습의 발전 및 그 특징(1949~1956年中國社會風習的演變及其特點)」,
『신화문적(新華文摘)』, 2001년 제5기.

입장을 대변하는 원칙적 문제임을 알 수 있다. 치파오는 중화민국 시기 도시 여성의 일반적인 복장으로, 모든 풍경 묘사와 사랑 이야기에 어김없이 이 치파오가 등장했다. 그러나 신중국 건립 후 치파오는 대도시에서 잠깐 모습을 보였을 뿐, 나타났다가 이내 사라지는 우담바라처럼 레닌복에 의해 대체되고 말았다. 1950년대 후반기에 치파오가 다시금 몇 년간 빛을 발한 적이 있다. 이 시기 일부 여성 문예 종사자, 여성 외교관이나 국가 지도자의 영부인이 해외를 방문하면서 전문가에게 치파오를 주문 제작하곤 했던 것이다. 이때부터 치파오는 전형적인 중국 여성의 사교 예복으로 자리매김해 남성 중산복과 어깨를 나란히하게 되었다. 정책이 상대적으로 느슨하던 때, 치파오는 홍색, 백색, 남색 등 화려하고 밝은 색상에 자수, 아플리케, 회화 등 장식 공법을 이용해 자못 화려하고 다채로운 풍격을 연출해냈다. 치파오를 입는 방법도 다양했는데 그 중에서도 조끼를 걸치는 스타일이 가장 유행했다. 그 외 스웨터, 레닌복, 군복 등과 같이 입기도 있다. 1958년 6월, 중국은 루마니아 수도 부쿠레슈티에서 열린 제9회 세계복식대회에 출전했는데, 이번 대회는 모두 7개 성원국이 참가했다. 중국은 옵서버를 파견하여 형제국가 연출가의 도움 하에 치파오를 비롯한 26벌의 중국 의상을 전시했다. 전시회에 출품된 치파오는 섬세한 가공 기술과 뚜렷한 중국적 특색으로 회의 참가자들로부터 많은 호평을 받았다. 그러나 치파오는 1960년대 초에 '봉건주의의 잔재', '자산계급 정서'로 간주되어 축출되었다. 그 후 1966년 기세 등등하던 '사구 타파(破四舊)'의 물결 속에서, 정교하고 우아한 치파오들이 얼마나 많이 잘리고 찢겼는지, 치파오에 연연해하던 여성들 또한 얼마나 많이 거리에 끌려 다니며 비판 투쟁을 받아야 했는지 모른다. 치파오로 말미암아 충격을 받은 사람들 중에는 여성 간부나 류사오치(劉少奇)의 부인 왕광메이(王

光美)를 위시한 국가 지도자의 영부인도 포함되어 있었다. 왕광메이는 대표적인 치파오 애호가여서, 국빈 방문 때나 대외적 장소에서 어김없이 중국 이미지를 대표하는 치파오 예복 차림으로 나타났다. 사람들의 기억 속 왕광메이의 이미지는 치파오와 함께 연상된다. 왕광메이가 비판 투쟁을 받을 때 비판자들은 그녀에게 저급한 치파오를 입히고 그녀의 목에 탁구공으로 만든 '목걸이'를 걸었다. 아름다움을 추하게 만들어 짓밟음으로써 악의적으로 풍자하고 모욕한 것이다.

이 시기 복식의 정치적 함의는 '플라띠예'라 하는 원피스에서도 뚜렷이 나타난다. 소련에서 건너 온 '플라띠예'는 러시아어를 음역한 것으로 러시아식 원피스라는 뜻이다. 1950년대 말에서 60년대 초에 젊은 여성들 사이에서는 꽃무늬 '플라띠예'가 가장 유행했다.(그림2-1-2)[1] '플라띠예'의 디자인을 보면

라운드 칼라에 주름 잡힌 반소매[2]와 주름치마[3]로 매우 간단했다. 이런 디자인은 건강하고 활발하며 자연스러워 여대생들로부터 큰 환영을 받았다. 그러나 중소 관계에 금이 가면서 이 원피스도 어쩔 수 없이 장농 깊숙이 넣어두어야만 하는 신세를 면치 못했다. 이러한 사실을 통해 당시는 정치적 요소가 틈만 있으면 어디든 개입할 수 있는 시대였음을 알 수 있다.

이상 지난 30년 동안의 전반적인 상황을

그림2-1-2 '플라띠예'(오른쪽)

---

1. 그림 출처는 http://special.northeast.cn/system/2006/04/28/050378263.shtml.

2. [역자주] 중국어로는 거품 '泡'가 들어간 '泡泡短袖'이라 불렀다.

3. [역자주] 중국어로는 거품 '泡'가 들어간 '泡泡褶裙'이라 불렀다.

개괄해 볼 때, 복식의 미에 대한 중국인의 추구는 정부의 지시와 정치적 열정에 순종해왔음을 알 수 있다. 따라서 복식의 개성은 논할 여지도 없다. 아주 미세한 부분, 이를테면 칼라나 소매, 허리 부위에 작은 변화를 주기도 하였지만 이것마저 비상 시기에는 차별과 비판의 위험을 감수해야 했다. 복식의 성별적 특징도 거듭 약화되어 여성복의 창의성이라고는 아예 찾아볼 수 없었다. 한 때 플라띠예, 치파오 등이 잠깐 빛을 보긴 했지만 '라오싼젠'과 '라오싼써'가 줄곧 복식의 주류 자리를 차지했고, 시대가 지닌 정치적 색채가 복식의 모든 면에 깊이 침투되어 복식이 응당 지녀야 할 심미문화적 가치는 거의 사라지다시피 했다.

# 제2절

# 다양성을 회복한 80년대

복식의 개성화와 다양화, 자유화는 1970년대 말에서 1980년대 초 사이에 시작되었다. 11기 3중전회의 소집과 더불어 중국은 새로운 역사시기에 접어들었다. 그 후 10년 간 경제가 발전하고 시장이 활성화되고 또 여러 정치적 금기가 사라지면서 사람들은 정서적 긴장을 풀고 미에 대한 욕구를 차츰 드러내기 시작했다. 복식에 있어서는 정부가 솔선수범했다. 1983년, 후야오방(胡耀邦) (중국 공산당) 총서기가 앞장서서 양복을 입었다. 중국공산당 제13차 대표대회에서 중공 지도자들은 성대한 기자회견을 열었는데, 그 자리에 (중국 공산당 중앙) 정치국 상무위원 5인이 처음으로 일제히 양복을 입고 기자 앞에 나타났다. 중국 공산당 지도자들의 복식은 개혁개방의 정치적 선언과도 같아서, 이 사건은 대내외적으로 커다란 정치적 반향을 불러 일으켰다. 문호가 개방되면서 중국인들 사이에 양복 붐이 일어났다. 또 바로 이 시기부터 복식에 가해진 정치적 의미와 계급적 기능이 사라지고 심미적 속성이 날로 드러나기 시작했다. 80년대에 와서야 사람들은 비로소 복식으로 자신을 본격적으로 표현하기 시작했다.

1970년대말 1980년대 초, 악몽에서 막 깨어나고 장기간 지속되던 폐쇄와 억압에서 벗어난 사람들은 구시대의 그림자에서 벗어나기에 급급했다. 이에 과거와 차별되는 것이라면 대다수 사람들에게 쉽게 수용되고 모방되었다. 정치화된 복식은 이미 그 주류적 지위를 잃었지만 실제로 이를 대체할만한 새로운 본토의 것이 없었다. 이 시기 복식 시장은 다양해지고 개성화된 중국인의 욕구를 만족시킬 능력을 전혀 구비하지 못하고 있었다. 1980년에 상영된 영화 〈여산연(廬山戀)〉은 흥행에 크게 성공했다. 당시 사람들에게 있어이 영화는 경치나 배우, 복장 할 것 없이 그림처럼 느껴졌다. 이 영화의 여주인공은 극 중에서 40벌이 넘는 의상을 갈아 입었는데, 이 옷들은 국내에서구매가 불가능해 홍콩에서 직접 구입해왔다. 이는 당시 중국의 복식 시장이얼마나 열악했는지를 여실히 보여준다. 국내에 새로운 디자인이 없어 해외로눈길을 돌린 결과 서구에서 들어온 나팔바지와 미니스커트가 중국 젊은이들 사이에서 붐을 일으키기도 하였다.

새로움과 개성을 추구하는 반항 심리 외에, 이러한 붐은 당시 신체 관념의 변화와도 관계가 없지 않다. 전통사회와 문화대혁명 시기, 신체는 줄곧욕망과 충동, 추한 것으로 간주되어 은폐되어 왔다. 이로써 복장의 기능은인간의 수치를 가리는 천처럼 신체를 감싸는 것에 그쳤다. 그러나 1980년대 이래 서구 사상의 유입으로 신체에 대한 사람들의 인식에 변화가 생겨났다. 신체 자체가 점차 적극적인 가치와 의미를 지니게 됨으로써 봉건적 금욕주의에 대항하는 유력한 무기가 되었다. 이에 상응하여 복식의 기능도 신체은폐에서 신체에 대한 표현과 강조로 확대되었다. 이런 상황에서 신체 라인을 살려주고 몸매를 드러내는 나팔바지와 미니 스커트가 신체 해방의 선봉장 역할을 하였던 것이다.

나팔바지는 1978년 중국에 들어와 중국 청년들 사이에 크게 유행하다가 1980년대 중반에 이르러 점차 시들해졌다. 중국 전통 바지와 반대로 나팔바지는 위가 좁는 대신 아래가 넓다. 윗부분은 골반을 꼭 감싸 라인을 살

그림2-2-1 나팔바지

리고 바짓가랑이는 넓어서 바짓가랑이로 거리를 쓸어도 되겠다는 농담도 생겨났다. 또한 과거 중국식 여자 복장은 언제나 허리 오른쪽에 트임이 있었지만 나팔바지는 남녀를 불문하고 일률적으로 배 앞에 트임이 있다. 나팔바지의 이런 디자인 설계는 신체 곡선을 강조함과 동시에 성별적 차이를 약화시켰는데, 이는 오랫동안 복식으로 성별 차이를 강조하고 육체를 은폐하던 중국인들에게 강렬한 충격을 선사했다. 앞 세대들은 이를 '남자도 여자도 아니고, 음양을 뒤바꾸는 것'이라고 비판했으며, 심지어 정치적 차원으로까지 끌어올려 이를 '서구 자산계급의 생활방식을 맹목적으로 따르는 것'이라고 비판하는 사람도 있었다. (그림2-2-1)[1] 당시 긴 머리에 긴 구렛나루, 콧수염에 체크 무늬 셔츠, 엉덩이를 꼭 감싼 나팔바지를 입은 청년을 흔히 '건달'로 치부하는 경향이 있었다. 일부 도시에서는 (공청) 단원들을 동원하여 거리를 감찰하면서 청년들이 나팔바지를 입지 못하도록 통제하였고, '금령'을 따르지 않을 시 가위로 바지를 잘라버렸다. 나팔바지는 1979년 말 『중국청년』 잡지가 '지도에 관한 담론—청년들의 헤어 스타일과 바짓가랑이로부터'라는 글을 발표하여 '머리 길이와 바짓가랑이 크기는 사상의 우열과 필연적인 관계에 있지 않다'고 청년들을 변호하면서부터 비로소 명분을 얻게 되었다. 나팔바지는 1980년대 사람들이 복장의 기능을 새롭게 인식하게 된 시발점이자 수십

---

1. 그림 출처는 『대중영화(大眾電影)』, 1980년 제10기.

년 동안 폐쇄되었던 사상에 대한 도발적 모색이었다. 오늘날의 시각으로 당시 나팔바지를 둘러싼 쟁론을 보면 다소 유치하지만, 심미 문화사적 측면에서 볼 때 이는 개성을 존중하고 차이를 표면화하는 새로운 시대의 도래를 예고한 것이었다.

그림2-2-2 미니스커트

영어에서 'mini'는 같은 부류 중에서 짧고 작은 것을 뜻하는데, 이른바 '미니 스커트' 역시 아주 짧은 길이의 치마를 뜻한다. 섹시해 보이는 미니 스커트는 1960년대 서구에서 유행해 70년대 말에 중국에 전해졌고 80년대부터 차츰 유행하기 시작했다. 미니스커트의 매력은 치마에 있는 것이 아니라 다리에 있다. 치마가 짧을수록 다리가 더 많이 노출되며, 이는 여성의 성적 매력을 최대한도로 표현할 수 있기 때문이다.(그림2-2-2)[1] 이처럼 과감하고 도발적인 성격의 복장이 중국에 유입되자 비난과 배척의 소리가 가득해, '싸구려 소시지를 전시한다'고 비판하는 사람도 없지 않았다. 그러나 아름다움이란 불가항력인지라 아가씨들이 미니스커트를 입고 뽐내면서 거리를 지나갈 때면 흠모 가득한 눈빛을 보내기도 하고 흘겨보기도 하였다. 흥미로운 것은 이 둘 모두 같은 중국인의 시선이라는 사실이다. 이 두 가지 시선은 곧 의식적 차원의 도덕 관념과 잠재 의식 차원의 심미적 정취의 내적 충돌이라 할 수 있다.

반항을 대표하는 나팔바지와 미니 스커트는 문화대혁명 말기 불안 심리

---

1. 그림 출처는 http://www.54wz.com/mm/54wz_article/al/7841.html.

의 표출이라 할 수 있다. 이러한 유행은 미를 추구하지만 내면적 성숙이 결여되어 있었고, 맹목적인 군중 심리와 동일화 심리가 가득했다. 또한 일시에 유행하여 전국이 똑같이 물들던 1980년대 중국인의 복장 심미 의식을 대변했다. 당시 '직위와 상관없이 모두 재킷을 입고, 덩치와 상관없이 모두 타이츠를 신는다'는 '유행어'를 통해 알 수 있듯이, 당시 중국인들은 아직 자신의 신분과 몸매에 맞게 꾸밀 줄 모르고, 무모하게 새로운 것만 추구하면서 동일화로 나아갔다.

과거 30년에 비해볼 때, 나팔바지와 미니스커트는 확실히 성적 특성을 강조했다. 그러나 반항적 색채가 성적 특성을 능가했고 그 보급 정도도 극히 제한적이었다. 1980년대를 통시적으로 관찰해보면 성적 특성, 그중에서도 여성의 곡선미를 진정으로 강조한 복장은 거의 없어서, 여성복은 대체적으로 남성화의 길을 걸었다. 따라서 1980년대 복장은 심미적 취향 면에 있어 중성화 위주였다고 말할 수 있는데, 이러한 현상은 당시 한층 더 유행했던 직업 제복, '돌먼 슬리브 블라우스(dolman sleeve blouse)', 청바지, '문화 티셔츠'에서도 찾아볼 수 있다.

1980년대 당시 유행했던 〈사무직 아가씨(公關小姐)〉라는 드라마는 남부 도시의 사무직 여성의 이야기를 그리고 있다. 이 드라마 속 여주인공은 직업 제복을 입고 등장하는데, 넓다란 어깨 패드, 짧고 좁은 미니스커트는 그 당시 직장 여성들 사이에서 유행하던 스타일로, '파워 우먼복 (女强人裝)'이라 부르기도 했다. 이런 정장은 넓은 어깨(단단하고 커다란 어깨패드)와 곡선 없는 통짜 허리, 검은 색과 흰색, 붉은색 등 단일 색조를 위주로 해, 기세등등한 느낌을 주면서 파워 우먼의 굳세고 강건한 모습을 상징했다. 유럽에서 유래한 이 직업 제복은 넓고 거칠고 딱딱한 라인을 강조해 건축적인 풍격을 지니는데, 여성용 재킷이나 바바리 코트도 이와 일맥상통하는 면이 있다. 이 의복들은 현대적 특징을 지니지만 여성의 부드럽고 아름다운 신체적 특징을 회피했다. 이런 복식의 유행은 시장경제 초기 여성들의 자아발전 욕구를 표현한 것으로 해석할 수 있다.

'돌먼 슬리브 블라우스'란 이름은 소매가 넓어 두 팔을 벌렸을 때 박쥐 날개처럼 보인다고 한 데서 유래했다. 이 옷은 몸매가 드러나지는 않지만 자유롭고 편해서 1980년대 소녀들에게 큰 사랑을 받았다. 대학 캠퍼스에서는 긴 머리에 넓은 '돌먼 슬리브 블라우스', 색 바랜 청바지에 런닝화 차림의 여학생이 1980년대 남학생들의 로망이었다.

진(Jeans)은 원래 미국의 광부와 카우보이 등 육체 노동에 종사하는 사람들이 입던 작업복으로, 튼튼하고 질겨 2차 세계대전 때 미군 제복에 사용되면서 유행했다. 2차 세계대전 후에는 영화 속 카우보이 이미지로 전세계를 휩쓸었다. 이 복장은 외국에서 들어온 복장임에도 불구하고 나팔바지처럼 과장되지 않았고, 상대적으로 중성적 색채와 평민적 취향이 강해 청년층으로부터 인기를 끌면서 대표적인 대학생 복장이 되었다. 1980년대 들어 미국 영화 〈브레이크 댄스(break dance)〉로 인해 널리 유행한 '문 워크'와 더불어 청바지가 크게 유행했다. 골목안이나 거리 모퉁이에서 청옷을 위아래로 빼입은 '트렌디한 청년'들이 댄스 대결을 펼치는 것을 쉽게 볼 수 있었다. 오늘날 시각으로 보면 당시 그들의 차림새는 괴상하고 스타일은 과장되며 사이즈 또한 크고 헐겁다. 그러나 이마에 빨간 천을 두르고 헤드스핀[1]을 하는 데 전혀 지장이 없었다.

1980년대 말에 등장한 '티셔츠'는 미국에서 유래했다. 티셔츠는 'T-shirt'

---

1. [역자주] 바닥에 누운 자세에서 핸드스프링으로 일어나기를 말한다.

의 음역으로 라운드 칼라에 소매가 짧은 면 소재의 옷이다. '문화 티셔츠'의 특점은 옷에 그려져 있는 도안이나 문자를 통해 일종의 문화 사상이나 사회적 정서를 나타낸다는 것이다. 해외에서 가난한 이들이 착용하는 옷이었던 티셔츠는 무산계급의 상징으로 간주되다가 점차 중산층에 의해 수용되고 나중에는 대중적인 복식이 되었다. 1980년대 말 중국의 거리마다 유행했던 문화 티셔츠에도 이러한 평민적 정서가 가득했다. 문화 티셔츠의 여러 문자나 도안은 유머와 자조(自嘲), 풍자나 정서를 발산하는 의미를 담고 있었는데, 반당(反黨)·반사회적 내용만 아니면 사람들 앞에서 얼마든지 과시할 수 있었다. '그냥 뒤, 귀찮아'와 같이 작은 한 인간의 심리를 적절하게 표현한 말들은 바로 문화 티셔츠로부터 유행하기 시작했다. 이런 의미에서 문화 티셔츠의 보급은 사상 해방운동의 한 가지 성과로도 볼 수 있을 것이다.

나팔바지와 미니스커트의 강렬한 시각적 효과를 통해 중국인들은 1980년대에 복식에 대한 미적 감각을 찾기 시작했다. 그러나 오랫동안 지속된 억압과 폐쇄로 인해 이들은 미에 대한 자신감을 잃었고 미를 충분히 파악하지 못했으며, 정치적 복장에 대한 과거의 기억을 여전히 생생하게 지니고 있었다. 따라서 복식 심미에 있어 이 10년은 기실 자주화, 개성화의 시기라고 하기 힘들다. 게다가 복장 시장이 성장하지 못하여 부족했던 탓에 종종 자신의 조건을 고려하지 않고 원본 그대로를 맹목적으로 따라할 수밖에 없었기에, 천편일률적인 유행 복식이 생겨날 수밖에 없었다. 국가 지도자가 양복을 제창하면 온 국민이 즉시 양복을 입었다. 그리하여 대부분의 기관과 기업에서는 종업원들에게 통일된 제복을 제작하여 모두 같은 색상, 같은 디자인의 옷을 입게 하거나, 복장비를 나누어 주어 종업원들로 하여금 제복을 제작하여 입게 하였다. 심지어 작은 음식점의 점원까지도 제복을 입은 채 '유탸오(油條)'¹을 튀기고, 건축 현장의 노동자들이 양복을 입은 채 달구질하며, 강이나 호숫가의 어부들이 양복을 입은 채 고기잡이를 했다. 나팔바지에서 미니스커트, 나아가 '파워 우먼복', '돌먼 슬리브 블라우스', 청바지, '문화 티셔츠'에 이르기까지 복식 사조는 끊임없이 변화했고 이런 변화에 온 국민이 동참했다. 이 시기의 복장은 성별적 색채를 나름대로 지녔지만 뚜렷하지 않았고, 개성화 추세를 보였지만 성숙하지 않았으며, 심미적 의미를 지녔지만 다양하지 않았다. 사회적 분위기가 전반적으로 느슨해지면서 복장 미에 대한 중국인의 추구도 조금씩 회복되어 갔는데, 1980년대 말에 유행한 다양한 색채와 도안의 '문화 티셔츠'야말로 바로 진정한 개성화 새 시대의 도래를 암시하고 있었다.

---

1. [역자주] 밀가루 반죽을 발효시켜서 소금으로 간을 맞춘 뒤 길이 30cm 정도의 길쭉한 모양으로 만들어 기름에 튀긴 밀가루 음식으로, 중국에서 아침식사로, 길이나 상점에서 쉽게 살 수 있고 흔히 일명 더우장(豆漿)이라고 하는 두유와 같은 음료와 곁들여서 먹는다.

# 제3절

# 눈부신 90년대

1990년대 이후 중국인의 복장은 전성기를 맞이했다. 1980년대 모방 및 복제 시기를 거친 후 1990년대에 들어와서 중국인은 복식 개성 추구의 길로 나아가기 시작해 차츰 '백화가 일제히 만발한' 국면을 이루게 되었다. 오늘날 중국 복식 무대에서는 세계적인 브랜드 뿐 아니라 본토에 기반을 두고 전통을 지향하는 치파오와 탕좡(唐裝)도 인기를 끌고 있다. 또 통일되고 규범화된 직업 제복이 있는가 하면 멋있고 편한 캐쥬얼도 있고, 대담하고 섹시한 배꼽티나 비키니가 있는가 하면 격식있는 투피스나 웨딩드레스도 있다. 또 의복을 뒤집어 입는 지혜와 익살이 있는가 하면 색이 각각 다른 두 짝의 신발이 보여주는 반역과 유치함도 있다. 전반적으로 1990년대의 복장은 뚜렷한 개성화와 국제화, 민족화, 유행화 등의 특색을 띠고 있는데, 이는 중국인의 복식 심미가 성숙과 개방을 향해 나날이 나아가고 있음을 보여주고 있다.

1990년대 이후 중국 경제는 시장화가 날로 강화되고 상업 생산 및 유통도 글로벌 경제의 대순환 속으로 편입되었다. 복식의 생산, 유통과 판매는 지역적 한계와 문화적 차이를 타파해 글로벌화되었으며, 더욱 많은 외국 브랜드가 중국 복식 시장에 대량 진출하여 일대 장관을 이루었다. 한편 많은 해외 의류회사가 중국에 공장을 세워 의류품을 가공함으로써 국제적 협력을 실현했다. 1980년대 중국의 서구 모방이 늘 반 박자씩 늦었다면 1990년대에 와서는 명실공히 세계적 일치를 이루었다. 패션 잡지는 매번 해외에서 유행하는 최신 복장을 소개하고 예측하는 내용을 싣고, TV의 의상 발표회는 더욱 직접적으로 세계 각지의 유행 변화를 볼 수 있게 해주었다. 세계적으로 유행하는 최신 스타일을 거의 동시간에 국내 의류시장에서도 접할 수 있게 되면서 오늘날 중국인들은 해외 의류 브랜드에 날로 익숙해지고 있다. 예컨대 피에르가르뎅(Pierre Cardin), 아르마니(Armani), 프라다(Prada), 샤넬(Chanel), 몽탁(Montagut) 등은 다른 해외 국가나 지역으로부터 온 귀에 익숙한 외국 브랜드들이다. 복식의 국제화는 복식에 대한 중국인의 안목이 날로 트이고 선택 또한 날로 자유로워졌음을 보여준다. 이로써 과거의 정치적 금기와 이데올로기적 제약은 경제력에게 자리를 내주었다. 실제 소비 상황을 통해 볼 때, 중국에 들어온 서구 복식은 거의 유명 브랜드들로, 가격이 상대적으로 높아 보통 양복 한 벌에 몇 천 위안 내지 몇 만 위안까지 한다. 이는 일반 직장인에게 있어 확실히 적은 돈은 아니다. 이런 브랜드 의류의 소비층은 주로 새롭게 부상한 중산층에 집중되어 있는데, 이들은 거의 CEO, 언론매체, 회사 과학기술직 종사자이거나 행정관리들이다. 중국 국가정보센터(中國國家信息中心)는 2001년부터 향후 5년 동안 상대적으로 높고 안정적인 수입을 가진 2억 가량의 인구가 중산층으로 부상할 것으로 전망하였다.[1] 이는 해외 유명 브랜드가 향후 중국에서 더욱 많은 소비층을 확보할 것이고 이로 인해 중국 복식의 글로벌화 추세도 더욱 강화될 것임을 의미한다.

글로벌화와 본토화는 동전의 양면과도 같다. 어떤 의미에서 보면, 본토화가 자각적인 관념으로 자리잡을 수 있게 된 것은 서구 복식이라는 참조물로서의 '타자(他者)'의 부추김 덕분이다. 한편 개혁개방, 특히 1990년대 이

---

1. 「향후 5년 중국 중산층 인구 2억 육박할 것으로(未來五年我國中産階級人口達兩億)」, 「정보시보(信息時報)」, 2001년 7월 21일 참조

래 종합 국력이 끊임없이 제고되고 생활수준도 대폭 개선되었으며, 국제 무대에서 중국의 지위도 나날이 중시되는 등, 여러 방면에서 중국이 거둔 성과는 괄목할 만하다. 이런 변화는 오래 전에 잃어버린 중국인의 민족적 자긍심을 회복시켰으며, 이에 복식 심미 중 전통적이고 본토적인 요소가 나날이 그 특유의 매력을 발산하면서 많은 나라로부터 인정을 받게 되었다. 상업적 측면에서 볼 때, 본토의 문화 자원을 충분히 발굴해야만 억지 흉내 내기를 벗어나 세계 패션시장에서 자신의 위치를 확립할 수 있다. 문화적인 측면에서 볼 때, 복식은 민족적 자긍심과 민족 정신을 나타내는 정신적 기호이기에 이를 통해 권력담론(right of speech)을 확립할 수 있다. 복식의 본토화는 국민의 심리에 부응할 뿐만 아니라 국가 정책에도 부합하였다. 이러한 이유로 본토화는 1990년대 이후 중국사회에서 하늘을 찌를 듯한 기세로 신속히 전개될 수 있었다.

1990년대 중반 후 세계 패션계 특히 도쿄 등 아시아의 국제 대도시에서는 '중국풍'이 일어나, 복식의 일부에 차이나칼라, 비단테, 똑딱이 단추, 옥 펜던트 등 중국의 전통적인 장식을 가함으로써 옛스러운 동방적 운치를 더했다. 1990년대 말부터 21세기 초 최근 몇 년까지, 중국의 전통 복식 시장은 나날이 확대되어 가고 있다. 전통 복장에 대한 중국인의 자신감이 날로 회복되면서 자신의 심미 취향과 민족적 특색에 부합하는 복식 개념을 다시금 수립하기 시작한 것이다. 서구 패션계의 트렌드를 끊임없이 경험하면서 중국인들은 중국풍의 복장, 대칭형 옷깃[1], 기울어진 옷깃 또는 비스듬히 튼 앞자락, 자수, 매듭 단추 등 자기만의 민족적 특징을 다시금 되새겨볼 수 있었다. 민족적 특색을 지닌 디자인과 수공예 기술은 짙은 문화적 운치를 지

---

1. [역자주] 즉 중국식 상의 중에 가슴 중앙에서 두 옷자락을 채우게 되어 있는 스타일을 말한다.

니면서, 세기가 교차하는 중국에서 아름다운 꽃을 피웠다.

21세기 초의 '탕좡붐'은 복식 본토화를 최고조로 끌어올렸다. 2001년 10월 21일, APEC(아시아태평양 경제협력체) 정상회담에 참가한 20여개국의 정상들이 상하이에서 중국 전통 자수 비단으로 만든 중국풍 복장을 입고 일제히 등장했는데, 이 복장이 이른바 '탕좡'이다. 디자이너의 소개에 의하면 탕좡은 진(秦)나라의 마과(馬褂)에서 온 것으로 다음과 같은 4가지 모양과 구조적 특징을 지닌다. 즉, 첫째는 목 아래의 앞섶 가운데 부분이 열려 있으면서 옷깃을 바로 세우는 스탠드 칼라를 꼽을 수 있고, 둘째는 소매와 몸판을 연결하는 부분이 평면으로 재단된 통소매, 셋째는 두 섶을 대칭되게 하거나 경사지게 만드는 대칭형 옷깃이나 기울어진 옷깃 또는 비스듬히 튼 앞자락, 넷째는 직각 단추, 즉 매듭단추를 들 수 있다. 이런 단추는 매듭과 단추고리 두 부분으로 구성되어 있다. 재질은 주로 자수 비단을 사용한다. '탕좡'이란 명칭은 외국 화교들이 모여 사는 '차이나타운(唐人街)'의 '중국인'들이 입는 옷이라 해서 자연히 '탕좡(唐裝)'으로 불리게 된 것이다. 해외에 사는 일부 화교들의 중국식 복장을 '탕좡'이라 부른 경우도 있다. APEC 정상회담에서 각국 정상들이 '탕좡'을 입고 나타나자 전국적으로 '탕좡' 붐이 일었다. 한 조사에서 2002년 구정 당일 10분 내 베이징 디탄(地壇) 공원을 방문한 관광객 120명 중 23명이 탕좡을 입은 것으로 집계되었다. 사람들이 탕좡을 즐겨 입는 것은 정상들을 모방해서만은 아니다. APEC 정상회담에서 탕좡이 등장하고 양복이 물러난 사건은 '동풍이 서풍을 압도하는' 중국인들의 상상력을 자극함과 동시에 한 세기 동안 중화문명을 세계에 알리고자 했던 중국인들의 강렬한 염원을 충족시켜주었다. '탕좡사건' 배후에는 한층 더 깊은 함의가 담겨있는데, 국가 정상들이 '탕좡' 차림으로 성대한 국제회의에 나타났다는 것은 곧 중국 전통문화에 대한 국가 차원의 상징적인 긍정으로 해석할 수 있다. 탕좡 붐이 일자 이 회의 직후에 열린 그 해 '춘완(春晚)'[1] 에서 아나운서들이 화려한 탕좡 차림으로 등장해 이러한 붐에 열기를 더했다. 그 후 자연스럽게 전통복식의 부흥이 일어났다.

한편 전통적 의미와 본토적 색채를 띤 치파오는 1950년대 말 짧디짧은 전성기와 침체기를 거쳐 1990년대에 이르러 다시금 부활하면서 축제, 연회, 해외 방문, 결혼 등 비교적 격식 있고 성대한 장소에서 예복으로 선택되기도 하고, 호텔이나 유흥 장소에서 안내하고 호스트하는 여성 도우미나 여성 서비스 요원들의 제복으로도 쓰이는 등, 주로 두 가지 용도로 발전했다. 2001년 영화시장을 뜨겁게 달군 〈화양연화(花樣年華, In The Mood For Love)〉에서는 꿈처럼 환상적인 수십 가지 치파오가 장만위(張曼玉)의 몸매를 매혹적으로 드러냈는데, 보일 듯 말 듯 은은한 치파오의 매력에 거의 모든 중국 여성들은 마음을 사로잡혔다.(그림2-3-1)[2]

복식 특히 여성복의 경우 '섹시'가 1990년대 이후 기본 컨셉이 되면서 1980년대 중성적인 색채에서 완전히 벗어나 섹시미를 강조하게 되었다. 이른바 섹시란 복식에서 주로 디자인이나 세부 장식을 통해 가슴, 허리, 엉덩이, 복부, 팔, 다리 등 특정 신체 부위로 사람들의 이목을 집중시키는 것을 말한다. 이런 요소들을 넣었다 뺐다 하는 것이 바로 유행의 변화이지만, 아무리 변화시켜도 달라지지 않는 본질은 여성의 성적 매력을 강조한다는 것이다.

1993년~1994년 전후로 베이비 드레스(baby dress)가 유행했다. 베이비 드레스는 청초한 작은 꽃무늬 면을 사용하여 허리 둘레에 주름을 촘촘

---

1. [역자주] '춘절연환회'의 약칭이다.

2. 장만위는 우아한 치파오로 또 하나의 1990년대 복식의 유행을 이끌고 나갔다. 그림 출처는 http://www.villachina.com/2006-10-12/833862_4.htm.

히 넣고, 띠를 허리 뒤로 묶는 칼라 없는 민소매 드레스로, 가정적 분위기를 물씬 풍겼다. 또 애티가 나기도 해서 어린 여자아이가 입으면 밝고 순진무구한 매력을 한층 더 해주었다. 한편 미니스커트와 맥시드레스도 인기였다. 이런 옷을 입는 사람들은 자신의 신체적 장단점을 잘 알고 표현할 줄 알았는데, 다리가 가는 경우에는 미니스커트로 옷장을 채웠지만, 날씬한 다리를 선천적으로 타고나지 못한 경우 발목까지 내려오는 맥시드레스를 선택함으로써 흩날리는 치마자

그림2-3-1 〈화양연화(花樣年華)〉에 나오는 치파오

락으로 생활에 즐거움을 더했다. 1996년에는 배꼽티가 유행하기 시작했다. 여름날 거리를 걷다 보면 짧은 상의를 입은 젊은 여자들이 경쾌하게 지나가는 것을 볼 수 있었는데, 허리 부위의 살이 보일 듯 말 듯 사람들의 눈길을 사로잡았다. 그러나 이 복장은 몸매에 대한 요구가 까다로워서 허리가 가늘고 배가 나오지 않아야 하며 젊은 층만이 입을 수 있었기에 유행 층이 넓지는 않았다.

1990년대 중반 이후부터 여성들의 섹시에 대한 욕구를 크게 만족시킨 일종의 옷차림이 유행했는데, 이것이 바로 '겉옷으로 입는 속옷(underwear as outerwear)'이었다. 브래지어는 중국 여성에게 있어 늘 사적인 복식이며, 가장 은폐되어 있어 크게 중시받지 못했다. 그러나 생활수준이 향상됨에 따라 여성의 개인의식이 강화되면서 브래지어에 대한 정의도 과거의 가리기에서 드러내기로 바뀌었고, 여성의 신체에 대한 애호를 상징하는 것으로 변하

기 시작했다. 이에 디자인과 색채에 대한 요구도 더 높아졌다. 편안함에 대한 요구에서 아름다움에 대한 요구로 변하였고, 그 다음엔 다시 겉옷으로 입을 수 있기를 요구하였다. 1997년부터 더블릿(doublet)이 생겨나면서 여러 유형의 브래지어가 유행하기 시작하고 '겉옷으로 입는 속옷'도 유행하였다. 브래지어와 레이스 팬티가 겉옷 세트로 사용되거나 겉옷의 구성 요소로 쓰이면서 사람들에게 특별한 인상을 남겼다.(그림2-3-2)[1] 1998년 여름에는 서스펜더 스커어트(멜빵 치마)가 유행했는데, 이는 전형적인 '겉옷으로 입는 속옷'의 예로 간주할 수 있다. 그 뒤를 이어 등장한 두더우(肚兜)는 짙은 중국적 특색을 지닌 '겉옷으로 입는 속옷'이다. 중국 고대 여성들의 전통적인 브래지어 형식이었던 '두더우(肚兜)'를 1990년대 말에 와서는 소녀들이 상의로 입고 다녔는데, 그중 민족적인 도안을 그린 화려한 두더우가 트렌드를 좇는 소녀들 사이에서 가장 인기였다. 서구의 '겉옷으로 입는 속옷'과 달리 두더우는 민족적인 색채를 더했으니, 중국과 서양의 장점을 융합한 것이라 할 수 있

겠다. 스타일을 제외하고 세부 사항에 있어서도 여성복은 더 많은 섹시 요소를 드러냈다. 이를테면 목이나 손목, 발목에서 찰랑이는 목걸이, 팔찌, 발찌, 그리고 팔이나 팔뚝에 새긴 생동적이고 오색찬란한 타루 등은 어느 하나 할 것 없이 팔이나 허리, 가슴 등 섹시한 부위를 강조하였고, 이런 것들을 통해 여성의 부드러운 미와 매력을 드러냈다.

그림2-3-2 속옷의 요소를 배합시킨 겉옷

1. 그림 출처는 2006년 8월호 『트렌드(時尚)』, p.154

복장이 감성적이고 섹시하게 변해가는 과정 중 이와 상반된 중성화 추세도 함께 나타났다. 그러나 1990년대의 중성화는 과거와 구별된다. 복장의 중성화가 과거에 주로 여성적 특징을 최대한 없애거나 숨기려 했다면 이 시기에는 화려한 복식으로 변화하는 식으로 융합되었는데, 구체적으로 보자면 남성복은 색채와 디자인 면에 있어 여성복을 참고하였고 여성복은 남성복의 일부 디자

그림2-3-3 중성화 패션

인을 빌려서 2차 창작을 진행하였다. 1990년대 말 여성복에 흔히 쓰이던 색상들을 남성복에서도 모두 찾을 수 있는가 하면, 남성도 밝은 오렌지색 슈트와 울긋불긋한 셔츠를 즐기고 여성들처럼 다양한 액세서리를 착용했다.(그림2-3-3)[1] 여성복의 경우 1997년 이후 여전히 '여성화'가 주류였지만 '남성화'가 새로운 유행 요소로 등장하였다. 이 시기 '남성화'는 여성복에 대한 수식어로 사용되면서 여성복에 남성복적인 요소들, 특히 더블단추, 피크트 라펠(peaked lapel), 세미피크트 라펠(semi-peaked lapel), 단추가 3개나 4개인 싱글 브레스트 등 남성 양복의 요소들을 배합시켰다. 남성복 디자인의 요소, 재질 종류와 색채적 요소도 대량으로 여성복에 도입되었는데, 단순한 모방을 넘어 형식을 버리고 본질을 받아들임으로써 여성화와 동시에 여성미 가득한 여성복으로 거듭나게 했다. 이로써 여성복은 남성 양복의 형식을 사용하되 실루엣은 부드러워지고, 어깨는 좁고 둥글게 허리는 잘록하게 변했

---

1. 그림 출처는 2007년 『도시려인(都市麗人)』, 제8기, p.106.

다. 재질은 더 얇고 부드러워졌으며 색채도 더욱 선명하고 맑아졌다. 1990년 대 '여성복의 남성화' 추세는 온화하고 겸허한 자세로 등장하여 1980년대와 는 사뭇 다른 모습을 보여주었다. 1980년대의 '파워 우먼복'이 기세등등한 느낌을 주면서 여성의 타고난 자태를 가리고 과시욕 가득한 심리를 상징했다 면, 1990년대 여성복의 남성화는 복식의 심미의식이 성숙되면서 나타난 의 식적 접목이자 발전으로 해석할 수 있다.

복식의 캐쥬얼화는 1990년대 또 하나의 추세였다. '캐쥬얼'은 1990년대 사람들이 매우 선호하던 스타일로, 사회생활의 구조 조정과 더불어 유행하 였다. 1990년대 이후 업무 시간이 한층 줄어들어 주 48시간에서 44시간으 로 단축되었다. 또 1995년부터 주 5일제 근무가 실시되고 1999년부터 1년 에 세 번, 한 번에 7일 장기 휴가제도를 실시하면서 중국인의 연 휴가 기간 은 114일에 달했다. 즉 1년 중 3분의 1의 시간을 휴가로 즐길 수 있게 된 것 이다. 마음대로 즐길 수 있는 시간이 많아지자 복식에 대한 개념도 바뀌기 시작했다. 캐쥬얼은 반듯한 양복을 입지 않아도 되고 넥타이를 매지 않아도 된다. 스티프 칼라의 흰 셔츠를 입지 않아도 되고 셔츠 맨 위의 단추를 잠그 지 않아도 된다. 땅에 앉아도 바지가 더러워질까봐 걱정할 필요도 없고, 소 파에 누워도 주름이 생길까 염려할 필요가 없으며, 본인의 차림새에 대한 다 른 사람의 시선을 걱정할 필요도, 복식 규범화에 대한 사회문화적 규약에 신경 쓸 필요도 없다. 한마디로 이제 더 이상 옷에 신경쓰지 않아도 된 것이 다. 캐쥬얼 복장은 한가할 때 입는 옷, 더 적절하게 표현하면 순 개인 취향 의 복장이라 할 수 있다. 캐쥬얼이 1990년대에 유행한 궁극적 원인은 경제 에서 찾아야 한다. 중국 경제가 10여년 간 급성장하면서 사람들의 생활 리 듬도 빨라졌는데, 특히 대도시의 엘리트들은 바쁜 업무 스트레스로 인해 여

유를 갈망하였다. 매일같이 도심을 맴
도는 일말의 흐트러짐도 없는 양복과
구두 차림새. 그들은 이런 것에 이미
지쳐있었다. 따라서 개인 시간에는 자
연 출퇴근 제복 차림을 거부하였고 이
에 캐쥬얼은 이들 소비자층에 의해 시
장을 확보하게 되었다. 그 후에 복장

그림2-3-4 숭가오 신발

자체의 편안함으로 전국적으로 유행하기 시작했다. 캐쥬얼에는 엄격한 유형
구분이 없어서 각양각색의 복식을 포함한다. 정중하고 규범화된 직업 제복
과 차별화되고, 입었을 때 편안함을 느낄 수 있다면 모두 캐쥬얼이라 할 수
있다. 따라서 스포츠 의류와 중복되는 면도 없지 않다. 이 밖에 비교적 전형
적인 캐쥬얼로는 티셔츠, 진, 풀오버, 체크 면셔츠, 코듀로이(Corduroy) 바
지, 면양말, 런닝화, 그리고 작업용 바지 등이 있다.[1] 1998년에는 스탠딩 칼
라 셔츠가 유행했다. 영국 폴로 운동복에서 기원한 이 셔츠는 캐쥬얼한 느
낌이 매우 강하다. 1997년~1998년에는 통굽 신발이 소녀들 사이에서 큰 인
기를 끌었다. 이런 뒷굽은 대부분 푹신푹신한 고분자 합성물로 만들어지는데
숭가오(松糕)라는 떡처럼 생겼다고 해서 통속적이고 시각적인 이름, '숭가오 신
발(플랫폼슈즈, platform)'이라 불렀다.(그림2-3-4)[2] 이 신발의 유행은 큰 키를
원하는 일부 여성들의 희망과도 관련있고, 동시에 복식의 캐쥬얼화와도 관련
있다. 7센치미터 이상 커보이고 싶지만 하이힐의 괴로움을 덜고자 하는 이들

---

1. 작업용 바지는 원래 남성복이고 작업용 멜빵바지었는데 일종의 멜빵 달린 청바지 작업복이였다. 전하는데 의하면 Lee
   브랜드 진회사 창시자인 H·D·Lee는 기사가 자동차를 수리하는 자세에서 힌트를 얻어 허리 위, 아래 모두 사람을 보
   호할 수 있는 작업복 바지를 디자인하게 되었다고 한다. 현재 여자들이 많이 입는 이 바지는 가슴 앞에 커다란 주머니
   가 있고 흔히 체크셔츠나 티셔츠에 받쳐서 입는다.

2. 그림 출처는 「훌륭한 주부(好主婦)」, 2007년 8월, p.58.

에게 '송가오 신발'은 분명 하늘이 내려준 선물이었다.

복식의 캐쥬얼화 과정에서 '쿨한 느낌'이 유행하기 시작했는데, 이는 복식에 대한 현대인 특히 젊은이들의 개성화 추구를 보여준다. '쿨'은 영어 'cool'에서 온 것으로 '차갑고' '독특하다'는 의미를 지니고 있는데, 당시 중국 젊은이들에게서 크게 유행했던 단어이기도 하다. 복식에 있어 '쿨'은 흔히 주류 문화에 융합되지 않는 풍격을 대표한다. 염색 머리, 과장된 모양의 선글라스, 일부러 구멍 낸 청바지, 팔에 새겨진 생동적인 문신, 과장되고 괴이한 티셔츠 도안, 퇴폐적인 색채로 가득한 각종 귀걸이, 목걸이, 팔찌 등, 고전적이고 조화로우며 아름답고 전통적인 것들과 풍격을 달리 하는 모든 장식이 바로 '쿨'한 것이다. 이런 풍격은 20대 도시 청년들의 사랑을 받았는데, 이들은 복식으로 최대한 자아를 드러내고 의식적으로 '남다른' 느낌을 표현하고자 하였으며, '쿨'한 복식을 기준으로 자신들만의 문화 집단을 구축했다. 이러한 풍격은 주류 문화 밖에 존재하던 하나의 문화 역량으로 복식과 함께 성장해나갔다.

'브랜드 개념'의 등장은 중국인의 복식에 대한 상품 의식이 진정으로 성숙하였음을 상징한다. 1990년대 이후 브랜드 개념이 생겨나기 시작해 급격히 발전했다. 브랜드 샵이 생겨난 뒤에 브랜드 개념이 생겨났는데, 해외 브랜드에서 홍콩과 대만 브랜드로, 그 다음 국내 브랜드 순으로 생겨났다. 유명 브랜드로는 '다오차오런(稻草人)', '이토킨(Itokin)', '포츠(PORTS)', '애플(Apple)', '구찌(Gucci)', '로몽(Romon)', '퍼스(FIRS)', '즈란먼(ZLM/紫瀾門)', '디올(Dior)' 등을 꼽을 수 있다. 1980년대 중국인들이 서구 복식의 모방에 그친 것과 달리, 현재 중국인들은 국내 브랜드를 창조하고 즐긴다. 시장경제가 끊임없이 발전함에 따라 중국인의 브랜드 중시도 역시 점차 높아지고 있다. 격식의 파괴를 추구하는 캐쥬얼 영역도 예외가 아니다. 1980년대 젊은이들은 진이라면 어느 것이나 가리지 않았다. 그러나 90년대 젊은이들은 진을 입을 때 'Lee'인지 '애플(Apple)'인지 브랜드를 따져가면서 입었고, 입어본 사람은 그 차이점을 속속들이 꿰뚫고 있었다.

유명 브랜드의 출현 및 보급은 중국 복식 시장의 진정한 성숙을 상징한다. 중국인의 복식관이 유명 브랜드 선호에서 품질과 디자인 중심으로 변화하고 있음을 알 수 있다. 가수 장추(張楚)가 '공기 속에 부유한 느낌이 있어. 모든 사람들이 거대한 물결 한 가운데 서서, 욕망으로부터 오는 충격을 기다리고 있는 것 같아.'라고 노래한 것처럼, 1980년대의 상품 소비가 간소하고 소박하며 이유를 불문한 절대 모방이었다면, 90년대 성숙한 구매 의식 속에는 분명 무궁무진한 소비 욕구가 담겨 있다. 대부분의 경우, 유명 의류 브랜드에 대한 욕구는 돈과 지위의 경쟁이 되어버렸다. 어떤 브랜드를 사는가는 소비자가 속한 계층을 대변한다. 브랜드별로 가격이 다르다. 일반 티셔츠는 몇십 위안이면 살 수 있지만 어떤 브랜드냐에 따라 수천 위안이 될 수도 있다. 이를 통해 상품 개념의 성숙이 심미의식의 성숙만을 의미하지 않는다는 것을 알 수 있다. 오늘날 중국인의 복식 심미의식에는 어느새 공리적 색채가 더해져, 전반적인 소비 시대에 또 하나의 부산물이 되어가고 있음을 인정하지 않을 수 없다.

1990년대 이후 복식의 심미 트렌드를 서술하는 일은 상품이 가득 진열된 의류 백화점에 들어선 것과도 같아서, 디자인의 변화가 무궁무진하고 색채도 다양해 눈깜짝할 사이에 유행이 바뀌곤 하였다. 위에서 서술한 추세는 그중 가장 뚜렷한 몇몇에 불과하며, 이것에서 2차 파생된 부류까지 합하면 실로 부지기수이다. 복식 유행의 신속한 변화는 중국인의 복식에 대한 심미 취향이 날로 다양해짐을 입증한다. 이런 다양화된 발전 속에서 사람들은 무엇을 따라야 할지 갈팡질팡해하지 않았다. 오히려 많은 중국인들은 자신의 복장에 대해 더욱 확고한 개인관을 갖게 되었고 이를 잘 이용할 줄 알게 되었다. '개성', '풍격', '품위' 등은 아마 최근 십여년 동안 패션계에서 가장 빈번히 등장한 단어들일 것이다. 이 모든 것의 기초는 물론 날로 풍요로와지는 경제적 조건과 날로 번영하는 중국의 시장일 것이다. 시장경제의 소비적 특성상 불가피하게 더욱 짙은 '돈'의 색채가 더해지고 있지만, 역으로 이는 또 사람들에게 더욱 짙은 복식 문화를 체험할 수 있게 해준다.

# 제3장

## 건축

건축은 복식과 마찬가지로 인류의 가장 기초적인 생존 수요와 연관된 실용적 물질 제품임과 동시에 특정 시대의 취향와 염원, 더 나아가 신앙 등 깊은 의미를 지닌 정신적 산물이기도 하다. 따라서 수많은 예술 분야 중에서도 비교적 특수한 분야라고 할 수 있다. 빅토르 위고의 말처럼 인류 사상 중 종교와도 같은 기념비적 의의를 갖는 것이 있다면 그것이 곧 건축일 것이다. 건축은 여러 시대, 여러 민족의 생활방식과 문화형태를 상징해왔기에 자고로 '인류문화의 기념비'라고 일컬어진다. 모든 중요한 사상이 건축이라는 석조(石造) 예술 서적에 기록되지 않은 것이 없듯이, 인류의 모든 사상은 건축이라는 역사서와 기념비에 언제나 찬란한 역사의 한 페이지를 남겼다. 가장 완벽한 내용을 지니고 있는 건축 서적에는 모든 인류의 관심사가 거의 망라되어 있기 때문에 그 발전 과정을 묘사하는 것은 곧 문화 역사 전반을 기록하는 것이나 다름없다.

건축예술의 역사는 고전 건축, 모더니즘 건축, 포스트모더니즘 건축 등으로 구분할 수 있다. 중국의 현대 건축은 서구 문화의 영향으로 생겨났는데, 그 과정에서 서구의 현대 건축과 기술, 사상은 전등이나 전화, 영화, 기차나 비행기 등처럼 현대 문명으로의 진입을 상징하는 표지가 되었다. 중국의 현대 건축이 서구와 거의 같은 시기에 탄생했다고 보아도 무방하겠지만, 중국의 현대 건축 발전에 많은 우여곡절이 있었음은 부정할 수 없다. 서구 건축의 강제적 이식에서 신중국 건립 후 구소련 건축 모델에 대한 적극적인 모방으로, '문혁' 시기 고전 건축에 대한 대대적 철거에서 11기 3중전회의 이후의 전통 건축 풍격으로의 회귀로, 질서와 통일을 강조하던 현대 건축에서 변화와 차이 그리고 '여백'을 강조하는 포스트모더니즘 건축으로, 중국의 현대 건축은 오랜 역사발전 속에서 뚜렷한 시대적 차이성을 보이면서 특유의 공간적 복잡성을 나타내고 있다. 그 배후에는 중국 고전 건축으로부터 온 전통적인 내부 제약도 있을 것이고 현대화 역사발전 과정 속에 나타난 여러 가지 사회적 요소로부터 온 외적 영향도 있을 것이다. 그러나 이러한 제약과 영향이 있음으로 인해 육중하고 거대한 물질로서의 건축에 영혼과 사상 그리고 시대의 흔적이 깃들게 되었다. 더구나 건축 예술은 그 자체가 자아의 표현이자 정보의 전달이기 때문에 필연적으로 한 시대 민족역사를 증언해주는 활화석이자 축음기이다.

# 제1절

## 신중국 건립 초기의 신식 건축

　　1949년 황금빛이 출렁이는 가을, 중국 인민은 새로운 역사 시기를 맞이하였다. 당시 개국 지도자였던 마오쩌둥(毛澤東)은 짙은 호남 방언으로 "중국인민은 일어섰다!"고 외치면서 건국을 선포했다. 신중국 건립 초기 국가경제는 매우 낙후하였으며 공업기술 방면의 인원도 극도로 부족했다. 지식 기술에 대한 존중 덕분에 한동안 지식인 건축가는 전문가로서 존중 받았으며, 행정간섭도 상대적으로 적게 받았다. 따라서 건축가들의 창작은 비교적 자유로왔고, 창작의도도 거의 온전히 건축에 반영될 수 있었다. 한편, 신정권의 탄생에 환희 가득했던 중국의 건축가들도 드높은 창작 열정을 쏟으며 신생 국가에 대한 사랑과 기대를 자유롭게 발산했다. 이 시기 중국 방방곡곡에는 이른바 '민족형식'이라 일컬어지는 창작방식이 보편적으로 유행했는데, 그 특징은 궁전이나 사당 등 전통 건축 형식에 신중국의 건축적 함의를 부여하는 것이었다. 가장 전형적인 것으로는 베이징 등 지역에서 볼 수 있는 전통 목구조 건축에 현대건축 방식을 결부시킨 상징적 건축군(群)을 꼽을 수 있다.

그림3-1-1 하얼빈측정기절삭공구공장 본관

# 1. 도시 건축

현대사회 발전사는 도시의 발전사라 해도 과언이 아니다. 고대 그리스 도시국가에서 중세 이탈리아 여러 자치도시들의 등장까지, 계몽운동에서 산업혁명 이후 현대적 의의를 지닌 도시의 등장까지, 도시화야말로 현대 역사발전의 주된 선율이었다. 문화기념비인 건축, 그중에서도 도시건축은 이 발전과정을 고스란히 기록하고 있다.

국제 형세 및 국내 이데올로기의 영향으로 신중국 건립 초기 중국은 정치, 경제, 문화 등 방면에서 대부분 공산주의 라오다거(老大哥)[1] 소련을 본받았다. 이로 인해 이 시기 건축, 특히 공업 건축은 뚜렷한 소련풍을 띠고, 공산주의 일체화, 세계화의 외재적 표징이 되었다. 그중 동북 중공업기지에 속한 하얼빈(哈爾濱) 측정기절삭공구공장(그림3-1-1)[2], 창춘(長春) 제1 자동차제조공장 및 뤄양(洛陽) 트랙터공장(그림3-1-2)[3], 타이위안(太原) 중장기

그림3-1-2 뤄양 트랙터공장

---

1. [역자주] '형님'의 중국어 발음이다.

2. 그림 출처는 『중국건축연감 1984~1985(中國建築年鑒 1994~1995)』, 중국건축공업(中國建築工業)출판사, 1985년, '건축실록' 부분.

3. 그림 출처는 『중국건축연감 1984~1985』, 중국건축공업출판사, 1985년, '건축실록' 부분.

공장 등 대량의 중공업 기업 건축들이 가장 대표적이다. 이밖에도 베이징시 쉐위안루(學院路)에 위치해 있는 팔대학원(八大學院), 상하이의 중소우호빌딩(中蘇友好大廈), 베이징의 소련 전시관과 방송국 빌딩 등도 이러한 건축 풍격을 지니고 있다. 해방 전 해외 건축가들이 중국에 세운 오락 및 상업용 건축과는 달리, 상술한 건축들은 형태와 풍격 면에서 비교적 뚜렷한 주체 수용적 특징을 지니고 있으며, 공리적이고 실용적인 면도 없지 않았다. 이 건축들은 전반적으로 외관이 간결하고 명쾌하며, 과도한 장식이 적다. 이와 동시에 러시아 건축 특유의 육중하고 엄숙하며 과장적인 면도 지니고 있다. 웅장한 기세와 거대한 규모는 소련 건축 형식을 모방한 결과이기도 하지만, 내적 감정의 표현이라는 수요에 부응한 필연적 결과로서, 새롭게 일어선 중국인들의 자부심과 우월감을 충분히 드러냈다. 왜냐하면 이렇게 거대한 규모의 건축만이 당시 전국적으로 고양된 정신과 가득한 열정에 부합할 수 있었기 때문이다. 신중국 건립 초기에 창작된 건축군으로는 다이녠즈(戴念慈)가 설계한 신베이징반점(新北京飯店)을 빼놓을 수 없다. 신베이징반점은 기존의 베이징반점 서쪽에 신축한 상당 규모의 현대 건축물인데, 그 후 광범위하게 유행했던 중국 전통식 '다우딩(大屋頂, traditional Chinese curved roof)'[1] 설계를 채택하지 않았다. 그러나 전반적인 윤곽과 외관 풍격은 기존 건축, 그리고 주위 환경과 조화를 이루었고, 대폭 간소화된 중국식 지붕 설계는 건축의 운치를 더했다. 이를 통해 기능과 형태이 비교적 잘 결합된 훌륭한 효과를 창출했다. 이런 효과를 보여준 전형적인 건축으로는 창춘 지질궁(長春地質宮), '베이징 4부 1위 사무청사(北京四部一委辦公樓)', 디안먼 기숙사빌딩(地安門宿舍大樓), 베이징 유이빈관(北京友誼賓館), 건축공정부 빌딩(建築

---

1. [역자주] 중국 고대 궁전·사원 등의 웅장하고 화려한 지붕을 말한다.

工程部大樓) 등을 들 수 있다.

한편 이 시기에는 민족적 형식을 지닌 헌례성(獻禮性) 건축들도 대량 등장했다. 이는 신중국 건립이 가져다 준 민족적 자부심과 크게 연관된다. 그 전까지만 해도 서구열강의 총과 대포 앞에 중국인의 자부심은 크게 타격을 입었고, 민족성과 관련된 거의 모든 것은 빛을 잃었다. 그 결과 전통 심미관에도 한차례 의식 차원의 단절이 생겨났다. 그러나 신중국 건립은 중국인의 민족 자부심을 다시금 회복시켰고, 전통적이고 국수적이며 민족적인 것들은 다시금 사람들의 마음을 매료시켰다. 이로써 민족정신 뚜렷한 전통 건축 풍격은 이 시기 건축 경관의 일부분이 되었다. 전형적인 건축으로 충칭 시난런민 대례당(重慶西南人民大禮堂, 그림3-1-3)[1]을 꼽을 수 있다. 2차 세계대전 당시 국민당 정부의 임시수도였던 충칭은 전쟁의 피해에도 불구하고 경제, 도시 행정 등 면에서 다른 도시에 비해 경쟁 우위를 점하고 있었다. 산성(山城)의 중요한 공공건축이었던 충칭 시난런민 대례당은 산성의 비탈진 지형을 잘 활용해 산에 닿게 지었으며, 앞쪽 99개 계단으로 건축물 전체의 웅장한 기세를 부각시켰다. 또 거대한 규모의 삼층 처마와 금은보화로 장식한 건물 꼭대기는 천단(天壇)의 기년전(祈年殿)을 떠올리게 하고, 대례당 앞 이층 처마와 헐산식(歇山式) 문루(門樓)[2]는 그 윤곽이 천안문 성

그림3-1-3 충칭 시난런민 대례당

---

1. 그림 출처는 루신(汝信), 「컬러판 중국건축예술사(全彩中國建築藝術史)」, 닝샤인민(寧夏人民)출판사, 2002년, p.29.

2. [역자주] 중국 고대 건축 구조의 하나로. 전후 좌우 네 경사면이 있으며 좌우 경사면에 수직면이 있어 추녀가 아홉 개인 건축물을 말한다.

루를 떠올리게 한다. 충칭 시난런민 대례당은 풍부한 형상과 화려한 색채로 산성의 랜드마크가 되었으며, 참신한 산성에 무한한 운치를 더해주었다.

신중국 건립 이전 중국의 도시 주택은 소수 고위층이 사는 호화주택과 대저택, 그리고 이와 양적, 질적으로 현격히 차이나는 상하이의 '곤지롱(滾地龍)', 톈진(天津)의 '삼급도갱(三級跳坑), 하얼빈의 십팔괴(十八拐)'등 판잣집 빈민굴과 대잡원(大雜院) 두 극단적인 유형으로 나뉘었다. 이러한 명칭을 통해 당시 고난에 찬 하층 사회의 생활상을 쉽게 엿볼 수 있다. 노동자들의 주택문제를 해결하는 것이야 말로 신중국 건립 후 도시건설에 있어서의 급선무였다. 중앙정부는 인구가 상대적으로 집중되어 있던 일부 대도시에 적은 비용을 투자해 현대 건축 풍격을 지닌 '공인신촌(工人新村)' 아파트를 대량 건설했다. 현대 건축 기능을 확연히 지닌 이러한 건축물들은 '형식을 기능에 맞추는' 원칙과 '간소화' 원칙을 중시했다. 따라서 어떤 면에서 볼때 이는 르꼬르뷔제(Le Corbusier) 아파트 건축, 루트비히 미스 반 데어 로에(Mies van der Rohe)의 건축 사상의 중국에서의 실현으로 표현할 수 있다. 이런 건축물의 대표로는 상하이의 '차오양 신촌(曹楊新村)', 베이징 서쪽 교외에 있는 '바이완좡 주택단지(百萬莊住宅區)', 톈진의 '중산먼 공인신촌(中山門工人新村)', 지난(濟南)의 '공인신촌(工人新村)' 등을 꼽을 수 있다.

개항 후 상하이는 신속한 발전을 거듭하면서 중국 내 경제발전 지역으로 자리매김해왔으며, 인구가 가장 집중된 대도시 중 하나로 꼽혀왔다. 그러나 신중국 건립 이전의 상하이 지역은 전체적으로 외국인 조계지의 번화하고 사치스러운 생활과 사회 저층에 있으면서 상하이의 번영을 가능케 한 광범위한 상공업 노동자들의 생활로 양분화되어 있었다. 따라서 상하이 도시건축과 도시 주민 간의 주거 부조화는 클 수밖에 없었다. 완벽한 기능주의 건축인 '차오양신촌'은 구역 내 자연 지형을 충분히 고려하여 조성되었다. 구역 전체는 기본적으로 작은 강을 따라 조성되었으며, 지세에 따라 가급적이면 자유롭게 배치해 현대식 커뮤니티 가든의 느낌을 제법 풍겼다. 단지 내 주택들은 대부분이 2~3층으로 되어 있고, 단순하고 실용적이며 채광 또한 훌륭하다. 다만 당시 건축 수요량이 워낙 많았던지라 스튜디오 형식을 채택할 수밖에 없었다. 놀라운 점은 설계사가 녹지를 고려했을 뿐만아니라 점, 선, 면을 유기적으로 결합하여 하나의 유기적인 주택 시스템을 갖추었다는 사실이다. 이는 당시로 볼 때 성공적이라 할 수 있는 집중식 주택으로서 자못 전위적인 의의를 지닌다. 물론 전형적인 개항도시였던 상하이의 역사적 영향 때문일 수도 있겠지만, 당시 경제발전에 적응하기 위해 이 주택 단지는 파격적으로 개인 승용차의 출입까지 고려했음에도 불구하고 대중교통을 상대적으로 소홀히 다루었기에, 주택 용지를 경제적으로 활용한 편은 못 된다. 같은 시기에 세워진 지난의 '공인신촌'도 나름대로 특징이 있지만 건물들이 몰려 있고 내부 공간이 상대적으로 좁으며 공공건축이 상대적으로 빈약한 등 제반 문제들이 존재했다. 그러나 전반적으로 볼 때 상기 건축들은 실용적이고 간결하며 경제적인 모더니즘적 특징을 지니고 있어 시대 정신을 반영함과 동시에 중국 실정에도 부합하였다고 할 수 있다.

## 2. 학교 건축

교육에는 한 나라의 명맥이 달려있다. 따라서 학교 건축은 본디 가장 중요한 공공건축의 한 부분이다. 중국의 현대교육은 상대적으로 늦게 시작되어, 19세기말에서 20세기 초에 이르러서야 서구식 현대교육 사상이 도입되었다. 역사적으로 그 중요성이 간과되어온 까닭에 학교 건축은 신중국 건립 전까지 중국 건축에서 가장 취약한 일환이었다. 옌징대학교(燕京大學, 현재의 베이징대학교), 칭화(淸華)대학교 등 당시 유수 대학의 건축들은 거의가 해외 미션 스쿨의 건축물이었다. 신중국 건립 초기 대규모 학교 건축물의 부재 현상은 1952년 전국적으로 대학 및 대학 학과를 크게 조정함에 따라 호전되기 시작하였다. 이 시기 난징(南京)대학교의 동남루(東南樓), 톈진(天津)대학교의 제9 강의동(第九敎學樓), 시베이민족학원(西北民族學院)의 교학청사(敎學樓), 후난(湖南)대학교 도서관, 상하이 퉁지(同濟)대학교의 문원루(文遠樓), 광저우 중산의학원(廣州中山醫學院)의 건축물 등이 이 시기 건축문화의 상징들이다. 즈장(之江)대학 출신 청년 건축사 황위린(黃毓麟)이 퉁지대학교 문원루를 설계할 당시, 그는 겨우 26살밖에 안되었다. 네모난 돌의 모티브(motive)는 목구조의 사계를 연상시킨다. 그는 또 전통 문양 장식을 사용했는데, 이는 중국 건축의 현대화에 기초를 제공하였다. 물론 이 젊은 건축가도 '형태는 기능을 따른다(Form Follows Function)'라는 건축 원칙과 '적을수록 좋다'(less is more)'라는 간소화 원칙을 비롯, 당시 세계적으로 유행하던 모더니즘 건축의 영향을 벗어나지 못했다. 기능적 수요에 따라 문원루의 평면을 설계하고, 입구에는 사람들을 분산시키기에 효과적인 계단교실을 배치했다. 계단교실의 입면과 창문은 건축 내부의 계단형 지면을 직접적으로 보여준다. 평면 설계는 거침없으면서 자연스럽고, 간결하면서 생동적이다. 지금도 퉁지대학교 건축학과 신입생들은 개강 후 첫 수업시간에 문원루에 가서 당시 이 젊은 건축가의 건축사상을 체험한다고 한다. 문원루는 유형의 건축 유산만일 뿐만 아니라 중국 현대건축 문화의 명맥이 담겨 있는 건축학 교재임에 분명하다.

이 시기 상업용 건축에 대해 논할 때 빼놓을 수 없는 것이 베이징의 왕푸징 백화점(王府井百貨大樓)이다. 왕푸징은 번화가 중에서도 손꼽히는 번화가로 일명 '노른자위'라고 불린다. 지역적 요소를 고려해 건축가는 형태와 기능 간의 관계를 충분히 고려하였고, 전체적으로는 중국 고전 풍격과 현대 서구 건축의 형식주의 원칙을 적용하였다. 간단한 규모의 구형(矩形)은 안정감을 더하고, 가운데 높이 솟은 곳에 있는 3개 칸(三開間)의 설계는 공백에 건축의 포인트를 강조하고 있으며, 처마 끝은 전통 건축 문양을 사용하였다. 왕푸징 백화점은 모더니즘 건축에 민족 형태를 결부시킨 사례이다. 물론 상업성을 고려한 배치로 인해 내부 공간이 한데 모여 있고 단일적이라는 단점은 있지만 당시 베이징 시민들이 가장 즐겨찾던 쇼핑 공간이었음은 부정할 수 없다.

## 3. '소련 모방'의 '일변도(一邊倒)' 시대

이 시기는 힘겨운 시대였다. 그 누구도 '대비판(大批判)'의 문화사조와 '일변도'의 대외정책을 피해갈 수 없었으며, 이런 사조와 정책이 가져온 영예와 치욕도 피해갈 수 없었다.

1950년대 중반부터 1960년대 중반까지 약 10년 동안, 사회 각 영역에 대한 정치적 개입이 날로 강화되면서 경제기초와 상부구조 간의 매개자 역할을 하던 문예계에도 살벌한 기운이 가득했다. 영화 〈무훈전(武訓傳)〉에 대한 비판에서 하찮은 두 인물로부터 시작된 위핑보(俞平伯)의 〈홍루몽(紅樓夢)〉 연구에 대한 비판까지, 후펑(胡風)의 문예사조에 대한 비판 및 량수밍(梁漱溟)에 대한 비판에서 '당이 정치를 지도하고 전문가가 기술을 지도한다'는 량쓰청(梁思成)의 관점에 대한 건축계의 비판까지, 비판의 목소리는 끊임없이 여기 저기에서 이어졌다. 량쓰청에 대한 비판은 건축영역과 직접 관련되어 있었다. 동시에 '일변도'의 외교정책은 자연히 심층적인 정치문화적 의미도 지니고 있었다. 신중국 건립 이후 중국은 이데올로기 면에서 소련의 영향을 많이 받았다. 건축은 예술범주에 속하는 만큼 문예계의 격렬한 투쟁은 자연 건축에도 영향을 미칠 수밖에 없었다. 지붕에서 시작된 민족형식에 관한 기념비적인 탐색과 노력을 거친 후 량쓰청 비판을 표지로 한 반낭비운동의 전개로 고전주의의 부흥은 막을 내렸다. 이로써 중국의 건축은 불가피하게 '간소화'의 길을 걷게 되었는데, 이는 분명 정치적 급진이자 기술적 퇴보이며, 미학적 의미에서의 도치(倒置)임에 틀림없다. 건축가는 간신히 가능 범위 내에서만 미관에 신경을 쓸 수밖에 없었고, 예술은 어쩔 수 없이 정치 뒤로 밀려나게 되었다. 이 시기 유일하게 주목할 만한 것이라면 베이징 10대 건축 뿐이다.

정부가 만약 지극히 특수한 조건 하에서 매우 특수한 국가적 건축을 완성하였다면, 이런 건축의 정치적 의미는 분명 지극히 뚜렷할 것이다. '대약진(大躍進)' 과정에서 생겨난 베이징 10대 건축을 바라보는 기준은 시기마다 또 사람마다 다를 것이다. 이때 정치적 간섭은 건축의 성공 여부를 판단하는 중요한 요소가 되는데, 민중의 참여가 다시금 포스트모더니즘적 의미를 지닌 건축 형식이 되었으니, 이는 역설적이라 아니할 수 없다. 당시 『인민일보』는 사설을 전문적으로 발표해 베이징 10대 건축이 '중국 건축사상 최초의 사업'이라고 높이 평가했다. 이는 공정한 논평이다. 10대 건축은 중국 현대 건축사에 있어 확실히 기념비적 의의를 지닌다.

'국가의 중대사는 제사와 군사이다.'라는 말이 있듯이, 정치적인 장소로서의 천안문 광장을 중심으로 인민대회당, 혁명역사박물관, 인민영웅기념비 등 일련의 웅장하고 화려한 건축물이 세워졌으므로 가히 '최초의 사업'이라 불릴 만하다. 문화사회학적 의미에서 볼 때 현대에 대한 사람들의 체험은 대부분 과거에 대한 지식과 그것의 재현에 의해 결정된다. 사회학에는 과거 이미지가 현재의 사회질서를 합법화시킨다는 원칙이 있다. 이는 일종의 암시적인 규칙이다. 즉 어떤 사회질서에 참여한 자든 반드시 공통의 기억을 가지고 있는데, 이것이 바로 '제사와 군사' 의식(儀式)의 심층적 의미이기도 하다. 집단이 기억하고 있고 문화가 축적되어 있는 국경(國慶) 장소, 이것이 곧 천안문 광장이라는 공간이 지니고 있는 영원한 주제이자 존재의 의의다. 건국 35주년과 50주년 기념 열병식과 대규모 기념 퍼레이드는 세상에서 유일무이한 이 광장이 지니고 있는 심층적 의미를 남김없이 드러냈다. 이로써 당시 시대적 분위기와 중국문화 깊이 내재된 천지인(天地人) 병립의 형이상학적 정서가 하나로 완벽하게 통일되었다. 여기에서 개개인으로서의 사람은 사라지고 대신 집단문화적 존재가 천안문 광장의 벽돌 한 장 한 장, 건물 한 동 한 동, 광장 구석 구석, 건축 장식 하나 하나에 깊이 새겨졌다. 지금도 천안문 광장의 국기 게양식은 전국에서 이를 보러 온 사람들과 어우러져 수도 베이징을 수놓는 빼놓을 수 없는 경관을 이루고 있다.

천안문 광장에는 천안문, 금수교(金水橋), 화표(華表) 등 중화민족을 상징하는 오랜 고대건축이 있는가 하면, 인민영웅기념비, 인민대회당, 혁명역사박물 등 모더니즘 건축물도 함께 있어서, 역사에서 현대에로 나아가는 일종의 문화적 은유를 보여주고 있다. 이 은유 속에는 중화민족의 영원한 정신적 장소이자 문화적 반영이라는 의미가 내포되어 있다. 천안문이 고전적이라면 인민영웅기념비, 인민대회당, 혁명역사박물 등 건축은 현대적이고, 천안문이 민족적이라면 인민영웅기념비, 인민대회당, 혁명역사박물 등 건축은 세계적이다. 하지만 이런 '고전'과 '모더니즘', '민족'과 '세계'는 서로 분리된 것이 아니라 이어진 것이고 융합 가능한 것이다. 이런 연속성과 융합성은 고전적인 이층 수미좌(須彌座)가 떠받들고 있는 현대적 기념비에서도 찾아볼 수 있으며, 전통적인 유리벽돌(glazed bric, 琉璃磚)로 장식된 서구식 평지붕(平頂屋檐, Flat roof)에서도 찾아볼 수 있다. 당시 역사적 조건에서 이러한 결합은 가히 절묘하고 성공적이었기에 사람들에게 받아들여지고 인정받을 수 있었다. 이는 오랜 역사를 지닌 중화민족이 중국 건축과 더불어 세계로 또 미래로 나아가는 첫 걸음을 내디뎠음을 상징하기도 한다.

# 제2절

## 대약진 시기와 침체 시기의 건축

1950년대 말은 중국 역사에서 결코 평범한 시기가 아니었다. 기세 높은 '인민공사(人民公社)'와 열기에 찬 '대약진' 운동은 중국인에게 자랑스러운 유산을 남긴 것이 아니라 오히려 더 심각한 빈곤과 기아를 가져다주었다. 그러나 건축 영역은 겹겹이 폐쇄된 환경 속에서도 예기치 않게 현대 세계건축 대사조에 합류했으며, 1958년에 열린 브뤼셀 국제박람회에서도 그 실력을 과시했다.

속도를 높이고 재료를 절약하는 것, 이는 '대약진' 운동의 기술 혁신과 기술 혁명의 구체적인 목표였기에 이 시기 건축은 예외없이 '많이, 빨리, 제대로, 절약해서'라는 방침을 따랐다. 건축 박람회에서 영국, 네덜란드, 미국, 소련 등이 새롭고 기이한 건축 구조를 선보인 것처럼 중국도 셀(shell) 구조와 서스펜션 케이블(suspension cable) 구조, 설치의 표준화와 간결화라는 건축 기법에 대한 탐색을 선보였다. 대표적인 건축물로는 상하이 퉁지대학교의 학생식당을 꼽을 수 있다. 지붕 두께가 경간 40미터인 이 학생식당은 셀 구조의 직각 대각선 격자 모양의 철근 콘크리트 트러스(truss)를 사용하고, 외측은 54미터 확장된 아치형 다이어그리드(Diagrid)로 되어 있어 표면 장력을 충분히 나타내고 있다. 실내 천정과 벽측 지붕창은 구조 부재로 운치 있는 도안을 만들어냈다. 이 건축물은 신기술, 새로운 스타일을 탐색한 대표적인 작품이다. 1959년에 세워진 베이징 공인체육장(北京工人體育場)은 직경

94미터로 된 이층 원형 구조의 서스펜션케이블 지붕을 처음으로 사용해 우수한 구조와 배수 성능을 선보임과 동시에 대량의 철강 재료를 절약했다. 이는 기술 면에서의 '대약진'일뿐 아니라 개념적 차원에서의 '대약진'이기도 하다. 지금도 이 건축물은 베이징에서 가장 방대한 기능을 지닌 공공건축으로 자리매김하고 있어서 대규모 대중행사를 개최할 최적의 장소로 꼽히고 있다. 베이징 공인체육장보다 조금 늦게 세워진 저장 인민체육관(浙江人民體育館)은 중국에서 처음으로 타원형 평면 구조와 새들(Saddle)형 도입 긴장력(initial prestressing force) 철근 서스펜션케이블 지붕을 사용한 대형 스타디움이다. 새들 형태의 지붕은 모습이 경쾌하고 곡선이 유연하며, 경기용 건축의 중후함과 중국 남방 문화의 정교함을 한몸에 지니고 있다.(그림3-2-1)[1]. 이 시기 비슷한 유형의 공공 건축물로는 푸저우(福州) 기차역, 청두 솽류공항(成都雙流機場), 충칭 산성 와이드스크린 영화관(重慶山城寬銀幕電影院) 등을 들 수 있는데, 이들 모두 당시 가장 유행하던 셸 구조와 서스펜션케이블 구조를 사용했다. 이 건축물은 그 시기 중국 건축 중에서 자랑할 만한 것들로, 온통 무거운 느낌의 건축물들 속에서 경쾌하고 즐거운 느낌을 전달했다.

그림 3-2-1 저장 인민체육관

경쾌하고 즐거운 느낌은 아마도 일반대중이 가장 관심을 보이고 중시하는 생활의 본질일 것이다. 흥미로운 점은, 당시 주류적 위치에 있었던 정치 공정보다 이런 공공 건축물이 사람들에게 훨씬 큰 영

1. 그림 출처는 『중국건축연감 1984~1985』, 중국건축공업출판사, 1985년, '건축실록' 부분.

향을 미쳤다는 사실이다. '대약진' 운동은 다음과 같은 하나의 커다란 교훈을 주었다. 즉 달리는 것만으로는 공산주의에 진입할 수 없고, '영국을 넘어서고 미국을 따라잡는 것'은 결코 생각처럼 쉽지 않다. 건축 이론계에서 건축 풍격을 둘러싸고 전국적인 토론을 벌였지만 겉으로만 뜨거웠을 뿐, 실질적인 성과는 없었다.

'문화대혁명' 10년 동안 비록 지도자(마오쩌둥)가 기대했던 '낡은 세상을 짓밟는' '천하대란'은 실현되었으나, '신세계를 건설하는' '천하대치(天下大治)'는 도래하지 않았다. 정치가 모든 것을 통솔하고 '기술에만 전념하고 정치에 관심없는 지식인'에 대한 비판이 전면적으로 전개되면서 건축 영역도 광분의 시대로 접어들었다. 당시는 온 정당이 정치를 논하고, 온 국민이 정치를 논하며, 각종 분야에서 정치를 논하는 시기였다. '문화대혁명' 10년 동안 건축을 포함한 모든 예술형식은 정치적 의의를 우선시해야 했기에 이 시기 유일한 양식은 정치 건축이었다. '문화대혁명' 기간 정치 표상주의 작품이 대량으로 쏟아져 나왔는데, 모든 것의 기준은 정치였다. 온 세상을 뒤덮은 표상주의 건축은 정치 관념의 산물이 되어버렸고, 건축 자체의 가치는 찾아 볼 수 없게 되었다. '문화대혁명' 10년은 건축의 '운명'까지 크게 바꾸어 놓았다. 물론 '문화대혁명' 10년 동안 긴장과 완화 국면이 반복된 덕분에 건축도 그 틈을 빌려 어렵게 생존해나갈 수 있었다.

정치건축의 주요 특징은 이미지를 통한 명확한 비유와 숫자를 사용한 암시적 비유에 있다. 전자는 건축 설계를 할 때 건축물의 전체적 규모나 세부 장식 등에 있어 정치적 의미를 구체화하는 이미지 처리를 하거나, 이런 이미지를 통해 정치적 연상을 하도록 하는 것을 뜻하는데, 대중들에게 '만세관(萬歲館)'으로 불리우는 '마오쩌둥 사상승리만세 기념관(毛澤東思想勝利萬歲紀念

館)' 및 다양한 기념 건축물들이 그 대표 작품들이다. 이런 건축물들은 붉은 깃발, 횃불, 태양, 별 등 기념적인 기호들을 많이 사용하며, 도안도 주로 빨강, 노랑이 뒤섞인 자극하는 색상들을 사용했다. 이런 건축들이 가장 집중적으로 또 가장 특징적으로 자리한 곳이 바로 마오쩌둥의 고향인 후난(湖南)이다. 후난은 '붉은 태양이 떠오른 지방'인만큼 그곳의 건축은 자연히 일반 건축들과 달랐다. 그 중 기차역은 한 도시의 가장 중요한 공공건축인 만큼 도시의 창구이자 얼굴이라고 해도 과언이 아니다. 창사 기차역(長沙火車站)은 이 시기 대형 기능성 건축물 중 명확한 비유 형식을 사용한 대표적 건축이다. 기차역 전체 건축물은 치밀한 대칭을 이루고, 중앙 홀 윗부분이 35.1미터 더 높게 설계되어 있으며, 탑 꼭대기는 9미터의 빨간 횃불로 설계되어 있다. 이 수치들에는 물론 특수한 정치적 의미가 담겨있다. 당시 설계 과정에서 설계사는 횃불 방향 때문에 골머리를 앓았다고 한다. 횃불이 어떤 방향으로 기울든, 모두 정치적으로 부당한 문제가 생겨나기 때문이다. 이를테면 횃불이 서쪽을 향하면 '서구로 기울었다'고 할 것이고 동쪽으로 향하면 '서풍이 동풍을 압도했다'고 할 것이니, 어찌 심각한 정치문제가 아닐 수 있겠는가? 고민을 거듭한 끝에 설계사는 결국 어쩔 수 없이 횃불이 창공을 향하도록 할 수밖에 없었는데, 대중들은 이를 두고 '하늘을 향해 솟은 고추'라고 농담하곤 했다.(그림3-2-2)[1] 이렇듯 '남겨봐야 소용 없고 부수기엔 아까운' 건축물이 이 시기에 과연 얼마나 생겨났을까? 우리는 여기서 완전히 정치화된 건축발전사 속에서 건축가가 겪어야 했던 무기력함과 이로 인해 생겨난 유머를 조금이나마 엿볼 수 있다.

극도로 폐쇄적이었던 '문화대혁명' 기간에도 여러 간섭을 배제하고 중국 건축의 현대화 발전을 위해 애쓴 건축가들이 적지 않았는데, 이들은 감탄스

---

1. 그림 출처는 http://www.mtime.com/my/1121119/photo/22424/.

러운 성과를 우리에게 남겨주
었다. 예를 들어, 광저우 바이
윈호텔(白雲賓館), 베이징반점
(北京飯店)과 외교아파트(外交
公寓) 등 건축물이 바로 '문화대
혁명' 시기에 거둔 주요 건축 성
과들이다. 긴급 상황에 대비해
세워진 광저우 수출상품교역회
전시관(廣州出口商品交易會展

그림3-2-2 창사 기차역

覽館)은 모더니즘 건축에 사용되는 모든 수법을 거의 사용하다시피 했는데,
건축 외관과 건축 재료의 활용에서 유리벽 전시에 이르기까지, 그 시기 중국
현대건축 예술의 최고 수준을 보여준다.

# 제3절

# 다원화로 나아가는 신시기의 건축

전국과학기술대회의 개최는 희망을 가져다주었다. 진리를 둘러싼 대토론과 더불어 건축계에는 '난세를 헤치고 정상으로 돌아오는' 분위기가 전개되었다. 불안정한 '문화대혁명'의 물결을 헤쳐 나온 중국은 다시 세계를 향해 나아가기 시작했다. 건축도 다른 예술처럼 개방적이고 다원화된 시대로 들어서기 시작했다. 이는 예술 측면에서 볼 때 일종의 회귀일 뿐만 아니라 건축 측면에서 볼 때 일종의 각성이기도 했다.

1979년 8월, 다롄(大連)에서 열린 전국건축감사설계업무회의(全國建築勘察設計工作會議)에서 건축계는 '문화대혁명' 기간에 범한 오류들을 비판하고 '건축 창작을 크게 발전시키자'라는 구호를 제기했다. 1980년에 개최된 중국건축학회 제5차 대표대회에서도 '문화대혁명' 10년 및 그 전 역사 시기 건축의 소극적인 면에 대해 깊이 반성하는 시간을 가졌다. 이로써 건축가들은 창작과 사상의 '봄날'을 맞이하게 되었다. 고전주의, 신고전주의, 신향토주의, 신민주의, 그리고 네이티브 모더니즘이 중국 건축 무대에 차례로 등장하고 선보이면서 진정한 의미에서의 '백화제방', '백가쟁명'의 국면이 전개되었다. 이로써 건축은 상대적으로 자유롭고 독립적인 창작시기로 접어들게 되었고, 건축 심미문화에 대한 연구와 탐구도 시대적 요구에 의해 생겨나게 되었다. 1986년 8월 22일, 베이징에서 당대건축 문화살롱이 창립되었다. 예전과 달리 이 살롱의 구성원들은 대다수가 청장년 건축이론 관계자들이었는데, 그들은 당시 중국에 그 어떤 실천적 기초도 없던 포스트모더니즘 건축에 관해 토론하기 시작했다.

특수한 국내적 요인으로 인해 중국의 모더니즘 건축은 미처 완성되지 못한 역사로 남고 말았다. 또 특수한 국제적 요인으로 인해 중국의 포스트모더니즘 건축은 너무 일찍 시작된 역사가 되었다. 누군가가 말했듯이 모더니즘은 연체된 비행기이고 포스트모더니즘은 앞당겨 상륙한 비행기이다. 중국의 건축계가 대외개방 후에 서둘러 모더니즘를 연구하고 실천하는 도중에 갑자기 '모더니즘은 죽었다'라는 해외 건축가의 선고를 들었으니, 큰 충격과 자극이 아닐 수 없었을 것이다. 이에 급급한 마음으로 소위 포스트모더니즘이라는 것을 연구하기 시작했고, 여러 종류의 포스트모더니즘 이론과 창작이 우후죽순 중국에 상륙했다. 모더니즘을 표방한 건축 중에서 중국 전통 건축의 지위와 출로를 탐색한 첫 작품으로는 베이위밍(貝聿銘)이 명승지에 설계한 샹산호텔(香山飯店)이라고 할 수 있다. 따라서 성공 여부를 떠나 그 역사적 가치는 인정해야만 한다.

## 1. 고전 건축 풍격의 부흥

'문화대혁명' 10년 '사구(四舊)를 몰아내자'라는 구호 하에 사람들은 오랜 세월 대대로 전해져온 수많은 고전건축들을 미친듯이 부숴버렸다. 이로 인해 수천 수백년에 걸쳐 전해내려온 민간 건축예술이 문명의 파편, 문화의 폐허처럼 되버렸다. 그러나 만물은 극에 달하면 다시 돌아오듯, 사람들이 무작정 전통을 부수고난 후에 예기치 못하게 고전 건축이 부흥하였다. 문화는 건축의 영원한 뿌리이기 때문이다. 11기 3중전회 전에는 소련 건축 풍격을 단순히 모방했던 터라 비슷비슷한 현대 건축이 대량 탄생했으며, 세계 건축 사상 단일 기능의 미니멀리즘(minimalism) 건축 형식이 남김없이 표현되었다. '문화대혁명' 시기 고전 건축에 대한 파괴는 10년 대동란 이후 고전 건축에 대한 사회적 포용과 그 밑에 깔려 있는 문화 축적에 대한 추억을 역으로 끄집어냈다. 당시 국무원 부총리였던 완리(萬里)는 '천편일률적인 건축 문제를 해결하는 것'에 관한 지시를 내렸다. 주지하다시피 현대문명의 발전으로 인류의 지역문화는 날로 줄어들어 서로 비슷해지고, 피지배 문화가 지배 문화에 종속되는 문제에 직면해 있다. 하지만 이와 동시에 일부 지역적이고 민족적인 문화들이 끊임없이 국가적이고 세계적인 문화로 바뀌고, 국가적이고 세계적인 문화가 끊임없이 지역적이고 민족적인 새로운 문화에 흡수, 융합되는 현상도 존재한다. 이와 같은 상황은 당대 세계 건축계에서 더욱 두드러지게 나타난다. 가장 민족적인 것이 가장 세계적인 것이고 반대로 가장 세계적인 것이 가장 민족적인 것이다. 따라서 전통 건축 형식을 다시 활용하여 '천편일률'적인 문제를 해결하는 것은 자연스러운 추세가 되었다. 특히 베이징, 시안(西安), 취푸(曲阜) 등 오랜 전통문화를 지닌 지역에서는 강렬한 현대적 풍격 속에서 전통과 고전으로의 복귀를 통해 전통문화 색채가 짙은 건축 양식을 탐색함으로써 새로운 풍격을 선보이기 시작했는데, 그 중에는 건축의 주요 양식으로 자리 잡은 것도 존재한다. 국가도서관 신관, 시안의 삼당(三唐) 공정, 취푸의 췌리(闕里)호텔[1] (그림3-3-1) 등은 이 시기에 등장한 성공적인 작품들이다.

당대(唐代)는 중국의 예술 발전이 절정에 달했던 시기이다. 당의 도읍지

---

1. 그림 출처는 루신, 『컬러판 중국건축예술사』, 닝샤인민출판사, 2002년, p.307.

장안 즉 현재의 시안은 중국의 고도(古都)로, 오랜 역사 전통을 지닌 문화 축적 공간이다. 시안의 현대 도시 설계사와 건축가들은 이 오랜 역사문화 도시의 매력을 되찾기 위해 온갖 지혜를 짜냈다. 이에

그림3-3-1 취푸의 췌리호텔

현실 환경과 역사 맥락을 존중하면서 평면을 중시하는 중국 전통건축의 특징을 발휘하게 되었는데, 간단한 평면을 통해 전통 궁전 건축물이 지니고 있는 '우주형' 문화적 함의를 표현하고, '축선을 중심으로 대칭을 이루며 중앙에 전당(殿堂), 사방에 누각이 있는 주종(主從) 질서를 강조해' 드넓은 기세를 나타내기도 하였다. 즉 순수한 전통 건축 언어를 통해 고전 형식과 현대 공공건축 기능을 완벽하게 결합시킨 것이다. 기념건축물 중에서 반드시 짚고 넘어가야 할 건축이 있다면 난징의 위화타이 열사기념관(雨花台烈士紀念館)을 꼽을 수 있다. 이 건축은 고전 건축의 우진각 겹처마 지붕을 간소화하고 바깥 벽은 베이지 색 위주에 순백색을 조금 장식해 넣어 장중한 풍격과 기념적 의미를 드러냈다. 이와 유사한 것으로 타이완의 고전 건축 중 비교적 성공적인 것으로 꼽히는 국부기념관(國父紀念館)을 꼽을 수 있다. 고전 건축의 부흥을 말하자면 일찍이 논쟁의 대상이었던 베이징 서역(北京西客站)을 빼놓을 수 없다. 베이징 나아가 중국의 대문인 베이징 서역이 전통 건축 양식을 참조하고 전통 건축 요소를 차용한 것은 크게 비난할 바가 못되지만, 건축 재료와 건축 양식 간의 상호 관계에 주목하지 않을 수 없다. 상징적

그림3-3-2 베이징 서역 야경

의미가 짙은 대문 구조와 도안은 물론, 후에 특별히 추가한 중국 전통식 '다우딩(大屋頂, Chinese culture building roof)' 지붕 및 철근 콘크리트 건축재료까지 더해 실로 절묘한 결합임을 인정하지 않을 수 없다.(그림3-3-2)[1] 하지만 훤히 뚫린 입구 설계와 스카이라인의 추구는 사족이라는 비난을 면할 수 없어서 혹 예상치 못한 포스트모더니즘 풍격의 창작이 아닐까 하는 생각마저 든다. 베이징 서역처럼 포스트모더니즘 경향을 지닌 일부 건축들은 확실히 덧붙이는 수법을 즐겨 사용했는데 지붕, 장식 무늬, 비구조적 요소(structural component) 등 각종 정취를 더하다보니 결국 비용이 늘어날 수밖에 없었다. 모더니즘을 거부하지 않은 것처럼 우리는 포스트모더니즘도 거부하지 않는다. 하지만 밀려오는 여러 유행 사조들은 분명 자세히 들여다 볼 필요가 있다. 왜냐하면 모더니즘이든 포스트모더니즘이든, 모두 중화민족이 오랫동안 형성해온 조화로운 심미 이상을 근본적으로 파괴해서는 안 되기 때문이다.

중국 건축의 현대화 발전 과정에 있어 '민족적 형식'이든 '포스트모더니즘 건축' 이론이든 모두 공업화와 이성주의를 주요 원동력으로 하는 모더니즘에 반대 기치를 내걸고 있다. 그러나 민족적 형식은 시기별 서로 다른 방식으로 중국건축의 현대화 발전을 견제해왔다. 량쓰청은 평생 중국 고전적 '다우딩' 건축 형식의 회복을 추구했다. 하지만 우리가 필요로 하는 것이 이런 민족적

---

1. 그림 출처는 http://www.gdchess.com/bbs/dispbbs.asp? boardid=8&id=19658.

형식일까? 어쩌면 우리는 지나치게 형식을 중시하면서 막상 형식 과학에 대해서는 그다지 연구하지 않고, 심지어 형식 과학의 존재조차 인정하지 않고 있는지도 모른다. 그래서 형식의 중요성을 부정하고, 시대적 면모를 지닌 형식을 발전시키지 못하는 것인지 모른다. 우리는 전통을 떠받들고 있지만 전통사상에 대한 깊이 있는 연구는 부족하다. 견고한 철근 콘크리트에 시멘트를 섞어서 목구조 두공(斗拱)[1]을 본따고, 다시 페인트칠을 해서 이 견고한 철근 콘크리트와 시멘트를 보호하는데, 이는 사실 전통에 대한 크나큰 곡해이자 위반이다. 옛사람들은 건축 재료에 따라 구조와 조형을 설계하고 기술과 예술의 완벽한 조화를 실천했다. 외래문화의 정수를 받아들임에 있어서도 크고 넓고 진실되며 정교한 전통 정신을 드러냈다. 이런 위대한 유적에 우리는 머리 숙여 깊이 경의를 표하지 않을 수 없다. 중국인이지만 서구문화의 영향을 많이 받은 베이위밍은 샹산호텔 설계 시에 중국 전통적 정원 구도를 운용했을 뿐만 아니라, 벽면을 설계할 때도 전통적인 능형 창 형태와 티베트의 종교적 도안을 사용했다. 이 모든 것은 그가 모더니즘 건축 공간인 호텔을 통해 더 많은 중국 전통적 심미 이미지를 전달하고자 희망했기 때문이다.

## 2. 스포츠 건축

'콜로세움'이 생겨난 후 스포츠 건축은 줄곧 방대한 규모와 복잡한 구조, 다양한 기능과 풍부한 조형으로 건축의 시대 정신을 드러냈다. 중국의 건아들이 1984년 로스엔젤레스 올림픽에 출정해 금메달을 획득한 이래로 중국의 스포츠 사업과 스포츠 정신은 중국인의 마음을 사로잡았다. 1970년대 '작은

---

1. [역자주] 지붕받침을 말한다.

공(탁구공)이 큰 공(지구)을 흔든' 데서 시작해 1980년대 '중국 배구가 세계를 제패'하기까지, 또 '아시아의 병든 사내'가 스포츠 강국이 되기까지, 중국인의 스포츠 의식이 다양한 스포츠 건축물을 통해 표현되었으니, 이는 건축물을 통해 민족의 꿈과 내면의 기원을 드러내고자 했기 때문이다. 11기 3중전회의 이래 중국의 스포츠 사업은 비약적인 발전을 이루었고, 스포츠 건축물도 나날이 새로워졌다. 그중 비교적 성공적인 작품으로는 베이징 국가올림픽스포츠센터, 광저우 톈허스포츠센터(廣州天河體育中心), 창춘 아이스스포츠센터(長春冰上體育中心), 상하이 스포츠센터(上海體育館), 헤이룽장 스피드스케이팅경기장(黑龍江速滑館), 톈진 스타디움(天津體育場) 등을 꼽을 수 있다.

시스템 이론(Systems theory)으로 설계하고 계획한 국가올림픽스포츠센터는 환경과 건축의 연속성과 통일성, 자연과 인간의 평화적인 공존을 추구하면서 사람들의 참여의식을 고무하였다. 또 전통적인 체육관 이미지를 타파하고 현대적인 장소성을 추구했다. 건축의 주체와 조소(雕塑), 녹지 등 부분 부분이 유기적 총체를 이루어 베이징의 아름다운 경관으로 자리매김하였다. 한편 '보다 높게, 보다 빠르게, 보다 강하게'라는 올림픽 정신의 추구와 함께 중국 고전문화 중 '천인합일'의 경지에 대한 추구도 잘 표현하였다. 이로써 전반적 건축 환경이 인성화된 공간으로 거듭나, 베이징이라는 고도(古都)의 풍모가 스포츠라는 형식을 통해 새롭게 해석되었다.(그림 3-3-3)[1]. 광저우 톈허스포츠센터는 베이징 국가올림픽스포츠센터의 북방적 특징과 정반대되는 남방적 특징을 뚜렷이 지니면서 중국 남방 지역의 문화적 이념을 상세히 해석해주고 있다. 이 센터는 물가에 세워졌는데, 참신한 조형미가 돋보인다. 구조는 밖으로 노출되어 있고, 흰색 건물이 경쾌하고

---

1. 그림 출처는 http://esskk.cn/UpLoardPics/tp200604042319372039718.jpg.

도 시원하게 느껴진다. 또 못과 현대 조소로 건축물을 부각시킴으로써 전체적 느낌과 시대적 감각, 지역적 특색을 풍부히 나타낸다. 이는 1980년대 비교적 성공적인 모더니즘 스포츠 건축물로, 상당히 뛰어난 예술적 감화력을 지니고 있다. 거대한 비행

그림3-3-3 국가올림픽스포츠센터

접시 모양의 외관을 하고 있는 톈진 스타디움은 전통적인 입면 설계방식을 버리고 집이라는 개념에서 벗어나 대량의 신기술, 신재료를 활용하여 건축을 거대하고 정교한 기계로 탈바꿈시켰다. 시대적 분위기를 극대화한, 세계적으로 상당한 수준에 도달한 스포츠 건축이라 할 수 있다. 1990년대 중반에 건축된 헤이룽장 스피스스케이팅경기장은 성공적으로 예술성과 기능성을 거의 완벽에 가깝게 결합시킨 작품 중 하나이다. 규모가 웅장하지만 억압적인 느낌이 없고, 매끄러운 외관은 우아하고 시원하여 경쾌한 스피드스케이팅의 특징을 잘 표현해주고 있다. 내부 공간이 합리적으로 설계되어 있고, 동적, 정적 상태가 적절히 결합되어 있으며, 기능 설계에 연속성이 있어서 경기장 건축물에 대한 무한한 사색을 불러 일으킨다.

　발전만이 확고부동한 길이다. 선전(深圳), 주하이(珠海), 샤먼(廈門), 산터우(汕頭) 등 경제특구와 상하이 푸둥(浦東) 지역의 급부상은 1990년대 각 분야에서의 비약적인 발전을 보여준다. 이 시기에 등장한 고층 건물에는 신기술 내지 신재료가 도입되어 있기에 종종 건축의 현대화 및 사회 현대화의 상징으로 간주되곤 한다. 고층건물은 또 사회의 급진적 발전의 상징으로 간주되

기도 한다. 이 시기의 고층 빌딩은 수량이 많지 않지만 시대의 흔적을 깊이 남겼다. 우한 칭촨반점(晴川飯店)(그림3-3-4)[1], 상하이호텔(上海賓館), 난징 진링호텔(南京金陵飯店), 광저우 화이트스완호텔(廣州白天鵝賓館) 등은 11기 3중전회 이후 고층 빌딩의 효시라 할 수 있으며, 상하이의 둥팡밍주탑(東方明珠塔)과 진마오빌딩(金茂大廈)은 이 시기 건축물들의 총결체라 할 수 있다.(그림3-3-5)[2] 새로운 기풍을 연 선전 국제무역빌딩(深圳國貿大廈)은 건축구조, 건축기술 및 건축재료 등 면에서 처음으로 현대 기술이 가져다 준 눈부신 성과를 중국인에게 보여 주었다. 160미터의 높이, 회전식 레스토랑, 지붕 위의 에이프런(계류장) 등은 당시 사람들의 이목을 사로잡아 이른바 선전 이미지, 서커우(蛇口) 스피드, 선전 효율성의 상징을 이루었다. 1990 년대 이후 중국의 사상계가 상대적으로 활기를 띠면서 건축계 특히 이론계도 크게 발전하였다. 여러 이론들이 잇따라 중국에 소개되고 경제계에서 이를 긍정적으로 받아들이면서 '50년 낙후는 없다', '세계와의 접맥', '랜드마크 건축', '중복을 피하자' 등 열띤 목소리가 터져나왔다. 라틴아메리카, 유럽 스타

그림3-3-4 우한 칭촨호텔

그림3-3-5 상하이 둥팡밍주탑

1. 그림 출처는 『중국건축연감 1984~1985』, 중국건축공업출판사, 1985년, '건축실록' 부분.

2. 그림 출처는 http://www.jes.com.cnpp01.jpg.

그림3-3-6 국가올림픽 주경기장 냐오차오　　　　　　그림3-3-7 국가수영센터 워터규브

일이 한동안 중국 건축계의 주요 브랜드로 떠오르고, 피라미드, 그리스 원주, 로마 아치형 구조물이 곳곳에서 활개치며 자태를 과시했다. 이 허황하고 실속 없는 사조들로부터 사람들은 모더니즘과 포스트모더니즘의 분쟁과 몽환을 쉽게 느낄 수 있었다. 이 와중에 상하이와 선전 등 지역에 확실히 세계적 수준에 도달한 건축이 일부 등장했다는 것은 그나마 다행스러운 일이다. 이밖에 상하이대극장(上海大劇院), 상하이박물관(上海博物館), 광저우국제빌딩(廣東國際大廈), 선전디왕빌딩(深圳地王大廈), 홍콩의 중인빌딩(中銀大廈) 등은 중국의 현대건축에 빛을 더했다.

　　2008년에 개최된 베이징올림픽은 중국의 스포츠 건축에 천재일우의 기회를 제공해 막강한 국력과 광범위한 국제협력을 토대로 국가올림픽 주경기장(鳥巢), 워터규브(水立方)등 세계적 의미를 지닌 포스트모더니즘 건축을 탄생시켰다.(그림3-3-6)[1] (그림3-3-7)[2] 기존의 포스트모더니즘 건축과 비교했을 때 이 건축물들은 한층 성숙하고 웅장할 뿐만 아니라, 단순한 변화 차원을 넘어서 창조를 토대로 한 신이념과 신재료, 신기능을 결합시켰다. 이는 중국

---

1. 그림 출처는 http://www.jeepcorps.net/index.php/594.html.

2. 그림 출처는 http://hz.focus.cn/msgview/130685/80178460.html.

의 포스트모더니즘 건축이 세계 수준에 도달했음을 보여준다.

## 3. 향토 건축

중국은 전통적인 농업국가였다. 따라서 지금까지도 도시와 농촌 간에 커다란 경제적, 문화적 차이가 존재한다. 드넓은 농촌 지역에는 지역적 색채가 짙고 자연적으로 형성된 향토 건축이 곳곳에 산재해있는데, 이들의 독특한 건축 양식은 깊이 축적되어온 중국 전통 문화를 반영한다. 민가는 중국 향토 건축이 지니고 있는 풍격의 원천이면서 중국 향토 건축의 주요 형식이다. 전등과 트랙터가 등잔과 소를 대체한 것처럼, 현대 건축이 전통 향토 건축을 대체하는 것은 인류문명 발전의 필연적 추세이다. 그러나 넓은 면적의 전통 민가를 철거하고 주민을 이주시키며 새마을 공사를 전개하는 과정에서 우리는 오랜 역사를 지닌 민가에 담겨 있는 문화와 역사를 망각해서는 안 된다.

중국의 향토 건축에서 가장 주목할만 한 것으로는 소수민족 건축을 들수 있다. 중국 경내의 소수민족은 대부분 변경 지대에 위치한 산지나 밀림, 초원, 사막 등지에 거주하고 있다. 자연과 밀착된 생활은 여러 민족의 다양한 생활방식과 심미적 취향을 탄생시킴과 동시에 그들의 주택 건축에도 이채로움과 미를 부여했다. 래폿(A.Rapopot)은 그의 저서 『가옥 형태와 문화』에서 주택을 건축 개념에 근거해 전문적으로 설계한 건축과 자연적으로 전해져 내려온 건축 두 가지로 분류했다. 전문적으로 설계된 건축은 권위의 과시를, 자연적으로 전해져 내려온 건축은 일반 대중의 욕망과 꿈, 정감을 표현하는 것을 목적으로 한다. 자연적으로 전해져 내려온 건축은 하나의 축소된 세계관이라 할 수 있다. 건축과 취락 형태는 모두 거주하는 사람들의 이상적인 환경을 보여준다. 따라서 설계사도 예술가도 건축가도 개입할 여지가 없다.[1] 드넓은 중국의 농촌 지역에는 이러한 건축물이 수없이 많다. 북쪽 변방 고비사막의 '집도 성벽도 없이, 정처없이 물과 풀을 찾아 그때 그때 짓고 사는 게르'에서부터 남쪽 다이족(傣族)들의 '위에선 사람이 살고 아래에선 닭과 돼지를 기르는 참대로 엮은 이층 다락집까지, '개울물 흐르고 아득히 남산이 보이는' '서쪽이나 남쪽으로 문을 낸 거대한 집'에서 '산에 기대 집을 짓고, 바위 쌓아 방을 만든' 티베트의 조루(碉樓)까지, 모두 여러 민족의 독특한 실생활을 생생하게 보여준다.

신중국 건립 후 정치, 경제, 문화 등 면에서 천지개벽 같은 변화가 일어남에 따라 중국 소수민족의 전통 민가와 건축문화에도 커다란 변화가 생겨났다. 가장 대표적인 변화로는 대흥안령 산간 지역의 어룬춘족(鄂倫春族)이 수렵, 유렵의 생활방식에서 정착 생활로 전환한 것을 꼽을 수 있다. 한 민족의 주거방식의 변화는 단순한 표면적 현상일뿐만 아니라 그 민족문화의 심층적 문화 체계가 새롭게 구축되고, 더 나아가 새롭고 낯선 문화를 인지하고 수용하는 것과 연결된다. 어룬춘족처럼 카자흐족이나 키르기즈족, 몽고족, 위구르족 등 유목생활을 하는 민족들의 거주형태도 점차 정착, 반정착 생활방식으로 바뀌어가고 있다. 이동식 생활방식에서 정착생활로의 전환은 거주형태의 중대한 변화를 의미한다. 이층 다락에서 땅으로 내려온 것 역시 아열대 산간지대에 사는 다이족 등의 생활방식에 큰 변화가 일어났음을 보여준다. 시쌍반나(西雙版納) 일대에 사는 다이족의 전통 민가는 원래 1층이 트여 있고 대부분 울타리가 없으며, 가금과 가축을 기르거나 땔감이며 말린 풀이며 잡다한 물건을 쌓아 두는 용도로 사용된다. 이는 가장 원시적인 형태에 가

---

1. 뤄한톈(羅漢田), 「그늘 – 중국 소수민족 거주문화(庇蔭—中國少數民族居住文化)」, 베이징(北京)출판사, 2000, p.1

까운 양식으로서 전통 농업문명 속 인간과 자연 간의 관계를 직접적으로 보여준다.(그림3-3-8)[1] 신중국 건립 이후 다이족과 먀오족(苗族)은 대대로 내려오던 전통 거주형태인 간란식 가옥(ganlan style architecture)의 개방형 사다리 공간에 울타리를 치기 시작했다. 이는 단순히 건축 공간을 충분히 활용하기 위해서라고만은 볼 수 없다. 사실상 이는 이층에서 지면으로 거주 형태에 커다란 변화가 생겨나는 일종의 과도기 형태였다고 볼 수 있다. 현대건축 재료가 전통 가옥에 실제 사용됨으로써 중국 소수민족 전통 민가 건축에도 큰 변화가 생겨났다. 정부도 돈을 지급하는 방식으로 현지 주민들의 현대식 주택 개조를 지원했다. 이 과정에서 기존에 사용하던 대나무 대신 나무를, 풀 대신 기와를 사용했다. 특히 1970년대 이후 대규모 개조를 거친 상당 수의 산간 지역 민가들은 철근 콘크리트 구조를 갖추었다. 지금 사람들이 말하는 '다이족 죽루(竹樓)'는 사실 엄격한 의미에서의 '죽루'는 아닌 것이다.

엄격하게 말하면 주택은 인류 최초의 건축형태이면서 가장 중요한 건축

그림3-3-8 다이족 전통 민가 내부 구조도

1. 그림 출처는 『옛 민가에서 신공동체에로(從舊民居到新社區)』, 쓰촨인민(四川人民)출판사, 2013년, p.71

목적이기도 하다. 해 뜨면 나가 일하고 해 지면 집에 들어와 쉬고, 우물 파 물 마시고 밭 갈아 밥 먹던 상고시대 최초의 거처는 사람들의 주거 공간을 우주 공간에서 분리시킴으로써 처음으로 건축공간을 형성하였다. 즉 초기 인류는 환경을 인식, 판별하고 이용하는 과정에서 마침내 마음에 드는 거주지 양식을 형성하게 된 것이다. 따라서 주택의 개발이란 애초부터 환경과의 조화에 대한 일종의 모색이었다고 말할 수 있다. 중국문화 심층구조에는 강한 은일(隱逸) 요소와 이상 사회에 대한 동경이 내포되어 있다. 중국의 고전적 사유는 서구처럼 주체와 객체를 이분화하여 뚜렷하게 구분하지 않는다. 따라서 역사적으로 중국에서 말하는 환경은 서구에서처럼 인간과 완전히 대립되는 환경과 그 의미가 다르다. 이 환경은 실제적인 환경, 인간이 포함된 사회와 문화를 종합적으로 아우르는 환경을 가리킨다. 인간과 환경 사이에는 끊임없이 상호 작용하는 잠재력이 있어야 한다. 때문에 고대 중국인은 전통 가옥을 지을 때 몸을 두는 곳이라는 것에 주목하였을 뿐만 아니라, 더 나아가 개인의 귀속감과 자유, 그리고 집단의 응집력과 연대 의식 형성도 중요시했다. 이렇게 해서 인류는 비로소 생존의 발판을 마련할 수 있었던 것이다. 이것이 곧 중국 전통건축의 소박한 변증법적 사상이다. 중국의 농촌 지역에는 세속 윤리를 특징으로 하는 대량의 건축군이 있는가 하면 다양한 특색을 지닌 민족적 향토 건축도 존재한다.

향토 건축이란 한족을 제외한 소수민족 지역에서 찾아볼 수 있는 자기만의 민족경제, 민족문화, 종교신앙 등을 결부시켜 형성한 독특한 지역적 특성을 지닌 건축형식을 말한다. 비교적 특색 있는 향토 건축으로는 이슬람 풍격의 모스크(淸眞寺)와 정치건축을 예로 들 수 있다. 1957년에 세워진 이

그림3-3-9 베이징 이슬람경학원

슬람경학원(伊斯蘭經學院)은 전형적인 이슬람 종교건축이다.(그림3-3-9)[1] 고대 로마 특유의 고딕 아치형 현관을 채택하고 기둥 꼭대기에 이슬람 특유의 장식으로 운치를 더한 신장 인민영화관(新疆人民電影院)은 소수민족 풍격 탐구에 성공한 최초의 신장 건축물이다. 같은 시기 내몽고(內蒙古) 오르도스(鄂爾多斯) 시의 칭기즈칸 능도 민족형식 면에서 볼 때 비교적 성공적인 작품이다.(그림3-3-10)[2] 몽고에서는 능묘를 만드는 대신 비장(秘葬)을 하는데, 이 능은 칭기즈칸의 의관총(衣冠冢)이다. 배산임수 지형의 칭기즈칸 능원은 초원에 둘러 싸여 있어 환경이 웅장하고 아름답다. 건축 평면도는 '山'자 형으로 되어 있는데, 중앙에 있는 기념당은 팔각형 구조에 겹처마 지붕 양식을 채택하고, 코발트블루의 유리 기와로 장식했다. 꼭대기 가운데 부분은 몽고식 돔과 보정(寶鼎)으로 되어 있고, 황색 유리 기와를 박아넣어 '하늘은 푸르디 푸르고 들판은 아득히 넓어라. 바람 불어 풀이 누우니 소와 양이 보이네'에서 묘사한 것과 같은 몽고족의 생활상을 보여주고 있다. 이와 달리 구이저우(貴州)의 직금동(織金洞) 국가급풍경명승구(國家級風景名勝區) 리셉션 홀은 대표적인 이족(彝族) 문화 건축물로, 중국 향토건축의 대표작이라 할 수 있다. 이 건축은 전반적으로 대자연 앞에서 조연 역할을 하면서, 건축과 자연의 조화로운 공생을 추구하고 있다. 또 지형을 효과적으로 이용해 지붕을 흙

---

1. 그림 출처는 『중국건축연감 1984~1985』, 중국건축공업출판사, 1985년, '건축실록' 부분.

2. 그림 출처는 『중국건축연감 1984~1985』, 중국건축공업출판사, 1985년, '건축실록' 부분.

으로 덮어 풀을 심고, 거친 돌
에 그림을 붙여 만드는 이족문
화의 토템기둥을 표현했다. 건
축비율에 쓰이는 재료를 제외
한 기타 재료들은 전부 현지의
것을 사용하고 인위적인 흔적
들을 모두 가려지게 해 자연과
의 조화를 잘 표현했다. 이는

그림3-3-10 내몽고 어얼뒤쓰의 칭기즈칸능

현대문명의 문화 근원으로의 회귀, 현대성의 참된 인성으로의 회귀를 보여준
다. 쓰촨(四川) 주자이거우(九寨溝) 관광지에 있는 주자이거우 호텔(九寨溝
賓館)은 티베트 풍격의 현대건축 중 성공작으로 꼽힌다. 주자이거우 풍경구
는 경관이 아름답기로 유명하기 때문에 주자이거우 호텔이 지니는 의미는
매우 중요하다. 따라서 주변 환경과의 조화로운 배합과 연장이 이 호텔 건축
의 관건이었다. 지리적, 기후적 영향으로 티베트풍의 건축은 짙은 밀폐성과
내향성을 지닌다. 호텔 전체에 정형화되지 않은 운치가 있는데, 때로는 조밀
하고 때로는 성근 티베트풍 거실은 대자연과 잘 어우러져 있다. 천연재료를
사용한 인테리어와 풍부한 민족 장식을 더한 덕분에 이 건축은 주자이거우
풍경구와 유기적인 혼연일체를 이루었고, 그 결과 '인공적 장식 없는 자연미'
를 지닌 향촌 속의 도시를 보는 듯한 분위기를 연출했다.

## 4. 주택건축

거처가 안락해야 생업이 즐겁다는 말처럼 도시와 농촌 주택이 인본주의로 회귀하는 것은 필연적인 추세이다. 중국은 장기간 주택공급이 부족한 상황이었다. 1978년 국무원에서는 국가건설위원회가 제출한 〈도시 주택건설 속도를 높이는 데 관한 보고〉를 비준해 도시주택건설을 가속화하고, 직원주택 공급 부족 문제를 속히 해결할 것을 지시했다. 그후 경제가 점차 발전함에 따라 주택 상황도 상당 부분 개선되었다. 기와가 있어 비를 피할 수 있고, 침대가 있어 휴식할 수 있는 등 가장 기본적인 주택수요가 해결되면서 사람들은 더 높은 요구를 제기하기 시작했고 예술화, 심미화는 곧 이러한 요구에 부응하는 필연적인 선택이 되었다. 에로 샤리넨(Eero Saarinen)이 지적한 것처럼, 주택의 개념은 비바람을 가리는 벽과 지붕만이 아닌 가정과 건강한 환경을 가리킨다. 도시 개선과 진일보 발전은 분명 주택 및 주거환경 문제의 해결에서부터 시작해야 한다. 11기 3중전회 후에 점점 많은 주민들이 신주택단지로 이사해 자신의 집을 갖게 되었지만, 집이라는 느낌을 받지 못하기 일쑤였고 거주단지에 대한 귀속감이 결여되어 있었다. 전통적인 것은 신속하게 파괴되어 가는데, 새로운 거주환경은 이에 상응하는 문화적 의미를 미처 갖추지 못하였기 때문이다. 따라서 건축 상품화라는 개혁이 추진되는 동안 중국의 주택건축은 줄곧 인문주의 건축의 길을 탐색해 왔다.

11기 3중전회 이래 대다수 도시 주택은 단위 중심에서 아파트 단지로 바뀌었다. 기존에 비록 작지만 온전했던 단위공동체가 해체되면서 정부의 '대정부, 소사회' 사회구조도 '소정부, 대사회'로 바뀌었다. 중국 도시구조 체제의 이런 전환을 사회학자들은 '지역사회 통합'이라 부른다. 이러한 통합을 통해 사회는 "기업과 행정사업기관이 진정한 사회노동부문으로 거듭나고 생활 지역사회가 사회통합 기능, 특히 동질감 통합기능을 더 많이 담당하는"[1] 방향으로 재편되었다. 지역사회를 통해 사람들은 같은 공간에서 소속감을 얻는 동시에 외부와의 연계, 특히 시각적인 연계를 유지하고자 한다. 또 이를 통해 사회적 공간에서의 자신의 존재와 위치를 확인하고 과시하며 '사람을 구경하고자 하는' 본능을 만족시키고자 한다. 알렉산더는 저서 『영원의 건축 (The Timeless Way of Building)』에서 완전히 밀폐된 정원은 생기 없다고 하였다. 주민의 교제 수요와 영역 귀속감을 배려하는 지역사회 공간은 일정 정도 테두리 지어진 구역임과 동시에 폐쇄되지 않은 공간이어야 한다. 또 일정한 개방성과 융화성을 지니는 동시에 독립적인 지역사회 공간이고 지역사회에 귀속된 공간의 일부여야 한다. 이러한 상황 하에서 주택 기획설계는 새로운 개념과 새로운 방법을 동원해 절대 기능적인 거주에서 벗어나 심미적인 생존과 생활의 방향으로 나아나게 되었다. 가장 전형적인 것으로는 유명 건축가 우량융(吳良鏞)이 주관한 베이징 쥐얼후퉁(菊兒胡同) 주택개조 공정을 꼽을 수 있다. 설계사는 인간과 자연이 조화를 이루면서 공생하는 중국 문화의 심층적 관념에서 출발하여 쥐얼후퉁의 거주환경에 시대적 풍모를 불어넣기 위해 중국 전통적 사합원(四合院) 배치와 구조에 대한 개조를 단행했다. 독일의 저명 건축대가 오토 슈타이들레(Otto Steidle)가 주관 설계한 베이징 인샹(印象) 주택단지의 경우, 외부자의 시선으로 중국 전통도시 구조와 사합원 공간 특질을 자세히 파악함으로써 풍부한 공간 서열을 창조했다. 이로써 외부와 격리되어 있지만 폐쇄되어 있지 않고, 상호 교차와 융화를 통해 주민 간 왕래를 효과적으로 촉진해 훌륭한 지역사회 환경을 창조해냈다.

---

1. 황위제(黃玉捷), 「사회통합: 사회통합의 중요한 방면 (社會整合 : 社會整合的重要方面)」, 「사회학(社會學)」, 1998년 제6기.

그림3-3-11 상하이의 캉러아파트단지

이밖에 지난(濟南)의 옌쯔산 아파트단지(燕子山小區), 우시(無錫)의 친위안신촌(沁園新村), 톈진의 촨푸신촌(川府新村), 허페이(合肥)의 후포산장(琥珀山莊), 베이징의 언지리아파트단지(恩濟里小區), 상하이의 캉러아파트단지(康樂小區)(그림3-3-11)[1], 쑤저우(蘇州)의 둥팡샹(桐芳巷)도 대표적인데, 이런 주택단지의 건설은 현대 존재 의식에 대한 지역사회의 자각을 보여준다.

어떤 면에서 건축의 존재형태는 인류의 존재 형태를 보여주고, 건축 이념은 인류의 생존이념을 나타낸다고 할 수 있다. 따라서 건축의 역사는 인류 발전의 역사이기도 하다. 물론 새 것을 좇고 개성을 추구하는 상업 사조의 영향으로 수많은 건축사업가들이 전통문화를 등한시하거나 배척하고, 건축문물을 파괴하며 '유럽고전풍', '미국풍' 주택단지 개발에 몰입하기도 하였는데, 이로 인해 도시환경은 인위적으로 파괴될 수밖에 없었다. 양둥핑(楊東平)의 말처럼 "우리는 전통문화에 대한 또 다른 처리 방식을 볼 수 있다. 문물과 풍속 차원에서는 전통을 전면적으로 부수고 파괴하면서 제도와 관념 차원에서는 이 반동적이고 낙후한 옛 전통들을 보류하고 부활시키려 한다."[2]

사회학적 측면에서 볼 때 지역사회의 발전에 의지해 사회발전을 추구하는 것은 인류의 공통된 인식이면서 세계적인 추세이다. 이는 영국의 당대 저명 사회학자이자 신노동당 사상지도자로서 제3의 길을 주장한 앤소니 기든

1. 그림 출처는 『옛 민가에서 새로운 주택단지로(從舊民居到新社區)』, 쓰촨인민출판사, 2003년, p.199

2. 양둥핑(楊東平), 『미래 생존 공간(未來生存空間)』, 상하이삼련서점(上海三聯書店), 1998년, p.163

스(Anthony Giddens)가 '지역사회'는 상실된 지방단결 형식에 대한 회복을 의미할 뿐만아니라 거리, 도시와 농촌, 더 나아가 더 큰 범위의 일부 지역사회와 물질을 회복시키는 효과적인 방법이라고 말한 것과 정확히 일치한다. 정부와 공민사회 사이에 영구적인 경계는 없다.[1] 한편 1997년에 채택된 '마추피추헌장(Machu Picchu Charter)'에서도 인간의 상호작용과 교류는 도시가 존재하는 기본적인 근거로, 도시 기획과 주택은 반드시 이런 현실을 반영해야 한다고 적시했다. 이런 의견들은 중국의 주택건설에 있어 지도적 의의를 지닌다. 따라서 우리의 건축 특히 주거용 건축은 인간의 생활을 향상시키고 강화해야 한다. 인간의 생활과 존재상황에 대한 전면적인 배려와 관심은 건축 활동의 유일하고도 참되며 정확한 가치 목표, 즉 가치이성이다. 오직 이런 건축활동만이 인간과 자연의 양성 순환을 최종적으로 구축하고 나아가 사람과 사람 사이의 화합을 실현하여 궁극적으로 자연의 인간화와 인간의 자연화를 실현할 수 있다.

## 5. 경관건축

인류의 문화사상은 언제나 그 문화가 위치한 지역적 환경과 밀접히 관계되어 있다. 이러한 관계에 대해 환경결정론과 문화결정론이라는 두 가지 대립적 관점이 존재한다. 사실 문화도 일정한 지리환경 내에서 발전한 것이다. 따라서 원초적인 요소보다 더 중요한 것은 구체적인 발전 과정 속에서 생겨난 사고와 대응책이다. 건축예술의 본질은 미의 형식을 드러내는 것뿐만이 아니다. 강렬한 감정이나 정취를 전하고, 표정과 감화력이 충만하며, 궁극

1. 기든스(吉登斯, 『제3의 길: 사회민주주의의 부흥(第三條道路 : 社會民主主義的復興)』, 정거(鄭戈) 역, 베이징대학교(北京大學)출판사, 삼련서점(三聯書店), 2000년, p.83

적으로 사상관념을 은유적으로 표현함으로써 인간의 영혼을 승화시키고 정화시키는 것도 예술의 본질이다. 이런 사상관념에는 자연관, 윤리관, 종교관과 심미정취 등이 포함되어 있다. 이들 중 건축에 가장 뚜렷이 드러난 것은 경관건축에 담긴 농후한 문화적 운치이다. 중국문화의 이상적인 경관은 중국문화의 심층적 철학관에 의해 결정되었다. 이는 중국인에게 깊이 뿌리내린 자연 및 우주에 대한 경건한 태도, 그리고 천인합일의 경지에 대한 추구를 나타낸다.

상징과 은유는 동서고금 건축 설계에서 늘 사용하는 창작기법이다. 중국 전통건축이 특정 숫자로 음양, 기상, 절기 등을 나타내고 방위로 등급 귀천을, 사각과 원형 등 기하도형으로 천지음양을 나타낸다면, 고전 서양건축은 서로 다른 기둥양식으로 여성의 유순함과 남성의 웅건함을 나타내고, 집중식 또는 십자형 평면과 위로 솟은 운동 포텐셜이나 강렬한 대조로 종교의 교의를 상징하며, 이성적인 구도와 질서적인 외관으로 인본정신을 상징한다. 중국의 광대한 도시의 건축경관 중에서도 공간감 형성에 중점을 둔 대규모 도시광장에 특히 주목할 필요가 있다. 중국의 도시 광장 건축은 우여곡절을 겪었다. 서구 건축 역사에서 광장은 전형적인 공공 공간이라 할 수 있다. 고대 그리스, 고대 로마 신전 앞의 거대한 광장 그리고 이 광장에서 벌어진 감격적이고 눈물겨운 비극, 희극 이야기들이 그 얼마나 사람들의 심금과 영혼을 울렸던가? 이탈리아의 산마르코 광장, 파리의 개선문 광장처럼 서구의 광장은 공공권력의 상징이면서 최고의 권력을 나타낸다. 하지만 오랫동안 봉건군주제에 놓여 있던 중국의 광장은 서구처럼 공공 공간으로서 작용한 것이 아니라 권력의 구체적 형식으로만 존재했다. 중국인에게 시민광장이라는 개념은 문화대혁명 이후에야 생겨났다. 중국에서 최초로 시민광장이 탄생한 도시는 다롄(大連)이다. 물론 다롄의 광장 역시 러시아, 일본 식민통치 시기 원래 있던 기존의 광장을 기반으로 조성되었다. 그러나 중국 대도시 중에서 다롄은 최초로 도시 중심 광장과 시민들에게 휴식 공간을 제공하는 광장을 건축했는가 하면 상당한 성과까지 거두었다. 중산 광장(中山廣場), 인민 광장(人民廣場)은 말할 것도 없고, 다롄 사람들이 자부심을 느끼는 싱하이완 광장(星海灣廣場)만 보더라도 그 면적이 세계 제일로 유명한 천안문 광장보다 크다. 바다를 마주하고 있는 싱하이완 광장은 봄이면 꽃이 만발한데, 규모가 방대할 뿐만 아니라 광장 뒤로 고층건물들이 즐비하게 늘어서 있고 좌우 양옆에 푸른 산을 끼고 있어, 마치 다정하게 팔로 온 광장을 끌어 안아 푸른 물결이 넘실거리는 바다의 품 속으로 보내주는 것 같다. 광장에 세워진 이색적인 대칭식 기둥에는 고대 그리스 원주 기둥의 장중함과 평온함이 있다. 산과 바다가 이어지고 가슴이 확 트이는 이곳을 유유히 걷노라면 산의 운치와 바다의 매력에 가슴이 설레인다. 이는 공업사회 소비문화에서 누리기 힘든 즐거움이자 진정한 휴식이다.

도시광장을 말할 때 빼놓을 수 없는 것이 상하이 인민 광장이다. 상하이 인민 광장은 시중심에 개발된 녹지 광장으로, 현대화된 대도시 생활의 질을 향상시키고 시민들에게 한가로운 휴식의 공간을 제공하기 위해 조성되었다. 주지하다시피 상하이는 인구밀도가 높다. 따라서 수많은 인파 속에서 영혼의 쉼터와 심신의 여유를 제공할 장소를 어떻게 조성하느냐 하는 것은 자못 의미 있는 건축 과제라 할 수 있다. 광장 설계자는 중국의 경제중심지인 상하이의 도시특성을 충분히 고려하였다. 우선 몰리는 인파를 고려해 기하학적 구도에 대규모 녹지와 조각, 소조, 휴식용 탁자와 벤치를 설계하고, 시정부빌딩, 박물관, 오페라하우스 등 광장 주변의 건축물들과 결합시켜 조화롭고 통일된 공간을 조성했다.(그림3-3-12)[1] 푸른 나무와 싱싱한 풀에 흠뻑 취해 있노라면 여유롭고 상쾌한 음악 소리가 귓가에 들리고 눈앞에 비둘기 떼가 푸른 하늘과 풀 사이를 맴돌아, 현대도시의 소음과 소란이 어느새 사라진 듯 느껴진다.

경관건축의 또 다른 주요 유형은 정치적 기념 의의를 지닌 건축들이다. 이 유형의 건축들은 우선 짙은 정치 지향성을 지니고 있고 확실한 정치이념을 전달하고 있다. 정치기념적인 경관으로 비교적 성공적인 것으로는 난징대학살기념관을 꼽아야 할 것이다. 기념관 설계자인 치캉(齊康)에게 있어, 의의란 건축의 본질이고, 이미지란 창조의 대상이며, 표현기법이란 수단이다. 이 세 가지는 서로 변증법적 관계를 이루고 있다.[2] 따라서 설계자는 '생과 사'라는 건축 의미에서 출발해, 환경과 조형물, 건축물 자체 공간의 폐쇄성과 개방성, 실내외 공간 척도의 변화를 이용함과 동시에 추상 및 구상 등 상징수법을 활용해 '의미', '감각', '표현'을 완벽하게 결합시켰다. 건물 입구에 들어서면 화강암 벽면 정면에 덩샤오핑(鄧小平)이 적은 '난징대학살기념관' 이라는

그림3-3-12 상하이 인민광장

---

1. 그림 출처는 http://shbbs.soufun.com/lsht ～ 1044 ～ 2537/31806034.

2. 치캉(齊康), 『의미 · 감각 · 표현(意義 · 感覺 · 表現)』, 톈진과학기술(天津科學技術)출판사, 1998년, p.29

그림3-3-13 난징대학살기념관 일면

친필 글귀가 장엄하고도 경건하게 새겨져 있다. 오른쪽 계단을 따라 올라가다 보면 중영일 3개국 언어로 커다랗게 새겨진 '피해자 300000'라는 검정색 글귀가 사람들의 마음을 뒤흔든다. 주 건물의 옥상 테라스에 올라가면 드넓은 하늘이 펼쳐지고 넓디넓은 묘지가 내려다 보이면서 억제할 길 없는 슬픔이 마음 속에서 솟구쳐 올라와 격한 감정에 사로잡힌다.(그림3-3-13)[1] 마치 번화한 도시가 아니라 아득히 먼 중세기 고대 봉화대나 전장에서 온 것만 같은 착각에 빠져든다. 저 멀리 생기 가득한 평야가 펼쳐져있으나 가까운 곳은 온통 자갈길 뿐이다. 풀 한 포기 자라지 않고 흔들림조차 없는 고목 뒤에 '어머니' 조각상이 있는데, 비통에 잠겨 무기력하게 손을 내밀며 애타게 가족을 찾고 있다. 이 조각상 뒤에 있는 거대한 관곽(棺椁)형 납골당은 짙은 죽음의 기운을 내뿜고 있다. 하지만 주변 상록수와 작은 돌계단길, 조약돌 깔린 길 사이에 여기저기 자라난 풀들이 그나마 생기와 생명의 강인함을 전한다. 콘크리트는 사망을, 대리석은 부활을 뜻한다. 이 건축은 공간감과 무게감, 장

1. 그림 출처는 루신, 『컬러판 중국건축예술사』, 닝샤인민출판사, 2002년, p.317

소와 시간의 존재를 명확하고도 실감나게 전달하고 있다.

정치 구상주의(具象主義) 풍격을 지닌 건축으로는 웨이하이 갑오해전기념관(威海甲午海戰紀念館), 선양 9.18 기념관(沈陽九一八紀念館), 광저우 서한남월왕묘박물관(廣州西漢南越王墓博物館) 등을 꼽을 수 있다. 이 건물들은 중국 민중이 겪은 고통과 중화민족의 독특한 문화 축적을 대표적으로 보여주고 있다. 여기서 하얼빈 방홍기념탑(防洪紀念塔)을 짚고 넘어갈 필요가 있다. 송화강(松花江) 남안에 위치해 있는 이 탑은 유명한 태양도(太陽島)와 강을 사이에 두고 마주하고 있다. 기념탑은 탑 본체, 회랑(圍廊), 분수, 음악대, 광장으로 구성되어 있다. 탑 본체의 정면은 중양다제(中央大街)를 마주하고 아름다운 하얼빈시를 응시하고 있다. 탑 본체 아래에는 소형 음악대가 있고 탑 정면에는 분수가 있다. 탑 본체는 반경 70미터의 반원형 회랑에 둘러싸여 있다. 탑 본체 위에는 농공병(農工兵)과 지식인 조각상이 있고 한가운데 홍수와 싸우는 모습의 조각이 세워져 있다. 기념탑은 웅장하면서도 우아하다. 회랑은 서구 고전건축의 회랑을 모델로 삼았는데, 전형적인 공공광장의 공간적 정신이 담겨 있어 이 시기 기념건축의 대표작이라 할 만하다.

현대중국 건축사에서 정치적 경관건축에 감탄부호를 더한 작품으로 베이징의 중화세기단(中華世紀壇)을 들 수 있다. 세기 교체기의 뉴밀레니엄에 즈음하여 장쩌민(江澤民) 국가주석이 중화세기단에서 꺼지지 않는 불씨에 점화할 때, 중화문명의 오랜 역사를 상징하는 묵직한 해시계와 끊임없이 이어지는 계단이 가져다 준 시공간적 감각은 우리로 하여금 이 건축 자체가 지니고 있는 짙은 문화적 함의를 한껏 느끼게 했다. 중화세기단은 고전주의 작품이기도 하지만 모더니즘의 이상주의를 구현하기도 하였다.

경관건축은 상징적 의미를 지님과 동시에 정취도 담고 있다. 세계적인 명성을 지닌 중국의 고전 원림은 서구인들로부터 '세계 원림의 어머니'로 불리운다. 중국의 전통건축은 중축선 대칭과 반듯한 사방구조라는 기본 조형을 강조하지만, 중국 원림의 형태는 극도로 자유롭고 다양하다. 사방 반듯한 구조의 옥사(屋舍)는 엄숙하고 단정하며 법도를 추구하는 유가 사상을 대표한다. 그러나 사람이 언제나 진중할 수만은 없기에, 자연을 스승으로 삼고 가슴에 자연을 담은 채 아무런 구속 없이 살아가는 도가(道家)식 원림이 생겨났다고 보는 학자도 없지 않다. 이 해석에 억지스러운 면이 없지 않지만 자못 흥미롭다. '신여물유(神與物遊)'와 '사여경해(思與境諧)'는 중국 전통 문인들이 줄곧 추구해온 이상 경지이다. 중국 고전원림의 예술적 특징은 사람들로 하여금 제한된 공간인 원림에서 무한한 공간을 느끼고 우주 전체, 역사, 삶의 오묘함을 깨닫게 하는 데 있다.

원림 경관건축은 11기 3중전회 이후 가장 빠른 속도로 발전한 건축에 속하는데, 문화심리적 측면에서 보면 이는 아마도 극단적 정치시대에서 막 벗어난 사람들이 정신적 긴장을 해소하고자 갈망했던 것과 관련있어 보인다. 왕푸린(王扶林) 감독이 중국의 유명 고전『홍루몽(紅樓夢)』을 드라마로 찍어 방영하였을 때, 동경의 대상이었던 대관원(大觀園)의 이홍원(怡紅院), 소상관(瀟湘館), 형무원(衡蕪院)은 전국 시청자들의 관심을 끌었다. 이에 대관원, 삼국성(三國城), 당성(唐城), 태평천국성(太平天國城) 등 TV나 영화의 촬영지가 영화, 드라마로부터 벗어나 독자적인 존재가치를 지니게 되면서 그윽한 옛 자취를 사색하기 위해 찾는 훌륭한 장소로 거듭났다. 현재 급속하게 발전하는 원림 건축 중 영상매체와 더불어 생겨난 테마파크도 시장성이 뛰어난 공간 유형이라 할 수 있다.

## 6. 여행경관

문화대혁명 후에 발전하기 시작한 관광업의 수요를 만족시키기 위해 수많은 지역의 풍경명소, 특히 고대 유적지 소재지에서는 유적지 복원을 구실로 대량의 복고 건축물을 세웠다. 비교적 전형적인 것으로는 우한(武漢)의 황학루(黃鶴樓) 등 대표적인 고대건축 복원과 널리 알려진 베이징의 류리창(琉璃廠) 문화거리 등 형형색색의 복고형 거리 복구 두 가지 유형이 있다. 베이징 첸먼다제(前門大街)에서 약간 외부로 떨어진 곳에 위치한 류리창은 재정비 전까지만 해도 18, 19세기 청나라 베이징의 도시생활을 보여주는 역사의 산증인이었다. 원래는 황궁에 재료와 원자재를 제공하는 공방이었다가 나중에 뜻하지 않게 문인묵객, 골동품 상인, 심지어 고관 귀인들까지 즐겨 찾는 곳이 되었다. 현재 류리창은 청나라 건륭(乾隆) 연간의 모습으로 재건되었는데, 북방식 점포와 주택 형식을 채택하였고 지붕은 평지붕과 경사지붕을 동시에 채용하였다. 외랑은 형식이 다양할뿐더러 장식 또한 전반적으로 건륭시기 시정(市井) 문화의 풍모를 띠고 있다. 이곳을 걷노라면 시간을 거슬러 올라가 세상 풍파를 경험하는 듯한 느낌이 든다. 가끔씩 큰 소리라도 나면 마치 어디서 닭싸움 붙이고 개 경주를 벌이는듯 느껴지며 고아한 옛 문화를 체험는듯한 감회에 젖는다.

류리창 문화거리 성공의 계시 때문인지, 아니면 류리창의 복고건축이 중화민족의 사회심층적 문화심리에 잘 부합되어서인지, 그렇지 않으면 중국 옛 문화에 특별한 감정을 지녀서인지, 아니면 경제이익이라는 잣대의 결정적인 작용 때문인지, 복고거리(古街)나 문화거리를 모방한 건축붐이 전국적 범위에서 급속히 일어났다. 베이징의 류리창 문화거리 외에도 톈진의 고문화거리(

그림3-3-14 류저우 용담공원의 풍우교

古文化街), 허난 카이펑(開封) 의 송성 고문화거리(宋城古文化街), 난징의 부자묘 고건축군(夫子廟古建築群), 지난의 천성로 문화거리(泉城路文化一條街) 등이 있으며 현[1]급 시에 있는 각양각색 복고거리, 모방한 문화거리 등은 헤아릴 수 없을 정도로 많다. 베이징, 톈진, 난징 등 지역의 문화거리가 문화적 의미가 있고 나름의 풍격을 지니고 있는 데 반해 그 후 각 지역에서 우후죽순 생겨난 모방 건축들에는 어설프게 따라한 흔적이 없지 않다. 진정 사람들의 눈과 마음을 즐겁게 하는 건축은 오히려 일부 소수민족 지역이나 궁벽한 산간 지역에 세워진 뚜렷한 지역문화 특색을 지닌 고전적 경관건축들이다. 이를테면 1980년대 중반에 세워진 류저우(柳州) 용담공원(龍潭公園)의 풍우교(風雨橋)가 바로 이러하다. 동족(侗族) 거주지에 위치해 있는 민족적 풍격의 건축 풍우교는 설계자가 민족문화에 대해 깊은 이해와 관심을 바탕으로 독창성 있게 동족의 다채로운 건축과 풍물민속, 원림예술 등을 결합시킨 작품이다.(그림3-3-14)[2] 소박한 교각, 고전적인 고루(鼓樓), 운치 있는

---

1. [역자주] 시 아래 있는 중국의 행정구역 단위이다.

2. 그림 출처는 http://offline.newzgc.com/20050/59/103276.htm.

정자와 누각, 우아하고 참신한 동족 화장실은 산 좋고 물 맑은 고즈넉한 주변 환경과 완벽하게 어우러져 짙은 동족 특색을 드러냄과 동시에 시대적 풍모를 잃지 않고 있다.

## 7. 새로운 시대로 나아가는 건축

체르니셰프스키(Chernyshevsky)는 현실적 목적을 지닌 인류의 모든 활동 중에서 건축활동만이 예술적 가치를 부여받을 권한이 있으며, 예술에 순위를 매긴다면 건축을 1순위로 꼽아야 한다고 주장했다. 헤겔(Hegel)은 여기서 더 나아가 건축이야말로 최초의 예술이라고 말했다. 건축은 일종의 예술인만큼 일정한 의미를 지닌다. 의미로 통하는 길에 어려움이 발생할 때, 의미를 둘러싼 여러 문제가 생겨난다. 기능과 형식 사이의 간단한 결정 및 피결정자와의 관계가 진정으로 실현될 때, 우리가 추구하는 건축은 의경(意境)에 다다를 수 있는 의미 있는 형식, 의미 있는 기능, 의미 있는 공간, 의미 있는 장소가 된다. 이른바 의경이란 구체적이고 제한된 형상이나 사건, 모습 등을 초월해 무한한 시공간에 들어서는 것을 말한다. 즉 '가슴에 우주를 품고 가슴으로 천년 전과 만나' 삶과 역사, 우주에 대한 철학적 감수성과 이해를 얻는 것을 뜻한다. 인생, 역사, 우주에 대한 이성적인 이해가 바로 의경이 지니는 의미이다. 따라서 의경은 형상 중에서 가장 형이상학적 의미를 지닌다고 할 수 있다. 의경의 생성에 있어 건축이 시가에 미칠 수 없음은 의심할 바 못되지만, 건축 또한 생활공간이면서 현실환경이라는 일부 유리한 요소들을 나름대로 지니고 있다. 이런 특성은 의경의 특성과 선천적으로 잘 부합한다. 건축은 표현예술인만큼 기하학적 추상성과 모호성도 갖고 있다. 건축

공간, 환경예술은 일정한 분위기와 정서, 정취 등으로 표현되는데, 의경이야 말로 이런 특정 경지의 분위기를 표현하기에 가장 적합하며 건축은 의경 창조에 있어 분위기를 나타내기에 가장 적합하다고 할 수 있다.

동양적 생산방식이 가져온 전통 농경사회의 사상과 문화로 인해 자연을 숭배하는 문화가 형성되었다. 공자는 자연을 인간의 도덕수양과 연결시키면서 인간과 자연 사이에 본연의 비유 관계가 존재한다고 보았고, 장자(莊子)는 자연을 인간 삶의 원천으로 보아 인간은 자연에 귀의해야 한다고 주장했다. 이러한 문화환경에서 자연이라는 의경은 중국 건축의 의경을 표현함에 있어 가장 중요한 요소로 작용했는데, 이는 중국 사대부 문인들의 이상적인 생활방식과 밀접히 연결되어 있다. 이런 문화환경에 근거해 우량융은 미래로 나아감에 있어 지역사회의 거주환경을 더 고려해야 한다면서 "여기에는 엔지니어링 차원의 발전, 환경보호 차원의 발전, 서로 다른 건축체계의 발전 등이 포함되어 있으며, 궁극적으로 지향해야 할 바는 인간과 자연, 도시와 농촌, 지역사회-원림-건축의 조화, 혼돈 속에서 총체를 창조하는 조화미이니, 이것이야말로 건축과학 발전의 필연적인 추세"라고 설명했다. 사실 우량융이 말한 필연적인 추세란 바로 미래를 여는 생태건축이다.[1]

생태건축은 종합적이고 다원화된 기능주의 미학의 산물로, 미학적으로 강한 내재화(內在化)의 성향을 띠고 있다. 또 당대 서구인들의 철학적, 윤리적, 문화적 우려를 반영하면서 강렬한 자아비판 정신과 반성 정신도 담고 있다. 인류가 자연의 일부분이지 자연의 지배자가 아니라는 사실을 알았다면 이제 우리는 어떤 방식으로 자연을 대해야 할까? 또 어떻게 해야 한정된 지구 생태와 자원 범위 내에서 생존하고, 인류가 갖고 있는 기술과 지식으로

1. 우량융(吳良鏞), 『우량융 도시 연구 논문집(吳良鏞城市研究論文集)』, 중국건축공업출판사, 1996년, p.115

고효능적 경제 도전에 대응할 수 있을까? 그리고 어떻게 해야 도시와 농촌 간에 양호한 공존 관계를 구축하고 사람들로 하여금 현대화의 발전 성과를 누림과 동시에 전원 풍경도 즐기게 할 수 있을까? 우리는 모두 자신이 살고 있는 건축이나 도시에 영원히 생기와 희망 가득하기를 바란다. 생태건축은 현대인의 관용과 덕을 보여줄 뿐만아니라 무상해(無傷害) 원칙과 공유공생의 정신을 충분히 보여준다. 이때 인간은 더 이상 개체를 초월한 강제적이고 전체적인 존재가 아니다. 또 서로 분리되어 각각의 것을 추구하는 원자처럼 고독한 영혼도 아니다. 대신 개체 사이에 존재하면서 서로를 일체로 통합하는 유사한 존재로서 생활 공동체를 이룬다. 인간과 자연, 인간과 환경 간의 관계에 있어 지역사회의 통합작용을 통해 자유롭게 활동하면서 인간과 자연 간의 공존을 실현한다. 이로써 인간 자체의 온전한 본질을 전면적으로 장악하여 진정으로 자유로운 주체가 된다.

프랑스 철학가 데카르트(Descartes)는 "인간이야말로 자연의 주인이자 소유자"라고 말했다. 그러나 거대한 현대 신화의 발전이 사회의 분리, 인간의 단일화를 초래하는 것을 경험한 후, 리오타(Liotta)는 오히려 우리에게 통일된 전체와 투쟁할 것을 호소하면서 설명하기 힘든 신성(神性)의 증인이 되라고 했다. 타협하지 말고 여러 다른 견해와 차이들을 개발해내고, 서로 같지 않은 영예를 얻기 위해 노력하라고 했다. 그렇다. 현재 우리 앞에 놓여진 임무는 단순히 어떤 의지나 염원을 완성하는 것이 아니라 미래에 시의(詩意)를 가지고 생존해가야 하는 것이다.

21세기 건축학은 사회 전체의 건축학이다. 건축의 풍격은 재료, 주제, 시간과 사람으로 구성된다. 미래의 건축은 우리로 하여금 '시적인 일을 하도록' 해 줄 것이다. 생각해 보라. 산 좋고 물 맑은 곳이나 햇살이 겨우 한가닥 들어오는 밀림 속에서, 구불구불한 오솔길을 따라 한가롭게 거닐고 있을 때 그대 앞에 난데없이 명쾌하고 간결하며 조화로운 '낙수산장(落水山莊)'이 펼쳐지는 모습을. 그 희열은 과연 얼마나 시적일까! 산수 도시야말로 인류 미래의 건축이념이다. 우리의 현재는 우리의 미래를 결정한다. 따라서 어떠한 미래를 맞이하느냐는 사실 어떠한 현재를 살고 있느냐에 달려 있다. 이에 "가자, 친구들이여! 더욱 새로운 세계를 찾기에 아직 늦지 않았다."라는 멈포드 (Mumford)의 말을 떠올리지 않을 수 없다.

# 제4장

## 문학

중국 당대(當代) 문학의 심미(審美) 변천과정을 보면, 굽이굽이 흐르는 저 강물처럼 양쪽 강기슭을 때리는 놀란 파도의 격정과 장엄함도 있고, 노를 꺾고 모래를 가라앉히는 음울함과 비통함도 있다. 문화 사조의 추동과 또 각종 외부 세력의 충격으로 인해 중국의 당대 문학에는 선명한 시대의 낙인이 찍혀 있다. 시대의 주류적 취향에 적응하는 과정 속에서 문학의 독립성과 심미성은 무거운 압박을 받아왔다. '17년 역사시기'[1] 동안 한 목소리로 쏟아 냈던 시대 찬가에 거대한 서정적 심미 특징이 있긴 하지만, 그 어떤 어두운 면도 드러내길 거절하는 창작 성향으로 인해 현실의 참모습을 분식(粉飾)하려 하고 은폐하려 하는 경향이 생겨났다. 따라서 미학적인 면에서 볼 때 고의적 조작의 느낌이 없지 않다. 혁명의 진보적 의지를 높이 선양하고자 했던 혁명 서사시의 경우, 그중 뛰어난 몇몇 작품에 비록 고전으로서의 의미가 없진 않지만, 전체적인 상황으로 말하자면 주제를 앞세우는 스토리 진행 방식이나 이원 대립적 서사 구조로 인해 심미 본연의 복잡함과 풍부함은 설 자리를 잃었고, '거짓말[假], 과장된 말[大], 빈 말[空]'이 끝내 벗어나길 없는 문화적 숙명이 되어버렸다. 문화대혁명 시기, 문학의 생산과 전파와 비평은 국가의 정치 궤도와 엄격하게 정합되었고 이에 문학 텍스트는 정치 텍스트가 되어버렸다. 공개적인 문학적 글쓰기는 정치 압력에 굴복하고 정치적 목표에 복종하였다. 이러한 글쓰기는 미학이 금기된 현실을 그대로 보여주고 있다. 다른 한편으로 문학에 대한 정치의 지나친 억압은 일종의 잠재적 반항을 불러일으켜, 마음의 서랍에 써둔 것만 같은 작품들이 어둠 속의 별빛처럼, 잿더미 속의 불씨처럼, 지속적으로 자유와 독립을 향해 나아가고 있었다. 새로운 시대에 진입하면서 사상의 해방을 요구하는 시대적 흐름은 극좌 이데올로기

---

1. [역자주] 중화인민공화국 성립(1949)부터 문화대혁명(1966)까지를 지칭한다. 이 17년이 곧 중국 당대문학의 첫 번째 시기라 할 수 있다.

의 속박과 강하게 부딪혔다. 문학 창작 환경 또한 부단히 개선되면서 문학은 점차 도구로서의 혹은 목적으로서의 구속에서 벗어나 고유의 독립성과 자족성(自足性)을 회복하기 시작했다. 그러나 문학이 자신으로 돌아가는 과정은 점진적이었고, 사유의 관성(慣性)은 여전히 문학 주체성의 성장을 방해하였다. 몽롱시(朦朧詩)[1]가 전통 주류와 마주쳤을 때 서로 다른 이념의 칼날이 부딪히면서 뜨거운 불꽃이 튀었으나, 현상을 유지하려는 세력과 진부함을 깨뜨리려는 세력 간의 충돌 속에서 문학은 과도한 외부의 간섭으로부터 마침내 벗어나올 수 있었다. 이른바 '이단'이 문학의 '정통'이 되면서 신구 교체와 역사의 진전을 실현해 내었으며, 동시에 사회의 개혁개방과 전환기의 문화 재건을 추진하는 동력이 되었다. 특히 주목할 만한 것은 새로운 시기의 초창기 문단에서 '계몽'은 시대를 압도하는 슬로건이 되었고, 각종 목소리를 한데 모으는 플랫폼이 되었으며, 또 어떤 의미에서 보면 서로 다른 가치 추구를 한데 모으는 명분이 되었다는 사실이다. 다소 산만해 보이는 결맹은 시대의 정경이 변화함에 따라 가치분화적 경향을 더욱 뚜렷하게 띠기 시작했으며, 문학의 심미적 태도 또한 획일적인 틀을 깨뜨리고자 시도하였다. 다만 이처럼 유동적이고 탐색적인 태도에 내재적 안정성과 동일성이 결여되어 있었기 때문에 일종의 허구적 다원화라고밖에는 말할 수 없다. 1990년대에 이르러 전면적으로 도입된 시장경제는 문학의 소비화 과정을 크게 촉진시켰다. 시장의 수요는 문학의 주도성(主導性)을 제어하는 힘이 되었고, 적지 않은 작가들은 문화 시장에 적응하기 위해 상업적 의지를 따르게 되었다.

이러한 사실을 통해 당대 문학의 역사적 발전 속에서 심미적 품격 역시 각각 다른 형태를 띠고 있음을 알 수 있다. 각 시대별 주류 성향은 문학에 대

---

1. [역자주] 몽롱시(朦朧詩)는 1970년대 말에서 80년대 초에, 문학의 전면적인 부활과 동시에 일어났던 시가(詩歌) 예술사조를 말한다.

해서도 각각의 특수한 요구를 제기하였다. 따라서 정치와 상업 사이에서 어떻게 심미적 독립성과 자유를 유지하느냐 하는 것이야말로 당대 문학의 우여곡절 가득한 변화 과정 속에서 오랜 시간을 들여가며 고민해온 '오랜 숙제'라 할 수 있다. 계속해서 모습을 바꾸어가는 '새로운 상황'은 그저 '심미'란 오직 '심미'하고만 연관된 것이 아님을 반복해서 인증해줄 뿐이다.

# 제1절

## 급박한 관현악의 찬송가,
## 짙고 무거운 색채의 서사시

건국 이후 신중국의 탄생은 문학 종사자들의 마음을 고동치게 하였다. 그들은 약속이나 한 듯 시대 찬가를 선택했는데, 이러한 격정은 1956년까지 지속되었다. "1949년부터 1956년까지, 찬가의 기본 주제는 '새로운 중화 찬송'에서 '건설의 노래'와 '생활 찬가'로 점차 발전해 나갔다."[1] '새로운 중화 찬송'을 합창하는 중에, 궈모뤄(郭沫若)의 『신화송(新華頌)』, 아이칭(艾青)의 〈국

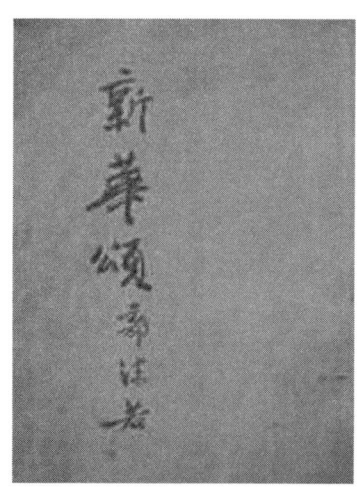

그림4-1-1 『신화송』 표지

기(國旗)〉와 〈나는 나의 조국을 그리워한다(我想念我的祖國)〉, 허치팡(何其芳)의 〈우리 위대한 경축일(我們偉大的節日)〉, 펑즈(馮至)의 〈나의 감사의 마음(我的感謝)〉, 커중핑(柯仲平)의 〈우리의 준마(我們的快馬)〉, 톈젠(田間)의 〈천안문(天安門)〉 등은 모두 거침없이 호방한 언어와 격앙된 감정으로 새로운 정권을 향한 환호와 일체감을 쏟아냈다.(그림4-1-1)[2] 급박한 관현악 연주를 방불케 하는 이 노래들

1. 리신위(李新宇), 『중국 당대 시가 사조(中國當代詩歌潮流)』, 산둥대학교(山東大學)출판사, 1993년, p.22.

2. 궈모뤄(郭沫若), 인민문학(人民文學)출판사, 1953년.

을 보면, 그 형식은 비록 호화로웠지만 예술적인 면에 있어서 긴장감이 떨어졌기 때문에 몹시 공허하고 거칠었다. 그러나 이러한 가송체(歌頌體)는 어찌 되었든 문학에 대한 시대적 요구였다. 마오쩌둥(毛澤東)은 〈옌안 문예좌담회에서의 연설(在延安文藝座談會上的講話)〉에서 다음과 같은 요구를 제시하였다. "예를 들어 찬송인가? 아니면 폭로인가? 이것은 태도의 문제이다. 어떤 태도가 우리에게 필요한 것일까? 나는 두 가지가 다 필요하다고 본다. 다만 누구를 향한 것인가가 문제일 뿐이다.(중략) 무릇 인민대중을 향한 것이라면, 인민의 노동과 투쟁에 대한 것이라면, 인민의 군대, 인민의 정당을 향한 것이라면 우리는 마땅히 찬양해야 한다." 여기서 우리는 '가송체'가 단순히 새로운 시가 형식을 의미하는 것이 아니라, 일종의 입장까지 대변하는 것임을 알 수 있다.

'새로운 중화 찬송'을 통해 토대를 마련한 시대 찬가는 17년 시기 동안 시가의 정통이 되었다고도 할 수 있다. 1950년대 중, 후반부에는 리지(李季)에게 '석유시인(石油詩人)'이라는 칭호를 안겨준 『옥문시초(玉門詩抄)』(그림4-1-2)[1]와 『생활의 노래(生活之歌)』는 물론이려니와, 톈젠이 내몽고 초원에서의 신생활을 반영한 『마두금가집(馬頭琴歌集)』, 옌이(雁翼)가 변방 건설자의 형상을 노래한 『오색구름 위에서(在彩雲上面)』, 원제(聞捷)가 부른 변방의 목가 『천산의 목가(天山牧歌)』, 그리고 장융메이(張永枚)가 군영 생활을 노래한 『말 타고 창 메고

그림4-1-2 『옥문시초』 표지

1. 리지(李季), 작가(作家)출판사, 1996년.

천하를 달리다(騎馬挂槍走天下)」, 웨이양(未央)이 미국과의 항전과 한국전쟁 지원을 소재로 하여 발표한『조국, 내가 돌아왔다(祖國, 我回來了)』및『불타오르는 마을을 말 달려 지나며(馳過燃燒的村莊)』등은 모두 짙고 무거운 색채로 천지가 뒤바뀔 거대한 중국의 변화를 찬미하고 있다. 시가의 정감적인 측면에서 이들은 모두 밝고 낙관적이고 호매한 특징을 띠고 있으며, 힘겹던 나날을 추억하며 달콤한 미래를 상상하는 것을 공통된 형식으로 한다. 그러나 과장되고 직설적이고 단순한 예술적 표현방식으로 인해 천박하고 창백하다는 공통된 병폐를 면치 못했다. 새 것과 옛 것으로 나누는 역사 이분법으로 인해 작품에 역사의 두께가 실리지 못했고, 농공상을 위해 봉사한다는 예술의 기본 목적으로 인해 시는 일방적인 대중화만을 추구하였다. 그 결과 시의 언어는 반드시 필요한 퇴고 과정을 거치지 못하였고, 이미지의 조합 역시 한결같이 정방향으로의 중첩이라는 진부한 틀에 갇혔다. 이에 대부분의 작품들은 기계적으로 생활을 기록하는 일과표 내지는 민간에 유행하는 순커우류(順口溜)[1]가 되어버려, 유장한 여운도 예술적 생명력도 잃어버리고 말았다. 허징즈(賀敬之)의 시 〈옌안으로 돌아오다(回延安)〉와 〈소리 높여 노래하다(放聲歌唱)〉의 경우, 신톈유(信天游)[2] 등 민간예술 형식을 성공적으로 흡수했을 뿐만 아니라, 공산당의 위대한 공적을 노래할 때도 단순히 간단한 비유법이나 과도한 과장법만을 채택하지 않고 개인의 절실한 경험을 시 행간의 생기발랄한 리듬 속으로 유기적으로 융합시킴으로써 예술적인 면에서 별천지를 열었다고 볼 수 있다. 그러나 지나치게 명확한 예술 목표와 복잡성을 배제한 시가의 정취로 인해 은연중에 팔고문(八股文)적인 특징을 풍겼다. 이렇듯 지나치게 고정화된 문체의 규범은 시로 하여금 반드시

1. [역자주] 즉흥적인 문구에 리듬을 붙여 노래하는 민간예술의 한 가지이다.
2. [역자주] 중국 서북 지역에 유전되는 한족의 민가 형식이다.

필요한 자유와 다양성을 상실케 하였으며, 결국 시대 찬가에 팔고문적 분위기를 드리우고 말았다.

　1956년 5월, 마오쩌둥은 최고 국무회의 석상에서 '쌍백방침'[1]을 제기하였는데, 그 의도인즉 사회주의 문화의 번영을 촉진하려는 데 있었다. 갑자기 느슨해진 정책은 시인들 가슴에 억눌려있던 창작 소재의 협소함과 심미 풍격의 단조로움에 대한 불만을 폭발시켰다. 궁무(公木)의 〈듣자니 회의가 곧 일이고 일이 곧 회의라더군(據說, 開會就是工作, 工作就是開會)〉과 〈올라가 봤자 검은 콩(爬也是黑豆)〉, 사오옌샹(邵燕祥)의 〈자구이샹(賈桂香)〉과 〈고무로 만든 담(橡皮墻)〉 등은 모두 '생활에 대한 개입'이 강한 작품들이다. 이들은 관료주의와 교조주의 등 현실 속의 병폐에 대해 강한 풍자와 비판을 진행하고 있다. 류사허(流沙河)의 〈초목편(草木篇)〉은 상징과 탁물언지(托物言志) 수법을 통해 독립적인 인격에 대한 찬송과 추구를 표현하고 있다. 아이칭의 〈초석(礁石)〉과 〈계명성(啓明星)〉, 〈꽃 키우는 사람의 꿈(養花人的夢)〉과 〈매미의 노래(蟬的歌)〉 등은 모두 느낀 바가 있어 창작한 것들로, 어떤 것은 현실 생활의 모순과 시인 내면의 방황을 표현하였고, 또 어떤 것은 우언의 형식을 통해 천편일률적 문예창작이 지니고 있는 폐단을 지적하였다. (그림4-1-3) 궈샤오촨(郭小川)이 1957년 5월부터 쓰기 시작한 〈한 개와 여덟 개(一個和八個)〉는 1979년 『창장(長江)』 제1기(期)에 공개 발표되었는데, 이 기구한 운명의 작

그림4-1-3 '백화시대'의 『런민문학』(1956년 12월호) 표지

---

1. [역자주] 쌍백(雙百) 방침이란 당과 국가에서 문학예술과 과학기술의 발전을 꾀하는 기본 방침을 가리키는데, 백화제방, 백가쟁명(百花齊放, 百家爭鳴)이 그것이다.

품이 그려낸 것은 자신의 신분을 세탁할 길 없는 혁명가 왕진(王金)의 비극이지만, 동시에 풍자어린 필치로 역사의 기괴함을 은근히 반영하기도 하였고 혁명의 복잡성을 드러내기도 하였다. 이에 호응하는 차원에서, 동시기 소설과 르포 문학 창작에서도 쭝푸(宗璞)의 『홍두(紅豆)』, 루원푸(陸文夫)의 『작은 골목의 으슥한 곳(小巷深處)』, 덩유메이(鄧友梅)의 『낭떠러지에서(在懸崖上)』, 왕멍(王蒙)의 『조직부로 새로 온 청년(組織部新來的靑年人)』, 허유화(何又化: 秦兆陽)의 『침묵(沉默)』, 펑춘(豊村)의 『아름다움(美麗)』, 류빈옌(劉賓雁)의 『다리 건설 현장에서(在橋梁工地上)』와 『본보 내부 소식(本報內部消息)』 등 작품이 등장하였다. 이러한 작품들은 '매우 부드럽게, 감성적으로' 사회 생활의 어두운 면을 비판하기도 하였고, '혁명+애정'이라는 진부한 틀을 깨뜨리고, 사랑을 묘사할 때에도 깊이 감춰져있는 인물의 내면 모순까지 심도 있게 그려냈다. 그러나 불행히도 이러한 작품들은 1957년 여름 이후 통렬한 비판을 받기 시작했는데, 심지어는 현상을 통해 본질을 본다는 명분하에 '창작의 역류'[1] 로 비판 받기도 하고, '독초(毒草)'로 간주되어 뭇매를 맞기도 하였다. 여기에 속한 스물 남짓 된 작가군 대부분도 '우파'로 매도되어 이들의 창작 경향은 유성처럼 순식간에 사라지고 말았다.

'찬송 미학'이 확대되고 공고히 기틀을 다지는 과정에 있어서 대대적인 민가(民歌) 부흥운동의 공로를 간과할 수 없다. 마오쩌둥은 1958년 3월 청두(成都)에서 열린 중공중앙공작회의(中共中央工作會議) 석상에서 신시(新詩)의 발전 방향에 대해 다음과 같이 의견을 제시했다. "중국 시의 나아갈 길, 하나는 민가이고 또 하나는 고전이다. 이 두 가지의 기초 위에서만 새로운 시를 탄생시킬 수 있다." 그런 다음 이렇게 강조했다. "형식은 민가여야 하

---

1. 리시판(李希凡), 「〈본보 내부 소식〉에서 시작된 창작에 있어서의 역류(從〈本報內部消息〉開始的一股創作上的逆流」, 『중국청년보(中國靑年報)』, 1957년 9월 17일.

고, 내용은 현실주의와 낭만주의의 대립적 통일
이어야 한다. 지나치게 현실적이고서는 시를 쓸
수 없다."이 자리에서 마오쩌둥이 던진 말은 이
른바 '두 가지의 결합'이라는 창작방법론의 사상
적 근원이 되었다. 시인 기질을 지닌 지도자께
서는 민가 수집 방침 하에, 같은 해 4월에 각 성
에 민가 수집을 지시했다. 『인민일보』 4월 14일
자 사설 〈대규모로 민가를 수집하다〉에서는 민

그림4-1-4 『홍기 가요』 표지

가 수집을 첫 번째 정치 임무로 규정하면서, 위로부터 아래로의 전국민 운
동을 제창하였다. 궈모뤄는 이 움직임에 즉각 호응하면서 마오쩌둥의 시(詩)
와 사(詞)는 "혁명 낭만주의와 혁명 현실주의의 전형적인 결합"이라고 설명
하였다.[1] 인민문학출판사에서는 1959년에 궈모뤄와 저우양(周揚)이 책임 편
찬한 시선집 『홍기 가요(紅旗歌謠)』를 출간하기도 하였다.(그림4-1-4)[2] 대대
적인 민가 부흥 운동은 민간 자원에 대한 정치화 개조 작업을 통해, 대중화
된 방식으로 '5.4운동(五四)' 당시 채택했던 중서(中西) 융합적 신시(新詩) 건
립의 전통을 청산하고, 민족주의와 국수주의를 앞세워 시가 창작에 내재되
어 있던 서구화 경향 및 엘리트화 경향을 축출해냈다. 전국민이 함께 부르
는 찬가를 군중의 권위와 민족 의지 차원으로 승화시킴으로써 시가의 개성
표출을 압박하고 집어 삼키는 형세를 구축하였다. 대대적인 민가 부흥은 과
장과 환상을 기본 요소로 삼아 그 호방함을 발산하면서, 1960년대 허징즈,
궈샤오촨, 장완수(張萬舒) 등을 대표로 하는 정치 서정시의 유행에 필요한
사상 기초와 예술 토대를 제공하였다. 그러나 정치 서정시는 문학의 정치 의

---

1. 궈모뤄, 「〈접련화〉사에 대한 기자의 질문에 답함(關于〈蝶戀花〉詞答記者問)」, 『문예보(文藝報)』, 1958년 제7기.

2. 궈모뤄, 저우양(周揚) 주편, 『삽화주음본(插圖註音本)』, 작가출판사, 1961년.

뢰도를 한 층 더 강화시켜 정치 이데올로기를 가장 직접적으로 전달하는 메가폰 노릇을 하였다.

찬송 미학와 비슷한 발전 궤도를 보이는 것으로 붉은 서사시가 있는데, 여기서도 이원 대립적 서사 구도는 지속적으로 강화되어갔다. 계급 대립과 노선 전쟁이 혁명과 서사를 추동하는 원동력으로 점차 자리 잡아가면서 인물의 개성과 차이, 그리고 '혁명 역사'의 복잡성 등은 점차 가려지거나 말살되어갔다. '혁명 역사소설'에서의 역사 묘사는 대동소이해져서 시간 순으로 나열한 인과 관계의 논리가 기본적인 서사 법칙으로 자리 잡았고, 객관성과 진보성과 필연성은 역사와 '혁명'의 내재적 규율이 되었다. 역사 서사가 장편을 편애한다는 사실에서 작가가 구성해 낸 '광대한 기백과 거대한 규모'의 서사시의 형식적 자각이 무엇인지 살펴볼 수 있다. 자오수리(趙樹理)의 『삼리만(三里灣)』(1955), 저우리보(周立波)의 『산골 마을의 거대한 변화(山鄕巨變)』(1958), 류칭(柳靑)의 『창업사(創業史)』(1960), 하오란(浩然)의 『붉은 태양이 뜬 하늘(艶陽天)』(1964~1966)등은 모두 농업합작화 운동을 묘사한 장편소설들이다. 이 작품들이 보여주는 예술적 궤도는 붉은 서사시가 지속적으로 강화해나갔던 투쟁철학의 발전 방향을 그대로 반영한다. 두 방향으로 발전해 나가는 농촌의 모습과 신(新)과 구(舊), 전진과 후퇴, 혁명과 반동이 교차된 대치구도는 갈수록 강렬해지는데, 이는 측면에서 사회분화 분위기를 반영하고 있는 것이기도 하다. 『삼리만』은 농업합작화 운동을 반영한 최초의 장편소설로, 추수, 당(黨)의 정비, 지역 보호, 도랑 뚫기 등 일련의 사건을 둘러싸고 발생한 층층의 모순을 상세하게 묘사함으로써 농업합작화에 대한 농촌 각계층의 입장을 입체적으로 그려내고 있다. 흥미로운 것은, 합작화를 추진하는 영도당의 서기 겸 합작사 부주임으로 나오는 왕진성(王金生), 토목기술 혁신원으로 나오는 왕위성(王玉生) 등 인물의 이미지가 비록 정채롭지 않은 것은 아니지만, 바런(巴人)이 〈『삼리만』 독후감〉에서 비평했던 것과 마찬가지로 '그들의 개성은 완벽하지 못해서 마치 아직 두 발로 걷지 못하는 사람 같은 느낌을 주는' 데 반해, 자수성가한 당원 판덩가오(范登高) 및 합작화와 정서적으로 강렬히 부딪히는 농민들의 이미지는 매우 생동적으로 그려져 있다는 사실이다. 자오수리는 『삼리만』에 세 가지 결점이 있다고 말했다. "첫째, 일을 중시하고 사람을 경시한 점, (중략) 둘째, 옛 것이 많고 새 것이 적다는 점. (중략) 옛날 사람 옛날 일에 대해서는 깊이 이해하고 있지만, 요즘 사람 요즘 일에 대해서는 깊이 있게 이해하지 못하고 있었다. 그래서 옛 사람 옛 일을 쓸 때는 생활과 핍진하지만 요즘 사람 요즘 일을 쓸 때는 관념화를 면치 못한다. 셋째, 있는 만큼만 썼다는 점이다."[1] 작품에 서평식 글쓰기가 융합되면서 언어는 통속적이고 해학적으로 변하였고, 묘사는 많은 반면 서술을 적어졌으며, 객관적인 현실 묘사는 많은데 주관적 자기표현은 적어졌다. 그보다 조금 뒤에 나온 장편소설에서 습관적으로 사용하고 있는 의론(議論)을 『삼리만』에서는 거의 찾아볼 수 없다. 사실 자오수리가 말한 결점은 반대로 이 작품의 가장 큰 장점이기도 하다. 작가가 직접 겪은 농촌에서의 경험들은 그로 하여금 습관적으로 경험화라는 예술적 입장을 취하게 하였다. 공중에 붕 떠있는 공상이나 예측 따위를 거부하다 보니 필연적으로 그의 펜 끝에서 그려지는 새 사람은 새롭지 않고 옛 사람은 예스럽지 않을 수 있었다. 『삼리만』에서 그려낸 왕진성은 몹시 답답한 인물임에 분명하나, 최소한 그에게서 과도하게 긍정적인 인물로 끌어 올리려 하거나 또 의식적으로 부정적인 인물로 비틀어놓고자 하는 경향은 찾

---

1. 자오수리(趙樹理), 「〈삼리만〉 창작 전후에(三里灣寫作前後)」, 「문예보」, 1955년 제19기.

아볼 수 없다. 그러나 『산골 마을을 거대한 변화』에 등장하는 농촌 간부 덩슈메이(鄧秀梅)와 반동분자 궁쯔위안(龔子元) 등 인물의 묘사를 보면 관념화 특징이 매우 선명하며 어렴풋이 이원대립적 사유 구조도 비치는데, 작품의 속편에서는 이런 공식화된 느낌이 한 층 더 강화된다. 류칭은 『창업사』를 통해 '중국 농촌에서는 왜 사회주의 혁명이 일어났는가? 이번 혁명은 어떻게 진행될 것인가?'[1] 하는 문제에 대한 답을 내놓을 수 있기를 바랐다. 이 장편소설에는 적지 않은 양의 서정적이고도 해설적인 의론이 삽입되어 있다. 예를 들어, 제1부 상하 2권에서는 순차적 서술방식을 채택하고 있는데, 서술하고 있는 스토리는 고작 1953년 초봄부터 초여름까지의 사건일 뿐인데 반해, '결말'에서는 이미 겨울로 뛰어넘어가 있고 그 사이의 공백은 작가의 의론, 마오쩌둥의 지시, 그리고 당 중앙의 결의 등으로 메워져있다. 그리하여 자오수리가 견지하던 실제 일에 나아가 그 일을 의론하고자 하는 경험론적 사유는 주제를 앞세우는 선경험론적 사유에 의해 점차 압도당하고 말았다. 하오란의 『붉은 태양이 뜬 하늘』에 이르러 '계급투쟁' 개념이 작품 속에 깊이 배어들면서 작품에서 표현하고 있는 생활은 인위적으로 편집되거나 간략화되기에 이르렀다. 작가가 말했듯, "1962년은 나의 창작 생애에 있어 최대 관건이 되는 시기였다.(중략) 바로 이 관건적인 시기에, 마오 주석은 8기 10중전회에서 '절대 계급투쟁을 잊어서는 안 된다.'는 위대한 담화를 내놓았다. 이 말은 마치 봄날 우레 소리처럼 나의 영혼을 뒤흔들어 놓았다."[2] 이때부터 작가는 반드시 '영웅을 계급투쟁 장면 속에 집어넣어 글을 써야 한다.'는 의식을 갖게 되었다. 정(正)과 사(邪)의 대립 구조는 작품 속 인물의 내면세계를 기계적으로 나눠놓아 좋은 것과 나쁜 것이 확연히 구분되게 만든다. 샤오창

---

1. 류칭(柳青), 「몇 가지 문제를 꺼내 토론하다(提出幾個問題來討論)」, 『연하(延河)』, 1963년 제8기.

2. 하오란(浩然), 「〈춘가집(春歌集)〉 편선의 사소한 기억들(春歌集編選瑣憶)」, 『출판통신(出版通訊)』, 1973년 제3기.

춘(蕭長春)과 같은 영웅은 신격화되고, 마즈웨(馬之悅)와 같은 악당은 머리에 뿔이 나고 다리에서 고름을 질질 흘리는 요괴가 된다. 인물의 정치적 신분도 그들 영혼의 꼬리표가 된다. 예를 들어 부유한 중농(中農) 완완라오(彎彎繞)는 늘 닭을 풀어 집단 농장을 짓밟아 버리는 인물로 묘사되고, 빈농 마라오쓰(馬老四)는 배고픔을 참아가며 자기 음식을 집단에서 키우는 가축에게 먹이는 인물로 묘사된다. 작품 속 인물의 정치적 입장은 영혼 내부에 서식하는 이념이 아니라 그들 바깥에 존재하는 더할 나위 없이 큰 무형의 힘이다. 이 힘에 의해 그들은 꼭두각시처럼 혹은 바둑알처럼 조종당한다. 그 안에 넘치는 유희와 코미디 색채는『봉신연의(封神演義)』에 나오는 신마대전(神魔大戰)을 방불케 한다.

‘혁명 역사소설’도 똑같이 가족 서사를 편애한다. 예를 들어『홍기보(紅旗譜)』중의 쒀징전(鎖井鎭)에는 서로 대립하고 있는 두 개의 가족 진영이 등장한다. 주(朱)와 옌(嚴) 두 가족은 빈곤하고 갖은 수탈을 다 겪은 농민계급의 대표이고, 펑란츠(馮蘭池)로 대표되는 지주 가족은 어질지 못한 방법으로 부를 쌓아 종법 제도를 지키려고 애쓰는 사람들이다.『창업사』에서 부농 야오스제(姚士杰)와 빈농 가오쩡푸(高增福)는 서로 대립하지만 똑같이 ‘계급 혈통론’이라는 괴이한 테두리 안에 빠져있다. 흥미로운 것은 성격이 복잡한 량싼(梁三) 노인과 ‘신농민’ 량성바오(梁生寶) 사이에는 아무런 혈연관계도 없는데, 양부와 양자라는 애매한 관계와 서로 다른 입장 차이로 인해 일종의 대립각을 형성한다는 점이다. 이와 동시에 혁명 진영 내부의 신구 세대 간 강렬한 대비는 역사진보론을 가장 직관적으로 반영하고 있다.

당시 ‘혁명 역사소설’ 속 인물의 성격은 기본적으로 긍정적 인물과 부정적 인물의 이원대립적 패턴을 따르고 있으며, 인물의 이미지 소조에는 선명한 개념화, 공식화 및 부호화 특징이 나타나 있다. 또 한 가지 중시할 만한 문제는, 17년 문학이 남겨놓은 성공적 인물의 이미지가 종종 팅멘후(亭面糊), 쥐야오진(菊咬金), 천셴진(陳先晋)(『산골 마을의 거대한 변화』), 량산 노인(『창업사』), 후투투(糊涂涂), 창유리(常有理), 넝부거우(能不够), 러부치(惹不起), 톄쏸판(鐵算盤)(『삼리만』, 그리고 츠부바오(吃不飽), 샤오투이텅(小腿疼(『좀 단련해야지(鍛煉鍛煉)』) 등 중간 인물이라는 사실이다. 더욱 주목할 가치가 있는 것은 1960년대 '중간 인물론'이 받은 수난의 운명이다. 이는 소설 이미지의 복잡성과 다양성이 심미로부터 배척을 받고 있음을 의미함과 동시에 현실 속 인물마저 저 강력한 이원적 사유에 의해 통제당하고 있음을 의미하기도 한다. 당시 중국작가협회의 당조직 서기를 맡고 있던 사오취안린(邵荃麟)이 1962년 8월 다롄(大連)에서 열린 농촌소재 단편소설 창작 좌담회에서 발언한 내용은 '중간 인물' 논쟁에 불을 지폈다. 사오취안린은 "영웅적 인물과 낙후된 인물이 양쪽 끝이라면 중간 인물은 대다수이다. 문예가 주로 교육해야 할 대상은 중간 인물이다. 하나의 전범 수립을 위해 영웅을 묘사하지만, 중간 상태의 인물을 더욱 주의 깊게 묘사해야 한다."라고 말했으며, 또 "영웅의 모범적인 행동만 묘사하고 각종 모순이 복잡하게 얽힌 인물을 묘사하지 않는다면, 소설의 현실주의적 요소가 부족한 것이다."[1]라고도 말했다. 이러한 발언이 드러내고 있는 것은 복잡성을 지닌 인성 내면에 대한 존중이다. '사람을 잘 알고, 사람을 이해해야 한다.'와 '인물을 묘사할 때 인물의 심리 상태를 더욱 주의 깊게 묘사해야 한다. ——심리는 곧 영혼이다.'와 같은 주장은 인성에 대한 관심을 표명하는 인본주의적 입장을 대변하고 있다. 그러나 불행히도 『문예보』는 1964년 제8기와 9기 합간(合刊)에서 '문

---

1. 사오취안린(邵荃麟), 「다롄 '농촌 소재 단편소설 창작좌담회'에서의 발언(在大連"農村題材短篇小說創作座談會"上的講話)」, 『사오취안린평론선집((邵荃麟評論選集)』, 인민문학출판사, 1981년.

예보 편집부' 명의로 발표한 〈'중간 인물 묘사'는 자산계급 문학 주장이다〉라는 글을 통해 '중간 인물'을 시대의 주류를 거스르는 '왜곡'으로 규정하였다. 이는 곧 '중간 인물'이 심미적으로 정당한 합법성을 상실했음을 의미한다. 이와 동시에 현실 속의 인생마저 '중간 상태'에서 표류할 권리를 상실하고, 좌파를 선택하건 우파를 선택하건 결국 근본적으로 한계 지어진 정치적 존재로 변하고 말았음을 상징한다. '중간 인물론'에 대한 비판은 이성(理性) 전제주의로 흘러, 인성의 자유로운 발전을 심각하게 훼손하였다.

17년 문학에서 독립적이고 개체화된 심미 이상은 권력과 종파 등 강력한 화두에 의해 무겁게 짓눌렸다. 당시 후펑(胡風)에게 닥쳤던 운명은 루쉰(魯迅) 정신 계승자의 거의 숙명에 가까운 인생 비극을 보여주며, 선충원(沈從文)의 전향은 심미 이상주의의 봉폐와 적멸 상태를 보여준다. 후펑을 핵심으로 하는 정신공동체 모두는 강렬한 현실사명감과 우환의식, 그리고 선명한 공리주의적 경향을 지니고 있었다. 그러나 그들의 공리주의를 초월하는 문학에 대한 관심, 대가를 아까워하지 않고 인성의 독립과 반항 정신을 지켜내기 위해 보여주었던 '바보스러움'과 '어리석음' 그 밑에서, 심미 이상주의의 씨앗이 꿈틀거리고 있었다. 그들이 널리 주장하고 지켜냈던 '주관 투쟁 정신' 역시 심미 이상주의에 강인하고 질긴 현실적 역량을 주입시켰다. 심미 이상주의는 도피주의와 다르기 때문이다. 그것은 현실이라는 토양 속에 깊이 뿌리 내려 울창한 정신의 하늘을 향해 자라나는 나무였으니, 바로 쩡줘(曾卓)의 말대로 '벼랑 끝의 나무'와 같이 '깊은 계곡 밑으로 떨어져버릴 것 같기도 하고, 날갯짓을 하며 날아오를 것 같기도 했다.' 뉴한(牛漢)의 말대로 2월에 벼락 맞아 '몸통이 반으로 쪼개진' '반 토막의 나무'였다. 또 무단(穆旦)이 말한 대로 '나의 힘겨운 땀을 양분 삼아 자라는' '지혜의 나무'였다. 수많은 멸절과 수많은 고난의 현실 세계에서, 심미 이상이라는 것은 언제나 가장 연약하고 가장 실용 가치가 없으면서도 가장 고귀한 대가를 치러야만 지켜낼 수 있는 것이기 때문이다. 그렇게 때문에 진정한 심미 이상주의는 거듭 외부로부터 가해지는 강력하면서도 자아 소멸적인 각종 고난의 시험에 당면하면서, 그러한 고난의 충격 속에서 찬란한 인격의 빛을 발할 수 있는 것이다.

# 제2절

# 금기 미학과 반항 시학

'문혁'시기에 들어오면서 문학 창작의 독립성은 더욱 심한 통제를 받았다. '집단 창작' 형태가 제기되고 고무되면서 당의 지도층과 농공병(農工兵) 군중, 전문 문예작가로 구성된 '3자 결합'의 집단 창작 방식이 정치적 트렌드가 되었다. 다른 한편으로 몇몇 작가가 발언권과 출판권을 허락받은 것 이외에, 절대 다수의 작가들은 일반적으로 창작의 자격을 상실하였다. 재판된 저작들, 예를 들어 허징즈의 『방가집(放歌集)』, 장융메이의 『말 타고 창 메고 천하를 거닐다』, 웨이웨이(魏巍)의 『누가 가장 사랑스러운 사람인가(誰是最可愛的人)』 등의 작품은 모두 당시 정치적 요구에 맞추어 수정되거나 첨삭되었다. 류다제(劉大杰)의 『중국문학발전사(中國文學發展史)』마저도 문혁 중에 '유법(儒法) 투쟁'의 내용을 첨가하고 이로써 문학사를 해석 및 평가할 것을 강요받았다. 류즈단(劉志丹) 사건, 하이샤(海霞) 사건, 바오웨이옌안(保衛延安) 사건과 하이루이(海瑞) 파직 사건 등은 문학 문제가 정치화된 전형적인 사례들이다. 이토록 힘겨운 상황에 처하다보니, 작품을 수정하여 시대의 규범에 맞추는 것이 생존을 위한 보편적 선택이 되었다.

문혁시기 문학 텍스트에 대한 심각한 통제와 폭력적 간섭에 대해 웨이쥔이(韋君宜)는 『사통록(思痛錄)』 중 〈편집의 참회(編輯的懺悔)〉라는 제목으로 한 단락 회고의 내용을 발표하였는데, 매우 생동감 있게 그리고 깊이 있게 그 당시 자주성이 얼마나 철저히 말살되었는지를 서술하였다. "내가 기억하기로 당시 대작가 하오란의 『금광대도(金光大道)』의 구도는 사실 편집부에서 설계해준 것이었다. 먼저 공량(公糧)을 팔고 나중에 합작화하는 것으로 (중략) 앞부분은 잘 기억나지 않고, 2권을 쓸 때 나는 간부학교에서 출판사로 다시 불려와 책임 편집을 맡았다. 이 책의 편집을 주관하던 조장은 외부 기관에서 불려온 자로, 문학 편집 일을 맡아본 적 없는 조반파(造反派)였다.[1] 그는 원고를 보더니, '책에서 적고 있는 시기는 바로 미군에 대항하여 조선에 지원병을 보냈던 때다! 그러니 어떻게 그 내용을 수록하지 않을 수 있겠나?'라고 말했다. 책의 이야기는 정말이지 대미 항쟁이나 조선 파병과는 아무런 관계도 없었는데, 작가는 하는 수 없이 원고를 회수해가 그 내용을 첨가했다. (중략) 연상해보건대 당시 수많은 소설들 중 지식인에 대해 쓴 것은 모두 나쁜 것, 농공병(農工兵) 출신에 대해 쓴 것은 모두 좋은 것이었다―이를 '농공병에 대한 찬송'이라 하고(물론 진정한 농공병은 아니다), 그렇지 않으면 입장이 없다고 말한다. (중략)그러나 나는 그런 일을 하면서, 편집으로 거짓을 꾸며내면서, 나의 동학들 나의 벗들 나의 동지들을 무고하고 작가를 도와 망령된 소리나 지껄이는 것을 나의 '임무'라 여겼다. 맑은 밤 가슴을 쓸어내림에 부끄럽지 않을 수 있겠는가? 후회하지 않을 수 있겠는가?"[2] 텍스트 수정에 대한 '문혁'의 특수한 요구는 동시에 주류 규범에 부합하지 않는 편집과 작가에 대해 수정의 요구를 의미한다. 그들은 공포 속에서 요구에 맞게 '개조'될 때까지. 작품 속에 정치적 요구와 충돌하는 내용이 있으면 고치고, 작품 속에 지나치게 우연스러운 부분이 있으면 고쳤다. 예를 들어, 리잉

---

1. [역자주] 조건파(造反派)는 문혁시기에 조반을 표방하던 군중 조직을 말하는데, 정치적 실천과 관련하여 사상, 행위, 가치관에 하나의 체계를 갖추고 있었다.

2. 웨이쥔이(韋君宜), 『사통록(思痛錄)』, 베이징시월문예(北京十月文藝)출판사, 1998년, p.165-169.

루(李英儒) 또한 『들불 봄바람이 고성에서 싸우다(野火春風鬪古城)』를 몇 번이고 수정한 바 있다. 그러나 그는 끝내 이 작품으로 인해 친청(秦城) 감옥에 갇히고 말았다. 또 『자본론』의 자간 행간에 몰래 장편소설 『여자 유격대장(女游擊隊長)』을 쓰기도 했다. 그러나 7년이 넘는 독방 감금 생활 동안 밤낮으로 이어지는 비판 투쟁과 검열 속에서, 그가 쓴 『비밀소설(秘密小說)』은 금고(禁錮) 보수로 변질되고 말았다. 또 다른 천재 루링(路翎)이 19년 간 감옥 생활을 마치고 1980년대에 발표한 장편소설 『들오리 웅덩이(野鴨洼)』, 『봄 비 맞은 살구꽃(杏花春雨)』, 『우쥔메이(吳俊美)』 등은 모두 찬양의 노래로 바뀌었다. 문자 저 밑바닥에서 용솟음치던 천재의 상상력은 철저히 고갈되어, "이미 기존의 사상과 범속한 틀에 굴복하고 말았다. 혹은 기존의 틀을 '베꼈다'고 말해야 할 것이다."[1]

정치규범의 삼엄한 통제 하에 문학은 일종의 금기가 되었고, 창작은 이러한 금기를 강화시키기만 할 뿐, 금기에 대한 추호의 범접도 윤허하지 않았다. 이처럼 살벌한 분위기 속에서 작가는 감히 반걸음도 나아가지 못했다. 어떤 의미에서 보자면 문학 창작에 의식화(儀式化) 특징이 생겨났다고도 할 수 있다. 신성한 색채를 띠고 있는 정치 규범에 대한 경건한 예배이자 신격화된 정치 권위에 대한 조배성지(朝拜聖地)인 셈이었다. 자기와 다른 모종의 정치 역량이 환상적으로 반영되어 초자연적인 신비한 사물로 비춰질 때 경외심이 생겨나기 마련인데, 이 경외심은 주체 자신의 활동과 행위를 제한하고 금지하고 규정한다. 이러한 금기는 일종의 보편적인 사회 심리이다. 문혁시기 동안 보여준 군중의 맹종이야말로 권위 숭배의 가장 튼실한 기초였다. 만약 문혁이라는 '신 만들기 운동'에서 지도자가 군중이 온 힘과 마음을 합쳐 만들

---

1. 주형칭(朱珩青), 『루링: 미완성의 천재(路翎: 未完成的天才)』, 산둥문예(山東文藝)출판사, 1997년, p.130.

어 낸 최고의 신이라면, 군중은 바로 이 신을 만들어낸 주체이자 최고의 신을 올려놓은 다음 스스로 인정한 '뭇 신'들이다. 마오쩌둥이 1967년 가을에 극구 칭송한 것처럼, "형세가 유리하다는 중요한 지표는 인민 군중이 충분히 일어나고 있다는 것이다. 군중운동이 지금처럼 광범위하게, 또 깊이 있게 일어났던 적은 없었다."[1] 문혁의 메가폰 문학 중에서 군중은 아침 해를 배경으로 한 독수리 떼처럼 등장하였으며, 서술자는 미친 듯한 기쁨과 명쾌한 묘사를 통해 이들을 향한 내면의 경모와 격동을 표출하였다. 하오란의 『금광대도』 1부 끝에서는 한바탕의 군중운동을 광명대로로 내보낸다. "농장 사람들, 세 개의 거대한 산[2]을 움직이고 몸에 씌우진 사슬을 부숴버린 농장 사람들은, 손에 쥐인 노동의 도구를 높이 들고서, 환호하며 노래하며 이 낡은 마을을 뚫고 저 금빛 찬란한 큰 길에서 앞으로 나아갔다!"

"'문혁'은 '영혼을 울린 대혁명이었다.'" "주관 세계를 개조하여 새로운 정치 실체를 만들어 냄으로써 그것의 앞길을 구성하였다."[3] 다시 말해 문혁은 군중의 심리 구조를 개조하였고 완성하였다. 어쩌면 군중의 이와 같은 열망적인 심리 상태가 문혁을 지탱하고 변화시켜 나갔는지도 모른다. 군중심리는 문혁이 터지고 추진될 수 있었던 매개체인데, 그것이 형성된 가장 직접적인 원인은 바로 맹목적인 숭배와 보편적인 억압이었다. 맹목적인 숭배는 전체의 일치성과 우선성, 그리고 권위에 대한 무조건적인 복종을 강조하였고, 집단 화두로 개인적 화두를 억제함으로써 자아의식을 말살하였다. 보편적인 억압은 이데올로기의 중압 하에 주동성을 상실해버린 인간의 기계주의적 노예 관

---

1. 로드릭 맥파커(Roderick MacFarquhar), 페이정칭(費正淸) 주편, 『캠브리지 중화인민공화국사 1966~1982』, 하이난(海南)출판사, 1992년, p.215.

2. [역자주] 문혁 시기의 3대 적, 제국주의, 봉건주의, 관료자본주의를 가리킨다.

3. 로드릭 맥파커, 페이정칭 주편, 『캠브리지 중화인민공화국사 1966~1982』, 하이난출판사, 1992년, p.101.

념 및 언행이 무엇인지를 보여주었다.

문혁을 통해 군중의 정치의식이 전에 없이 고양되었지만, 심지어 자아숭배까지 생겨났지만, 내재적 정신은 도리어 정치 전제주의와 금욕주의에 의해 배로 억압되어 주류 화두와 지도자의 권위 앞에 납작 엎드린 채 순종했을 뿐 아니라, 시시때때로 권위의 인도(引導)에 귀를

그림4-2-1 『해방군문예』 1966년 11월호 표지

기울이고 갈망했다. 군중은 정신적으로 정치 권위의 압제를 받으면서도 그것이 밝히 길을 제시해주기를 경건한 마음으로 갈망했다. 이 두 가지는 충돌하지 않은 채 내면에 공존했다. 이와 동시에 보편적 억압으로 인해 생겨난 본능적 반항 심리가 혁명에 대한 신앙과 정치 구호 등의 명목을 통해 표출되면서 각종 그럴듯한 '조반(造反)' 활동이 나타났다. (그림4-2-1)이로 인해 "관방에서 군중들에게 조반을 고무할 때에, 개인적 원한을 포함한 각종 허다한 사회적 불만과 분노가 화산처럼 폭발한 홍위병 운동에 에너지원을 준비해주었다."[1] 조반은 이때에 이르러 혁명 깃발의 엄호를 받아 억압 받던 감정을 해소해주었다. 이렇듯 기꺼이 부림당하고자 하고, 권위를 갈망하고, 조반을 좋아하는 군중 심리에 불이 붙어 10년 문혁의 횃불을 지탱해나갔던 것이다. 류정(劉正)의 〈마오 주석을 따라 영원히 투쟁하리(跟着毛主席永遠戰鬪)〉라는 제목의 홍위병 시가에서 표현하고 있는 것처럼, "문화대혁명은 폭풍과 우레를 불러일으키고, 홍위병은 성난 파도와 급류로 뒤덮었네. 그해 우리가 6천리를 도보하였을 적에, 금수교 가에서 경애하는 지도자를 뵈었네. 혁명 천리를 다 내다볼 수 있는 눈이여! 우리는 천안문 성루에 올라보았기

1. 로드릭 맥파커, 페이정칭 주편, 『캠브리지 중화인민공화국사 1966~1982』, 하이난출판사, 1992년, p.136.

때문이지. 만 가지를 내치고 조반하기 위해 터뜨릴 대포여! 우리는 마오 주석과 손을 잡아보았기 때문이지. 천만 장의 대자보. 칼날 같은 바람, 화살 같은 비로 모조리 쓰러뜨리고 꺾어버렸네. 빽빽히 솟은 검과 창으로 더러운 티끌조차 모조리 소탕하였네! 자산계급 사령부의 땅을 무너뜨리고, 제국주의, 수정주의, 반혁명분자를 동으로 흘러가는 강물에 던져버렸네!" 홍위병은 정치일원화의 시대적 언어 환경 속에서 각종 억압과 제한을 받아 일차원적이고 편면적인 심리구조를 형성하였을 뿐만 아니라, 각종 억압된 정서를 권위의 히스테리에 대한 맹목적 숭배로 전환시켜 일시적인 만족에 빠진 채 조반의 동력을 길렀다. 문혁 문학의 전형적인 내용 중 하나는 '고난에 대한 기억'과 '가족사에 대한 서술'이다. 주인공이 중대한 시험에 닥칠 때나 중대한 임무를 짊어지고 좌절을 겪을 때마다 가족사를 떠올리거나 혹은 윗세대가 나서 가족 혹은 민족의 고난의 역정을 이야기해주곤 하는데, 이는 늘 임무를 완성하거나 어려움을 극복하는 강력한 추동력이자 돌파구가 되어주었다. 단계적인 고난과 억압을 통시적인 주관 역량과 고양된 정서로 전화시킴으로써 곤란을 극복하고, 호소에 응답하고, 충성을 표현하는 역할을 하게 해주었다. 천순신(陳順馨)은 일찍이 『금광대도』의 내재적 창작 논리를 다음과 같이 한 마디로 설파한 바 있다. "육체를 억압함으로써 정신을 강조하는 것, 개인을 억압함으로써 집단을 강조하는 것, 이것이 바로 영웅적 이미지가 수립될 수 있게 해주는 '강조' 서사 유형이다."[1] 그는 더 나아가 하오란의 창작은 "자발적인 것이 아니라 하나의 프로세스에 근거하여 만들어진 것이다.(중략) 작가 개체의 주체성 포기를 대가로 치르고서 말이다."[2] 라고 말하였다. 그 대

---

1. 천순신(陳順馨), 「중국당대문학의 서사와 젠더(中國當代文學的叙事與性別)」, 베이징대학교(北京大學)출판사, 1995년, p.245.

2. 천순신, 「중국당대문학의 서사와 젠더」, 베이징대학교출판사, 1995년, p.253.

가로 얻은 것은 주류 화두에 대한 적극적 영합 태도와 지도자의 권위에 대한 진심에서 우러난 찬양이며, 그 결과 '문혁' 이전의 창작에 대한 '조반'은 물론, 무의식중에 '문혁' 이데올로기의 '조반' 도구로서의 역할을 수행하였다.

문혁 시기 중 공개 발표된 문학 작품들을 보면, 정치적 언어의 힘이 강해짐에 따라 개인 정감이 정상적으로 표현되지 못하고, 그저 주인공의 내면 깊숙이 잠재된 채 '신 만들기 작업' 및 '신성(神性)'과 멀리서 호응할 뿐이다. '문혁' 초기에 보이는 홍위병의 '희생정신'을 바로 그러한 예로 간주할 수 있다. 그중 유명한 홍위병의 시 〈나를 놓아주세요, 엄마!〉는 이러하다. "나를 놓아주세요, 엄마! 자식을 위해 놀라거나 두려워 마세요. 사방에 우리의 전우가 있어요. 폭도들의 긴 창이 뭐라구요! 저는 대들보를 맴돌며 짹짹거리는 제비 새끼가 되어, 종일토록 처마 밑을 배회하지는 않을 거에요. 저는 높은 하늘에서 날개를 퍼덕이는 숫 매가 되어, 곧 닥칠 질풍과 폭우를 맞이하러 나갈 거에요!" 지도자의 권위에 대한 신성한 숭배와 밝은 미래에 대한 모호하지만 놓을 수 없는 희망이 그의 마음에 일종의 신비주의 감정이 생겨나게 하였고, 치고 나아가라 불렀고, 심지어 이를 위해 아무 것도 돌아보지 말고 희생하게 하였다. 이는 전면적으로 억압받은 한 시대 젊은이가 선택한 대체적(代替的) 반발이었다.

'문혁'의 과도한 억압은 금기 의식을 지속적으로 강화시켰지만, 반인성적(反人性的)인 전제의 색채는 일종의 범금의식(犯禁意識)을 격발시켰다. 물론 이러한 범금의식의 성장은 이상하리만큼 순조롭지 않았다. 범금의식은 우선 독립적 사고의 영혼 깊은 속에서 발아하기 시작하여 현상에 대한 불만과 질의를 촉발시켰다. 아직 주체성을 완전히 상실하지 않고 있던 작가와 시인들은 서랍 속에 또 심령 깊은 곳에 써두었던 작품을 통해 영혼 번민의 힘겨운 여정을 기록하였다. 이와 같은 정신의 복류는 희박한 데서 점차 장대해졌고, 개인의 독백에서 지음(知音)과의 창화(唱和)가 되었다. 막다른 골목에서 거미줄처럼 '5·4운동'의 정신을 잇고 있었던 것이다. 아픔 속에서 각성을 향해 걸어나와, 고난을 양분 삼아 자라 난 정신적 창조는 현실 반항정신의 번득이는 번개와도 같았다. 이것에 기초하여 '문학사 다시 쓰기'라는 문화적 시각하에 진행된 '지하문학'[1] 과 '잠재 서사'[2] 에 대한 연구는 모두 '문혁' 중 정치와 권력이라는 단단한 전제의 껍질에 맞섰던 정신적 복류를 서술하고자 시도하였다.(그림4-2-2)[3] '백양정시파(白洋淀詩派)'의 참여자이자 증인인 송하이취안(宋海泉)은 "문화혁명 10년은 사상이 극단적으로 금고되었던 10년이었다. 그러

그림4-2-2 『문화대혁명 중의 지하문학』 표지

나 사상 해방의 10년이었다고도 말할 수 있다. 이보다 더 어둔 밤 빛나는 번개처럼 사람의 귀를 번쩍 뜨이게 하고, 사람의 마음을 뒤흔들어 놓고, 사람의 사상과 행동에 오래도록 영향을 끼친 것은 아무 것도 없었다."[4] 고 회고한 바 있다.

'문혁' 지하문학 중 가장 뛰어난 성취를 거둔 문체는 바로 시가인데, 이는 결코 우연이 아니다. 다시 말해, 문학 주체가 시가라는 문체를

---

1. 양젠(楊健), 『문화대혁명 중의 지하문학(文化大革命中的地下文學)』 참조. 차오화(朝華)출판사, 1993년). 이 책에서 '지하문학'은 특별히 '문혁' 중 지하에서 창작되어 당시 공개 발표되지 않았을 뿐더러, 당시 공개된 문학과 관념상 취지가 크게 다른, 일정한 반항성을 지향하는 창작물을 가리킨다.

2. 천쓰허(陳思和), 『중국 당대 문학사 교정(中國當代文學史敎程)』 참조. 푸단대학(復旦大學)출판사, 1999년). 천쓰허 '잠재 서사'를 공개 발표된 문학 작품과 상대적인 개념으로 사용하고 있는데, '자각적 창작' 뿐 아니라 '작가가 비상시기에 자각하지 못한 채 지은 작품들, 예를 들어 일기나 편지나 독서필기 등'도 포함한다고 하였다. 그는 또 "공개 발표된 창작물이 상당히 빈곤하던 시기에는 이와 같은 잠재적 서사가 사실상 한 시대의 진정한 문학 수준을 대변하고 있다는 사실을 부정할 수 없다."고 하였다.

3. 양젠, 차오화출판사, 1993년.

4. 『백양정의 소소한 기억들(白洋淀瑣憶)』, 랴오이우(廖亦武) 주편 『가라앉은 성전(沉淪的聖殿)』, 신장청소년(新疆靑少年)출판사, 1999년, p.259.

선택할 때에는 결코 간과할 수 없는 문화적 함의가 담겨있는 것이다. 린망(林莽)은 자신의 백양정 시기 정신 활동을 다음과 같이 회고하였다. "처음엔……일기 같은 글을 쓰다가 후에 일기가 즉 문혁의 경험의 기록이 너무 위험하다는 생각이 들었다. 그래서 나중에 시가를 썼다. 나는 최초의 시 〈깊은 가을(深秋)〉을 보관하고 있다. 정서는 기본적으로 낭만주의에 속한다.(중략) 50~60년대 시가와 다른 점은 내가 피와 눈물로 이 시를 지었다는 것이다. 이것은 일종의 진실한 심령의 표출이지 거짓의 기탁이 아니다."[1] 시가라는 문체는 속내를 직접 서술한 일기에 비해 현격히 간접적이다. 그러나 문학 주체가 시가를 선택한 것이 그저 위험성을 낮추기 위해서만은 아니다. 마자(馬佳)는 이렇게 회고하였다. "우리 시파의 시인들은 몇 가지 기본 특징을 지니고 있다. 첫 번째는 공리적 경향이 전혀 없다는 것이다 (중략) 이런 글을 쓰는 것이 목이 달아날 죄가 되던 시절이라 (중략) 이들(장랑랑(張郎郎), 머우둔바이(牟敦白), 궈스잉(郭世英)을 가리킨다)은 모두 감옥에 갔고 혹 죽기도 하였다. 그러니 암흑의 시대에 시인이란 전쟁의 노역, 한 무리의 투사나 마찬가지여서 개인의 감정만을 터뜨린 것은 아니다. 사실 모든 사람들에게 정치적 함의가 있었다."[2] 따라서 본질을 놓고 말할 때, 시가라는 문체는 지하시인의 창작 과정에서 선명한 반항성과 낭만주의 정신을 부여받은 것이다. 이는 '5·4운동' 시기 개성의 해방을 외쳤던 낭만주의 시가와 같은 근원을 공유하고 있다. 어떤 의미에서 반항시학(反抗詩學)을 포함하여 '문혁' 당시 지하시가의 가장 큰 공헌은 자신이 처해 있는 암흑 현실에 대해 질의하고 반항했다는 데 있다고 말해야 할 것이다.

---

1. 랴오이우(廖亦武), 천융(陳勇), 「린망방담록(林莽訪談錄)」, 랴오이우 주편, 『가라앉은 성전』, 신장청소년출판사, 1999년, p.290~291.

2. 랴오이우(廖亦武), 천융(陳勇), 「린망방담록(林莽訪談錄)」, 랴오이우 주편, 『가라앉은 성전』, 신장청소년출판사, 1999년, p.217~218.

이성적으로 말해볼 때 '문혁' 시기의 정서와 공개된 문학의 정신적 특징은 모두 일종의 낭만주의라 할 수 있다. 단지 변형된 낭만일 뿐이다. 신중국 건립 이후에 자본주의 '서방'은 줄곧 '타자'로서 대립적인 언어 체계 속으로 진입하였으며, 현대 민족국가의 이상을 세우는 까닭은 곧 현대 자본주의의 직접적인 사회 가치와 최종적인 역사 결과에 항거하기 위함이었다. 이렇듯 '지상에 천국을 세우기 위한' 노력은 다음과 같은 유혹에 직면하였다. "타인을 구원하기 위해, 자신이 꿈꿔왔던 세계 속의 공민이 되게 하기 위해 그를 강요하고, 그를 세뇌시켰다. 그렇기 때문에 고통과 죽음의 대가도 아랑곳하지 않은 채 역사에 상상 속 천국을 내놓으라고 강요하였다."[1] 구준(顧準)의 논단은 더욱 정확했다. 그는 이 특수한 시대를 '시의(詩意)'의 시대라고 비판적으로 이해했다. "사람에게 상상력이 있어야 한다는 말은 명백히 맞는 말이다. 상상력이 없었다면 우리 젊었던 시절에 어떻게 혁명이 일어날 수 있었겠는가? (중략) 그러나 경력이 많아지고 나이도 많아져 시의가 점차 산문의 설리(說理)로 변하고 나면, 그 상상력을 분석해야만 한다."[2] 구준이 여기서 비판한 것은 당연히 앞에서 말한 '변형된 낭만'이다. 재미난 것은 지하 시인들이 또 다른 종류의 낭만으로 주류 지위에 있는 '변형된 낭만'에 대항했다는 사실이다. 서사문학이 '타성'을 지닌 고사에 대해 설명하는 것과 달리, 시가라는 문체는 자아의 감정을 펼치는 데 치중한다. 자아가 축출된 시대 속에서 고난 속의 고독과 방황은 용암처럼 들끓는데, 이럴 때면 내재적인 표출과 터뜨림을 통해 평정심을 회복하고, 영혼의 위안을 얻고, 격려 받고 지탱할 힘을 얻어야 한다. 쩡줘(曾卓)는 고난의 세월 동안 자신의 창작을 '내면 깊숙이 얼어붙은 고독

---

1. 마가렛미드(Margaret Mead), 『더욱 생동적인 유토피아를 향하여(走向更生動的烏托邦)』, 정예푸(鄭也夫), 『대가론(代價論)』, 삼련서점(三聯書店), 1995년, p.148에서 재인용

2. 구준(顧準), 『구준문집(顧準文集)』, 구이저우(貴州人民)출판사, 1994년, p.404.

감, 가슴속에 억눌러 놓은 채 소리조차 낼 수 없었던 긴 읊조림, 우리에 갇힌 야수와도 같은 신음, 무망(無望)과 절망 속 희망'으로 묘사하면서, 이를 '생명의 고난 속의 한 점 빛, 생명의 고난 가에 피어난 작은 꽃'[1]이라고 묘사하였다. 권력의 고압적 통제 하에서 주체는 실재 세계의 통제로부터 간절히 벗어나고자 한다. 이때 시가는 주체가 자아의 존재를 확인, 증명하는 직접적 현실이 되며, 주체가 상상으로 현실에 반항하는 유일한 정신적 무기가 되어준다.

매우 흥미로운 것은, '문혁' 지하문학 중에 적지 않은 서사 작품들도 이러한 낭만성을 지니고 있다는 사실인데, 전형적인 작품으로 장양(張揚)의 『두 번째 악수(第二次握手)』를 들 수 있다. 이 작품은 당시 금지된 주제였던 '사랑 이야기'를 무리하게 다루었지만, 그 사이에 스며든 고난의 의식들, 짙은 색채로 물들인 장면과 환상적인 장면의 전환, 문채(文彩)의 풍부성과 찬란한 색채의 효과 등으로 인해 낭만적 서정성이 넘쳐난다. 낭만주의 시인 노발리스는 이렇게 말했다. "이 세상은 낭만화되어야 한다. 그래야 사람들은 세상의 본의를 찾을 수 있다.(중략) 저급한 자아는 낭만화로 인해 더욱 고결하고 더욱 완벽한 자아와 같아질 수 있다. (중략) 내가 생각하기에, 보편적인 물건에 더욱 높은 의의를 부여하고, 타락하고 속된 물건에 신비한 외투를 입히며, 익숙한 물건으로 하여금 존엄성을 되찾게 하고, 유한한 물건을 무한으로 돌아가게 하는 것, 이것이 바로 낭만화이다."[2] 『두 번째 악수』에서 서사하고 있는 것이 바로 낭만화 수법을 통해 '저급한 자아'와 '더욱 고결하고 더욱 완벽한 자아'를 통일시키는 과정인데, 작품 속에 암암리에 포함되어 있는 정치적 요구(지식인에 대한 전반적인 긍정과 저우 총리에 대한 애정 깊은 찬미)와 인성 상의 수요(사랑에 대한 갈망) 모두 현실의 그물에서 벗어나고자 하

---

1. 쩡줘(曾卓), 『쩡줘문집(曾卓文集)』, 1권, 창장문예(長江文藝)출판사, 1994년, p.379.

2. 노발리스, 『단편(斷片)』, 류샤오펑(劉小楓), 『시화된 철학(詩化哲學)』, 산둥문예출판사, 1986년, p.33에서 재인용

는 초월성을 드러내고 있다. 자오전카이(趙振開: 北島)가 '아이산(艾姍)'이라는 필명으로 쓴 소설 『파동(波動)』은 사상 인식의 깊이는 물론, 언어의 정밀함, 감각의 예민함, 인물 의식의 흐름 등 여러 방면에 있어 '문혁' 지하 문학 중 가장 성공적인 작품이다. 『파동』은 사실 시체(詩體) 소설이다. 작품 속의 '이야기'는 그저 '시의(詩意)'를 표현하기 위한 매개일 뿐이다. 또한 시의 속에 냉정하고도 엄준한 철학 사유가 승화되어 나타나는데, 기이한 스토리, 짙은 애상, 피눈물 어린 호소 등을 배제한 채 작품 전체를 통해, 특히 여주인공 샤오링(肖凌)을 통해 '우아함'으로써 '포악함'에 대항하는 완강함과 강인함을 표현하였다. 이러한 정신적 요소는 샤오링과 부모 사이의 정신적 유대가 되어주었다. 비록 이로 인해 두 세대에 걸쳐 치명적인 재난을 겪었지만, 이러한 인격이 존재한다는 사실 자체는 아직 환상과 자애(自愛)와 존엄과 양지(良知)가 남아 있어 사악함과 폭력과 기만과 야만을 제거할 수 있음을 상징한다. 양쉰(楊訊)이 샤오링에게 말한 것처럼, "우리가 살아만 있다면 희망이 있는 것이다." 여기서 간과할 수 없는 것은 작품에서 역사와 개인의 운명을 연결 지어 사고했다는 점이다. 샤오링은 역사라는 강물 속에서 '파도에 의해' 물거품이 되었다. '우아함'과 '역사'는 바로 노발리스가 말한 '더욱 고결한 의의'이자 '신비한 외투'이자 '미지의 존엄'과 '무한'이다. 이런 점 때문에 『파동』은 "암흑과 피눈물 속에 피어난 시의 한 줄기 빛이요, 눈 덮인 땅의 뜨거운 눈물이요, 상처 입은 심령의 떨림이요, 고난한 대지 위를 침묵하며 휘감은 무언의 노래"라는 평가를 받을 수 있었다.[1]

미국의 저명한 미학가 수잔 랭거(Susanne K. Langer)는 모든 문예사상체계에는 핵심적인 개념과 문제가 포함되어 있다고 말했다. 이것은 곧 예

---

1. 양젠, 『문화대혁명 중의 지하 문학』, 차오화출판사, 1993, p.171에서 재인용

술의 본질 문제이다. 낭만주의에서 강조하고 있는 것은 바로 '모든 내면세계'의 주관적 표현이다. '문혁' 지하 시가에서 보여준 시인들의 창작은 프랑스 시인 알프레드 뮈세(Alfred de Musset)가 말한 것처럼, "손으로 무언가를 쓰고 있을 때, 마음은 대화하고 있고 신음하고 있고 융화되고 있다. 마음은 펼쳐지고 있고 표출되고 있고 숨 쉬고 있다."[1] 뉴한은 쩡줘를 이렇게 평가했다. "그라는 사람도 그의 시도, 자기의 갑옷이 없다. 그는 벌거벗은 기사였다.(중략) 시이건 산문이건 (중략) 모두 자아고백적 혹은 자전적 색채를 띠고 있다. 그 모두는 그의 '분주히 움직이는 영혼'으로부터 뻗어 나온 불빛이다. 그의 시문에는 순객관적인 냉정한 묘사가 없다. (중략) 쩡줘는 자못 낭만적 기질과 몽환적 색채를 지닌 시인이다."[2] 뉴한 자신의 창작에도 첸리췬(錢理群)이 말한 대로 '돈키호테' 기질이 넘쳐난다. 문혁시기 그의 작품 중에 얼핏 보기에 영물시(詠物詩)처럼 보이는 것이 많기는 하지만 자세히 음미해보면 그 안에 등장하는 물상들이 모두 상징임을, 시인 심상의 외재적 투영임을 어렵지 않게 발견할 수 있다. 『화남호(華南虎)』, 『단풍나무를 애도하다(悼念一棵楓樹)』, 『차전초(車前草)』에 등장하는 객관적 물상과 주체적 세계는 '그 안에 상호 존재한다.' 이러한 이미지들은 퍼시 셸리(Percy Bysshe Shelley)의 '구름과 참새'나 키이츠의 "밤 꾀꼬리"와 마찬가지이다. 무단(穆旦)은 1954년부터 푸시킨(Aleksandr Seraggvitch Pushkin)의 시를 번역하기 시작하였고, 그 후 바이런((George Gordon Byron), 롱펠로우(Henry Wadsworth Longfellow), 윌리엄 블레이크((William Blake), 퍼시 셸리 등 19세기 영국 낭만주의 시인들의 서정적 작품을 대량으로 번역하였다. 이는 곧 시인들

---

1. 뤄강(羅鋼), 『낭만주의 문예사조연구(浪漫主義文藝思潮研究)』, 산시인민(陜西人民)출판사, 1986, p.142에서 재인용

2. 뉴한(牛漢), 『사랑에 빠진 사람(대서)(一個鍾情的人(代序))』, 『쩡줘 서정시선(曾卓抒情詩選)』, 중국문련출판공사(中國文聯出版公司), 1988년.

이 모더니즘에서 다시 고전 낭만주의로 회귀하고 있음을 보여준다. 또 한 명의 '구엽파(九葉派)' 시인 탕스(唐湜)는 문혁 기간에 적지 않은 양의 '남방 풍토시'를 썼다. "나는 남방의 바닷가 풍토를 묘사하고 민간의 생활을 적어 낭만주의의 환상적 색조와 한데 섞고 싶다."[1] 그들은 낭만파 문학에서 경시받던 민간문학을 높이 평가해왔는데, 특히 유럽의 낭만주의 운동은 신고전주의에 반대하면서 민가의 강렬하고 진지한 감정과 생동적인 상상력을 새로운 창작의 원천으로 삼았다. 탕스는 바로 민간에 전해오는 '심리적 비극의 격정'의 힘과 대담하고 진솔한 표현 기법을 빌려, 자신의 자유를 향한 몽상을 기탁했던 것이다.

이밖에 황샹(黃翔), '스즈(食指)' 백양정 시인 집단, '진톈(今天)' 시인 집단 등도 있는데, 그들을 모두 낭만이라는 그물 속에 집어넣고자 한다면 이는 명백한 억지일 것이다. 절망과 반항으로 인해 그들의 작품은 모더니즘적 특징을 띠고 있기 때문이다. 그들의 작품 속에 낭만주의의 욕망 만능주의, 억지 조작, 부화함과 격정 따위는 없지만, 그 안에 움틀대는 젊음의 힘, 정신적 갈구와 개성의 강조는 외재적인 모순을 내재적 충돌의 감정적 표현으로 전환시켰고, 야만스럽고 잔인한 철의 장막에 당면했을 때는 껍데기를 뚫고 나오는 함성을 터뜨렸다. 그 속의 반항에는 타다가 꺼져버린 단절감이 두드러져 보인다. 이 모든 것이 작품의 정감에 선명한 낭만적 색채를 부여하고 있다. "본질적으로 말할 때 낭만 운동의 목적은 사람의 인격을 사회적 관습과 사회 도덕의 속박으로부터 해방시키고자 하는 데 있다."[2] 문혁시기의 지하 시가, 특히 어두운 청춘을 살아야 했던 시인들이 심취해 있던 창조적 문화 근원 또한 바로 '속박 받은' 역사의 운명으로부터 벗어나는 것이었다.

---

1. 탕스(唐湜), 『쏟아져 내리는 눈물(淚瀑)』, 인민문학출판사, 1985년, p.3.

2. 루소(Jean-Jacques Rousseau), 『서양철학사』(하), 상무인서관(商務印書館), 1976년, p.224.

# 제3절

## 계몽의 합창과 자유의 변주

　신시기 초창기의 서사문학에서 유행한 웅장 서사는 일종의 문화 모티프적인 창작 형태이다. 공공의 화두에 의해 개인의 화두는 병합되고, 개인으로서의 지식인의 가치가 흐려지면서 상호 인정하는 의식구조 시스템 속으로 정합되어 들어간다. 웅장 서사는 "오직 시간만을 통해 정복될 수 있다."[1] 는 시간 신앙을 기초로 한다. 광대함으로써 나약함과 공허함을 부각시키고, 이러한 대비를 통해 인간의 정신적 경지를 제고한다. 다시 말해 웅장 서사에는 스스로 억누를 수 없는 유토피아의 충동이 용솟음치고 있어, 시간의 끝에서 시종 희망의 지평을 열어놓고 있다. 1980년대 계몽주의 입장과 인도주의적 관심이라는 공동의 가치체계는 유토피아의 신성한 빛의 고리 안으로 모든 것을 끌어들였다. (그림 4-3-1)[2] 딩링(丁玲)은 의미심장한 말을 던진 바 있다. "우리의 일상생활은 위에 있어서 군중과 떨어져있다. 그러나 아래에 있는 사람들 이야기 또한 써야 하므로 아래로 내려가야만

그림4-3-1 〈새벽의 햇빛(晨曦)〉 판화

---

1. T.S 엘리엇(Thomas Stearns Eliot), 『네 개의 사중주(四個四重奏)』, 리장(漓江)출판사, 1991년, p.186.

2. 『인민문학』, 1980년 4월호 뒷표지의 안쪽 면에 게재.

한다. 이에 창작 전에 먼저 아래로 내려가 몇 달 간 생활해보아야 한다."[1] 작가의 생활공간과 창작 대상의 공간이 분리되어 있다 보면 서사 속에 진실하지 못한 성분이 끼어들게 마련이다. 상흔(傷痕) 문학에서부터 성찰 문학에 이르기까지, 개혁문학에서 지식청년 문학에 이르기까지, 작가가 "문제를 사고하고 문제를 탐색하는 자료는 모두 시대의 주제로부터 온다. 개인의 독립성은 시대의 주제 아래 가려진다."[2]

사상 해방 위주의 문학적 분위기 속에서, 문학 창작은 선명한 대언적(代言的) 특징을 띠게 되었다. 대언체 문학은 높은 곳에 올라 외쳐 군중을 분발케 하는 식의 창작 태도로써 문혁시기 넘쳐났던 우매함과 전제주의의 짙은 안개를 다시 걷어내고자 시도하였다. 그러나 대언체는 '나'의 의지를 강제로 '우리'에게 주입하기 쉽다. 이러한 권력 용어에도 대중으로써 개인을 학대하는 경향이 존재한다. 비록 대다수 문학 주체가 계몽자로서 자부하지만, 그 이론적 자원과 가치선택은 각기 그 취지가 다르다. 어떤 것은 마르크스의 '소외론'에서 따왔고, 어떤 것은 신학의 전제에 반대하는 인문주의 사조에서 계발 받았으며, 또 어떤 것은 프랑스 3대 계몽가의 고전 담론을 중국의 상황에 이식하였고, 어떤 것은 서양 현대주의 문예의 인성에 대한 성찰을 귀감 삼았으며, 어떤 것은 중국 전통문화의 민본(民本)과 성령설(性靈說)을 계승, 발양하였고, 또 어떤 것은 일종의 봉건적 입장에 서서 또 다른 종류의 봉건적 입장을 반대하기만 하였다. 중화민족은 '문혁' 기간 중 붉은 기를 높이 들고 역사의 심연을 향해 걸어 나갔다. 악몽에서 깨어난 새벽, 사람들은 분분히 스스로 그물에 몸을 던졌던 혼미함을 돌아본 뒤, 거대한 공포와 끝도 없는

---

1. 딩링(丁玲), 「군중 속으로 가 거주하다(到群衆中去落户)」, 『생활·창작·수양(生活·創作·修養)』, 인민문학출판사, 1981년.

2. 천쓰허, 「공명과 무명: 백년 동안의 중국문학 들여다보기(共名和無名: 百年中國文學管窺)」, 『상하이문학(上海文學)』, 1996년 제10기.

황당함을 뼈저리게 느꼈다. 현실의 위기와 미래에 대한 모호함은 지식인들의 건들기만 해도 은근히 아파오는 상흔을 점차 회복시킴과 동시에, 깊이 스스로를 돌아보고 역사를 성찰하게 하였다. '상흔'과 '성찰'의 방향을 따라가다 보면, 작가들이 해부의 칼끝을 자신의 영혼에 가져다 대고, 세속을 좇아 부침하며 자기 몸 하나 지키기 위해 살았던 자아를 향해 통렬한 고문을 가하리라 기대했다. 그러나 참회의 별빛은 몹시도 희미하여, 사회 고발과 자아 회피가 범람하는 중에 고발된 모든 사람들은 전부 무고한 피해자들이었고 수괴 우두머리는 그저 '사인방(四人幫)'과 형체 조차 없는 문화 마수뿐이었다. 당시 그 상황에 처해있던 사람들은 이제 방관자의 냉정함과 높은 곳에 임한 자의 의기양양함으로 죄가 없어진 자의 죄악을 차갑게 바라보고 있었다.

신시기 초창기 작가 집단에 대해 말해보자면 전체적으로 겉으론 친밀해 보이나 속으론 딴 마음을 품고 있는 특징을 보인다. 예컨대, '17년 역사시기' 혹은 '문혁' 기간 중에 냉궁에 갇혔던 작가들이 '복귀'하거나 '돌아오는' 데에도 역시 차이가 존재했다. "문혁 기간 중 약간의 타격만 받았던 작가들 중 대부분은 스스로를 '비정상적'인 역사 사건의 피해자로 규정지었다. 그러나 50년대에 추방당한 작가들은 오랜 시간 동안 '정상적'인 사회에서 자신의 과실로 인해 응당의 처벌을 받은 '버려진 백성'으로 여겨져 왔다."[1] 예를 들어 장쯔룽(蔣子龍)이 문혁 기간 동안에 쓴 호환적 성격의 글 『기전국장(機電局長)』과 『기전국장의 하루(機電局長的一天)』, 그리고 '개혁문학'의 선봉이라 칭송 받는 『차오 공장장 부임기(喬廠長上任記)』는 본질적으로 아무런 차이가 없다.

한편 지식청년 작가들의 '문혁'에 대한 고발과 이상주의적인 격정 또한 의심해볼 만하다. 영웅주의나 이상주의 같은 비이성적인 것에 대한 집착은 지

---

1. 홍쯔청(洪子誠), 『중국당대문학사(中國當代文學史)』, 베이징대학교(北京大學)출판사, 1999년, p.233.

식청년 작가들이 반성과 참회로 나아가는 길을 막아버렸다. 왜냐하면 평범치 않았던 청년시절의 기억이 '문혁', '홍위병운동', '지식청년의 벽지체험 운동(知識靑年上山下鄕運動)'이라는 현실 토양에 뿌리내리고 있어서 그들은 이 기간의 역사가 곧 허망함에 함몰되었음을 부정하기 때문이다. 이처럼 '잘라내지 못하고, 어지러운' 심정으로 인해 그들은 홍위병의 과거에 대해 늘 애매한 태도를 취할 수밖에 없었다. 장청즈(張承志)는 지식청년에 대한 비판에 직면했을 때 "청춘은 착오마저도 매력적이다."라며 소리 높여 외쳤다. 만약 '누가 가해자인가?'라는 추궁을 포기한다면, '누가 피해자인가?'에 대한 변론은 진정한 성찰과 반대 방향으로 치닫기 쉽다. 황당한 세월 속에서 기계적으로 사람들을 절대정의의 영웅과 타고난 악마, 그리고 순결무구한 희생자로 구분할 때, 책임을 묻는 자와 책임을 져야 할 자는 어지럽게 뒤섞이고 만다. 천카이거(陳凱歌)는 『소년 카이거(少年凱歌)』에서 이렇게 말했다. "그 어떤 사회적·정치적 재난이건 그것이 지나간 후에는 늘 무릎 꿇고 있던 수많은 사람들이 일어나 '나는 참회한다.'고 말하게 마련이다. 재난이 다시 닥쳤을 때도 수많은 사람들이 무릎 꿇으며 '나는 참회한다.'고 말한다. 그러나 일어나 '나는 고발한다!'고 말하는 사람은 너무도 적다. '문혁' 이후에도 그랬다. ——지옥문이 열리고서, 찾아낸 것은 오직 고난 받은 부처들뿐이었다. 그렇다면 재난은 어디서 온 것인가? ——신등(神燈)을 때려 부순 중은 절간을 저주한다. 왜냐하면 그가 바로 그곳에서 왔기 때문에. 개인의 책임을 물으면 사람들은 언제나 폭정의 압박, 맹목적인 신앙, 집단의 결정 등을 운운한다. 모든 사람이 다 무고한 희생자일 때, 진정 무고한 희생자는 영원히 가라앉고 만다."[1] 가해자와 피해자는 쌍둥이인 셈이다.

---

1. 천카이거(陳凱歌), 『소년 카이거(少年凱歌)』, 인민문학출판사, 2001년, p.55.

지식청년 문학의 결함은 동시대인이 쳐놓은 이상한 문화 테두리를 벗어나지 못했다는 데 있다. '후회 없는' 격정의 범람은 독서 후 천편일률적인 인상을 남겼다. 작가들은 오로지 심령의 답답함을 발산하고 영혼의 짐을 내려놓는 데만 집중하며 한 걸음 다가가 자세히 들여다보고자 하지 않았기에, 일종의 잠재적 도피 경향을 드러냈다. 자아 경험에 대한 응시는 지식청년 작가들을 편협한 함정에 갇히게 하였기에, 자아연민에 빠져 감정의 조작과 허식(虛飾)의 성향을 드러냈다. 지식청년이 경비 삼엄한 정신적 보루를 계속 고수하는 한, 땅을 그어 스스로 감옥에 갇히게 될 운명은 가히 예견할 수 있었다. 장캉캉(張抗抗)은 『위로할 길 없는 세월(無法撫慰的歲月)』에서 다음과 같은 말을 했다. "라오싼제(老三屆)[1]는 극좌파 이데올로기의 해독을 가장 깊이 받은 세대이다. 그러나 수많은 라오싼제 사람들은 아직까지도 스스로 잘못 들어선 길을 직시하지 못한 채, 모든 책임을 시대에 떠밀고서 가볍게 빠져나오고 있다. 마치 2차 세계대전 후, 어떤 사람은 영원히 자신을 용서하지 못해 나머지 생 동안 선행과 속죄로 과오를 씻는가 하면, 어떤 사람은 지도자의 선동이 그로 하여금 잠시 이성을 잃게 했다며 죄를 남에게 돌리는 것처럼 말이다."[2]

　　20세기 80년대 초기에 문단에는 서구 모더니즘의 영향 하에 새로운 창작 경향이 생겨나기 시작했다. 몽롱시(朦朧詩)에서 신세대 시가로 전환된 시학(詩學)이 바로 이 사조의 시발점임에 분명하지만, 당시 지속적인 정신적 억압으로 인해 서구화된 문학 사조는 부침을 거듭했다. 1983년에서 1984년 간 전개된 '정신의 오염 씻어내기' 운동은 인도주의와 소외론 간 대토론의 열기를

---

1. [역자주]1966, 1967, 1968년에 중고등학교를 졸업한 사람들을 일컫는 말이다. 당시 문혁으로 인해 졸업을 못하다가 1968년에 6년 간 밀린 졸업생이 한꺼번에 졸업하는 기현상이 빚어졌는데, 이로 인해 취업 위기가 닥치자 이들을 지방으로 내려보내 군대에 넣음으로써 취업 위기를 엄폐하려 했다. 이들 중 대부분은 지식청년이 되었다.

2. 장캉캉(張抗抗), 「위로할 길 없는 세월(無法撫慰的歲月)」, 「문회보(文匯報)」, 1998년 4월13일.

가라앉혔고, 반자산계급자유화 운동은 더욱 직접적으로 서구 사조를 가로막았다. 이때 서구의 모더니즘 등 외국 문예사조 숭상에 대한 반발의 일환으로 심근문학이 소설가들에 의해 자각적으로 제기되었는데, 여기에는 다분히 책략적인 의미가 담겨있을 뿐만 아니라, 먼저 기선을 제압한 이론과 후에 따른 창작 실천 사이에 모종의 분열이 존재하기도 하였다. 또 그 사이에 은연중 떠오르는 민수주의(民粹主義)의 숨결에도 마찬가지로 책략적 의미가 담겨 있었다. 심근문학의 발기자는 잠재적으로 당시 사회의 추세에 호응하면서, 사유와 시각의 전환을 통해 문학발전에 새로운 지평을 개척하였다. 향촌 문명을 핵심으로 하는 전통문화는 서구 문화와 대비되는 일종의 비판적 가치체계일 뿐만 아니라, 현실 속의 도시 문명을 고찰해볼 수 있는 참조체계이기도 하다. '심근'에 집착하는 작가들은 대체적으로 야사(野史)나 전설, 민간풍습, 지역문화의 심층 논리 등을 찾아 내 세속적인 도가(道家)나 선종(禪宗)을 초월하는 시각으로써 사회 저층에 가라앉아 있는 문화 정수를 건져 올리고자 하는 경향을 보였다. 또 제도적 차원의 유가 전통이나 유가 학설을 비

판 혹은 배척하였다. 아청(阿城)의 『기왕(棋王)』 등 작품에 드러난 것은 도가적 사유와 흡사한 초월의식인데, 동란의 시대를 살고 있는 개체의 유유자적한 삶과 완벽한 자아에 대한 추구를 잘 체현해내었다. (그림4-3-2)[1] 어떤 면에서 보면, 편벽한 향촌 공동체 사회는 도시에서 느끼는 강렬한 정치통제와 계급의식으로부터 벗어난 영혼의 하늘이었다. '심근' 문학은 시

그림4-3-2 『기왕(棋王)』 표지

1. 아청(阿城), 작가출판사, 1998년.

대에 순응하는 차원에서 전통문화의 혈연을 접맥시키고자 시도하였으나 그들 대표적 작품들이 마르케스(Gabriel Garcia Mar´ques)나 윌리엄 포크너((William Faulkner) 등의 풍격을 수용하였기에 개방적인 면모 또한 지니고 있었다.

'심근' 문학은 생명의 자연과 원시적 상태에 대해 예찬하고, 원기 가득한 야성과 힘을 애타게 외치며, 이익 쟁탈 속에서 날로 상실되어 가는 전통 인륜과 화해, 순박한 인성을 그리워한다. 이는 현대 문명의 한계를 통렬히 느꼈기 때문이고 물화된 환경이 원시 생명력에 가하는 억압과 상해를 인지하고 소외된 인간관계와 사회 규범이 인성의 왜곡과 변태를 초래했음을 인식했기 때문이다. 또 80년대 중반 이후 지속적으로 가속화된 공업화와 도시화에 당면한 민중의 공황 심리의 반영이기도 하다. 정이(鄭義)의 『오래된 우물(老井)』은 험난한 자연환경 속에 단련된 강인한 성정과, 고달픔을 즐거움으로 삼는 인내심을 찬미한다. 왕안이(王安憶)의 『샤오바오좡(小鮑莊)』은 정성껏 그려낸 라오자(撈渣)의 이미지를 통해 잃어버린 순수함에 대한 애도와 그리움을 싣는다. 모옌(莫言)의 『붉은 수수밭(紅高粱)』은 복수와 폭력의 예리함을 기꺼이 찬미하면서까지 폭발적인 생명의 힘을 외치고 있다. 이 작품들 속에서 원래 모습 그대로 펼쳐지는 정경은 민족의 심미 정서를 뿜어내고 있다. 비록 남미의 마술적 리얼리즘이나 포크너 식의 의식류(意識流)를 모방한 흔적이 없지 않으나, 그들의 예술적 학습에는 겸용 및 조화시키되 다르게 한다는 본토화 정서가 관철되어 있어서, 예술적으로 민족 동일성에 대한 문화 자각과 정체성에 대한 자각이 두드러진다.(그림4-4-3)[1] '심근' 문학 및 그것과 비슷한 취지의 창작에 있어서, 문화민족주의는 심미 정서로서 더 많이 표출되었으며,

---

1. 모옌(莫言), 남해전파공사(南海傳播公司), 1999년.

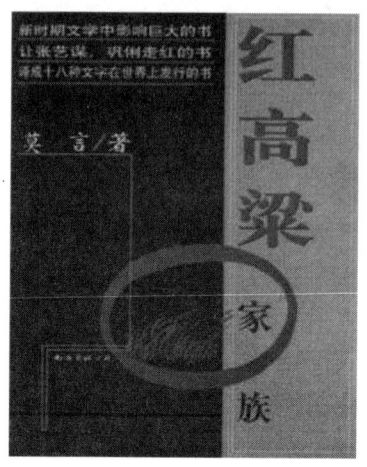
그림4-3-3 「붉은 수수밭」 표지

예술적으로 일종의 몽롱한 문화 분위기를 체현하였다. 이는 현실 문화 상태와 밀고 당기는 애매한 관계를 유지하고 있으므로 문화적 현실을 자세히 살펴볼 수 있는 가치 참조체계라고도 할 수 있다.

1985년에 다소 누그러진 문화 사상계의 분위기 속에 『넌 다른 선택의 여지가 없어(你別無選擇)』, 『무주제변주(無主題變奏)』 등의 작품이 발표되어 서구 추종의 기치 하에 서구를 학습하고자 하는 사회적 열정에 호응했다. 마찬가지로 주목해야 할 것은 80년대 마지막 몇 년은 사상 문화가 가장 격렬하게 부딪히던 시대였다는 점이다. 자유주의 사조와 그것을 막으려는 문화 권력이 동시에 자라나, 고요한 바람과 태양 아래 가만히 휘몰아치고 있었다. 이러한 문화적 상황은 보르헤스, 마르케스, 카프카, 포크너 등 선봉문학(先鋒文學: 아방가르드 문학)을 모방하는 데 필요한 토양을 제공하였다. 당시 주류 사조는 그것을 공개적으로 비판하지는 않았지만 그것을 절대적으로 수용하지도 않았다. 몰래 자라나 한밤중에 비단옷을 입고 다녀야만 하는 것, 이것은 선봉 작가들이 80년대 후반에 처한 운명일 뿐만 아니라 그들을 추천한 문학 기간지의 생존 양식이기도 했다. 또 선봉문학의 등장과 비평계의 요동은 불가분의 관계에 있는데, 긴 시간 동안 선봉 문학은 예술적으로는 훌륭하다는 평을 듣지만 상업적으로는 성공하지 못하는 애매한 상황에 처해 있었다. 『위화 작품집(余華作品集)』 3권이 1994년 중국사회과학출판사에 의해 출간되었지만 판매량은 썩 좋지 못했다. 『인생(活着)』은 1993년에 창장문예출판사에 의해 출간되었는데, 1997년까지 발행부수가 만 부를 넘기지 못하였다. 그러니 비단 옷을 입고 한밤중에 다니는 것이 바로 선봉 문학이 80년대에서 90년대 사이 선택할 수 있는 최적의 생존 방식이었던 것이다.

심근문학에서 선봉문학에 이르기까지, 문학 창작, 문학 비평, 문학 기간지를 포함한 모든 문학적 환경은 일체화에서 다양화로 향하는 분수령을 넘고 있었다. 문학 창작 면에서 보면, 리얼리즘의 독주가 끝나고, 서구로부터 들어온 고전주의·낭만주의·모더니즘에서부터 포스트모더니즘까지 각종 문예 사조가 작가들에 의해 동시에 수용되고 학습, 모방되었다. 80년대 이후부터 중국 작가들 사이에서는 서구 모더니즘 작가들의 표현 양식을 모방하는 것이 하나의 트렌드가 되었다. 위화가 말한 것처럼 "1989년부터 쓰기 시작한 사람 혹은 여전히 쓰고 있던 사람에게 있어서 소설은 더 이상 처음 생겨난 형식이 아니었다. 이것은 일종의 전통으로서 우리에게 계승된 것이었다. 여기서 말하는 전통이란 디드로 혹은 19세기 발자크, 디킨스만을 지칭하는 것이 아니라 20세기까지 살았던 카프카, 조이스 등도 포함한다. 마찬가지로 로브그리예, 포크너와 가와바타 야스나리도 배척하지 않는다."[1] 계몽주의와 비판적 리얼리즘, 모더니즘과 포스트모더니즘이 한데 뒤섞이고, 그것의 미학 원칙이 곧 중국 작가들의 서사 시각이 되어 아무런 분별없이 적용하기에 이르렀다. 게다가 중국의 번역가들은 80년대 초기에 '모더니즘'과 '포스트모더니즘'을 구분하지 않고서 '포스트모더니즘' 문학을 '모더니즘' 문학으로 간주하여 중국 독자들에게 소개하였다. 위안커자가 편찬한 『외국현대파작품선(外國現代派作品選)』은 널리 영향을 끼친 책이다. 이 책의 제3책에서는 부조리 문학, 신소설, 비트 제네레이션, 블랙 유머 등을 소개하였는데, 서구

---

1. 위화(余華), 「허위의 작품(虛僞的作品)」, 『위화작품집(余華作品集)』 제2권, 중국사회과학(中國社會科學)출판사, 1994년, p.282.

포스트모더니즘의 모범이라 일컬어지는 작가와 작품들이 여전히 '모더니즘파'의 명의 하에 수록되어 있다.[1] 문학 창작 집단이 분화됨에 따라 80년대 중반부터 등장한 청년 비평가들이 가치관·비평 용어·심미 관념 등 각 방면에서 기존의 비평가들과 현격한 차이를 드러내기 시작했는데, 이들은 정치의 구속으로부터 문학을 해방시키기 위해 힘을 합쳤다. 또 개성을 추구하던 그들은 한데 뭉쳐 있던 계몽 진영으로부터 하나 둘 떨어져나가거나 심지어 등을 지기도 하였다. 90년대 후반에는 일부 평론가들의 말처럼 이 진영의 중견들이 이미 자유좌파·자유중파·자유우파로 나뉘기 시작했는데, 이른바 신좌파(즉 자유좌파)와 자유주의(즉 자유우파)는 칼날을 마주한 채 치열한 이론 싸움을 벌였다. 문학 기간지의 경우, 신시기 초창기에는 대부분이 비슷한 양상을 띠었다. 문학이 타오르던 시대에는 작품을 발표하던 사람들이 다 사본 덕에 발행부수를 늘 높이 유지할 수 있었고, 거듭 이어지는 사건들 덕분에 잠재적인 위기를 덮고 지나갈 수 있었다. 『상하이문학(上海文學)』과 『작가(作家)』는 '심근' 문학에서 두각을 드러냈다. 가장 전형적인 것은 문학 잡지 『수확(收穫)』으로, 신시기 초창기에 발표한 대표작 『푸화의 갈림길(鋪花的歧路)』, 『아!(啊)』, 『높은 담 밑의 붉은 옥란(大墻下的紅玉蘭)』, 『범인 리퉁중 이야기(犯人李銅鍾的故事)』, 『중년이 되어서(人到中年)』, 『인생(人生)』 등에 나오는 음악 부호들로 시대의 대합창을 이루었다. 『수확』은 1986, 1987, 1988 연속 3년 동안 선봉 문학을 힘껏 추천함으로써 리얼리즘의 기치를 높이 든 『당대(當代)』나 『시월(十月)』과 차별화를 선언하였다.

선봉문학과 거의 동시기에 등장한 문학 사조인 뉴리얼리즘은 선봉 문학의 치우친 형식을 보완할 방법을 탐색했다. 뉴리얼리즘은 '어떻게 쓸 것인가'

---

1. 위안커자(袁可嘉), 둥헝쉰(董衡巽), 『외국현대파작품선(外國現代派作品選)』 제3책(상, 하), 상하이문예(上海文藝)출판사, 1984년.

만 중시하지 '무엇을 쓸 것인가'는 소홀히 하였기에 가독성이 떨어졌고 생생한 현실과 격리되어 있었다. 그러나 뉴리얼리즘은 전체적인 경향상 리얼리즘의 전통을 이어받음과 동시에 프랑스 자연주의와 뉴리얼리즘의 표현방법을 수용하였다. 인간사 사소한 일에도 관심을 보였기에, 세도와 인심의 변화를 예술적으로 반영하는 정신의 창(窓)이 될 수 있었다. 1987년을 전후로 츠리(池莉)의 『번뇌인생(煩惱人生)』, 팡팡(方方)의 『풍경(風景)』, 류전윈(劉震雲)의 『타푸(塔鋪)』, 류헝(劉恒)의 『빌어먹을 양식(狗日的粮食)』과 『복희복희(伏羲伏羲)』 등 작품이 세상에 나옴에 따라 일상 서사로의 흐름이 그 단서를 처음으로 드러내기 시작했다. 1989년 이후 사회와 문화적 상황 속에서, 인간의 정신적 곤경에 관심을 표하고 이를 부연하는 일상 서사에는 지식인의 방황 심리와 합치되는 면이 많았다. 거기다 『중산(鍾山)』 등 매체의 홍보로 각지의 작가들이 모여들었고, 이에 뉴리얼리즘 소설이 크게 유행해 90년대 전반을 풍미하기에 이르렀다. 생활의 원상태를 복원하기 위해 뉴리얼리즘 작가들은 서사 감정을 '0도 상태'까지 억누르고자 애썼다. '일정표'처럼 "배치하는 작업만 하지 편집도 가위질도 하지 않고, 기름도 초도 넣지 않았다."(츠리의 말) 이렇게 하여 '그 당시의 진실'만을 부각시켰다. 작가는 힘들고 곤혹스러운, 어찌할 바 모르는 난처한 상황을 신나게 늘어놓으며, 일상생활의 구겨지고 어지러운 모습을 고스란히 드러냈다. 작가는 '사물 자체'로 돌아가는 과정 속에서 일상의 상태를 환원시켰다. 류전윈은 울컥하는 말투로 "우리는 생활이란 마치 거대한 호랑이가 우리를 집어 삼키려는 것과 같음을 본 것만 같다." "이 세상이란 천 마디 만 마디 말로도 다 할 수 없을 만큼 복잡한 일상의 자질구레한 일들로 이루어져 있다."[1]고 말했다. 이 작가들의 풍격이 다 같지는 않고, 그중 어

---

1. 류전윈(劉震雲), 「마모와 상실(磨損與喪失)」, 『중편소설선간(中篇小說選刊)』, 1991년 제2기.

떤 작가들은 은근히 때로 엘리트의 환상을 발산하기도 하지만, 일상 서사는 그들에게 있어 이미 벗어날 길 없는 정신적 자장(磁場)이 되어있었다. 전체적으로 볼 때 그들의 서사 언어는 남김없이 현실 생존 상태 속으로 말려 들어갔으며, 그들은 자연주의 표현법으로 범속한 인생 본연의 상태를 재현하였다. 뉴리얼리즘 작가들은 평민들의 생활과 평범한 장면을 묘사할 적에 스스로 포기할 수 없는 평민주의 입장을 통해 희박하나마 생존에 대한 우환의식과 인문적 관심을 기탁하였다. 츠리가 말했다. "나는 늘 스스로에게 반항하고 싶다. 늘 커다란 세계를 쓰고 싶다.(중략) 한 민족 한 국가의 생사존망을 가장 많은 사람의 운명을 통해 하나 하나 반영해보고 싶다."[1] 작가가 일상세계를 접하고 관찰하는 것은 결코 자유로운 선택이 아니다. 이것은 특수한 문화 환경 아래 표류하는 정신이다. 생존의 암흑, 생명가치의 상실, 영혼의 유기와 침몰 상태가 일상서사를 압박해올 때, 초월의 날개는 무정히도 꺾이고 세속의 진흙 속에 더욱 깊이 빠져든다. 따라서 웅장 서사가 지니고 있는 허무함, 허위, 냉정함 그리고 전횡 등의 병폐에 대한 일상서사의 바로잡기 작업 역시 의심해 봄직하다. 일상서사는 분명 개인의 언어가 공공의 언어 공간의 견제로부터 벗어날 수 있는 가능성을 확보해주었다. 그러나 단조롭게 반복되는 일상서사 또한 마찬가지로 인성을 갉아먹은 무형의 형틀이 될 수 있다. 지식인이 위축된 채 민간에 가라앉아 살면서 평민의 일상생활을 관찰할 적에, 일상서사는 대중문화에 아부하려는 성질과 선정적인 것에 물들기 쉽다. 그리 되면 그나마 남아 있던 혹은 이제 막 싹트기 시작한 개인의 인성이 간과할 수 없을 정도로 훼손되고 암암리에 손상된다.

　　뉴리얼리즘의 예술 취향과 비슷한 것이 신역사소설이다. 이것은 모옌

---

1. 츠리(池莉), 「두 가지 반항(兩種反抗)」, 「살인 음모, 츠리소설근작집(豫謀殺人, 池莉小說近作集)」, 중국사회과학(中國社會科學)출판사, 1993년, p.372.

이 『런민문학』 1986년 제3기에 발표한 『붉은 수수밭』과 차오량(喬良)이 『해방군문예(解放軍文藝)』 1986년 제10기에 발표한 『영기(靈旗)』에서 시작되었다. 80년대 후반부에 한층 더 발전하여, 비교적 높은 예술 수준을 지닌 단편소설들이 무더기로 발표되었다. 그러나 신역사를 제재로 삼은 장편소설들은 대부분 90년대에 등장했다. 어떤 각도에서 볼 때 '신역사소설'은 뉴리얼리즘이 편애하던 일상서사의 특수한 변종이라 보아도 무방할 것이다. 성대한 역사는 '황제의 새로운 무대'가 되었고, 일상 현실을 뒤튼 거대한 역사 사건들과 역사의 흐름을 뒤바꾼 제왕과 영웅들은 패사(稗史)와 민간의 시선이라는 다각형 거울 속에 놓였으며, 위인과 정치의 '주류 역사'는 일상 속 평민들이 겪은 고난의 역정과 정신적 궤적에 부딪혀 산산이 깨져버렸다. 신역사소설의 대표적 작품들은 모두 은연중에 혹은 드러내놓고 기존의 주류 역사 관념과 정사(正史)의 본문을 뒤엎고자 하는 의도를 표출하였다. 이미 약속된 역사 주도 역량과 주류의 논리로부터 벗어나, 개인 가족의 흥망과 부침, 민중의 애환이합(哀歡離合), 제왕 장상(將相)의 용렬한 행태를 흥미진진하게 서술하였다. 역사를 일상 언어로 되돌려놓는 과정에서 '정사'에 의해 가려지거나 밀봉되어 있던 역사의 장면을 펼쳐냈다. 또 부분적이고 개별적인 사안을 역사의 심연으로 들어가는 입구로 삼아, 독자로 하여금 구체적이고도 생동감 있게 안개 같은 세상사의 변환과 예측 불가함, 허망함과 돌고 도는 이치를 깨닫게 하였다. '모든 사회생활이 가장 괴이하고 가장 세세한 끝 마디마디에 펼쳐져'[1] 재현되었다. 신역사주의의 패사에 대한 사랑 속에는 역사를 바로 잡고 보충하고자 하는 충동이 서려있으며, 현실을 재해석한 은밀한 체험이 깊이 잠겨 있다. 크로체가 말한 것처럼, 모든 역사는 당대사(當代史)이

---

1. 프랭크렌트리키아(Frank Lentricchia), 『푸코의 유산: 신역사주의론(福柯的遺産：一種新歷史主義)』, 왕펑전(王逢振) 등 『최신 서방문론선(最新西方文論選)』, 리장(漓江)출판사, 1991년, p.465.

다. 역사는 갖가지 일상 활동 사이를 맴돌며 지금 현실에 깊이 파여 들어가 있고 유동하는, 액체 상태의, 현실의 일상 정경 속에 풀처럼 스며들어 있다. 거페이(格非)는 『적(敵人)』의 창작 동기를 이야기하면서, "어떤 면에서 말해 볼 때, 이는 역사이기도 하고 현실이기도 하다."[1]라고 말한 바 있다. 이러한 글의 서사가 보여주는 권력 용어에 대한 반항과 조롱은 역사의 황당함을 꿰뚫고 있다. 그러나 서사의 마력은 문화 환각에 대한 복제에 제한되어 있다. 개인의 기억에 기초한 서사 표현은 역사의 객관성을 와해시켜, 역사는 자아의 공공 기억에 대한 복고(復古)의 환상을 만족시키는 무대로 전락한다. 언어의 권력이 역사 텍스트의 우선성 위에 놓이고, 역사 우상과 영웅 전기는 심추(審醜)[2]의 덧칠로 인해 짓밟혀 폐허가 된다. 서사하는 사람은 조각 조각의 기억을 가져다 역사 자체의 규율과 권위를 대신한다. 역사와 현재, 기억과 지금은 상호 융합은 역사의 파편을 살려내거나 봉합하기는 커녕 도리어 현재의 과거에 대한 제압만 부추길 뿐이다. 유동적이고 변환 가능한 현실에 비해, 역사는 비교적 안정된 세계이다. 그러나 직선형 인과 법칙을 깨뜨린 서사 용어로 인해 혼란과 어지러움이 생겨나, 진실과 정확함의 추구도 불가능해지고 말았다. 역사의 무궁한 가능성에 대한 추구는 역사를 돌이킬 길 없이 흩어놓았고, 역사를 검시하는 주체 앞에는 선택할 길 없는 갈림길만 가로놓여 있었다. 서사 유희를 통해 주관적으로 직선형 시간을 없앰으로써 얻은 것은 역사를 환원시키는 것도, 미래를 예측할 수 있는 자유도 아니라 자신을 더욱 어지러운 지경으로 몰아넣은 것뿐이었다. 과거, 현재, 미래가 하나의 평면 위에 뒤섞이는 것, 이것이 바로 베르그송이 말한 '시간의 공간화' 경향이다. 이런 점에서 신역사주의 소설은 웅장 서사의 반사광이라고 간주

---

1. 거페이(格非), 『거페이문집 · 적막한 소리, 자서(格非文集 · 寂静的聲音 · 自序)』, 장쑤문예(江蘇文藝)출판사, 1996년.

2. [역자주] 심미(審美)의 반대 의미이다.

할 수 있다. 그것은 표면적으로 "'과거', '현재', '미래'를 관통하는 사건의 연계와 '작용의 연계'"[1]를 갖추고 있어 보이지만 사실상 뼛속 깊은 의심으로 직선형 시간관념을 부숴버렸을 뿐이며, 더 중요한 것은 '미래'를 보는 시야도 잃어버렸다는 사실이다. 여기서 반드시 지적해야 할 것은 신역사소설과 일상서사가 비록 비슷해 보이지만, 신역사소설은 일상서사의 단조로움과 임의성(任意性)을 어느 정도 수정하여 제한적으로나마 작가의 상상의 공간을 개척하였으며, 심지어 일상서사의 범람을 한 차례 저지하기도 하였다는 점이다. 그러나 아쉽게도 신역사가 혼신의 힘을 다했음에도 조로할 숙명을 되돌리지는 못했다. 신역사의 격정이 썰물처럼 물러난 뒤, 반격의 힘을 충분히 축적한 일상서사는 명실상부하게 90년대 주류 서사방식으로 복귀하였다.

뉴리얼리즘과 신역사가 공통적으로 선호했던 일상서사에는 시간의 아득함과 무기력함이 깊이 침적되어 있다. "사람이 산다는 것은 무수히 사소한, 자질구레한, 유동적인, 때론 기쁘고 때론 답답한, 때론 이지적이고 때론 잠재적인 시간을 보낸다는 것이다. 인간의 삶은 모래알처럼 무수히 많은 순간들로 이루어져 있다."(예자오옌(葉兆言) 『염가(艷歌)』) 순간이 현실로 확대될 때 시간은 한 점으로 농축되며, 시간이 고도로 밀집될 때 영혼을 압박하는 시간의 화살은 무형 속으로 사라지고 명확한 방향을 상실한다. 이렇게 시간에 대한 감각은 막혀 꺾여버리고, 사람들은 순간을 음미하며 해방감에 도취한 채 도피상태에서 부유한다. 시선을 바로 지금 일상서사에 집중함으로써 역사에 대한 무거운 부담으로부터 도피함과 동시에, 미래에 대한 희망도 상실한 것이다. 심미적 거리가 결여된 현재에 대한 관찰은 미래 상상력을 질식시킴과 동시에, 역사를 참조하는 능력을 상실함으로 인해 필연적으로 현

---

1. 하이데거(Martin Heidegger), 『존재와 시간』, 천자잉(陳嘉映) 등 역, 삼련서점, 1987년, p.445.

세 비판 능력의 쇠퇴를 초래했다. 이렇듯 현재에 대한 매몰은 일종의 자아 감금이 되어버리고, 현재는 끝도 없는 못, 울타리 없는 감옥이 되어버렸다.

# 4절

## 모호한 심미와 사물주의(寫物主義)

90년대 문학은 요동치는 현실에 당면하여 불안한 심정으로 웃고 떠드는 중에 흥취를 실었다. 대다수 작가들은 물론 민감하다. 그래서 어지러운 외부의 충격이 가해질 때면 조급해지고 망설이며 방황한다. 그들은 당연히 확정적인 그 무엇인가가 지탱해주기를 갈망한다. 그러나 선명한 기치의 함성 뒤에는 마찬가지로 의심의 어둔 강이 꿈틀거리고 있다. 90년대 문학 주체의 새로움과 색다름에 대한 추구에는 '반풍격(反風格)'의 충동이 가득 차있는 듯했다. 그러나 개체 사이의 차이는 전체의 정신적 자장의 문화 효과를 잠식시키기에 부족했으며, 서로 다른 측면을 통해 잠재해 있는 심미 메커니즘의 침투성을 체현하였다. 또 심미 취지의 과분한 공리성과 창조 의식의 조로 현상, 그리고 선천적 기질의 부족 등으로 인해 작가의 풍격으로부터 도피하고자 하는 노력을 일종의 형식 유희로 탈바꿈시키고, 도리어 보고도 묵과하는 심미 추세에 의해 통제 당했다. 이로 인해 사람의 눈을 현란하게 하는 90년대 문학의 형식적 표현에는 여전히 상당히 안정적이고 개괄적인 심미 규범이 침적되어 있었다.

나는 본래 어스름한 시야로 90년대 문학의 총체적 면모를 서술하려고 했다. 어스름이란 곧 '미명(微明)'이기 때문이다. 그것은 새벽과 저녁의 어렴풋한 자연 상태이며, 또한 감정적인 어지러움, 심리적인 어두움과 의의의 모호함을 가리키기도 한다. 이러한 상태에는 퇴폐적이고 감상적인 석양이 길게 늘어져 있고, 희망과 환희의 새벽이 요동치고 있다. 헤겔은 이런 비유를 매우 좋아했다. "미네르바의 올빼미는 황혼이 되어야 날기 시작한다." 미네르바는 그리스 로마 신화에 나오는 지혜의 여신 아테나이다. 그녀 옆에 앉아 있는 올빼미는 사상과 이성의 상징이다. 생각건대, 어쩌면 세기 말 미명의 상태 속에서 중국문학은 가볍게 떨리는 날갯짓으로 사람을 혼미하게 만드는 함정을 빠져나와 참신한 기대와 비상(飛翔)을 준비하고 있었는지 모른다. 그러나 어스름이라는 단어가 표출하는 시의(詩意)는 표현의 정확성을 모호하게 만들기 쉽다. 이에 비해 '모호한 심미'에는 비교적 짙은 이론적 느낌이 배어 있어서 대략 흡족한 대체적 선택이 될 수 있다.

90년대 문학은 가치적인 면에 있어서 조화주의·절충주의·상대주의로써 응당 해야 할 가치 판단을 모호하게 처리했다. 또한 이것도 되고 저것도 되는 식의 다치논리학(many-valued logic)적인 판단을 주요 근거로 삼았다. 이와 상응하여 작가들은 "유예적(猶豫的) 전달법"으로 텍스트를 종결지었다. 서술자는 핵심 문제에 대해 때론 진심으로 회의를 표하기도 하고 거짓으로 회의를 표하기도 하며, 어떻게 이야기를 끌고 갈 것인가에 대해 망설이며 결론짓지 않았다. 90년대 작가들은 말 얼버무리기, 무거운 것을 피해 가벼운 것 택하기, 실제를 피해 빈 곳을 치기, 빙 둘러 가기 등에 능했다. 서술자의 중얼거림은 마치 이 모두가 어서 끝나기를, 어서 안정을 되찾기를 갈망하는 듯 들렸다. 하는 수 없이 계속 써내려가긴 하지만, 이미 더 쓸 만한 이야기도 없는 듯 말이다. 그들은 그 어느 것도 확정하지 못했다. 심지어 시간과 공간의 위치마저도 확정하지 못했다.

유예적 전달법을 통해 텍스트 구조 속에 일종의 모순 해결 능력이 갖추어졌다. 뉴리얼리즘 작가인 류싱룽(劉醒龍)·탄거(談歌)·허선(何申)·관런산(關仁山)의 작품은 모두 이런 경향을 보여주고 있다. 류싱룽의 『고난 나누기(分享艱難)』·『길 위에 덮힌 눈(路上有雪)』, 탄거의 『큰 공장(大廠)』·『작업장(車間)』, 허선의 『연말 연초(年前年後)』·『궁현(窮縣)』과 관런산의 『대설무향(大雪無鄉)』·『구월의 귀향(九月還鄉)』 등은 모두 약속이나 한 듯이 갈수록 격렬해지는 모순의 충돌을 무형의 심미적 취향으로 해결하고 있는데, 이러한 인내심 가득한 해결법을 보여주는 텍스트는 인물의 주동적 권한을 억압하여 인물의 성격을 꼭두각시처럼 마비시킨다. 『고난 나누기』 속 인물 쿵타이핑(孔太平)은 진(鎭)의 재정수입을 보장하기 위해 사촌 여동생을 강간한 양식장 경리 홍타산(洪塔山)을 놓아준다. 이러한 스토리 자체에도 이미 명확한 수식의 흔적이 보이며, 작가가 쿵타이핑의 내면의 고통을 묘사한 부분은 더욱더 다급해보인다. 이런 배경을 깔아놓은 이유는 쿵타이핑의 뜻을 굽혀 일을 성사시키고자 한 선택에 일종의 핑계를 찾아주기 위해서이다. 작가는 본래 쿵타이핑을 인내하며 무거운 짐을 짊어지고 가는 전형적 인물로 묘사하려 했을 것이다. 그러나 작가 내면의 권력을 향한 미련이 이러한 선행 주제를 와해시키고 말았다. 이 부류에 속하는 작가들의 작품에는 선으로 악을 제거하는 패턴이 암암리에 존재한다. 사람들을 감화시키고자 하는 의도에는 현실의 부족함에 대한 무기력함과 인정의 뜻이 숨겨져 있다. 작가들은 역사와 도덕의 충돌을 조화시키고자 시도하였는데, 이처럼 이쪽저쪽 다 신경 쓰다 보니 서사의 단절이 생겨나지 않을 수 없었던 것이다. 이러한 결함을 보완하기 위해 작가는 양보의 태도를 나타내는 '그러나' 혹은 '그런데'를 사용해 이야기를 이어 붙이며, 큰 폭으로 뛰어넘어 다른 곳으로 옮겨감으로써 암초를 피하고 갈라진 틈을 봉합하려 하였다. 이렇듯 무기력한 둘러맞춤 속에서 언어의 함의는 모조리 뽑혀나가, 단순한 의사 전달 도구로 전락하고 말았다. 이처럼 망설임 가득한 서사는 언어의 흐름을 정체시키고, 심지어는 서로 떨어져 있는 지각판 상태로 만들기도 하였다. 그럼에도 웅장 서사에 대한 작가의 열망으로, 창작열을 불태워가며 현실 속 쟁점을 여과 없이 텍스트 속에 집어넣었다. 이로 인해 소설의 언어는 행위와 환경의 표면 위만 떠다녔다. 새롭고 색다른 것에 대한 간절한 추구는 가치판단으로부터 도피하고자 하는 작가의 혼미함을 더욱 도드라지게 만들 뿐이었다.

90년대 문학에서 주체의 의향은 본디 격리되어 있었다. 사람이 체험한 것은 온전한 세계와 자아가 아니라 변형된 외부세계와 광적인 환유자(幻游者)와도 같은 자아였다. 사람이 가치 근거를 잃어 미아가 되면, 그 모든 행동은 아무런 의미도 없고, 황당하고 쓸모없어진다. 즉 자기 존재를 잃고 나면 영혼 없는 주체가 될 뿐인 것이다. 주체성 상실의 결과, 소설 속 인물들은 통일성을 잃었고 스토리는 산만해졌다. 장신(張欣)은 말했다. "감히 많다 할 수 없는 사람과 일을 겪고 난 뒤, 수많은 일들이 이리 가건 저리 가건 길은 다르지만 귀착점은 하나라는 사실을 발견하게 되었다. 수많은 문제들은, 단번에 정확히 해결하건 천 번 백 번을 돌고 돌아 해결하건 아무런 차이도 없다. 이른바 기회라는 것도 힘껏 뒤집건 뒤집지 않건 다 마찬가지이다."[1] '아무래도 좋다'는 식의 태도로 인해, 그녀의 작품 속에는 물 흐르는 대로 따라가겠다는 무기력함과 탄식이 수시로 나온다. 그녀는 "강철 심장을 가지지 않은 도시 사람은 하나도 없다."(『마음을 터놓을 사람이 없다(無人傾訴)』)고 말했다. 그녀는 현실에 원한을 가득 품고 있지만, 무의미한 항거 따위는 하고자 하지 않았다. 그녀가 결코 포기하지 않는 것은 모든 욕망에 우

---

1. 장신(張欣), 「나의 본분을 지키다(守我本分)」, 『소설가(小說家)』, 1995년 제1기.

정, 혈육의 정, 애정으로 버무려진 얇은 사탕발림을 하는 것이었다. 장민(張旻)은 현실과 몽환 사이 이른바 '제3의 상태'에 무한히 빠져들었다. "이것은 어떤 표준으로 잴 수 없는, 어떤 개념으로 해석할 수 없는, 진실도 거짓도 아닌 상태, 확정할 수도 없고 알 수 도 없으며, 보일 듯 말 듯, 때에 따라 변하는 상태이다."[1] 이것은 현실 바깥의 일종의 도피처였다. 이러한 것에 대한 추구로 인해 그의 작품 속 주인공들은 늘 황홀한 비상으로 내면의 말할 수 없는 고통을 엄폐하곤 하였다. 그러나 그런 것으로 외부의 억압을 없애지 못했을 뿐만 아니라 억압을 오히려 가중시키기만 하였다. 진정 소모되는 것은 억압에 대한 주체의 본능적 저항력이었다. 이로 인해 느슨한 상태 속에서 억압 받는 감옥은 편안한 왕국으로 변하고, 주체는 마취된 채 깨어나지 못했다. 영혼은 정신의 안식처와 귀의처를 잃고 사람은 놀라 떨게 할 정도의 폭력적인 방식으로 벌거 벗겨졌다. 이때 허무주의가 사람의 영혼과 골수로 스며들어 한때 찬란히 빛나던 신념도 모두 무너져 내렸다. 의지의 지향점을 상실한 인간은 직접적인 생존 상태로 돌아가 구차히 살아가는 것을 생명의 진체(眞諦)라 여기게 되었다.

진정한 비극 색채를 띠고 있는 것은 현대인이 다음과 같은 번뇌에 빠져있다는 사실이다. "어느 점에서부터 움직이건, 어느 길을 걷건, 현대인은 모두 똑같은 결론을 얻을 것이다. 그가 볼 수 있는 표면 뒤에 삶이 감춰놓고 있는 의미는, 영원히 밝히 알 수 없는 것을 발견하고자 기도한다는 것이다. 그들은 이러한 곤경에 빠져있다. 그것을 발견할 수 없음을 알면서도 이 아무 희망이라곤 없는 추구를 포기하지 못한다.(중략) 어떤 의미가 존재한다는 것을 알면서도 영원히 발견할 수 없다는 것은 비극적이다. 세계가 완전히 황당한

---

1. 장민(張旻), 「일종의 상태(一種狀態)」, 『작가(作家)』, 1995년 제2기.

것이라고 여기는 모든 생각에는 이러한 비극적 요소가 빠져있다."[1] 『사는 것은 무죄(生活無罪)』, 『아우, 안녕(弟弟你好)』, 『그런 거였군(就這麼回事)』 등 작품으로 세속화된 생활의 합법성을 적나라하게 표현한 바 있는 허둔(何頓)은 『자아 무아(自我無我)』·『히말라야산』에서 갑작스레 이런 의미에 대한 형이상학적인 추구를 표현하였다. 주인공은 '스스로 생명을 낭비하고' '아무 신앙도 없이, 자기가 무얼 해야 하는지도 모르는 인간이 되어버린' 정신적 궤적을 향해 침통한 자책과 반성을 가한다. 『히말라야산』의 머릿말에서는 니체의 명언 "사람은 목표를 필요로 한다. 허무를 추구할지언정 추구가 없을 수는 없다."를 인용했다. 주인공 뤄딩(羅定) 또한 "내가 생각하기에 남자의 본성은 자기가 좋아하는 모든 것을 위해 흔들리고, 찾으려 하고, 발견하고 추구하는 것이다."라고 선언했다. 작가의 이러한 전향이 생활 경험의 점차적 고갈과 관계없지 않겠지만, 이러한 형이상학적 지향은 결코 작가의 폐부로부터 나온 것이 아니었다. 뿌리 깊은 세속적 공리성(功利性) 목표는 여전히 꿈쩍 않고 있었다. 이상은 그저 꾸밈을 위한 금박일 뿐이다. 주원(朱文)의 작품은 부친·이상·사랑·숭고함과 같은 신성한 단어들에 본능적 반감을 표하고 있다. 그는 짓궂은 장난 형식으로 이런 것들을 마음껏 조소하고 희롱하고 풍자했다. 그는 『문화 없는 클럽(沒文化的俱樂部)』에서 다음과 같은 반서정적 '경전시'를 썼다. "아, 사랑. 너는 정말 똥 덩어리 같구나." 그러나 그는 창작 좌담회 자리에서 아주 진지한 태도로 이렇게 말하였다. "작가의 평생의 노력은 아마도 한 번의 공사와 같을 것이다. 부지런히 단어의 삽을 가지고 자신의 영혼으로 향하는 터널을 뚫고, 영혼이 본디 가지고 있는 빛을 뿜어낸다.(중략) 여기서 말한 '자신'에는 보다 광범위한 정의가 있을 수 있다. 그것은 작

1. 아르튀르 아다모프(Arthur Adamov), 『자아고백(自白)』, 마틴에슬린의 『부조리 연극(荒誕派戲劇)』, 중국희극(中國戲劇)출판사, 1992년, p.79-80에서 재인용

가 개인의 내재적 확정성일 뿐만 아니라 이것과 혈연관계가 있는 모든 요소들까지 포함한다."[1] 지극히 은폐되어 있지만 스스로 포기하고 싶지 않은 바로 이 정신의 선이, 작가로 하여금 모든 것을 해체한 후 끝도 없이 뻗어나간 정신의 폐허를 바라보며 망연자실한 황당함과 침통함을 드러내게 한 것이다.

90년대 문학의 의의 상실은 언어의 변질과 관계있다. 대중화가 급속도로 팽창되던 시대에, 상상력이라곤 없는 대중매체의 진부한 용어들이 언어를 지속적으로 표준화시키고 빈약하게 만들었다. 진정 활력 넘치는 언어들은 격식화된 언어들에 밀려나 가치 폄하되고, 그 생명력을 잃고 말았다. 이에 언어 또한 공업화 복제의 방대한 공사장으로 휘말려 들어가 공업화 언어가 탄생하였다. 작가들은 천년만년 역사에 길이 빛날 언어의 창조와 표현에 종사하고 있다고 여기지만, 기실 경직된 사상과 언어를 반복하고 있을 따름이었다. 어떤 소설가들은 일상 언어와 판연히 다른 심오하고 난삽하며 모호한 언어를 가지고 언어의 활력을 되찾으려 했지만, 소통의 어려움만 가중시켜 의의 전달을 가로막을 뿐이었다. 모든 언어는 의미와 스치고 지나갈 뿐, 모두 바다에 가라앉은 돌덩이처럼 적막히 침묵만 하고 있다. 역으로 말하자면 언어의 변질은 신앙의 상실과 신성의 몰락이라는 정신적 위기를 심화시켰다. 그러나 이러한 변질과 절망은 새로운 생명으로 통하는 계단이었는지 모른다. 아마모프가 말한 것처럼, "오늘날 우유부단한 인류가 쏟아낸 거칠고 텅 빈 언어들이 비록 사람을 실제로 두렵게 만들고 끝도 없이 황당하지만, 그것은 어쩌면 깨어있는 고독한 인간의 마음을 흔들며 맴돌지도 모른다. 그런 다음 그 사람은 갑자기 자기가 알아듣지 못한다는 사실을 깨닫고 이에 알아듣기 시작할 것이다." 따라서 이 사람에게 남겨진 유일한 임무는

---

1. 주원(朱文), 「소통에 관한 세 가지 편단(關于溝通的三個片斷)」, 『작가』, 1997년 제7기.

죽어버린 껍질을 모두 벗겨내는 것이다. "자기가 남김없이 벌거벗었다는 사실을 발견할 때까지."[1]

90년대 문학은 한편으로는 가치선택이 모호하게 변하면서 상대주의적 특징을 보여주었고, 다른 한편으로는 심미적 정감이 옅어지면서 물화(物化)된 정감 표현 방식이 보편적인 추세로 자리 잡았다. 나는 이를 물화주의라고 칭한다. 고전 정감발생학 중에서 감정이입과 의인화는 근본적인 심리 기능이자 패턴이다. 인류가 세계와 대면하는 인지도식(認知圖式) 안에서 사람과 물건을 포함한 외부 대상을 자신과 동일성을 지니고 있는 사물로 간주하고, 객관 사물을 주체화하며, 대상을 내재적 체험의 외부적 반사로 간주하면서 이성 파악의 정신적 선도 역할을 한다. 주체의 객관화 현상이 바로 감정이입 과정이다. 감정을 이입하여 자아와 대상, 자신과 타인, 내적 자아와 외적 자아의 경계를 없애고 물아일체의 경지에 이른다. 이때 개체와 자아의식은 봉쇄된 내부에서 걸어 나와 확장된다. 니체는 디오니소스에 대한 논술에서 감정이입의 정수를 생동감 있게 묘사하였다. "자신이 자신 앞에서 변화하는 것을 보고 지금 또 다시 행동을 취한다. 정말 다른 육체, 다른 성격 안으로 들어간 것만 같다."[2] 감정이입의 반면(反面)으로서, 의인화는 객체를 주체화하고 물성(物性) 속에서 아성(我性)을 발견한다. 감정이입과 의인화는 상호 보완하면서 사람 중심의 세계관을 함께 구축한다. 서구의 전통문화와 비교할 때 중국의 전통문화는 감오성(感悟性)과 모호성(模糊性)이 추상성과 논리성에 비해 한결 크다. 도기(道氣)·풍골(風骨)·문질(文質)·음양(陰陽)·중화(中和) 등의 심미 범주에는 일종의 신비성이 담겨 있으며, 사람과 세계와

---

1. 아르튀르 아다모프, 『자아고백(自白)』, 마틴에슬린의 『부조리 연극(荒誕派戱劇)』, 중국희극(中國戱劇)출판사, 1992년, p.78에서 재인용

2. 니체, 『비극의 탄생(悲劇的誕生)』, 저우궈핑(周國平) 번역, 삼련서점, 1986년, p.32.

의 관계는 보편적으로 범신론을 철학 기초로 삼는다. 그러나 실용철학을 숭상함과 동시에 피안 세계에 대한 격려가 결여된 도통(道統)은 심미 정감으로 하여금 예법규범의 심각한 제약을 받게 하였으며, 보여주기 위해 만든 종지와 내재적 요구에 위배되는 연출성을 띠게 하였다. "원래는 '인정미' 가득한 유가의 예교와 시교·악교(樂敎)의 규범 하에 모든 섬세한 도덕 감정에 대한 민감성이 점차 마비되어 갔으며, 예술적 감수성 또한 갈수록 고갈되고 단조로워졌다."[1] 중국 80년대 문학은 인도주의의 부흥, 주체성의 재건, 계몽 등의 사조에 힘입어 작가의 자아의식이 지속적으로 확장되어 갔고, 소설의 서사 정감 또한 감정이입과 의인화를 주류로 삼았다. 그러나 집단의 성정이 개인화된 표현을 억제하는 경향으로 인해 80년대 문학의 심미 정감은 선명한 연출성을 띠게 되었고, 개인의 의지에 위배되는 맹종은 정감으로 하여금 자아를 은폐하는 가면이 되게 하였다.

뉴리얼리즘 소설 이후, 문학의 심미 정감은 추상화·개인화(표면에 머물렀지만) 경향을 드러내기 시작했다. 이것은 자기를 속이고 남을 속이는, 공공화되고 가면화된 정감에 대한 반발이었다. 츠리는 말했다. "나는 그저 나 자신의 거짓된 허구의 격정을 용인할 수 없었을 뿐이다. 혹은 진심으로 풍아(風雅)의 부속품이 되고 싶었을 뿐이다.……결코 그다지 아름답지 않을 테지만, 그것은 진실이다."[2] 이와 같은 정감 환원의 경향은 진실을 표준으로 삼으므로 '아름다움'은 반드시 치러야 하는 대가가 되었다. 이에 정감은 객관화되는 동시에 거칠고 비루해지기 시작했다. 진실성을 강조하기 위해, 서사 주체의 자아의식은 점차 옅어져 이른바 '정감 개입 제로' '냉정한 객관화 서술'이 되었다. 신세대 70년대생 작가 집단의 창작을 보면, 마치 로큰롤 음악과

1. 덩샤오망(鄧曉芒), 「영혼의 춤(靈之舞)」, 둥팡(東方)출판사, 1995년, p.76-77.

2. 츠리, 「솔직히 말하다(我坦率說)」, 「츠리문집(池莉文集)」 제4권, p.225.

도 같은 서사 리듬이 서사 정감을 일종의 통제할 수 없는 발산의 상태로 몰아넣고 있다. 그러나 그들의 작품은 뉴리얼리즘 소설의 물상 중심 서사 경향을 계승하여 욕망화되고 관능화된 서사를 범람시키고 있다.

90년대 문학에서는 주체를 객관화하는 의물(擬物) 수사법이 정감 표현의 중요한 유형이 되었다. 츠리의『오고 가고(來來往往)』에 나오는 캉웨이예(康偉業)는 그의 애인 린주(林珠)가 준 예물의 시장 가격에 상당히 신경 쓰는데, 그것이 만 원짜리임을 알고 나서 작가는 이렇게 서술한다. "도리상 말하자면 캉웨이예 또한 자신의 이런 짓이 좀 염치없다는 것을 알고 있다. 마음을 표한 예물은 기러기 털이든 태산이든 시장 가격으로 값어치를 잴 수 없는 법이다. 게다가 여자 측에서는 그 가치를 자랑하고자 하는 뜻일랑 조금도 없이 그저 길한 물건이라고만 말했을 뿐이다. 그러나 사람이란 때론 고칠 약도 없어서 도리로는 이해하지만 염치없는 짓을 끝내 저지르고 만다.(중략) 그는 기어코 시장 가격을 알아내고자 한다. 마치 돈의 액수를 통해서만 린주의 그에 대한 사랑의 무게를 판단할 수 있는 것처럼.(중략) 사랑의 깊이는 돈의 많고 적고에 달려있지 않다. 그러나 돈의 많고 적고로 사랑의 깊이를 잴 수 있다. 돈은 매우 세속적이다. 그러나 어쨌든 그것은 이 세상 유일한 비교적 과학적인 가치 기준이다." 물론 작품 속 인물의 감정을 작품의 서사 정감과 한데 섞어 이야기할 수는 없다. 서술자는 돤리나(段莉娜)의 변화를 이렇게 평가한다. "얼마 전까지 이 마오쩌둥 시대의 훌륭한 젊은이는 돈 보기를 흙처럼 하였건만, 지금은 겉으로는 원수 보듯 미워하는 척하지만 더 이상 흙처럼 돈을 보지는 않는다." 돈을 감정을 재는 기준으로 삼는다는 것은 곧 정감이 이미 충분히 물화되었음을 보여준다.

허둔·수핑(逑平)·추화둥(邱華棟) 등 신세대 작가들의 작품을 보면, 도시에서 살고 있는 인물들은 영혼을 내다 팔지언정 물질생활의 권리를 내다 팔고자 하지 않는다. 허둔의 『그런 거였군』은 일인칭 서사자 시점을 빌려 사촌 여동생을 이렇게 비평한다. "그녀는 있는 힘을 다해 삶 속에서 쾌락을 건져 올리려 한다. 있는 힘을 다해 놀고자 한다. 즉 억울하게 이 세상에 왔다가 또 억울하게 재로 변하고 싶지는 않은 것이다. 이것은 일종의 진심이다." 또 다른 핵심 인물인 린야쯔(林伢子)는 인생에 대해 다음과 같은 격언을 남긴다. "난 옛날 일 얘기하는 게 제일 싫어. 미래 얘기하는 것도 싫어. 그냥 지금만 생각할래." 비관적인 숙명 의식은 허둔의 거의 모든 작품을 뒤덮고 있는데, 이러한 비관으로부터 제때 즐기자는 생각이 파생되어 나온 것이다. 『상관없어(無所謂)』에서 묘사하고 있는 것은 뜻을 이루지 못한 지식인 리젠궈(李建國)의 일그러진 인생이다. 그는 최후에 싸움을 말리다가 거리 싸움 중에 목숨을 잃는다. 소설의 마지막에 그가 생전에 한 말을 인용하고 있다. "이건 하느님이 사람을 가지고 장난을 친 거야. 네가 얻었다고 생각할 때, 개미처럼 죽게 되지." 인물의 주체성은 환경이라는 강대한 제약 속에 질식당하고, 자포자기 상태 속에서 살아가는 잉여가 되어 버린다. 『한 마리 개처럼(跟條狗一樣)』에서는 의물화 수사법을 한껏 발휘한다. 일인칭 서사자인 '나'는 이렇게 평한다. "내가 개랑 사람이랑 똑같다고 말한 것은 일리가 있어. 개는 아무리 맞아도 잘 견디지. 네가 몽둥이로 때리건 발로 차건 개는 죽지 않아. 네가 개의 목을 졸라버린다거나 칼로 개의 목을 찌르고 목구멍을 잘라버려야 그제야 죽지." 주체성을 상실한 후에 인물은 존엄성 없이 살게 된다. 그의 생명 역정은 개미나 개처럼 저급한 동물의 본능적 상태로 환원된다. 추화둥이 묘사한 도시 세계는 물질적 부로 더욱 가득 차있으며 사람의 영혼은 물질 표상의 연속이다. 그는 『손 위의 별빛(手上的星光)』에서 도시의 정감을 이렇게 개괄하였다. "현재를 주류 정신으로 삼아, 욕망을 핵심으로 삼아, 신속하고 뜨겁고 자극적이고 은밀하게. 조금만 긴장을 놓치면 이내 사라지고 만다." 그는 자신의 물화 서사에 자부심이 가득하다. "큰 호텔의 각종 미식(美食)의 명칭, 각종 유행하는 자동차의 상표, 각종 유행하는 로큰롤 음악이나 별장의 각종 시설 등 모두가 나의 작품 속에 부각되어 있다."[1] 그는 자신의 2001년 창작 계획을 이렇게 소개하기도 하였다. "여름 이후에 장편을 써서 청년들의 현재 상황을 묘사하고자 한다. 서른 안팎의 부부의 사회풍속화, 이미 다 구상해놓았다. 화훼에 관한 지식이나 가정용품 등을 포함해서. 나는 지금 상가를 구경하며 이런 물건들을 연구하고 있다. 우리가 일상적으로 사용하는 물건들을 작품 속에 집어넣어, 이 시대의 산물들에게 비망록을 남겨주려는 셈이다."[2] 이처럼 영혼을 소홀히 하는 창작은 물건의 숲속에서 길을 잃고 말며, 도시 정신의 내핵을 집어넣지도 못한다.

70년대에 출생한 작가들은 서사 정감 면에 있어 매우 냉담하다. 그들은 표면적으로 흥겨워 보이지만 뼛속에는 내재적 냉정함이 가득 차있다. 몐몐(棉棉)은 『조작된 어느 저녁(一個矯揉造作的晩上)』에서 저주하는 말투를 빌려 이렇게 말한다. "예술이란 이리저리 왔다갔다 어지럽혀야 좋다. 중요한 것은 창작가가 늘 고도의 흥취와 포만한 정신 상태를 유지해야 한다는 점이다." 이 말은 작가 자신의 체득이라 보아도 무방하다. 저우제루(周潔茹)의 『등불을 끄고 짝이 되다(熄燈做伴)』에는 이런 내용이 보인다. "무엇이 자매처럼 친밀하게 사람을 사랑하는 것인지 우리는 잘 모른다. 사람들은 서로 관계가 없다. 우리는 육체로 나뉜 개체일 뿐이다. 우리는 서로 냉담하다. 필요할 때만 서로를

---

1. 류신우(劉心武), 추화둥(邱華棟), 「다원문학 구조 속에서 자리 찾기(在多元文學格局中尋找定位)」, 『상하이문학(上海文學)』, 1995년 제8기.

2. 자오진화(趙晉華), 「중국 작가들은 2001년에 무엇을 했나?(中國作家2001年做什么)(상)」, 『중화독서보(中華讀書報)』, 2001년 2월 28일.

그림4-4-1 웨이후이(衛慧), 웨이웨이(魏巍) 그리고 몐몐(棉棉)

그림4-4-2 다이라이(戴來), 저우제루(周潔茹), 주원잉(朱文穎) 그리고 진런순(金仁順)

요구하기도 하고 서로 원수지기도 하지만 이러한 접촉은 이상하리만큼 찰나이다." 물화된 시대 속에서 타자는 자신과의 내재적 교류가 결여된 물질적 존재가 되어버렸다.(그림4-4-1)[1] (그림4-4-2)[2] 웨이후이(衛慧)는 『웨이후이처럼 미쳐버려(像衛慧那樣瘋狂)』에서 이렇게 말했다. "우선 나는 여자이고 그 다음 나는 겨우 20대 초반이다. 보통 이 정도 묘령의 나이의 여자라면 보통 다른 의미 있는 일들을 생각해야 한다. 예컨대 염색, 실크 브래지어, 남자친구, 스타의 사진, CD, 립스틱, 파티, 여드름 자국, 다이어트, 혹은 수세식 변기가 없는 삶은 상상할 수조차 없다." 여기서 '남자친구'를 다른 물건과 나란히 배열함으로써 냉혹한 실용주의적 정감을 미묘하게 드러내고 있다. 소설에서는 동물원 얼룩말이 교배하고 있는 장면을 묘사하고 있는데, 이를 통해 작품 속 인물의 관능적 태도를 은유하고 있다. 작품은 화이트칼라 아가씨인 아비(阿碧)의 입을 통해 이렇게 대신 말한다. 얼룩말의 성행위는 '밥 먹고 잠자는 것처럼 그렇게 통상적으로 진행되었다. 민정국에서 혼인증명서에 도장을 찍어주는 공무

1. 1998년 7월호 『작가』 '70년대 출생한 여류작가 전문호' 앞표지의 뒷면.

2. 1998년 7월호 『작가』 '70년대 출생한 여류작가 전문호' 뒤표지의 안쪽 면.

원처럼 냉정하고 평온하게, 공무를 처리하듯이.' 주인공 아후이는 상업 논리에 밝아서 자기를 상품화하여 필요한 것과 바꾼다. 에리히 프롬(Erich Pinchas Fromm)은 상업화 사회의 도덕 위기를 이렇게 평했다. "우리에게 닥친 도덕 위기는 자신에 대한 냉담함이다. 이런 상황이 발생한 이유는 우리가 개인의 의미와 개성에 대한 감각을 상실했기 때문이다. 우리는 스스로를 자신 이외에 다른 목적을 실현하기 위한 도구로 만들었다. 자신을 상품으로 간주할 뿐만 아니라 상품으로 사용한다. 자신의 힘은 그렇게 소외되었다."[1]

의물화가 정감의 내재적 논리로 되었을 때, 물아일체의 감정이입은 이미 물 건너 가버린다. 물(物)과 아(我)의 이익만을 위한 접촉 속에서, 표면적인 분합(分合)은 더 이상 내재적 영혼을 건드리지 못하고, 정감은 표층에 머무른 채 깊이 들어가기를 거부하며 또 언제고 몸을 빼 후퇴할 보편적인 정서를 준비한다. 장신의 『부세연(浮世緣)』에서 루이핑(瑞平)은 오래 사귄 여자 친구와 이별하고 태국 부호의 딸과 결혼하기로 결심하면서 매우 이성적으로 '수업 준비를 하듯, 마음속 여러 생각들을 정리했다.' 그리하여 얻은 결론은, '사랑이란 일종의 감각. 제아무리 위대한 사랑이라 해도 삼년, 오년을 버티지 못하지. 남은 것은 감정, 친근한 느낌, 마음에 걸림, 의지, 협력 대상, 성질부리기, 말하기, 교류하기, 발 따스하게 해주는 사람 등등, 이 모두는 보편적인 정서일 뿐, 더 이상 그런 독특한 감각이 아니다. 그래서 중요한 것은 하루 하루 잘 사는 것이다. 사람은 능력이 있어야 자기가 사랑하는 사람을 돌봐줄 수 있다. 이건 이보다 더 간단할 수 없는 이치이다.' 이와 같은 회의와 절망이 작가 자신을 휩싸고 있다. 이것은 자욱한 안개가 되어 서사 정감의 기조를 이룬다. 작가는 『창작은 일종의 생활방식(寫作是一種生活方式)』에

---

1. 에리히프롬, 『자신을 찾는 인간(Man for Himself)』, 천쉐밍(陳學明) 번역, 공인(工人)출판사, 1988년, p.323-324.

서 자신의 창작 경험을 말하면서, '창작이란 예술을 위해 희생하는 것이라고 여기던 것'에서 창작을 '일종의 생활방식'으로 여기게 되었다고 진술한 바 있다. 격정이 가라앉은 후 창작 또한 보편적인 정서 상태로 진입한다. "그때는 문학의 길을 따라가며 미친 듯이 뛰었는데, 그것은 출세하기 위해서, 남보다 뛰어나기 위해서였다.(중략) 그러나 지금은 어찌 되었던 성숙해졌고, 평상심을 지니게 되었다. 문학도 이미 평상적인 것이 되었다. 우리가 어떻게 평상적이지 않을 수 있겠는가? 대세는 이미 떠나갔다. 그럼에도 그 나머지 3할을 붙잡고자 한다면, 어찌 쉬운 일이겠는가."[1]

욕망 앞에서 붕 뜬 채 표류하는 정감은 겨우 외재적인, 희박한, 허위의 한층 사탕발림에 지나지 않는다. '천 호랑이(布老虎)' 총서의 서사 정감은 바로 보편적인 정감에 맞추어져 있다. 총서의 기획자인 안보순(安波舜)은 독자층을 이공계 지식인을 중견으로 하는 중산계급에 맞춰놓고서 그들의 정감적 수요에 적극 영합하고 있다. "그들이 특히 좋아하는 것은 진융(金庸) 작품에 등장하듯 매우 복잡다단한 사건 속의 단순하고도 아름다운 사랑과 기이한 운명이다.(중략) 사람이 기억할 수 있고 자신의 인생에 끼친 영향이 가장 컸음을 입증할 수 있는 것은 여전히 동화이다."[2] 자오메이(趙玫)의 『랑위안(朗園)』, 장캉캉의 『사랑 화랑(情愛畵廊), 피피(皮皮)의 『격정에 대한 갈망(渴望激情)』과 『예들 들어, 여인(比如女人)』, 톄닝(鐵凝)의 『비 안 오는 성(無雨之城)』과 『대욕녀(大浴女)』, 원시(文夕)의 『들에 핀 난화(野蘭花)』·『해당화(海棠花)』·『양귀비꽃(罌粟花)』 등은 모두 '정'으로 사람을 미혹한다. 그러나 작품 속 서사 정감은 모두 선정적인 취향을 띠고 있다. 섬세하고 은밀한 정감

1. 장신(張欣), 『창작은 일종의 생활 방식(寫作是一種生活方式)』, 허전방(何鎭邦), 리광나이(李廣鼐) 『명가의 그림자(名家側影)』 제3집, 산동문예출판사, 2000년, p.135-138.

2. 안보순(安波舜), 『"천 호랑이"의 창작이념과 추구(布老虎"的創作理念與追求)』, 『남방문단(南方文壇)』, 1997년 제4기.

적 체험을 우여곡절 가득하고 기이한 스토리로, 복잡하게 얽히고설킨 인물 관계로, 애달프고 절망적인 장면으로 외화(外化)한다. 『사랑 화랑』의 패륜을 방불케 하는 주제와 몽환적인 '이상'은 정감의 심층에 온축되어 있는 것들을 모조리 뽑아 없애고, 가식적인, 단번에 그 끝을 알 수 있는 사랑 '동화'로 만들어버린다. 모든 정감에는 그저 문화의 가면만이 씌워져 있을 뿐이다. 광저우(廣州)에 살고 있는 장메이(張梅)는 많은 작품을 통해 도시인의 이와 같은 보편적 정감 상태를 표현해왔다. 서사자는 맑은 정신으로 모든 것을 환히 꿰뚫어본다. 그래서 더 이상 비판할 격정을 잃은 채 그저 아직은 철저하지 않은 절망 속에서 은은한 공감을 드러낼 뿐이다. 『흔들리는 봄날(搖搖擺擺的春天)』, 『아이런을 내게 돌려줘(把艾仁還給我)』, 『겨울의 위대한 파트너(冬天的大排檔)』 등은 일상화된 서술 속에서 번화한 도시의 황량한 영혼을 보여준다. 사람들은 모두 고독을 두려워한다. 심지어 창녀까지도 고독으로 인해 탄식한다. "정말 고독해. 마음이 온통 고독에 의해 텅 비고 말았어." 욕망과 고독의 악성 순환 속에서, 심령의 교류는 설 자리가 없다. '천 호랑이' 총서에 나오는 사랑 동화 역시 이러한 '거짓이 진실이 될 때 진실 역시 거짓'인 것 같은 착각이다. 선전(深圳)에 살고 있는 자유기고가 먀오융(繆永)의 『욕망의 거리로 차를 몰고 나가다(駛出欲望街)』와 『광메이 아가씨(廣梅小姐)』에서는 돈과 물욕에 에워싸인 특별구 사람들의 정감 생활을 묘사하고 있는데, 작품 속의 주인공은 정감을 물질로 보상할 수 있는 도박으로 여긴다. 이에 정감은 '술로 기분을 풀고, 섹스로 위안을 삼듯' 편리하고 빠른 '진통제'가 된다."[1] 그러나 정감과 이성의 장기간 별거는 육체의 기계화를 가속화하고, 끝내 초조함을 없애지 못하여 도리어 초조함을 가중시키고 만다.

의물화와 보편적 정서의 상호작용 속에서, 정감의 의향성(意向性)은 더

---

1. 먀오융(繆永), 「단단한 도시(堅硬的都市)」, 『중편소설선간(中篇小說選刊)』, 1999년, 제1기.

욱 모호해져 주체성으로부터 이탈된 맹목적 움직임이 되어버린다. 정감이 물욕의 조정을 당한 결과, 정감은 숫자화되고 기술화된다. 로브 그리예(Alain Robbe Grillet)가 말한 것처럼, "사람의 본체론적 관념이 멸망하면, '조건적' 관념이 '본성적' 관념을 대신한다. 물건의 표면도 더 이상 그것의 '마음'의 가면을 감추지 않는다.('마음'은 문이다. 형이상학으로 통하는 가장 두려운 '초월'이다.)"[1] '물'의 논리가 '사람'의 논리를 대신하면서, 원래 '물'을 지배하던 '사람'은 지배의 대상이 되어버리고, 이에 롤랑 바르트(Roland Barthes)가 말한 '물의 문학'[2] 이 등장하게 된다. 감정이입과 의인화의 논리 속에서, 주체와 대상은 '나와 너'의 관계이다. 그러나 의물화와 보편적 정감의 논리 속에서, 주체와 대상은 '나와 그것'의 관계이다. 마르틴 부버(Martin Buber)는 사람이 이중 세계에 당면해 있기 때문에 '나와 너'의 관계와 '나와 그것'의 관계로 이루어진 두 개의 세계의 구분이 생겨난다고 말했다. 전자에 있어 대상과 '나'는 불가분의 관계이다. 나는 사물을 '너'로 여기므로 그 자체가 절대적이고 유일하다. "'너'와의 관계는 빈 틈 없이 직접적이다. 그 어떤 개념체계도, 타고난 양지(良知)도, 몽환적인 상상도 '나'와 '너' 사이에 가로놓여있지 않다."[3] 그러나 후자에 있어 대상은 자기와 떨어진 객체이다. 주체는 대상을 '내'가 가서 점유하고 이용해야 할 '그것'으로 간주한다. 90년대 문학의 심미 정감은 이처럼 대화하는 '나와 너'의 관계에서 격리된 '나와 그것'의 관계로 바뀌었다. 이는 물론 이 시기 상업 경제의 고도 발전과 밀접한 관계가 있다.

1. 알랭 로브그리예(Alain Robbe-Grillet), 「미래 소설의 길(未來小說的道路)」, 뤼퉁류(呂同六) 주편, 『20세기 세계소설 이론 경전(20世紀世界小說理論經典)』(상), 화샤(華夏)출판사, 1995년, p.523.

2. 롤랑 바르트(Roland Barthes), 「물의 문학(物的文學)」, 『상하이문론(上海文論)』, 1991년 제1기.

3. 마르틴 부버(Martin Buber), 『나와 너(我與你)』, 천웨이이강(陳維綱) 번역, 삼련서점, 1986년, p.27.

# 제5장

## 미술

중국의 문화적 맥락에서 미술은 미와 관련된 조형예술을 지칭하는데, 대체적으로 국화(國畫), 유화, 판화, 세화(歲畫), 연환화(連環畫), 조소, 장식 등 8가지로 나눌 수 있다. 신시기 진입 이후 미술의 개념이 확장되어 매체 예술, 비디오 예술, 설치 예술, 행위 예술, 보디 페인팅 등 수많은 유형이 포함되면서 사람들의 시야가 넓어지고 내면 체험이 더욱 풍부해졌다.

한 시대의 심미문화 현상은 직, 간접적으로 당시 사회의 정치제도와 경제생활의 통제를 받는다. 심미문화의 중요한 형식인 중국의 당대미술은 전반적으로 계획경제 시기의 대중예술에서 시장경제 시기의 대중예술로 바뀌는 추세를 보였다. 유화를 놓고 보면, 신중국 건립 이후 '17년 시기'[1]의 '소련화' 미술이 붉은 '문화대혁명 미술'을 거쳐 '85미술 신사조' 및 오늘날의 '포스트모더니즘 미술'로 발전하였다. 국화는 전통적인 '6기(六技)'에서 지금의 '필묵은 가치가 없다[2]'로 변하였고, 조소는 사실주의에서 추상주의로 나아갔다. 판화 또한 단조로운 흑백 나무조각에서 색채 다양한 착색, 망사, 동판, 수인(水印)[3] 등으로 변화했다. 정신적 면에서 볼 때, 이러한 작품들은 폐쇄와 속박에서 벗어나 자유와 개방으로 나아가는 사회의 전반 전환 과정을 입증해준다. 1949년 이래 반 세기 남짓 되는 기간 동안의 미술작품을 돌아보다 보면, 시대의 흔적이 남아 있는 이 '유기물'을 통해 비록 이미 사라졌지만 여전히 생생하게 남아있는 지난날의 표정들을 떠올릴 수 있다. 시간이 지날 수록 더 뚜렷해지는 시각적 이미지들은 변함없는 모습으로 반세기 가까이 중국인이 겪었던 심리적 여정과 변화 과정을 그려냈다.

---

1. [역자주] 중화인민공화국 성립(1949)부터 문화대혁명(1966)까지를 지칭한다.

2. [역자주] '구체적인 화면을 떠난 필묵은 가치가 없다'는 뜻으로, 우관중(吳冠中)이 한 말이다.

3. [역자주] 수성 안료만을 이용하는 중국 전통의 목각화 인쇄를 말한다.

# 제1절

## '감히 해와 달에게 새 세상을 열라고 한' '17년 시기'

신중국 건립 이후 17년이 중국 미술사에서 차지하고 있는 위치는 독특하다. 이 시기 동안 앞으로는 마오쩌둥(毛澤東)의 〈옌안 문예좌담회에서의 연설(在延安文藝座談會上的講話)〉 정신을 바로 전승하고, 뒤로는 '문화대혁명' 10년 동안의 미술계 분위기를 조성했다. "이 시기만큼 미술의 구세(救世) 기능을 중시했던 시기는 없고, 이 시기만큼 미술의 대사회 봉사를 극력 요구했던 시기도 없다."[1] 이 시기 미술은 처음부터 정권을 공고히 하기 위해 그리겠다는 목적을 분명히 했다. 정치와 이데올로기 요구에 부합하기 위해 전통 취향과 풍격을 전면 개조하는 한편, 서구의 기법과 주제도 새롭게 가공했다. 작품의 주제 면에서 이 시기 미술 창작은 당시 국내·외에서 발생했던 일련의 사회, 정치, 군사적 중대 사건을 주로 다루었는데, 이데올로기 추진에 적극 협력하면서 혁명 기계의 '기어와 나사' 역할을 담당했다. 기법과 풍격을 보면, 지나치게 우아하고 여유롭고 청고한 전통 문인사대부들의 특색을 전면적으로 수정하고, 농공병(農工兵)을 적극 끌어들여 그들의 취향과 심리에 부합하는 등 뚜렷한 대중화 경향을 드러냈다.

오늘날의 시각으로 볼 때 당시 '대중화'에는 다음과 같은 두 가지 내용

---

1. 천뤼성(陳履生), 『그림으로 보는 신중국 미술사(新中國美術圖史)』, 중국청년(中國青年)출판사, 2000년, P.2

이 포함되어 있다. 첫째, 우선 확실한 민주화, 세속화 경향을 지니고 있다. 광대한 인민대중의 형상과 생활을 처음으로 화면 중심에 배치함으로써 예술과 대중 사이의 거리를 좁혔다. 둘째, 이런 변화는 이데올로기적 지향을 은연중 내포하고 있다. 즉 무원칙적 대중화가 아니라 평이한 형식을 통해 신정권에 부합하는 새로운 사상, 새로운 규범을 사람들의 머리 속에 주입함으로써 낡은 의식이나 낡은 관념, 낡은 취향을 개혁하고자 했다. 이처럼 '속으로는 새 것을 받아들이고 싶어하지만 겉으로는 아닌 척하는' 태도로 인해 '17년 시기' 미술에는 특이한 면모가 생겨났다. 당시 '감히 해와 달에게 새 세상을 열라고 한'[1] 삶의 열정과 사회 현실을 진실하게 기록하는 반면, 과도한 정치적 개입으로 인해 형식화, 관념화, 구호화로 나아갔다. 이 시기 모든 미술 영역에서 이러한 모순과 대립은 예외 없이 나타났다.

## 1. 미술의 대중화

미술의 대중화는 일찍이 1942년 옌안 문예좌담회에서 이미 중요한 창작 원칙과 실천 방침으로 확립되었으며, 신중국 건립 후 한층 더 강화되었다. 이른바 대중화란 예술 형식 면에 있어 광대한 대중의 수용 심리와 감상 습관에 더 가까이 다가가 최대한 이를 강조하는 것을 말한다. 당시 오직 이런 작품만이 사람들로부터 사랑을 받을 수 있었고, 또 사상 개조와 정신 개조를 위한 편리한 문을 활짝 열어 신정권을 공고히 하는 역할을 담당할 수 있었다. 따라서 구시대의 미술을 개조하는 작업이 급선무였다. 개조의 범위에는 세화, 연환화, 국화, 서양화, 판화 등 구체적인 미술 형식이 포함

---

1. [역자주] 마오쩌둥의 칠율(七律) 「소산에 이르러(到韶山)」에 나오는 구절이다.

되어 있었고, 개조의 깊이에 있어서도 내용과 형식 차원의 혁신뿐 아니라 창작 원칙의 변환과 조절까지 포함되어 있었다.

민간문화 풍격을 지니고 있는 세화와 연환화 등이 가장 먼저 혁신 대상이 되었다. 민간문화는 본질적으로 자발적인 예술형식으로서 '거침없이 표현하는' 특징을 지니고 있다. 거기에는 자발적인 인도주의 정신과 항쟁 정신, 민주정신이 포함되어 있는가 하면 천년 동안 답습해온 황권의식과 봉건사상 계급개념도 포함되어 있다. 전통을 차단시키고 혁신을 추구하던 신중국에서 이런 봉건적 잔재는 반드시 제거해야 했다. 신중국 건립 초기 선옌빙(沈雁冰) 문화부 부장은 일찍이 『인민일보』에 〈신중국 세화에 관한 지시(關於新中國年畵的指示)〉라는 제목의 글을 발표하고 세화 개혁과 관련해 다음과 같은 요구를 제기했다. "진보적 문예 일꾼들이 광대한 아동과 노동 인민들이 즐기는 연환화라는 군중 문예 형식을 장악함으로써 군중의 문화 생활을 향상시키는 강력한 무기로 삼는 것, 이것이 현재 문예 활동에 있어서의 절박한 요구이다."[1] 이 글이 신문에 개재되자 전국적인 세화 및 연환화 개조 붐이 일었는데, 유화, 판화, 국화, 만화에 종사하던 수많은 직업 화가들이 이 대오에 합류하면서 신중국 미술사에서 명성 높은 '신세화 창작운동' 및 '구연환화 개조운동'이 전개되었다. 이 운동을 통해 얻은 수확은 제법 풍부했다. 전통 주제에 변화가 생겨나, '문신(門神)'은 전쟁 영웅으로, 전족한 미인은 노동여성으로 탈바꿈하였다. 또 중국 전통 희극의 내용은 농공업 생산, 대중의 생활, 민족 대단결, 항미원조전쟁[2] 등 새로운 시기의 내용으로 대체되었다. 예를 들어 린강(林崗)의 〈군영회의 자오구이란(

---

1. 충원(崇文), 「50종의 소인서(小人書)에 관하여」, 『인민일보(人民日報)』, 1950년 5월 28일

2. [역자주] 6·25한국전쟁을 일컫는 중국정부의 공식적인 명칭이다.

그림5-1-1 린강(林崗)의 〈군영회에서의 자오구이란(趙桂　　　그림5-1-2 산잉구이(單應桂)의 〈평화 행복(和平幸福)〉 (연화)
蘭)(연화)

趙桂蘭)(群英會上的趙桂蘭)〉(그림5-1-1)[1], 산잉구이(單應桂)의 〈평화 행
복(和平幸福)〉(그림5-1-2)[2], 왕수후이(王叔暉)의 〈서상기(西廂記)〉, 허
유즈(賀友直)의 〈산촌의 변화(山鄕巨變)〉, 화싼촨(華三川)의 〈백모녀(白毛
女)〉 등은 모두 강한 대표성을 지닌 작품들이다. 1958년 정치적 '대약진'
의 시작과 더불어 신세화도 전성기를 맞이하는데, 당시 전국적으로 발행
한 신세화만 해도 6억 장 가량이었으니, 1인당 한 장씩 소유한 셈이었다.

　　세화 개조의 성공은 국화 개조에 대한 열망을 불러 일으켰다. 1949년
7월에 개최된 신중국 제1회 전국그림전시회에 556점 작품이 전시되었는
데, 그 중에서 국화는 28점밖에 되지 않았다. 중국 국화는 "현실 도피적
인 '풍아주의(風雅主義)'와 '주관주의'[3]적 성격으로 인해 낡은 문예범주로
간주되었다. 또한 중국 전통 국화는 문인사대부와 줄곧 연결되어 있기 때
문에 국화에 대한 개조는 곧 지식인의 개조이면서 한가롭고 개인주의적인

---

1. 천뤼성, 『그림으로 보는 신중국 미술사(新中國美術圖史) (1949~1966)』, 중국청년출판사, 2000년, P.84.

2. 천뤼성, 위의 책, P.96.

3. 류시린(劉曦林), 『민족예술의 위대한 공적: 1901년에서 2000년까지의 중국화(民族藝術的豐碑——1901年至2000
年的中國畵)』, 『국화가(國畵家)』, 2002년제1기.

사상관념의 개조이기도 했다. 따라서 1950년 '신국화운동'이 시작될 무렵의 주제는 어떻게 전통의 구속에서 벗어나 국화를 새롭게 거듭나게 하느냐하는 것이었다. 쉬베이훙(徐悲鴻)은 〈산수화를 논함(漫談山水畵)〉에서 "예술이 필요로 하는 것은 현실주의적인 오늘이다. 한가로운 정취의 산수화로는 (중략) 인민 교육에 어떤 작용도 일으키지 못할뿐더러 다른 적극적인 역할도 하지 못한다. (중략) 똑같이 천부적 재능을 사용한다면, 사람들에게 감상을 제공하고 사람을 고무시킬 수 있는 작품이 석계(石谿)나 석도(石濤)의 산수화보다 낫지 않을까?"[1]라고 말한 바 있다. 새로운 시대 정신에 힘입어 그 후 오랜 시간 동안, 자발적이든 비자발적이든, 본디 문인산수화 익숙해 있던 국화 화가들이 분분히 전향하여 소박한 사회생활과 매번 발생하는 정치운동에서 제재를 취했다. '신국화 운동'은 또 새로운 창작 원칙을 제기함으로써 현실주의 원칙의 핵심적 지위를 더욱 확고히 했다. 화가들은 전통적인 국화 기법이 새로운 사물을 표현하는 데 방해되지 않을뿐더러 현실주의 원칙에도 적용될 수 있다는 인식을 보편적으로 갖게 되었다. 이 문제에 대해 1953년 아이칭(艾靑)은 "산수화 창작은 실제로 존재하는 산수를 그려야 한다." "풍경화는 반드시 야외에 나가 묘사해야 한다."[2]는 현실주의 원칙을 명확히 제기하였다. 이때부터 화가들은 자연 깊숙이 들어가고 논밭을 찾아가기 시작했으며, 전통적인 산수 인물을 변형시켜 새로운 내용을 부여하였다. 이렇게 해서 시대 기풍과 사회 변화를 보여주는 수많은 국화 작품이 탄생하였다. 지금도 우리는 리커란(李可染) 명의의 〈토지개혁으로 늙은 황소를 배당받다(土改分得老黃牛, 1950)〉뿐만 아니라, 푸바오스(傅抱石)의 〈앞 다투어 공량을 더 바치다(踴躍多交公糧, 1950)〉와 풍수

---

1. 쉬베이훙(徐悲鴻), 「산수화를 논함(漫談山水畵)」, 「신건설(新建設)」, 1950년 제1권, 제12기.

2. 아이칭(艾靑), 「중국화를 논함(談中國畵)」, 「문예보(文藝報)」 1953년 제15기.

도(豐收圖, 1952) 등을 감상할 수 있다. (그림5-1-3)[1] 국화의 리더격인 이 두 인물이 창작 내용에 있어 '기치를 바꾼 사건'은 당시 대단한 시범 작용과 모범 작용을 일으켜 국화 개조붐의 '한 점 불꽃'이 되었다. 이 외에 〈카오카오 엄마(考考媽媽, 1953년, 장옌/姜燕)〉(그림5-1-4)[2], 〈며느리가 동학(冬學)을 다니다(婆媳上冬學, 1954년, 탕원쉬안/湯文選)〉(그림5-1-5)[3], 〈쌀 한 톨 한 톨마다

그림5-1-3 푸바오스(傅抱石)의 풍수도(豐收圖) (국화)

모두 고생이 배어 있다(粒粒皆辛苦, 1955년, 팡쩡셴/方增先〉 등은 모두 이 시기 대표작으로서, 소박한 생활 정취와 대중적 취향을 보여주고 있다. 그러나 이로 인해 이 시기 국화는 또 단조로운 경향을 띠게 되었다. 사실주의 사상이 국화 고유의 다원적 표현 공간을 억압했기 때문이다. 마오쩌둥이 1956년에 '예술의 백화제방(百花齊放)' 방침을 제기하자 국화계에서는 기법, 형식, 내용 등 면에 있어 '국화 예술 발전'에 관한 대토론이 벌어졌는데 수많은 예술가와 평론가들이 이 토론에 참여했다. 그러나 얼마 지나지 않아 '큰 문제에 있어 자신의 관점을 자유롭게 말하던' 미술가들이 숙청되면서 개성 있고 한적한 풍격의 회화는 한층 더 억압받았다. 그 후 한동안 소위의 '창안화파(長安畫派)', '장쑤화파(江蘇畫派)', '링난화파(嶺南

---

1. 그림 출처는 천뤼성, 위의 책, P.111.

2. 그림 출처는 천뤼성, 위의 책, P.113.

3. 그림 출처는 천뤼성, 위의 책, P.124.

畫派)’ 등이 등장하기도 했지만 회화 제재나 표현 기법 면에 있어 전례 없이 단일한 경향을 보였다. 1956년 이후는 도로를 정비하는 노동자, 자동차, 전봇대까지 대량으로 국화 속으로 쏟아져 들어와 주요 표현 대상이 되었다. 이에 대해 푸바오스(傅抱石)는 "정치가 주도권을 잡으면 서화도 달라진다."[1]라고 표현하였다.

그림5-1-4 장옌(姜燕)의 〈카오카오 엄마〉 (국화)

그림5-1-5 탕원쉬안(湯文選)의 〈며느리가 동학(冬學)을 다니다〉 (국화)

유화도 이 시기 전면적인 개조에 직면하게 되었다. 서구 문화의 대표인 유화는 더 엄격한 이데올로기의 검열을 받지 않을 수 없었다. 그러나 옌안(延安) 근거지 시기에는 '루쉰예술학원(魯迅藝術學院)' 미술가들이 유화를 혁명 근거지로 끌어 들여 참신한 내용을 부여했다는 특수한 역사적 이유 덕분에 개조와 규탄의 목소리가 상대적으로 낮았다. 내용을 크게 개조하지 않아도 사람들은 이미 정치적 감정으로 미술을 받아들였다. 또한 서구로부터 들어온 유화는 이 시기 문예 외교의 중임을 짊어졌기에 유화 본연의 특색을 유지하면서 '세계와의 교류' 기능을 담당할 필요가 있었다.

1949년 신중국 건립부터 1963년 중소 관계가 단절되기까지 약 15년 동안, 유화는 정치와 마찬가지로 뚜렷한 '소련화' 특색을 나타냈다. 이 시기 중국은 큰 영향력을 지닌 24

---

1. 푸바오스(傅抱石), 「정치가 주도권을 잡으면 서화도 달라진다(政治挂了帥, 筆墨就不同)—장쑤 중국그림 전시회로에서 얻은 단상(從江蘇省中國畫展覽會談起)」, 「미술(美術)」, 1959년 제1기.

명의 화가와 이론가를 차례로 구소련 레핀 미술아카데미(Repin Academy of Fine Arts)에 파견하였다. 귀국 후 이들 대분분은 국내 여러 미술학원으로 파견되어 교육에 종사하면서 소련의 유화 기법을 보다 널리 알림으로써 치스짜커프(ПавелПетровичЧистяков) 소묘 교육 체계를 중국 미술계에 널리 전파했다. 1955년 2월, 구소련 정부는 저명 유화가 막시머프(Максимов Константин Мефодьевич)를 파견하여 베이징의 중앙미술학원에서 '유화 연수반'을 열었는데, 연수생 명단을 보면 거의가 당시 미술계의 중추들이었다. 그중 허우이민(侯一民), 잔젠쥔(詹建俊), 진상이(靳尚誼), 허쿵더(何孔德) 등은 훗날 '유화의 대가'로 성장했다. 그러나 '소련화'는 결과적으로 예술 풍격의 단일화를 초래하여 러시아 유화 풍격 일색이 되고 말았다.

유화의 전면적 소련화를 보고 많은 것을 느낀 수많은 이론가들은 비로소 '민족화' 문제를 제기하였다. 둥시원(董希文)은 "우리의 모든 문예는 자신만의 민족적 풍격을 지녀야 한다. (중략) 중국 풍격을 지닌 유화, 회화의 풍격 면에서 봤을 때 이것이야말로 우리 유화가들의 목표일 것이다."[1] 라고 명확하게 지적했다. 그렇다면 '중국풍'이란 과연 무엇일까? "유화에 우리의 민족적 특색을 발양할 수 있을지는 본질적으로 화가의 피 속에 자기 민족의 예술적 요소가 있는지를 먼저 물어야 한다. 더 높은 차원에서 말하자면 이는 중국 인민이 좋아하는 예술적 감상 습관과 좋아하는 정도를 얼마만큼 고려했는지와 관련되는 문제이다."[2] 그 후 한 차례 화가들의 티베트행이 있었는데, 그 목적은 유화의 민족화 개조를 진행하기 위함이었다. 이번 티베트행으로 우관중(吳冠中)의 〈타쉬룬포 사원(Tashilhunpo

---

1. 둥시원(董希文), 「중국 회화 표현 방법으로부터 본 중국 유화풍(從中國繪畫的表現方法談到中國油畫風)」, 「미술」 1957년 제1기.

2. 둥시원, 「중국 회화 표현 방법으로부터 본 중국 유화풍」, 「미술」, 1957년 제1기.

그림5-1-6 우관중(吳冠中)의 〈타쉬룬포 사원(紮十布倫寺)〉(유화)

Monastery)〉(그림5-1-6)[1], 〈노불링카(Norbulingka)〉, 둥시원의 〈경축수확(慶豐收)〉, 〈행복한 노래는 불러도 불러도 끝 없네(幸福的歌兒唱不完)〉, 자오유핑(趙友萍)의 〈대표회의에서의 부녀위원(代表會上的婦女委員)〉 등 일련의 명작들이 탄생했다. 이번 사생은 유화의 '민족화'를 탐색하는 데 많은 계시를 주었을 뿐만 아니라, 유화 창작에서의 민족적 제재 개발 차원에도 많은 경험을 쌓는 등 심원한 영향을 끼쳤다.

이 시기의 판화 역시 신중국 찬미라는 주선율에 합류했다. 판화는 우수한 혁명 전통을 지니고 있었기에 루쉰이 극력 떠받들었을 뿐만 아니라, 옌안 미술의 주요 형식이기도 했다. 따라서 당시 가장 믿음직한 '문예 무기'로 간주되었다. 사회주의 공업건설과 농촌 토지개혁, 노동 시합, 항미원조[2], 티베트 반란 평정 등을 반영한 일련의 우수한 작품들이 대량 등장했는가 하면, 리환민(李煥民)의 〈티베트족 여자아이(藏族女孩)〉(그림5-1-7)[3], 우판

---

1. 그림 출처는 천뤼성, 『그림으로 보는 신중국 미술사(1949~1966)』, 중국청년출판사, 2000년, P.220.

2. [역자주] 즉 6·25한국전쟁을 일컫는 중국정부의 공식적인 명칭이다.

3. 그림 출처는 천뤼성, 위의 책, P.246.

(吳凡)의 〈민들레(蒲公英)〉(그림5-1-8)[1], 리허핑(李和平)의 〈우리는 평화를 요구한다(我們要和平)〉 등 작품들에서는 대중의 영웅 이미지를 대량으로 부각시켰다. 위 작품 중에서 두 작품은 국제적 상까지 수상해 신중국 미술계를 크게 고무시켰다.

신시기 17년 동안 일찍이 신선이나 보살을 주요 조형 대상으로 삼던 조소도 바뀌기 시작해, 계급투쟁을 표현하고 시대정신을 반영하는 예술형식으로 거듭났다. 1958년, 당시 문화부 부부장으로 있던 류즈밍(劉芝明)은 "조소는 '중국화', '민족화'되어야 할 뿐만 아니라 '대중화'되어야 한다."고 명확하게 제시한 바 있다. 정치성, 사상성과 예술성이 결합되어 현실 생활을 반영하면서, 시대정신을 보여주는 작품을 창작하기 위해 수많은 조각가들은 농촌 생활 속으로 깊이 들어가 개인의 사상을 개조하는 한편, 생활 속에서 창작의 제1차 소재를 수집했다. "현실주의와 인민을 위한 봉사를 강조하는 시대에서 조소가 표현해 낼 수 있는 것은 세화나 연환화에 못 미쳤다. 하지만 조각가의 노력이 있었기에 그 시대만의 걸작을 역사에 남길 수 있었다."[2] 예를 들어 판허(潘鶴)의 〈고난의 세월(艱苦歲月)〉, 샤샤오민(夏肖敏)의 〈사막의 배(沙漠之舟)〉, 장더디(張德蒂)와 장룬카이(張潤塏)

그림5-1-7 리환민(李煥民)의 〈티베트족 여자애〉

그림5-1-8 우판(吳凡)의 〈민들레〉

1. 그림 출처는 천뤼성, 위의 책, P.247.

2. 그림 출처는 천뤼성, 위의 책, P.291.

의 공동작 〈남월 자매(南越姊妹)〉 등은 모두 상당히 높은 예술 수준을 보여주는 작품이며, 중국 당대 조각사의 기적이라 불리울만한 대형 점토상 수조원(收租院)〉도 이 시기에 탄생하였다.

〈수조원〉은 쓰촨미술학원 조소학과의 교수와 학생이 공동으로 완성한 작품으로, 창작 배경을 살펴보면 큰 읍의 지주 장원(莊園) 진열관에 전시하게 될 조소를 창작하라는 성위(省委)의 정치 명령에서 비롯되었다. 총 길이가 96미터인 이 조소는 114개의 인물 형상으로 구성되어 있는데, 전시되자마자 큰 파문을 일으켰다. 이 점토 소조는 '소작료 납부', '소작료 징수', '소작료 입고', '결산', '소작료 납부 강요', '저항'등 6개 부분으로 구성되어 있으며 완연한 '구사회의 축소판'이라 할 수 있다.[1] (그림5-1-9)[2] 이는 중국 조소 사상 처음으로 갈등과 충돌을 직접 표현한 작품으로, 창

그림5-1-9 쓰촨미술학원 조소학과에서 창작한 〈수조원〉 일부(조소)

작자의 말처럼, "마오 주석의 문예 사상으로 창작을 자각적으로 이끌어가고, 중대한 계급투쟁 제재를 직접적으로 표현한 첫 번째 작품이다. 또 방대한 연속 스토리를 처음 군상으로 형상화한 작품이고, 본토와 서양을 결합시킨 조소 방식을 처음 적용한 작품이며, 다양한 방면의 사람들이 한데 모여 집단으로 창작을 시도한 첫 작품이다.(생략)"[3] 1965년 12월, 〈수조원〉이 베이징에서 전시

1. 〈수조원(收租院)〉 점토소조창작팀 「〈수조원〉 점토소조의 구상설계(〈收租院〉 泥塑創作的構思設計)」, 『미술』, 1965년 제6기.

2. 그림 출처는 천뤼성, 위의 책, P.550.

3. 〈수조원(收租院)〉점토소조창작팀, 「사상 개혁 후에 조소 개혁으로(先革思想的命, 再革雕塑的命)」, 『인민일보』, 1966년 7월 20일.

되었을 때 참관객이 약 100만이나 되는 등 전에 없는 성황을 이루었다. 『인민일보』, 『문예보(文藝報)』, 『홍기(紅旗)』 등 전국 주요 매체들도 일제히 대대적으로 보도하면서 이 작품을 높이 평가했다. 처음에 〈수조원〉은 현실주의적 예술 원칙과 사회주의적 정치 수요가 결합된 하나의 완벽한 모범으로 간주되기 시작하다가, '문화대혁명' 기간에는 혁명 조소의 견본이 되었으며, '문화대혁명' 이후에는 초등학교 교과서에 수록되었다. 21세기 초에는 이를 둘러싼 소송이 벌어지면서 다시금 역사의 바다에서 모습을 드러내 세계적인 명성을 얻기도 했다.

## 2. 대중의 '미술화'

구미술 개조에 대한 신중국의 또 다른 신기한 구상은 바로 미술을 전문가 이외의 다수 민중 모두가 장악할 수 있는, '단합하여 적을 물리치는' 무기로 삼는 것이었다. 이것이 곧 대중의 '미술화'이다. 이는 마오쩌둥 예술 대중화의 절묘한 확장임에 분명하다. 오늘날 이 시기 미술사를 되돌아보면 기이한 우연에 경탄을 금할 수 없다. 1960년대 중국의 폐쇄적이고 낙후한 농촌 지역에서는 같은 시기 서구 포스트모더니즘 예술이론가들이 제기한 '누구나 다 예술가'라는 구호를 실천하고 있었다. 때문에 아직까지도 1958년의 '농민화'를 주체로 하던 '대약진'미술을 '누구나 다 예술가'라는 포스트모더니즘 정신의 체현으로 간주하는 사람들도 있다. 물론 이는 약간 억지스러운 주장이기는 하다. 이 시기 '농민화'운동은 자발적인 문화현상도, 과학적 이성에 항거하기 위한 '심미화 생존'모색도 아닌, 미술 영역에서 일어난 일종의 정치운동이었다.

이 신기한 예술 실천은 '벽화'에서 시작되었다. 5억 농민의 '담벼락'은 최적의 '미술 실험장'이었다. '군중이 그리고, 군중을 그리고, 군중이 감상하는 것'이 미술 대중화 운동의 가장 이상적인 목표이다. 이와 같은 구상은 1958년 '대약진'운동 정신에도 부합한다. 농민들은 사상 개조의 목적으로 벽지체험을 하러 내려 온 전문가들의 지도 하에 붓을 들고, 충만한 열정과 대담한 상상력으로 '대약진'시기 농촌의 정치적 면모와 정신적 면모를 기록했다. 일시에 '벽이 하얗게 칠해지고, 시와 그림이 잔뜩 그려진 벽이 산을 이루었으며, 집집마다 사방 벽이 빛나고, 마을마다 하루 사이에 모습을 달리하는' 경관이 펼쳐졌다. 군중의 대규모 미술 운동은 여전히 '위에서 사상을 제기하고 지시를 내리면 한 등급씩 하달되어 구체화되는' 방식으로 전개되었다. 1958년 4월 20일부터 30일 동안 열린 '전국 농촌 군중문화업무회의(全國農村群衆文化工作會議)'에서 허베이성(河北省) 창리현(昌黎縣)이 '농민화' 창작의 모범 사례로 지목되었는데, 그 이유는 "이 현의 벽화 창작 대약진이 3월 18일에 시작되어 7일 간의 총력 매진, 사흘 간의 마무리 작업을 통해 12일만인 3월 30일에 현 전체가 벽화촌을 이루어 6만 5천 여 폭의 벽화로 농촌을 아름답게 장식했기 때문이다."[1] 이번 회의 후 전국적인 벽화 운동이 일어났는데, 허베이 펑룬(豊潤)현의 벽화는 52,125폭, 화이안(懷安)현은 9,990폭, 수루(束鹿, 지금의 辛集시)현은 49,154폭에 달했다. 벽화의 고향인 장쑤(江蘇) 피(邳)현은 1958년 9월 당시 벽화가 195,000폭으로 늘어났고 농민 화가의 수는 15,000명으로 증가했다. 산관커우(三關口)에서 둥즈위안(董志原), 샤커우(峽口)에서 리화위안(梨花園)에 달하

---

1. 「생활대약진에 바싹 따라붙은 문화예술――전국 농촌 군중문화예술 업무회의기(生産大躍進, 文化藝術緊緊跟――記全國農村群衆文化藝術工作會議)」, 「미술」, 1958년 제5기.

는 1,940평방 킬로미터 면적의 간쑤(甘肅)성 핑량(平涼) 전구(專區)[1] 산골짜기에는 151만 폭의 벽화가 그려져 있다.[2] 이 숫자의 진실성 여부를 떠나, 우리는 이 자료로부터 괭이와 낫을 휘두르던 손이 이제 확실히 붓을 들고 사회주의 신농촌을 그려냈음을 알 수 있다. 우줘런(吳作人)의 유화 〈농민화가〉는 이와 같은 성황을 생생하게 재현해냈다.

이 대규모의 군중 미술 운동에 대해 당시 이론계에서는 "미술사에서의 일대 사건으로 (중략) 창작 방법에 있어서의 일련의 중요한 문제들, 예컨대 예술과 현재 정치적 임무와의 배합 방식, 생활과 창작의 관계, 혁명적 현실주의와 낭만주의의 결합 방법, 보급과 제고와 관련된 마오 주석의 지시를 관철시키는 문제 등을 해결하는 데 도움을 준다."[3] 라고 평가했다. 1958년 9월 1일, '장쑤 피현 농민화 전시회(江蘇邳縣農民畵展)'가 중국미술협회 전시관에서 열렸다. 1958년 9월, 잡지 『미술』은 농민벽화 특집호를 출간하고, 〈미술의 대대적 보급과 대번영을 촉진하자〉라는 글의 머릿말에서 "진정한 노동계급 출신 수천 수만의 화가들이 미술계에 등장했다. 이는 예술사상 위대한 사건으로, 마르크스가 백여 년 전에 말한 공산주의 예술발전에 관한 예언, 즉 '어떤 사회조건 하에서든 누구나 우수한 화가이다. (중략) 공산주의 사회에서 특수한 화가란 사라지고 회화에 종사하는 사람만 있을 것이다.'라는 예언을 생생하게 입증하였다."라고 선언하였다. 이렇게 해서 농민화는 공산주의 예술의 맹아 차원으로 승화되었다. 수많은 문예 종사자들이 아직도 어떻게 사실주의와 낭만주의, 표현주의와

---

1. [역자주] 성과 현 사이의 행정 구역이다.

2. 궈쥔(郭均), 「화실에서 나와 벽화를 그리다(走出畵室, 開展壁畵工作)」, 『미술』, 1958년 제6기.

3. 왕치(王琦), 「농민화가 미술창작의 새 길을 개척하였다: 농민화 전시회에서 받은 영감(農民畵開辟了美術創作的新道路——從農民畵展所想到)」, 『미술연구(美術研究)』, 1958년 제4기.

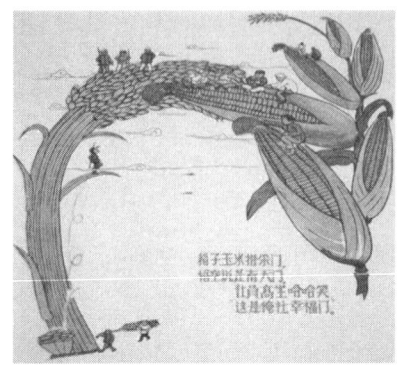

그림5-1-10 거성바오(葛勝寶) 의 〈정말 큰 호박이로구나〉

그림5-1-11 숭싱민(宋興民)의 〈난톈먼(南天門)〉

재현주의를 결부시킬지하는 문제를 놓고 곤혹스러워하고 있을 때, 농민화는 이미 "소박하게 공산주의의 숭고한 이상과 혁명 열정을 표현하면서, 혁명적 현실주의과 낭만주의를 결합시킨 강렬한 정신을 지닌 것"[1], "창작제재 선택과 구상에 있어 적당하고 완벽한 모델을 제공한 것"[2]으로 간주되고 있었다. 이를테면 〈정말 큰 호박이로구나(好大的南瓜啊)〉(거성바오/葛勝寶, 1958년)(그림5-1-10)[3], 〈솜 줏기(拾棉花)〉(작가 미상, 1958년), 〈난톈먼(南天門)〉(숭싱민/宋興民, 1958년) (그림5-1-11)[4] 등은 바로 이 시기의 대표작들이라 할 수 있다.

사실 순수예술적인 면에서 볼 때 위의 작품이 훌륭한 수준에 도달한 것은 아니다. 창작자는 사실적 조형 능력을 제대로 구비하지 못한 데다가, 과장된 분위기의 영향까지 받아서 이런 '화가들'의 상상력은 기묘할지는 몰

1. 차이뤄훙(蔡若虹), 「가장 새롭고 가장 아름다운 예술을 창조하기 위해 분투하자(為創造最新最美的藝術而奮鬥)」, 「미술」, 1960년 제8,9기 합본.

2. 「미술의 대보급과 대번영을 촉진하자(促進美術大普及大繁榮)」, 「미술」, 1958년 제9기.

3. 그림 출처는 천뤼성, 「그림으로 보는 신중국 미술사(1949~1966)」, 중국청년출판사, 2000년, P.67.

4. 그림 출처는 천뤼성, 위의 책, P.71.

라도 현실과 괴리감이 있다. 그러나 이처럼 가벼운 마음으로 책임의식 없이 그려낸 그림들은 당시 정치배경 하에서 도리어 현실 생활을 진실되게 반영하였고, '두가지 결합'을 의외로 잘 실천해냈다. 정치적 수요로 인해 제고된 농민화의 '지위'는 '직업화가들을 아마츄어화'를 초래했다. 직업 화가들은 반드시 벽지체험[1]에 뛰어들어 공농과 결합해야 했고, 사상을 개조해야 했으며, 군중적 관점을 길러야 했고, 군중의 심미관에 다가가야 했다.

이러한 상황하에 구위안(古元), 우쭤런(吳作人), 예첸위(葉淺予), 허우이민(侯一民) 등을 위시한 대다수 직업화가들은 농촌과 공장으로 내려가 '문화가 산으로 전파되는' '문화상산(文化上山)' 운동을 일으켰다. 이 대중화는 한 차례 시험과도 같아서, 작품의 합격 여부는 "공인과 농민의 비준에 달려있었다. (중략) 농사꾼들이 담뱃대를 입에 물고 머리를 끄덕이면서 미소 지어야만 우리의 대중화 시험은 비로소 합격한 셈이었다."[2]

대규모 농촌미술 보급활동으로 농민들이 회화의 주체가 되자 노동자와 전사들도 이에 뒤지려 하지 않았다. 노동조합의 협조로 노동자들의 미술활동은 질서를 잡아갔다. 이 시기 즉 17년 역사시기에 전국적으로 두 차례의 미술 대전이 개최되었는데, 이밖에 열린 내부 전시회와 성 및 시급 전시회는 부지기수였다. 이 시기 부대에서 여가로 즐기던 미술창작활동도 퍽 성행해서, 미술 전시회는 부대 정치생활의 중요한 구성 부분이 되다시피 했다. 1965년 전에 전군(全軍) 미술 전시회는 세 차례 정도 열렸다. 1958년 11월 27일에 제1회 '농공병 미술'의 합동전시회 격인 '농공병 그림전(農工兵畫展)'이 중국미술협회전시관에서 열려 총 788점의 작품이 전시되었

---

1. [역자주] 문화대혁명 시기에 있었던 지식 청년의 대량 농촌 이주 운동으로, 도시의 지식청년들이 산악지구와 농촌에 가 인민공사의 생산대에 참가해 그 지방에 정착한 것을 가리킨다.

2. 화쥔우(華君武), 「벽지체험으로 본 만화의 대중화와 민족화(從下鄕上山談到漫畫的大衆化和民族化)」, 「미술」, 1958년 제10기.

다. 이 작품들은 모두 농민(대대지부 서기), 전사(상등병), 노동자(작업 현장 주임) 등 창작자 신분을 명시해두었다. 이는 일종의 '농공병'의 신분을 나타내는 '표지'로, 이러한 특수 현상은 미술 대중화 구상의 성공을 상징하며, '문화대혁명' 시기 '농공병 미술'에 튼튼한 기초가 되어주었다. 그러나 이번 미술 보급운동은 시작에 불과했다. 진정한 '신화'는 전례 없던 '문화대혁명'이 개시될 때까지 계속 잉태되고 있었다.

# 제2절

# '붉은 산하'의 문화대혁명 시기

'문화대혁명'의 서막이 열린 후 중국의 미술 개조는 더 철저하고 극단적으로 치달아 결국 '붉은 미술운동'이 일어났다. 미술에 대한 정치 통제는 한층 강화되어 대부분 미술가들이 창작 자격을 잃거나 준엄한 규율 하에서 감히 입을 열지 못하였다. 그들을 대신한 것은 열정은 넘치되 소양이 부족한 홍위병과 벽지체험 현장의 지식청년들이었다. 문무(文武) 투쟁 분위기 속에서 투쟁의 무기로 충당된 대부분의 그림들은 주로 '성상(聖像)'을 제조하거나 '계급의 적'을 부정적으로 묘사하는 데 사용되었으며, 창작 내용은 날로 협소해지고 회화 언어도 날로 간단해져 '붉고', '빛나고','환한' 색조가 주를 이루고, '높고', '크고', '전면적'인 것이 공개 원칙이 되었다. 뜨거운 열정과 낭만적 분위기로 가렸음에도 불구하고, 정치 압박, 여론 지도, 사상 교화와 육체 감시 등 다중적 요소 등으로 인해 형식적으로는 찬란한 빛을 발하고 있었지만 내면의 단조로움과 결핍을 감출 수 없었다. 그것이 사람들에게 가져다 줄 수 있는 것은 '눈 부신' 햇빛 뿐이었다. 1966년부터, '홍위병 미술'이 선도하고 '지식청년 미술'과 '농공병 미술'이 보조 역할을 하는 '붉은 미술 운동'이 정식으로 개시되었다.

# 1. 홍위병 미술

1966년 8월, 제8기 중앙위원회 11차전체회의[1]에서 <프롤레타리아 문화대혁명에 관한 중공중앙의 결정(中共中央關于無産階級文化大革命的決定)>을 통과시키면서 홍위병 운동이 거세게 일어났다. 홍위병 운동이 전개될 무렵은 홍위병 미술이 생겨난 때이기도 하다. 미술학원과 미술대학교의 교수나 화원(畫院) 등 전문 창작단체에 소속된 전문가들이 타도되고, 과거의 심미 기준도 일괄적으로 부정되었다. 대신 재학 중인 홍위병들이 미술창작 주체가 되고 '혁명적'인 것이 곧 '아름다운 것'이라는 정치 기준이 심미 기준을 대체하였다. 홍위병 미술은 1967년에 절정을 이루면서 "마오 주석 어록 가요, 혁명 양판희와 더불어 '문화대혁명' 예술의 3대 신화를 이루었다."[2] 대자보(선전 화보), 만화와 목판화를 주요 형식으로 하는 홍위병 미술은 지도자를 신격화하고 마오 주석 혁명노선을 찬양하는 '성상(聖像)' 미술과 류사오치(劉少奇) 및 그의 '문예반동노선', '자산계급 학술권위' 등 '봉건주의, 자본주의, 수정주의'와 관련된 모든 것을 비난하는 비판 미술 두 가지로 크게 나눌 수 있다. '성상'미술이건 비판 미술이건 간에 이 시기 미술은 이미 형상화된 정치 언어 도구로 추락했다.

'성상'미술은 '조신(造神)'운동의 주요 구성성분으로, 마오쩌둥 초상화를 중심으로 하는 화상, 조소품, 배지, 우표 등이 주요 형식이었다. 정부나 비정부 미술 간행물에는 마오쩌둥 초상으로 가득했고, 심지어 집집마다 거실에 마오쩌둥 화상을 걸어 두었다. 이런 화상 중에서 가장 큰 영향

---

1. [역자주]준말은 '8기 3중전회'이다.

2. 왕밍셴(王明賢), 옌산춘(嚴善錞), 『그림으로 보는 신중국 미술사(新中國美術圖史)(1966~1976)』, 중국청년출판사, 2000년, P.6.

그림5-2-1 류춘화(劉春華)의 〈주석이 안
위안(安源)에 가다〉(유화)

그림5-2-2 『마오 주석 만세―마오 주석 판
화 초상 모음집』 겉표지(1967)

을 미친 것으로는 "베이징에 있는 대학교와 전문대학교 학생들이 공동으
로 창작하고 류춘화(劉春華)가 초안하여" 1968년에 창작된 혁명유화 〈마
오 주석이 안위안에 가다(毛主席去安源)〉를 꼽을 수 있다.(그림5-2-1)[1]
이 작품은 훗날 장칭(江青)에 의해 지도자 초상화의 견본으로 지정되면서
개인 숭배 '성상'이 되었다. 또 지도자의 풍모를 더 훌륭하게 더 전면적
으로 반영하기 위해 저장(浙江) 미술학원에서는 1967년 11월부터 '농공
병 붉은태양 화상반'을 열었다. 수도에 있는 대학교와 전문대학교의 홍위
병 대표대회, 중앙공예학원 둥팡훙공사(東方紅公社)가 1967년 국경일 전
에 서로 다른 시기의 마오쩌둥 화상 54폭을 뽑아서 엽서 크기의 소책자 『
마오 주석 만세―마오 주석 판화 초상 모음집(毛主席萬歲-毛主席版畫肖
像匯編)』을 제작·인쇄했는데 이는 훗날 미술계의 '바이블'이 되었다.(그림
5-2-2)[2] 이 외에 마오쩌둥이 홍위병을 접견할 때의 의기양양한 장면도 동
상으로 제작되었는데, 이로써 중국 각 지역에 전적으로 위인의 동상을 세

---

1. 그림 출처는 왕밍셴, 옌산춘, 『그림으로 보는 신중국 미술사(1966~1976)』, 중국청년출판사, 2000년, P.55.

2. 중앙 공예미술 학원 둥팡훙공사(판화, 1967년)

우기 위해 광장을 조성하는 붐이 일었다. 1967년 마오쩌둥이 "인력과 재력 낭비를 제지할 것"을[1] 서면으로 지시한 후에야 마오쩌둥 동상 세우기 붐이 다소 사그라들었다. 대형 초상화나 동상과 마찬가지로 소형 마오쩌둥 배지도 이 시기 일대 경관 중 하나였다. 이는 홍위병의 '대동단결(大串聯)'에서 기원하여 전국적으로 보급되었다. 자료통계에 의하면 1967년에 59%이던 마오쩌둥 배지 착용 비율이 1968년에 89%로 늘어나고 1969년에는 94%에 달했다고 한다.[2] '중국공산당 제9차 전국대표대회' 이전에 마오쩌둥 배지 발행량은 이미 80억에 달했는데, 이는 세계 배지 제조역사에 있어 기적이 아닐 수 없다.

'성상'미술의 '조신(造神)'운동과 반대로 '비판'미술은 주로 만화 형식으로 류사오치 및 그의 '봉건주의, 자본주의, 수정주의'노선을 비판했다. '붓을 총 삼아 화력을 집중하여 반동 조직을 격파하자'는 것이 이 시기 가장 간단하고 강력하며 비분강개에 넘치던 구호였다. 정치적 대세를 뒤좇는 각종 만화들이 홍위병 간행물, 벽보, 유인물, 길거리 대자보를 뒤덮고 '적'을 향한 '무기' 역할을 했다. 과거의 국가 주석을 비하하는 이미지가 각종 매스컴에 빈번히 등장했다. 1967년 2월, 웡루란(翁如蘭)의 만화 〈군추도(群醜圖)〉가 발표되었는데, 그림 위쪽에는 '류사오치와 덩샤오핑(鄧小平)'이 탄 두 대의 가마가 그려져 있고, 아랫쪽에는 가마를 들고 가는 무고로 타도당한 중앙의 구세대 프롤레타리아 혁명가들이 그려져 있었는데, 무려 백 명이나 되었다. 그림 속 탄전린(譚震林)의 두 손에는 피가 가득 묻어 있고

---

1. 유린(有林) 등 주필 『중화인민공화국 국사통감(中華人民共和國國史通鑒)』(제3권), 홍기(紅旗)출판사, P.405. 원문은 '린뱌오(林彪), 언라이(恩來)와 문화대혁명 소조 여러 동지들 : 이 일은 인력과 재물을 낭비하는 유해무익한 것으로, 제지시키지 않는다면 부화한 사회기풍을 조성할 것이다. 정치국 상무위원회 확대회의에서 토론한 후 지시내려 제지하기를 청한다.(林彪, 恩來及文革小組各同志 : 此事勞民傷財, 無益有害, 如不制止, 勢必會刮起一陣浮誇風, 請在政治局常委擴大會上討論一次, 發出指示, 加以制止)'이다.

2. 왕밍셴, 옌산춘, 『그림으로 보는 신중국 미술사 (1966~1976)』, 중국청년출판사, 2000년, P.45.

뤄루이칭(羅瑞卿)의 입에는 칼이 물려져 있으며 타오주(陶鑄)는 꽹과리를 울리며 앞장서서 걷고 있다.(중략)'[1]. (그림5-2-3)[2] 〈군추도〉의 출현은 중국 미술 역사상 만화 창작에서의 일대 전환점으로 되는데, 이를 통해 만화가 이미 계급투쟁과 노선투쟁의 무기로 발전하였음을 알 수 있다.[3]

그림5-2-3 웡루란(翁如蘭)의 〈군추도(群醜圖)〉(만화 1967)

　홍위병 미술은 미술 운동이라기보다 정치 운동의 일부분이라 하는 편이 더 맞다. 왜냐하면 창작에 있어 정신적 신념만 있고 예술적 정취가 없기 때문이다. 혹자는 '문화대혁명' 시기의 홍위병 미술이 같은 시기 서구의 '대중예술(popular art)'과 유사하다고 말하는데, 주로 홍위병 미술의 창의성 없는 '복제' 특징을 겨냥해서 한 말일 것이다. 그러나 양자는 본질적으로 다르기에 이런 해석에 억지스러운 면이 없지 않다. 서구의 '대중예술'은 개념예술(conceptual art)에 속하는 예술형식으로 전통예술과 전통 심미경험에 대한 부정을 주요 내용으로 삼는다. 이것은 대량 기계생산과 같이 날로 발전하는 공업 문명이 가져다준 영감과 체험이며, 이것이 강조하고 있는 것은 예술의 '복제' 가능성이고, 이들이 반대하는 것은 '고전적'이고 '보존 가능'하고 '귀족적 기풍'의 전통 예술적 특징이다. 이와 반대로 홍위병 미술은 일종의 정치적 여론 도구에 불과하다. 비록 '중복성'이라는

1. 구양무(古陽木), 「홍위병소보 흥망록-중국 간행물사에서의 난세기문(紅衛兵小報興亡錄——中國報刊史上的亂世奇聞)」, 『염황춘추(炎黃春秋)』 1994년 제3기.

2. 그림 출처는 http://www.qgblog.cn/blog/u/okcgk.

3. 왕밍셴, 옌산춘, 『그림으로 보는 신중국 미술사(1966~1976)』, 중국청년출판사, 2000년, P.70.

특징이 있어 의외로 대중예술과 일치되는 면이 생기긴 하였지만, 본질을 놓고 볼 때 전체주의와 현대 미신의 광적 결합체로서 대중예술의 미신 타파나 권위에 대한 항거 등 심층적 특징과 전혀 상반된다.

## 2. 지식청년 미술

지식청년 미술은 지식청년의 벽지체험 운동에서 탄생하였다. 1968년부터 1975년까지 천만여명의 도시 지식청년이 변방과 농촌으로 내려가 드넓은 세상 속에서 '빈농 재교육'을 시작하였는데, 그 중 전문적 회화 기초가 있던 일련의 지식청년 화가들이 붓을 들고 드넓은 세상으로 들어간 덕에 지식청년 미술이 탄생하게 되었다. 지식청년의 벽지체험 운동은 홍위병 운동의 진일보 확장을 어느 정도 억제했다고 볼 수 있다. 비록 지식청년 미술 역시 '선전 도구'가 되긴 하였지만, 창작주체가 진실한 생활에 가까이 다가가 있고, 회화 기교의 운용도 고려하였기에 그들의 창작은 "정치와 개인의 느낌과 기호가 교차하는 지점을 찾아낼 수 있었다."[1] '드넓은 세상'에서 지식청년들의 '행위'를 주요 제재로 하고 '성상'이나 '비판'을 거듭 반복하지 않았기에 은연중에 홍위병 미술의 발전을 약화시키며 청신한 개성주의의 빛을 발할 수 있었다.

지식청년 미술은 당시 퍽 중시를 받아, 일부 지식청년 농(임)장이나 농지개간 부대에서는 전적으로 지식청년을 조직하여 창작을 진행하기도 하였다. 예컨대 베이다황(北大荒)지역에서는 1971년부터 1976년까지 해마다 한번씩 미술창작반을 열었다. 이런 환경과 분위기에 힘입어 지식청년

---

1. 왕밍셴, 옌산춘, 『그림으로 보는 신중국 미술사(1966~1976)』, 중국청년출판사, 2000년, P.90에서 재인용.

그림5-2-4 류보룽(劉柏榮)의 〈가슴에 태양을 품고, 두려움 없이 청춘을 인민에게 바치다〉(유화)

미술은 한층 더 발전할 수 있었다. 화가들이 삶과 마주하여 그림을 그리고, 서로 회화기법을 공유하기 시작하면서 얼마 지나지 않아 우수한 화가와 작품이 등장하게 되었다. 그중에서도 영향력이 큰 작품으로 류보룽(劉柏榮)의 〈가슴에 태양을 품고, 두려움 없이 청춘을 인민에게 바치다(胸懷朝陽無所懼敢將青春獻人民)〉(1969) (그림5-2-4)[1]를 들 수 있는데, 작품 창작 당시 류보룽의 나이는 겨우 열일곱밖에 되지 않았다. 따라서 인물을 형상화함에 있어 홍위병의 미술 풍격이 다소 남아있었지만, '홍수가 나던 해'인 1969년에 창작된 터라 어느 정도 현실적 의의를 지녔다고 할 수 있다. 1972년에 류보룽은 수채화를 유화로 바꾸고, 영웅인물의 묘사를 수정하여 전국그림전시회에 출품했고, 그 후 선전용 그림으로 인쇄되어 광범위하게 발행되었다. 또 다른 작품으로 선자웨이(沈嘉蔚)의 유화 〈우리 위대한 조국을 위해 보초 서다(爲我們偉大的祖國站崗)〉(그림 5-2-5)[2]를 들 수 있다. 이 작품도 1974년 전국그림전시회에 출품되는데, 장칭의 '쉽지 않겠군!'이라는 호감어린 한 마디 덕분에 대량으로 출판, 인쇄되었다. 판화가 쉬쾅

---

1. 그림 출처는 왕밍셴, 옌산춘, 위의 책, P.80.

2. 그림 출처는 왕밍셴, 옌산춘, 위의 책, P.84.

그림5-2-5 선자웨이(沈嘉蔚)의 〈우리 위대한 조국을 위해 보초 서다(유화)

(徐匡)의 목판화 작품인 〈초지시편(草地詩篇)〉도 유명하다. 이 작품은 제재의 선택과 인물의 형상화, 그리고 표현 기법에 있어 모두 기존의 창작 방식에서 크게 벗어나 작가만의 독특한 예술 풍격을 보여주었다. 화면은 군대 '군마장(軍馬場)'의 생활 속 일순간을 잘 포착하고 있는데, 경쾌한 색조와 자연스러운 표현, 독특한 도법(刀法) 등을 이용해 각종 화초를 생생하게 그려내고 있어서 생기가 가득하다.

지식청년 미술 역시 윤곽 드로잉(Line drawing)이라는 사실주의 기법을 기초로 하고 있어 심층적인 사고가 결여되어 있긴 하지만, 참된 삶의 경험이 알맹이 없는 구호를 대신했기에 더 이상 단순한 투쟁무기로 전락하지는 않았다. 이런 의미에서 보면 지식청년 미술은 예술을 자각적으로 소생시켜, 1980년대 초 '뿌리찾기 미술'과 '상흔미술(傷痕美術)'에 기초를 제공했다고도 말할 수 있다.

## 3. 농공병 미술

대약진 시기 농공병 미술은 대규모 대중 '미술화'운동이었다. 농공병 미술의 등장은 노동인민이 물질적 부의 창조자일 뿐만 아니라 정신적 부의 창조자임을 증명하는 듯했다. '문화대혁명'이 시작된 지 얼마 되지 않아 산시(陝西) 후(戶)현의 농민화와 상하이(上海), 양취안(陽泉), 뤼다(旅

大)의 공인화(工人畵)를 대표로 하는 농공병 미술이 다시금 유행하기 시작해, 1972년에서 1976년 사이에 절정을 이루었다. 이른바 농공병 미술이란 농공병을 창작 주체로 하고 농공병 형상을 표현의 주제로 다룬다는 두 가지 의미를 담고 있다. 당시 농공병 미술은 크게 중시되어, 여러 미술 단과대학교 및 미술대학교에서 농공병 대학생을 모집하고, 단기 양성반을 개설하여 농공병에게 전문적으로 그림을 가르치기 시작했다. 회화 보급에 착안하고 회화 수준 제고에 열을 올린 결과, '문화대혁명'시기 농공병 미술은 신속하게 전문화되어갈 수 있었다.

'문화대혁명' 시기 농민화로는 산시성 후현이 가장 유명했다. 1958년 10여 명이던 화가의 수가 1972년에는 490여 명으로 빠르게 늘어났다. 여기에는 사원(社員), 민병, 생산대장, 대대 지부서기, 회계원 등 다양한 신분의 사람들이 포함되어 있었다. 창작한 미술작품은 수만 폭을 초과할 뿐만 아니라 상당히 높은 수준에 도달해 있었다. 오늘날의 안목으로 보아도 안정적인 구도, 경쾌한 색채, 풍부한 상상력 등은 이렇다 할 전문교육도 받지 못하고 종일 호미와 괭이를 들고 사는 농민들이 그렸을 것이라고는 연상하기 어려울 정도이다. 후현의 농민화는 중국에서뿐만 아니라 국제적인 찬사까지 받았다. 1973년 10월 1일, 후현 농민화가 중국미술관에서 20일 넘게 전시되었는데, 관람객이 무려 20만명에 달했다. 이중에는 미국, 프랑스, 영국, 브라질, 루마니아 등 30여 개 나라에서 온 150여명의 해외 관중들도 포함되어 있었다. 1975년 9월, 프랑스 제9회 '파리 비엔날레'에 80폭의 후현 농민화가 입선되었는데, 당시 〈파리일보〉에서는 "다른 참가자의 작품을 보면 그림이 죽었다는 느낌을 받는데, 중국의 그림은 진정으

 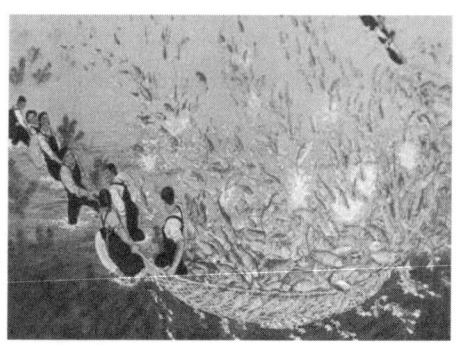

그림5-2-6 바이톈쉐(白天學)의 〈양식을 지도원칙으로 다양하게 경영(以糧爲綱, 多種經營)〉(후현 농민화)

그림5-2-7 둥정이(董正誼)의 〈공사 양어장(公社魚塘)〉(후현 농민화)

로 살아 있다는 느낌을 받는다."[1]고 평가했다. 후현 농민화는 '높고', '크고', '전면적'이며, '붉고', '밝고','환한' 당시 기계적인 회화 틀을 바꾸고, 화면에 돌제방, 열매, 솜, 물고기 잡이, 목양 등 농가 생활의 물상들을 표현해냈는데, 구도가 충만하고 풍부하며 색채가 강렬하고 경쾌했다.(그림5-2-6)[2] (그림5-2-7)[3] 후현 농민화는 대중 '미술화'운동에 있어서 가장 반짝이는 빛이었다고 말할 수 있다.

'후현 농민화'의 성공의 뒤를 이어 1974년 국경절에 '상하이, 양취안, 뤼다 공인화 전시회'가 중국미술관에서 열렸다. 이 전시 작품에서는 선반공, 기술공, 광부, 기사, 판매원 등 작가의 신분 및 직업을 특별히 명시함으로써 창작자가 아마추어임에도 작품의 질이 이미 '준전문가' 수준에 이르렀음을 입증하고자 했다. 대비에 대한 의도적 강조는 정치적 수요에서 나왔다. 즉 정부에서 "농공병 아마추어 미술창작 대오가 강인한 생명력과

1. 가오진더(高錦得), 「미술 영역의 문예혁명을 견지하고 헤이화(중국화, 黑畵)의 번안이 되게 해서는 안된다(堅持美術領域的文藝革命, 不許爲黑畵翻案)」, 「미술」, 1976년 제1기.

2. 그림 출처는 왕밍셴, 옌산춘, 『그림으로 보는 신중국 미술사(1966~1976)』, 중국청년출판사, 2000년, P.112.

3. 그림 출처는 왕밍셴, 옌산춘, 위의 책, P.112.

호방한 기개로 미술 전선이라는 상부 구조에 진입하였음"[1]을, 다시 말해 진정한 프롤레타리아 미술창작 대오가 이미 등장했음을 알리고자 했던 것이다. 아울러 작품의 질적 성장은 각지 미술 양성반이 거둔 성과를 보여주었다. 이번 공인 그림전시회는 "프롤레타리아 문화대혁명과 비림비공(批林批孔) 운동 중에서 탄생한 새로운 사물"로, "혁명적 정치 내용과 뛰어난 예술 기교로써 문예는 농공병을 위해 봉사해야 한다는 정확한 방향을 드러냈다.""반면 지주계급, 현대 수정주의의 소위 '예술 정상'"이란 "이렇게 많은 공인 미술 작품 앞에서""얼마나 보잘것없는가?""위대함이란 무엇인가? 농공병 미술이 바로 위대함이다. 예술이란 무엇인가? 농공병 예술이 바로 진정한 예술이다."[2]라고 찬양받았다. 농민화에 비해 공인 미술 작품은 계급투쟁의식이 더 강하고, 이데올로기와 가까운 거리를 유지하고 있다. 하지만 형식 면에 있어 농민화보다 더욱 풍부해, 국화나 판화뿐만 아니라 유화와 선전화보 등도 있었다.

상대적으로 군대 미술은 제재적인 측면에서 비교적 제한되어 있어서, 대부분 지도자에 대한 칭송과 '위대한 인물에 대한 형상화 묘사'를 위주로 했다. 그러나 군대 미술창작은 공인화, 농민화에 비해 더 전문적이었다. 이는 일부 군인이 원래 전문가 출신인 때문이기도 하지만, 부대에서 미술훈련을 정치 임무 중의 하나로 여겨, 전문 화가가 아마추어 주축을 양성하고 아마추어 주축이 양성반을 가르치도록 시스템화하였기 때문이다. 이렇게 해서 전문가 수준에 가까운 미술창작 대오가 우후죽순 생겨났다. 군대 미술에서 비교적 큰 영향력을 지닌 작품은 허쿵더(何孔德), 옌젠(嚴堅)의 〈살아

1. 가우진더, 「미술영역의 문예혁명을 견지하고 허이화(중국화, 黑畵)를 번안해서는 안된다」, 「미술」, 1976년 제1기.

2. 원메이(聞梅), 「위대한 예술, 시대의 송가—〈상하이·양취안·뤼다 공인화전을 찬양함〉(偉大的藝術, 時代的頌歌——贊 〈上海、陽泉、旅大工人畫展〉」 「미술평론집(美術評論集)」, 상하이인민(上海人民)출판사, 1975년, P.118.

그림5-2-8 허쿵더(何孔德), 옌젠(嚴堅)의 〈살아 있는 한 적 진으로 돌격을 멈추지 아니하리라〉(수분화)

있는 한 적진으로 돌격을 멈추지 아니하리라(生命不息, 衝鋒不止) 이다.(그림 5-2-8)[1] 이 수채화는 필치가 깔끔하면서도 유화의 풍부함을 지니고 있어 화면 전체가 살아 움직이는 듯하다. 이와 유사한 작품으로 관치밍(關琦銘)의 〈경계심을 높여 조국을 지키자(提高警惕保衛祖國)〉와 판자쥔(潘家峻)의 〈나는 바다 제비(我是海燕)〉가 있는데, 모두 군생활을 묘사한 훌륭한 미술 작품들이다.

끊임없이 개최되는 그림전시회와 전시 후의 대대적 선전은 농공병 미술의 발전을 한층 가속화했다. 이렇듯 전문적이지 못한 농공병에 비해 정규 교육이나 훈련을 받은 화가들이 오히려 '문화대혁명 미술'의 조연이 되어버렸다. 정규 교육이나 훈련을 받은 화가들의 전문 지식과 예술 재능은 종종 농공병 미술의 부족함을 보완하는 데 쓰였다. 물론 이들도 독자적으로 일부 작품 창작을 하기도 했지만, 내용과 풍격 면에 있어 농공병 미술과 거의 일치했다. 그저 기교적인 면에서만 좀 더 성숙했을 뿐이다.

'문화대혁명 미술'은 중국의 특수한 정치적 배경 하에서 생겨난 기형 산물이다. 이 시기 미술은 자신의 이상을 견지하지 못하고 정치와 당파 싸움의 도구로 전락해버렸다. 거기에 엄격한 정치 심사제도까지 완비되어 있어서, 지방 도시에서 성, 성에서 중앙에 이르는 단계별 심사를 통과해야만 전시회에 출품할 수 있었다. 작품의 심사 기준으로는 먼저 작품의 주체사상

---

1. 그림 출처는 왕밍셴, 옌산춘, 『그림으로 보는 신중국 미술사(1966~1976)』, 중국청년출판사, 2000년, P.105.

이 어느 정도로 '탄탄'한지, 정치적 분위기에 얼마나 부합하는지를 보았다. 즉 '정치 기준'이 먼저이고 작품의 예술성은 그 다음이거나 심지어 무시해도 그만이었다. '높고', '크고', '전면적'이며 '붉고', '밝고','환한' 색채를 위주로 하는 심미 표준과 '세 가지를 강조하고' '두 가지를 결합하는' 창작 원칙으로 인해, '문화대혁명' 시기 미술 작품의 개성은 말살되었다. 1976년에 세 명의 개국지도자가 잇따라 별세하면서 기세등등하던 문화대혁명도 '사인방'의 와해와 함께 한바탕 소란극을 마무리했다. 한 시대는 이로써 종말을 고하고 중국 미술도 새로운 시대를 맞이하게 되었다.

# 제3절

# '별빛처럼 반짝이는' 신시기

　　문화대혁명 이후 중국 미술은 신속하게 반성비판 단계에 들어섰다. 전기에는 '문화대혁명' 생활에 대한 반성과 비판에 치우쳐 '상흔'미술과 '향토풍(鄕土風)', '생활류(生活流)' 등의 예술 현상이 생겨났다. 예술 기법에 있어 문혁시기의 지식청년 미술과 일맥상통하는 면이 없지 않지만, 내용 면에서 문혁시기의 '거짓말, 큰소리, 헛소리(假大空)'를 없애고 붓을 인성 깊숙한 곳으로 향했다. 후기는 미술 형식 자체에 대한 반성에 치우쳤는데, 이로 인해 드넓은 미술 자각 사조가 일어났다. 사상의 속박이 사라지고 정치 분위기가 느슨해짐에 따라 서구의 여러 문예사조들이 끊임없이 국내로 유입되었고, 신선하고 자유로운 공기를 갑자기 마시게 된 예술가들은 한껏 높아진 열정으로 현대 예술을 연구하고 실천하였다. 여러 예술단체가 우후죽순 생겨나기 시작해, 1982년부터 1986년까지 전국에 79개의 예술단체가 설립되었다. 이 예술단체들은 23개 성, 자치구와 직할시에서 97차례에 걸쳐 예술 활동을 개최했는데, 1985년과 1986년 두 해에 절정에 달해 중국 현대미술에 큰 영향을 미친 '85' 미술 사조를 형성하기도 했다. 그러나 1989년 2월 중국현대예술전시회에서 '두 발의 총소리'가 울리면서 비로소 이 기세 드높던 미술 사상운동이 종말을 고했다. 전반적으로 볼 때, 이 시기 미술은 전반기에 배회하고, 주저하고, 슬퍼하다가 후반기에 이데올로기의 속박에서 벗어나 예술 자체로 회귀하였다고 설명할 수 있다. 특히 일련의 미술실험은 중국 미술의 향후 발전에 정신과 기교 면에서 버팀목이 되어주었다.

## 1. '상흔', '향토풍'과 '생활류'

'상흔'미술의 등장은 '문화대혁명'과 '벽지체험'을 경험한 후 '진실'에 대한 외침이자 과거에 받은 정신적 육체적 고통에 대한 위로였다. 신앙의 붕괴와 물질적 결핍은 사람들로 하여금 모든 것을 의심하게 만들었다. 유일하게 할 수 있는 것은 헛되이 보낸 세월과 만신창이가 된 상흔을 회고하고 응시하는 것뿐이었다. 1976년 '4·5'운동을 계기로 등장한 '상흔'미술은 내용적인 측면에서 이 운동과 연관되어 있다. 대표작으로는 인궈량(尹國良)의 유화 〈천추공죄(千秋功罪)〉(그림5-3-1)[1], 원리펑(聞立鵬)의 〈대지의 딸(大地的女兒)〉 등을 꼽을 수 있다. 1979년 천이밍(陳宜明), 류위롄(劉宇廉), 리빈(李斌)이 창작한 연환화 작품 〈단풍(楓)〉이 당시 〈연환화보(連環畫報)〉에 발표되었는데, 이 작품은 정이(鄭義)의 동명소설을 개작한 것으로 자연주의 수법으로 '문화대혁명'으로 인한 삶의 비극을 생생하게 반영해 사회적으로 강한 공명을 불러 일으켰다. 그 후 '상흔'미술에 약간의 변화가 생겨

그림5-3-1 인궈량(尹國良)의 〈천추공죄〉(유화)

---

1. 그림 출처는 http://www.he111.com

그림5-3-2 청충린(程叢林)의 〈1968년 X월 X일 눈〉(유화)

났다. 정치에서 심리로 방향을 바꾸기 시작해 '영혼의 상처'를 강조했고, 화면에 회색 톤을 많이 사용해 우울하고 쓸쓸한 분위기를 부각시켰다. 개인적 정서의 표출 이외에 다른 주제라곤 거의 없었으나, 바로 이런 주제 없는 작품으로 인해 사람들은 처음으로 기존의 습관적 계급 사유를 버리고 담담한 아픔 속으로 끌려 들어갔다. '상흔' 미술의 대표작으로는 허둬링(何多苓), 탕원(唐雯), 리샤오밍(李小明)과 판링위(潘令宇)가 공동으로 창작한 〈우리는 이 노래를 부른 적이 있지(我們曾經唱過這支歌)〉(유화), 청충린(程叢林)의 〈1968년 X월 X일, 눈(1968年 X月X日, 雪)〉(유화)(그림5-3-2)[1], 저우춘야(周春芽)의 〈티베트족 신세대(藏族新一代)〉(판화), 〈우리 세대(我們這一代)〉(판화), 왕촨(王川)의 〈안녕, 작은 길(再見吧, 小路)〉 등이 있다. 바로 이런 변화를 목격했기에 "'상흔'예술은 일종의 신호이다. 이는 중국 예술이 '문화대혁명' 이후 자신의 진실로 돌아가는 길을 찾기 시작하고 강요받던 모든 교조가 하나하나 타파되기 시작했음을 상징한다."[2]

---

1. 그림 출처는 뤼펑(呂澎), 이단(易丹), 『중국 현대 예술사(中國現代藝術史)(1979~1989)』, 후난미술(湖南美術)출판사, 1992년.

2. 뤼펑, 이단, 위의 책, P.29.

라는 주장이 나온 것이다. 그러나 이런 작품은 '문화대혁명'에 대한 반성과 비판을 지향하고 있었기에 모든 '타파'는 시작 단계에 불과했으며, 아직 문예의 실질에 다가가지는 못했다. 이 시기의 문예 패턴은 여전히 문혁시기의 연속이어서, 예술은 여전히 정치적 태도나 관념을 표현하는 도구일 뿐, 자신의 가치를 지니고 있지 못했다. 이럼에도 불구하고 상흔미술은 여전히 초봄의 바람처럼 화단으로 불어 들어왔다.

상흔 미술이 나즈막이 읊조리고 노래할 때 일부 화가들은 광범위한 농민 및 그들의 생활에 주목하였는데, 이것이 바로 미술에서의 '향토풍' 즉 '생활류' 현상이다. 그 대표 인물로는 천단칭(陳丹青), 뤄중리(羅中立), 저우춘야, 아이쉬안(艾軒), 딩팡(丁方), 쑨웨이민(孫爲民) 등이 있다. 그 중에서 기념비적 의의를 지닌 작품으로는 뤄중리의 〈아버지(父親)〉(1979년)(그림5-3-3)[1], 천단칭의 〈티베트 그림 시리즈(西藏組畫)〉(1979년), 허둬링의 〈봄바람이 이미 잠에서 깨어나다(春風已經蘇醒)〉(1981년) 등을 들 수 있다. 이 작품들은 내용이나 예술성에 있어 상흔미술보다 한층 더 발전했다. 내용적인 측면에서 이런 작품은 우상에서 평범한 인간으로, 탈속에서 세속으로 변화했다. 뤄중리는 주름으로 뒤덮인 늙은 농민의 얼굴로 붉은빛을 띠고 있는 지도자의 얼굴을 대체하고, 천단칭의 〈티베트 그림 시리즈〉는 소박한 보통 사람의 생활의 일부를 기록했다. 이와 같은 회화 주제의 변화는 유럽 르네상스 시기 세속적 서민 여성 '모나리자'로 중세기

그림5-3-3 뤄중리(羅中立)의 〈아버지〉 (유화)

---

1. 그림 출처는 뤼펑, 이단, 위의 책.

그림5-3-4 천단칭(陳丹靑)의 〈입성〉(유화)

이래 줄곧 회화의 주체적 지위를 차지하던 '신'을 대체한 사건을 떠올리게 한다. 이는 이성적 사고가 이미 회화에 주입되었음을 상징한다. 예술성에 있어 '향토풍' 미술은 이미 질박한 사실주의로 거짓말, 과장된 말, 빈 말 가득한 혁명적 낭만주의를 대체하고, 진실되고 고요하고 담백한 생활의 세부 내용으로 강렬한 희극적 충돌을 대체했다. 천단칭의 〈티베트 그림 시리즈〉에는 〈어머니와 아들(母與子)〉, 〈입성(進城)〉, 〈캉바 사나이(康巴漢子)〉, 〈방목인(牧羊人)〉, 〈머리 감는 여자(洗髮女)〉 등 7폭의 작품이 포함되어 있다. 이 작품들 속에서 예술가는 마치 방관자처럼 일상 속의 순간 장면들을 붓으로 '고정'시켰는데, 인물 표정이 여유롭고 평온하며 동작도 느긋하고 자연스럽다.(그림5-3-4)[1] 이런 작품에 보다 깊은 사상적 의미가 담겨 있지 않은 듯 보이지만, 실은 평범한 생활 중에 나타난 인성에 대한 예술가의 사랑이 가득하다. 천단칭 본인이 말한 것처럼 "(생략) 그들은 머리부터 발끝까지 모두 훌륭한 회화 대상이었다. 나는 단도직입적인 언어를 찾아냈다. 그들이 서있으면 그 자체만으로 한폭의 그림이다."[2] 과장할 필요도 없다. 진실의 재현이란 거대한 '비누거품' 시대에 대한 일종의 비판이며, 무거움과 비장함은 '향토풍' 회화가 우리에게 던져주는 가장 깊은 인상이다.

그 뒤 향토풍은 점차 무거운 필치에서 벗어나 발랄하고 낙관적인 풍격을 표출했다. 이를테면 허둬링의 〈봄바람이 이미 잠에서 깨어나다〉는 봄

---

1. 그림 출처는 뤼펑, 이단, 『중국 현대 예술사(1979~1989)』, 후난미술출판사, 1992년.

2. 천단칭(陳丹靑), 「내가 창작한 일곱 폭의 그림(我的七張畫)」, 『미술연구』, 1981년 제1기.

날 같은 희망을 표출시켰다. 그 후 황토와 높은 언덕을 배경으로 한 상양(尚揚)과 딩팡, 중원 농촌지역의 풍토와 인정을 그린 쑨웨이민, 동북 지역의 비옥한 토지를 대상으로 한 웨이얼선(韋爾申)과 궁리룽(宮立龍) 등이 잇따라 등장했는데, 이들은 공동으로 인도주의의 선양과 현실주의의 실천을 취지로 삼는 '생활류'를 형성했다. 1979년에 시작된 농촌경제개혁은 이 '향토풍'의 형성에 든든한 사회적 기초를 제공했다. 그러나 1984년 이후 전국 경제건설의 중심이 농촌에서 도시로 옮겨가면서 향토 회화도 몰락하기 시작했다. 1989년 제7회 전국그림전시회가 열렸을 때, 웨이얼선은 그의 금상 수상작 〈상서로운 몽고(吉祥蒙古)〉로 이 '생활류'에 원만한 종지부를 찍었다.

## 2. 싱싱(星星) 그림전

1980년대를 전후로 생겨난 싱싱 그림전은 중국 미술사상 더 나아가 중국 예술사상에서 가장 찬란한 한 페이지였다. 싱싱 그림전 머리말에서 "우리는 자신의 눈으로 세상을 바라보고 손에 든 붓과 조각칼로 세상에 참여한다."라고 말한 것처럼, 강렬한 탐색 정신과 두려움 모르는 혁신성을 보여주었다. 정치적, 윤리적 다중 금기를 타파하여 예술 본연의 모습을 회복함으로써 형식상의 변혁을 실현하는 한편, 개성적 언어라는 날카로운 검으로 '공명시대(共名時代)'의 구속을 벗어 던짐으로써 오랫동안 방치되어 있던 뇌를 재작동시켰다. 바로 이런 꿈을 지녔기에 싱싱 그림전은 신기한 양식과 특별한 소리로 경직된지 오랜 사람들의 시각적 경험에 강력한 충격과 전에 느끼지 못했던 만족감을 선사할 수 있었던 것이다. 새로 등장한 사물은 언제나 추한 법이다. 특히 정치적 한파가 아직 가시지 않은 시기에는 더욱 그렇다. 전시회가 층층의 장애물을 제거하고 자신의 자태를 드러냈을 때 이 전시회를 조직한 사람, 그리고 전시회에 참여한 사람의 예술적 지조와 도덕적 용기는 훗날 사람들의 무한한 힘의 원천이 되었다.

제1회 '싱싱' 그림전은 1979년 11월 23일에서 12월 2일까지 열렸다. 이번 전시회는 원래 정부 명의로 개최하려 하였으나 결국 민간 성격을 띤 활동이 되었다. 그러나 이번 전시회는 전시 방식이나 전시 작품 모두가 '파격적'이어서, 경찰까지 나서는[1] 일대 '사건'이 되버렸다. 150여 폭의 작품 중 비교적 돋보인 작품은 마더성(馬德升)의 목판화 〈휴식(息)〉과 황루이(黃銳)의 유화 〈신생(新生)〉이였다. 전자는 해가 뜨면 일하고 해가 지면 휴식하는 농민생활에 대한 동정의 마음을 표현했고, 후자는 훼손된 원명원(圓明園)의 처량한 모습을 변형시켜 처리함으로써 신생에 대한 갈망을 그렸다. 이 외에 비전문가 출신 화가 왕커핑(王克平)의 목조작품 〈침묵(沈默)〉, 〈만만세(萬萬歲)〉, 〈호흡(呼吸)〉 등은 독특하고 대담한 구상과 황당하고 괴팍한 형식으로 관중들에게 경악스러운 시각적 체험을 선사했다. '비판과 폭로'는 제1회 싱싱 그림전의 명확한 주제였다. 예술가들의 구호인즉 "케테 콜비츠(Kaethe Kollwitz)는 우리의 기치, 피카소(Picasso)는 우리의 선구자"였다.(왕커핑의 말) 이로 인해 이번 그림전은 사상 면에 있어 혁신

---

1. 그림전은 9월 29일에 강제로 폐쇄되었는데, "(생략) 미술관 거리에 있는 공원에 포스터를 붙이고 작품을 전시해 대중들의 정상적인 생활과 질서에 영향 주었다는 것이 그 이유였다. 사회질서 유지 차원에서 〈중화인민공화국 치안관리처벌 조례(中華人民共和國治安管理處罰條例)〉와 1979년 3월 29일에 내려진 베이징시 혁명위원회(北京市革委會) 〈통지〉의 관련 규정에 근거해 미술관 거리의 공원 내의 그림전시를 금지하고, 크고 작은 선전 포스터를 붙이거나, 문구를 적는 일체 행위를 금지했다. 이를 어기는 자는 〈치안관리조례〉와 베이징시 혁명위원회의 〈통지〉에 근거해 처리했다." 이에 싱싱 멤버들은 10월1일(때마침 건국 기념일 30주년기념일임)에 '시단 민주창(西單民主牆)'에서 출발해 항의 시위행진을 진행했다. '헌법 수호'의 명의 하에 실시된 이번 시위행진은 국제 언론계를 떠들썩하게 하고, '싱싱' 그림전도 예술 자주권을 수호하는 사건으로도 발전했다. 사건 발생 한달 후에 '싱싱' 그림전은 북해(北海) 공원에 있는 화팡자이(画舫齋)에서 전시(11월23일~12월2일)를 계속하도록 허가 받았다. 『인민일보』도 처음으로 '싱싱' 그림전에서 출시한 광고를 실었는데, 이를 통해 정부가 어느 정도 타협했음을 알 수 있다.

적일뿐만 아니라 창작 면에 있어서도 전위적이었다. 민간 성격을 지닌 이번 그림전은 향후 미술 운동에 방향을 제시하는 한편, 예술 독제에 시달리던 대중들에게 새로운 심미의 문을 열어주었다. 첫 번째 민간 성격의 자발적 전시회가 지니는 역사적 가치 역시 지극히 중요하다.

얼마 후인 1980년 초여름에 제 2회 싱싱 그림전이 열렸다. 이번 전시 장소는 중국에서 가장 권위 있는 전시장 중국미술관이었다. 거리 전시에서 미술관 전시로의 변화는 변두리에서 중심부로 승격했음을 의미한다. 그러나 다른 측면에서 보면 이는 또 투쟁의 칼날이 무뎌지고 전복 잠재력이 상실되었음을 암시하기도 한다. 현실도 그랬다. 이번 전시의 중심은 예술 자체에 대한 성찰이 위주였지 현실에 대한 비판은 없었다. 머리말에서 말한 것처럼 새롭고 더 성숙된 언어로 세계와 대화했다. 예술은 그 자체가 일종의 형식이다. 그러나 형식을 두려워하는 사람은 자신 이외의 모든 존재를 두려워하기에 선배들에 대한 전승을 용감한 탐색의 기초로 삼는다. 예술 형식의 탐구에 있어서 일찍이 급진적이던 싱싱 그림전도 차츰 전통에 의지하기 시작했다. 계승이라는 기초 위에서만 혁신을 추구했을 뿐, 더 이상 결연히 거절하는 모습을 찾아볼 수 없었다. 이번 그림전에서 가장 큰 반향을 일으킨 것은 왕커핑의 작품 목판화 〈우상(偶像)〉이었다.(그림 5-3-5)[1] 이 작품은 명확한 지향성을 지닌 인물형상(마오쩌둥)을 전통적인 보살상에 융합시키고, 머리 위에 오각별과 짐작할 수 없는 미소를 더했다. 이 판화는 관중들에게 말 안 해

그림5-3-5 왕커핑의 〈우상〉(목판화)

---

1. 그림 출처는 뤼펑, 이단, 『중국 현대 예술사(1979~1989)』, 후난미술출판사, 1992년.

그림5-3-6 리솽(李爽)의 〈신단 아래의 붉은 아이(유화)

도 알 수 있는 은유를 전해주었지만, 이 은유에 대한 이해는 사람마다 달랐다. 『신관찰(新觀察)』이 그 해 9월 10일에 이 작품을 게재했으니, 전국적인 반향이 어떠했는지 가히 짐작할만하다. 이에 왕커핑은 일시에 그해 화제의 인물이 되었다. 이밖에도 리솽(李爽)의 〈신단 아래의 붉은 아이(神台下的紅孩)〉(유화)(그림 5-3-6)[1], 옌리(嚴力)의 〈대화(對話)〉(유화), 마더성의 〈6평방미터(六平方米)〉(유화), 마오쑤쯔(毛粟子)의 〈십년동란(十年動亂)〉(아크릴화) 등은 불균형 구도, 강한 색채 대비, 추상적인 변형 등 예술언어의 새로운 형식에 대한 예술가들의 탐색을 보여준다. 이런 새로운 변화는 사람들의 기대치를 멀리 초월하고 사람들의 습관적인 지각 방식을 타파했다. 이로 인해 '혼란스럽고', '영문을 알 수 없고', '알아 볼 수 없고', '엉망진창'이라는 부정적 평론이 쏟아지기도 했다. 지금의 시각으로 보면 당시 '나래주의(拿來主義)[2] 작품이 비교적 유치하게 느껴질 수밖에 없겠지만, 앙리 마티스(Henri Matisse)나 호안 미로(Joan Miro)를 아는 사람이 얼마 되지 않는 상황에서 싱싱 그림전이 지닌 혁명성은 의심의 여지도 없다.

1980년 이후 싱싱 그림전의 멤버들이 속속 출국하기 시작하면서 1984년에 완전히 해체되었다. 뤼펑(呂澎)과 이단(易丹)이 "중국 현대예술사에서 싱싱 그림전을 제외시킨다는 것은 상상할 수도 없는 일이다."[3]라고 말

---

1. 그림 출처는 뤼펑, 이단, 『중국 현대 예술사(1979~1989)』, 후난미술출판사 1992년.

2. [역자주] 좋은 것은 받아들이고, 나쁜 것은 버리자는 사고방식을 뜻하는 루쉰의 말에서 따왔다.

3. 뤼펑, 이단, 『중국 현대 예술사(1979~1989)』, 후난미술출판사, 1992년, P.80.

했듯이, 단 두 차례의 전시밖에 열리지 않았지만 싱싱 그림전은 2회에 걸친 전시만으로도 중국 미술사라는 하늘에 영원한 자리를 남기기에 충분했다. 미술사 발전 차원에서 볼 때, '상흔'회화, '향토풍', '생활류'가 전통을 계승했다면 싱싱 그림전은 미래를 이어주었다. 따라서 싱싱 그림전은 중국 현대예술의 발단을 상징한다. 문화 영역에서 싱싱 그림전은 시 전문지인 『진톈(今天)』과 마찬가지로 당시 인문적 배경을 구성하면서 중국 인문주의의 발전을 추동했다. 싱싱 그림전이라는 이 민간조직이 예술의 주권 다툼 과정에서 보여준 투쟁 정신은 그 후 '8·5' 예술 신사조가 생겨나는 데 기초를 제공함과 동시에 1984년 이후 중국 민간 현대예술단체 및 그의 전시 등에 선례를 제공했다.

## 3. '8·5' 신사조

1984년 10월, 중공중앙은 12기 3중전회를 열어 '경제체재 개혁에 관한 결정(關于經濟體制改革的決定)'안을 통과시키고 경제 업무 중심을 농촌에서 도시로 옮겼다. 미술계까지 차츰 도시로 눈을 돌리자 예술가들도 공업문명에 관심을 표하면서 중국 공업문명화 발전 과정 속에서 가이드 역할을 할 수 있기를 간절히 바랐다. 사회정치 환경이 상대적으로 자유로워지면서, 특히 대외 개방정책이 실시됨에 따라 서구 인문서적이 대량 번역되어 국내에 소개되었는데, 이는 정신적 고갈과 중국 현대철학의 빈곤을 앓고 있던 예술가들에게 성찬이 아닐 수 없었다. 물밀듯이 밀려든 서구 철학 및 문화예술은 중국 본토의 예술가들에게 풍부한 참조 자료를 제공해 주었다. 사상은 행동을 선도한다. 강한 사회적 책임과 '향토풍', '생활류'를 이어

받은 비판정신은 예술가들로 하여금 나래를 펴고 창작에 몰두하게 했다. 1985년 1월, 중국작가협회 제4차 대표회의가 베이징에서 열렸는데, 이번 회의의 중심 의제는 '창작의 자유'였다. 같은 해 5월, 중국미술가협회 제4차 대표대회가 산둥(山東) 지난(濟南)에서 개최되었다. 이 회의에서는 '창작의 자유를 방해하는 모든 현상과 투쟁할 것'을 선언했다. 전례 없이 양호해진 정치적 환경과 고양된 창작 열정은 민간예술 단체의 탄생과 여러 형식의 현대예술전에 훌륭한 조건을 마련해주었다.

1984년 7월, 왕광이(王廣義), 수췬(舒群), 런젠(任戩), 류옌(劉彦) 등을 주요 성원으로 하는 '북방예술단체(北方藝術群體)'가 하얼빈(哈爾濱)에서 설립되었다. 그 뒤를 이어 1985년 6월, 제1회 '신구상(新具象)' 예술전이 상하이에서 개최되었는데, 참가자로는 마오쉬후이(毛旭輝), 장샤오강(張曉剛), 판더하이(潘德海) 등이 있다. 그 후 여러 예술단체와 예술전이 우후죽순 공공 영역에 등장했다. 통계자료에 의하면 1986년 연말에 '장수청년주간, 대형 현대예술전(江蘇靑年周ㆍ大型現代藝術展)'(난징), '11월 그림전'(베이징), '하오왕자오(好望角) 현대예술전'(시안), '이타이 그림전(以太畫展)'(난닝/南甯), '난팡예술살롱(南方藝術沙龍)'(광저우)과 '상하이 청년미술작품대전(上海靑年美術作品大展)', '쉬저우 현대예술전(徐州現代藝術展)' 대형 예술전 등 30여 차례 전시가 세상에 선보였다고 한다. 그중 비교적 유명한 것으로는 1986년 베이징대학교에서 열린 '관념21ㆍ행위전람회(觀念21ㆍ行爲展現)'를 꼽을 수 있다. 이 활동에 등장한 몇몇 청년 예술가들의 차림새는 참으로 기괴했다. 그들은 빨강, 검정, 흰색 천과 아무 데서나 주은 폐품으로 온 몸을 감싼 채 즉흥적으로 각종 동작과 조합 조형을 공연했는데, 흥에 겨운 나머지 옷을 벗어 던지고 런닝셔츠와 팬티 차림으로 영하 8도의 날씨에서 동료와 관중들이 퍼붓는 물감을 온 몸으로 맞는 사람들도 있었다. 현장 분위기에 휩싸여 관중들도 방관자에서 참여자가 되기도 했다. 당시 중앙미술학원(中央美術學院)의 청년 교사였던 저우칭성(朱青生)은 '관념21'이라는 명칭의 의미는 바로 3x7= 21을 따지지 않는 것이라고 설명했다. 베이징대학교의 '관념21'이 전시될 때 상하이 공인문화궁극장(工人文化宮劇場)에서는 '8·5'미술 신사조 이래 가장 급진적이었던 표현예술제 'M예술체(M藝術體)'가 한창 열리고 있었다. 16명의 구성원들이 무대에 오른 후 200여명 관중도 초대에 응해 참여했다. 공연은 총 한 시간 반이나 지속되었는데 마지막에 청년 예술가 양쉬(楊旭), 저우톄하이(周鐵海)의 나체공연으로 막을 내림으로써 반예술을 반문명, 반문화 차원으로까지 끌어 올렸다.

'8·5'미술 신사조 시기에 과연 몇 개의 현대예술 단체가 있었고 몇 번의 현대예술전이 열렸는지 사실 통계내기 힘들다. 비록 이 시기에 〈아버지〉나 〈티베트 그림 시리즈〉처럼 감동적인 작품들이 나오지는 못했지만, 사회문화적 영향력을 놓고 보면 몇 장의 그림으로 비교할 수 있는 것이 아니다. 비록 '8·5' 신사조 시기 거의 모든 작품에 서구 모방의 흔적이 있고[1] 예술가 본인이 서구의 현대예술을 반드시 깊이 이해한 것은 아니지만, 역사상 유례 없는 첫 번째 예술 현대화운동으로서 '8·5' 미술 신사조는 한 차례의 미술 운동일 뿐만 아니라 사상 운동이자 문화 운동이었으며, 그 핵심 사상은 '자유'였다. 또 강렬한 비판 정신, 세계와 손잡고자 하는 용기를 보여주

---

1. 왕광이(王廣義)는 이들의 〈후고전(後古典)〉시리즈 〈마랍의 종극1호(馬拉終極1號)〉, 〈마태복음(馬太福音)〉과 〈모나리자에 이어(蒙娜麗莎之後)〉를 이해하려면 쇼펜하우어의 〈의지와 표상으로서의 세계(The world as will and representation)〉와 니체의 〈비극의 탄생(The Birth of Tragedy)〉을 반드시 참조해야 함을 역설했다. 마오쉬후이(毛旭輝)의 작품은 베르그송의 생명철학을 형상적으로 서술했고 런룽(任戎), 양잉성(楊迎生) 등이 창작한 작품은 프로이트(Freud)의 무의식 심리학을 예술적으로 해석했다. '사고는 형상보다 크다'는 당시 이론계가 이 작품에 내린 적절한 평가일 것이다.

면서 사회에 대한 인문적 관심을 이어나갔다. 이 모두 그 후 예술 활동들이 미치기 힘든 부분이었다. '8·5' 미술 신사조는 '문화대혁명' 미술에서 '전위예술'로의 전환을 이루어냈고, 중국 현대예술사의 서막을 열었다. 이 시기는 중국 미술사에 있어 '가장 번영했던 태평성세'였다고 할 수 있다.

## 4. 중국 현대예술 전시회

1989년 초에 개최된 중국 현대예술대전과 '8·5' 미술 신사조는 일맥상통한 것으로서 정신적 기질이나 예술적 주장에 있어 많은 유사성을 지니고 있다. 이 전시회의 예술적 배경을 보면, 마침 미술계가 '8·5' 미술 신사조의 개념화, 관념화에 대해 비판하던 시기였고 진상이(靳尙誼), 왕이둥(王沂東) 등을 대표로 하는 '고전풍(古典風)', '추상풍(抽象風)'과 '신학원파(新學院派)'가 생겨나던 시기였다. 이들은 모두 예술언어를 순화하고 미술이 해석 불가능한 '예술 암호'로 전락하는 것을 막아야 한다고 주장했다. 이 전시회의 사회적 배경을 보면, 중국 경제가 최근 2년 동안 급속히 발전하면서 '정리 실업', '관리 비리', '부정부패', '통화팽창' 등 여러 사회 문제가 수면 위로 올라오고 있던 시기였다. '위기'와 '혼란'은 이 시기 사람들의 공통된 심리였다. 이런 복잡한 상황에서 1989년 2월 5일, 중국미술관으로부터 행위예술 〈대화(對話)〉의 두 발 총소리가 들려오는데, 이로써 1985년 이래 조성되기 시작한 격정적인 문화사조는 최고조에 달한다.( 그림 5-3-7)[1]

이번 예술전은 결코 순탄하지 않았다. 준비에서 전시까지 2, 3년이란 시

---

1. 그림 출처는 뤼펑, 이단, 『중국 현대 예술사(1979~1989)』, 후난미술출판사, 1992년.

그림5-3-7 샤오루(肖魯)·탕쑹(唐宋)의 〈대화(對話)〉 (행위예술)

간이 걸렸고, 그 사이에 열린 회의만도 수 차례였으며, 전시 과정도 첩첩난관으로 가끔 진행이 중단되기도 했다. 또 경찰과 폭동 진압대가 개입했을 뿐만 아니라, 폭탄을 설치했다는 위협을 받기도 했다. 2월 5일부터 시작된 이번 전시회는 몇번이나 중단되었다가 2월 19일에야 막을 내렸다. 전시 과정의 일파만파는 전시 내용의 반역성과 선봉성, 난잡성을 보여준다. 사실도 그러했다. 이번 전시회에 참여한 현대예술 작품에는 서구의 다다 아트(Dada Art), 팝 아트(Pop Art), 설치예술(Installation art), 행위예술, 추상예술, 개념예술(Concept art)과 해프닝예술(happening art)을 제외하고도 목각, 조소, 수묵, 종합재료, 종이공예(剪紙) 등 여러 중국 전통예술 형식이 포함되어 있었다. 지금에 와서 보면 가장 눈길을 끌었던 행위예술 〈대화〉를 위시해 표절 혐의가 있는 작품이 적지 않을뿐더러, "'8·5' 신사조가 지닌 충동도 잃었고, 현대 예술 발전에 어떤 예시도 제공하지 못했다."[1]고 평가하는 사람도 없지 않다. 그러나 이번 현대예술전이 당시 사회에 강한 충격을 주었고, 폐쇄적이고 예술에 관심을 보이지 않던 대다수 관중들의 전통 경험과 문화 습관을 변화시켰다는 사실만은 부인할 수 없다. 따라서 전시회에 전시되었던 몇몇 작품들을 짚고 넘어가지 않을 수 없다.

샤오루(肖魯)와 탕쑹(唐宋)이 창작한 〈대화〉는 '사건예술'로 그 과정은 다음과 같다. 그들은 리볼버로 자신들이 1988년에 창작한 설치 작품 〈대화〉(알루미늄 합금으로 만든 전화 박스 두 개가 있고, 전화 박스에는 각기 남녀가 통화하는 모습의 사람크기만한 사진이 들어있다)에 두 발의 총탄을 발사한다. 총을 쏜지 얼마 되지 않아 19대의 경찰차가 오고 샤오루와 탕쑹은 치안위반죄로 5일 구류를 선고받지만 결국 3일 앞당겨 석방된다. 석방된 샤오루와 탕쑹은 미술관으로 되돌아가 담배꽁초를 문질러 작품 〈대화〉 앞에 뿌리면서 모든 행위예술을 마무리짓는다. 후에 작자들은 자기들이 체포된 것이나 앞당겨 석방된 것 모두 계획했던 내용들로 예술 과정의 일부였으며, 자신들의 특권 배경(샤오루의 아버지는 모 성 미술대학 학장이고 친척은 모 성 군부 사령원임)을 효과적으로 이용한 것이라고 말했다. 이들이 〈대화〉를 창작한 목적은 사실 예술적 상징을 통해 '대화' 불가능한 사회를 비판하고자 한 것이었다. '대화'는 평등의 기초 위에서만 가능하지만 현실은 그렇지 않다고 보았기 때문이다. 이들의 체포 및 앞당겨 석방된 그 자체가 바로 '중국법률의 탄력도'를 효과적으로 해석하고 검측한 것이다. 이로써 법률 앞에서 사람마다 평등하지 않다는 결론을 얻어냈고, 이로써 평등한 '대화'를 시도했던 기초도 사라졌다. 이 '사건예술'에는 작가의 지혜와 용기가 관철되어 있는데, 그들은 생활과 예술의 경계를 의

---

1. 리센팅(栗憲庭), 「중요한 것은 예술이 아니다(重要的不是藝術)」, 장수미술출판사, 2000년, P.254.

식적으로 타파하고, 사람들의 예술의 신분과 기능에 대한 반성에 새로운 접근법을 제공했다.

샤오루, 탕쑹의 총소리보다 왕광이의 〈마오쩌둥AC(毛澤東AC)〉의 상징성이 아마 더 클 것이다. 〈마오쩌둥AC〉는 작가의 시리즈물인 〈마오쩌둥AO〉의 일부분으로, 전시회에 출품하기 위해 작가가 초상화 위 아래 두 귀퉁이에 있는 자모 'O'를 'C'로 바꾼 것이다. 전하는 바에 의하면 이는 작품을 심사하는 사람이 "'O'는 뜻이 아주 모호하여 범위를 확정하기 힘들며, 불쾌한 추측이나 지나치게 혐오스러운 연상을 유발할 가능성이 있다며 작가에게 'C'로 수정할 것을 제안했다."[1]고 한다. 지금 보면 〈마오쩌둥AO〉가 더 원시적인 의의를 지닌다. 예술적 맥락에서 마오쩌둥의 이미지는 더 이상 전국민이 우러러보는 '성상'이 아니라 일종의 팝(Pop) 형식으로 전시회에 걸려있다. 위대하고 위망 높은 정치인물의 형상이 단순한 문화예술 부호로 전환되었고, 그 가치도 원래의 '막배(膜拜)'에서 현재의 '전시'로 바뀌었다. 이는 분명 권위 및 신성에 대한 해체이면서 전복이다. 이로써 새로운 예술 형식인 정치 팝이 시작된 것이다.

또 다른 상징적 작품으로 블랙 유머식 설치예술 〈블랙 박스(黑匣子)〉를 들 수 있다. 이 설치미술 작품은 리웨이민(李爲民), 유한(尤涵), 장용젠(張永見)이 설계하고 제작했다. 작품은 한 칸의 검은 방으로 이루어져 있으며, 내벽에는 흰색으로 '불형길흉성정화복지도(佛形吉凶性情禍福之圖)'가 그려져 있다. 매료되어 가까이 다가가 보면 부처의 몸에 있는 '지점미진(指點迷津)'이라는 혈위 위에 뜻밖에 'AIDS', '아첨쟁이(馬屁精)', '수성(獸性)', '역래순수(逆來順受)' 등 글귀가 써져 있는 것을 발견할 수 있다. 속았

1. 뤼펑, 이단, 『중국 현대 예술사(1979~1989)』, 후난미술출판사, 1992년, P.167.

다고 느낀 관중들이 고개를 돌려 이 '못된 장난'을 꾀한 첫 사람을 나무라려고 할 때, 작가는 진작부터 관중들에게 "이것을 분에 넘치는 욕망을 품은 자들의 진료소"로 제시했다고 말한다. 작품은 블랙 유머식 태도로 관중들에게 생활 속에는 '올바른' 것에 가려진 '황당'함이 곳곳에 널려 있으니, '심미'에 대해 선험적 환상을 품지 말라고, '체험'과 '느낌'야말로 진실된 것이라고 관중들에게 속삭이고 있다.

이밖에 영향력 있는 작품으로 고씨 형제의 팽창주의 작품 시리즈와 구더신(顧德鑫), 천사오핑(陳少平) 등의 다이어그램(diagram) 작품 〈해석(解析)〉, 종합재료를 사용한 구슝(顧雄)의 작품 〈그물〉 등이 있다. 이번 전시의 가장 큰 의의는 정부의 태도, 관중의 반응, 사회의 여론까지 예술 속으로 끌여들였다는 점이다. 이로써 예술과 생활의 경계가 어느 정도 흐려졌는데, 이 또한 사람들에게 객관적인 생활도 예술처럼 허위이고, 예술도 생활처럼 가끔씩 진실임을 알려주고자 한 예술가들의 목적이기도 하다. '전시'라는 단어가 지니고 있는 고유의 의미에서 벗어나 보면, 이번 현대예술전 역시 커다란 '행위예술'작품으로 간주되어 중국 현대예술사의 한 페이지에 기록될 수 있을 것이다.

## 5. 신문인화(新文人畫)

'싱싱' 그림전에서 '8·5 미술 신사조', 더 나아가 '8·9현대예술전'에 이르기까지 미술가들은 시종일관 서구의 미술 요소, 기법, 관념을 흡수해 왔다. '서구화'가 곧 '현대화'는 아니지만, 서구 미술에 대한 참고와 모방으로 중국 미술은 더 많은 현대적 자질을 갖추게 되었다. 그렇다고 해서 중국 미술의 현대화 과정에 문제가 없는 것은 아니다. 과거 문화 억압에 대한 반항으로 서구 미술을 횡적 이식한 결과, 중국 전통미술에 대한 종적 계승은 가려지고 말았다. 이에 민족 정체성에 대한 자각과 더불어 어떻게 하면 미술의 뿌리를 이어가면서 전통 미술의 현대적인 변화를 실현할 수 있을까 하는 문제는 결국 1980년대말에 와서 일종의 내재적 요구로서 제기되었다. 예를 들어, '판화를 살리자', '세화는 어디로 나아가야 할 것인가', '중국화는 이미 막다른 골목에 이르렀다' 등의 호소는 전통미술에 대한 관심을 불러일으키기 위한 것이었는데, '신문인화'의 탄생은 바로 이러한 호소에 대한 응답이었다고 할 수 있다.

'신문인화'라는 명칭은 1989년 4월에 열린 '중국 신문인화전(中國新文人畫展)'에서 정식으로 제기되었다. 신문인화의 예술 취지는 전통 서화기법을 계승하여 미술의 현대화에 민족적 요소를 더하는 데 있다. 예술 실천면을 살펴보면, '신문인화'는 자신의 주장을 일부 실천했다고 볼 수 있다. 즉 필묵의 정취에 중점을 두고, 뜻과 정신의 표현 전달을 강조하며 '천인합일(天人合一)'을 중시했다. 생동적인 화면과 개성 있는 필치는 선봉미술과 구별되는 부드럽고 친절한 느낌을 지니고 있었다. 그러나 '신문인화'에는 '그림을 유희 삼아 하는' 전통 문인들의 심리가 뚜렷이 드러나 있고, 유희적인 심리와 한가로운 기교를 표현하는 데 많은 필묵을 쓰고 있으며, 화면 대부분이 '동서로 깊고 낮은 시내 흐르고, 멀고 가까운 산에 구름이 왔다 갔다하네.'와 같은 한가로운 정취를 표현하고 있어서 현실 도피적 성향이 강하게 나타나 있다. 이는 동시기 비극적이고 사명감 가득한 현대예술과 뚜렷하게 대조된다. 당시 수많은 전위 화가들은 '신문인화'를 소극적이고 보수적이며 가난에 찌든 모습 일색이라며 비판했다. 그러나 오늘날 시각으로 볼 때, 예술 자체는 다양성을 지닌 존재이며 사람들의 심미적 수요도 무한히 풍부하다. 따라서 '신문인화'가 비록 예술 혁신의 중임을 감당하지는 못했지만, 중국인 내면 깊숙히 자리잡은 문화 심리를 따뜻하게 해줄 수는 있었다. 예술의 발전 방식은 신구 형식의 교체로 나타나는 것이 아니라 다양한 풍격이 공존하는 것으로 나타난다.

1990년 새해의 종소리가 울려 퍼지면서 중국의 현대예술은 혼란스럽고 무질서하며 불안한 분위기 속에 종말을 고했다. 역사는 예술이 예술이기만 했던 적이 없음을 다시 한번 입증해주고 있다.

# 제4절

# '내가 선택하고 나만 좋으면 되는' 시장경제 시기

짧은 기간의 배회와 침체기를 겪고 난 후 중국 미술은 변화된 사회환경 속에서 다시금 활력을 되찾기 시작했다. 1992년 덩샤오핑(鄧小平)의 남방 순례 담화는 11기 3중전회 이후 두 번째 사상해방 운동을 일으켰을 뿐만 아니라, 시장경제 발전에 제도적인 보장을 마련해주었다. 중국 예술발전은 이로 인해 새로운 호황기를 맞이하게 되었다. 그 후 시장경제가 한층 발전하고 과학기술도 크게 진보하면서 점차 다원화되고 여유롭고 개방적인 생활을 맞이하게 되었다. 단일적인 언어 체계를 재건하려는 모든 시도는 이제 가소로운 욕망에 불과했으며, 동일한 현상 동일한 사물에 대해 사람들은 갈수록 많은 선택권과 비평권을 갖게 되었다. 따라서 미술 영역에 있어 '내가 선택하고 내가 좋으면 되는' 것이 예술가들이 숭상하는 원칙이 되어갔다. 그러나 시간이 흐르면서 사람들은 정치적인 속박에서 풀려난 예술에 세속적 성분이 더욱 강화되어 어느새 경제와 한데 엉겨가고 있음을 발견하게 되었다. 이제는 경제 효율과 상업 이윤이 정치 방향을 대신해 예술 비평의 새로운 기준이 된 것이다. 이전의 국가 대중예술이론은 시장경제의 충격 하에 점차 쇠퇴해가고, 개인주의와 자유주의를 기초로 하고 시장경제와 밀접히 연관된 또 다른 대중예술이론이 형성되었다. 이러한 환경 하에서 서로 다른 차원, 서로 다른 유형의 미술이 경제, 상업과 적극 타협하기 시작했다. 어떤 측면에서 보면 중국 당대미술의 발전은 시장경제의 품에서 성장했다고도 볼 수 있다. 1990년대 전반에 나타난 각종 미술현상은 모두 배후의 보이지 않는 '시장의 손'과 관련되어 있다. '정치화'에서 '시장화'로 전환되는 데는 불과 10년 밖에 걸리지 않았다.

## 1. 예술 속의 시장

중국의 미술시장은 1980년대말에 형성되었는데, 당시 운영 메커니즘은 그야말로 간단했다. 홍콩, 대만 그리고 해외의 일부 수집가와 화상(畫商)들이 직접 예술가로부터 작품을 매입했으며, 매입 대상은 주로 향토적 풍광을 묘사한 그림이나 학원파(學院派) 기법을 적용한 인물 초상화들이었다. 수많은 화가들은 그 덕분에 부유해졌다. 경제이익의 추동 하에 갈수록 많은 화가들이 '항화(行畫)'[1] 제작에 뛰어들었다. 고전 복제본의 범람은 전위예술의 시장화를 자극했다. 시장을 확보해야만 생존을 꾀할 수 있었기 때문이다. 1992년 '제1차 90년대예술 광저우 비엔날레(유화부분)'가 개최되었다. 전시회가 열리기 두 달 전에 『양청만보(羊城晚報)』의 기자 쉬팅페이(許挺斐)가 〈중국 예술시장 두각을 보이기 시작(中國藝術市場初露端倪)〉이라는 제목으로 선전(深圳) 모 회사가 백만 위안이라는 거금을 들여 아직 순위도 결정되지 않은 '제1차 90년대예술 광저우 비엔날레(유화부분)' 27폭의 출품작 모두의 소유권을 계약, 매입했다는 소식을 보도했는데, "기업이 예술품 투자에 눈을 떴다."고 명시하며 예술이 "부동산과 주식에 이어 또다른 투자의 관심거리가 될 것임"을 예언하였다. 이

---

1. [역자주] 해외 유명 회화의 복제품을 말한다.

전시는 국내 기업들이 경비를 모아 투자하는 방식으로 진행되었는데, 수상작에게는 최고 45만 위안의 상금이 주어졌다. 비록 이번 전시회에서 포상금과 작품 반환문제 등으로 2년 간의 법적 분쟁이 생기기는 했지만, 이렇게 야기된 일련의 법률 문제는 중국 예술시장의 제도적인 결함을 오히려 일깨워주는 역할을 했다. 따라서 이번 전시회는 시장경제가 예술에 직접 개입한 하나의 징표로서, 중국 예술의 시장화 추진에 큰 의의를 지니고 있다고 할 수 있다.

얼마 후 예술가들은 '광저우 비엔날레'에서처럼 이윤과 돈을 논하는 것을 더 이상 수치스러워하지 않았다. 예술시장도 나날이 합리화되어, '중개'기구가 생겨나 과거 직접 돈으로 작품을 구입하던 간단한 거래방식을 대체했다. 현재 중국에서 '중개'를 담당하는 기구는 후난미술출판사(湖南美術出版社)에서 발행한 『예술·시장』을 비롯한 대중매체일 수도 있고 화랑이나 미술관일 수도 있다. 이밖에 미술 전시 자체도 중개 역할을 할 수 있다. 따라서 '큐레이터'라는 낯선 명사도 중국 예술시장에 등장해 당대예술 특히 전위예술의 발전 과정에서 중요한 역할을 담당하였다. '큐레이터' 장칭(張晴)의 말을 인용하면, "큐레이터는 중국의 사회, 경제, 문화 전환기의 산물이다."[1] 그러나 장칭은 더 나아가 예술평론가가 큐레이터의 가장 적합한 후보라는 사실까지는 지적하지 못했다.

1991년 왕유선(王友身)이 기획한 '신세대 예술전'(베이징)에서 시작해 2003년 장칭, 아이웨이웨이(艾未未)가 기획한 '절점: 중국 당대예술에서의 건축 실천(節點——中國當代藝術中的建築實踐)'(상하이)에 이르기까지, 수십 차례의 크고 작은 실험적 성격의 예술전시회 모두 주로 평론가나

---

1. 장칭(張晴), 「큐레이터에게는 길이 없다. 방향만 있을 뿐(策展人沒有道路, 只有方向)」, 『예술당대(藝術當代)』, 2003년 제3기.

예술가들이 기획하였다. 평론가들에게는 일반인에게 없는 감상능력이 있기 때문에 미술작품의 예술적 가치를 정확하게 판단할 수 있을뿐더러, 구입자나 판매자가 아닌 제3의 신분이기 때문에 신뢰를 쉽게 얻을 수 있다. 이들의 개입은 미술시장의 규범화와 합리화를 보여주었다. 심지어 "평론가의 해석 또는 평론가의 추천작만이 예술시장에서 가장 경쟁력 있는 제품이 될 수 있다."[1]고 단언하는 사람도 있었다. 그러나 이상적이고 지나치게 낙관적인 태도에 대해 '제1차 광저우 비엔날레'를 마친 평론가들은 스스로 의심하기 시작했다. 우선 이들은 '학술 기준'과 '시장 기준'의 통일이라는 난제에 부딪쳤다. 그 다음으로 '학술 기준'과 '심미 취향'은 서로 다른 문제라는 사실도 발견했다. 큐레이터로 일했던 평론가 뤼펑(呂澎)은 "투자가들은 예술을 모르기에 자신의 취향에 의해 평가하고 결정할 수밖에 없다. (중략) 그러나 예술가는 개인의 미학적 편견(예술가에게 있어서는 필요한 것)으로 인해 평론이 한 쪽으로 쏠릴 수밖에 없다."고 실토한 바 있다. '중재인'으로서의 평론가는 경제적 입장에서 출발할 수도 없고, 어느 한 (미술) 풍격의 입장에 설 수도 없기에 "예술가를 대신해 화상에게 가격을 제시할 때도 있고 화상의 입장에서 지나치게 높은 가격에 대해 예술가들에게 설명하고 권유할 때도 있다. 또 권위 있는 중재자의 신분으로 학술 발언을 하기도 한다."[2] 이렇듯 빈번한 신분 교체는 경제에 어두운 평론가들에게 있어 어려운 일이 아닐 수 없다. 사실 진정한 의미의 독립 큐레이터가 직면한 어려움은 이외에도 더 많다. 이를테면 자금 조달, 자금 후원 측을 설득시킬 만한 전시회 주제 설정, 수많은 예술가들과의 협력 문제 등이 그렇다. 그러나 국제예술시장이 중국을 향해 활짝 열리면서 더 이상 지탱하기 어려웠던

1. 이잉(易英), 「이상과 작업(理想與操作)」, 쓰촨미술(四川美術)출판사, 1992년, P.51.

2. 뤼펑, 「예술작업(藝術操作)」, 청두(成都)출판사, 1994년, P.87에서 재인용.

큐레이터에게 활력이 생겨났다. "베이징, 상하이, 광저우에서 한 때 유행했던 전시회의 기획 방식은 이러했다. 해외 기획인이 중국을 방문하러 온다는 소식을 입수하면 그 기간 내에 그 장소에서 '특별전시회'를 여는 것이다. 이렇게 해서 외국 기획인들이 예술가를 선별할 때 유용한 '샘플과 견본품'을 제공하고, 예술가들에게는 작품 수출의 기회를 제공했다. 그 후 해외 수집가들이 중국에 와서 그림을 구매한다는 소식을 입수하면 그 시간과 장소에 학술적 명의를 빌려 해외 수집가들의 입맛과 양에 맞춰 '여러 맛있는 음식'을 제공하는 일종의 기획인이 생겨나기도 했다. 개별 예술가들은 기획인의 지시와 귀띔 하에 전문 소장가를 위해 맞춤형 작품을 제작하기도 했다."[1] 경제 전환기에 처해 있던 평론가들은 기획인 신분으로서의 적합한 지위를 찾은 듯 했다. 그러나 이런 적합한 지위로도 발언권을 상실한 곤란한 입장을 감출 수는 없었다. 해외 기획인들의 거듭된 '중국행'은 예술에 대한 (평론가들의) 판단력을 앗아갔다. 작품 '판매'를 위해 이들은 자신의 예술적 판단과 심미적 취향을 반복적으로 억압하지 않으면 안되었다. 예술가와 화상 사이에서 "인도주의적이되 경제적 성격을 지닌 일을 하는 것"이 "개인 이미지뿐 아니라 학술연구에도 실제로 영향을 미친다."는 것을 느낀 평론가들은 이제 어떻게 해야 새로운 판도에서 예술 발언권을 되찾을 수 있을지, 어떻게 해야 전시를 통해 개인의 독특한 학술적 사고를 제시할 수 있을지, 이런 문제들을 새롭게 생각하지 않으면 안되었다.

중국의 큐레이터들은 이와 같은 환경 하에서 국제 예술계로부터의 도전을 감당해야 하는 한편 사회, 경제, 생활, 기술 등 여러 면에서 오는 현실적 압박을 이겨가며 발전을 모색하고 성숙해가야 했다. 국제 예술교류의

---

1. 장칭, 「큐레이터에게는 길이 없다. 방향만 있을 뿐」, 『예술당대』, 2003년 제3기.

장에서 이들은 중국 당대예술을 세계로 진출시키는 중임을 짊어졌다. 따라서 이들의 심미 취향과 기획 구상은 중국 당대예술의 흐름과 추세에 일정 정도 영향을 미쳤다. 중국 예술시장은 처음부터 다국적 성격을 지니고 있었는데, 최초의 구매자들은 거의 해외 화상이거나 적어도 홍콩과 대만 지역의 국제적 시야를 지닌 화상들이었다. 그러나 그 시기의 거래는 개인화되어 있어서, 중국 미술의 국제시장 진출은 아직 이루어지지 않았다. 중국 예술이 국제시장에서 진정으로 두각을 나타내기 시작한 것은 1993년의 일이다. 올리바(Oliva)가 기획한 베네치아 비엔날레에 14명의 국내 예술가들이 '정치 팝'과 '냉소적 사실주의(cynical Realism)' 작품을 전시하면서 해외 동업자들로부터 광범위한 인정을 받았다. 리셴팅(栗憲庭)과 장쑹런(張頌仁)이 기획한 '포스트 8·9 중국 신예술전시회'(1993년, 홍콩)에 이어, 황두(黃篤)와 쓰다이컨(斯戴肯)이 기획한 '입을 열고 눈을 감자, 베이징—베를린예술교류전(張開嘴, 閉上眼, 北京——柏林藝術交流展)'이 1995년 베이징에서 열려 중국과 독일 예술가들의 작품을 전시했다. 1998년에는 정성텐(鄭勝天), 한커(漢克), 장칭, 샤웨이(夏蔚)가 기획한 '강남—중국 현당대예술전(江南——中國現當代藝術展)'이 밴쿠버에서 열렸고, 2001년에는 장칭과 싱가포르 미술관 큐레이터 궈젠차오(郭建超)가 싱가포르에서 공동으로 기획한 '중국 표정: 중국 당대예술전(中國表情——中國當代藝術展)'이 열렸다. 2002년에는 허우한루(侯瀚如), 판디안(范迪安)과 베를린 함부르크 반호프(Hamburger Bahnhof) 현대미술관 기획인이 공동 기획한 '현재를 살다(生活在此時)'가 독일의 '중국문화주간(中國文化周)'에 열리고, 2003년에는 프랑스 '중국문화의 해(中國文化年)'에서 판디안과 펑피두(蓬皮杜) 예술센터 기획인이 공동으로 기획한 '중국은 어찌된 걸까?(中國

怎麼了)'라는 제목의 예술전이 개최되었다. 이렇듯 큐레이터들은 서로 다른 측면에서 중국 당대예술의 촉각을 국제 예술계로 뻗쳐 중국 당대예술의 면모를 보여줌으로써 국제 예술계에 중국의 최근 문화정책과 문화개방 정도를 이해시켰다.

그러나 중국 미술의 국제화에 문제가 없는 것은 아니었다. 자세히 살펴보면 서구인이 호감을 갖는 것은 대부분 중국의 '정치 팝'과 '냉소적 사실주의'를 비롯한 비주류문화들이었다. 이런 미술 작품은 대부분 지도자의 이미지, 돈, 군인, 경찰 등 정치부호를 내용 삼아 주로 콜라주(collage), 과장법, 패러디(parody) 등 수법을 통해 대상을 추악하게 그려냈다. 원래 미술가들의 예술 개성을 표현하던 이런 작품들은 도리어 서구인의 엿보기 심리를 만족시킴으로써 중국을 '요괴화'[1]하려는 그들의 강한 염원에 영합하는 꼴이 되고 말았다. 중국 당대예술은 '탈식민주의(Postcolonialism)' 특징을 지닌 채 국제시장으로 나아갔던 것이다.

## 2. 시장 속에서의 예술

1990년대 중국의 심미문화는 체험의 시대에 접어들었다. 선험적인 모든 것이 의심받고 '사적인 언어'가 '공공의 풍격'을 대체하면서 중국 미술도 한층 개인화, 사적화(私的化)되어갔다. 사적화 사조 속에서 중국 미술은 신세대 미술, 팝 미술, 고디(Gaudy) 미술, 여성 미술, 설치 미술, 행위예술 등 더욱 다양한 양식으로 분열되었다. 관객들의 시선에는 여전히 걱정스러움과 어리둥절함이 있었지만, 시장경제 조류 속에서 물 만난 고기

---

1. [역자주] 두려울 정도로 추악하게 묘사하는 것을 말한다.

처럼 확고히 자리잡아갔다. 중국 미술은 이제 전위의 시대를 맞이한 것이다. 지금의 회화 영역을 보면, 예술가들은 예술과 생활 간의 거리를 좁히면서 누구나 예술가라고 주장하고 있다. "체험했나요?" 이는 첨단 예술가들이 늘 관중에게 던지는 질문이다. 작품 구성에 있어 작가와 관중의 동시 참여는 작품을 완성시키는 유기적 부분이다. 지금의 예술작품은 더 이상 '심미'를 우선 기준으로 삼지 않으며, 그 주지도 어떤 '관념'을 전달하고 설명하는 것으로 변했다. 또 누구든지 행위나 설치 등 회화기법과 무관한 표현형식을 통해 관념에 대한 개인의 이해나 삶 속의 느낌을 표현할 수 있다. 이로써 미술의 전당에 들어가기 위해 필요한 기술적 요구가 대폭 낮아졌다. 한편 미디어·대중 매체의 발달로 인해 우리의 생활도 신속히 도상화 시대에 접어들었다. 시각적 이미지가 요동치는 오늘날, '미술'이라는 표현법도 이제 역사가 되어버리고, 더 광범위한 명칭인 '예술' 속에 편입되었으며, 그 의미도 '미술'이라는 개념에서 벗어나 더 유동적이고 다양한 '시각예술'을 가리키게 되었다.

신세대란 1960년대말에 태어나 엄격한 전공 훈련을 받은 젊은 예술가를 가리키는데, 이들은 '8·5' 신사조 운동에 참가하지는 않았지만 중국 예술의 현황과 서구 현대예술의 경관을 목격했다. 이들은 독립적인 사상을 지니고 있어 인류의 생활 상태와 생존 환경에 더 관심을 보였다. 따라서 전통예술을 기계적으로 모방하거나 서구의 현대예술을 맹목적으로 따르지 않았다. 예술을 통해 정치 이상을 실현하려던 '8·5' 시기의 방법은 이들 눈에 비현실적이고 과도하게 팽창된 집단주의 열정에 불과했다. 이들은 예술이 지나치게 많은 정치적 중임을 감당하는 것은 불가능하다고 보았다. 1990년대 초에 열린 '중앙미술학원 창립 40주년 교사작품전'과 5

월에 열린 '류샤오둥(劉曉東) 그림전', '여성 그림전의 세계(女畫展世界)', 9월에 개최된 '왕화샹(王華祥) 그림전', '위홍(喩紅)그림전', '선링(申玲)그림전' 등을 거쳐 1991년 7월에 열린 '신세대그림전(新生代畫展)'에 이르러서 새로운 예술현상이 생겨났다. 즉 "이들은 예술 속에 형이상학적 의미를 부가하지 않고 예술을 미혹을 푸는 약으로 삼았다. 이들은 개개의 개성적인 예술가로서 성실한 업무 태도만 따를 뿐이며, 개인의 경력과 감정을 종교적인 우언으로 과장하지 않고, 현실에 다가가는 방식으로 가까이서 현실을 관찰하고 냉정하게 처리했다. (중략) 이들에 의해 지옥과도 같았던 예술의 수많은 고통이 한결 줄어들었다. (중략) 언어적인 면에서 서구와 전통을 차용할 적에 이들은 해학적이거나 유머러스하거나 심지어 익살스러운 요소에 많이 치우쳤다. 털끝만큼의 착오도 없는 현실 촬영에도 현대 산업문명 배경 하에서의 도시예술이 지니는 조잡함이나 냉혹이라곤 전혀 없다. (생략)"[1] 처음 미술평론계에서는 이들을 '신학원파'로 정의했으나, 후에 '신세대(제3세대 예술가군)'로 명명하여 중국미술사에 편입시켰다. 이들이 최초로 제기한 신세대 예술은 종·횡적 발전을 거쳐 '냉소적 사실주의(cynical Realism)'의 창작 주체로 거듭났다.

'냉소적 사실주의' 회화는 당시 '건달문화'의 일부분인데, 그 공통점은 스스로 모든 것을 꿰뚫어보고 있다고 여기며 세상을 우롱하는 태도, 차가운 조소와 신랄한 풍자로 일찍이 숭고하게 바라보던 모든 것들을 대함과 동시에 식품, 안전, 이익, 권리 등 가장 세속적인 것들에 강렬하면서도 전에 없던 관심을 드러내는 데 있다. 초기의 '냉소적 사실주의' 화가로는 류웨이(劉煒)와 팡리쥔(方力鈞)이 대표적이다. 이들은 1992년에 이런

---

1. 판디안(范迪安), 「신세대 예술전·목차 머리말(新生代藝術展·目錄前言)」, 1991년 7월.

화풍의 전시회를 개최한 적이 있는데, 리셴팅은 이 전시회를 평가하면서, 이런 예술풍격은 정신이 조각나고 영혼이 부서짐으로 인해 나타나며, 인생 태도에 있어 쇼펜하우어(Arthur Schopenhauer)의 비관주의나 니체(Friedrich Wilhelm Nietzsche)의 의지철학의 영향을 받았기 때문에 생활 자체의 의미를 의심할 수밖에 없다고 말했다. 신세대의 '무의미한 정신상태'는 이제 '무료한 현실생활 느낌'으로 변했다. "무료는 곧 무의미함이다. 기왕에 무의미하다면 공경스런 태도로 이를 대할 필요가 없다. 때문에 이 무료한 느낌이 그들로 하여금 자조와 건달끼, 세상을 우롱하고 아무것도 개의치 않은 태도로 자신과 자신 주위에 널려 있는 무료하고 우연한, 더 나아가 황당한 생활의 편단들을 묘사하게 했으며, 이로 인해 무뢰하고 유머러스한 예술풍격이 형성되었다."[1] 팡리쥔 '작품시리즈'의 무료하기 짝이 없는 하품, 냉담한 응시, 일부러 망가뜨린 표정과 강렬한 대비와 사람을 권태롭게 하는 색채, 그리고 류웨이의 이미지에 대한 부정적 묘사와 왜곡, 부

그림5-4-1 팡리쥔(方力鈞)의 〈하품(打哈欠)〉시리즈 작품 중의 하나 (냉소적 사실주의 유화 작품)

패한 사물에 대한 집요한 묘사는 모두 따분한 정취와 무기력하고 염세적인 느낌을 전달하고 있다.(그림5-4-1)[2] 사실 냉소적 사실주의는 도피주의의 또 다른 표현이기도 하다. 다만 '신세대'에 비해 도피 정서에 고의성이 더 많아졌을 뿐이다.

현대예술운동의 중요한 유파인 팝 아트는 서구에서 전해진 것으로 1960년대

1. 리셴팅, 「8·9후 중국예술계의 포스트모더니즘 경향(89後中國藝壇的後現代主義傾向)」, 「창세기(創世紀)」, 1993년 창간호, P.44.

2. 그림 출처는 뤼펑, 「중국 당대 예술사(中國當代藝術史)(1990~1999)」, 후난미술출판사, 2000년 3월, P.95.

에 성행했다. 일찍이 '8·5'시기부터 중국 예술계에서 팝 아트에 대한 모방이 시작되었는데, 이러한 모방은 가공, 개조를 거쳐 '본토화'에 한발 다가가면서 역대 사상운동과 문화운동의 일부분이 되어 비판적 잠재력을 표출하였다. '8·9현대예술대전(89現代藝術大展)'에서 선보인 왕광이의 〈마오쩌둥AC〉는 이미 정치 팝의 의미를 보여주었다. 뒤이어 1992년 '제1차 광저우 비엔날레'에서 '후베이 팝 아트(湖北波普藝術)'를 널리 소개하고, 특히 1993년 홍콩에서 열린 '포스트8·9 중국 현대예술전(後89中國現代藝術展)'에서 '정치 팝'이 상업적으로 엄청나게 큰 성공을 거두면서 팝 아트는 1990년대 중국 예술의 주요 유파 중의 하나로 자리잡았다.

　팝 아트에는 '문화 팝'과 '사회 팝' 등이 있지만 훗날 국내외 시장의 주목을 받는 것은 오히려 '정치 팝'이었다. 정치 팝은 종종 야유와 반어적 풍자 의미를 띠고 있으며 수많은 정치적 기호를 사용해 뚜렷한 정치 경향을 드러냈다. 관객들은 이런 작품을 흔히 당시 중국현실에 대한 민주 의식을 지닌 중국예술계의 비판적 해석으로 간주하곤 하였다. 이런 태도는 일부 서구인의 중국 현실에 대한 평가에 부합했을 뿐만 아니라 국내 대중의 세속적 심리와 생활체험과도 호응했다. 숭고한 것을 모독하고 권위를 조롱하고자 하는 심리상태에서, 이와 같은 정치 팝은 넓은 시장 잠재력을 지니고 있었다. 대표적인 작품으로는 왕광이의 〈대비판(大批判) 시리즈〉(그림5-4-2)〉[1], 양궈신(楊國辛)의 〈참고소식(參考消息)〉(그림5-4-3)[2], 장페리(張培力)의 〈1990표준음(1990標准音)〉 등이 있다. 이 화가들은 대부분 연예계에서 가장 먼저 큰 돈을 벌기 시작한 신흥 귀족들이었다. 적극적인 각도에서 볼 때, 이런 정치 팝이 어떤 소비주의 형식으로 등장했든 간에

---

1. 그림 출처는 뤼펑, 위의 책, P.101.

2. 그림 출처는 뤼펑, 위의 책, P.160.

그림5-4-2 왕광이의 〈대비판-555〉(팝예술)     그림5-4-3 양궈신(楊國辛)의 〈참고소식〉(팝예술)

이 작품들이 지닌 비판성과 성찰성을 은폐할 수 없었다. 또 사회의 어두운 면에 대한 지적이 해외자본에 대한 예술가의 욕심에서 비롯된 것인지, 아니면 그들의 도덕적 양심과 사회적 책임감에서 온 것이지 완전히 단정지을 수는 없지만, 평론가 뤼펑이 지적한대로, 반어적인 풍자나 조롱, 조소와 부정적인 묘사 등의 특징을 지닌 팝 작품은 이 시기 일부 예술가들의 '팝' 하지 않는 심리상태를 반영하고 있다. 사실 중국의 '정치 팝'은 이미 원래의 팝 아트는 아닌 것이다.[1]

고디 아트는 1996년에서 2000년 사이에 유행한 예술현상이다. 언어적인 측면에서 고디 아트는 팝 아트와 유사하지만 1990년대 초 중국 팝 아트에서 주목받던 정치적 기호들을 버리고 작품 속의 정치적 성분을 없앤 다음, 상품화된 당대 시각적 자원을 직접 모아서 제작하였다. 작품 속에 나타난 '시민화', '통속화', '소비성', '화려함' 등의 특징은 '정치 팝'에 비해 전형적인 영국 팝 아트의 원시성을 보다 많이 유지하고 있다. 정신적 차원에서는 '냉소적 사실주의'의 반이성(反理性) 정신을 계승하고 있는데, '냉소적 사실주의'의 반어적 풍자와 조롱, 무뢰한 태도가 상대적으로 약화된

1. 뤼펑, 「중국 당대 예술사(1990─1999)」, 후난미술출판사, 2000년3월, P.166.

대신, 비교적 '중화(中和)'된 '재현' 방식을 채택했기 때문에 '냉소적 사실주의'에 비해 확실히 친화력이 강한 편이다. 이에 어떤 평론가는 "현실과 예술적 정취의 역사적 관련은 고디 아트와 팝 아트가 급속히 변화하는 상품사회라는 온상 속에서 길러낸 '사생아'이다."[1]라고 설명하기도 했다. 사실 동서양의 오랜 문화 교류 결과, '문화 세계화'라는 개념이 '경제 글로벌화'와 '지구촌' 개념과 함께 제기되었다. 아울러 정보를 공유하게 되면서 동서양의 문화 교류는 더 진실해지고 더 솔직해졌다. 만약 서구의 대(對)중국 문화 책략이 여전히 '자기수용적'이고 선별적이라면 이는 '귀를 막고 방울을 훔치'는 자기기만 행위임에 분명하다. 따라서 '정치 팝' 속 사람들을 깊이 돌아보게 하는 '정치 부호'는 더 이상 시장의 주관심사가 아니다. 반대로 민주화와 더불어 평민적 태도가 중요시되면서 국제시장도 진실한 중국, 발전 중에 있는 중국에 더 관심을 갖게 되었다. 이에 통속적이고 알기 쉬운 방식으로 상품사회의 범속한 현실을 드러낸 작품이 시장에서 새롭게 각광 받기 시작한 것이다.

고디 아트의 창작은 신세화, 포스터, 도자기, 민간예술, 자수 등 예술형식에서 창작수법을 차용하거나 1950년대에 성행한 예술형식을 직접 담체로 삼기도 했다. 예를 들어 쉬이후이(徐一暉)의 〈예술시(藝術屎)〉(그림5-4-4)[2], 양웨이(楊衛)의 〈중국인민은행시리즈4(中國人民銀行系列之四)〉(유화), 창쉬궁(常徐功)의 〈천에 놓은 자수(布上刺繡)〉(자수), 뤼(羅)씨 형제의 〈환명, 세계 명품(歡迎世界名牌)〉(칠화), 리밍루(李明路)의 〈중국 손자세 No.16(中國手姿 NO.16)〉(유화)(그림5-4-5)[3] 등에서, 관중들은 생소

1. 뤼펑, 『중국 당대 예술사(1990~1999)』, 후난미술출판사, 2000년 3월, P.208.

2. 그림 출처는 뤼펑, 위의 책, P.211.

3. 그림 출처는 뤼펑, 위의 책, P.217.

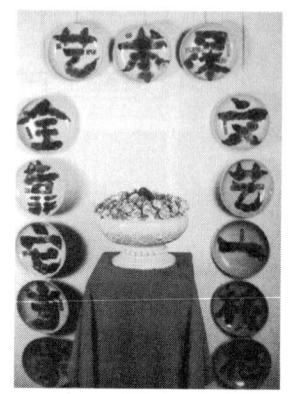

그림5-4-4 쉬이후이(徐一暉)의 〈예술시(藝術屎)〉(고디예술)

그림5-4-5 리밍루(李明路)의 〈중국 손 자세 No.16〉(고디 아트)

그림5-4-6 장야제(張亞傑)의 〈전형(典型)〉(고디 아트)

하지 않는 예술형식이 익숙한 일상생활에 응용되어 있음을 볼 수 있을 것이다. 다만 일상생활 속의 용속하고 저열한 세부가 더욱 과장되게 나타나 있고, 벼락부자, 관료, 지식인, 시민, 패션 모델, 연예인, 농민 등 익숙한 주위의 인물이나 신분들이 웃을 수도 울 수도 없게, 고의로 꾸며진 바보 같은 모습으로 표현되어 있을 뿐이다. 또 생활과 밀접하게 관련되어 있는 돈, 식품, 도구 등이 주제로서 혹은 보충물로서 화면에 반복적으로 나타나며, 과장된 색채 대조와 '문드러질 것 같은' 반복적인 모사, 그리고 지나치게 포만한 구도를 통해 도처에 범람하는 상품사회의 물욕을 보여주고 있다. 고디 아트는 경박하고 아름다우면서 저속한 현실생활에 대한 모사를 통해 1990년대 중후기 중국의 정치, 경제, 문화와 사회생활을 기록했다. (그림5-4-6)[1] 고디 예술은 얼핏 들리는 것처럼 안일하고 세속 아부적인 것만은 아니다. 사실 이것은 일종의 지적이자 비판이기도 하다. 반어적인 풍자, 과장, 그리고 불합리한 형식을 통해 사람들로 하여금 매일 접하는 현실세계를 다시금 되돌아보게 한다. 『세기를 뛰어 넘는 무지개—고디 아트(跨世紀彩虹――豔俗藝術)』이라는 책의 머리말에서 작가는, 고디 아트가 사

---

1. 그림 출처는 뤼펑, 『중국 당대 예술사(1990~1999)』, 후난미술출판사, 2000년3월, P.221.

람들의 견문을 깨우치고 사회를 변화시킬 수 있을지 모르지만, 적어도 이러한 생존현실을 드러낼 수 있고 이와 마주쳤을 때 휘말려들지 않고 독립적인 비판 입장을 유지하게 할 수 있다면, 이것이 곧 고디 아트의 바람이라고[1] 말했다.

팝 아트와 고디 아트는 자극적인 방식으로 사람들의 전통 심미관을 바꾸었다. 그들은 심미를 부차적인 것으로 보거나, 아예 심미를 예술의 목적으로 여기지 않았다. 그저 화면을 통해 생활에 대한 예술가들의 태도나 개체의 생존 경험을 전달했다. 비록 팝 아트와 고디 아트도 넓은 의미에서의 개념예술 형식에 포함시키겠지만 진정으로 '개념을 끝까지 밀어붙인 것'은 전통에서 완전히 벗어난 '설치예술', '행위예술', '비디오예술', '개념사진(The concept of photography)'등이었다.

개념 예술(Concept art)은 중국에 막 등장했을 때만 해도 비판에 부딪혀 '사이비 전위'라는 명칭까지 덧붙여졌다. 그럼에도 불구하고 1990년대 이후 개념 예술은 갈수록 큰 인기를 끌었다. 경악스럽고 난해한 개념 예술품을 마주한 수많은 예술가와 평론가, 관중들은 강렬하게 성토했다. 이들이 봤을 때 전위적인 것처럼 보이는 개념 예술은 "사회도덕과 법률을 초월하고 인성과 공공이익을 초월해", "'예술'의 명의 하에" 예술을 훼멸시키기 때문이다(천뤼성/陳履生). 따라서 "우리는 확실하게 '아니'라고 분명히 말해야 한다."(사오다젠/邵大箴) 이처럼 "동물 학살을 경고하기 위해 동물을 학살하고 환경보호를 호소하기 위해 환경을 오염시키며 폭력에 항의하려고 폭력을 사용하는"[2] 등, 영문을 알 수 없는 개념 논리가 펼쳐지자 관객들은 예술의 최저 윤리선을 지켜줄 것을 호소했다. 그러나 이렇게 많

---

1. 랴오원(廖雯), 「세기를 뛰어넘는 무지개-고디예술(跨世紀彩虹——豔俗藝術)」 머리말, 후난미술출판사, 1999년, P.3

2. 천뤼성, 「'예술'의 이름으로(以"藝術"的名義)」, 인민미술(人民美術)출판사 2002년, P.9.

그림5-4-7 왕진(王晉)의 〈노새에게 장가들기(娶頭騾子)〉(행위예술)

은 질책에도 불구하고 개념 예술가들은 변명할 가치조차 없다며 도도한 자세를 취했다. 그리고 남이 뭐라고 하든 원래 방식대로 들끓는 격정으로 자신들이 새로 창작해낸 '개념'들을 전파시켰다.(그림5-4-7)[1] 2002년만 해도 연초(1월12일) 황쿠이(黃奎)의 〈점프 블루스(跳躍布魯斯)〉(행위예술)를 필두로 해서 연말(12월5일)에 있은 〈광저우 당대예술 3년전〉 개최의 서막을 연 쉬빙(徐冰)의 〈동물원(動物園)〉(행위예술), 왕젠웨이(汪建偉)의 〈관람(觀看)〉(행위예술), 구원다(谷文達)의 〈유전자혼례작 5(基因婚禮之五)〉 등 30여 차례에 달하는 행위예술이 펼쳐졌고, 그 외 설치 작품, 비디오 예술과 개념 사진 등은 더 말할 것도 없이 많다. 어찌 보면 개념 예술이 좌절을 겪을수록 더 용감해진 것은 시장성에 관한 낙관적 전망 때문이었을 것이다. 국제 예술시장 취향이 변화함에 따라 이전의 정치 팝이나 고디 아트로는 이미 수요를 만족시킬 수 없었다. 반면 개념 예술이 지니고 있는 경이로운 특성과 전통을 단호히 끊어내는 태도, 그리고 사적이고 은밀한 생존 체험은 갈수록 시장의 환영을 받았다.

그러나 개념 예술에 대한 우리의 이해가 여기에만 머무른다면 개념 예술의 본질을 파악할 수 없을 것이다. 또 왜 수많은 행위 예술가들이 아무도 박수치지 않는 상황에서 '자해'와도 같은 행위, 예를 들어 작품 〈피부 이식(植皮)〉과 같은 행위 예술에서 작가가 본인의 복부 피부를 떼어 내 돼지고기에

---

1. 그림 출처는 뤼펑, 『중국 당대 예술사(1990~1999)』, 후난미술출판사 2000년 3월, P. 270.

이식하는 행위를 하는지, 이해하지 못할 것이다. 이와 같은 진실한 자아 희생은 적어도 사람들로 하여금 이들 중 대부분은 말이나 행동으로 사람들에게 영합하여 칭찬과 지지를 얻으려는 것이 아니라, 민족 지식인의 입장에서 일종의 자극적인 방식으로 상투적이고 마비된 신경을 깨우고, 부정적인 묘사 방식으로 미를 체현하는 것임을 믿게 해준다. 좁은 의미에서 말하자면 이들은 개인의 생존체험을 표현하는 것이다. 즉 모종의 생활 상태에 대한 이해를 표현하는 것이다. 넓은 의미에서 말하자면 이들의 이러한 이해는 일상과 개인의 범위를 벗어나 사회에 대한 반성과 문화 비판 차원으로 진입했다. 따라서 행위 예술에 대한 우리의 이해도 형식에 대한 직감을 넘어서 사상을 이해하고 깨닫는 방향으로 나아가야 할 것이다.

## 3. '갖가지 변신'을 하는 신종 예술

개념예술과 전통 예술이 예술의 이름을 놓고 다투고 있을 때, 과학기술과 정보기술의 급속한 발전과 정신 문명과 물질 문명의 수준 제고로 일부 새로운 유형의 예술형식들이 일반 대중들의 삶에 찾아들기 시작했다. 이들은 소리 없는 방식으로 시장 경쟁 속에서 절대적인 승리를 얻었다. 이런 새로운 유형의 예술 형식에는 디지털 예술, 보디 페인팅, 공공예술 등이 포함되는데, 이들의 특징은 소비성, 즉시성, 다변성, 신속성, 인터랙티브성이다.

초기 미디어 예술 또는 신미디어 예술로 불리던 디지털 예술은 처음에 신과학기술 수단의 응용에 불과했다. 그래서 몇 가지 예술 설계 프로그램을 다룰 줄만 알면, 가장 간단한 사진 합성이나 웹 페이지 및 소형 플래시 동영상 제작 등 누구나 자신이 좋아하는 '예술 작품'을 만들 수 있었다. 이러한 응용 프로그램은 배우기 쉽고 다루기도 쉽다. 정보시대의 산물이라 할 수 있는 빛, 전기, 컴퓨터, 네트웍 등은 디지털 예술의 주요 담체이다. 네트웍이 글로벌화 시대의 자원 공유 수단이 되면서 디지털 예술은 점차 사람들의 생활과 가장 밀접히 관련된 예술이 되었다. 디지털 예술은 예술과 과학기술이 융합된 것인데, 새로움과 속도, 그리고 변화를 추구하는 것이 바로 디지털 예술가들의 업무 원칙이다. 전통 예술에 비해 디지털 예술은 특정 장소와 시간에 공동으로 전시하는 전시 패턴을 타파함과 동시에 예술가―화랑(전시관)―소장가로 구성된 예술품 이동 패턴도 타파했다. 디지털 예술 전시는 컴퓨터 인터페이스를 통해 전시하기 때문에 인터넷을 연결할 수만 있으면 서로 다른 곳에 있는 사람들이 서로 다른 시간에 디지털 예술 세계의 매력을 만끽할 수 있다. 한마디로 말해 네트웍이 연결되어 있는 모든 곳에 디지털 예술이 등장할 수 있는 것이다.

보디 페인팅은 20세기말 가장 강렬하게 빛나던 예술이었는데, 아직까지도 "보디 페인팅했냐?"는 말은 트렌드를 추구하는 젊은 여성들 사이에서 유행하는 용어이다. 2000년 5월 보디 페인팅이 우한(武漢) 시민들 앞에 처음으로 선보인 이래, 2003년 11월 문화부, 공안부와 국가공상총국(國家工商總局)이 공동으로 '대중이 밀집된 장소에서 나체 보디 페인팅 활동을 제지하는 데 관한 통지'를 하달하기까지는 불과 3년밖에 걸리지 않았다. 인체를 담체로 하는 예술 형식이 생겨나자마자 금지된 사실을 통해 '보디 페인팅'의 영향력이 얼마나 컸는지를 알 수 있다.

보디 페인팅은 프라이버시를 폭로하는 시각적 자극인가? 아니면 인체의 아름다움을 표현함으로써 인류 자신을 인식하고자 하는 시도인가? 보디 페인팅이 생겨난 날부터 이에 대한 의혹은 그림자처럼 따라 다녔다. 상인에게 있어 돈을 들여 '보디 페인팅 쇼'를 여는 것은 사람들의 시선을 사로잡아 자신을 대대적으로 선전하려는 수단에 불과하다. 공공 대중이 볼 때 벌거벗다시피 한 여성 몸에 그림을 그리고, 여성의 신체적 특징을 특별히 이용해 '문장'을 완성하는 것은 전위적이고도 파격적이다. 그러나 논쟁은 어디까지나 논쟁일 뿐, 보디 페인팅의 발전 추세에는 아무런 영향도 주지 않았다. 2002년 한 해 동안 전국 각지에 열린 보디 페인팅 공연은 무려 20여 차례나 된다. 창장(長江) 산샤(三峽) 저수지에서 광저우의 번화가까지, 화장품 신제품 출시에서 대형 문예공연까지, 곳곳에서 보디 페인팅의 그림자를 찾아볼 수 있었다. 보디 페인팅이 대중을 끌어들일 수 있었던 것은 인체에 그려진 아름답고 눈부신 도안뿐만 아니라 거의 나체의 모델 덕분임은 의심할 여지도 없을 것이다. 상인도 관중들의 이런 심리를 겨냥해서 은밀한 인체 부위로 대중들의 시선을 끌고자 했을 뿐, 그림 내용과 수준에는 관심이 없었다. 이로 인해 저속하고 야하고 피비린내 나며 폭력적인 내용들이 '인체' 위에 표현될 수밖에 없었다. 예술의 전당에서 진귀한 꽃으로 피어나야 할 보디 페인팅은 대중들의 시선 속에서 이렇게 변질되고, 결국 금지되고 말았다. 〈통지〉는 공개적인 보디 페인팅 공연을 묘사하면서, "'보디 페인팅 예술'을 구실로 사회 공중도덕을 해치고, 사회질서를 어지럽힌다."는 등의 표현을 사용하였다. 이에 대중 마음 속에 불법적인 '보디 페인팅' '이미지'가 심어졌는데 이는 또 진실한 보디 페인팅 작자들의 불만을 야기했다. 정통 보디 페인팅 화가 팡궈화(龐國華)는 "보디 페인팅은 무용과 같다. 고아한 것은 〈백조의 호수〉이고 저속한 것은 스티립쇼이다. 내가 춘 것은 〈백조의 호수〉이고, 국가에서 금지한 것은 공공장소에서 공연하는 쇼이다.

저속한 스티립쇼이기에 내가 하는 이런 순수 창작예술과는 무관하다."[1] 라고 지적한 바 있다. 팡궈화의 창작은 언제나 폐쇄된 공간에서 이루어지고 다른 사람에게 촬영하게 한 다음 최종적으로 사진 전시회의 형식으로 세상에 공개하였다.

보디 페인팅의 저속화, 유행화, 트렌드화는 다음과 같은 사고를 야기시켰다. "당대 주류 문화는 발전 속에서 저속한 유행문화에 의해 끊임없이 소멸된다. 시대 유행 속 일부 저속 문화의 선동은 주류 문화의 발전에 장애가 된다. (중략) 보디 페인팅 같은 저속 문화가 당대 문화의 주류가 되었다는 것 자체가 당대 문화발전의 일부 문제점, 특히 문화와 심미 교육에 존재하는 심각한 결함을 반영한다."[2] 법률의 정식 제정은 결국 보디 페인팅이 상대적으로 건강한 길로 들어갈 수 있도록 해줄 것이다. 팡궈화의 창작 방식은 예술가들에게 하나의 귀감이 될 것이고, 진정으로 아름답고 절묘한 보디 페인팅 예술이 관중들 앞에 나타나게 할 것이다.

삶의 질이 개선됨에 따라 공원의 전반적인 배치, 거주 단지의 환경설계, 쇼핑환경의 설계 등 공공환경에 대한 사람들의 요구 또한 높아졌다. 요컨대 어떤 공공장소에서든 대중들은 공공환경을 누리고 감상할 권리를 제기할 수 있다. 이에 따라 공공예술이라는 과제도 중시받기 시작했다. 공공예술이란 예술품을 공공 공간에 두거나 공공 장소에 설치작품을 구축하는 것이 아니라, 환경예술가들이 어떤 공간에 '맞춤 제작'하는 것을 말한다. 즉 자연자원을 이용해 자연을 개조하는 것, 규획, 도시 설계, 건축, 원림, 소조 등을 포함하여 장소가 처해있는 환경에 근거해 장소를 새롭게 설정하는 것을 말한다. 예를 들어, 현재 부동산 투자자들은 투자 후보지역을 선택한

---

1. 황원제(黃文傑), 「'보디 페인팅 공연' 레드카드 퇴장("人體彩繪秀"紅牌離場)」, 『신민주간 (新民周刊)』 제45기.

2. 천뤄성, 「'예술'의 이름으로」, 인민미술출판사 2002년, P.250.

후에 즉시 환경 설계를 하고, 각 도시 건설에 있어서도 공공예술을 더욱 중시하여, 지리적 특성이나 산림 조성 등 자연환경에 근거해 도시에 정확한 예술적 '위치'를 부여하고 있다.

반세기 넘는 중국 당대미술 발전사를 돌이켜보면 나날이 변해가고 나날이 새로워졌다고 할 수 있다. 오늘날 우리 앞에는 다채로운 미술세계가 펼쳐져 있다. 이와 같은 찬란한 성과와 동시에 많은 문제들도 뚜렷이 나타나고 있다. 우선, 해외에 진출한 '전위예술'을 놓고 보면, 중국 당대 이데올로기를 어떻게 발전시키냐 하는 문제가 남아있을 뿐만 아니라, 자체 내부에서 '후기 식민주의'경향을 어떻게 극복하느냐 하는 문제도 있다. 미술 서구화의 물결 속에서 민족 예술을 확실히 보호하여 세계로 나아가게 하는 것도 간단한 이론 문제만은 아니다. 또 상품경제의 충격 하에서 미술이 어떻게 트렌드와 유행에서 오는 압박에서 벗어나 심미 가치와 의미를 추구할 것인가 하는 문제도 남아 있다. 마지막으로 '개념 예술'의 탄생이 과연 "예술은 결국 철학에 자리를 내어줄 수밖에 없다."라는 헤겔(Hegel)의 예언에 대한 응험인지 등의 문제들도 있다. 그러나 역사적 경험으로 볼 때, 예술 발전에 언제나 고정된 궤도란 없었다. 우리가 할 수 있는 것은 아마 이미 생겨났고 한창 진행 중에 있는 예술 현상들에 대해 객관적으로 묘사하고 분석하는 것밖에 없을 것이다. '예술'이 '텍스트'에 의해 표현되는 것처럼, 현묘한 이치는 모두 현상 뒤에 숨어있을지도 모른다.

# 제6장

## 음악

음악은 영혼에서 울려 나오는 가장 직접적이고 가장 진실되며 가장 감정 짙은 소리이다. 그러나 먼 옛날 산과 들에서 부르던 소박한 노래가 술집이나 잔치 자리에서 부드럽게 꺾이는 맑은 소리로 발전하고, 전쟁의 웅장한 진행곡이 대중들이 함께 부르던 마오쩌둥(毛澤東) 송가로 발전하며, 서구 현대파 음악이 맨 처음 중국인에게 가져다 준 충격이 크게 유행하는 대중음악으로 발전하면서, 문화 담체(擔體)로서의 음악은 영혼 깊은 데서 우러나오는 소리를 갈망하던 사람들의 기대를 저버린 채 줄곧 정치, 경제, 사회 등 여러 문화 요소와 결합되어 시대에 의해 음악 자체를 초월하는 복잡한 의미를 부여받아 왔다. 이로 인해 음악의 순수 예술로서의 발전은 우여곡절 가득했으며, 독특한 심미적 관점을 통해 역사에 생생한 증거들을 남기기도 했다. 심미문화적 측면에서 음악과 보편적 삶의 관계를 이해하다 보면, 순수하고 폐쇄적인 예술의 성(城)이 어떤 식으로 한 차례 한 차례 세속 생활에 의해 침식당해 왔는지 냉정하게 관찰할 수 있는 한편, 사람들 마음속의 예술 충동이 온갖 세속의 압박 속에도 강인하게 성장해 온 것에 감격하게 된다. 시대 사조에 휘쓸린 음악, 노래와 함께한 삶은 아마도 우리가 역사나 영혼으로 다가갈 수 있는 보다 쉽고 진실한 길일 것이다.

# 제1절

## 고난편

중국이라는 국가나 중국인에게 있어, 신중국 건립 초기부터 문화대혁명이 끝날 때까지는 희비가 교차하던 시기였다. 승리의 기쁨과 미래에 대한 동경으로 중국인들은 목청 높여 노래 부르는 기쁨에 도취되었는가 하면 고난의 세례를 받아 영혼이 감금되고 감정이 질식되는 고통을 느끼기도 했다. 이 시기 동안 민족음악과 민간음악이 크게 발전해, 후손들에게 널리 알려진 옛노래들이 많이 창작되었다. 정치 이데올로기의 절대적 권위로 인해, 이 시기에 거둔 서구 현대음악의 성과는 한때 홍수나 맹수로 간주되기도 했다. 중국인이 가슴을 활짝 열기 위한 첫걸음이 얼마나 어려웠는지, 여기서도 엿볼 수 있다. 이 시기 동안 영혼 깊숙한 데서 우러나온 진실된 노래가 울려퍼졌는가 하면, 민족이나 혁명 등 웅장 서사 속에서 창백함과 공허함이 드러나기도 했다.

이 시기 음악의 심미 정취와 발전 과정, 그리고 중국인의 심미문화 심리상태를 이해하려면 반드시 정치 이데올로기라는 맥락을 염두에 두어야만 합리적으로 해석할 수 있다. 신중국 건립 초기의 문예창작은 거의 마오쩌둥의 '옌안 문예좌담회에서의 연설' 정신의 지도 하에서 전개되었다. 즉 문예의 계급성과 당성(黨性), 대중성을 강조하고, 나아가 문예창작의 '인민을 위한 봉사'를 강조하였다. 또 사회주의 리얼리즘을 창작 비판의 최고

원칙으로 삼아 예술이 '혁명 발전 속에서 진실하게, 역사적으로, 구체적으로 생활을 묘사할 것'을 요구했으며,[1] 예술의 교화 기능을 강조하면서 예술이 '정신 개조와 노동 대중 교육 임무와 결합할 것'을 요구하였다.[2] '옌안 문예좌담화에서의 연설'의 핵심은 정치 이데올로기를 예술 심미법칙의 권병(權柄)이자 결정자로 자리매김하는 것이었다. 그 후 문예창작은 줄곧 정치와의 긴장과 이완 속에서 우여곡절을 겪으며 발전해나가면서, 신중국 건립 초기부터 1956년까지의 번성기, 1956년부터 1962년까지의 대약진과 '반우파' 운동, 1963년 음악창작에 관한 '혁명화', '대중화', '민족화' 토론, 1966년부터 1976년까지의 문화대혁명이라는 재난을 겪었다. 이렇듯 음악의 운명은 중국인의 운명과 마찬가지로 공포스러운 정치 풍파 속에서 요동쳤으며, 번성기든 쇠퇴기든, 성공작이든 실패작이든 모두 정치 이데올로기의 낙인이 찍혀 있었다.

## 1. 풍파를 같이한 혁명 대중가요의 굴곡진 역사적 발전

'피어날 수 있는 꽃이라면 모두 피었고, 노래할 수 있는 새라면 모두 노래했다.'[3] 이는 아마도 신중국 건립 초기 중국인의 정신 면모와 예술 성과를 가장 잘 요약한 표현일 것이다. 온 중국이 노래하던 시기, 승리의 기쁨은 억제할 수 없는 격정을 시인의 영혼에 주입시켜 그 영혼으로 하여금 꽃처럼 시인의 마음 속에서 피어나게 하고, 압박에서 벗어난 해방의 즐거움은 낙관적이고 자신 넘치고 호방한 정서를 중국인의 영혼에 불어넣어

1. 밍옌(明言), 『20세기의 중국음악 비판 개론(20世紀中國音樂批評導論)』, 인민음악(人民音樂)출판사, 2002년, p.237.

2. 밍옌, 위의 책, p.237.

3. 량마오춘(梁茂春), 『중국 당대 음악(中國當代音樂)』, 베이징방송대학교(北京廣播學院), 1993년, P.2.에서 재인용

그 노래 소리로 하여금 고난을 깨뜨린 용암의 화염처럼 솟아오르게 했다.

1949년부터 1956년까지, 신중국은 음악 예술의 전례 없는 발전을 목격했다. 우아한 선율과 순후한 감정 가득한 혁명 서정가요가 대량 창작되었는가 하면, 1953년에 열린 제2차 문학예술가대표대회의 정신에 근거해 사회주의 리얼리즘을 예술 창작과 비판의 기본원칙으로 채택하고, "새로운 예술 형상의 구축을 사회주의 예술의 기본 요구로 확정지었다."[1] 가요 창작도 신중국 대중의 정신적 패기와 새로운 생활을 반영해야 했기에 이 시기의 음악에는 '승리와 환호', '찬송', '노동', '투쟁'으로 가득했다. 이를테면 승리의 기쁨을 노래한 〈평화로운 조국의 대지 위에서(在祖國和平的土地上)〉, 새로운 삶을 노래한 〈나의 조국(我的祖國)〉, 노동을 찬양한 〈채벌가(采伐歌)〉와 〈우리는 시간과 경주한다(我們和時間賽跑)〉, 남서지역 해방과 항미원조(抗美援朝) 등 전투 생활을 반영한 〈나는야 병사(我是一個兵)〉와 〈중국인민지원군 군가(中國人民志願軍戰歌)〉 등이 이에 속한다. '백화제방(百花齊放)'과 '백가쟁명(百家爭鳴)'의 쌍백(雙百) 기본방침이 음악예술의 진일보 발전을 이끌면서 1956년에 열린 제1회 전국음악주간에 참가한 합동공연자 및 관람객이 "34개 기관, 4,500명에 달했는데, 그 중 소수민족 대표만 해도 열 명이 넘었다. 29종의 음악회가 총 91회 공연되었다".[2] 신중국 건립 이래 거둔 음악적 성과를 대대적으로 전시한 이번 행사는 음악 예술을 최고조로 끌어올렸다.

신중국 건립 초기에 민족음악과 민간음악이 크게 발전해서, 〈초원에 지지 않는 태양이 떠오르다(草原上升起不落的太陽)〉, 〈아오바오에서 만나다(敖包相會)〉, 〈나는 말을 타고 초원을 지난다(我騎著馬兒過草原)〉, 〈먼 곳

1. 밍옌, 『20세기의 중국음악 비판 개론』, 인민음악출판사, 2002년, p.222

2. 쥐치훙(居其宏), 『20세기의 중국음악(20世紀中國音樂)』, 칭다오(靑島)출판사, 1992년, P.59.

그림6-1-1 신중국 건립 초기, 음악인들의 농촌 공연

에서 오신 손님, 여기 머무시길(遠方的客人請妳留下來)〉 등 소수민족 음악 형식을 빌린 작품들이 대량 창작되었다. 이런 가요들은 오늘날까지도 애창되고 있다. 전국적으로 민요를 개작하여 합창하는 붐이 일고, 프로와 아마추어 합창단이 광범위하게 창립되었다. 특히 20여 명의 산베이(陝北) 농촌 여성으로 구성된 '산베이 여성민요합창단'이 전국 여러 대도시에서 순회공연을 열면서 민간예술 활동을 최고조로 끌어올렸다. 민족음악과 민간음악이 가장 성행하는 예술형식이 될 수 있었던 이유는 우선 정책적 유도를 꼽을 수 있다. 민족 응집력을 강화하고 신정권을 공고히 한다는 정치적 목표는 음악가들에게 민족적 특색 짙은 형식을 선택해 감정적 체험을 전달할 것을 요구했다.(그림6-1-1)[1] 그 다음으로는 음악 자체 예술발전 법칙의 필연적 결과를 들 수 있다. 음악가 뤼지(呂驥) 선생은 "민간음악 예술에 있어 형식과 내용의 모순은 거의 없다. 거의 모든 민간 예술가들은 형식과 기술 면에서 오는 한계를 느낀 적이 없다. 민간음악 전통 속에서 창작 자원을 찾는다면 풍부한 민족적 정감을 표현하는 데 더욱 적합한 길을

1. 그림 출처는 쥐치홍(居其宏), 『신중국 음악사(新中國音樂史)』, 후난미술(湖南美術)출판사, 2002년, P.22.

알려줄 것이다."[1]라고 설명한 바 있다. 이처럼 민족음악 형식은 한 민족의 심층적 정감이 응집된 것으로, 수천 수백년 동안 누적되어 온 심미적 감상 방식과 전달 방식을 담고 있다. 이에 음악가들은 마치 약속이나 한듯, 민간에서 창작 자원과 영감을 찾았다.

지시에 대한 복종이 신중국 건립 초기 음악창작이 거둔 예술 성과를 방해하지는 않았다. 그 가장 중요한 원인은 신중국 건립 직후라 정치를 위해 봉사한다는 예술 원칙이 당시 중국인의 심리에 부합했기 때문이다. 즉 청춘기에 놓인 나라의 승리의 노래는 진심에서 우러나왔으며, 미래에 대한 기대와 동경도 진심에서 우러나왔다. 창작자나 예술을 수용하는 대중이나 모두 하나같이 뜨겁고 젊디젊은 마음을 지니고 있었다. 깨끗한 영혼과 진심어린 신앙이야말로 이상적 예술 경지에 도달하는 중요한 전제인 것이다. 예술과 이데올로기의 모순이 아직 제대로 표출되지 않아, 특수한 역사적 맥락에서 공감대를 형성했지만 심미의 자율성과 정치 이데올로기 사이에 본디 존재하는 모순으로 인해, 이는 전무후무한 한 순간의 찬란함일 수밖에 없었다.

1957년에 시작된 정치운동은 신중국 건립 이래 최초로 맞이한 가요의 최고조에 심한 타격을 주었고, 이에 심미 법칙과 정치 지시 사이의 모순이 두드러지기 시작했다. '반우파' 운동으로 한동안 바로잡혔던 예술과 정치에 대한 저속한 사회학적 이해가 다시금 머리를 치켜들었다. 음악이 정치를 위해 봉사해야 한다는 경직된 인식으로 인해 음악은 슬로건으로 전락하였고, 심미 품격은 내리막길을 걸었다. 간단하고 거친 음악 비판으로 인해 저열한 문풍(文風)과 정치적 대비판이 성행했는가 하면, 노래 중심을 편면

---

1. 밍옌, 「20세기의 중국음악 비판 개론」, 인민음악출판사, 2002년, p.235

적으로 강조하다 보니 체제와 풍격이 단일화될 수 밖에 없었다. 1958년 대약진 운동의 발발과 더불어 음악 창작에도 '과장된 풍격'과 공식화, 개념화의 특징이 나타났다. 노래에는 '인민공사는 정말 대단해. 묘(畝) 당 소맥 생산량이 9천 7백이라네'[1]처럼 '거짓말, 큰소리, 헛소리(假, 大, 空)'의 부화한 단어들이 가득했다. 한편 창작량을 편면적으로 추구하다 보니 전국적인 범위에서 음악 창작 대중운동이 떠들썩하게 일어났는데, 결국 이로 인해 용속한 음악들이 성행하게 되었다. 음악은 개체의 정감적 체험의 표현을 본체로 삼는 예술로, 진실되고 풍부하며 독특한 개인의 정감적 체험만이 음악 생명력의 원천이 될 수 있다. 따라서 정치의 명령 하에 생활을 '재현'하고 '반영'하는 음악은 결국 피할 수 없는 결함을 지니게 되어, 음악의 내재적 법칙을 등한시하는 폐단이 결국 드러날 수 밖에 없다.

1961년에서 1963년 사이의 정책 조정으로 예술창작 형식이 한동안 호전되어 〈우리는 '큰길'을 걷고 있다(我們走在大路上)〉, 〈누가 우리 고향이 좋다고 하지 않더냐(誰不說俺家鄉好)〉, 〈당에게 산 노래를 들려 주다(唱支山歌給黨聽)〉 등과 같이 인구에 회자되는 가요가 탄생하였다. 그러나 예술이 행정적 힘에 의해 통제받는 전반적인 국면은 호전되지 않았다. 1963년에는 음악의 '혁명화, 민족화, 대중화'와 관련된 토론이 있었는데, 이에 힘입어 1963년부터 1966년에 사이에는 혁명가요 부르기 운동이 전국적으로 대대적으로 일어나 〈조타수에 의지해 큰 바다로 나아가자(大海航行靠舵手)〉, 〈우리는 '큰길'을 걷고 있다(我們走在大路上)〉, 〈마오 주석의 전사는 당의 말을 잘 듣지(毛主席的戰士最聽黨的話)〉, 〈레이펑을 본보기로 삼아 따라 배우자(學習雷鋒好榜樣)〉 등이 널리 불렸다. 그 외에도 음악 무

---

1. 「정말 대단해(眞是了不起)」 가요에서 인용. 량마오춘, 『중국 당대 음악』, 베이징방송대학교출판사, 1993년, p.8에서 재인용.

그림6-1-2 1964년, 안후이(安徽)성 차오현(巢縣)의 모 건축현장에서 대중들이 〈사회주의가 좋
다(社會主義好)〉라는 노래를 배우는 모습

용 서사시 〈둥팡훙(東方紅)〉과 장정 모음곡 〈홍군은 원정의 고난을 두려워
않네(紅軍不怕遠征難)〉 등이 창작되었는데, 지도자 찬송과 혁명, 사회주
의 찬송을 주제로 한 이런 작품들은 시대정신을 뚜렷하게 묘사함으로써 건
국 이래 음악계의 새로운 고조를 이끌어냈다. (그림6-1-2)[1] '혁명화, 민
족화, 대중화'에 관한 토론은 음악과 무용의 미학적 특징에 대한 변증법적
고찰을 진행하여 음악예술 발전을 전반적으로 이끌었으나, 정치의 부용이
라는 음악의 운명에서 여전히 벗어나지 못했다. 즉 혁명 투쟁에 대한 반
영과 혁명 열정에 대한 고무를 요구하는 '혁명화'는 창작의 영혼이자 목표
로 간주되었고, 서구 음악의 성과를 충분히 학습하지 못한 상태에서 강조
된 '민족화'에는 맹목적인 외래 배척 심리가 내포되어 있었다. '군중화'로
인해 음악가는 '농공병 대중의 사상과 감정으로 창작하기 위해' 자기 검열
을 진행하여 주동적으로 '세례'를 받아들이고 '참회(懺悔)'하였는데, 그 대
가가 바로 개체의 독특한 생활경험과 심미적 취향을 포기하는 것이었다.
이렇게 혁명 대중가요의 성행은 심미 풍격의 단일화를 초래하고 말았다.
  이데올로기의 강제적 통일은 하나의 풍격과 제재를 지닌 음악형식을 극

---

1. 그림 출처는 쥐치훙, 『신중국 음악사』, 후난미술출판사, 2002년, P.76

도로 번영시킬 수도 있고, 예술 심미법칙을 완전히 무시하고 짓밟음으로 인해 음악예술에 큰 타격을 입힐 수도 있으며, 사람들의 심미 의식을 질식시키는 재앙과도 같은 결과를 초래할 수도 있다. '문화대혁명' 10년 동안의 기형적인 음악 현상은 정치 이데올로기와 음악 심미법칙 간의 모순이 첨예화되고 한꺼번에 폭발한 것으로 이해할 수 있다. '문화대혁명' 시기 전반적인 예술계의 삭막함 속에서 몇몇 유형의 가요만이 기형적으로 발전했는데, 그 중에는 개인숭배로 가득한 지도자 찬양 가요 유형이 있다. 〈마오 주석의 만수무강을 기원함(祝福毛主席萬壽無疆)〉, 〈마오 주석은 전세계 인민 마음 속의 붉은 태양(毛主席是全世界人民心中的紅太陽)〉, 〈가장 위대한 지도자 마오쩌둥(最偉大的領袖毛澤東)〉 등 노래에는 종교와도 같은 경건함과 신성한 숭고가 가득했다. 또다른 유형으로는 어록가(語錄歌)가 있다. 즉 〈마오 주석 어록(毛主席語錄)〉에 곡을 붙여 노래한 것인데, 대부분 딱딱하고 무미건조해 예술 가치라고는 찾아볼 수 없다. 하지만 당시 수많은 장소에서 불리는 필수 곡목이었기에 사람마다 이 '홍바오수'[1]를 받쳐들고 어록가나 지도자 찬양가를 소리 높여 부름으로써 지도자에 대한 충성을 표했다. 이것은 문혁 시기에만 볼 수 있던 특이한 경관이었다.(그림6-1-3)[2] 또 마지막 유형으로는 파벌 투쟁과 결합한 '조반파 가곡(造反派歌曲)'이 있다. 이 유형의 가요는 이른바 '투쟁철학'을 두드러지게 내세워 사람 간의 모순과 대

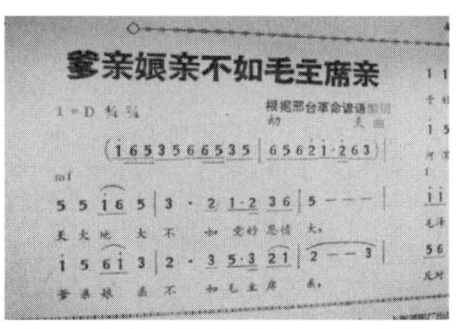

그림6-1-3 혁명가요 〈아빠와 친하고 엄마와도 친해도 어찌 마오 주석만큼 하랴(爹親娘親不如毛主席親)〉의 악보 한 단락

---

1. [역자주] 『마오 주석 어록(毛主席語錄)』을 말한다.

2. 그림 출처는 『인민일보』 1966년 6월 5일.

립을 선동했는데, 예술성이 결여되어 있음은 물론, 인성과 예술의 존엄마저 공공연히 유린했다. 음악이 이 지경에 이르렀다는 것은 철저히 생명력을 상실했음을 의미한다. '문화대혁명' 10년은 사람들의 영혼과 감정이 재난을 입은 10년이다. 인성 유린과 개체 억압으로 사람의 감정세계는 극도로 위축되었고, 예술의 자양분 결핍으로 영혼은 거칠어지고 왜곡되었다. 질식할 것 같은 정치적 분위기 속에서 중국인의 심미 생활은 거의 공백에 가까웠다. 1971년 저우언라이(周恩來)가 중앙 업무를 주관하면서 〈탬버린 두드리며 노래부르네(打起手鼓唱起歌)〉, 〈붉은 별이 나를 비추니 전투하러 가네(紅星照我去戰鬥)〉 등 일련의 혁명 서정가요들이 등장해 소생을 향한 한 가닥 희망을 보여 주었지만, 얼어붙은 중국인의 영혼과 심미 세계는 여전히 소생하지 못했다.

## 2. 우담바라 꽃처럼 잠시 나타났다 바람 따라 사라진 서정가요

혁명 대중가요는 민족, 혁명 등 역사적 중대 사건에서 소재를 취해 집단주의, 애국주의 정감을 표현하는데, 그 심미 풍격에는 고양되고 낙관적인 정신이 가득하다. 여기에서 대중은 정치 이데올로기의 규정에 근거해 등장한 총체로서, 개체의 감정과 가치는 중시받지 못하며 심지어 부정되기도 한다. 그러나 인간의 감정이란 무엇보다 개체적이고 개인적인 것이다. 사람은 누구나 세계에 대한 독특한 이해와 개인 생존경험에 기초한 생명에 대한 독특한 인지를 지니고 있고, 삶의 체험 또한 다양하다. 따라서 그 어떤 이데올로기의 웅대 서사 주제로도 복잡하고 풍부한 삶의 체험과 개체 감정을 개괄할 수 없다. 여기서 즐거움과 고뇌, 희망과 고민은 공동으로 정감의 흐름을 이루는 다성부 음조이고, 가장 웅대한 애국의 격정, 가장 사적인 감정인 사랑과 가족애는 삶의 세계의 화성(和聲)이다. 비교적 가벼운 서정가요나 '통속가요'라고도 불리는 것들은 바로 정감의 개체화와 다양화 수요가 음악에 반영된 것이라 할 수 있다. 1949년부터 1976년 사이에 일부 우수한 서정가요들이 창작되었는데, 이 감미로운 노랫소리는 과도하게 달아오른 사람들의 심금을 상쾌한 바람처럼 울리고 지나갔다. 그러나 도처에 혁명언어가 가득한 시대에 서정가요는 추억과 아쉬움만 남긴 채 바람처럼 사라졌다.

서정성 짙은 대중가요의 역사는 위로 1920년대말까지 거슬러 올라간다. 〈보슬비(毛毛雨)〉, 〈자기야, 사랑해(妹妹我愛妳)〉, 〈삼륜차 위의 아가씨(三輪車上的小姐)〉 등 리진후이(黎錦輝)가 창작한 일부 도시 애정가요를 그 예로 들 수 있다. 1930~1940년대에 들어서는 혁명전쟁에 배합하기 위해 청신한 풍격, 감미로운 선율의 대중가요 작품들이 등장했는데, 허뤼팅(賀錄汀)의 〈사계절 노래(四季歌)〉, 〈추수이인(秋水伊人)〉, 런광(任光)의 〈어광곡(漁光曲)〉, 녜얼(餌耳)의 〈쇠발굽 아래의 노래하는 여인(鐵蹄下的歌女)〉 등이 이에 속한다. 이 작품들의 특징은 음악가가 개인의 독특한 체험이라는 시각에서 출발해 일반인의 인생을 포착함으로써 인생과 사회에 대한 음악가 개인의 독특한 체험을 전함과 동시에 우아하고 감동적인 선율을 추구했다는 것이다. 1949년 이후 이런 작품들은 '칭송', '고무', '승리', '희망'의 시대 주선율에 부합되지 않는다는 이유로 부정당하고, 심지어 퇴폐가요 취급을 받으면서 비판까지 받았다. 그러나 음악가의 심미 체험과 대중의 심미 수요는 본디 다양한 것이기 때문에 상대적으로 관대한 사회 환경이 조성되면 이러한 창작의 충동은 봄풀처럼 싹트곤 했다. 신중국 건립 초기 가요창작의 붐을 타고 〈말해줘, 조국에서 불어온 바람이여(告訴我, 來自祖國的風)〉, 〈동트는 등불 빛(拂曉的燈光)〉, 〈먼 항구에서 돌아와(遠航歸來)〉 등 일부 서정가요가 등장했는데, 깊고 유장한 정감과 부드럽고 낮은 곡조가 '소부르주아계급 정감의 표현'으로 간주되면서 전국적으로 서정가요과 관련된 대토론이 벌어졌다. 허뤼팅, 리링(李陵) 등 음악가들은 모두 사람의 감정이란 다양한 것이며 존중받아 마땅하다고 주장했으나, 대부분의 평론가들은 여전히 "의식적 또는 무의식적으로 전쟁 시대 당시의 고양되고 격정적인 비판 관념으로 평화로운 시대의 새로운 음악창작을 평가했다."[1] "기계적인 음악 비판은 복잡하고 다양한 사람의 감정을 홍수나 맹수로 보면서, 감히 음악을 통해 이를 표현하고 끄집어내려 하지 못했다. 이로 인해 '사람의 예술'이라는 음악의 근본적인 특성은 '단면화'되었다."[2] 개체 삶의 체험이 지니는 독특한 특성은 시대, 민족, 혁명이라는 웅장 서사와 불협화음을 이루는 음표로 간주되어 억압당하고, 심미적 정취는 정치 이데올로기로 인해 삭제당했다. 서정가요 창작은 순식간에 사그러들고, 창작자와 감상자의 정감 세계도 거듭 난도질당했다. '문화대혁명'이 끝날 무렵, 중국인의 생활 속에 남아 있는 것은 매번 정치 운동이 전개될 때 생겨난 거칠고 난폭한 구호들 뿐, 시의(詩意) 가득한 노래와 이야기의 화원은 철저히 황무지가 되버렸다.

---

1. 밍옌, 『20세기의 중국음악 비판 개론』, 인민음악출판사, 2002년, p.251.

2. 밍옌, 위의 책, p.244.

## 3. 범보다 사나운 현대파 - 국문을 걸어 잠근 클래식 음악

20세기 초기 이래로 근엄한 중국 음악은 줄곧 민족음악 전통을 서구 고전파, 낭만파와 서로 결합시키는 길을 따라 발전해 왔다. 민족음악과 서구 음악의 관계는 예술 문제이기도 하지만 국제관계, 국가 정국과도 연관된 민감한 사회정치 문제이기도 하다. 1949년에서 1976년에 이르기까지 클래식 음악의 창작은 대체적으로 전통을 따르면서 민족화를 특히 강조했다. 서구 음악과의 교류에 있어서는 정치적 기준에 근거해 서구의 고전음악과 현대파 음악을 달리 취급하면서, 현대파 음악을 자산계급의 몰락된 생활방식이나 불건전한 심리상태의 표현으로 간주해 대대적으로 비판을 가했다.

1949년부터 1976년에까지는 무산계급과 자산계급 간의 첨예한 이데올로기 대립을 모든 사회문제의 출발점으로 보았다. 음악 교류에 있어서도 계급론을 기준으로 취사선택을 하면서, '민족화'야말로 '맹목적인 외국 숭배', 몰락한 자산계급 사상의 침식과 반대 지점에 있는 상대적 용어임을 강조하였다. 1963년 음악계에서 가장 주목을 끈 사건으로 야오원위안(姚文元)이 야기한 드뷔시(Achille-Claude Debussy) 관련 토론이 있다. 음악가들은 드뷔시의 창작경향, 전통에 대한 계승과 혁신, 역사적 지위와 현실적 의의 등을 둘러싸고 논쟁을 벌였는데, 그 결과 계급론으로부터 출발한 '무산계급' 평론가들이 우위를 점했다. 1973년에 있은 터키 음악가의 방중(訪中) 공연을 계기로 '표제 음악과 무표제 음악과 관련된' 토론이 일어났는데, 서구의 무표제 음악에 정치적 내용이 있는가 하는 문제를 둘러싸고 진행된 토론에서 예술비판은 계급투쟁의 도구로 전락하였다. 그러나 "역사적으로 볼 때, 이 토론은 승자가 없는, 정치적 성분을 위주로 하고 학술적 의미를 곁들인 대혼전"[1]에 불과했다. 왜냐하면 '승자'의 성과는 역사의 시험을 통과하지 못했기 때문이다. 중국이 개혁개방 정책을 실시함에 따라 상황에 변화가 생겨나기 시작하더니, 1980년대에 와서는 결국 서구의 현대파 음악을 학습하는 붐이 형성되었다. 이렇듯 인문정신 문화 성과의 교류란 정치 이데올로기라는 인위적인 봉쇄로 단절시킬 수 없는 법이다.

마찬가지로 서구문명이 이룩한 성과에 속하는 현대파 음악은 고전음악과 완전히 다른 대접을 받았다. 지금 보면 참으로 불가사이한 일이어서, 그저 무거운 역사 유머로 받아들이고 예술법칙을 위반한 모든 행위에 대한 역사의 조롱으로 여길 수밖에 없을 듯하다. 그러나 과연 어떤 시각에서 출발해 민족음악을 대해야 할까? 중국과 서구 음악 간의 관계를 어떻게 정리해야 할까? 또 어떻게 해야만 음악예술의 심미법칙이 최대 한도로 그 독립성을 유지할 수 있을까? 1949년에서 1976년까지의 음악 발전이 우리에게 남긴 이런 일련의 문제들은 아직도 고민꺼리이다.

---

1. 밍옌, 『20세기의 중국음악 비판 개론』, 인민음악출판사, 2002년, p.273.

# 제2절

# 탐색편

---

문화대혁명 이후 반란을 평정하고 사상 해방을 맞이하자 오랫동안 얼어붙었던 중국의 대지에 봄날의 조수가 밀려왔다. 정신세계가 복구되자 사람들은 이성적 반성을 통해 역사가 남긴 상처를 응시하고, 감성적 체험을 통해 정치 환경 속에 질식된 인간의 영혼을 촉촉히 적셔주었다. 중국문화가 재탄생하는 순간이었다. 문호가 개방됨에 따라 홍수나 맹수처럼 여겨졌던 서구문화가 중국인의 고갈된 영혼을 뒤덮었다. '사람'과 예술 자체를 중시하고, 예술의 내부법칙과 표현수법을 구체적으로 연구하는 서구 문화는 폐쇄 속에서 줄곧 탐색의 길을 걸어왔던 중국 문화계에 참신한 시각을 제공했다. 이는 당대 중국사회에 있어 가장 컸던 한 차례 변혁이기도 했다. 개혁개방으로 인해 상품경제의 거대한 조류가 세차게 일고, 시장법칙이 정치발언의 권위적 지위를 대체하기 시작하면서 상품경제가 문화영역에 가져다준 한바탕의 소동은 그것이 경제영역에 가져다준 충격만큼이나 강렬했다. 대중문화가 비록 사람들의 의심 내지는 편견 속에서 힘겹게 일어나고, 또 한때 사람들의 마음 속에 순수하게 자리잡아야 할 문화 세계를 흙과 모래로 뒤섞어 놓기도 했지만, 중국인의 사고방식, 생활방식과 감정방식에 커다란 변화를 가져오면서 현대성이 전면적으로 전개되는 데 없어서는 안 될 플랫홈으로 성장했다.

음악은 늘 시대의 맥박과 같이 뛴다. 1976년에서 1989년 사이에는 중국 음악사에 있어 가장 혁명적 의미를 지닌 역사적 사건, 즉 신식 음악 및 유행 음악의 탄생을 경험하게 되었다. 신식 음악은 서구의 현대파 음악을 받아들이고 롤 모델로 삼은 결과 탄생한 것으로, 그 창작 집단은 주로 국내 고등 음악학교에 다니던 대학생들이었다. 현대파 음악의 도입은 중국인의 주체성에 대한 각성과 직접적으로 연관된다. 그러나 그것을 창작하고 전파하는 집단과 문화적 축적, 전문 훈련에 대한 요구 면에서 볼 때 엘리트 의식과 정신 계몽적 의미가 상당히 짙다. 반면 유행 음악은 자발적인 평민 정신이 더 강하다. 상품경제와 함께 성장한 시민 계층과 문화시장 운영 시스템은 유행 음악이 등장하는 데 있어 반드시 필요한 두 가지 전제 조건이었다. 대중음악은 새로운 음악형식일 뿐만 아니라 현대문화의 생산 패턴이기도 하다. 따라서 전통적 예술관념에 충격을 주었을 뿐만아니라 예술 종사자들의 직업 구성 상황과 생존방식과도 연동되어 있어 전통음악의 운명에 직접적인 영향을 주었다. 1976년에서 1989년까지는 중국의 사회와 문화, 중국인의 심미적 심리상태가 전통에서 현대로 전환하는 과도기였기에 반성과 곤혹과 탐색 속에서 힘겹게 앞으로 나아가고 있었다. 신식 음악과 대중음악의 발전 배후에는 이러한 문화적 전환이 가져온 불안과 진통이 숨겨져 있는데, 이는 중국이 현대화로 나아가기 위해 반드시 치러야 하는 대가이기도 했다.

# 1. 급작스러운 등장-도약 중인 신식 음악

1949년에서 1976년까지는 계급성과 당성이 모든 예술 창작의 지배적 원칙이었기에 서구의 현대파 음악은 자산계급의 몰락한 생활방식과 퇴폐적인 정신상태, 유심주의 세계관의 발현으로 간주되었으며, 이로 인해 중국과 서구 간의 음악 교류는 한동안 중단되었다. 문화대혁명 후 사람들은 다시 서구에 눈을 돌리기 시작했다. 서구 음악의 도입은 크게 컨트리 음악과 재즈 음악, 현대 록 음악 등 각종 대중음악 영역과 스트라빈스키(Stravinsky)의 신고전주의와 '신비엔나학파'의 십이음기법, 음렬음악(serial music)과 우연성음악(aleatory music), 노이즈뮤직(Noise music) 등을 포함한 현대파 음악 두 가지로 나눌 수 있다. 현대파 음악은 음악학원의 젊은 대학생들이 제일 먼저 창작을 시도하면서 '기법이 새롭고 기이하며 소리가 날카로운 음악'들이 대거 등장하게 되었다. 신식 음악은 1982년에 조금씩 두각을 나타내다가 1985년 즈음에 와서는 하나의 흐름을 형성하였고, 그 후부터는 승승장구하면서 다른 음악 유형과 어깨를 나란히 하게 되었다.

신식 음악이 탄생하게 된 심층적 문화배경으로 우선 현대화 문제에 대한 중국인의 사고를 꼽을 수 있다. "1982년 쉬츠(徐遲)가 『외국문학연구(外國文學研究)』에 발표한 〈현대화와 현대파(現代化與現代派)〉라는 글은 예술과 현대화에 관계에 대한 토론 붐을 일으켰다. 쉬츠는 이 글에서 현대화 건설을 추진하고 있는 지금, 예술계는 어떤 식으로 이에 상응하는 현대화 예술작품을 창작해 낼 것인가에 관해 질문을 던졌다."[1] 중국사회가 현대화

---

1. 밍옌, 『20세기의 중국음악 비판 개론』, 인민음악출판사, 2002년, p.317.

로 나아가면서 전통 예술 기법은 이제 현대인의 인생 체험과 정감적 욕구를 충분히 전할 수 없게 되었다. 현대파 예술은 서구사회가 일정한 역사 단계로 발전하면서 탄생한 것으로서, 현대인이 도구적 이성에 의해 소외된 사회생활에 대항하고, 내재적 삶의 세계로 깊이 눈길을 돌려 내면적이고 은폐된 삶의 충동과 욕구, 정감을 통해 정신 세계의 완전을 회복함으로써 생명의 영성(靈性)을 지켜내기 위해 주동적으로 탐색한 결과물이다. 서구 예술가들이 미리 예견한 생존 문제가 현대문명이라는 맥락 속에서 누구나 느끼는 보편적 곤혹으로 나타나자, 서구 문화예술 속에서 새로운 표현수법을 찾고 참조하는 것은 중국문화의 필연적인 선택으로 될 수밖에 없었다. 1980년대 중반 중국 대륙에 '방법론 붐'이 일면서 의식류(意識流), 범성욕주의, 실존주의, 구조주의, 신비판주의, 기호학, 현상학, 수용미학, 상징주의, 표현주의 등 서구철학 이론이 체계적으로 중국에 도입되었는데, 이들은 실제 창작 실천에 응용되면서 예술의 창작과 비평에 새로운 시야를 제공했다.

신식 음악이 생겨날 수 있었던 또 다른 주요 원인은 문화대혁명 기간 동안 억압 받은 주체의식에 대한 각성을 꼽을 수 있다. 문화대혁명 시기 개체의 존엄은 극단적으로 무시되고 예술의 독특한 심미법칙은 철저히 유린당했으며, 이로 인해 중국인의 시적인 삶의 체험은 메마르고 정감 세계는 고갈되었다. 이런 상황에서 인간 자체와 예술 자체를 강조하는 서구의 현대미학 철학사조의 출현은 오랜 가뭄 끝에 내린 단비나 다름없었다. 서구의 현대문예이론 사조는 "예술 자체의 내부법칙에 대한 꾸준한 탐색, 예술을 구성하는 여러 요소들에 대한 상세한 분석과 그것의 총체적 상태에 대한 세밀한 고찰에 초점을 모았다. 또 예술과 그것의 창조자인 사람 간의 상호 관계 연구를 늘 이성적 사고의 중심에 두었으며, 예술의 창조와 감상을 생명의 상태, 가치의 체현, 자아의 실현에 있어 필수 요소로 간주했다. 때문에 예술에 대한 이성적 사고라는 궁극 목표는 언제나 사람이라는 주제로 귀결될 수밖에 없었고, 인간의 가치, 존엄, 운명, 자유로운 발전에 대한 깊은 관심과 강인한 추구로 표현될 수밖에 없었다."[1] 인간의 궁극적인 관심에 대한 이와 같은 열정과 강렬한 인본주의 사상은 문화대혁명 시기 인간의 영웅사관에 대한 무시 및 개인 숭배와 선명한 대비를 이루고, 예술의 내재적인 법칙에 대한 자세한 해설, 일방적인 정치비판 방식과 대조를 이룬다. 서구이론에 대한 수용과 참조에는 중국인 예술인 주체성에 대한 각성과 자아가치 실현에 대한 강렬한 갈망이 담겨있다. 삶에 주목하는 독특한 방식이자 개체의 내재적 삶의 세계에 대한 깊은 성찰과 설명이며 정치 이데올로기로부터 독립된 자주 영역인 예술은 마침내 그 진면목을 드러내기 시작했다. 물론 짧은 몇 년 동안 몇 세기에 걸쳐 축적해온 서구의 문명 성과를 흡수하고 소화하려고 하다 보니 불가피하게 이해의 천박화와 형식화, 소화불량 등 여러 문제가 생겨났다. 그러나 당시 시대배경을 고려해서 보면 이런 현상은 더욱 너그러이 받아들일 수 있다.

신식 음악을 이끌어간 장본인으로는 탄둔(譚盾)(그림6-2-1)[2], 예샤오강(葉小鋼), 쉬수야(許舒亞), 쉬지싱(徐紀星), 허쉰톈(何訓田), 천이(陳怡), 저우룽(周龍) 등을 꼽을 수 있다. 그들은

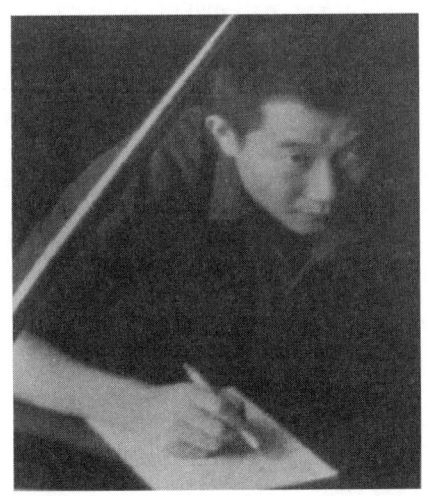

그림6-2-1 탄둔: 중국 '신식 음악'의 대표인물 중의 한 사람

---

1. 쥐치훙, 『20세기의 중국 음악』, 칭다오출판사, 1992년, P.113.

2. 그림 출처는 쥐치훙, 『신중국 음악사』, 후난미술출판사, 2002년, P.135.

당시 베이징(北京), 상하이(上海), 우한(武漢), 시안(西安) 등 여러 음악학원에 다니는 대학생들이었는데, 젊고 재기 넘치고 민감하고 사려 깊었다. 그들은 활짝 열린 가슴으로 신문물을 받아들이고 전통에 도전했으며, 자아실현에 대한 용기와 격정으로 중국의 음악 창작을 다시금 생기발랄한 청춘기로 돌려놓았다. 당시는 신작이 쏟아져나오던 시대였다. 뤄중룽(羅忠熔)이 처음 12음 음렬기법으로 창작한 성악 작품 〈연꽃 따러 강으로 나가다(涉江采芙蓉)〉, 탄둔이 창작한 교향곡 〈이소(離騷)〉, 저우룽의 신시사이저(Synthesizer) 작품 〈우주의 빛(宇宙之光)〉, 예샤오강의 〈바이올린 협주곡(小提琴協奏曲)〉, 천이의 실내악 〈두어예(多耶)〉 등 신작들은 중국 전통음악과 전혀 다른 특징을 보여주었다. "외부세계에 대한 묘사와 내용 줄거리 서술에서 내면 심리세계의 표출과 심리 변화 과정의 표현으로 전환하였다. 집단적인 감정의 서술에서 개체의 감정을 읊고 생활에 대한 작곡가 개인의 독특한 관찰과 체험을 통해 시대를 반영하는 데로 전환하였다. 또 당대 제재를 위주로 하고 어의(語義)가 명확한 성악 체재에서 당대, 고대, 민속 제재가 공존하며 더 강한 총괄력과 다원적 해석이 가능한 기악 체재로 전환하였다. 표제에 대한 추구에서 무표제로 전환하고(중략) 공동 창작에서 개체 창작으로 전환했다. (중략) 민족성 추구에 있어서는 민간소재, 민간 곡조와 민간의 음조 음계를 직접 인용하던 데서 이런 요소들을 소화, 흡수한 후 재창작하고 민간 음악문화가 지닌 심미습관, 문화심리, 내재적인 기품을 탐구하고 표현하는 데로 전환하였다. 실제적인 음향에 있어서도 서정적이고 우아하고 조화롭고 균형적인 대칭에서 긴장, 날카로움, 변형, 도치로 전환하였다. (생략)."[1] 신식 음악이 한동안 음악계에 붐을 일으

---

1. 쥐치훙, 『20세기의 중국 음악』, 칭다오출판사, 1992년, P.119.

켜 작품이 전국적으로 유행했는가 하면, 신식 음악 창작자들의 개인음악회도 주목받아 신식 음악을 둘러싼 학술대회와 평론이 뜨겁게 전개되기도 했다. 지금도 서구의 음악이론과 기법에 대한 연구 토론이 꾸준히 이어지고 있는데, 고등교육기관이 선진 예술을 주도하는 전지가 되어 최신 서구 음악이론과 소통하고 있으나 이미 하나의 전통이 된 터라 더 이상 처음처럼 사람들을 놀라게 하지는 않는다. 하지만 문화의 선구자요 계몽정신으로서 1980년대 신식 음악은 역사에 의해 상처 받은 영혼들에게 뜻밖의 희열과 위안을 선사했다. 이를 처음 접했을 때 사람들이 느꼈던 진정성과 열정은 영원히 역사의 음표로 남을 것이다.

## 2. 정상에서 내려가는 대중음악 – 눈을 현란케 하다

서구의 컨트리 음악과 로큰롤 음악, 홍콩과 타이완의 대중음악의 전파는 중국 대중음악의 탄생을 이끌었다. 대중음악은 상품경제 발전이 가져온 문화공업의 중요한 기둥 중의 하나로 자본주의가 상대적으로 발달한 서구에서 먼저 생겨났고, 그 후 세계 경제가 일체화되고 글로벌화됨과 동시에 전세계적인 범위의 문화교류가 진행됨에 따라 기타 국가에서도 발전하기 시작했다. 상품경제라는 경영 방식, 현대 과학기술이라는 제작 및 전파의 매개, 시민계층을 주체로 하는 청중 시장은 대중음악 발전에 반드시 필요한 세 가지 조건이다. 서구 대중음악은 19세기 말 팝송에서 기원되었는데, 팝송은 주로 사랑을 주제로 하며, 로맨틱한 분위기와 회고적이고 감상적인 특징을 지닌다. 전반적인 풍격은 경쾌하고 감미로우며 청중은 주로 중산층 백인 위주였다. 1960년대에 생겨난 컨트리 음악에 문화 선언적 의미를 지닌 록 음악이 더해지면서 함의 풍부하고 다원화된 현대음악으로 발전했다.

대중음악에 대한 중국 대륙의 감각은 홍콩과 타이완의 음악에서 시작되었다. 1970년대 중국인이 아직 혁명 양판희(樣板戲), 지도자 찬양가와 '높고 강하고 단단하고 우렁찬' 신전쟁가요에 빠져 있을 때 쫭누(莊奴), 탕니(湯尼), 구웨(古月) 등 타이완 작곡가들은 경제 발전을 일구기 시작한 타이완인들을 위해 부드럽고 은은한 도시 사랑신화를 창작하기 시작했고, 황잔(黃沾), 쉬관제(許冠傑) 등 홍콩 대중음악의 초창기 가수들은 전통적인 광둥어 가요를 서구 가요에 대항할 수 있는 현대 광둥어 노래로 개작하는 데힘썼다. 1970년대 말에서 1980년대 초에는 홍콩과 타이완에서 밀수한 일련의 대중가요 카세트 테이프가 중국인의 음악 심미경험을 새롭게 변화시키기 시작했는데, 우아하고 감미로운 덩리쥔(鄧麗君)의 목소리가 문화대혁명 노래에만 익숙해져 있는 중국인에게 가져다 준 충격은 봄날의 천둥소리와도 같았다. 부드럽고 한이 서려 있으며 열정적이고 애잔한 가요들은 계속된 혁명의 폭풍 속에서 거칠어지고 경직되어버린 영혼 속의 연하고 부드러운 요소를 다시 불러냄으로써 혁명 언어에 거의 질식된 사람들로 하여금 섬세하고 풍부한 정감 세계와 다시 마주하게 하고, 개체의 심령에 가장 은밀히, 가장 깊이 잠재되어 있는 감정들이 물처럼 부드러운 노래로도 불려질 수 있음을 알게 했다. (그림6-2-2)[1] 1980년대 초는 덩리쥔 및 기타 홍콩과 타이완 가수의 녹음 테이프가 중국 대륙의 음반시장을 거의 독점하다시피 했다. 이에 '망국지음(亡國

그림6-2-2 영원한 가수 덩리쥔

1. 그림 출처는 http://www.wap3g.cn/html/20059251227-1.html.

之靡)', '퇴폐 음악', '자산계급 취향' 등 정치적 비판 무기로 이를 규탄하는 사람도 없지 않았지만, 더 이상 물밀 듯 몰려드는 시대의 추이를 막아낼 수 없었다. 대중음악의 옹호자 특히 일부 젊은이들은 공공연히 대중음악을 통해 전통에 도전하고 개성을 표방했다. 1980년대 초 세련된 옷차림에 오만 가득한 얼굴을 하고, 대중가요를 크게 튼 녹음기를 들고서 거리를 활보하고 교외로 나들이 가던 젊은이들의 모습은 시대를 선언하는 기억으로 남기에 충분하다.

홍콩, 타이완의 대중음악과 어깨를 나란히 하는 작품으로 대륙 음악가들의 창작곡 〈님을 찾느라 그녀가 눈물 흘리네(妹妹找哥淚花流)〉, 〈군항의 밤(軍港之夜)〉, 〈금실북 은실북(金梭和銀梭)〉, 〈바다여, 나의 고향(大海啊故鄉)〉, 〈작은 풀(小草)〉, 〈하늘 끝, 바다 끝이라도 오소서(請到天涯海角來)〉 등 전통에서 환골탈퇴한 서정적 대중가요들을 들 수 있다. 이 가요들은 1930년대부터 시작된 서정적인 대중가요의 전통, 특히 1950~1960년대의 서정적 민족 풍격의 대중가요 전통을 계승해, 대중의 진실된 감정을 보여주고 우아하고 유장한 선율을 중시했다. 가수들이 노래할 때 대중가요의 '복식호흡'을 배우고, 악기 배치에 있어서도 변화를 가미하긴 하였지만 기본적으로는 여전히 서정 민요의 풍격을 계승하고 있었다. 아직 현대화 초기 단계였기에 중국인의 심리상태는 여전히 전통적인 생활방식, 사회문화와 상대적으로 많이 관련되어 있었다. 따라서 '중국적'인 통속가요가 당시 대다수 중국인의 심미 취향에 잘 부합하면서 대중에게 널리 애창되었다. 그러나 영향력에 있어서는 홍콩, 타이완의 대중음악에 못 미쳤으며, 1990년대에 와서는 차츰 대중음악계에서 자취를 감추었다.

진정한 의미에서의 대중음악이 중국 본토에서 첫 걸음을 떼기 시작한 것은 1980년대 중기부터이다. 1984년 장밍민(張明敏)의 〈나의 중국 사랑(我的中國心)〉이라는 가요의 등장으로 홍콩, 타이완의 대중가요 붐은 더욱 사나운 기세로 중국 대륙을 휩쓸었으며, 홍콩과 타이완 가수를 모방한 복제 테이프가 유행하면서 장싱(張行) 등 대륙 출신 초창기 유행가수들이 배출되었다. 1985년에는 추이젠(崔建)이 캐쥬얼한 군복을 입고 데뷔했는데, 〈새로운 장정 길에서의 로큰롤(新長征路上的搖滾)〉은 중국인을 경악케 하면서 중국 대중음악에 깊은 문화 반성의 분위기를 조성하였다. 또 1986년에는 '세계 평화의 해'를 맞아 전국100인 가수 콘서트(全國百名歌星演唱會)가 베이징에서 열리면서 세계 평화를 주제로 하는 〈온 세상이 사랑으로 충만하길(讓世界充滿愛)〉이라는 대중가요가 창작되었는데, 이때부터 대중 가수가 공익의 이미지로 사람들 앞에 나서기 시작했다. 그 후 전국 대중가요 대회가 몇 차례에 걸쳐 개최되면서, '통속창법'이 '민족창법', '벨칸토(bel canto) 창법'과 어깨를 나란히 하는 독립적인 창법으로 자리 잡아 중국인의 생활 속으로 당당히 들어왔다. 1988년 문학문화 영역의 뿌리 찾기 열풍에 발맞추어 〈산비탈의 황토밭(黃土高坡)〉, 〈나의 사랑하는 고향(我熱戀的故鄉)〉 등을 대표로 하는 '서북풍(西北風, 서북 기풍의 가요)'이 전국을 휩쓸게 되면서 홍콩, 타이완 가요와 경쟁하던 중국 대중음악이 드디어 자기만의 독특한 소리를 내게 되었다. 이 시기 〈피로 물든 풍채(血染的風采)〉, 〈사랑의 희생(愛的奉獻)〉, 〈마음 속의 태양(心中的太陽)〉을 비롯한 민족풍격을 지닌 일련의 통속가요들도 대중들에 의해 불려졌지만, 시장에서 독보적인 지위를 차지한 것은 여전히 홍콩, 타이완의 가수와 음악들로, 치친(齊秦), 퉁안거(童安格), 알란탐(譚詠麟), 리쭝성(李宗盛), 린이롄(林憶蓮), 차오멍(草蜢), 샤오후두이(小虎隊), 둥팡콰이처(東方快車) 등 지금까지도 귀에 익숙한 이름들이 중국 대중음악의 성장과 발전을 함께 해왔다.

　홍콩, 타이완의 음악이 이렇듯 큰 매력을 지닌 까닭은 무엇일까? 첫 번째 원인은 미묘한 심리적 문제, 즉 대중 마음속 대중음악의 정의가 현대문명의 체험과 밀접하게 연관되어 있다는 사실에서 찾을 수 있다. 홍콩, 타이완 지역의 현대화 발전은 상대적으로 일찍 시작되었는데, 대중음악은 바로 도시생활 속 현대인의 생존 상태를 겨냥해 맞춤제작되었다고 할 수 있다. 고향이나 가정에 대한 현대 도시인의 고달픈 그리움이나 현대문명에 대한 비판을 노래한 뤄다유(羅大佑), 현대 도시생활을 스케치한 리쭝성, 낭만적이고 열렬한 사랑으로 가득한 치친, 섬세한 선율 속에서 현대 도시 남녀의 사랑 체험이 전하는 고독과 무기력함, 미련과 상처를 노래한 린이롄, 이 모두가 상당 수준 현대화된 도시문명을 배경으로 하고 있다. 현대문명 속에서의 개체는 고향을 떠나 살며 전통 도덕관념의 제약을 상대적으로 적게 받는 존재이다. 그들이 누리는 고도의 자유와 독립은 신앙의 결핍, 심성의 표류라는 고독과 곤혹의 체험을 대가로 한다. 홍콩, 타이완의 음악이 성공할 수 있었던 것은 무엇보다 먼저 도시인의 이런 정서를 자세히 헤아려 고독의 체험과 진정에 대한 갈망, 냉담한 물질세계에 대한 체험을 부드럽고 섬세하게 표현함으로써 '선율로 마음을 표현하는' 음악의 특징을 충분히 보여주었기 때문이다. 반면 중국 대륙에서 창작된 대중가요는 여전히 전통 생활 패턴과 집단 정신을 그려낼 뿐, 개체의 내면 세계에 대한 천착이 홍콩, 타이완처럼 풍부하고 섬세하지 못했다. 1980년대 전통과 현대문명의 전환기를 살아가던 중국인들은 현대화의 꿈을 추구함과 동시에, 현대문명이 개체에게 가져다 준 곤혹, 고독, 신앙의 결핍 등 마음속 상처를 감수해야 했다. 이런 상황에서 홍콩, 타이완 음악은 정교한 서정으로 현대 도시생활의 분위기를 전함으로써 감정 표현과 심적 위로라는 수요를 만족시켜 주었고, 곡과 가사가 전하는 현대생활의 정취는 대중들에게 현대화의 상상을 제공하여, 환상이라는 방식으로 현대화에 대한 대중의 동경을 만족시켰다. 대중이 이에 열광했던 이유를 이제 이해할 수 있을 것이다.

홍콩, 타이완 음악이 성공할 수 있었던 또 다른 원인으로 상대적으로 성숙한 상업 경영시스템을 꼽을 수 있다. 대중음악은 애초 현대 공업생산에 편입된 일종의 문화활동으로, 심미적 가치와 경제적 가치가 공존하며, 사회 공익과 상업 이익을 함께 추구한다. 음악활동은 사회화 대생산 유통과 전파에 포함되어 있어 창작자나 가수가 청중들과 직접 대면하는 것이 아니라 그 사이에 음반회사, 매니저, 기획인, 전파 매체 등 여러 중개 역할을 하는 고리가 있다. 대중음악은 예술활동이 지켜야 할 심미법칙이면서 사회생산이 준수해야 하는 경제법칙이기도 하다. 따라서 양자의 관계를 어떻게 정리하느냐는 대중음악의 수준과 품질을 결정하는 관건이 된다. 상품경제가 상대적으로 발전한 홍콩, 타이완 지역의 완벽한 대중음악 생산시스템은 대중음악 성공을 위한 중요한 전제로 작용하였다. 1980년대에 중국 대륙의 대중음악은 급격히 변했다고 말하지 않을 수 없다. 국내 녹음 테이프 생산만 보아도 1982년의 600만 개에서 1987년의 1억 2백만 개에로 증가했는데, 6년 동안 생산한 3억 천만개의 녹음 테이프 중 "80%가 음악 관련 테이프였고, 그 중 대중음악이 85%였다."[1] 이와 같은 성황은 1980년대 말부터 저조해지기 시작하는데, 그 주된 원인은 완벽한 시장 환경과 성숙한 운행 시스템이 뒷받침되지 못했기 때문이다. 다시 말해 그저 대부분 모방을 기초로 한 표상이었을 뿐, 지속적인 창조력과 생산력, 발전 잠

---

1. 쩡쑤이진(曾遂今), 『음악사회학개론(音樂社會學槪論)』, 문화예술(文化藝術)출판사, 1997년 P.312.

재력을 갖춘 완벽한 시스템을 갖추지 못했기 때문이다. 예컨대 수많은 중국 본토 가수들은 차라리 '복제 테이프(악보와 가사를 베끼고 악기 배치도 모방해서 중국 본토 가수가 홍콩, 타이완 가수의 작품을 부르는 것)'를 선택해 신속히 인기 얻기를 바랐지 개인의 이미지와 풍격을 구축하는 데에 정력을 투자하려 하지 않았다. 또 작사와 작곡, 가수 교육, 공연 업무, 출판 기획 등 유통, 전파와 관련된 일련의 관리가 혼란스러워, 창작 환경의 품질에 직접적인 영향을 미쳤다. 게다가 일부 음악인들 사이에 돈 버는 데만 열중하느라 공연의 품질은 아랑곳 않는 저우쉐(走穴) 현상[1]이 생겨나고, 저급한 테이프가 시장을 점유했다. 이와 같은 물질 측면의 요소가 대중들의 감성적 갈망을 통해 얻었던 왕성한 생명력을 상실하게 해 결국 대중음악은 번영을 뒤로 하고 침적하고 말았다. 어떤 학자들은 이런 현상을 '임계점' 효과라고 부른다. "임계점의 정면에서 사람들은 정확하게 음악 상품을 다루면서 (중략) 상품의 가치법칙을 가동시키고 음악예술 가치의 창조와 생성을 말살한다. 임계점의 뒷면에서 사람들은 음악 상품생산에 부정확하게 종사한다. (중략) 음악 상품은 상품 가치법칙의 노예로 전락하고, 음악 상품 생산에 있어서 저질 짝퉁이 끊임없이 제작되며, 예술 오류의 짙은 안개가 사회 음악 청중들의 예술감각을 마비시키고 무뎌지게 한다."[2] 그러나 새로 맞이할 빛이 시장 체재와 현대 도시문명의 진일보 성숙 속에서 차츰 성숙해가고 있었다.

1980년대 대중음악계의 사건이라면 추이젠과 그의 로큰롤 음악의 등장을 꼽을 수 있다. 아름답고 감미로운 홍콩, 타이완의 대중음악 속에서 서구의 블루스(Blues), 펑크(Punk), 헤비메탈(heavy metal)을 참조한 그의 로

---

1. [역자주] 국가 예술 단체에 속한 단원이 외부에서 독자적으로 공연하는 행위를 말한다.

2. 쩡쑤이진, 위의 책 P.302.

큰롤 음악은 특히나 충격적이었다. 추이젠의 로큰롤 음악은 문화대혁명의 희생양이 되어야만 했던 청년 세대가 부르짖은 생명의 외침이었다. 이들은 진학의 기회를 놓쳤을 뿐만아니라 그럴듯한 특기도 없어 취업난과 경제난에 허덕여야 했으며, 정신세계도 허무한 공백이어서 '뼈에서 영혼까지, 전도된 역사처럼 벌거숭이—완전 무소유 자체였다.' 역사가 남긴 상처를 어떻게 대해야 할까? 변화하는 시대 속에서 어떻게 자신의 자리를 찾아야 할까? 고통스럽고, 실의로 가득하고, 이리저리 헤매고, 위축되고 무기력한 심령을 어떻게 위로해야 할까? 추이젠과 그의 로큰롤 음악은 바로 시대에 의해 상처 입고 최하층에서 살아가야 하고, 이미 깨어있으며, 일어나 저항하려 하지만 한편 망연자실한 세대가 통속적이고 알기 쉬운 소리로 터뜨린 외침이었다. 〈붉은 천(一塊紅布)〉은 급진주의와 유토피아적 이상에 대한 의구심과 반성을 드러냈고, 〈붉은 깃발 아래의 알(紅旗下的蛋)〉은 개성이 왜곡된 세대가 새로운 사회 현실 앞에서 느낀 비애를 노래했으며, 〈빈털터리(一無所有)〉는 정신과 역사 신분에 대한 전무무후의 분노와 무기력함을 노래했다. 추이젠의 로큰롤 음악이 지니고 있는 문화 반성적 의의는 1980년대 문화계가 지닌 전반적인 계몽적 경향과 일치하다고 볼 수 있으나, 이러한 계몽은 '사회적 가치를 다시 세우고 대중의 삶의 의의를 확립하는' 엘리트 의식을 보여주는 대신 메마르고 썩은 것을 뒤흔들고자 하는 난폭 미학 풍격으로 전통적이고 조화로우며 분명한 심미 체험에 충격 주고자 하였다. 난폭한 정서를 발산함으로써 당시 문화 상황에 대한 불만을 토로하고, 상대적으로 약한 집단층이 존재하고 있음을 사회에 환기시키면서 모든 것을 뒤집어놓을 듯한 자세로 사회에 개체로서의 삶을 선언했다. 로큰롤 음악은 대중음악과 클래식과는 종류를 달리 하는데, 그것이 지닌 선구적 정신은 현대문명의 필연적인 산물이기도 하다. 로큰롤 음악은 상업 이익에 굴하지 않고, 주류 이데올로기와 대중적 취미가 지니는 세속에 타협하지도 않는 비주류적인 모습으로, 도도하게 영혼과 심령의 자유를 견지하면서 투사처럼 현대사회의 틈새에서 간신히 지탱해나갔다.

## 3. 곤경 속에서 버티기—상품경제 속 클래식 음악

1980년대에 민족음악과 고전음악(주로 유럽의 전통적인 작곡 이론과 기술에 의해 창작된 음악작품을 가리킴)은 신식 음악과 대중음악의 도전을 받음과 동시에 상품경제의 충격에도 직면해야 했다.

중국 전통음악에 대한 신식 음악의 영향은 우선 음악의 심미법칙에 대한 내재적 탐구에서 나타났다. 20세기 초 중국과 서양 음악이 처음으로 만나 충돌하기 시작하면서 중국음악은 서구의 고전주의와 로맨티시즘 음악이론과 창작기법을 중국 전통음악에 결합시키는 현대화 노선을 따라 줄곧 발전해 왔다. 그러나 이 기본적인 사고 맥락에는 엄격한 수학 이론을 따르는 서구의 다성부(多聲部) 사유, 기능성 화성체계와 선율을 중시하는 중국 전통음악 간의 모순이 내재되어 있었다. 양자의 차이는 프랑스 음악가 다리오 루이(Dario Luay)가 지적한 것처럼 "하나는 성벽의 돌처럼 기하 모양으로 쌓은 건축이고, 다른 하나는 정교하게 엮어 만든 알록달록한 비단 실과도 같아 실 한 가닥 한 가닥이 느낌과 이미지가 풍부한 세계를 보여주는 것 같다." 어떻게 '서구의 화성과 중국의 선율' 간의 모순을 해결하느냐 하는 문제는 줄곧 중요한 과제였다. 신식 음악은 "서구 전통 화성의 고유한 패턴을 근본적으로 돌파해 종적 결합과 횡적 전개 속에서 완전히 자유로워지기"[1]도 하였고, "민족 음조, 민족 음계 등 외재적 민족 특징에 대한 추구에서 전통음악의 독특한 법칙, 심미 심리, 표현방식, 내재적 운치 등 심층 구조에 대한 연구와 표현으로 전환하기"[2]도 하였다.

중국과 서양 음악의 교류는 중국 음악가들에게 민족 예술을 반성하는 계기를 제공하기도 하였다. 중국 음악가들은 '중국에는 전통음악이 없다.'는 일부 서구 학자들의 주장에 대해 '중국의 전통음악을 어떻게 대할 것인가?' '전통음악은 낙후한 것인가, 아니면 진보한 것인가?' '서구의 음악 체재는 과연 우리의 낙후한 음악문화를 치료할 수 있는가?'하는 문제를 둘러싸고 격렬한 토론을 벌였는데 '전통음악에 대한 리얼리즘 사상과 전통음악의 문화 속성에 대한 분석, 전통음악의 개념과 범주에 대한 정리, 오늘날 음악생활에서 전통음악 지위의 확립'[3] 등을 통해 중국 음악의 발전에 생기를 불어넣었는가 하면, 서구음악의 충격 속에서 전통음악과 민간음악에 대한 보호의식도 한층 일깨워주었다. 예술 비평에 있어서는, 1970년대 말 음악과 이데올로기 관계 문제에 대한 반성이 80년대의 초 음악 '표현론'에 대한 토론, 나아가 80년대 말 작품의 내용에서 벗어나 예술 자체 및 내부법칙에 대한 반성으로 이어지면서 예술의 독립적 심미 품격이 나날이 중시되었다.

1980년대 초 클래식 음악의 발전은 이미 갈수록 어려워졌다. 전통 사회 체재에서 음악에 종사하던 사람들은 "각급 국가간부의 신분으로 사회주의 문인의 직책을 이행하고 있었는데"[4], 급여는 상대적으로 안정된 생활을 보장받기에 충분한 수준이었기에 "그들의 예술직업 활동은 뚜렷하게

1. 밍옌, 『20세기의 중국음악 비판 개론』, 인민음악출판사, 2002년, p.130.

2. 밍옌, 위의 책, p.130.

3. 밍옌, 위의 책, p.416.

4. 쩡쑤이진, 『음악사회학 개론』, 문화예술출판사, 1997년, P.358.

단일적인 특징을 지니고 있었다. 이런 단일적 특성은 서비스 대상의 단일과 직업 충실의 단일성으로 표현되었다."[1] 그러나 1980년대 후기부터 시장 경제체재 개혁이 심화됨에 따라 "중국의 집단적 음악인들은 기존의 급여에만 의지해 나날이 변화하는 생활에 적응하기에 버거웠다. 이 시기는 음악 상품화가 급속히 진행되던 시기였는데, 음악 상품의 대량 생산으로 중국의 집단적 음악인들은 여가를 활용해 부업할 기회를 얻었다. 또한 사회 상업화의 대규모 음악 소비 수요로 정부 기관에서 일하는 음악인들은 제2, 제3의 직업을 가질 수 있었다."[2] 클래식에 종사하는 일부 예술가들은 음식점이나 음악 다방에서 '알바'를 한다든지, 대중음악을 리메이크한다든지 비전문적 공연을 한다든지 하면서 이미 스스로를 시장으로 내몰기 시작했는데, 생계와 이익을 위해 뛰어다니다 보니 자연 고전음악에 몰입할 수 없었다. 이로써 1990년대 초 클래식은 침체하고 말았다.

대중음악과 달리 클래식과 상품경제 간의 모순은 더 첨예한 듯 하다. 그렇다면 예술의 순결한 정신의 보루와 상업 이익 간에, 심미가치와 경제가치 간에 과연 타협하고 연결될 수 있을까? 현대문명의 발전 속에 고전 세계의 인류 문명 성과를 보여주는 클래식이 계속 생존하고 발전해 나갈 수 있는 기초는 과연 아직도 있을까? 아마도 현대문명이 한층 더 성숙한 뒤에 그 답을 기대해 볼 수 있을 것이다.

---

1. 쩡쑤이진, 위의 책, P.358.

2. 쩡쑤이진, 위의 책, P.359~360.

# 제3절

# 부활편: 90년대 이후의 중국 음악

1990년대부터 현재까지는 중국의 개혁개방이 더욱 심화되고 시장체재가 더욱 완벽해지는 시기이다. 중국 사회주의의 현대화가 가속화됨에 따라 시민계층이 두터워지고 문화 공업이 발전하기 시작했다. 1980년대 초에 발전하기 시작한 대중음악은 더 이상 이단으로 간주되지 않아 매체, 음반회사, 연예기자, 음악평론가가 공동 추진하는 '스타 만들기'가 뜨겁게 진행되었고, '퉁이서우거(同一首歌)' 대형 콘서트가 중국 본토 나아가 해외지역까지 열광의 도가니로 몰아 넣었다. 한국, 일본, 홍콩, 타이완, 싱가폴의 아이돌 그룹, 아이돌 가수가 청소년들에게 흥분과 꿈을 선사하면서, 대중음악은 청소년 세대의 '청춘선언'이 되다시피하였다. 2000년 베이징 교외에서 열린 펑크 음악제 또한 경이로운 방식으로 세상 사람들에게 전위적 생활양식을 선언하였다. 중국에서 오늘날과 같이 음악의 향연을 누렸던 시대는 없을 것이다. 현대 도시인에게 있어 대중음악은 공기나 물처럼 없어서는 안 될 존재이다. (그림6-3-1)[1] 클래식 음악은 1990년대 중기에 들어서 슬럼프에서 벗어나 콘서트 홀, 극장 등에서 빈번히 상연되면서 보편화된 방식으로 점차 대중들의 삶에 파고 들었다. 청중이 보기에도 클래식 음악과 대중음악 간의 경계선 또한 모호해서, 더 이상 물과 불처럼 서로 용납 못하거나

---

1. 그림 출처는 http://www.t8cn.net/shuaige/wuyuetian.htm.

첨예하게 대립하는 대상이 아니었다.

이 찬란한 음악이라는 거울 뒤로 들어가 보면, 대중음악의 기능이 소일거리라는 오락적 기능에만 제한된 것이 아니라 소비사회와 문화공업의 산물인만큼 더 깊은 측면에서 현대인의 삶에 파고들어 보다 실질적인 측면에서 사

그림6-3-1 '우웨텐 (五月天, Mayday)'콘서트 성황

람들의 심미체험 방식과 생존 방식의 구축에 참여하고 있음을 발견할 수 있다. 대중이 '가무 태평성세'에 도취되어 있을 때 소비사회의 언어 규정은 알게 모르게 생존에 대한 은폐와 통제를 완성하고 있었다. 대중음악이 비록 정신 세계의 창조물이긴 하지만 이미 일종의 소모품이 되어버렸기에, 개체적 삶의 체험으로부터 출발한 창조와 승화가 결여되어 있었다. 사람들도 어쩌면 춤추는 음표와 아이돌 가수들의 웃음에 빠진 채 우리의 정감에 또 음악에 문제가 생겼다는 것을 어렴풋이 느꼈다. 희미한 불빛 아래에서의 반성은 이미 시작된 것이다.

## 1. 문화공업 및 성숙으로 향하는 대중음악 – 근심도 주고 기쁨도 주다

음악예술은 순수 감성, 정감, 순수 이성 등 세 가지 심미 차원으로 구분된다. 순수 감성 차원은 음악작품이 '듣기 좋은가'와 관련되어 있는데 말하자면 음의 높이, 음색, 리듬, 선율 등 순수 청각적인 느낌을 뜻한다. 정감 차원은 청중이 개인의 배경지식과 생활 정경에 기초해 음악을 통해 불러낸

기억, 감정, 연상, 상상 등 여러 가지 심리활동을 말한다. 순수 이성이란 음악형식 요소의 이성적인 조직, 안배와 설계, 이를테면 선율 진행 방법, 화성의 논리적 조합, 기악 배치술과 조합식 구조(Structure of music) 등을 말한다. 이는 창작자의 철학관, 예술관의 총체적인 체현이며, 축적되어 온 전통이 개체의 생명 체험, 창작 영감과 서로 부딪혀 탄생한 결과이다. 순수 이성적 측면을 느끼고 이해하기 위해서는 감상자 또한 일정 정도의 전문 소양이 있어야 하기에 감상에 약간의 난이도가 있다.[1]

대중음악의 가장 주된 심미적 특징은 순수 감성적 측면과 정감적 측면에 대한 강화이다. 대중음악은 뚜렷한 리듬, 은은한 선율, 입에 착착 붙는 가사로 청각적 희열을 느끼게 하고, 더 나아가 개체 생활 속 경험을 불러일으켜 일상 생활을 예술 체험대상으로 미화시킨다. 이를테면 대중음악은 가창자에게 "자신의 목소리로, 꾸미지도 않고 훈련을 거치지도 않은 음성으로 노래할 것"[2]을 요구하며, 가볍고, 곧고, 외침에 가깝고, 허스키한 목소리를 사용하여 일상 구어에 가깝게 함으로써 자연스럽고 친근한 분위기를 조성해 청중과의 거리를 좁힐 것을 요구한다. 대중음악은 음역이 비교적 좁은 편이어서 대부분 두 옥타브 또는 한 옥타브 반 사이에 있고, 선율과 화성 모두 상대적으로 간단하다. 대신 리듬은 오히려 강화되어, 고동치는 듯한 박자를 지속적으로 배치해 곡 전체를 지탱함으로써 신속히 청중을 흥분시켜 음악의 분위기 속으로 끌어 들인다. 대중음악의 가사는 일반적으로 직설적이고 통속적인데, 세속적 감정을 서술하거나 생활장면을 묘사하는 방식으로 일상생활을 노래함으로써 정신세계에 대한 승화를 대신했

---

1. 슈하이린(修海林), 「음악의 존재방식 3요소와 음악미학 연구(音樂存在方式三要素與音樂美學研究)」, 『인민음악(人民音樂)』, 1997년 제5기 참조.

2. 옌자청(顏家成), 「통속 공연의 특점을 논함(試談通俗演唱的特點)」, 『시난사범대학교(西南師大)학보』, 1995년 제4기.

다. 대중음악 제작의 첫 번째 목적은 청중의 청각에 도전해 서로 다른 풍격의 목소리가 사람에게 선사하는 신선함을 강화하는 데 있다. 공연에 있어서도 대중음악은 일반적으로 가수의 매력적인 목소리에 개성적인 이미지 포장, 무대 조명, 장면 설계 등의 수단을 더하는데, 감관과 지각을 전면적으로 동원해 관중들로 하여금 음악이 조성해낸 열광적 분위기에 빠져들게 한다. 요컨대 대중음악은 감성적 생명을 드러내기 위한 충분한 공간을 마련한 것이다. 즉 클래식에서 대중음악으로 발전하고 창작 주체가 감상 주체로, 음악 주체가 인간 주체로, 그리고 세속 초월이라는 이상적 심미 경계의 승화가 세속 세계에 대한 타락으로 전환한 것이다. 이는 현대인의 자아 표현, 생명 해방에 대한 충동, 감정의 이완 등을 위한 수단으로서, 그 목적은 극대화된 감성적 희열을 통해 대중들로 하여금 잠시나마 현실을 도피하고, 현실을 망각함으로써 감관의 쾌락이 빚어낸 행복의 경지로 들어서게 하는 데 있다.

대중음악의 이와 같은 심미 특징은 현대사회의 변혁과 직접 연관된다. 종교신앙, 혈연관계를 토대로 세워진 사회규범은 개체를 본위로 하는 현대사회에서 깨져버렸다. 개체의 도덕규범, 심미정취, 행위준칙은 더 이상 문화전통이나 정신신앙과 관련된 것이 아니기에 개체는 세속 생활 자체에 기탁한 채 감성 속에서 존재의 이유와 자아 만족을 찾을 수밖에 없었다. 따라서 생명 충동에 대한 표현은 예술과 심미의 핵심이 되었다. 현대사회에서 개체는 혈연과 같은 자연적 인간관계에서 벗어나기는 했지만 현대공업사회의 사슬 속의 일개 고리가 되어버렸다. 화폐가 모든 사회 교류 관계를 가늠하는 보편적 수단이 되면서, 인간 역시 내면의 심성 가치를 상실한 '물건'이 되어버렸다. 대중은 그가 속한 생존 네트웍에 권태를 느끼면서 의존했고, 자아 찾기를 희망하면서 이 생존 네트웍으로부터 버림받을까봐 두려워했다. 현대문명의 '소외' 속에서 고통스러워하면서 현대문명이 가져다준 물질적 풍족과 향락에 미련을 두었다. 대중가요의 주요 주제는 '사랑으로부터 상처 받은 영혼'이었고, 부르는 것은 고통과 무기력함과 집착으로 얽힌 복잡한 심리였다. 그것이 오래도록 애창될 수 있었던 이유는 마음대로 되지 않는 사랑의 감정이야말로 현대인의 생존 심리 상태에 대한 은유였기 때문이다. 대중음악은 대중들의 자아 고백, 자아 위안을 위한 언어로 충당되었던 것이다.

1980년대 말 한때 슬럼프에 빠졌던 대중음악은 90년대에 들어 다시 활력을 되찾았다. 나잉(邢英), 톈전(田震), 한훙(韓紅), 순난(孫楠) 등 개성 있는 대륙의 가수들도 등장했다. 'Channel[V] 차이니즈 뮤직어워드(華語榜中榜)'와 '팹시—나의 선택: 차이니즈 음악창작 랭킹(The Chinese original music charts, 雪碧我的選擇——中國原創音樂流行榜)'—, '수퍼우먼 보이스(超級女聲)'[1] 등 각종 대회가 개최되면서 우수 창작곡들이 다수 배출되고, 국제 음악계와의 교류가 강화되면서 서구의 랩, 힙합, 포스트 펑크 등이 중국 가수에 의해 가창되었다. 또 일본, 한국의 대중가요가 유행하기 시작하면서 청소년층이 대중음악 발전의 활력소 역할을 하는 등, 가요계의 저령화 현상이 갈수록 뚜렷해졌다. 이렇듯 대중음악은 여러 차례의 탐색을 거쳐 오늘날에 이르러 안정적인 발전기로 접어들었다. 대중음악이 성공할 수 있었던 또다른 주요 원인으로 문화공업 체제의 성숙을 꼽을 수 있다. 1990년대부터 중국 가수들이 홍콩, 타이완의 음반회사와 계약하기 시작하면서 중국의 대중음악은 스타 양성 위주로 바뀌었다. 스튜디오

---

1. [역자주] 중국어 발음은 '차오지뉘성'이다.

그림6-3-2 TR뮤직(타이허, 太合麦田): 중국 대륙의 유명한 레이블 회사

와 음반회사가 하나 둘 설립되어 프로듀서, 매니저 제도가 날로 성숙하고, 저작권 제도도 완전해지기 시작했다. 1990년대 말에 들어서는 창작, 공연을 핵심으로 하고, 스튜디오와 음반회사가 제휴하며, 음악평론가와 대중매체와 전문 연구가가 결합하며 자아규범과 콘드롤 시스템을 지닌 대중음악 생산 시스템이 마침내 초보적으로 기본적인 체계와 내용을 갖추게 되었다.(그림6-3-2)[1] 문화공업 체제의 성숙으로 음악창작 및 전파에 건전하고 규범적인 사회환경이 마련되었지만, "최근 1년이 넘도록 나는 곡을 쓰는 대부분 시간 동안 다른 사람들의 기대를 짊어지고, 다른 사람의 마음을 헤아리려 애썼다. 문자는 날로 능숙하게 단련되고 선율의 기복은 심해졌다. 그러나 다시 자신의 모습으로 돌아가려 했을 때, 원시적이고 소박했던 창작 동기는 이미 사라지고 없었다."[2] 음악인 리쭝성의 고백처럼, 창작자의 개성과 영감과 생명적 체험은 차츰 침식당했다. 자아가 아닌 시장을 상대

---

1. 그림 출처는 TR뮤직(타이허, 太合麦田) 회사 공식 홈페이지 http://www.trmusic.com.cn/intro..

2. 위진(于今), 『광분의 시즌――중국 대중음악의 세기적 허리케인(狂歡季節――中國流行音樂世紀颶風)』, 광동인민(廣東人民)출판사, 1999년, p.201.

로 한 창작 속에서 수많은 음악인들은 점차 개체의 진실한 감정적 충동을 외면하고 어쩔 수 없이 상업 시스템에 복종하였다. 그러나 청중들은 고만고만한 음악에 계속 불만을 토로하면서 독창적이고 새로운 작품을 선보여 주기를 끊임없이 요구했다.

이런 문제가 생겨나게 된 근본 원인은 소비사회의 운행 규칙에 있다. 이윤 창출에 대한 무한한 추구는 소비사회를 존속케 하는 유일한 동기이다. 생산과 소비는 사회가 존재할 수 있는 잠재적인 논리로, 모든 활동은 기본적으로 이를 둘러싸고 전개된다. 개성을 숭상하고 개체 가치를 추구하는 현대인에게 개성은 소비사회가 생산할 수 있는 가장 값지고 가장 가치 있는 생산품이었다. 대중음악에서 '개성'은 음악인이 애써 추구하는 목표이다. 대중이 특정 가수를 좋아하는 이유는 겉으로 보기에 그 가수가 '개성'적이기 때문이다. 그러나 이는 소비 논리가 개체를 숭상하는 대중을 위해 만들어낸 가상일 뿐이다. 문화공업은 교묘하게 "개체를 '개성적인 것'으로 생산할 뿐이다. 즉 차별화된 것을 생산할 뿐이다."[1] 가수와 음악이 표방하는 '개성'은 사탕이나 종이처럼 본질적 차이 없는 생산품이다. 왜냐하면 이들의 성장 기반이 개인의 다원화된 독특한 감정세계가 아니라 기계적 복제와 대량 제조를 특징으로 하는 현대 공업생산 패턴이기 때문이다. 사람의 눈을 현란케 하는 음악은 기실 기계적 생산 라인에서 탄생하고, 표면적 차이만을 지닌 상품기호에 불과하다. 대중들의 자아 개성 추구도 현대 기계생산의 보편화된 틀과 기호 속에서 결국 유사해질 수밖에 없는 것이 숙명이다. 소비주의 이데올로기의 통제 하에서, 탈공업사회 대중의 생활 체험과 감정은 개체 경험에서도 오지만 소비주의 이데올로기가 사전에 규정

---

1. 장 보들리야르(Jean Baudrillard), 「소비의 사회(消費社會)」 류청푸(劉成富)·촨즈강(全誌鋼)역, 난징대학교(南京大學)출판사, 2000년, p.87.

한 양식에 의해 조종되기도 한다. 대중은 개성을 추구하는 한편, 소비주의 정보 기호 속에서 서로 간의 원시적 본질적 차이를 말살한 채 비슷한 집단이 되어버리고, "공업화와 상업화의 차이를 구분하는 기호 형식에 불과한" 개성만 남게 된 것이다. 소비주의 이데올로기야말로 대중음악을 곤경에 빠드린 주범이다.

음악이 더 이상 생명의 영성으로부터 온 심미적 창조력 및 감수성의 담체가 되지 못하고 감정과 순간적 표면화 관계만을 갖는 일종의 정신 소비품이 되면서, 음악의 생명력도 고갈 위험에 직면하였다. 아도르노(Adorno)는 대중음악의 구조를 수시로 부품을 바꾸는 기계에 비유를 하면서, "가곡 전체를 프로그래밍화하는 구조가 감정 동기가 전개되기 전에 이미 존재했기 때문에 음악은 각각의 세부에 생명에 대한 창작자의 감성을 집어 넣을 수 있는 유기체가 아니다. 모든 대중가요의 화성은 '표준 양식'을 기초로 하고 있다. (중략) 어떤 편차가 있든 간에 가곡은 결국 똑같이 익숙한 체험으로 끌려오지 어떤 새로운 것도 끌어들이지 않을 것이다."[1] 라고 말했다. 많은 사람들이 대중음악 속에서 얻은 암묵적 함의를 이용해 사랑을 고백하고, 슬픔을 토로하고, 이상을 노래한다면, 또 노래가 더 이상 생명의 잠재력을 불러일으키기 못하고, 생명의 경지를 승화시키지 못하고, 피동적인 정신 소비로 전락한다면, 아무리 찬란한 음악계일지라도 인간 감정의 결여로 인해 창백해지고 나날이 적막해질 수밖에 없을 것이다.

오늘날 사람들은 슈퍼에 길게 진열되어 있는 상품을 고르듯 음악을 선택하고, 비닐 포장지를 버리듯 쉽게 가수의 이름을 잊어버린다. 한편 매체와 음반상은 슈퍼를 경영하듯 쉬이 만족할 수 없는 정신적 소비욕망을 키

---

1. 아도르노(Adorno), 「대중음악을 논함(論流行音樂)」 저우환(周歡)역, 「시대영화(時代電影) 」, 1993년 제5기.

울 수 있다. 그러나 어느날 이렇듯 유사한 감정 패턴과 음악 형식에, 이렇듯 정교하면서도 운치 없는 상품에 문득 혐오감을 느낀다 하여도 처량하게도 대중음악에 길들여진 우리의 귀에는 이것 외에는 다른 선택이 없음을 발견하게 될 것이다. 시장 메커니즘이 완벽해지고 음악제품이 풍부해질수록 감정의 다양성 및 독특성도 '다른 선택이라곤 없는' 상황 속에 점차 평면화될 위험에 직면하게 되는데, 이는 개체가 소비시대라는 이 거대한 어셈블리 라인과 완전 일치되는 날까지 지속될 것이다. 시장은 음악을 생산할 뿐만아니라 대중도 생산하며, 창작자를 생산할 뿐만 아니라 청중도 생산한다. 이렇듯 방대하고 완벽한 문화공업체제는 우리의 행복과 연결되어 있는가 하면 우리의 불행의 원천이기도 하다. 이것이 바로 소비사회 속 대중의 운명이다.

## 2. 태평성세의 맑은 소리 − 맑은 물에서 피어난 연꽃과도 같은 포크 음악

소비주의 이데올로기 하에서 음악과 사람 모두 '소외'될 위험에 직면하였으나 문화공업을 통제하고자 하는 현대인의 노력 또한 끊이지 않았다. 대중음악 중의 이단이라 할 수 있는 포크송과 로큰롤 음악은 천진하고 소박한 민간 정신을 꿋꿋이 지키면서 자연스럽고 꾸밈 없는 음악형식을 통해 원초의 진실한 개체 생명의 체험을 표출하면서 '맑은 물에서 피어난 연꽃'과도 같은 자연미를 선보였다. 동시에 이단 또는 반역자적 모습으로 등장해, 일반적인 심미 정취에 위배되는 음악형식을 통해 산업사회에 억압된 개체의 분노를 표현하기도 하였다. 물론 이들도 소비주의의 통제 하에서 성쇠를 거듭했지만 비주류적인 모습으로 문화를 비판하고, 독자적인 심미를 창조함으로써 소외에 반항하고, 순결하고 자유로운 영혼을 수호하려는 소비시대 군중들의 정신적 면모를 보여주었다.

오늘날 우리가 말하는 포크송은 전통적 의미에서의 민요와 달리 등장 자체가 음반 산업과 밀접히 연관되어 있다. 즉 도시 속 현대인이 전통 포크송을 모방하여 창작한 것이다. 이들은 포크송에서 자양분을 섭취하고 감정을 직접 토로하는 포크송의 진실한 정신을 계승하면서, 땅과 긴밀히 연관된 시대의 소박한 생활방식에 대한 추억과 그리움을 담아냈다. 포크송의 주요 특징으로는 음악과 언어의 밀접한 결합을 들 수 있는데, 자연스럽고 유창한 언어, 자유로운 리듬과 합쳐져 말하는 듯한 풍격을 표현해냈다. 한편 가사는 비교적 강한 서사성을 지니는데, 솔직한 언어로 일상생활 속 사건들을 이야기하면서 사회비판 정신을 드러냈다. 악기 배치도 간단해서, 대부분 통기타 하나로 간단한 화음을 내며, 공연도 상대적으로 자유롭다. 미국의 포크송 가수 필 옥스(Phil ochs)는 혼자 통기타를 치며 노래하기도 하고, 대화나 이야기를 끼어넣는 방식으로 주위 사람들과 소통하기도 한다. 또 포크송으로 시사를 노래하거나 개인의 관점을 표현하는 데도 뛰어나서, "음악으로 정보를 전함과 동시에 민간의 의견을 표현하는" 전형적인 음유시인(吟遊詩人)의 전통을 지니고 있다. 포크송의 또 다른 특징은 자연스럽고 소박하다는 것이다. 직감과 영감을 강조하며, 과다한 인위적 꾸밈으로 사람의 목소리가 갖고 있는 자연스런 활력을 가리고자 하지 않는다. "정신적인 내용은 언제나 형식적 요구보다 크다.(중략) 형식적인 특징이 없지 않지만 본질적으로 볼 때 그것의 음악 언어는 사실 기술적

그림6-3-3 라오랑(老狼): 저명한 캠퍼스 민요
가수

인 것이 아니라 자연스럽게 우러나는 것이다.'[1] 거칠고 원시적인 음악 형식속에 담겨 있는 진실된 심적 체험과 짙은 정감의 축적은 사람의 심금을 울렸다.

미국의 포크송은 1930~40년대에서 시작되어 60년대에 고조를 이루었다. 홍콩, 타이완의 음악도 70년대에 포크송 위주의 '천진난만한 세월'이 있었다. 대륙의 대중음악에도 라오랑(老狼), 가오샤오숭(高曉松), 샤오커(小柯), 예페이(葉蓓), 수이무녠화(水木年華) 등을 대표로 하는 캠퍼스 가요가 등장했는데, 그 주제는 청춘에 대한 그리움이었고, 풍격은 낭만적이고 애잔했다.(그림6-3-3)[2] 도시 포크송의 노래 대상은 인간 세상에서 분주하게 뛰어다니는 일반 대중들로, 평민의 시각에서 출발해 생활 속 사소하고 평범한 고민과 감동들을 한 폭의 의미있는 화면에 담아냈다. 대표작으로는 〈집으로 보내는 한 통의 편지(一封家書)〉, 〈나의 1998년(我的1998年〉, 〈중구러우(鍾鼓樓)〉 등이 있다. 그러나 포크송의 정신을 가장 잘 드러낸 것은 대학교에서 활약하던 캠퍼스 가수들이었다. 정신세계로서의 대학 울타리는 이들이 세속적 이익의 영향을 덜 받게 하였고, '뮤직 벅스'의 이상을 지키며 순전히 노래를 위한 노래를 부르게 했다. 이런 작품에는 가장 보편적인 사랑 주제와 청춘에 대한 감회가 있는가 하면 당시 대학생들의 생존상태에 대한 반성도 들어있다. 이를테면 널리 전해진 〈출국

---

1. 리완(李皖), 『리완의 귀 ─ 대중음악의 은밀한 맥락을 짚어보다(李皖的耳朵 ─ 觸摸流行音樂的隱秘脈酪)』, 외문(外文)출판사, 2001년, p.158.

2. 그림 출처는 http://ent.sina.com.cn/y/2007-03-08/14021471441.html.

요(出國謠)〉는 출국 붐 속에서 학생들이 보여준 복잡하고 모순된 심경을 표현한 노래이다. 또 반드시 언급해야 할 인물로는 방언으로 노래한 후마거(胡嗎個)가 있는데, 후마거는 더없이 평범한 생활장면들을 노래했다. 예를 들면 타지인이 바라본 도시생활을 노래한 〈일부 시골뜨기의 입성(部分土豆進城)〉, 사무실에서의 하루 일과를 노래한 〈쓰다커우로 가려면 26번으로 갈아타야(到四道口換26路)〉, 도시 아이가 시골 부모를 마주했을 때의 낯설음을 노래한 〈젓가락이니 사발이니 말하면 시골 아빠가 못 알아듣지(說些類似筷子或者碗的話讓農民爸爸聽不懂)〉 등이 있다.(그림6-3-4)[1] 후마거는 즉흥적인 시골 말투로 여러 음조를 변화시켜가며 마치 이야기하듯 가사를 반복하였으며, 방관자의 평화로움과 관찰자의 시선으로 음유 시인의 자유롭고 순수한 목소리를 통해 도시생활 속 희비극을 매일 공연했다.

포크송의 소박함과 청신함에는 향기로우면서 서글픈 심정이 서려있었다. '어지러운 꽃들이 눈을 현란케 하는' 대중음악 세계에서, 포크송은 심령에서 터져나온 순수한 힘으로 인간의 심미에 대한 문화공업의 침식에 저항했다. 그러나 이는 어디까지나 극히 제한적이었다. 음악이 상품으로서 시장에 출시되는 한, 경제이익에 항복하는 위험성은 영원히 존재한다. 가오샤오숭(高曉松) 등의 〈캠퍼스 민요〉 앨범 두 집이 창작 발표된 후, 이를 넘어서는 같은 부류의 작품은 없었던 것 같다. 도시의 성숙한 여성 이미지로 포장되어 어필하

그림6-3-4 2005년 제1회 중국 도시포크송 축제(상하이)에서 열창하는 후마거

1. 그림 출처는 http://newwish.hanzify.org/blog/article.asp?id=406&page=1.

던 예페이는 더 이상 〈흰옷 휘날리던 시절(白衣飄飄的時代)〉을 부르던 캠퍼스 여학생이 아니었다. 〈안녕 2000(我去2000)〉을 부르던 푸수(朴樹)와 〈그 꽃들(那些花兒)〉을 부르던 푸수를 비교해보면 더욱 정교해진 악기 배치 속에 이미 트렌드의 흔적이 묻어난다. 한편 캠퍼스 가수들은 캠퍼스 내에서 가창 생명이 생성되든 소멸되든 자연에 맡기지 않으면 상업적 논리에 투항함으로써 발전을 꾀해야 하는 진퇴양난에 직면하게 되었다.

그러나 음악을 진정으로 사랑한 사람이라면 영원히 주변인적인 고요한 태도로 속세 속의 순수한 땅을 고수할 것이다.

## 3. 휘청이며 걸어온 길 – 틀에서 벗어나 남다름을 추구하던 로큰롤 음악

로큰롤이 전위성 충만한 대중음악이라는 정의는 그 자체가 모순으로 가득하다. 전위성은 로큰롤 음악 최초의 소망이지만 이와 반대로 저도 모르게 시류의 포위망에 갇혀 사람들로 하여금 다시금 보들레르(Baudelaire)의 역설을 확인하게 한다. 즉 천재에게 진부한 틀을 창조하는 중임을 떠맡긴다.

로큰롤 음악은 대중 음악에서 늘 이단아의 모습으로 등장했다. 난폭한 정서의 발산과 감성 토로에 몰두하는 로큰롤 음악의 풍격은 전통적 심미정취에 전혀 어울리지 않았다. 로큰롤 음악을 뜨겁게 사랑하는 사람들은 주로 반항심 가득한 청소년이거나 대중이 보기에 독특한 생활방식을 가진 사람들이었다. 또 상업운영과의 관계로 보면, 로큰롤 음악은 태생적으로 가장 매수하기 힘든 녀석인만큼 로큰롤의 예술 매력과 상업적 성공은 물과 불처럼 어울릴 수 없었다. 이에 로큰롤은 앞으로 나아가는 길에서 늘 방황하곤 했다. 그러나 그 매력은 줄어들지 않았으니, 로큰롤은 현대문명의 정신적 고뇌를 이겨나가는 투사이자 사회문화와 상업이익의 틈바구니에서살 길을 찾아가는 현대예술 운명의 축소판이며, 전통에 도전함과 동시에자아를 잃어버릴 수도 있는 현대 심미정신의 담체이기도 했다.

로큰롤 음악이 보여준 전위성은 심미 현대성의 산물이다. 그 내용은 "강한 투쟁 의식, 불복종주의에 대한 찬양, 용왕매진에 대한 탐색이며, 더 일반적인 측면에서 말할 때 시간과 내재성이 필연적으로 전통을 전승할 것임에 대한 확신(이런 전통은 영원히 바꿀 수 없는 것과 선험적으로 결정된 것으로 나뉘려 한다)이다."[1] 고전문화 세계의 산물인 고전 예술이 모범의 수립을 추구했다면, 전위 예술은 현대문화 세계의 정신적 나팔수로 미래 신앙의 인도 하에 파괴에 종사하는 것을 주지로 했다. 따라서 클래식 음악이 조화로운 미감을 나타냈다면 전위 예술은 난폭한 충동으로 가득했다.또 클래식 음악이 자신이 구축한 장엄하고 웅장한 정신세계에서 자아 승화를 시도했다면 전위 예술은 자아 부정을 통해 자신의 존재가치를 확인하는 데 몰두했다.

로큰롤 음악에 있어 감성 생명력의 폭발이란 개체의 생명 존재를 확인하고 사회의 낡은 규범에 도전하는 수단이다. 따라서 연주와 가창은 모두이 주지를 중심으로 진행된다. 타악 연주는 강인하고 힘 있는 리듬감을 자아내고, 전자 악기는 입체감 뚜렷한 선율을 평면이 교차된 소음으로 분할시킨다. "리듬을 통해 강화된 충격이 끊임없이 반복되는 선율과 배합되면서 면면히 이어지고 열기 가득한 음성 효과를 끌어내며, 모종의 심리상태

1. 칼리네스쿠(Matei Calinescu), 『모더니티의 다섯 얼굴(Five Faces of Modernity)』, 구아이빈(顧愛彬), 리루이화(李瑞華)역, 상무인서관(商務印書館), 2002년, p.103.

와 정서가 반복적으로 강화되면서 감성적인 자극이 극에 달한다."[1] 공연의 경우 말하듯 노래하는 방식을 많이 사용하는데, 찢어질 듯한 외침과 갈라진 목소리, 마음 붙이지 못하고 방황하는 듯한 중얼거림, 꾸미지 않은 자연스러움은 한결 쉽게 청중의 참여를 이끌어낸다. 추이젠은 "로큰롤 음악은 희롱하는 맛이 있다. 로큰롤은 리듬을 강조하는데, 리듬은 신체를 통해 감정을 이끌어냄으로써 일종의 힘, 낙관적인 정서, 거짓없는 진실을 찾게 한다. 또한 로큰롤의 신체와의 밀접성은 사람들로 하여금 '새로운 장정'의 곤혹 속에서 역사의 고난을 느끼게 하고, 생명의 미친듯한 열정과 보이지 않는 내재적 소란을 느끼게 한다."[2] 이제 신체가 예술의 본체가 되고, 감관의 쾌락이 예술 감상의 기본 동력이자 개체 생활의 최고의 행복이 되었다. 이것이 바로 심미 현대성의 중요한 원칙이다. 왜냐하면 신체의 공통적인 감각은 '접촉하는 것을 두려워하고 말려드는 것을 두려워하는' 고독한 현대인이 정체성과 귀속감을 찾는 최적의 방법이기 때문이다. 광환적 분위기가 가득한 로큰롤 공연장에서는 환영과도 같은 흐릿한 조명 효과에 따라 가수의 영감과 상상력이 자유롭게 터져나오고, 미친듯 터져나오는 자극적인 신체 언어와 요란한 전자 악기 사운드가 울리는 가운데 청중들은 삶을 자유롭게 노래하는 쾌감에 빠져든다. 이로써 개체는 일상생활 속 신분, 직업, 사회지위가 가져온 장벽을 뛰어넘어 신체언어의 교류를 통해 원초적 본능이 전하는 친근감을 느끼고, 나아가 어떤 공통된 정치 주장과 생활 관념을 공유한다. 일종의 문화 선언이기도 한 로큰롤에는 "음악, 철학, 정치가 섞여 있고, 종교 의식적인 면까지 더해져 있다. 사람과 사람 사이의 심적 연계는 모종의 행동을 낳고, 사람으로 하여금 자유인, 창작자가 되어

---

1. 헨리 스커프 토르크(Henry Skoff Torgue), 『유행음악(流行音樂)』 관전후(管震湖) 역, 상무인서관, 1995년, p.45.

2. 왕웨이촨(王嶽川), 『90년대의 문화연구(90年代文化研究)』, 중앙편역(中央編譯)출판사, 2001년, p.321.

한 집단에서 꽃 피우게 한다."[1]

중요한 문화 현상으로서의 로큰롤 음악이 현대문화 발전 과정에서 처음 등장한 것은 1960년대 서구에서였다. 1960년대는 자본주의 발전의 성숙 단계로, 영국, 미국 등 자본주의 선진국이 세계적인 범위내에서 패권정치를 추진하여 국제정세가 불안하던 시기였다. 국내적으로는 물질적 풍요를 가져왔지만 날로 심화되는 정신적 억압과 고민에서 벗어나지 못한 수많은 젊은이들은 도구화된 이성이 인간의 현실 세계와 가치관념을 견제하는 것에 불만을 느꼈고, 이익을 추구한다는 명목 하에 인간의 존엄과 전반적 이익을 짓밟는 행위에 불만을 느꼈으며, 대규모 기계 복제를 특징으로 하는 현대공업 문명의 풍부한 정신적 세계에 대한 통섭으로 말미암아 형성된 단방향적 인격을 견딜 수 없어했다. 로큰롤 음악은 캠퍼스에서 일어난 자유 언론운동, 흑인 민권운동, 반전운동 등 여러 정치운동에 발맞추어 기세 드높게 일어났다. 1961년, 마틴 루서킹 주니어(Martin Luther King, Jr.)가 여러 인종 차별을 반대하는 연설을 할 때 밥 딜런(Bob Dylan)은 〈블로잉 인 더 윈드(Blowing in the wind)〉를 불렀다. 비틀즈(The Beatles)가 아이와도 같은 웃음과 몽환적 색채의 〈노란 잠수함(Yellow Submarine)〉을 가지고 미국에서 데뷔할 즈음 문화 대폭발의 함정 속에서 사람들은 육체적 속박을 풀 방법을 찾는 데 골몰했다. 로큰롤 음악이 문명사에 찬란히 꽃피우기 시작한 것도 바로 이 시기부터였다.

중국 로큰롤 음악의 창시자 추이젠의 〈빈털털이(一無所有)〉는 감정체험에서 표현방식에 이르기까지 철저히 반역적 특징을 지닌 새로운 심미적 체험을 가져다 주었다. 추이젠의 초기 작품이 혁명성과 전복성을 통해

---

1. 위진, 『광분의 시즌――중국 대중음악의 세기 허리케인』, 광동인민출판사. 1999년, p.151.

문화를 꿰뚫어보는 일종의 사색을 전달했다면, 중국 사회가 문화대혁명의 악몽이 가져다 준 상처 가득한 기억에서 차츰 벗어나 현대화 발전의 정상 궤도에 들어서게 된 후에 창작된 그의 후기 작품 중 깃발을 흔들면서 하는 샤우팅이 전하는 반항적 모습에는 이미 공허함이 가득했다. 헤이바오(黑豹), 탕차오(唐朝), 나침판(指南針) 등 밴드도 한때 눈부신 성과를 거두었으나, 그후 이들 작품 역시 상업적 취미에 영합하기 위해 정교한 선율을 만들기 시작하면서 체험의 진실성이 빛을 잃어갔다. 가을벌레(秋天的蟲子), 화얼(花兒) 등 더욱 젊어진 밴드들이 로큰롤 음악 무대에 등장했을 때, 상황은 더욱 걱정스러워졌다. 로큰롤에 사춘기 호르몬 냄새가 가득해서 몸, 성, 단순 쾌락으로 가득한 음악이 성장 중 제때 심리 발산을 하지 못한 청년의 최초의 계몽서가 되기도 하고,(그림6-3-5)[1] 음악이 증오를 담아 내는 그릇이 되기도 했다. 사회, 정치, 뉴스 모두가 로큰롤의 소재가 되었지만 결과적으로는 사회성을 지나치게 강조한 나머지 음악 자신의 그릇을 깨뜨리고 음악의 심미적 가치와 예술성을 약화시키기고 말았다. 한편 난폭하고 선언적인 고함에 권태를 느껴 개인 체험이 가장 미묘한 극치로 회귀

해 백일몽과도 같은 황홀함과 병적인 미감을 드러내기도 하고, 순전히 형식적인 해체에 힘을 쏟기도 하였다. 그러나 그 해체는 단지 "해체된 물건이 분산되었다가 재조합하는 것이었을 뿐, 새로운 사

그림6-3-5 화얼(花兒) 로큰롤 밴드 공연 현장

1. 그림 출처는 http://www.99space.com/content_65329.html.

물이나 새로운 내용의 표현, 새로운 표현이 탄생한 것은 아니었다.(중략) 오히려 일종의 새로운 반항전략이나 자기만족식 유희와 닮았는데, 유희의 효과는 종종 그 해체가 일종의 유행 풍격으로 전락하는 것, 해체가 자신의 깊이를 스스로 없애고 표면화되는 것이었다.(중략) 소리의 파편이 음악을 대신하고 음과 악이 분리되었다. 가까이서 볼 수 있던 일상 생활경험과 감관체험은 날로 멀어져만 갔다."[1]

음악 발전에서 보여 준 로큰롤의 퇴폐적인 기질에 대해 칼리네수쿠 (Matei Calinescu)는 다음과 같이 예리하게 분석했다. 전위파는 예술을 "일종의 실패와 위기의 경험으로 간주하지만 이런 경험은 의도적으로 실천해낸 것들이다. 위기가 존재하지 않는다면 이는 반드시 창조되어야만 한다. (중략) 문화 위기로서, 끊임없이 변화하는 세상에서 전위파는 의식적으로 전통 형식의 '자연'적인 노쇠를 추진하는 것을 일삼고, 현존하는 모든 퇴폐적이고 쇠약한 증상을 강화하고 극대화하기 위해 애쓴다. (중략) 전위파의 '퇴폐주의'는 자각적일뿐만 아니라 반어풍자적이고 자아조소적이다—이들은 기꺼이 자아를 훼손하기도 한다."[2] 로큰롤 음악은 사회와의 대립을 강조하므로 비주류적 신분은 이미 예정된 것이나 다름없다. 따라서 로큰롤 음악이 자신에 대한 끊임없는 부정 속에서 전형을 수립한다거나 다수의 인정을 받게 된다면, 이는 곧 실패를 의미한다. 창조가 형식적인 것이 되고, 배반이 일종의 포즈가 되고, 진실한 생존 체험이 끊임없이 새로움을 추구하는 충동 속에서 다 소모되어 버리면, 로큰롤 음악도 이제 생명을 다한 것이다. 전위적 정신에서 퇴폐적 기질로의 발전은 곧 주체 의식의 와해

---

1. 류쥔(劉均), 「로큰롤 음악 중국에서의 다섯 가지 변주(搖滾樂在中國的5種變奏)」, 베이징대학교신청년(北大新靑年) 사이트에서 발취. 주 : 로큰롤 음악의 현황에 대한 상기 내용 서술은 본 고에도 참고가치가 있다.

2. 칼리네수쿠(Matei Calinescu), 「모더니티의 다섯 얼굴(Five Faces of Modernity)」, 구아이빈(顧愛彬), 리루이화(李瑞華)역, 상무인서관, 2002년, p.134.

와 생존의 파편화, 불확정성, 깊이의 말살, 역사 유기 등 포스트모더니즘
적 풍격을 드러내기 시작했음을 의미한다. 하나의 예술 형식에 불과한 로
큰롤 음악에 대해 우리는 어쩌면 너무 많은 것을 요구해서는 안 될 것이
다. 어쨌든 문제의 근원은 현대문명에 있으므로 해체와 구성이라는 양극
의 사유에서 어떻게 균형을 찾느냐 하는 것이야말로 진정 반성을 필요로
하는 문제이다.

## 4. 유암화명(柳暗花明) – 생기를 되찾은 클래식 음악

1990년대 중기에 접어들어 클래식은 곤경에서 벗어나기 시작했다. 음
악가들의 탐색은 여전히 이어지고 있었는데, 특히 1990년대에 직면한 '탈
식민주의' 맥락 속에서 민족문화와 민족음악에 대한 반성이 음악가들의 관
심 주제였다. 탄둔(譚盾)이 창작한 〈천지인(天地人)——1997)〉은 전통문
화 자원, 현대음악 기교, 현대문명 체험을 상호 결합시킨 성공작으로, 고
금중서(古今中西)의 소통을 위한 중국 음악가들의 노력을 잘 보여주었다.
아울러 클래식은 일종의 다른 '유행'방식으로 대중들의 심미생활로 다가갔
다. 콘서트 홀에서의 공연 관람이 많은 중국인들의 여가 활용 방법 중 하
나가 된 오늘날, 중국을 찾아와 공연하는 해외 대형 악단의 경우 팬이 적
지 않다. 갈수록 많은 젊은 부모들이 자녀에게 피아노나 바이올린 등 서양
악기를 가르치고, 항저우(杭州), 상하이 등 대도시에서는 성인(특히 대부
분이 여성)이 여가 시간에 고금(古琴, stringed zither), 고쟁(古箏, 구정)
등 민속 악기를 배우는 것이 유행이 되었다. 얼핏 보면 대중의 취미가 점차
다양화되고, 고상한 방향으로 발전하는 것 같다. 클래식을 받아들이는 이

유가 다 같을 수는 없어 비록 그중에 클래식을 신분과 지위를 상징하는 '부용풍아(附庸風雅)'[1]로 삼고자 하는 심리도 없지 않겠지만, 풍부하고도 오랜 역사, 문화적 의미가 축적되어 있는 클래식은 이미 대중들에게 인정받고 존중받기 시작했다. 문화공업이 대중에게 정교하고 아름다운 대중음악 대향연을 제공했지만, 한층 높은 심미 수준에 대한 인류의 추구를 대체하지는 못했다. 정신세계를 통해 세속적 생명을 향상시키고 초월하는 것, 심미 속에서 영혼을 정화하고 영혼의 초월을 추구하는 것, 이것은 감성적인 즐거움을 찾는 것과 마찬가지로 인류의 생명적 충동 중 고유한 성분이다.

신중국 건립 초기부터 오늘날까지 음악의 발전 과정과 중국인의 심미 심리상태의 변화를 돌이켜보면, 예술의 독특한 심미법칙을 존중하고 상대적으로 독립된 예술의 사회적 지위를 계속 유지시키는 것이야말로 대중의 정상적인 심미 심리상태와 건전한 예술 발전을 확보하기 위한 키 포인트임을 알 수 있다. 1949년부터 1976년까지의 음악은 정치 이데올로기로서 '순결'을 강요하고, 중국인의 정신적 경지(물론 정치적 깨달음 위주)를 승화시켰다. 비록 예술의 교화 기능을 강조하긴 했지만, 심미법칙의 독립성과 인간의 존엄을 짓밟았기에 음악의 기형적 발전과 중국인의 심미능력의 저하를 초래하기도 했다. 1980년대 대중음악은 이에 대한 보상 차원에서 과도기적 번영을 누렸다. 사람의 감정세계에 막힘이 없고, 자유로운 예술 감상과 창조 활동을 통해 삶의 체험을 전달할 수 있을 때, 음악의 심미가치도 점차 향상될 수 있다. 1980년대에는 사회적 환경이 상대적으로 관대하고, 예술 자체에 대한 인식도 강화되었기에 비로소 신식 음악에 도전할 수 있었고, 클래식을 지킬 수 있었으며, 전위적 음악의 외침과 대중음악의

---

1. [역자주] 겉치레를 위하여 명사를 사귀고 문화활동에 참가하는 것을 말한다.

소음을 체험할 수 있었다. 대중음악은 문화공업이 만들어 낸 일종의 정신적 소비품이지만 그것의 존재와 발전에는 나름대로 필연성이 있다. 또한 심미법칙과 시장법칙 간의 균형점을 찾기 위해 끊임없는 탐색을 시도하고 있다. 대중음악은 대중의 심미 정취를 갉아먹지 않았을 뿐만 아니라 사실이 입증하듯, 오히려 음악 자원을 제공해 빈약함 속에서 걸음마를 떼기 시작한 중국 대중들의 심미능력을 단련시킴으로써 이들이 주동적으로 더욱 높은 심미경지를 추구할 수 있게 하는 초석이 되었다.

반세기 풍파 속에서 중국 음악은 심미법칙에 대한 존중이라는 기초 위에서 다원화 구조를 따라 발전해나가고 있다.

# 제7장

## 무용

다른 예술과 마찬가지로 무용은 인류의 사상과 감정의 표현이고 생명의 완전한 도식(圖式)이다. 일종의 '신체'기호이기도 한 무용은 가장 직접적인 조형적 표의(表意)기능을 갖고 있을 뿐만 아니라 가장 선명한 감성적 특징과 형식적 특성을 지니고 있다. 이에 무용은 본질적인 생명형식의 가장 유력한 해석자가 되었다. 『시경(詩經)』의 '서(序)'에서 "노래로도 표현하기 부족하기에 자기도 모르게 손을 움직여 춤을 추고 발을 굴려 뛰게 된다(詠歌之不足, 不知手之舞之, 足之蹈之)"고 하였는데 여기에서 말하고자 한 의미도 바로 이러할 것이다. 그러나 무용은 또한 일종의 문화형식이므로 이데올로기의 속박을 받지 않을 수 없다. 특히 특수한 정치적 압박 하에서 무용예술은 그것이 의탁하는 신체와 더불어 여러 가지 형식의 제재와 감시로 인해 이질화의 길을 걸을 수 있다. 20세기 신중국 건립 후 무용은 잠시 찬란한 빛을 발하였으나, 그 후 문화대혁명 10년 동안 문화적인 억압에 직면하여 역시 계급투쟁의 도구로 전락하고 말았다. 영혼 내면의 깊숙한 곳, 무의식과 감성을 향해 나아가는 길이 차단되면서 신체는 외적인 우상을 추종하는 껍데기가 되었다. 이 시기의 무용은 혁명이라는 문법과의 조합 하에서 전대미문의 단조로움과 기계적인 특성을 보였는데 그 대표적인 예로 문혁시기의 '조반무(造反舞. 역자 주: 직역하면 '반역의 춤', 타도와 비판의 정신을 고취하기 위한 무용)', '충자무(忠字舞. 역자 주: 직역하면 '충성의 춤', 마오쩌둥에 대한 충성을 주제로 하는 무용)' 등을 들 수 있다. 개혁개방 이후 사상해방과 서구 현대무용관념의 도입으로 인해 신체는 마침내 속박에서 벗어나 진실한 감성체험을 드러냈고, 무용의 풍격도 이데올로기의 완화로 다원화, 개방화, 개성화되었다. 특히 1990년대 이후 신체가 그 본연의 의미를 되찾아 감에 따라 무용은 점차 즐거움의 발원지가 되어갔고, 그 활동범위도 기존의 실내 한 모퉁이에서 탁 트인 광장과 떠들썩한 거리로 확대되었다. 무용에서 신체화의 흔적은 강화되었지만 경직된 규범과 규칙은 약화되어 갔다. 그렇기 때문에 오늘날 무용은 감상하는 예술에서 일종의 참여하는 예술로 변화하고 있다. 그리고 신체의 개별성과 불가침특성의 이유로 우리는 민주 예술과 전민 예술의 선두에 서게 될 가능성이 가장 높은 것이 무용이라는 믿음을 충분히 가질 수 있다.

# 제1절

# 신중국 건립 초기 무용예술의 발전

1949년 신중국의 건립은 중화민족 역사에 가장 빛나고 장려한 페이지를 남겼다. 정치, 경제 등 영역에 전면적인 변혁이 이루어짐과 동시에 문화예술 영역에서도 일련의 혁신적인 시도가 이루어졌다. '낡은 문화의 낙후된 중국을 새로운 문화의 문명 중국, 선진 중국으로 바꾸자'라는 것이 문화교육의 방침이었다. 1949년 7월, 베이징에서 열린 제1차 '중화전국문학예술인대표대회(中華全國文學藝術工作者代表大會)' 직후 '전국무용인협회(全國舞蹈工作者協會)'의 설립이 선포되었다. 이로써 5천 년 무용역사를 지닌 나라의 무용인들이 처음으로 자신의 '집'을 갖게 되었는데, 이는 중국 당대 무용이 조직 형태로 첫 발을 내디딘 것이라 할 수 있다. 무용인들이 예술적 재능을 펼칠 수 있는 넓은 무대가 마련되자, 무용예술계에 활기가 돌아 우수한 작품들이 대거 쏟아져 커다란 파장을 형성하였다. 이에 20세기의 중국 무용은 전례 없는 번영과 발전의 시기에 접어들게 되었다.

## 1. 민간무용의 개화(開花)

중국 당대 무용의 시발점은 '앙가무(秧歌舞)'와 '변강무(邊疆舞)'이다. 형식적인 측면에서 보면 이 둘 모두 중국 전통사회의 민간무용을 계승해 신선한 흙 냄새와 원야(原野)의 정취를 풍기며, 거칠고 순박하지만 활력이 넘친다. 내용적인 측면에서 이런 민간무용 유형은 이미 원시적인 의미에서 벗어나 새로운 생활에 대한 정감을 표현하고 있다. 특히 전체 인민이 출동해 요고(腰鼓)를 두드리고, 알록달록한 천을 흔들며 승리를 경축하고, 새로운 생활을 찬송하며 거리와 골목을 가득 채우는 경관은 실로 장관을 이룬다. 이 시기 민간무용의 부흥은 문화적 잠재의식으로의 회귀일 뿐 아니라 나아가 국가 의지의 강력한 투영이라 할 수 있다.

지역적인 기원에서 말하자면, 혁명성지인 옌안(延安)에서 신중국이 배태되었던 것처럼 '신앙가무(新秧歌舞)'는 중국공산당 혁명근거지인 산베이(陝北) 지역의 '척장자앙가(踢場子秧歌)'에 뿌리를 둔다. '척장자앙가'는 집단 오락성을 띤 광장무(廣場舞)로 인원이 적게는 수십 명, 많게는 수백, 수천 명에까지 달해 스케일이 크고, 기세가 웅장하고 열정적이며 동작이 힘있고 호쾌하다. 그 내용이나 인물, 줄거리는 모두 농민들의 일상생활을 바탕으로 한다. '신앙가'의 이러한 집단성, 대중성은 당시의 이데올로기적 요구에 잘 부합되었기에 많은 전문 예술가들은 마오쩌둥(毛澤東)의 '옌안문예좌담회에서의 연설(在延安文藝座談會上的講話)' 정신의 인도 하에 앙가 배우기 붐을 일으키면서 시대적 요구에 부응해 기존의 앙가를 개조하여 새 시대의 정신을 주입시켰다. 전통 앙가의 봉건적 미신과 불건전한 요소를 없애고 대신 새로운 도덕 이상과 생활 내용을 더하는 한편, 춤추는 사람들의 형상과 신분도 개조하였는데, 전통사회에서 재앙을 면하고 복을 기원하기 위하여 젊은 남녀가 화려한 옷차림을 하고 춤추던 것을 허리에 붉은 띠를 두르고 손에 도끼와 낫을 든 농공병이 추는 것으로 바꾸었다. 그밖에 춤의 스텝에도 변화를 주어 기존의 '만(万)자형'을 '오각별'과 같이 혁명 상징적 의미가 농후한 것으로 바꾸었다. 개조 후의 무용은 실생활과 더욱 가까워졌을 뿐만 아니라 전통과도 연결되었기에 오락성과 교육성을 겸비한 하나의 강력한 선전무기가 될 수 있었다. 1943년 춘절(春節)에 '루쉰예술문학원(魯迅藝術文學院)'에서 조직한 앙가 대오가 맨 먼저 거리에 나서 공연을 해 커다란 반향을 불러 일으켰다. 이들의 선도로 전례 없는 규모의 군중성 '앙가 운동'이 기세 높게 전개되면서 대형 군중성 오락과 경축, 선전의 주요 형식으로 자리 잡았다. 불씨 하나가 삽시간에 퍼지듯이 앙가무는 변방의 혁명근거지와 항일근거지 각 지역으로 번져 나갔다. 오래지 않아 전국적 범위에서도 거침없는 기세로 퍼져 나가 대중들에게 즐거움과 희망을 가져다 주었는데, 심지어 청년들 중에 앙가무를 통해 처음 혁명을 접하게 된 경우도 적지 않았다. '신앙가'는 억압에서 벗어나 해방된 대중들의 격정을 표현하는 가장 원초적인 방식이 되었다. "신앙가는 내용과 형식적인 면에 있어 뚜렷한 민족적 특색과 시대적 특징을 지니고 있다. 민심을 고무할 수 있고 군민이 좋아하는 것을 예술의 기준으로 삼았기에 당시의 특수한 시대적 배경 하에서 오늘날 우리가 상상하기 어려운 효력을 발휘하였다. 동시에 그것은 중국의 민주 구현 과정에서 중국 특유의 정신과 이상을 체현했다. 옌안의 신앙가는 1940년대 진보적인 가무 문화를 지탱하는 주류가 되어 중국의 신문예 발전 방향에 깊은 영향을 미쳤다. 신앙가가 중국 무용의 발전에 가져 온 직접적인 결과라면, 중국 현대무용이 처음으로 민간예술을 학습하는 길에 들어서게 되었다는 점이다."

당시 국민당 통치구역의 무용활동은 우샤오방(吳曉邦)을 대표로 하는 '신무용'과 진보적 가곡으로 각본을 써서 연출한 무용형식, 그리고 다이아이렌(戴愛蓮)과 량룬(梁倫)을 대표로 하는 '변강무(邊疆舞)'의 성과가 가장 컸다. 이런 무용은 비록 형식이 다르고 그 문화적 유래도 서로 달랐지만, 모두 인민의 염원을 표현하고 있어 진보적인 문예인과 애국학생들이 암울하고 낡은 사회에 대항하여 투쟁을 벌이는 데 있어 강력한 무기가 되었다. 이를테면 변강무의 춤추는 자세를 보면, 머리는 들고 가슴과 허리 등은 곧게 펴는 것을 중시하는데 이는 긍지와 당당함, 외향적이고 진취적인 느낌을 전달했으며, 자연스럽고 시원스럽게 전개되는 춤동작은 관중의 마음을 쉽게 사로잡았다. 이에 변강무는 대학교는 물론 중학교와 초등학교에서도 유행하게 되었다. 신중국 건립 후, 온 국민은 더욱 격앙된 전투 의지와 생활의 열망을 토로하였다. '신앙가'의 힘찬 리듬과 씩씩한 움직임, 자유롭고 시원한 손놀림, 고개를 들고 가슴을 펴는 무용자세와 열정적인 분위기, 그리고 변강무의 경쾌한 리듬과 시원시원한 자태, 쭉쭉 뻗는 동작은 당시 사람들의 심리상태에 가장 잘 부합되었기에 전국적으로 전파될 수 있었다. 이와 같은 집단적인 노래와 춤의 향연은 일종의 역사적 성격을 지닌 무용현상으로, 이후 무용예술의 민족화 발전에 기초를 마련했다.

앙가무와 변강무가 민중 생활의 정취에 잘 맞기는 했지만, 민간적이고 비전문적이라는 본질적 한계로 인해 정교함에 있어 부족한 면이 없지 않았다. 전국적으로 경제건설 사업이 전개되어 국민의 생활수준이 향상됨에 따라 사회주의 문예 무대에서는 보다 전문적인 무용 인재들의 연출과 보다 우수한 무용작품의 공연을 요구하기 시작했고 무용의 심미적 기능을 더욱 중시하기 시작했다. 따라서 해방군 '문공단(文工團, 역자 주: 문화 선전 활동 문예단)'과 '전지 종합 선전대(戰地綜合宣傳隊)', 그리고 적지 않은 지방 예술 인재를 합친 임시 문예단 등이 신중국 건립 후 몇년 사이에 전문적인 가무단체로 바뀌었다. 1950년에 중화인민공화국의 첫 번째 전문 가무단인 중앙희극학원 부속 무도단(中央戲劇學院附屬舞蹈團, 2년 후에는 '중앙가무단/中央歌舞團'으로 개명)이 창단된 이후, 1960년 한 해 동안 전국적으로 무려 200여 개가 넘는 전문 가무공연단체가 세워졌으니, 중국 역사상 하나의 기적이라 할 만하다. 무용단체의 전문화와 함께 문예발전의 이론적 기초 수립과 내실화에 대한 필요성도 제기되어 무용인들은 무용이론 연구 측면에서도 새로운 영역을 개척하였다. 1951년에 '중화전국무협(中華全國舞協)'은 『무도통신(舞蹈通訊)』이라는 비정기간행물을 출간하였고, 1954년에는 '중국무도연구회(中國舞蹈硏究會)'가 설립되고 우샤오방과 다이아이롄이 각기 주석과 부주석을 맡으면서, 무용예술이론과 연구작업은 비로소 정상 궤도에 접어들었다. 1956년에 총서 『무도(舞蹈)』가 상하이문화(上海文化)출판사에서 출판되고, 1958년에는 중국의 첫 번째 정기적인 공식 간행물인 『무도(격월간)』가 출간되었다. 전문적인 무용단체의 편성과 이론의 전개는 중국 무용의 발전에 객관적인 기초를 제공하였을 뿐만 아니라 적극적인 추동 역할을 하였다. 제1회 '전국문학예술인대표대회(全國文學藝術工作者代表大會)'에서 저우언라이(周恩來)는 문예인들에게 인민해방군의 고된 전투와 농민의 극심한 고통, 노동자들의 집단주의 정신을 적극 반영하여 표현할 것을 호소했다. 이에 인민의 생활과 정감을 반영하는 것이 당시 예술가의 주요 임무가 되었다. '옌안 문예좌담회에서의 연설'에 담긴 지도 사상과 저우언라이의 호소에 따라 전국적으로 대규모 '(문화) 유산 긴급구제(搶救遺産)' 작업이 전개되었다. 이른바 '유산 긴급구제'란 민간에 흩어져 있는 각종 예술형식을 전문 인원들이 수집·정리·보완하여 낡은 예술형식에 청춘의 활력을 불어넣고, 나아가 사회주의의 새로운 시대를 위해 봉사하게 하는 것을 뜻한다. 무용 영역에서는 민간무용의 수집과 민족·민간예술 학습 붐이 전국적으로 다시 일었는데, 그 근원을 따져 보면 사실 1940년대의 옌안 '앙가 운동'과 국민당 통치구역의 '변강무' 열풍의 연장선상에 놓여 있다. 이러한 전통예술에 대한 대규모의 계승과 발전이 이 시기 무용발전의 선명한 특징이라 할 수 있다.

그 후 예술가들은 지역과 생활 속으로 깊숙이 들어가 민간에 흩어져 있는 각종 민족무용을 효과적으로 발굴·고찰하고 수집·정리하였는데, 투박해 보이지만 가장 생동적인 원래 모습 그대로의 민간무용을 정리하여 찌꺼기를 버리고 정수만을 취했다. 동시에 중국 전통 희곡(戲曲, Chinese opera)의 동작을 가공·정리한 다음, 희곡 각 배역들의 동작을 추출해 무용의 특성에 맞게 각색하고 가공하여 새로운 무용동작을 구성하였다. 이처럼 민간과 전통극의 유산에 새로운 생활의 정감을 결합하여 새로운 시대의 면모를 부여하는 것이 바로 이 시대 무용예술의 진행 노선이었다. 그동안 소규모로 자생자멸하며 명맥을 유지해 오던 민간·민족무용예술은 이 노선을 따라 전국적으로 유행하고 예술의 전당에 입성하여 한 자리를 차지하게 되었다. 따라서 민간·민족예술에 대한 계승과 발전이야 말로 바로 이 시기 무용예술의 주선율이었다고 할 수 있다.

이밖에 이 시기 무용 발전에 영향을 준 외적 요소도 있는데, 그것은 1950년대 중국과 관계가 가장 밀접했던 사회주의 맹우(盟友) 소련이었다. 당시 소련은 사회주의 진영에서 주도적 지위를 차지하고 있었기에 이제 막 사회주의 진영에 발을 들여놓은 중국에게 커다란 영향을 미칠 수밖에 없었다. 소련의 영향은 사회건설과 문화예술 각 방면에 침투해 있었으며, 무용도 예외는 아니었다. 여러 차례 대규모 방중 무용단의 공연은 중국의 무용사업에 모범을 제시하였는데, 특히 1954년 국립민간무용단의 방중 공연은

그림7-1-1 격정적인 소련 민간무용

중국의 민족·민간무용 창작에 큰 영향을 미쳤다. (그림7-1-1)[1] 무용단이 순회공연을 하던 2개월 동안 중국은 별도의 무용단 수행 학습조를 조직하였고, 또 무용단의 단장인 모이세예프(Moiseev)는 민간무용의 정리·창작과 관련한 내용을 발표하였다. 모이세예프는 민간무용 창작의 세 가지 원칙을 소개하였는데, 바로 "첫째, 이미 형성된 민간무용에 대해 예술적 관점에서 해석을 하고, 둘째, 민간 전통에 근거해 새로운 유형의 무용을 창작하며, 셋째, 많은 민간무용 양식들을 개괄하여 하나로 종합한다."[2]는 것이었다. 이 세 가지 기본 원칙은 곧바로 중국 민간무용 창작의 이론적 근거가 되었다. 중국은 소련의 무용 전문가들을 초빙해 창작과 교학을 지도하게 했다. 소련 민간무용단의 영향을 받아 중국의 무용예술가들은 신중국의 무용이 민족·민간무용의 계승이라는 기초 위에서 현대화의 혁신의 길로 나아가도록 한다는 방향을 더욱 명확히 할 수 있었다.

예술가들의 계승과 창작의 노력에 힘입어 이 시기에 일련의 우수한 무용작품들이 탄생했는데, 이들은 중국 관중들로부터 큰 사랑을 받았을 뿐

---

1. 그림 출처는 펑솽바이(馮雙白), 「신중국 무도사(新中國舞蹈史)」, 후난미술(湖南美術)출판사, 2002년, p.24.

2. 왕커펀(王克芬), 룽인페이(隆蔭培) 편집, 「중국 근현대·당대 무도발전사(中國近現代當代舞蹈發展史)」, 인민음악(人民音樂)출판사, 1999년, p.202.

만 아니라 국제 문화 교류에 있어서도 세계 무용계의 주목을 받아 많은 세계적 무용예술가들로부터 찬사를 얻었다. 이로써 '민족적인 것이 세계적인 것'이라는 예술법칙이 다시금 증명되었다. 이를테면, 민간무용으로는 다이아이렌의 〈하화무(荷花舞)〉, 자쬐광(賈作光)의 〈오르도스무(鄂爾多斯舞)〉, 〈방목(牧)〉, 군무(群舞) 형식의 〈홍주무(紅綢舞)〉 등이 있고, 민족무용으로는 〈화고무(花鼓舞)〉, 〈풍수무(豐收舞)〉, 〈공작무(孔雀舞)〉, 〈즐거운 뤄쒀(快樂的羅嗦)〉 등이 있으며, 고전무용으로는 쉬제(徐杰), 쯔화쥔(資華筠)의 〈비천(飛天)〉 등이 있다. 이들은 모두 이 시기의 수작(秀作)들로 중국 당대 무용 발전사에서 중요한 위치를 차지한다. 〈홍주무〉는 민간 앙가와 전통 기예 '백장범(百丈帆)'을 기초로 하고 '타오르는 횃불'의 의미 형식을 취해 해방 인민이 주인 되는 희열을 표현하면서 그 시대의 넘치는 열정과 분방함, 순수와 진정을 체현했다. 연출자는 앙가에서 홍주(紅綢), 즉 붉은 비단과, 크고 작은 '8자' 형태로 팔을 흔드는 동작을 빌리고, 중국 전통 희곡에서 뛰기, 도약, 회전 등 형식을 흡수하였다. 이러한 기초 위에 당시의 시대성을 부여하기 위해 약동하는 율동을 넣어 동작의 경쾌함을 강화하는 동시에 억만 인민의 해방된 심정을 나타내고 억압에서 벗어난 노동자, 농민, 대중이 해방감과 환희를 만끽하는 시대정신을 부각하였다. (그림 7-1-2)[1] 〈즐거운 뤄쒀〉는 끊임없이 빠르게 옆으로 원을 그리며 돌고 팔을 앞뒤로 휘젓는 이족(彝族) 무용의 기본동작을 취하고 있는데, 소수민족의 신분해방과 새로운 생활을 노래하는 마음을 표현하여 강렬한 시대감과 농후한 생활 정취를 담고 있다. 평론가들의 평처럼, 〈즐거운 뤄쒀〉는 "이족 제례의식 중의 '돌기', '치마 흔들기' 등 일부 동적인 특징을 취해 이 춤의 기본 풍

---

1. 그림 출처는 펑솽바이, 『신중국 무도사』, 후난미술출판사, 2002년, p.43.

그림7-1-2 무용 〈홍주무〉 중의 한 장면

격을 구성했는데, 그 전반을 관통하는 특별히 빠른 손과 발 놀림은 바로 '뤄쒀(羅嗦, 이족의 음역)', 즉 이족들의 자유로운 영혼을 구체화한 것이다. 단순한 동작과 이족의 독특한 곡조, 그리고 이족 특유의 외치는 방식이 함께 어우러져 억압에서 벗어난 후 마음 속에서 우러러나오는 희열을 잘 표현하고 있다."[1] 이러한 무용 작품들은 전반적으로 '계승에 기초한 창조'라는 주선율을 분명하게 반영하고 있다. 전통 유산으로부터 정수를 받아들이고 민간 또는 전통극으로부터 표현형식들을 빌려왔기 때문에 모두 농후한 민족적, 지역적 특색을 지니고 있는 한편, 또한 연출가들에 의해 새로운 시대적 색채가 더해졌기에 시대성 역시 선명하다. 이에 중국의 민족·민간 전통 예술은 성공적으로 인민들의 정신면모를 반영하며 새롭게 빛을 발하였다.[2]

'옛 것을 오늘의 현실에 맞게 이용하자'는 입장에서 낡은 시대의 문화 자원을 취사선택해 새 시대를 위해 봉사하건, '서양의 것을 받아들여 중국에 맞게 이용하자'는 입장에서 외래의 경험을 중국 무용예술의 향상 발전

---

1. 쯔화쥔(資華筠) 편집, 『중국무도(中國舞蹈)』, 문화예술출판사, 1999년, p.124.

2. 이 시기 현대적 제재의 무용도 일부 있었는데, 이를테면 군사 제재를 반영한 무용작품이나 즐거운 노동현장을 반영한 〈고통의 세월(艱苦歲月)〉, 〈빨래하는 노래(洗衣歌)〉, 〈엄마가 부른다(母親在召喚)〉 등이 이에 속한다. 이들은 현실 제재의 작품들일지라도 전통예술과 불가분의 관계를 갖고 있다. 예를 들면 〈빨래하는 노래〉는 짙은 생활정취와 티베트 특유의 예술풍격을 지녔는데 주요 동작은 티베트 특유의 킥 스텝(Kick step)을 기초로 발전, 변화시켰다.

에 활용하건, 모두 사회 발전의 수요에 부합하고 예술 발전의 규율에 순응하는 행위들이었다. 그러나 민간예술과 민족예술을 지나치게 강조하고 생활의 반영을 지나치게 강조함으로 인하여 생겨나는 문제 또한 분명 존재했다. 첫째, 당시의 사회적 정치적 형세나 이데올로기에 갇혀 작품이 생활 본연의 모습이나 민간무용의 원형과 멀어져 진실성이 떨어지지는 않는지, 또 '혁명성'과 멀어져 낙후되어 보이지는 않는지 하는 우려에서 작품의 제재와 체재를 선택하거나 무용 동작을 고안할 때 지나치게 신중한 태도를 취하였다. 그러다 보니 풍격이 단조로와지고 경직되어 작품들이 천편일률적으로 도식화되는 경향이 생겨났다. 둘째, 무용의 재현 기능에만 집중하고 무용의 표현기능에 대해서는 소홀했다. 이를테면 부대 병사들의 생활을 묘사한 무용작품들을 보면, 전투나 노동 과정 등에 대한 외적인 묘사에 치우쳐 병사들의 내적인 감정이나 정신세계 깊은 곳까지는 표현하지 못했다. 특히 1960년대에 들어 소련 무용단과의 교류가 활발해지면서 많은 군대 무용단의 연출가들은 맹목적으로 외래의 동작을 자신의 무용에 끼워넣었고, 또 '혁명 이야기'를 들려주는 방식으로 창작하여 가곡과 정책을 도식적으로 연결지어 무용언어를 마치 관념적인 수사(修辭)의 집합처럼 만들었다. 셋째, 일부 무용작품에서 보이는 민족성을 지닌 무용동작들을 보면 단지 생경한 조합에 머물러 있을 뿐, 유기적으로 융합되어 하나의 통일된 풍격으로 형상화되지 못했다.

종합하면, 신중국 건립 초기부터 문화대혁명까지 대부분의 무용은 다른 예술작품들처럼 '정치적 기준이 우선이고 예술적 기준은 그 다음'이라는 원칙에 따라 창작되었다. 이로 인해 이 시기의 작품들은 강한 이데올로기적 색채를 지니고 있는데, 비록 특정 시기 정치사회의 공리적 목적에 부응하기 위한 것이었다고는 하나 미학적 의미와 예술적 수준이 상대적으로 빈약하여 기본적으로 '문예를 통한 교육'이라는 낮은 수준에 머물러 있었다.

## 2. 중국 무용극의 탐색

무용극은 무용예술의 고급 형태로서, 무용을 주요 표현수단으로 하는 일종의 희극 양식이다. 고전적인 의미에서의 무용극은 고대의 시(詩), 악(樂), 가(歌), 무(舞)가 합쳐진 종합적인 공연이 분화되어 발전해 온 것이고, 근대적 의미의 독립적이고 완전한 형태의 무용극은 서구에서 근대 극장이 출현하면서 점차 형성된 것이다. 무용극 예술은 비교적 높은 경제적 비용과 상대적으로 방대하고 안정적인 전문 무용수와 현대화 설비를 구비한 극장 등을 필요로 한다. 따라서 무용예술의 고급 형태인 무용극은 우선 갈등이 있으면서도 쉽게 이해하고 표현할 수 있는 줄거리가 있어야 하고 아울러 풍부한 음악 분량과 완전한 인물 형상, 종합적인 무대미술 형식을 갖추어야 한다. 중국 고대의 무용공연에도 희극적 요소가 없었던 것은 아니지만 전통극에서의 '무용'은 노래나 대사 사이사이에 삽입되는 차원이었지 극 전체의 표현양식을 이끄는 주요 표현수단이 아니었다. 현대적 의미에서의 중국 무용극은 1930년대에 처음 싹트기 시작했는데, 첫 작품으로 우샤오방(吳曉邦)이 일본에서 돌아와 창작한 상징적 의미의 3막극 〈양귀비꽃(罌粟花)〉이다. 이 작품은 짓밟힌 조국강산에 대한 착잡한 심정을 표현했다. 중국 현대무용극은 사회를 직시하고 개혁을 추진하며 현실을 개조하고자 하는 요구에 부응하여 생겨났다. 그러나 1930~40년대에 사회환경의 불안으로 무용극 창작의 필요조건이 갖추어지지 않아 부진과 침체를 면하지 못하였다. 이런 상황은 신중국 건립 이후에야 비로소 개선되었는데, 정부의 지원 하에 전문 무용단이 대거 설립되면서 중국 무용극 최초의 시도가 시작되었다. 그 외 적지 않은 중소 무용단체들이 잇따라 생겨나면서 많은 작품이 공연되어 무용극 창작의 실천 경험을 축적할 수 있었다. 외부조건이 구비되고, 중소형 무용극이 쏟아져 나오기 시작했으며, 나아가 '민족적이고 전통적인 중국 전통극의 기초 위에 소련 무용극의 창작경험을 참고한 중국 민족무용극을 발전시키자'는 창작사상이 형성되기에 이르면서 중국 무용극은 비로소 실험적인 단계에 들어서게 되었다. 여기에서 무용극의 발전은 위에서 소개한 민간가무와는 그 문화적 유래에 있어 서로 다른 점이 있다. 무용극은 단순히 민족적 특색을 추구하는 것이 아니라 의도적으로 외국의 경험을 융합시켰다. 무용극의 발전과정에서 다른 민족이나 나라로부터의 영향은 매우 중요한 역할을 하였다. 물론 특정한 국제정치환경의 제한으로 당시에 이른바 외국이란 주로 소련을 가리켰지만, 이데올로기적 요소를 배제하고 무용예술의 미학적 가치만 놓고 보았을 때, 비록 단일한 영향관계라 하여도 나름대로 받아들일 만한 부분이 있었다. 적어도 중국 전통무용의 단조로운 표현법을 풍부하게 하여 무대예술의 내용을 더욱 풍성하고 다채롭게 해주었다. 또 중국 무용극 예술이 짧은 시간 내에 소련과 구미 나라들이 한 세기 넘게 걸어온 길을 소화하고, 민족적 또는 고전적인 동작을 발레예술 형식에 적용하여 고도의 예술적 통일을 이룸과 동시에, 일련의 무용극 창작의 경험과 방법을 탐색하고 총결해 낼 수 있었던 것은 실로 소련 무용극의 영향과 전문가의 도움에 힘입은 바가 크다.

내용적인 측면에서 보면, 이 시기의 무용극 또한 시대적 변화에 민감하게 반응하며 변화하였는데, 줄거리와 서사형식을 통해 비교적 순조롭게 시대의 나팔수 역할을 수행하였다. 그 내용은 당시의 정치, 경제, 군사 등의 활동과 밀접하게 연관되어 있었다. 중국 무용극의 서막을 연 〈평화의 비둘기(和平鴿)〉는 1950년대 초 항미원조(抗美援朝: 역자주, 한국 6·25 전쟁을 부르는 말)전쟁에서 일어난 사건을 배경으로 창작한 것으로, 예순이 넘은 원로 예술가인 중앙희극학원(中央戲劇學院) 원장 어우양위첸(歐陽予倩)이 스톡홀름 평화대회의 "전세계 인민이 동참하여 침략전쟁을 저지하고 세계평화를 지키자"는 호소에 부응하여 중국 인민의 평화 수호 신념을 표명하기 위하여 쓴 극본이다. 중앙희극학원 무용단은 즉시 다이아이렌을 수장으로 하는 출연진과 공연인원을 조직하고 연습에 들어가, 1950년 9월 베이징에서 첫 공연을 가졌다.(그림7-1-3)[1] 다이아이렌이 맡은 '평화의 비둘기' 역은 상징적 의미를 지닌 평화의 사자이다. 어디를 가든 가는 곳마다 그곳의 인민에게 복음을 가져다 주지만, 전쟁에서 치명적인 상처를 입어 위험에 빠지게 되는데, 결국 노동자의 도움으로 베이징에 도착하여 중국 각 민족, 인민들의 열렬한 환영을 받는다. 이 밖에 1957년 전후에

그림7-1-3 〈평화의 비둘기〉 공연 포스터

창작된 고전무용극 〈보련등(寶蓮燈)〉도 총 6막을 통해 삼성모(三聖母)가 인간의 합리적인 생활권리를 위해 투쟁하는 주제를 집중적으로 표현하고 극중 갈등과 모순의 전개를 치밀하게 구성하였다.(그림7-1-4)[2] 이렇게 각색을 거친 무용극은 인물의 사상과 감정표현에 중점을 두고 있는데, 이는 무용극 본연의 표현규율에도 잘 부합한다.

1. 그림 출처는 『인민일보(人民日報)』, 1950년 10월 11일 참조.

2. 그림 출처는 펑솽바이, 『신중국 무도사』, 후난미술출판사, 2002년, p.43.

또 사상 측면에서 보면, 광명을 갈망하고 자유와 아름다운 생활을 추구하는 인물형상을 부각하여 반봉건적 주제사상을 제고하고 강화했는데, 이는 전통극의 주제와는 그 취지가 본질적으로 다르다. 이와 같이 전통적인 제재에 새로운 사회의 이상과 정신을 덧입히는 방식은 전통극에 있어 하나의 유의미한 시도라고 할 수 있다. 그 외

그림7-1-4 〈보련등〉 공연 목차

에 〈백모녀(白毛女)〉, 〈홍색낭자군(紅色娘子軍)〉 등 당시 영향력이 비교적 컸던 무용극들도 현실생활의 정치, 군사투쟁을 직접적으로 지향하는 등 강한 이데올로기적 특성을 지닌다. 저우언라이는 1960년대 전후 무용계에 '음악과 무용의 혁명화, 민족화, 군중화 문제'에 주의를 기울이고, '혁명을 제재로 한 작품'을 만들 것을 지시하였다. 위에서 언급한 〈홍색낭자군〉은 바로 이러한 사상의 지도 하에 '중앙가극무극원(中央歌劇舞劇院)' 발레단이 집단 창작한 작품이다. 전체 극은 4막 6장으로 구성되었는데, 구사일생으로 목숨을 건진 노예가 혁명전사로 성장하는 우충화(吳瓊花)의 인생 역전을 주요 맥락으로 하여 중국 제2차 혁명전쟁시기 일본군 여전사들이 하이난(海南)에서 혁명 투쟁한 모습을 집중적으로 그리고 있다. "극 전체는 여군전사의 훈련생활과 혁명전투를 중심으로 전개되는데, 구성이 복잡하고 치열한 분위기와 긴장감이 넘치며, 스케일이 웅장하고 장려했다. 특히 군장에 각반을 두르고 총을 메고 칼을 잡은 여전사 형상은 세계 발레무대에서

도 독보적이었다."[1]

무용의 동작표현과 예술형식 측면에서 볼 때, 이 시기 중국 무용극은 선행자들의 탐색을 거쳐 "전통 희곡과 기타 전통 형식을 위주로 하는 '고전풍격' 무용극, 민족과 민간가무를 위주로 하는 '민족풍격' 무용극, 발레의 형식과 기법을 위주로 하는 '발레극', 현대무용의 미학원칙에 근거하고 상대적으로 개인풍격을 강조하는 '현대무용극'"[2] 등 중국 무용극의 향후 네 가지 풍격을 이미 초보적으로 보여주고 있었다. 이 시기에 고전과 민족 풍격이 어우러진 고전 민족 무용극이 형성되는 한편, 민족 풍격과 발레예술이 어우러진 민족 발레 무용극이 형성되기도 하였다. 무용극 〈보련등〉은 고전 민족 무용극의 전형적인 대표작으로 동작표현에 있어서 기본적으로 중국 고전무용의 요소를 취하였는데, 삼성모(三聖母)의 '장사(長紗)'와 '장주무(長綢舞)', 심향(沈香)의 '검무(劍舞)', 벽력대선(霹靂大仙)의 '불진무(拂塵舞)' 등 동작과 기교는 모두 전통 희곡에서 광범위하게 운용하는 표현방식이다. 또 환경을 드러내고 분위기를 부각시키며 향토 정취를 표현할 때에도 한족(漢族) 민간무용 소재를 대량 취하였는데, 예컨대 '선자무(扇子舞)', '수건무(手絹舞)', '대두무(大頭舞)' 등이 대표적이다. 특히 제2막의 '심향 백일(沈香百日)' 경축 장면에서 각종 민족적이고 전통적인 요소를 집중적으로 구현하여 민족적 풍격과 지방적 색채를 대폭 강화하였다. (그림7-1-5)[3] 후에 한 비평가는 〈보련등〉을 평가하며 이 극은 "어떻게 하면 민족 문화예술 전통의 기초 위에 외래의 경험을 흡수하여 새롭고도 민족적 특색이 짙은 무

1. 왕닝닝(王寧寧) 등 저, 『중국 무도사(中国舞蹈史)』, 문화예술출판사, 1998년, p.138.

2. 왕닝닝 등 저, 위의 책, p.126.

3. 그림 출처는 펑솽바이, 『신중국 무도사』, 후난미술출판사, 2002년, p.43.

그림7-1-5 〈보련등〉 공연 사진

용극 형식을 창작할 수 있을지"[1] 의 문제를 해결하기 위해 힘을 쏟은 작품이라고 말하기도 하였다. 〈보련등〉이 성공을 거둔 후 그 뒤를 이어 전국적으로 고전 풍격의 무용극들이 봇물처럼 쏟아져 나왔는데, 〈소도회(小刀會)〉는 그 중에서 비교적 영향력이 큰 작품이다. 고전무용극의 성행은 전통문화 심리의 무의식적인 연속 내지는 전승인 동시에 정치와 이데올로기의 자각적 요구에 의한 것이기도 하다. 무용의 민족적 형식 자체가 대중과 밀착된 도덕적 우위를 점하고 있을 뿐만 아니라, 통속적이고 쉽게 이해되며 즐겨 듣고 즐겨 볼 수 있는 형식은 정치적 이데올로기를 효과적으로 전달하는 데도 유리했다. 따라서 이런 작품은 "주제와 소재 선정, 작품의 구성과 표현방식, 동작표현 형식의 응용, 음악과 무용의 결합 등에 있어 중국 관중의 예술적 취향과 심미적 관념을 중시했다."[2] 이와 동시에 당시 이데올로기적 측면에서 소련과 특수한 관계를 지녔기 때문에 서구의 무용예술과 연계될 수 있었는데, 이는 발레의 도입에서 뚜렷하게 나타났다. 소련 예술가들의 도움 하에 중국은 완전한 발레예술 교육체계를 점차적으로 형성하였고, 유명한 세계 고전 발레극을 공연하였다. 이러한 예술 실천은 전문 배우와 출연진을 훈련시켰을 뿐만 아니라 일반 관객층도 확장시켰다. 15세

1. 황보서우(黃伯壽), 「무용극 '보련등'의 창작과정을 추억하면서(回憶舞劇〈寶蓮燈〉的創作過程)」, 「무도·무극 창작경험 문집(舞蹈舞劇創作經驗文集)」, 인민음악출판사, 1985년, p.58.

2. 황보서우, 「무용극 '보련등'의 창작과정을 추억하면서, 「무도 무극 창작경험 문집」, 인민음악출판사, 1985년, p.58.

기 유럽 궁정에서 생겨나 6세기 가까이 발전해 온 예술형식이 이렇게 중국 대중 속으로 찾아들었다. 객관적으로 평가해볼 때 발레극의 도입은 중국 무용극의 표현방식을 풍부히 했을 뿐 아니라 표현수단의 다양화를 촉진하였다. 그러나 일련의 문화, 정치를 매개로 하여 수차례 변화를 거치고 나서야 중국의 예술 영역에서 뿌리를 내리고 싹을 틔울 수 있었는데, 이는 사실상 발레극 자체의 신체적 속성을 약화하고 이성관념의 표현성을 증가시켰다. 그 서양적인 것을 약화하고 민족 특색과 시대성을 강화하였다. 이것이 바로 '옛 것을 오늘의 현실에 맞게 이용하고, 서양의 것을 중국에 맞게 이용'한다는 것이다. 따라서 〈어미인(魚美人)〉, 〈홍색낭자군〉, 〈백모녀〉 등을 비롯한 이 시기의 발레극은 서구의 발레를 주요 예술형식으로 삼았지만 동시에 중국 고전무용의 동작과 기교도 대량 포함되어 있었다. 〈홍색낭자군〉의 경우 심지어 이족(黎族) 무용의 표현법과 전통 희곡에서 많이 사용하는 동작과 기교들을 운용하였다. "이를테면 제1장 충화(瓊花)의 독무에서는 '합핑(hopping)'이나 '땅 짚고 회전하기' 등 빠르고 힘차며 중심이 상대적으로 낮은 중국 고전무용의 동작 기교를 응용했는데, 충화라는 인물의 성격 특징과 내재적인 기질을 그려내기에 더할 나위 없이 절묘한 기법이었다."[1] "그 외에 전쟁을 제재로 하였기에 작품에서 중국 전통극 중의 뒤집기, 구르기, 몸 던지기, 엎어지기, 맞상대해서 싸우기 등 기교들을 취하여 응용하였고, 거기에 과장과 변형을 가하여 '사격무(射擊舞)', '대도무(大刀舞)', '대열무(隊列舞)' 등 군대생활의 독특한 풍격을 보여주는 무용

---

1. 왕닝닝 등 저, 『중국 무도사』, 문화예술출판사, 1998년, p.138.

그림7-1-6 발레 무용극 〈홍색낭자군〉 공연 사진

들을 만들어냈다."[1] (그림7-1-6)[2] 이로부터 당시 정치적 주장이 내용적
인 면에서 무용의 방향을 규정했을 뿐만 아니라 형식적인 면에서도 미약하
긴 해도 어느 정도 제약 작용을 발휘했음을 알 수 있다.

　발터 벤야민(Walter Benjamin), 아도르노(Adorno)와 허버트 마르쿠
제(Herbert Marcuse) 등이 봤을 때 형식은 결코 중립적인 범주가 아니며
그 자체에 정치적인 속성이 있다. 따라서 정치 측면의 변혁과 요구도 필연
적으로 예술형식상의 변천과 교체를 수반하기 마련이다. 신중국 건립 후
형식의 정치적 속성이 더욱 뚜렷하게 드러나기 시작해 문화대혁명 시기에
이르러 절정을 맞이하였다. 그러나 서로 다른 문화환경에서 형성된 예술
형식은 각각 뚜렷한 개성을 지니고 있게 마련이어서 억지스러운 조합은 갖
가지 부조화와 마찰을 불러올 뿐이다. 예술형식이 완전하지 못하고 각 막
의 무용 풍격에 통일성이 없으며, 극의 짜임이 느슨하여 내용과 형식이 유

1. 황밍주(黃明珠), 「중국 무도예술 감상 가이드(中國舞蹈藝術鑒賞指南)」, 상하이음악(上海音樂)출판사, 2001년,
　　p.371.

2. 쥐치홍(居其宏), 「신중국 음악사」, 후난미술출판사, 2002년, P.86

리되는 등의 문제는 줄곧 이 시기 발레극의 병폐로 지적되는데, 이러한 폐단으로 인해 당시의 발레극은 흡사 '토막극'을 보는 듯 했다. 그러나 보다 거시적인 측면에서 보면, 이 또한 동서 무용극의 역사에서 나타나는 하나의 보편적인 문제로, 민족 무용극 창립 초기에는 면하기 어려운 문제이자 이후 무수한 시행 착오를 통해 해결해 가야 할 난제였다. 일찍이 1920년대 초에 러시아 예술가 포킨(Fokine)은 무용극의 연출과 공연의 5대 원칙에서 이 점을 강조한 바 있는데, 서구 무용극을 처음 접한 중국 예술가에게 있어, 특히 외래의 자양분이 매우 단일한 상황 하에서 이 난제를 해결하기란 결코 쉬운 일이 아니었다.

십여 년에 걸친 중국 무용극의 탐색과 발전 과정을 전체적으로 살펴볼 때, 변치 않는 한 가지는 '전통의 계승을 기초로 한 발전'이다. 비록 외래 예술의 영향을 받아 외래의 여러 표현형식들을 융합하고 참조하기는 했지만 주선율은 여전히 분명했다. 중국 무용극 초기의 탐색과 발전은 흡사 18세기에서 1960년대까지 소련 발레극이 걸어온 길의 축소판과 같다. 즉 순수한 무용에 무언극(마임) 형식을 더하였다가 줄거리를 낭만주의 창작으로 밀고 나아갔고, 다시 국가 이데올로기에 충실한 극 제재로 발전시켰다. 그러나 이 시기의 모방과 도입이 비록 기계적이기는 했지만 예술가들의 노력을 통해서 적지 않은 성과를 거둘 수 있었다. 특히 〈백모녀〉와 〈홍색낭자군〉 등 무용극의 성공은 중국과 서양을 하나로 융합하고자 노력했던 예술가들의 개척정신을 보여주면서, 거의 2세기에 걸친 서구 무용극의 발전과정을 십여 년으로 집약시킬 수 있었다.

# 제2절

## '문화대혁명' 시기 무용의 기형적 발전

신중국 이후 17년 간 무용예술은 민간적, 전통적, 서구적인 무용예술 형식을 받아들여 다소나마 다원적이고 개방적이며 종합적인 발전 면모를 보여주었다. 반면 1966년 문화대혁명 이후의 무용예술은 완전히 정치 규범의 삼엄한 통제 하에 놓여있었다. 이 시기 무용은 전면적인 이질화 특징을 보인다. 무용은 더 이상 자유로운 신체의 표현이나 생명의 도식(圖式)이 아니라 일종의 의식화된 행위로 변질되었다. 더 이상 마음속의 정감체험을 표현하는 것이 아니라 외적인 권위에 대한 맹목적인 숭배가 되었다. 이러한 의식화된 정치적 성전(聖殿) 속에서 신체의 자연적 속성과 개성은 완전히 사라지고, 메마르고 단순한 정치 이데올로기의 기호가 되어버렸다. 문화대혁명 기간 농촌 체험이나 간부학교 교육이 도덕과 정치의 명의 하에 이루어진 신체에 대한 개조라면, 이 시기의 무용은 예술의 명의 하에 이루어진 신체에 대한 전면적인 길들이기와 같았다. 따라서 이 시기의 공연 무대에서는 무용의 특수한 표현규율이 부정되었고, 서정성도 부정되었다. 이와 동시에 무용창작은 시대사상을 따르고 정치형세의 주제에 발맞추어 '영웅인물'의 형상화와 계급투쟁의 부각을 강조하였다. 수많은 무용과 무용극이 '봉건주의, 자본주의, 수정주의'의 반동 문화로 몰려 무대에서 밀려나 무대 위에 남은 무용은 몇몇 되지 않았고, 그나마 남아 있는 것도 대개 계급투쟁을 주제로 한 것들이었다. 대중들의 사랑을 받았던 전통예술형식도 모두 금지당했고, 혁명성과 투쟁성 짙은 '조반무(造反舞)', '충자무(忠字舞)' 등과 같은 홍위병 가무가 이를 대신했다. 홍위병 가무의 갑작스런 성행은 이 시기 무용의 기형적 발전을 암시하고 있었다.

## 1. 천편일률적인 '충자무(忠字舞)'

문화대혁명 시기 홍위병 현상과 더불어 생겨난 '조반무'는 처음에 '혁명'에 참가한 학생들이 자신들의 주장을 홍보하기 위하여 선전대의 형식으로 거리에서 노래하고 춤추던 것을 나중에 '8대 요령(八大件)'을 주요 동작으로 하는 무용으로 개조한 것이다. '8대 요령'이란, '가슴을 똑바로 펴고 자세 잡기, 한 손을 하늘을 떠받들듯 위로 뻗기, 팔을 흔들며 전진, 주먹 쥐고 팔 굽히기, 두 손 모아 받들기, 두 손 높이 들어 찬양하기, 활쏘기 걸음으로 앞으로 돌진, 발을 구르면서 힘껏 차기'이다. '충자무'도 홍위병이 발명한 무용으로, '삼충(三忠) 사무한(四無限) 운동', 즉 '마오쩌둥 주석'과 '그의 사상'과 '그의 무산계급 혁명노선'에 충성하고 이 세 가지를 '무한 숭배', '무한 열애', '무한 신앙', '무한 충성'한다는 운동에서 기원했는데, '매일 읽고(天天讀)', '아침에 지시 받고(早請示)', '저녁에 보고(晚匯報)'하며 마오주석을 향한 충성을 표하는 '예술' 활동이다. 동작은 상대적으로 간단해서 발걸음에 따라 흔들며 팔을 좌우로 흔들거나, 양손을 가슴 앞에서 교대로 움직이거나, 또 '홍바오수(紅寶書)'라 불리는 마오쩌둥 어록을 높이 들고 손가락을 정면으로 향하게 해서 동상과 같은 자세를 취했다. (그림7-2-1)[1] 혁명가요에 맞추어 추던 이 두 무용은 마치 붉은 물결처럼 전

---

1. 그림 출처는 위샤오좡(于曉莊)의 사진 작품집 『순간의 추억(瞬間的回憶)』, 장쑤인민(江蘇人民)출판사, 2003년.

그림7-2-1 1967년 장쑤·난징 시골 여청년들의 '충자무' 공연     그림7-2-2 '충자무'를 추는 홍위병들

국을 휩쓸었다. 수천 년 중국 역사에서 인민 전체가 이렇게도 경건하고 열광적으로 같은 춤을 추는 모습은 어느 시대에도 찾아볼 수 없을 정도로 공장에서 학교, 도시에서 농촌, 거리에서 광장에 이르기까지 곳곳마다 같은 선율에 발맞춰 춤을 추는 장관을 볼 수 있었다. (그림7-2-2)[1] 수업 전이나 후의 정치학습 등 활동에서도 모두 '충자무'를 춰야 했고, 심지어 교통규칙을 위반했을 때 교통경찰이 '충자무'를 추게 해 마오주석에게 용서를 구하라고 요구하는 경우도 있었다. 갑자기 춤을 열렬히 사랑하게 된 중국인들이 잠시도 춤을 떠날 수 없었던 모양이다.

'충자무'이건 '조반무'이건 모두 당시 사회의 광적인 개인숭배 심리를 강화하고 조장하며 사회현실을 아름답게 포장하는 역할을 하였다. 사람들이 일제히 주먹을 흔들고 진심을 고백하고 한 방향을 바라보는 모습은 외부의 강제적인 힘이 얼마나 강했는지, 또 사람들의 내면세계가 얼마나 단일화되고 경직되었는지를 보여준다. 이는 오늘날 상상할 수조차 없는 일이다. 그러나 객관적으로 보면, 당시 충자무 등은 해방감을 표출하는 역할

---

1. 그림 출처는 http://101098.com/images/2002037_jsp.jsp.

도 하였는데, 특히 혈기왕성한 젊은이들에게 있어 이러한 힘찬 몸놀림과 통일된 리듬, 그리고 옷에 감춰진 이성의 신체 등은 모두 쾌감을 자극하는 대상이었을 것이다. 몸의 자세와 동작은 효과적으로 통제될 수 있는 것이지만 신체활동의 내적 체험은 사적이고 은폐된 것이어서 개체에 의해서만 소유되고 향유된다. 이런 측면에서 볼 때, 당시의 '충자무'는 지금의 '디스코'와 매우 흡사하다. 다만 '충자무'에 외적 강제성이 개입될 여지가 많은 것에 비해 디스코는 개체의 자유로운 선택의 결과라는 점에서 다를 뿐이다.

## 2. 변질·변형된 '혁명 발레'

리얼리즘 문예이론에 대한 비판과 함께 장칭(江靑)은 자신이 창조한 문예모델을 추진하면서 혁명문예의 기수(旗手)라는 칭호를 얻기 위해 다른 사람의 노동성과물을 절취하였는데, 〈백모녀〉, 〈홍색낭자군〉 등 원래 상당한 예술수준을 지니고 있고 관중들로부터 호평을 받았던 극본을 왜곡하여 극에 나오는 인물형상을 '높고(高), 크고(大), 완전한(全)' 거의 신에 가까운 영웅으로 개조하였다. 또 이 두 무용극을 예술무대 위의 모범극, 즉 '양판희(樣板戲)'로 정하고 전국적인 보급 양식을 규정화하여 각 지역에서 똑같이 따라 하도록 했다. 이로써 현실과 유리되고 군중과 동떨어진 작품으로 전락해 극좌파라는 깊은 낙인이 찍히게 되었다.

전국적으로 순식간에 '혁명 발레 선풍'이 일어나 전국 각지에서 이 두 발레극을 다투어 공연하는 상황이 벌어졌다. 각지의 전문 가무단 외에도 수많은 아마추어 무용단이 여기에 동참하였는데, 이러한 발레극은 공연 조건 및 무용수의 기교와 관계 없이 상상할 수도 없는 기적들을 창조해냈다. 미국과 유럽 대륙의 현대 발레 무용극이 새로운 예술과 기교를 끊임없이 개발하는 동안, 중국 대륙에서는 문화대혁명으로 인해 발레예술이 기형적으로 발전했다. 전국의 무용무대는 거의 발레의 독무대가 되다시피 했다. 유럽의 무용가들이 성숙한 발레기교를 바탕으로 풍격상의 혁신을 추구했다면 엄격한 정규훈련을 받은 적이 없던 중국의 무용수들은 우칭화(吳清華)(〈홍색낭자군〉 극중 인물인 우충화(吳瓊花)를 후에 우칭화(吳清華)로 고침)나 시얼(喜兒)등 영웅 인물들의 춤을 수천 수만 가지로 변형시켰고 강한 향토색을 부여했다. 이는 아마도 발레를 만들어낸 유럽 귀족들이 꿈에도 생각지 못한 일이었을 것이다. 이러한 향토 발레의 천태만상 또한 '중국의 특색'이며, 오직 특수한 역사환경에서만 존재할 수 있다. 따라서 우리는 이 시기를 인체의 무용이 기형적으로 이용 당한 시대였다고 정의할 수 있다. 이 현상은 우리에게 중세 말기의 유럽을 떠올리게 하는데, 그때도 이와 비슷한 상황이 연출되어 한동안 광적인 춤, '죽음의 무도(Dance Macabre)'가 유행했다.[1] 비록 사회배경과 기능, 역사문화는 완전히 다르지만 무용에서 보여주는 경건함과 비이성적인 특징 및 어떠한 신념을 무용에 주입시키고 그 리듬 속에서 무아지경이 되어 카타르시스를 느끼고 집단적 동질감을 얻었다는 점에서는 매우 흡사하다.

---

1. '죽음의 무도'는 일종의 종교의식에서의 카니발과 유사하다. 십자군 원정으로 인한 오랜 전란과 '흑사병(Black Plague)' 등 온역이 유행하는 등 끝없는 악재 속에서 사람들은 온갖 중압감과 죽음에 대한 공포에 시달리며 마음 속 평온을 유지하기 힘들었다. 그리하여 민간의 제전(祭典)이나 기독교의 기념일이 되면 사람들은 교회에서 노래하고 춤추고 마음껏 즐기면서 평소에 쌓인 우울함과 분노를 토로하고 마음속의 공포를 몰아 내며 삶을 위해 기도했다. 아울러 억압하는 조직이나 제도를 공격하거나 동작으로 일부 인물들을 모방하기도 하였다. 또 죽음이나 저승사자 앞에서는 모든 사람이 평등하다는 관념을 군무라는 형식에 담고자 하였는데 그렇게 함으로써 사망을 경고하고 삶과 이별한다고 생각했다. 이런 군무의 무용동작은 대부분 사람들이 평소 일하는 동작을 재현한 것이지만 흡인력이 강하여 모임에 참가한 거대한 군중들 모두 예외 없이 동참하였는데 해가 떠서 질 때까지, 그리고 지쳐 쓰러질 때까지 계속 춤을 추었다. 이런 광환적인 춤은 교회의 정원에서 진행되었는데 오랜 믿음에 따르면 춤을 통해 사망자와 연결될 수 있다고 한다. 그래서 사람들은 이를 '죽음의 무도'라 불렀다. 작스(Curt Sachs), 『세계 무도사』, 궈밍다(郭明達)역, 헝스(恒思) 교정, 상하이음악출판사, 1992년.

## 3. 주도 권력 틈새의 여운

　문혁시기 '8억 인민의 8대 모범극' 상황은 1973년까지 지속되었는데, 극히 단조로운 문화생활은 인민대중의 다원적 문화수요를 만족시키지 못하였다. 마오쩌둥은 인민대중의 불만 정서와 당시 문예의 기형적 발전상황을 인식하고 '문예 작품은 없어서는 안된다'고 강조했다. 이리하여 문예 공연이 다시 휴일 베이징의 공원에서 보이기 시작하였고 정부의 대외 문화 교류 활동도 차츰 회복되기 시작했다. 무용단의 해외공연 프로그램을 준비하기 위해 각급 문화 주관 부문에서도 새로운 창작을 진행하기 시작했다. 문화대혁명 당시 고전무용과 민간무용을 낡은 사상·문화·풍속·습관의 '사구(四舊)'로 간주하여 배척하던 논조도 이 시기에 와서 다시 바뀌어 무용예술 창작이 회복 단계에 접어드는 것 같았다. 그러나 정치적 형세에 근본적인 변화가 있었던 것은 아니다. 당시에 '좋은 무용(好舞蹈)'으로 불렸던 〈나루터(渡口)〉 등 허다한 작품들은 몇몇 소수의 작품만을 제외하고 거의 전부가 정치적 선전임무를 위해 창작된 것이어서 공식화, 개념화 성향이 강했다.

그림7-2-3 발레극 〈이멍의 노래〉

　'양판희(樣板戲)'를 공연했던 양판극단인 '중국무극단(中國舞劇團. 원 중앙가극원발레극단(中央歌劇院芭蕾舞劇團)'은 〈홍싸오(紅嫂)〉를 개작한 〈이멍의 노래(沂蒙頌)〉를 공연했는데, 이는 발레 예술형식을 빌려 현대 제재를 반영한 작품이었다. 이 작품은 오랜 혁명근거지 빈농 부녀(婦女)의 전형적인 형상을 창조하여 인민대중과 해방군의 불가분의 관계와 혈육지정을 생동감 있게 보여준, 일종의 군민에 대한 찬가였다. (그림7-2-3)[1] 〈초원의 아이들(草原兒女)〉은 초원의 자매 룽메이(龍梅)와 위룽(玉榮)이 눈보라 속에서 양떼를 구해낸 영웅적 사건을 다루고 있다. 연출자는 당시 좌경화 노선을 피하기 위해 의식적으로 일상생활로부터 전형적인 동작을 선정하여 짙은 생활의 정취를 지니도록 작품을 구성하는 데 힘썼다. 공연에 있어서는 무용수들에게 무용예술의 조형미에 주의하고 생활을 답습하지 말 것을 요구했다. 생활 동작의 기초 위에 민간무용과 전통 희곡에서 필요한 동작들을 취하고, 이를 발레의 기교와 유기적으로 결합시켰다. 이 두 발레극이 비록 분명한 예술성을 지니고 있고 '문화대혁명' 이전 '전통 계승의 기초 위에 창작'하는 방식을 따르고 있지만, 시대적 요인으로 인해 '계급투쟁적' 영향을 받지 않을 수 없었다. 〈초원의 아이들〉은 원래 작은 영웅과 대자연의 폭풍우와의 투쟁을 표현하였는데, 연출자는 여기에 반동적인 목장 주인의 폭력에 맞서 싸우는 대목을 첨가하고 이를 줄거리의 주요 갈등으로 삼았다. 이에 작품의 공식화, 개념화, 인물 도식화의 경향이 뚜렷해졌고, 이는 결국 작품의 예술성에 직접적인 영향을 주었다.

그 외 비교적 유명한 무용으로는 〈초원의 여군(草原女民兵)〉, 〈식량 배달(喜送糧)〉, 〈전마의 울부짖음(戰馬嘶鳴)〉 등이 있는데 이들은 모두 중국 고전무용과 민간무용의 기법을 기초로 창작된 작품들이다. 비록 여전히 '삼돌출(三突出)'[2] 창작 원칙에서 벗어나지 못했지만, 세부적인 연출에서는 향

---

1. 그림 출처는 펑솽바이, 「신중국 무도사」, 후난미술출판사, 2002년, p.75.

2. 장칭 등이 제창한 문예창작강령으로 '삼돌출' 원칙이란, 많은 인물들 가운데서 '긍정적인 인물'을 부각'시키고, 긍정적인 인물들 중에서 '영웅적인 인물'을 부각'시키고, 영웅적 인물들 중에서 '으뜸가는 인물'을 부각'시켜야 한다는 교조적 예술 창작 지침이다.

토정취가 다분하여 청신하고 아름다운 풍격과 선명한 민간 특색을 지녔다. 특수한 역사 시기에서 나온 이러한 작품들은 사람들에게 신선함을 선사하는 동시에 무용예술의 엄동설한이 지나가고 온갖 꽃들이 만발하는 봄날이 머지 않았음을 암시했다.

# 제3절

## 신시기 무용의 변화와 회복

10년 동안 지속된 문화대혁명 이후 중국사회는 새로운 역사단계에 진입했다. 경제 영역에서의 개혁개방, 정치 영역에서의 발란반정(撥亂反正)과 함께 무용사업도 새 생명을 얻게 되었다. 종적인 관점에서 보면, 신시기의 무용은 개혁개방 초기 잠시 배회하고 주저하는 모습을 보이다가 그후 빠른 속도로 정치적인 억압에서 벗어나 예술을 추구하는 길로 다시 접어들었다. 시장경제가 날로 발전하고 사상관념이 한 단계 더 전환됨에 따라 신시기의 무용은 더욱 선명한 개성화, 신체화, 자유화의 경향을 나타내었다. 강렬한 율동감과 신체적 심취를 추구하는 디스코, 거리 여기저기에서 자유롭게 몸을 움직이는 힙합이나 문 워킹(moonwalking) 모두 나날이 개방적이고 자유로워지는 신시기 정신을 보여주었다. 횡적으로 볼 때, 신시기의 무용은 모든 것을 포용하는 기백과 도량을 충분히 보여주었다. 한때 '독초', '맹수'로 간주되었던 민족전통과 서구형식이 다시 도입되고 발굴되어 진정으로 다양함이 어우러져 백화제방(百花齊放)의 번영을 이루게 되었다. 무용의 다원화, 자유화와 더불어 오랫동안 속박되었던 생명과 영혼이 다시 무한하게 펼쳐진 시·공간으로 자유롭게 날아올라, 이제는 느낄 수 있고 볼 수 있고 만질 수 있는 진실된 존재로 거듭났다. 생명의 진실성과 자연성 또한 그 원천을 찾고, 잃어버린 지 오랜 창조 정신과 감성이 몸의 움직임 속에서 그리고 자신의 감촉 속에서 그 진실한 의미를 회복했다.

## 1. 봄날의 조수가 용솟음치기 시작한 80년대 전후

문화대혁명 이후 몇 년 동안 무용예술은 정치적 속박의 멍에에서 점차 벗어나 생기발랄한 청춘의 활력을 회복하기 시작했다. 무용 관련 조직기구와 간행물들이 제기능을 발휘하기 시작했을 뿐만 아니라 형식과 내용 등에 있어서도 혁신을 거듭했다. 예술의 창조자인 무용가들은 '4인방'에 의해 씌워졌던 오명을 씻어버리고 '4인방'의 죄행을 폭로하고 그들의 황당한 논리를 비판하는가 하면, 문혁 이전의 우수한 작품들을 회고함으로써 무용의 회생을 위한 준비를 하고 있었다.

1977년, 초대형 무용극을 소재로 찍은 영화 〈둥팡훙(東方紅)〉이 재상영되고 동시에 잡지 〈무도(舞蹈)〉가 전면적으로 재발간되었다. 그 뒤를 이어 중앙 문화부 직속의 예술부서도 명칭과 편제를 회복하고 각 성, 시, 자치구의 예술단체도 뒤이어 회복되었다. 그리고 문혁 전의 우수작들이 연이어 재공연되기 시작했는데 이는 무용계의 전면적인 회복을 알리는 표지라 할 수 있다. 당시 공연들은 문혁 전의 우수작을 위주로 하고 민간무용, 민족무용을 자각적으로 계승·발양하였다는 공통점을 지닌다. 이와 동시에 해외와의 예술교류도 강화했다. 문혁기간 동안 극좌노선으로 해외와의 교류가 단절되어 있던 중국 무용계는 마치 저산소증 상태처럼 심각한 정보 결여 상태에 놓여있었다. 이런 상황을 되도록 빨리 변화시키기 위해 중국 무용계는 해외 무용단체의 방중 공연을 계속 추진하는 한편, 무용단체와 무용가들을 해외에 파견하여 외국의 선진적인 경험을 배우고 참조하도록 했다. 1978년 중국가극원(中國歌劇院) 무용극단은 중국 최초의 대형 민족무용극 〈보련등(寶蓮燈)〉의 공연을 재개했다. 같은 시기 상하이(上海)에서는 민족무용극 〈소도회(小刀會)〉를, 광저우(廣州)에서는 혁명의 역사투쟁을 반영한 무용극 〈다섯 점 붉은 구름(五朵紅雲)〉을 공연하였다. 이는 중국의 민족무용극이 이미 엄동설한에서 깨어나 곧 전진하리라는 것을 의미했다.

각 예술단체는 우수한 무용작품을 재공연하는 동시에 민족·민간 무용작품도 다수 창작하고 공연했다. 민족성과 현대성에 대해서 문혁 전과 같은 부자연스러운 강조는 사라졌지만 예술가들은 여전히 이러한 예술노선을 자각적으로 따랐다. 왜냐하면 많은 사람들이 마음속으로 이해하고 있는 무용예술은 여전히 즐겁고 열렬하고 우아하고 아름다운 순수 민간무용, 민족무용, 고전무용이었기 때문이다. 각 예술대학에서도 민족·민간무용 교학연구를 재개하여 강화하는 동시에, 각지에서 온 민간무용 예술가들과 교류하고 그들로부터 어려운 환경에서도 우수한 민간무용을 배우고 보존하며 쌓아 온 경험을 학습함으로써 향후 민족·민간무용의 발전에 밑거름이 되게 하였다. 수많은 무용인들 역시 다시 생활 속으로 들어가 적극적으로 창조하고 깊이 연구하며 우수한 민족무용 유산을 계승하기 위해 노력을 다하였다. 얼마 뒤에 일련의 우수한 무용작품들이 무대 위에 오르게 되는데, 가장 유명한 것으로 〈실크로드에 내리는 꽃비(絲路花雨)〉와 〈자오수툰과 난무뉘나(김樹屯與楠木諾娜)〉등이 있다. 특히 〈실크로드에 내리는 꽃비〉의 창작과 공연은 마치 무용극을 잠에서 깨우는 청신한 가곡처럼 민족무용극 예술의 부흥과 발전에 새로운 방향과 전망을 제시하였고, 아울러 다음 시기의 도래를 알리는 전주곡이 되었다. 간쑤(甘肅) 가무단이 창작하고 공연한 이 무용극은 성당(盛唐)시대를 배경으로 하여 중화민족 전성기의 재건에 대한 열정과 믿음을 나타내었다. 예술적인 면에 있어 이 무용극의 뛰어난 공헌은 고금을 융합해 새로운 동작표현을 풍부히 하고 창조하였다는 데 있다. 동작 위주의 과거 민족무용극을 변화시키고 둔황(敦煌)벽화의 무용 형상을 부활시켜 중국 고대 무용예술을 발굴하고 정리하는 데 있어 새로운 경험을 제공했다. (그림7-3-1)[1] 따라서 이 작품을 통해 사람들은 호선무(胡旋舞), 육등무(六騰舞), 청상무(淸商舞), 예상우의무(霓裳羽衣舞) 등 둔황벽화의 무용요소들을 직접 볼 수 있게 되었다. 이에 대해 혹자는 "중국 고전무용을 탐색하고 재구함에 있어 전통 희곡 무용의 일면만을 고집할 필요가 없다. 풍부한 문물, 고대 벽화, 석굴 조각상과 문헌 전적은 무용에 종사하는 사람들이 옛 것을 찾고 탐미(探微)하는 데 있어 새로운 근원이 되기에 충분하다"[2]고 주장하였다. 〈실크로드에 내리는 꽃비〉의 성공은 '둔황무' 열풍을 일으켰다. 신시기에 접어든 후 많은 무용가들이 고전무용의 연구와 발굴에 뛰어들어 대량의 '고악무극(古樂舞劇)'을 잇달아 선보였

그림7-3-1 〈실크로드에 내리는 꽃비〉 속의
'비파 뒤로 치'는 무용 명장면

다. 이런 무용극의 대다수는 과거 역사시대의 문화를 배경으로 하고 그 속에 현대인의 이해와 상상, 창작을 더하여 만든 것이므로 또 '방고악무(倣古樂舞)'라 불리기도 한다. 이런 작품의 출현으로 무용극의 표현법이 풍부해졌을 뿐만 아니라 1980년대 민족무용 표현법의 응용과 발전에 새로운 방식이 더해졌다.

이 시기의 무용예술은 체재적 면에서

1. 그림 출처는 펑샹바이, 『신중국 무도사』, 후난미술출판사, 2002년, p.85.

2. 왕닝닝 등 저, 『중국 무도사』, 문화예술출판사, 1998년, p.147.

다양화의 추세를 나타낼 뿐만 아니라 제재적인 면에서도 전에 비해 한층 풍부해졌다. 가장 뚜렷한 것으로는 두 가지 주제가 새로 추가된 점을 들 수 있는데, 하나는 성현과 열사를 기리는 것이고 다른 하나는 화조어충(花鳥魚蟲)을 다시 그리는 것이다. 문화대혁명이 끝난 후 저우언라이의 형상은 한동안 사람들의 주요 관심대상이 되었다. 문예계의 많은 예술가들은 10년 동란 시기에 혁명 간부와 문예 종사자들을 보호하고 정확한 문예정책을 실시하기 위해 많은 노력을 기울인 저우언라이를 그리워했다. 따라서 저우언라이를 추억하고 노래하는 문예작품이 적지 않게 나왔는데, 무용가들도 잇달아 신체언어로 저우언라이에 대한 그리움과 찬양의 마음을 표현하였다. 이외에 인민해방사업을 위해 목숨을 바친 열사와 영웅들을 기리거나 문혁 기간에 신념을 지키다 희생된 용사들을 찬미하는 무용작품도 창작되었다. 이런 무용작품들은 비록 제재는 비슷해도 형식은 다양했다. 예컨대 민족무용이나 무용극 형식으로 창작·공연된 작품으로는 〈영원한 기념을 위하여(為了永遠的紀念)〉, 〈홍운(紅雲)〉, 무용극 〈금봉황(金鳳凰)〉 등이 있는데, 이들은 풍부한 상상력으로 진실된 감정을 표현하였다. 또 발레나 발레극의 형식으로 창작된 무용극 〈홍암청송(紅巖青松)〉, 독무 〈경애하는 저우 총리를 그리며(緬懷敬愛的周總理)〉, 무용극 〈자랑스러운 양카이후이(驕楊)〉 등은 악의 세력과 투쟁하는 선열들의 모습을 재현하고 나아가 폭력에도 굴하지 않는 인민대중의 정신을 찬양했다. 그 외 현대무용 형식으로 창작·공연된 〈무언의 노래(無聲的歌)〉, 〈끊을 수 없는 현(割不斷的琴弦)〉 등은 격렬한 절주와 스텝으로 빛나는 영웅인물을 형상화하였다. 이 무용작품들은 감정이 격렬하고 내용이 풍부하며, 동작이 개방적이고 난이도가 높은 동시에 강렬한 호소력을 지니고 있었다. 그러나 여전히 재현기능에 치중하여 표현기능을 소홀히 하는 예술적 관성을 답습하고 있었기에 인물 내면의 정감세계 깊숙히 들어가지 못하고 대개 무용동작으로 '이야기' 하는 단계에 머물러 있었다.

문화대혁명 기간에 '화조어충'을 제재로 한 무용은 '사구(四舊)'로 간주되어 숙청당했다. 그리하여 대량의 건강하고 우아하고 아름다우며 서정적인 무용작품들이 외면당하고 버려졌다. 문화 전제주의에 대한 비판을 거쳐 '백화제방(百花齊放), 백가쟁명(百家爭鳴)'의 쌍백(櫻百)방침이 다시 관철되면서 서정 무용도 빛을 발하게 되었다. 서정적이고 우아한 무용공연으로 유명한 중앙가무단은 이 시기를 전후하여 〈공작무(孔雀舞)〉, 〈하화무(荷花舞)〉, 〈부채춤(扇舞)〉, 〈잊지 못할 물 뿌리기 축제(難忘的潑水節)〉, 〈장홍송(長虹頌)〉 등 일련의 작품들을 무대에 올리거나 창작했다. 중앙가극원 발레단은 대형 신화무용극 〈어미인(魚美人)〉을 다시 편집해 공연했는데, 극중 여자 무용 부분을 대부분 발레의 토 댄스(toe dance)로 바꾸고, 들어 올리는 2인무 동작을 더욱 풍부하게 하고 향상시킴으로써 표현수단에 있어 비교적 완벽한 중국 발레 무용극을 완성하였다.

요컨대, 1980년대를 전후하여 여러 형식과 제재의 무용이 잇따라 무대 위에 올려져 이후 무용의 발전에 견고한 기초를 마련했다.

## 2. 백화제방(百花齊放)의 창조적 발전기

1980년 후부터 현재까지의 신시기 무용예술은 그야말로 백화제방의 시대를 맞이했다고 말할 수 있다. 개혁개방이 끊임없이 가속화됨에 따라 참조할 수 있는 예술자원은 날로 풍부해졌다. 특히 문호개방 이후 서구의 문화사조가 대량 유입되면서 출로 모색이 시급하던 중국 무용계에 새로운 영감과 자원을 가져다 주었다. 이 시기에 생활방식은 빠르게 변하였고 사상관념, 심미심리, 예술관념 등에도 큰 변화가 일어났다. 세계는 가까워지고 시간은 단축되었으며 스트레스는 커져갔다. 동시에 사람들의 감정도 성숙하고 냉정하고 복잡민감해졌다. 이로 인해 심리적 시, 공간의 확장, 자아의식의 강화, 생존에 대한 곤혹, 생명 본질에 대한 추궁, 자아표현에 대한 갈망 등 여러가지 심리변화가 생겨나게 되었다. 심리적 변화는 필연적으로 예술 심미관념의 변화와 문화예술 영역의 변혁을 가져오기 마련이다. 중대한 사회변혁과 동서문화 간의 교류, 세계적 차원의 예술관념의 대폭 변화에 직면하여 무용예술가들은 주체성의 발휘를 더욱 중시하면서 과거에 걸어온 길을 답습하려 하지 않았다. 그 결과 무용예술을 창조적 발전기로 이끌어갈 수 있었다.

이 시기에 무용의 미학관념에도 거대한 전환이 일어나, "예술가들은 더 이상 생활의 표층에서 무용의 근거를 찾는 것에 만족하지 않고, 생존의 곤혹, 인성의 복잡함과 모순, 생명본질에 대한 추궁, 자아표현의 내재적 충동이야말로 예술 존재의 근본 이유이면서 무용 창작의 보다 중요한 근거라고 생각했다. 무용은 사람의 귀와 눈을 즐겁게 하는 우아한 형식만이 아니라 모든 엄숙한 예술과 마찬가지로 삶의 본질에 대한 일종의 특수한 표현방식이다."[1] 이 시기의 무용예술의 중심이 이미 객관세계의 재현을 중시하는 데서 주관세계의 표현에 무게를 두는 방향으로 전환되었고, 무용작품의 주제와 내용도 심화되었으며, 예술의 표현수법에 대해서도 새로운 인식이 생겨났음을 알 수 있다. 관념적 측면에서의 변화는 신시기 무용계에 각종

---

1. 왕닝닝 등 저, 「중국 무도사」, 문화예술출판사, 1998년, p.157

변화와 돌파를 가능케 한 근원이기도 하다. 급속히 변화하는 시대 조류 앞에서 무용예술가들은 외래의 예술형식을 맹목적으로 모방하는 것이 아니라 전통문화의 심층적인 의미 발굴에 최대한 노력을 기울이는 기초 위에서 외래문화의 사고방식과 표현방식을 참고하였다. 나아가 중국 당대 무용의 표현력을 제고하는 방법을 끊임없이 탐색하고, 예전의 표현체계를 분석하며 새로운 표현체계를 구축하기 위해 끊임없이 사색하였다. 십여 년에 걸친 탐색과 실천의 노력 끝에 중국 당대 무용은 전례 없는 속도와 역량으로 새로운 발전단계로 다시 접어들었고, 다원적인 약진과 다원적인 발전의 형세를 보여주었다. 대체로 중국 당대 무용의 다원화와 약진은 무용종류의 다원화와 발전, 무용 운영체제와 공연형식상의 발전, 무용극의 약진과 사회무용 활동의 번성 등 4가지 측면에서 나타난다.

### 1) 무용 유형의 다원화와 발전

신시기의 무용이 유형에 있어 다원화의 발전 추세를 보인다는 것은 누구나 확인 가능한 사실이다. 현대무용, 고전무용, 민간무용과 발레 등 다양한 예술형식에는 민간이나 전통으로부터 유래한 것뿐만 아니라 서양의 무용형식으로부터 유래한 것도 포함되어 있어서, 전에 없이 자유로운 분위기를 보여준다. 이렇게 자유로운 예술적 분위기는 또 각종 무용형식의 상호 침투와 융합에 풍부한 요소와 재료를 제공했다.

현대무용의 갑작스런 출현은 1980년대 중국 무용계에서 가장 주목할 만한 부분이다. 엄격한 의미에서 현대무용은 "주로 외국 현대무용의 동작과 창작이론을 참조로 한 창작 공연이다. 이 무용은 원래 고전 발레예술의 고정 격식을 깨트리고 나와 무용가로 하여금 개성적인 시각으로 사물을 관찰하고 자유롭게 추상적으로 표현할 수 있도록 하는 데 뜻을 두었다.”[1] 이로써 이른바 현대무용이라는 것이 추상적인 신체 형식과 동작으로 인물의 영혼과 정감을 표현하는 무용 종류로서, 내재적인 정감 그리고 본질적인 생명의 표현과 형상화를 추구하고, 표현 면에서는 경직된 틀이나 고정된 격식 없이 무용가의 창작 개성과 자유를 부각시킴으로써 신체에 보다 넓은 표현공간을 준다는 것을 알 수 있다. '현대무용의 어머니'로 불리는 이사도라 던컨(Isadora Duncan)에서 당대 독일의 마리 비그만(Mary Wigman)까지, 역대 현대무용의 선구자들은 모두 선명하고 자유분방한 동작으로 생명에 대한 느낌과 체험, 생활에 대한 관심과 사고를 표현하였다. 분명, 현대무용은 일종의 표현주의 예술이다. 신체 해방과 개성의 자유를 추구한 신시기에 현대무용은 당시 사람들의 정신적 추구에 아주 잘 부합되었고 또 그렇기 때문에 급속한 발전을 이룰 수 있었다.

중국에서 현대무용은 발전 과정에서 다소 곡절을 겪어야 했다. 일찍이 신중국 건립 전후에 우샤오방(吳曉邦), 다이아이롄(戴愛蓮), 자줘광(賈作光) 등 무용가들은 서구 정통 현대무용 교육을 받았다. 우샤오방은 현대무용을 배우면서 무용을 접하기 시작했고, 다이아이롄은 한때 마리 비그만의 현대무용 스튜디오에서 훈련을 받았으며, 자줘광도 일본 무용가 이시이 바쿠(石井模)에게 사사받았다. 당시 그들은 현대무용과 소통하고 융합하는 창작이념을 지녔을 뿐만 아니라 무용의 민족성과 시대성을 추구하는 데도 노력을 아끼지 않았다. 그들은 중국에서 현대무용을 발전시키고자 하였고 현대무용을 전파하기 위해 실제적인 노력을 기울였다. 그러나 시대환경의 제약으로 이러한 노력은 큰 성과를 거두지 못했다. 그러다 1980년대

---

1. cctv−무용채널, http://www.cctv.com/dance/10/index.shtml 참조.

초에 이르러 중국의 무용미학관념에 변화가 생긴 후에야 현대무용은 비로소 전국적인 범위로 전파되고 사람들의 마음 속에 깊이 각인되기 시작하였다. 이러한 문화적 환경 하에서 화차오(華超)의 현대무용 〈희망(希望)〉이 세상에 나와 즉시 사회 각계의 관심을 불러일으켰다. (그림7-3-2)[1] 〈희망〉에 대해 사람들은 기존의 관념으로 정의 내릴 수 없었다. 왜냐하면 〈희망〉은 특정한 무용풍격의 격식에 맞춘 것도 아니었고, 구체적인 인물이나 줄거리 전개 없이 무용수가 그저 음악에 따라 즉흥적으로 춤을 출 뿐이었기 때문이다. 그러나 이러한 움직임은 오히려 풍부한 의미로 다가가 관객들로 하여금 무용수 내면에서 우러나오는 막막함이나 고통, 갈등, 몸부림과 희망 등 일련의 복잡한 감정을 느끼게 하였다. 이렇게 "새롭고 풍부한 무용형상과 생동감 있고 생명체의 질감으로 충만한 몸놀림은 쉽게 관객들을 사로잡았다. 지평선을 짚고 서 있는 인체는 마치 '중국 현대무용은 여기에서 일어났다'라고 선언하는 것 같았다."[2]

그림7-3-2 현대무용 〈희망〉

〈희망〉에 이어 대량의 현대무용 작품들이 선보이기 시작했다. 그러나 초기 대부분의 작품들은 표현수법 면에서 여전히 구체적인 사건 속 인물을 구상화(具象化)해서 반영하는 재현주의의 틀을 벗어나지 못하여 현대무용의 표현주의 요구에 아직

1. 그림 출처는 펑솽바이, 『신중국 무도사』, 후난미술출판사, 2002년, p.97.

2. 왕닝닝 등 저, 『중국 무도사』, 문화예술출판사, 1998년, p.154.

부합하지 못했다. 미국과 캐나다에 가서 현대무용을 관찰하고 배워온 베이징 무도학원(北京舞蹈學院)의 왕롄청(王連城)이 해외에서 보다 많은 현대무용 표현기교를 들여온 이후 중국의 현대무용은 비로소 크게 발전하기 시작했다. 그리고 얼마 후, 상하이의 후자루(胡嘉祿)가 형식성 뚜렷한 현대무용 작품 〈이상의 외침(理想的呼喚)〉, 〈혈침(血沈)〉 등을 창작하였다. 동시에 롼사오밍(阮少銘), 셰난(謝南)의 〈운명(命運)〉, 왕메이(王玫)의 〈조석(潮汐)〉 등 우수작들이 잇따라 나왔다. 무용가들의 이러한 추동 하에 현대무용은 나날이 인정을 받게 되었다. 이 시기에 나온 작품은 독창성에서나 표현형식에서나 엄격한 의미에서의 현대무용에 많이 근접해있었다. 그러나 진정으로 자유롭게 현대무용에 대한 새로운 탐색을 하게 된 것은 1987년부터이다. 이 해에 광둥 무도학교(廣東舞蹈學校)의 '현대무용실험반'이 설립되었다. 이후 1991년 베이징 무도학원도 '현대무용교학연구실'을 정식으로 열었다. 이 두 기관은 서구의 현대무용 전문가들을 초청해서 강연을 하고 수강생들을 대상으로 현대무용의 형체와 안무 훈련을 체계적으로 진행하여, 정통 현대무용 이념을 중국에 전파함과 동시에 현대무용의 공연과 연출에 필요한 인재들을 대거 양성해 냈다. 3년 후 현대무용실험반의 학생들이 졸업하면서 다수의 작품들을 선보이며 세계 무용계에서 두각을 나타내기 시작했다. 1990년 파리에서 열린 제4회 국제현대무용대회에서 친리밍(秦立明), 차오양(喬揚)은 창작 공연 〈태극인상(太極印象)〉과 〈전음(傳音)〉으로 2인무 금메달을 수상하였다. 개혁개방이 진행되고 외국과의 교류가 날로 확대됨에 따라 서구 현대무용의 사상과 예술기법의 영향력도 나날이 커져갔다. 이에 중국의 현대무용 창작은 거침없는 기세로 발전하였고, 국제대회에서 여러 차례 금메달을 수상하는 등, 신시기의 독보

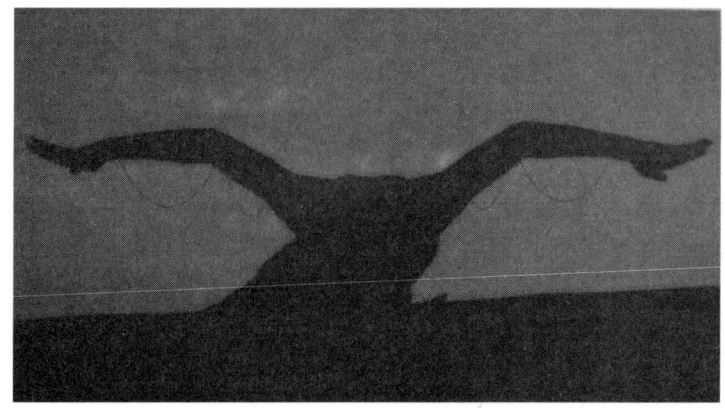
그림7-3-3 현대무용 〈파도〉

적인 형식으로 자리잡았다.

중국 현대무용이 비록 서구 현대무용으로부터 영양분을 흡수하여 발전하였으나, 그렇다고 해서 서구 현대무용의 한 분과나 유파가 된 것은 아니다. 그 본질은 여전히 중국 당대의 생활과 예술이론이 결합하여 꽃피운 결과이기 때문이다. 일부 무용에서는 심지어 '삶을 위해 춤을 추는' 현실주의 정신을 직접적으로 체현하기도 하였는데, 이를테면 〈파도(海浪)〉, 〈황하혼(黃河魂)〉, 〈내 마음속의 차이터우펑(我心中的釵頭鳳)〉, 〈멍둥(蒙東)〉 등이 그 대표작이다. 이들은 풍격상 고전무용도 아니고 민족·민간무용도 아니며 서구 현대무용도 아닌, 바로 중국식 현대무용이다. 자쭤광이 연출한 무용 〈파도〉는 무용수의 자태와 동작으로 파도와 바다제비 두 개의 형상을 교차해가며 비추면서 "바다의 넓은 품과 심오한 영혼을 체현하고, 바다제비의 완강한 의지와 진취적인 정신을 노래했다."[1] (그림7-3-3)[2] 우선 무용의 주제인 추상적인 정신과 영혼은 기존의 무용에서는 다룬 적이 없

---

1. 황밍주(黃明珠), 「중국무도 예술감상 가이드(中國舞蹈藝術鑒賞指南)」, 상하이음악출판사. 2001년, p.402.

2. 그림 출처는 펑솽바이(馮雙白), 「신중국 무도사(新中國舞蹈史)」, 후난미술출판사, 2002년, p.97.

는 것이었다. 다음으로 '두 주제의 상호 대비와 유기적 통일은 작품의 상징성을 더했는데'[1], 이 역시 기존의 무용에서 보기 드문 것이었다. 이러한 무용은 현실을 가리키고 있지만 현실이라기보다는 현실 속의 핵심 사상을 지향했다. 이 작품은 중국적 특색의 현대무용으로 현대무용 발전사에서 중요한 한 페이지를 기록했다.

갖은 노력과 탐구를 통해 중국 현대무용 예술가들은 짧은 십여 년만에 중국 현대무용을 세계와 접목시켰고, 민족문화의 의미에 대한 탐색·발굴을 통해 중화민족 특유의 심미 척도에 근거해 심미 선택을 하였다. "주체성을 강조하였지만 주관적인 임의성에 빠지지 않았고, 구조의 변이성을 강조하면서도 그 기능의 적시성(適時性)을 소홀히 하지 않았으며, 인체 운동의 자연스러움을 강조하였으나 인체 운동에서 역사적으로 축적된 것을 배척하지 않았다."[2] 이로 인해 중국 현대무용은 동방민족만의 독특한 매력을 발산할 수 있었다.

중국 고전무용 또한 이 시기에 새로운 진전을 보이며 전통 고전주의의 무용에서 신고전주의 무용으로 전환했다. 사실 중국 고전무용의 변화는 무용극 〈실크로드에 내리는 꽃비〉에서 이미 시작되었다. 〈실크로드에 내리는 꽃비〉는 전통 희곡에서 발전해 온 고전무용 예술동작의 격식을 타파하였는데, 예전 희곡 속의 배역에 의해 결정된 무용동작의 격식을 더욱 무용화된 동작체계로 바꾸어 넣고, 전통 희곡 외의 성분을 더 많이 첨가했으며, 무용이나 무용극의 내용적 필요에 따라 민족무용의 동작요소를 추가하였다. 중국 고전무용의 표현법에 새로운 방향을 제시한 것이다. 이로부터 전국적으로 오랫동안 영향을 미친 '방고악무(仿古樂舞)'의 붐이 일게 되었

1. 황밍주, 『중국 무도예술 감상 가이드』, 상하이음악출판사, 2001년, p.402.

2. 쉬웨이(許薇), 「중국현대무용의 흐름에 대한 사고(中國現代舞走向的思考)」, 『음악과 공연(音樂與表演)』, 2000년, 제3기.

다. 그 후 〈방당악무(仿唐樂舞)〉, 〈당장안 악무(唐長安樂舞)〉, 〈편종 악무(編鐘樂舞)〉, 〈구가(九歌)〉, 〈동작기(銅雀伎)〉 등 우수한 고전무용극이 창작되어 고전무용을 크게 발전시켰다.

1986년에 열린 제2회 전국무도대회에서 〈신혼별(新婚別)〉이라는 작품이 공연되어 중국 고전무용에 새로운 발전 방향을 제시했다. 이 무용은 당나라 시인 두보(杜甫)의 동명시에서 소재를 취하여 한 쌍의 신혼부부가 신혼 첫날밤에 생이별을 하지 않으면 안되는 복잡한 감정을 표현했다. 무용은 뚜렷한 줄거리를 설계하지도 않았고 시가를 형상화 하지도 않았다. 무용에서 중점적으로 묘사한 것은 특정한 순간의 모순되고도 복잡한 인물의 심리 과정인데, 첫날밤 신부의 수줍음, 신랑이 검을 들고 나서는 것을 보고 신랑의 출정을 예감하며 놀라는 심정, 닭이 홰를 치며 우는 소리를 듣고서 다가오는 이별을 두려워 하는 마음, 이별할 때의 애타는 심정 등, 복잡한 감정을 주요 내용으로 삼아 고전무용 특유의 정취를 지닌 섬세한 동작으로 표현해냈다. 이러한 설계 덕분에 작품 전체에 서정성이 충만했다. 〈신혼별〉의 의의는 다음과 같다. 첫째, 서정무(抒情舞)를 계승한 것이지만 주로 '화조충어'를 제재로 하던 기존 서정무의 격식을 타파하고 현실주의 제재로써 서정무를 발전시켰다. 둘째, 고전무용으로 하여금 사건의 줄거리나 외재적 생활을 세부 묘사 하는 것에서 벗어나 더욱 다채롭고 서정적인 무용의 세계로 들어갈 수 있도록 새로운 길을 개척하였다.[1]

〈신혼별〉과 비슷한 시기에 발표된 작품 가운데 무용 역사상 중요한 영향을 미친 고전무용 작품으로는 여성 군무 작품 〈시냇물·강·바다 (小溪·江河·大海)〉와 대형 군무 작품 〈황허(黃河)〉가 있다. 이 두 작품은 고전무

---

1. 왕닝닝 등 저, 『중국 무도사』, 문화예술출판사, 1998년, p.152.

용이 신고전주의 무용으로 넘어가는 과정에서 매우 중요한 의미를 지닌다. 이 두 작품 속에서 "더 이상 전통 희곡 속의 인물 유형과 동작을 찾아볼 수 없다. 고전무용과 유일하게 연계되는 것은 무용을 관통하고 있는 고전무용 특유의 정취와 분위기이다."[1] 예술적 특징으로 보면, 이 두 고전무용 모두 인물 형상과 이야기 줄거리를 약화하고 형체의 표현 의미와 상징의미를 부각시키는 데 주력하여 하나하나의 '의미를 지닌 형식'을 구현하였다. 〈시냇물·강·바다〉에서는 소련 베료즈카 무용단이 선보인 손을 맞잡고 빙빙 도는 '푸세트(poussette)' 수법을 참조하여 많은 무용수들이 함께 원을 그리면서 빠르게 달리는 동작으로 시냇물, 강, 바다가 끊임없이 흐르는 형상을 재현하고, 또 원형을 그리면서 안에서 밖으로 윗몸을 젖히고 일으키는 동작을 반복하여 세차게 물결치는 바다의 파도를 표현했는데, 이러한 형상들은 개방 시대의 의기왕성한 정신면모와 부합하면서 시대적 감성을 보여주었다.

이 시기 무용의 중요한 구성 부분인 민간무용 역시 심층적인 의미의 발굴과 표현에 주력하였다. 중국 당대 무용예술 영역에서 민간무용은 비교적 유리한 조건을 지니고 있었다고 말할 수 있는데, 중국에는 56개 민족이 있고 민족마다 독특한 무용을 지니고 있기 때문이다. 신중국 건립 전후 중국 무용예술 종사자들은 민간무용의 계승과 발전 부분에 가장 많은 인력과 정력을 투입했다. 그러나 정치사상과 문화 사조의 영향으로 무용풍격에 약간의 변화를 주어 시대성을 나타내는 것 외에 다른 새로운 돌파구를 찾기 어려웠다. 신시기 이후 사회환경적 제약이 느슨해짐에 따라 사람들의 심미적 요구도 다양해져서 과거 '풍년을 경축하거나, 명절을 기념하거나, 가공송덕 하는

---

1. 왕닝닝 등 저, 『중국 무도사』, 문화예술출판사, 1998년, p.152.

것'을 주요 서정 방식으로 삼던 예술형식은 도전에 직면하게 되었다. 이 영역에서 동작은 이제 예술적 성취를 판단하는 유일한 기준이 아니었다. 필요한 것은 민간무용의 표현방식 자체가 지니고 있던 굴레를 타파하고 민간무용의 한계를 극복하여 각 민족무용의 동작요소의 융합을 통해 보다 풍부한 문화적 의미와 정감적 깊이를 지닌 무용 형상을 만들어 내는 것이었다. 이러한 새로운 심미경향은 〈황토황(黃土黃)〉, 〈앙가를 추는 사람(一個扭秧歌的人)〉, 〈공작무(雀之靈)〉와 〈잔춘(殘春)〉 등 작품에서 전형적으로 나타난다.

이 작품들은 창작풍격과 예술특징에 있어 서로 다르다. 이를테면 〈황토황〉과 〈앙가를 추는 사람〉은 고원에 사는 사람들의 생존 상태와 생명 의식을 보여주고 있고 〈공작무〉는 기민한 공작을 재현했다. 〈황토황〉과 〈앙가를 추는 사람〉이 성실하고 순박하고 강건하다면 〈공작무〉는 가볍고 다채롭고 생기 있다. 한쪽은 굳세고 힘찬 아름다움이 가득하고 다른 한쪽은 부드럽고 섬세한 정취가 가득하다. 그러나 이 작품들은 공통적인 면도 없지 않는데, 민간무용을 기초로 하는 동시에 전통적인 격식에서 벗어나 민간무용 심층의 문화적 의미를 발굴하는 데 주력하였으며, 무용동작으로 강한 생명의식을 표현하고 진정한 삶의 가치를 구현하고자 시도했다는 것이 그것이다. 따라서 양리핑(楊麗萍)이 직접 연출하고 공연한 〈공작무〉는 다이족(傣族) 민간무용에서 소재를 취하기는 했지만 그것이 도달하지 못할 깊이를 지니고 있음을 볼 수 있다. "우선, 작품은 다이족의 무용 표현법을 단순히 재현한 것이 아니라 그 움직임에 시대의식을 주입시켜 더욱 힘차고 자연스럽고 약동하는 몸짓의 언어를 과감하게 창조해냈다. 이를테면, 창조적으로 손의 표현력을 발휘한 것이나, 또 팔, 어깨, 가슴, 허리 등의 각 관절을 리듬에 맞게 층차적으로 진동하여 공작의 기민함과 가벼움, 고

결함을 표현한 것 등, 무용예술 특유의 매력을 충분히 드러내고, 섬세하고 부드러움 가운데 생명의 격정을 토로했다. 다음으로 무용구조에 있어, 민족무용에서 주로 사용하는 묘사나 생활 재현 방식을 초월하여, 공작이 생활하는 일상에 따라 그 활동의 절차를 표현하는 대신 공작의 생명과 영혼을 주로 표현하였다. 이를 통해 무용수와 공작, 영혼과 육체가 상호 교감하고, 관객들은 무용을 통해 생명에 대한 예찬을 느낄 수 있다."[1] 작품 〈잔춘〉은 조선족의 전통 독무구조 위에 생사에 대한 이해를 융합시켜 억제할 수 없는 생명의 격정을 힘있고 변화무쌍한 인체의 율동에 주입시킴으로써 무겁고 격앙된 격조로 표현했다. 따라서 뚜렷한 민족적 특색 뿐만 아니라 깊은 정신적 함의와 강한 호소력도 가지고 있다. 이는 바로 이 시기 민간 무용의 매력이기도 하다.

발레예술은 이 시기에 정상 궤도에 들어서기 시작했다. 문화대혁명 기간에 정치적인 구속으로 발레예술은 한때 기형적 발전의 길을 걸었다. 하지만 이러한 기형적 보급으로 보다 많은 관중이 가까이서 발레예술을 접할 수 있게 되었다. 문혁 이후 이데올로기의 제약이 상대적으로 느슨해짐에 따라 발레 예술가들은 신속하게 무대로 돌아가 세계 발레예술의 발전을 어떻게 따라 갈 것인지를 적극적으로 고민했다. 1980년대 초부터 개혁개방으로 외국과의 교류가 날로 확대되고 심화됨에 따라 러시아학파의 영향에서 벗어나 세계 발레예술을 광범위하게 배우기 시작했다. 동시에 영국, 프랑스, 독일, 스위스, 캐나다 등의 유명 발레 예술가들이 연이어 중국 방문 공연을 함에 따라 중국 발레예술가들은 그들과의 우호적인 교류 속에서 선진적인 발레 기예를 배우게 되었다. 신시기 10여 년 베이징, 상하이,

---

1. 황밍주, 「중국 무도예술 감상 가이드」, 상하이음악출판사, 2001년, p.227.

제7장 무용 · 453

텐진(天津) 등 지역의 발레단은 해외 발레 대가의 지도 하에 서로 다른 풍격의 서구 발레 고전 작품들을 잇따라 공연해, 중국 관객들에게 수준 높은 발레예술을 선보였다. 발레 대가들의 높은 예술적 경지와 뛰어난 기예, 극중 인물에 대한 깊이 있는 이해, 엄격한 훈련방식 등은 중국 발레 무용수들에게 심원한 영향을 미쳤고 무용수들의 수준 향상을 촉진하여 신세대 발레 인재들이 빠르게 성장할 수 있도록 해주었다. 이러한 분위기 속에서 발레예술은 크게 성장할 수 있었다.

세계 발레와 보조를 맞추기 위해 발레예술가들은 학습과 교류 외에도 적극적으로 국제대회에 참가하여 대회를 통해 배우고 실력을 향상시켰다. 1982년 미국 잭슨 국제발레콩쿠르에서는 중국 무용수가 3위에 오르면서 첫 수상기록을 남겼다. 그 후 중국은 국제발레대회에 참가하여 여러 차례 수상을 했다. 이는 중국 발레예술이 상대적으로 짧은 시간 내에 상당한 수준에 도달했음을 의미한다.

## 2) 무용 경영 시스템의 완전성과 공연 형식의 혁신

무용 경영 시스템의 구성 부분으로서 우선 무용대회 시스템이 확립되었다. 무용사업의 발전을 위해 경쟁 시스템 도입의 필요성을 절감하고 문화부와 중국무도가협회(中國舞蹈家協會)는 1980년 여름 다롄(大連)에서 공동으로 제1회 전국무도대회를 개최했다. 이때부터 1950~60년대의 합동 공연 형식은 수상자를 선정하는 형식으로 바뀌었다. 이는 신시기 무용계의 가장 큰 변화로서, 창작 의욕을 불러일으켜 공연자와 무용사업의 발전을 촉진하였다. 그후로 전국에서 무용대회가 잇따라 열렸는데, 1986년과 1995년에도 전국 규모의 무도대회가 개최되었다.

대규모 예술단체인 해방군무도단(解放軍舞蹈團)도 군사제재의 무용창작을 부흥·발전시키고 부대 무용단의 예술수준을 향상시키기 위하여 1986년에 전군 제1회 무도대회를 개최하였고 1987년과 1994년에는 두 차례에 걸쳐 전군 문예합동공연을 개최해 수상작을 선정했다.

1978년 '베이징 무도학교(北京舞蹈學校)'가 '베이징 무도학원(北京舞蹈學院)'으로 승격되면서 중국은 자체의 학원파 무용을 갖게 되었다. 학원의 역할을 발휘하고 무도 교육을 촉진하며 각 전문 단체와의 교류를 강화하고 인재의 발굴 및 양성을 가속화하기 위해 1985년에 제1회 전국예술대학교 '타오리컵(桃李杯)' 무도대회가 열렸는데, 그 후 3년을 텀으로 1988년, 1991년, 1994년, 1997년에 각각 개최되었다. 1985년과 1987년에도 전국발레대회가 개최되었다. 1987년에서 1997년에 이르기까지 5차례 '중국예술축제(中國藝術節)'가 열렸는데 이 축제에서도 무용대회 항목이 편성되었다. 동시에 전국적인 아마추어 무용대회와 아동무용창작대회, 지역적·업종별 합동공연대회 등도 열렸다.

각종 대회에 참가한 작품들은 제재가 광범위하고 풍격이 다양했는데, 예술적으로 새로운 돌파와 혁신을 가져온 동시에 우수한 연출가와 공연 인재를 양성하는 데 좋은 기회를 제공했다. 이를테면 〈금산전고(金山戰鼓)〉, 〈안녕, 엄마! (再見吧! 媽媽)〉, 〈희망(希望)〉 등 우수한 작품들과 공연자들은 모두 이러한 대회를 통해 두각을 나타내고 영향력을 확대할 수 있었다.

개인 무용발표회의 광범위한 개최도 신시기 무용의 발전을 이끌었다. 중국 근대사에서 개인 무용발표회를 개최한 경우는 1935년 우샤오방(吳曉邦)이 처음이다. 그 후에 다이아이롄 등 소수 무용가들만이 신중국 건립 전에 개인 발표회를 개최한 바 있다. 신중국 건립 초부터 문화대혁명이 끝날 때까지, 사회적으로 집단주의 정신을 중시하여 대개 모든 성과를 집단의 공으로 돌렸던 관계로 개인 발표회를 여는 경우는 극히 드물었고, 사회 분위기상 이러한 '개인의 무모한' 행위는 용납되지 않았다. 신시기 이후에야 전반적으로 개인의 정감과 개인의 발전을 중시하기 시작해, 1980년에 천아이롄(陳愛蓮)이 처음으로 중국 당대 무용가 개인 발표회를 열고 개인의 예술적 재능과 성과를 보여주었다. 그 뒤를 이어 추이메이산(崔美善, 최미선), 쑨다이장(孫玳璋), 자오칭(趙青), 다오메이란(刀美蘭), 쯔화쥔(資華筠), 야오주주(姚珠珠), 왕쿤(王堃) 등 원로 무용가와 양리핑(楊麗萍), 저우제(周潔), 후자루(胡嘉祿), 리샤오쥔(李曉筠), 천후이펀(陳惠芬) 등 청년 무용가들이 잇따라 개인 발표회를 열었다. 그중에서 영향력이 비교적 큰 것으로는 1987년에 열린 자줴광 무용예술 50주년 기념 행사와 1990년에 열린 천차오(陳翹) 무용 40주년 기념공연 행사를 들 수 있다. 그 뒤를 이어 청년 무용가들이 개인 발표회를 가졌을 뿐만 아니라 무용수들도 작품 발표회를 열기 시작했다. 이를테면, 장지강(張繼剛)의 졸업발표회 작품 〈우리 아빠·엄마에게 바친다(獻給俺爹俺娘)〉 등이 대표적이다. 이러한 발표회를 통해 여러 무용가들은 서로 다른 예술풍격과 뛰어난 기교를 보여주었고 연출가들은 예술적 재능을 드러냈다. 이는 중국 무용가들의 성숙을 나타내는 표지이면서 중국 당대 무용문화의 발전 수준을 나타내는 표지이기도 했다.

1990년대를 전후로 무용예술은 매체화되기 시작했다. 이는 분명 기술혁신이 가져온 무용공연 형식의 혁신이다. TV의 보급과 TV매체의 충격, 공연극장 경영의 불경기로 사람들은 여가시간에 TV시청을 선택하였고, 이에 춤의 극장 공연은 갈수록 줄어들었다. 그러나 가무의 사회적 기능은 점점 더 중시되어 기념적 성격의 경축 행사와 명절 축하 무대에서 가무는 빼놓을 수 없는 항목이 되었다. TV매체는 관중의 선호도에 근거해 무용을 생방송하거나 중계방송했다. 뿐만 아니라 방송국의 가무 프로그램은 더욱 풍부하고 다채로와져 사람들의 문화생활에 활력소가 되었다. 춘절(春節)의 경우를 예로 들면, 1980년대 중기부터 해마다 열리는 중국 중앙텔레비전방송국(CCTV) 춘절 특집 쇼 '춘제완후이(春節晚會)'는 세계 모든 화인(華人)이 춘절 전날 저녁 가족과 함께 하는 '제야만찬(年夜飯)'의 코스요리처럼 되었는데, 이 성대한 활동에서 가무는 중요한 구성 내용 중 하나였다. CCTV의 춘제완후이, 문화부의 가무 특별공연, 군소·민정부의 춘제완후이도 해마다 빠지지 않고 방영되는 프로그램이다. 또 각 성과 시에서 열리는 지역별 군소춘제완후이도 빼놓을 수 없다. 그밖에 국경절(國慶節), 건군절(建軍節,), 노동절(勞動節), 부녀절(婦女節)로부터 6월1일 아동절(兒童節)까지, 그리고 각지의 영화제, 방송제의 개막식이나 각종 시상식 등, 가무는 없어서는 안 될 요소가 되었다. 아울러 노래와 춤을 결합한 형식의 출현은 무용의 역할을 더욱 확대시켰고, 나아가 곡예나 촌극에서도 심미적 효과를 강화하기 위해 무용성분을 점점 더 많이 주입시키는 추세이다. 이 형식은 비록 격렬한 비판을 받기는 했지만 무용을 더함으로써 분위기를 살리거나 관객의 즐거움과 미감을 배가할 수 있었다. 가무영화도 점점 많아지고 비디오테이프, 시디(CD) 등 제품으로 광범위하게 만들어졌는가 하면 인테넷에서 감상할 수도 있게 되었다. 현대과학기술의 발달로 극장공연과는 소원해졌지만 무용과 사람들의 실제 생활과의 거리는 오히려 좁혀서 무용의 보급을 촉진하였고 더 많은 사람들이 무용예술의 매력을 체험할 수 있게 되었다.

한편 관광문화의 발달로 광장무용이 다시 성행했다. 경제생활이 호전됨에 따라 여행은 점차 사람들의 여가와 휴식을 위한 선택으로서 이미 세계적인 사회현상이 되었다. 관광업은 현재 세계적으로 규모가 가장 큰 산업 중 하나로 발전했을 뿐만 아니라 앞으로의 전망도 밝다. 관광업이 발전함에 따라 경제·문화 교류활동도 일종의 여행 방식이 되었으며, 관광가무도 이와 더불어 성행하게 되었다. 성급(星級) 호텔이나 극장에서 관광객을 위한 가무공연을 펼치는데, 이를테면 베이징호텔 극장의 베이징가무단의 '청궁무(淸宮舞)' 공연이라든지 취푸(曲阜) 공묘(孔廟. 공자를 모시는 사당)의 〈제공악무(祭孔樂舞)〉, 〈소소악무(簫韶樂舞)〉 등이 그것이다. 그러나 대부분은 관광명소에서 광장무 형식으로 진행된다. 1990년대 이래 각지에 새로 조성된 여러 유형의 관광명소에서는 손님을 불러들이고 분위기를 돋우기 위해 각각 크고 작은 규모의 광장을 마련하고 그에 상응하는 가무공연을 펼치고 있다. 민족·민간무용, 고전무용 등이 다채롭게 공연되며 혹 간단한 앙가를 추거나 죽간무(竹竿舞)를 추기도 하는데, 어떤 공연이든 관광객들과 무용과의 거리를 좁혀 가까이서 함께 즐길 수 있다는 공통점이 있다. 이는 무용의 보급 발전에 유리할 뿐만 아니라 광장문화의 번영도 촉진시킨다. 물론 예술 수준으로 봤을 때, 여기에서 높은 예술적 가치를 기대하기는 어렵지만 대중 참여성에 있어서만큼은 다른 전문 무용을 훨씬 능가한다.

### 3) 무용극의 파격적인 발전

신중국 이래 중국의 무용극예술은 세 차례의 전성기를 맞이했다. 처음은 1950년대 중기이다. 〈보련등(寶蓮燈)〉이 대표작인데, 민족무용극 성립 초기의 작품들은 표현법에 있어 기본적으로 전통 희곡과 민간무용 동작을 취하였기에 충분히 무용극화되지 못했다는 공통점이 있다. 두 번째는

1980년대 초기이다. 〈실크로드에 내리는 꽃비〉가 대표작인데, 이 시기의
무용극은 표현법이나 제재, 체재, 형식, 풍격 등에서 전방위적인 발전을
이루었다. 1989년 이후, 중국 무용극은 다시 도약의 형세를 보인다. 1992
년 11월 25일에서 12월 5일까지 선양(沈陽)에서 진행된 '전국무용극 시연
제(全國舞劇觀摩演出會)'에서 〈아스마(阿詩瑪)〉를 대표로한 13편의 대형
무용극이 공연되어 중국 무용극의 세 번째 전성기를 이끌었다. 제재와 표
현수법에서의 확장과 다양성은 전례 없는 비약적인 발전을 보이며 중국무
용극의 새로운 국면을 열었다.

　우선 무용극의 제재 측면을 보면, 그 범위가 시, 공간적으로 끊임없이 확
장되어, 천상과 인간세상, 동서고금을 포함할 뿐만 아니라 역대 왕조까지
망라했다. 예를 들면, 〈문성공주(文成公主)〉, 〈동작기(銅雀伎)〉, 〈진용혼(
秦俑魂)〉 등은 역사 사건과 인물에 근거해 창작한 것으로 '방고악무'의 붐
을 일으켰다. 한족(漢族)과 여러 소수민족의 신화나 민간전설을 제재로 한
무용극도 있다. 이러한 무용극들이 문화대혁명 시기와 크게 다른 점은 제
재 선택 범위의 확대이다. 예를 들어, 다이족(傣族)의 〈자오수툰과 난무눠
나〉, 장족(藏族)의 〈줘와쌍무(卓瓦桑姆)〉, 만족(滿族)의 〈진주호(珍珠湖)〉
등은 여러 민족무용으로부터 예술 영양분을 광범위하게 흡수해 다채로운
소수민족 무용극의 예술 전시 화랑을 이룸으로써 중국 여러 민족의 다채로
운 민간고사와 전설을 전시하였다. 이 외에 현대 혁명투쟁과 당대 현실생
활을 제재로 한 무용극 〈추진(秋瑾)〉, 〈피로 물든 모습(血染的風采)〉 등이
있는데 당대인의 정신과 생활을 잘 표현하였다. 이 시기 무용극의 또 하나
주목할 만한 특징은 방대한 동서고금 문학명작에서 예술 영감과 자양분을
받아들이고 그 속에서 각색에 필요한 내용들을 선택하여 가공·정련을 거

처 무용극으로 탄생시켰다는 점이다. 그중 비교적 유명한 것으로는 루쉰(魯迅)의 동명소설을 각색한 〈축복(祝福)〉, 차오위(曹禺)의 연극을 각색한 〈판이(繁漪)〉 등이 있고, 그 외 〈집(家)〉, 〈홍루몽(紅樓夢)〉과 〈변성(邊城)〉 등 기타 작품들도 적지 않다. 이런 각색의 붐은 풍부한 문화적 축적을 바탕으로 개방적인 문예사조에 호응하면서 중국 무용극의 문화적 의미와 정신적 소양을 새로운 차원으로 끌어올렸다. 심층적인 면에서 보면, 신시기 무용극은 역사고사에서 제재를 취한 것이든 문학명작에서 도움을 받은 것이든, 모두 전에 비해 인성에 대한 의미 발굴을 더욱 중요시하고 삶의 가치에 대한 탐색과 표현, 그리고 자아개성의 발현과 표출을 더욱 중요하게 다루었다. 예를 들어, 〈아스마〉는 섬세한 필치로 인물의 풍부한 내면세계를 정교하게 묘사하고 아름다운 사랑을 노래했다. 또 선충원(沈從文)의 동명 소설을 무용극으로 각색한 〈변성〉은 사람과 사람 간의 '사랑'을 부각시키는 데 힘을 기울였다. 극 전체가 주요인물의 심리변화 과정을 둘러싸고 전개되는데, 지방색 짙은 표현법으로 '우아하고 아름답고 건강하고 자연스러우면서 인성에도 어긋나지 않는 삶의 형식'을 나타냈다.

다음으로 무용극의 유형이 다양화되면서 '삼분정립'의 양상을 이루었다. 전체적으로 볼 때, 신중국 건립 초기에는 민족무용극이 유리한 조건에서 발전하였고, 문화대혁명 기간에는 발레가 독보적인 위치를 차지하였으며, 개혁개방 후의 80, 90년대는 현대무용극이 새롭게 등장하여 성행하였다. 이로써 중국 무용극은 삼분정립의 형세를 이루었다. 중국 민족무용극은 "중국 고전무용과 민족·민간무용을 표현의 기초로 하고, 전통적인 희극성 구조를 주요 수단으로 하여 줄거리를 구성하고 인물을 묘사하는 무용극의 통칭"[1]으로, 이는 다시 한족 무용극과 소수민족 무용극으로 나뉜다. 연출가들마다 각기 서로 다른 시기, 다른 지역, 다른 민족의 동작표현법을 혼합, 편집해서 무용극을 완성했다. 이들 무용극은 동작표현에서 각기 연원을 달리 하기에 다양한 풍격을 나타냈다. 신시기 민족무용극에 종사한 연출가들 또한 개방된 사상으로 중국 민족무용극에 새로운 국면을 열었다. 더 많은 제재를 개척하고 더 많은 문화적 내용을 발굴했을 뿐 아니라, 더 많은 동작표현법을 융합하여 민족무용극에 이채를 더했다. 〈문성공주〉, 〈동작기〉, 〈아스마〉 등은 모두 민족무용극의 우수한 대표작들이다. 중국 발레는 여전히 서구 발레의 기본 기법인 발끝으로 서서 추는 동작을 규범으로 삼아 창작 및 공연에 응용하였다. 그러나 내용과 인물에 있어서는 대체로 중국적 제재를 취하고 중국적 정감을 지닌 인물을 형상화한 것이 대부분이라 자연히 민족적인 무용동작 표현법을 취하게 되어 서구 발레와는 전혀 다른 민족풍의 특색을 보여준다. 그리하여 중국적인 특색을 지닌 발레체계를 형성하였다. 새로운 형세 하에서 중국 발레무용극은 실험적 탐구에서도 새로운 진전을 보였다. 즉, 제재면에서 중국문학이나 희극의 명작에서 제제를 발굴하여 눈에 띄는 성과를 거두었는데, 이를테면 〈뇌우(雷雨)〉, 〈집(家)〉, 〈혼(魂)〉, 〈아큐(阿Q)〉, 〈애도(傷逝)〉 등은 모두 유명한 대표작들이다. 구성과 표현방식에서도 파격적인 시도를 했는데, 인물의 성격과 정감의 필요에 근거하여 줄거리 구조를 설정하고 강한 내면화 경향을 나타냈다. 동작표현에 있어서는 여러 민간무용의 표현법을 혼합함으로써 강렬함을 더했다. 중국의 현대무용극은 경직된 무용규범이 없기에 인물 형상이나 정감표현에 있어 광범위하고 자유로운 표현공간과 예술세계를 형성했다. 제재

---

1. 왕커펀 등 편집, 『중국 근현대·당대 무도 발전사』, 인민음악출판사, 1999년, P.402.

면에서 현대무용극은 현대적 제재의 개발에 많은 노력을 기울여 보다 선명한 시대감을 지녔다. 현대 무용극의 대표작으로는 〈판이(繁漪)〉, 〈밍펑의 죽음(鳴鳳之死)〉 등이 있다. 이러한 작품들은 무용극의 표현기법을 확장한 성공적인 시도로, 신시기 문예사조의 개방적 특징을 분명하게 보여준다.

요컨대, 중국 무용극은 서구의 발레극과 현대무용을 참조한 기초 위에서 발전하기 시작했다. 그러나 발전과정에서 중화민족의 넓고 심오한 문화적 축적에 근거를 두었기에 이와 같이 다양한 무용풍격과 동작언어가 나올 수 있었고, 더 나아가 다양한 풍격과 언어가 하나의 작품으로 융합될 수 있었다. 이러한 혼합성을 감안해보면, 위에서의 무용극에 대한 구분은 상대적인 것으로 분명하게 경계를 지을 수 있는 것이 아니다. 이는 중국의 무용극에 대한 탐구 역시 장기적인 작업이 되리라는 것을 뜻하기도 한다.

### 4) 사회무용활동의 번성

1980년대 이후, 사회가 안정되고 생활조건이 개선됨에 따라 무용의 사회적 기능과 예술적 매력이 광범하게 인식되기 시작하면서 나타난 하나의 현상은, 군중의 여가 무용활동이 활기를 띠며 사회 전반적으로 '무용붐'이 형성되었다는 것이다. 그래서 혹자는 군중무용을 '사회무용'이라고 부르기도 한다. 사람들은 광범위한 사회무용활동을 자발적으로 조직하여 전개하였다. 신중국 건립 초기에 비해 이 시기의 사회무용활동은 자발적이고 자주적이며 자유로운 기초 위에 형성되었고 광범위한 참여나 풍부한 내용, 다양한 형식 등 측면에서 모두 전례가 없는 것이었다.

1980년대부터 대도시나 시골이나 할 것 없이 무도장이나 디스코텍에서 또는 광장이나 길거리에서 춤을 추는 사람들의 모습이 차츰 늘어났다.

추는 춤도 다르고 연령도 달랐지만 몸과 마음을 다해 춤에 몰입하여 자유자재로 춤을 추는 모습은 한가지였다. 이러한 풍조가 얼마나 광범위하게 일어났는지는 우선 지역과 민족과 연령의 편폭에서도 잘 드러난다. 한편, 전통적인 민족·민간 무용활동 또한 각지에서 자발적으로 활발하게 일어나기 시작하면서 도시의 광장무도 다시, 성행하였는데, 전통 명절을 이용해 지역 간 합동공연이나 대회를 진행하기도 하였다. 노인들 사이에서는 노인 디스코나 앙가를 추는 것이 매우 보편적이었다. 춤은 부단히 변화하면서 민족무용과 결합해 발전하였고, 또 조직적인 대회나 합동공연을 갖는 것도 자주 볼 수 있었다. 청년들의 경우 브레이크 댄스(break dance)나 힙합(hip hop)을 좋아하여, 광장에서 춤을 추며 스스로 즐겼고, 각 도시별 혹은 전국적인 대회가 개최되기도 했다. 아동무용은 더욱 활기찬 추세를 보였는데, 각지의 소년궁(少年宮. 역자 주: 정치교육과 집단 문화활동을 위해 설치한 기관)과 초중고등학교, 유치원에서는 공연과 대회에 대비해서 아동무용 프로그램을 짜서 공연 연습을 했다. 각종 예술축제에서도 아동무용 특별 공연이 있는가 하면 다양한 아동무용 공연 프로그램도 있었다. 한편, 전국 각지에서 전문적 성격이 강한 아동예술단이 탄생했는데, 이를테면, 베이징의 '은하(銀河)', '란톈 유치원(藍天幼兒園)'과 난징(南京)의 '샤오훙화(小紅花)', 산둥(山東)의 '샤오톈어(小天鵝)' 예술단 등이 대표적이다. 변방 소수민족의 전통가무도 부흥해 내몽고(內蒙古)의 '나다무(那達慕) 대회', 티베트고원의 '궈좡(鍋莊)' 등 전통적 집회가 다시 열리기 시작했다. 이 외에 장애우 무용활동도 사회의 보편적인 주목을 받았다. 광범위한 사회무용 열기 속에서, 어린이들의 공연은 중화민족 미래의 지혜와 재기를, 청년들의 무용활동은 현대화 중국의 활력을, 노인들의 앙가와 디스코는 민족의 완강한 생명력을 드러냈다. 이는 새로운 시대를 맞이한 중국인이 심신의 전면적인 해방을 만끽하며 자유로이 큰 걸음으로 앞으로 나아가는 것을 상징하기도 했다.

이러한 열기 속에 무용의 내용 또한 날로 풍부해졌다. 신시기의 사회무용은 신중국 건립 초기처럼 정책이나 정세의 선전 등에 국한된 것이 아니라, 일종의 휴식과 오락으로 신체의 자유로운 움직임과 정감의 자유로운 표출을 중요시했다. 기능면에서 말하자면, 군중 무용활동은 주로 스스로 즐기고 분위기를 부각시키는 데 그 의의를 두었다. 사람들은 아름다운 음악 속에 몸을 맡겨 음악의 선율에 따라 움직임으로써 생명의 활력을 느끼고 자아의 형체적 미감과 운치를 발견했다. 이러한 율동 속에서 내면의 정감 또한 발산되는데, 이에 불쾌감 마저 해소되어 스스로의 심리를 조절할 수 있고, 생리적·심리적 평형을 가져올 수 있다. 이런 의미에서 보면, 무용은 사회안정을 조절하는 역할도 한다. 수많은 명절 의식에서나 관광명소에서 무용은 흥겨운 분위기를 돋우어 긴장을 풀고 정서를 조절하는 데 도움을 줄 수 있다. 사회적 교류에 있어 사교춤은 광범하게 응용되는데 이 또한 현대 군중무용의 주요한 내용이다. 현대사회에서 사교춤은 이미 국제적으로 통용되는 하나의 사회 교제방식이다. 아울러 춤을 추면서 서로 간의 이해를 더하고 감정을 나눌 수 있어 젊은이들이 배우자를 선택할 때 아주 유용한 방법이기도 하다. 많은 사람들이 무용과 체육을 결합시켜 무용을 통해 체력을 단련하는데, 이는 신시기 군중 무용활동의 하나의 큰 발전으로 '중국특색'이라 할 만하다. 이러한 유형의 무용으로는 전통적인 도검무(刀劍舞), 부채춤(扇子舞) 외에도 개량된 중노년 디스코와 에어로빅 댄스와 피트니스 댄스 등이 있다.

개혁개방의 분위기 속에서 무용형식은 나날이 다양해져 심지어 즉흥창작의 길로 나아가게 되었다. 전국 각지의 군중은 민족의 지혜와 모든 것을 포용하고 보존하는 정신을 충분히 발휘하여 자신의 재능을 드러내고, 아울러 동서고금의 여러 무용양식을 모두 섭렵해 군중무용의 형식으로 개조하였다. 지금의 무용 형식을 보면 앙가나 화고등(花鼓燈) 등 여러 민족·민간무용과 사교춤, 디스코, 브레이크 댄스 등 외국에서 온 무용형식이 있는가 하면, 서로 다른 연령층의 무용활동과 서로 다른 직업의 무용활동, 예컨대, 농민무용, 대학생무용, 군대무용 등이 혼재해 있다. 또 즉흥무용, 사교춤 등 스스로 즐기는 무용이 있는가 하면, 시합과 공연 등 수요에 의해 창작되고 공연을 주요 목적으로 하는 무용도 있다. 새로운 시기, 군중무용의 형식은 '백화제방, 백가쟁명'이라고 할 만큼 서로 다른 군중의 서로 다른 수요를 만족시키고 있다.

반세기에 달하는 중국무용사의 발전과정을 종합해 보면, 우리는 무용계에 곧 전환이 일어나리라는 것을 예측할 수 있다. 시대가 발전하고 변화함에 따라, 그리고 전통에 대한 반성과 극복, 삶의 가치에 대한 재평가와 미래 생활에 대한 전망이 있게 됨에 따라, 상부구조를 구성하는 문예이론과 심미관념과 심미적 취미도 이에 상응하여 변하게 될 것이고, 나아가 이는 무용예술의 구조, 동작표현, 수법 등 각 방면에서의 변화를 가져오게 될 것이다. 이러한 변화의 구체적인 방향은 예측할 수 없지만, 필시 여전히 중화민족의 두터운 전통문화가 기반이 되고 외래문화가 변화를 자극하는 요소가 될 것이므로, 이로 인해 다원화의 발전 추세가 변함없이 유지될 것이다. 무용의 사회기능 또한 더욱 중시되고 이용될 것이다. 이러한 요소들은 모두 중국무용의 발전에 새로운 계기로 작용하게 될 것이고, 따라서 더욱 크고 많은 도약을 이루어 반드시 새로운 번영의 국면을 맞이하게 될 것이다.

# 제8장

## 희극

당대(當代) 심미 문화를 구성하는 희극은 반세기 동안 무겁고도 복잡한 역사적 사명을 수행해왔다. 당대 희극은 당대 중국 역사 방향과의 밀접한 관계 속에서 발전해왔는데, 영화를 누리기도 하고 모욕을 입기도 하였으며, 때론 번영하고 때론 쇠퇴하였다. 일찍이 시대의 최전선에 서서 정치적 선봉장이 되었음은 물론, 당대 중국인의 심미 문화심리의 변화를 가속화하는 역할을 담당하기도 하였다. 희극의 흥망성쇠 과정은 곧 당대 심미 심리의 변천사라 말할 수 있다.

당대 중국의 운명이 부침함에 따라, 당대 희극의 심미 문화사에도 다채로운 모습이 펼쳐졌다. 1950년대에 백화(百花)가 일제히 만개한 이래, 60, 70년대의 정치적 격정과 80년대의 격동기를 거쳐 90년대에 이르러 다시 부흥하기까지, 반세기 동안의 희극 심미문화는 보다 이성적이고 다원화된 방향을 향해 발전했다.

# 제1절

# 신중국 건립 초기의 희극

　　신중국 건립 초기는 경제적인 면에 있어 많은 폐단이 잠복해 있고 극도로 빈곤한 상황이었으나 사회 전반적으로는 청신함과 활력이 넘쳐났다. 물질적 빈곤은 정신적인 희열과 열정을 막을 수 없는 법, 집정자이건 국민이건 할 것 없이 모두 새로운 생활에 대한 동경으로 가득 차 있었다. 이 두 집단의 역량의 결합이 이 시기 희극 심미문화를 형성했다고도 말할 수 있는데, 이 문화는 정치 풍운의 급작스런 변화에 따라 확연히 두 단계로 나뉜다. 첫 번째 단계는 1949년부터 1956년까지로, 전반적으로 개방, 민주, 청신, 활력을 향해 나아가고 있었다. 따라서 심미적 기풍 역시 민주적 다원화와 분발과 발전을 지향하여, 패기로 가득차 있었다. 두 번째 단계는 1957년부터 1964년까지로, 정치적 요소가 국민의 모든 생활 차원으로 점차 스며들면서 사회적으로 통일되는 분위기가 형성되어 갔고, 이로 인해 백화가 일제히 만개하던 국면은 한 송이 꽃이 홀로 피어있는 국면으로 대체되었다. 희극 심미문화는 오직 현대 희극만의 것이 되었으며, 활력적이고 다양하던 심미적 지향도 단조롭고 기계적으로 변하였다. 이런 변

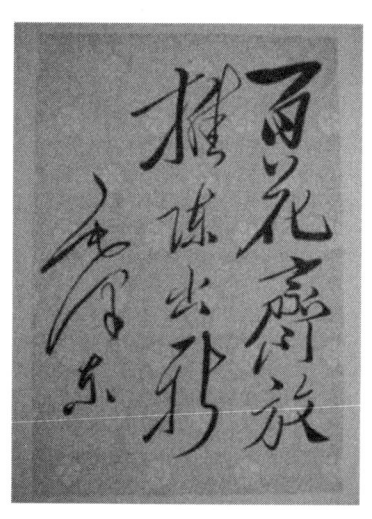

그림 8-1-1 마오쩌둥이 제기한 희극 방침

화를 야기한 내재적 동력은 심미와 정치의 이중 변주(變奏)이다.

이 시기 희극 심미는 다음과 같은 특징을 보인다. 첫째, 심미에 대한 정치적 역량의 개입, 즉 희곡 개혁과 '삼병거(三幷擧)' 정책의 수립이 그것이다. 1949년부터 1956년까지, 신정부는 희곡 개혁 및 당시의 임무와 방향 등에 관해 일련의 정책 방침을 제정하였다. 처음에는 각종 형식의 희곡강습반을 열어 배우들을 대상으로 사상 개조를 실시하였고, 1951년에는 〈희곡 개혁에 관한 지시〉 즉 '오오지시(五五指示)'를 내려, 마오쩌둥이 제기한 '백화를 일제히 꽃 피워 진부한 것을 밀어내고 새로운 것을 창조하라'는 방침(그림 8-1-1)[1]에 따라 '희곡은 인민의 새로운 애국주의 정신을 발양하고, 인민의 혁명투쟁과 생산 노동 중의 영웅주의를 고무하는 것을 우선 임무로 삼아야 한다. 침략에 대한 반항, 압제에 대한 반항, 조국에 대한 사랑, 자유에 대한 사랑, 노동에 대한 사랑을 널리 선전하고, 인민의 정의와 선량한 품성을 드날린 희곡은 응당 격려해주고 널리 보급해야 한다.'는 방침을 규정하였다. 희곡을 바꾸고 사람을 바꾸고 제도를 바꾼다는 이른바 '삼개(三改)'의 전제 하에 '현대 희극 종목을 크게 발전시키고, 우수한 전통 희극 종목을 정리, 각색하고 공연하며, 새로운 역사유물주의 관점을 제창하여 새로운 역사 희극을 창작한다. 이 세 가지를 동시에 추진한다.'는 '삼병거'에 의해 희극의 면모를 변화시켜 나갔다. 동시에 희극 개진위원회(후에 희개국이라 칭함), 중국희곡연구원, 중앙희곡학원 및 각급 별 희곡 극단(戲團)을 따로 설립하였다. 이에 희극은 상부 이데올로기와 주류 문화의 선봉장이 되어 당대 심미문화에 오래도록 깊은 영향을 미쳤다. 두 번째, '오락 속에 교훈을 담는다.' 즉 심미 교화에 대한 중시가 그것이다. 중국 혁명이 이루어 낸 위대한 성취 중 하나

---

1. 사진 출처는 쥐치훙(居其宏), 『신중국 음악사(新中國音樂史)』, 후난미술(湖南美術)출판사, 2002, p.41.

는 '토지혁명'의 전개이고 또 하나는 혼인관념, 생활방식의 근본적 변혁이다. 이는 '경작할 수 있는 30묘(畝)의 땅에 소 한 마리, 마누라, 아이와 따뜻한 온돌에서 사는 것'을 중시하던 중국 백성들이 가장 관심을 갖는 두 가지 사건이었다. 어떻게 하면 그들로 하여금 갖은 고통을 받아왔던 과거로부터 벗어나 새로운 생활에 대한 신념과 용기를 갖게 할 수 있을까? 이것이 바로 신중국 지도자의 중점적 임무였다. 선전과 교화 효과를 중시하던 지도층에게 있어 가장 절실했던 것은 신정권을 위해 보편적인 선전과 교도(敎導)를 담당해줄 적합한 상부구조였다. 이에 광활한 중화 대지에서 가장 대중적이고 보편적인 예술 형식인 희극이 참신한 자태로 역사의 무대 위로 걸어 올라가 시대 사조를 이끌어가는 역할을 하였는데, 이로써 몇 세대 사람들의 심미적 취향을 창조하게 되었다. 세 번째, 희곡의 전면적인 번영이다. 새로운 국가를 건설하고 새로운 기풍을 제창하려는 아름다운 염원 하에 '백화를 일제히 꽃 피워 진부한 것을 밀어내고 새로운 것을 창조'하는 양호한 국면이 형성되자 각본 및 연출을 맡은 사람들은 최대의 창작 열정을 발휘하였다. 이에 경극(京劇)은 물론, 각종 지방희(地方戱)까지 커다란 성과를 줄줄이 내기 시작하여, 희곡(戱曲)은 신중국 성립 이후 가장 찬란한 번영기를 맞이하게 되었다.

## 1. 현대희(現代戱): 새 가지에 화려한 꽃봉오리가 맺히다

당시의 해석에 따르면, 이른바 현대극이란 신중국 건립 이후 새로운 생활을 반영할 수 있는 희곡작품을 가리킨다. 희극의 구조적인 면에서나 창강(唱腔)[1]의 변화 내지는 무대미술 설계 면에 있어서나, 현대극은 전통극과 커다란

---

1. [역자주] 중국 전통극의 노래 곡조를 말한다.

차이점을 보인다. 현대극은 사람들이 새로운 생활을 추구하는 과정에서 탄생한 결과물이었다. 반봉건을 주제로 하는 민주혁명의 기치 아래, 현대극은 전통에 반대하고 봉건에 반대하는 최전방 진지가 되었는데, 신정권으로부터 고도의 중시를 받음은 물론, 민중의 심미 심리에도 암암리에 영합하였다. 어떤 면에서 보면, 현대극이 취한 태도는 혹 신정권에 대한 민중의 만족도를 보여주는 답안이었는지도 모른다.

신중국 건립 초기에 등장한 일련의 현대극 작품들은 희극(喜劇) 예술에 새로운 이념을 가져다 주었다. 희극 무대에 넘쳐나는 것은 더 이상 싸구려 익살 가득한 조소가 아니라, 새로운 생활과 신관념에 대한 찬송이었다. 낡은 세력에 대한 신생역량의 도전과 승리였다. 당시 비교적 영향력이 컸던 현대극, 예를 들어 평극(評劇: 河北 지방극) 〈류차오얼(劉巧兒)〉, 〈작은 사위(小女婿)〉, 호극(滬劇: 上海 지방극) 〈나한전(羅漢錢)〉, 미호희(眉户戲: 陝西省 지방극) 〈량추옌(梁秋燕)〉, 여극(呂劇: 山東省 지방극) 〈이씨네 둘째 아주머니의 재가(李二嫂改嫁)〉 등은 전통극이 과연 현대 생활을 표현할 수 있을지 하는 의문에 긍정적인 답안을 제시함과 동시에, 신정권의 정책 선전에도 적잖은 기여를 했다. 이런 희극들은 '중화인민공화국혼인법'을 선전하고 새로운 생활 양식과 관념을 선전하였는데, 강제적이고 기계적인 정치 설교를 대신했기 때문에 더욱 쉽게 대중의 사랑을 받고 받아들여질 수 있었다. 일종의 심미 형식으로서, 이런 희극들은 유쾌한 여담거리를 제공했을 뿐만 아니라, 전통 문학예술의 '오락 속에 교훈을 담

그림8-1-2 평극 〈류차오얼〉(신평사/新鳳霞 분)

는' 기능을 전승하기도 하였다. 이 작품들은 신중국 건립 초기 광대한 부녀자 계층이 혼인 자주권을 획득해 가는 과정 속에서의 몇 가지 전형적인 이미지를 성공적으로 창조해냈다. 또 혼인매매, 데릴사위와 민며느리, 과부 등 갖은 봉건 악습이 자유연애와 혼인에 자행한 훼손을 각각 다루고, 모든 문제를 희극적인 해피엔딩으로 처리함으로써 신구 세대 간의 혼인 관념과 형식에 대한 근본적인 차이를 보여주었다. 또 이렇게 함으로써 혼인과 연애의 자유해방이 개체 해방의 최선봉에 서게 하였다. 그 중 가장 눈에 띄는 것은 〈류차오얼〉이다. 이 작품은 소재가 진실할 뿐 아니라, 명랑하고 자유분방하며, 창신 의식을 지니고 새로운 사상을 비교적 빨리 수용하는, 또 혼인자유를 위해 용감히 싸우는 류차오얼이라는 젊은 여성의 전형적인 형상을 창조해냈다.(그림 8-1-2)[1] 거기다 유명 배우 신펑샤(新鳳霞)의 훌륭한 연기까지 더해지면서 류차오얼의 이미지는 당시 자유연애를 갈망하던 소녀들 마음 속의 선망의 대상으로 자리잡게 되었다. 〈류차오얼〉은 순식간에 공장과 농촌을 휩쓸며 공연되었고 음반까지 제작되었으며, 1956년에는 예술영화로도 제작되면서 '차오얼 나는 …… 자유롭게 시집갈거야'는 한 시대를 풍미한 희곡 아리아가 되었다.

1958년 이후, 선전이 심미를 압도하는 추세 속에서 현대극, 특히 혁명 현대극이 희극 무대를 신속히 점령하고 전통극은 점차 자취를 감추어 더 이상 찾는 사람이 없었다. 1958년 3월 5일, 문화부에서 '창작을 크게 발전시키는 것에 관한 통지(關于大力繁榮創作的通知)'를 발표하자 이는 곧 희극의 대약진을 호소하는 슬로건이 되었다. 문화부에서 개최한 현대 소재 희극 합동공연에서 각종 작품이 쏟아져 나왔는데, 특히 예극(豫劇: 河南省 지방극) 〈차오양거

---

1. 사진 출처는 푸진(傅謹), 『신중국 희극사(新中國戲劇史)』, 후난미술출판사, 2002, p.18.

우(朝陽溝)〉와 〈류후란(劉胡蘭)〉, 경극(京劇) 〈백모녀(白毛女)〉, 곤극(昆曲: 중국 昆山지역에서 유래한 전통극) 〈붉은 노을(紅霞)〉 등 훌륭한 작품들이 심미 문화의 무대 위로 걸어 나왔다. 정책 설명용 기타 작품들과 비교해볼 때, 상기 작품들은 생활의 진실을 중시하여 예술적 진실성을 부각시켰기 때문에 점차 관중이 듣고 싶어하고 보고 싶어하며 널리 전하여 애창되는 희곡 아리아가 되었다. 가장 언급할 만한 것은 양란춘(楊蘭春)이 창작한 〈차오양거우〉로, 오늘날까지도 많은

그림8-1-3 예극 〈차오양거우〉 (창상위/常香玉 분)

사람들이 즐겨 흥얼거리곤 한다. '사돈댁, 앉으세요. 우리 둘이 마음 터놓고 이야기를 좀 해봅시다. / 사돈어른 우리 다 앉아요. 우리 이런저런 얘기 합시다. / 사돈어른 우리 집에 오셔서 여기 커다란 수박 한번 맛보시오……' 지극히 질박한 본래 모습 그대로라 할 수 있는데, 인정과 세상사를 말하고, 일반인을 노래하며 부모 사랑을 그리고, 생산과 생활에 관한 것들을 말하고 있었다.(그림 8-1-3)[1] 이 작품은 나오자마자 최고 지도자의 높은 평가와 칭찬을 받았는데, 작품 속 등장인물 인환(銀環)은 한 동안 향촌으로 내려간 지식 청년들의 우상이 되었다. 이 희극은 전체적인 효과 면에서 '대약진' 시기 혁명을 위해 앞장 서고 사회주의 건설을 향해 신념을 불태우던 호쾌한 열정을 부각시키면서, 사회주의 새로운 농촌의 아름다운 전경을 그려냈다. 이 극은 전반적으로 언어 풍격적인 면에 있어서도 조금의 조탁의 흔적도 없이, 청신하고 자연스러운 향토색이 짙다. 각양각색의 자구(字句)나 격식도 합리적이고 자연스

1. 사진 출처는 푸진, 『신중국 희극사』, 후난미술출판사, 2002, p.70.

러워 흘러가는 구름이나 물처럼 느껴지며, 말하는 듯 분명하고 뜻을 음미할수록 여운이 돈다. 게다가 여러 장점을 흡수하여 입에 잘 붙는 창강을 설계해낸 덕에, 쉽게 따라 부를 수 있어 뇌리에서 떠나지 않는다.

그러나 전체적으로 볼 때, 이와 같은 희극 대약진 운동에 1956~1957년 사이 남발된 전통극에 대한 반발이라는 역사적 공훈이 있기는 하지만, 결국은 과도함을 면치 못했다. 한 종류의 꽃만 피어있는 것은 봄이 아니다. 이로부터 거의 20년 동안, 일종의 심미 형태로서의 전통극은 점차 빛을 잃어가기 시작해 결국 무대에서 자취를 감추고 말았다. 깊이 있는 역사 감각은 영웅주의 격정에 의해 흐려졌고, 사람의 심장을 두근거리게 하던 창강은 현실 생활 속의 구어체에 의해 소멸되었으며, 우아하던 무대 연출은 경직되고 기계화된 공식적인 동작에 의해 질색된 채 생기를 잃었다. 화려하지만 간결함을 잃지 않던 무대 설계마저 날로 번잡해지는 사실적 배경으로 대체되면서, 회화와 시가 등 각종 고전예술의 정화(精華)의 융합체이던 고전희곡은 사람들의 생활로부터, 또 사람들의 심미 시선으로부터 조용히 사라지고 말았다. 신시대에 진입한 이후에도 희곡은 희곡인들이 기대하던 만큼의 중흥 내지 번영을 일구어내지 못하였으니, 실로 크나큰 유감이 아닐 수 없다.

## 2. 전통희: 늙은 가지에서 새싹이 돋아나다

이 시기에 이르러 전통극에는 두 가지 변화가 생겨났다. 1958년 이전, 새로운 형세 하에 추진되었던 '개희(改戱)' 원칙이 전면적으로 시행되면서 무대 위의 추악하고 비열하며 거칠고 야만스럽고 공포스러웠던 기존의 분위기가 일소되고, 방대하고 복잡하며 두서없이 얽혀있던 내용들도 새로운 아름다움으로 대체되었다. 이에 무대 위이건 무대 아래이건 모두 청신함과 건강함, 향상을 추구하는 생기로 가득했다. 희곡계에 각양각색의 꽃들이 피어나 아름다움을 다투니, 봄기운이 뜰에 가득했다. 이 모든 것은 낙관적이고 개방적이며 분발을 추구하던 이 시대의 정신을 전형적으로 보여준다. 1958년 이후 정세가 긴장해짐에 따라 전통희곡도 '대약진'의 구호 아래 급격히 위축되기 시작하였다. 현대 희극이 무대를 독점하면서 전통극의 우아한 창강과 운율은 거의 20년에 가까운 세월 동안 깊은 기억 속으로 밀려나 있었다.

10부의 전기(傳奇) 작품 중에서 9부는 비극이었다. 월극(越劇: 浙江省 紹興 지방에서 발생한 연극) 〈양산백과 축영대(梁山伯與祝英台)〉(쉬진/徐進, 1951), 월극 〈홍루몽(紅樓夢)〉(쉬진/徐進, 1955), 황매희(黃梅戱: 安徽 지방에서 성행한 전통극) 〈천선배(天仙配)〉(루홍페이/陸洪非, 1956), 경극 〈백사전(白蛇傳)〉(톈한/田漢, 1952), 경극 〈서상기(西廂記)〉(톈한/田漢, 1958), 보선희(莆仙戱: 福建省 莆田과 仙游 지역에서 유행한 지방희) 〈대단원 그 후(團圓之後)〉(천런젠/陳仁鑒, 1959), 보선희 〈춘초틈당(春草闖堂)〉(천런젠/陳仁鑒, 1960) 등 전통극은 모두 비극적인 사랑이라는 무형의 힘을 반봉건에 대항하는 더욱 강력한 무기로 제시함으로써 백화가 아름다움을 다투는 시대를 함께 형성해냈다. 이 희곡들은 당시에 가장 선진적이라 할 수 있는 전파 수단, 예를 들어 영화나 방송 등을 이용했는데, 이에 힘입어 신속하게 보급되고 확산될 수 있었다. 황매희 〈천선배〉의 무대 공연과 영화 상영은 당시에 가장 큰 인기를 끔과 동시에 가장 큰 영향을 미쳤다. 중국영화배급사의 통계에 따르면 1956년부터 1959년 총 4년에 〈천선배〉가 세계 각국에서 약 300만에 달하는 열성 팬을 확보했으며, 중국 대륙에서는 1.43억 명에 달하는 관객이 연극과 영화를 관람하였다고 하니, 가히 한 시대를 풍미했다 할 만하다. 쉬진(徐進)이 대본을 쓰고 청룽(成容), 쑹쯔유(宋之由), 천위(陳羽), 홍잉(宏英)이 공동으로 정리한 〈양산백과 축영대〉는 가장 큰 국제적 명성을 얻은 중국 희곡이다. 1951년에 신중국 건립 2주년 행사에 참가하여 공연한 바 있고, 그 이듬해에 제1회 전국희곡대회에서 극본상과 연출상 등을 수상하였으며, 1953년에는 칼라판 필름이 출시되어 제8회 국제영화제 음악상을 수상하면서 '중국판 로미오와 줄리엣'이라는 찬사를 받았다. 쉬진의 두 번째 대표작인 월극 〈홍루몽〉은 1950년대 〈홍루몽〉에 관한 논의가 대대적으로 전개되면서 형성된 '홍학열(紅學熱)' 속에서 탄생하였다. 다른 극단에서 소설을 개작한 〈홍루몽〉을 공연한 데 반해, 이 작품은 계급 투쟁이나 정치 운동으로 학술 토론이 극단화되어 가는 경향에서 벗어나 고전 희극 극본의 문학성과 예술미를 재현해냈다. 그래서인지 공연된 지 얼마 되지 않아 광범위한 찬사를 얻고, 얼마 후에는 동명의 칼라 필름 영화로도 제작되었다.

광범위한 전파 범위와 오랜 유행 시간만 놓고 보아도 이 작품이 당대 심미 문화사에서 차지하고 있는 지위를 한눈에 짐작할 수 있다. 지금까지도 당시 인구에 회자되었던 아름다운 노래 가락, '나무 위의 새는 짝을 짓고, 푸른 물 푸른 하늘은 웃음을 머금었네. 이제부터는 노역의 고통도 없으리니, 부부가 쌍쌍이 손잡고 집으로 돌아가네.'를 부를 줄 아는 사람이 적지 않는

데 이는 반짝 절정의 인기를 누리고 마는 유행가를 무색하게 만든다. 황매희 〈천선배〉는 〈차오양거우〉와 완전히 다른 생활의 이상과 낭만을 그려냈다. 즉 농촌 사회에서 자급자족하는 소농경제와 전원목가적 생활의 이상이 여러 세대에게 중국인의 생활 속 즐거움을 선사했다. 가난하기 그지없던 신중국 건립 초기에, 고난 받는 영혼을 위로하기 위해 중국 사회는 평온과 조화를 필요로 했다. 따라서 부부가 쌍쌍이 아름다운 가정을 가꾸고픈 강렬한 희망은 가부장적 봉건 혼인 관념에 저항하는 또 하나의 강력한 무기가 되어주었다. 극단적인 물질적 빈곤이 국민의 심미적 추구를 없앨 수는 없었다. 현실의 일시적 곤경은 이상 추구의 고귀함을 더욱 부각시키기에 '원앙이 될지언정 신선을 부러워하지 않고, 사랑을 위해서라면 삶의 고락(苦樂)을 기꺼이 모두 맛보고자' 하였다. 칠선녀와 동영(董永)의 비극적 사랑은 우리에게 말해준다. 행복한 생활을 누리는 것은 결코 쉬운 일이 아니며, 사회 제도와 옛 관념의 전면적 개혁 없이는 혼인의 자유니 개인의 자유니 하는 말은 그저 빈 말에 지나지 않는다는 것을. 이상의 실현은 개인의 분투만으로 이루어지지 않는다. 온 사회가 새로운 사상을, 새로운 관념을 이끌어주어야만 승리를 향해 앞으로 나아갈 수 있다는 법이다.

쉬진이 창작한 대표적인 월극 〈양산백과 축영대〉와 〈홍루몽〉은 중국 희곡에 국제적인 명성을 가져다 주었을 뿐만 아니라, 당시 사람들의 심미 관념에 오랜 여운을 남김으로써 이 부류의 희곡이 크게 발전할 수 있는 계기를 마련해주었다. 두 작품 중 하나는 사람들이 잘 아는 사랑 이야기를 빌렸고, 다른 하나는 고전문학 텍스트에서 환골탈태하였다. 하나는 신중국 건립 초기의 희곡 붐 속에서 명성을 얻었고, 다른 하나는 홍학(紅學) 대토론의 열기 속에서 활짝 피어났다. 희곡 속의 짧은 노래 구절, 사회라는 큰 무대, 감정

그림8-1-4 월극 〈홍루몽〉의 한 장면

의 순진함과 집착, 인심의 어두움과 복잡성 등이 엇갈려 등장하면서 삶 속의 커다란 비극과 희극을 풀어나갔다. 작가는 양산백과 축영대, 가보옥과 임대옥이라는 두 쌍의 비극적 연인들이 펼쳐나가는 사랑 이야기를 따라가면서, 점차 계급 투쟁으로 치우쳐가던 당시의 창작 방법을 교묘하게 운용했다. 즉 사랑의 역사 속에 사회 투쟁을 담고, 사랑을 위해 항쟁한다는 명의 하에 반봉건의 실질을 설파했다. 이는 실로 작가의 고심 어린 설정이라 하지 않을 수 없다. 기쁨을 통해 슬픔을 더 부각시키고, 즐거움을 통해 애잔함을 더 두드러지게 하여 더욱 비극적이고 더욱 애잔하게 표현하였다.(그림 8-1-4)[1] 구식 사회, 구식 관념 하에서 짧기만 한 행복과 강력하기 그지없는 구세력은 자유와 자주를 얻고자 하는 개체의 소망을 더욱 강렬하게 했고, 바로 이 지점에서 사람 마음을 움직이는 비극의 힘이 폭발했다. 현실적인 면에서 볼 때 이 두 희극은 완벽하게 또 교묘하게 '정치적 임무'를 완성함과 동시에 양산백과 축영대, 가보옥과 임대옥을 고전적 사랑의 전형으로 만들어 놓았다. 고전문학 작품 『홍루몽』은 너무도 고상해서 호응하는 사람이 적었다. 문화 수준이 비교적 낮은 사람들은 이 작품을 앙모만 할 뿐, 감히 근접하지 못했다. 따라서 월극의 이와 같은 변주는 『홍루몽』을 위한 한 차례의 커다란, 또 성공적인 보급 활동이었다고 말할 수 있다.

현대극의 희극적 결말이 사람들에게 보여주는 것은 지속적인 투쟁 후에 쟁취한 이상적 생활의 전경(前景)이다. 반면, 새로 편집한 전통극의 비극적

---

1. 사진 출처는 푸진, 『신중국 희극사』, 후난미술출판사, 2000, p.168.

결말이 이야기하고 있는 것인즉 봉건적 혼인 관념에 대한 투쟁은 반드시 모든 사회 구성원이 함께 분투해야 가능하며, 혼자 칼 들고 말 타고 뛰어드는 식으로는 거듭 이어지는 비극만 있을 뿐이라는 사실이다. 전자는 긍정적이고 후자는 부정적이지만, 서로 다른 각도에서 '오락 속에 교훈을 싣는다'는 두 가지 미학적 추구를 완벽하게 실현하였다.

옛 것을 빌려 지금을 말하고 역사를 거울 삼는 것은 위로는 고관 귀인부터 아래로는 일반인까지 모두의 공통된 정서이다. 중국인들은 역사에 관심을 갖고 고금의 영웅 고사를 즐겨 듣는다. 그들의 역사 지식 대부분은 희극 관람을 통해 얻는 것들이다. 그들이 듣는 것은 우아한 창강 뿐이 아니다. 그보다 근사한 스토리나 오묘한 전기(傳奇)를 듣는다. 흥얼거리는 것은 그들의 가슴 속 이야기뿐이 아니다. 그보다 다른 사람의 술잔을 빌려 흉중에 쌓인 분노를 씻어낸다. 신중국 건립 초기의 역사극과 공안희(公案戲)를 보면 극중 인물의 운명과 희곡의 표현 형식에 뚜렷한 변화가 생겨났음을 알 수 있다. 석극(錫劇: 江蘇省과 浙江 일대에서 유행한 지방극) 〈천국노화(天國怒火)〉, 월극 〈칙천황제(則天皇帝)〉와 〈문성공주(文成公主)〉, 월극(粤劇: 廣東省 지방극의 하나) 〈수서원(搜書院)〉과 〈관한경(關漢卿)〉, 경극 〈해서상소(海瑞上疏)〉와 〈해서파관(海瑞罷官)〉, 〈강항령(强項令)〉, 채조(彩調: 廣西에서 유행한 지방극) 〈유삼저(劉三姐)〉와 여극 〈자매가 바꾸어 시집가다(姊妹易嫁)〉, 익양화고희(益陽花鼓戲: 益陽楚劇이라고도 불리며, 湖南省 益陽, 南縣, 沅江 등 지역에서 유행한 지방극) 〈생사비(生死碑)〉, 곤극(昆劇) 〈담장 끝의 말 위에서(墙頭馬上〉와 〈이혜낭(李慧娘)〉, 경극 〈목계영 우두머리가 되다(穆桂英挂帥)〉와 〈양문여장(楊門女將)〉, 〈조씨고아(趙氏孤兒)〉와 〈사요환(謝瑤環)〉, 진강(秦腔: 陝西省에서 유행하던 곡조) 〈세 방울의 피(三滴血)〉, 예극 〈권석통(卷席筒)〉과 〈화타조(花打朝), 천극(川劇: 四川省 지방극) 〈화친기(和親記)〉와 〈연연(燕燕)〉, 고갑희(高甲戲: 福建省 泉州에서 유행한 지방극) 〈연달아 세 등급이 오르다(連升三級)〉, 곤극 〈십오관(十五貫)〉, 보선희 〈대단원 그 후〉 등이 모두 이때 활짝 피어난 꽃봉오리들이었다. 그 중 가장 큰 성취를 이루고 가장 넓게 영향을 미친 작품은 곤극 〈십오관〉일 것이다.

이 희곡은 절강성의 곤극단이 1955년에 청나라 초기 문인 주소신(朱素臣)의 전기 〈쌍웅몽(雙熊夢)〉에 기초하여 각색한 것이다. 원 작품은 전형적인 청나라 관희(官戲)이지만, 지나치게 엄숙하고 정리(情理)라고는 찾아볼 수 없는 설교를 삭제하고, 원극의 신비하고 기이한 성분도 제거한 다음, 오직 15꿰미의 돈만을 실마리로 삼아 한바탕 억울한 옥사 이야기를 이끌어내고, 관료주의적 인물 과우집(過于執)을 이끌어내고, 또 백성을 위해 목숨을 애걸할 줄 알고 실사구시를 중시하며 조사하고 파헤치기를 마다하지 않는 훌륭한 관리 황종(況鍾)을 이끌어냈다. 새롭게 각색한 극본은, 문예란 대중을 위해 봉사해야 한다는 취지와 요구를 충분히 고려함과 동시에 전기(傳奇) 용어의 심오하고 난삽한 병폐 및 전고(典故)를 늘어놓는 폐단에 대해 통속

적인 문학적 가공을 시도함으로써 원래 극본에 새로운 생명력을 불어넣었다. 옛 사람의 외투를 빌려 입었으나, 실은 오늘날 바로 현재를 이야기하고 있는 것이다. 이 연극에서는 비판 폭로와 가공송덕이 반반씩 등장하는데, 관료주의자의 추악한 행태는 비판 폭로하고 실사구시의 미덕은 가공송덕

그림8-1-5 〈십오관〉에 대한 런민일보의 찬사

식으로 찬송했다. 〈십오관〉은 1956년 정협예당(政協禮堂)에서 성공리에 공연되면서 신속히 전국으로 퍼져나가는 그 첫 번째 포성을 울렸다. 저우언라이(周恩來) 총리는 〈십오관〉이야 말로 '한 편의 희극이 희극 장르를 구출한 작품'이자 '곤곡의 부활을 알리고 백화를 일제히 꽃피워 새로운 변신의 기초를 다진 작품'이라며 극찬하였다.(그림 8-1-5)[1] 〈십오관〉은 당시 최고조에 달해 있던 '삼반(三反)', '오반(五反)' 운동을 교묘하게 접목시킴과 동시에 관방의 행정명령에도 발을 맞추었다. 이 작품이 사회 대중의 크나큰 열정과 고도의 경각심을 그토록 신속히 불러 일으키고, 정부와 대중들의 긍정적 평가를 모두 받을 수 있었던 이유는 바로 실사구시의 일처리 방식을 대대적으로 선전하고 실제 조사를 시행하는 근면한 태도를 강조하였기 때문이다. 따라서 〈십오관〉은 현실적 의의가 심미적 가치보다 높다고 할 수 있다.

## 3. 연극(話劇): 혁명의 기억에서 시대의 송가(頌歌)로

중국의 연극은 1930년대 차오위(曹禺) 등의 창작을 거쳐 1950년대에 이르러 두 번째 봄을 맞이한 후 점차 쇠락해가던 고전 희곡의 자리를 대신하며 당시 희극 무대의 주인공으로 자리매김했다. 연극 공연단도 과거 민간 단체에서 정부가 총괄하는 정식 예술 단체로 바뀌고, 자발적인 모임에서 조직적이고 규모가 있는 총체적 집단(연극단의 배치, 희극 학교의 건립 등)으로 바뀌었다. 연출 면에 있어서는 소련에서 들여온 스타니슬라브스키의 연극 시스템을 적극 보급하였다. 극작 면에 있어서는 농공병(農工兵)을 위한, 무산계급정치를 위한 내용이 연극 예술의 기본 방침이었다. 해방 전에는 이

---

1. 사진 출처는 푸진, 『신중국 희극사』, 후난미술출판사, 2000, p.46.

러한 새로운 형식의 희극이 아직 낯설게 느껴졌지만, 해방 후에는 전국 각지에 연극 단체가 우후죽순처럼 생겨나 이 참신한 심미 예술이 민간으로 급속도로 퍼져나갔다.

신중국 건립 초기에는 물질적 생활이 극도로 빈곤하였지만, 그런 것이 정신문화 활동에 대한 사람들의 추구를 막지는 못했다. '지위가 바뀐 농민이여, 노래를 불러라!' 고전 희곡에만 아름다운 생활에 대한 이상과 새로운 사회에 대한 송가가 등장했던 것은 아니다. 새롭게 선보인 연극이 가장 직접적인 방식을 통해 나름대로 찬송을 전달하고 있었기 때문이다. 백화를 일제히 꽃피우라는 구호 속에서, 심미적 자유로운 공기는 순간 청빈한 물질 생활에 눈부심을 더해주었다. 때문에 단조로움 속에서도 현란한 색채를 볼 수 있었던 것이다. 행복한 생활이란 본디 쉽게 얻을 수 있는 것이 아니다. 고난과 어려움이 뒷받침되어야 행복이 찾아왔을 때 더욱 소중하게 느껴진다. 천백만 혁명 투사들이 뿌린 뜨거운 피가 있어야만 자유의 꽃은 더욱 찬란하게 핀다. 때문에 희극 무대를 통해 표현된 혁명 시대 영웅들의 이야기는 관중들로 하여금 쉽게 오지 않는 행복한 생활을 소중히 여기게 하고, 아름다운 가정을 가꾸겠다는 강렬한 욕망을 더욱 불태우게 함과 동시에, 열사들의 영령을 위로하게 했다. 이에 작디작은 연극 무대는 혁명 전쟁의 연병장이 되고, 혁명을 이어가는 광활한 천지가 되었다. 이 방면의 대표작으로는 〈전투 속에서 자라다(戰鬪裏成長)〉(후커/胡可), 〈산을 넘고 물을 건너(萬水千山)〉(천치퉁/陳其通)와 〈무지개 등불 아래의 초병(霓虹燈下的哨兵)〉(선시멍, 모옌, 뤼싱천 등/沈西蒙, 漠雁, 呂興臣等), 〈남해장성(南海長城)〉(자오환/趙寰), 〈강철 운수병(鋼鐵運輸兵)〉(황티/黃悌) 등을 꼽을 수 있다.

〈산을 넘고 물을 건너〉와 〈무지개 등불 아래의 초병〉은 서로 다른 장르를 대표하는 두 작품이다. 전자는 신중국 건립 초기 작품이고, 후자는 1960년대 작품이다. 전자는 주로 나와 적과의 모순을 다루었고, 후자는 인민 내부의 모순을 다루었다. 〈산을 넘고 물을 건너〉는 위대한 홍군(紅軍)의 대장정에서 소재를 취했다. 홍군 제1방면 제1영의 교도원 리유궈(李有國), 부영장(副營長) 뤄순청(羅順成), 제1련(連) 연장 자오즈팡(趙志方) 등이 극의 처음부터 끝까지 등장하는 주요 인물이다. 홍군이 이족(彝族) 거주구역을 지나거나, 강을 건너고 설산을 넘고 초원을 통과하는 등, 대표적인 역사 사건이 막(幕)의 내용을 구성하는 중심 사건이 된다. 위대한 장정을 예술적으로 개괄하면서, 쭌이회의(遵義會議)[1]에서 확정 지은 마오 주석의 군사노선의 정확성을 긍정하고, 홍군 민족정책의 영명함과 실행의 어려움을 설명하였다. 또 강을 건널 때 홍군이 보여준 용맹함과 강인함과 희생을 두려워하지 않는 정신, 설산을 오르고 초원을 통과할 때 홍군이 보여준 혁명 영웅주의와 낙관주의 정신을 노래하고, 전 세대 혁명가가 고난의 악조건 속에서도 용감하게 항쟁했던 숭고한 정신을 기술함으로써 중국 공산당의 불 같은 혁명 열정과 높은 투지를 재현해냈으니, 대장정을 묘사한 서사시와도 같은 작품이라 할 만하다. 이 작품은 온갖 폐단이 잠복되어 있던 신중국 건립 초기에 탄생했는데, 주제인즉 민중에게 홍군의 두려움을 모르는 혁명 정신을 교육시켜, 겹겹의 어려움을 이기고 새로운 도전을 받아들이도록 하는 것이었다. 반면에 〈무지개 등불 아래의 초병〉은 '계급투쟁을 강령으로'라는 구호가 날로 기승을 부리던 상황 하에서 인물 관계와 시대적 주제를 성공적으로 다룬, 흔치 않은 걸작이라 할 만하다. 이 작품은 전국에 유명한 '난징루 제8련(南京路上好八連)' 사적에 근거하여 창작되었다. 중국인민해방군 모 부대 8련은 해방 후 상급 명령을 받

---

1. [역자주] 1935년 1월 구이저우성(貴州省) 쭌이(遵義)에서 개최되었던 중국공산당중앙정치국확대회의.

들어 상하이 번화가 난징루에 주둔하며 근무하는데, 전쟁 시대에 성장한 사병들은 새로운 시련에 직면한다. 전체 스토리는 소대장 천시(陳喜)가 도시에 들어온 이후 사상적 변화가 생겨나고, 이로 인해 다른 사병에게까지 좋지 않은 영향을 미치는 것에서 시작된다. 그런 다음 평화로운 가운데 살고 있는 이 평화 시대의 건설자와 보호자들에게 엄숙한 과제를 제시한다. 능히 용맹하게 전투를 치렀던 연대(連隊)가 '설탕 옷 입힌 폭탄'의 공격을 이겨낼 수 있을 것인가? 화려한 불빛의 대도시에서 혁명의 전통을 지켜낼 수 있을 것인가? 극에서 보여주고 있는 주요 모순은 이미 과거처럼 적과 나 사이의 계급 모순이 아니라 인민 내부의 모순이고 두 가지 생활 방식과 생활 관념의 모순이다. 이것이 바로 작가가 사람들 앞에 내놓은 현실 문제이다. 루다청(魯大成), 자오다다(趙大大), 춘니(春妮) 등 확고한 혁명 기질을 가진 자들에 대한 열렬한 찬양을 통해, 작가는 가치 판단의 권병을 관중들에게 넘긴다. 시대는 변했다. 그러나 혁명의 열정은 변하지 않았다. 임무는 변했다. 그러나 훌륭한 전통은 버릴 수 없다. 이것이 바로 이 연극이 이제 막 전쟁을 끝낸 사람들을 향해 울린 경종이다.

신중국에 대한 노래, 신사회에 대한 노래. 이것이 바로 이 시기 사람들의 보편적인 정서였다. 해방 전과 비교했을 때, 비록 삶은 여전히 가난하고 물질도 여전히 부족하지만, 사람들의 정신적 면모는 오히려 훨씬 새로워졌다. 사람들에게 새로운 삶에 대한 꿈이 생겼기 때문이다. 라오서(老舍) 선생의 기념비적인 연극 〈룽쉬거우(龍鬚溝)〉와 〈차관(茶館)〉은 바로 이러한 시대에 탄생한 작품이다. 1949년 말, 라오서는 미국에서 돌아온 후 신중국 베이징 곳곳에서 새로운 모습을 목도한다. 이른바 세 개의 큰 산이라 불리는 제국주의, 봉건주의, 관료자본주의를 제거했던 베이징 토박이가 바로 그 땅에서 마침내 처음으로 자유의 신선한 공기를 마신 것이다. 역사의 산 증인인 라오서는 작가 특유의 예민함으로 자신의 예술 촉각을 남들이 모르는 한 구석을 향해 뻗었다. 룽쉬거우의 변화를 통해, 또 그 옆 작은 울안에 사는 세 가호가 해방을 전후로 겪은 대조적인 삶의 변화를 통해, 공산당이 베이징 사람들에게 선물한 새로운 생활을 찬

그림8-1-6 연극 〈차관〉 무대화면 스케치(1958)

송하면서 사람들 마음 속의 이야기를 대변해주었다. 1957년에 정식 발표된 〈차관〉은 희극 소무대를 이용하여 역사 대변천을 증언한 라오서 선생의 역작이라 할 수 있다. 선생은 3만 자(字)의 극본으로, 중국 근·현대사 50년 동안에 벌어진 가장 중요한 세 시기를 압축해냈다. 극본은 베이징 차관의 역사 변천과 차관 주인 왕리파(王利發)의 어긋난 운명, 차관을 드나드는 70여 명의 각양각색 인물 형상을 통해 지난 반세기 동안 중국이 겪었던 고난의 세월을 생동적으로 반영하고 있다. (그림 8-1-6)[1] 무술정변에서 군벌 혼전까지, 거기서 다시 국민당의 전제정치에 이르기까지, 반세기 동안의 역사는 곧 인민의 고난사이자 반드시 매장해야 할 역사이다. 라오서 선생은 서사시와도 같은 위대한 필치로 정사(正史)에 의해 소홀시 되었던 소인물의 고난사를 관중들 앞에 옮겨 놓았다. 이제 막 구사회에서 신사회로 진입한 대부분의 중국인들에게 있어, 그 안에 담긴 이야기는 모두 직접 겪은 고난이자 불행이었다. 〈차관〉이 크게 성공한 이유 중의 하나는 바로 이 작품이 관중들의 심미

1. 사진 출처는 푸진, 『신중국 희극사』, 후난미술출판사, 2000, p.47

적 심리에 커다란 상상 공간을 남겨주었기 때문이다. 그 공간은 구사회를 매장할 무덤을 직접 파야 할 관중 스스로가 채워야 했다.

희극 영역 내의 역사극과 마찬가지로, 이 시기의 연극도 톈한(田漢), 궈모뤄(郭沫若) 등에 의해 드넓은 기세를 자랑하며 복잡한 상황에 처해 있던 50년대 지식인들의 심적 체험을 표현했다. 〈관한경(關漢卿)〉과 〈채문희(蔡文姬)〉는 신중국 건립 초기에 톈한과 궈모뤄의 연극 중 가장 큰 명성을 누렸던 작품으로, 50년대 지식인들의 내면세계를 형상화한 표징이자 이 두 작가의 생활 경험에 대한 가장 솔직한 반영이라 할 수 있다. 톈한은 시인 특유의 상상력으로 원대 작곡가 관한경의 잡극(雜劇) 세계를 정교하게 그려냈다. 그는 이 과정에서 '몽고의 노예 주인, 귀족 통치자들에 대한 신랄한 비평자, 고발자, 반항자'이면서 '의연히 굴하지 않는 인도주의자'를 발견했다. 극에 등장하는 관한경은 재능 넘치는 극작가임과 동시에 양심적인 지식인이었다. 그는 백성을 대신해 목숨을 빌 줄 알며, 권세가들을 무시하고 옥에 갇히고도 죽음을 하찮게 여길 줄 아는 투사였다. 또한 '삶아도 터지지 않고, 끓여도 익지 않고, 때려도 납작해지지 않고, 볶아도 터지지 않는, 쩌렁쩌렁한 구리 완두콩'[1] 이었다. 어떤 면에서 볼 때, 극본 속의 관한경은 톈한 스스로가 영웅의 이미지로 이상화(理想化)한 자신의 그림자였던 것이다.(그림 8-1-7)[2] 사실 이러한 이미지와 당시 지식인들의 생존 형태는 사뭇 달랐다. 당시

그림8-1-7 연극 〈관한경〉 중 한 장면

---

1. [역자주] 원대 잡극가 관한경(關漢卿)의 투곡(套曲) 『한 송이 꽃(一枝花)·불복로(不伏老)』에 나오는 구절이다.

2. 사진 출처는 푸진, 『신중국 희극사』, 후난미술출판사, 2002, p.101.

사회적 환경 속에서 이상화된 영웅 이미지는 오직 '농공병'뿐이었다. 따라서 텐한이 작품을 통해 형상화한 관한경의 이미지는 지식인들로 하여금 인격과 지조에 대한 성찰을 불러 일으키지 않을 수 없었다. 역사학자였던 궈모뤄는 〈관한경〉의 시각과는 다르게 〈채문희〉를 통해 조조(曹操)에 관한 정안(定案)을 뒤집고자 시도하였다. 무대 예술에서 늘 추악한 모습으로 그려졌던 이 '난세의 영웅'을, 위대한 지략과 재능을 지녔음은 물론, 문무를 겸비하고 흉금이 호방하며, 지모가 심원하고 인재를 사랑하며, 겸허하고 근신할 줄 알던 영웅으로 재탄생시켰다. 작품 속에서 궈모뤄는 호방한 기세와 낭만적 느낌으로 채문희의 이미지를 성공적으로 창조해냈다. 궈모뤄가 볼 때, 채문희는 곧 자기 자신이었으며, 채문희가 오랑캐 손에서 다시 한나라로 돌아온 것은 바로 자신이 겪었던 심리과정이었다. 채문희라는 인물을 통해 관중들은 짙은 시의(詩意)를 느낄 수 있었다. 민족적 대의와 개인적 은원(恩怨) 사이에서, 채문희는 분명한 입장을 견지하였다. 그녀는 감정이 충만하고 정의감이 넘쳤다. 혈육과의 이별에서는 자애로운 모친으로서의 사랑과 애틋함을 드러냈으며, 강제 권력 앞에서는 정의를 수호했다. 그녀는 이토록 애증이 분명하고 광명정대한 인물이었다. 루카치가 말했듯, '모든 역사는 당대사(當代史)'이다. 만약 궈모뤄가 채문희로 자신을 빗댔다면, 극중의 조조는 또 누굴 가리켰을까? 텐한의 〈관한경〉과 마찬가지로, 궈모뤄의 〈채문희〉도 사람들의 무궁한 상상력을 이끌어냈다.

문혁 이전의 희극 심미문화사를 종합적으로 살펴보면 다음과 같은 몇 가지 특징을 발견할 수 있다. 첫째, 정치와 심미의 모순이 사라진 것이 이 시기 심미문화발전의 내재적 동력으로 작용하였다. 이데올로기적 책략이 심미적 정취보다 강해졌기 때문에 선전과 심미의 효과적 결합이야말로 이 시기 희극 작품들이 성공할 수 있었던 관건이었고 할 수 있다. 둘째, 역사 발전을 놓고 볼 때 이 시기 희극에는 독립적인 예술 창작에서 정부의 이데올로기 도구로 충당되기를 자원하는 커다란 변화가 포착된다. 말하자면 정치적 역량이 점차 발전하고 강대해짐에 따라 심미적 요소는 날로 위축되어 사라지고, 마침내 심미가 정치적 선전에 완전히 자리를 빼앗기고 말았던 것이다. 셋째, 전통과 현대라는 이원적 구조 속에서, 희곡이건 연극이건, 전통적 심미 형식은 현격히 하층부로 밀려났다. 새로운 생활에 대한 보편적인 갈망으로 새로운 심미 형식의 틀이 탄생하였고, 이에 현대극이 승승장구하게 된 것이다. 넷째, 비록 초창기에 찬란한 빛을 발하기도 하였으나, 정치적 제한으로 인해 창작과 연출 양면에서 모두 중복 현상이 빈번히 생겨나고 새로운 작품이 많이 창작되지 않았다. 따라서 단조로운 면이 없지 않으며, 통일과 안정이라는 대세에 영합하려 하다 보니 사람들의 심미적 정취도 통일되고 개성과 다양성이 결여되었다.

# 제2절

# 홀로 세상을 호령한 '양판희(樣板戲)'

1960년대 초반부터 희극계의 현대극 연출과 희극에 대한 토론이 날로 심화되었다. 좌파 경향도 갈수록 극단으로 치달으면서 역사와 정치의 거대한 물결이 밀려들어와 늘 고아함으로 자부하던 희극계는 사람들의 주목을 받는 시비(是非)의 전장이 되고, '양판희'가 정치운동의 선봉장이 되어 모든 이데올로기 영역을 휩쓸어버렸다. '양판희'는 처음에 경극 〈홍등기(紅燈記)〉, 〈지취위호산(智取威虎山)〉, 〈기습백호단(奇襲白虎團)〉, 〈바닷가 항구(海港)〉, 〈사가병(沙家浜)〉과 무대극 〈홍색낭자군(紅色娘子軍)〉, 〈백모녀(白毛女)〉, 그리고 교향악 〈사가병〉 등을 가리켰는데, 70년대 초에 이르러서는 장칭(江青)이 각색과 연출을 지도한 경극 〈용강송(龍江頌)〉, 〈홍색낭자군〉, 〈평원작전(平原作戰)〉, 〈두견산(杜鵑山)〉, 〈반석만(磐石灣)〉, 그리고 피아노 반주로 부르는 〈홍등기〉, 무대극 〈기몽송(沂蒙頌)〉, 〈초원의 아들 딸(草原兒女)〉, 교향악 〈지취위호산〉 등의 작품까지 포함하였다. 이 작품들은 거의 10년 동안 사람들이 유일하게 접할 수 있었던 몇 안 되는 예술 유형들이었다. 그 시대의 특수한 상황에 맞게, 약간 기형적으로 보이는 이 예술 형식은 당시 기형에 가까웠던 심미 문화심리를 대변하였다.

## 1. 희극 형식을 빌린 '희극': 정치 투쟁의 무대

'양판희'는 무엇보다 희곡이 현대 생활을 묘사해야 하는지 아니면 역사 속의 생활을 묘사해야 하는지 하는 쟁론이 '좌'파 사상의 지배 하에 정치 투쟁 차원으로 승화되어 나타난 결과물이라 할 수 있다. 1963년 12월 12일과 1964년 6월 27일에 발표된 마오쩌둥(毛澤東)의 예술에 관한 두 가지 '지시'는 희극에 커다란 변화를 불러온 직접적인 도화선이었다. "모든 예술 형식 즉 희극, 곡예(曲藝), 음악, 미술, 무용, 영화, 시와 문학 등등에는 적지 않은 문제가 있다. 사람 수는 많지만, 대부분의 사회주의 개조는 효과가 미미하다. 대다수 부문에서 아직까지도 '죽은' 사람이 통치하고 있다. 영화, 신시(新詩), 민가(民歌), 미술, 소설의 성과를 낮게 평가할 수는 없지만, 내부적 문제도 적지 않다. 희극 부문에 대해 말하자면 문제가 더 크다. 사회 경제적 기초는 이미 변화했다. 그러나 그 상층 구조인 예술부문에는 아직까지도 커다란 문제가 남아 있다. 우선 연구 조사부터 착수해서, 착실히 일으켜 세워야 한다.""많은 공산당원들이 봉건주의 예술, 자본주의 예술을 열렬히 제창하면서 사회주의 예술에는 열성을 보이지 않으니, 참으로 이상한 일이 아닌가!""협회와 그들이 발행하는 대부분의 기간물들은(듣자니 소수의 괜찮은 것들도 있다고는 한다.) 지난 15년 동안 기본적으로(모든 사람은 아니다) 당의 정책을 실행해오지 않았다. 관리들은 나리소리나 들으면서 농공병과 가까이 하지 않았고, 사회주의 혁명과 건설을 반영하지 않았다. 최근 들어서는 급기야 수정주의(修正主義) 언저리로 발을 헛디뎌 넘어졌다. 성실히 개조하지 않는다면, 언젠가는 헝가리의 페퇴피(Petőfi) 클럽과 같은 단체로 변질되고 말 것이다." 이 지시가 내려오자 분위기가 일변하여 문화예술계에 풍기 바로잡기 운동이 전개되었다. 샤옌(夏衍)과 톈한 등은 관직에서 쫓겨나 비판의 대상이 되었고, 희극계는 이내 계급투쟁의 첫 번째 무대가 되었다. 동시에 '혁명 현대극' 연출이 위로부터 아래로 고도의 중시를 받게 되었다. 모든 지방 창작극은 거의 성(省)위원회의 감독 하에 공연되었고, 현대극 중시 여부가 관원의 능력을 평가하는 기준이 되었다. 전국적인 노력 하에, 1964년에는 경극현대극공연대회가 전국적으로 유행하였다. 1965년에는 각 성에서 각각 공연대회를 개최하였는데, 공연에 참가한 연극계 인사가 만 여명, 공연된 작품이 20종을 초과했다. 이 활동은 관중들에게 광범위한 영향을 미쳤을 뿐만 아니라, 전통에 그다지 관심을 가지고 있지 않던 청년층까지 포섭했다. 〈사가병〉의 전신이라 할 수 있는 〈갈대밭의 전투(蘆蕩火種)〉, 〈지취위호산〉, 〈홍등기〉, 〈두견산〉, 〈홍색낭자군〉, 〈기습백호단〉 등은 모두 이 대회에서 때 한꺼번에 등장한 작품들로, 당시 100회 이상 공연되었다. 이런 작품들을 기초로 장칭 등이 문예계에 개입하기 시작하면서 지속적으로 정치투쟁과 관련된 희극들을 무대 위에 올렸다.

"계급 투쟁을 결코 잊어서는 안 된다"는 마오쩌둥의 구호 아래, 장칭과 캉성(康生) 등이 일찍이 1964년 여름에 열렸던 경극현대극대회에 개입하였는데, 이로 인해 우수한 희극 작품들을 폭력적으로 부정하고 문예인들에게 타격을 입히는 등 좋지 못한 경향이 생겨났다. 장칭은 대회 전에 '그릇된 가공송덕과 온당치 못한 형식' 등의 죄명으로 중국 희곡연구원의 실험경극단에서 연출한 〈홍기보(紅旗譜)〉와 예극에서 파생된 〈차오양거우〉를 비판하였다. 캉성은 대회 종합평가에서, 경극 〈사요환(謝瑤環)〉과 곤극 〈이혜낭(李慧娘)〉을 '커다란 독초'라고 공격하였다. 1965년 11월 10일, 장칭이 기획하고 야오원위안(姚文元)이 서명한 〈새로 각색한 역사극 해서파관을 평하다〉에서는

〈해서파관〉을 '한 뿌리 독초'라고 함부로 매도하였고, 극 중에 등장하는 '지주의 소작지 몰수'와 '원통한 옥사'는 '자산계급이 무산계급 전제정치와 사회주의 혁명에 반대하는 투쟁의 초점'이라며 멸시하였다. 〈해서파관〉 비판에서 시작된 일련의 문예작품과 인물에 대한 정치비판 운동은 전국적으로 확산되면서 '문화대혁명'의 도화선이 되었다. 〈지취위호산〉, 〈기습백호단〉, 〈바닷가 항구〉 등 작품들은 또 초기 정치투쟁의 초점이었다. 장칭을 중심으로 하는 중앙문화조직은 이 작품들을 무기 삼아 투쟁의 칼 끝을 류사오치(劉少奇)와 펑전(彭眞) 등에게 돌리고, 마침내 재기 넘치는 예술가들을 무더기로 쓰러뜨림으로써 자신들의 권력욕을 발산하였다. '양판희'는 바로 이러한 정치적 기회를 등에 업고 8억인의 정신 공간으로 파고든 것이다.

## 2. 개념화 생활: 유토피아식 환경 수용

신중국 건립 초기에 진행된 전통극에 대한 개조 작업으로, 희극의 기능은 단일화되고 명료해졌다. 즉 정치적 수요를 위한 기능 하나로 압축된 것이다. 이에 따라 관중들의 심미적 수요에도 커다란 변화가 생겨났다. 그들은 더 이상 제왕장상(帝王將相), 재자가인(才子佳人)들을 보며 환상에 빠진 채 정신적 위안을 찾지 않았다. 대신 더욱 강렬한 현실적 요구 하에, 무대 위에서 자신들의 정신적 면모를 확인하고자 하였다. 새로운 생활 양식과 가치관이 사람들의 관념 속에 깊이 뿌리내리기 시작했는데, 특히 청년 관중에게 있어 이와 같은 영향은 평생 지속되었다. 투쟁에 대한 신념으로 가득한 그들은 더 이상 굴복하려 하지 않았고, 그들의 이러한 태도는 억누를 수 없는 격정과 의지로 전환되었다. 투쟁, 그리고 무한한 격정을 생산활동 속에 퍼붓는 것, 이것은 당시 사람들의 이상이자 진정한 삶의 상태였다. 정치운동과 희극 개조가 공동으로 관중의 심미 심리에 변화를 일으킨 것이다. 역으로, 이러한 변화는 다시 희극 발전의 최종적 방향을 결정지어, 양판희 생산에 몇 가지 현실적 조건을 제공하기도 하였다.

신중국 건립 이후, 어떤 식으로 고전희곡을 통해 사회적 사상 관념과 생활 양식을 표현할지 하는 문제는 희극계의 주요 탐색 주제 중 하나였다. 희극의 주요 형태 중 하나인 경극이 진정한 의미로서의 현대생활을 표현하는 것은 더욱 쉽지 않았다. 전통 무대에서는 일반적으로 유형화된 인물과 선악 이분법적 연출로 생활에 대한 상징과 허구를 표현한다. 간단한 이원대립 속에서, 복잡하게 얽힌 줄거리를 통해 선(善)의 승리와 악(惡)의 멸망이라는 공식을 재현한다. 엄밀히 말해 이와 같은 경극 특징은 문혁 시기에 이르러 적합한 생존 토양을 찾았다고 할 수 있다. 즉 '양판희'가 무대를 휩쓴 것은 정치적 토양도 중요했지만 스스로 문화적 논리에 부합하는 면도 없지 않았다.

문혁 시기의 사상 관념은 현대라는 명의 하에 등장한 가장 고전적이고 봉건적인 관념이었다. 개체로서의 인간은 가장자리로 밀려나고, 인성에 본디 존재하는 복잡한 심리활동과 성격의 변화는 더 이상 간단하지 않는 이원대립적 인성의 견본품으로 대체되었다―너는 '노동'을 기초로 하는 무산계급 전사 아니면 '수탈'을 기초로 하는 자산계급의 앞잡이다. 너는 친구 아니면 적이다. 너는 한 사람이 아니라 국가라는 기계의 일원이다. 너는 전제자(專制者) 아니면 전제의 대상이다. 이 정도로 간단했다. 일체 가능한 개인 의식과 감성 의식이 제거되어 증발해 버리고, 감정을 다루는 예술은 메마르고 경직되었다. 동시에 생활은 피와 살점이 날아다니는 코미디처럼, 때론 참혹하고 때론 우스꽝스러웠다. 각종 집회와 시위와 적발 투쟁 속에서, '홍위병'과 각양각색의 '혁명 군중'은 이 시기 역사의 진정한 주재자였다. 그들은 간출한 머리를 하고, 초록색 군복 또는 흰색 중산복(中山服) 차림에 왼쪽 가슴에는 일률적으로 붉은 빛깔의 마오 주석 휘장을 달았으며 오른손에는 예외 없이 홍바오수(紅寶書)[1]를 들고, 입으로는 리듬에 맞추어 혁명 구호를 외쳤다. 그러니 이것이야말로 10년 동안이나 공연된 코미디가 아니겠는가? 경극의 본질적 특징은 공식화와 허구적 형태에 있다. 문혁 시기 사람들의 사상 관념의 기본 특징 또한 바로 생활 관념의 공식화와 기계화에 있다. 간략한 행위 패턴, 과장되고 현실감 없는 희극의 생활화는 모든 생활 영역으로 하여금 허구적인 상태를 드러내게 하였다. 경극이 이데올로기 책략을 보급, 시행하는 효과적인 도구로 선정된 이유는, 양자 모두 고정화된 공식과 부호를 통해 자신의 고도로 추상화된 관념을 전달하는 특징이 있기 때문이다. 그 결과 탄생한 것이 바로 '양판희'인 것이다.

## 3. '삼돌출' : 인물 형상화의 최상의 법칙

초창기 '현대극'에서 '혁명 현대극'까지, 거기서 다시 이른바 '양판희'에 이르기까지, 인물 형상화와 줄거리 설계는 갈수록 패턴화되는 경향을 띠었는데, 그 결과 여러 차례 절정과 여러 차례 기복이 나타나는 줄거리 설계와 '삼돌출'적인 인물 형상화 원칙이 생겨났고, 마침내는 '키가 크고[高], 도량이 넓으며[大], 전심전력으로 인민을 위해 봉사하는[全]' 영웅 이미지가 탄생하게 되었다.

〈지취위호산〉이 소설 『임해설원(林海雪原)』에서 양판희로 발전하는 과정에도 이와 같은 변화가 생겨났다. 이 작품의 극본은 현대극 연출 시기인 1958

---

1. [역자주] 홍바오수는 문혁 당시 마오쩌둥의 저작을 일컫는다. 특히 『마오 주석 어록』과 '삼합일(三合一)' 등 마오저둥 저술 선집을 가리킨다.

년 '대약진' 시기에 창작되었는데, 원극은 소설의 기초에 충실을 기하여 양 쯔룽(楊子榮)을 혁명적 영웅으로 묘사하기 위해 노력한 것 외에, 인물 형상 의 진실성에 더욱 관심을 쏟았다. 비적의 옷을 입었을 때는 비적 기질을 묘 사하기 위해 음란한 노래를 흥얼거림은 물론, 쭤산댜오(座山雕) 딸과 시시덕 거릴 때는 갖은 은어와 욕을 다 동원하였다. 그러나 '양판희' 속의 양쯔룽은 '도량이 더할 나위 없이 넓고, 무산계급의 투철한 혁명정신으로 무산계급 정 치 운동을 초지일관 이끌어가는, 천하에 우뚝한 무산계급 혁명 영웅이자 크 고 넓고 온전한 빛의 형상'으로 변해 있었다. 원극에서 샤오젠보(小劍波)는 성장 중에 있는 청년 지휘자에 지나지 않아서, 성공도 하지만 실패도 했다. 그러나 양판희 극본에 와서는 전체를 통괄하여 도모할 줄 알고, 냉정하고 침 착하며, 중요한 시기에 중대한 역할을 해내는 우수한 전략가로 변해 있었다. 인물 이미지와 스토리 구조에 대한 수정으로 인해, 그들은 무산계급을 대변 하는 것 이외에 기타 현실성을 거의 상실하였다. 개성은 더욱 말할 것도 없 다. 이것이 바로 양판희 창작의 '삼돌출' 원칙이다. 즉 '모든 인물 중에 긍정 적인 인물을 부각시켜야 한다. 긍정적인 인물 중에서도 영웅적인 인물을, 영 웅적인 인물 중에서도 으뜸가는 영웅 인물을 부각시켜야 한다'는 원칙의 집 약적 표출인 것이다.

〈사가병〉은 1958년에서 1964년 사이에 창작되었는데, 그간 무수히 개작되 고 수난을 당했다. 이 작품은 일찍이 〈갈대밭의 전투〉와 〈지하연락원(地下聯絡 員)〉이라는 제목으로 불리기도 했는데, 매번의 개작 작업은 단순한 예술 창작 행위가 아니라 이데올로기 투쟁의 결과였다. 예를 들어, 연락원 아칭싸오(阿慶 嫂)와 지휘관 궈젠광(郭建光)의 주연과 조연 역할이 바뀐 것은 '양결합(兩結合)' 이 '삼돌출' 원칙으로 바뀌어 가는 과정에서 아칭싸오가 궈젠광에게 주연 자리를 내 줄 수밖에 없었던 결과이다. 지하 투쟁은 보조수단일 뿐, 정면 공격만이 근본이다. 이 때문에 '급습', '돌파', '포위섬멸' 세 장면을 새롭게 추가하고, 원래 아칭싸오가 신부 호송 행렬로 분장시킨 대원들을 이끌고 호부(胡府)로 쳐들어가 적을 섬멸하는 대목을 궈젠광 등이 루당(蘆蕩)을 죽이고 밤마다 급습하여 정면에서 적을 섬멸한 끝에 승리를 거두는 내용으로 바꾼 것이다. 이를 통해 궈젠광의 완벽한 이미지를 부각시킴으로써 무산계급 노선을 완벽히 시행하는 대변인이 되게 하고, '크고, 넓고, 완전한' 돌 같은 영웅 인물이 되게 하였다.

의심할 여지 없이 개편된 후의 작품들은 양쯔룽이건 샤오젠보이건, 아칭싸오이건 궈젠광이건, 모두 이전보다 더 완벽해지고 더 크고 넓어졌다. 그러나 이와 동시에 더욱 진실성을 잃고 더욱 허구화되었다. 예술이 생활의 논리를 위반할 때, 예술은 근원 없는 물, 뿌리 없는 나무가 되어버리고 만다.

## 4. 음악의 인위적 변화: 수수한 창강에서 웅장한 선율에로

양판희의 음악 설계야말로 관중들로부터 인정을 받게 된 관건적 요소였음은 반드시 긍정해야만 한다. 양판희는 전통 경극의 곡패(曲牌)와 곡조를 채택하여 경희(京戲)의 풍격을 보존하는 한편, 다른 한편으로는 민간곡조와 현대 혁명가곡의 선율과 리듬을 흡수하면서 음악적 표현력을 넓혔다. 대부분 양판희 속 주요 인물들의 창강은 경강(京腔) 위주이다. 조연들, 특히 부정적 인물들은 기타 음악 형식을 대량으로 채택한다. 악기 또한 대담하게 서양 악기를 빌려오기도 하지만, 민족 전통 악기가 위주이다. 일부 작품에서 보여주는 교향악적 효과는 확실히 인물의 성격이나 줄거리 배경이나 내용의 표현 등 방면에 풍부함과 기세를 더해준다. 예컨대, 〈지취위호산〉에서 양쯔룽이 계급의 애증을 노래한 〈심산문고(深山間苦)〉, 제4장(場)에 등장하는 [서피원판(西皮原板)]-[이륙(二六)]-[쾌판(快板)]으로 이루어진 한 세트의 창강 〈공산당원〉, 그리고 제5장에서 [이황(二黃)]과 [서피(西皮)]를 연달아 부르는 대목, '숲과 바다를 헤치고 설원을 넘은 그 기세 하늘을 찌르네! 호방한 정 장대한 뜻을 기탁하며 뭇 산들을 바라보네.'는 모두 억양과 기복이 넘치는 성공작이라 아니할 수 없다. 또 〈홍등기〉에 나오는 '형장투쟁(刑場鬪爭)', '통설혁명가사(痛說革命家史)' 두 대목의 설계 또한 조손 3대가 겪은 고난의 혁명 과정과 끊임없이 반복되는 투쟁 생애를 풀어냄에 있어 입신의 경지를 보여준다. 문학적 내용에 비해, 음악적 형식은 더욱 추상적이고 더욱 전문적이다. 따라서 이데올로기와는 더욱 거리가 먼 특징을 지닌다. 이것이 바로 '양판희'의 창강 설계가 당시의 정치적 간섭으로부터 벗어나 기타 음악 유형에 대한 수용을 바탕으로 발전할 수 있었던 이유이다. 그럼에도 불구하고 '양판희'의 창작자들은 결국 당시의 창작 환경에서 완전히 벗어나지는 못했다. 따라서 창강의 설계에 있어서도 부분적으로 지나치게 간단하고 유형화된 흔적을 남겼다. 양쯔룽이 부르는 '숲과 바다를 헤치고, 설원을 넘어'건, 리위허(李玉和)가 부르는 '감옥을 벗어나'건, 결과는 모두 '영웅의 기개는 하늘을 찌른다'일 뿐이다. 이로 인해 영웅 인물들의 창강 설계는 지나치게 단조롭고 지나치게 단순함을 면치 못했다. 이렇게 이해해도 좋을 듯하다. 전통 경극의 창강과 비교해볼 때, '양판희'는 격앙되고 장엄한 부분에 있어서는 남음이 있고, 부드럽게 가라앉고 섬세한 부분에 있어서는 부족함이 있다. 이 모두는 내용에 대한 형식의 의존 관계에 명확히 부합한다.

## 5. 무대 설계의 변화: 옛 공식에서 새로운 검보(臉譜)로

1958년에서 1964년 사이, 현대극 연출의 무용 동작과 무대 미술 설계에는 전통 경극이 보이는 단순한 아름다움이 남아 있었다. 그러나 '양판희'로 승격된 이후, 모든 것이 '삼돌출' 원칙을 중심으로 진행되면서 도처에 계급투쟁이 아닌 곳이 없게 되었고, 조명이나 배경, 검보의 화장까지도 계급투쟁의 흔적이 남게 되었다. 양판희는 전통 경극의 검보 형식을 없애버린 다음 새로운 형식의 검보를 만들어냈는데, 거기에는 오직 붉은 얼굴과 흰 얼굴 두 종류만이 있었다. 붉은 얼굴은 긍정적인 영웅 인물로, 표정, 복식, 동작 모두가 매우 정교했다. 심지어 옷을 깁는 위치가 어디여야 하는지, 얼마큼 기워야 하는지까지도 매우 조심스럽게 표현해야 했다. 왜냐하면 이것이 곧 계급 입장을 드러내기 때문이었다. 영웅 인물 대부분은 짙은 눈썹에 커다란 눈, 형형히 빛나는 두 눈, 붉고 윤기 나는 안색을 지니고 있었으며, 늠름한 정의감과 드높은 기세로 분발해 앞으로 나아가고자 하는 영웅 이미지로 표현되었다. 동작에 있어서는 주로 몸을 곧게 세우고 주먹을 움켜쥔 채 눈을 부릅뜨는 것이 대표적이었다. 복장 설계 면에 있어서는 단정하고 깨끗하며 질박하면서도 각이 분명했다. 반대로 부정적 인물의 경우 얼굴 표정은 반드시 어둡고 비굴해야 했으며, 동작은 최대한 영웅 인물 앞에서 기가 죽어 낮은 톤으로, 머리를 조아리고 허리를 굽히면서 못나게 굴어야 했다. 창강 설계 면에서는 가급적으로 관중들이 따라 익히기 적합하지 않은 것을 위주로 하였다. 무대의 조명과 조도, 위치 등도 세심히 처리하여, 절대로 무대 중앙에 위치하지 못하게 했으며, 조명을 비추더라도 푸른색, 녹색 등 차가운 빛만 사용함으로써 추악하고 잔혹하며 음험한 계급 본질과 비극적 결말을 암시하였다. 〈사가병〉 제10장 '포위 섬멸'에서 궈젠광이 적과 싸우는 장면을 보면 그는 언제나 무대 중앙에 서 있고, 헤이톈(黑田) 등 부정적 인물은 무대 좌우 양 옆에서만 왔다 갔다 할 뿐이다. 이리저리 날뛰는 광대처럼, 그들은 비웃음과 조롱의 대상인 것이다. 또 〈지취위호산〉 중 〈비적의 소굴을 뚫고 들어가다(打進匪窟)〉 장(場)에서의 양쯔룽 무대 동작 설계를 보면, 음삼한 위호청(威虎廳) 안은 조명이 매우 어두워 음습한 죽음의 기운이 가득하다. 쭤산댜오(座山雕)는 대청 옆에 서있도록 설계되어 있는데, 얼굴빛은 어둡고 위축되어 있다. 이때 갑자기 음악이 변하면서 낮고 침울하던 분위기가 고양되고 웅장하게 바뀐다. 그 가운데로 양쯔룽이 환한 조명을 받으며 고개를 꼿꼿이 들고 성큼성큼 걸어 나온다. 가슴을 쫙 펴고 환한 얼굴을 한 채 시종 무대 정중앙에 서 있는 양쯔룽과 대비되어, 한 옆에 비켜서있는 산의 주인 쭤산댜오의 모습은 비굴하고도 가소롭다. 마지막에 이르러 양쯔룽은 쭤산댜오의 의자를 발로 밟은 채 군림하는 자세로 고개 숙이고 명을 기다리는 비적 떼들에게 연락도를 나누어준다. 영웅의 형상은 현실을 초월하다 못해 무한히 과장되어 있다. 리위허(李玉和), 팡하이전(方海珍), 옌웨이차이(嚴偉才), 사오젠보(少劍波), 홍창칭(洪常靑) 등 모두 극중 이와 똑같은 형상으로 등장한다. 따라서 전통 희극에 견주어 볼 때, 공식화되고 검보화된 경향이 더하면 더했지 덜하지 않을 것이다.

## 6. 수용 심리의 변화: 경건한 예배에서 냉정과 무감각으로

위에서 말한 것처럼, 양판희의 전신은 각 지역의 현대극 공연대회에서 대량으로 등장한 예술품들이었으므로 비교적 훌륭한 관중 기초를 지니고 있었다. 〈지취위호산〉의 경우, 1958년 8월에 난징(南京) 중화극장(中華劇場)에서 초연되었고 그 후 쑤저우(蘇州), 상하이(上海) 등 지역에서 공연되며 관중들의 커다란 환영을 받았다. 1964년에는 약간의 각색을 거쳐 경극현대극공연대회에 참가하여 주요 영도층의 인정을 받음과 동시에, 그 후에 이어진 공연을 통해 광범위한 찬사를 얻었다. 〈홍등기〉는 현대극공연대회 이후에 커다란 명성을 얻어 1965년 2월에 남쪽으로 내려가 선전(深圳), 광저우(廣州), 상하이 등 지역에서 공연되었고, 3월에는 상하이 인민대무대에서 42회 연속 공연이 펼쳐지기도 하였다. 당시 11만 5천명 이상의 관람객을 동원하여, 인민대무대가 세워진 이후 단일 작품 공연 최고 관람객수를 기록하기도 하였다. 〈사가병〉은 1960년 〈지하연락원〉에서 〈갈대밭의 전투〉까지, 제목이 세 번이나 바뀌었다. 1964년 대외공연 이후 연속 100회 공연을 하였는데, 여전히 성황을 이루었다. 1966년 말에 '양판희'라는 정식 명칭이 생겨났다. 전국에 '비판'과 '타도'의 외침이 가득하고, 전통 희곡과 우수한 공연자들이 폭력적으로 모조리 '제거된' 이후, 양판희는 문혁이라는 정치적 역량의 힘을 빌려무대와 사람들의 심미 공간을 신속히 점령하면서 전국 각지에 넘쳐나기 시작했다. '양판희'를 대하는 사람들의 태도 역시 경건한 예배에서 정신적 무감각으로 변화하는 과정을 한 차례 겪었다.

'양판희'가 가장 성행하던 시절은 70년대 초기였을 것이다. 주로 베이징과 상하이에서 집중적으로 공연되었고, 노동절, 건군절, 국경절, 원단, 춘절 등 명절 때는 대규모 집단 공연이 펼쳐지기도 하였다. '양판희'의 전파 경로로는 다음 몇 가지가 있다. (1)관방에 의해 통제되는 '인민일보', '해방군보(解放軍報)', '홍기(紅旗)' 등 잡지와 라디오 방송국, TV 방송국 등을 통한 다년간의 선전과 방영을 지속하였다. 이들은 양판희 보급을 일종의 정치적 임무로 여기며 전국민의 '양판희' 학습을 주장하였다. (2)각 지방에 '혁명 양판희 학습

반'을 세우고, 원판 그대로 혹은 지
방 희곡과 접목시켜 '양판희'를 공
연하였다. 이를 통해 양판희는 각
계각층으로 보급될 수 있었다. (3)
극본, 곡보, 포스터, 달력, 엽서, 자
첩(字帖), 레코드 등 각종 형식의
출판물을 통해 '양판희'를 선전, 보
급하고, 이를 영화로 제작하여 스
크린을 독점하였다. (4)각종 형식의

그림 8-2-1 광산 구역에 내려 가 〈홍등기〉 일단락을 부르는
노동자 아마츄어 선전대

좌담회, 학술대회 등 교류를 통해 '양판희'의 경험을 재정리함으로써 이러한
종류의 심미활동이 정치 생활을 구성하는 한 부분이 되게 하였다. (5)혁명 양
판희의 내용을 초·중·고 및 대학교의 교과 과정에 반영하여 어려서부터 '양
판희'에 대한 애호와 흥미를 갖도록 교육했다. 예부터 오늘날까지, '양판희'처
럼 정부에서 나서서 전면적으로 보급하고 선전한 예술 작품은 아마도 거의
없을 것이다.(그림 8-2-1)[1] 이처럼 노예화에 가까운 선전 교육에 힘입어, '양
판희'는 전국민의 정신생활 영역으로 스며들어갔다. 물론, 상술한 방법은 효
과적이었으나 동시에 매우 제한적이었다. 정신생활이 극히 궁핍했던 시대의
사람들은 처음 '양판희'를 듣고 부르는 데 있어 매우 열정적이었고 신선함을
느꼈다. 그러나 문혁 후기에 이르러서는 오랜 기간 불러온 양판희에 대해 '심
미적 피로감'을 느꼈고, 최초의 심미적 기대감은 날로 마비되어 갔다. 이에
연출 사이 사이에 우스개를 첨가하는 등, 취향이 바뀌는 현상까지 나타나
게 되었다. 바꾸어 말하자면 사람들은 이러한 '양판희'에 대해 더 이상 예배

---

1. 사진 출처는 『인민일보(人民日報)』, 1971년 5월 23일.

를 올리지 않았다. 대신 그것을 업신여기려는 내적 충동이 일기 시작하였다.

　거듭되는 개작을 통해, 성숙하고 충만했던 인물형상은 계급 투쟁의 확성기로 전락해버리고, 우여곡절 많고 생동감 넘치던 스토리는 전투 노선의 화첩이 되었다. 자유롭고 간략한 아름다움도 사라지고 낭만적인 정서도 없어졌다. 남녀 간의 사랑이니 부모 자식간의 사랑이니 윤리니 하는 것들은 모두 자산계급의 정서로 간주되어 심미활동과 무대 밖으로 밀려났다. 한 차례 격동 뒤에 남은 것은 극도의 공허와 무료함 뿐이었다. 하루 또 하루, 일년 또 일년 한 가지 곡조만 부를 때, 우리가 느끼는 것은 더 이상 심미적 향유가 아니라 정신적 고통이다. '양판희'가 탄생하여 발전했던 10년이라는 시간은 중국인의 심미 정감이 억압받고 왜곡되던 10년이었다. 짓눌린 정감은 화산처럼 에너지를 축적해두었다가 폭발의 순간을 기다리고 있었다.

# 제3절

## 배회와 탐색의 80년대 희극

문혁 이후 짧았던 관망과 침묵이 지나고, '사상해방'과 '실사구시'의 구호 하에 사람들은 다년간 갇혀 있던 정신의 감옥에서 탈출하기 시작했으며, 이에 오랫동안 짓눌려 온 감정과 욕망은 해방을 맞게 되었다. 정치를 위해 투쟁하는 생활 패턴에서 벗어난 사람들의 정신생활에는 전방위로 발전할 무한 가능성이 열렸다. 그러나 이러한 가능성을 어떻게 현실화시키느냐 하는 문제는 사회의 부단한 노력에 달려 있었다. 시가, 소설, 영화 등 기타 예술과 마찬가지로, 희극 예술 또한 정치로부터 독립하려는 노력의 과정 속에서 다원적인 가능성을 찾고 있었다. 다른 점이 있다면, 희극이라는 '저물어 가는 예술'은 정치의 속박으로부터 벗어난 후 영화나 텔레비전 등 '떠오르는 예술'의 도전에 직면해야 했다는 것이었다.

### 1. 문혁 이후의 희곡: 회고에서 성찰로

꽁꽁 얼어붙은 얼음이 점차 녹아내리고 자욱한 안개가 걷히면서 겨울이 가고 봄이 찾아왔지만, 따스하다가도 이내 추워지고 말았다. 장기간 억압에서 벗어나 자유롭게 숨 쉴 수 있게 된 사람들은 현실의 거대한 변화에 일시적으로 적응하지 못했다. 특히 너무도 많은 시비가 있었던 희극 영역에 있어서, '한 번 뱀에게 물리고나면 십년 동안 두레박 줄을 보고도 무서워한다.'는 말을 경험해본 희극 예술가들은 일정 시간 동안 관망하는 태도를 견지하는 수밖에 없었다. 오랜 동안 볼 수 없었던 희곡 예술을 감상하며 시·청각적 즐거움을 얻고자 하는 내면의 욕망이 존재하는 한편, 십년 동안 지속된 금욕과 억압으로 마음에 두려움이 남아있었던지라 쉽사리 예술 창작에 착수하지 못했다.

이로 인해 이 시기 희곡은 전통 희극 작품을 재공연한 것이 대부분이었다. 11기 3중전회의 전에는 희곡의 작품 수도 적었을 뿐만 아니라, 대부분이 마오 주석의 인정을 받은 작품들, 예컨대 〈내몰려 량산에 오르다(逼上梁山)〉, 〈삼타백골정(三打白骨精)〉, 경극 〈접련화(蝶戀花)〉, 진강 〈시안사변(西安事變)〉, 〈신문팔이 아이의 노래(報童之歌)〉 등 위주였다.(그림8-3-1)[1] 잠시 동안의 관망과 탐색을 거친 후, 전국의 극작가들은 사상해방, 실사구시의 구호 아래 새로운 역량을 모으기 시작하였고, 이에 희곡 무대에도 전통

희극 재공연 붐이 일기 시작하였다. 전국에서 일시에 200여 종에 달하는 지방극이 복구되었고, 천여 개의 희곡단이 생겨났으며, 희곡 종사자들은 어느새 20여만 명에 달했다. 전국에서 매년 공연되는 희곡의 수는 1,000 단위로, 1979년에 전통극의 공연은 전체 공연의 반수를 넘어섰으며, 1980년에 와서는 90% 이상을 차지하였다. 이러한 현상은 문혁 기간 내에 '독초'로 간주되던 전통극의 누명 벗기기로도 생각할 수 있겠지만, 이로 인해 전

그림8-3-1 경극 〈내몰려 량산에 오르다〉 재공연에 대한 프로그램 설명

1. 사진 출처는 푸진, 『신중국 희극사』, 후난미술출판사, 2002년, p.150.

통극과 새롭게 편집한 역사극, 그리고 현대극 삼자 간의 불균형을 초래하기도 하였다. 수많은 관중에게 있어서 '온고(溫故)'의 희열도 물론 중요하지만, '지신(知新)'의 요구도 채워져야 했다. 사실 사람들이 이미 잃어버린 지 오랜 감각과 동경, 몽상과 심취를 찾고자 할 때, 새로운 생활에 대한 열망 또한 따라서 싹트기 마련이다.

하지만 전통에서 미래로 걸어 나아간다는 것은 그다지 쉬운 일은 아니었다. 이제 막 '양판희' 시대에서 벗어난 사람들은 사유 경향이나 가치관에 있어서 여전히 10년 넘도록 형성된 어마어마한 관성에 의해 이미 정해진 궤도를 따라 앞으로 미끄러져 나갈 뿐이었다. 창작 표현에 있어서도, 그것이 전 세대 혁명가에 대한 그리움과 찬송이든, '사인방(四人幇)'에 대한 비판과 고발이든, 모두 강렬한 공리주의적 경향에서 벗어나지 못했다. 사람은 현실의 토양에서 여전히 생활하고 있었으나 허구의 무대는 관중으로 하여금 그들이 일찍이 겪었던 고난을 떠올리게 했다. 그래서 공개 발표된 신극(新劇)이건 옛날 희극이건, 모두 일종의 복수 차원의 쾌감을 선사하였다. 하지만 이러한 쾌감은 심미적 희열로 설명하기 어려웠다. 가장 두드러진 특징으로 청렴결백한 관리에 관한 작품이 유난히 많았다는 점을 들 수 있다. 이 부류의 극작에서 관중들은 자신의 사상 혹은 감정과 공감대를 형성할 수 있는 무언가를 발견하고자 했다. 예컨대 억울한 옥사가 바로 잡히기를 바란다든지, 백성을 위해주는 훌륭한 관리를 고대한다든지, 충신을 모해하는 간신배가 정죄되기를 갈망한다든지 등이 모두 그런 것들이다. 여기서 반드시 인정해야만 하는 것은, 사상적 가치 면에 있어서나 예술적 가치 면에 있어서나, 감정을 터뜨리는 식의 이러한 작품들이 훌륭한 작품에는 속하지 못한다는 사실이다.

얕은 공리감과 열정 표출이 흐려짐에 따라 심미적 요구가 점차 드러나기 시작했다. 이러한 요구를 만족시키기 위해 청장년층 작가들은 새로운 사상과 방법론을 사용해 이 낡은 예술 형식에 신선한 피를 수혈하였는데, 이에 따라 우수한 역사극이 그들의 마음에서, 손끝을 통해 끊임없이 나오기 시작했다. 그들은 고대의 이야기를 가지고 당대 문제에 답하기도 하고, 어지러운 가운데서 초조해하는 사람들에게 한 줄기 희망의 불빛들을 밝혀 주기도 하였다. 구시둥(顧錫東)의 〈한궁원(漢宮怨)〉, 마사오보(馬少波)의 〈정기가(正氣歌)〉, 궈치훙(郭啓宏)의 〈남당유사(南唐遺事)〉, 정후이싱(鄭悔興)의 〈신정루(新亭淚)〉, 저우창푸(周長賦)의 〈추풍사(秋風辭)〉, 궈다위(郭大宇) 등의 〈서구경승관기(徐九經升官記)〉, 웨이밍룬(魏明倫)의 〈파산수재(巴山秀才)〉와 〈반금련(潘金蓮)〉, 천야셴(陳亞先)의 〈조조와 양수(曹操與楊修)〉 등은 모두 시기에 널리 칭송되던 역작들이다.

80년대 역사극에는 새로운 이성과 탐색에 대한 열정이 두드러진다. 이들은 인물을 모범화시키는 대신 삶을 읽고 생활을 해석해줄 수 있는 현실적 틀을 모색했다. 인물과 스토리를 역사라는 거대한 강에 넣고, 또 생활 장면 속에 넣어 실제적으로 표현만 했을 뿐, 그 안의 시비와 곡절에 관한 평가는 관중에게 맡겼다. 인물의 성격도 선 아니면 악이라는 식의 추상화된 코드로 결정짓지 않았으며, 여러 가지 해석이 가능한 생활 내용을 많이 첨가하였다. 〈한궁원〉, 〈신정루〉, 〈추풍사〉 등의 극작들은 역사 인물의 온전한 면모를 진실하고도 생동감 있게 창조해냄과 동시에, 비극적인 결말을 통해 신시대의 가치 지향과 심미 선택의 새로운 지평을 열었다.

'파부(巴府)의 귀재' 웨이밍룬의 탐색적인 천극(川劇)들은 신시기 희곡 심미문화사에 있어 중요한 위치를 차지한다. 작가 본인이 말했듯이, 그는 1년에 희극 1편, 희극마다 새 창작방식을 도입해 희곡 부흥의 길을 모색하였다.

그는 모든 작품에서 새로움을 추구하였는데, '세상을 놀라게 하고 사람들의 눈이 휘둥그래지게 한다'는 말이 그의 희곡에 대한 일관적인 평가이다. 사실 〈역대담(易大膽)〉의 비통한 눈물이나 〈파산수재〉의 사회 비판이나, 〈반금련〉의 윤리에 대한 성찰이나, 모두 역방향적 사유 방식을 통해 사람들에게 정수리에 제호(醍醐)를 끼얹는 듯, 등에 냉수를 뿌리는 듯한 심미적 감동을 느끼게 했다. 그 중 〈반금련〉의 등장으로 '천극 붐'이 일어났다. '문회보(文彙報)', '신화문적(新華文摘)' 등 신문 매체의 도움에 힘입어, 이 극은 80년대 가장 크게 주목 받은 심미 문화현상이 되었으며, 그 영향력은 심지어 희극 영역을 초월하기도 하였다.(그림8-3-2)[1] 어떤 면에서 볼 때 이 작품은 80년대 이후 사람들의 심미 심리가 간단한 데서 복잡한 데로, 일원에서 다원으로 변해가는 성향을 입증해준 작품이라고도 말할 수 있다. 개성에 대한 존중, 개인 가치 선택의 다양성에 대한 존중은 이 극을 끌고 나간 윤리적 동력이었고, 행복에 대한 추구, 해방에 대한 추구는 이 극을 끌고 나간 미학적 요인이었다.

궁극적으로 말해서, 천고에 다시 없는 음녀 반금련을 위해 기존의 정설을 뒤집어주느냐 마느냐는 문제가 아니었다. 실은 호랑이를 때려잡은 영웅에 대한 가치판단을 감히 되돌아볼 수 있느냐 없느냐가 문제요 관건이었다. 따라서 이 극이 창작된 시기가 바로 황당한 시대로부터 걸어 나온 중화민족에게 냉정한 반성이 필요했던 시대였다는 사실을 잊어서는 안된다. 이 작품은 사상적 깊이 외에도 예술 구상력 또한 대담하고 경

그림8-3-2 황당 천극 〈반금련〉의 연출 설명서

---

1. 사진 출처는 푸진, 『신중국 희극사』, 후난미술출판사, 2002년, p.181

이롭다. 극 중에서는 여황제 무측천(武則天)과 상관완아(上官婉兒), 무명씨 말단 관리, 『서상기(西廂記)』 중 홍낭(紅娘), 『수호전』의 작가 시내암(施耐庵), 『홍루몽』의 보옥 도령, 그리고 톨스토이 작품 중 안나 카레리나와 당대(當代) 소설 속에 등장하는 기자 뤼사사(呂莎莎)와 법관이 한꺼번에 등장하여 반금련의 시비와 공과(功過)를 심판한다. 실로 '천 년을 상상으로 잇고' '만리를 한 눈으로 관통했다'고 이를 만하니, 작가의 예술적 상상의 공간을 충분히 보여주었다고 할 수 있다. 만약 '양판희'가 횡행하던 시대였다면, 이러한 작품들의 탄생은 상상조차 할 수 없었을 것이다. 웨이밍룬의 붓끝에서 탄생한 불행한 반금련은 곧 불행한 사회의 상징이다. 그녀는 영혼과 마음의 정화를 통해 불행한 사회를 매장시키고 세상에 경종을 울린 인물이다.

## 2. 문혁 후의 연극: 성찰에서 비판으로

'사인방' 축출 후 희극무대에서 제일 먼저 부흥한 것이 바로 연극(話劇: 대화를 중심으로 하는 新劇)이었다. 〈분노하라, 황하여(怒吼吧, 黃河)〉, 〈전투의 세월(戰鬪的篇章)〉 등은 오랜 세월 억압받은 분노와 그것의 맹렬한 폭발을 보여준 작품이다. 움츠렸던 사람들은 이제 막 깨어났다. 감정의 파도는 수문을 터뜨리고 용솟음쳤다. 그들은 과거 역사 속의 망령에 연연해하지 않고 용감히 일어나 적을 죽임으로써 울분을 터뜨릴 수도 있고, 현실에 대한 풍자와 비판 속에서 상처투성이인 영혼과 육체를 위로할 수도 있었다. 〈서광(曙光)〉, 〈단풍잎 질 때(楓葉紅了的時候)〉, 〈소리 없는 곳에서(于無聲處)〉, 〈단심보(丹心譜)〉, 〈천이 시장(陳毅市長)〉, 〈피는 언제나 뜨거운 것(血, 總是熱的)〉, 〈봄을 알리는 꽃(報春花)〉 등 작품의 등장은 '문혁' 이후 사회 생활 질서를 신속히 회복하고 정신적 지향점을 찾는 데 크게 기여를 하였다.

　마오쩌둥, 저우언라이(周恩來), 주더(朱德), 천이(陳毅), 허룽(賀龍), 예팅(葉挺) 등 전세대 혁명 지도자들은 이 시기 극작품에서 집중적으로 다루어지던 대상들이었다. 그들에 대한 깊은 그리움은 정의와 정기(正氣), 정직을 갈망하던 사람들의 희망이자 의지처가 되어주었는데, 이는 일종의 순박한 감정이라 할 수 있다. '사인방'에 대한 비방과 멸시, 그리고 뒤섞인 진위(眞僞)를 바로잡을 필요가 있었고, 역사는 그것의 본래 면모를 회복시킬 필요가 있었으며, 우수한 혁명전통은 차세대 사람들이 계승, 발양할 필요가 있었다. 〈서광〉, 〈진의 시장〉 등에 등장하는 앞 세대 혁명가들은 더 이상 '양판희' 시기의 '크고 넓고 완벽한' 추상적 기호가 아니다. 저 높은 곳에 있는 신도 아니다. 그들은 생동감 넘치는 개성적 인물로, 초인적인 기질과 포부도 있지만 보통사람처럼 희로애락도 있고, 위대하고 숭고하며 정열이 넘치지만 동시에 사람을 감동케 하는 친근함도 있다.

　당시 지대한 영향력을 지녔던 작품 〈단풍잎 질 때〉, 〈소리 없는 곳에서〉, 〈단심보〉 등은 정극(正劇), 풍자 희극(喜劇), 비극 등 다양한 방면에서 접근하여 반동자들의 추악함을 고발하고 군중의 정의와 선량함을 노래했다. 그 안에는 현실에 대한 강렬한 성찰 정신과 복수에 가까운 쾌감, 피눈물 어린 호소, 고통이 지나간 뒤에 느껴지는 애도, 심장을 찌르는 듯한 탄식이 가득했다. 〈신주풍뢰(神州風雷)〉와 같은 작품은 저우언라이 총리가 생명의 마지막 순간에 장칭 반혁명집단과 치루었던 영웅적이고도 비장한 투쟁을 감동적으로 재현하면서 사람에게 실로 깊은 감동을 선사했다. 오늘날 관점에서 볼 때 이와 같은 작품들이 비록 이원대립이라는 단순한 틀을 완전히 벗어나지는 못했지만, 당시 천만 관중의 눈시울을 적시기에는 충분했다.

새로운 사회의 모순을 반영한 작품에도 시대 정신이 넘쳐났다. 개방적인 사상과 자유로운 정신을 지니고 있던 작가나 연기자들은 그들이 가장 표현하고 싶은 감정들을 무대 위에 쏟아부었다. 추이더즈(崔德志)가 연출한 〈봄을 알리는 꽃〉은 사회의 강렬한 반향을 불러 일으켰으며, 관성적 사유에 젖어있던 사람들에게 강렬한 충격을 안겨주었다. 이 작품은 오랜 기간 동안 광범위하게 유전되어 수많은 사람들을 비극으로 몰아넣었던 '계급 제일주의'와 '혈통론', 그리고 계급투쟁 확대의 오류에 경고와 비판을 가했다. 극작가들은 이제 대장정에 오른 피 끓는 생활에 대한 노래에서 출발해 새로운 투쟁 생활을 집중적으로 묘사하기 시작했으며, 현실 생활 속의 모순과 문제들을 회피하지 않았다. 이렇게 해서 등장한 것이 리젠(李健), 바이제(白潔), 뤄팡(羅放) 등 생기발랄한 신인들이었다. 쭝푸셴(宗福先), 허궈푸(賀國甫)가 창작한 〈피는 언제나 뜨거운 것〉은 개혁을 알리는 효시 작품으로 일상처럼 여겨지던 경직된 체계와 관료주의를 관중 앞에 폭로함으로써 생활 질서와 정신 세계를 맹렬하게 뒤흔들어 놓았다.

## 3. 신시기 탐색 연극: 사색에서 탐색으로

80년대에 들어와서 사상 해방이 본격화되고 가치관이 변화함에 따라 사람들도 심미의 개성화와 다양화를 추구하기 시작했다. 이러한 추구에 부응하여 현실 또한 각종 형식을 통해 다양한 심미적 요구를 확장시키거나 만족시켰다. 이에 수 십 년간 한결같이 틀에 박혔던 생활도 오색찬연하게 빛을 발하기 시작했다. 이제는 극장만이 유일한 선택이 아니었다. 젊은층의 호기심도 사라지고, 노년층 관중의 심리적 보상도 실현되고, 공리주의의 색채마저 흐려진 이후, 떠들썩하던 극장에는 적막만이 흘렀다. 새로운 상황에 처한 심미 심리적 요구는 신속히 해체, 재구성되었다. 사람들이 필요로 하는 것은 냉철한 성찰이지 치닫기만 하는 열정이 아니었다. 공리주의에서 빠져 나온 연극은 이제 심미 본체의 자태를 회복하고, 용솟음치는 열정 속에 이성적 성찰을 주입하기 시작했는데, 이렇게 해서 생겨난 것이 탐색극이라는 새로운 사조였다.

그림8-3-3 연극 〈절대신호〉의 한 장면

탐색극은 당대 중국 심리 변천 과정의 한 부분이라 할 수 있다. 당시 각종 예술은 모두 탐색 중에 있었다. 중국인 모두가 자신에게 더욱 적합한 사유방식, 행위방식, 감정 표현방식을 찾는 데 몰두했다. 신시기 탐색극의 내용은 대체적으로 다음 몇 가지로 나눌 수 있다. 첫째, 현실 사회에 존재하는 가정, 윤리도덕 등 문제에 대한 성찰. 둘째, 인성의 복잡성에 대한 분석과 비판. 셋째, 역사에 대한 새로운 인식과 평가. 가오싱젠(高行健)의 〈절대신호(絕對信號)〉(사진8-3-3)[1], 〈정류장(車站)〉, 〈야인(野人)〉, 류수강(劉樹綱)의 〈15건 이혼안에 대한 조사분석(十五椿離婚案的調查剖析)〉과 〈한 생자의 사자 방문(一個生者對死者的訪問)〉, 왕페이궁(王培公)과 왕구이(王貴)의 〈우리(我们)(WM)〉, 마중쥔(馬中駿)의 〈거리엔 빨간 치마가 유행이라네(街上流行紅裙子)〉와 〈붉은 방, 흰 방, 검은 방(紅房間, 白房間, 黑房間)〉 등은 극단을 크게 뒤흔들어 놓으면서 80년대 중후반 전국적인 탐색희극 붐을 일으켰다.

예전의 희극 예술과 비교했을 때, 이 시기 탐색극은 그다지 성숙했다고

---

1. 사진 출처는 푸진, 『신중국 희극사』, 후난미술출판사, 2002년, p.160.

말할 수 없다. 어떤 작품들에서는 서양을 모방한 흔적도 보인다. 하지만 이들은 혁신에 힘을 보태고 성찰의 깊이를 더하기 위해 부단히 노력하면서 과거 극작가들이 응용한 적 없는 수단과 기법을 동원하는 한편, 기존의 극작이 건드려본 적이 없는 영역과 주제까지 섭렵하였다. 이 몇 년 사이, 중국의 연극 무대에는 전에 없던 변화가 생겨나기 시작했다. 수십 년간 틀에 박힌 듯 굳어 있던 표현의 틀이 깨지면서 사람들에게 완전히 새로운 심미적 느낌을 선사했다. 이를테면, 형식 면에 있어서 기타 예술 형식을 광범위하게 받아들여, 노래와 춤과 음악을 한데 융합시킨 종합 무대를 선보였다. 또 상징과 은유와 과장 등 수법을 결합하여 인물의 내면 심리활동을 표현해 냈으며, 희극의 서사 성분을 증가시킴으로써 희극의 시공 전환이 더욱 자유롭게 이루어지게 하였다. 무대 연출에 있어서도 '제4의 벽'[1]을 깨뜨림으로써 희극 감상의 공간적 거리와 심리적 거리를 좁히고, 관중의 창조적 의식을 최대한 자극하여 적극적인 교류와 대화가 가능할 수 있도록 노력했다. 내용 면에 있어서는 주제를 시화(詩化) 내지는 철리화(哲理化)하여 생존 형식의 다원화와 가치 선택의 다양성을 추구하였다. 인물의 내면 활동과 사람의 영혼을 분석하는 것은 탐색 연극의 주요 지향점이었다. 인간의 생존 가치와 의의를 냉정하게 분석하고 성찰함으로써 현실에 참조적 방향을 제공하고, 인성의 확대와 회복을 호소하였다.

---

1. [역자주] 연극에서 객석을 향한 가상의 벽을 일컫는 말.

## 4. 신사실주의 연극: 전통에서 현대로

이른바 신사실주의 연극이란 현실주의를 견지할 수 있는 기초 위에서 현실주의 등 사조의 가치 성과를 충분히 흡수하여 전통적인 민족 미학 원칙과 결합시킨 희극 작품을 말한다. 이는 주로 이전의 현실주의 기법에 상대되는 개념으로 간주되는데, 현실주의 창작 원칙에 대한 80년대 사조 해방운동의 중대한 돌파라 말할 수 있다. 이 중 류진윈(劉錦雲)의 〈천하 제일루(天下第一樓)〉, 〈거우얼예 열반(狗兒爺涅槃)〉, 〈쌍수핑 기사(桑樹坪紀事)〉 등은 베이징 인민예술극장에서 연출을 담당하여 당시 극단을 뒤흔들어 놓은 대표작들이다. 이 작품들은 현실을 직시하고서 사회 본질과 역사 발전의 방향을 반영했을 뿐만 아니라, 인물 묘사 방면에 있어서도 서구의 현대주의와 중국 전통 희극의 기법을 흡수하여 참신한 느낌을 주었다.

〈쌍수핑 기사〉는 개방적인 시각으로 현대 사회 속에 존재하는 편벽하고 폐쇄된 서북쪽 산촌 마을 쌍수핑에서 일어난 전통과 현대의 충돌을 묘사하고 있는데, 혈흔 낭자한 사건을 통해 중국 현대화 과정의 고난과 험악함을 알림과 동시에, 현대화 과정 속에서 가치관은 어떻게 전환되어야 할 것인가에 대한 탐색의 길을 찾고자 했다. 봉건주의로 인해 우매해지고, '좌파' 사조와 극단적인 빈곤에 얽매어 상처 입은 쌍수핑은 낡은 중국의 상징이요, 서부 농촌의 축소판이나 진배없다. 이러한 산촌에서 위대함과 미미함, 문명과 야만, 선량함과 잔인함, 인성과 수성(獸性), '삶'에 대한 추구와 '삶'에 대한 마비가 부딪혔다 어우러졌다 하면서 한 곳에 공존하고 있었다. 극중에서는 차이팡(彩芳), 칭뉘(靑女), 웨와(月娃), 왕즈커(王志科) 그리고 늙은 소 '휘즈(豁子)' 등의 서로 다른 비극적 운명을 그리면서, 이러한 비극의 사회적 근원과 역사 문화적 근원을 찾았다. 생산대장 리진더우(李金斗)는 공사(公社)의 생산부 간부와 지략을 다투거나 고용꾼들과 값을 흥정할 때에는 담력과 지모를 드러내고, 며느리 차이팡의 혼사문제나 다른 성씨인 왕즈커를 배척하고 해칠 때에는 종법 윤리관념의 독단성과 잔혹함을 드러냄으로써 농촌 말단 간부 겸 보통 농민으로서의 다중 인격을 선보였다. 이처럼 인성의 복잡함과 다면성을 단순하고 조용한 산촌을 빌려 다각적으로 펼쳐 보이고, 또 이를 통해 개혁의 필요성과 민족의 앞날에 대한 깊은 우려를 암시하였다. 이 작품은 중국인이 겪은 크나 큰 아픔을 압축시켜 무대 위에 올려 놓고, 극 전체를 관통하고 있는 상징적 동작 '포위하여 사냥하기'를 개괄적으로 표현하여, 원시인들과 짐승 사이의 전투에서 기인한 제사 의식을 가지고 새로운 생명 인식 위에서 사람과 사람의 격렬한 충돌을 표현하고 재현해내고 있다. 얼핏 보면 극에서 서술하고 있는 것은 사람과 사람 사이의 격투, 사람과 짐승 사이의 전투처럼 보이지만, 실은 극단적인 통제 하에서 벌어진 촌민들의 자해 혹은 상호 박해를 그리고 있다. 더욱 놀라운 것은 이토록 우매하고 잔인한 일이 현대사회에서 생겨났다는 사실이니, 이로써 사람들의 우려 의식을 불러일으켰다.

류진윈은 1986년작 〈거우얼예 열반〉에서 자유로운 필치로 중국 전통 농민이 사회 변혁기에 겪은 정신적 고통을 그려냈다. 땅과 노동에 대한 미련은 편협하고 보수적인 관념과 뒤섞이면서 새로운 생활에 당면한 그에게 심리적 장애물로 작용하였는데, 극작가는 반시공적(反時空的) 서술 방식으로 인물의 심리를 외면화함으로써 인물의 세밀하고 미묘한 심리까지 묘사해냈으며, 서정시와도 같은 분위기 속에 짙은 사변성을 드러냈다. 거우얼예는 중국 농업문화 심리 구조의 상징으로, 토지와 여자는 그가 평생 꿈꿔온 대상이다. 거우얼예는 다른 농민들과 마찬가지로 치융녠(祁永年)을 증오한다. 그의 지위와 부귀를 상징하는 높다란 건물도 증오한다. 치융녠의 자리를 차지하고 그의 두 가지 이상을 실현할 수 있게 되었지만, 그는 영원히 치융녠이 될 수는 없었다. 그래서 치융녠을 미워하는 것이다. 거우얼예가 높다란 건물을 차지한 것은 재부의 취득만을 의미하지 않는다. 이는 일종의 상징이다. 즉 치융녠을 이길 수 있다는 심리적 방어선인 것이다. 이에 높다란 건물을 허무느니 마느니 하는 내용을 둘러싸고 인물 내면의 여러 가지 비밀이 한 층 한 층 폭로되기 시작한다. 이 지점에서 전통과 현대, 보수와 개방 사이의 모순이 줄거리를 이끌고 가는 내재적 동력이 된다. 〈쌍수핑 기사〉와 마찬가지로 이 신사실주의 연극도 사람들을 향해 민족문화 심리 속에 잠복해 있는 인성의 문제를 펼쳐보였다. 이를 통해 현실비판 수준까지 도달하고 광범위한 공감대를 형성했다.

전반적으로, 80년대 희극 심미문화에는 다음 몇 가지 특징이 보인다. 첫째, 이데올로기와 희극 심미가 점차 분리되었다. 희극의 이데올로기적 색채가 옅어지면서 희곡 창작의 자유공간이 보다 확보되었다. 둘째, 희극의 위기는 탐색의 동력을 가져왔다. 이에 희곡이든 연극 무대극이든 모두 새로운 추세가 생겨나기 시작해, 다원적 요소가 무대 표현에 개입되고 희곡과 연극 기법이 상호 융합되었다. 셋째, 소극장이 등장하여 심미 개체성 추구의 새로운 방향을 대변하였다. 사회가 다원화되고 심미 선택이 자주화되는 경향을 보임에 따라 소극장이 등장해 관중의 심미 심리 요구에 영합한 것이다. 넷째, 잠깐의 번영기를 거쳐 이내 장기적 침체기에 빠져들었다. 희극 내부도 부단한 조정과 자아전환을 통해 희극 기능의 새로운 자리 찾기를 시도하였다.

# 제4절

## 회귀와 진흥의 90년대 희극

80년대의 성찰과 탐색을 거쳐 중국인들은 새로운 사물을 접할 때 한결 냉정해지고 이성적이 되었다. 생활 방식과 예술 작품의 선택에 있어서도 더욱 자유로워지고 주동적이 되었다. 현실적 조건도 다양한 여가 활용의 패턴과 오락의 형식을 제공할 수 있게 되어, 사람들은 점차 차분히 자기가 진정으로 좋아하는 심미 활동을 선택할 수 있게 되었다. 게다가 새로운 심미 방식과 오락 수단의 등장은 사람들의 새로운 심미적 감수성을 유발하였다. 이 두 가지가 결합하면서 90년대 후부터 지금까지의 독특한 문화 풍경을 형성했다. 처음 몇 년은 80년대식 맹종과 탐색의 연속이었지만, 그 후 희극은 상대적으로 평화롭고 평화로운 단계에 진입했다. 사회 전반에 걸친 변화 속에서 각종 역량이 해체·재구성되었고, 각종 전문 예술 부문은 각기 자신만의 고정적인 관중을 확보하게 되었다. 사회의 전문화도 심미 습관의 다원화와 전문화를 가져와, 사람들은 조용히 자기에게 가장 어울리는 심미 방식을 선택할 수 있게 되었고, 희극 또한 자기만의 고정 관객들 앞에서 평화롭고 고요한 면을 드러낼 수 있었다. 심미 본질로 돌아가는 길이, 마침내 새로운 천지를 개척해낸 것이다.

90년대 초기에 일어난 대중문화 붐은 당대 심미 심리의 변화에 역사적인 영향을 끼쳤다. 이러한 추세는 경제체제의 거대한 변화에 적극적으로 호응한 결과라고 할 수 있다. 개혁개방의 관념과 사상해방 운동이 사람들 가슴 깊이 파고 들고 물질생활이 부유해짐에 따라, 정신적 면모에도 점차 변화가 생기기 시작했다. 개체 감성 욕망에 대한 요구와 자신의 생존 가치에 대한 고민이 민중의 보편적인 문제로 대두되었다. 베스트셀러 소설, 상업 영화, 드라마, 형형색색의 광고, 대중가요, 잡지, 애니메이션, 가라오케, MTV, 스포츠 경기, 모델들의 패션쇼 등, 각종 대중예술은 사람들의 감성과 욕망을 들춰내고 이러한 욕망을 소비 능력으로 바꾸기 위해 안간힘을 썼다. 대중예술은 대중의 심미적 발전 방향을 선도하여 사회 사상을 직접 표현하고 전달하는 역할을 수행하였다. 그 결과 엘리트주의와 문화숭배사상은 일반인들의 사소한 일과 실용주의, 향락주의, 소비주의로 대체되었고, 문화의 전환과 재구성 속에서 전통예술 부문, 이를테면 문학과 희극 등은 잠깐의 상실과 고통의 시간을 보낸 뒤, 자신의 생존 가치가 의심 받고 위협 받는 환경 속에서 스스로의 위치를 새롭게 확보했다.

## 1. 부활하는 경전

1990년대 이후, 중국 사회에 생겨난 커다란 변화와 경제의 전면적 발전으로 인해 정신생활은 더욱 빈곤해지고, 인문정신은 추락하였다. 전통 가치 체계의 붕괴와 소비주의의 만연은 어떻게 해야 인문정신을 재건할 수 있느냐 하는 지식계와 문예계의 대토론을 촉발시켰다. 주류 이데올로기에 있어서, 전통 문화의 안정적이고 조화로운 특질은 경박하고 맹목적인 현실 심리상태에 비해 조화롭고 건강하며 질서 있는 사회 발전에 훨씬 유리했다. 이로 인해 전통 문화는 지식계나 정부의 이데올로기에 있어, 모두 세태와 인심을 구

그림8-4-1 각지에서 펼치고 있는 붉은 경전 희극

원할 특효약으로 여겨졌다. 현실 사회는 전통문화와 민심의 안정적인 기초 하에 차분히 발전해나갈 필요가 있었다. 이에 깊이 있고 폭 넓은 민족정신을 재건하기 위해 희곡계는 자각적이고 자주적으로 움직였다.

90년대 희곡 무대에서 주목할 만한 현상은 바로 양판희의 부활이다. 〈사가병〉, 〈홍등기〉, 〈지취위호산〉 등의 작품이 90년대에 몇 차례 공연되면서 한 차례 한 차례 이어지는 홍색붐을 일으키자, 관련 서적, 음반, CD 등도 다시금 불티나게 팔려 심지어 최고 판매부수를 기록하기도 하였다. 헌신짝처럼 버려졌다 다시금 추앙을 받고, 억압을 자초하다가 다시금 열정을 불러 일으켰으니, 양판희가 맡았던 배역의 전환이야말로 거듭 음미해 볼 만한 현상이다.(사진 8-4-1)[1] 심미 심리 측면에서 볼 때, 시간에 의해 많은 것이 걸러지면서 양판희의 미학적 특질이 고치를 깨고 드러나기 시작해, 이데올로기의 단단한 껍질을 깨뜨리고 당시 미학 심리를 보완할 수 있는 흥분제가 되었다. 내용 면에서나 형식 면에서나 완전히 옷을 바꿔 입은 양판희는 더 이상 강제적인 이데올로기의 선전품이 아니라 당시 사람들의 새로운 것을 추구하던 심미 심리에 대한 일종의 보상이었다. 여보 자기하는 애정 타령을 실컷 듣고 나서, 국가 대사를 논하는 격앙된 내용의 양판희를 다시 가까이 하는 것은 아마도 사람들에게 일종의 강건한 기운을 주입하는 일이었을 것이다. 게다가 문혁 이후에 성장한 청년 세대에게 있어서는 이를 '다시 가까이 하는 데' 문제 될 것도 없었다. 양판희는 그

---

1. 사진은 중앙발레단의 2005년 베이징 베이잔(北展) 극장에서 공연한 〈붉은 여군〉의 한 장면이다. 사진 출처는 신화망(新華網)http://news.xinhuanet.com/photo/2005-06/30/content_3155808.htm.

들에게 불행한 기억을 떠올리게 하지도 않았으며, 그저 신선한 쾌감만을 안겨줄 뿐이었다. 특히 그들의 입맛에 맞게 전자 악기나 타악기 등을 이용해 새롭게 포장한 양판희는 유행가와도 다르고 로큰롤과도 다른 독특한 매력을 지녔다. 이것은 너무도 유약하고 감상적인 유행 문화에 대해 반드시 가해져야만 했던 필수불가결한 반격이었다. 이로써 이 시기의 양판희가 더 이상 '붉은 경전(經典)'이 아니었음을 알 수 있다. 사회 심리적인 면에서 볼 때, 물질적 풍족이 정신적인 충족을 대변하지 않는다. 90년대에 와서 사람들은 전에 누려보지 못했던 물질적 풍족을 경험했다. 하지만 인정을 따지지 않는 금전의 논리 앞에서 사람들은 전에 없던 이상의 추락과 인문정신의 상실을 맛보아야 했다. 오늘날의 상처는 옛 것에 대한 그리움을 불러 일으킨다. 특히 물욕의 횡류로 인해 생겨난 각종 추악한 현상은 바로 얼마 전 비록 가난했지만 불처럼 정열적이었던, 격정이 넘쳐나던 시대에 대한 표현할 길 없는 그리움을 불러일으켰다. 문혁 시대를 살았던 사람들은 늘 그 시절과 자신들의 청춘을 연결지어 떠올리곤 한다. 반면 그 시절을 겪어보지 못한 사람들은 일종의 낭만적인 격정으로 그 시절을 상상한다. 우리가 지나치게 건망증이 심해서일 수도 있고, 상업사회에 사는 사람들이 늘 공리주의나 실용주의와 완전히 상반되는 모범을 전형으로 세우기 때문일 수도 있다. 이런 각도에서 볼 때, '양판희'의 부활은 전통과 권위에 대한 포스트모더니즘의 해학과 와해뿐만은 아니다. 또한 당시 젊은이들의 호기심 때문만도 아니다. 그 속에 담긴 영욕(榮辱), 훼방과 기림, 이로움과 폐단 등은 우리가 진지하게 검토해보고 깊이 성찰해보아야 할 문제들이다.

이밖에, 이 시기에는 드라마건 희곡 창작이건, 명저를 각색하는 것이 유행하여, 고전문학 명저 보급에 큰 공을 세웠다. 이는 시장이라는 문제에 당면한 희곡계가 생존의 길을 찾기 위해 전략적으로 선택한 길이자 고전으로 회귀하고자 하는 광대한 민중의 심리에 순응하여 전통 문화로 자발적으로 복귀한 것이기도 하다. 이러한 사조가 일어나 널리 환영받자 90년대 희극 무대에 선명하고 생동적인 예술 이미지가 생성되어, 대중의 고전 명저와 역사 인물 이해에 도움을 주었다. 월극 〈홍루몽〉, 〈공을기(孔乙己)〉, 곤극 〈장생전(長生殿)〉과 〈차관(茶館)〉, 경극 〈서상기〉, 〈모란정(牡丹亭)〉, 〈살쾡이로 태자를 바꾸다(狸猫換太子)〉, 〈진향련(秦香蓮)〉, 〈사랑 모친 찾기(四郎探母)〉, 〈낙타상자(駱駝祥子)〉 등은 모두 이 시기의 성공작들이다. 이 작품들은 새로운 시청각적 효과를 이용해 명작을 재해석함으로써 사람들의 시각과 청각을 즐겁게 해주었는데, 때론 낮고 애절한, 때론 비분강개한 곡조 속에서 사람들은 고전 명저의 인문 세계 속으로 다시금 빠져들었다.

## 2. 성대한 경축일

90년대에 들어와 희곡 영역에는 각양각색의 희극상과 예술제가 생겨났다. 이는 시장경제 속에서 도전에 당면한 희극 예술계를 위해 국가 차원에서 지원한 일종의 보조였다. 다양화된 심미 선택과 가치 취향이라는 조건 하에서, 주류 이데올로기가 민족의 우수한 문화를 계승하고 심미적 방향을 이끌어가는 전통예술의 현실적 기능에 더욱 주목하면서 '지는 예술인' 희극에 필요한 지원을 했던 것이다. 희극 예술에 대한 정책 지원은 90년대 희극이 다시 번영의 길로 들어서는 데 일정한 역할을 하였다. 그러나 각종 상이 생겨나자 일부 희극은 오로지 수상만 고려하고, 시장의 수요나 관중의 수요는 거들떠보지도 않는 상황이 벌어졌는데, 그 결과 엄청난 제작비를 들인 작품이상을 받은 후 소리 없이 사라지는 일까지 생겨났다. 표면적인 번영 이면에는 90년대부터 오늘날까지 보편적으로 존재하는 공리주의와 경박한 정서가 넘실거린다. 하지만 변혁이 점차 깊이 진행되면서 이러한 상황은 바뀌게 마련이다.

문화상(文華獎) 시상은 1991년에 시작되었다. 이 상은 문화부에서 주관하였는데, 정부가 무대예술을 위해 제정한 최고의 상이라 할 수 있다. (그림 8-4-2). 문화상은 사상적 주요 골간을 널리 고양하고 다양화를 견지하면서, 다년간 사상과 예술 그리고 감상 가치 면에 있어 모두 우수한 작품을 선정하여 수여하였다. 제8회까지는 1년에 한 번씩 수여하였으며, 그 해에 발표된 모든 무대 예술극을 대상으로 했다. 제9회부터는 2년에 한 번씩 수상하는 것으로 바뀌었다.

경극의 소리에 영상을 매칭하는 작업은 90년대 중반에 시작되었다. 이는 주류 이데올로기가 위기에 처한 희곡 예술을 구제하기 위해 시작한 위에서 아래로의 자각적인 활동이었다. 지금까지 이 작업을 통해 이미 무대에서 사라지고, 또 배우와 관중들의 마음 속에 그 모습이 이미 흐릿해진 수백 부의 경전들이 다시 태어날 수 있었다. 구체적으로 말하자면, 영상이 남아 있지 않은 전 세대 예술가들의 녹음 자료를 수집하고, 그들로부터 전수받은 제자나 혹은 후속 세대 중 우수한 청년 배우를 모은 다음 영상과 소리를 배합함으로써 소실 위기에 처한 경극 경전 작품을 살려내는 것이다. 이렇게 완성된 355종의 경극은 기본적으로 1940년대 이후 경극 대가의 주요 작품들을 모두 섭렵했다. 경극의 보고(寶庫)가 대대적으로 확충된 것이다. 영

그림8-4-2 문화상 로고

상과 배합하는 과정을 통해 청장년층 배우들은 대가들의 지도 하에 소리를 배우고 동작을 배울 수 있어서, 좀처럼 얻기쉽지 않은 학습과 실천의 기회를 통해 연기 수준을 향상시킬 수 있었다. 또 선전과 보급을 통해 관중에게 소리와 영상 모두 우수한 작품을 감상할 기회를 제공함으로써 경극에 대한 흥미를 배가할 수 있었다. 소리와 영상을 조합하는 작업은 희곡계 인사들이 대중 심미문화의 신속한 전파에 적응하기 위해 주동적으로 나서서 관중과 직면하기 시작한 첫 번째 자각적인 행동이기도 하다. TV매체와의 효과적인 결합을 통해 노년층 관중들로부터도 멀어지고 청년 관중들과도 떨어져 있던 고전 희극은 아속(雅俗)이 함께 감상할 수 있는 심미 생산품으로 거듭났다.

중앙방송국 희극 채널의 개통과 각 지방 방송국이 위성 TV를 통해 마련한 각종 희곡 프로그램은 우리에게서 점점 멀어지는 국수(國粹) 예술을 구제해 다시 감상할 수 있게 해주었음은 물론, 희곡의 대중화에 필요한 매개 차원의 준비를 갖추게 하였다. 지금은 희곡 감상을 원하기만 하면 쉽게 선택해 볼 수 있어서, 대가들의 노래와 연기를 보고 듣지 못해 평생 한탄할 필요가 없으니, 심미의 자유공간이 극도로 넓어졌다 할 수 있다.

1995년부터 3년에 한 번씩 개최되는 중국 경극제는 희곡 심미에 가장 큰 영향을 미친 행사이다. 매년 이 행사날이 되면 각종 예술 활동이 다채롭게 펼쳐지는데, 대중문화운동 사조에 발맞추어 축제 분위기로 경극 예술의 전면적 부활과 번영을 한껏 부각시키면서 희극이 진정으로 대중화, 전민화될 수 있는 동력을 제공했다. 몇 회에 걸쳐 개최된 예술제 행사에서, 오래되고 낡은 희극 예술에 시대와 발맞추어 나가는 개방성이 있음을 보여줌으로써 신세대 관중까지 사로잡았다. 신시기 이래 비교적 영향력을 지니고 있던 희극들은 모두 경극 예술제에서 자기 위치를 확보하면서 신구세대 관중이 다투어 학습하고자 하는 표본이자 모범이 되었다. 이 중 〈낙타상자〉, 〈풍우동인당(風雨同仁堂)〉, 〈살쾡이로 태자를 바꾸다〉(삼본(三本)), 〈법문중생상(法門衆生相)〉, 〈정관성사(貞觀盛事)〉, 〈화자량(華子良)〉, 〈연지하(胭脂河)〉, 〈낙신부(洛神賦)〉, 〈수마어사(瘦馬御史)〉 등은 모두 한 시대를 풍미한 역작들이다. 이 작품들은 사상적 주요 골간을 선전하기 위해 만들어졌지만 정부의 주요 사상과 사회 역사적 주제를 일반인의 삶에 더 가까운 방식으로 체현해내었으므로 정책을 해설하고 교조(敎條)를 선전하는 데 그쳤다고는 할 수 없다. 〈정관성사〉 같은 작품은 당나라 정관 연간의 일을 묘사했는데, 충신 위징(魏徵)은 사치로 인해 멸망한 수나라를 거울 삼아 당 태종 이세민을 향해 백관들의 향락 풍조를 없앨 것을 간언하고, 이세민은 의연히 간언을 받아들여 세상의 풍습을 바로잡았다. 드높은 기세로 때론 장엄하게 때론 해학적으로, 중화민족 역사상 명군과 현신이 함께 치세를 도모하여 태평성세를 이룩하는 찬란한 장면을 재현하였다. 이 작품은 옛것을 빌려 지금을 말하는 전통 역사극의 서술 양식을 통해, 선인의 시선으로 현실을 강렬히 관찰하고 있는데, 현실에 대해 수많은 생각을 하게 할 뿐만 아니라 형식 면에 있어서도 참신한 느낌을 준다. 비록 신중국 건립 50주년 대축전 헌정 작품이지만, 작가와 연출자의 이성적이고 냉정한 태도에는 우리가 고려해볼 만한 현실적 요소가 담겨 있다. 경극 〈수마어사〉도 역사를 거울 삼아 강직하고 청렴결백하며 백성의 목숨을 구해주는 어사 전남원(錢南園)을 그려냈는데, 전기적(傳奇的) 색채가 농후할 뿐만 아니라 예술적 운치도 다분하다. 그의 야윈 말에는 사상적 의미가 다분히 함축되어있다. 이 작품은 역사 속의 청백리 형상을 성공적으로 그려냄으로써 전남원을 관중들이 현실을 하소연할 수 있는 대상이 되게 하였으니, 현대적 의의 또한 풍부하다 하겠다.

국가 우수 무대예술작품은 나라에서 지원하는 대형 예술 활동이다. 2002
년부터 2006년까지, 총 5년 동안 2억위안의 인민폐가 투입되었으니 매년 평
균 4,000만위안이 들어간 셈인데, 주로 강렬한 시대 정신과 예술적 매력을
지님과 동시에 진정으로 '민족적 특색을 표현하고', '국가의 수준을 대표할
수 있는' 50부의 작품을 선정해 발표하였다. 이 작업이 섭렵하고 있는 예술
장르는 매우 넓어서, 무대공연 예술의 각개 부문, 즉 경극, 곤극, 지방희곡,
연극, 무용극, 가극, 음악극, 대형 교향악과 민족음악 작품 등을 모두 포함
하며, 선발된 우수 작품들은 중화민족 가장 우수한 예술 수준을 대표함과
동시에 일종의 경전으로 간주되어 보호되고 전승되었다. 명칭과 의의를 돌아
볼 때, 이 작업의 목적은 무대예술에 있어서의 국가 이미지를 수립하는 것이
라 할 수 있다. 2003년에는 경극 〈재상 유라과(宰相劉羅鍋)〉(베이징 경극
원), 경극 〈정관성사〉(상하이 경극원), 경극 〈화자량〉(톈진 경극원), 천극(川
劇: 쓰촨성 지방극) 〈금자(金子)〉(충칭시 천극원(重慶市川劇院)), 민극(閩劇:
푸젠성 지방극) 〈폄관기(貶官記)〉(푸젠 실험민극원(福建實驗閩劇院)), 월극
(越劇: 저장성 지방극) 〈육유와 당완(陸游與唐琬)〉(저장소백화월극단(浙江小
百花越劇團)), 연극 〈상앙(商鞅)〉(상하이 연극예술중심(上海話劇藝術中心)),
가극 〈창원(蒼原)〉(랴오닝 가극원(遼寧歌劇院)), 무용극 〈홍매찬(紅梅贊)〉(공
군 정치부 가무단(空軍政治部歌舞團)), 잡기 〈산수에 대한 미련(依依山水
情)〉(쭌이시 잡기단(遵義市雜技團), 구이저우성 가극단(貴州省歌舞團)) 등 총
10부의 희극이 선정되었다. 선정된 10부의 작품들을 볼 때, 이들은 적어도 다
음 몇 가지 방향성을 대표하고 있다. 첫째, 정부의 주요 사상 책략에 부합하
여 선전과 심미를 유기적으로 결합시키고 있다. 3부의 경극이 좋은 예인데,
이들은 모두 중요한 역사와 현실 사명을 담고 있으면서 고전 희곡의 '오락 속

에 교훈을 실으라'는 요구도 지키고 있다. 둘째, 관중의 심미적 요구에 부합하였다. 즉 시장적 수요를 존중하였다. 이 작품들은 모두 최근에 등장한 우수 작품들로 각종 예술축제에 빈번히 공연되었는데, 공연 횟수를 보나 관중의 평가를 보나 모두 비교적 높은 지위를 누리고 있어서 신시기 희극의 부활과 안정적인 발전을 상징하는 좋은 징조로 여겨졌다. 셋째, 무대예술의 심미 가치 지향을 이끌어 갈 능력을 구비했다. 지금처럼 사회가 다원화되고 심미가 다양화된 시대에, 우수한 무대예술 작품을 즉시 선발하여 선보이는 것은 심미 가치 지향을 이끌어가는 데 있어 적극적인 의의를 지닌다. 이들 작품 중에는 민족 예술의 정화를 대표할 만한 작품도 적지 않고, 시대의 선율을 놓치지 않으면서 대중의 생활과 밀착시킨 우수한 작품도 적지 않다. 따라서 거듭된 공연을 통해 이들 작품들은 일반 국민들 사이로 다시금 파고들어갔으며, 이에 희극 예술은 다시금 이채를 띠게 되었다.

## 3. 작아진 극장

희곡과 마찬가지로 90년대 초기의 연극도 고전 명저에서 지난날의 면모를 되찾고자 하였다. 수많은 연극 종사자들에게 있어서 이는 시장 이윤을 추구할 수 있는 통로일 뿐만 아니라 연극계로 하여금 곤경에서 벗어나게 할 수 있는 출로이기도 했다. 연극은 빠져 나오기 힘든 곤란과 함정에 빠질 때마다 명저와 경전 속에서 돌파구를 찾곤 하였다. 더욱 중요한 것은 이런 방법으로 연극을 구제했을 뿐만 아니라, 대중문화의 범람 속에서 관중의 심미 취향을 끌어 올리고 용속함을 막아낼 기회까지 진정으로 포착했다는 것이다.

앞서 말한 것처럼, 90년대에 유행했던 문화는 대중들의 심미 소비 방식이

다원화됨에 따라 등장한 것이었다. 구체적으로 말해서, 대중전파 매체나 광대한 관중 집단이나 할 것 없이 소화하기 쉬운 패스트푸드 형태의 심미 소비 패턴을 적극적으로 추구하였다. 시대의 조류와 심미적 취향은 이처럼 빠르게 변하였고, 생활 환경 속에는 지위, 금전, 명예, 권력 등이 넘쳐났다. 사회 경쟁 매커니즘의 도입으로 인해 사람과 사람 사이에는 중대한 변화가 생겨났다. 화목하게 어울리고 친절히 융화되었던 전원 목가는 갈수록 멀어지는 이상이 되었고, 보다 절실한 경제적 이익이 사람들을 불가피한 생존 환경으로 몰아 넣었다. 개인주의, 배금주의, 향락주의가 새로운 상황 속에서 세계를 휩쓸고, 도덕과 윤리적 비판의 목소리는 갈수록 희미해졌다. 이런 상황이다보니 희극계의 인생과 역사의 심미에 대한 질문은, 사회심리 전체가 전통을 등지고 세속화되어가는 상황 속에서 자발적으로 선택한 대중 심미 심리에 대한 합리적인 방향 설정이었다고 할 수 있다. 대중에게 역사에 대한 기억과 심미 심리를 다시 되돌리기 위한 첫 번째 방안으로 선택된 것이 바로 경전에 대한 회고와 명저에 대한 각색이었던 것이다.

이로 인해 연극 무대에서는 〈흠차대신(欽差大臣)〉, 〈무덤 없는 사자(死無葬身之地)〉, 〈기념비(紀念碑)〉, 〈고도를 기다리며(等待戈多)〉, 〈뇌우(雷雨)〉, 〈차관〉, 〈집(家)〉 등 원작에 충실한 작품도 공연되었고, 〈햄릿〉, 〈어느 무정부주의자의 죽음〉, 〈해적판 파우스트(盜版浮士德)〉, 〈강철은 어떻게 단련되는가(鋼鐵是怎樣煉成的)〉, 〈돈 주앙(唐璜)〉, 〈원야(原野)〉, 〈일출(日出)〉, 〈죽은 물이 일으킨 작은 물결(死水微瀾)〉, 〈생사장(生死場)〉 등 새로운 형식, 새로운 시각으로 재해석한 작품도 공연되었다. 경전은 영원한 본보기고 모범이다. 경전은 시대와 민족과 계층을 초월할 수 있다. 그것이 보여주는 예술의 영원한 매력은 통속 예술이 미칠 바가 못되기 때문이다. 바로 이러한 경전의 도움에 힘입어 연극 예술은 사람들로 하여금 혼란과 동요 속에서 지난날을 추억하고 금세 사라지고 말 세속 생활 속에서 자신이 살아가는 가정과 인생의 진리를 찾게 해주었다.

소극장 운동은 1980년대에 일어났다. 1982년 가오싱젠의 〈절대신호〉를 시작으로, 소극장은 신시기 연극의 탐색, 실험과 긴밀한 관계를 맺어왔다. 사람들이 소극장이라는 새로운 형식을 받아들이기까지는 충격과 놀라움에서 냉정과 평온에 이르는 과정을 겪어야만 했다. 왜냐하면 소극장에서 공연하는 전위적 희극은 아직 탐색 단계에 있던 특수한 심미형태였기 때문이다. 이들은 모든 사회 체제나 문화 심리의 과도기적 상황을 상징하면서, 당시 사람들의 명확하지는 않지만 변화에 급급해하던 가치 지향과 심미심리를 대변하였다.

90년대에 이르러 소극장은 물에 빠진 사람이 잡을 수 있는 지푸라기였고, 위축되어 가는 희극계에 여전히 피어있는 한 떨기 싱싱한 꽃이었다. 〈어느 무정부주의자의 죽음〉, 〈체 게바라〉(그림 8-4-3)[1], 〈루쉰 선생(魯迅先生)〉, 〈붉은 별 미녀(紅星美女)〉, 〈첫 번째 친밀한 접촉(第一次親密接觸)〉, 〈축구 클럽(足球俱樂部)〉, 〈해적판 파우스트〉, 〈무상, 여조(無常·女吊)〉, 〈기념비〉, 〈비상 마장(非常麻將)〉, 〈성인 공자(聖人孔子)〉, 〈고도를 기다리며〉, 〈패왕별희(霸王別姬)〉, 〈천상인간(天上人間)〉 등 (사진8-4-4)[2], 당시 지대한 영향을 끼쳤던 전위적 작품들은 거의 예외 없이 모두 소극장에서 시작되었다.

소극장은 언제나 연극을 지탱해주는 무대이면서 희극 창작자들의 예술 감각과 예술 실험을 유지해주는 천지였다. 소극장이 있음으로 해서 희극은 '애호자'들로 이루어진 비교적 순수한 집단으로 회귀하게 되었으며, 연기자들에

---

1. 사진 출처는 www.douban.com/subject/1011977/.

2. 사진 출처는 푸진, 『신중국 희극사』, 후난미술출판사 2002, p.195.

그림8-4-3 〈체 게바라〉 공연

그림8-4-4 멍징후이(孟京輝) 저의 〈선봉희극 당안〉의 표지

게는 연기의 대상이, 희극 애호가들에게는 상대적으로 뜨거운 관람 환경이 생겼으니, 모두에게 이득이었다. 소극장의 가장 큰 장점은 연기자와 관중 간에 인터랙티브가 언제든지 일어날 수 있다는 것인데, 이는 텔레비전의 현장 생중계와 비슷한 점이 많다. 여기서 관중은 가장 자연스러운 연기를 직접 체험할 수 있다. 즉 연기자의 표정과 같은 미세한 것까지, 또 숨쉬는 작은 소리까지 똑똑히 관찰할 수 있다. 연기자는 또 현장의 분위기에 맞춰 자신의 정서를 컨트롤할 수 있다. 무대와 관중석 사이를 뛰어다니면서 온 극장 안을 무대로 만들 수 있다. 이런 상황 하에서 무대 형식 또한 낡은 틀을 깨뜨리고, 개방적이고 자유로우며 다원적이고 상호 연동적인 공간으로 거듭났다. 관중과 연기자가 서로 어우러질 수 있는 환경이 조성된 것이다. 소극장 연극의 예술 형식은 더욱 자유로워지고, 장면은 더욱 간략해졌다. 인물의 움직임이 뚜렷이 부각되면서 집중력도 높아졌다. 예를 들어 〈사범(思凡)〉에서는 남녀 간의 사랑을 표현하는 부분에 이르러 '여기에서 XXX 글자를 없앤다'라는 글자가 적힌 커다란 현수막을 높이 내걸었는데, 새롭고 참신한 아이디어

로 현장 분위기를 극도로 끌어올렸다. 이 밖에도 소극장의 또 다른 장점이라면 제작비가 적게 든다는 것이다. 투자비용이 많이 들지 않기 때문에 시장의 변화에 대응하기 쉬울뿐더러, 관중의 반응이나 요구에 맞추어 극의 스토리나 연기 내용을 조정하면서 예술의 신선함과 새로움을 끊임없이 추구할 수 있었다. 따라서 소극장은 희극 개혁에 있어 가장 효과적이었을 뿐만 아니라, 당대 연극 예술의 국제적 추세에도 부합했다.

형식이 변화함에 따라 연극에는 다양한 탐색이 끊임없이 이루어졌고, 그 덕분에 관중들은 더욱 대담하고 자유롭고 가벼운 마음으로 창작해낸 새로운 작품들을 감상할 수 있었다. 베케트의 〈고도를 기다리며〉부터 샤르트르의 〈무덤 없는 사자〉 등 서구 현대파 경전들, 또 중서(中西) 합작이라 할 수 있는 〈사범(思凡)〉과 서양 작품끼리 접맥시킨 〈세 자매·고도를 기다리며(三姉妹·等待戈多)〉 등 후속작들을 통해, 열악한 환경 속에서 더욱 성숙해지고 더욱 자유로워진 작가의 창작태도를 엿볼 수 있다. 시대의 요구에 부응하여 탄생한 소극장은 희극 애호가들에 있어서 행운일 뿐만 아니라 창작자와 출연자 모두에게도 행운이었다. 현실을 직시하다 보니 더욱 넓은 전경이 펼쳐진 것이다.

소극장 공연에 오른 것은 대부분이 실험적인 희극들이었기 때문에 관중 대부분도 지식 수준이 비교적 높은 집단이었다. 때문에 일반인들에게 있어서는 접근하기 어려운 면이 없지 않았는데, 게다가 공연되는 곳마저 문화 수준이 상대적으로 높은 베이징, 상하이 등 대도시에 집중되어 있다 보니 수적으로 훨씬 많은 중소도시에서의 소극장 공연은 요원한 꿈 같았다. 또, 소극장이 이룬 성취를 긍정함과 동시에 소극장에서 공연된 연극이 형식을 뒤집으려다 보니 표현하고자 하는 내용이 단조로워진다든가, 원극의 성분이 부족하다든가 심지어 경전을 함부로 개작한다든가 하는 문제가 존재한다는 사실은 직시해야만 한다. 이로 인해 소극장은 마치 실험무대처럼 되어버리고, 허다한 작품들이 등장했다가 이내 사라지곤 하여 지금까지도 〈뇌우〉나 〈차관〉같은 경전이 탄생하지 못하고 있다.

한편 1980년대 탐색 실험 단계를 거친 신사실주의 연극은 분명 심미 본질을 향해 회귀해왔다. 전반적으로 볼 때, 80년대 신사실주의 연극에는 탐색적인 성격이 더 강했고, 열정과 새로운 풍조가 넘쳤다. 90년대 신사실주의 희극은 시장 경제의 세례를 받은 후에 더욱 성숙해지고 이성적이 되어 독립적 심미 가치를 추구하는 경향을 띠었다. 이밖에 90년대 신사실주의 연극은 또 주류 이데올로기와의 효과적인 결합에 더욱 치중하였는데, 이러한 결합은 심미의 독립적 효과와 가치를 충분히 고려하고, 관중의 심리 수용 능력까지도 고려한 것이었다. 때문에 조화로운 사회 재건에 적극적인 역량을 발휘할 수 있었다. 이 시기 작품 중 일컬을만한 것으로는 〈한 배를 타고 건너다(同船過渡)〉, 〈호거종산(虎踞鍾山)〉, 〈지질사(地質師)〉, 〈하늘가에 성화가 있네(天邊有一簇聖火)〉, 〈상앙(商鞅)〉, 〈다투어 흐르는 창해(滄海爭流)〉, 〈연호(烟壺)〉 등이 있으며, 궈스싱(過士行)의 〈도인(島人)〉, 〈어인(魚人)〉, 〈기인(棋人)〉 시리즈도 독특한 개성으로 크게 주목 받았다.

90년대 신사실주의 연극은 새로운 가치관의 확립을 적극 추진했다. 그 중 몇몇 작품들은 주류 연극으로도 간주될 수 있는데, 〈한 배를 타고 건너다〉, 〈호거종산〉, 〈지질사〉, 〈하늘 가에 성화가 있네〉 등은 정부의 이데올로기 선전과 정신적인 교화 작용을 중시하면서, 신시기 혼란과 맹종 상태에 처해 있던 대중 심미 의식에 그것을 지탱해나가고 이끌어나갈 요소를 주입하였다. 정전환(鄭振環)이 각색한 〈하늘가에 성화가 있네〉에는 사람들의 존경심을 자아내는 늙은 소대장 란허얼(藍禾兒) 등 일곱 사나이가 등장한다. 그들은 서북 변방지역 인적 없는 사막에서 처량함과 추위, 고독과 그리움을 견뎌가며, 단조롭고 기이할 것 없는 담담한 생활 속에서 아낌없이 헌신을 하는데, 10년을 버틴 의지와 강인함을 통해 그들의 강하고 숭고한 인격을 그려낸다. 그렇기에 란허얼이 퇴역하여 전업하려는 순간이 다가오자 사람들은 비장하고 장엄한 아름다움을 느낄 수 있는 것이다. 양리민(楊利民)이 석유공업을 소재로 창작한 〈지질사〉는 뤄밍(洛明), 루징(蘆敬), 그리고 뤄다성(羅大生) 등 인물의 기구한 운명, 진지한 우정, 숭고한 사랑을 통해 지난 30년간 한 세대와 더불어 성장해온 공화국의 역사를 펼쳐냄으로써 다시 한번 참신하고 순결한 인생의 경지로 인도하고자 시도한다. 극중에서는 당대 중국 지식인들의 역할과 운명에 깊이 주목하면서, 전과는 다른 기법으로 한 세대 중국 지식인들의 완벽한 전형을 구축하였다. 평범함 속에 영웅적 형상을 완성하였는가 하면, 영웅주의의 주류 담론 속에서 그들의 범속함을 드러냈다. 그 안에는 심령에 대한 신시대 지식인의 자아분석과 고백도 들어있고, 일과 사랑에 대한 끊임없는 추구도 들어있으며, 친구와 가족에 대한 사랑도 있고, 자신에 대한 강한 비판과 수정도 들어있다.

궈스싱(過士行)의 〈한인 삼부곡(閑人三部曲)〉(《조인(鳥人)》, 〈어인(魚人)〉, 〈기인(棋人)〉)의 기이함은 무대 형식의 변화에 있는 것이 아니라 완벽한 사실주의 표현 기법으로 현실의 황당함을 드러냈다는 데 있다. 작품에는 나름의 독특한 코드를 지니고 현대 도시에 살고 있는 한가로운 사람들이 각각 등장한다. 새를 미친듯이 사랑하는 희극광 싼예(三爺), 낚시를 목숨처럼 여기는 낚시의 신 라오위터우(老于頭), '기성(棋聖)'이라 불리는 허윈칭(何雲清). 새를 기르든 바둑을 두든 낚시를 하든, 모두 여가를 즐기는 일종의 오락에 지나지 않지만 극중 인물들은 이 일을 자신의 생명 전부로 여긴다. 〈한인 삼부곡〉은 사회 생활상을 통해 세상을 벗어나 살아가고 있는 인생의 경지를 표현하고 있어, 인정 세태가 충만하면서도 속세를 초탈한 멋까지 표현해준다. 거의 병에 가까울 정도의 편집광들의 시선을 통해 생존 의의에 대해 사고하게 함과 동시에, 인도주의적인 넓은 가슴으로 한가로운 자들의 문화를 받아들이고 이해하게 한다.(사진 8-4-5)[1] 모두가 명리를 추구하는 이 상업사회에서, 이런 작품들은 어쩌면 전통문화에 대한 미련과 아쉬움을 담고 있는지도 모른다. 이러한 '회고적' 태도와 도시에서 벗어나고 싶다가도 이내 유행에 집착하는 시민들의 심리는 일맥상통한다. 오직 이러한 한가로운 자들의 공간만이 현대 도시생활의 신화를 만들어낼 수 있다. 물욕이 횡류하는 용속한 생활에서 벗어나 정신적 무릉도원을 구축할 수 있다. 어떤 의미에서 볼 때, 〈한인 삼부곡〉은 막아낼 길 없는 시민의식의 충격 하에 작가가 받았던 독특한 느낌, 내지는 순수 심미적 문학예술의 본능적인 저항과 억누를 길 없는 슬픔을 드러낸 것이라 할 수 있다.

〈상앙〉은 '문혁 이후 중국의 비판현실주의를 회복하고 제창한 작품 중에서 역사극 영역에 있어 최후의 완성작이자 집대성작'으로 일컬어지는 작품으로, 군대 생활을 주로 다루는 작가 야오위안(姚遠)의 작품이다. 이 극은 냉철하고도 기묘한 필법으로 역사 은밀한 곳의 깊은 비밀을 건드리면서 역사 인물의 독특한 심리 여정과 웅대한 사회 역사적 배경을 연결시키고 있다. 작가 자신이 말한 것처럼, '풍운의 삶을 살다간 2000년 전 영웅들의 시비와 공과(功過)를 살펴보고, 피눈물 어린 50년 인생의 고락(苦樂)을 들여다 보았다.' 역사의 진실은 예술의 진실 속에 숨겨져 있다. 예술의 임무는 역사 사건과

---

1. 사진 출처는 http://bt.acnow.net/Ent/2004/7/6/314954.shtml.

인물을 재현하는 데에만 있는 것이 아니라, 역사 극 창작의 규율에 따라 역사의 짙은 안개 속을 꿰뚫어보는 데에도 있고, 역사를 존중할 뿐 아니라 희극의 예술 형상에 부합하는 인물들을 창조해내는 데에 있다. 역사 인물에 대한 야오위안의 파악과 표현은 성공적이었다. 그는 상앙의 변법과 진(秦)을 강국으로 만든 역사적 공적을 긍정하는 동시에, 걸출한 인물이 훼멸당하는 인생의 교훈을 설파했다. 4막으로 이루어진 극에서, 상

그림8-4-5 '관중은 하느님을 아니다' 라고 생각하는 저명 극작가 궈스싱.

앙의 출신, 변법, 법과 인정 간의 충돌, 훼멸을 장절(章節)로 나누어 상앙의 비극적인 인생을 생동하게 표현하였다. '그는 자신의 위대한 피와 살로 봉건 전제의 강령을 엮어냈다. 그러나 이 강령이 그의 목을 조르고 억만 명 화하(華夏) 자손들을 꽁꽁 묶었다!' 역사학자들의 임무는 인물과 사건을 묘사하는 것이고, 극작가들의 사명은 스토리로 인물을 창조해내는 것이다. 극작가들은 인물의 성격과 운명에 예술적인 색채를 입힘으로써 세상 사람들에게 역사적 인물의 깊은 인생 철학을 전달하는 것을 중시한다. 인정과 사물의 이치는 천 년을 두고 전해진다. 이에 상앙은 비분에 차서 외친다. '이 세상의 도리를 바꾸고 싶은가? 그렇다면 이 세계를 훼멸시켜야 한다. 만약 이 추악한 세상을 훼멸시키고 싶다면, 먼저 너 자신을 불태워 없애버려야 한다!' 이 외침은 개혁의 물결 속에 가장 힘 있는 목소리였다. 사람들로 하여금 끊임없이 되뇌게 하는, 탄식을 멈추지 못하게 하는 목소리였다.

종합해보면, 90년대 연극은 전체적으로 다원화된 탐색의 경향을 띠었다. 심미로의 회귀, 예술성에 대한 중시, 그것이 주요 추세였다. 시장의 법칙과

매개를 통한 포장을 중시하고, 독립적인 제작 공간을 형성하는 것이 그것의 일상적인 전략이었다. 평범하고 사소한 내용들, 깊이 있는 사상적 탐색이 그것의 주된 미학적 추구였다. 형식 상의 대담한 창신과 기법 상의 종합적 이용은 일관된 예술 수법이었다. 물론 이러한 탐색이 늘 성공만 했던 것은 아니다. 그 가운데는 형식 면에 기울인 노력이 내용보다 많고, 깊이보다 넓이를 추구하며, 유행적인 요소가 인문정신보다 중시되는 등의 문제도 있었다. 이모든 것은 시장 경제라는 환경 속에서 이해할 수 있는 것이기도 하지만 반드시 초월해야 하는 것들이기도 하다.

결론적으로 말하자면, 90년대 이후의 희극 심미 문화는 다음과 같은 특징을 보인다. 첫째, 국가의 희극에 대한 중시. 이는 주로 정부가 각종 상을 만들어 희극을 적극적으로 이끌어준 데서 확인할 수 있는데, 비록 이러한 행위에 이데올로기적 기능이 있기는 하지만, 80년대와 비교해볼 때 작품의 심미 가치를 더욱 중시하고 희극의 예술 규율을 존중함으로써, 개방화되고 다원화된 사회 환경 속에서 희극이 다시금 찬란한 빛을 발하게 되는 데 필요한 조건을 마련해주었다. 둘째, 시장의 충격. 시장 경제와 대중 매체로 인해 심미 경험이 감각화되고 심미 통로가 다양화되면서 상대적으로 폐쇄되어 있던 무대예술은 심각한 도전에 봉착했다. 이에 희곡 예술은 대책을 마련하고 내부적 조절을 가하지 않을 수 없었다. 이에 경전을 재현해냄으로써 희망을 걸기도 하고, 시대의 흐름을 따라가기도 하면서 전통 희극 미학에 커다란 전환이 이루어졌다. 셋째, 관중의 분화(分化). 영화 등 '뜨는 예술' 매체가 우위를 점하면서 과거 대부분의 관중들이 극장을 외면하였다. 이에 '지는 예술'인 희극은 심미 문화 속에서 자신의 자리를 다시 되찾지 않으면 안 되었다. 이러한 상황 속에서 민첩하고도 기동력 있게 움직일 수 있으면서 관중과 직접 대면할 수 있는 소극장이 탄생하였고, 아울러 소극장 특유의 예술적 매력으로 비교적 수준 높은 희극 애호가들을 끌어들였다. 이와 동시에 소극장은 탐색의 과정 속에서 대극장 내지는 영상 예술과 접맥할 수 있는 방안을 모색하였다. 소극장은 이제 새로운 미학 양식이 되었으며 예술 작품을 부화하는 산실이 되었다.

# 제9장

## 영화

여러 문예 부류 중에서 시대적 특징을 가장 많이 지니고 있는 문화 요소는 아마도 영화일 것이다. 지난 반세기 이래 신중국의 영화는 가장 직접적이고 생동적인 방식으로 슬픔과 기쁨, 이별과 만남, 영예과 치욕, 비방과 칭송으로 가득한 역사 변천 과정을 기록하고 말해 주었다. 주요 심미 문화 현상 중의 하나인 중국 영화는 이 시기에 매우 극적인 변화를 겪으며 사상 최대의 관객이 거리로 몰려드는 전성기를 누리기도 하였고, 전에 없던 상업적 곤경에 빠지기도 하는 등 특이한 운명으로 반세기 이래 중국의 사회 현실과 대중 문화 생활의 급격한 변화를 반영하였다.

신중국 건립 이래 당대 중국의 영화 발전과정을 돌이켜 보면 뚜렷한 단계별 특징을 지니고 있음을 발견할 수 있다. 즉 1949년부터 1966년까지 17년 역사시기에 창작된 영화들은 대부분 '혁명영화' 일색으로 그 당시의 주류였다고 볼 수 있다. 이밖에 일부 주류에서 벗어난 몇몇 영화들은 주류 영화를 보완하는 역할을 하는가 하면 비판의 대상이 되기도 했다. 문혁 10년 동안 이른바 '혁명 양판희'가 상당 기간 동안 은막을 독점하면서 '전국을 통일'하는 비정상적 국면이 형성되었다. 신시기(11기 3중전회의 이후) 이래 특히 80년대말에서 90년대초 사이에는 영화 발전이 점차 다원화되어, 기존의 명확하고 단조롭던 영화가 약화되고, 주류와 주변의 경계선이 모호해지기 시작했다. 또 전반적인 사회문화 구조가 분화되고 변화, 발전하면서 중국 영화에도 점차 '주류 영화'와 '예술영화', '오락영화' 나란히 발전하고 나아가 서로 융합하는 새로운 국면이 형성되었다.

# 제1절

## 신중국 건립 초기의 영화

1949년에 신중국이 건립되었다. 다년간 지난하고 고된 투쟁 끝에 전민을 이끌고 최후의 승리를 거둔 중국 공산당은 새로운 역사의 한 페이지를 열었다. 비록 현실에서의 혁명 역사 임무가 일단락되긴 했지만 신정권을 공고히 하고 국가의 이미지를 구축해야 하는 상황에서 정권을 잡은 중국 공산당은 효과적인 여론 도구를 모두 활용하여 사상 면에서 대인민 혁명 선전과 교육에 대한 필요성을 절감했다. 이에 '혁명'은 모든 신문예의 주요 방향으로 정해졌는데, 이러한 배경 하에서 영화는 가장 광범위한 대중성을 지닌 예술 형식으로 정부의 중시를 받게 되었다. 영화계 또한 적극적으로 호응하여, 신시기, 신정권에 협력하는 주요 방향으로 '혁명영화'를 창작하였다.

### 1. 뭇 꽃들의 화려함을 압도한 '혁명영화'

이른바 '혁명영화'의 가장 중요한 특징은 특정 제재의 선택에 있다. 따라서 "'17년' 역사 시기에 동안 영화 제재 발굴이 매우 중시되었고 제재 자체가 지니는 사회적 가치가 강조되었다."[1] 영화의 선전교육기능이 강조되던 시기이다보니 농공병(農工兵) 대중이 낡은 세계를 깨뜨리고 신중국을 건설하

---

1. 리쑤위안(酈蘇元) 등 편저, 『신중국 영화 50년(新中國電影50年)』, 베이징방송대학교(北京廣播學院)출판사, 2000년, p19.

는 위업을 반영하는 제재가 당시 영화계의 '주선율'이었고, 과거와 현실을 반영하는 혁명역사 주제와 혁명현실 제재의 영화가 이 시기에 인기를 누렸던 양대 창작 대세였다.

혁명역사 영화가 이 시기 영화계가 거둔 가장 큰 성과임은 누구도 부인하지 않을 것이다. 신중국 건립 후의 17년 역사 시기는 정치적 분위기도 창작 환경도 모두 예측불가했지만 신중국 영화의 탄생과 더불어 생겨난 '신영화 형식'[1]인 혁명영화는 다양한 문화적 욕구를 집중시켰기에 시대의 거친 풍랑 속에서도 시종 굳건히 서서 강력한 창작 열기를 지속적으로 유지할 수 있었다. 건국 초기의 〈백모녀(白毛女)〉(그림 9-1-1)[2]를 비롯, 〈임칙서(林則徐)〉, 〈갑오풍운(甲午風雲)〉, 〈폭풍(風暴)〉, 〈푸른 언덕의 붉은 기(翠崗紅旗)〉, 〈청춘의 노래(青春之歌)〉, 〈평원유격대(平原遊擊隊)〉, 〈철도유격대(鐵道遊擊隊)〉, 〈만수천산(萬水千山)〉, 〈남정북전(南征北戰)〉, 〈둥춘루이(董存瑞)〉, 〈소년병 장가(小兵張嘎)〉(그림 9-1-2)[3], 〈영원히 사라지지 않은 전파(永不消逝的電波)〉 등의 혁명역사 제재 영화 시리즈는 길게 이어진 선명한 붉은 실처럼 이 시기 중국 영화의 기본 윤곽을 그려 놓았을 뿐만아니라 아편전쟁부터 신민주주의

그림 9-1-1 영화 〈백모녀〉의 일장면

1. 리쑤위안 등 편저, 『신중국 영화 50년』, 베이징방송대학교출판사, 2000년, p19.

2. 그림 출처는 중국영화예술연구센터(中國電影藝術中心), 중국영화자료관(中國電影資料館) 편저, 『중국 영화 도지(中國電影圖誌)』, 주하이(珠海)출판사, 1995년.

3. 그림 출처는 위의 책.

그림9-1-2 영화 〈소년병 장가〉의 일장면

혁명까지 피끓는 한 세기 중국 혁명사를 은막을 통해 뚜렷하게 전달했다. 특히 중국 공산당이 직접 이끈 수 차례의 무장 혁명 업적을 다룰 때는 불가피하게 정면으로 전쟁 장면을 표현하기도 했다.

"신중국 건립 초기부터 1966년 '문화대혁명'이 시작되기까지는 중국 전쟁영화 창작이 가장 활발했던 시기이자 창작 수량 또한 가장 많았던 시기였다. 당시 창작된 전쟁영화 수량은 전국 영화 총생산량의 30%를 차지했다."[1] 홍군혁명, 항일전쟁, 해방전쟁, 항미원조를 위시한 중국 혁명사상 모든 중요한 사건들이 거의 모든 영화의 구체적 배경이 되었기에, 스크린은 늘 전쟁의 불길과 장엄한 혁명의 격정으로 활활 타올랐다. 규모, 수량, 전반적인 질, 실제적 영향 모든 면에서 전쟁영화를 포함한 혁명역사 영화는 당시 가히 "뭇 꽃들을 압도했고", 동시기 다른 제재 영화들은 상대적으로 빛을 잃었다. 그 시대를 잘 아는 사람들이 느낀 것처럼 "이런 영화가 대량으로 생겨나고 뛰어난 성과를 이룬 것은 우연이 아니었다. 우선 관객들은 은막을 통해 중국 근·현대 혁명사를 생동적이고도 직접적으로 이해해야 했다. 공산당과 정부의 경우 신생 정권을 공고히 하고 강화하기 위해, 영향력이 가장 큰 매체인 영화를 이용해 대중 대상 혁명 교육을 진행해야 했다. 신생 사회 또한 새로운 정신력, 새로운 도덕 기풍, 그리고 새로운 심미 이상으로 사회를 지탱해야 했다. 혁명역사 영화가

---

1. 리쑤위안 등 편저, 『신중국 영화 50년』, 베이징방송대학교출판사, 2000년, p109.

보여준 격앙된 혁명 영웅주의 정신과 장엄미는 바로 이런 사회 효과와 반응을 가능케 한 요인이었다. 이 시기 대부분 영화 예술가들은 전쟁의 세례를 직접 경험한 혁명 대오 출신이었기에 표현 대상에 익숙해 영화를 순조롭게 제작할 수 있었다. 마지막으로 동영상을 기본 특징으로 하는 영화는 전쟁을 표현하기에 아주 적절했다. 이 모두가 이러한 영화가 번영, 발전할 수 있었던 사회문화적 토양이었다."[1]

혁명역사 영화와 달리 이 시기 일반 생활현실을 반영한 영화 작품들은 미리 설정한 안전장치가 없었기에 상황이 비교적 복잡했다. 즉 탐색을 갈망하면서도 상대적으로 조심스러웠다. 하지만 그 중 '혁명' 현실을 제재로 삼았다고 할 만한 영화들은 그래도 정부의 특별 배려를 받을 수 있었다. 신중국 초기에 제기되었던 '중대 제재를 서사하라'는 기본 창작 슬로건은 사람들로 하여금 중대한 혁명역사 제재를 발굴하는 것 외에 중대한 혁명 현실 제재도 중시해야함을 인식하게 하였다.[2] 따라서 "사회 생활에서 어떤 중대한 변혁이 일어나면 은막에서도 이를 반영해야 한다"[3]는 것이 한 동안 '위에서 아래로' 전달된 정형화된 사고 패턴이었다. 이에 따라 신중국 건립 이후 겪었던 큰 사건이나 운동들은 거의 모두 은막에 등장했다. 영화는 당시 가장 직접적인 '시사 교재'였던 것이다. 이를테면 사회주의 개조 시기에 공상업 영역에서 진행된 '오반'운동(五反運動)[4] 을 반영한 〈삼년(三年)〉과 〈불야성(不夜城)〉, 농촌 토지개혁 투쟁을 반영한 〈토지(土地)〉와 농업 협동화를

1. 멍리예(孟犁野), 『신중국 영화 예술사고, 1949~1959(新中國電影藝術史稿)』, 중국영화(中國電影)출판사, 2002년, p30~31.

2. 판뤄젠(潘若簡), 〈언어와 책략(話語與策略)〉, 루훙스(陸弘石)의 『중국영화: 기술 및 분석(中國電影 : 描述與闡述)』에 수록, 중국영화출판사, 2002년, p299.

3. 멍리예, 『신중국 영화 예술사고 1949~1959』, 중국영화출판사, 2002년, p128.

4. 1952년 1월 자본주의 상공업자들이 벌인 뇌물과 탈세, 국영 재산 강탈, 정부 계약 사기, 국가 경제 정보 누설을 반대한 운동. (멍리예, 위의 책, p115 참조.)

그림9-1-3 영화 〈다섯 송이 금화〉의 일장면

반영한 〈그 길로 가면 안돼(不能走那條路)〉, 〈봄바람 눠민강에 불어 오네(春風吹到諾敏河)〉, 〈봉황의 노래(鳳凰之歌)〉, 〈퉁소횡취(洞簫橫吹)〉, 전국적인 '숙반(肅反)'(반혁명분자 숙청)운동이 고조될 때 일련의 반혁명분자와의 투쟁을 반영한 '반특수요원(反特務)' 영화, 이를테면 〈악마의 손톱을 베어버리다(斬斷魔爪)〉, 〈천지의 그물(天羅地網)〉, 〈신비한 길동무(神秘的旅伴)〉, 〈발자국(腳印)〉, 〈산간에 방울가 울리면 마바리 떼가 온다(山間鈴響馬幫來)〉, 〈양성암초(羊城暗哨)〉, 〈호혈추종(虎穴追蹤)〉, 〈국경일 열시(國慶十點鐘)〉, 〈적막한 산림(寂靜的山林)〉, '대약진 운동' 시기에 등장한 〈황보매(黃寶妹)〉, 〈신안강에서(新安江上)〉, 〈십삼릉 저수지 상상곡(十三陵水庫暢想曲)〉, 〈다섯 송이 금화(五朵金花)〉(그림 9-1-3)[1], 〈우리 마을의 젊은이들(我們村裏的年輕人)〉, '사청(四淸)' 운동[2] 시기의 〈산림회계(山林會計)〉, 〈청송령(青松嶺)〉, 〈홰나무 산장(槐樹莊)〉, 인민공사 시기의 〈고목, 봄을 만나다(枯木逢春)〉, 〈리쑹쑹(李雙雙)〉, 〈북대황인(北大荒人)〉 등, …… 당시 정세에 호응하

1. 그림 출처는 중국영화예술연구센터, 중국영화자료관 편저, 『중국 영화 도지』, 주하이출판사 1995년.

2. 1960년대는 '대약진' 운동이 가져온 재무 혼란을 수정하기 위해 벌인 또 하나의 운동이다. 이 운동은 경제 방면의 '노동점수 정돈, 장부 정돈, 재산 정돈, 창고 정돈' 으로부터 발전한 '정치 정돈, 경제 정돈, 조직 정돈, 사상 정돈' 과 계급투쟁을 중심으로 하는 '사회주의 교양운동' 이다. 리쑤위안 등 편저, 『신중국 영화 50년』, 베이징방송대학교출판사, 2000년, p125.

고 유행을 따르던 '중대 현실 제재' 영화들이 대량 등장해 이 시기 영화 창작의 주요 제재를 이루었다.

이 시기 주류 영화의 가장 큰 공헌은 신중국 영화에 완전히 새로운 형상들을 옮겨놓았다는 점이다. 혁명역사 영화와 혁명현실 제재 영화가 집중적으로 부각시켰던 것은 거의가 농공병의 이미지였다. "어떤 면에서 볼 때 이 시기 중국 영화는 대체로 농공병을 주체로 하는 노동자들이 중국 공산당의 지도 하에 자신의 운명을 바꾸기 위해서 싸운 역사를 형상화한 것들이었다."[1] 물론 이는 인민민주주의 국가의 건립으로 사회 구조 최하층에 있던 무산계급자들이 일약 신시대의 주인공으로 부상하고, 계급 지위의 혁명적 조정으로 그들이 역사와 문예 무대 앞으로 걸어나오게 된 현실과 불가분의 관계에 있다. 영화만을 놓고 말해볼 때, 예술 표현 대상의 현저한 변화 역시 신중국 건립 전후 영화 관객의 가치관 및 심미 취향의 변화와 밀접한 관계가 있다. "신중국 건립 전에는 영화 관람료가 물가에 비해 많이 비싼 편(특히 고급 영화관의 경우, 예를 들면 상하이에 있는 다광밍(大光明) 영화관의 입장권은 4은화, 대략 쌀 두 말에 상당했다)이어서 경제적으로 부유한 시민 혹은 지식인 정도나 감당할 수 있었기에 이들이 가장 주된 영화 관객이었고, 일반 공농 대중은 영화관을 찾을 기회가 거의 없다시피 했다."[2] 그러나 신중국 건립 후 근로자들이 나라의 주인이 되면서 영화 등 문화예술의 주요 소비자이자 서비스 대상이 되었다. 이 또한 사회 가치관 및 예술 감상 취향에 현격한 변화를 가져왔다. "예전에 아름답게 느껴지던 것들이 이제는 추하게 보이고 전에는 추하게 느껴지던 것들이 이제는 아름답게 보였

1. 멍리예, 『신중국 영화 예술사고 1949~1959』, 중국영화출판사, 2002년, p366.

2. 후쥐빈(胡菊彬), 『신중국 영화 이데올로기사(新中國電影意識形態史)』, 중국방송텔레비전출판사(中國廣播電視出版社) 1995년판, p75.

다. 무도회장을 드나들며 불빛 아래서 술잔을 기울이고 나지막이 노래부르던 우아하고 부티나는 고관대작들과 귀공자, 농염한 화장을 한 채 일 따위는 하지 않을 듯한 아가씨들은 예전에 흠모 대상이었지만 신중국 건립 초기에는 대중의 경멸 대상이었다. 반대로 예전에 천하고 더럽고 추하게 여겨지던 거칠고 땀투성이인 노동자나 땋은 머리에 레닌복장을 한 여직원들은 도리어 아름답게 여겨졌다. 현실생활 뿐만 아니라 영화 속 인물 형상에 대한 미적 평가도 마찬가지였다."[1] 물론 농공병 이미지의 역사적 등장은 이 시기 국가문예정책 방침과 밀접히 연관되어 있다. 마오쩌둥이 '옌안 문예좌담회에서의 연설(在延安文藝座談會上的講話)'에서 제기한 "문예는 인민을 위해 봉사하고, 우선 농공병을 위해 봉사한다"는 주도 사상이 영화 속에서 현실화되면서, "중대 제재 쓰기"와 충돌 없이 동시에 진행되었던 건국 초기 또다른 구호 "농공병 제재 쓰기"로 집중되었다. 비록 이 구호가 지니고 있는 편협성으로 인해 후세로부터 많은 책망을 받았지만, 17년 역사시기 내내 농공병이 영화막에서 좀처럼 사라지지 않는 주체 형상이었다는 점은 그 누구도 부인하지 못할 것이다.

서로 다른 표현 대상은 서로 다른 예술 풍경을 이루기 마련이다. 혁명영화는 독특한 시각으로 시대성 넘치는 제재와 인물을 눈 앞에 펼쳐놓았고, '노동'과 '투쟁'으로 엮인 은막 세계를 펼쳐보였다. 대체적으로 볼 때, '노동' 장면은 신중국 건립기에 가장 열정적으로 묘사하던 대상이었다. 이는 현실 생활에서 활발하게 전개되던 사회주의 건설이 영화에 반영된 결과이자 압박에서 벗어나 나라의 주인이 된 노동자와 농민, 대중들이 긍지를 느꼈던 생활 내용이었던 것이다. 한편 '투쟁'은 역사적 배경 속의 전쟁을 부각시키는 것 외

1. 멍리예, 『신중국 영화 예술사고 1949~1959』, 중국영화출판사, 2002년, p4~5.

에, '계급 투쟁' 구호를 계속 부르짖던 17년 역사시기 영화 속에서 신사회의 완전한 모습과 진실된 상황을 구성하는 하나의 중요한 요소로 충당되었다. 이는 신중국 건립 후 부분적으로 잔존하고 있던 적과의 투쟁(전형적인 예로는 '반간첩' 영화)을 표현한 것이기도 하고, 인민 내부에서 생겨난 진보와 보수 사상 간의 투쟁을 표현한 것이기도 하며, 자본주의 노선과 사회주의 노선 간의 '노선 투쟁'을 표현한 것이기도 하다. 현실 반영 영화 중 '건설'과 '혁명', '노동'과 '투쟁'은 늘 한데 어우러져 있었기 때문이다. '혁명'의 넓은 의미에서 볼 때, '노동'과 '투쟁'은 서로 다른 역사 단계가 각각 치중하던 혁명 임무를 보여주었다고 할 수 있다.

'혁명'은 이 시기 문예 창작을 총괄하는 시대 주제임에 틀림없다. 이 웅대한 주제 하에서 주류 영화는 '구원', '성장', '개조', '전환' 등 여러 주제로 변화 발전하였다. 시작 단계의 신중국 영화는 '집단과 사회에 주로 관심을 갖고 혁명 투쟁이 개인의 운명을 구원한 것을 집중적으로 표현했다.[1] 신중국 건립 초기에 전국적인 반향을 불러 일으킨 영화 〈백모녀〉(1950년)는 '구사회는 사람을 귀신으로 만들고 신사회는 귀신을 사람으로 만든다'는 주제를 뚜렷히 대비되는 주인공의 운명을 통해 선양하고, 시대 전반적인 변천을 명백히 드러냈다. 시얼(喜兒)이라는 영화 속 주인공의 '불행'과 '행운'은 적어도 그 시기를 살아가던 한 세대의 천양지차 나는 운명 변화를 상징한다. 〈백모녀〉가 거둔 흥행(이 영화는 당시 전국을 휩쓸고 수억 명의 관객들을 매혹시켜 1956년도 최고 흥행을 기록했다)과 영예(1957년에 문화부 1949~1955년 우수 영화 최우수상 수상)라는 이중 수확은 주제와 창작 방향이 당시 관객과 정부 모두로부터 호평과 인정을 받았음을 증명한다. 이때부터 영화에 고난과

---

1. 리쑤위안 등 편저, 『신중국 영화 50년』, 베이징방송대학교출판사, 2000년, p13.

승리를 병치하고, 폭로와 감격을 교차시키는 창작법이 유행하기 시작해 '구원'이라는 주제를 부각시키는 효과적 창작 모델이 되었다. 사실 과거를 회고하는 목적은 과거와의 대조를 통해 현실 속 신제도와 신생활에 대한 열정을 불러 일으키려는 데 있다. 따라서 "위대한 현실을 초집중적으로 반영하고"[1] 사회주의 사상을 힘껏 홍보하는 것이 영화 창작의 주도적인 가치 방향으로 확립되었으며, 현실 생활을 구체적인 내용으로 하고 사회 집단적 개조를 중시하는 영화가 잇따라 등장했다. 여기에는 〈위대한 기점(偉大的起點)〉, 〈무궁한 잠재력(無窮的潛力)〉 등 사회주의 공업화 진행 과정을 반영한 작품이 있는가 하면, 〈삼년(三年)〉, 〈불야성(不夜城)〉 등 자본주의 공상업 개조 과정을 반영한 작품 및 〈봄바람 뉘민강에 불어오네〉, 〈민강의 귤이 익었네(閩江橘子紅)〉 등 농촌 사회주의 개조를 반영한 작품도 있다. 이런 영화는 '사회주의 개조'라는 주제를 둘러싸고 서로 다른 측면에서 내용을 전개한 것으로 볼 수 있다. '구원', '개조'와 같이 어떤 적극성과 지배권을 함축하고 있는 단어들이 창작 주체를 대표로 하는 주류 이데올로기 입장을 대변한다면, 수용자로서의 관중 입장에서 볼 때 이 시기 주류 영화에는 '성장'과 '전환'이라는 또 다른 주제도 동시에 존재했다. 예컨대, 둥춘루이(董存瑞) 〈둥춘루이〉, 푸뤄화(符若華) 〈남도 풍운(南島風雲)〉, 우총화(吳瓊花) 〈홍색낭자군(紅色娘子軍)〉, 린다오징(林道靜) 〈청춘의 노래(靑春之歌)〉 등의 주인공들은 고통과 시련을 겪은 후 점차 성숙해지는 전형적인 인물들로, 이들의 경험은 당시 유행했던 한 영화의 제목처럼 '전투 속에서 성장하다(在戰鬪裏成長)'였다.[2] 이들은 자신이 구원받은 후에 계급 형제들을 구원하러 나서면서 새로운 혁명 활력소 역할을 하였다. 따라서

---

1. 이 말은 1953년 『문예보(文藝報)』 제1회 사설 『낙후한 문예 현상을 극복하고 위대한 현실을 집중적으로 반영(克服文藝的落後現象, 高度地反映偉大的現實)』에 나온 것으로 『신중국 영화 예술사고 1949~1959』, 중국영화출판사, 2002년. p109에서 재인용.

2. 리쑤위안 등 편저, 『신중국 영화 50년』, 베이징방송대학교출판사, 2000년. p17.

이런 영화들은 '구원'의 주제에 대한 해석을 완성했을 뿐만 아니라 주인공들의 성장 과정을 통해서 혁명에 대한 그들의 확고한 신념을 구현했다고도 할 수 있다. 신사회에서 개조의 대상였던 민족 자본가, 지식인, 낙후한 농민은 모두 영화 제작자들의 시선에 포착되어 표현 대상이 되었다. 사회 개조의 명제는 결국 인간 개조로 구체화되기 때문에, 사회주의 사상 교육을 목적으로 하는 영화들은 영화 속 인물들이 시대 분위기에 감화되거나 선구자들의 도움을 받아 점차 낡은 관념을 바꾸고 소극적인 의식을 없애 영혼이 새롭게 태어나는 과정을 주로 사상적인 측면에서 보여주었다. 〈사상문제(思想問題)〉, 〈신중국을 향하여(走向新中國)〉, 〈불야성〉, 〈포도 익을 무렵(葡萄熟了的时候)〉 그리고 〈리솽솽(李雙雙)〉 등은 모두 선구적인 것과 혁신적인 것으로 낙후된 것이나 보수적인 것을 극복하고 여기에 동화되는 과정을 통해 '개조'와 '전환'의 주제를 부각시켰다.(그림 9-1-4)[1] 사회 환경 개선을 주로 표현한 영화이건 개인 운명의 전환과 사상적 각성의 제고를 주로 묘사한 영화이건, '구원자' 겸 '지도자'인 중국 공산당에 대한 감격과 예찬은 정확히 일치되는 취지였다. '당'의 형상은 영화에서 구체적인 인물 화신으로 '화면'에 등장하거나(확고하고 성숙한 혁명가, 적극적이고 진실한 당원, 선구적인 지식인들이 구체적인 화신이나 대변인 역할을 담당한다) 추상적인 '부재'의 형식으로 나타났다(대개 시대를 뒤덮고 있는 분위기나 집단적 역량으로 표현되었다). 홍창칭(洪常青)과 우충화, 루자촨(盧嘉川)과 린다오징(

그림9-1-4 영화 〈리솽솽〉의 한 장면

---

1. 그림 출처는 중국영화예술연구센터. 중국영화자료관 편저, 『중국 영화 도지』, 주하이출판사, 1995년.

林道靜), 리솽솽과 순시왕(孫喜旺), 혁명 '용광로'(부대)와 둥춘루이, 개조운동(〈불야성〉)과 장보한(張伯韓) 등에서, 이들이 지향하는 바와 주도적 역할에 대해서는 말하지 않아도 알 수 있을 것이다.

혁명영화는 '정극(正劇)'의 형식을 필연적으로 선택할 수밖에 없었다. 이 시기 영화 중 수량이나 영향력 방면에서 가장 주도적 역할을 했던 것은 이른바 '혁명 정통극'이다. 이런 영화들은 종종 이원대립 형식으로 스토리(과거와 현재의 대조)와 인물(선과 악의 대립)을 구성했는데, 입장이 뚜렷하고 주제를 분명히 드러내며, 칭송을 위주로 하고 긍정적인 영웅 형상의 구축을 중시했다. 또한 극적인 줄거리 설정과 전형적인 인물 처리를 통해 창작자의 혁명적 포부를 직접 표현하였으며, 화면 언어의 사용에 있어서도 '영웅을 촬영할 때는 위로, 악역은 아래로 찍는 것을 기본 법칙'으로 하는 공식적인 표현 방식을 형성했다.[1] 혁명 정통극의 흥행은 애초부터 당시 사람들의 정신 상태, 사회 심리와 밀접히 연관되어 있다. 신중국 건립 후 지위 및 처지에 전에 없던 변화가 생겨, 사람들이 가장 먼저 강렬하게 느꼈던 것은 신생활의 희망이 가져다준 가슴 벅찬 환희였다. 구사회의 고난에서 막 벗어난 사람들은 신생활에 대한 동경을 보편적으로 지니고 있었는데, 고도의 흥분으로 인해 차분히 비극적 색채를 지닌 생활 속 현상들을 객관적으로 발견하지 못했을 뿐만 아니라 여유롭게 희극적으로 처리하지도 못했다. 따라서 현실을 폭로하고 규탄한 풍자성 작품이나 비판적 작품은 찾아보기 힘들다. 대신 격앙된 정통극 풍격이 이 시기 민중들의 심리적 기대에 더욱 부합하였기에 정통극은 자연히 혁명영화의 유일한 선택이 되었다. 더 깊은 의미에서 보면 정통극이 본질적으로 갖고 있는 낙천성이 혁명영화의 입장이나 가치취향에 더욱 잘 부합했던 것이

---

1. 판뭐, 「말과 책략」, 루훙스의 『중국영화: 기술 및 분석』, 중국영화출판사, 2002년, P.301.

다. 혁명영화는 사실 승자의 자태로 역사를 돌이켜보고 정권의 잘못을 논하기 때문에, 영화를 관통하는 필승의 신념과 승리 후의 호쾌함을 통해 슬픔과 기쁨이 교차하고 기쁨과 근심이 병존하는 스토리 속에서 역사진화론적인 혁명적 낭만주의 정신을 나타낼 수 있었다.

혁명영화는 시대 정신에 고도로 부합하는 제재와 인물 형상, 주제 풍격으로 전면적인 찬양을 받으면서 모두가 인정하는 주류가 되었다. 동시에 과소평가되어선 안 될 성과로 '17년 역사 시기' 영화의 주요 업적을 대표하면서 중국 영화사에 독특한 개성을 지닌 존재로 자리매김하게 되었다. 그러나 주류 형태의 존재는 그것이 지닌 명확한 지향성으로 한 시기 문예 발전 과정에 질서를 구축해주기도 하지만, 동시에 유아독존의 지위로 인해 제자리 걸음을 하게 할 가능성도 없지 않아 문예 생태의 전반적인 다양성을 약화시킬 수도 있다. 사실 혁명영화가 한 동안 제재나 형식 등 면에서 지녔던 배타적 독점지위와 이로 인해 형성된 단일적이고 경직되고 심지어 거칠고 무미건조한 공리주의(功利主義) 경향은 피해갈 수 없는 문제이기도 했다.

신중국 초기 정부가 '두 가지 구호'[1]를 크게 제창하자 영화 종사자들은 열광적으로 '중대 제재'와 '농공병 제재'에 주목하였다. 한편 다른 제재의 영화들은 모두 주변으로 배척되거나 심지어 폭발하기 쉬운 '지뢰밭'으로 간주되었다. 1950년대와 1960년대에 정치 운동에 빈번히 휘말려들었던 영화들은 대부분 제재 면에서 이런 지뢰밭 범위를 넘어섰다가 액운을 당했다. 1951년 영화 〈무훈전(武訓傳)〉에 대한 비판은 건국 이후 전국적으로 확대된 영화계 첫 번째 운동이었다. (그림 9-1-5)[2] 정치사상 풍파 속에서 충격을 받은 영화로는 〈관중대장(關連長)〉, 〈우리 부부 사이(我們夫婦之間)〉, 〈영화광전(影

---

1. [역자주] '중대 제재 쓰기' 와 '농공병 제재 쓰기' 를 일컫는다.

2. 그림 출처는 『인민일보』 1951년 5월 20일.

迷傳)〉,〈부식(腐蝕)〉,〈부인문제(太太問題)〉,〈부부 행진곡(夫婦進行曲)〉 등이 있다. 이런 영화들은 사소한 개인생활을 제재로 선택했다는 이유로 비난을 받기도 하고[1] 중국인민해방군의 형상을 '왜곡하고 추화(醜化)했다'는 이유로 불만을 야기

그림9-1-5 〈런민일보〉에 등재된 '영화 〈무훈전〉에 관한 토론을 중시해야' 라는 제목의 사설

하기도 하였으며[2] 국민당의 간첩으로 전락한 인물을 주인공으로 삼았다는 이유로 (이를테면 〈부식〉에서의 자오후이밍(趙惠明)) 비판의 대상이 되기도 했다. 즉 제재의 '비전형성'이 화를 당한 주요 원인이었던 것이다. '17년 역사 시기' 전반에 걸쳐 자본가나 지식인을 주요 표현 대상으로 삼은 작품들은 더욱더 비판의 대상이 되었다. 이후에 나온 〈불야성〉,〈깊은 정의(情長誼深)〉,〈상하이 아가씨(上海姑娘)〉,〈청춘의 노래〉,〈이른 봄(早春二月)〉 등이 이 점을 입증한다. 이런 현상에 대해 더 깊이 고찰, 분석한다면 영화 제재에 대한 집착에 사실 더 본질적인 근원이 있음을 발견할 수 있다. 중국 영화계에 심원한 영향을 끼친 비판 운동으로서, 마오쩌둥이 〈무훈전〉을 타겟 삼아 표명한 경고의 메시지는 이 시기 주류 영화 평론에 명확한 취지를 부여하였다. 즉 영화가 '무엇(누구)을 쓰느냐'는 작품의 정치적 경향과 계급적 입장에 직접 연관된다는 것이다. 이제 자본가나 지식인을 제재로 한 영화가 비난과 질책을 받은 이유를 이해할 수 있을 것이다. 이런 영화들은 이른바 '혁명 제재'

---

1. 류칭(柳青), 『영화 '우리 부부 사이' 좌담회(記影片〈我們夫婦之間〉座談會)』 ; 멍리예 『신중국 영화 예술사고 1949~1959』, 중국영화출판사, 2002년, p77 에서 재인용

2. 중앙문학연구소통신원팀: 「영화 〈관중대장〉을 논함(評〈關連長〉)」, 멍리예, 『신중국 영화 예술사고 1949~1959』, 중국영화출판사, 2002년, p75에서 재인용

영화들이 받는 예우와 아주 다른 대접을 받았다. '제재 결정론'을 숭배하던 시대에 제재 면에서 태생적 우세를 지닌 영화들이 들인 공에 비해 높은 성취를 얻었음을 부정할 수 없다. 하지만 실효성을 지나치게 강조하는 상황에 호응하기 위해 만들어진 억지스런 작품들은 본질적으로 예술적 생명력이 길지 않다. 이를 가장 잘 입증해주는 것이 바로 제재를 우선적으로 고려하고 설교 기능을 중시한 작품들이다. 주지하듯 "영화가 승리한 과거식 투쟁 이야기를 거듭 서술할 때, 진실과 격정과 이데올로기의 완벽한 결합은 더 말할 나위 없다. 반면 영화가 현실 속에서 이데올로기 교화 기능을 담당할 경우, 다급히 공리를 추구해야 하는 업무 상의 필요로 인해 선전물로 전락되거나 해당 정부 부문의 방침이나 정책을 설명하는 기계 혹은 조례가 되어버린다."[1] '중대 제재 쓰기' 영화는 비록 일시적인 창작 구호에 영합하긴 했지만, 예술 표현에 있어 창백함과 무력함을 감추지 못했다. '17년 역사 시기' 현실 제재 영화는 전반적으로 만족스럽지 못하였고, 이로 인해 '2대(二大, 큰 제재와 큰 주제)', '2고(二高, 높은 인물 기점과 사상 각오)', '2직(二直, 계급 운명과 '본질'을 직접 표현)'의 창작론이 대두되었다.[2]

풍격과 양식 면에서 볼 때, 비록 제재 선택처럼 정부에서 반포한 정책에 좌지우지되지는 않았지만, 실제 상황은 위에서 지적한 바와 같이 이 시기 영화가 대체로 '정통극' 중심이었기 때문에 다른 양식을 시도하기에는 보이지 않는 제약이 있었다. 이 때문에 풍격이나 양식 역시 빛을 보지 못하거나 기구한 운명을 겪어야 했다. 희극 영화가 그동안 겪어야만 했던 희비가 교차하는 운명도 자유로운 창작환경의 결여를 입증해준다. 전형적인 희극은 신중국 설립 이후 7년간 거의 전무하다가 1956년에 이르러서야 '쌍백(雙百)' 방침의

---

1. 판뭐, 「말과 책략」, 루훙스의 『중국영화: 기술 및 분석』, 중국영화출판사, 2002년, p298.

2. 마더보(馬德波), 다이광시(戴光晰), 『감독 창작론(導演創作論)』, 중국영화출판사, 1994년, p53

고무 하에 〈신국장이 오기 전(新局長到來之前)〉(그림 9-1-6)[1], 〈사소한 것에 구애받지 않는 사람(不拘小節的人)〉, 〈미완성의 희극(未完成的喜劇)〉, 〈행복(幸福)〉, 〈심애기(尋愛記)〉, 〈경기장 풍파(球場風波)〉, 〈이처럼 다정해(如此

그림9-1-6 영화 〈신국장이 오기 전〉의 일장면

多情)〉, 〈유원경몽(遊園驚夢)〉 등이 잇따라 등장했다. 전에 없던 희극 영화가 등장한 것 자체는 영화계의 건전한 발전에 좋은 일이었지만 그 이후 2년 만에 정세가 급격히 변하면서 희극 영화들은 비극적 처지에 놓이게 되었다. 1957년 하반기에 전개된 '반우파'운동 및 그 뒤를 이은 자산계급 사상비판운동에서 희극 영화는 거의 예외 없이 '독초(毒草)'나 은막에서의 '백기(白旗)'로 간주되어 심한 타격을 입었다. 민감한 제재를 포함했다는 이유로 득죄한 영화와 마찬가지로, 풍자를 위주로 하고 현실 비판 경향이 뚜렷한 희극이 몰락한 이유는 성격과 양식이 주류와 달랐기 때문만은 아니다. 더 결정적인 이유는 당시 사용 빈도가 매우 높았던 비평 논조인 "희극을 이용해 당을 반대하고 사회주의를 반대한다"에서 찾아볼 수 있다.[2] 범정치화 시대에 '혁명' 주제를 소홀시했다가는 어떤 영화든지 모두 나쁜 것으로 간주되어 배척과 비판의 악운에서 벗어나지 못했던 것이다. 이는 필연적으로 영화 창작의 활력을 제한할 수밖에 없었다. 실제로도 정통극이 특정 시기의 보편적인 사회심리와 정신 상태에 잘 어울리기는 했지만, 천편일률적인 교훈 영화들은 어쩔 수 없이 지루하고 답답했다. 게다가 적지 않은 영화들이 설교조로 흘러가 관중

1. 그림 출처는 중국영화예술연구센터, 중국영화자료관 편저, 『중국 영화 도지』, 주하이출판사, 1995년.

2. 멍리예, 『신중국 영화 예술사고 1949~1959』, 중국영화출판사, 2002년, p244.

들의 인내심을 시험했다.

편협한 제재, 단조로운 풍격과 형식, 그리고 천차만별한 질적 수준 차는 빛의 고리 속에 둘러 싸인 주류 영화가 처해 있던 곤경을 대변해준다. 갈수록 심해지는 고질은 아직 '세상과 완전히 단절되지 않은' 문화 환경 속에서[1] '17년 역사 시기' 국산 영화의 전반적인 수준과 평판에 영향을 끼치기도 했다. "당시 상하이시 영화회사(上海市電影公司)의 조사에 따르면 국산영화의 관객 동원률은 일반적으로 40% 가량으로, 극소수만이 60%에 달했으며, 관객 동원률이 가장 낮은 영화인 〈하나의 제안(一件提案)〉은 겨우 9%밖에 되지 않았다."[2] (여기서 주의해야 할 것은 오늘날 심지어 부럽기까지 한 이 통계 수치가 심각하게 받아들여진 이유가 바로 당시 많지 않았던 국민 문화활동에서 차지하는 영화의 지위나 호소력이 오늘날 다양한 문화 소비시장에서의 그것에 비해 훨씬 컸기 때문이라는 사실이다.) "〈광밍일보(光明日報)〉의 보도에 따르면 1953년에서 1956년 6월까지 배급된 국산영화는 100편이 넘었지만 그 중 70%가 원금을 회수하지 못하였고, 원가의 10%밖에 회수하지 못한 경우도 있다고 한다.(생략)"[3]

---

1. 1949년부터 1966년까지 소련을 비롯한 12개의 사회주의 국가와 20개의 비사회주의 국가의 영화들이 중국 영화 시장에서 외국 영화의 중요한 내원을 구성했다. 리쑤위안 등 편저, 『신중국 영화 50년』, 베이징방송대학교출판사, 2000년, p281 참조.

2. 「훌륭한 국산영화는 왜 이리 적을까?(好的國產影片為什麼這樣少?)」, 『광밍일보(光明日報)』, 1956년 12월 14일.

3. 루훙스, 『중국영화: 기술과 분석』, 중국영화출판사, 2002년, p315.

## 2. 오류를 보완하고 잘못을 교정하는 비주류 영화

자아속박으로 나아가던 주류 영화와 달리 주류로부터 벗어난 주변부 성격의 영화들은 도리어 강한 생명력을 보이며 주류 영화의 오류를 보완하고 잘못을 바로잡는 역할을 했다. 위에서 언급한 지식인과 자본가 제재의 영화, 희극 영화 이외에도 제재와 양식 등 면에서 새로운 발굴을 시도한 영화로는 소수민족 제재 영화와 명작을 개작한 영화 그리고 서스펜스 영화 등이 있다. 이 영화들은 '혁명 정통극'과 차별화되는 풍부한 양식과 상대적으로 다양성 문화적 함의를 지니고 있었다.

소수민족 제재 영화들은 '17년 역사 시기' 영화계가 피운 진귀하고 아름다운 한 떨기 꽃이었다. 특수한 민족문화정책이 이 부류 영화의 창작에 너그럽고 자유로운 공간을 제공해 주어, 오랫동안 '정치가 우선, 예술은 그 다음'이라는 사상에 구속되어 있던 영화예술가들이 이 영역에서 자신의 재능을 한껏 발휘할 무대를 얻었으며, 화면, 음악, 가무, 그리고 음향 등 방면에서 파격적인 변화를 시도할 수 있었다. 또한 이런 영화에서 자연스럽게 보여지는 한족 주류 영화와 차별화된 경쾌한 풍속은 오래도록 침울해 있던 중국 영화계에게 산뜻한 정취를 불어 넣어 주었다. 더 중요한 것은 이런 제재의 작품들이 인간성에 관한 내용, 특히 남녀 사랑에 관한 주제를 대담하게 표현했다는 것이다. '17년 역사 시기' 문예계의 주도 사상은 '혁명'과 '인성'을 대립관계로 보고, 인성을 억제하고 탄압하는 태도를 취하였다. 하지만 지역문화 특수성으로 인해 소수민족 영화에서는 '혁명'과 '인성' 두 가지 요소가 동시에 실현되었고, 서로 충돌하지 않은 채 하나로 융합되었다. "사랑을 상징으로 하는 개인생활"[1] 에 대한 발견은 집단적 광환에 충만해있던 관객들에게 또 다른

---

1. 루훙스 『중국영화: 기술과 분석』, 중국영화출판사, 2002년, p335.

심미적 만족을 선사하였고, 은막에서 활개 치던 영웅들의 세계에 따뜻하고 훈훈한 기운을 불어 넣었다. 많은 사람들이 오늘까지도 〈빙산을 찾은 손님(冰山上的來客)〉에서 진짜 구란담(古蘭丹姆)와 가짜 구란담의 사랑 이야기를 기억하고 있지만, 시대 사조를 반영하며 한 때 위세 드높았던 주류 영화들은 세월의 흐름 속에 차츰 사람들의 기억에서 사라지고 말았다.

'명작 개작 영화'는 그 명칭에서 볼 수 있듯이 우선 제재의 출처가 기타 영화와 다르다. 이런 작품들은 대부분 기존의 문학 명작을 개작한 것이라서 현실 생활과 동떨어진 면이 보이기도 한다. 그 덕분에 주류 영화에서 흔히 보이는 시사 관련 직접적 묘사와 제재 선행 관습이 이 부류 영화에는 적게 나타난다. 〈나의 일생(我這一輩子)〉, 〈축복(祝福)〉, 〈집(家)〉, 〈임씨네 가게(林家鋪子)〉, 〈이른 봄(早春二月)〉 등은 화면으로 구중국 사회 각 방면을 비췄으며, 창작의 필촉으로 인성 구석구석까지 건드렸다. 〈축복〉은 중국 강남 수향(水鄕) 의 한 소도시를 섬세하게 묘사하였고, 〈임씨네 가게〉(그림 9-1-7)[1]는 복잡한 인성을 강하고 섬세하게 폭로했다. 〈이른 봄〉은 아름다운 화면과 은은한 시적 정취를, 〈집〉은 함축적이고 온화하며 완만한 격조를 특징으로 하는 등, 각각의 예술적 개성을 획득함과 동시에 신중국 건립 이후 새로운 미학 패턴(격렬하고 첨예한 충돌, 기복이 많은 줄거리, 강한 감정 표현 등)에 의해 기본적으로 차단되

그림9-1-7 영화 〈임씨네 가게〉의 일장면

1. 그림 출처는 중국영화예술연구센터, 중국영화자료관 편저, 『중국 영화 도지』, 주하이출판사, 1995년.

었던 1930년대~40년대 우수한 영화의 현실주의 창작 전통과 민족적 풍격에 대한 예술적 탐구를 공통으로 이어나갔다. 따라서 전반적으로 높은 수준을 지닌 명작 개작 영화들은 중국 영화 예술사를 연결하는 중요한 일환으로 작용함으로써 긴 세월 동안 꺼지지 않는 생명력을 지켜내 오늘날까지도 많은 사람들에게 회자되고 있다. 당시에도 이런 비주류 작품들은 범상치 않은 반향을 일으켰다. 대부분의 명작 개작 영화들이 그 해 최고 인기 영화 중의 하나로 꼽혔는가 하면, 후에 부정적인 교재로 평가 받은 〈이른 봄〉과 같은 영화까지도 의외로 높은 평가를 받았다.

'17년 역사 시기' 영화의 선전교육 기능이 고양되면서 장중과 엄숙이 주된 논조를 이루었고, 긴장감 넘치고 자극적인 서스펜스 영화나 가볍게 즐길수 있는 해학적 희극 영화는 중요치 않은 오락적 기능을 담당했다. 또한 현실 생활에 대한 희극 영화의 비판과 간섭은 오히려 비판의 액운을 초래하기도 했다. 반면 수량이 많지 않은 서스펜스 영화는 언제나 혁명투쟁의 역사제재를 빌려 성공적으로 포위망을 뚫었다. 당시 관객들을 흥분케 했던 〈지취화산(智取華山)〉, 〈도강정찰기(渡江偵察記)〉, 〈신비한 길동무(神秘的旅伴)〉, 〈양청의 비밀 초소(羊城暗哨)〉, 〈호혈추종(虎穴追蹤)〉, 〈철도 유격대(鐵道遊擊隊)〉 등 서스펜스 영화들을 보면, 당시 사회의 공통 관심사였던 엄숙한 제재(공산당 지하공작 요원들이 은폐된 전선에서 적들과 지혜롭게 싸우는 것을 표현하거나 공안 경찰들이 목숨을 걸고 잠복된 반동 세력들과 투쟁하는 것을 표현)를 취했고, 기복이 큰 영화 스토리를 스릴있게 처리했다. 혁명 제재의 엄호 하에 이들 작품이 집중적으로 발굴한 것은 혁명 자체의 의미와 성격이 아니라, 혁명을 실현하는 수단과 기교였다. 계책을 세우는 과정, 투쟁하는 장면, 손에 땀을 쥐게 하는 동작이 있는가 하면, 심지어 남녀 간의 사랑도 포함되어 있었다. 따라서 가장 정통적인 관객들이 '교육을 받는다'는 명분으로 이런 영화를 감상해도 짧고도 은밀한 쾌감을 느낄 수 있었으니, 인지상정의 틈을 찾아 터져나온 강인한 생명력을 다시 한번 확인할 수 있다. 아마 이러한 생명력의 존재와 작용이야말로 사람들의 잠재의식에서 이 부류의 영화를 포기하지 못하는 원인인지 모른다.

총괄적으로 볼 때, '17년 역사 시기'의 비주류 영화는 새로운 길을 개척하는 자신만의 노력으로 정통 '혁명영화'로 지탱하던 예술의 영역을 확장시켰다. 하지만 갈수록 점점 멀어지는 시선을 다시 모아 이 양자를 반복, 대조해보면 비주류 영화와 주류 영화 사이에 사실 불가분의 연계가 있음을 발견할수 있다. 이른바 '소수민족 영화', '서스펜스 영화', '아동 영화', '첩보 영화' 등서로 다른 시각이나 표준에서 명명된 영화 장르들은 사실상 여전히 특정 지역, 특수 직종, 특정인들 사이에서 벌어진 투쟁을 주로 표현하고 있다. 기존의 엄격한 표준에 얽매이지 않고 '혁명'을 넓은 의미에서 이해해본다면 '혁명영화'는 '17년 역사 시기'의 영화 창작 활동 전반을 거의 관통하고 있어서 이범주에서 벗어난 영화는 찾아보기 힘들 정도이다. 얼핏 혁명 현실과 거리가멀어 보이는 명작 개작 영화일지라도 개작 과정에서 고전 명작에 '혁명 의식'을 부여하는 재처리 과정을 더하기 일쑤였다. 이런 면에서 영화 〈임씨네 가게〉는 아주 좋은 실례이다. 1957년에서 1958년에 창작된 〈임씨네 가게〉가상영될 때는 마침 전국적으로 '반우파 투쟁'이 한창 뜨겁게 전개될 시점이었다. 이런 정치적 상황 하에서 임사장에 대한 원작의 동정은 시의에 맞지 않았기에 각색가(샤옌, 夏衍)는 임사장의 계급 속성을 더욱 두드러지게 표현하고 그의 양면성에 대한 비판을 강화함과 동시에 원작에서 많이 언급하지 않았던 임씨 아가씨를 애국 진보 청년 이미지로 부각시켰다. 여기서 볼 수 있듯이 범정치화 시대에 주류 이데올로기의 영향은 중심에서 주변부까지 거의 모든 면에 투영되어 있었다. 누군가가 말한 것처럼 "이 시기의 중국 영화예술가들은 대체적으로 자신이 공산당이든 아니든 간에 우선 자신을 혁명가로 간주했다."[1] 따라서 '17년 역사 시기' 동안 '혁명'은 강력한 자장(磁場)이었고, 이 핵심 주제를 둘러싸고 내부에서 외부에로 점점 약해지는 동심원과 같은 창작 형태가 형성되어 있었다.

---

1. 멍리예, 『신중국 영화 예술사고 1949~1959』, 중국영화출판사, 2002년. 머리말 p8.

# 제2절

# 문화대혁명 시기의 영화

역사 변천이라는 시각에서 볼 때 '문화대혁명' 기간의 사회 분위기는 '17년' 범정치화 시대의 연속과 강화라 할 수 있다. 신중국 건립 이래 문예계에서 끊임없이 일어난 비판운동은 늘 정치적 색채를 띠고 있었다. 1960년대 이후 이런 경향은 날로 심해졌고, 문화대혁명 시기에 이르러서는 문화 영역 내 모든 활동이 '실질적으로 한 계급이 다른 한 계급을 전복시키는 정치 대혁명'으로 직접 표현되었다.[1] 예술이 정치에 영합하고 나면 독립적이던 판단 기준은 강권 하에 억압 받고 왜곡되기 마련이다. '17년 역사 시기' 예술에 대한 정치의 개입이 주로 여론 역량을 통해 때론 조이고 때론 풀어주는 침투식이어서 탄력적인 공간에서 예술이 우여곡절 끝에 자신의 미학을 표현할 기회를 어떻게든 찾아냈던 반면에, 문화대혁명 기간에는 극도로 확장된 정치 발언권이 적나라한 행정 지령으로 문예 영역에 군림하고 직접 조종했다. 정치적 강압 하에서 예술이 숨 쉴 공기는 날로 희박해지고, 정치와 예술의 관계는 극히 비정상적일 정도로 긴밀해져갔다. 비이성적 사회 사조가 일단 다른 속셈을 가진 자에게 장악되고 나면 단순한 문예 투쟁은 파벌 분쟁적 성격을 띨 수밖에 없다. 1966년~1976년까지 10년 동안 지속된 문화대혁명은 바로 장칭(江青)을 비롯한 반동 집단이 '계속 혁명'이라는 구호 하에 문화 전제주의를 꺼리낌없이 휘두른 황당하기 그지없는 일대 사건이었다.

---

1. 멍리예, 『신중국 영화 예술사고 1949~1959』, 중국영화출판사, 2002년, 머리말 p8.

## 1. 쓸쓸하고 적막한 은막

1966년 2월, 장칭 등은 문화대혁명 발발을 예고하는 신호탄 〈린뱌오(林彪) 동지가 장칭 동지에게 위탁하여 개최한 부대문예공작좌담회 요략(林彪同誌委托江青同誌召開的部隊文藝工作座談會紀要)〉(이하〈요략〉이라 칭함)을 먼저 쏘아 올렸다. 〈요략〉에서 장칭은 '문예흑선독재론(文藝黑線專政論)'을 제기하면서, 신중국 건립 이래 문예계는 기본적으로 "마오쩌둥 사상과 대립되는 반공산당, 반사회주의 흑선에 의해 점령당했다. 흑선이란 바로 자산계급 문예사상과 현대 수정주의 문예사상 그리고 이른바 1930년대 문예가 결합된 것이다." "따라서 반드시 문화 전선에서의 사회주의 대혁명을 진행해 이 흑선을 철저히 없애야 한다."고 성토했다.[1] 벼와 피가 뒤섞여 자라던 문예의 뜰에서 모든 풀이 순식간에 모조리 제거되고, 살벌한 기운만 감돌았다.

신중국 건립 이래 문예전선에서 온갖 운동의 최전방 진지 역할을 했던 영화는 가혹한 정치 분위기 속에서 다시금 가장 크게 타격 입는 대상이 될 수밖에 없었다. 장칭 등이 잇따라 '17년 역사 시기'의 영화와 1930년대 우수작들을 '독초'로 지정하면서, 수많은 영화 예술가들이 적발되어 비판을 받거나 수감되거나 심지어 박해로 목숨까지 잃었다. 여러 영화 제작사와 영화 연구기관들은 기세 드높은 정치 운동에 말려들거나 타격을 입어 창작 활동이 중단되고 생산이 파괴되었다. 1960년대 중국은 외국과의 문화 교류가 나날이 소원해지고 단절되어갔는데, 이 또한 문화대혁명 시기의 문화 황폐화를 가중시킨 요인이 되었다. 당시 영화계 상황을 보면, 1966년 이후 정상 경로를 통해 수입된 더빙 영화는 손꼽힐 정도였고, 이른바 내부 참고용 영화만 소수 특권자들이 보거나

---

1. 수샤오밍, 『중국 영화 예술사 교정』 1949~1999년, 중국영화출판사, 2000년, p144에서 재인용.

즐길 수 있었을 뿐 일반 관중들은 아예 접할 수도 없었다. 옛 영화는 상영이 금지되고, 새로운 영화는 촬영이 어려웠으며, 외국 영화 수입은 첩첩 난관이었다. 문화대혁명 시기의 영화계는 작은 풀포기조차 자라지 못하는 보릿고개의 처참한 광경이었고, 첫 2, 3

그림9-2-1 영화 〈지도전〉의 일장면

년 간 전국적으로 거둔 수확이라고는 영화관에서 번갈아 상영되던 〈지도전(地道戰)〉(그림 9-2-1)[1], 〈지뢰전(地雷戰)〉, 〈남정북전(南征北戰)〉 등 고작 세 편의 영화(거의 '17년 역사 시기'에 창작된 작품)였다.

신중국 건립 이후 '17년 역사 시기'의 영화에 대한 전면적 부정은 사실 문화독재주의를 위해 새로 표본을 세우고 길을 깔끔히 정비하기 위한 준비과정이었다. 여러 해에 걸친 반대파 숙청 작업이 끝나자, 장칭이 심혈을 기울여 직접 제작한 '혁명 양판희 영화'가 줄곧 '자리를 비워두고 기다리고 있던' 문화대혁명 시기의 은막에 첫 선을 보였다. 하지만 이는 문화대혁명 이전에 이미 거의 정형화되어 있던 혁명 양판희의 형식을 바꿔서 영화로 만든 것이었기에, 당시 관중에게 있어 새로이 등장한 이 은막의 '총아'는 그리 신선한 것이 아니었다. 신중국 건립 이후 희극계(戲劇界)는 희극 개혁을 위해 많은 노력을 기울여왔다. 1960년대 초에는 몇 편의 '경극 현대희(京劇現代戲)'를 내놓아 큰 성과를 거두기도 하였다. '경극 현대희'는 전통적인 경극의 예술 형식에 현대적인 혁명 투쟁 내용을 창조적으로 결합시켜 긍정적인 사회적 반향을 일으켰는데, '경

---

1. 그림 출처는 중국영화예술연구센터, 중국영화자료관 편저, 『중국 영화 도지』, 주하이출판사, 1995년.

극 혁명 기수'라 자칭하던 장칭은 이를 명성 추구의 발판으로 삼아 전력을 기울여 무산계급혁명 신문예 대표 작품으로 표방하였다. 문화대혁명 기간에 희극 무대에는 백가(百家)를 배척하고 혁명 양판희만을 중시하는 국면이 형성되어, 8억 관중은 오랫동안 8대 혁명 양판희를 통해 세계 문화사상 유일한 정신의 '성찬'을 누렸다. 그러나 야심만만한 장칭은 이것으로 만족하지 않았다. 개인 의지와 권위를 구현한 혁명 양판희를 절대적인 지배적 지위로 끌어올리기 위해 희극 무대에 개입해온 이 '기수'는 오랫동안 엿보아 오고 영향력 또한 더욱 막강한 영화계에 손을 뻗쳤다. 이리하여 경극 양판희는 원작 거의 그대로 은막으로 옮겨졌다. 양판희가 수립한 창작 원칙과 장칭 등이 그때 그때 지정한 명령들을 엄격하게 준수해야 하는 것 외에, 규정을 벗어난 그 어떤 예술적 추구는 물론 심지어 예술의 기본 규율을 정상적으로 유지하는 행위마저도 처벌받을 수 있었다. 당시 의견이 분분했던 구호를 보면, '삼돌출(三突出)을 견지해야 하는지에 관한 문제', '어떤 입장에 서느냐 하는지에 관한 문제', '누가 제1 지도자가 되느냐 하는 문제' 등이 있었다.

## 2. 양판희 영화에서 극영화 창작에 이르기까지

문화대혁명 시기 문예창작 활동을 지도하던 금과옥조 '삼돌출' 이론은 1968년 5월 28일 위후이융(于會泳)이 〈문회보(文匯報)〉에 발표한 〈문예무대를 마오쩌둥 사상을 선전하는 영원한 진지로 삼자(讓文藝舞臺永遠成爲宣傳毛澤東思想的陣地)〉라는 글에서 처음 공개되었는데, 그 핵심 내용은 다음과 같다. "우리는 장칭 동지의 지시에 따라 인물을 형상화하는 주요 원칙을 '삼돌출'로 귀납했다. 즉 모든 인물 가운데서 정면 인물을 돌출시키고, 정면 인물 가운데서 으뜸가는 인물을 돌출시키는 것이다." 그 후 1969년 11기 〈홍기(紅旗)〉 잡지에 영화 〈지취위호산(智取威虎山)〉의 제작진이 쓰고 야오원위안(姚文元)이 직접 개정한 〈무산계급 영웅인물의 빛나는 형상을 빚기 위해 힘쓰자(努力塑造無産階級英雄人物的光輝形象)〉라는 글이 게재되었는데, 이 글에서 '삼돌출'의 개념은 최종적으로 "모든 인물 가운데 정면 인물을 돌출시키고, 정면 인물 가운데 영웅 인물을 돌출시키며, 영웅 인물 가운데서도 으뜸가는 영웅 인물을 돌출시켜" "이를 무산계급 문예가 반드시 준수해야 하는 첫 번째 원칙으로 상승시키는 것"으로 확정되었다. 이로써 '삼돌출' 이론은 '삼돌출' 원칙으로 승격되었다. 이외에 '삼돌출' 원칙은 또 '고기점(高起點)', '삼보조(三陪襯)', '삼특정(三特定)', '삼대두(三對頭)', '먼 배경(遠鋪墊)', '가까운 배경(近鋪墊)', '다차원(多層次)', '다파란(多波瀾)', '다회합(多回合)' 등 일련의 '삼자경(三字經)' 이론을 새로이 탄생시켰다. 이를 통해 정면 인물과 부정적인 인물, 영웅 인물과 정면 인물, 그리고 으뜸가는 영웅 인물과 영웅 인물 간의 '돌출'과 '보조'의 관계를 설명하고자 했다.[1]

　　비록 혁명 양판희 영화가 크게는 경극 양판희에 대한 전면적인 답습(이를테면 스토리, 화면, 가사, 노래 곡조 등 면에서 모두 엄명에 의해 변경이 금지됨)이라고 할 수 있지만, 필경 영화는 독립 예술 형식인 만큼 독특한 창작 기법을 지니고 있기에 '삼돌출'의 원칙이 혁명 양판희 영화의 실제 촬영 과정을 통해 구체화되면서 '지도자의 취지'를 더욱 효과적으로 관철하는 영화 어휘가 탄생했다. 이를테면 '적원아근(敵遠我近)'은 화면 처리에 있어 적은 멀리서, 영웅은 가까이 찍는 것이고 '적소아대(敵小我大)'는 인물 형상 비례에 있어 부정적 인물을 하찮게, 정면 인물을 위대하게 찍는 것이다. 또 '적편아정(

---

1. 자이젠눙(翟建農), 『지난날 혁명 이야기: 1966~1976간의 중국 영화(紅色往事―― 1966~1976年的中國電影)』, 타이하이출판사(臺海出版社), 2001년, p69에서 재인용.

敵偏我正)'은 화면 구도에 있어 적은 화면 귀퉁이에 주로 옆모습으로 나타내고, 정면인물은 화면 중심부에 정면 모습으로 나타내는 것이다. '적부아앙(敵俯我仰)'은 렌즈 각도에 있어 적을 더 보잘것없이 표현하기 위해 위에서 아래로 촬영하고, 영웅을 더 숭고하고 위대하게 표현하기 위해서 아래서 위로 촬영하는 것이다. '적한아난(敵寒我暖)'은 색채의 응용에 있어 될수록 적은 차가운 색(파란 빛)으로, 정면 인물은 따뜻한 색(빨간 빛)으로 표현하는 것이다. '적암아명(敵暗我明)'은 빛의 응용에 있어 명암 대조를 통해 영웅의 정정당당함을 나타내고, 적의 음험과 저열함을 나타내는 것이다. 간단히 말해 영웅인물을 가깝고, 높고, 밝게 보이도록 하고 부정적 인물은 멀고, 작고, 어둡게 보이도록 하는 것이다. 화면 구도는 물론 촬영 각도의 설정, 위치의 높낮이, 형상의 크기 그리고 수량의 다소 등 여러 방면에서 영웅인물의 적을 압도하는 기세를 조성하고, 직관적인 형상시각 면에서 '적추아미(敵醜我美)'의 목적을 달성하고자 하는 것이다. 이처럼 엄격히 계량화되고 규격화된 '사자방침(四字訣)' 촬영이론은 문화대혁명 시기 극도로 경직화된 영화 표현의 기초를 다졌는데, '17년 역사 시기' 영화에서 이미 뚜렷히 보이던 이원대립 구도를 극으로 끌어올린 것이라 할 수 있다.

그림9-2-2 영화 〈지취위호산〉의 일장면

양판희 영화를 첫번째 '실험밭'으로 삼은 장칭은 놀라운 성공을 거두기 위해 영화 〈지취위호산〉에 거의 신경질적으로 몰입했다. 제작진 인원 구성, 설비, 식사 대우에서 스튜디오 설치, 촬영, 화장, 도구 등에 이르기까지, 심지어 '양쯔룽(楊子榮)에게 말채찍이 필요하냐 필요하지 않으냐' 하는 작은 일까지 일일이 심사하고 관여했다. 이런 장칭의 '권위적인 횡포'가 영화 제작진(감독 셰 톄리(謝鐵驪), 촬영 첸장(錢江), 주연 둥샹링(童祥苓))에 가져다 준 스트레스를 가히 상상할 수 있을 것이다. 또 장칭의 조령모개 식의 태도도 제작진 모두를 당황케 했다. (그림 9-2-2)[1] 수없는 토론, 수정, 비판, 검토를 거쳐 장칭은 드디어 '무대로 환원하고 무대를 초월하는' 혁명 양판희 영화 촬영 방침을 제기하였다. 다시 말해 영화로 각색한 혁명 양판희는 여전히 주요 영웅 인물을 돌출시키고 미화하는 데 주력하는 것을 자기의 임무로 삼았다. 다만 더 현대적이고 풍부한 영화 수단을 통해 이러한 효과를 강화시켰을 뿐이다. 이를 위해 영화 감독 셰톄리와 촬영사 첸장은 하는 수 없이 온갖 지혜를 짜내 더 많은 방법을 고안해냈다. 예를 들어, 적아(敵我)의 화면 비례를 적당하게 배치하기 위해, 양쯔룽이 적굴로 쳐들어가는 장면에서 촬영사가 이동식 스포트라이트 기술로 주광과 부광 모두 영웅 양쯔룽을 비추게끔 배정하고, '팔대금강(八大金剛)'의 포위에 든 양쯔룽이 어디서든 빛의 한 가운데 서 있게 했다. 영웅인물을 더욱 돋보이게 하기 위해, 양쯔룽이 도적 두목인 쥐산댜오(座山雕)와 같은 장면에 등장할 때 광선을 특별 처리하는 것 외에, 원래 무대 중앙에 있던 쥐산댜오의 의자를 어두운 화면의 한 구석으로 옮겼다. 또 영웅인물이 등장할 때도 주변에 배경 역할을 하는 군중을 반드시 두고, 풀 숏과 영웅에 대한 클로즈업 등 화면 간 전환을 통해 주요 영웅을 돋보이게 했다. 또 제1의 영웅 인물인 양쯔룽이 없을 때만 제2영웅 인물인 참모장을 주요 위치에 등장시켜 당당히 명령을 내리게 했다.[2] 〈지취위호산〉의 첫 방영이 승전보를 전해오고 크나큰 반향을 일으키면서 영화의 촬영 경험도 앞에서

---

1. 그림 출처는 중국영화예술연구센터, 중국영화자료관 편저, 『중국 영화 도지』, 주하이출판사, 1995년.

2. 자이젠눙, 『지난날 혁명 이야기-1966~1976년 간의 중국 영화』, 타이하이출판사, 2001년, p75~88에서 재인용.

언급한 여러 공식으로 정리되어 널리 보급되었으며, 그 후의 혁명 양판희 영화들이 끊임없이 연구, 학습하는 '모범 중의 모범'이 되었다.

1969년 〈지취위호산〉이 크랭크인해서 1972년 마지막 혁명 양판희 영화가 촬영을 종료할 때까지, '17년 역사 시기' 영화 '삼전(三戰)'(〈지도전〉, 〈지뢰전〉, 〈남정북전〉)을 제외하고 모두 단일한 무대예술극들이 은막을 점령했다. 문화대혁명 전개 이후 영화계의 인력과 물자는 거의 이런 영화 제작에 소진되어 다른 것은 거들떠볼 겨를도 없었으며, 극영화 창작은 거의 전무했다. 이러한 상황은 당연히 관객들의 불만을 야기했는데, 불만이 날로 커지자 당 중앙은 1973년부터 극영화 생산을 회복한다는 결정을 내렸다. 그러나 여러 해에 걸친 무차별 폭격식 비판투쟁 끝에 문학계도 이미 쇠할대로 쇠해 있었다. 〈염양천(艷陽天)〉 등 극소수 소설만이 공식적으로 세상에 나올 수 있었고 절대 다수의 작품은 나락에 떨어지는 것을 면치 못했다. 영화 창작도 훌륭한 소재를 찾아보기 힘든 곤경에 빠졌다. 이런 상황을 감안해 당시 중앙정치국에서 문예 사무를 주관하던 장칭은 어쩔 수 없이 성숙한 대본이 나오기 전에 문화대혁명 기간 인정받았던 흑백 영화를 컬러로 다시 만들되, 제작진은 원래 인원을 그대로 쓴다는 방침을 제기했다.[1] 이에 〈청송령(青松嶺)〉, 〈전홍도(戰洪圖)〉, 〈남정북전(南征北戰)〉, 〈도강진찰기(渡江偵察記)〉, 〈평원유격대(平原遊擊隊)〉 등 재제작 영화들을 앞세워서 문화대혁명 극영화 창작의 공백을 메우기 시작했다. 그 이후 〈염양천〉, 〈불타오르던 시대(火紅的年代)〉, 〈무영등 아래의 은침송(無影燈下頌銀針)〉, 〈강철 거인(鋼鐵巨人)〉, 〈홍우(紅雨)〉 등 일련의 새로 만든 극영화가 점차 규모를 갖추어가기 시작해 1973년에서 1976년까지 도합 76편이 제작되었다.[2]

1. 자이젠눙, 『지난날 혁명 이야기—1966~1976년 간의 중국 영화』, 타이하이출판사, 2001년, p211.

2. 천황메이(陳荒煤), 『당대 중국 영화(當代中國電影)』(상), 중국사회과학(中國社會科學)출판사, 1989년, p331 참조.

다시 찍은 영화이건 새로 찍은 영화이건 '삼돌출' 창작원칙은 시종일관 반영되었으므로 극영화는 사실 '양판희나 양판희 영화'와 새로운 전승 관계를 맺은 셈이었으며, 스토리 중에도 양판희의 모범을 다시 세우려는 의도가 분명히 드러났다. 〈청송령〉의 경우, '삼돌출'의 원칙에 의해 새로이 형상화되고 보완된 주인공 장완산(張萬山)의 이미지에는 진, 선, 미가 다 갖추어져 있으며, 높고 위대하고 완벽한 이미지는 무한히 미화되고 심지어 신격화된 '양판희'의 영웅인물과 매우 흡사하다. "허리띠 하나, 총 한 자루, 수건 하나로 볼을 실룩거리고, 온갖 감정

그림9-2-3 영화 〈청송령〉의 일장면

그림9-2-4 영화 〈새 싹〉의 일장면

도 욕망도 온데간데 없이 사라진 채 날마다 붉은 태양만 바라보는"[1] 일반인들이 상상조차 하지 못하는 인물이 문화대혁명 시기 영화에 비일비재하게 등장하던 모범 영웅형상이었다. (그림 9-2-3)[2] 사상내용 면에서 문화대혁명을 그린 첫 작품인 〈불타오르던 시대〉는 당시 가장 핵심적인 영화 주제('계급투쟁'에 '노선투쟁'을 부차적인 것으로)를 중심으로 이후 문화대혁명 영화에 흔히 보이는 스토리 모델, 즉 "공장장이 잘못하면 군중들이 나서서 도와주고, 간첩을 잡아내 제국주의를 타도하고 수정주의를 반대하는"[3] 내용을 전개함으로써 문화대

1. 리쑤위안 등 편저, 『신중국 영화 50년』, 베이징방송대학교출판사, 2000년, p98.

2. 그림 출처는 중국영화예술연구센터, 중국영화자료관 편저, 『중국 영화 도지』, 주하이출판사, 1995년.

3. 리쑤위안 등 편저, 『신중국 영화 50년』, 베이징방송대학교출판사, 2000년, p299.

혁명 영화의 주요 특징을 진정으로 구현한 첫 번째 극영화 모델이 되었다. 걸 핏하면 처벌받는 창작 환경에서 '혁명 양판희'를 모방하는 것은 화를 피하는 유일한 방법이기도 했다. 따라서 예술 면에서 상대적으로 파격과 혁신을 가져 온 〈창업(創業)〉, 〈바다 노을(海霞)〉, 〈반짝이는 붉은 별(閃閃的紅星)〉 등도 '계급 투쟁을 중심으로 하는' 창작 패턴과 '삼돌출' 창작 원칙의 영향에서 벗 어나지 못했다. '삼돌출' 원칙은 영화 창작자들 머리 위에 걸려 있는 '다모클 레스(Damokles)의 검'과도 같아서 이 율법을 범하는 모든 행위에 대해서는 스스로 책임지고 잘못을 검토하고 사죄하도록 지도했다. 영화 〈염양천〉은 '그 때 그때 중요한 인물에게 렌즈를 맞추는' 퇴보의 길을 걸었기 때문에 영화 제 작소를 나오기도 전에 부적격 처리를 받았다. 한편 〈창업〉과 〈바다 노을〉는 ' 삼돌출'에 대해 약간의 파격을 시도했다는 이유로 적지 않은 풍상을 겪었다. 정치 위주의 시대에 "〈창업〉과 〈바다 노을〉을 둘러싼 투쟁은 사실 첨예하고 복잡한 정치 투쟁"[1]이었음을 알 수 있다. 특히 문화대혁명이 끝날 무렵 등장 한 일련의 '음모 영화'(〈새싹(春苗)〉, 〈결렬(決裂)〉, 〈반격(反擊)〉, 〈성대한 명절 (盛大的節日)〉, 〈기쁨으로 들끓는 소량하(歡騰的小涼河)〉)'(그림 9-2-4)[2] 등 은 장칭의 의도를 하달 받아 뚜렷한 정치 목적 하에 제작된 것으로, '사인방( 四人幇)'이 당과 국가의 영도권을 찬탈하려는 야심을 철저히 폭로했다. '혁명 양판희' 영화에서 극영화 창작에 이르기까지 문화대혁명 기간 영화의 존재 및 발전은 시종일관 무형의 '정치의 손'에 장악되고 좌지우지되었다.

---

1. 수샤오밍, 「중국 영화 예술사 교정 1949~1999」, 중국영화출판사, 2000년, p154.

2. 그림 출처는 중국영화예술연구센터, 중국영화자료관 편저, 「중국 영화 도지」, 주하이출판사, 1995년.

# 제3절

# 신시기의 영화

　'신시기(1978년 이후)'란 우선 정치적 관념이다. 그 이전 역사 시기인 '문혁' 10년 내지 신중국 건립 이후 30년 가까운 역사에 비교했을 때 새롭게 쓰여진 역사의 한 페이지이다. 1976년 사인방의 붕괴는 광적이고 황당했던 '문화대혁명'이 철저히 종결되었음을 의미한다. 1978년 중공 11기 3중전회의 개최는 경제건설 중심의 발전 전략을 확립함으로써 '계급투쟁 중심' 시대의 종결을 고했다. 사회 명제의 방향 조정은 문화의 전면적인 전환을 가져왔는데, 2, 3년 동안의 배회와 적응을 거쳐 1979년부터 문화와 예술 분야에 일부 독창적이고 새로운 조짐이 점차 나타나기 시작했다.

　영화의 경우 다방면으로 분화되었다. "예술가가 개인의 경험과 생각을 표현하는 매체로서의 영화는 정치적 선전 도구에서 다음과 같은 형태로 분화되었다. 어떤 영화('그림자극'(影戲))는 다미학, 다형태, 다스타일로 분화되었다. 또 어떤 영화('정치 예술영화')는 예술영화, 홍보 영화, 상업 영화, 실험성 영화 및 다원교차적 영화로 분화되었다. 창작 주체(영화 감독이 대표적임)도 비독립적인 일체화된 집단에서 자주자립적이고 유파를 이루는 세대 감독, 나아가 예술가 개체로 분화되었으며 영화이론도 독립해가는 과정에서 창작 실천으로부터 벗어나고 이론 자체도 분화되었다.(생략)"[1] 개혁개방의 배경 하

---

1. 정둥톈(鄭洞天), 『불과 7년 만에(僅僅七年)』, 『당대 영화(當代電影)』, 1987년 제1기.

에 1978년 이후의 영화는 사상적 구속에서 벗어나 단일화에서 점차 다양화로 나아갔다. 영화 구조의 현저한 변화는 영화 관념에 있어서도 커다란 변화가 생겼음을 대변한다. 1978년 전까지만 해도 정치 중심적 관념의 영향 하에 영화는 그저 국가의 정치 이데올로기를 전달하고 해석하는 담체로밖에 간주되지 않았기에 홍보 영화가 수십년 동안 지배적 자리를 차지했다. 그러나 70년대에서 80년대로 접어들면서 대외개방의 문이 열리자 '구미 영화'의 세례를 받아 보고 듣고 익숙해진 결과, 중국 영화도 예술 속성과 상품 속성을 드러내기 시작했고, 이에 대응하여 전위예술영화와 상업오락영화가 강세를 보이면서 정치홍보영화와 더불어 천하삼분(天下三分)의 새로운 구도를 형성하게 되었다. 이러한 발전 과정에서 외국영화의 미학적 성과에 대한 수용과 탐구 정신을 드러낸 예술영화가 1970년대 말에 중국 영화 무대에 처음으로 등장했다.

## 1. 반항의 길에서의 선구자인 예술영화

신시기 영화 예술가의 주체 의식이 회복되었음을 상징하는 작품은 1979년에 첫선을 보였다. 훗날 '상흔영화'라 불리우는 〈신성한 사명(神聖的使命)〉, 〈단풍(楓)〉, 〈눈물 자국(淚痕)〉, 〈생활의 떨림(生活的顫音)〉, 〈고민하는 자의 웃음(苦惱人的笑)〉, 〈돌아가고파(歸心似箭)〉 등은 우선 내용적 측면에서 문화대혁명 시기의 창작 울타리에서 벗어나 인간적인 시각에서 문화대혁명 10년 재난이 가져온 정신적인 상처에 대한 전면적인 성토와 깊이 있는 반성을 진행했다. 제재의 해방보다 사람을 더 즐겁게 한 것은 〈샤오화(小花)〉 등 영화에서 보여준 시공 교차 구조, 플래시백(Flashback), 점프컷(jump cut) 등

새로운 표현 수법이었을 것이다. 이는
다년간 침체되어 있던 중국 영화가 형
식이나 기교 면에서 서구의 현대 영화
를 본보기로 삼았음을 보여준다. (그림
9-3-1)[1] 같은 해에 발표된 두 편의 이
론 글 〈희극의 지팡이를 버리자(丟掉
戲劇的拐杖)〉(바이징성(白景晟))와 〈영

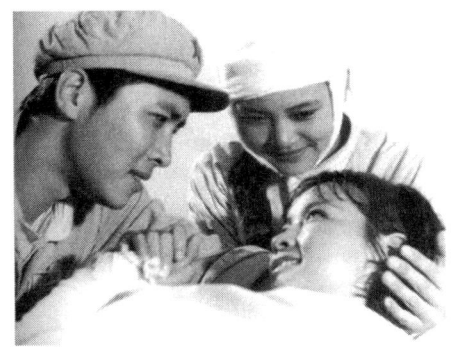
그림9-3-1 영화 〈샤오화〉의 일장면(1979년)

화 언어의 현대화를 논함(談電影語言的現代化)〉(장놘신(張暖忻), 리퉈(李陀))
는 영화 자체로의 회귀와 현대화를 더욱 분명히 선언했다. 이에 대한 창작계
와 이론계의 호응은 신시기의 영화가 예술 혁신을 자각했음을 입증해준다.

오늘에 이르기까지, 신시기 영화는 크게 1980년대와 90년대 두 단계를
거쳐왔다. 1980년대는 예술영화의 황금기라고 칭할 수 있다. 개혁개방으로
각양각색의 신문물이 급물살을 타면서 사상해방 운동이 일으킨 '문화 붐'이
세차게 일었다. 세계영화 예술 사조와 오랫동안 단절되어 있던 중국의 영화
인들은 애타게 기다렸다는 듯 쏟아져 들어오는 외국 문화를 흡수하였고, 자
신이 접한 서구의 영화이론 및 실천성과를 참조하면서 거듭 신작품을 출시
하였다. 1970년대 말 영화 형식에 대한 새로운 인식이 기교 측면에 대한 일
부 탐색을 야기한데 이어, 1980년대 초의 기록 미학에 대한 추구는 보다 규
모를 갖춘 새로운 창작 붐을 불러 일으켰다. 1980~1983년에 동시에 등장
한 〈물새(沙鷗)〉, 〈여의(如意)〉, 〈이웃(鄰居)〉, 〈역광(逆光)〉, 〈실습 변호사(見
習律師)〉, 〈도시 속의 마을(都市裏的村莊)〉 등은 선명한 도전 정신을 담고 있
다. 다큐멘터리 풍격의 이 작품들은 내용 면에서 허위적인 희극화 플롯에 반

---

1. 그림 출처는 중국영화예술연구센터, 중국영화자료관 편저, 『중국 영화 도지』, 주하이출판사, 1995년.

대한 것 외에, 언어 면에 있어 보편적으로 진실성이 더 강한 롱 테이크(long take) 기법을 사용했다. 이런 영화들은 기존 영화에서 오랫동안 이어오던 날조의 흔적과 경솔한 풍격을 일시에 쇄신하면서 신시기 영화 발전에 튼튼한 기초를 마련해주었다. 서구에서는 1940~50년대부터 바쟁(Bazin)과 크라카우어(Krakauer)에 의해 확립되고 완성된 기록주의 학설이 영화계의 이론 기치가 되었는데, 당시 중국 영화도 그 미학 관념의 영향을 상당히 크게 받았다. '문화대혁명' 이전에 영화학원을 졸업하고 '문화대혁명' 이후에 영화 제작을 시작한 영화 감독들(예를 들면 장난신(張暖忻), 정둥톈(鄭洞天), 황젠중(黃健中), 텅원지(滕文驥), 셰페이(謝飛) 등)이 이 미학 사조의 기치 하에 신예 역량으로 성장하면서 '제4세대 감독'이라 불렸다. 이때부터 중국 영화 발전사에서 창작 주체 간에 '세대'라는 개념이 최초로 뚜렷하게 세워지게 되는데, 마치 훗날 예술영화의 세대 교체를 예시하는 것만 같았다.

'제4세대 감독'이 가져다준 놀라움이 채 가라앉기도 전에 1980년대 예술 탐색을 최고조로 끌어올린 '신영화 운동'이 기약 없이 찾아왔다. 1983년 말에 사회에 막 발을 디딘 젊은이 몇몇이 온 세상을 놀라게 할 영화 한 편을 들고 사람들 앞에 나타난 것이다. 감독 장쥔자오(張軍釗), 촬영 장이머우(張藝謀), 샤오펑(肖風), 미술디자인 허췬런(何群任)의 〈하나와 여덟(一個和八個)〉은 영화계에 작은 '지진'을 일으켰다. 이 영화는 내용과 이야기를 중시하는 전통영화 관념에서 벗어나 궈샤오촨(郭小川)의 동명 시가(늘 각색하는 소설이 아니라)를 각색했는데, 창작의 중점을 기존에 늘 부차적인 위치에 있던 형식 측면으로 이동시켜, 대량의 스톱 모션, 불완전한 구도, 과장된 이미지, 대면적의 색채, 자연광 등을 적용했다.(그림 9-3-2)[1] 형식 면에서 이처럼 특이함을

---

1. 그림 출처는 중국영화예술연구센터, 중국영화자료관 편저, 『중국 영화 도지』, 주하이출판사, 1995년.

표방한 이유는 전통적인 감상 경험을 깨뜨리고 강렬한 시각적 충격을 자아내기 위함이었다. 이 영화는 독자적으로 새로운 풍격을 형성했을 뿐만 아니라 이미 싹트기 시작한 영화 자체 언어에 독립적이고 풍부한 표의(表意) 작용을 부여하

그림9-3-2 영화 〈하나와 여덟〉의 일장면

면서 오랫동안 억눌려있던 영화 형식의 잠재력을 크게 끄집어냈다. 마치 한 손으로 천 근 수문을 들어올리듯이, 〈하나와 여덟〉이 오랫동안 누적되어 변화하기 힘든 옛 영화의 규범적 폐단을 일시에 전복시킨 배반, 그리고 새로운 예술의 길에 대한 개척은 현황에 불만을 느끼고 개성을 추구하던 젊은 영화인들의 창작 열정과 영감을 자극했다. 베이징 영화학원(北京電影學院) 1982년도 졸업생을 주체로 하는 '제 5세대 감독'들은 독보적인 작품 〈황토(黃土地)〉, 〈수렵장 자사(獵場柴撒)〉, 〈첩혈흑곡(喋血黑谷)〉, 〈흑포사건(黑炮事件)〉, 〈도마적(盜馬賊)〉, 〈대열병(大閱兵)〉 등으로, 불쑥 등장한 이군(異軍)처럼 예술 탐색의 최전선을 신속히 차지하고 80년대 선봉적이고 실험적인 영화의 '신사조'를 선도했다.

1984년에 나온 〈황토〉는 제5세대 영화 중 진정 시범을 보인 대표작이라 할 수 있다. 감독 천카이거(陳凱歌)는 영상 책략 면에서 〈하나와 여덟〉의 처리 기법을 계승하고 발전시켰을뿐만(두 편 모두 장이머우가 촬영한 것도 하나의 원인으로 작용함) 아니라 주제 내용 면에 있어서도 제5세대 예술 탐구를 완벽하게 체현했다. 산문 〈깊은 계곡 메아리(深谷回聲)〉(저자 커란(柯藍))을 각색한 〈황토〉도 스토리를 담담히 표현하면서 사상 내용을 부각시켰

그림9-3-3 영화 〈황토〉의 일장면

다. 영화가 주인공 구칭(顧靑)의 체험을 통해 이끌어낸 것은 기복 있고 기이한 이야기가 아니라, 천백년 동안 쌓여온 전통 문화와 민족성에 대한 반성이었다. 황하, 황토 등 상징적이고 비유적인 환경과 추이차오(翠巧), 추이차오 아버지 등 부호화된 인물은 하나의 역사 축소판으로서 반복 등장하고 자세히 관찰된다. 창작자의 관찰 태도는 복잡하고 모순적이어서, 이성적인 회의와 비판이 있는가 하면 감정적인 귀의와 미련도 있다. '문화 반성+이미지 창조 의식'은 전반적인 제5세대 영화의 시야와 구조를 지탱하고 있다. (그림 9-3-3)[1] 〈황토〉에 의해 다져진 주제 내용 면의 다의성과 형식 스타일 면의 전위성은 1980년대 제5세대 창작의 선명한 상징이 되어 미학 관념의 현대성을 충분히 표출시켰다. 세계 영화 미학발전사를 놓고 보면 아직 초보 단계에 있던 1978년 이후의 예술영화는 '창신'이라기보다 서구 전통 미학이론 범위 내에서의 '보충 학습'이었다고 하는 것이 더 적합할 것이다. 제5세대 감독의 파격적인 등장으로 중국 영화는 비로소 현대영화 사조에 점차 합류하여 현대영화의 진행 속도에 보조를 맞출 수 있게 되었다. 1980년대 중기, 제5세대 예술영화는 중국 영화의 역사적인 비약을 이끌어냄과 동시에 국제영화계로부터 새로운 평가를 받음으로써 세계 영화계에서의 지위를 확립하게 되었다. 국내에서도 제5세대 영화는 평론이 끊이질 않는 이론계의 관심의 초점이 되었고, 창작계에도 나날이 광

1. 그림 출처는 중국영화예술연구센터, 중국영화자료관 편저, 『중국 영화 도지』, 주하이출판사, 1995년.

범위한 영향을 미쳤다. 선배급인 '제4세대 감독'도 어느 정도 '제5세대'에 다가가서 '새 영화 운동'의 유행에 가담하였다.

이 물결은 1980년대 말기까지 지속되다가 일단락되었다. 우선 예술영화를 양성하는 외부 환경에 근본적인 변화가 생겼기 때문이다. 개혁이 진일보 추진됨에 따라 기존 계획경제 체제 하에서 형성된 국가 독점, 생산과 판매의 분리, 국가가 물자를 계획적으로 일괄 수매하고 판매하는 낡은 영화제도가 와해되기 시작하고, 국가의 비호를 받던 예술영화가 갑자기 전혀 낯선 시장환경에 놓이게 되었던 것이다. 1988년 〈만종(晩鐘)〉(우쯔뉴(吳子牛))의 흥행 부진과 〈고루정화(古樓情話)〉(후메이(胡玫))의 국내 제로카피(zero-copy) 사건은 예술영화의 생존에 경종을 울렸다. 실험적 스타일과 철학사고에 대한 탐구만 일삼던 탐색 영화들은 지나치게 난해한 탓에 환영 받지 못했다. 이로 인해 발생한 투자와 제작의 악순환으로 이 유형의 영화의 생존이 어려워졌으며, 제5세대 구성원도 하나 둘 태도를 바꾸어 뿔뿔이 흩어지기 시작했다. 창작 토양과 동력을 잃은 예술영화의 곤경이 고스란히 드러난 것이다.

'새 영화'의 곤경에서 벗어나기 위해, 장이머우가 앞장서 엄숙하고 신중한 철학적 추구를 포기하고, 유창한 서사성과 진솔한 감성을 지닌 〈붉은 수수밭(紅高粱)〉을 내놓았다. 1987년에 장이머우가 감독한 이 첫 번째 영화는 뜻밖에 베를린 영화제 '황금곰상'을 수상함으로써 세계 권위 있는 국제 영화제에서의 입상이라는 새로운 역사를 창조했다. 이로 인해 제5세대 영화의 국제 지명도도 크게 높아졌다. 그러나 이 소식이 국내에 전해지자 본래부터 〈붉은 수수밭〉의 반정통적 사상과 반규범적 행위에 대해 논의가 분분했던 국내 언론계에 큰 파문이 일었다. 비판의 화살은 영화 중 '비도덕적인 야합' 장면과 '술 빚는' 장면을 향했는데, 선조의 '사생활'과 민족의 우매함을 전시하여 서

그림9-3-4 영화 〈붉은 수수밭〉의 일장면

양인의 환심을 샀다는 이유로 뭇 사람로부터 공격을 받았고, 장이머우도 '민족의 기개를 욕보였다'는 오명을 썼으며, 〈붉은 수수밭〉도 끊임없는 성토에 못 이겨 상영을 중단하기에 이르렀다. (그림 9-3-4)[1] 얼핏 보아 제5세대 예술이 탐색 도중에서 또 한 차례 좌절한 것 같지만 사실 이는 포위망을 뚫고 비약을 준비하는 과정이었다. 〈붉은 수수밭〉에서 보여준 예술적 가능성은 장이머우의 다음 작품 〈국두(菊豆)〉, 〈홍등(紅燈)〉에서 한층 더 커지고 뚜렷해졌다. 비록 이 세 편의 영화 모두 '천하가 기피하는' 사통과 근친상간을 주제로 하여 국내에서는 연이어 상영금지되었지만, 해외에서는 예외없이 높은 평가를 받았다. 개성 전개라는 주제, 뚜렷하고 짙은 영상 풍격 및 기이한 '풍속'이 어우러져 형성된 옛 문화의 경관은 점차 서구 관객의 마음을 사로잡아, 서구 심사 위원을 정복하는 일반 기준이 되었으며, 해외시장을 여는 비법이 되었다. 1990년대 이후로 많은 서구 국가에서 중국 영화 붐이 일어나기 시작해 열기가 더해졌다. 사업가적인 감각과 안목을 지닌 해외 투자가들이 하나둘씩 '공동 촬영제작' 형식으로 중국 영화인과 제휴하기 시작하면서 '신민속 영화'를

---

1. 그림 출처는 중국영화예술연구센터, 중국영화자료관 편저, 『중국 영화 도지』, 주하이출판사, 1995년.

맞춤제작·생산하는 광풍이 일었다. 1993
년~1994년 사이에 제5세대 구성원이 감
독한 〈오괴(五魁)〉(황젠신(黃建新)), 〈삼
월 하늘의 살구꽃(杏花三月天)〉(인리(尹
力)), 〈홍분(紅粉)〉(리사오홍(李少紅)), 〈포
타쌍등(炮打雙燈)〉(허핑(何平)), 〈패왕별희
(霸王別姬)〉(천카이거) (그림 9-3-5)[1], 〈
가추〉(家醜)(류먀오먀오(劉苗苗)) 등 민속
의식과 전기적 색채를 지닌 역사·우언 영

그림9-3-5 영화 〈패왕별희〉의 일장면

화가 일시에 등장했다. 1980년대 말 국내 영화계에서 오간 데 없이 사라졌던
'제5세대 감독들'이 예술 생명의 '제2의 전성기'를 맞이한 것이다. 제5세대 영
화인들이 중심이 되어 이끌어나간 예술영화는 국내 시장에서 장이머우가 그
랬듯이 '선외후내(先外後內)'의 우회 노선을 통해 출로를 찾았다.

그러나 이런 발전도 잠시 뿐 '민속 영화'의 기세가 고조에 달할 즈음 '탈
식민주의 이론'을 이용해 '제5세대 감독'이 던져준 90년대 초기의 충격파를
연구하는 학자가 등장했다. "장이머우나 천카이거의 커다란 성공으로 인해 선
명한 유형화 경향을 띤 영화제작의 도식이 도출되었음을 발견할 수 있다. (중
략) 유형화된 '예술영화'들은 서구의 관객과 영화제에 중국에서 온 '타성(他性)'
의 문화 소비를 제공해 주어, 제3세계에 대한 그들의 욕망과 환상을 최대로
만족시켜 주었다."[2] 해외 시장을 겨냥하고 외국 자본으로 제작된 유형화 예
술영화들은 시공의 추상화, 이미지의 개념화, 서사의 전기화 및 영상의 기관
화(奇觀化)라는 창작 형식을 통해 일종의 민족 우언을 전반적으로 개편함으

---

1. 그림 출처는 중국영화예술연구센터, 중국영화자료관 편저, 『중국 영화 도지』, 주하이출판사, 1995년.

2. 장이우(張頤武), 「90년대 중국영화의 공간 상상(90年代中國電中國電影的空間想象)」, 『당대 영화』 1998년, 제2기.

로써, '거짓 민속' 가득한(예컨대 〈붉은 수수밭〉의 흔들 가마, 술로 땅에 제사 지내는 제주(祭酒) 화면, 〈국두〉에서 출빈 도중에 관을 가로막는 화면, 〈홍등〉에서 발을 두드리는 장면, 등불을 켜고 끄고 봉하는 장면, 〈포다쌍등〉에서 탈 의식과 폭죽 경기 등) 상상 속의 고대 중국을, 글로벌 시대의 중국을 대신할 중국 이미지의 절대적 본질로 몽환화(幻化)시켰다. 탈식민주의 이론과 비판은 '세계로 나아가'는 제5세대의 신화를 깨뜨리고 서구에 대한 제5세대의 의뢰성과 타협성을 폭로하였으며, 예전부터 이론이 분분하던 민속 영화 붐에 찬물을 끼얹었다. 게다가 해외 투자와 시장의 위축이 더 치명적이었다. 주지하다시피 제5세대 감독이 1990년대에 재기할 수 있었던 데는 충분한 해외 자금과 두둑한 회수력이라는 두 가지 중요한 경제적 전제가 깔려있다. 그러나 일단 이런 영화가 유형화되고 나면 관객의 외면과 시장의 위축이 뒤따르기 마련이다. 1993년을 전후로 거의 범람에 가까웠던 신민속영화는 제5세대 영화인의 명망을 크게 떨어뜨렸다. 사실이 증명하듯, 투자를 받은 일부 감독 중에 이런 영화 촬영에 정통하지 않은 자도 없지 않아 결과적으로 전반적인 예술 수준 및 상업적 수익 면에서 모두 큰 실망을 안겨주었으며, 이로 인해 해외 투자도 급격히 줄어들었다. 동시에 천편일률적인 민속영화 제작이 새롭고 기이한 돌파구를 찾지 못하자 서구 관객들 또한 정형화된 어법 요소와 서사 규칙에 익숙해지면서 이에 대한 흥미를 점차 잃었고, 해외 시장도 더 이상 관심을 갖지 않게 되었다. 이론계의 비판이 신민속 영화에 따끔한 충격을 가해 깨우침을 주었다면, 경제적 보장의 상실은 철저한 기회 상실을 초래해, 국내외에서 제5세대 영화의 명성과 위세는 급격히 하락했다. 제5세대 영화의 위기는 주로 1995년 장이머우와 천카이거 두 주요 감독이 국제 영화제에서 나란히 좌절한 데서도 드러났다. 장이머우의 〈상하이 3인조(搖啊搖, 搖

到外婆橋)〉는 칸 영화제에서 겨우 기술상 수상에 그쳤고, 천카이거의 〈풍월(風月)〉은 현지 잡지에서 "서구관객의 기호에 영합하기 위해 범한 오류'라고 지적당하면서 쓸쓸히 귀국 길에 올라야 했다.

이런 상황에서 창신의 깃발을 다시 치켜든 것은 '제6세대 감독'이라 불리는 연예계의 신예 부대였다. 1990년 장위안(張元)의 〈엄마(媽媽)〉를 기점으로 '제6세대 감독'의 등장을 알리는 작품들이 선보였다. 예를 들면 장위안의 〈베이징 양아치(北京雜種)〉, 〈광장(廣場)〉, 〈아들(兒子)〉, 후쉐양(胡雪楊)의 〈동년 추억(童年往事)〉, 〈유수여사(留守女士)〉, 〈묻혀버린 청춘(演沒的青春)〉, 〈나팔꽃(牽牛花)〉, 왕샤오솨이(王小帥)의 〈나날들(冬春的日子)〉, 허젠쥔(何建軍)의 〈현련(懸戀)〉, 〈우체부(郵差)〉, 러우예(婁燁)의 〈주말의 연인(周末情人)〉, 〈위정소녀(危情少女)〉, 우디(鄔迪)의 〈황금물고기(黃金魚)〉 등이 대표적이다. 이 작품들은 미학적인 추구 면에서 결연히 제5세대 영화를 거스르는 경향을 지녔다. 즉 더 이상 먼 역사와 토지를 바라보는 것이 아니라 현실과 도시를 직시하고, 더 이상 역사를 민족우언에 집약하는 것이 아니라 객관적이고 진실된 태도로 생활의 감각과 경험을 기술했다. 또 더 이상 동방 문화의 기이함을 과장되게 묘사하고 웅대하게 서술하는 것이 아니라 무수한 개체 생명의 비천하고 아득한 생존상태를 드러내는 것 등에 집중했다. 아직 '제5세대 감독'에 맞설 역량을 갖추지 못한 이제 막 성장하기 시작한 '제6세대 감독'이었지만, 개인화된 형태로 제5세대 감독의 총체적 모델과 겨루고 있었다. 처음에 대부분의 '제6세대 감독들'은 기존 영화시장 규칙에 의해 단독법인 자격을 취득하지 못했지만, 독립영화제작자 형식으로 서둘러 시장에 진입하기 시작했다. 그러나 정부가 정한 〈영화관리조례〉에 의해 이들은 체제 외 불법 제작으로 간주되어 장기간 '지하'에 매몰되었고 작품도 빛을 보지 못했다. 1994년 관후(管虎)의 〈머리가 헝클어졌어요(頭髮亂了)〉와 아녠(阿年)의 〈감광시대(感光時代)〉가 주요 경로를 통해 발행되면서 여러 해 동안 겨울잠 자던 '제6세대 감독'이 정식으로 무대에 모습을 드러내기 시작했다.(그림 9-3-6)[1] 그러나 이로 인해 상황이 크게 바뀌지는 않았다. '제6세대 감독'은 간신히 세상 밖으로 나온 후에도 무질서한 과도기 시장에 직면하지 않으면 안 되었다. 한편 정부가 시장경제체제 개혁을 단호하게 추진, 심화하면서 영화계에 대한 정부의 투자 정책에도 변화가 일어났다. 1980년대 쩡후이쩌(曾惠澤)가 계획경제체제 하에서 '제5세대 감독'으로서 누렸던 자금 확보 및 지지는 더 이상 '제6세대 감독'에게 이어지지 않았다. 실험단계에 처해 있으면서 명성조차 없던 '제6세대 감독들'은 90년대 초에 이미 국제적 지위와 명성를 얻은 '제5세대 감독'처럼 고액의 해외투자금을 유치하기 힘든 실정이었기에 민간기업이나 지인들이 기부한 제한된 자금만으로 투자, 제작할 수 밖에 없었다. 게다가 영화 촬영을 끝내도 이를 원활히 배급할 통로가 없었다. 그들의 영화는 극단적인 정서화와 주변화 등 특징으로 인해 국내외 관객들로부터 냉대를 받았다. '탈식민주의' 토론을 거친 후에 국내 이론계가 제6세대 영화에 관심을 갖기 시작하고, 본래 비주류 예술영화를 편애하던 서구 영화제가 '제6세대 감독'의 지하 창작에 대해 이데올로기 분석을 진행하면서 다시금 중국영화에 관심을 표했지만, '제6세대'가 지닌 시장경제와의 부적합성과 고고한 자세로 인해 대중문화 시대라는 맥락

그림9-3-6 영화 〈머리가 헝클어졌어요〉의 일장면

1. 그림 출처는 www.netfilm.cn/MovieDetail.do? movie= 10929.

속에서 전위 예술영화처럼 거센 파도를 일으키지 못했다.

　우담바라처럼 잠깐 나타났다가 바로 사라져 버린 '제6세대 감독'은 진퇴양난인 예술영화의 생존상을 역력하게 전달해주고 있다. 우선 자금과 원금 회수를 기대할 수 없는 '지하 영화'는 투자 및 배급 보장을 잃은 대신, 동시에 이데올로기나 자본경제의 조종으로부터 벗어나 개인의 창작 개성과 자주성, 또는 자유로운 심미 체험을 획득할 수 있어서 가장 엄격한 의미에서의 예술영화의 품격을 드러낼 수 있었다. 하지만 그가 직면한 결과는 어디에도 발붙이기 힘든 현실이었다. 아마도 앞세대의 실패를 교훈 삼아서인지, '제6세대 감독' 이후 등장한 '신세대 감독'이나 '후세대 감독(대부분 1970, 80년대에 태어나 시대 조류를 더 잘 맞추는 청년 감독)'들은 보편적으로 대중화, 상업화에 강한 적응력을 보여주었다. 물론 그들이 제작한 이렇듯 절충적 성격을 지닌 영화는 단순히 '예술영화'로 분석하기에 적합하지 않다. 시장경제 조건 하에서도 여전히 탐색에 집착하던 예술가들은 쓸쓸히 자신의 길을 걷는 개인적 선택을 할 수 밖에 없었다. 이로 인해 '세대군체(代群)'를 표방하던 집단식 돌진은 더 이상 찾아 볼 수 없고, 중국 영화는 '세대를 잃은' 시대로 접어들었다.[1]

## 2. 탄탄대로에서의 선도자인 주선율 영화

　정치와 예술의 관계는 중국에서 언제나 얽혀 있는 화제이다. 정치 본위 시대가 종말을 고함에 따라 신시기 영화의 외부 환경에 현저한 변화가 생겨났지만 중국이 처한 특수한 상황으로 인해 영화는 정치 이데올로기와의 긴밀한 관계에서 벗어날 수 없었다. 과거의 '정치 영화'가 1978년 이후의 시대

---

1. 왕이촨(王一川), 「'세대를 잃은 시대'의 중국 영화('無代期' 中國電影)」, 『당대 영화』, 1994년 제5기.

환경 속에서 더 이상 유아독존의 기세로 영화계에서 가장 중요한 위치를 독점하지 못하고, '주선율'의 형식으로 전환해 명백한 이데올로기를 전달하면서 관방의 정치적 심지어 경제적 지지를 받게 되었다.

주선율 영화의 등장은 1980년대 중후기 영화계 상황과 밀접하게 관련되어 있다. 80년대에 들어와 중국의 영화 시장은 점차 내리막길을 걸었다. 각 영화 스튜디오에서 정상적인 자본금 회수와 재제작을 유지하기 위해 너도나도 상대적으로 고이윤을 창출할 수 있는 무술 영화, 탐정 영화를 제작하는 식으로 '시장 구제'에 나섰다. 이런 영화들의 다급한 출시와 범람은 정부의 주류 이데올로기 영화가 차지하는 비율과 역량에 큰 영향을 미쳤고 영화 사상성의 약화를 초래했다. 이와 같은 상황은 영화 주관 부문 일부 지도자들의 경각심을 불러 일으켰다. 이런 국면을 되돌림과 동시에 당시 사회상의 '자산계급 자유화 사조'를 억제하기 위해 1987년 2월 영화국은 전국극영화제작소책임자회의(全國故事片廠廠長會議)를 개최하고 '주선율을 강조하고 다양화를 견지하자'는 제작 방칙을 처음으로 제기했는데, 시대정신을 체현하는 현실 제재 영화와 당과 군의 업적을 선양하는 혁명역사 제재 영화야말로 민족정신을 발양하는 주선율 작품이므로, 효과적인 조치를 취해 이 두 제재의 영화 제작 발전에 힘을 기울어야 함을 지적했다. 마침 중국인민해방군 창립 60주년(1987년), 중국해방 전쟁 3대 주요 전투 승리 40주년(1988년), 신중국 건립 40주년(1989년) 기념 즈음이라 문화 주관 기관에서는 각 영화 제작소에 이런 기념일에 어울릴 만한 작품을 내놓을 것을 요구했다. 이로써 주선율 사상을 가장 잘 드러낼 수 있는 '경축 영화'가 어쩔 수 없이 제작되었다. 같은 해 10월에 방송영화텔레비전부(廣播電影電視部)와 재정부에서 '중대 제재 극영화 제작 지원 기금'의 설립을 결정하고, 특별 비용을 전용하는 방식으로 이런 유형의 영화가 순조롭게 제작될 수 있도록 지원해 주었다. 주선율 영화의 신속한 발전이 기회와 인연 덕분이었다고 주장하는 데는 그럴 만한 이유가 있었다. 80년대 말 긴급 수요에 의해 제작된 오락영화는 조악하기 짝이 없어 순조롭게 발전하기 어려웠다. 한편 이 시기 예술 탐색 영화는 '새로운 영화 운동' 기세의 하락과 더불어 새로운 전환기를 찾다가 해외시장으로 전략지를 옮기면서 몇 해 후 국내에서 종적을 감추고 만다. 따라서 때마침 등장한 주선율 영화가 80년대 말 사회 변동에 힘입어 독특한 창작 조건을 갖추면서, 역사적으로 중국 영화계를 짊어지게 되었다. 정부의 아낌없는 호소와 지지 아래, '경축 영화'는 일반 영화가 따라잡을 수 없는 우세로 중국 영화계의 주인이 된 것이다.

1980년대 말에서 90년대 초까지, 중국 영화는 웅장하고 고무적인 화면으로 뒤덮였다. 조직적이고 계획적이며 규모적으로 제작된 이 영화들은 제작 방식의 비정규성, 제재 내용의 기록성, 사상의 정치 경향성으로 더없이 통일적이고 명확하게 주선율 영화의 핵심 요소와 특징을 드러냈다. 특히 언급할 만한 것으로는 '중대한 혁명역사 제재 영화'이다. 그 근원을 따져보자면 혁명역사 제재 영화는 사실 신중국 건립 초기부터 60년대 중기까지의 '17년 역사 시기'와 1970~80년대의 교체기 두 단계의 발전 과정을 겪었다. 1978년 이후, 사상이 해방됨에 따라 은막에서 역사와 위인을 재인식하고 재평가하는 작품인 〈남창에서의 기의(南昌起義)〉, 〈적수를 네 번 건너다(四渡赤水)〉, 〈비바람 몰아치는 종산(風雨下鐘山)〉 등이 등장했지만, '17년 역사 시기'에 비해 약간의 차이가 보이기는 해도 이목을 놀라게 할 만한 변화는 그로부터 10년 후 세 번째 붐이 일어 난 후에야 생겨났다. 80년대 말 90년대 초는 '역사 거작의 해'라 칭할 수 있다. 1987년의 〈높고 큰 쿤룬산(巍巍昆崙)〉, 〈팽대

그림 9-3-7 영화 〈개국대전〉의 일장면

장군(彭大將軍)〉, 1989년의 〈개국대전(開國大典)〉(그림 9-3-7)[1], 〈백색기의(百色起義)〉, 1991년의 〈대결전·요심전역(大決戰·遼沈戰役)〉, 〈대결전·회하전역(大決戰·淮海戰役)〉, 〈마오쩌둥과 그의 아들(毛澤東和他的兒子)〉, 〈저우언라이(周恩來)〉, 〈천지개벽(開天闢地)〉, 〈결전 후(決戰之後)〉 등 고품질, 일류 배우·제작진을 갖춘 작품들이 끊임없이 등장해 사회적으로 큰 반향을 일으켰다. 1990년 전후로 일기 시작한 제3차 혁명역사 제재 영화 붐은 앞 두 단계에서 형성된 제재 양식의 기본 특징을 계승하면서 또 일부 중요한 파격을 시도했다. 가장 뚜렷한 변화는 역사 인물과 역사 사건에 대한 창조적 처리이다. 이는 우선 이 시기 혁명역사 영화가 전 시기 역사에 대해 평면적, 주관적 서술을 포기하고, 대립되는 양측의 관점을 모두 포괄하여 양자의 균형을 이룸으로써 더 광범위하고 객관적인 '다원 구조'를 이룬 데서 나타난다. 〈개국대전〉에서 시작해 〈대결전〉 시리즈까지, 은막에 펼쳐진 것은 시공 구조가 더욱 다양해지고 인물 차원이 더욱 풍부해진 파노라마식 역사 면모였다. 역사 사실을 환원하는 '기록'으로 농후한 정치적 포폄(褒貶) 색채를 지닌 역사 '묘사'를 대체했다. 렌즈 언어 측면에 있어서, 이들 영화는 적을 낮추고 자신을 높이고, 적을

---

1. 그림 출처는 중국영화예술연구센터, 중국영화자료관 편저, 『중국 영화 도지』, 주하이출판사, 1995년.

비뚫게 비추고 자신을 바로 비추고, 적을 작게 묘사하고 자신을 크게 묘사하는 등 한쪽으로 치우치는 기존의 영상구도를 바꾸고, 각도와 장면의 선택에 있어서도 되도록 중립을 취하며, 클로즈업을 최대한 자제하고 풀 숏과 미디엄 쇼트를 많이 사용해 영상에서 쌍방을 거의 대등하게 배치함으로써 순수 기록적인 효과를 조성했다. 물론 관념과 책략의 변화가 혁명역사 제재 영화의 이데올로기 색채를 근본적으로 바꿀 수는 없다. 따라서 1990년대 이 부류의 영화가 창작표현에 있어 새로운 모습을 보여주었지만, 결국은 정책이 허락하는 범위 내에서 역사 문제에 대해 당과 정부가 내린 새로운 정의를 보충하고 드러낸 것에 불과했다.

끊임없이 자아성숙을 위해 조정해나가던 혁명역사 영화는 시대와 더불어 발전해나가는 활력소 역할을 하였고, 그렇기 때문에 그 후 영화 창작에서도 여전히 주목 받을 수 있었는데, 1993년의 〈충칭 담판(重慶談判)〉, 〈징강산(井岡山)〉, 〈추수 기의(秋收起義)〉, 1994년의 〈금사수박(金沙水拍)〉, 〈찬란함 속으로(步入輝煌)〉, 1995년의 〈칠칠사변(七七事變)〉, 1996년의 〈대전환(大轉折)〉, 〈이해결맹(彝海結盟)〉, 〈청년 류보청(青年劉伯承)〉, 1997년의 〈장정(長征)〉, 〈대진군·서북을 해방시키다(大進軍·解放大西北)〉, 1998년의 〈대진군·서남을 휩쓸다(大進軍·席卷大西南)〉, 〈대진군·남선 대추격 토벌(大進軍·南線大追殲)〉, 1999년의 〈닝보·상하이·항저우(寧滬杭) 대쟁탈전(大戰寧滬杭)〉 등이 대표작이다. 만약 '중대 혁명역사 제재'의 범위를 '중대 역사 제재'로 확대한다면, 1997년의 〈아편전쟁〉, 1999년의 〈나의 1919(我的1919)〉, 〈국가(國歌)〉 그리고 〈횡공출세(橫空出世)〉 등도 포함시킬 수 있을 것이다. 요컨대, 중대 혁명역사 제재 영화는 신시기 뭇 별 찬란한 은막에서 상대적으로 안정되고 청신한 색채로 여전히 빛나는 한줄기 붉은 빛을 발했다.

1980년대 말 90년대 초의 '경축 영화' 사조가 지나간 후, 주선율 영화에 대한 정부의 편애적인 우대조치는 끝난 것이 아니라 오히려 제작-발행-방영-시상 등 여러 고리를 제도화하기에 이르렀다. 해마다 이 부문을 위해 전적으로 마련된 보조금 형식으로 자금 투입 역량을 강화했을 뿐만아니라 주요 영화의 배급 및 상영도 과거 중국 당정(黨政) 지도부에서 하달 문건을 임시 발급하던 데서 거시적 통제 성격을 지닌 계량화 지표로 바꾸었다. 1995년 국가방송영화텔레비전부에서는 〈주요 영화의 배급·상영 작업을 강화하는 것에 관한 통지〉를 내리고, 영화 배급사가 연간 구입하는 주요 영화 비율이 연간 영화 배급량에서 15%를 반드시 확보할 것과 주요 영화 연간 상영 차수가 총 상영 횟수에서 15%를 초과할 것을 정식으로 제기했다. 이로써 주선율 영화의 제작과 배급은 행정이 관여하는 조건 하에 기본적인 보장을 받게 되었다. 그러나 80년대에 비해 90년대 중국사회에는 이미 중대한 변화가 생겨나 걷잡을 수 없이 강대해진 시장경제가 큰 역량을 발휘하고 있었다. 영화 시장의 경우, 1993년 전만 해도 계획경제에서 시장경제로 완만하게 넘어가는 단계였기 때문에 시장이 전면적으로 개방되기 전의 주선율 영화는 보호정책 하의 '총아'로서 통례를 깨고 시장법칙에서 제외된 위치에 있을 수 있었으며, 경제적 가치 추구 없이 사회적 가치만을 강조할 수 있었다. 그러나 그 후 시장경제가 점차 확립됨에 따라 영화 경영 메커니즘의 개혁이 갈 수록 심화되었고, 주선율 영화도 예외 없이 문화시장에서 상품화되어 다른 영화와 마찬가지로 경제법칙의 작용을 받아야 했다. 즉 관객을 끌어들이고 흥행수입을 거두는 방법으로 생존을 보장할 수밖에 없었다. 이렇게 되자 정부는 기금지원 정책 조절을 통해 그 즉시 주선율 영화의 창작 방향을 지시했다. 1994년에 발표한 〈주요 극영화에 정부의 영화 전문기금을 사용하는 것에 관한 규정〉에서는 1995년부터 대출, 장려, 자금 지원 등 세 가지 방법으로 주요 영화를 육성할 것을 제기하여, 1994년 전의 전액 지원 방침을 대체했다. 투자 방식이 변화하자 주선율 영화는 사회적 효과 이외에 경제적 효과도 고려해야 했다. 이로써 주선율 영화에도 점차 미묘한 변화가 일어나게 되었다.

사실 1980년대 중후기부터 주선율 영화는 창작 이념 면에서 과거 정치선전 영화와 다른 면모를 보이기 시작했다. 즉 정부의 이데올로기를 더 잘 전달하기 위해 주선율 영화는 혐오를 사는 정면적 설교를 포기하고, '윤리화' 포장과 '감성화' 전략으로 일반 대중들을 매료시키고 마음을 움직였다.[1] 이런 효과적인 서사 책략과 동시기 예술영화의 영상 조형 경험에 대한 차용은 〈자오위루(焦裕祿)〉, 〈개국대전(開國大典)〉, 〈대결전(大決戰)〉, 〈저우언라이(周恩來)〉 등 성공적인 주선율 영화에 일관되게 적용되었다. 하지만 당시 주선율 영화에 대한 정의가 대부분 이데올로기 목적에 대한 고려에서 비롯되었기에 경제적 효과는 아직 확실한 지표 의식으로 승화되지 못했다. 1990년대 중기이후 주선율 영화는 두 번째 조정에 직면했다. 경제적 요소의 직접적인 추동 하에 영화의 상품적 가치를 높여야 한다는 것이 그 요지였으며, 따라서 주선율 영화의 시장 호소력을 높이는 것이 급선무였다. 당시 국내에 이미 형성되어 있던 새로운 영화 관념 요구에 따라 '사상성, 예술성, 오락성'은 하나라도 빠져서는 안 될 지향점이었다. 따라서 예술성과 오락성에 접근하는 과정에서 영화 자체의 재미가 중시되었고, 상업화 경향도 갈 수록 뚜렷해졌다.

이론 면에서 볼 때 흥행이 저조한 영화라면 커다란 사회적 영향력을 지니지 못하므로 이른바 '사회적 효과'와 '경제적 효과'는 본디 대립되지 않는다. 그러나 혁신가들이 미처 생각하지 못한 것은 시장 진입 과정에서 전통 주선

---

1. 인훙(尹鴻), 『목전 중국의 영화 책략 분석(當前中國電影策略分析)』, 『영화 예술(電影藝術)』, 1995년 제4기

율 영화가 지닌 독특한 형태와 특징이 날로 약화되고 있다는 사실이었다. '주선율'이라는 개념은 구체적인 영화 형태 분류(예술영화, 오락영화와 차별화)에서 더 보편적인 창작 정신으로 차원이 한 단계 높아졌다.[1] 다시 말해, 원래 '주선율 영화'와 '주요 영화' 속에 응집되어 부각되고 강화되던 주류 이데올로기가 이 시기에 와서는 더 넓은 내용과 더 자유로운 방식 그리고 더 다양한 형태로 더 광범위하게 전달되었다. '주선율 영화'의 존재를 지탱하는 영혼–창작 지도 사상의 일반화와 공유로 말미암아 자주 독립적인 영화 형태인 '주선율 영화'의 원래 특징은 상당 정도 와해되었다. 90년대 중기 이후 중국 영화의 다원적 융합 경향이 날로 뚜렷해짐에 따라 이른바 전형적인 '주선율 영화'는 특정 제재 양식(예를 들면 혁명역사 제재 영화)이나 특정 기념일을 위해 만들어진 영화(예를 들면 '경축 영화')만을 가리키게 되었다.

## 3. 시대의 모래사장에서 조류를 희롱하는 자로서의 상업영화

개혁개방 이후 20여년 넘는 시간 동안 오락영화의 발전과 운명은 순탄치 못했다고 할 수 있다. 창작에 있어 전반적으로 승승장구했지만 이론에서 관념에 이르기까지 그것의 신분, 지위, 의의에 대한 평가에는 많은 우여곡절이 있었다.

1980년대 초기 사회 전반에 걸쳐 역사적 전환이 이루어지는 상황에서 문화대혁명 기간 형성된 영화 창작에 대한 불합리한 규정과 자아 폐쇄적인 국면은 타파되었다. 〈신비한 대불(神秘的大佛)〉(1980년)을 시작으로, 1978년

---

1. 1994년 장쩌민(江澤民)이 제기한 내용을 지침으로 삼았다. 즉 "주선율을 선양하는 것은 바로 중국 특색 사회주의 이론과 당의 기본노선의 지도 하에서 애국주의, 집단주의, 사회주의를 선양하여 발전시키는 것에 유리한 모든 사상과 정신을 대대적으로 제창하고, 개혁개방과 현대화에 유리한 모든 사상과 정신을 대대적으로 제창하며, 민족 단결, 사회진보, 런민 행복에 유리한 사상과 정신을 대대적으로 제창하고, 성실한 노동을 통해 아름다운 생활을 실현하기 위해 노력하는데 유리한 사상과 정신을 대대적으로 제창하는 것이다." 이다

이후 은막에는 오랫만에 일련의 오락영화가 등장했다. 특히 홍콩 감독 장신 옌(張鑫炎)이 촬영한 〈소림사(少林寺)〉가 국내에 방영되면서 커다란 센세이 션을 일으켰다.(그림 9-3-8)[1] 긴장감 넘치고 우여곡절 가득한 스토리와 영 화 인물들의 운명, 격렬하면서 흥미진진한 격투 장면 그리고 장중하면서도 해학적인 가벼운 풍격 등은 엄숙하게 이치를 따지는 분위기에 오랫동안 익숙 해져 있던 관객들의 마음을 깊이 사로잡았다. 이 영화의 영향으로 〈소림제자 (少林弟子)〉, 〈무당(武當)〉, 〈무림지(武林誌)〉 등 무협 영화가 분분히 등장해 일대 사조를 이루었다. 하지만 이에 걸맞은 영화 관념이나 운영 메커니즘이 미처 구축되지 못한 관계로 이들 영화가 암시하던 새로운 영화 문화에 대한 요구는 전 사회의 공통된 인식으로 확산되지 못했고, 발전의 길을 순조롭게 찾지도 못했다. 당시에 명확한 경제의식이 제대로 확립되지 않았기에, 전통 적인 관성에 의해 사람들은 흥행 수입을 추구하는 상품 문화에 여전히 뚜렷 한 거부감을 갖고 있었다. 영화계는 자체의 예술 위치 정립에 여념이 없었고, 영화평론가들도 오락영화에 대해 시종 시큰둥한 태도로 일관했다. 중국의 특수한 역사적 조건으로 인해 영화는 줄곧 대중교육을 담당하는 정치 문화 로만 존재했으니, 이는 이상할 것도 없다. 하지만 1980년대 영화의 실체화에 따라 영화의 지위에도 변화가 생겨나, 정치 문화에서 심미 문화로 변화했다. 그러나 영화는 여전히 교육 작용과 비 슷한 사상 인도 작용을 담당하며 여전 히 높은 데서 내려다보며 대중을 지도 했다. 이런 상황이다보니 대중에게 서

그림9-3-8 영화 〈소림사〉의 일장면

---

1. 그림 출처는 중국영화예술연구센터, 중국영화자료관 편저, 『중국 영화 도지』, 주하이출판사, 1995년.

비스를 제공하는 상품 문화적 성격과는 전혀 별개의 것처럼 보였다. 따라서 경제적 이익의 추동 하에 등장한 오락영화는 그 합법성이 크게 의심받았고, 많은 작품이 영화 평론계 및 사회 여론으로부터 단호한 질책을 받았다. '질보다 돈을 중시한다'는 비난과 영화 부문의 억압 하에, 시기를 잘못 만난 오락영화는 역사의 첫 단계에서 아무 공적도 남기지 못하고 사라져버렸다.

1984년부터 시작된 도시경제체제 개혁은 영화의 기업화를 선도했고, 오락영화도 그 덕에 재기했다. 1985~1986년 간 〈아미비도(峨眉飛盜)〉, 〈신편(神鞭)〉, 〈고독한 암살자(孤獨的謀殺者)〉, 〈허리케인 작전(颶風行動)〉 등 시장성 있는 일련의 영화가 등장했다. 그러나 의욕만 컸던 결과 끝내 우담바라 신세를 면치 못했는데, 이는 이들이 더욱 기세등등하고 영향력이 더 광범위한 예술영화의 '슈투름 운트 드랑(Sturm und Drang)'에 직면했기 때문이었다. 당시 영화 이론계는 완전히 '제5세대 감독과 그들 창작이 불러일으킨 기대와 도취에 빠져있었기에 동시기 오락영화 따위는 거들떠보지도 않았다. 당시 경제체제 개혁은 아직 시작 단계에 있었고 계획경제의 토대는 아직 구축되지 않은 상태였다. 따라서 예전의 영화 공업체제의 비호 하에 예술 탐구 영화는 기본적으로 제작과 배포를 걱정하지 않아도 되었고, 시장의 압박을 느끼지도 못했다. 사람들은 또 이미 싹트고 있고, 더욱 큰 시장 잠재력을 확보하고 있는 이런 부류 영화에 대한 요구를 계속 무시하고 경시했다. 체제의 지지도, 이론적 준비도 미흡했던 오락영화는 '명분이 정당하지 않고 사리에 맞지도 않아' 음지에서 관중과 몰래 성장하는 수밖에 없었다.

80년대 후기 전반, 사회 전환의 전주곡이었던 상품경제는 오락영화의 등장에 기회를 제공했다. 상품 개념과 상업 의식의 확립으로 영화의 흥행 수입을 무시하던 상황이 바뀌었다. 흥행 수입 및 이와 긴밀하게 연결되어 있는 관객들의 취향은 점차 영화의 흥망성쇠를 가늠하는 중요 표준이자 척도가 되었다. 따라서 오락영화는 예술 탐구 영화보다 훨씬 많은 발행량 기록을 자랑하면서 사람들의 시선에 들어왔다. 1987~1989년에 배부본(distribution copy) 발행량이 200부를 넘긴 영화는 거의 다 오락영화였다. 반면 고아함을 고집하는 예술 탐구 영화는 도도하게 여러 해 동안 독자적인 위치를 유지하다가 마침내 대중들로부터 단호하게 버림을 받았다. 예술영화만을 선구자요 희망이라고 떠받들던 중국의 영화계 또한 곤경에 접어 들어, 관객의 유실, 흥행 수입의 하락, 시장 위축, 자금 부족 등의 문제가 잇달아 생겨났다. "1989년 중국 영화계는 유례 없는 곤경에 직면해, 30%의 영화 제작소와 23%의 현(縣)급 영화 회사, 24%의 도시와 진(城鎭) 영화관에 적자가 발생했다. 그중에서도 몇몇 큰 영화 제작소의 재정 상태가 우려할 정도여서 (중략) 기본적으로 대출로 영화 재생산을 유지했다." "영화 생산을 유지하고 연도 생산 지표를 완성하며 영화 자본금을 회수하기 위해 각 영화제작소는 거의 저자본, 오락성 위주 이 두 가지 정책을 따랐다."[1] 이러한 상황 하에 사람들로부터 특별히 인기 있었던 오락영화는 위기에 놓인 중국 영화계를 살리는 청심환이 되어 관심과 신뢰를 얻었다. 그제야 이론계는 오락영화에 대한 무관심한 태도를 바꾸었고, 세차게 밀려드는 오락영화의 큰 물결에 대해 더이상 침묵하지 않았다. 1987년 초부터 『당대 영화(當代電影)』에 〈오락영화와 대화하기(對話：娛樂片)〉라는 제목의 대토론이 세 차례나 연재되면서, 영화계는 물론 사회로부터 큰 반향을 불러 일으켰다. 이번 토론은 당시 사회 여론에 긍정적인 영향을 끼쳤고, 오락영화 제작을 소홀히 해서는 안된다는 향후 방향설정과 추진을 이끌어냈다. 이를 기반으로 중국영화예술연구센터와 그

---

1. 린리성(林黎勝), 「90년대 중국 영화의 경제 변경과 예술분야(九十年代中國電影的經濟變更和藝術分野)」, 『영화예술』, 1996년 제3기.

산하의 『당대 영화(當代電影)』 편집부는 1988년 12월 1일에 '중국 당대 오락
영화' 세미나를 개최했다. 당시 라디오·TV부의 부부장직을 맡고 있던 천하오
쑤(陳昊蘇)는 이 대회에서 '오락영화 주체론'을 제기함으로써 오락영화에 대한
토론을 최고조로 끌어올렸다. 여러 차례에 걸친 이번 토론의 중요한 의의는 이
론적인 면에서 오락영화의 명분을 바로잡았다는 데 있다. 그 후 오락영화는 높
은 수준으로 발전하면서 영화계에서 주선율 영화, 예술영화와 대등한 지위를
차지하기에 이르렀다. 영화계 전반에도 대중 문화, 주류 문화, 엘리트 문화가
정립(鼎立)하는 국면이 형성되었다.

　　1990년대 더욱 확대된 중국 사회의 변혁은 오락영화에 보기 드문 발전
의 기회를 제공했다. 80년대 말에서 90년대 초기까지의 정체기를 겪은 후,
1992년 사회주의 시장경제체제의 확립과 더불어 영화계 역시 대대적인 체제
개혁을 추진해 영화의 시장화 발전을 가속화했다. 1993년 초에 라디오·TV
부는 〈영화계 메커니즘 개혁을 강화하는 것에 관한 몇 가지 의견(關於深化電
影行業機制改革的若干意見)〉 및 〈실행세칙(實施細則)〉을 반포함으로써 영
화의 제작, 배급, 상영 등에 관하여 해당 기업에 자주권을 주었다. 이는 영
화산업 개혁의 발단이 되었다. 1994년에는 〈248호 공문〉을 반포하여, 중국
영화배급 및 상영총회사가 영화계를 주도하던 낡은 체제를 타파하고 각 영
화 제작소가 직접 시장을 상대하도록 배급권을 부여했다. 오랫동안 희망해
오던 영화체제 개혁이 드디어 어렵지만 희망찬 역사적 첫걸음을 내디딘 것이
다. 경제체재 개혁의 추진 하에 터져나온 상업의 큰 물결은 90년대에 거세
게 일었다. 영화 제작과정에서 파생된 순수 상업화 오락영화는 또 다시 이
론계의 주목을 불러 일으켰다. 1992년 10월에 베이징영화학원(北京電影學
院) 감독학과에서 '오락영화를 더욱 예술적으로 촬영하자'라는 주제 하에 학

술대회를 기획, 개최했다. 예술과 학술에만 꾸준히 관심 갖고 순수 예술영화만을 중요시하던 영화학원이 오락영화에 관한 심포지엄을 조직했다는 것은 시대 사조에 이미 심각한 변화가 일어났음을 의미한다. 이번 심포지엄은 전에 비해 오락영화의 제작 기교에 한층 깊이 파고들고 이론 본질에 더 가까이 접근함과 동시에, 현실 참조성에 실천성과 건설성을 더함으로써 이론 연구가 실질적인 발전을 이루는 데 기여했다.

영화 체제 개혁과 이론 탐구의 심화는 오락영화가 다원적인 영화 구조 속에서 두각을 나타내기 위한 충분한 전제 조건을 제공했다. 80년대 말 오락영화의 한계가 주류 여론의 관심과 비판을 불러 일으키면서, '오락영화 위주'의 영화 제작 방침이 '주선율을 강조하고 다원화를 견지하는' 지도원칙으로 바뀌었다. 이러한 배경 하에서 90년대에 진입한 중국 영화는 먼저 중대 제재의 주선율 영화를 중국 영화에 주입시킨 하나의 강심제로서 무대에 등장했다. 이어서 1992년 장이머우의 영화 〈국두(菊豆)〉, 〈홍등〉, 〈귀주 이야기(秋菊打官司)〉 세 편이 해외에서 영화상을 수상해 돌아옴과 동시에 중국 본토 영화 시장에서 굵직하게 선보임으로써 예술영화 재부흥을 위한 성세를 조성했다. 반면 아직 양적 우세를 점하고 있던 오락영화는 2, 3년 사이에 크게 뒤쳐졌다. 오락영화는 1993년 현대 영화의 특수 촬영과 이념을 결합시킨 '신무협영화'(예를 들면 〈신용문객잔(新龍門客棧)〉, 〈동방불패(東方不敗)〉, 〈황비홍(黃飛鴻)〉, 〈동사서독(東邪西毒)〉, 〈천룡팔부(天龍八部)〉 등)가 중국 본토 영화 시장을 압도적으로 휩쓸어 흥행 기적을 이루면서 비로소 시끌벅적한 영화 시장에 화려하고 다채로운 빛을 선사하였다.(그림 9-3-9)[1] '신무협영화'가 90년대 초반에 가장 효과적이고 가장 시장성 있는 영화 형식이 되면서 마침내 오락영화 본연

---

1. 그림 출처는 중국영화예술연구센터, 중국영화자료관 편저, 『중국 영화 도지』, 주하이출판사, 1995년.

의 우세를 드러내기 시작했다. 90년대 초기, 절대적 자금 부족에 시달리던 중국 영화에 홍콩과 타이완을 비롯한 해외 자금이 봇물처럼 들어왔다. 자금의 유통 방향을 보면, '신민속' 예술영화 제작에 상당 부분이 투자된 것 외에, 3분의 2 이상이 오락영화 제작에 투자되었다. '신민속' 영화가 중국 본토의 주요 창작 멤버와 제휴하는 방식을 택했다면, 오락영화는 거의 획일적으로 홍콩과 타이완의 감독과 스타, 그리고 중국 본토 제작사의 인력, 설비, 장소를 이용해 홍콩과 타이완의 영화 제작 방식으로 제휴를 했다. 1992년 제작된 홍콩 영화 〈신용문객잔〉이 대성공을 거두자 그 후 2년 동안 오락영화 합작 촬영의 붐이 일어났다. 한편 전국에 늘어선 비디오방에서 CD나 비디오를 방영하면서, 영화관보다 훨씬 크고 효과적인 시스템을 통해 해적판 홍콩 영웅 영화나 신무협영화, 저우싱츠(周星馳)의 '엉뚱발랄' 코미디를 한꺼번에 접할 수 있게 되었다. 홍콩, 타이완 영화나 홍콩, 타이완과 제휴한 영화들이 90년대 오락영화의 새로운 붐을 일으키면서 일시에 중국 본토 영화 시장을 휩쓸고 뜨거운 열기를 내뿜었다. 1993년 중국영화 흥행 수입 순위

그림9-3-9 영화 〈황비홍3 사왕쟁패(黃飛鴻之叁獅王爭霸)〉의 일장면

톱10위 중 9편이 홍콩, 타이완 영화(홍콩과 타이완 합작 영화 포함)였다. 풍족한 해외 자금과 풍부한 상업영화 제작 경험을 바탕으로 한 홍콩 오락영화가 여러가지 방식으로 폭탄을 투하하다시피 하자, 본토의 관객들 사이에서도 여가선용과 소일거리 차원에서 영화를 관람하고자 하는 심리와 감상 취향이 생겨났다. 반대로 관념의 전환은 오락영화의 신속한 발전을 위해 마지막 장애물을 제거했다. 90년대에 중국 영화는 대체로 다음과 같은 총체적 구조를 지니고 있었다. 정부(제작소의 자체 자본에 정부가 자금 협조)와 민간 및 해외 투자에 의해 제작된 주선율 영화가 대체적으로 연간 영화 제작의 20%를 차지하고, 민간 기업과 해외 자금 등 여러가지 경로로 투자된 오락영화가 약 70%~75%를 차지했다. 반면 민간 기업과 해외 자금이 투입된 것은 고작 5%~10% 수준이었다.

오락영화는 90년대 시장화의 물결속에서 물 만난 물고기처럼 활발했는데, 이는 영화의 오락 기능과 상품 속성에 대한 문화 요구가 대중문화 시대의 주류로 성장했음을 말해준다. '오락영화'라는 명칭이 기능적 특징을 강조하는 입장에서 이런 유형의 영화를 인정한 것이라면, 가치 실현의 입장에서 명명된 '상업 영화'라는 명칭은 영화 발전의 새로운 주류 방향에 보다 근접하고 보다 광범위한 창작 실천을 대표한다. 비록 '상업영화'라는 명칭이 90년대 중반 외국 영화를 대대적으로 수입하면서 세계 영화의 통용적 개념으로서 널리 쓰이고 보급되긴 하였지만 '상업영화'가 가리키는 객관적 대상을 놓고 보면 오락영화의 발전과 그 궤를 시종 같이하고 있다. "80년대 '오락영화'에 대한 열띤 토론은 (중략) 사실 영화 상품 품격과 시장 메커니즘'에 대한 접근이었다."[1] 90년대에 다원화된 영화 형태 구조 속에서, 상업성과 투자 매력을 지

---

1. 다이진화(戴錦華) 『무중 풍경: 중국 영화 문화1978~1998 (霧中風景 : 中國電影文化 1978~1998)』, 베이징대학교 (北京大學)출판사, 2000년 P.421.

닌 오락영화는 중국 영화의 상업화 과정 중 가장 민감한 선행자이자 최대 수혜자였다. 영화 메커니즘 개혁이 전면적으로 전개되고 시장 경쟁이 날로 치열해지면서 오락영화는 점차 상업영화의 거센 소용돌이에 휘말려들고 말았다.

90년대 중국 영화는 국내적으로 시장화 및 세계화에 처해 있었다.[1] 어떤 의미에서 볼 때 90년대는 시장화의 물결 속에서 시종 영화 전체의 변화를 암중모색하던 과정으로, 80년대 말 오락영화에 나타난 경제 소비 관념의 요구가 지속적으로 발전해가던 시기였다. 다만 이러한 요구는 90년대 확장 책략에 있어서 더 이상 단순히 어떤 영화 형태에 의해 형성된 충격에 의지하지 않고, 시장을 구축하고 창도하는 경제체제 개혁의 도움을 받아 영화를 시장화라는 커다란 환경에 포함시킴으로써 영화가 경제법칙에 의해 작동되고 점차 시장에 수용되어 적응하게 했다. 90년대 초 경제변혁기에 국가 경제가 영화산업을 지배하던 국면이 무너지고 대신 투자자금 출처가 확대됨에 따라 영화제작 자금구조에도 변화가 생겨났다. 정부 당국이 투자하던 단일 투자 방식은 점차 사라지고 민간 자금 위주의 다원적 투자 방식으로 대체되었다. 정부 자금, 해외 자금, 민간 자금이 영화 투자의 '3대 군단'을 이루어 영화의 예술면모에 크게 영향을 미쳤다. 경제 상의 '삼궤제(三軌制)'는 80년대 말 영화 형태가 90년대 초반에도 계속될 수 있도록 지탱해 주었는가 하면, 동시에 투자 자체가 시장 경제 운행 메커니즘의 중요한 일환이 되어 영화의 제작에 광범위하게 개입함으로써 결정적인 역할을 하게 했다. 자본이 이익을 추구한 필연적인 결과로 민족 영화산업의 상업화 발전 과정도 내재적으로 추진되었다. '시장=흥행 수입=관객 의향'이라는 공통 인식 하에 각종 형태의 영화 제작 관념과 실천이 서로 가까워지기 시작했다. 가장 두드러진 표현은 주

---

1. 장이우, 『세계화와 중국 영화의 이원적 발전 (全球化與中國電影的二元性發展)』, 『당대 영화』, 1996년 제6기.

선율 영화와 예술영화가 약속이나 한 듯이 영화의 오락성에 관심을 갖게 되었다는 점, 즉 원래 오락영화에만 있던 이 창작 이념을 점차 공유하게 되었다는 점이다. 이와 동시에 오락영화도 영화 문화 시장에서의 자신의 지위와 경쟁력을 높이기 위해 수 차례에 걸친 이론계의 지도 하에 사상적 깊이와 예술적 품위를 강화하기 시작했다. 따라서 90년대 중반부터는 원래 경계가 뚜렷했던 영화 형태 구조가 점차 흐릿해졌다. 특히 1996년 정부에서 '영화 정품 프로그램'을 제기한 후 '사상성, 예술성, 오락성'이라는 '세 가지 통일' 요구에 호응한 일련의 영화들이 출시되었다. 이 창작 원칙은 글로벌 차원의 현대영화 관념과 우연하게 일치했는데, 90년대 이후 위기에 처한 영화를 살리기 위해 취한 효과적인 책략이었던 것이다.

90년에 들어선 후 중국은 대중문화 시대를 맞이하게 되었다. 문화 시장에서 대중 문화 상품이 날로 풍부해짐에 따라 사람들의 오락 방식과 선택 범위도 크게 늘어났고 이에 원래 가장 인기있던 영화는 그 속에 점차 퇴색해갔다. 특히 TV, 비디오, 미디어, 컴퓨터 등 일련의 새로운 대중 문화 수단이 보급됨에 따라 과거 강력한 문화 매체였던 영화는 예전의 우세를 잃었다. 게다가 영화산업 자체의 경영난으로 80년대 중후반부터 영화관을 찾는 관객의 발길이 뜸해져 흥행 수입이 급격히 줄고, 티켓 마진율도 떨어져 영화 시장이 날로 쇠락해가다 1992년에는 급기야 밑바닥까지 떨어졌다. 신시기 초기 영화가 세운 전무후무한 기록(1979년에 중국 영화 관객 수는 293억에 달했는데, 이는 일인당 연간 영화 관람수가 28회에 달함을 의미한다)에 비교하면 짧디짧은 10여년 사이 영화의 급격한 몰락은 참으로 놀라울 정도이다. 1993년을 전후로 거둔 제휴 영화의 폭발적인 인기는 영화 시장을 고무시켰다. 홍콩·타이완 영화의 시장 호소력은 중국 본토 영화계에 약간의 희망을 가져다 주었다.

1994년 라디오·TV부에서 서류를 하달해 1995년부터 '우수한 세계 문명 성과와 당대 영화 예술, 기술 성과를 기본적으로 반영한' '좋은 영화'를 해마다 10편씩 수입할 것을 지시했다. 이때부터 TV 등 새로운 매체의 여전한 충격에도 불구하고 강력한 힘으로 영화 시장을 휘여잡던 할리우드 영화가 성공적인 생존 경험과 일련의 성숙된 영화 이념으로써 중국의 영화 시장을 휩쓸었다. 1993년 이래의 제휴 영화, 1995년 이래 할리우드 블록 버스터가 불러일으킨 대지진은 극본 제작, 배우 선정, 촬영에서 배급, 홍보를 아우르는 영화 마케팅에 관한 전체적 관념을 형성함과 동시에 '의식(儀式), 예술과 공업'으로 이루어진 영화 관념을 점차 확립했다. '의식(儀式), 예술과 공업'이라는 1960~70년대 '신할리우드'가 수립하고 보급한 현대 영화 관념은 '세 가지 통일' 원칙으로 번역되었다.(그림 9-3-10)[1] 이렇게 세계 상업영화가 자체적 시장 운행 방식과 마케팅 책략을 직접 설명하고 반복 주입시키자, 대투자, 대장면, 거작화(巨作化), 기이한 경관화, 첨단 기술화, 디지털화 등이 끊임없이 중국 영화 제작인의 창작 사유와 실천 속으로 쏟아져 들어와 구체적인 영화 작품에 적용되었다.

다른 측면에서 볼 때, 외래의 블록 버스터와 접촉하고 교전하는 과정에서 중국 본토 영화도 자신의 약점을 비교하고 되돌아보게 되었다. 외래 영화와 국산 영화의 현저한 흥행 수입의 차이, 국산 영화 시장의 외래 영화에 의한 지속적 침탈은 일종의 민족 의식과 위기감을 불러일으켰다. 기존 중국 영화 시장에서 국산 영화는 80년대 중기부터 끊임없이 위축하기 시작했지만 비교적 폐쇄적인 환경 덕분에 대체적으로 우월한 위치를 점할 수 있었다.[2] 바꾸어 말하자면, 주선율 영화, 예술영화, 오락영화가 제각기 일정한 자

---

1. 총 3.6억 위안을 투자한 이 영화는 지금까지 중국에 투자액이 가장 큰 영화로 꼽힌다.

2. 예술 영화가 이미 앞서 세계 영화와 접촉을 해 중국 영화의 수출을 실현했다. 대신 오락 영화는 합작 촬영의 방식으로 홍콩·타이완 영화를 도입했는데 이 역시 부분적으로 한정되었다.

리를 차지하던 경쟁 구조는 생존의 우려가 없다는 전제 하에 구축된 것이었다. 1995년에 외국 영화를 대대적으로 수입하라는 조치가 내려오자 기존의 중국 영화 시장의 구조와 비중에 큰 동요가 생겨났다. 이런 상황에서 국산 영화 내부의

그림 9-3-10 〈황후화(滿城盡帶黃金甲)〉의 포스트(2006)

경쟁은 부차적인 것이 되었고, '주선율 영화'이건 '예술영화'이건 '오락영화'이건 모두 민족 영화의 생사존망을 위해 노력을 기울여야 했다. 외래 영화와의 시장 경쟁에 직면해, 3가지 형태의 국산 영화는 심지어 어느 정도 전략적 통일과 공통된 인식을 지니게 되었다. 예를 들어 장이머우가 감독한 〈영웅: 천하의 시작(英雄)〉, 〈십면매복(十面埋伏)〉 등 예술영화는 오락적 내용을 선명하게 담고 있고, 펑샤오강(馮小剛)이 촬영한 〈탄식(一聲嘆息)〉, 〈천하무적〉 등 오락영화는 일정 정도 윤리 교화적 역할을 담당하고 있다. 따라서 새로운 시장 경제 조건 하에서 세계 구조 속으로 이미 휘말려 든 중국 영화는 장르 간의 경계가 날로 모호해지고 있는 상황을 바탕으로, 시장 친화력을 지닌 상업 영화에로 다가갈 수밖에 없을 것이다. 중국의 WTO 가입으로 외국 영화와 더욱 폭넓게 더욱 대규모로 접촉하게 되면서 이 추세는 더욱 분명해질 것이다.

# 제10장

---

# 텔레비전

텔레비전이 등장하기 이전, 사진술의 발명은 문자나 그림과 달리 현실에 대한 직접적인 복제를 실현했고, 그 뒤를 이어 등장한 영화는 이런 복제를 정적인 것에서 동적인 것으로 발전시켰다. 그러나 영화는 관객이 영화관에서 유료로 감상해야 했기에 전파에 시·공간적 제약이 많다. 이러한 상황에 근본적인 변화를 가져온 것은 텔레비전의 등장이다. 물리적 측면에서 보면 텔레비전이란 방대한 제작, 방출 체제로 제어하는 광전(光電) 전환 시스템이고, 수용 측면에서 보면 광파와 음파가 결합해 구성된 평면 시청 시스템이며, 연구자 측면에서 보면 정보를 전달하고 오락을 제공하는 매체이자 문화현상이다.[1] 텔레비전은 프로그램 방식으로 많은 서사 텍스트와 서정 텍스트를 시청자들에게 제공하는데, 전파 속도나 수용 범위에 있어서 과거의 매체를 모두 초월함으로써 인간의 생활에 지속적이고 심원한 영향을 주었다. 이런 의미에서 볼 때 영국의 사회학자 레이먼 윌리엄스(Raymond Henry Williams)가 1973년에 제기한 "과학기술이 텔레비전의 탄생을 촉진하고 텔레비전이 세상을 바꾼다"[2]는 명제는 현실에 부합한다고 할 수 있다.

중국 최초의 방송국은 1958년 5월 1일에 시험 방송을 시작한 베이징 텔레비전방송국(北京電視臺), 즉 중앙방송국(中央電視臺, CCTV)이다. 세계적으로 볼 때 중국의 텔레비전 사업이 늦은 편은 아니었으나, 개혁개방 전까지 발전 속도가 늦었던 원인은 두 가지 면에서 찾아볼 수 있다. 먼저 제작 측면에서 볼 때, 초기 정치적 환경으로 인해 중국의 텔레비전은 주로 정치적 도구이자 교화 수단이었고, 얼마 되지 않는 오락 프로그램마저 문화대혁명 과정에서 모두 금지되고 이른바 '혁명 양판희(樣板戲)'만이 남게 되었다. 텔레비

---

1. 자오펑샹(趙鳳翔) 등, 「텔레비전 예술 문화학(電視藝術文化學)」, 중국방송텔레비전(中國廣播電視)출판사, 2002년 1월 제1판, P.21 ,P.11 참조.

2. 자오펑샹 등, 「텔레비전 예술 문화학」, 중국방송텔레비전출판사, 2002년 1월 제1판, P.21, P.11 참조.

전이 대중오락 방송으로서의 기능을 잃게 되면 번영이란 있을 수 없다. 또 수용 측면에서 볼 때, 당시 텔레비전은 여전히 소수만이 누릴 수 있는 사치품으로, 1975년 말까지 전국 텔레비전 보유량은 총 46.5만 대밖에 되지 않았으니, 당시 8억 인구로 계산한다면 1,600명 중 1명이 텔레비전을 보유한 셈이었다. 이는 당시 중국 텔레비전 사업 발전의 장애 요소가 될 수밖에 없었다.[1]

개혁개방 이후 텔레비전의 발전을 저애하는 걸림돌들이 하나 둘씩 제거되었다. 문화 정책이 느슨해지면서 시청자들이 즐겨 보는 프로그램이 제작될 수 환경이 조성되었고, 경제가 나날이 발전하면서 옛날 '명문귀족 왕씨와 사씨네 집에만 머물던 제비'가 일반인의 집으로 날아들었다. 1983년 봄에 열린 전국 방송텔레비전회의(全國廣播電視會議)에서는 텔레비전의 발전에 심원한 영향을 끼친 일련의 주요 국정 방침을 제정했다. 그 중 가장 눈길을 끄는 정책은 '방송 및 텔레비전 운영, 혼합 운영의 범위를 4급 범위로 한다(四級辦廣播, 四級辦電視, 四級混合覆蓋)'는 것이었다. 이 회의가 끝난 후 시, 현급 텔레비전 방송국이 짧은 시간 내에 하나 둘씩 개국했는데, 1982년에만 해도 20개도 안 되던 방송국이 1985년에는 172개로 급증하는 등[2] 나날이 놀라운 속도로 발전을 거듭했다. 비록 텔레비전 프로그램이 양적으로 방송 수요를 만족시키지 못하고 질적으로도 옥석이 뒤섞여 있었지만 추운 겨울은 지나고 바야흐로 봄날이 도래하였다.

1980년대부터 현재까지를 중국 텔레비전 발전의 '황금기'라 할 수 있다. 그간 뉴스, 예능, 드라마, 다큐멘터리 등 다양한 프로그램 형식이 충분한 발전을 거듭했는데, 그 과정에서 정부 언어, 엘리트 언어, 대중 언어 등 세 가

---

1. 관련 데이타는 궈전즈(郭鎭之), 『중국 텔레비전사(中國電視史)』, 문화예술(文化藝術)출판사, 1997년 12월 베이징 제1판, P.15, P.35 참조.

2. 위의 책, P.15, P.35 참조.

지 문화가 상호 길항하며 발전하는 동적 구도를 이루었다. 정부 언어는 80년대에 이르러 비교적 관대해졌다. 현실 정치를 빗댄 드라마에서 민족의 미래에 대해 사고하는 다큐멘터리까지 모두 방영이 가능해졌고 예능 프로그램도 자신의 지위를 찾기 시작했다. 90년대 이후로 정부 언어는 점차 모습을 감추고 대중 드라마와 예능 프로그램 뒤에서 여과기와 심판자 역할을 했다. 엘리트 언어는 80년대 주류 이데올로기의 묵인 하에 다큐멘터리를 진지로 삼으면서, 민족 역사를 반성하고 국민의 생존 상황을 한층 드러냈다. 나아가 민족이 나아갈 길을 탐구하는 데에 목적을 두면서 당시 사회에 커다란 영향을 미쳤다. 90년대에 들어서 나날이 주변화되던 엘리트 언어는 자신의 발언권을 지키기 위해 부득이 대중문화와 손을 잡았다. 주로 드라마, 특히 사극에서 현실에 대한 우려와 예술적 개탄을 토로했다. 대중 언어는 1980년대에 다년간의 침묵을 깨고 엘리트 언어가 리드하고 있던 민족 찬송의 대오에 합류하기 시작했으며, 90년대에 들어서 점차 리더의 위치를 대신하게 되었다. 다채로운 예능 프로그램과 경쾌하게 끊임없이 이어지는 소프 오페라(Soap Opera)의 포위망 속에서, 민족 찬송은 결국 대중오락의 카니발이 되었다.

데이비드 크레스터의 말처럼 텔레비전은 예술 형식이라기보다 문화 형식이라 하는 편이 옳을 것이다.[1] 본 장에서는 드라마, 예능 프로와 다큐멘터리 세 가지 주요 프로그램 형식을 중국 당대 심미 문화의 중요한 구성 부분으로 간주하고, 이를 국가 언어, 엘리트 언어 및 대중 언어로 구성된 동적 구조와 이론 속에 넣어 반 세기 이래 발전에 대한 대략적인 고찰과 초보적인 미학 분석을 진행하고자 한다.

---

1. 『케임브리지백과전서(劍橋百科全書)』, 중국유이(中國友誼)출판사. 1996년. P.77.

# 제1절

## 다채로운 드라마

초창기 중국 드라마는 자신만의 독립적인 예술 품격을 지니지 못했다. 1958년 6월 15일에 베이징 텔레비전방송국에서 처음으로 드라마 〈야채떡 한 입(一口菜餠子)〉을 방영했을 당시, 영화 〈지취화산(智取華山)〉의 비바람 엠티 숏(empty shot) 배경을 빌려다 썼다. 더구나 이 드라마의 감독 후쉬(胡旭)는 드라마를 일종의 '텔레비전 특성을 지닌 희극(戱劇)'으로 간주했다. 중국 드라마는 이처럼 희극과 영화로 구성된 거대한 음영과 진창 속에서 겨우겨우 앞으로 나아갔다. '하나의 주요 맥락, 두세 개의 정경, 네다섯 명의 인물, 일고여덟 개의 극(劇), 60분의 시간, 이백 개 화면'으로 당시 드라마 구조와 내용을 개괄할 수 있다.

40여 년의 발전을 거듭하는 동안 중국 드라마는 우수한 예술 작품을 수없이 제작함으로써 자신의 존재 가치를 증명하고 오늘날 대중문화 영역에서 중요한 자리를 차지하고 있다. 전통적인 희극과 영화에 비해 드라마는 적어도 다음 두 가지 방면에서 우월성을 지닌다. 첫째, 전자파를 이용한 전파 방식은 희극과 영화의 공간적 한계를 극복했다. 텔레비전의 보급으로 사람들은 극장이나 영화관에 가지 않고도 집에서 자기가 좋아하는 텔리비전 프로그램을 볼 수 있게 되었다. 이런 전형적인 현대적 전자 매스미디어의 특징은 드라마의 대중성과 친화력을 높였다. 둘째, 드라마의 발전 방향을 대변하는 연속극은 레이먼드 케넨(Raymond Kennen)이 소설 구조를 슈퍼 스토리층, 2차 스토리층(차례대로 하위 분류)으로 나눈 것처럼, 하나의 슈퍼 스토리 층에 수많은 2차 이야기층을 포함하고 있어 앞의 이야기를 보고 나면 다음 회에 이어질 내용에 대해 궁금증을 자아낸다. 지속되는 시간이나 그것이 표현하는 풍부한 내용이나, 모두 희극과 영화가 해낼 수 없는 것들이다. 매스미디어성, 대중성과 연속성은 분명 드라마의 활발한 발전에 드넓은 공간을 제공해 주었다.

초창기부터 현재까지 중국 드라마는 기나긴 발전 과정을 겪었다. 이 과정에는 지난했던 시작 단계와 문화대혁명 시기의 공백, 개혁개방 초기의 번영이 있는가 하면, 1978년 이후의 대중 카니발도 있다. 주선율 사상의 고양, 문학 고전의 영상화 작업, 역사의 논픽션과 픽션, 생존 현실의 직시와 희롱 등 다양한 제재의 작품들이 분분히 등장해 다채로운 스크린 경관과 현대 신화를 구성했다. 현대화 발전의 길을 걷고 있는 중국 시청자들은 여기서 '통일되고 균형 있고, 기쁨과 위안을 주는 아득한 희망'을 보기도 했다.

## 1. 포장된 주선율

첫 번째 드라마 〈야채떡 한 입〉은 쓰라린 과거를 회상하고 지금의 행복을 생각하는 플래시백(Flashback) 기법을 통해 고난의 구사회 속 가정을 묘사함으로써 당시 식량 절약과 신사회에 대한 열망 등 선전적 주제와 결합시켰다. 이 드라마가 방영되던 시기(1958~1966)의 드라마들은 거의 모두가 현실 제재를 다룬 주선율 작품들이었는데, 〈당이 그를 살렸다(黨救活了他)〉, 〈생활 찬가(生活的贊歌)〉, 〈자오위루(焦裕祿)〉 등 모두 당시 주류 이데올로기 선전에 호응한 것들이었다. 이는 중국 드라마의 40여 년 발전 과정 중 일관된 맥락이기도 하다.

1978년 문화대혁명의 종결은 중국 드라마에 커다란 영향을 가져다 주었다. 기술적으로 〈삼가환(三家歡)〉(1978, 작품 첫 방영된 때를 뜻함. 이하 동문)〉을 시작으로 중국 드라마는 생방송 시기를 마감하고 진정한 의미에서의 녹화 시기에 접어들었다. 아울러 10년이라는 기나긴 침묵을 깨뜨리고 〈덧없는 세월(蹉跎歲月)〉, 〈오늘 밤 폭풍우가 휘몰아친다(今夜有暴風雨)〉를 대표로 하는 사회적 영향력이 컸던 '상흔' 드라마들이 등장했다. 량샤오성(梁曉聲)의 동명소설을 각색하여 제작한 〈오늘 밤 폭풍우가 휘몰아친다〉(1984)는 지식인의 상산하향(上山下鄕)[1] 운동을 시대적 배경으로 삼고, 지식인 청년들이 도시로 돌아가기 전날 밤을 이야기가 전개되는 주요 시간으로 설정했다. 연이어 벌어지는 일련의 위험한 사건 속에서 인간성을 지키기 위한 노력, 몸부림, 타락을 보여준 이 드라마는 주제 면에서 덧없는 세월에 대한 분노를 토로했을 뿐만 아니라, "우리는 많은 대가를 치렀지만, 잃은 것보다 얻은 것이 많다"[2]라고 주인공 차오톄창(曹鐵强)이 말한 것처럼, 황당한 시대에 전도되어버린 개인가치의 실현에 대해 깊이 사고하게 했다. 예술 면에서도 감독 순저우(孫周)는 많은 시도를 했는데, 대량의 엠티 숏(empty shot) 운용으로 이야기 장면을 보여줌과 동시에 극중 인물의 긴장감을 풀어주고, 클로즈업 장면으로 주인공의 감정 변화를 섬세하게 그려냈다. 이 드라마의 방영으로 시청자 사이에 강한 공감대가 형성되었는데, 이로써 군중의 심리적 압박감을 풀어주고 정화하는 데 어느 정도 도움을 주었다.

---

1. 한 시기 중국에서 기관의 간부나 청년 지식인들이 지방으로 내려가 노동자·농민과 노동을 함께 하고, 이것을 통하여 사상성을 높이고자 했던 것을 일컫는 말이다.

2. 가오신(高鑫), 우추야(吳秋雅), 『20세기 중국 텔레비전극 사론(20世紀中國電視劇史論)』, 쉐위안(學苑)출판사, 2002년, P.35, P.67.

개혁 및 반부패 제재는 1978년 후기 이래 주선율 드라마의 일관된 주요 내용이었다. 1980년대의 〈차오 공장장 부임기(喬廠長上任記)〉, 〈뉴스 계시록(新聞啓示錄)〉, 〈신성(新星)〉에서 그 후에 선보인 〈공산당원 얼렁 엄마(黨員二椤媽)〉, 〈충성(忠誠)〉, 〈바른 세상길(人間正道)〉, 하늘이 굽어 본다(蒼天在上)〉에 이르기까지 거의 하나같이 강한 사회적 반향을 불러일으켰다. 커윈루(柯雲路)의 동명소설을 각색한 〈신성〉(1985)은 낡은 것을 타파하고 새로운 것을 세우고자 개혁을 단행하는 청년 간부 리샹난(李向南)과 그 부하 공직자들을 중심으로 이야기를 전개하면서 "법을 어긴 사람은 체포하고, 직책을 다하지 못한 사람은 파면시키고, 지식이 있는 사람은 승진시키고, 진취적이지 못한 사람은 강등시켰다."[1] 당시 상황하에서, 이토록 청렴하고 공정한 성품과 맹렬하고 신속한 기풍은 시청자로부터 당연한 추앙을 받았다. 이 드라마가 방영되자 '〈신성〉이 방영되면 전국민이 바라보는' 시청 붐이 일어났다. 시위(市委) 서기인 우밍슝(吳明雄)이 시민들을 이끌고 가난에서 벗어나 부를 이루는 이야기를 그린 26부작 연속극 〈바른 세상길〉(1998)도 스토리가 복잡하고 복선이 치밀하게 깔려 있었지만, 감독 판샤오양(潘小楊)이 이를 조리있고 질서정연하게 처리함으로써 여러 가지 사건의 충돌 속에서 복잡한 권력 이익 관계를 드러내고 아울러 청렴하고 정정당당하며 전심전력으로 대중을 생각하는 우밍슝의 간부 이미지를 성공적으로 그려냈다. 판샤오양은 초창기에 〈히포크라테스 선언(希波克拉底誓言)〉, 〈남행기(南行記)〉 등 우수한 예술 드라마 작품의 감독을 맡았었는데, 그는 "어떤 예술가든 시대, 사회, 인민에 대한 의무와 책임이 있으므로 사회 생활을 떠나 '순수한 예술'의 정신적 경지만을 추구할 수는 없다"고 주장했다.[2] 〈

1. 가오신, 우추야, 『20세기 중국 텔레비전 극 사론』, 쉐위안출판사, 2002년, P.35, P.67.

2. 판샤오양(潘小楊), 「공산당인이 세기말에 남긴 훌륭한 해답(共産黨人留給世紀之末的出色答卷)」, 『중국 텔레비전(中國電視)』, 1998년 제2기.

그림10-1-1 드라마 〈사복경찰〉의 한 장면

바른 세상길〉은 바로 그가 '주선율을 소리 높여 노래하고 다양화를 추구한' 예술적 실천의 최고의 성과였다.

주선율 작품 중에서 군사나 경찰 제재는 줄곧 감독들의 총애를 받았다. 초기의 〈고산 아래 화환(高山下的花環)〉, 〈사복경찰(便衣警察)〉(그림10-1-1)[1], 〈이렇게 좋은 인민 경찰이 있었노라(有這樣一個好民警)〉를 기점으로 90년대의 〈영웅에게 후회란 없다(英雄無悔)〉, 〈평화로운 시대(和平年代)〉, 〈서부 경찰(西部警察)〉 등의 작품까지, 브라운관에서 신영웅주의 군상의 서열이 구성되었다. 〈영웅에게 후회란 없다〉(1995)를 예로 들자면, 주인공 가오톈(高天)은 장사를 하고픈 물질적 유혹을 물리치고 난빈(南濱)시에 가서 공안국 대리 국장이 되었다. 그는 경찰의 기풍을 바로잡고 마약류를 엄격히 수색하였으며, 조직폭력배 등 범죄 조직을 제거함으로써 복잡하게 얽혀있고 배후 또한 든든한 디메이화(狄美華) 사건을 해결했다. 동시에 그는 개인적으로 전처, 전애인 및 그가 진심으로 사랑하는 수웨(舒月)와의 감정적 갈등에 얽매여 있었다.(그림 10-1-2) 이런 신영웅주의 작품들은 서사구조 면에서 다음과 같은 유사성을 보인다. 개혁개방의 시대 배경, 일반대중의 시각, 영웅적 기질을 지닌 주인공, 선악이 대비되는 이원구조, 삼각 혹은 다각 관계의 러브스토리를 기본으로 삼고, 시청자들의 오락 수요를 만족시키기 위해 가끔 범죄 수사나 총격전, 마약, 범죄 조직 등 내용도 가미했다.

---

1. 그림 출처는 http://ent.sina.com.cn/d/2004-12-16/1121601240.html.

주선율 작품의 커다란 사회적 의의를 인
정함과 동시에 우리는 이런 작품이 지닌 부
족함과 결함에 대해서도 인식할 필요가 있
다. 초기의 주선율 작품이 '혁명 양판희'와
'삼돌출'에서 아직 완전히 벗어나지 못했다
면, 후기 주선율 작품들은 자각적으로든 비
자각적으로든 상품 경제의 영향을 받았다.
또 초기 주선율 작품이 정치적으로 세속에
영합했다면 후기 주선율 작품은 상업적으
로 세속에 영합했다. 그러나 객관적으로 말

그림10-1-2 드라마 〈영웅에게 후회란 없다〉
의 한 장면

해, 이런 작품들을 특정 역사배경 하에 놓고 생각해보면 위에서 말한 문제
점들은 필연적인 것이고 이해가능한 것들이다. 텔레비전 예술은 어디까지나
심미문화의 구성 부분인만큼 진공상태에 존재하지 않으며, 대중 매체의 예
술 형식인만큼 정부 이데올로기의 영향도 받아야 하고 대중문화 수준의 제
약도 받아야 한다. 따라서 그 자체의 결함과 약점은 역사의 발전에 따라 점
차 사라질 수밖에 없다.

미국의 텔레비전 학자 차이에프스키(Paddy Chayefsky)는 텔레비전의
독특한 의경(意境)은 사실주의에서 온다고 지적했었다. 주선율 드라마의 생
명력은 바로 현실주의에서 온 것으로, 개혁개방, 부정부패 반대 등 광범위
한 대중이 보편적으로 관심을 갖는 현실 문제를 제재로 삼는 동시에 당대 사
회에 존재하는 문제들을 폭로하면서 해결을 위한 출로와 희망을 제시했다.

## 2. '국가 사생활'의 기록

영국 학자 하틀리(Hartley)는 통속 드라마를 '한 나라와 민족 사생활'의 기록이라고 설명한 바 있다. 그러나 오랜 시간동안 서로 엇비슷했던 개개인의 사생활은 중국 드라마에 충분히 표현되지 못했다. 90년대에 들어오면서 날로 다원화된 경제 요소는 가치의 다원화를 촉진시켰다. 외래문화, 특히 홍콩과 타이완 문화가 물밀듯 들어오면서 중국 대륙 문화의 기존 구성이 바뀌고, 오락·문화 시장이 구축되면서 첫 민간 문화기구와 영화 및 텔레비전 톱스타들이 성장했다. 이런 상황 하에서 등급 차이가 없는 범시민문화인 통속극이 등장했다.

〈갈망(渴望)〉(1990)의 등장으로 중국 드라마는 통속화의 길을 걷게 되었다. 1980년대 후기 자유화와 반자유화의 사조는 잇따라 사람들의 사상을 바꾸어놓았다. 이에 이것이 가져온 사상적 혼란을 정리하고 윤리의 빈 자리를 메우는 일도 시급했다. 이 시기에 '진선미 도덕으로의 회귀를 호소'하는 〈갈망〉이 등장했으니, 그야말로 시의적절했다고 할 수 있다. 〈갈망〉에서는 모욕을 이겨내며 중임을 짊어진 선량한 여성 후이팡(慧芳)의 이미지를 집중적으로 묘사함과 동시에 주인공으로 하여금 잇따른 재난 사건 속에 휘말려들게 했다. 시청자는 착한 사람이 행복해지기 바라지만 작가는 굳이 후이팡과 숭다청(宋大成)을 갈라놓았다. 또 시청자는 착한 사람이 행복한 가정을 꾸리기를 바라지만 작가는 굳이 후

그림10-1-3 17년 후인 2007년 〈갈망〉 제작진의 재회

이팡과 왕후성(王滬生)을 이혼시켰다. 더 나아가 시청자는 착한 사람의 평안 무사를 바라지만 작가는 일부러 후이팡이 교통사고를 당하게 했다. 간단히 말해서 착한 사람으로 하여금 극도로 착하게 살면서 또 극도로 불운해지게 만들려는 것이 작가의 의도였던 것이다. 결국 〈갈망〉은 온 중국인의 눈물을 자아내 모두 집안에 들어앉아 너도나도 〈갈망〉을 시청하는 성황을 이끌어냈다. 착한 여자 후이팡의 불운을 생각하면 지금도 '애처롭게 눈물을 흘리는' 사람이 없지 않다. (그림 10-1-3)[1] 심미 문화의 입장에서 보면 〈갈망〉의 출현은 두 가지 중요한 의미를 지닌다. 첫째, 정부측 입장에서 제시한 드라마의 '중화민족 전통 도덕'에 대한 선양에 찬동하고 찬양함으로써 통속극의 존재에 합법적 지위를 부여했다. 류후이팡이 '사회주의 신여성'인지 아니면 '전통적인 봉건 도덕의 화신'인지에 관한 학술계의 논쟁은 더 이상 중요하지 않았다. 둘째, 드라마의 시각을 엘리트에서 평민으로 바꾸어놓았다. 〈갈망〉에 등장하는 '류후이팡을 비롯한 노동자 계층은 항상 상처입고 억압받았으며, 왕후성이나 왕야루(王亞茹)를 비롯한 지식인 계층은 늘 타자를 억압하고 상처 주었다.'[2] 〈갈망〉의 뒤를 이어 〈황청건(皇城根)〉, 〈교토기사(京都紀事)〉, 〈끝없는 사랑(兒女情長)〉 등 대형 통속극이 잇따라 선보였다.

1991년에 방영된 〈편집부의 이야기(編輯部的故事)〉는 〈갈망〉의 뒤를 이어 통속 스타일을 견지함과 동시에 유머와 조소라는 새로운 요소를 첨가함으로써 통속화의 새 시대를 개척했다. 〈편집부의 이야기〉는 〈인간 지침서(人間指南)〉 편집부를 배경으로, 리둥바오(李冬寶), 거링(葛嶺), 위더리(余德利) 등 유머러스한 평민 코미디 인물을 빚어냈다. 그들은 '혁명은 한 턱 쏘는 것 아니면 밥을 먹는 것이다', '돈은 만능은 아니지만 돈이 없으면 절대 안 된다' 등

---

1. 그림 출처는 news.xinhuanet.com/⋯/13/content_6371409.htm.

2. 양원융(楊文勇), 셰시장(解璽璋), 『갈망 충격파(渴望衝擊波)』, 광밍일보(光明日報)출판사, 1991년, P.159.

그림10-1-4 시트콤 〈마이 패밀리, 마이 러브〉의 일장면

대사를 꺼리낌없이 입에 올리며, 현실생활에 대한 일반대중의 무기력한 자조를 표현했다. 그러나 이런 자조는 '큰 원칙을 파악하고, 사회 문제만 언급하지 체제 문제는 건드리지 않는다'[1]는 원칙 하에 현실 풍자와 권위 언어 간에 암묵적 합의를 가져왔다.

〈편집부의 이야기〉 방영 후 '중국 첫 번째 시트콤' 〈마이 패밀리, 마이 러브(我愛我家)〉(1995)가 방영되면서 시트콤이 통속 드라마 발전에서 중요한 위치를 차지하게 되었다. 삼대가 함께 사는 가족에서 일어나는 재미있고 사소한 일을 그린 〈마이 패밀리, 마이 러브〉에서는 유형화된 인물 형상들 간에 서로 다른 생활 관념의 충돌과 마찰이 벌어지게 한 다음, 이것들을 마지막 하하하 웃음소리 속에 사라지게 만든다. 이 웃음 속에는 다른 인물의 성격적 결함에 대한 조롱이나 경직된 이데올로기에 대한 비판도 있지만 모두 온화하고 호의적이다.(그림 10-1-4)[2] 여기서 과거에 볼 수 있었던 시비 분명하고 선악이 대립되는 이원대립 구조는 사라지고, 온화하고 부드러운 사람들 사이의 내부 모순만 남는다. 〈마이 패밀리, 마이 러브〉는 드라마의 방영 시간, 촬영장 시청자들의 웃음 소리와 박수 소리, 실내 촬영 장면 등 형식상 서구 시트콤적 특징을 일부 지닌다. 그러나 드라마의 가치관은 본토적인 것이어서 시청자들이 쉽게 받아들일 수 있다. 〈편집부의 이야기〉와 〈마이 패밀리, 마

---

1. 펑샤오강(馮小剛), 왕숴(王朔) 『〈편집부의 이야기〉의 명대화 감상(〈編輯部的故事〉精彩對白欣賞)』, 중국방송텔레비 전출판사, 1992년, P.5.

2. 그림 출처는 http://yule.sohu.com/20070328/n249031891.shtml.

이 러브〉의 성공은 시트콤의 창작열을 자극해 〈너를 사랑하는데 무슨 이유가 필요해(愛妳沒商量)〉, 〈315를 누르세요(請撥315)〉, 〈하이마 클럽(海馬歌舞廳)〉 등이 잇따라 등장했는데, 제작자와 각본가의 진지하지 못한 창작 태도로 인해 이 부류의 작품은 큰 반향을 일으키지 못했다.

〈뉴욕에 사는 베이징 사람(北京人在紐約)〉(1993)도 중국인의 생존상을 그린 드라마로 독특한 지역 환경과 표현 관점으로 방영되자마자 크게 주목받았다. 이 드라마는 주인공 왕치밍(王起明)이 미국에서 창업하는 과정을 그렸다. 왕치밍은 약육강식의 시장 경쟁 속에서 '돈이 최고'라는 것을 깨닫고 돈을 위해서라면 수단과 방법을 가리지 않았으나, 사회적 지위와 가치관이 변하자 그의 아내와 딸이 잇따라 그의 곁을 떠났다. 왕치밍의 개인 분투 과정을 통해 이 작품은 '외국 가서 큰 돈을 벌고 성공하려는' 세속적 꿈에 여전히 젖어있는 중국인들에게 깨움침을 줌과 동시에, 천국과 지옥이 따로 없는 자본주의 생활방식을 진실하게 묘사함으로써 주류 이데올로기와 어느 정도 공감대를 형성하였다. 〈뉴욕에 사는 베이징 사람〉의 가치 지향은 사람들의 깊은 사고를 불러 일으켰다. 특히 이 드라마가 제기하고 있는 문제 또한 심각해서, 후에 등장한 모방작 〈동경에 사는 상하이 사람(上海人在東京)〉 등과는 근본적으로 수준이 달랐다.

〈편집부의 이야기〉 중 진부한 것을 신기한 것으로 변화시키고 저속한 것을 솔직한 것으로 여기는 사상 속에서 엘리트 의식은 철저히 전복되었고, 〈마이 패밀리, 마이 러브〉 중 끊임없이 이어지는 포복절도할 스토리와 웃음 소리는 대중 카니발 시대의 도래를 입증하였다. 동시에 창작 동기, 방영 효과 등 모든 면에서 통속 드라마는 모두 엘리트 시각이 아닌 평민 시각을 취하면서 주류 이데올로기와 문화적으로 공모했다. 마르쿠제(Herbert Marcuse)가 대중문화의 "근본 특징은 바로 보편적으로 강제성을 지니고, 영원히 더 아름답고 가치 있으며, 필수적이고 무조건적으로 긍정하는 세상을 그려내는 데 있다."[1]고 지적했듯이, 텔레비전 통속극은 이런 점을 특히 잘 보여주고 있다.

## 3. '진실성 없이 그럴 듯하게 꾸며진' 역사

폭발적 인기를 끈 시대극(Costume drama)과 사극은 현실 제재 드라마와 함께 빛을 발했다. 드라마 창작자에게 있어 오천년 역사를 자랑하는 중국 문명사는 지극히 풍부한 재창작 자원이어서, 풍자를 통해 거울로 삼건 해학적 전기(傳奇)로 처리하건, 창작의 여지가 매우 풍부하다. 시대극은 시청자들에게 당대 현실과 다른 이야기 표상을 제공함으로써 역사도 이해하고 가볍게 즐기기도 하려는 수요를 만족시켜주었다. 따라서 1980년대부터 역사 제재 드라마가 장기간 성행해, 제왕, 귀비, 환관, 대신, 재자, 미녀 모두가 묘사 대상이 되었다. 청나라 황궁 드라마가 가장 유행하던 90년대 후반기 브라운관에는 심지어 '십여 명의 변발한 자들이 한데 뛰어다니는' 장면이 동시에 연출되기도 하였다.

표: 1998년부터 2000년까지의 드라마 제재 구성 　　　　(단위: 회)

| 연도 | 총계 | 일반 현실 | 아동 유아 | 소수 민족 | 군사 | 경찰 검찰법원 | 혁명 역사 | 일반 역사 | 비고 |
|---|---|---|---|---|---|---|---|---|---|
| 1998 | 9327 | 4426 | 409 | 137 | 335 | 824 | 451 | 2523 | 완성수량 |
| 1999 | 15812 | 7092 | 341 | 497 | 597 | 7321 | 1063 | 3919 | 기획수량 |
| 2000 | 16073 | 7373 | 573 | 170 | 446 | 1626 | 739 | 4775 | 기획수량 |

자료 출처: 루디(陸地) 〈중국 텔레비전 산업의 위기와 전환기(中國電視產業的危機與轉機)〉, 중국인민대학교출판사 2002년, P.122.

역사적 사실과의 부합 여부와 창작 태도의 진지함 여부에 따라 시대극과 사

---

1. [미국]헤르베르트 마르쿠제(Herbert Marcuse) 저, 유지(劉繼) 역 『일차원적 인간:선진산업사회의 이데올로기 연구(單向度的人—發達工業社會意識形態研究)』, 상하이이원(上海譯文)출판사, 1989년.

극은 대체로 '정극(正劇)'과 '희설(戲說)' 두 가지로 나뉜다. 초기 시대극은 창작 태도가 비교적 엄숙해서, 창작자는 역사 사실과 인물 자체의 함의를 집중적으로 끄집어냈으므로 대부분 '정극'에 속한다. 〈마지막 황제(末代皇帝)〉(1998), 〈이자성 건국 비가(李自成-巾

그림10-1-5 시대극 〈옹정황제〉에서 옹정황제 역을 맡은 탕궈창(唐國强)

幗悲歌)〉(1990), 〈양자장(楊家將)〉(1991), 〈당명황(唐明皇)〉(1992), 〈무측천(武則天)〉(1995)은 그 중 수작으로 꼽힌다.

'원작의 종점을 기점으로 삼는' 것은 역사 서술에 있어 또다른 방법이다. 여류 감독 후메이(胡玫)가 1997년에 촬영한 〈옹정왕조(雍正王朝)〉는 얼웨허(二月河)의 동명소설을 '영상으로 재현한' 것이 아니라, 오랜 세월 속에서 빛을 보지 못한 '역사를 다시 기록한' 것이었다.(그림 10-1-5)[1] 이 드라마는 자금을 조달하여 이재민을 구제하고, 부채를 추징하며, 서북쪽으로 군대를 파견하고, 새로운 정책을 시행하는 등의 줄거리를 통해 근면하고 유능하며, 힘을 다해 나라를 다스렸던 '철혈' 황제를 형상화하고자 했다. 이로써 옹정이 왕위 승계 유조를 왜곡하는 등 부당한 정치 수단을 통해 황위를 찬탈한 것이 아니라 강희(康熙)황제가 아끼고 백성들이 추대하여 황제가 된 인물임을 알리려 했다. 당시 빛 좋은 개살구나 다름없던 청나라에는 옹정처럼 일처리가 과감하고 근면한 인물이 나와 엄격히 관리하고 개혁을 단행할 필요

1. 그림 출처는 http://www.tv008.com/html/daluju/jingdiandaluju/2006/09/770.shtml.

가 있었다. 그렇기 때문에 역사가 옹정을 선택했던 것이다. 엄숙한 시대극이 모두 그러했듯이 후메이 등이 역사를 재해석하는 목적 또한 역사를 거울로 삼기 위함이어서, '민심을 얻는 자가 천하를 얻는다'는 역사관을 집중적으로 강조했다. 당시 상황에서 이런 관점은 후메이를 비롯한 지식인 뿐만 아니라 광범위한 중국 대중들의 정치가에 대한 기대에도 부합하였다. 〈옹정왕조〉는 예술적 창조성도 풍부했다. '연어어 설정된 서스펜스가 하나씩 해결되고, 서스펜스에 다시 서스펜스를 설정하며, 몽타주(montage)로써 서스펜스를 설정하는' 기법을 사용해 장면들을 긴밀히 연결시켜 한치 앞도 알 수 없는 서스펜스 가득한 장편 드라마를 제작함으로써 시청자들의 눈길을 사로잡았기에 당시 텔레비전계에서 명성이 자자했다. 〈옹정왕조〉의 성공으로 〈강희왕조(康熙王朝)〉(2001), 〈공화국을 향하여(走向共和)〉(2003) 등 우수한 시대극이 잇따라 등장하였다.

고대 상업 활동은 시대극과 사극의 중요한 내용이었다. 〈동방 상인(東方商人)〉(1994), 〈창진원 표호(昌晉源票號)〉(1994), 〈다자이먼(大宅門)〉(2001) 등은 그중 성공작으로 꼽힌다. 〈동방 상인〉은 멍러촨(孟樂川)이라는 유상(儒商)의 이미지를 묘사함으로써 근대 상업거래의 최초 모습을 보여주었는데, 유교 문화 일부 요소의 상업 문화와의 겸용성도 보여주었다. 멍러촨은 어릴 때부터 '수신제가치국평천하'라는 유교 이념과 어머니가 상업에 종사해 이윤을 얻는 이중 환경에서 자란 탓에 전통적 인격 가치와 금전적 물질 이익을 하나로 융합할 줄 알았다. 그의 말을 빌리자면 "루이푸샹(瑞蚨祥)은 나의 생명줄이고 공맹지도(孔孟之道)는 입신의 근본이었다." 멍러촨은 전쟁으로 장부가 불탔음에도 불구하고 부채를 자각적으로 갚고 자신이 사들인 양질의 견직물 가격을 자발적으로 올렸으며 심지어 황하 범람으로 갖은 고통을 겪은 가난한 백성들을 기꺼이 구제했다. 그가 철저히 지켰던 '신의를 중시하고 인의를 따지며' '천하에 신의를 지키던' 직업 도덕은 지금 시장경제 발전 과정 속에서의 의리(義利) 관계 처리에 참조 가치가 높다. 〈다자이먼〉은 약품 무역 거래를 예측불가했던 근현대 역사 발전 과정 속에 넣어 개인, 가족, 상업 및 민족역사와 이리저리 엮었는데, 기존의 동류 드라마에 비해 창조성이 풍부하다.

중대 역사 제재 텔레비전 연속극들이 방영된 후에 민간과 학술계에서 모두 열띤 토론을 벌였다. 토론의 중심은 한결같이 역사적 진실성과 예술적 허구 간의 관계 문제였다. 즉 역사가 과연 임의로 조각할 수 없는 대리석이냐, 아니면 마음대로 꾸며도 되는 어린 아가씨와 같으냐 하는 문제였다. 〈옹정왕조〉 감독 후메이는 "해당 드라마의 정극 스타일을 분명히 하고, 전방위적으로 역사 진실성을 파악할 것"을 주장했다. 그러나 드라마 속 역사 사실 왜곡에 대한 학술계의 비판은 그 후로도 끊이지 않았다. "역사 연구는 '실사구시'적이어야 하며 시대극 창작은 '사실을 버리고 유사성만 추구해야 한다.'"[1] 사서와 사극의 관계는 일찍이 궈모뤄(郭沫若)가 한 마디로 정확하게 정의한 바 있으니, 더 이상 진부한 이야기를 늘어놓아봐야 아무 의미 없다. 따라서 문제의 관건은 예술적 허구의 가부가 아니라 이런 예술적 허구를 대하는 태도이다. 예술적 재창작임을 알면서도 굳이 '역사적 진실'을 파악해야 한다고 하는 것은 시청자들을 미혹시킬 뿐만 아니라 눈 가리고 아웅하는 식의 자기기만이기도 하기 때문이다.

---

1. 궈모뤄(郭沫若) 『역사·사극·현실(歷史·史劇·現實)』: 『궈모뤄가 창작을 논함(郭沫若談創作)』 헤이룽장인민(黑龍江人民)출판사, 1982년, P.137.

## 4. 마음대로 꾸며도 되는 어린 아가씨

1991년 타이완 드라마 〈희설건륭(戱說乾隆)〉의 열띤 방영은 희설류 시대극 창작의 서막을 열어, 그 후 중국 본토에서도 희설 작품 창작이 점차 증가했다. 〈재상 류러궈(宰相劉羅鍋)〉(1996), 〈황제의 딸(還珠格格)〉(1998), 〈강희제의 민간탐방기(康熙微服私訪記)〉(2000), 〈철치동아 기효람(鐵齒銅牙紀曉嵐)〉(2001) 등 흥행작이 잇따르면서 한 동안 브라운관엔 그림같은 강산, 구름같은 미녀, 변발한 청인들이 가득해, 역사는 제멋대로 노래하는 커다란 희극판이 되었다.

〈재상 류러궈〉는 건륭연간 내각 대신 류융(劉墉)의 지혜롭고 전기적인 일생을 그린 작품이다. 황제와 대신, 대신과 대신 사이의 관계를 희극적으로 처리함으로써 역사적 엄숙함을 철저히 없애고, 건륭 왕조 60년 간의 성쇠기복을 번잡한 줄거리에 가벼운 풍격을 지닌 우언동화로 변화시켰다. 그 후 선보인 〈철치동아 기효람〉은 이와 같은 장중하면서도 해학적인 풍격을 이어나가면서, 인물구조 관계를 더욱 고정화하고 스토리나 언어에 전통 문화와 문인 정취를 한층 더 부각시켰다. 실권을 장악한 노인 건륭, 지혜로운 문인 기효람과 간신 화신(和珅)으로 이루어진 '삼각관계'가 갈등을 일으키고 줄거리를 이어주는 탄력적인 구조를 형성하는 가운데 기서(奇書) 지키기, 과거장에서 부정 행위 하기 등 볼만한 장면들이 빈번히 삽입되었다. 특히 지적할 만한 것으로는 왕강(王剛)이 분한 화신 역인데, 뇌물을 취하고, 법을 어기며, 결탁해 사리사욕을 꾀하고, 조정을 휘두르는 모습을 묘사하기도 하고, 솔직하고 귀엽고 인간적인 면모를 묘사하기도 했다. 익살스럽고 흥미롭고 유머러스한 화신의 모습은 줄거리에 생동감을 부여하고 인물의 형상미를 더했다.

〈황제의 딸〉은 1998년에 시청자들로부터 큰 인기를 끌면서 독특한 문화현상으로 자리매김했다. 대부분의 보수적인 문화 평론가들은 사상적 수준이 떨어지고 예술적으로도 조악한 이 드라마에 왜 그토록 많은 대중들이 열광하는지 도저히 이해하지 못했다. 〈황제의 딸〉은 '아버지를 찾는' 이야기를 그렸는데, 의협심이 강한 샤오옌쯔(小燕子)가 일반 백성인 쯔워이(紫薇)를 도와 경성에 가서 아버지(당시의 건륭 황제)

그림10-1-6 〈황제의 딸〉에서 샤오옌쯔역을 맡은 자오웨이(紫薇)

를 찾다가 황제가 자신이 딸인줄 착각하는 바람에 '황제의 딸'이 되어버린 스토리이다. 이 둘이 잘못된 상황을 애써 바로잡아가는 과정에서 우여곡절 가득하고 다양한 이야기들이 펼쳐진다.(그림 10-1-6)[1] 이 드라마에서 똑똑하고 착하며, 의협심을 발휘하여 의로운 일을 하지만 생각을 숨김없이 말할 뿐 아니라 무모하게 앞뒤 가리지 않는 샤오옌쯔의 형상은 가장 논란거리였다. 그를 좋아하는 사람은 황권의 억압을 두려워하지 않는 자유분방함을 칭찬했지만, 그를 싫어하는 사람은 눈만 컸지 정기가 없고 지력이 떨어진다고 비난했다. 이들 간 논쟁은 타협이 불가능했다.[2] 이 드라마는 후난(湖南)에서 시청률 45%를 달성했고, 기타 20여 개 성, 시의 텔레비전 방송국에서도 그해 최고 시청율을 기록했는데, 시청자 층은 대부분 여성과 어린이들이었다. 공주가 된 신데렐라는 천년이 지나도 여전히 꾸는 꿈이고, 부드럽고 아름다운 동화같은 사랑 이야기는 현대인의 절박한 소망일지 모른다. 더 중요한 것

1. 그림 출처는 http://entl.gz163.cn/star/celebrity/pic6/179773.shtml.

2. 가오신, 우추야 저, 『20세기 중국 텔레비전사론』, 쉐위안출판사, 2002년, P.185~192 참조.

은 이러한 꿈과 기대가 시청률 상승과 더불어 부풀려지면서, 이 꿈을 만족시키고 기대를 실현시켜 주는 것이 드라마 창작자들이 외면할 수 없는 유혹이 되었다는 점이다. 이에 반년도 채 되지 않아 〈황제의 딸〉의 속편이 등장하였고 속편 역시 높은 시청률을 기록했다. 문화적 의미로 볼 때 〈황제의 딸〉은 오락 도구인 텔레비전의 기능을 완벽하게 보여주었고, 대중 매체 시대에 역사가 소비품으로 전락한 것을 입증해주는 좋은 모델이 되었다.

〈대명궁사(大明宮詞)〉(2001)는 이례적인 희설류 시대극이다. 주인공 태평공주(太平公主)의 침착하고 창백한 기억 속에 슬픈 이별, 기쁜 만남을 노래하는 처량한 곡이 울리면서 막이 열린다. 감독 리사오홍(李少紅)은 옛 사람의 입을 빌려 권력과 감정 둘 중 하나는 반드시 희생해야만 하는 천고의 패러독스임을 서술했다. 한 쪽은 무측천, 다른 한 쪽은 태평공주, 이 둘은 대포 없는 전장에서 승자가 따로 없는 전쟁을 조용히 치르고 있었다.(그림 10-1-7) 예술 면에서 이 작품은 번잡한 서사 수법, 화려한 복장과 배경, 웅

장한 음악 색조로 작품 전반에 커다란 시각적 충격을 선사했다. 아울러 셰익스피어 식의 지루하고 서정적인 속삭임과 세부적 감정에 대한 모놀로그식 표현은 시청자들을 시적인 분위기 속으로 끌어 들였다. 역사는 허구화된 이야기의 배경이자 인물 서정의 무대가 되었고, 궁정은 격정과 화려함과 정교함을 펼치는 최적의 배경이 되었다. 비록 드라마의 지루한 줄거리와 대본으로 인해 많은 비난을 받았지만 예술적 개성이 아

그림10-1-7 시대극 〈대명궁사〉의 DVD 소장판 겉표지

주 강한 '작가 드라마'라는 점에서 〈대명궁사〉는 현대 시대극에서 중요한 가치를 지닌다.

희설류 시대극은 현대 소비사회가 역사를 기술하고 청산하는 방식을 충분히 보여주었다. 전기적인 방식으로 역사를 다시 쓰고, 세속 생활을 황제의 권위와 융합시켜 원래 엄숙하고 꼿꼿하게 앉아 있던 왕후장상을 시정배들처럼 즐거워하고 웃고 화내고 욕하게 만듦으로써 백성들의 웃음을 자아내는 유희 소품이 되게 하였다. 이로 인해 역사의 진실성과 엄숙성은 가혹한 도전에 당면하였고, 정부와 학자가 강조하던 역사의 권위성도 무정하게 사라졌다. 여기에는 상업 소비적 동기도 있고, 사상 해방적 요소도 있다. 우리가 반드시 인식해야 할 것은 텔레비전이 당대 중국에서 가장 영향력 있는 대중 매체로 무의식 중에 민족 심리를 형성하여 감화시키는 작용을 해왔다는 사실이다. 희설류 드라마가 크게 유행하면서 시청자들의 마음속에는 이미 정사나 교과서 속에서와 다른 역사 인물 형상이 생겨났다. 이대로 계속 나아간다면 대중 역사 기억 속에 집단적 혼란이 일어나지 않을까? 괜한 걱정이 아니기를 바랄 뿐이다.

## 5. 모두가 기뻐한 명작의 성찬

고전문학 명작은 당대 드라마의 또 다른 주요 창작 자원이다. 1980년대부터 4대명작을 비롯한 고전소설이 잇따라 드라마로 촬영, 방영되면서 전국 내지 동남아 지역에서 여러 차례 고전문학 붐을 일으켰다. 이런 창작물은 전통 문화 계승이라는 사명도 지니고 있기에 대부분 '원작에 충실하고 새롭게 변화시키는 것을 신중히 하는' 각색 원칙에 근거해 시청자들에게 원래 느낌을 그대로 전하기 위해 노력했다.

〈홍루몽(紅樓夢)〉(1986), 〈서유기(西遊記)〉(1987), 〈삼국연의(三國演義,)〉[1] (1994), 〈수호전(水滸傳)〉[2](1997)은 텔레비전이라는 수단으로 소설을 재현한 대표적인 작품들이다. 〈홍루몽〉은 완만한 리듬, 섬세한 줄거리, 핍진한 배경, 정채로운 음악으로 사람들 인상 속의 고전명작을 비교적 완벽하게 재현해냈다.(그림 10-1-8)[3] 〈서유기〉는 당시 텔레비전 제반 기법이 아직 성숙되지 않은 상황에서 원작의 판타지적인 특징을 특수 기법으로 처리함으로써 소중한 탐색을 많이 이루어냈다. 〈삼국연의〉는 위(魏), 촉(蜀), 오(吳) 삼국의 접전이라는 역사에 근거해, 웅대한 역사배경 하에서 재능이 뛰어나고 생동적인 인물 형상들을 형상화했다. 〈수호전〉(1997)은 본디 싸움 묘사에 탁월한 원작의 무협 장면을 채택하고, 거기에 인물 내면세계와 외부동작을 결합시킴으로써 시청자들에게 예술적 즐거움을 선사하였다. 정부의 지지와 육성, 강력한 고문(古文) 단체와 배우 진영에 힘입어 이들 작품들은 비교적 양호한 학술적 평가와 높은 시청률을 기록했다.

고전문학 외에 현대문학 작품도 이 시기 드라마 각색의 중요한 일환이었다. 〈사세동당(四世同堂)〉(1985)의 성공적인 방영은 이 부류 작품 탄생의 서막을 알렸다. 미국 학자 조지 블루스톤(George Bluestone)은 일찍이 "가장 영화적인 것

그림10-1-8 〈홍루몽〉 중의 천샤오쉬(陳曉旭)분 임대옥(林黛玉) 형상

---

1. [역자주] 한국에서 일컫는 〈삼국지〉이다.

2. [역자주] 한국에서 일컫는 〈수호지〉이다.

3. 그림 출처는 http://blog.q2w.cn/Q/2844/236556.html.

과 가장 소설적인 것은 각각 철저히 파괴되지 않고서는 철저히 전환될 수 없다"고 주장했다. 이 철석 같은 법칙은 황수친(黃蜀芹)의 〈위성(圍城)〉(1990)에 의해 통렬한 일격을 받았다. 소설을 드라마로 각색한 대표적인 작품인 〈위성〉은 첸중수(錢鍾書)가 원작에서 보여준 사회 비판과 인생의 깨달음을 낱낱이 표현했다. 이 드라마의 특징은 세밀함과 유려함에 있다. 드라마가 원작에 너무 충실하다 못해 어쩌면 창조성이 없다고 비판하는 사람도 없지 않을 것이다. 그러나 첸중수의 문학작품을 화면으로 충실히 보여주는 실력은 함부로 창조성 운운하는 경박한 자들이 도달할 수 있는 수준이 아니다. 〈위성〉은 문학 각색 드라마에서 굳이 자신이 표현하고자 하는 것이 없을 경우, 원작의 기품을 그대로 포착하는 것도 현명한 선택일 수 있다는 일종의 범례를 제공해 주었다. 〈사세동당〉과 〈위성〉 외에도 장헌수이(張恨水)와 장아이링(張愛玲)의 많은 소설들도 잇따라 드라마로 개작되었다.

고전명작 각색은 국가 선전부서의 지지를 받았다. 정부 고위층 관련 인사는 "전통적인 중화문화를 홍보하기 위해 (중략) 우리는 텔레비전 형식으로 고전명작을 힘껏 재현해야 한다"라고 역설하였다.[1] 가치 다원화로 나아가고 있는 당대 사회에서 전적으로 정부 언어를 통해 대중의 심리를 단합시키는 것은 이미 불가능한 일이다. 그럼에도 불구하고 전통적 충효절의(忠孝節義) 관념을 보여준 〈삼국연의〉, 〈수호전〉 등 드라마는 협조자로서 어느 정도 은밀한 역할을 수행했다. 또 〈수호전〉에서 현대 의식을 통해 인물형상을 재형상화한 것이나, 역사적 사건에 대해 〈동주열국·춘추편(東周列國·春秋篇)〉에서 부조화(浮雕化) 예술 처리를 한 것은 고전명작 각색이 엘리트 창작 군체에게 역사를 재서술할 기회와 재능을 펼칠 장을 제공했음을 의미한다. 〈서

---

1. 후메이(胡玫), 「한 민족의 생사발전(一個民族的生生死死)」, 『중국 텔레비전』, 1996년 제1기.

유기〉, 〈봉신방(封神榜)〉, 〈요재(聊齋)〉 등 드라마가 일반인들 사이에 유행한 것도 대중문화시대 전통문학의 왕성한 생명력을 입증해준다. 한 마디로 문학명작이 드라마로 각색되고 열띠게 방영된 것은 정부 언어, 엘리트 의식과 대중문화가 당대 사회에서 타협하고 공모를 이루어 낸 것으로, 모두가 크게 기뻐할 만한 결과였다고 할 수 있다.

# 제2절

## 시대를 기록하는 다큐멘터리

다큐멘터리는 인류 '생존의 거울'이라 일컬어진다. 객관 현실을 반영함에 있어 다큐멘터리가 보여주는 동적 영상과 시각적 효과는 문자와 그림, 사진 술 등 전통 수단이 감히 따라잡을 수 없는 장점이다. '진실'은 다큐멘터리의 전형적인 정의 중 빠지지 않는 단어이다. 그렇다면 다큐멘터리는 과연 거울 처럼 '진실' 그대로 현실을 반영할까? 전부 그렇지만은 않다. 다큐멘터리의 촬영 개시 시간과 쇼트의 구성, 촬영 각도, 나아가 후기 제작 시 편집 가공 등 일련의 작업에는 모두 제작자 개인의 창작 이념과 표현 욕구가 반영되어 있다. 따라서 다큐멘터리는 단지 "창조적으로 현실을 처리하고"(존 그리어슨 (John Grierson)의 말) "부분 현실을 틀어쥐고 그들을 의미 있게 결합시켰 을"(지가 베르토프(Dziga Vertov)의 말) 뿐이다. 따라서 다큐멘터리는 현실 을 복제하는 거울이 아니라 현실로 향한 접근선이다.

현실과의 밀접한 관계로 인해 한동안 다큐멘터리에 '시대 발전과정을 기 록'하라는 웅대한 사명이 부여되기도 했다. 영화 다큐멘터리 시대에, 예측 가 능한 주요 사건이 발생할 때마다 촬영기는 거의 매번 현장을 기록했다. 아울 러 '방황하는 네덜란드인(The Flying Dutchman)'과 에번스(Evans)와 같 은 중대한 시대적 사건을 기록한 감독이 등장하기도 했다. 텔레비전 촬영 기 술이 등장하면서 간단한 제작 수단과 넓은 수용성이라는 장점을 충분히 보여주었는데 이는 다큐멘터리의 내용을 횡적으로 확장시키고 종적으로도 확대시켰다. 이에 업계 내 관련자들은 "초기 몇 년 동안 다큐멘터리에 대한 텔레비전 산업의 기여는 영화 산업 60년 동안에 이룩한 총계를 초과할 정도이다."라고 말하고 있다.[1]

1958년에 시작된 중국의 텔레비전 다큐멘터리는 45년 발전 과정을 통해 자신만의 뚜렷한 발전 맥락과 완전한 풍격을 지니게 되었으며, 뉴스 기록, 문화 반성, 평민을 묘사한 기사, 생존에 대한 관심과 인물 전기 등, 여러 제재의 내용들이 비교적 충분히 포괄하였다. 플레하노프(Plekhanov)는 한 시대의 사회정신은 그 시대의 사회관계에 달려 있다고 말했다. 중국의 다큐멘터리는 초기 찬양식 뉴스 기록에서 시작해 1980년대의 심각한 민족문화 반성을 거쳐, 1990년대에는 평민 이야기의 서술로 발전했는데, 각 시대별 정치적 환경과 주류 문화 경향이 창작에 중대한 영향을 끼쳤다. 한편 인문적 정서를 깊이 지닌 다큐멘터리 각색가들은 방송국 자원을 빌려 개성감 넘치는 '작가 작품'을 촬영하기 시작했다. 그 중 사상적 가치와 예술적 가치 면에서 뛰어난 작품들이 국제적인 상을 다수 수상하면서 국산 다큐멘터리의 영예를 빛냈다.

## 1. '시대의 발전 과정의 기록'

1958년 6월 1일 중국의 첫 텔레비전 다큐멘터리인 〈영웅적인 신양(信陽) 인민〉이 베이징방송국(중앙방송 CCTV의 전신)의 전파를 탔다. 이 다큐멘터리는 허난성(河南省) 신양 사람들이 재해에 맞서 풍작을 거두는 감동적인 이야기를 주로 반영했다.(중국의 첫 텔레비전 다큐멘터리는 1958년 10월 1

---

1. 스이(石屹), 『텔레비전 다큐멘터리-예술, 수법과 중외 관찰(電視紀錄片——藝術、手法與中外觀照)』 푸단대학교(復旦大學)출판사, 2000년, p.198.

일에 방영된 〈중화인민공화국 신중국 설립 9주년〉이라는 20분짜리 무성 작품이라는 주장도 있다.) 거칠게 제작된 이 작품의 역사적 의의는 이것이 중국 텔레비전 다큐멘터리 뉴스 기록 시대의 도래를 선언했다는 데 있다. 아울러 이 작품이 '인민'의 생활상에 대해 관심을 가졌다는 것도 시대적 상징 의미를 지닌다.[1]

뉴스 기록 시대 다큐멘터리는 중대한 국가 정치사건과 진보적이고 전형적인 여러 전선에 대한 내용을 주로 보도하고, 자주독립에 대한 찬양과 분투 정신에 대한 홍보를 주요 기조로 했다는 특징을 지닌다. 레닌은 "뉴스 기록물이란 단순한 뉴스의 기록이거나 다큐 형식으로 사건을 객관적으로 반영하는 것이 아니라 정치성이 강한 '형상화된 정론'이다."[2] 라고 지적한 바 있다. 이러한 다큐멘터리 정론화 정책의 지도 하에 〈아시아 아프리카 14개국을 방문한 저우언라이(周恩來訪問亞非十四國)〉, 〈기쁨이 넘치는 신장(歡樂的新疆)〉, 〈솥 세 개로 혁명을 일으키다(三口大鍋鬧革命)〉, 〈성큼성큼 전진하는 다칭(大慶在闊步前進)〉 등 다수의 텔레비전 다큐멘터리들은 모두 시대 찬양과 교화적 색채를 뚜렷이 지니고 있다. 후세에게 소중한 역사 영상 자료를 많이 남겨주기는 하였지만, 선전 색채가 지나치게 강하고, 제재의 폭이 좁고 표현 형식이 단일하다는 단점도 있다. 문화대혁명 시기는 심지어 렌즈를 어떻게 사용하는지에 관해서도 명확한 규정이 있었다. 이를테면 지도자의 형상을 촬영할 때 '지도자는 인민에게서 점점 더 멀어지면 안 된다'는 이유로 먼 곳에서 가까운 곳으로만 촬영이 가능했지 가까운 곳에서 먼 곳으로의 촬영은 불가능했다.

---

1. 1980년대에 들어서 이 '인민'은 '민족'에 의해 교체되었다 1990년대에 와서 또 진일보로 '백성'으로 바뀐다.

2. 리이중(李亦中), 『세기 교차 시기 중국 다큐멘터리 3대 변화(中國紀錄片跨世紀三大演變)』, 중국논문다운로드센터 망(中國論文下載中心網)에서 재인용.

개혁개방 이후 뉴스 기록 다큐멘터리가 천하를 통일하던 국면이 깨지긴 했지만 주류 이데올로기를 선전하는 담체(擔體)로서의 기능은 여전히 계속되었다. 중국 영화와 텔레비전 분야에서는 제재가 어느 정도 작품의 문헌적 가치를 결정했는데, 당과 국가의 중대한 경축일, 중대한 정치 사건과 지도자 기념일 등은 모두 이른바 중대 제재에 속하므로 국가홍보 주관 부문에서 이런 류의 다큐멘터리에 충분한 물질적 조건을 제공했다. 최근 몇 년 간 촬영한 〈태평양을 넘어서(飛越太平洋)〉(장쩌민 방미 기록), 〈휘사삼강(揮師三江)〉(1998년 홍콩방문 기록), 〈창장 절류(大江截流)〉(삼협종합 수리공사 기록) 등 영화 다큐멘터리와 〈덩샤오핑(鄧小平)〉, 〈홍콩이 걸어온 길(香港滄桑)〉과 〈마카오의 지난 나날들(澳門歲月)〉 등 텔레비전 다큐멘터리들은 모두 비교적 성공한 중대 제재 작품들이다. 이 다큐멘터리들은 발행량도 많을 뿐만 아니라 사회 여러 분야를 포함하고 있어 문헌적 가치가 매우 높다. 그러나 다큐멘터리 자체의 미학 규율에 대한 중시가 부족했던 탓에 그 중 대부분의 작품들은 '기술은 정교하지만 예술은 거친' 모습을 드러내고 말았다.

군사 제재도 텔레비전 다큐멘터리의 주요 표현 내용으로, 〈역사가 미래를 말하게 하라(讓歷史告訴未來)〉, 〈중화의 문(中華之門)〉, 〈중화의 검(中華之劍)〉과 〈제2차 세계대전 기록(第二次世界大戰紀實)〉 등 우수한 작품들이 나왔다. 〈중화의 문〉을 예로 들어 보면, 총 8회로 구성된 이 다큐는 '국문 수호자'와 밀입국, 마약 밀수자들의 사활을 건 결투를 그렸다. 표현 방식에서는 롱 테이크로 마약 검거자가 용의자를 잡는 과정을 실경으로 시청자들에게 보여줌으로써 처음부터 끝까지 깊은 관심을 갖고 시청하도록 했다. 이 다큐는 기타 작품처럼 강한 나라타주(narratage)를 통하여 마약 검거 경찰의 숭고함과 위대함을 과장되게 묘사하지 않고, 소박한 서술 속에서 국경을 수호하

는 '전사'들의 죽음도 두려워
하지 않는 애국 열정이 전해지
게 했다. 이런 유형의 다큐멘
터리 중에서 일대 돌파를 이
루었다고 할 수 있다. 이에 덩
샤오핑은 "훌륭한 프로그램"[1]
이라고 두 번이나 칭찬했다.

그림10-2-1 다큐멘터리 〈화설창장〉의 영상

모든 국가와 시대의 집정
자들은 여러 예술 분야에 걸쳐 자기의 대변인을 두고 있다. 다큐멘터리에 있
어 존 그리어슨(John Grierson)의 '영화를 강단으로 여기'는 관념은 이러한
대변에 이론적 초석을 다져주었고, 레니 리펜슈탈(Leni Riefenstahl)과 캐
프라(Frank Capra) 등 다큐멘터리 제작의 윗세대들은 〈의지의 승리(意志
的勝利, Triumph of the Will)〉와 〈우리는 왜 싸우는가?'(爲何而戰, Why
we fight?)〉 등 훌륭한 작품을 통해 이 초석을 튼튼히 다졌다. 이런 유형의
중국 텔레비전 다큐는 비록 예술적 수준을 더 향상시킬 필요가 있기는 하지
만, 사료적 가치를 지닌 작품의 대량 촬영은 이들이 초보적으로 '시대 발전
과정을 기록하'는 존재적 가치를 지니고 있음을 증명해준다.

---

1. 스이, 『텔레비전 다큐멘터리−예술, 수법과 중외 관찰』, 푸단대학교출판사, 2000년, P.86.

## 2. 민족 표징으로서의 '화설(話說)'

문화대혁명 후 예술계가 앞장 서 역사상 전례 없던 이 재난을 성토하고 반성하고 더 나아가 이러한 반성을 민족 전체의 문화전통과 발전 방향으로 심화시켰다. 이 방면에 있어 텔레비전 다큐멘터리는 중요한 역할을 담당했다. 장면을 재현하는 텔레비전의 장점과 선정적인 해설사를 통해 황하, 창장과 만리장성 등을 포함한 중화 민족을 대표하는 상징물들을 거의 모두 촬영했다. 뉴스 다큐멘터리가 천하를 통일하는 국면은 이제 과거가 되었다.

이들 문화 다큐멘터리는 대부분 10회(3시간) 이상의 대작이라 연속적인 대규모 전파 효과를 불러 일으킬 수 있었다. 〈실크로드(絲綢之路)〉, 〈화설창장(話說長江)〉, 〈화설운하(話說運河)〉, 〈당번고도(唐蕃古道)〉, 〈하상(河殤)〉, 〈망장성(望長城)〉 등은 모두 큰 반향을 가져온 작품들이다. 〈화설창장〉(1983)은 뚜렷하고 명쾌하며 명확한 공간 구성을 주선으로 삼아 창장의 발원지에서 바다로 흘러드는 곳까지, 천문지리에서 풍토인정까지 총망라했는데, 역사에 대한 묵상과 커다란 현실 변화에 대한 긍정이 가득했다.(그림 10-2-1) 이 다큐멘터리는 생동적이고 아름다운 시문 서화의 서술 풍격과 유창하고 뛰어난 기세로 조국 강산과 민족 역사의 새로운 한 페이지를 엶으로써 국내외 큰 반향을 불러 일으켰다. 당시 신화사의 보도에 따르면 "일요일 저녁이 되면 수백만 중국인이 텔레비전 앞에 앉아 중앙방송국(CCTV)에서 방영하는 〈화설창장〉을 시청했다."고 한다. 후에 〈화설창장〉이 주제곡 가사를 공모했을 때, 불과 13일이라는 짧은 시간에 4,000곡이 넘는 작품이 접수되었다.[1] 다큐멘터리로 뒤덮였던 80년대에 문화 다큐멘터리는 당시 황금 방송시간대에 방영

---

1. 스이, 『텔레비전 다큐멘터리-예술, 수법과 중외 관찰』 푸단대학교출판사, 2000년, P.70.

되면서 지속적인 사회적 센세이션을 불러일으켰다. 〈화설창장〉, 〈화설운하〉의 시청률이 30%(이는 동시기 방영되는 〈사세동당(四世同堂)〉과 〈홍루몽〉 등 인기 드라마와 엇비슷한 수치임)나 되었다고 하니, 다큐멘터리는 1980년대 텔레비전계의 총아였을 뿐만 아니라 대중들의 총아였다고도 할 수 있다.

1988년의 〈하상〉은 새로운 표현 각도와 서술 전략을 채택했는데, 〈화설창장〉식의 민족 자부심은 사라지고 대신 현실성 강한 정론 풍격의 자료를 대량으로 인용했다. '심몽(尋夢)', '운명(命運)', '영광(靈光)', '신기원(新紀元)', '우환(憂患)', '쪽빛(蔚藍色)' 등 6회로 구성된 이 다큐멘터리는 소위 '오랜 화하 문명의 운명을 돌이켜 사색하고 비극적 민족 심리 상태를 밝히는 것'을 창작 의도로 삼아 서방 문명은 쪽빛 문명이고 중국 문명은 황색 문명이라는 이론적 주장을 제기했다. 해설자는 "점차 사라져가는 쪽빛에는 다음에 올 민족과 쇠락해갈 문명의 운명이 잠복되어 있다", "쪽빛은 이 작은 돛배와 마찬가지로 현대 세계로 나아가는 운명의 상징적 의미를 획득했다." 그러나 "황하는 동쪽으로 만리를 흘러가도 결국 큰 바다로 들어간다. 우리는 더 이상 바다의 부름을 거절하지 않는다."라고 말했는데, 이는 황색 문명을 포기하고 쪽빛 문명을 맞이하자는 주장을 명확하게 제기한 것과 다름 없어서 국내 학계와 사회의 격한 논쟁을 불러일으켰다. 예술적 특징상 〈하상〉은 정론과 서정이 상호 결합된 풍격을 창조해냈는데, 역사에 대한 우려는 많은 시청자들의 공감대를 이끌어내고, 현실에 대한 비판은 시청자들의 시청 욕구를 불러일으켰다. 그러나 결과적으로 이 다큐멘터리의 사상 경향을 다시 한번 냉정하게 들여다본다면, '작은 방'에서의 분노와 내실 없는 외침은 중국 역사 및 당대 발전의 실제 추세에 전혀 부합하지 않았다.

〈하상〉 이후로 텔레비전을 통한 문화반성은 특수한 역사적 이유로 잠시 중단되었다가, 10여년 후인 〈대국굴기(大國崛起)〉에 이르러서야 다시 문화 다큐멘터리의 정론적 특징을 다시 드러냈다. 하지만 〈하상〉과 달리 〈대국굴기〉는 시야가 더욱 넓어졌고, 학술적 입장도 '비황즉백(非黃即白)'이라는 중서문화 이원적 대립 모델을 넘어섰다. 여러 회로 구성된 이 문화 다큐멘터리는 근대 이래 여러 주요 선진국이 점차 발전하고 강대해진 역사 과정에 대한 회고와 분석을 통해, 대국 도약의 경험과 교훈을 모색하고자 했다. 〈하상〉과 달리 〈대국굴기〉는 정면으로 중국을 논하지 않았지만 언제나 중국을 하나의 숨겨진 대상으로 삼아 사고했다. 중국은 선진국과 대립선에 선 채 근본적으로 바뀌어야만 세계 사조에 합류할 수 있는 부정적 형상이 아니라, 곧 머지 많아 도약할 대국이었다. 〈하상〉에서 〈대국굴기〉에 이르기까지의 발전과 변화는 텔레비전 예술 자체의 변화일 뿐만 아니라 그 배후에는 10여 년간 이어진 중국 개혁발전의 역사가 지탱하고 있었다. 따라서 역사를 기록하고 반성하는 문화 다큐멘터리는 물론, 텔레비전 예술 자체가 역사의 산물임에 틀림없다. "모든 예술은 그것이 생겨난 시대의 흔적을 갖고 있다. 위대한 예술이란 이러한 흔적이 가장 깊이 배어있는 예술이다"라는 마티스(Matisse)의 명언을 떠올리지 않을 수 없다.

## 3. 대중 이야기의 서술

1980년대 말의 사회적 변고로 인해 문화 다큐멘터리에 대한 탐구는 사상 내용에서 표현 형식으로 전환했다. 그 대표적인 작품이 바로 1991년의 〈망장성(望長城)〉이다. 〈망장성〉이 나오기 전까지 텔레비전 문화 다큐멘터리의 창작은 보통 소리와 화면이 분리된 과거 영화 방식을 사용했다. 즉 촬영기기로 촬영한 원작에 동시 녹음된 소리를 여과시키고 해설자가 소리를 입혔다. 애초에는 촬영 시 주변 소음까지 녹음되는 것을 방지하기 위한 조치였지만, 이와 동시에 현장 분위기까지 줄어들고 말았다. 〈망장성〉은 이런 '소리와 화면 분리' 전통을 타파하고 과감하게 촬영시 동시 녹음된 소리와 현장 효과음까지 집어넣었다. 이 다큐멘터리의 각색을 책임졌던 각본가 류샤오리(劉效禮)는 각색을 맡은 모든 인원들에게 반드시 '소리와 화면을 일치시키고' 실제 기록 풍격을 엄격히 따를 것을 요구하면서 "못생긴 아기를 낳는 한이 있어도 사람을 놀래킬 만큼 못생겨야 한다."고 말했다.[1] 그 뒤에 등장한 모방작은 〈망장성〉이 중국 텔레비전 다큐멘터리 창작에 혁명적인 영향을 주었음을 입증한다. 즉 전통적인 '해설-화면 촬영-사후 보충'의 3단계 제작 과정이 폐지되고, '소리와 화면 일치'가 만들어낸 현장감이 텔레비전 언어의 매력을 펼쳤다. 〈망장성〉은 형식적인 변혁만이 아니라 내용적인 전환도 가져왔다. 웅장한 규모의 역사 서사는 점차 풍토 인정 묘사로 대체되고, 높은 곳에서 아래를 내려다보는 식의 문화반성은 점차 진실한 감정의 표현으로 바뀌어갔다.

1990년대에 들어서 시장경제가 발전하기 시작하면서 대중문화가 점차 엘리트 문화를 대신해 주류를 이루었다. 텔레비전 시청자의 취향도 더불어 변하기 시작해, '문화', '민족'과 '역사' 일색의 다큐멘터리가 더 이상 각광받지 못하고, 높은 데 서서 대중을 내려다보며 교화하려는 작품에도 사람들의 혐오를 사기 시작했다. 1993년 상하이 방송국의 〈다큐멘터리편집실(紀錄片編輯室)〉이라는 방송을 시작으로 〈모쒀인(摩梭人)〉, 〈더싱팡(德興坊)〉, 〈마오옌허 뱃사공(茅巖河船夫)〉, 〈사라져가는 마을(遠去的村莊)〉, 〈모모의 고소(毛毛告狀)〉 등 걸작들이 탄생했다. 같은 해 중앙방송국(CCTV)에서 방영한 〈생

---

1. 스이, 『텔레비전 다큐멘터리-예술, 수법과 중외 관찰』, 푸단대학교출판사, 2000년, P.33.

활공간(生活空間)〉은 매일 정기 프로그램으로 방송되는 텔레비전 다큐멘터리의 효시가 되었다. 대중 이야기 서술은 점차 사조가 되어 전중국을 휩쓸었다.

중앙방송국(CCTV) 뉴스센터 리둥성(李東生) 주임은 〈동방시공(東方時空)〉이 "숨 쉴 때마저도 시민과 같이했다"고 말했다. 이 점은 〈생활공간〉이라는 블록에서 가장 집중적으로 체현되었다. 생각해보면 과거에는 정치인물이나 연예인들로만 텔레비전 화면이 가득 채워졌을 뿐, 대중의 형상은 어디서도 찾아볼 수 없었다. 〈생활공간〉은 이 모든 것을 변화시켰다. 이 프로그램을 통해 우리는 가족 방문 3일 휴가를 맞은 일반인이 가족과 상봉할 때 희비가 교차하는 장면(〈귀가(回家)〉), 사랑에 빠진 젊은 부부가 카메라 앞에서 모든 것을 잊고 키스하는 장면(〈사랑한다고 말해줘(告訴我妳愛我)〉) 등을 볼 수 있었다. 일반인의 생활이 원래 모습 그대로 대중 앞에 나타났으니, 어찌 감동 받지 않을 수 있겠는가? 당시 프로듀서였던 천멍(陳虻)은 한 인터뷰에서 자신의 창작 의도를 밝히며, "이른바 책임감이라는 것도, 문화에 대한 깊은 사고라는 것도 포기하고 친구와 가족처럼 촬영 대상에게 관심을 주었다."[1]고 말했다. 이렇듯 일반 대중들의 생활에 대한 관심이 있었기에 약간은 신비스러웠던 텔레비전이 시청자들과의 거리를 좁힐 수 있게 된 것이다. 이제는 누구나 쉽게 말한다. 나를 찍어만 달라, 나도 얼마든지 멋질 수 있다고.

대중에 대한 이런 관심은 〈백성가원(百姓家園)〉에서 시각적 변화가 생겨났다. 1997년 베이징 방송국에서 제작한 이 프로그램은 제작진이 수십 대의 소형 디지털 카메라를 일반인에게 나누어 준 뒤 간단한 사용방법을 가르쳐주면서 직접 촬영하게 했다. 이런 촬영 방법에 걸맞게 이 프로그램의 홍보 문구는 '대중 스스로가 말하는 자신의 이야기'였다. 얼핏 보면 〈생활공간〉

---

1. 뤼신위(呂新宇), 「중국 기록-당대 중국 신기록 운동(紀錄中國-當代中國新紀錄運動)」 240, 베이징 삼련서점(北京三聯書店), 2003년, P. 230, 243.

광고 문구와 순서만 바뀐듯 보이지만 사실 관념적으로 크게 진보한 것이다. 즉 과거에는 텔레비전 종사자가 '대중의 이야기를 한 것'이었다면 현재는 서술자가 곧 대중 자신이다. 프로듀서 왕쯔쥔(王子軍)은 대중이 특별한 방식으로 프로그램을 이끌어가기를 희망하면서, "대중이 몰입할 수만 있다면, 착한 사람이라면, 대중도 얼마든지 좋은 작품을 촬영할 수 있다"고 믿었다.[1] 생활의 질이 날로 향상되고 디지털 카메라가 시민 가정에 보급되면서 대부분의 사람들에게 자신이 좋아하는 화면과 이야기를 촬영할 수 있는 환경이 조성되었다. 아마 머지않아 더 많은 사람들이 텔레비전을 통해 '자신의 이야기를 하는' 것을 볼 수 있을 것이다. 그때면 예술 창작은 더 이상 예술 종사자들의 특권이 아니라 마르크스가 예언한 것처럼 개인의 전면적 발전을 실현하는 수단이 될 것이다.

그러나 21세기 이후 텔레비전 다큐멘터리가 날로 시청자들로부터 외면받는 것 역시 사실이다. 부담 없고 유쾌한 오락 프로그램이나 사람을 황홀지경에 빠지게 하는 드라마가 대부분의 시청자를 끌어모은 반면, 다큐멘터리의 태생적 특징은 미래 전망을 제한했다. 다큐멘터리는 태생적으로 시대의 발전과정을 기록하는 웅대한 사명을 지녔을 뿐만 아니라, 평민적 시각을 취한 〈생활공간〉 등 프로그램까지도 '보잘것없는 인물의 역사'를 기록하고자 하는 강한 염원을 지니고 있었기에 엄숙한 느낌을 지울 수 없었다. 이는 대중문화 시대의 가볍고 해학적인 서술 풍격과 정반대였다. 또 현재 텔레비전 다큐는 장르 형식으로 존재하고 있는데, 이는 다큐멘터리 발전에 터전을 마련해 줌과 동시에 개인 창작과의 사이에 모순을 낳았다. 즉 다큐 제작자의 생활 경험과 창작 의욕은 이런 제약으로 인해 만족될 수 없었고, 이에 제작자들은 나

---

1. 스이, 『텔레비전 다큐멘터리-예술, 수법과 중외 관찰』, 푸단대학교출판사, 2000년, P.157, 106.

날이 진퇴양난에 빠지게 되었다.

그렇다면 다큐멘터리는 반드시 그 고아함으로 인해 외면받을 것인가? 변동 속에 날로 분화되어가는 중국 사회에서 대중에게 외면받는 고아함은 사회 비판 기능의 상실과 주체 생존능력의 상실을 뜻한다. 백여년 동안 다큐멘터리의 형식에는 몇 차례 변화가 있었다. 거대한 변화의 시대를 맞이해 다큐 또한 무심할 수만은 없었을 것이다.

## 4. 생존 상태에 대한 배려

대중 언론이 엘리트 언론을 대신해 주류가 된 것은 분명 1990년대 가장 큰 문화변혁이었다. 소비자라는 만능의 '왕'에게 잘 보이기 위해 문학은 사상이 중심을 잃은 상태에서 삶의 이야기를 해학적으로 표현하기 시작하고, 음악도 감정 표현에 있어 우상식 포장을 중시하기 시작했다. 무용은 형체 언어에 욕망의 희롱을 추가했고, 영화나 드라마는 흥행 수입과 시청률이라는 시장 지표의 전면적 통제를 받을 수밖에 없었다. 엘리트 언론이 갈수록 주변화되는 추세도 텔레비전 다큐멘터리에 그대로 반영되어, 동등한 시각으로 대중의 이야기를 서술하는 것이 한때 크게 유행되었다. 금전출납부 식의 기록이 보잘것없는 인물들의 역사를 그리긴 했지만 불가피하게 기록의 역량과 반성의 깊이를 잃고 말았다. 다행히 텔레비전 방송국의 자원에 힘입어 현실 인생에 관심 갖고 엄숙하게 사고하는 일련의 다큐멘터리 각색가들이 여전히 존재했다. 단 과거의 방대한 서사와 달리 그들의 사고는 대중의 일상 생활에 더 다가가고자 했다.

20세기는 중국의 현대화 발전 과정에 있어 가장 중요한 시기로 정치, 경제, 문화 등 영역에 전면적인 변화가 생겨났다. 이런 변화 앞에서 전통적인 생활 방

식을 어떻게 보존하고 전환하느
냐 하는 것이 늘 사람들의 관심
을 끄는 문제였다. 다큐멘터리
분야에서 〈최후의 산신(最後的
山神)〉(순쩡톈(孫增田)), 〈신록,
나의 신록이여(神鹿, 我的神鹿
)〉(순쩡톈), 〈운명(三節草)〉(량

그림10-2-2 바다에서의 양식 장면: 다큐멘터리 〈모래와 바다〉의 한 장면

비보(梁碧波)) 등은 화면을 통해 이런 진퇴양난의 궁지를 묘사했다. 〈운명〉
은 시대 변천 속에서 "인생은 오르막이 있으면 내리막이 있으니 꼭 어떤 것
이 좋다고 할 수 없다."면서 삶에 대한 탄식을 표현했다. 〈최후의 산신〉은
어룬춘(鄂倫春)의 싸만(薩滿, 무당) 멍진푸(孟金福)의 전통신앙과 생활방
식이 현대적으로 바뀌어가는 과정에서 나타나는 모순을 반영했다. 멍진푸
는 전통 수렵활동을 그리워하면서 산신에 대한 경외 속에서 원시적이고 소박
한 생활방식을 아내와 같이 영유했으나, 멍진푸의 딸과 아들은 산림을 떠나
산 바깥 다채로운 현대생활을 체험하면서 신에게 제사 올리는 아버지의 신앙
을 더 이상 받아들이지 않았다. 전통적인 어룬춘 생활 풍속은 젊은 세대에
의해 계승되지 못하였고, 멍진푸는 '최후의 산신'으로서 영상인류학(Visual
Anthropology) 연구의 하나의 뒷모습으로 남겨졌다. 〈최후의 산신〉은 1993
년 '아시아·태평양 방송 연맹(Asia-pacific Broadcasting Union)'[1]에서 텔
레비전 부문 대상을 수상했는데, 시상식에서 "〈최후의 산신〉은 시종일관 유
목민족의 내면세계를 생동적으로 표현했다. 이 민족의 전통적 생활방식은
한 세대 한 세대 교대해가며 변해가고 있다."는 평을 받았다.[2]

---

1. [역자주] 약칭은 ABU이다.

2. 스이, 『텔레비전 다큐멘터리-예술, 수법과 중외 관찰』, 푸단대학교출판사, 2000년, P.157, 106.

또 당대 일반대중의 생존 상태에 관심을 갖는 감독도 있었는데, 〈모래와 바다(沙與海)〉(강젠닝/康健寧)가 그 전형적인 작품이라 할 수 있다. 이 작품은 서북 사막 유목민 일가의 생활과 동해 바닷가 어부 일가의 생활이라는 두 플롯을 교차시키는 방식으로 구성했다.(그림 10-2-2) 두 플롯 모두 개혁개방 이후를 시간적 배경으로 하고 있다. 유목민과 어부의 생활 수준이 많이 향상되었음에도 불구하고 서부와 연해 지역은 아직도 현격한 차이가 나는데, 이런 차이로 인해 이 지역 사람들의 생활방식, 가정관념, 혼인관 등은 다를 수밖에 없다. 〈모래와 바다〉의 각색가는 서로 다른 두 생활 양상을 표현함에 있어 객관적 태도를 취했다. 다큐멘터리가 사람들 앞에 펼쳐보인 것은 그 당시 사람들의 원시생태적인 생활 정경이었다. 그 중 '멧대추 따는 부자(父子打酸棗)', '모래톱에서 장난치는 꼬마 여자애(小女孩沙灘嬉戱)', '유목민 딸의 결혼 이야기(牧民女兒談婚姻)' 등 단락은 특히 소박함을 통해 사소한 생활 속의 시적 정취를 드러냄으로써 깊은 인상을 남겼다. 이 다큐멘터리는 중국 텔레비전 다큐멘터리 사상 처음으로 1991년 '아시아·태평양 방송 연맹' 대상을 수상하는 영예를 얻었다. 시상식에서 이 작품은 "인간의 특성과 인류가 지니는 비슷한 개념을 잘 반영하였고", "본국의 발전에 도움이 된다"는 평가를 받았다.[1] 〈모래와 바다〉 외에도 〈음양〉(강젠닝), 〈룽지(龍脊)〉(천샤오칭(陳曉卿)), 〈바궈난제 16호(巴廓南街16號)〉(돤진촨(段錦川)) 등도 이 부류 다큐멘터리 중의 수작들이다.

객관적이고 냉정한 화면으로 외부 세계를 반영하는 것이 다큐멘터리의 주요 특징이지만 일부 각색가들은 촬영 대상의 내면 세계 깊숙이 카메라를 비춰 그들이 외부 세계에 당면했을 때의 독특한 태도 및 삶 속 돌발상황에 맞닥뜨렸을 때의 괴로움을 반영하기도 했다. 〈잉과 바이(英與白)〉(장이칭/張

1. 스이, 『텔레비전 다큐멘터리—예술, 수법과 중외 관찰』, 푸단대학교출판사, 2000년, P.157, 106.

以慶)는 14년간 함께 살아온 팬더 '잉'과 사육사 '바이'의 생활 이야기를 기록했다. 이 다큐멘터리는 생활에 대한 진실한 기록을 통해 특수 환경 하에서 사람과 짐승의 관계 변화를 보여주었다. 그 중 '잉'이 성적 욕구를 해소하는 과정을 영상을 통해 객관적이고 진실하게 반영했는데, 이 과정에서 사육자 '바이'는 모성애에 가까운 포용적인 태도로 '잉'을 따뜻하게 위로해 주었다.(그림10-2-3) 〈잉과 바이〉는 기이한 생존 풍경을 펼쳐보임과 동시에 사람들에게 사람과 자연의 관계는 실제로 어떠한지, 윤리란 오직 인간을 위한 것인지, 기록 화면은 사적인 공간에 진입할 권력이 있는지 등등, 드넓은 사고의 공간을 제공해주었다. "〈잉과 바이〉가 우리에게 가져다 준 모든 사고는 이 14년에 제한되지 않는다. 심지어 인류 사회가 현대화 단계로 진입한 이후의 역사에도 제한되지 않는다. 아마도 문제는 오랫동안 이어온 인간과 자연 간의 관계 속에 깊이 새겨져 있을 것이다."[1] 또 다른 다큐멘터리 〈벽화 뒤의 이야기(壁畫後面的故事)〉(주리화(祝麗華))는 골수암을 앓고 있는 멋진 청년이 주변 사람들로부터 보살핌을 받으면서 걸어온 삶의 역정을 그렸다. 곧 사라질 아름다움에 대한 안타까운 심정으로 촬영자는 한 걸음씩 촬영 대상의 생활 속으로 들어갔는데, 그 덕분에 작품 전반에 주인공의 아름다운 삶에 대한 사랑이 일관되게 배어있었다. 그러나 사건에

그림10-2-3 '잉' 에게 목욕시켜주는 바이: 다큐멘터리 〈잉과 바이〉의 일장면

1. 량펑페이(梁棚飛), 인쥔(殷俊), 「객관과 진실의 이질화(客觀和真實的異化)」, 『라디오와 텔레비전의 세계(聲屏世界)』, 2002년 제6기.

개입하는 방식으로 인해 제작자의 냉정하고 객관적인 태도가 결여되었다며 텔레비전계에서 일부 논쟁이 일기도 했다.

이 다큐멘터리들은 엄숙하고 깊이 있는 사고 면에서 가치가 높을 뿐만아니라 예술 표현수법에 있어서도 각각 창의성을 지녔다. 〈신록, 나의 신록이여〉는 냉정하고 객관적인 기록 태도를 일관하고 있고, 〈모래와 바다〉는 두 플롯을 교차시켜서 묘사하는 방법을 처음 사용하였으며, 〈룽지〉는 편집이 유려하고 기교가 뛰어났다. 〈잉과 바이〉는 더빙을 포기하여 원상태 효과를 최대한 보여주었고, 〈벽화 뒤의 이야기〉의 사건 개입식 촬영 태도도 전통 다큐 창작과 다른 가능성을 제공했다. 이들 다큐멘터리는 대부분 세계 텔레비전 페스티벌이나 다큐멘터리 페스티벌에서 대상을 수상했는데, 작품이 지닌 문헌적 가치, 사상적 가치, 예술적 가치는 중국 텔레비전 다큐멘터리의 자부심이기도 하다.

## 5. 인생 정화의 농축

인물 다큐멘터리는 텔레비전 다큐멘터리의 중요 제재 중 하나이다. 45년이라는 중국 텔레비전 다큐멘터리 발전과정 속에서, 몇십 분짜리 소품, 몇백 분짜리 거작, 또 상대적으로 독립적 시효성을 지닌 제작물, 연속 프로그램식 제작물을 불문하고 문헌적 가치와 예술 가치를 겸한 인물 다큐멘터리가 대량 등장했다. 촬영 대상이 변하고 텔레비전 기술이 진보함에 따라 인물 다큐멘터리도 풍격 면에서 몇 차례 변화를 겪었다.

〈조각가 류환장(雕塑家柳煥章)〉(천한위안(陳漢元), 1982)은 초창기 인물 다큐멘터리 중 최고의 작품으로, 방송 당시 텔레비계계에 큰 파문을 일으켰다. 리포트 문학 형식을 취한 이 작품은 화면이 자연스럽고 소박하며 해설이 알기 쉽고 친절하다. 다큐멘터리 전반을 일관하고 있는 '둥둥' 새기고 뚫고 조각 소리는 생활 환경을 효과적으로 강조하고 있다. 당시 동시녹음 기술이 응용되기 전이지만 이 작품은 해설과 추후 삽입한 배경음악을 통해 살아 있는 중년 예술가의 형상을 생동적으로 그려냈다. 〈팡룽샹(方榮翔)〉(주리화(祝麗華), 1992)은 시대인물 다큐멘터리를 동시녹음한 대표작이다. 주인공이 타계한 지 3년이 지난 터라 촬영에 어려움이 있었지만, 제작자는 이를 극복하고 진귀한 영상자료를 기초로 성공적인 2차 창작을 완성했다. 다큐멘터리는 전체적으로 무대에서 시작하고 무대에서 끝나는 패쇄적인 구조를 따르고 있는데, 중간에 지도자의 두 차례 지시와 두 차례 수술을 단락의 연결점으로 삼아, 수많은 예술 기법을 동원해 경극 예술가 팡룽샹의 '청렴하게 처신하고 진지하게 연기한' 고상한 지조를 반영했다. 각색가는 팡룽샹의 공연 마스터 테이프를 적절하게 응용했다. 특히 '포용도(包龍圖)가 개봉부(開封府)에 가부좌를 틀다'에서는 창강(唱腔)을 3번이나 사용했는데, 매번 서로 다른 효과를 거둠으로써 완만한 흐름 속에 차츰 빨라지는 다큐의 리듬 전반에 배합하고, 엔딩 크레디트에서 정서적 최고조에 달하게 하는 등 편집감독의 노련한 제작 능력을 잘 보여주었다.

1993년 5월 1일 중앙방송국(CCTV)이 처음으로 선보인 〈둥팡즈쯔(東方之子)〉[1]는 인물 다큐멘터리가 프로그램 형식으로 정착할 수 있게 해준 장본인이자 담화체 인물 다큐멘터리의 효시였다. 〈생활 공간〉의 '대중 스스로가 말하는 자신의 이야기'라는 평민 시각과 달리, 〈둥팡즈쯔〉는 '인생의 정화를 집약한다(濃縮人生精華)'는 구호 아래 사회 엘리트를 촬영 대상으로 선정했

---

1. [역자주] 중국어에서는 '동방의 아들'을 뜻한다.

다. 그리고 8분 30초 동안의 대화로 가장 진실되고 감동적인 엘리트의 일면을 제시하고자 했다. 이런 직접적인 대화방식은 평면화, 패턴화된 전통 인물 다큐멘터리의 포장성을 깨뜨리고 생생하고 현실감 있게 사회 엘리트의 인생 추구와 체험, 그리고 여기에 투영된 인문적 수양을 전달했다. 2002년까지 약 2,000여 명이 '둥팡즈쯔'의 인터뷰에 응했는데, 그 중에는 고위층 정치인, 학술계 유명 학자, 상업계 거상들도 없지 않았다. 인터뷰 대상이 엘리트였기에 〈둥팡즈쯔〉는 중국에서 가장 권위 있고 브랜드 영향력이 큰 인물 다큐멘터리 프로그램으로 자리매김 했다. 이밖에 산둥방송국에서 2001년에 방송을 시작한 〈중화자녀(中華兒女)〉 중 한 시리즈인 '개국 공산당원의 혈육지정과 가정사(開國共産黨人的親情家事)'는 평민적인 시각과 후세 사람들이 초기 정치지도자를 회상하는 형식으로 정치 엘리트들의 인간적인 일상생활을 보여줌으로써 인물 다큐멘터리 프로그램에서 독자적인 일파를 이루었다.

중국의 인물 다큐멘터리에도 거작들이 존재하는데, 대상은 대부분 혁명역사 상 중대한 영향을 끼친 정치인물, 이를테면 〈마오쩌둥(毛澤東)〉, 〈덩샤오핑(鄧小平)〉, 〈주더(朱德)〉, 〈저우언라이(周恩來)〉, 〈쑹칭링(宋慶齡)〉 등이다. 12가지 방면에서 마오쩌둥의 지도자적 기품을 表現한 12회 다큐멘터리 〈마오쩌둥〉(류샤오리(劉效禮), 1993)은 1993년 12월 26일 마오쩌둥 탄생 백주년 기념일에 첫 방영되었다. 이 다큐멘터리는 풍부한 역사 영상자료를 동원하였는데, 역사학적인 거시적 안목을 상당히 지녔는가 하면 서사방식에 있어서 소설화를 중시하였다. 아직 건재한 역사사건의 당사자 인터뷰는 작품에 풍부함과 생생함을 더했다. 1997년 방송된 〈덩샤오핑〉은 대표적인 위인전기에 속한다. 이 다큐멘터리는 대범하고 침착한 풍격, 평이하고 힘 있는 언어 묘사, 독창적인 세부 표현으로 혁명을 지도하고 개혁개방을 총설계한 덩샤오핑의 위인 형상을 성공적으로 묘사했다. 표현 시각 면에서 〈덩샤오핑〉은 〈마오쩌둥〉의 기초 위에서 새로운 탐구를 더했다. 〈마오쩌둥〉은 지도자를 신격화하지 않았다. 위인을 우러러 보는 초기 다큐멘터리의 시각을 버리고 평등한 시각으로 신과도 다르고 일반인과도 차별화된 마오쩌둥의 위인 경력을 묘사했다. 〈덩샤오핑〉에서 덩샤오핑을 표현하는 시각은 '평등'뿐만 아니라 '접근법'을 취했다. 특히 초기 덩샤오핑에 대한 기술은 더욱 실사구시적인 태도를 취함으로써 혁명 리더가 되기 전의 덩샤오핑도 일반인이었음을 보여주었다.[1] "기교는 그저 서술을 보조하는 것이나 작가가 의미를 전달하는 데 필요한 필수적 군더더기가 아니다. 반대로 방법이 의의의 가능성을 창조한다. 이 또한 현재 서사와 관련된 가장 치열한 쟁점이 '촬영 각도'와 관련되어 있는 이유이기도 하다."[2] 〈생활 공간〉의 대중 시각에서 〈둥팡즈쯔〉의 엘리트 감성에 이르기까지, 또 문화 다큐멘터리의 민족 언어에서 대중 이야기의 평민적 서술에 이르기까지, 〈마오쩌둥〉의 '평등' 시각에서 〈덩샤오핑〉의 카메라 '접근'법에 이르기까지, 다큐멘터리의 '관찰 각도'의 변화는 촬영 내용의 변화나 예술 관념의 창신 때문만은 아니다. 더 깊은 의미에서 사회 가치관과 사유방식이 40여 년 세월 속에서 가져온 급격한 변혁을 반영한다.

1. 스이, 『텔레비전 다큐멘터리—예술, 수법과 중외 관찰』, 푸단대학교출판사, 2000년, P.92. 참조.

2. 마틴 월레스(Martin Wallace), 『당대 서사학(當代敍事學)』, 우샤오밍(伍曉明) 역, 베이징대학교출판사, 1990년, P.161.

# 제3절

# 기이하고 다채로운 예능 프로그램

방송국 모든 프로그램을 하나의 큰 파일로 본다면 '프로그램'은 이 파일 속에 있는 서사나 서정 텍스트일 것이다. 텔레비전 편성의 가장 기본적인 존재방식인 프로그램 자체의 다양성이 오늘날 다채로운 텔레비전 세계를 구성하고 있는데, 그 중에서도 시청자의 눈길을 가장 많이 끄는 것은 분명 오락 프로그램일 것이다.

미국의 사회학자 찰스 라이트 밀스(Charles Wright Mills)는 1975년에 텔레비전의 가장 큰 기능 중 하나가 바로 오락의 제공이라고 주장한 바 있다. 이는 대중매체가 '환경 감시, 사회 연계, 유산 전달'의 3대 기능을 지닌다는 미국의 정치학자 해럴드 라스웰 (Harold Lasswell)의 학설에 대한 중대한 수정이기도 하다. 이런 기능은 텔레비전의 전파성과 우선 밀접히 연관되어 있다. 세계 곳곳에서 텔레비전 신호를 받을 수 있고, 텔레비전이 생활 필수품으로 대중들의 삶 속으로 들어가 인간의 오락 형식에 획기적인 혁명이 일어나면서 이 기능은 시대의 발전과 더불어 지속적으로 강화되고 있다. 사람의 업무는 날로 정신노동 쪽으로 치우치는데 반해 일상생활은 오히려 물질화, 오락화로 나아간다. 강도 높은 업무 스트레스는 해소를 필요로 하고 무미건조한 생활은 자극을 필요로 한다. 텔레비전은 확실히 가장 쉽고 빠른 스트레스 해소 방식을 사람들에게 제공해 줄 수 있다. 춤추고 노래하는 가요 프로그램, 재치있는 입담이 줄지어 쏟아지는 토크쇼, 긴장감 넘치고 자극적인 도박·복권·경품 추첨, 사람을 설레게 하는 퀴즈 대회 등은 현실에서 오는 울분과 세속에 대한 불쾌감을 스릴 넘치는 서스펜스와 폭소 속에서 사라지게 한다.

오늘날 텔레비전 브라운관에는 오락 프로그램이 넘치다 못해 눈이 어지러울 정도이다. 전통 버라이어티 쇼는 이미 역사무대에서 사라지고, 토크쇼, 리얼리티, 게임, 지능 개발, 노래자랑을 비롯한 각종 프로그램들이 각기 다른 스타일로 번갈아가며 시청자들로부터 각광을 받고 있다. 스타가 쇼를 하던 무대는 대중이 와자지껄 떠드는 장소로 변했고, 일방적인 연출은 전방위적인 인터랙티브 활동이 되었다. 영상 기술의 발전으로 인해 생겨난 이러한 변화는, 평범한 사람이 영웅보다 한 시대의 총량을 더 잘 대표할 수 있다고 한 장아이링(張愛玲)의 말처럼, 시대 정신의 변화를 반영하는 것이기도 하다.

## 1. 버라이어티 시대의 뒷모습

1981년 초, 개방개혁을 일찍 실시한 광둥방송국(廣東電視臺)에서 문예전문지 〈만자천홍(萬紫千紅)〉을 창간해 '작은 유머(小幽默)', '일사잡담(佚事趣談)', 〈희극 단막극(喜劇小品)〉 등으로 분류된 버라이어티 칼럼을 창시하자 그 후 유사 프로그램이 점차 생겨났다. 버라이어티 프로그램은 최초의 오락 프로그램 유형으로, 형태 면에 있어 노래, 무용, 샹성(相聲)[1], 단막극, 희곡, 낭송 등 여러 형식의 프로그램이 융복합되어 풍성한 문예 진수성찬을 제공한다.

---

1. [역자주] 중국의 전통 만담이다.

그림10-3-1 〈종예대관〉을 5년이나 진행한 니핑

그림10-3-2 〈종예대관〉의 사회자로 유명해진 저우타오

1990년 봄에 중앙방송국(CCTV)이 〈주말문예(周末文藝)〉와 〈문예천지(文藝天地)〉의 기초 위에서 제작, 방영한 새로운 프로그램 〈종예대관(綜藝大觀)〉은 2003년 폐지되기 전까지 중앙방송국에서 가장 오랫동안 황금시간대에 방영한 버라이어티 프로그램이었다. 생방송이었던 이 프로그램은 1주에 1회, 1회 당 50분씩 방송되었다. '진정성과 따스함으로 국민을 기쁘게'를 주제로 한 이 프로그램은 '즐거운 시간(開心一刻)', '당신의 참여를 기다립니다(請妳參加)', '노래를 불러줄거야(給妳一支歌)', '동방 기관(東方奇觀)' 등 짧고 힘 있는 내용으로 구성되었다. 프로그램 방송 후 시청자들의 큰 인기를 끌자 지방 방송국의 모방 프로그램도 우후죽순 생겨났다. 〈종예대관〉의 대성황은 사회자 니핑(倪萍)의 풍격과도 밀접한 관련이 있다. 진중하면서도 정겨운 그의 언어 표현은 1990년대 텔레비전 시청자들의 눈물을 '자아냈다.'(그림 10-3-1)[1]

이에 그 뒤를 이은 사회자 저우타오(周濤) 등은 니핑의 찬란하고 거대한 그림자에서 벗어나기 어려울 정도였다.(그림 10-3-2)[2] 니핑과 〈종예대관〉은 중국 텔레비전 오락의 시대 축소판이었다. 이 축소판에서 오락은 소박한 주말 정신적 긴장을 푸는 방식이었을 뿐만 아니라, 인간의 진실한 감정과 사회적 책임, 전통 사회 윤리를 수호하는 책임까지 짊어졌다.

1. 그림 출처는 http://ent.sina.com.cn/s/m/2007-03-15/11151479818.html.

2. 그림 출처는 http://news.xinhuanet.com/newmedia/2007-06/13/content_6234895.htm.

〈정대종예(正大綜藝)〉는 중앙방송국의 또 다른 명품 버라이어티로 중앙방송국 국제부가 1990년에 태국의 정대(正大) 그룹[1]과 제휴하여 제작하였다. 종합 문예 성격을 지닌 〈종예대관〉과 달리 여행문화를 표지로 한 지식형 예능 프로그램인 〈정대종예〉는 형식 면에 있어 더 자유로웠으며, 시청자의 참여를 강조해 시합적 성격을 지녔다. 〈정대종예〉에서 가장 인기 있었던 것은 '세상은 참으로 기묘해(世界真奇妙)'였다. 시청자들이 화면을 통해 흥미로운 세계여행을 감상하고 있을 때, 사회자가 갑자기 어떤 물건을 가리키면서 "어떤 용도로 쓰이는지 아십니까?"라고 현장에 있는 게스트와 시청자들에게 질문을 던지는데, 이는 〈정대종예〉의 변하지 않는 질문 명대사가 되었다. 이 질문의 질의와 응답을 통해 "안 봤을 때는 몰랐는데 보고 나니 정말 세상이 신기하네"라는 프로그램 계획자가 미리 설치한 효과를 강조할 수 있었다. 〈정대종예〉는 사회자가 자주 바뀌었는데, 그 중 가장 유명한 사회자는 프로그램 초기에 사회를 맡았던 자오중샹(趙忠祥)과 양란(楊瀾)이다. 자오중샹은 중국방송국에서 키운 1세대 텔레비전 스타에 속하고, 양란은 이 프로그램을 통해 브라운관에 화려하게 데뷔한 2세대 중 출중한 인재이다.

같은 시기에 전국적으로 영향을 미쳤던 버라이어티로는 상하이 방송국의 〈넓은 세상(大世界)〉, 〈큰 무대(大舞臺)〉, 중앙방송국의 〈동서남북중(東西南北中)〉 등이 있다. 그러나 이 프로그램들은 21세기에 들어서면서 보편적으로 침체기에 빠졌는데, 2003년 〈종예대관〉의 쓸쓸한 종방은 버라이어티 시대 종말의 상징이 되었다. 버라이어티 프로그램의 쇠퇴는 진부하고 융통성 없는 프로그램 형식이 가져온 필연적인 결과였다. 아울러 이런 버라이어티 프로그램은 시청자들과의 교류에 있어서도 새로운 돌파를 가져오지 못하였고, 교화

---

1. [역자주] 중국 이외의 지역에서는 Charoen Pokphand Group이라 칭한다.

식의 사회 스타일이나 지식 전달 방식도 갈수록 늘어나는 시청자들의 오락 욕구를 만족시키지 못했다. "시대마다 인재가 나와, 각각 15년 동안 풍운을 일으킨다"는 말이 있듯이, 어쩌면 이는 오락 프로그램의 숙명일지도 모른다.

## 2. 매개에서의 민속 의식

버라이어티 프로그램은 20세기 시청자들에게 뒷모습만 남겨 주었다. 그러나 버라이어티의 집대성자인 '춘절 완후이(春節晚會)'는 '신성한 시간에 갖는 민속의식'이라는 옷을 입고 명맥을 이어나갈 합법성을 획득했다. 중앙방송국 춘절 완후이[1] 프로그램의 초기 형태는 1961년 8월 31일 저녁에 첫 선을 보였다. 베이징방송국에서 샹성을 위주로 하는 〈웃음의 완후이(笑的晚會)〉를 방송해 열렬한 환영을 받았으나, 후에 정치적 환경으로 인해 2회 만에 종적을 감추었다. 그러다 1983년 춘절 때에 대규모 연환완후이 방송이 부활해 큰 성공을 거두었다. 그 후 춘절 완후이는 텔레비전이 발전함에 따라 온 국민이 그믐날 밤에 즐기는 문화 성찬으로 자리매김하였다. '몇 천 년

의 역사를 지닌 춘절, 20년의 역사를 지닌 완후이'는 초호화 게스트와 꼼꼼하게 제작된 내용, 몽환적인 무용미술 설계로, 예술 수준에서 일반 종합예능을 초월하면서(그림 10-3-3) 중국 오락계의 수준을 집중 검토하는 계기를 제공하였다.

그림10-3-3 1983년 제1회 춘제완후이에서 마지(馬季)와 자오옌(趙炎)이 출연한 샹성 〈작은 레이펑(小小雷鋒)〉의 일장면

1. [역자주] '춘완' 은 그 약칭이다.

춘절 완후이는 방송 회수도 많고, 방송 시간도 길며 시청률이 높다 못해 '세계기록 기네스북'에 오르기까지 했다.

춘절 완후이는 많은 기능을 담당하고 있는데, 그중에서도 '민족문화 최고의 경축 의식'으로서의 기능이 가장 중요하다. 현대 전자매체의 전파 위력을 통해 '세계 각지에 사는 중국인 모두가 전통 명절을 함께 보낸다'는 기치 하에, 폭죽을 터뜨리고 물만두를 먹는 것과 동등한 중요한 민속적 지위를 확보하게 되었다. 1997년 중앙방송국의 조사 결과에 의하면, 92.1%의 시청자가 '완후이'를 춘절 명절 중 없어서는 안 될 요소로 여기고 있다고 한다. 이에 '단결(團結), 전진(奮進), 즐거움(歡樂), 온화함(祥和)'이라는 완후이의 취지와 기조가 결정되었는데, 이런 주제를 표현하는 것은 바로 즐거움과 해학적 색채가 가득한 가무, 샹성, 단막극 등이었다. 다년간 춘절 완후이에서는 샹성 〈우주표 담배(宇宙牌香煙)〉, 〈호랑이 굴에서의 끝없는 상상(虎口遐想)〉, 단막극 〈산하제한을 피해다니는 유격대(超生遊擊隊)〉, 〈지팡이 팔기(賣拐)〉, 가무 〈사랑의 봉헌(愛的奉獻)〉, 〈부모님을 자주 찾아뵙자(常回家看看)〉, 무용 〈천수관음(千手觀音)〉 등 명작들이 탄생했다. (그림 10-3-4)[1] 이처럼 민족 특색을 지닌 작품들을 통해 춘절 완후이는 아속(雅俗)이 함께 감상할 수 있는 기쁨의 효과를 누렸다. 주목할 만한 것으로는 이런 명절을 마음껏 즐기는 효과가 텔레비전을 매개로 실현되었기에, 텔레비전이 베이징 시간을 기준으로 춘절이라는 신성한 시간을 통일하고, 위성을 통해 전세계를 지구촌으로 만들었으며, 이를 통해 시공적 차원에서 '온 천하가 함께 경축하는' 장면을 실현했다는 점이다.

이러한 특수한 의미로 인해 춘절 완후이는 정부와 기업의 관심을 가장 많

---

1. 이 무용은 이 해 춘절 완후이 특별대상을 수상했다.

그림10-3-4 2005년 춘절 완후이에서 농아 여자애들의 공연 〈천수관음〉

이 받는 오락 프로그램이 되었다. 따라서 정부는 주류 이데올로기를 일관적으로 표현하는 데 관심을 두었고, 기업의 공리관(功利觀)은 날로 강화되었다. 정부를 대함에 있어 완후이 주최자는 시대와 함께 나아가는 정신을 견지해야 했다. '중국적 사회주의 텔레비전 문예의 주요 표지이자 대표'로 1992년 홍수와 싸운 투쟁정신, 1998년 홍콩 반환에 대한 찬송 등은 그 구체적인 실례들이다. 이러한 내용은 민족 구심력을 응집하는 이데올로기 요구에 영합하는 한편 일부 작품의 창작 풍격에 경직화를 초래했다. 기업의 측면에서 볼 때, '온 국민이 주목한다'는 것은 만회 방송을 주최하는 중앙방송국에 있어 높은 시청률과 막대한 수익을 의미한다. 2002년 춘절 완후이는 1초당 최고 50만 위안의 광고 수익을 올렸으며, 총 광고수입은 수억 위안에 달했다. 옛사람들의 '시간이 금이다', '하루에 금이 한 말 들어온다(日進鬪金)'는 비유적 계산으로는 비교가 안 될 정도이다. 그러나 민속 의식에 정치, 경제 요소가 과다하게 주입될 경우 소외 현상이 나타나기 마련이다.

1997년 춘절 완후이의 시청 조사를 보면, 이미 50.3%의 시청자들이 프로그램의 품질에 불만을 보이기 시작했다. 그 후 춘절 완후이가 사람들에게 가져다 준 것은 놀라움과 기쁨이 아니라 실망이었다. 자오번산(趙本山) 등 몇몇 스타들만이 시청자들의 유일한 희망이었다. 버라이어티의 쇠퇴, 이

데올로기의 견제, 날로 심해
가는 상업적 조종은 춘절 완
후이라는 성연의 계륵이 되었
다. 그렇다면 시청자들의 입
맛이 날로 까다로워지고 변덕
스러워지는 상황에서 매체 속
민속 의식은 과연 어떻게 지
켜야 할 것인가? 또 얼마나 지
켜낼 수 있을까?

그림10-3-5 〈쾌락대본영〉 프로그램 현장 일장면

## 3. 게임오락풍

오락 프로그램에서는 후난(湖南) 방송국이 가장 먼저 중앙방송국에 도전
장을 내밀었다. 1997년 7월에 후난 방송국에서 제작한 〈쾌락대본영(快樂大
本營)〉이라는 오락 프로그램이 뜬금없이 나타나 신속히 고정 시청자층을 확
보하면서 전국적으로 대규모 시청 붐이 일어났다.

〈쾌락대본영〉의 내용을 보면 게임 위주에 가무, 단막극, 샹성과 일부 사
전에 녹화해 놓은 프로그램이 보조가 된다. 여기에는 많은 스타들이 출연하
는데, 그렇다고 스타 효과를 추구하는 것은 아니다. 프로그램의 가장 큰 특
징은 여러 가지 게임에 있다. 시청자의 참여를 통해 쌍방향 효과를 이끌어내
는데, 현장에 있는 관객들은 좌석 옆의 버튼을 눌러서 '인기' 지원을 할 수
있는가 하면, 현장에 설치된 스타들의 환영 정도를 반영하는 '무지개'는 시

청들이 누르는 버튼에 따라 색깔이 다 채워지거나 모자랄 수 있다. 시청자가 게임 승부를 장악하는 셈이다. 이와 같은 쌍방 교류로 양측의 한계를 타파하면서, 유료 전화 정보 서비스와 인터넷을 통해 사회자, 방송에 나온 스타, 현장 관객, 텔레비전 시청자를 하나의 집단으로 묶어 마음껏 즐기는 게임 장면을 연출해냈다.(그림 10-3-5)[1] 제16회 중국 텔레비전 '진잉상(金鷹奬, 금응상로도 번역됨) 시상식에서는 〈쾌락대본영〉과 〈춘절 완후이〉가 나란히 종합예능프로그램 우수상을 수상했다. 이는 게임류 프로그램이 텔레비전 오락에서 반을 차지하게 되는 상징적 계기가 되어, 그 후 베이징방송국의 〈환락총동원(歡樂總動員)〉, 산둥방송국의 〈즐거운 휴일(開心假日)〉, 푸젠(福建) 동남방송국의 〈해피 100(開心100)〉, 저장(浙江)방송국의 〈휴일 총동원(假日總動員)〉 등 〈쾌락대본영〉을 모방한 오락 프로그램이 시대의 조류에 합류하면서 한 시대를 풍미했다.

이런 쌍방향 오락은 어느 정도 평민화된 가치 취향을 보여주었다. 베이징방송국의 〈환락총동원〉에 '슈퍼 모방쇼'라는 파트가 있는데, 일반인이 대중가요를 부르는 것을 통해 전통 '표현예술'에 대한 패러디와 전복을 실현했다. 〈쾌락대본영〉의 사회자 허중과 리샹(李湘)은 생방송 중 말 실수를 할 경우 니핑처럼 실수를 은폐하려 애쓴 것이 아니라 대신 자기조소나 상대를 놀리는 방식으로 문제를 해결했다. 진실한 모습을 보여주고 자연스럽게 교류하는 것이 신세대 사회자의 지향점이 되었다. 전통적인 버라이어티 프로그램에 비해 〈쾌락대본영〉은 '노는 듯한' 진행으로 엄숙하거나 깊은 감정을 요하는 주제를 배제하고, 가볍고 해학적인 분위기 속에서 즐거운 전국 오락망을 구축했다.

---

1. 이 프로그램에 나오는 인기 일로에 있는 사회자 허중(何炅), 세나(謝娜), 리웨이자(李維嘉)와 오락 신예 스타 장한윈(張含韻)이 같이하는 방송 장면. 그림 출처는 http://5296028.blog.163.com/blog/static/ 322596522007524521451 39.

오락 프로그램도 이 시기부터 자신의 본질을 회복하기 시작했다. 중국 역사에서 게임 의식은 오랫동안 '문장에 도를 담는다(文以載道)'는 전통과 온화돈후(溫和敦厚)라는 시교(詩敎)로 인해 억압받아 왔으나, 오늘날 유희성 프로그램은 마침내 '즐기되 빠지지 않고(樂而不淫), 슬프지만 심신을 해치지 않는다(哀而不傷)'는 중용사상을 타파했다. 시청자들은 유희를 통해 마음껏 즐기며 진정한 게임의 주인이 되었다.

그러나 훌륭한 오락도 창신과 예술 수준이 필요하다. 이는 오랫동안 지시와 관성에 의지해 생존해 온 텔레비전 예술계에 부족한 부분이기도 하다. '후난이 홍콩과 타이완을 흉내내고, 전국이 후난을 흉내내는' 상황에서 시청자의 참여, 스타의 동참, 푸짐한 상이 주는 자극, 유희인간(遊戱人間)[1], 퀴즈 등은 이미 고정된 패턴이 되었다. 더구나 스타들이 무대에서 양말 신기 시합을 하고, 우유병 젖꼭지를 빨고, 풍선을 밟고, 여배우가 분장실에서 옷 갈아입는 장면을 촬영해 볼거리를 제공하는 등, 결코 소홀히 해선 안 될 저속화 경향도 나타나고 있다. 텔레비전 매체가 제공하는 공공오락 공간에서의 저속화 경향은 일시적인 시청률 상승을 가져올 수 있으나, 본질적으로는 저하된 제작자의 창의력, 쇠해가는 프로그램의 생명력을 드러낼 뿐이다.

## 4. 토크쇼: 진실과 진실한 감정의 명의로

영어 'talk show'의 음역인 토크쇼는 말재주와 지혜를 뽐내는 것을 특징으로 하는 대화 프로그램이다. 서양에서 40, 50년간 발전해 온 토크쇼는 오늘날에도 중요한 프로그램 유형으로 손꼽힌다. 20세기말에 시작된 중국의 토크쇼

---

1. [역자주] 인생을 놀이로 생각하는 생활태도를 나타내는 중국어이다.

는 서양의 것을 참고하고 중국 실정에 맞게 현지화했다. 지금까지 중국의 토크쇼는 다채롭고 성대하게 펼쳐져왔다. 집안일과 나랏일, 세상 일 모두가 토크쇼의 내용으로 무대에 옮겨졌다. 인터뷰 대상에 따라 중국 본토의 토크쇼는 대중형 토크쇼, 전문가형 토크쇼, 스타형 토크쇼 세 가지로 분류할 수 있다.

1996년 3월 16일에 시작된 〈사실대로 말해(實話實說)〉는 중국의 첫 토크쇼로 지금까지 여전히 대중형 토크쇼의 대표로 꼽힌다. 〈사실대로 말해〉의 프로그램 형식은 현장 단체 대화이다. 사회자와 게스트, 현장 관객이 공동으로 참여하여 직접적인 교류를 통해 생동적이고 활기찬 분위기 속에서 사회 생활이나 삶의 체험에 대해 토론하는 등, 짙은 대중화 특징을 지니고 있다. 〈사실대로 말해〉의 총 프로듀서 스젠(時間)은 "토크 프로그램의 근원적인 충동은 인간에 대한 존중이고, 인간을 존중하는 방식은 사람의 입을 열게 하는 것이다."라고 지적했다. 토론 주제를 보면, '새와 우리(鳥與我們)', '왜 담배를 피울까(為什麼吸煙)', '아이와 놀이(孩子與遊戲)', '광장에서의 비둘기에 관한 이야기(話說廣場鴿)', '베이징에서의 노동(打工在北京)' 등 모두 대중들이 일상 생활에서 관심을 기울이는 주변의 이야기들이다. 많은 면에서 〈사실대로 말해〉가 유명세를 탄 것은 초창기 사회자 추이용위안(崔永元)의 공로로 돌려야 할 것이다.(그림10-3-6)[1] 평범한 외모에 '옆집 아줌마 아

그림10-3-6 추이용위안: 〈사실대로 말해〉
제작자 겸 사회자

1. 그림 출처는 Sina 포털(新浪網) 오락판.

들'을 닮은 평민 사회자 추이용위안은 민첩하고 매끄러운 무대 매너와 꾸밈 없고 유머러스한 말투, 자아조소적인 태도로써 사람들에게 친근함과 감동을 선사하고, 게스트로 하여금 흉금을 솔직히 터놓게 만들었다. 추이용위안이 〈부녀지간(父女之間)〉에서 보여준 억누르지 못한 흐느낌과 눈물 닦는 동작, 〈체육 스타가 되기까지(走近體育明星)〉에서 아이를 앉고 리샤오솽(李小雙)에게 다가가던 자연스러운 행동은 사람들에게 큰 감동을 주었다.

〈사실대로 말해〉의 성공은 토크쇼의 번영을 가져왔다. 중국 본토에서만 해도 후난방송국의 〈신청년(新青年)〉, 〈좋게 이야기합시다(有話好說)〉, 충칭방송국의 〈잡담(龍門陣)〉, 윈난방송국의 〈주말야화(周末夜話)〉, 후베이(湖北)방송국의 〈자산과 지혜의 시대(財智時代)〉, 〈지나간 일(往事)〉 등 많은 프로그램이 뒤를 이었다. 그 중에서도 중앙방송국이 2001년에 방송을 개시한 〈대화(對話)〉와 〈예술 인생(藝術人生)〉은 전국적인 영향을 끼쳤다. 〈대화〉는 〈신주간〉 잡지로부터 '2001년 중국 텔레비전 중 가장 놀랍고 아름다운 프로그램(2001年中國電視的最大驚艷)'으로 선정되었고, 지금도 엘리트 토크 프로그램의 대표자로 자리매김하고 있다. 이 프로그램은 '절대 대수'라는 프로그램의 전통적 설정을 타파하고 '중요한 소수' 즉 '경제 개혁 동태 및 정책 능력을 가진 사회 엘리트에 대해 주목'하기로 했다. 〈대화〉에 출연하는 인물들은 중요한 사람들로, 경제 발전 방향을 좌우하는 권위자거나, 상업에서의 흥망성쇠를 모

그림10-3-7 프로그램 〈예술인생〉의 사회자 주천

두 경험한 상업 거두, 혹은 핫 뉴스 현장을 목격한 이들이었다. 뿐만 아니라 현장 관중들도 엄선을 해서 어느 정도 수준 높은 사람들로 구성했다. 〈대화〉는 그야말로 사회 주관심사에 주목하고 삶의 지혜를 깨우치는 역할을 했는데, 이에 사람들은 〈대화〉 한 회를 보는 것이 그야말로 '브레인스토밍'을 하는 것과 같다고 말할 정도였다.[1] 주쥔(朱軍)이 사회를 맡은 〈예술인생(藝術人生)〉은 '2001년 중앙방송국 최대의 브라이트 스폿'이라고 평가될 만큼 스타형 토크쇼의 길을 개척했는데, 예술 스타에 대한 현장 인터뷰를 통해 '인생의 참뜻을 토론하고 예술 정신을 깨닫는 것을 목적'으로 했다.(그림 10-3-7)[2] 사람 마음을 움직이는 〈예술 인생〉의 분위기가 최고조에 달했을 때, 프로그램에 출연한 게스트는 모두 눈물을 흘렸다. "눈물은 목적이 아니다. 우리가 원하는 것은 진심이다."(프로듀서 왕징(王靜)의 말) "기록의 이념으로 문예를 하고자 한다.'는 추구로 이 프로그램은 초기부터 일정한 문화적 품위를 갖추었다. 그러나 후기에 들어서는 경직된 부분 부분이 시청자들의 혐오를 샀고, 주쥔의 사회 스타일도 갈수록 '허위적'이라는 평가를 받았다.

"다른 사람과 교류할 때 상대의 모든 생각에 동의할 필요는 없다. 그러나 상대를 또 하나의 자아나 중요한 개인으로 간주해야 한다. 적극적인 존중은 이런 상호 작용에 있어 가장 기본이다."[3] 초기 프로그램에서 "관병(官兵)이 분분이 표현하고", "전문가들이 일제히 그렇다고 여기던" 것이 현대 토크쇼에서 와서는 "개인적으로", "내가 생각하기에"가 되었다. 추상적으로 일치하던 집단적 목소리는 점차 개성화된 언어로 대체되었고, 개체의 가치는 사회로부터

1. 어우양궈중(歐陽國忠)의 『중국 텔레비전 최전방 조사(中國電視前沿調査)』, p.120, 경제일보(經濟日報)출판사, 2002년 11월 제1판 참조.

2. 왕징(王靜)이 편집을 주관한 『예술 인생(藝術人生)』의 겉표지, 상하이인민(上海人民)출판사, 2006년.

3. 덕 쿠시맨(Doug Cushman), 『의사소통론(人際溝通論)』, 「텔레비전 토크쇼 프로그램의 흥기로부터 본 대중매체 관념의 갱신」, 『텔레비전 연구(電視研究)』, 2002년 제2기에서 재인용.

존중받기 시작했다. 이는 분명 사람을 기쁘게 하는 발전임에 틀림없다. 한편 토크쇼는 현실을 살아가는 사람들에게 사회 이슈를 토론하고 개인적 관점을 표현하는 공공 언론 공간을 제공해 주었으며, 서로 다른 목적의 프로그램은 다양한 계층의 시청자들에게 여러 형식의 심리적 만족을 제공해 주었다. 이로 써 매체의 의의는 그저 무엇을 전달하는지에 있는 것이 아니라 그 자체가 무 엇인지, 사람에게 무엇을 가져다 주는지에 있다는 말이 진정으로 실현되었다.

## 5. 지능 개발? 지능 저하? 돈을 위한 지혜?

지능개발 프로그램은 초기 퀴즈게임과 매우 밀접한 관계가 있지만 본격적으로 유행하기 시작한 것은 1990년대 말 서구의 로터리(lottery) 프로그램을 모방하면서부터이다. 1998년 11월에 중앙방송국에서는 영국의 로터리 프로그램 'GOBINGO'이라는 대형 인터랙티브 지능개발 프로그램을 참고하여 '행운 52(幸運52)'를 내놓았다. 오락, 지능개발과 로터리 등 요소를 한데 합친 형태의 이 프로그램 등장으로 퀴즈 프로그램은 기적적으로 소생했다. 당시 브라운관에는 '앞다투어 대답하는 소리, 웃는 소리, 아쉬워하는 소리가 가득했고,' 시청자들도 '집안일, 나랏일, 천하의 일 모든 일에 관심 갖게' 되었다.

'행운 52'는 게임, 지식과 퀴즈가 한데 합쳐져 있어 시청자들의 직접 참여를 끌어내기에 충분했을 뿐만 아니라, 중앙방송국에서 현장 및 시청자들의 공동 참여 방식을 시도한 첫 번째 지능개발 및 인터랙티브 프로그램이기도 하다. '행운 52'는 사회사+드래프트+경기 과정+상품+광고의 식으로 구성되어 있다. '스피드퀴즈', '상품 퀴즈', '단어 퀴즈', '행운 함정', '행운 무대' 등 순으로 진행되었는데, 현장 분위기도 갈수록 긴장되고 경쟁도 치열해져 재미로 가득했다. 사회자 리융(李詠)은 유쾌하고 열정적이어서 "똑똑하시네요. 축하드립니다. 오답입니다."와 같은 농담으로 참가자 및 시청자들을 웃고 울렸으며, 위구르족이 축복할 때 사용하는 손짓 "행운 52는 항상 행운과 함께합니다"로 프로그램이 끝날 때 아쉬움을 더해주었다. (그림 10-3-8) '즐거운 방식으로 가르치는 것'이 '행운 52'의 기본 원칙이었다. '기회는 누구에게나 있다'에서 시작해 '지혜로 대상을 다투고 지식으로 사랑을 나누다'로 나아가고, 거기서 다시 '즐거운 관심을 영원히'로 나아가는 등, 제작자는 지능개발 오락과 공익사업의 접목이라는 제작 이념에 한층한층 다가갔다.

　　'행운 52'이 성공을 거두자 외국의 '누가 백만장자가 될 것인가?', '제일 약한 고리' 등 로터리 프로그램의 진행 방식을 참고한 상하이 동방방송국의 '재부의 큰 시험장(財富大考場)', 광둥방송국의 '한 걸음 한 걸음 승리로(步步為贏)', 후난방송국의 '슈퍼 영웅(超級英雄)' 등 지능개발 프로그램이 잇따라 방송되었다. 중앙방송국 2채널(CCTV-2)은 '행운 52'가 거둔 성과를 이어 더욱 새로워진 프로그램 '해피사전(開心辭典)'을 내놓았다. 이는 취미, 지식, 지

혜, 용기, 유머를 한데 집중시킨 경품 퀴즈 프로그램이다. 다른 오락 프로그램과 가장 큰 차이점이라면, 이 프로그램은 인터넷과 텔레비전이라는 차세대 매체를 긴밀히 연결시킴으로써 프로그램과 시청자의 진정한 상호작용을 이끌어냈다는 것이다. 전국의 텔레비전 시청자들은 인터넷 또는 전화 경기를 거친 후 중앙방송국 스튜디오에서 최종 경기를 치름으로써 가족의 꿈을 실현했다.

그림10-3-8 프로그램 〈행운 52〉의 사회자 리융

당시 가장 발전한 매체수단을 빌린 '해피사전'은 "백만인이 한 가지 게임을 하는" 기이한 풍경을 연출해냈다.[1]

지능개발 프로그램은 텔레비전 오락을 시청각적 즐거움에서 오락과 지식의 결합으로 전환시켰다. 그러나 이른바 '지식'과 '지능개발'은 사람을 의심쩍게 만드는 것들이다. 예를 들어, "창사(長沙)시의 첫번째 아스팔트 도로는 무엇입니까?"라는 질문이 사람의 지능을 개발하는 것인지, 아니면 사람의 지능을 저하시키는 것인지 알 수 없다. 이러한 프로그램의 진정한 목적은 오직 '돈(財)'이라는 글자에 달려 있다. 푸짐한 상금이야말로 백만 시청자들의 벌떼 같은 참여를 이끌어낸 원인일 것이다. '해피사전'이 내걸었던 "지식으로 가족의 꿈을 실현한다"와 '슈퍼 영웅'이 내건 '지식이 곧 부'라는 홍보 문구는 그럴듯한 명목에 불과했다. 몇 번이고 되풀이해 사람을 질리게 만들던 질문 "확실합니까?" 뒤에는 오늘의 대상을 누가 가져갈지 궁금해하는 수억 수만 시청자의 마음이 숨겨져 있다. 누군가 그랬듯, 이런 프로그램의 대대적인 유행은 지능개발은커녕 "사회를 더 어리석고 더 탐욕스럽게 만들고, 중대 문제에 대한 관심을 떨어뜨릴 뿐이다."[2] 하지만 어쨌든 간에 시청자들에게는 프로그램을 선택해 즐거움을 얻을 권리가 있다. 이는 시장경제 배경 하에서 어찌할 수 없는 현실이다.

---

1. 어우양궈중, 『중국 텔레비전 최전방 조사』, 경제일보출판사, 2002년, P.233~242.

1. 미국 매스미디어 비평가 에드워드 피스(Pease Peace)의 말. 비팡(畢方) 『텔레비전 종합예능 프로그램과 시청자의 역할 심리(電視綜藝節目與觀衆的角色心理)』, 『한강포럼(漢江論壇)』, 2000년 제10기에서 재인용

## 6. '로마에 가면 로마 법을 따르'는 현지화 텔레비전 드래프트

2005년 8월 26일 저녁, 21세 여성 리위춘(李宇春)이 후난위성 TV의 '슈퍼걸(超級女聲)' 대상을 수상했다. 이튿날 전국의 종합일보(신문)에서는 파격적으로 이를 제1면 톱기사로 보도했다. 이때부터 '오디션' 프로그램이 대중의 시야에 들어오기 시작했다.(그림 10-3-9)[1] 이듬해 '슈퍼걸'외에도 둥팡위성 TV의 '힘내요, 훈남들(加油! 好男兒)', 장수방송국의 '절대목소리(絕對唱響)'등 프로그램이 하나 둘 방송을 시작해, 그 해는 '오디션의 해'라고 불려질 정도였다.

오디션 프로그램은 중국에서 4, 5년 간 발전해오면서 형식이나 운영 시스템이 상대적으로 성숙되었다. 몇 년 동안 이어진 오디션 프로그램을 통해 리위춘, 장량잉(張靚穎), 상원제(尚雯婕), 천추성(陳楚生), 쑤싱(蘇醒) 등 아이돌 가수가 탄생하고, 커이민(柯以敏), 양얼처나무(楊二車娜姆), 바오샤오보(包小柏) 등

이름조차 알려지지 않았던 심사위원들도 두번째 전성기를 맞이하게 되었다. 특히 관심을 끈 것은 오디션 프로그램의 일대 발전이자 자랑이라 할 수 있는 투표제와 PK제의 도입이다. 이로써 심사위원 채점이라는 기존 텔레비전 경합 방식에서 벗어나 참가자의 라운드 진출 결정권이 시청자에게 옮겨갔다. 이에 외국의 평론가들 사이에는 '오디션'과 '중국의 민주'를 연결시켜 사고하는 경향이 나타났고, 국내에서도 '오디션은 민주의 대연병장'이

그림10-3-9 2005년 〈슈퍼걸〉 5강

---

1. '슈퍼걸 기념 특집(超級女聲精裝紀念特輯)' VCD 겉표지, 그림 출처는 http://cq.focus.cn/msgview/40834/36300857.html.

라는 말이 생겨났다.

　그러나 이는 오래가지 않았다. 투표제는 곧 방송국과 전신업무 운영사의 돈줄이 되었다. 문자메시지 한 통에 1위안, 몇몇 인기 높은 오디션 프로그램에 한 회당 수백 만 위안 넘는 돈이 시청자들로부터 흘러들어갔다. 더욱 안타까운 것은 시청자들이 돈을 들여 투표를 해도 자신의 의지를 반영시키기 힘들다는 사실이다. 2007년 '즐거운 남성 보이스(快樂男聲)'의 경우, 인기도 없던 참가자 지제(吉杰)가 몇 번이고 놀라운 투표수로 절대 우위에 있던 라이벌을 탈락시키는 등, 기현상이 생겨나기도 했다. 네티즌과 매체의 잇따른 의심 속에, 한때 사람들이 자랑스러워하던 투표제가 사실상 '오디션'의 어두운 내막을 덮는 가리개로 전락한 것이다.

　투표제와 마찬가지로 PK제도 배후 '게이머'의 유희로 전락했다. 'PK'는 원래 인터넷게임 전문용어인 'Player Killer'의 준말로, '악의적으로 다른 플레이어를 죽인다'는 뜻을 갖고 있다. 이 단어의 뜻은 실로 기묘하다. 게임 속에서는 두 캐릭터가 서로 죽이고자 공격하고, 게임 밖에서는 플레이어가 이 캐릭터를 다룬다. 참가자들이 게임 속 캐릭터라면, 참가자 배후의 '플레이어'는 바로 이 참가자들을 밀고 있는 기획사 등 이익을 얻는 측이다. 예를 들어, 2007년 '힘내요, 훈남들'에서 인기 많았던 몇몇 참가자들이 프로그램 진행 중에 이미 기획사에 발탁되고, 결선이 끝나기도 전에 가장 인기가 많았던 몇 명은 큰 기획사와 계약을 맺기도 했다.

　오디션 프로그램이 텔레비전 사업에 가져다준 영향은 광범위하고 다원적이었다. 적극적인 면에서 볼 때, 오디션 프로그램은 재능 있는 신예를 발굴해 일반인들에게 꿈을 이룰 기회를 제공했고, 동방위성TV 등 방송국들은 자신만의 이미지를 구축할 수 있었다. 부정적인 면에서 볼 때, 조작 풍조를 조장하였음을 간과할 수 없다. 각종 매체 자원을 차지하기 위해, 프로그램 제작측은 '삼십육계'를 총동원하여 신예를 대대적으로 띄웠다. 가장 많이 이용된 것은 사실 날조하기, 혼란한 틈을 타서 한몫 보기, 대들보를 훔쳐 기둥으로 바꾸어 넣기, 건넛산 보고 꾸짖기, 어리석은 척 하면서 미친 척하지 않기 등이었다. 2007년에 터진 '중병으로 장궈리(張國立) 촬영 중지'라는 가짜 뉴스가 그 중 가장 악렬한 사건에 속한다. 이 사건으로 배우 장궈리는 크게 화를 냈고, 결국 충칭위성 TV '첫 설렘(第一次心動)'과의 모든 협업을 그만두겠다고 선포했다. 그 후 이 프로그램은 지나치게 저속하다는 이유로 라이오텔레비전총국(廣電總局)으로부터 방송 중지 긴급통지를 받아 방송 중지처분을 받은 첫 오디션 프로그램이 되었다.

오디션 프로그램은 세계적으로 널리 성행하는 텔레비전 프로그램 형식이다. 그러나 "중국의 텔레비전 오디션은 민주제도의 장점을 보여준다기보다 오히려 그 어떤 좋은 것도 중국으로 들어오면 변질되고 마는, 좋게 말하면 '로마에 가면 로마 법을 따르는' 현지화 이치를 증명했다고 해야 옳을 것이다."[1] 이는 실로 유감스럽지 않을 수 없다. 의분에 겨운 일부 사람들은 '저속하다'는 단어로만 텔레비전 오디션의 천박함을 평가하는데, 구체적인 분석과 이런 프로그램이 지닌 문제점에 대한 깊이 있는 인식이 있어야지만 이성적으로 오디션 프로그램을 평가할 수 있다. 그래야만 향후 텔레비전 방송에 종사하는 훌륭한 제작자들이 이를 통해 새로운 출발점을 찾을 수 있기 때문이다.

---

1. 저우리밍(周黎明), 「텔레비전 드래프트와 민주의 의미(電視選秀與民主內涵)」, 「중국일보(中國日報)」(China Daily), 2007년 7월 7일 제4판.

# 제11장

## 네트워크

네트워크는 세기를 뛰어넘는 기술의 총아이면서 인류 지식의 첨단에 도달한 결과물로 1990년대에 중국에 도입된 후 불과 10년도 안 되는 사이에 빠른 속도, 저렴한 비용, 뛰어난 능력, 엄청난 용량, 강력한 기능, 새로운 방식이라는 전파 장점에 근거해, 불모지에서 강대국으로 줄기차게 발전해 왔다.

1987년 9월 20일, CANET(Chinese Academic Network)의 세계 네트워킹 프로젝트를 책임지고 있는 첸톈바이(錢天白) 교수는 이탈리아 공공 패킷 교환망(Public packet network)을 이용해 중국 최초의 이메일을 발송함으로써, 해외 네트워크에 접속한 첫 번째 중국인이 되었다. 1990년 10월, 중국은 국제 인터넷 네트워크 정보센터(Internet Network Information Center)의 전신인 DDN-NIC에 최상위 도메인(Top Level Domains) 네임인 'CN'을 등록함으로써 네트워크에서의 위치를 확보하게 되었다. 1994년, 중국의 인터넷 정식 접속은 중국의 네트워크 발전에 있어 새로운 기원을 열었다. 1995년 8월 8일에는 수이무칭화(水木清華)가 개통되면서, 중국인의 생활에 처음으로 BBS가 등장했다. 1996년 1월에 차이나넷(CHINANET) 전국 기간망(backbone network)이 정식 개통되어 중국 전역 내에서 차이나넷 서비스를 제공하기 시작한 이래 네트워크는 점차 중국인들의 삶에 자리잡게 되었다. 1997년, 차이나넷이 중국과학기술네트워크(CSTNET)와 중국교육과학계산기망(CERNET), 중국 골든브릿지 정보망(CHINA-GBN: China Golden Bridge Network)과 연결되면서 효율적으로 정보자원의 통합을 이루어냈다. 1998년에 시작된 차이나넷 기간망의 2기 공정은 8대 분선망의 주요 간선 대역폭을 155M로 늘리고 교점(Node) 역할을 하는 라우터(Router)를 모두 기가비트 라우터(Gigabit router)로 바꾸었는데, 이는 네트워크의 빠른 발전을 저해하는 큰 장애물을 제거한 셈이다. 1999년 중국

교육 및 연구망(CERNET: China Education and Research Network)의 위성 신호 수신 기간망이 전면적으로 개통되면서 네트워크의 과학기술 함량이 진일보로 제고되고 기술 기능도 더욱 강해졌다.[1] 그리고 뒤이어 몇 년 동안 네트워크는 일사천리로 발전을 거듭했다. 중국인터넷정보센터(CNNIC)의 통계에 의하면, 중국의 인터넷 사용자수는 1997년 10월 31일 기준 62만 명에서 2004년 6월 30일 기준 8,700만 명으로 늘어났고, 인터넷 접속에 사용되는 컴퓨터도 29만 9천 대에서 3,630만 대로 늘어났으며, 최상위 도메인 'CN'에 등록된 도메인 네임 수의 경우 4,066개에서 38만 개로 늘어났고, 웹(World Wide Web, www) 사이트 주소는 1,500개에서 62만 7천개 로 늘어났다. 그리고 해외접속 대역폭은 18.46Mbps에서 53.9G로 증가했고, 인터넷 이용자 수는 세계 2위가 되었다.[2]

　네트워크가 너무나 갑자기 등장해서 빠른 속도로 전파된 탓일 수도 있고, 네트워크와 관련된 과장된 억측을 너무 많이 들은 탓일 수도 있으나, 결과적으로 사람들이 이성적으로 네트워크를 인식하고 이해하기도 전에, 너무나 급작스레 들이닥쳐 우리의 삶에 자리잡았다. 반짝이는 스크린과 움직이는 마우스, 가상 현실의 세계는 이미 익숙해져있던 전통적인 삶의 방식과 사고방식을 전복시켜버린 후, 자유·민주·개방·반항·공유의 사상을 주입시키면서, 단조로웠던 삶에 생기를 불어넣고 무뎌졌던 감각을 되살려냈다.

1. http://www.ngkj.gov.cn/Article_Show.asp? ArticleID=1714.

2. http://it.sohu.com/s2004/s221076790.shtml

# 제1절

## 신기한 만화경과 다채로운 신세계

TV가 세상을 이해하는 창구 역할을 했다면, 네트워크는 참신한 발언 플랫폼을 제공해주었다. 이 플랫폼에서 사람들은 피동적으로 정보를 살펴볼 수 있을 뿐만 아니라, 주동적으로 자신의 목소리를 낼 수 있게 되었다. 역사는 종종 아이러니한 멋을 보인다. 1970년대에 태어나 TV과 같이 성장한 세대는 어제까지 방송 및 신문과 함께해온 앞 세대 앞에서 득의양양 전자공업 사회와 함께한 자신의 사회친화력을 으스댔지만, 이제는 오히려 네트워크와 함께 성장해 온 십대, 이십대 앞에서 위축되고 말았다. 왜냐하면 이런 십대, 이십대들은 태어나서부터 네트워크와 친밀한 관계를 맺은데 반해, 우리 세대는 개인의 세계관과 지식체계를 비교적 완벽하게 구축한 후에야 등 떠밀려 네트워크 세계에 발을 디뎠기 때문이다. 현대 첨단기술로 무장한 네트워크는 신기한 만화경마냥 사람들의 일상적인 생활방식을 바꾸어놓은 동시에, 사람들의 심미적인 문화 향유방식까지도 바꾸어놓았다.

## 1. 온라인게임

게임에 대한 기호는 인간의 본질적인 욕구이면서 타고난 천성이다. 네트워크 시대에 있어서도 마찬가지이다. 다만 네트워크 시대의 게임은 이미 과거 물질적 제약에서 벗어나 선진 디지털 기술에 의해 가히 환골탈태라 이를 만한 대대적인 기술적 발전을 가져왔다. 상업자본의 지지 하에 네트워크 기술 전문가들은 동영상과 음성처리 기술, 애니메이션 제작기술, 가상 기술로 가상의 세계에서 현실세계와 상상의 세계를 재구축해 '카운터 스트라이크(Counter-Strike, CS)', '전설 (Legend)' 등을 대표로 하는 일련의 쌍방향 게임을 개발해냈다. 이런 게임들은 단조롭고 딱딱한 기존 게임의 단점을 극복하고, 게임을 좋아하는 본능에 근거해 생생한 캐릭터와 직관적인 장면, 험난한 과정을 통해 가상세계에서 사람들이 끊임없이 도전할 수 있는 기회를 제공함과 동시에 계속해서 게임 임무를 성공적으로 수행할 수 있도록 도왔다. 사람들은 게임을 통해 큰 쾌감과 만족을 얻고 스트레스도 해소했다. 이에 네티즌 특히 청소년 게이머들의 폭넓은 관심을 신속히 이끌어냄으로써, 거대한 온라인게임 시장을 형성했다. 강력한 수요의 자극을 받으면서, 중국의 온라인게임 업계는 불과 4년 만에 산업망(industrial chain)을 구축했고, 동시에 어마어마한 규모를 갖추었다.(그림 11-1-1)[1] 2000

그림11-1-1 게임 〈열혈강호(熱血江湖)의 일장면

---

1. 이 게임은 2006년 중국 국제네트워크 문화경기 '블루인터넷게임' 대상을 수상했다. 그림 출처는 http://www.ttlttt.com/News/xwdt/lxjh/200601/12758.html.

년 6월, 차이나 롯시너지 홀딩스(China LotSynergy Holdings Limited) 가 중국 본토에서 처음으로 대형 다자 온라인 RPG(Role-Playing Game) 〈왕중앙(The king of kings)〉을 정식 발행했다. 2001년 1월, 온라인게임 〈석기시대〉가 정식 출시되었는데, 그 해 온라인 게임의 규모는 비디오 게임 시장에 맞먹을 정도였다. 2002년 7월, 온라인 게임 〈전설〉은 PCU(Peak concurrent users) 수 50만명을 돌파함으로써 세계 최대의 온라인 게임으로 자리매김했다. 2001년 한 해만 해도 중국의 온라인 게임 시장 규모는 거의 3.1억 위안에 달했다. 인터넷 데이터 센터 (Internet Data Center, IDC) 는 2006년 중국의 온라인게임 시장 규모가 무난히 83.4억 위안에 달할 것으로 전망했다.

비디오 게임에 비해 온라인 게임의 최대 장점이라면 바로 충분한 인터랙티브 커뮤니티 작용에 있다고 할 수 있다. 이런 상호 작용은 게이머와 프로그램 사이뿐만 아니라 게이머들 간 경쟁에서도 온다. 광역망(WAN) 접속이라는 어마어마한 정보 고속도로는 중국 전 지역, 나아가 멀리 해외에 있는 게임 애호가들을 연결시켜 서로 게임을 하면서 승부를 겨룰 수 있는 환경을 제공해 주었다. 그래서 바둑(또는 장기) 마니아들은 이제 네트워크에서 같은 수준의 고수들을 많이 만날 수 있게 되어, 더 이상 과거처럼 같이 게임할 상대를 찾지 못해 고민할 필요가 없어졌다. 또한 '게임 성원 중 1명이 모자라 시작을 못하던' 아쉬움을 네트워크를 통해서 달랠 수 있게 되었다. 더욱 중요한 것은 온라인 게임은 애당초 다자 간 게임으로 개발된 만큼, 1대1로 교전 및 혼전도 가능한 게임조건은 확실히 게임에 빠져들 수록 그만둘 수 없게 만들었다.

## 2. '이메일'과 '채팅'

E-mail 또는 전자편지로도 불리우는 전자 우편은 가장 기본적이고 보편적으로 사용되는 네트워크 기능이다. 디지털 기술을 이용해 친구나 거래처에 보내는 전자 우편을 특수한 수자로 배열된 일련의 코드로 전환하여, 전세계에 분포된 광네트워크를 이용해 빛의 속도로 상대방의 컴퓨터에 전송한다. 특히 놀라운 점은 특수한 서비스를 필요로 하지 않는 한 이런 서비스가 대부분 무료라는 점이다. 누구든 어떤 시간대든 인터넷에 접속하기만 하면 여러 포털사이트에서 개인의 전자 우편 계정을 무료로 쉽게 신청할 수 있다. 무료 전자 우편 계정을 이용하면 이메일 실시간 교류를 부담 없이 즐길 수 있다. 잦은 이사로 연락처 주소가 고정적이지 않아 지인과의 연락이 단절되던 고충이 해결된 셈이다. 그리고 사무실에서 개인 편지를 받고 보내다 상사에게 들키는 일도 사라졌다. 엄청난 우편료나 전화비 명세서가 갑자기 들이닥치는 일은 더욱 없어졌다. 이제 이 모든 것을 이메일로 충분하게 해결할 수 있게 되면서, 이메일은 네트워크 시대의 통행증이 되었다.

'전자 우편'에 비해 실시간 상호작용을 더 효과적으로 체현한 것이 '인터넷 채팅'이다. 교류는 인간의 타고난 본능이고 채팅은 인간 교류 중에서도 가장 기본적인 형태이다. 현대사회의 비약적인 발전과 더불어 사람들은 정원이 있는 개방적인 집에서 점차 폐쇄적인 아파트로 옮겨 거주하게 되었다. 사람들이 서로 교류할 수 있는 공공 구역도 날로 축소되고 사람들 간 교류의 장도 점차 좁아지다보니 심지어 이웃끼리 서로 얼굴도 모르고 지내는 경우도 허다하다. 한편 사회는 날로 경쟁이 심해지고, 사람들 간의 업무 왕래까지도 날로 기술화, 실용화되다보니, 대인 관계는 날로 소원해지고 냉담해졌다.

그림11-1-2 《인터넷 채팅의 규화보전 (網絡聊天之葵花寶典)》의 겉표지

사람들은 날로 풍부해지는 물질적 부를 누리게 되었지만 동시에 이에 상응하는 심리적 스트레스를 받을 수밖에 없게 되었다. 이런 상황 속에서 인터넷 채팅의 출현은 사람들에게 감정을 터놓을 수 있는 장을 제공해 주었다. 개인 ID나 메신저, QQ ID로 여러 포털사이트의 채팅방에 가입만 해두면 관심 갖는 주제와 관련해 1대1 또는 다자 간에 교류를 할 수 있고, 삶과 일, 감정 심지어 프라이버시 등에 대한 자기 생각까지 거리낌 없이 이야기할 수 있으며, 중국의 전지역, 동서고금, 국내외 큰 사건 등에 대해서도 개인 관점을 자유롭게 펼칠 수 있다. 심지어 개인적인 불만이나 분노도 드러낼 수도 있다. 인터넷에서 사람들은 두꺼운 '탈'을 쓰고 있기에 현실 세계 속의 비웃음이나 체면, 비판과 질책에 신경 쓰지 않아도 되고, 다른 사람의 의견에 개의치 않고 자유롭게 자신만의 관점이나 느낌을 터놓고 표현할 수 있다. 그리고 그 개인적인 의견에 공감하거나 비슷한 관점을 지닌 네티즌들은 채팅을 통해 연락을 주고받으며 공감대를 형성하고, 더 나아가 진정한 네트워크 그룹을 형성하기도 한다. 특히 화상채팅이 생겨난 후, 사람들은 문자로 개인 생각을 전할 뿐만 아니라, 화면이나 음성을 통해 직접 교류도 할 수 있게 되었다. 따라서 채팅으로 인터넷 연애를 하는 젊은이들도 점점 늘어나고 있다.(그림 11-1-2)[1] 현대과학기술은 가상

---

1. 이 저서는 인쇄공업(印刷工業)출판사에서 출판했다. 인터넷 채팅에 적응하기 위해 이와 유사한 채팅 입문 안내서들이 많이 생겨났다.

세계에서 원초적이고 실질적인 인류의 교류 방식을 회복시켜 주었고, 자신의 무의식에 축적되어 있던 원초적인 인류의 기억을 되찾아주면서, 이러한 회귀에서 오는 친근감을 발견하게 했다. 이런 이유로 언제든 인터넷에 들어가보면, 넷이즈(Netease, 網易), 시나(SINA, 新浪), 써우후(SOHU, 搜狐) 등 포털사이트의 채팅방에 사람이 넘쳐나고, 각종 기기묘묘한 닉네임과 비슷한 발음을 사용한 88 (baba: bye−bye(안녕)), 3K4 (sankeysi: thank you(고마워)), 9494(jiusijiusi: Jiùshìjiùshì(그래그래)), 5376 (wusanqiliu: wǒ shēngqì le(나 화 났거든)) 등 얼핏보면 어리둥절해 질 수밖에 없는 채팅 언어들 천지이다. '구덩이를 파는(挖坑: 인터넷에 게시글을 올린다는 뜻)' 사람, '물을 부어 채우는(灌水: 게시글에 댓글을 단다는 뜻)' 사람, '벽돌로 치는(拍磚: 악플을 단다는 뜻)' 사람, 시비를 거는 사람 등 네티즌들은 각양각색으로 다양하다. 거리의 PC방 문을 열고 들어가 보면 언제나 채팅에 몰입 중인 젊은이들이 가득하다. 최신 통계에 의하면 중국 네티즌의 주당 채팅 시간은 이미 일인당 9.7시간에 달한다고 한다. 이로 보아 인터넷 채팅은 이 시대의 확실한 문화적 특징으로 자리매김한 것 같다.

## 3. 인터넷 잡지와 인터넷 문학

1995년 11월, 인터넷에서 독자들을 직접 만나 소통하는 네트워크 종합 문예주간 잡지 〈살롱(Salon)〉이 미국에서 탄생했다. 이 잡지는 인터넷에서 직접 독자들에게 읽혔으며, 독자들과 직접적으로 교류했다. 독자들에게 실명으로 토론에 참여할 것을 요구한 이 잡지는, 잡지에 대한 독자들의 의견을 즉시 정리해 이를 이 잡지의 내용에 포함시킴으로써, 최초의 인터넷 잡지로서의 가능성을 타진했다.[1] 뒤이어 중국의 인터넷 잡지도 우후죽순 쏟아져 나왔다. CCTV, 인민일보 등 언론 매체들은 전통 매체를 지속적으로 운영하는 동시에 인터넷 전자출판물을 대대적으로 확장함으로써 이미 확보한 정보자원 상의 우세를 인터넷 출판이라는 우세로 곧바로 전환시켰다. 그 후 일련의 유명 칼럼들이 너도나도 인터넷 전자판을 개설하면서 인터넷 신문, 인터넷 잡지, 인터넷 간행물들이 우후죽순 생겨났다. 이와 동시에 전통적인 서적도 네트워크라는 '대대적인 유행'에 휩쓸리면서 전자 도서 형식으로 독자들 앞에 나타났다. 동시에 황금 글방(黃金書屋), E-book 시공(E書時空), 백록서원(白麓書院) 등 일련의 유명 전자도서 웹사이트가 번영하기 시작했는데, 특히 기술의 발전으로 등장한 일종의 인문화된 전자 도서인 E-book은 인터넷 도서 발전의 신기원을 열어주었다. E-book은 새로운 편집 형식과 저렴한 제작 원가, 눈과 마음을 즐겁게 하는 읽기 방식으로 독자들을 광범위하면서도 신속하게 끌어들여, 점차 네티즌들의 각광을 받았다. 인터넷 도서의 번영으로 오랫동안 빛을 보지 못했던 서적들도 네트워크를 통해 끊임없이 모습을 드러내면서 서로 다른 시대, 다른 내용, 다른 언어로 된 도서들이 같은 웹사이트에서 한꺼번에 선을 보였다. 따라서 차를 타고 먼 도시로 가 도서를 찾아 볼 필요 없이, 마우스를 클릭하기만 하면 원하는 자료들을 쉽게 입수할 수 있게 되었다. 그야말로 '수재(秀才)는 문밖을 나가지 않고도 세상일을 훤히 알고 있다(秀才不出門, 便知天下事)'는 말이 이제 더 이상 꿈이 아닌 현실이 된 셈이다.

　　네트워크를 논하면서 인터넷 문학을 빼놓을 수 없다. 네트워크의 출현으로 문학 작품을 발표할 수 있는 관문이 대대적으로 낮아지면서 너도나도 예

---

1. 항이웨이(航億偉), 순옌신(孫晏新), 양마오둥(楊茂東), 『컴퓨터 사상고(電腦思想庫)』, 광저우(廣州)출판사 1997년 P.321.

술가의 꿈을 실현할 수 있게 되었다. 네트워크에는 엄격하고 까다로운 편집이나 편폭의 제한, 의구심으로 가득한 시선들이 없다. 오히려 '물을 부어 채우는'(댓글을 다는) 것을 반기고 독려한다. 이와 같은 환경은 오랫동안 억눌렸던 네티즌들의 창작 욕망을 대대적으로 불러 일으킴으로써 전국민적인 창작 열풍이 일어났다. 피쯔차이(痞子蔡)[1], 리쉰환(李尋歡)[2], 닝차이선(寧財神)[3] 등 대표적인 인터넷 작가들은 네트워크적인 사유 속에서 특유의 인터넷 언어로 소설, 시, 산문, 그리

그림11-1-3 〈정서적인 e-mail(情調e-mail)〉의 겉표지

고 딱히 장르를 특정지을 수 없는 문학작품들까지 수없이 창작해냈고, 이를 통해 새로운 문학형식인 인터넷문학을 탄생시켰다. (그림 11-1-3)[4] 내용적인 측면에서 인터넷문학은 흔히 자기감정, 무협소설, 귀신요괴, 공포 이야기 등을 주로 다루며 짧지만 힘 있는 언어를 사용해 정해진 방식과 규칙에 구애받지 않고 자유로이 글을 전개한다. 이들 중에서 권위적인 인터넷문학 작품으로는 유명한 인터넷 작가 피쯔차이가 창작하고 후에 TV드라마로도 촬

---

1. [역자주] 피쯔차이(痞子蔡: 건달 차이)는 차이즈헝(蔡智恒)의 필명이다. 타이완에서 태어난 그는 1998년 인터넷으로 발표한 〈첫 번째 친밀한 접촉(第一次的親密接觸)〉이란 인터넷 소설로 명성을 얻었다. 타이완 청궁(成功)대학 수리공학 박사 출신으로 대학교수로 재직 중이다. 그의 인터넷 소설들 중 히트작들은 드라마화되거나 영화화되었다.

2. [역자주] 리쉰환(李尋歡)은 루진보(路金波)의 필명이다. 그는 대학에서 경제학과를 졸업하고 인터넷 회사에 취업한 뒤 틈틈이 인터넷작가로 활동하기 시작했다. 2002년 인터넷 소설의 절필을 선언한 뒤 현재는 중국의 모 매스미디어 회사를 이끌면서 문화 전반의 책들을 출판하고 있다. 사실 '리쉰환'은 중국의 유명한 무협작가 구룽(古龍)의 대표적인 무협소설의 주인공 이름이다.

3. [역자주] 닝차이선(寧財神)은 천완닝(陳萬寧)의 필명이다. 상하이에서 태어난 그는 인터넷에서 무협소설을 발표하면서 명성을 얻었다. 하지만 2014년 마약 사건으로 체포된 뒤 반성하지 않는 태도를 보여 사회적 비난을 받았다.

4. 2002년 화샤(華夏)출판사에서 출판한 이 저서는 이메일 형식으로 대학교들 사이에서 널리 전파된 대량의 인터넷 문학작품을 수집해서 펴낸 것이다.

영된 〈첫 번째 친밀한 접촉(第一次的親密接觸)〉을 예로 들 수 있다. 그 뒤를 이어 전국적인 인터넷문학 창작공모대회가 여러 차례 개최되었는데, 이에 여러 유명한 작가들이 잇따라 가세하면서 인터넷문학은 계속적인 발전을 거듭하며 승승장구했다. 사람들의 인정 여부와 관계없이 인터넷문학은 이미 새로운 문학의 경계를 개척하고 있었다.

네트워크 자원이 충분히 이용되면서 인터넷 도서 및 인터넷 잡지와 구별되는 새로운 인터넷 일지가 생겨나게 되었는데 이것이 바로 흔히 말하는 '보커(博客)'이다. 중국어의 '보커'(博客)란 표현은 영어 단어 'Blog' 및 'Blogger'에서 왔는데, 'Blog'는 기실 'Web'과 'Log'라는 두 단어로 이루어진 합성어 'Weblog'의 약칭이다. 여기에서 'Web'과 'Log'는 각기 '인터넷'과 '항해일지'라는 기본적인 의미를 갖고 있는데, 한데 결합하여 'Weblog'로 쓰일 경우 인터넷에 구축한 일지를 뜻하게 된다. 또 'Weblogger'의 약칭인 'Blogger' 역시 원래 일상 기록 또는 'Weblog'를 늘 사용하는 사람을 뜻하지만, 여기서는 인터넷 일지를 쓰는 인터넷 작가를 가리킨다. 따라서 '블로그'라는 단어는 '인터넷 일지'나 이런 일지를 쓰고 관리하는 인터넷 작가를 뜻하는 용어인 셈이다. '일지'라고 하면 흔히 개인의 일상적인 생활 내용이나 사상감정 등을 기록하는 글만을 가리키는 것으로 인식되는 경우가 많다. 또 이런 글은 작가가 독자의 존재도 상정하지 않고 자신만을 위해서 쓴 글이기에 내용에 있어 개인 프라이버시적인 성격이 강하고 창작 형식 또한 자유롭다. 그러나 단순한 일지와 달리 '블로그'는 개인 생활을 기록하는 데만 그치는 것이 아니라, 전체를·발표한다든가 부분 공개·발표한다는 동기가 내포되어 있다. 기술적인 면에서 '블로그' 관리자는 웹사이트 주소와 패스워드를 친지들과 공유할 뿐만 아니라 아예 대외적으로 공개함으로써 개인의 생활 이야기나 생각, 관점, 정감 체험들을 공유한다. 따라서 기존의 일지와 달리 '블로그'에 글을 쓰고 관리하는 작업은 인위적인 또는 예술적인 요소가 가미된다. 본래 평범하고 질박한 사실 기록이 의식적인 관리로 탈바꿈되면서, 사상, 시사평론, 문화잡기, 서정 산문 등 표현력이 강한 형식으로 거듭난다. 여기에 사진 첨부, 음악 반주 등까지 곁들어지면서 그림과 글 모두를 풍부하게 갖춘 개인 일지가 된다. 따라서 이런 일지는 개인이 보고 듣고 느끼고 생각한 것과 같은 개인적인 내용 외에도 공유할 만한 부분까지도 갖추고 있다. 여기에는 자신의 감정을 호소할 대상을 찾거나 인간적인 교제를 갈망하는 '고독한' 현대인들의 정감적 수요에 정확하게 부합되는 측면이 있다. 블로그 특유의 비주류성과 다양성은 엘리트 계층을 대표로 하는 많은 국민들로부터 큰 사랑을 받았으며, 이런 과정을 통해 블로그는 결국 일종의 새로운 심미문화의 형식으로서 두각을 나타내게 되었다.

## 4. 가상 공동체

가상화 기술의 발전으로 가상 공동체가 생겨났다. 가상 공동체는 네트워크의 가상공간이 가진 장점을 모두 발휘해 현실세계에 대한 네트워크의 '복제'(clone)과 '개조'를 현실화했다. 이 가상공간에서는 누구나 임의로 개인 성별과 신분, 외모를 선택할 수 있고 가상화된 삶과 학습, 직장, 연애, 혼인을 경험할 수 있으며, 가상 은행에 가서 입금하고 가상의 시장에 가서 물건도 구입하고, 가상의 결혼등기소에 가서 결혼도 할 수 있다. 가상의 세계에서 사람들은 가상 사회의 법적 규제를 받고 별도의 윤리 원칙에 따라 생존한다.

현실 세계와 달리 가상 세계에서 사람들은 하드웨어와 소프트웨어 지원

외에는 자신의 재력에 의한 제약을 받지도 않고 물질적 조건의 보장을 필요로 하지도 않는다. 이는 사람들에게 감각적으로 '솔선하여 공산주의 사회에 진입'하는 가능성을 제공해 주었다. 이러한 가상 공동체에서 인간의 상상력은 현실 사회에 앞서 해방되며, 상상력의 동원은 심미활동과 긴밀히 연관되어 있어서 전반적인 가상세계를 하나의 예술적인 세계로 탈바꿈시킨다. 이 가상 공동체에서 사람들은 현실 속에서는 누릴 수 없는 삶을 체험하고 그 즐거움을 느낀다. 보다 더 중요한 것은 이런 체험과 즐거움은 무료일뿐더러 현실에서 오는 윤리적 제약으로부터 자유롭다는 점이다. 그래서 많은 사람들이 이런 가상세계에 빠져들어 헤어나오지 못하기도 한다. 심지어 현실세계와 가상세계의 경계가 흐릿해지는 경우도 있어서 한때는 가상 재산, 가상 혼인 관계로 인한 현실 속의 다툼이 끊이지 않고 신문과 웹사이트에 보도되기도 했다. 이 같은 상황은 사람들로 하여금 가상세계와 현실세계의 관계를 성찰하고 철학적, 윤리적, 법률적 등 여러 측면에서 가상공간에 대해 진지하게 연구하고 생각하는 시간을 갖게끔 했다. 가상사회는 이미 가상화 기술 자체가 지닌 의미를 초월해서, 기술적인 복제와 응용, 더 나아가 삶과 문화에 대한 사고가 되었다.

## 5. VOD와 FLASH

'주문형 비디오'로도 불리우는 VOD(VIDEO ON DEMAND)는 컴퓨터 및 네트워크 기술의 발전과 더불어 생겨난 것으로, 컴퓨터 기술, 통신기술, TV기술을 통합한 종합 기술이다. 정해진 시간에 보던 프로그램을 원하는 시간에 네트워크에 접속해 볼 수 있도록 비약적인 변화를 실현함으로써 시청자들에게 동영상, 화면, 음성, 문자 등이 종합된 정보들을 실시간으로 전송하고 재생시켜주는 주문형 비디오 조회 서비스를 제공할 수 있게 되었다. 전통적인 TV와 달리 VOD는 원하는 시간대에 시청자들이 원하는 내용의 프로그램을 시청할 수 있게 했을 뿐만 아니라, 댓글을 올리고 평가를 하는 등 방송 과정에도 참여를 할 수 있어, 제공받는 정보에 대한 직접적인 반응과 통제가 가능해졌다. 이러한 기술의 출현으로 비디오 프로그램이 갖추지 못하고 있던 부분들이 보충되면서, 문화 교류 및 예술 전파가 크게 발전하여 여러 예술 형식이 일반 대중들의 삶 속에 침투되었다.

플래시(Flash) 예술은 네트워크와 더불어 발전했다. 사람들이 최초로 접한 플래시 작품은 카드 메일과 MTV었지만, 지금은 Flash 동영상이 가장 유행하고 있다. 현재 '첨단 신세대'로 불리우는 이들에게 Flash 동영상을 만드는 '산커(閃客)'[1]가 이미 해커(hacker)를 대신해 가장 사랑 받는 우상이 되었다. Flash 동영상은 바로 이런 '산커'들의 대대적인 추동 하에 끊임없이 성장하고 있다. 하지만 기술 및 네트워크의 제한 때문에, Flash 동영상은 제한된 시간 내에 풍부한 감정과 복잡한 사상을 표현하면서, 매끄러운 화면으로 섬세한 감정을 전달하고 독특한 구도와 색채로 감정 기복을 그려내며, 세부적인 처리를 통해 인물의 내면을 부각시켜야 했다. 그래서인지 대부분의 작품은 짧지만 힘 있고 구도가 독특하며 깊은 여운을 남긴다. 또한 기술이 끊임없이 업그레이드되면서 인터랙티브 애니메이션(Interactive animation)이 생겨나게 되었는데, 이로써 시청자들의 참여를 이끌어 내 상호작용이 가능해졌다. 이는 현대인의 정신적 수요에 잘 부합하였다. 특히 청소년들로부터 광범

---

1. [역자주] 중국어에서 Flash를 즐기는 사람들을 칭하는 말이다.

그림11-1-4 flash예술: 만화 아구이의 명장면

한 인기를 이끌어내고 '쉐춘'(雪村)[1] 시리즈, '아구이'(阿桂) (그림11-1-4)[2], 샤오샤오(小小)시리즈[3], '마시마로(Mashimaro: 엽기토끼)', 스누피 (Snoopy) 등을 대표로 하는 플래시 동영상들을 탄생시켰다.

한편 네트워크의 보급과 발전은 인터넷 뱅킹, 인터넷 쇼핑, 온라인 교육, 원격 의료 등 일련의 신흥 산업을 등장시키고 번성케 했는데, 이는 인간의 활동 범위와 영역을 더할 수 없이 크게 확장시켰다. 이로 인해 인간의 사고방식과 생활방식은 차츰 전통적인 틀에서 벗어나 대대적인 변동, 창신(創新), 발전의 새 시대로 진입했다.

---

1. [역자주] 쉐춘은 중국의 가수로, 당초 그의 노래를 가지고 플래시 동영상 뮤직비디오를 만드는 것이 유행했었다.

2. 그림 출처는 http://www2.flash8.net/Uploadnews/200706/20070605141532966.jpg.

3. [역자주] 샤오샤오는 작가 이름이다.

## 제2절

# 우상의 황혼과 청춘의 시대

"기술의 발전과 현실 세계에 대한 개척은 인성의 개방성과 미완성성에서 비롯되었다. 삶의 세계가 끊임없이 앞으로 나아가고 계속 이어지기에, 인성의 깊이도 잠재적인 상태로부터 드러날 수 있게 되었다."[1] 현대 통신기술 및 정보기술의 집대성인 네트워크 역시 과학기술임에 틀림없다. 그러나 네크워크는 기술일뿐만 아니라 나아가 문화적 산물과 인성의 선택이면서 시대의 시작을 의미하기도 한다.

## 1. 우상의 황혼시대

정보는 일종의 자원이고 지식은 권리를 의미한다. 네트워크 미디어가 생겨나기 전 특히 오랜 역사시기 지속된 농경사회에서는 낮은 사회생산력과 제한된 기술수준으로 인해 심미활동이 늘 문화와 지식을 지닌 상류사회의 사치품으로 간주되어 왔다. 이런 사치품은 권력과 지위가 있는 소수의 관리나 승려, 전문가들에게 장악되거나 묘당 또는 깊은 산중이나 높은 누각에 고이 잠자고 있어, 일반 민중에겐 신비한 대상에 지나지 않았다. 당시 심미문화는 정보 외에도 일종의 소비 및 향유의 대상이자 자신이 가진 권리와 지위를 보

---

1. 돤웨이원(段偉文), 『네트워크 공간에 대한 윤리적 반성(網絡空間的倫理反思)』, 장쑤런민(江蘇人民)출판사, 2002년, P.4.

여주는 상징이었다. 따라서 경제 및 지식의 제약으로 일반 민중들은 심미문화의 대상에서 제외되고 정신세계의 약소군체가 될 수밖에 없었다. 그러나 사회 발전과 과학기술의 진보로 인류가 산업사회로 들어서게 되면서 신문, 방송, TV 등 새로운 교류방식과 언론매체가 점차 생겨나고, 지식의 교류와 문화 전파가 날로 빈번해졌다. 이에 따라 심미문화도 교육과 상업화를 통해 신단(神壇)에서 내려와 점차 일반 민중들의 삶 속으로 걸어들어갔다. 하지만 대중들은 네트워크 미디어가 생기고나서야 비로소 심미문화를 소비할 기회를 얻었을 뿐더러 심미문화를 창조할 권리도 갖게 되었다. 시장경제 하에서는 신세대 문화 엘리트, 미를 연구하는 전문가, 현대미학가와 예술가들이 어떤 목적으로 미를 연구하고 이용하건 그리고 미와 심미에 대한 발언권이나 해석권을 독점하는 것이 의식적이었건 무의식적이었건 간에 모두 광범위한 대중들의 참여를 보여 주는 인쇄 부수, 영화 흥행 수입, TV 시청률, 클릭율을 고려할 수밖에 없다. 더욱이 네트워크를 이용하는 대중들은 마우스를 움직여 심미문화의 취향과 이상을 좌지우지할 수 있을 뿐만 아니라, 키보드로 그러한 취향을 직접 만들어 내고 이상을 실현할 수도 있다.

포스트모더니즘 이론의 산물인 네트워크는 세계에 대한 인간 탐구의 최신 성과들을 집결시켰으며, 그 특유의 탈중심적인 반항과 자유주의적 성향으로 전통적인 전파 패턴을 철저하게 바꾸어 놓았다. 전통적인 기술 발전과 달리 네트워크 기술은 처음부터 이와 정반대 사유 방식을 취했다. 즉 중심을 강화하고 안정시킴으로써 시스템 전반의 내구성을 향상시키는 것이 아니라, 권력과 지식을 해체해 중심을 없애고 평면화시킴으로써 시스템의 전반적인 생존능력을 향상시켰던 것이다. 래리 로버츠(Larry Roberts)라는 천재의 패킷 교환(packet switching) 기술은 궁극적으로 '중심'의 존재를 없애버려 네트워크를 무중심, 무권위의 세계로 바꾸어 놓았다. 중심의 해체는 권위와 우상의 소멸을 가져오기 마련이다. 네트워크에는 통일된 지휘센터나 단일화된 정보 루트가 아예 없기 때문에 모든 PC가 정보를 송·수신할 수 있다. 그래서 IP 주소를 가진 컴퓨터 사용자라면 누구든 평등한 지위와 권한을 지닌다. 네트워크에서 '네가 개 같다는 것을 아무도 모른다'란 표현은, 이것이 기호행위라는 것 말고는 네트워크 뒤에 숨겨진 이른바 현실에 대해 알 수가 없다는 뜻이다. 따라서 '개'와 사람은 같은 발언권을 가진 셈이 된다. 이는 '하나에서 여럿으로' 이행되는 전통적인 발산식 전파 패턴을 '여럿에서 여럿으로' 이행되는 평면식 전파 패턴으로 바꾸었다. 이로써 엘리트와 대중은 같은 출발선에 서게 되었고, 나이 지긋한 교수든 아는 것이 적은 어린 초등학생이든 상관없이 모두 자유롭게 개인 관점을 발표하고 같은 정보 마당에서 정보를 얻을 수 있게 되었다. 이에 따라 사회 통제는 점차 일방적인 지배 관계에서 다각적인 대화, 대응, 상호작용 관계로 변화하였다. 심미주체 간의 불평등 지위가 철저하게 대등해진 것이다. 한편 전세계를 서로 연결시키는 '정보 고속도로'인 네트워크는 완전히 개방적이다. 어떤 사용자든 가입 및 탈퇴가 자유로우며 세계 어디에서든 IP주소를 가진 임의의 컴퓨터로 검색사이트를 방문하기만 하면 원하는 소스를 얼마든지 얻을 수 있고 정보를 세계와 함께 공유할 수 있다. 이런 측면에서 볼 때 과거 특정 민족의 코드이자 정보로만 간주되던 문화적 요소들도 이제는 절대적인 의미를 잃은 셈이다. 따라서 네트워크가 생기기 전에 일부 소수인들에 의해 독점되었던 소스와 정보는 외국에 가지 않고도 손쉽게 구할 수 있는 '중국산(Made in china)'으로 전환되었고, 지식 독점에 의해 유지되었던 우상과 권력은 존재의 기반을 잃고 신단에서 내려와 대중들과 가까워질 수밖에 없었다. 이 시기 대중들에게 참여와 대화, 나아가 마음껏 즐길 수 있는 장이 마련되었고, 이 장을 통해 기존의 억압 받던 예술창작 욕구와 심미비평의 열정을 모두 펼칠 수 있게 되었다. 결국 권위와 중심, 주류가 사라진 대중 심미시대가 도래한 셈이다.

## 2. 청춘을 마음껏 발산하는 공간

네트워크 시대는 개성 충만한 시대이다. '디지털 시대는 진정한 개인 시대의 도래'를 의미한다. 비집단적 매체도구인 네트워크는 사람들에게 개성화와 다양화된 정보의 장을 충분히 향유하고 선택하게 해주었다. 이로써 다양화와 이질화(異質化)를 표현하고 인정하며 받아들이고 추구하는 것이 유행하게 되었고, 차이와 개성을 존중하는 것이 보다 선진화된 표현으로 간주되었다. 인류가 점차 자신의 성격을 창출하고 소비하는 시대로 들어서게 된 것이다. 한편 네트워크는 거대한 저장량과 자유로운 표현이라는 특성을 지니고 있어서 예술 표현의 문턱을 낮춤과 동시에 전통과 실용성이란 압박에서 벗어난 개체들이 드높은 예술적 열정을 쏟아내게 함으로써 '개개인 모두가 예술가'라는 모토가 네트워크에서 실현되게 하였다. 오늘날 네트워크 세계에서는 누구나 키보드를 치고 마우스를 움직이기만 해도 글짓기, 그림 그리기, 작곡 등 예술창조 활동들을 할 수 있어서 전통적인 작가, 화가, 음악가가 가지고 있던 아우라를 없애버렸다. 이에 작가 왕숴(王朔)도 "우리는 더 젊은 작가가 아니라 글짓기 능력을 가진 모든 대중을 상대해야 한다."[1]라고 탄식할 정도였다.(그림 11-2-1)[2] 한편 글로벌화된 네트워크는 심미주체 간의 문화적, 지역적 장벽을 초월해, 예술적, 미학적으로 뛰어난 전세계 작품

---

1. 천춘(陳村), 『모기의 유서(蚊子的遺書)』, 화청(花城)출판사, 2000년, P.404.

2. 2005년 후거(胡戈)가 제작한 이 인터넷 단편 소설은 젊은 네티즌 중에서 '엽기(惡搞)문화' 운동을 일으켰다.

들을 언제든 쉽게 감상할 수 있
게 해주었다. 이는 주체의 심미
능력과 예술 시야를 크게 향상
시키면서, 새롭게 합리화되고 공
공화된 공간을 더욱 생동감있게
만들어 주었다. 예술이 엘리트라
는 울타리를 벗어나 점차 대중들
의 삶으로 파고들어감으로써 고
급문화 의식이 점차 옅어지기 시

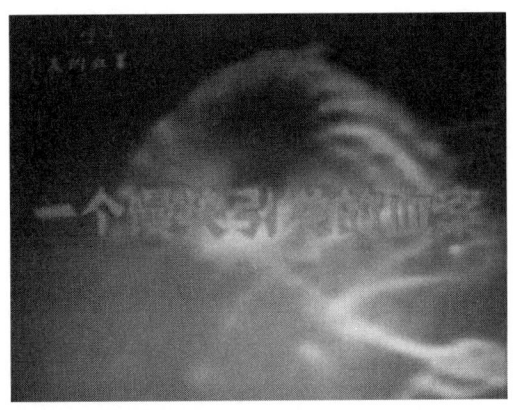

그림11-2-1 네트워크 비디오 〈만터우(饅頭)하나로 빚어진 살인
사건(一個饅頭引發的血案)〉의 시작 자막

작했다. 이제 인류는 기준으로 삼을 경전도 없고 또 어느 것이 경전인지도
확실치 않은 시대로 접어 들어서기 시작했다. 황제가 물러나고 신이 죽어가
고 우상이 추락하는 과정 속에서, 새로운 심미의식이 점차 잉태되고 통합되
고 탄생했다.

네트워크 시대는 청춘의 시대, 젊은이들의 시대이면서 지식 피드백과 문
화반역(叛逆)의 시대이다. 네트워크의 발전과 함께 성장해온 젊은 세대들은
네트워크에 특별한 친화력을 지니고 있다. 그들은 네트워크 게임 룰에 익숙
해 네트워크의 발전 방향을 주도하며 네트워크의 미래를 짊어지고 있다. 아버
지 세대들은 보기만 해도 두렵고 조심스러운 네트워크를, 젊은이들은 물 만
난 물고기처럼 다룬다. 니컬러스 네그로폰테(Nicholas Negroponte)가 "최
근 시디(CD)라는 새로운 세상을 발견했다고 어떤 어른이 얘기를 한다면, 그
집에는 틀림없이 5~10살 되는 아이가 있을 것이고, 네트워크가 어떤 것인지
알게 되었다고 어떤 부인이 말한다면 분명 사춘기 자녀가 있을 것이다."[1]라

---

1. 우보판(吳伯凡), 『외로움의 광분(孤獨的狂歡): 디지털시대의 교류(數字時代的交往)』, 중국인민대학교(中國人民大學)
   출판사, 1998년, P.39.

고 말했듯이, 네트워크 앞에서 젊은이들은 자연히 아버지 세대의 스승이 되어 이들 세대에게 자신들의 문화이념과 심미의식, 심미정취들을 주입시킴으로써 문화적 피드백을 형성했다. 또한 네트워크 시대는 성인 전문가들의 시대가 아니라 젊은 기술 '영웅'의 세상이다. 1970년에 태어난 프리드만(Avi Freedman)은 8살 때 BASIC 프로그램 언어를 마스터했고 12살 때 이메일과 Usenet를 능숙하게 다루었으며, 아버지의 컴퓨터에 깔린 Unix 시스템의 어려운 명령어들까지 속속들이 알고 있었다.[1] 악명 높은 해커그룹 '기만고수'의 창시자 중 한 사람인 존(John Li)은 12살 때부터 해커로 활동했는데 컴퓨터의 "5개 키보드를 누르는 것만으로도 범죄를 저지를 수 있다."는 본인의 호언장담처럼 그는 손쉽게 은행 대출 기록과 은행 적금 잔액을 바꾸고, 공항 리무진 버스와 비행기, 호텔 투숙, 식사 등을 모두 무료로 이용하기도 하며, 공공사업 비용과 집세를 변경하고, 모든 인터넷 사용자를 상대로 컴퓨터 소프트 프로그램을 무료 배포하면서 관련 거래 정보를 쉽게 얻기도 했다.[2] 현재 인터넷을 자주 이용하는 네티즌 중에 18~24살의 연령대가 제일 많아서 전체 39%를 차지하는 것을 보면 네트워크는 실로 젊은이들의 세상이라고 해도 과언이 아니다.

또한 네트워크 시대는 히피(Hippie)와 카우보이(cowboy)의 시대이다. 1960년대 히피운동(hippie movement)이 주도했던 자치주의와 민주관념은 네트워크 기술에 튼튼한 사상적 기초를 제공했다. 1970년대 리드 컬리지(Reed College)에서 퇴학당한 스티브 잡스(Steve Jobs)는 개인용 컴퓨터를 발명했고 21살 때 차고에서 세계적으로 유명한 애플(Apple) 컴퓨터회사를 창립했다. 1980년대 20대 안팎의 대학생들은 헤아릴 수 없이 많은 전자게시판

---

1. 우보판, 위의 책, P.99.

2. 후융(胡泳), 『추악한 존재이면서 낙오자인 우리(我們是醜人和Luser)』, 해양(海洋)출판사, 1997년, p.61~62.

(BBS)과 유즈넷(Usenet)이라는 네트워크 기반 디렉터인터렉션 시스템(non hierarchical joint system)을 만들어 개인용 컴퓨터의 네트워크 연결을 현실화했다. 1990년대에는 '20대 CEO' 빌 게이츠(Bill Gates)가 끊임없는 업그레이드를 통해 마이크로 소프트(Microsoft Inc) 제국을 일구었다. 네트워크의 탄생과 발전에는 줄곧 '끊임없는 탐구정신'과 '도전적인 청년정신'이 뒤따랐다.

네트워크 시대는 더욱이 반권위, 반규약적인 '자아 윤리 의존'의 시대이다. 캐나다 오타와에 있는 칼턴대학교(Carleton University)의 크레이그 맥키(Craig Mckee)는 "그 누구도 네트워크를 설계한 적은 없다. 네트워크에는 규칙도 법률도 없다."[1]라고 지적했는가 하면, 로저 페더러(Roger Federer)도 "네트워크에는 대통령이나 CEO처럼 중심 위치에 있는 지도자가 따로 없다."[2]는 점을 강조했다. 네트워크 시대의 지식 영웅은 히피의 반항 정신과 카우보이의 탐험 정신으로 넘친다. 이들은 기존의 법칙에 의지하지 않거니와 안내를 필요로 하지 않고, 주로 자기의 판단능력과 대응능력으로 네트워크 기술의 세계에서 자유롭게 노닌다. 이들은 또 '자기 윤리 의존'을 개인 기술 활동의 행위규범으로 삼고 '발명 강박증'의 지배 하에서 기존의 기술형태와 수준에 대해 '창조적인 파괴'를 가한다. 억누를 수 없는 발명의 충동은, 이들이 끊임없이 자기자신을 부정하고 돌파함으로써 혁신에 혁신을, 발명에 발명을 거듭하게 한다. 이런 측면에서 네트워크는 창조적인 생활의 새로운 가능성과 새로운 심리적 나이와 과학기술의 반영도가 날로 높아지는 생활방식을 보여준다고 말할 수 있다.

---

1. 셜리 비아지(Shirley Biagi), 『미디어와 충격(媒介與衝擊, Media Impact)』, 자오징숭(趙敬松)역, 둥베이재정대학교(東北財經)출판사, 2000년, P.230.

2. 셜리, 『미디어와 충격』, 자오징숭 역, 둥베이재정대학교출판사, 2000년, P.230.

이런 독특한 문화적 맥락 속에서 네트워크는 청년들의 솟구치는 격정을 쏟아내게 하고, 반항적인 자세로 우상의 망혼을 짓밟고, 완전히 새로운 문화 경관을 그려냈다. 아울러 격정과 자유, 활력으로 넘치는 새로운 심미적 풍격을 창조함으로써 현대 심미문화에 이질적인 변이의 아름다움을 제공해 주었다.

# 제3절

# 정보 자료의 아노미와 문화적 식민지배

과학기술은 양날의 검과 같다. 과학기술의 산물인 네트워크는 민주, 문명, 진보를 가져오지만, 동시에 사람들에게 큰 우려와 공포도 안겨준다. 네트워크는 아직도 빠르게 발전하면서 끊임없이 완벽을 기해가는 단계이지만, 일련의 문제가 제기되는 것 역시 불가피하다. 따라서 이런 문제를 어떻게 대하는가가 중요하다. 중심이 갑작스럽게 사라지고 지도자가 차츰 사라지게 됨에 따라 네트워크는 지키는 사람이 없는 자치도시가 되면서, 정보는 범람하고 아노미 상태에 빠진 사람들로 가득한 상황에 놓이게 되었다. 지역과 시대의 벽을 넘어서 서로 다른 문화와 문명이 어떤 사전 준비도 거치지 않고 같은 공간에 평면적으로 놓여지게 되자, 상호간 끊임없이 충돌하고 대화하고 융합하게 되었는데, 여기에는 문화식민지의 어두운 그림자도 드리워져 있다.

## 1. 정보의 무질서

가상의 신분은 심리적으로 도덕적 저항선을 무너 뜨리고, 도덕적 아노미는 욕망의 범람을 낳았다. 현대 과학기술의 집대성인 네트워크 기술은 서적, 신문, 방송, 영화, TV 등의 장점을 살리고 문자, 소리, 영상, 그림을 통합해 리얼한 가상 공간을 창조해냈다. 이 가상 공간에서 주체의 신분은 자유롭게 선택할 수 있다. 즉 아이가 어른 신분으로 위장할 수도 있고, 남자가 여자처럼 꾸밀 수도 있다. 이 모든 것은 가상이고 선택 가능한 것이어서, 그 누구도 진실된 신분을 모르고 또 관심도 없다. 따라서 이런 특정적인 환경에서 주체는 완전히 자신의 신분과 외부의 규범에서 오는 제약에서 벗어나 자유롭게 개인 정감과 정서를 터놓고, 억압된 자아가 마지막 심리적 저항선을 넘으면서 판도라(Pandora) 상자의 두껑을 연다. 철저한 자아 표현은 일상생활에서 쓰고 있던 허위의 가면을 벗게 한다. 이는 비실용적이고 자유로우며 자각적인 창작과 발산으로, 가장 본질적인 인성의 일면을 보여주는 동시에 인류 예술에 있어서 원시 시대 본연의 모습으로 회귀하게 한다. 문명은 본능에 대한 억압을 기초로 수립된 것이기에, 야만시대의 '짐승'에서 문명시대의 '인간'으로 발전하는 과정 중 야수의 본성과 인성의 상호 투쟁 속에서 인성이 끊임없이 진화하면서, 이드(Id)-자아(Ego)-초자아(Super Ego)의 심층적인 심리구조를 지니게 되었다. 일상생활에서 이드는 외재적인 문명과 질서에 의해 억압당해 합법적인 형식으로 드러날 수가 없었기에, 위장이나 변형을 거친 은유적인 문예창작을 통해서만 표출이 가능했다. 그러나 억압에서 벗어난 가상 환경에서 공공 문화 공간은 개인적인 발언권을 최대로 확보해주었다. 사람들은 본능과 욕망이 고삐에서 풀려난 야생마처럼 도덕과 규범의 억압을 완전히 벗어나 네트워크 세계에서 종횡무진했다. 이런 무책임한 심리상태 속에서 인류의 모든 정신적 추구를 대서사(grand narrative) 기법으로 표현하는 전통 방식이 사라지고 일상생활에 대한 수사학적인 처리도 포기하게 되었다. 정서만 발산하고자 할 뿐, 심각하고 복잡한 고난이나 우환이나 비판의식은 찾아볼 수 없었다. 이는 궁극적으로 나르시시즘, 무분별한 욕망, 퇴폐, 대중영합 등을 비롯한 네트워크 예술의 부정적인 측면을 키웠다. 가상

세계 속에서 개인이 맺고 있는 여러 관계들은 수시로 포맷(format)해서 재설정이 가능했다. 모든 것을 무(無)로 되돌릴 수 있기에 자아만이 유일하게 진실한 존재였다. 타인은 세상밖 지옥으로 보내버리고, 자기자신을 중심으로 설정하면서 개인의 생존만을 유일한 목적으로 삼았다. 인간의 심층 심리 속에 존재하는 자기만족, 나르시시즘 등 원초적인 정서들이 주류적 위치를 점하게 되면 주체는 퇴폐적이고 천박한 가상의 세계에 완전히 침몰하고 만다. 이렇게 되면 네트워크는 다음과 같이 악마의 영토로 전락하는 셈이다.

첫째, 음란물과 폭력이 범람한다. 미국 카네기멜론 대학교(Carnegie Mellon University)의 한 데스크포스팀은 18개월에 걸쳐 92만 편의 인터넷 정보, 그림, 동영상을 조사했는데, 그 결과 83.5%가 음란한 내용을 포함하고 있었고 전자게시판(BBS)에 저장된 데이타와 이미지 중 4/5가 포르노였으며, '성(sex)', '누드(nude)', '성인(adult)', '여성(women)', '나체(naked)'와 '에로틱(erotic)' 등 포르노 관련 언어가 여러 인터넷 검색 엔진에서 상위권에 랭크된 것으로 나타났다. 날로 늘어만 가는 포르노 사이트는 세상 물정 모르는 청소년들을 끊임없이 유혹해 헤어나지 못하게 만든다. 일부 웹사이트들은 이윤을 얻고자 네티즌의 엽기 심리에 맞추어 공포와 폭력을 제멋대로 유포하고 각종 폭력 게임과 공포스러운 사진들을 제작해 심각한 사회문제를 불러 일으키고 있다.

둘째, 네트워크 해커가 횡행한다. 개별 웹 사이트의 무분별한 유포로 많은 청소년 특히 신세대들은 비정상적인 심리상태로 너도나도 네트워크 '해커'를 우상처럼 숭배하게 되었다. 상하이(上海) 지역의 일부 초등학교를 상대로 한 조사에 의하면 전체 42.5%의 초등학생이 '해커'를 숭배하고 32.5%의 초등학생이 '해커'가 되고 싶어 하는가 하면, 이 수치조차 날로 늘어나는

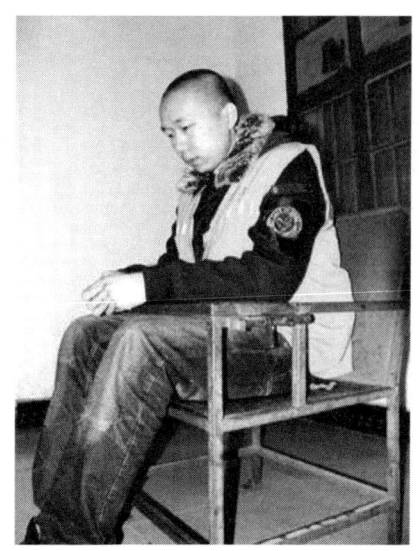
그림11-3-1 슝마오사오샹(熊猫燒香), 바이러스를 제작한 리쥔(李俊)

추세에 있다고 한다. 통계에 의하면 현재 90% 가까이 되는 중국 웹 사이트가 해커의 공격을 받은 적이 있는 것으로 나타났는데, 해커의 성행은 정상적인 네트워크 질서를 혼란에 빠트려 네트워크 운영에 영향 주고, 더욱이 일부 청소년들을 유인해 범죄의 구렁텅이에 빠져들게 한다.[1] (그림 11-3-1)[2]

셋째, 온라인 게임 중독이다. 이른바 '인터넷중독(internet addiction)'이라는 것은 의학적인 면에서 환자가 무절제한 인터넷 채팅이나 게임 또는 정보수집으로 인해 신체 건강에 영향을 주고, 일상생활에서 각종 이상 행동과 심리적 장애를 동반하는 경우를 가리킨다. 과학연구에 의하면 오랜 시간 인터넷 게임을 하면 심리적 건강과 감정에 병적 증상과 문제를 쉽게 유발한다고 한다. 컴퓨터 시각증후군(Computer syndrome), 인지적 착각(Cognitive illusion), 컴퓨터 마니아(Computer mania)와 더불어 심각한 정신 착란과 시력 저하가 나타나기도 하고, 신경쇠약, 불면, 두통, 어깨와 허리통증뿐만아니라(그림 11-3-2)[3] 성격까지 괴팍해지고 주변 일엔 무관심해져 다른 사람과의 교류와 소통에 심각한 장애를 겪는 사람들도 생겨나고 있다.

1. 치지, 주원나(亓紀, 朱文娜), '(네트워크는 얼마나 되는 청소년들을 해쳤던가--청소년 인터넷문제가 일으킨 사회문제를 둘러싸고(網絡呑噬了多少少男少女--青少年涉網引發的社會問題掃描)', 『민주와 법제(民主與法制)』, 2002년 제6기.

2. 2006년 10대 네트워크 바이러스 중 최대 바이러스를 만들어낸 리쥔(李俊)에게 현재 사법기관에 공소가 제기되었다. 그림 출처는 http://news.xinhuanet.com/legal/2007-02/14/content_5737518. htm.

3. 그림 출처는 http://cq.qq.com/a/20070203/000017_6.htm.

넷째, 기형적인 사이버 러브(cyber love)이다. 가상의 네트워크는 젊은이들에게 은밀한 감정을 발산할 수 있는 공간을 제공했다. 그러나 '가상의 인간'이라는 신분은 이들이 개인 감정에 대한 억압에서 벗어나기 위한 위장된 이미지로, 이러한 이미지를 이용해 이성과 채팅하고 사랑을 나누는 것으로써 자신의 욕망을 채운다. 이는 러브게임과 같은 기형적인 심리를 조장할 뿐만 아니라, 가벼운 장난을 진심으로 착각해 일부 젊은이들이 감정상의 비극을 빚거나 범죄행위까지 저지른다.

요컨대 네트워크 정보시대 있어, 본능의 범람과 도덕적 아노미는 이미 우리가 직시하고 해결하지 않으면 안될 중요한 문제로 대두되었다.

정보의 통제력 상실은 필연적으로 정보의 범람을 가져오고, 정보의 범람은 필연적으로 주체의 공황을 초래한다. 정보시대의 총아인 네트워크는 대용량 저장 능력과 광전도 기능을 이용해 정보 전파의 속도와 용량 두 측면에서 발전을 거듭해왔다. 이러한 발전으로 정보를 보다 신속하게 배치하고 공유하게 되면서 그 결과 정보 가치가 평가절하되었다. 네트워크가 가져온 갑작스런 이 정보의 '향연'으로 사람들은 미처 진지하게 반성하거나 음미해 볼 틈도 없이 삽시간에 정보들로 온머리를 가득채웠다. 최초의 광분을 겪고 난 뒤 모든 것이 평온을 되찾게 되고 나서야 사람들은 자신이 이미 정보의 미궁에서 길을 잃고 새로운 공황에 빠졌다는 사실을 발견하게 되었다.

네트워크 덕택에 신속하고 즉시적이며 전면적인 정보 수집이

그림11-3-2 인터넷에 빠져 여자친구를 잃게 되자 컴퓨터에 봉인 용지를 붙여 놓고 '컴퓨터에서 손을 떼기'로 결심한 한 남자

너무나 쉽게 가능해졌다. 컴퓨터를 켜서 검색 엔진 검색창에 키워드를 입력하고 엔터 키를 치기만 하면 순식간에 어마어마한 양의 관련 정보들을 수집할 수 있다. 하지만 모든 기술들이 부정적인 효과도 지니고 있듯이 네트워크도 예외가 아니다. 네트워크는 우리에게 정보를 가져다주면서 새로운 문제도 야기시켰다. 이를테면 인터넷 상의 정보 규모가 어마어마하기는 하지만 '정보 관리자'가 없어 통제되지 않은 탓에 일부 체계적이지 못한 정보들은 자원을 구성하기는 커녕 오히려 정보를 오염시키고 정보에 종사하는 사람들의 '적'이 되기도 한다. 비록 인터넷에 이미 WWW 검색 엔진(search engines)이라는 검색도구가 생겨나 사람들이 검색 엔진을 이용해 정보 검색을 할 수 있음에도 불구하고, 검색 엔진이 근본적으로 문제를 해결할 수는 없다. 그 이유는 첫째, 현재 최대의 인터넷 검색 엔진의 경우에도 삼분의 일 내외의 정보 자원밖에 확보하지 못한다. 이에 모든 사이트를 검색 대상으로 한 검색이 불가능해서 일부 정보의 누락을 불러올 수도 있다. 둘째, 인터넷 검색 엔진은 기계적인 프로그램인만큼 검색자가 제공하는 키워드에 근거해서만 기계적인 검색이 가능하고, 키워드와 관련된 모든 검색 정보들을 독자들에게 제공한다. 그러나 검색결과에는 불필요한 정보들도 적지 않게 섞여 있고, 이러한 불필요한 정보들은 유용한 정보들을 찾는 데에 오히려 장애가 된다. 또한 검색 엔진은 업데이트 속도가 상대적으로 늦어 변화발전하는 네트워크 정보와 일치할 수 없기에 뒤처지기 일쑤일 뿐만 아니라 불필요한 정보들도 많이 생겨난다. 어마어마한 양의 정보 입수와 불필요한 정보의 방해는 사람들이 정보의 미궁에 빠져 헤어나오지 못하도록 만들어 버린다. 결국 정보를 검색하던 주체는 주도성을 상실하고 정보에 의존하는 정보의 노예로 전락하고 만다.

정보를 정확하게 구분하고 선별할 수 없기에 대량의 불필요한 정보가 유용한 정보들 속에 섞여 있어 '그레샴의 법칙(Gresham's Law)' 현상을 불러온다. '그레샴의 법칙'이란, 저질품이 범람하면 결국 고급 상품이 시장에서 퇴출되고 값싼 저질품만 시장에 남게 된다는 법칙이다. 이는 인터넷에서 아주 뚜렷하게 나타나는데, '정보관리자'의 엄격한 심사가 이루어지지 않은 관계로 훌륭한 예술작품이라 하여도 저열한 작품과 구분되지 않다보니 우수한 작품들이 금세 저열한 작품들의 물결에 의해 밀려난다. 훌륭한 예술작품은 자신의 생명주기와 맞지 않는 시간에 어쩔 수 없이 모니터 화면에서 밀려나고 만다. 가치를 지닌 많은 것들이 안타깝지만 이렇게 매몰되고 있다. 한편 정보의 과다 적재는 심각한 정보오염병인 '츠쿠바병(Tsukuba disease)'을 초래하기도 한다. 1963년 일본은 도쿄에서 북동쪽으로 60km 떨어진 이바라키현(茨城縣)에 '츠쿠바 연구학원도시'를 건설했다. 1980년대 중기에 이르러 츠쿠바 과학 단지의 연구원들의 자살율이 일본에서 제일 높았는데,

조사에 의하면 도쿄 연구원의 1일 평균 연구시간이 231분인데 반해 츠쿠바는 377분으로, 1년으로 치면 146시간이나 차이났다고 한다[1]. 매일 전공 정보의 충격을 받았던 츠쿠바시 연구원들은 생물학적 한계를 초과해 각각 '정보중독'과 '정보실조' 등을 앓았다.(그림 11-3-3)[2] 새로 건설된 도시환경 속에서 삭막한 인간관계와 경쟁에서 오는

그림11-3-3 일본에서 자살율이 높기로 이름난 츠쿠바 센터

1. 저우이(周毅), 고우펑(高峰), 「사회 정보환경의 문제 및 그 예방과 관리(社會信息環境的問題及其預防和治理)」, 「사회(社會)」, 2002년, 제5기.

2. 그림 출처는 http://jpkc.scnu.edu.cn/jys/pub_htm/04-kcnr-12.htm.

스트레스로 인해 외로움이나 억압 등 부적응 현상이 쉽게 발생했던 것이다. 훗날 일본학자들은 "새로 세운 연구학원도시라는 정보환경과 인간의 생물학적 특성 간의 부적응 현상"을 '츠쿠바병(Tsukuba disease)'이라 명명했다. 츠쿠바병은 사람들로 하여금 정보오염 문제를 직시하게 했다.

정보오염을 둘러싸고 사람들은 진퇴양난의 갈림길에 놓이게 되었다. 불필요한 정보와 정보 중독을 해결하기 위해서는 정보의 유입량을 줄일 수밖에 없다. 이 목표를 위해서는 반드시 정보를 1차적으로 분류, 정리해 가치 없는 불필요한 '쓰레기' 정보들을 제거하고 참고가치 있는 정보만 남겨야 한다. 그러나 이는 기술에만 의지해서 해결할 수 있는 것이 아니라 웹 사이트 관리자가 정보에 대해 선별작업 할 것을 필요로 한다. 사실 현재 이에 대해 적극적인 탐구를 시도한 사이트들도 없지는 않다. 이를테면 야후는 계층구조(hierarchical structure)의 정보를 개발해 인공으로 정보를 선택하고 분류하면서 무효 정보들을 삭제해 방해 요소를 줄이고 정보의 효과성을 확보함으로써 검색의 질과 효율을 향상시켰다. 그러나 정보에 대해 선택과 분류를 하기 위해서는 '정보관리자'를 반드시 도입을 해야 하는데 만약 '정보관리자'가 등장하게 되면 곧바로 발표의 자유가 제약받게 되고 새로운 권위와 중심이 나타날 가능성도 없지 않다. 이는 네트워크의 자유정신과 어긋나는 것이기에 정보오염을 둘러싸고 인류는 곤경에 빠지고 말았다.

## 2. 심미의 경박화

현대사회에서 네트워크는 가장 빠른 매스미디어이자 가장 방대한 정보원이다. 미디어와 정보원이라는 양자가 일으킨 시너지효과는 현대인이 정보를 입수하는 용량과 속도를 크게 향상시킴으로써 생산과 생활에 편의를 제공했다. 그러나 다른 한편으로는 생활과 예술을 체험하는 시간이나 체험하기 위한 인내심을 상실하게 해 심미 심리상태를 경박하게 만들고 예술 감상에 있어서 심각한 피상화 경향을 띠게 했다.

먼저 독서의 몰락을 꼽을 수 있다. 네트워크 기술의 발전으로 사람들은 손쉽고 신속하며 편리하게 정보 수집을 할 수 있게 되었다. 예전 같으면 멀리 떨어진 대도시나 해외에 가야만 입수할 수 있었던 전공 지식들을, 이제 편벽한 시골에 있을지라도 인터넷에 접속하기만 하면 순식간에 손에 넣을 수 있다. 지식 자원이 이미 결핍시대에서 비결핍시대에로 이행하면서 대량의 정보 앞에서 경박하고 '수박 겉핥기' 식의 풍조가 성행하게 되었다. 이제 진지하게 한 권의 책을 처음부터 끝까지 보는 사람도 사라지다시피 하였고, 도서는 외면받는 신세가 되고 말았다. 통계의 의하면 미국인의 연평균 1인당 독서량은 3권밖에 안되고, 프랑스인 중 삼분의 일은 연간 독서량이 2권도 안된다고 한다. 또 이탈리아 인구의 60%가 1년에 책을 1권도 안 본다고 한다. 1990년대 이래 세계 도서 판매량은 1980년대에 비해 10% 넘게 줄어들었다. 한편 베스트셀러를 포함해 도서에 대한 독자들의 관심도 날로 줄어들고 있다. 1950년대와 1960년대의 베스트셀러 도서의 평균 수명을 비교할 경우 1950년대에 18.8주였던 것이 1960년대에 와서는 이미 15.7주로 줄어들었다. 이는 10년 사이에 베스트셀러의 평균 수명이 1/6이나 줄어들었음을 뜻한다.

그리고 이 속도는 지금 더 빨라지고 있다.[1] 네트워크에서 이런 추세는 더 뚜렷하다. 왜냐하면 온라인 독서는 유료이고, 많은 시간을 들여 독서한다는 것이 불가능하기 때문이다. 그래서 네티즌들이 발표하는 글은 대부분 제목이 눈에 잘 띄고, 언어가 간결하고 짧지만 힘이 있으며, 많아봤자 반 페이지 분량 정도이다. 이런 글들은 독자들의 눈에 바로 띄고 읽어 보면 내용까지 확실하게 파악할 수 있다. 이로써 종이를 매개로 심사숙고하던 시대는 대강의 내용만 파악하는 네트워크 시대로 접어들었다. 수박 겉핥기식의 독서는 경박한 사회심리 특징을 강화함과 동시에 예술과 미에 대한 사람들의 감상을 얄팍하고 주관적인 체험에 머물게 했다.

둘째는 심미와의 거리감의 소멸이다. 멀티미디어 기술이 끊임없이 발전함에 따라 네트워크에서의 심미 감상과 창작수단은 종합적인 방향으로 발전해 결국 새로운 측면에서 문화적으로 시대를 거슬러 올라가게 되었다. 창작과 감상 "환경이 현실 생활과 날로 가까워지고 예술과 생활 간의 거리도 점차 줄어들어 '거리감의 소멸(eclipse of distance)'이라고 불리우는 현상이 일어났는데 그 목적은 즉각적인 반응, 충돌 효과, 통일감, 선동성을 획득하기 위해서였다. 심미와의 거리가 소멸되는 즉시 사고하거나 음미할 여지가 없어지고, 관념은 경험에 의해 뒤덮이게 된다."[2] 반성하고 음미할 여지가 사라지면서 예술은 '패스트푸드'나 '일회용품'으로 전락되어 직접적이고 단순한 감각의 향연이 되고 말았다.

셋째는 예술작품의 개방화이다. 네트워크의 인터렉티브 작용, 개방성, 하이퍼 텍스트화로 예술작품은 전면적으로 개방되었다. 예술작품의 전파 속도

---

1. 야오원팡(姚文放), 『현대 심미문화의 사회심리 배경(當代審美文化的社會心理背景)』, 『사회과학집간(社會科學輯刊)』 1997년 제4기.

2. 다니엘 벨(Daniel Bell), 『자본주의의 문화적 모순(資本主義文化矛盾)』, 자오이판(趙一凡)등 역, 삼련서점, 1992년, P.31.

가 유례 없이 향상되고 전파범위도 대대적으로 확대되면서 독자들의 선택은 자유로워지고 개인의 감상 욕구와 심미 기대는 가장 짧은 시간 내에 최대 한도로 충족되었다. 한편 열린 작품은 작자와 독자라는 역할의 경계를 서로 전환하여 창작과 감상 과정에서 끊임없이 작품을 수정해나갔다. 이로써 전통적 의미에서의 작품의 개념은 차츰 빛을 잃고 새로운 작품 관념이 새로 형성되어, 감상이 해체(deconstruction)의 의미를 지니게 되었다. 한 인터넷 작가의 말처럼 "주지하다시피 해체적인 읽기와 전통적인 읽기의 가장 큰 차이점은 '쓸 수 있고' '읽을 수 있다'는 데에 있다. 전통적 읽기란 반복적인 읽기인 데 반해서 해체적인 읽기는 비판적인 글쓰기이다. (중략) 네트워크 공동 집필 소설은 바로 이런 해체적인 읽기가 낳은 괴물이다. 주의를 기울여 이야기를 배열하지도 않고 어떤 주제나 기조 등 군중윤리의 요구도 없다. 작품을 계속 이어 써 나가는 작가들은 기존 글을 해체해 읽고 난 후에 오로지 주관적인 관찰과 이해만 시도할 뿐, 이야기의 줄거리 속에 공인된 가치체계를 지닌 주제가 담겨 있는지 따지려 하지 않는다. 사실 이를 따지는 것은 네트워크 공동집필 과정에서 불가능한 일이다. 왜냐하면 공동 집필자들은 각자 서로 다른 사회적 가치환경에 놓여 있기 때문이다."

넷째, 예술감상의 '아이스크림'화이다. 이는 인터넷 문학 창작에서 주로 나타난다. 인터넷 문학 창작은 비실용적이고 자유로운 창작에 속하는 문학 창작인만큼 인터넷 작가들은 글을 써내려가면서 느끼는 통쾌함과 편안한 느낌을 추구한다. 이것은 자유로이 감정을 쏟아내는 것이다. 그렇다면 인터넷 작가는 어디로부터 이렇게 상대적으로 깊은 감정을 가지게 될까? "창작-읽기-비평 간의 거리 반경이 제로에 가깝게 축소된 인터넷의 텍스트 순환 범위 내에서 이는 상당히 코믹한 현상이 아닐 수 없다. 창작자가 득의양양하며 금방 완성된 글을 업로드하기만 하면 이어서 독자들이 전력으로 업로드된 글을 훑는다. 그러고 나면 비평가가 각박하게 '넌 그냥 집에가서 쉬어'라고 댓글을 단다. (중략) 그 뒤를 이어 작가가 닉네임으로 들어와 자신을 위해 변명하다 보면, 어느덧 격렬하고 날카로운 언쟁이 벌어지고, 구경꾼들은 이때다 하고 희희낙락하면서 적극적으로 끼어든다. 이쯤 되면 원래 글은 이미 잊혀버린지 오래다."[1] 이런 빠른 리듬의 역할 전환과 감정 발산은 깊은 이성적 사고를 거치지 않았기 때문에 정신적 지향이 없는 천박한 자유로 전락하기 쉽다. 따라서 인터넷 문학은 인지는 발달되었지만 지혜가 부족하고 감정적이지만 정작 정서는 결핍되어 있는 상태이기에, 더욱 방종해지고 부화해지며 피상적이 될 수밖에 없었다. 인터넷 문학은 더운 여름날의 아이스크림 같다. 혀에 닿으면 그 차가움이 전해져 화들짝 놀라지만 먹어봤자 아랫배까지 그 차가움이 전해질 뿐, 가슴속 깊숙이까지 전해지지는 않는다.

## 3. 문화의 식민화

선진기술 지원으로 네트워크는 신속하게 광케이블을 기초로 하는 세계적인 정보전파 시스템을 구축했다. 시공간의 벽이 무너지고 '지구촌' 시대가 도래한 것이다. '지구촌' 시대를 사는 서로 다른 국가나 민족, 서로 다른 문화 배경을 지닌 개체들은 얼굴을 마주하고 이야기하는 것처럼 네트워크를 통해 자유롭게 교류하고 대화를 나눌 수 있게 되었다. 서로 다른 문화 간의 교류가 날로 빈번해지고 뚜렷해져 민족, 대화 더 나아가 이들 속에 숨겨진 문화 식민지 문제가 차츰 모습을 드러내기 시작했다.

---

1. 「네티즌이 보는 인터넷 문학(網人看網絡文學)」, 『베이징청년보(北京靑年報)』 2001년 4월 3일.

네트워크는 개방성과 공유성을 갖고 있어서 세계 여러 나라의 우수한 문화성과를 언제든지 접속해 만나볼 수 있다. 따라서 사람들은 네트워크를 접속해 세계 여러 나라의 도서관, 박물관, 예술관을 자유롭게 방문하여 자신이 원하는 정보들을 수시로 개인 하드디스크에 저장하거나 직접 온라인으로 감상할 수 있다. 이렇듯 세계화의 숨결과 맥박을 지금처럼 실제로 느낄 수 있는 것은 아마 전대미문일 것이다. 오랜 역사 속에서 창작되고 전해져 온 세계 여러 나라 문화예술의 정수를 네트워크를 통해 쉽게 이해하고 감상하며 수집·연구를 할 수 있기에, 이제 사람들은 개인이 속해 있는 지역과 민족문화에만 국한되는 것이 아니라, 스스로 여러 민족의 문화를 사상적 근원이자 사유의 장으로 간주함으로써 국제화된 안목으로 인류 문화를 이해하고 돌이켜 볼 수 있게 되었다. 한편 자유, 평등, 무중심의 네트워크는 국계적인 정보 교류에 광활한 공간을 제공했다. 네트워크라는 이 공간에서 여러 민족은 평등하고 자유롭게 교류하고 소통하며, 문화예술의 최신 발전을 바로 공유함으로써 서로 배우고 거울로 삼으면서 서로 융합하고 창신(創新)한다. 그리고 경제발전 수준이나 지역 차이, 언어 차이로 인한 오해를 방지하여 여러 민족의 문화예술로 하여금 끊임없이 민족적 특색을 분명히 드러내고 전세계적인 관심을 받도록 한다. 이로써 민족문화는 네트워크에서 새롭게 해석된다.

한편 네트워크는 사람들을 즐겁게 하고 고무하기도 하지만, 동시에 네트워크를 통해 이루어지는 문화교류 속에 은폐된 문화식민지 문제도 날로 부각되고 있다. 앨빈 토플러(Alvin Toffler)는 "정보를 장악하고 네트워크를 통제한·사람이 전 세계를 얻게 될 것"이라고 예언했다. 기술문화의 산물인 네트워크는 중국인이 발명하고 창조한 것이 아니라 미국인이 미국 문화에 근거해 창조한 만큼, 애초부터 전형적인 영어권 문화에 속한다. "인터넷에서 영어의 사용은 절대적인 우세를 차지한다. 미국 권력의 확장으로 미국만이 전자메일 주소에 국가 코드를 따로 정하지 않는 것처럼 말이다. 인터넷은 미국의 사용자를 기준으로 하고 있다."[1] 따라서 "오늘날 인터넷은 확실히 미국적 색채가 강하다.…… 미국문화와 네트워크문화의 미묘한 결합은 아주 큰 미스터리이다."[2] 저명 학자 에스더 다이슨(Esther Dyson)의 말처럼 미국은 전세계 네트워크의 기준이다. 영어가 인터넷에서 통용언어로서의 지위를 확보하면서 미국 등 서구 나라들은 언어 측면에서 우세를 점했다. 이들은 이러한 우세에 정보자원의 우세까지 점하고, 다른 나라 특히 개발도상국들에 대한 문화적인 침투를 진행하고 있다. 이에 "인터넷을 방문하기만 하면 컴퓨터 화면에 영어가 나타나고 게시판 내용도 거의 대부분 미국 사람들이 올린 것이며, 토론 주제도 미국인이 생각해 낸 것이고, 광고 역시 거의 미국 제품 광고이다. 즉 네트워크에 접속하기만 하면 마치 미국문화의 '만화경' 속으로 들어간 것 같다."[3] 그람시(Gramsci)도 "언어는 문화이자 철학이다. 따라서 언어는 사실 많게든 적게든 유기적으로 연계되고 어우러진 현실을 가리킨다. 극단적으로 말하자면, 모든 화자는 나름대로 자기만의 개인 언어 즉 자기만의 독특한 사고 및 사고 방식을 갖고 있다."고 지적했다. 이처럼 미국의 문화나 가치관, 예술관념도 분명 네트워크를 통해 '소리' 없이 사람들의 생활에 침투되고, 은연중에 사람들의 가치관과 문화관, 심미관념에 변화를 준다. 프랑스의 쟈크 두봉(Jacques Toubon) 문화부장관은 이 점에 대해 절감한 바 있다. 영어가 주도적 지위를 차지하고 있는 인터넷을 그는 '새로운 형식의 식민

1. 마크 포스터(Mark Poster), 『제2미디어 시대』 판징예(范靜曄)역, 난징대학교(南京大學)출판사, 2000년, P.39.

2. 에스더 다이슨(Esther Dyson), 『디지털 시대의 생활설계(數字化時代的生活設計)』 후융 등 역, 하이난출판사, 1998년, P.16.

3. 이단(易丹), 『미국의 정보고속도로에 있는 나(我在美國信息高速公路上)』, 병기공업(兵器工業)출판사, 1997년, P.323.

주의'라고 정의하면서 이에 대해 반드시 경각심을 가져야 한다고 주장했다. 프랑스인들은 법을 제정해 프랑스의 인터넷 광고는 반드시 프랑스어로 번역하도록 규정했는데, 이러한 입법조치에 대해 프랑스 총리 시라크(Jacques René Chirac)는 "몰리에르(Moliere)와 카뮈(Camus)의 언어를 정보고속도로에서 잃어버리지 않도록 확보하기 위함이다."라고 명확하게 천명했다.[1] 기술적인 면에서 날로 유형화되고 있는 상황 속에서 문화야말로 민족을 상징하는 표징임을 프랑스인들은 잘 알고 있었던 것이다.

중국의 네트워크 구축은 최근 몇년 사이에 비교적 신속히 발전했지만 서구의 네트워크 문화의 발전에 비하면 수량이나 속도, 수단 면에서 모두 현저히 차이 난다. 중국의 네트워크 및 웹사이트 구축은 갓 발전하기 시작해 자금 투입이 적고 규모가 작으며 네트워크 정보 공급량도 세계 인터넷 정보량의 0.05%밖에 되지 않는다. 또한 그중에서 9% 정도의 정보만이 업데이트 속도가 원 매체의 업데이트 속도를 초과하고 있고 70% 정도는 원 매체의 발표 주기와 일치해 영향력에 있어서도 매우 제한적이다. 이와 비교되게 90%의 인터넷 정보는 영문 정보이고 미국이 80%의 정보를 제공하고 있다.[2] 서구문화는 정보 전파의 범위, 시간, 수량 그리고 수단 면에 있어 모두 절대적인 우세를 차지하고 있는데, 이는 오랜 시간에 걸쳐 구축된 중국의 마르크스 세계관, 인생관, 가치관, 도덕관에 큰 충격을 주었다. 심지어 '서구 목소리를 따라 내는 것을 선진적이고 혁신적이라 여기고 서구의 것을 따라하며 우쭐대'는 사람들도 없지 않다.[3] 이처럼 중국인의 심미문화는 사상 유례 없

---

1. 장제(張傑), 「하이텍 시대로 나아감에 있어 문학예술의 발전을 촉진하자: 전통예술에 대한 정보혁명의 소환(面向高新科技時代促進文學藝術發展--信息革命對經典藝術的召喚)」, 『문예연구(文藝研究)』, 2002년 제1기.

2. 마진옌(馬錦燕) 『사상정치업무에 대한 인터넷 전파의 도전 및 그 대책(思想政治工作的挑戰及對策)」, 『중공쓰촨성위당교학보(中共四川省委黨校學報)』 2000년 제3기.

3. 황리즈(黃力之), 「세계화 배경 하의 중국 문제와 중국의 목소리(全球化背景下的中國問題與中國話語)」, 『문예이론과 비평(文藝理論與批評)』, 2001년 제3기.

는 도전에 직면해 있다.(그림 11-3-4)[1] 이런 도전에 당면해 반드시 심기일전하여 강한 민족 자존심과 자신감을 구축하고, 정보화를 추진하며, 민족특색을 기반으로 한 중국어 사이트를 발전시켜 외래문화에 대한 면역력을 향상시켜야 한다. 그러기 위해서는 첫째, 글로벌 의식을 확립하고, 네트워크 매체가 제공하는 큰 편의를 활용할 줄 알아야 하며 세상에 눈을 돌려 여러 나라 문화의 정수를 열심히 받아들이고, 네트워크를 통해 점차 자국의 문화를 널리 알려야 한다. 이로써 세계와 더불어 발전하고 융합하고 개조하고 자신의 마음가짐을 조절해, 개방의 폭과 경쟁력을 끊임없이 향상시켜야 한다. 둘째는 세계에 진출하고 세계와 함께하고자 하는 의식을 확립함과 동시에 민족적 특색을 세우고 자기 문화의 개성을 유지해 민족 자부심과 자긍심을 제고시킴으로써 외래문화의 지배를 저지하기 위해 힘쓰고 네트워크 문화의 동질화(서구화) 추세에 고도의 경각심을 지녀야 한다.

그림11-3-4 선건린(沈根林) 이 펴낸 저서 〈평형을 잃은 대결: 중국은 과연 정보 식민화를 막아낼 수 있을까(失衡的較量－中國能抵擋信息殖民化嗎?)〉의 겉표지

현재 중국이 아직 경제 면에 있어 개발도상국이긴 하지만, 외래문화를 접함에 있어 경제적 열세에 있다는 이유로 강대국 문화를 전반적으로 받아들이는 것은 절대 삼가해야 한다. 이 점에 있어 일본 학자 구와바라 다케오(桑原武夫)는 "〈보바리 부인(Madame Bovary)〉이나 〈악의 꽃(The Flower of Evil)〉 모두 일본에서 풍속을 문란케 하는 작품으로 공격을 받은 적이 있다. 그럼에도 불구하고 사람들

---

1. 네트워크 식민화와 관련해서 이미 중국 이론계로부터 고도의 관심을 이끌어냈다.

은 이러한 사실을 전혀 알지 못하고서 주저없이 최근 선진국에서 유행하는 선진문학으로서 이런 작품들을 받아들였다."고 지적하면서, 일본이 범했던 오류로부터 교훈을 찾고자 했다. 물론 이러한 오류의 일부는 정보 부족 상태에서 피상적인 이해를 하다보니 초래된 것임을 일본학자들도 알고 있었지만, 이에 대한 아무런 의심도 제기하지 않았다. 그 원인으로 구와바라 다케오는 "서구 문화 전체를 받아들이는 문제를 고찰함에 있어 일본이 후진국이라는 점을 홀시해서는 안된다. 물론 일본인도 자기만의 전통적인 문화를 갖고 있지만, 서구의 근대산업사회를 자국이 본받아 할 모델로 삼았다. 그래서 서구문화의 각 분야들이 서구 공업사회를 구성하는 요소로 일본에 소개되자, 일본의 전통문화는 아무런 저항도 할 수 없었다."[1]고 설명했다. 따라서 세계화로 나아가면서 이와 유사한 문제를 접할 때 열세에 처한 경제적 지위로 인해 자국의 전통문화를 의심하는 것은 최대한 배격하고, 민족문화에 대한 자부심을 확립함으로써 서구문화와의 평등한 대화 속에서 민족문화 전통을 이어나가는 동시에 개방된 자세로 세계로 나아가야 한다.

네트워크는 민족적인 것이면서 세계적인 것이다. 거시적인 발전추세로 보면, 문화의 세계화는 자기발전의 내적 수요이면서 네트워크 발전의 필연적인 결과이기도 하다. 하지만 세계화는 서구화가 아니다. 따라서 자유롭고 평등한 네트워크는 여러 문화가 세계적으로 대화하고 교류하는 데 넓은 무대를 제공함으로써 여러 민족문화가 다양성과 통일성, 민족성과 세계성의 길항(拮抗) 속에서 독특한 매력을 끊임없이 과시하고 궁극적으로 대화를 통해 세계문화의 거세찬 흐름에 합류할 수 있도록 해주어야 한다.

---

1. 구와바라 다케오(桑原武夫), 『문학 서설(文學序說)』, 쑨거(孫歌) 역, 삼련서점, 1991년, P.180.

# 제4절

## 정신의 상실과 자유의 공황

네트워크는 포스트모더니즘 이론과 함께 성장해온 기술의 총아로 애초부터 자유롭고 민주적이며 무중심의 가상세계를 사람들에게 보여 주었다. 네트워크에서 사람들은 맘껏 나래치고 자유롭게 정감을 터놓음으로써, 원초적인 상태로 회귀해 자아를 찾은 것 같았지만 사실 그렇지 않다. 네트워크 세계는 어디까지나 가상의 세계이고 첨단 기술로 유지되는 세계인만큼 네트워크에서의 자유로운 체험은 자기자신의 감각과의 게임일 뿐이다. 게다가 이런 게임의 룰 또한 모두 기술 전문가들이 미리 정해놓은 것이다. 기술 앞에서 사람들이 할 수 있는 것은 선택이 아니라 순응이다. 즉 룰에 순응을 해야만 자유를 얻고 그렇지 않을 경우 아웃되고 만다. 이렇게 보면 이른바 네트워크에서의 자유라는 것은 사실 상업자본과 기술자본이 공동으로 만들어낸 제품 개발과 보급에 지나지 않는다. 자본의 설계대로 사람들은 가상과 현실 사이를 배회하면서 자아를 상실하고 공황을 느끼고 있다.

### 1. 주체의 상실

네트워크 기술은 '사이버(cyber) 공간'이라는 가상세계를 만들어냈다. 이 가상공간은 주체 활동에 드넓은 삶의 무대와 새로운 실천방식, 인지방식과 사고방식을 제공함으로써 인간의 삶에 자유와 개방, 평등을 선사해주었다. 가상기술의 힘으로 가상세계에서 사람은 현실의 압박에서 벗어나 남자는 유목시대, 여자는 모계시대, 즉 원초적인 본연의 상태로 회귀할 수 있었다. 이로써 몸과 마음 모두 커다란 해방감을 느낄 수 있었다. 가상세계에서 사람들은 현실적 요소의 제약을 고려하지 않아도 되기에, 완전히 가상의 정신적 존재에 몰입하여 현실세계의 물질적인 압박에서 완전히 벗어나 순수한 영혼이 된다. 이 공간에서 사람 간의 교제는 순수 영혼의 충돌과 심적 교류여서 사람들은 새로운 체험을 하게 된다.

하지만 기술이 늘 기쁨만 가져다 주는 것은 아니다. 랠프 월도 에머슨(Ralph Waldo Emerson)은 사람이 자기자신을 의지하지 않고, 다른 사람에게 의지하거나 기존 문명의 성취에 의지한다면, 사실 이는 '자해(自害)'라고 지적한 바 있다. "문명인은 수레를 만들었지만 이로 인해 두 발이 힘을 잃었고, 몸을 지탱하는 지팽이가 생긴 후에 근육이 탄력이 잃고 느슨해졌다. 또 정교한 제네바 시계가 생긴 후에는 태양을 통해 정확하게 시간을 판별하는 능력을 잃었다. (중략) 이제 문명인은 동지, 하지의 변화에 관심을 가지지도 않고 춘분, 추분에 대해서도 아는 것이 적다. 너무나 생동적인 달력이건만 이제 문명인에게 있어 불과 한 장 한 장 겹쳐진 종이에 불과해, 더 이상 절실한 감정을 불러 일으키지 않는다. 기억은 노트에 의해 파손되었고, 도서관은 문명인의 지혜를 억누르며, 보험회사는 사고를 날로 증가시킨다."[1] 이렇게 가상공간은 우리의 영혼에 자유를 부여함과 동시에 깊은 곤혹도 가져왔다.

첫째, 도구적 이성(Instrumental Reason)의 범람이다. 가상공간의 가장 큰 의의는 주체가 외적 도구의 제약에서 벗어나, 자유의 가상세계에서 억

---

1. 우보판(吳伯凡), 『외로운 광환(孤独的狂歡)』, 중국인민대학교출판사, 1998년, P.118.

압된 영혼으로 하여금 잠시나마 휴식을 취하게 하는 데 있다. 이는 도구적 이성에 대한 반발을 그 기반으로 하는 것이다. 하지만 현행 가상공간에서의 모든 형식은 기술을 통해 제공되고 규정된다. 즉 모든 인간의 활동은 기술이 허용하는 범위에서만 진행 가능하다. 따라서 사람은 기술이 허용하는 범위 내에서만 선택할 수 있지 진정으로 개인 의사와 수요에 따라 행동할 수 없다. 현재 네트워크 기술이 제공하는 제품은 표준화되고 단일화되어 있다. 가상기술이 현실세계를 벗어난 가상세계를 제공해 주면서 사람의 인성과 생존의 의미까지 배척을 해버리는데, 이는 이로써 가상공간에 도구적 이성의 낙인을 찍어버리기 때문이다. 이 공간에서의 도구적 이성이 가지고 있는 특징은 그저 그 포괄 범위를 확대한 것일 뿐, 사람들은 아직 도구적 이성의 통제에서 벗어나지 못하고 있다.

둘째, 주체 감정의 상실이다. 가상기술은 뛰어난 감각 기만술이기도 하다. 첨단기술을 등에 업은 네트워크에서 표현된 자아가 진실한 자아인지, 네트워크에서의 감정이 진실한 감정인지, 사람들은 쉽게 구분하지 못한다. 영혼은 비몽사몽 속에서 끊임없이 떠돌다 결국 "만약 가상 기술을 사용해 현실세계와 똑같은 세계를 창조할 수 있다면, 가상의 세계가 허황되고 비현실적이라 해도 과연 우리가 어떤 선험적 이유나 믿음을 가지고 우리가 진실로 받아들였던 현실세계가 가상이 아님을 확신할 수 있을까?"[1]와 같은 주체의 상실과 공황을 초래하고 만다. 이를테면 사이버 러브의 경우, 원래 진실한 느낌을 통해서만 생겨날 수 있는 감정인 사랑이 가상공간에서도 나타나, 현실 생활 속에서의 사랑과 똑같이 사람들을 사랑에 푹 빠지게 하고 초조하며 불안하게 한다. 이런 의미에서 볼 때 가상공간의 사람들도 결국 구체적인 현실

---

1. 니즈쥐안(倪誌娟), 「가상 생존에 대한 철학적 사고(對虛擬生存的哲學思考)」, 『학술논단(學術論壇)』, 2002년 제3기.

속의 사람인 것이다. 따라서 네트워크의 가상공간이 일반화되고, 사람들이 이런 가상공간에 도취됨에 따라, 모든 사람들은 가상세계와 현실세계 속에서 끊임없이 자신의 역할을 전환하게 될 것이다. 그때가 되면 어느날 잠에서 깨어났을 때 지금의 자신이 현실적인 존재인지를 확신할 수 있을까?

셋째, 주체 심리상태의 착란이다. 현실사회에서 모든 주체는 상대적으로 안정된 신분을 갖고 있다. 이를테면 모 가정, 모 직장, 모 아파트 단지,

그림11-4-1 2007년 4월13일 중국인터넷협회가 인터넷 뉴스를 제공하는 정보서비스업체와 업무인원들을 대상으로 해 호소한 '문명한 서비스를 제공하고 조화로운 네트워크를 구축하자(提供文明服務, 創建和諧網酪)'라는 내용의 글

모 도시에 소속되어 있을 뿐만아니라 연령, 성별, 신용, 기호 등도 확정적이고 투명하게 실제로 존재한다. 그러나 가상세계 속에서의 사람은 이런 것들이 명시되어 있지 않아서, 이름도, 신분도, 연령도 없다.(그림 11-4-1)[1] 그래서 주체가 자기통제력을 상실하고 시비관념까지 상실해, 결국 본능을 따르는 이드의 통제를 받게 된다. 현실생활에서 행동거지가 바르고 단정하며 말투 또한 예의바른 사람이, 네트워크에서는 말투가 거칠어지고 음침한 생각을 드러내기도 한다. 이처럼 주체의 인격이 분열되고 심리상태가 착란되게 함으로써 인간의 정상적인 생활에 위험을 잠복시킨다.

---

1. 그림 출처는 http://www.dzwww.com/xinwen/guoneixinwen/200704/t20070423_2121621.htm.

## 2. 자유의 공황

히피 정신의 산물인 네트워크는 처음부터 반항적인 성격으로 아무런 구속도 없는 자유를 추구한다. 네트워크의 무중심, 그리고 다원화와 가상화, 인터랙티브 특성은 네트워크의 사용 주체로 하여금 언제 어디서든 IP주소를 이용해 자유롭게 정보를 얻고 감정을 터놓으며 현실적 압박에서 벗어난 자유를 누리게 해준다. 그러나 이런 자유는 실은 가상의 자유에 불과하다. 왜냐하면 네트워크에서의 인간의 행위는 자기자신에 대한 표현이면서 자신을 꾸며서 연출한 것이기에, 자기표현의 주체는 중심이고 다른 사람의 모든 행위는 이 주체의 주변배경에 불과하다. 사람들 모두가 자신이 세계의 중심이고 현실의 권력에서 벗어나 최대의 자유를 누린다고 스스로 여길 때, 그 모든 사람들은 실은 다같이 네트워크의 게임 룰을 따르고 있을 뿐이다. 그러나 이 룰 자체도 사실은 권력의 일종이다. 권력은 현실적으로 부자유를 야기시킨다. 데콩브(Vincent Descombes)는 "너희들은 모두 세계의 중심이 되려고 하지만, 중심도 세계도 없고 게임만 있다는 점을 꼭 명심하라."고 일갈했다.[1] 네트워크에서의 인간의 행위는 초현실적인 공간에서의 활동으로 자유로운 창작에 속한다. 또한 이 행위는 오늘날 현실 속의 상업 목적과 직접적인 실용성에서 벗어나, 정감과 체험의 진실성을 강조하는 인성 본질로의 복귀이기도 하다. 그러나 인간은 어디까지나 현실적인 존재인만큼, 네트워크에 내재하는 룰과 자신의 이득 추구에 대한 자기표현으로부터 제한을 받는다. 따라서 이런 비실용적인 자유는 쉽게 자유스럽지 않는 실용적 행위로 타락하고 만다.

---

1. 왕즈허(王治河), 『종잡을 수 없는 게임: 포스트모더니즘 철학사조 연구(撲朔迷離的遊戱-- 後現代哲學思潮硏究)』, 사회과학문헌(社會科學文獻)출판사, 1993년, P.72.

자유화된 매개체 형식으로서의 네트워크 예술형식의 매력은 원초적인 예술창작 상태로의 복귀에 있다. 비실용적이고 절대 자유를 추구하는 창작은 사람들이 꿈에도 그리던 이상 상태였다. 그러나 이런 자유로운 창작이 실용적인 전문 창작으로 전환될 경우, 인터넷 예술창작은 필연적으로 본연의 색채를 잃고 만다. 그럼에도 불구하고 현실은 자못 역설적이어서, 현재 사회는 모든 측면을 자본의 힘이 지배하면서 이윤을 추구하고 있기 때문에 자본은 시간과 공간을 초월해 언제 어디든 존재한다. "자본은 권력을 만들어내 장(場)을 통제하고, 생산과 재생산의 물질적·구체적 도구들을 통제하며, 이런 생산이나 재생산의 분산으로 장을 구성한다. 자본은 권력을 형성해, 이런 장을 규정짓는 기능인 패턴과 룰을 통제하는데, 이를 통해 장에서 생겨난 이윤까지도 통제한다."[1] 따라서 신흥의 장으로서의 네트워크도 자본의 통제에서 여전히 벗어날 수 없다.

한 때 시끌벅적했던 '인터넷 문학' 현상 또한 이러한 진리를 잘 보여주고 있다. 가장 자유롭고 가장 비실용적인 것으로 계속 표방되어 온 인터넷 문학은, 전까지만 해도 완전히 자유로운 창작과 표현이면서 본능을 대변하는 이드의 체현으로 해석되었다. 하지만 사실 이런 선의의 예측은 현실화되지 않았다. 인터넷문학은 그 탄생과 발전의 단계마다 시종일관하게 자본의 그림자가 짙게 드리워져있다. 인터넷 소설이 발전하게 된 계기를 먼저 살펴보면 자본의 조작이 그 직접적인 원인임을 알 수 있다. 1990년대말 네트워크 매체는 거품발전의 시대로 접어들어 '관심경제(attention economy)', '주목경제(eyeball economy)'의 출현으로 클릭율이 웹사이트를 평가하는 기준이 되었다. 따라서 핫뉴스의 수요가 생기면서 '인터넷 문학'이라는 개념이 생

---

1. 피에르 부르디외(Pierre Bourdieu), 『문화자본과 사회 연금술(文化資本與社會煉金術)』, 바오야밍(包亞明)역, 상하이인민(上海人民)출판사, 1997년, P.147.

겨났다. 1999년 〈룽수샤(榕樹下, Under the banyan tree)〉사이트가 최초로 4만위안의 상금을 내걸고 〈1999년 네트워크 창작문학작품상(1999年網絡原創文學作品獎)〉을 공모했는데, 모든 수상작품 및 일부 후보작품은 화청(花城)출판사에서 〈1999 네트워크 창작작품 수상작품집(1999網絡原創作品獲獎文集)〉이란 제목으로 독점 출판하기로 했다. 이 행사는 이 사이트의 지명도를 크게 높이고 당시 사람들로부터 많은 관심을 끌어냈다. 하루 작품 투고량도 엄청나서 투고된 작품수가 월 2,000여 편의 속도로 늘어났다. 뒤이어 왕이(網易, NASDAQ: NTES)에서 〈중국 인터넷 문학상(中國網絡文學獎)〉을 공모했다. 이 상은 왕멍(王蒙), 장캉캉(張抗抗), 모옌(莫言) 등 유명 작가들을 심사위원으로 위촉했다. 심사위원들이 인터넷 문학에 대해 잘 알지못했음에도 불구하고 큰 관심을 끌어서, 왕이 사이트를 크게 홍보하는 효과를 낳았다. 두 차례 문학상의 공모와 수상은 인터넷 문학의 창작욕을 크게 자극해 인터넷 문학 창작붐을 일으켰고, 관련 웹사이트의 인기도 상승시켰다. 결국 인터넷문학은 음으로 양으로 자본 이익 창출의 도구로 사용되었던 것이다. 둘째, 인터넷문학이 발전한 결과를 살펴보면, 자본은 매수 방식을 통해 지명도 있는 인터넷 작가들을 통제했다. 그리고 이를 통해 실용적이지 않던 인터넷 창작이 자각적인 실용적 추구로 변질되었다. 〈1999 네트워크 창작작품 수상작품집〉의 출판에 이어 스다이문예(時代文藝)출판사, 중국사회과학(中國社會科學)출판사, 내몽고인민(內蒙古人民)출판사 등 많은 출판사들도 잇달아 인터넷출판에 진출했고, 결국 많은 인터넷 작가들이 이런 출판사들과 손을 잡았다. 이를테면 인터넷문학 공모대회에서 최우수상을 받은 상아이란(尚愛蘭)은 교직을 그만두고 특별기고란의 전담작가로 활동하고 있으며, 리쉰환(李尋歡)은 모 웹사이트에 스카웃되어 웹사이트를 관리하는 책임자로 활동하고 있다. 자본 의지의 작용 하에서 새로운 전직 인터넷작가라는 작가군이 점차 형성되었지만, 이러한 직업적인 작가들의 출현은 자유로운 인터넷 창작에 종말을 고하는 서막이었다. 마지막으로 자유로운 창작 및 네트워크에서의 대화는 주체에게 자유로운 창작의 공간을 제공하기는 했지만, '멍에' 또한 더불어 생겨나 '침묵의 나선형이론(spiral of silence)'이라는 새로운 문제를 차츰 표출시켰다. '침묵의 나선형이론'은 노엘레 노이만(Elisabeth Noelle-Neumann)이 제기한 여론에 대한 이론이다. 논쟁적인 의제(議題)에 있어 사람들은 민의(民意)를 반영하는 여론에 대해 고정적인 이미지를 갖게 되는데, 자신의 의견이 다수파인지 아닌지를 먼저 판단하고, 민의가 그들 다수파의 의견에 따라 발전하는지를 판단한다. 만약 자신이 소수파의 의견에 속한다면 이들은 의제에 대해 침묵한다. 또한 여론이 자신의 의견과 점차 멀어져 갈 경우에도 이들은 의제에 대해 발언하지 않고 침묵한다. 이러한 침묵이 길어지면 길어질수록 다른 사람들은 어떤 특정 관점이 대표성을 지니지 않는다고 생각하기에, 이들은 계속 침묵을 지킨다. 종이를 매개로 하는 시대에 있어 창작은 독자들이 비판적인 사고를 하도록 격려했다. 이는 문자로 적은 내용이 종이 위에 고스란히 적혀 있어, 독자들이 반복적으로 그 글에 대해 생각하고 또 앞의 내용으로 거슬러 올라가 논지의 구체적 증거가 될만한 부분에 대한 재검토를 할 수 있었기 때문이다. 독자들은 독자적으로 이 모든 작업을 할 수 있었다. 그리고 작가나 다른 온라인 개체 등은 모두 이러한 독자의 개인적인 해석 행위에 그 어떤 압력도 가하지 못했다. 독자의 텍스트 수용 활동은 상대적으로 제한된 공간 내의 제약을 받고 있어서, 이런 '침묵의 나선형이론' 요소의 영향을 상대적으로 적게 받았다. 그러나 네트워크를 매개로 했을 때 이 요소의 역할은 아주 두드러진다. 작품이 발표되고 나면 괜찮다고 여기는 일부 사람들은 댓글을 달아 찬성과 존경을 표한다. 그러고나면 이러한 성향의 댓들을 좇는 댓글들이 더 많아진다. 반대로 글에 대해 누구도 반응하지 않으면, 아무리 가치가 있어도 '쓸쓸하게 피어난 꽃이라 누구도 거들떠 보지 않는' 처지가 되고 만다. 결국 인터넷에서 인기있는 작품은 점점 더 인기를 끌고, 인기 없는 작품이 점점 더 인기가 떨어지는 기이한 현상이 일어나게 된다. 이 같은 현상은 미에 대한 개인의 깨달음을 말살해버린다. 그래서 작품에 대한 감상은 결국 보이지 않는 어떤 지배적 여론으로부터 오는 힘의 통제를 받게 된다. 이렇게 되면 개성은 열광적인 대중의 기호 속에서 자신을 상실해버리고, 다수가 공감하는 미에 대한 이해가 권위적인 해답으로 자리잡게 된다. 결국 부지불식간에 개체의 발언권은 박탈당하고, 미적 감수성까지 점차 같아져버려 세속화되는 경향이 나타난다. 이로써 사람들은 또다시 창작과 감상의 자유를 박탈당한다.

## 3. 프라이버시의 모험

사회가 발전할수록 프라이버시 존중에 대한 사람들의 요구도 높아진다. 과학기술이 발전하고 인간사회의 일체화가 가속화됨에 따라, 사람들은 세상이 점차 하나의 지구촌이 되어가고 있다는 것을 발견한다. 또 높은 인구밀도와 어디에나 설치되어 있는 첨단기술 모니터링 기자재는 사람들의 개인생활 공간과 프라이버시 공간을 날로 축소시킨다. 네트워크의 출현으로 네트워크 가상세계에서 개인의 프라이버시를 확보하고 개인만의 안전한 공간을 즐길 수 있게 되어, 마음 놓고 가식을 벗어 던지고 억압된 본능의 이드를 방종하게 되었다. 마치 프라이버시를 지킬 수 있는 마지막 끈을 쥔 것처럼. 그렇다면 네트워크는 과연 우리의 프라이버시를 보호할 수 있을까? 답은 부정적이다.

먼저 네트워크의 발전 현황을 보면, 네트워크 핵심기술은 첨단기술을 장악한 일련의 기술 전문가들에 의해 독점되어 있다. 왜냐하면 네트워크의 해석권과 치안권(治安權), 발언권을 모두 이들이 장악하고 있기 때문이다. 일반 대중들은 사용자이기 때문에 네트워크의 핵심 기술을 이해할 능력도 기회도 없다. 따라서 네트워크 사용 방법만 알 뿐 왜 그렇게 작동되는지는 모른다. 모든 정보는 전적으로 기술 전문가의 설명에 따르는만큼, 사용자들은 수용하는 것 외에 다른 선택을 할 수가 없다. 이는 정보체계의 균형을 심각하게 붕괴시켜, 더 이상 기술전문가의 답변이 진실인지를 확인할 길이 없다.

다음으로 네트워크의 기술 측면에서 보면, 첨단기술의 총아인 네트워크는 이제 막 걸음마 단계에 있어, 진정한 의미에서의 성숙까지는 아직 시간이 필요하다. 네트워크는 개방적이고 무중심적이며 통일적인 관리가 결여되어 있어, 서로 다른 국가와 지역에 사는 사람들은 서로 다른 문화 배경 하에서 서로 다른 사고 방식으로 같은 기술 기준에 근거해 자기에게 맞는 소프트웨어, 시스템, 프로그램을 개발한다. 인간 지혜의 산물인 프로그램은 제작과정에서 늘 쉽게 발견하지 못하는 작은 허점을 지니고 있기 마련이다. 바로 이런 프로그램의 작은 허점들이 해커에게 드넓은 생존 공간을 제공한다. 사실 컴퓨터 마스터들에게 있어서 세계의 그 어떤 컴퓨터 단말기든 그 안의 정보를 캐내는 것은 이미 어려운 일이 아니다. 엄밀하게 방어되어 있는 미국 팬타곤(USA Pentagon)의 기밀 사이트마저 10대 소년에게 여러차례 공격받아 기밀 문서 기록을 털린 적이 있다. 이제 사람들은 기술에 대한 맹목적인 숭배에서 벗어나 네트워크의 취약점에 주목하게 되었다. 절대 안전한 네트워크란 세상에 없으며, 암호 설정 기술과 암호 해제 기술 간의 끊임없는 경쟁만 있음을 시사해준 것이다.

그림11-4-2 당신의 네트워크 프라이버시는 과연 어디에 서 '누설'이 되었을까?(您的網絡隱私 '漏' 在何處)라는 글

네트워크가 보급되고 보편화될 수 록 사회의 모든 방면과 모든 관계에 있 어 날로 심화되는 국가 영향력의 간섭 에 대응해야 한다. 무엇 때문에 써야하 는 지도 모르는 표를 기입하면서 자신 의 신상정보까지 시시콜콜 모두 등록 해야하는 현실은 실로 근심스럽다. 이 런 정보들이 비록 엄격하게 보안처리되 고 있다지만, 네트워크 관리자 및 일부 '해커'에게 있어 확고한 보안이란 존재 하지 않는다. 그리고 네트워크에서는 그 어떤 조작도 모두 흔적을 남기게 되 고, 컴퓨터는 이 같은 흔적을 모두 기

록하여 각종 데이타베이스로 우리의 연령, 성별, 졸업대학, 은행 예금, 범죄 기록, 심지어 수도세, 전기요금 및 휴대폰 비용 등 구체적인 자료까지 빠짐없 이 저장한다.(그림 11-4-2)[1] 컴퓨터 마스터들에게 있어 네트워크는 이미 전 경식(全景式) 감옥이자 원형 교도소(panopticon)이다. 이러한 교도소의 구 조적 특징은 죄수들의 방으로 이루어진 원형 구조 중앙에 감시탑을 설치해 최소한의 인원으로 전체를 감시하는 것인데, 이것이 바로 미셸 푸코(Michel Foucault)가 말한 팬옵티시즘(panopticism), 즉 '소수의 인원이나 한 사람 이 많은 사람을 감시'하는 것이다.[2] 오늘날의 '전파 순환 도로' 및 이와 더불 어 생겨난 데이터베이스는 이미 '슈퍼 판옵티콘(Super panopticon)'을 만들

1. 그림 출처는 『컴퓨터지식과 기술(電腦知識與技術)』, 2007년 제1기.

2. 미셸 푸코(Michel Foucault), 『감시와 처벌(規訓與懲罰)』, 류베이청(劉北成) 등 역, 삼련서점, 1999년 P.242~243.

어냈다. 즉 담장, 철창, 중앙 감시시설, 감시를 위한 교도관들조차 없는 감시 시스템을 만들어 낸 것이다. 위의 내용을 종합해보면 네트워크 기술의 현황은 이미 선의의 예측을 멀리 벗어났으며, 보안문제에 대한 기술전문가의 굳센 다짐도 저열한 거짓말에 지나지 않는다. 기술전문가들은 사람들에게 욕실이 폐쇄되어 있어 안전하다면서 먼저 욕실에 들어가라 하는데, 이 말을 믿은 사람들은 마음 놓고 옷을 벗고 시원하게 몸을 씻다 문득 욕실 천장에 카메라가 장착되어 있음을 발견한다. 그제야 사람들은 욕실 안의 이 모든 것을 밖의 사람들이 낱낱이 감시하고 있었음을 알게 된 것이다. 이처럼 자신의 프라이버시를 모두 들킨 후에 체감하게 되는 난감함과 철저히 기만당한 후의 분노가 뒤섞여 네트워크 시대 프라이버시에 대한 사람들의 독특한 심적 체험을 형성하게 되는 것이다.

총괄하여 말하면, 독특한 심미문화 형태로서의 네트워크는 잠재된 기술적 규범으로 네트워크 시대에 안절부절하며 어쩔줄 몰라 하는 사회문화심리와 자유민주적인 문화심리상태, 개성을 추구하는 문화적 특성들을 생생하게 보여주는 동시에, 청춘의 열정으로 가득한 창작정신을 문화전통 속에 불어 넣음으로써 현대 심미문화의 발전에 깊은 영향을 끼쳤다. 하지만 이와 동시에 우리는 네트워크에 함축되어 있는 기술 이성이 심미 이성을 어떻게 억압하는지에 대해 확실히 깨달아야 한다. 그렇지 않으면, 맹목적인 낙관은 역효과만 낳을 것이다.

# 제12장

## 광고

마셜 맥루한(Marshall Mcluhan)은 그의 유명한 저서『미디어의 이해 (Understanding Media)』에서 "제2차 세계대전 이후, 광고에 대해 해박한 지식을 갖고 있던 한 주이탈리아 미국 장교는 도저히 이해할 수 없었다. 어째서 이탈리아인들은 자국 내각 의원의 이름은 대면서 왜 이탈리아 명인들이 좋아하는 상품은 열거하지 못할까? 그는 또 이탈리아의 도시 성벽에는 상업 광고 대신 정치 구호가 가득하다고 지적했다. 그는 이탈리아인들이 유명 인사의 능력을 걱정할 게 아니라 콘플레이크와 담배 간의 상호 경쟁에 신경 써야만 국내 번영과 안정을 실현할 수 있으며, 그렇지 않을 경우 이러한 목표를 실현할 가능성은 극히 미미하다고 예언했다. 심지어 민주적 자유란 정치에 대해 상당 부분 모른 체 하는 것이고, 비늘 모양의 두피, 털보숭이 다리, 지쳐버린 위장, 축 늘어진 가슴, 빠진 이, 과체중과 과로 등의 위협에 대해 우려하는 것이라고 지적했다."[1]라고 기술했다. 이 내용을 본 장의 첫머리에 인용한 것은 다음과 같은 이유에서이다. 첫째, 위 인용문에 나오는 이야기는 제2차 세계대전 후 상황이라 다음 절에서 소개하고자 하는 내용과 거의 같은 시기에 해당하는데, 이 시기 동양과 서양은 모두 '놀랄만큼의 유사성'을 지니고 있기 때문이다. 둘째, 1964년『미디어의 이해』가 출판되고 나서 2년 후에 중국은 '문화대혁명'을 맞이하게 되기 때문이다. 이 또한 의미 있는 참조가 될 것이다. 셋째, 40년 전에 한 마셜 맥루한의 이 말은 오늘날에도 '첨단적이고 시류적' 특징을 지니고 있다는 점이다. 따라서 독자들에게 당대 광고 심미문화를 이해하는 데 중요한 시사점을 제공해 주리라 믿는다.

---

1. 마셜 맥루한(Marshall Mcluhan), 『미디어의 이해 (理解媒介)』, 허다오콴(何道寬)역, 상무인서관(商務印書館), 2000년, P. 284~285.

# 제1절

## 광고문화를 위한 '명분 다시 세우기'

광고란 무엇인가? 이에 대한 정의는 필요없는듯 하다. 왜냐하면 "광고는 피할래야 피할 수 없는 현대생활의 구성 부분으로, 라디오방송, TV, 신문, 잡지, 거리, 지하철, 심지어 컴퓨터 스크린 등 어디서건 볼 수 있기 때문이다."[1] 광고와 우리의 일상생활은 이토록 밀접히 관련되어 있어서, 아침 알람 소리에 일어나서부터 저녁 잠자리에 들 때까지, 사람들은 무려 3천 개의 광고정보를 접한다. 따라서 광고가 무엇인지 정의 내리지는 못해도, 광고가 우리들에게 물건을 사야만 의식주를 해결할 수 있고 몸을 가꾸고 유행을 따를 수 있다고 말해준다는 사실은 정확히 알고 있을 것이다. 광고 심미문화가 생존할 수 있는 공간은 바로 일상적 수요에서 출발해 수요를 만족시키는 이런 동적 과정에서 파생되어 나왔다. 좁은 의미에서 광고의 근본적인 목적은 상업 이윤을 창출하는 데 있다. 그러나 이 목적을 실현하는 도중에 광고는 일종의 문화적 존재로 승격되어, 미학적 서사로 거듭나게 되었다. 국내 언론계의 선배인 거궁전(戈公振)은 광고에는 상업 발전을 촉진하는 작용 외에, 문화 발전 과정을 기록하고 더 나아가 인간의 삶이 더 나은 방향으로 발전할 수 있도록 삶을 지도하는 기능이 있다고 주장했다.[2]

우리는 또 광고 심미문화의 형태를 어떻게 정의할 것인지, 즉 광고가 당대

---

1. Juliann Sivulka, 『History of American Advertising』, 둥베이재정대학교(東北財經大學)출판사, 1998년, Introduction.

2. 천페이아이(陳培愛), 『중외광고사(中外廣告史)』, 중국물가(中國物價)출판사, 1997년, P.52 참조.

심미문화의 탄생과 발전 과정에 어떻게 참여하는지 하는 문제도 해결해야 한다. 이 점과 관련해서 줄리안 시벌카(Juliann Sivulka)의 관점은 커다란 계시를 준다. 그는 『미국 광고문화』의 저술 동기를 상세히 서술하면서 "이 저서는 광고가 어떻게 '거울(mirror)' 작용을 통해 사회를 구축해내는지와 관련해 넓은 시야를 제공하기 위해 썼다."라고 말했다.[1] 마셜 맥루한도 "언젠가 역사학자와 고고학자들은 20세기 상업 광고가 14세기 스테인드글라스(stained glass)처럼 20세기의 '가장 풍부하고 충실한 반영'임을 알게 될 것이다. 사회 모든 영역의 여러 활동들을 반영함에 있어, 다른 시대의 사회는 그저 그 뒷모습을 바라보기만 할 뿐이다."[2]라고 말했다. 광고가 당대 심미문화에 참여하는 방식은 '거울'과 '주조' 두 가지인데, 전자는 거울처럼 역사 발전과정 전반을 나타냄을 의미하고 후자는 광고 자체도 사회생활의 일부분으로서 다른 요소와 더불어 사회의 발전을 추진함을 뜻한다. '거울'에서 '주조'로의 방식 변화는 광고 자체의 역사적 발전과정이기도 하다.

초기 광고는 주로 상품 정보를 전달하는 한 가지 방식 뿐이었다. 경제발전 수준과 물질소비 수준의 한계로 말미암아 이 시기 광고는 상품 가격과 품질에 대한 사실적 소개를 비교적 중시하면서 소비자들의 이성적인 판단을 호소했다. 이렇듯 광고가 대중문화에 참여하는 방식은 객관적으로 특정 시기의 문화심리 수요를 나타내는 것밖에 없었으므로 사회를 기록하는 문서가 되었던 것이다. 다만 다른 매체에 비해 광고는 더 직접적이고 더 진실되고 '무정'할 정도로 반영하기에 '왜곡'과 '주관'이 더 적은 편이다. 또 '종이 위의 화석'이라고 할 만큼 한 시대의 진면모를 객관적으로 그려내기 때문에 심미문화의 세밀한 해석에 있어 지니는 가치를 과소평가할 수 없다. 경제가 발전하면서

---

1. Juliam sivulka, 『History of American Advertising』, 둥베이재정대학교출판사, 1998년, Introduction.

2. 마셜 맥루한, 『미디어의 이해』, 허다오콴 역, 상무인서관, 2000년, P.11.

광고 서비스의 경제 주체에도 근본적인 변화가 생겨났다. 지금의 경제 딜레마는 자동차를 어떻게 생산하느냐가 아니라 그것을 어떻게 판매하느냐이다. 이와 상응하여 광고 전략에도 상품을 객관적으로 소개하는 데서 소비자들을 비이성적으로 통제하는 데로 근본적인 변화가 생겨났다. 광고이론 용어로 표현하자면, 광고는 갈수록 상품의 '문화 부가가치'를 중시하고 있다. 이렇게 해서 광고는 더 이상 상품의 노예도, 소비자의 노예도 아닌 사회생활의 주체가 되어갔다. 광고는 또한 날로 발전하는 매스미디어와 시종 발전을 같이하고 있다. 따라서 광고 자체도 이미 대중들이 광범위하게 체험하는 사회 사건이 되었고, 생활 풍격을 만들어내고 이끌어 가는 주체가 되었으며, 더 나아가 가치관을 제공하기도 하였다. '대통령이 아니면 광고인이 되리라'는 우스갯소리에는 어쩌면 깊은 뜻이 함축되어 있는지도 모른다.

다른 문화형식과 마찬가지로 광고는 신중국과 더불어 반세기 가까운 역사발전을 같이해왔다. 1949년 5월, 당시 톈진 공용국(天津公用局)에서 최초로 '광고상 관리규칙(管理廣告商規則)'을 반포한 데 이어 1949년 12월에 상하이시 인민정부가 〈광고 관리규칙(廣告管理規則)〉을 발표했다. 그 뒤를 이어 시안(西安), 충칭(重慶), 광저우(廣州) 등 여러 대도시에서도 잇따라 광고 관리임시조례(廣告管理暫行辦法)를 반포하였다. 당시 광고 내용에 대한 요구는 '정직 위주'였다. 즉 홍보를 통해 반드시 제품의 '품질, 효능, 사용방법을 정직하게 소개할 것'[1]을 요구했다. 이와 같은 광고 개념의 발전방향은 1950년대말에 이르러 기본적으로 성숙되어 사회주의 광고 패턴을 형성했는데, 이 시기에 있었던 몇 가지 큰 사건을 짚고 넘어갈 필요가 있다. 첫째, 1957년 12월, 프라하에서 열린 국제광고업무회의에 체코, 구소련, 독일민

---

1. 천페이아이, 『중외광고사』, 중국물가출판사, 1997년, P.68.

주공화국(약칭은 동독), 알바니아, 불가리아, 헝가리, 조선민주주의인민공화국, 몽고, 폴란드, 루마니아, 유고슬라비아, 베트남, 중국 등 13개 사회주의 국가의 대표들이 참가해 각국의 경험을 교류한 뒤, 사회주의 광고의 기본 특징은 '사상성과 진실성, 구체성'에 있다는 결의에 도달했다. 둘째, 1957년 상업부(商業部)가 통지를 통해 '진실, 미관(美觀), 경제, 실용'이라는 요구를 제기했다. 셋째, 1959년 8월, 상업부가 상하이에서 개방도시 상업광고 회의를 개최했다. 이 회의에서는 '생산, 소비, 상품유통, 도시미화를 위해' 일한다는 '네 가지를 위하여(四爲)' 방침을 지정하고, "상품홍보와 정치선전을 반드시 결합시킴으로써 사회주의 사상성과 정책성, 진실성, 예술성과 민족풍격을 지니게 해야 한다."고 지시했다.[1] 이로 인해 이 시기의 광고는 정치성과 사상성, 진실성의 강조라는 기본 특징을 지니게 되었는데, 이는 같은 시기 서구의 광고와 뚜렷하게 대조된다. 1990년대 이후 미국의 메디슨 거리(Madison Street)는 중국 광고인의 '광고혁명 발원지'였으나 1950년대만 해도 상황은 달랐다. 1957년 5월 19일 〈인민일보(人民日報)〉 제5판에 〈메디슨 거리의 광고예술(麥迪遜大街的廣告藝術)〉이라는 글이 게재되었는데 한번 인용해보겠다. 이 글 첫머리에는 "미국에 가 본 사람이라면 매디슨 거리쯤은 다 잘 알고 있을 것이다. 이 곳은 기이하고 다채로운 미국의 상업광고 중심지로, 알록달록 환상적인 네온사인 광고세계를 보고있노라면 그야말로 머리가 어지럽고 눈앞이 아득해진다. 광고 디자이너는 갖가지 기이하고 황당무계한 방법으로 매일 대규모 사기를 치고 있다."라고 적혀 있다. 오늘날 광고 문맥에서 40년 전의 이 글을 다시 읽어보면 문화적 분위기에 많은 변화가 생겼음을 실감할수 있을 것이다.

---

1. 천페이아이, 『중외광고사』, 중국물가출판사, 1997년, P.76.

11기 3중전회의 이후 광고문화는 80년대 초와 중기에 잠시 방황하다 90년대에 들어서서 급격한 발전을 이루면서 창작 방식에 있어 커다란 전환을 가져온다. 먼저 광고의 매개 형식이 신문, 잡지, TV, 라디오방송, 야외, 교통, 동영상, 전자, 점포, 포장, 서적 등으로 유형화되어 그 전 30년과는 비교할 수 없을 정도로 다양해졌다. 특히 TV, 전자, 컴퓨터 등 첨단 기술이 매체에 응용되고 첨단기술 제품이 보급되면서 광고의 전환에 강력한 매체적 지원을 제공했다. 과거 30년 동안의 광고 매체는 매우 단조로웠다. 이를테면 1958년 5월 1일 중국 최초의 텔레비전 방송국인 베이징방송국(北京電視臺)에서 실험적으로 첫 광고를 내보낸 뒤 같은 해 9월 2일에 정식 방송을 시작했는데, 그 전까지만 해도 중국의 시청자들은 TV를 통해 광고 정보를 전혀 접해본 적이 없었다. 그러나 1980년대 초까지만 해도 광대한 농촌 지역에서 TV를 찾아볼 수 없었기에 진정한 의미에서의 대중매체가 될 수는 없었다. 이러한 상황은 광고문화의 보급과 발전을 제약할 수밖에 없었다. 국가공상관리국(國家工商管理局)과 국가계획위원회(國家計劃委員會)가 1993년 7월에 공동으로 발표한 〈광고발전 가속화에 관한 기획요강(關於加快廣告發展的規劃綱要)〉에서는 광고업이야말로 '지식과 기술, 인재가 밀집된 첨단기술 산업'임을 천명했다. 광고 발전의 지도 방침에도 이에 상응하는 변화가 일어났다. 1987년 6월 16일부터 20일까지 개발도상국 광고대회가 인민대회당(人民大會堂)에서 열렸다. 이는 영국의 〈네이처(Nature)〉 잡지사와 중국대외무역광고협회(中國對外貿易廣告協會)가 공동으로 개최한 대형 국제광고계의 성대한 모임으로, 50여개 나라와 지역에서 온 1500여 명의 대표가 참가했다. 이번 대회에서는 "북미, 일본, 유럽의 선진적인 광고, 판매 및 정보교류 기술을 어떻게 가장 효과적으로 활용할 수 있을지와 중국이 해외의 광고, 판매,

매체 및 정보전파회사와 어떻게 연락을 취할 것인지 하는 문제, 그리고 중국 광고업이 다른 나라와의 경제무역 거래를 어떻게 촉진할 수 있는지에 관한 문제"[1]를 주로 토론했다. 이밖에 국가공상관리국과 계획위원회가 1993년 7월에 공동으로 광고발전계획요강(廣告發展綱要)을 발표해 '시장경제 운영에 있어 광고는 생산과 소비를 연결시키는 매개로서 기업이 시장을 개척하도록 도와주고 소비를 유도하는 특수한 기능을 갖고 있다.'고 명시했다. 이른바 '시장개척'과 '소비유도'라는 말은 광고에 실질적인 변화가 일어났음을 의미한다. 이렇듯 시장경제의 신속한 발전과 첨단기술 매체의 광범위한 응용을 기초로 하는 광고에 대한 인식의 변화로 인해 광고는 예전과 전혀 다른 모습으로 대중 심미문화 창조에 참여하게 되었다.

이상 살펴본 간략한 광고발전사는 현황 서술에 기초가 될 뿐아니라, 이론 적용 대상의 가능성 공간에 대해서도 필요한 제한을 할 수 있다. 당대 심미문화에서 떼어놓을 수 없는 구성 부분인 '광고'는 바로 이러한 서술 속에서 '명분을 바로잡을 수' 있었다.

---

1. 천페이아이, 『중외광고사』, 중국물가출판사, 1997년, P.82.

# 제2절

## '화석'으로서의 당대 광고

상업생활의 구성 부분인 광고는 신중국 건립 초기에 정치생활과 상대적으로 거리가 먼 관계로 국가 이데올로기로부터 고도의 중시를 받지 않아, 상대적으로 여유롭고 활기 있는 환경에 처해 있었다. 따라서 오늘날의 문화 현상과 더욱 가까웠다. 이 단계의 광고 내용은 당시 정치적 요구를 반영할 뿐만아니라 전통적인 문화 정취도 함축하고 있었다. 광고의 형식은 영어 텍스트 외에 국내에서 쓰이던 언어 기호들도 있었다. (중략) 그러나 이는 폭풍우가 오기 전의 평화에 불과했다. '문화대혁명' 시대가 도래함에 따라 '붉은 서사(紅色敍事)'가 차츰 사회생활의 여러 방면을 점령하면서 본래 오색찬연하던 광고도 예외 없이 이데올로기의 물결 속에 침몰되어 단일한 홍색으로 물들어버렸고, 상사(商社, trading company) 생활의 구성 내용이던 광고문화는 차츰 정치생활의 부속물로 전락했다.

### 1. 고전적인 풍습과 여운

1950년 7월 1일 『인민일보』 제8면에 상하이 전창면기공장(上海振昌棉機廠)의 광고가 실렸다. 이 광고 문안이 사람들의 이목을 끌었던 것은 '중국공산당 창당기념일' 경축과 '황후패(皇后牌)'(그림 12-2-1)[1]라는 내용 상 억지 대비 때문이다. 겉으로 보기에 주류 이데올로기에 일부러 영합한 것 같지만 실은 짙은 전통문화 여운이 담긴 '황후패'를 서슴없이 보여주면서 전통문화 이념에 대한 편애를 드러냈는데, 이는 우연한 현상이 아니다. 같은 시기 다른 광고 문안에서도 가끔 전통에 대한 향수를 무의식중에 드러낸 것이 없지 않다. 상하이 량신지 칫솔회사(上海梁新記牙刷公司)의 광고는 1930년대에 '털 하나 빠지지 않는다(一毛不拔)'는 멘트로 상하이 전역을 휩쓸었다. 이 멘트는 1950년 12월 25일 『인민일보』 제5면에

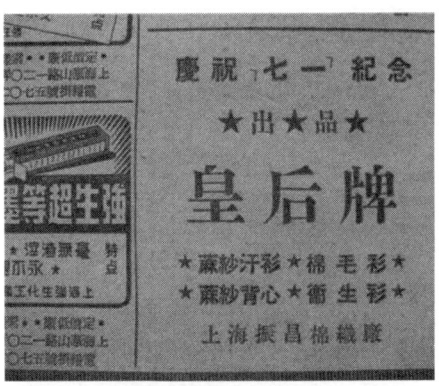

그림12-2-1 상하이전창면기공장이 낸 '황후패' 자사 제품 광고

그림12-2-2 광고 멘트에 '만세' 등 기호를 사용한 상하이 량신지칫솔회사

실렸을 때 "새로워진 솽스패. 만세, 천세, 백세, 백호 4종 칫솔 (중략) 보기 좋고 튼튼한(創新雙十牌. 萬歲、千歲、百歲、一百號四種牙刷, ……美觀耐用)"(그림12-2-2)으로 바뀌었고, 같이 광고를 낸 베이징 만순 구두점(北京萬順皮鞋店)은 "남녀 구두, 가죽방한화, 5일간 20% 할인 판매(男皮棉鞋, 坤皮棉鞋, 廉價五天, 按原碼八扣)'라는 멘트를 달았다. 그 외 톈진 푸위안직염공장(天津福元織染廠) 헝지(恒記)의 "길함과 풍년을 상징하는 붉은 천, 원나라 금화를 상징하는 푸른 천, 산뜻한 색상, 절대 퇴색하지 않음(瑞兆豐年紅布, 金元寶

---

1. 그림 출처는 1950년 7월 1일 『인민일보(人民日報)』.

그림12-2-3 상하이가정공업사가 낸 '렁뎨솽' 자사 제품 광고

青布, 顏色鮮艷, 保不褪色)"과 같은 멘트도 있었다. 이런 광고 텍스트들은 비교적 평이하고 소박해 사치나 과장 따위에 신경쓰지 않았지만, 광고 멘트의 언어적 표현은 그 시기 민중들의 사회 심리를 잘 꿰뚫고 있었다. 예컨대 황후, 만세, 천세, 곤(坤), 길함(瑞兆), 풍년, 원나라 금화(金元寶) 등 짙은 전통 정취를 지닌 문화 기호들을 사용해 수천년 동안 이어져 내려온 편안한 삶, 치부(致富), 다복과 장수라는 중국인의 심리적 기대를 나타냈다. 이에 반해 일부 광고들은 시적인 민족 심미문화 자원을 상대적으로 많이 발굴해냈다. 이를 테면 상하이 가정공업사(上海家庭工業社)에서 출품한 렁뎨솽(冷蝶霜) 콜드크림은 1950년 11월 15일 『인민일보』제5면에 광고를 냈는데, 1950년대에 만들어진 광고 중 가장 정교하게 만들어졌다고 할 만하다.(그림12-2-3) 우선 "뎨솽, 콜드크림의 왕'이라는 광고 멘트는 당시 문화 환경 속에 청신한 충격을 가져다 주었다. 또 어두운 빛깔의 나비 그림자를 전체 광고 배경으로 삼아 사람들로 하여금 옛날 양축(梁祝, The Butterfly Lovers)의 전설을 쉽게 떠올리게 하여 은연중에 소비자를 끌어들이는 효과를 낳기도 하였다.

비록 이 시기 광고가 평이함과 소박함을 위주로 했지만 이런 수수함을 통해 생동감을 전하고자 노력했다. 이를 테면 솽첸(雙錢)의 진뱌오(錦標) 운동화의 광고 멘트인즉 "다 만족스러워 하나 하나 장점으로 가득(一切皆滿意, 每點有特長)"이었다. 또 중앙희극학원(中央戲劇學院, Central Academy of Drama)의 〈평화의 비둘기(和平鴿)〉라는 무용극 포스터에는 "10세 이하 어린이 관람 불가, 10세 이상 어린이는 일괄 유료 관람"이라는 특별 안내문을 첨부했다.[1] "정교함에서 더 정교함을 구할 때는 꼭 샹징(香精), 향료를 쓰세요!"[2](향료 광고) "3년 사용 보증, 거기에 10% 할인 혜택"[3](농공표 자전거 광고) "새 것은 헐지 않게, 헌 것은 새롭게"[4](왁스 광택제 광고) 등 약간의 유머와 조소가 담긴 광고 멘트들은 신중국 건립 초기 중국인들이 지닌 특유의 경쾌함과 활달함을 고스란히 기록하고 있다. 그 외에 1954년 5월 15일 『인민일보』 제4면에 실린 부고에는 "샤(夏)낭랑께서 간 질환으로 5월 12일 오전 5시 15분에 85세를 일기로 돌아가셨습니다. 영구는 잠시 서황성근(西皇城根) 가흥사(嘉興寺)에 모셨고, 5월 21일 오후 3시부터 중국공산당 중앙조직부 강당(시단(西單) 당즈후퉁(堂子胡同)8호) 에서 추도식을 거행한 후 후에 발인식을 가질 예정입니다. 화환과 만련(挽聯)을 보내고자 하시는 고인의 친지 분들은 5월 18일과 19일에 시단당즈후퉁 11호 샤낭랑장례위원회로 연락주시기 바랍니다."라고 적혀있었다.(그림 12-2-4) 그러나 샤낭랑이 과연 어떤 인물인지 어떤 신분인지에 대해서는 여타 설명을 하지 않았다. 사람들에게 알려지지 않은 세부 항목들은 세월에 묻혀 버렸고, 시간을 환원하는 것은 이미 불

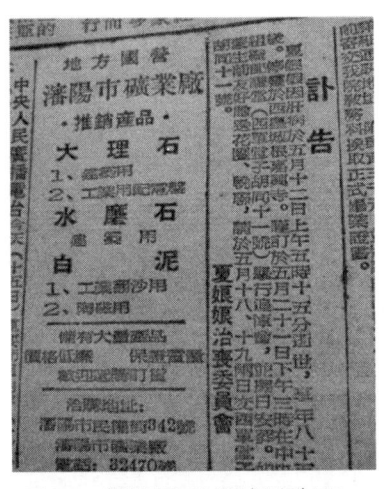

그림12-2-4 『인민일보』에 실린 '샤낭랑' 부고

1. 1950년 10월 11일 『인민일보』.

2. 1950년 11월 12일 『인민일보』.

3. 1950년 12월 21일 『인민일보』.

4. 1956년 7월 23일 『인민일보』.

가능하다. 그러나 오늘날 우리가 이를 텍스트나 일종의 기호로 해석할 경우 적지 않은 정보를 다시금 읽어낼 수 있다. 샤낭랑은 85세를 일기로 세상을 떠났으니 1869년에 출생했음을 우선 알 수 있다. 또 샤낭랑이란 기호를 통해 중화민국 이전 역사시기를 쉽게 떠올릴 수 있다. 아울러 '서황성근 가흥사'는 사람들의 기억을 더 오랜 과거 시대로 끌어 올린다. 이와 대조를 이루는 다른 정보라면 이 부고가 『인민일보』에 실렸다는 것과 추도식 장소가 '중국공산당중앙조직부 강당'이라는 점이다. 확연히 대조를 이루는 이 두 정보가 같은 텍스트에 나란히 실렸다는 사실을 통해 신중국 건립 초기에는 문화에 대한 태도가 자못 관용적이었음을 알 수 있다.

이밖에 일부 외국어 상표와 광고 멘트가 이 시기 빈번하게 광고 문안에 나타난 현상에도 주목할 필요가 있다. 상하이 젠닝 가전제품공장(上海建寧電器廠)은 회사 축전지 제품을 'OK'라 명명했는데, "OK 축전지, 밝고 오래가 전국을 휩쓸고 있다"[1]가 광고 멘트였다. 상하이 치이안디셩(上海奇異安迪生) 회사는 자사에서 출품한 전구를 '치이(奇異) 안디셩(安迪生)'(그림 12-2-5)이라 명명했는데, 안디셩은 미국의 발명가 에디슨(Edison)을 음역한 것이다. 상하이 퉁싱실업주식회사(上海同興實業股份公司)에서 생산한 '쓰마이퉈(司麥脫) 양말'은 'smart'를 음역한 것인데, 깔끔하고 신기하고 세련되었다는 뜻을 담고 있다.[2](그림 12-2-6) 치우하이탕(秋海棠)의 담배 광고는 "치우하이

그림12-2-5 치이 에디슨(奇異安迪生) 전구 광고

---

1. 1950년 12월 15일 『인민일보』.

2. 1950년 11월 26일 『인민일보』.

탕 담배를 피우세요. Mild Cigarettes"였
는데, 'Mild Cigarettes'는 지금이야 자
주 접해 신기할 것도 없지만, 1950년대 광
고에 사용되었다는 사실에서 느껴지는 바
가 많다. 과거 다년간 유행했던 류란샹(留
蘭香) 치약은 1950의 광고에 'Peroxide
Spearmint Tooth Paste(중국어로 번역
하면H2O2 무색 방부의 네델란드 박하 치

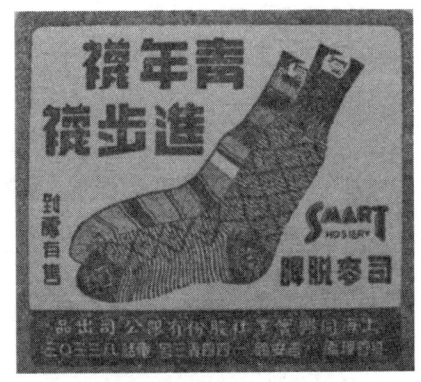

그림12-2-6 '쓰마이퉈 양말'표 청년양말 광고

약)'라는 영어 단어들을 일부러 넣었다.[1] 당시 대도시에서 판매되던 일제 손목
시계의 광고는 '시티즌(CITIZEN) 손목시계'였는데, 가운데 영어 단어는 '시민'
이라는 뜻이다.[2] 지금의 시선으로 이 광고들을 보면 그다지 훌륭해보이지 않
지만, 문화 기호적 가치는 특정 환경 하에서 문맥을 통해 나타나게 되어 있다.
따라서 간단하긴 하지만 당시 사람들이 일상생활 속에서 접했던 '구미(歐美)
의 풍격'을 비교적 분명하게 기록하고 있음을 알 수 있다. 물론 그것이 당시 문
화 추세에 어느 정도 영향을 미쳤는지는 알 수 없지만 충실한 기록이라는 면
에서는 충분히 돌이켜 생각해 볼 만하다. 한때 복구되었던 '옛 풍습과 정취'
속에서, 우리는 문화적 위로를 다소 느낄 수 있을 뿐만아니라 한 동안의 소멸
에 대해서도 마음 아파할 수 있다.

1. 1950년 10월 14일 『인민일보』.

2. 1957년 6월 13일 『인민일보』.

## 2. '동풍'과 '서풍'

　　이 시기의 광고 문안은 전통문화와 외국문화 기호를 많이 사용했다. 이데올로기 기호가 광고에서 차지하는 비중이 날로 커진 점도 주목할 만하다. 왜냐하면 다른 문화와 마찬가지로 '동풍'과 '서풍'이 대결하는 특수한 시대였기 때문이다. 이 두 역량이 부딪히면서 남긴 흔적들은 당시 많은 광고에 기록되었다. 다음 일부 사례들을 통해 이와 관련된 재미있는 문화 풍경들을 살펴보도록 하겠다.

　　상술한 바와 같이 상하이 통신실업주식회사의 '쓰마이튀 양말' 제품 광고에서 제품명은 'smart'를 음역했지만 광고 멘트는 '청년 양말, 진보 양말'이었다. 양말은 비록 일상용품에 불과하지만 이 광고에서는 '진보'라는 이데올로기적 요구를 감당했다. 이런 기호의 연결이 지니는 억지성은 오늘날 여성의 인체와 억지로 연결시키는 일부 광고에 뒤지지 않는다. 그러나 이는 1950년대 젊은이들의 문화 심리에 비교적 부합되었던 터라 억지스럽다기보다 오히려 일종의 단순함과 진실함을 보여주며, 이로써 심미적 정취를 지닌다. 실제 광고발전 상황에 비추어 볼 때 당시의 광고 멘트들은 간소하고 진실해서 종종 열 몇 또는 스물 몇 글자밖에 되지 않았는데, 이것으로는 이데올로기를 나타내기에 충분하지 않았다. 당시의 '중국문화 붐(東風勁吹)'은 궁눙(工農/농공), 다중(大衆/대중), 스다이(時代/시대), 창청(長城/장성), 신화(新華/신화), 광밍(光明/광

그림12-2-7 '홍기' 표 합성세제 광고

밍), 우싱(五星/오성), 싼싱(三星/삼성), 홍싱(紅星/홍성), 덩타(燈塔/등대), 쥐룽(巨龍/거룡), 둥펑(東風/동풍), 중화(中華/중화), 우디(無敵/무적), 허핑(和平/평화), 융위안(永久/영원), 페이거(飛鴿/나는 비둘기), 싱푸(幸福/행복), 타이핑(太平/태평), 젠서(建設/건설)

그림12-2-8 베이징 비누공장의 '훙덩(紅燈)' 세숫비누 광고

등 제품 명에서 주로 찾아볼 수 있다. (그림 12-2-7)[1] (그림 12-2-8)[2] 정치기호가 한정되어 있던 관계로 같은 명칭이 여러 상품에 공유되는 현상도 나타났다. 예컨대 '우싱(五星/오성)'은 베이징 맥주공장에서 생산해낸 맥주 이름이지만, 톈진에서 생산해낸 연필 이름이 '우싱'이라 해도 전혀 문제 되지 않았다. 또 중화표 치약이 있는가 하면 중화표 자전거도 있었다. '우디'는 치약명인가 하면 재봉틀 이름이기도 했다. '궁눙(工農/농공)'은 자전거와 전선 이름이고 창청은 자전거와 파라핀지 이름으로 사용되었다. 당시 정치구호가 온 천지를 뒤덮었듯이 사람들의 일상생활도 뒤덮었음을 가히 상상할 수 있다.

강한 정치적 요구는 이 시기 일반 민중 생활의 독특한 풍경을 형성했다. 상품광고는 '창당기념일'이 되면 '창당기념일경축'의 제품 광고를 내야 했고, '건국일'에는 '국경기념일 특별' 광고를 내야 했기에 일종의 표현적 성격을 지니게 되었다. 또 각종 운동에 맞추어 설계된 광고도 있었다. 예컨대 1950년 12월 24일 『인민일보』제5면에 실린 '국화자판(國華鋅版)' 광고는 "20여 차례나 시험과 개량을 거쳐 성공한 항미원조(抗美援朝) 생산시합의 창조물"이라는 특별

1. 그림 출처는 http://www.333cn.com/bbs/viewthread.php?tid=41302&extra=&page=2.

2. 그림 출처는 http://www.333cn.com/bbs/viewthread.php?tid=41302&extra=&page=2.

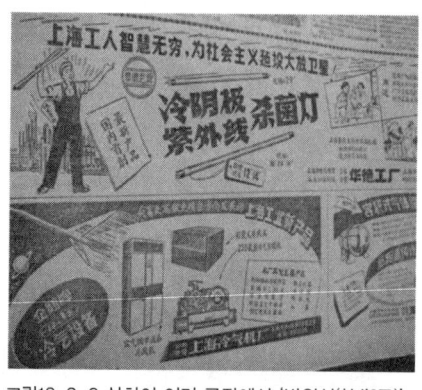

그림12-2-9 상하이 여러 공장에서 '방위성(放衛星)' 운동에 발맞추어 낸 광고들

설명을 덧붙였다. 1958년 11월 9일『인민일보』제6면에 상하이시 여러 대공장의 제품을 소개하는 광고가 실렸는데, 그 광고 멘트인즉 "상하이 노동자는 한없이 지혜로와 사회주의 건설을 위해 크게 위성(衛星)을 쏘아 올린다."[1]였다.(그림 12-2-9) 이 시기 광고는 계획경제체제 하에서 일상생활의 일반적인 발전방향을 보여주었다. 전쟁 시기 모든 것이 전선을 위한 것이었듯, 이 시기의 방침은 모두 '건설과 생산을 위한 것'이었다. 이를테면 1958년 10월 13일의『인민일보』에 〈우리나라 국민소득에서 저축과 소비의 관계(我國國民收入中積累和消費的關系)〉라는 제목의 글이 실렸는데, 이 글에서는 "저축이 국민소비에서 차지하는 비중을 제고시키는 일은 인민들의 생활수준 개선에 결코 도움을 주지 않는다"고 주장했다. 이 말은 계획경제체제의 기본적 방향과 그 영향에 대해 해석한 것인데, 이로써 사람들의 일상문화 및 오락까지 강한 정치적 경향을 띠고 있음을 알 수 있다. 이를 테면 1950년 11월 13일 베이징의 다광밍(大光明), 핑안(平安), 다관러우(大觀樓), 밍싱(明星) 등 4대극장에서『인민일보』제6면에 영화 〈불굴의 아가씨(倔强的姑娘)〉(일명 〈분투하는 여성(奮鬪的女性)〉)를 홍보하는 포스터를 냈는데, 광고 멘트는 "자신의 힘을 이바지해 군중을 위해 복무하자! 광범위한 인민을 동원하여 생산을 늘리자!"였다. 1950년 10월 26일『인민일보』에 실린 에스페란토(Esperanto) 초급 강습반 수강생 모집 광고는 직업적인 전망에 대한 언급 없이 바로 "에스페란토는 국제주

---

1. [역자주] 1950년대 급격한 성공을 거두려고 했다 실패한 사회주의운동이다.

의 교육 강화를 통해 장구한 평화를 쟁취할 훌륭한 도구이다"라는 멘트를 내걸었다. 심지어 청년문화복무사(青年文化服務社) 설립 1주년 기념행사에서도 "문화전선의 수요를 공급하기 위해서"임을 분명히 밝혔다.[1]

이 시기 광고 문안 제작에 사용된 장식 기호들에도 뚜렷한 정치 흔적이 새겨져 있다. 문안이 전체적으로 깔끔하고 산뜻하게 보이기 위해 다른 제작기술이 터무니없이 부족한 상황에서 문자의 배열을 특별히 중시할 수밖에 없었고 많은 공백 부분을 일련의 분리 기호로 보강할 필요가 있었다. 그 당시 가장 많이 사용된 분리 기호는 '☆' 오각별 기호였다. 당시 광고 문안에는 인체를 상징하는 기호들이 극히 드물게 사용되었는데, 간혹 쓰이더라도 매우 독특한 공식화 형태로 등장했으며, 가장 일반적인 것은 농공병 3인 조합이었다. 따라서 상반신상의 경우 남여 거의가 소매를 팔까지 걷어 올렸고, 남자는 꽉 움켜쥔 주먹을 내밀고 여자는 대부분 '훙바오수(紅寶書)'[2]를 손으로 받쳐 들고 있었다. 원래 대중의 땔감·곡식·기름·소금 등 생활 필수품을 위해 서비스를 제공하던 광고는 이제 이런 기호를 통해서 강한 정치적 격정을 전달하는 매개가 되었다. 그러나 이는 물자부족 시대를 격정적으로 생동감 있게 그려낸 것인지라 지나치게 폄하하거나 배척할 필요는 없다. 이는 필경 필연적인 시대적 요구이면서 아름다운 생활에 대한 사람들의 순수한 소망을 포함하고 있기 때문이다. 1950년대와 1960년대의 『인민일보』를 쭉 훑어보면 극히 간단한 문자 광고들을 발견할 수 있다. 이 광고들은 십여 자에서 수십 자로 되어 있으며, 광고 대상 제품도 마(馬)표 양회(洋灰, 즉 지금의 시멘트, 당시 수입했기에 양회라 칭함), 석면(石綿), 루핑(roofing), 전동 제분기, 맷돌, 절초기, 정미기, 새끼줄, 가마니, 전신주, 코르코 마개 등 매우 일반적인 것들이

---

1. 1950년 12월 11일 『인민일보』.

2. [역자주] 마오쩌둥어록을 말한다.

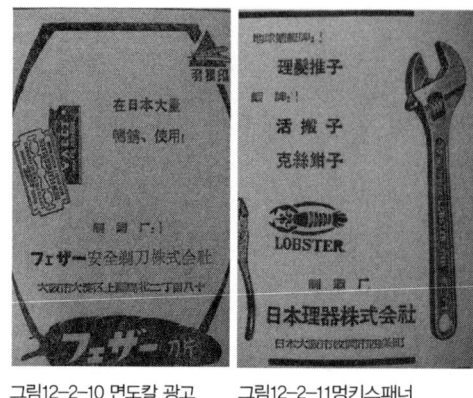

그림12-2-10 면도칼 광고

그림12-2-11멍키스패너
(monkey spanner) 광고

었다. 특히 언급할만한 것은 1957년 5월 22일 『인민일보』 제7면에 실린 일본 제품 관련 광고인데(그림 12-2-10) (그림 12-2-11) 이 제품들도 체인, 면도 칼, 지우개, 착유기, 모터, 이발기, 멍키 스패너 등 일상적인 것들이었다. 이토록 지극히 일반적인 일련의 제품들이 『인민 일보』에 버젓이 실렸다는 것은 그 시기 사람들이 어마어마한 정치 격정으로 힘겨운 물질 결핍 시대를 버텨냈음을 의미하는 바, 많은 생각에 잠기게 한다.

## 3. 홍색 명명(紅色命名)의 시대

계획경제시대 이데올로기적 요구는 일상생활의 주류를 이루었다. 지도 방침에서는 중국인의 물질문화 생활수준 제고를 강조했지만, 필경 축적과 생산을 더 중시하던 시대였던만큼 모든 것은 건설을 위해 복무해야 했다. 신중국 건립 수십년 이래로 광고업은 중단된 적 없었으나 발전 공간은 매우 제한적이었다. 문화대혁명이 시작된 후 정치적 요구가 극에 달했는데, 그 과정에서 광고가 받은 충격은 더욱 심각했다. 문화대혁명 초창기에는 '혁명을 중점 삼아 생산을 독책하는' 주제를 부각시키려 했기에 광고업이 완전히 무시되지는 않았지만, 정치 목적을 위한 수단과 도구로만 사용되었다. 광고를 통해 문화대혁명의 '물질적 성과'가 더 구체적으로 드러났지만, 문화대혁명이 확대일로의 길을 걷게 되면서 사람들은 과열된 정치 폭풍에 휘말려들기 시작했다. 이와 동시에 국민경제도 붕괴되기 직전에 이르러, 그 어떤 상품도 판로를 개척할 필요가 없게 되었다. 그리하여 1967년에 『인민일보』는 광고과(廣告科)를 철폐하기에 이르렀다. 그 시기 〈물품 수송이 농삿일을 지체시키지 않는다〉는 제목의 한 만화에서는 계획경제라는 무대에서 광고가 퇴장하는 장면을 형상적으로 그려냈다.

물질이 결핍되고 상품이 부족하던 시대에 일반 대중들은 광고의 존재를 '등한시'했다. 그럼에도 불구하고 이와 같은 특수시기에 일종의 광고 형식이 사람들의 일상에 더 없이 큰 충격을 선사했는데, 그것은 바로 '홍색 명명'이다. 1966년 문화대혁명이 발발한 지 얼마 되지 않아 점포명 바꾸기 붐이 일었다. 특히 문화활동을 하는 장소들이 가장 전형적이었는데, 사람들은 너도 나도 역사, 문화적 의미를 지닌 이름들을 팽개치고 정치적 상징 의미가 짙은 이름들로 바꾸었다. 이를테면 베이징의 여러 대극장과 문화행사를 하는 장소들은 다음과 같이 개명했다.

**표 12-2-1 '문화대혁명' 기간 개명한 베이징의 영화관, 문화 장소**

| 개명 전 | 개명 후 명칭 |
| --- | --- |
| 훙러우(紅樓)영화관 | 대혁명(大革命)영화관 |
| 다화(大華)영화관 | 농공병(工農兵)영화관 |
| 신제커우(新街口)영화관 | 옌안로(延安路)영화관 |
| 찬궁(蟾宮)영화관 | '문화대혁명'('文革')영화관 |
| 광안먼(廣安門)영화관 | 동풍(東風)영화관 |
| 룽광(榮光)영화관 | 홍위(紅衛)영화관 |
| 얼퉁(兒童)영화관 | 혁명계승자(紅色接班人)영화관 |
| 다관러우(大觀樓)영화관 | 둥팡훙(東方紅)영화관 |

| | |
|---|---|
| 위안언쓰(園恩寺)영화관 | 신문화(新文化)영화관 |
| 둥쓰(東四)극장 | 징강산(井岡山)영화관 |
| 차오양취(朝陽區)문화관 | 마오저뚱사상(毛澤東思想)선전대 |
| 후궈쓰(護國寺)영화관 | 인민(人民)영화관 |
| 톈차오(天橋)영화관 | 혁명(革命)영화관 |
| 퉁러(同樂)영화관 | 홍색(紅色)영화관 |
| 밍싱(明星)영화관 | 홍기(紅旗)영화관 |
| 충원취(崇文區)공인문화궁 | 훙광취(紅光區)공인동호회 |
| 베이징신옌징(新燕京)극단 | 베이징인민(北京人民)극단 |
| 중산공원(中山公園)뮤직홀 | 홍일(紅日)극장 |
| 중국가무(中國歌舞)극장 | 둥팡훙(東方紅) 가무극장 |
| 북방실험(北方實驗)평극(評劇)극단 | 베이징시동방홍평극(評劇)극단 |
| 톈차오(天橋)완성(萬勝)극장 | 옌안(延安)극장 |

당시 광대한 시민들의 열렬한 지지하에 베이징의 홍위병은 창안제(長安街)를 둥팡훙(東方紅)대로로, 둥자오민샹(東交民巷)을 판디(反帝)[1](그림 12-2-12)[2]로, 셰허병원(協和醫院)을 판디(反帝)병원(그림 12-2-13)[3]으로 개명할 것을 제의했다는 보도도 있었다. 이밖에 일부 오랜 역사를 지닌 유명 상점들도 잇따라 개명을 했는데 베이징 왕푸징백화점(王府井百貨大樓)이 베이징시백화상점(北京市百貨商店)으로, 취안쥐더(全聚德) 오리구이집이 베이징오리구이집(北京烤鴨店)으로, 헨드리(Hendry)시계매장이 수도시계포(首都鐘表店)로 개명하였다. 톈진에서도 38년 역사를 지닌 '권업장(勸業場)'이 '인민상

---

1. [역자주] 반제국주의의 약어이다.

2. 그림 출처는 http://101098.com/pages/bxj09_jpg.htm.

3. 그림 출처는 http://101098.com/pages/bxj15_jpg.htm.

그림12-2-12 '반제로'로 개명된 베이징 둥자오민샹        그림12-2-13 '문화대혁명' 기간에 반제병원으로 개명된 셰허병원

창(人民商場)'으로 바뀌고, 45년 역사를 지닌 '북양방직공장(北洋紗廠)'이 '4신(四新)[1] 방직공장'으로, '세발 금솥(金三鼎)'[2] 면사 상표가 '궁눙(工農/농공)표'로 바뀌었다. 상하이 일상국(一商局) 산하 8개 회사의 3700개 소매점 중에서 3000여 소매점이 간판을 바꾸었는데 이로써 50년 역사를 가진 상하이 유원지의 상표도 내동댕이쳤다. 이밖에 외국어 음을 딴 일부 상표명, 이를테면 발렌틴(valetin), 아스피린(aspirin), 초콜릿(chocolate), 위스키(whisky), 재킷(jacket) 등은 반드시 개명해야 했는가 하면, 왕후장상(帝王將相), 재자가인(才子佳人), 복록수희(福祿壽禧), 천녀산화(天女散花), 원앙희수(鴛鴦戲水), 장명백세(長命百歲) 등이 포함된 도안이나 이미지들은 모두 판매나 홍보가 금지되었다.[3]

이렇게 상품명과 점포명, 거리명에서 문화활동 장소와 문화단체조직 명칭에 이르기까지, 물질소비에서 정신문화와 오락에 이르기까지, 어느 하나 할 것 없이 '홍색 명명'에 의해 새로이 역사를 고쳐 쓰지 않으면 안 되었다. 여기에서 '홍(紅)'이라는 글자는 가장 유창한 서사 기호로 되었고, 문화혁명과 관

---

1. [역자주] 신사상, 신문화, 신풍속, 신습관을 가리킨다.

2. [역자주] 왕위·권위의 상징이다.

3. 천페이아이, 『중외광고사』, 중국물가출판사, 1997년, P.78~79 참조.

련해 새로이 생겨난 명사들도 서사 내용에서 중심적인 위치를 차지하게 되었다. 반면 전통문화와 외국문화의 흔적이 남은 기호들은 모두 '사구(四舊)'로 몰려 광고 서사에서 제외되었다. 이로써 문화전통과 전통역사는 혁명적인 강행 명명에 의해 단절되었으니, '붉은 바다(紅海洋)'라는 명칭은 아마도 이 시대를 표현하기에 가장 적절한 용어일 것이다. 한편 이는 붉은 서사의 통제 속 민중생활의 단조로움과 창백함도 보여주기도 한다. 이 시기의 광고는 민중의 역사기억을 단절시키는 '흉기'로 충당되었던 것이다.

# 제3절

# 문화시대 경관의 '주조'

문화형식으로서의 광고는 11기 3중전회의 이후 여러가지 신사조의 영향을 받으면서 곧 바로 이를 반영했다. 1979년 1월 28일 정월 초하루라는 길일에 상하이 텔레비전방송국이 '상하이 텔레비전방송국에서 즉일 광고업무를 접수한다'는 TV광고를 방송으로 내보낸 데 이어, 1분 30초짜리인 삼계(參桂) 약주 광고를 내보냈다. 1979년 7월 4일에 베이징시 정부는 시단민주창(西單民主墻)을 '광고벽'으로 바꾸었다. 그러나 광고는 일상생활의 물질적 현실과 가까이 닿아 있어서, 다른 문화형식처럼 정신문화를 하늘 높이 신속히 띄워올릴 수 없기에, 광고와 그 내용의 변화는 비교적 긴 배회기를 겪을 수밖에 없었다.

## 1. 온정이 넘치는 어루만짐

1980년대 초만 해도 이데올로기 지상주의의 관성이 고질적으로 남아있었다. 당시 사람들은 사회주의 계획경제의 우월성에 대한 자부심에서 아직 진정으로 각성하지 못한 탓에 상품의식과 서비스 의식이 부족했기에, 체재 면에서 광고를 배척하는 경향을 보였다. 당시 탕사오이(唐少儀)가 『인민일보』에 만화 하나를 게재했는데, 어느 국영상점에서 여판매원이 매대에 서 있고 세 감독이 '웃지 못하는 배우'를 물색하러 이 상점으로 들어오는 것이 이 만화의 내용이었다. 만화에는 "우리 셋이 저 종업원을 다 웃기지 못했으니 물론 합격이지"라는 글이 적혀 있고, 맨 마지막에 "상점의 서비스 태도를 개선하는 것은 광대한 고객의 하나같은 염원이다."라는 저자의 말이 적혀 있었다.[1] 1984년 5월 23일 『인민일보』의 '금일담(今日談)'이라는 칼럼에 '신발을 신어 보지 못하게 하다'라는 짧은 글이 실렸는데, 베이징 백화점에서 발생한 저자의 경험을 적고 있다. 저자는 신발을 사고 싶었으나 판매원이 단호하게 신발을 신어 보지 못하게 거절했다고 하면서, "투명한 플라스틱으로 포장한 구두가 글쎄 삼노끈으로 꼭 매어져 있었다!'라고 적었다. 이 사건은 보편적 의미만이 아니라 상징적 의미도 지닌다. 즉 계획경제시대 사람들의 광고의식은 언제나 '삼노끈으로 단단히 매어져 있었다'고 해도 과언이 아니다.

이런 상황은 1980년대 중후반에 와서야 차츰 호전되기 시작했다. 먼저 주류 향방에 있어 정부는 사람들의 일상 생활과 소비를 중시하기 시작했다. 1985년 7월 28일 『인민일보』는 미국을 방문 중인 리셴녠(李先念) 국가주석이 디즈니랜드를 시찰하는 기사를 보도하면서 "미국 방문 중에 있는 리셴녠 국가 주석이 오늘 디즈니랜드를 시찰하고 그곳에서 오찬을 가졌다"고 적었다. 둘째, 문화전략에 있어 정부는 점점 개혁개방에 힘을 싣기 시작했다. 이 시기 중국공산당중앙위원회는 사회주의 문명건설 지도방침에 관한 결의에서, "대외개방은 변함없는 국가기본정책으로, 물질문명 건설 뿐만아니라 정신문명 건설에도 적용된다."라고 명확히 천명했다. 셋째, 기술적인 측면에서 신문, 잡지 등 간행물과 매체들이 비교적 객관적인 태도로 해외의 광고 판매기술을 보도하기 시작했다. 이를테면 1986년 12월 20일 『인민일보』 제2면

---

1. 1982년 12월 18일 『인민일보』 참조.

에 실린 〈위스키와 초콜릿이 준 계시〉라는 시사 평론은 "일본 외무성 장관이 서구 방문 시에 의미 깊은 두 가지 선물을 받았는데, 그것은 바로 서구공동체위원회 데릭(Derek)위원으로부터 받은 영국산 위스키와 프랑스산 브랜디, 미국 국무장관 슐츠(Schultz)로부터 받은 초콜릿이다."라고 적었다. 사실 이 상품들은 현지에서 사는 것이 일본에서 사는 것보다 훨씬 저렴하다. 비록 이 기사가 직접적으로 광고에 갈채를 보낸 것은 아니었지만 적어도 사람들의 안목을 차츰 트이게는 해주었다. 즉 서구 정치가들이 이데올로기와 비행기, 대포만이 아니라 상품가격과 관세장벽에도 관심을 갖고 있다는 사실을 일깨워 주었던 것이다. 사탕, 과자, 술담배 등 일반 민중들의 생활 가까이에 있는 소비품들은 어쩌면 이데올로기보다 더 큰 유혹과 친근감을 지니고 있었을 것이다. 1985년 7월 28일 『인민일보』에 실린 〈두 'S'선생의 '글'〉에서 저자는 이렇게 말했다. "미국 상업에서 가장 많이 쓰이는 두 단어는 SALE(세일)과 SAVE(절약, 이득)임을 나는 발견했다. 신문과 잡지 등 간행물 및 TV, 거리, 골목 마다에서 ON SALE(세일중)이니 SAVE 30%(30%할인) 등 광고문구를 쉽게 찾아볼 수 있다. (중략) 사람들은 저렴한 물건을 구매하는 것을 대단한 재주라고 생각한다." 1986년 12월 9일 『인민일보』 제7면에 실린 '향의 세계(香的世界)'라는 글에서는 세계적으로 해마다 67억불이나 되는 향수가 판매되는데, 그 중 삼분의 일이 크리스마스 전후 성수기 1개월 동안 판매되며, 미국 여성이 해마다 세계 향수 총생산량의 40%가량 되는 향수를 구매한다고 보도했다. 따라서 크리스마스가 되면 프랑스, 이탈리아, 미국의 일부 유명한 화장품회사들은 대대적인 광고를 통해 유명 향수를 판매하고, 다투어 신제품을 홍보한다. 신제품을 출시할 때는 새롭고 특이함을 표방해야 해서, '독수(毒水)', '아편(鴉片)', '미혹(迷惑)' 등과 같은 이름을 붙이

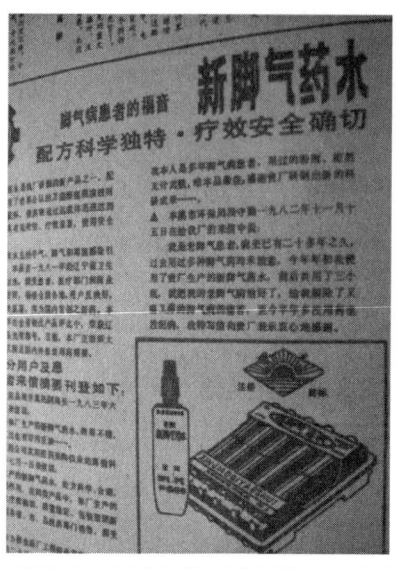

그림12-3-1 1984년 5월 4일 『런민일보』에 실린 신 무좀 약물 광고

지만, 하나 같이 매우 잘 팔리고 있다. 제품 광고를 할 때도 상인들은 아이디어를 짜내 고안하는데, TV 광고는 더 이상 희한할 게 못 되고, 현재 어떤 잡지에는 향이 들어 있는 향수 광고 페이지가 등장하기도 한다. 1987년 9월 26일 『인민일보』에 〈새로운 스타일의 광고예술〉이라는 글이 실렸는데 이 글에서는, "책에 미니배터리, 테이프, 3D광고가 삽입되어 있다. (중략) 물론 이런 신기한 광고는 그 비용도 상대적으로 높고 제작 시간도 꽤 길지만 효과는 괄목할 만하다. (중략) 종이 위의 직관적인 이미지에서 이미 '색, 향, 맛'의 첨가로까지 발전했다. 따라서 화장품과 식품이 지니는 향기는 갖은 방법으로 책에 '프린트'되어 독자들이 어느 광고 페이지를 펼치든 그 향기가 코를 찔러 독자들의 구매욕을 불러일으켰다."라고 지적했다. 1987년 10월 13일 『인민일보』 제7면에 실린 〈국제연회에서의 베스트셀러(國際年會上的暢銷書)〉라는 글에서는 다음과 같이 기술하고 있다. "이 베스트셀러의 이름은 〈IMF 및 세계은행 요리수첩〉이다. (중략) 회의에 참가한 대표들의 부인들이 제공한 레시피 모음집으로, 군침 돌게 하는 세계 여러 지역의 요리법을 집대성했다. (중략) 회의 문건을 보는 사람들이 거의 없는 것과 선명한 대비를 이루었다." 평범하게 보이는 이 글에서 우리는 다음과 같은 중요한 문화 메시지를 읽어낼 수 있다. 우선 보도자의 태도는 대부분 긍정적이거나 적어도 객관적이고 중립적이다. 이는 비판적인 보도 태도를 취하던 1950~1970년대와 뚜렷

이 비교된다. 다음으로 이 글이 전하는 메시지는 민중들이 익숙한 계획경제 문화 환경과도 다르다. 이러한 것들이 이제 곧 도래할 시장경제에서 새로운 광고 개념이 형성되도록 재촉하였음은 물론이다. 실제로 이 시기에 이르러서야 광고문화도 비로소 11기 3중전회 이후의 경제 사조를 간신히 좇아 갈 수 있게 되었다. 사람들의 물질적 현실생존과 가장 밀착되어 있는 문화형식이 전환되기 시작했다는 것은 당대 중국사상문화가 변화와 창신의 길로 철저하게 나아갔음을 의미한다.

이런 전형을 가장 먼저 나타낸 것은 1980년대 중후반의 일부 광고들이다. 1984년 5월 4일 『인민일보』에 실린 무좀 치료 물약 광고, 1985년 7월 27일에 실린 베이징 제약공장(北京制藥廠)의 린스, 비타민 광고가 대표적이다. 린스는 '비단결 같이 고운 머리결, 우아함을 자랑하게' 해주었고, 비타민은 '몸과 대뇌 건강, 노화방지, 색소반점 치료, 젊음 유지'를 가능하게 해주었다. (그림 12-3-1) (그림 12-3-2) 맥루언(McLuhan)의 안목으로 보면 광고가 이끌어 낸 당대 중국의 진정한 생활혁명은 사람들의 시선을 무좀, 머리, 색소반점 등 인체의 아픔과 가려움 등 '사소한 일'에 집중시킴으로써 시작되었다. 이와 같은 시장의 세례는 당대 중국인의 문화의식을 철저히 변화시켰다. 일반 민중의 생활은 급진적인 정치 격정으로부터 멀어져, 헤아릴 수 없이 많은 '보이지 않는 손길'을 내밀어 오색찬란한 물질세계를 따뜻하고 부드럽게 어루만졌다.

그림12-3-2 1985년 7월 27일 〈인민일보〉에 실린 비타민EC복합제 광고

## 2. 정감을 상징하는 기호

1990년대 이후 대중들의 사소한 일상생활과 가장 밀착되어 있는 매개 형식으로서의 광고는 독특한 형태로 유행사조를 이끌어 나아갔다. 광고 자체의 실질적인 발전 면에서 볼 때, 우선 이념적 창의성에서 구체적인 기술에 이르기까지 모두 서구의 선진적 광고문화 경험을 대량으로 받아들였다. 이로써 장장 수십년간 이어져 내려오던 저차원적 작업과 이데올로기의 틀로부터 철저히 벗어날 수 있었다. 일종의 특수 기호인 미국의 '메디슨 거리' 역시 1950년대 중국의 문화환경 속의 '기만술'을 1990년대 중국 광고계의 '혁명 성지'로 변화시켰다. 세계 동업자의 광고 이념, 광고 노하우는 더 이상 정부의 어떠한 이데올로기의 제지를 받지 않아도 되었기에 국내 광고업계가 크게 발전하게 되었다. 인간의 욕구를 5단계(생리적 욕구, 안전에 대한 욕구, 소속의 욕구, 성장 존중의 욕구와 미에 대한 욕구, 자아실현의 욕구)로 구분한 휴머니즘 심리학자인 매슬로(Maslow)의 이론이 광고제작에 사용되기 시작했는가 하면, 유명한 인류학자 길버트 플리스(Gilbert Flis) 또한 그의 저서 『사회예언으로서의 대중 광고(作爲社會預言的大眾廣告)』에서 광고에 자주 사용되는 15가지 매력(즉 성, 교제, 양육, 지도성, 공격성, 성취감, 점유욕, 출세, 주목받기, 자립, 도피, 안전감, 심미감, 호기심 만족, 생리적 수요에서 온 욕구)을 열거했는데, 이는 '인류 동기 리스트'로도 일컬어지며 중국 광고계의 안목을 크게 키워 주었다. 광고문화 환경이 이처럼 전환됨에 따라 1990년대 광고는 표현형식이 예술화, 인정화(人情化)되기 시작해, '절반은 사업가, 절반은 시인'이 많은 광고인들이 추구하는 공동의 꿈이 되었다. 광고의 소프트 요소가 끊임없이 늘어나 정보+오락+예술이라는 새로운 광고의 내용

공식을 만들어냈는데,[1] 이러한 '형식 혁명'은 광고 심미문화의 탄생에 드넓은 공간을 제공해 주었다.

예술화, 인정화된 광고는 고객들의 가장 현실적이고 세속적인 소비에 탈속적인 정신의 날개를 부여함으로써 상품 판매에 문화적 의미를 더해 온정이 흘러 넘치게 했다. 광시 헤이우레이(廣西黑五類)그룹에서 내놓은 '난팡헤이즈마후(南方黑芝麻糊)' 광고는 사람들에게 깊은 인상을 남겼다. 황혼 아늑한 불빛 아래 저 멀리 한적한 좁은 골목길 안쪽에서 희미하게 들려 오는 "헤이(검은, 黑)……즈마후(깨죽이요, 芝麻糊哎)" 장사꾼의 외침은 지워지지 않는 "어릴 적……" "짙은 향기, 한 줄기 따스함"에 대한 그리움을 끄집어내고, 마지막에 시적인 분위기 속에서 '난팡헤이즈마후, 지울 수 없는 추억'이라는 멘트가 들린다. 이 광고는 검은깨죽을 어린 시절 추억과 연결시켜 따뜻하고 아름다운 정감을 더해주었다. 이와 비슷한 것으로는 1995년 중국광고대회 최우수상을 받은 '사가편(思家篇)'의 쿵푸자주(孔府家酒) 광고가 있다. 푸른 하늘 아래 "천 리 만 리, 천 리 만 리를 떠돌더라도, 돌아가련다, 나의 집으로."라는 해외 방랑객의 외침은 예로부터 면면히 이어져 오는 향수를 불러 일으킨다. 이내 화면이 바뀌면 방랑객은 어느덧 여유 있게 집에 앉아 있고, "쿵푸자주, 집이 그리워지네."라는 멘트가 흘러나온다. 이 광고는 중국의 유가 사상과 술 문화의 정감적 자원을 충분히 끄집어 내 중국인의 문화심리에 잘 부합했다. 쿵푸자주는 향수와 연결되면서 한 동안 인기 있는 소주 브랜드로 유행세를 탔다.

'추억'과 '향수' 외에 '모성애' 역시 많은 광고에서 강조하는 주제이다. 이를테면 '메이자징(美加淨)' 핸드크림 광고의 멘트는 "메이자징 핸드크림, 엄

---

1. 리웨이(李巍) 편저, 「광고 디자인(廣告設計)」, 시난사범(西南師範)대학교출판사. 1999년 P.5.

마의 손길처럼 부드러워"이다. 산동우체국의 '중국우체국185생화 배송' 광고도 아주 훌륭하다. 이 광고는 '어머님으로부터 받은 것, 이제는 우리가 어머님께 해 드려야'로 시작해서 〈유자음(遊子吟)〉이라는 맹교(孟郊)의 시 앞 4구 "자모 손의 실, 집 떠날 아들 옷을 지으시네. 떠날 때 총총히 꿰매시며, 혹여 더디 돌아올까 걱정하시네(慈母手中線, 遊子身上衣. 臨行密密縫, 意恐遲遲歸)."를 중간에 인용해 영원한 모성애를 유구한 역사적 분위기와 융합시킨 다음, 맨 아래에 '5월11일, 어머니날은 꽃향기와 진심이 가득한 날. 이 날에 감회만 할 것이 아니라 우리 사랑하는 어머님을 위해 과연 무엇을 해 드리고 싶지 않은가? (중략) 세상에서 가장 자연스런 정감도 어떤 형식으로 표현해야 한다. 우편185생화배달이야말로 이 최고의 사랑을 전한다."라는 광고 멘트를 넣었다. 비록 유료 '배송'이지만 어디까지나 정감을 전하는 형식임에 틀림없다. 전통문화에서 "받기만 하고 주지 않으면 예의에 어긋난다(來而不往非禮也)"는 것을 중시함에도 불구하고 정보를 주고받는 전달 형식은 소홀히 하기 십상이었다. 그러나 형식 없이는 '예의'를 나타낼 수 없고 자신의 존재를 증명할 수 없으니, 이를 몰라서야 되겠는가? 따라서 형식을 중시하고 형식 감수성(感受力)을 향상시킨 것이야말로 지극히 중요한 당대 심미문화심리의 변화인 것이다. 이 외에 광고에서 흔히 빌려 쓰는 주제로 '사랑'과 '연정'도 있다. 소니 에릭슨(Sony Ericsson)이 2003년 봄 상품을 위해 낸 광고는 "어서 행동으로 보여주라. 사랑한다고, 보고싶다고..."였는데, 화면에는 아주 섹시한 손이 소니 에릭슨 휴대폰을 살짝 잡고 있고, 한 줄로 넣어진 "사랑하니 그/그녀가 그리워진다"라는 글귀가 휴대폰과 교묘하게 갈고리 모양을 이루고 있다. 광고라는 수식이 더해지면서 통신 기자재인 '소니 에릭슨'은 사랑하는 남녀를 소통시키는 정감적 기호로 거듭났다. '홍칭팅(紅蜻蜓)' 여성신발의 광고 멘트는 "사계절을 걸어 올 수 있었던 것은 정 때문이다."였다. 〈정채(精彩)〉 잡지 2002년 제6기는 또 남자 신발의 풍격을 '간결한 디자인, 여성화와 흡사한 스타일은 아픈 추억을 내려 놓게 하는 최고의 방식"이라고 광고했다. 그 외에 중국의 전통 경사 역시 많은 상인들이 '경쟁전'을 벌이는 영역이다. 이를 테면 '결혼 축하 선물로 칭다오 맥주(靑島啤酒) 대증정' 시 칭다오 맥주의 광고 멘트는 "백년의 칭다오 맥주, 백년의 좋은 만남(좋은 한 잔)(百年靑啤, 百年好合(喝))" 이었고, 이 두 멘트 사이에 커다란 기쁠 희(囍)자 두개를 이은 문양을 두었다. 합할 '合'과 마실 '喝'이 해음(諧音)이라 익살스러운 멋도 없지 않지만, 그래도 경사를 축하하는 마음에 가깝다. 그 외에 진류푸(金六福)라는 술의 '내 사랑, 샘의 도시의 후한 선물'의 경우, "경사스러운 날에는 진류푸를 마셔야"라는 멘트에 '금옥의 좋은 인연, 백년의 좋은 만남'이라는 부제를 넣었다.

소비실천 면에서 보면 상품세계의 짙은 정감은 광고인과 기업이 상품에 부여한 부가가치로, 소비자들의 '감정을 불러일으켜' 실제적인 '소비행위'로 이어지도록 하는 데 목적을 둔다. 그러나 다른 측면에서 보면 이처럼 오고가는 행위 속에서 물질상품은 다시 정감을 상징하는 일종의 기호가 되어 의향 속의 정감이 현실로 전환되는 길을 열어놓기도 한다.

## 3. 자유로운 길을 걷는 기호

특정 문화실천 형식은 특정 문화 환경을 필요로 할뿐만 아니라 특정 문화 기호 체계와 그 규범도 동시에 필요로 한다. 경직되고 질박한 '화석'시대와 이별을 고한 당대 중국의 광고 문화는 개방적이고 과감한 '주조' 시대로 접어들었다. 따라서 광고는 시대상황을 피동적으로 기록하는 데서 생활방식을 적극적으로 '이미지 소조'하는 데로 전환하였다. 문화기호가 자유롭게 다루어지게 되면서 광고 문화는 전례 없이 자유로운 심리 상태와 개방성을 띄게 되었다. 기호의 조합 규칙 역시 날로 다양해지면서 혁명시기의 단조로운 표현방식은 더 이상 찾아볼 수 없게 되었다. 11기 3중전회 이래 기호가 '자유로운 길을 걷게 된 것'은 이미 광고 문화의 뚜렷한 특징이자 표지였다.

우선 시장정보의 글로벌화와 더불어 서구의 포스트모더니즘이라는 환경의 시사 하에 많은 사람들이 보기만 해도 두려워했던 철학, 미학, 예술 개념이 광고에 '자유자재'로 활용되었다. '컨셉'은 광고가 브랜드를 운영해나갈 때 가장 많이 사용하는 용어인데, 예를 들어 세계 구두의 최첨단 트렌드로 꼽히는 스페인 구두의 경우 2002년~2003년 가을철 브랜드를 홍보할 때 북국의 정서, 남방의 이채, 동방의 지혜, 서방의 현혹이라는 4대 컨셉을 설정했다. 상품세계의 어떠한 시적 정취든 결국은 '물질로 환속'되기 마련이기에, 사실 소비자들의 '현실적'인 소비행위 속에서 구두를 이런 시적인 컨셉과 연결시키기란 쉽지 않다. 하지만 이와 같은 광고 홍보는 정감과 욕망의 변주를 최대한도로 끌어올리기도 한다. 이를테면 파리 로레알(L'OREAL) 헤어살롱 2002년 봄·여름 컬러발표회의 홍보도 아주 매력적이어서 발표회 컨셉을 '핑크 천당의 뮤즈(Muse)', '핑크 천당으로의 여행'으로 잡았다. 왕성하고 즐거운 생명력과 낙천적인 생활태도를 체현하기 위해 파리 로레알 헤어살롱은 논리학, 해석학 용어까지 아낌없이 사용하면서, 세 가지 '핑크 천당의 뮤즈 스타일'을 발표했다. 아마 상상력이 가장 풍부한 미학자라 하여도 헤어스타일로 어떻게 세 명의 매력적인 여신을 표현해낼지, 상상하기 어려울 것이다. 이를 해석하기 위해, '물질세계의 헤어스타일'을 '핑크 천당으로의 여행'으로 끌어들인다. 이브의 스타일은 '활력 넘치고 우아하다. 뜨거운 여름날 나만의 사랑을 찾아, 첫사랑과 첫

키스를 나누면서 그는 세상을 발 밑에 두었다.' 비너스 스타일은 '신비하고 몽롱하며 푸른 하늘 같이 맑고 투명하다. 과감과 평정을 완벽하게 결합시켜, 간단하고 로맨틱하며 초현실주의 격정을 지닌다.' 로리타 스타일은 '섹시함과 즐거움, 위엄과 순수, 야만과 평온을 대표한다. 눈부신 성숙미를 연출한다.' 여기서 미학적이고 예술적이며 신화적이고 낭만적인 서정 용어들이 광고모델의 헤어스타일을 표현하는 데 아낌없이 사용되는데, 이는 마음을 사로잡는 언어로 사람의 마음을 움직여 소비 효과를 창출하기 위함이다.

고대 그리스의 철학가 플라톤의 이론범주도 광고 환경에서 마치 '물 만난 고기'처럼 운용되었다. 이를테면 '새로운 광고 이념', '광고 이념의 혁신' 등 광고 전문 용어의 권위를 무시한 표현들은 이론가들의 '안목을 크게 키워' 주었다. 팅메이(婷美) 다이어트 미용캡슐 광고는 '전통적인 다이어트 방법은 이미 새로운 건강식 다이어트 개념에 의해 도태되었다.'라고 적고 있다. 다이어트도 '개념'의 지도를 필요로 하다니, 자못 포스트모더니즘적 의미를 지닌다. 샤워는 목욕을 품위 있게 말한 것인데, 단비커우치차이(丹碧蔻七彩) 바디클린져는 소비자들에게 '호주 식물의 정수를 한데 모아 색다른 참신한 샤워 개념을 선사할 것'임을 정중하게 약속했다. 2002년에 열린 중국국제복식박람회에서 푸젠(福建) 치피랑(七匹狼) 신발회사는 '아득히 먼 곳으로 유랑 —— 원시본색 보디페인팅 퍼포먼스(狼跡天涯——人初本色彩裸秀)'라는 홍보 주제를 내놓았는데, 총기획자는 '신체 언어를 통해 해체이론을 해석하고 행위예술로 신발문화를 표현했다.'라고 솔직하게 터놓았다.[1] 각종 주의의 범람도 광고 환경의 일대 특징이다. 한 이미지 설계회사는 회사 내부 배치를 이렇게 홍보하고 있다. "회사 내 의자는 최신 유행하는 전위적 오렌지 원단과 스테인리스로 제

---

1. 『정채(精彩)』, 2002년 제6기 참조.

작되었다. 기이한 조화와 과장된 충돌이 여기서 포스트모니즘 경전을 표현하고 있다." 또 어떤 부동산개발회사는 "92%라는 최고의 사용률과 실용주의 모델하우스"라고 홍보했는가 하면, LG냉장고의 홍보 멘트는 '신선주의, 건강 1+1'이었다.

그림12-3-3 실용주의, 유미주의와 인본주의라는 3대 '주의'를 주제로한 모 아파트 분양 신문 광고

캐논(Cannon) 디지털사무제품의 광고 멘트는 '신업무주의'였다. 어떤 웹사이트는 '공구주의자들의 연합'을 호소했고 난징(南京)의 어떤 부동산회사는 "유명한 도시, 유명한 학교, 유명한 브랜드라는 '삼명(名)주의'"를 표방했으며 어떤 노트북은 아예 데카르트의 명구를 따서 "나는 생각한다, 그러므로 나는 존재한다. 생각이 변화하는 미래를 창조한다."라고 홍보했다. 광고라는 문화적 맥락에서, 사람들은 규범이니 근엄함이니 하는 것들을 요구할 수 없었다. 철학, 미학, 예술 용어들은 이 표류하는 언어 맥락 속에서 떠돌다가 마른 풀과 썩은 나무가 꺾이듯이 모두 해체되거나 고쳐 쓰이고 말았다.(그림 12-3-3)[1] 이는 과연 철학, 미학, 예술이 상업환경 하에서 '환속'하는 리얼리즘의 길을 걷는 것인지, 아니면 다른 철학을 내포하고 있는 것인지, 확실히 의문을 가져볼 만한 문제이다.

다음으로, 과학기술이 나날이 새로워짐에 따라 여러 문화영역에서 유행하는 최신 용어와 최신 사조도 광고 텍스트에 신속히 수용되고 개조되었다. 이

---

1. 그림 출처는 http://www.artcn.cn/Article/ggsj/ ggsjzp/200608/10664_3.html.

를테면 20세기 말 21세기 초에 들어서면서 빠르게 발전하는 경제에 발맞추고자 철도시스템도 끊임없이 속도를 높였는데, 이에 '캉얼서우(康爾壽) 다이어트캡슐'은 '캉얼서우 다이어트캡슐, 속도를 높이다.'라는 홍보 구호를 내걸기까지 했다. 각종 유방확대수술 광고도 호기를 놓칠세라 '녹색운동을 통한 유방확대', '세계녹색 유방확대'를 출시했는데, 여기서 '녹색'은 순수 자연과 비인공제품을 동경하는 사회심리에 영합한 것이다. 각종 전문가 매니저가 도처에 깔려 있을 때, 광고 언어에서는 '지방운동전문가'를 내세웠다. TCL이동통신은 몸에 꽉 끼는 화려한 옷을 입은 두 명의 모델을 화면으로 내보내면서 스스로를 '과학기술 미학'으로 표방했다. Soueast(東南) 자동차회사의 라이온셀(Lioncel) 자동차 브랜드 광고는 섹시한 몇몇 모델을 내세워 '인성에서 비롯된 과학기술 감동으로'라는 브랜드 입지를 다졌다. 시다이(西黛, Cite) SPA는 인체에 대해 '심신 균형 관리, 노화 예방 및 회춘 관리, 곡선 살리기와 몸매 관리, 산통 관리, 스트레스 해소 관리' 등 5대 '관리'를 실행하기 시작했다. 광고 텍스트에서 문화 기호는 이렇게 '자유롭게 거닐면서' 실용주의 나아가 기회주의적 태도로 광고 자체의 활력을 성공적으로 펼쳐보였다.

물질을 실체로 하는 광고 표적에서 소비자들의 소비심리를 어떻게 문화적이고 이상적이고 형상적이고 직관적이고, 보다 더 광범위한 호소 공간으로 나아가게 할 것인가 하는 것은 '주조' 시대의 광고텍스트가 해결해야 할 기본 문제이다. 구매충동을 유발하는 동시에 심미의 문화 장력을 확장해야 하기 때문이다. 쑤저우(蘇州) 진룽(金龍) 자동차회사의 '바다의 별(海之星)'이라는 브랜드 광고는 이 브랜드가 지니는 독특한 '초음 공간' 특색에 초점을 맞추어 '흉금이 넓어야 세상을 품을 수 있다'는 광고 멘트를 꺼냈다. 텍스트가 자연과 이어지고, 물질 기준 위에 생활 계시가 덧붙었기에, 이 광고는 상대적으로 강한 감화력을 지닐 수 있었다. 그 외에 일부 공익광고도 계발적인 개별 사례를 제공했다. 예컨대 "삼림자원을 아껴 자손 후대에게 행복을 물려주자"는 공익광고의 경우, 화면 중앙에 지구가 있고 지구 위에 면도기를 든 손이 있으며, 광고 멘트는 "대머리가 되는 날이 온다면……"이다. 이 문안에서 '머리'와 '지구'는 형태적으로 흡사할 뿐만아니라 '대머리'와 '삼림자원의 결핍'도 일치된다. '이발'과 '남벌'이라는 행위도 구조가 같기에, 아주 자연스럽게 한 가지 중대 주제를 제시할 수 있다. 그 외에 '자강으로 눈부신 성과를 창조하자'를 주제로 공익상 부문에서 정부 대상을 수상한 '오늘날 우리는 자강불식(自强不息)한다'도 아주 훌륭한 작품이다. 화면 구도의 구상이 매우 정교해서, 쇠못 하나도 만들어내지 못하던 100여 년 전과 로켓 발사장치가 우뚝 솟아 있는 오늘날을 나란히 배치함으로써 겉으로는 비슷해 보이지만 내재된 기술 함량은 전혀 다름을 부각시켜 선명한 대조를 이루게 했다. 이를 통해 자강불식의 분투 역사발전 과정을 반영함과 동시에 관중의 시선을 자연스럽게 광고화면에서 생생불식(生生不息)하면서 눈부신 역사를 창조한 중화민족의 정신적 높이로 끌어올렸다.

## 4. 상품화된 비너스(Venus)

푸른 바다에서 탄생한 비너스 이야기는 우아하고 아름다운 신화로 동서고금 예술가들에게 끊임없는 영감을 불어넣었다. 오늘날 거리를 걷거나 잡지를 펼치거나 TV 또는 컴퓨터 화면을 켜면 상업계의 '비너스'들이 한눈에 들어온다. 이 '비너스'들은 사업가들에게 끊임없는 상업 기회를 제공할 뿐아니라, 유행을 좇는 여성들의 '관심 어린 주목'을 언제나 받으며 '여성 없는 집이라 할 수 없다'는 속담을 '여성 없인 광고라 할 수 없다'로 바꾸어 놓았다. 당대 광고 심미문화 풍경에서 상품화된 '비너스'는 상업의 바다에 만발한 양귀비를 방불케 한다……

상업광고 중에서 여성의 이미지는 일종의 특수 코드로서 주로 두 가지 표현기능을 지닌다. 첫째, 다른 상품코드에 접목된 기표(signifiant)로 현실에서의 소비행위인 기의(Signified)의 공간을 확장시킨다. 둘째, 여성의 신체 자체가 상업적 이윤의 식민 공간이 된다. 1989년 6월 6일 『인민일보』 제7면에 '칸쿤(Cancun) 세계미인대회 들여다 보기(管窺坎昆世界選美)'라는 제목의 기사가 실렸다. 이 글에서는 5월 23일 저녁 22세의 네델란드 모델 겸 미용사였던 안젤라 비세르(AngelaVisser)가 멕시코 칸쿤에서 열린 '1989년 미스 유니버스'로 선정되어 대관식을 거행하는 장면을 보도했다. 이 사건이 끼칠 영향에 대해 어떤 사람은 "미스 네델란드의 대관이 네델란드 치즈의 수출에 도움이 될 것"이라 전망했다. 마지막에는 "이렇기 때문에 여권주의자들이 세계미인대회를 여성 이미지의 상품화라고 비판하는 것이다."라는 신문 논평 한 구절을 인용했다. 사실 여성 이미지의 광고 속 응용 문제는 변증법적으로 보아야 한다. 인간의 생활은 언제나 선(善)과 미(美)를 추구한다. 미를 사랑하는 마음은 그 누구나 지니고 있고, 미는 인류의 정상적인 추구이다. 따라서 광고를 통해 우아하고 아름다운 여성 이미지와 늘 함께하는 것 또한 미를 추구하는 일종의 방식이라 할 수 있다. 1950~1960년대와 비교했을 때, 11기 3중전회 이후 광고 속의 여성 이미지는 사실 사회생활 속의 진보와 관용, 포용력을 보여주었다. 여성 이미지를 가장 최초로 이용한 광고는 리조이스(飄柔) 샴푸 광고이다. 밝고 깨끗한 화면에 수영복 차림의 여성이 한가롭게 수영장을 걸어 나오면서 부드럽고 매끈한 긴 머리를 흩날리는 모습은 오랫동안 물질적, 정치적 압박을 받아온 사람들에게 분명 미의 신선한 바람을 불어 넣었다. 그 외에 세계적인 헤어 브랜드 독일의 웰라(WELLA)가 중국에서 방영한 '찰랑이는 헤어' 광고도 여성 이미지를 비교적 성공적으로 도입시킨 사례라 할 수 있다. 끝없이 펼쳐지는 바다와 회색, 흰색, 검은색 배경에 늘씬한 광고 모델이 회색 멜방 치마를 입고 자연스럽고 섹시한 모습으로 신비로 가득한 먼 곳을 바라보는데, 찰랑이는 금발머리가 생동감 넘치는 율동을 만들어낸다. 이어 "끊임없이 변화하는 물결 속에서, 당신의 생각이 영원히 유행의 첨단을 걷기를……"이라는 멘트가 나온다. 이렇게 성공적인 광고들은 '광고 표적'과 '여성 이미지'를 아주 자연스럽게 결합시킨 것들이었다. 여기에서 자연스럽게 형성된 미감은 생리적인 유혹과 성적 암시를 약화시키고 사람들에게 건강한 심미관과 가치관, 생활관을 가져다 주었다.

물론 많은 광고 문안들이 흔히 '광고 표적'과 '여성 이미지'를 '성적 유혹'과 결합시킨다는 사실은 부정할 수 없다. 이를테면 서구의 한 여성 브래지어 광고 시리즈는 "친절하게 느껴지는 것은 브래지어가 아니다"라고 선언했다. 물론 '성'은 전통적인 중국 문화환경에서 극히 민감한 화제였지만 오늘날에는 아마도 너그러이 대해야 할 것이다. 샤신(夏新, Amoi) 휴대폰은 각 도시에 일련의 게시판 광고를 내건 적이 있다. 그중 한 광고의 경우, 밝은 색 화면 한 가운데 깔끔하게 차려 입은 남자 모델과 노출된 차림의 여자 모델이 대각선으로 서 있고, 왼쪽 위의 남성이 오른쪽 아래에 있는 여성을 훔쳐 보고 있는데, 그 중간에 "몽환적인 아름다움, 나를 놓치면 누구?"라는 광고 멘트가 적혀있다. 잠재의식론으로 보면 이 광고 멘트의 기호조합에서의 '몽환적인 아름다움'은 일련의 기표들로 몽롱한 섹스라는 기의적 분위기를 만들어낸다. 이로써 '나'라는 특정 지칭은 이중적인 기의로 해석된다. 즉 겉으로 보면

'나'는 '샤신 휴대폰'으로 해석되지만 잠재적 심리 유도로는 섹시한 여성을 가리킨다. 여기에서 성적 코드는 상품이 이미지 코드에서 현실적인 물질소비로 전환하도록 유발하는 중개적 역할을 한다. 이 광고는 화면이 정교하고 시적 기표가 희미해서 상대적으로 높은 품위를 지니며, 소비자의 심미문화심리를 불러 일으키는 효과도 지녔다. 그 외에 걸출 문안(文案) 금상 및 은상을 수상한 톈진 〈휴일(假日)100〉 이미지 광고 시리즈 중 '약간 긴 것만이 아니다', '톡톡히 본때를 보여줄거야'라는 광고도 비교적 성공한 사례에 속한다. 이것은 패션잡지 〈휴일(假日)100〉 칼라판을 위해 다시 찍은 광고로, 화면에 치파오 차림의 섹시하고 매력적인 여자가 가슴을 살짝 드러내고 있는데, 광고 멘트 '톡톡히 본때를 보여줄거야(給妳點顏色看看)'에서 '본때(顏色)'라는 기표는 사실 '여성--미색'이라는 기의를 나타낸다. 이 유도적인 책략은 또 칼라 인쇄라는 광고표적에도 잘 부합된다. 이어서 다음 화면에 나오는 '약간 긴 것만이 아니다'라는 광고는 관중의 시선을 빨간 치파오에 감춰진 다리에서 치파오 위에 있는 붉은 단추로 옮겨가게 하는데, 그 단추 위에서 또 희미하게 흐름이 끊긴다. 기호학 이론으로 해석하면 여기에서의 중단은 사실 성적 유도와 암시를 뜻한다. 그러나 화면 배치에서 여자 모델은 고전적인 면도 없지 않아, 섹시한 성적 유혹에 대한 잠재적인 저항을 보여주면서 광고문화 속 패션 미학의 매력을 비교적으로 성공적으로 표현하였다.

아직까지 이런 성공적인 사례들은 많지 않은 편이며, 대부분 광고들은 딱딱하고 경박하고 직설적이면서 반드시 필요한 미적 상상 공간이 부족하다. 적지 않은 광고들이 스타 이미지 효과를 편면적으로 추구하여, 유명인사들을 이용해 자기 가치를 높이고자 하는데, 이렇게 엉성하게 만들어진 광고 속에서 이른바 선남선녀들은 그저 도구에 불과할 뿐이다. 대부분의 경우, 스타의 이지미와 그가 홍보하는 상품은 그저 기계적으로 나란히 놓일 뿐, 기표와 기의의 단절로 인해 유기성을 찾아 볼 수 없기 때문에 광고의 목적에 도달하기 힘들다. 이를테면 캉자(康佳, KONKA) TV의 광고 창의안이 이에 속한다. 2003년 봄철, 캉자에서는 장만위(張曼玉)를 이미지 홍보대사로 여러 신문에 연속 광고를 실었는데 "장만위와 손잡고 캉자에서 특별선물을 끊임없이 쏜다"라든가 '캉자가 장만위와 손잡고 Full-HD로 폭풍 전환하다'와 같은 광고들은 아무런 논리도 없고 미감도 가져다 주지 못했다. 광고 화면 속 장만위는 부르면 바로 뛰어나올 것 같이 아름답게 제작되었지만 이미지 기표와 광고 표적의 결합이 실은 딱딱하다 못해, 정치가들이 외치는 실속 없는 구호나 장사꾼들이 거리를 다니면서 외치는 물건 파는 소리와 다름없어 예술성이라곤 찾아볼 수 없었다. 소니에릭슨 T102 휴대폰 광고에도 여자 모델이 목이 쉬고 힘이 다 빠질 정도로 "시간은 사람을 기다려 주지 않는다. 스타의 만유인력을 체험하자!"라고 미친듯 외치는 화면이 나오는데, 직설적이다 못해 아무런 상상의 심미 공간도 남겨주지 않는다. 한 부동산회사의 '국제 엘리트아파트' 분양 광고의 경우, 등을 드러낸 롱스커트 차림의 여자 모델이 그림 밑에 비스듬하게 누워 있는데, 보일듯말듯한 포인트가 여러 곳이다. 그 중에는 "파격적인 정가로 먼저 오는 자가 먼저 고른다"는 멘트도 있다. 이와 같은 구성 속에서 '국제 엘리트아파트'를 대체하는 이 섹시한 여성의 등장은 그 의도 자체가 애매하고 노골적이다. 그런데 이 의도를 더욱 '완벽'하게 하기 위해, 홍보문구에 더 솔직하게 '유혹'적인 선언을 했다. 즉 개장일 6월 27일을 '유혹의 날'로 정하고, '국제화된 생활 유혹이 전면적으로 연출되는' '끝없는 유혹', '파격적인 가격에 끝없는 유혹'이라고 홍보했다. 자신의 광고 멘트를 빌려 평가한다면 실로 '거듭된 유혹'이었다.

'상업계 비너스'에는 여성 신체가 이미 상업 이윤의 식민지가 되었다는 또 다른 함의도 담겨 있다. 1990년대 이후 특히 도시 여성들은 기술의 힘을 빌려 대규모 신체 공사를 시작했다. 이를테면 국의(國醫) SPA가 개설한 과정에는 '뱃살 없애기, 엉덩이 보정, 가슴 확대, 다리살(허벅지, 종아리) 빼기, 팔뚝근육 만들기' 등 이른바 '근육 몸매 다듬는 치료법'이 포함되어 있었다. 이 개조 공사는 시다이(Cite) 국제화장품회사의 속옷 이름을 가지고 설명할 수 있다. 이 속옷의 이름은 'Second 기습: 여성 몸매를 바로잡는 의외의 속옷'이다. 이 속옷은 자신의 창조적인 면을 해석하면서 "'Second'의 원래 뜻은 '두번째'이다. 즉 여성이 자아 재구축을 통해 아름답게 거듭남으로써 제 2의 인생과 청춘을 맞이한다는 뜻이다."라고 설명했다. 여기에서 말한 '두번째 해방'은 첫번째 해방과 상대되는 개념이다. 즉 여성들을 제도의 속박에서 벗어나게 한 해방이 정신적인 측면을 많이 고려했다면, 이번에는 첫 번째 해방이 지니는 낭만을 버리고, 여성의 몸에 대한 보호에 집중하여 손으로 만질 수 있는 물질적 측면에 귀결점을 둠으로써 심미문화 심리 측면에 완전히 새로운 혁명을 가져왔다. 그렇다면 이번의 이른바 '혁명'을 '혁명'이라는 코드의 광고문화 환경에서의 한차례 일방적인 '자유 여행'으로 보지 않는 사람이 어디 있을까? 왜냐하면 시다이의 매력적인 미학 홍보가 결국 "'시다이'가 부와 자유의 길을 연다"는 자신의 뿌리 깊은 상업목적을 잊어버리지 않았기 때문이다. 고대 그리스 신화에서 온 영감과 시적 정취가 이렇게 광고 배후의 상업 동기에 휘말려 드는 바람에 '바다 위 비너스'는 '상업의 바다에 빠진 비너스'로 전락하고 말았다. 반면 홍콩 세리아(SALIA, 賽萊拉)생물의학미용 국제기구의 '세리아(광저우)생물유전자공정 유한회사' 반라 패션 광고는 바닷바람에 휘날리는 흰 실크스카프에 "아름다움이 꿈꾸는 미래를 가능하게 하다"라는 광고 멘트를 띄워 상당히 높은 품격을 나타냈다.

'아름다움이 꿈꾸는 미래를 가능하게 하다'는 광고문화 제조업체가 현대 유행을 추구하는 여성을 위해 만들어낸 숭고한 신앙으로, 그 배후에는 다음과 같은 이중 의미가 담겨 있다. 첫째, '아름다움'은 직접 성공으로 나아가는 일종의 자원이다. 둘째, '아름다움'을 만드는 것 또한 자기 안에 있는 풍부한 상업 자원을 발굴해내는 것이다. 어찌되었건 아름다움이 여성들에게 미리 지불하는 미래성은 상당히 매력적이다. "몸으로 삶을 느끼고 삶을 어루만지며, 이를 통해 전면적인 심신의 평온을 얻는다. (중략) 약간의 유미주의와 자유분방함도, 순진함과 식민성마저도 사랑스럽고 자유로운 것이다."(시다이 미용 홍보), "기존의 삶과 작별하고 '남자가 한 손으로 장악할 수 없는 여성'이 되게한다"(스위스 생화학과학기술제품Love you Yan 탄력 브레스트세트), "3D 주름 제거: 표피, 진피, 근육 각층 주름을 제거해 젊음을 되찾게 한다"(상하이 젠웨이/健威) 미용, "SPA가 여성의 탐미적 기적을 창조한다. (중략) 매력적인 피부를 한껏 즐기게 한다."(홍콩Plantchan/植麗素)미용그룹), "바꾸기만 해도 40대 피부가 반은 젊어진다"(SOFTTO·JOYKISS포도퓨어클린징젤), "노출하고 싶으면 노출하라, 선크림이 있으니(자외선투명차단A계획제품)", '안으로는 미백, 밖으로는 자외선 차단, 미백과 자외선 차단은 같이 해야'(티조이(Tjoy, 丁家宜)신자외선차단 '국제여성의 날' 특별행사), "왕지(王姬)가 정겹게 추천하는 '다이어트가 이렇게 쉬울 수가, 많이 먹고 적게 움직여도 다이어트가 가능해'"(메리디아/澳曲輕, Sibutramine Hydrochloride Capsules)다이어트광고), "타오홍(陶虹)이 모든 책임을 질테니 '빼고 싶은 부위의 살을 빼라'"(3V지방제거/去脂寶)광고), "초여름같은 너의 기분을 감싸기에 화려한 의상만으로 충분할까? 오랫동안 속박되어 있던 몸을 해방시켜, 태양의 활력을 느끼라. 너의 옷─건강한 피부야말로 아름다움의 원천. 첨단 뉴발란스(NB)자연미가 당신이 변화를 지켜볼 것이다." 심지어 한 그릇의 '풍만 호박스프'마저도 "자랑스런 가슴을 원한다면 호박, 고구마 등 음식물을 많이 섭취하고 비타민B1이 많이 함유된 야채와 콩 음식을 곁들여 먹어야 전분의 지방 연소를 돕는다"고 감히 크게 외치고 있다.

'늘 속박되어 있던 몸을 해방시켜 주는 것'을 통해 광고 문화가 지닌 특유의 모습과 적극적인 취향을 해석할 수 있을 것이다. 유명한 여권주의자 라우라 무어(Laura Moore)가 대중문화 영역에서 여성 '해방의 길'은 언제나 곤경에서 헤맨다고 말한 적이 있지만, "사심 없이 당에 충성하던' 여성 이미지를 신봉하던 1950~1960년대에 비해 인체를 미화하는 지금의 행위는 인체를 통한 시대의 발전과 관용에 대한 해석이라고 볼 수 있다. 과거의 이데올로기는 인간의 개체로서의 삶의 존재를 무시하고, 화장을 '봉건주의, 자본주의, 수정주의' 범주에 포함시켰다. 철저한 혁명가는 아무것도 두려운 것이 없어, 첨단 뉴발란스(NB) 미백이나 3V지방제거를 필요로 하지 않았을뿐더러, '팅메이(婷美)' 다이어트도 필요로 하지 않았다. 숭고한 혁명이념 앞에서 인체는 늘 잊혀져 왔다. 그러나 현재 이 인체 가꾸기의 거센 조류에서 사람들은 이것이 표명하는 것이 일종의 인본철학 개념이길, 생명의 원시 상태가 모든 조직과 시스템과 이데올로기를 초월하길 더욱 믿고 싶어 한다.

더 심층적인 의미에서 보면 '상업의 바다에 빠진 비너스'는 현재 두 개의 언어 맥락 사이를 오가며 해석상의 곤경에 처해 있다. 즉 한편으로는 사회의 개혁개방을 상징하고, 이데올로기의 혁신과 시대의 진보를 상징한다. 그러나 다른 한편으로는 여성의 두 번째 식민화를 표출해 여성주의로부터 비판을 받고 있다. 따라서 광고문화의 현 상태를 어떻게 중국 실제에 부합되게 해석할지에 대해서는 아직 더 전면적이고 깊이 있는 연구가 필요하다. 광고문화가 가져온 문화 혁신이나 이데올로기 진보에 득의양양해하며 스스로 즐거워하다 보면 이에 뒤따른 부정적인 면을 보지 못해 천박해질 수밖에 없다. 그렇다고 서구의 대중문화 비판이론을 무턱대고 받아들이는 것은 중국 당대 광고문화 발전사에서 이탈한 것으로 이 역시 경박한 이론이다.

총괄적으로 말해, 사회주의 시장경제시대의 도래와 더불어 '주조' 시대로 서의 광고심미문화는 1990년대에 신속한 발전을 이루었고, 세계적인 시류에 앞장서 합류함으로써 중국 당대심미문화에 있어 독특하면서도 없어서는 안 될 한 부분으로 자리매김했다.

# 제13장

## 이론

앞 장에서의 서술 분석을 통해, 우리는 중국의 당대 심미문화가 반세기 동안의 발전 과정을 겪으면서 정치, 경제, 이데올로기, 생활방식, 예술발전 등 각 요소들과 영향을 주고 받고, 또 상호 제약도 하면서 시종일관 얽혀왔음을 발견할 수 있었다. 따라서 이론적인 측면에서 이러한 요소들과 심미문화 간의 관계를 면밀히 살펴보는 것은 반드시 필요한 작업이라 하겠다. 이를 통해 당대 심미문화를 더 거시적으로 이해하고 파악할 수 있을 뿐만 아니라, 이를 기초로 심미문화의 향후 발전에 대한 합리적인 전망도 가능하기 때문이다.

# 제1절

# 심미 문화와 경제적 이익

　인류 활동을 구성하는 주요 부분으로서, 심미 문화와 경제 활동 사이에 연결과 영향이 있는 것은 아주 자연스러운 일이다. 상고시대부터 사람들은 일찍이 심미문화와 경제 활동 간의 연관성과 차이점을 발견했다. 고대 그리스의 철학가 플라톤(Platon)의 기록에 따르면, 소크라테스(Socrates)와 스키피오(Scipio)는 '미'란 무엇인가를 논하는 중에 미녀와 국 그릇을 나란히 놓고 비교했다고 한다. 고대 라틴어의 예술(art)이란 단어는 오늘날 우리가 말하는 심미적 예술과 물질적 수요를 만족시키는 생산 기예 두 가지 뜻을 모두 포괄하고 있다. 중세기에 접어들면서 사람들이 창도한 '칠예(七藝)'에는 실용적인 산술과 기하뿐만이 아니라 심미적인 수사학과 음악도 포함되어 있다. 중국 고대에서도 심미 예술과 실용적 기예의 관계에 대한 비슷한 견해가 있었다. 공자가 제기한 '진선진미(盡善盡美)'의 요구를 보면 심미와 공리(功利)는 적어도 통일체이다. 미녀와 탕관(湯罐) 모두를 아름답다고 칭할 수 있다면, 심미 활동과 물질적인 수요를 만족시키는 공리 활동 간에 경계선을 긋는 것은 그리 쉬운 일이 아닐 것이다.

## 1. 역사적 갈등

심미적 수요와 물질적 이익 간의 모순은 오랜 역사를 가진 논제이다. 고대 로마의 시인 호라티우스(Horatius)는 "인간의 마음이 구리에 생긴 녹과 탐욕스런 욕망에 부식되었는데, 어찌 창작해낸 시가가 삼나무 기름을 칠해 반들반들 윤기 나는 측백나무 함에 넣어 보관할 만한 것이 되기를 기대할 수 있겠느냐?"[1] 라고 하면서 로마인을 비판했다. 이 말은 대략 문예와 돈의 관계를 비판한 천고의 명언이라 보아도 무방할 것이다. 마르크스 또한 "수심 가득한 빈민은 가장 아름다운 희극에 전혀 관심이 없다. 보석 상인들은 보석의 상업적 가치만을 볼 뿐, 보석의 미와 특질은 보지 못한다. 그들에게는 보석을 감상할 만한 감각기관이 없다."[2] 라고 정확히 지적한 바 있다. 요컨대 예술의 정신적 가치와 상품의 이익 추구를 모순과 대립으로 보는 시각은 기본적으로 고전적인 미학 관점에 속한다. 개혁개방 이래 중국의 상품 경제가 발전하고 시장 경제가 확립됨에 따라 이 문제는 다시금 국내 학자들의 관심을 끌기 시작했다. 1980~90년대 이래 '물욕(物欲)에 저항'하는 호소와 '인문정신'에 대한 문예미학계의 토론에서 주목하던 것은 여전히 문학 예술의 심미적 가치와 상업적 이윤 추구 간의 모순에 관한 것들이었다.

심미 활동과 경제 활동의 관계를 둘러싼 문제는 분명 오랜 역사의 복잡한 문제이다. 역사적으로 볼 때, 이 문제는 인간의 물질적인 추구와 정신적인 추구에 대한 평가로부터 비롯되었다. 이 문제에 관한 중국 선진(先秦) 시기 철학가들의 논술들을 살펴보면 상당히 상이한 관점을 지니고 있었음을 발견할

---

1. 호라티우스(Quintus Horatius Flaccus), 『시학, 시예(詩藝, Ars poetica)』. 뤄녠성(羅念生) 등 역, 인민문예(人民文藝)출판사, 1962년, p.155.

2. 마르크스(Karl Marx), 『1844년 경제학철학 원고(經濟學哲學手稿)』, 주광첸(朱光潛)이 1956년에 출판한 마르크스와 엥겔스(Friedrich Engels)의 『경제 단편저서(經濟短著)』를 초역.

수 있다. 노자(老子)의 '오색이 사람의 눈을 멀게 한다(五色令人目盲)'와 묵자(墨子)의 '쾌락을 부정하다(非樂)', 한비자(韓非子)의 '구슬 상자를 사고 주옥을 되돌려 주다(買櫝還珠)' 등의 견해를 보면 심미적 수요를 물질적 수요보다 낮게 보는 공리주의적 관점이 존재한다고 말해야 할 것이다. 이와 반대로 '의(義)'와 '이(利)'를 구분하는 유가의 관점은 물질 이익의 추구를 저급한 인격적 경지(이른바 맹자의 '소인은 이익에 밝다/(小人喻于利)'는 관점)로 여긴다. 유가 사상은 오랜 동안 지배층의 주류 이데올로기로 자리매김해왔기 때문에 이러한 관점이 확보한 시장은 꽤 컸다고 할 수 있다. 중국 사회에 보편적으로 존재하던 이익 활동을 배척하는 '상업경시' 사상은 이러한 가치관의 표현이라고 해도 과언이 아니다. 물론 '상업 경시' 사상이 중국문화에만 존재하는 것은 아니다. 막스 베버(Max Weber)의 『프로테스탄티즘의 윤리와 자본주의 정신』의 관점에 의하면 '오로지 이익만을 추구하는 것'에 대한 폄하와 배척은 사실 모든 문화권에 존재하는 인식이다.(단 기독교 프로테스탄트 문화에서는 합리적이고 성실하게 돈을 버는 행위를 찬미했다.) 다시 말해 자본주의 이전의 대다수의 문화에서는 경제 이익에 대한 수요를 억압해야 마땅한 비도덕적인 것으로 간주했던 것이다.

심미 수요에 대한 인류의 견해는 더욱 복잡하다. 고대 그리스의 철학가 아리스토텔레스(Aristoteles)는 심미 활동에 도덕성이 들어 있다고 주장했다. '카타르시스' 설에서 그는 비극을 감상하는 중에 일어나는 심미 정감(그는 '연민과 공포의 감정'이라 표현했다)이 인간의 품격을 높이는 데 있어 유익한 도야 작용을 한다고 주장했다.[1] 아리스토텔레스의 스승인 플라톤은 감화력을 지닌 예술작품을 반대했는데, 그 이유는 이런 예술이 자극하는 감정이 비도

---

1. 아리스토텔레스(Aristoteles)의 '카타르시스(catharsis)' 이론에 관한 이해는 뤄녠성의 『카타르시스 전석(卡塔西斯箋釋)』 참조. 뤄녠성 『고대 그리스희극을 논함(論古希臘喜劇)』, 중국희극(中國喜劇) 출판사, 1985년, p.163.

덕적이어서 질병에 가까운 연민이나 불행을 바라는 불건전한 심리를 초래할 수 있다는 것이다. 한편 그가 구분한 심미 정감에 따르면, 최고 경지의 심미는 영혼이 신성을 깨닫는 것으로, 신성하고 숭고한 초월적 경지였다.[1] 아리스토텔레스의 도덕적 관점이든 플라톤의 초월적인 관점이든 한 가지에 있어서만은 일치했으니, 그것은 바로 심미문화가 경제적 이익을 추구하는 상업활동보다 더 숭고한 문화적 활동임을 인정했다는 것이었다.

중국 고대 문화에서도 이와 유사한 관점을 찾아볼 수 있다. 유가에서 주장하는 미(美)와 선(善)의 통일, 그리고 '문이재도(文以載道)' 관념에서 강조하고 있는 것은 바로 심미 활동의 도덕적 의의이다. 위진남북조 시기 이후로 사인(士人) 계층이 관심을 기울였던 심미 활동은 '신(神)', '운(韻)', '풍골(風骨)', '기상(氣象)', '흥취(興趣)' 내지는 '학자풍', '산림의 기운', '은일의 기운' 등과 같은 풍격이었는데, 이들의 공통적인 특징은 자유롭고 속되지 아니한 탈세속성의 지향이다. 경제적 이익에 대한 관심은 물론 초월하였다. 따라서 이 시기의 심미 활동은 고상하고 심지어 고귀한 것이었다. 『세설신어(世說新語)』에는 다음과 같은 기록이 보인다. 어떤 사람이 손작(孫綽)에게 허순(許詢)과 당신을 비교하면 누가 더 낫냐고 묻자 손작은 "그 분의 고원한 정취는 제가 이미 마음 깊이 새기고 있는 바이나, 시 읊고 노래하는 방면에 있어서는 허순이 한 수 아래일세."[2] 라고 대답했다고 한다. 겸허함 속에 자신의 심미적 수양에 대한 자부심을 드러낸 것이다. 손작은 또 풍모 면에서 자신에 미치지 못하는 위영(衛永)에 대해 "마음과 정신 모두 산수에 있지 않으나, 글

---

1. 플라톤(Platon)의 가장 고급의 미는 신성성을 지니고 있다는 관점에 대해서는 길버트(K.E.Gilbert)와 쿤(H.Kuhn)의 『미학사(美學史)』 상권 참조. 샤첸펑(夏乾豐) 역, 상하이이원(上海譯文)출판사, 1989년, p.68.

2. 쉬전어(徐震堮), 『세설신어 교전(世說新語校箋)』 상권, 중화서국(中華書局), 1984년, p.290.

은 잘 짓는다"[1] 라고 평가한 바 있다. 그에게 있어 심미적 능력은 인품을 평가하는 잣대였던 것이다.

만약 시야를 좀 더 넓혀 본다면 이러한 평가 기준이 손작 개인의 편견도, 심지어 위진남북조 내지는 중국 고유의 관념도 아니라는 것을 발견할 수 있다. 스위스의 문화사학자 부르크하르트(Jacob Burckhardt)는 르네상스 시기 이탈리아 예술 정신의 영향력에 대해 언급하면서, 르네상스를 통해 "유럽에서 처음 교양층과 비(非)교양층의 구분이 뚜렷하게 나타났다."[2] 고 설명하였다. 그가 말한 교양은 주로 예술 심미 차원의 수양을 가리킨다. 그러나 이론적인 측면에서 처음으로 심미활동의 의의를 물질 공리 활동을 초월한 순수 정신적 수요의 차원으로까지 끌어올리고, 또 이에 대해 체계적인 분석까지 진행한 사람은 칸트(Immanuel Kant)였다. 그는 '미적 무관심성(aesthetic disinterestedness)'에서 심미 경험을 현실의 이해(利害)와 얽혀있는 일상 생활 경험으로부터 명확히 분리시켰으며, 심미 판단력이 인식 영역과 도덕 영역을 관통할 수 있다고 보았는데, 이 주장은 심미 활동을 모든 정신 활동의 중개자 겸 교량으로 간주해야 한다는 뜻을 내포하고 있다. 이로써 그는 쉴러(Friedrich von Schiller) 이후 인본주의 미학에 새로운 방향을 제시했던 것이다.

칸트 미학 이론의 심미 지상주의적 경향에는 중요한 문화적 함의가 담겨 있다. 거대한 역사적 문맥에서 볼 때, 칸트는 18세기 독일 고전 인문주의 사조, 그리고 당시 막 일어나고 있었던 '질풍노도' 운동과 밀접한 연관이 있다. 루소와 비슷한 느낌의 이 운동을 거치면서 천재와 심미 민감성에 대한 숭배는 이후 낭만주의 운동의 중요한 정신적 특징이 되었다. 칸트의 미학 이론은

---

1. 쉬전어, 『세설신어 교전』 상권, 중화서국, 1984년, p.261.

2. 부르크하르트(Jacob Burckhardt), 『이탈리아 르네상스 문화(意大利文藝復興時期的文化)』, 허신(何新)역, 상무인서관(商務印書館), 1997년, p.167.

이러한 심미 지상주의적 이론의 승화이자 해석인 것이다.

19세기와 20세기 초에 이르러서 낭만주의와 유미주의의 심미 지상주의 관념은 서구 문명사회 중 강렬한 독립 의식을 지니고 개성을 존중하던 예술가들이 보편적으로 떠받드는 신조가 되었다. 프랑스 소설가 앙리 뮈르제 (Henry Murger)의 소설『보헤미안의 생활 정경』에는 곤궁하고 실의에 빠져 있지만 자유분방하고 유산계급을 멸시하는 젊은이 군상이 등장한다. 그들의 유일한 자본은 예술가로서의 재능과 패기뿐이다. 예술사학자 윌리엄 가운트 (William Gaunt)의 말을 빌리자면 "(앞으로 갖추어질 가능성이 있는) 재능 이 더해진 가난으로, 그들은 남들보다 한 등급 높은 카스트 제도를 형성했 다."[1] 이 소설에 근거하여 개작된 오페라『보헤미안』(『예술가의 생애』 혹은『수 놓는 여인』으로 번역되기도 한다)은 소설보다 더 유명하다. 극중 주인공 로 돌프(Rodolfo)는 무직에 가난하지만 자유분방하고 돈을 물쓰듯하는 예술가 인데, 이와 같은 그의 개성은 어느새 심미적 수요로써 경제적 수요에 대항하 고 맞서는 상징이 되었다. '보헤미안' 유형의 예술가 이미지와 심미 지상주의 가 20세기 중국에 끼친 영향은 실로 지대하다. 20세기 이후 중국 예술이 보 편적으로 인정했던 '예술적 기질', 즉 수식을 가하지 않고, 자유분방하며, 세 속을 멸시하고, 유아독존적인 개성을 중시하던 경향은 바로 이러한 영향 하 에서 형성되었다고 할 수 있다. 일종의 극단적 경향에 속하는 '보헤미안' 이미 지는 경제 이익에 대한 심미 활동의 배척과 멸시를 절정으로 끌어올렸다. 20 세기 마지막 20년 동안, 중국 문단에서는 예술 상업화에 대한 비판의 목소리 와 '세속에 아부한다'는 말을 종종 들을 수 있었으며, 곳곳에서 한 세기 전에 유행했던 '보헤미안'적 분위기를 여전히 느낄 수 있었다.

---

1. 가운트,『미의 모험(美的歷險)』, 샤오위(肖聿) 등 역, 중국문련출판공사(中國文聯出版公司), 1987년, p.5.

## 2. 현실의 모순

1980년대에 이르러 심미 문화와 경제 이익 간의 문제를 새롭게 주목하고 토론하는 현상이 생겨났다. 이때부터 중국인들은 경제적 이익을 추구하는 것이 당연한 것임을 새롭게 깨닫기 시작했다. 하지만 이렇게 시작된 물질적 욕망에 대한 계몽은 중국 사회 전체의 가치관에 커다란 혼란과 공황을 안겨 주었다.

이 시기 심미 활동에 나타난 가장 현격한 변화는 사회 대중이 보인 심미적 태도의 전환이었다. 이보다 앞선 시기 1950~1970년대에도 10년을 단위로 이데올로기와 예술 분위기에 큰 변화가 일어나긴 했지만, 사회 대중의 심미적 선택은 근본적으로 크게 변하지 않아서, '하리파인(下里巴人)'[1]에서 '양춘백설(陽春白雪)'[2]에 이르는 금자탑형 내심 구조를 띠고 있었다. 이와 같은 내심 구조에 서로 다른 심미 요구와 층위가 들어있긴 하였지만, 총체적인 가치 지향면에 있어서는 통일되어 있었다. 예술 교육을 받아본 적 없는 일반 노동자들은 『이소(離騷)』를 이해하기 어렵다. 하지만 『이소』가 위대한 작품이고 자신이 무식하다는 사실은 받아들이지 않을 수 없다. 일상 생활과 자신의 소양을 초월한 심미 경지에 대해 일반인들이 품었던 경외심은 자신의 정신적 수요에 의해 생겨나는 것이 아니라 이데올로기적 규제와 훈련을 통해 생겨난다. 때문에 거대한 문화 환경에 변화가 생겨날 경우, 이러한 구조는 쉽게 흔들리고 만다.

1980년대에 이르러 결국 복잡한 일이 터지고 말았다. 시장 경제를 향해 나아가고 있던 중국 사회에서 일반인의 물질을 향한 욕망과 감성은 마침내 해방을 맞이했다. 심미적 태도에 대한 이데올로기의 제약이 느슨해지자 일반인들

---

1. [역자주] 전국시대 초나라의 민간 가곡으로 현재는 통속적인 문학예술을 비유하는데 흔히 쓰인다.

2. [역자주] 전국시대 초나라에서 가장 고상하다는 가곡의 이름으로 현재는 깊이가 있고 통속적이지 않는 문학예술을 두루 가리키는 데 쓰인다.

의 심미적 태도는 즉시 세속화되고 감각화되었다. 따라서 전통 심미 활동 구조에 있어 상층부에 위치해있던 고아한 예술은 전에 없던 냉대를 받고 좌절을 맛보아야 했다. 즉 고전 음악은 청중을 잃은 반면 대중 가수들은 그들을 추종하는 한 무리의 '팬'을 거느렸다. 고전 문예 명저는 찾는 사람이 없는 반면, 노점에 늘어놓은 조악한 출판물은 날개 돋친 듯 팔렸다. …… 이것이 이른바 고아한 예술의 '내리막' 현상이다.

최근 몇 년 사이 당대 문예 현상에 대해 쏟아낸 비평 중에 대표적인 관점 몇 가지가 포착된다. 일찍이 80년대부터 시작하여, 지금의 예술품은 수량적인 면에서 적지 않지만 '위대한' 혹은 '이정표'가 될 만한 걸작이 나오고 있지 않다는 비판과 지금의 예술 창작은 총체적으로 용속함을 면치 못한다는 비판이 제기되었다. 이러한 용속함에 대한 비판과 함께 등장한 것이 '세속에 아부하는 작품에 대항하는' 태도였으니, 문예 창작에 있어서 용속함과 저급한 취향에 아부하는 태도를 연결 짓고 있음이 분명했다. 작가들이 '세속에 아부한' 이유는 이 시기에 막 고개 들기 시작한 경제적 이익과 물질적 추구에 대한 관심 때문이라 할 수 있다. 90년대에 이르러서는 문예 활동과 대중전파매체가 주도하는 시장 반응의 관계가 새로운 문제로 대두되었다. 문예와 문화 시장 간의 관계는 문예 양식과 대중전파 방식이 날로 밀착되어 감을 보여주면서 문예의 시장 행위가 심미적 수요로부터 멀어진 상업 행위로 전락해 이른바 '관심경제(attention economy)'가 되어버린 현실을 정확히 보여주고 있다. 떠들썩한 반응만을 추구하는 상업 행위는 문예의 상업성에 대한 기존의 비판적 태도에 더 확실한 현실적 근거를 제공하였다. 사람들은 한 작품의 베끼기 혹은 표절 문제를 놓고 악착같이 쟁론하였지만, 이러한 쟁론에 참여한 사람들 중에는 심지어 그 작품을 본 적조차 없는 사람도 있었다. 아이가 쓴 소설마저 전파매체부터 비평가까지 모두가 주목하는 핫 이슈가 되었지만, 각종 출판물을 통해 각각 의견을 펼쳐 낸 글 중에 소설 텍스트 자체를 분석하거나 연구한 것은 하나도 없었다. 문예계의 화제가 사람들의 열렬한 반응을 이끌어 낸 것은 모두 계획에 의한 것이며, 이러한 계획의 목적과 작품의 정신적 가치는 거의 어떤 상관 관계도 없었다. 이러한 관점에서 볼 때, 문예가 상업활동이라는 방식으로 운영되면 사업적 공리성이 심미나 정신적 가치를 압도하게 되어, 고아한 예술이나 '순문예'가 '내리막'을 걷게 되는 현상은 불가피해진다.

고아한 심미 활동의 '내리막'은 단순한 취미 차원의 문제가 아니라 경제 이익이 심미 문화에 드디어 영향력을 행사한 결과이다. 일반인들의 심미적 수요는 거대한 문화 시장을 형성하기 시작하고, 예술의 생산과 경영은 세속 심미 활동의 수요에 신속히 영합하며 발전하기 시작했다. '내리막' 현상의 등장은 심미 지상주의에 대한 반작용이었다. 경제적 이익의 추동 하에 심미 문화 경영자는 되도록 낮은 자본으로 최대한 높은 이윤을 얻는 길을 모색했다. 감각적 향락의 합법성이 이제 막 회복된 중국 문화 시장에서 일반인의 세속적이고 감각 향락적인 요구에 영합하는 것은 다수 경영자들의 자연스러운 선택이었다. 사실 이러한 문화 충격을 받은 것은 심미문화 소비자인 일반인이나 문화 경영자만이 아니다. 더욱 중요한 것은 전통적 의미에서의 문화 엘리트층, 즉 예술가, 작가, 학자 등 역시 부분적으로 심미 지상주의로부터 멀어져 세속화된 심미 활동의 길로 전향하고 있었다는 점이다. 이러한 경향을 '세속에 아부한다.'고 일컫는다. 이런 용어가 생겨났다는 것 자체만으로도 전통적으로 심미적 수요가 물질적 수요보다 우월하다고 여겨오던 엘리트 문화권이 상업 문화의 영향 하에 분열되었음을 의미한다. 이와 같은 추세이다 보니 전통 엘리트 문화를 고수하던 문인들은 강한 우려와 위기의식을 갖게 되었다. 따라서 80년대 후반에서 90년대 중반까지, 몇몇 문인과 학자들이 '정신의 뜰을 굳게 지키자', '세속에 아부하는 것에 저항한다' 등의 비극적인 구호를 외쳤던 것이다.

외래의 이론 자원은 내재적 이론에 대한 요구와 결합하여 영향을 미친다. 1990년대 중국의 문예이론계와 미학계는 프랑크푸르트(Frankfurt) 학파 등의 문화비판 사조로부터 갈수록 많은 영향을 받았다. 이에 더욱 심층적 차원에서 경제 이익이 심미 문화에 끼치는 영향을 연구하고 해석했다. 비교적 전형적인 사유 방식은 자본주의 이데올로기적 시각으로 당대 상업 활동이 사회 문화에 끼친 영향과 통제를 이해하고자 한 것이었다. 이 시기에 '문화 공업', '패권', '평면화', '이미테이션', '이데올로기 코드' 등 문화비판 개념이 중국의 문예학, 미학 및 문화 연구 영역에 대량으로 수입되었다. 이러한 비판적 개념의 수입과 운용으로 당대 심미문화 연구는 강렬한 전투성을 띠게 되었다. 즉 프랑크푸르트 학파의 이데올로기 비판 시각으로 연구해볼 때 할리우드 영화, 유행가, 베스트 셀러 소설, 레저 잡지, TV 드라마, MTV, 광고 문예 등 형형색색의 당대 심미문화 현상은 모두 상업자본이 대중의 취향에 영합하는 수단을 통해 자신의 이익과 발전에 도움될 만한 정보들을 기호화하고 전파한 것으로 이해할 수 있다. 이렇게 함으로써 조용히 상업적 심미 문화 소비자 대중에게 점차 영향력을 행사하고 통제할 수 있었던 것이다. 이러한 비판적 문화 분석 관점은 대략 '자본의 음모'라는 한 마디 말로 개괄할 수 있다.

이처럼 음울한 문화 개념을 간단히 기우(杞憂)나 긁어 부스럼으로 치부할 수는 없다. 근 20년 동안 중국의 심미문화 발전 과정에서, 우리는 전에 상상하기 어려웠던 대량의 문화 퇴행화 현상을 확실히 보아왔기 때문이다. 즉 통속적이고 얕고 저속한 것에서 거칠고 용속하고 비속하고 심지어 조악하기까지 한 예술과 오락이, 바로 시장경제를 통해 생산되고 팽창되었던 것이다. 상업 이익의 추동 하에, 심미문화 생산품은 공업화되고 신속히 도태되었다 재탄생되었으며, 이를 통해 쉽고 단조로운 이른바 '패스트푸드 문화'가 형성되었다. 만약 이처럼 저급한 심미 취향이 걷잡을 수 없이 만연한다면, 이 사회의 심미 문화생활 내지는 국민 전체의 문화 소양 또한 내리막을 걸을 수밖에 없을 것이다. 이것이 바로 문인과 학자들이 우려하는 까닭이며, 그들이 예술의 상업화를 혐오하며 막고자 한 이유이다.

## 3. 다른 시야

그러나 심미 문화와 경제 이익의 관계가 정말 이처럼 일방적인 공리주의적 태도와 행위뿐일까? 조금 진지하게 연구하다 보면 심미 문화와 경제 이익의 관계, 혹은 심미 활동의 상업화는 단순한 개인적 공리 행위보다 더욱 광범위하고 복잡한 현상임을 발견할 수 있다.

우선 상업화 개념의 핵심이 이익 혹은 수요를 기초로 한 교환이라는 사실에 주목해야 한다. 이는 문예발전사에 있어 기실 상당히 보편적인 현상이다. 『한서(漢書)』에 의하면, 한나라 때 저명한 문인 매고(枚皋), 사마상여(司馬相如), 동방삭(東方朔) 등은 모두 황제가 '기르던' 사람들이었다. 황제는 이들에게 지위와 물질적 대우로써 보상하였는데, 이는 이들의 창작이 황제에게 기쁨을 선사했기 때문이다. 거꾸로 보면, 이들은 자신의 창작을 통해 지위와 물질적 대우를 얻었다. 이런 상황에서 문인과 통치자는 사실 고용 관계, 즉 일종의 비교적 원시적인 상업 교환 관계를 맺은 것이다. 당나라 때에 이르러 문인의 창작과 지위 획득, 이익 간의 관계는 보편적인 교환의 의미를 띠게 되었다. 문인들의 '행권(行卷)'[1] 행위는 바로 자신의 작품을 지위 높은 사람에게 바침으로써 인정 받고 보답 받기를 바란 것이었다. 백거이(白居易)가 전형적인 예에 해당된다. 기록에 따르면 그가 고황(顧況)에게 시권(試卷)을 제출했을 때, 고황은 그의 이름을 보고 "쌀값이 바야흐로 비싸니, 살기[居] 쉽지 않겠구나.[弗易]"라고 조롱했지만 "들에 지핀 불 다 타기도 전에, 봄 바람 불어 다시 불길 이네."라는 구절을 읽고 나서는 찬탄해마지 않았으며, "이런 말을 할 줄 아니, 살기 또한 쉽겠구나[易矣]."라고 말을 바꾸었다고 한다. 행권의 목적은 작품으로 명예와 이익을 바꾸는 데 있다. 비록 '쌀값' 운운했지만 이는 조롱에 지나지 않는다. 고황이 보기에 남들로부터 칭찬 받을 만한 작품은 작가에게 삶에 필요한 자원을 얻게 하는 데 문제 없어 보였던 것이다. 이백(李白)처럼 길들여지지 않은 사람조차도 〈배장사에게 올리는 편지(上裴長史)〉에서 주(州)의 보좌에게 적극적인 아부를 하여 후인들의 분노에 찬 탄식을 자아낸 바 있다. 홍매(洪邁)의 설명에 따르면 이백은 정말이지 더 이상 갈 곳이 없는 상태에서 이러한 일까지 했다고 한다. "허리를 펼 때도 있지만 때론 허리를 굽힐 때도 있으니, 실로 어쩔 수 없어서 그리 하는 것이다."[2] 사실 고인을 위해 변명해줄 필요도 없다. 문장으로 자신의 재능을 드러냄과 동시에 주인에게 몇 마디 미사여구를 해주는 것은 당시 문인들이 스스로 추천하여 출세를 도모하기 위해 택하던 관습적인 방식이었다. 비록 시(詩)가 사람을 궁하게 할 수 있고, 궁해진 후라야 시가 훌륭해진다는 말이 있긴 하지만, 사실상 문인들은 자신의 작품이 통치자들이나 사회의 인정을 받아 이에 상응하는 보상을 받을 수 있기를 기대했던 것이다.

이와 같은 교환 기대 심리를 통해 우리는 심미 예술의 상업화가 오늘날에

1. [역자주] 과거를 치르기에 앞서 미리 작성한 문건을 主考官에게 미리 보내어 일종의 점지를 받던 행위를 말한다.

2. 왕치(王琦) 주(注), 『이태백 전집(李太白全集)』, 중화서국, 1977년, p.1251

생겨난 것이 아니며, 또한 이것이 반드시 예술의 쇠락을 의미하지만은 않는다는 것을 알 수 있다. 구체적으로 말해보겠다. 중국의 문예사에는 집약적인 예술 활동이 이루어져 창작의 번영기를 구가했던 비교적 전형적인 시기가 몇 번 있었는데, 이는 상업 경제의 번영과 밀접한 관계가 있다. 예를 들면, 남송 때 항주를 중심으로 결성된 문인들의 결사(結社)나 시사(詩詞) 창작 집단의 번창도 그러하고, 명청시기 상품경제가 발달한 강남 지역에서의 문학 예술의 번영도 그러하다. 이러한 문화 환경 속에서의 문예 활동은 창작자들만의 것이 아니었다. 문예 소비의 자극이 있었기에 더욱 발전할 수 있었다. 어떤 사람은 명대의 문인화가 비록 '스스로 즐기기'를 표방하지만 기실 그 모든 그림은 제작된 상품에 지나지 않는다고 말한 바 있다.[1] 이 말이 조금 과격할지는 모르겠지만 오문화파(吳門畵派)의 성행과 소주(蘇州) 시민의 소비적 수요와의 관계는 논쟁할 필요조차 없는 사실이다. 청대 정판교(鄭板橋)는 자신의 이야기를 기술한 〈판교윤격(板橋潤格)〉에서 대담하게 밝힌 바 있다. "은덩이를 보내오면 속으로 기분이 좋아져 그림이 모두 훌륭해졌다."[2] 예술 창작과 소비의 관계는 이 때부터 이미 보편적으로 수긍하고 있었던 것이다.

상품경제의 발달이 문예예술 소비자층의 확대를 가져왔다는 사실은, 문예예술과 경제 생활과의 밀접한 관계를 설명해줄 뿐만 아니라, 창작 자체를 놓고 보더라도 창작이 갈수록 자유로워졌음을 의미하기도 한다. 명말 청초의 비평가 김성탄(金聖嘆)은 명대 이후 더욱 자유로워진 창작 현상에 대해 격렬한 비판을 가했다. 그는 이러한 현상을 진(秦)의 분서(焚書) 이후 책을 구하기 위해 돌아다녔던 노력의 부작용으로 간주했다. "책을 불사른 것은 천하 사람들이 책을 쓰지 못하도록 금한 것이다. 책을 구해 다녔던 것은 천하 사람들

---

1. 천촨시(陳傳席), 『중국 산수화사(中國山水畵史)』, 장쑤미술(江蘇美術)출판사, 1988년, p.438.

2. 『정판교집(鄭板橋集)』, 상하이고적(上海古籍)출판사, 1962년, p.184.

이 책을 마음대로 쓰도록 종용한 것이다. 천하 사람들이 마음대로 책을 쓰도록 종용한다면 어떤 것인들 건드리지 않겠는가. …… 백성들은 도둑질을 모르나 제자서를 읽고 나면 도둑질하지 못하는 것이 없다. 백성들은 음란함을 모르나 제자서를 읽고 나면 음란해지지 못하는 것이 없다. 백성들은 사기를 모르나 제자서를 읽고 나면 사기 치지 못하는 것이 없다. 백성들은 난을 모르나 제자서를 읽고 나면 난을 일으키지 못하는 것이 없다. (중략) 책으로 인한 화란을 찾아보건대, 그 근원은 사서(私書)의 유행에 있다. 사서가 일단 유행하게 되면 백성들은 갖은 악행을 자행하게 된다. ……"[1] 김성탄이 '사서'에 대해 격한 반대의 뜻을 펼친 이유는 일단 세세히 따지지 않겠다. 여기서 우리가 주목해야 할 것은, 당시 '사서'가 성행했다는 사실 자체가 정통 이데올로기와 차별화되는 자유로운 창작 공간이 형성되어 있었음을 의미한다는 점이다. 반정통적인 개인의 창작이 가능했던 것은 바로 문화시장이 있었기 때문이다.

물론 우리가 성경(聖經)의 뜻에 맞지 않는 사서를 모두 화서(禍書)로 간주하는 김성탄의 관점에 동의할 필요는 없다. 사실상 『수호전』, 『서상기』 등 김성탄 자신이 몹시 좋아하던 고전 명저들 모두 그가 말한 '사서'에 포함시킬 수 있으며, 정판교가 『윤격』에서 '은덩이를 보내 오면 그림이 모두 훌륭해졌다'라고 한 말 또한 반드시 근거없는 말은 아닐 것이다. 기실 명청시기 예술 시장에 진입한 작품 중에는 확실히 대대로 전할 만한 걸작이 있었다. 요컨대 역사를 놓고 볼 때 문학예술의 시장 진입은 단순히 문예의 쇠퇴만을 초래하지는 않았다. 왜냐하면 반대로 소비시장의 존재와 발달은 일정한 문화 환경 속에서 이데올로기가 심미 문화에 가하는 통제와 구속을 없애주는 데 큰 역할을 담당하기도 했기 때문이다. 이를 통해 문화 전통과 이데올로기의 통제 하

---

1. 김성탄(金聖嘆), 『제5재자서 시내암 수호전(第五才子書施耐庵水水滸傳』 머리말1(序一), 『수호전 회평본(水滸傳會評本)』에서 인용, 베이징대학교(北京大學)출판사, 1981년, p.4.

에 날로 경직되어 가던 사회문화 생활과 사람들의 정신에 활력이 생겼고, 더욱 광대해진 사회문화 차원에서 문예가 더욱 발전하고 번창할 수 있는 새로운 계기가 마련되었다. 명대 중기 이후, 이지(李贄)를 대표로 하는 강남 문인 집단은 상업과 이익을 이야기하는 것을 부끄러워하지 않았고, 감정과 성색(聲色)의 즐거움을 표방하는 것을 부끄러워하지 않았다. 이는 모두 '가짜 사람'과 '가짜 도학(道學)'으로 인해 부패하고 경직된 도덕 관념과 고전을 숭상하다 못해 보수적이고 뻣뻣해진 심미 취향을 비판하기 위한 선택이었던 것이다.

만약 시야를 좀 더 넓혀본다면 더욱 많은 주목 지점 심지어는 모순점을 발견할 수 있을 것이다. 예술 발전의 역사에서, 엄격한 의미에서의 순수하고 고아하고 고전적인 심미 문화는 단순히 추상적 사변으로부터 연역되어 나온 개념이 아니다. 이는 문화사 전체에 있어 특정 인류의 경험에 대한 총결이자 결정체로, 진지한 태도로 역사를 거슬러 탐색해보면 모순을 발견할 수 있다. 즉 역사적으로 후대에 의해 고아한 고전예술의 번영기였다고 인정받던 시대는 종종 상업 문화가 가장 발달했던 시대였다. 가장 중요한 예가 바로 르네상스이다. 어떤 측면에서 보던 르네상스는 고아한 고전예술의 번영 시대였다. 이는 주지의 사실이다. 심지어 르네상스가 있었기에 서구 문화에 예술과 심미 문화의 고상함, 고귀함, 위대함에 대한 신념이 생길 수 있었다고도 할 수 있다. 하지만 우리가 잘 모를 수도 있는 것은 르네상스를 잉태하고 키운 토양이 바로 자본주의 상품경제였다는 사실이다. 제노바의 대부업과 원양으로의 탐험, 베니스의 항해 무역과 동방에 개척한 시장들, 피렌체의 방대한 금융가 등등, 이런 것들에 힘입어 이탈리아 상업 경제는 중세기 이후 최고의 번영기를 맞이할 수 있었다. 상업 번영에 힘입어 이탈리아인들은 사치스러운 생활을 할 수 있었고, 자유방임적이고 정교한 감각적 능력과 취미를 지니게 되었으며, 이를 통해 감성 충만하고 삶의 열정으로 가득하며 다재다능한 이탈리아의 이른바 '인문주의자'들을 길러냈다. 이것이 바로 온전한 의미에서의 르네상스이다.

르네상스 시기의 이탈리아는 '일체 고급 문화의 모태'[1]로 불렸다. 당연히 르네상스 시기 문화의 고상성을 긍정하는 의미에서 나온 말이다. 하지만 같은 시기 사람들은 이탈리아 문화의 상업성과 세속성을 강하게 공격했는데, 그 중 가장 대표전인 사람이 바로 마틴 루터(Martin Luther)이다. 그는 이탈리아 사람들의 눈에 신이란 없으며 그들이 추구하는 것은 오직 환락뿐이라며 분노에 찬 목소리로 비난했다.[2] 그는 스스로 정신 지상주의자의 입장을 고수하는 도덕적 이상의 진정한 파수꾼이 되고자 하였다. 우리는 이탈리아 문화의 고상함이 상업성과 세속성과 밀접히 관계되어 있다는 사실을 부인하지는 않는다. 하지만 상업성과 세속성이 있었기에 이탈리아 문화가 그토록 위대하고 고상한 심미 예술이 될 수 있었다는 사실 또한 직시해야 할 것이다. 이탈리아의 뒤를 이어 등장한 네덜란드 르네상스야말로 상인층 중산계급의 애호와 예술품에 대한 주문에 힘입어 발전한 것이었다. 더 정확히 표현하자면, 유럽 고전예술이 정신과 추상적인 면에서 절정으로 향해 나아갈 때나, 고전음악이 성행하던 때나, 상업의 영향력은 언제나 지대했다. 이 시기 위대하고 고독한 예술가의 상징인 베토벤(Ludwig van Beethoven)이 자신의 작품을 상업적으로 활용했다고 해서 예술 정신의 고상함에 타격을 받지 않았다. 현대 추상예술가 칸딘스키(Wassily Kandinsky)는 그의 저서에서 고상한 예술가의 대표 베토벤을 그 누구로부터도 이해 받지 못한 외롭고 고독한 천재로 묘사한 바 있다. 사실 이 고독한 예술가에게도 자신만의 소비 시장과 소비자가

---

1. 바르쥔(H. M Barzun), 『여명에서 쇠락까지(從黎明到衰落)』, 린화(林華) 역, 세계지식(世界知識)출판사, 2002년, p.54.

2. 히폴리트 아돌프 텐(Hippolyte Adolphe Taine)의 『예술철학』 참조. 푸레이(傅雷) 역, 인민(人民)출판사, 1981년, p.101.

있었다. 베토벤은 한 통의 편지에서 "세상에는 독립적인 예술 교역장이 있어야 한다. 예술가가 자신의 작품을 그곳으로 보내면 자신의 요구에 맞게 대가를 받을 수 있도록 말이다. 사실 사람은 기타 사무 이외에 반드시 반쪽 상인이 되어야 한다. 이 얼마나 불행한 일인가!"[1]라고 했다. 베토벤에게 있어 경제적 이익은 예술가가 반드시 고려해야만 하는 사항이었던 것이다. 비록 직접 예술 시장에서 교역 활동에 종사하기를 원하지는 않았지만, 중요한 것은 그가 자신의 작품에 상업적 가치가 있다는 것을 믿었다는 사실이다. 그에게 필요했던 것은 상업 행위에 대한 배척이 아니다. 대신 그는 예술 창작을 보장해줄 수 있는 더욱 완벽한 상업 시스템을 희망했다. 그는 백년 후에나 자리 잡게 되는 매니지먼트 제도를 이미 예견했던 것 같다. 그러나 안타깝게도 생전에 그런 제도를 만나지 못해 상업 시스템의 이익을 누리지 못했다. 그렇다 해도 어쨌든 베토벤은 상업사회가 고아한 예술을 좋아하고 숭배한다는 사실을 인식했다. 당시 비엔나, 파리 등 도시 사회에서는 이미 베토벤을 대표로 하는 고전음악 애호가들을 육성하고 있었는데, 그들은 고상한 고전음악이 필요로 하는 소비 시장이 되어주었다. 이것이 바로 19세기에 성행한 소위의 시민음악회 문화이다.[2]

이처럼 고아한 예술의 소비 시장은 어떻게 형성되었을까? 깊은 예술적 수양이나 인문적 소질을 지닌 문화 엘리트층만으로는 진정한 상업적 의미에서의 소비 시장이 형성되지 않는다. 사실 모든 베토벤 애호가들이 깊은 예술적 소양을 지닌 문화 엘리트였던 것은 아니다. 독일 작가 하이네(Heinrich Heine)는 자신의 소설 『파가니니(Paganini)』에서 처음 파가니니의 바이올린

---

1. 모르겐슈테른(Sam Morgenstern) 편, 『작곡가가 논하는 음악(作曲家論音樂)』 참조 바람. 마오위룬(茅于潤) 등 역, 인민음악(人民音樂)출판사, 1986년, p.28.

2. 블라우코프(Kurt Blaukopf), 『영원한 선율(永恒的旋律)』 참조 바람. 멍샹린(孟祥林), 류리화(劉麗華) 역, 상하이음악(上海音樂)출판사, 1992년, p.80.

독주를 들었을 때의 느낌을 묘사하고 있다. 그는 단체로 음악회장에 입장한 상인들에 대해 귀족적인 멸시를 드러냈는데 소설은 많은 편폭을 할애하여 자신의 옆에 앉아 수다를 떨고 있는 가죽 가공품 상인들을 마치 만화처럼 묘사하고 풍자한다. 주목할 만한 것은 속되기 그지없는 이들 상인들이 바이올린을 배우고 있다는 사실이다. 이로써 당시 함부르크의 상인들도 고상한 척하기 위해 예술적 소양을 키우고 있었음을 알 수 있다. 어떤 면에서 볼 때, 바로 여기저기 똘똘 뭉친 가죽 가공품 상인들과 돈이 많아 여가를 즐기며 고상한 척 하려는 중산층, 그리고 도시 거주자들의 상업적 색채 다분한 예술적 수요가 있었기에 베토벤의 음악이 광활한 소비 시장을 얻을 수 있었던 것이다. 사실 중국 역사에도 이와 유사한 상황이 있었다. 명청시기 창장(長江) 유역의 상업 도시에서 대부분의 문학 예술 소비자는 고상한 척하던 상인이나 문인 겸 상인인 이른바 '유상(儒商)'들이었다. 명청시기 문학 예술의 발전은 바로 이러한 상인과 시민 계층이 보여준 사대부 예술에 대한 흥미를 기초로 이루어진 것이다.

역사적 경험은 현실 문제를 이해하는 전제이자 배경이 되어준다. 1990년대 중반 이후부터 중국의 시장경제는 새로운 발전 단계에 진입했다. 상업적 행위는 더 이상 오직 이윤만을 추구하는 기술로 치부되지 않았으며, 상업 문화의 가치 추구 또한 물질적 욕망의 만족만을 추구하는 저급 차원에서 고상한 척하는 고급 차원으로 발전하기 시작했다. 예를 들어, 베이징 고궁 태묘(太廟)에서 장이머우(張藝謀)의 감독 하에 공연된 이탈리아 오페라『토란도트』, 몇 만 명을 수용할 수 있는 상하이의 한 체육관에서 공연된 이탈리아 오페라『아이다』등은 모두 이러한 현상의 표징이라 할 수 있다. 그 이유는 간단하다. 현재 중국 그 어느 도시에도 태묘나 체육관을 가득 채울 만큼의 이탈리아 오페라 애호가는 없다. 한 장에 천 위안 넘는 티켓 값을 부담할 만한 소비 능력은 더 말할 필요조차 없다. 이것은 그곳에 모인 관중들이 진정한 의미에서의 오페라 마니아가 아니라 그저 '느낌을 찾기' 위한 또는 '행세나 하기' 위한 소비자임을 암시한다. 왕안이(王安憶)의 소설『장한가(長恨歌)』에 '라오커라(老克臘)'[1]로 묘사되고 있는 청년이 바로 이러한 형상의 전형이다. "사람들 오디오를 구입하느라 여념이 없을 때 그는 낡은 음반을 들었다. 사람들 사이에 '니콘', '미놀타' 자동 카메라가 유행할 무렵 그는 롤라이120을 사용했다. 손목에는 아날로그 시계를 차고, 작은 유리 주전자로 커피를 끓이고, 면도 크림을 발라 면도를 하고, 구식 환등기를 가지고 놀고, 배 모양 가죽 구두를 신고……." 간단히 말해 '라오커라'의 가장 큰 특징은 당시 일반 시민들의 트렌드와 떨어져있다는 점이다 – 충돌이 아니라면. 우리는 소설 속 묘사를 통해, '라오커라'는 대중과 성격을 달리하는 어떤 개인도 아니고, 유행에 대한 개인적 반항과 역행도 아님을 알 수 있다. 오히려 반대로 이 또한 유행의 하나로 인정되는 취미 코드이다. 옛 상하이의 화이트칼라 문화, 즉 지금까지도 말하고 있는 '소자산계급'의 문화 원형을 '취향' 삼아 표방하던 일종의 생활 정취이자 인생 태도였던 것이다. '라오커라'식 복고와 유행을 좇는 청년들이 서로 다른 방향을 향해 걷고 있는 듯 보이지만, 사실 길만 다를 뿐 목적지는 같다. 즉 사회 행위 속에서 이들은 모두 자아의 이미지를 승화시키고자 했던 것이다. 다른 점이 있다면, 유행을 좇는 청년들의 관심은 자신의 사회성과 소비 능력을 과시하는 데 있고, '라오커라'들이 표현하는 것은 상하이 사람들이 간직한 고상한 문화 정취에 종속되고자 하는 의지라는 것이다. 그렇기 때문에『장한가』에 등장하는 '라오커라'는 당시의 유행과 결코 멀리 떨어져 있지 않다.

1. [역자주] old color. 특히 1950~60년대 새로운 사회 풍모 속에서 상하이의 구식 풍격과 유행을 지키며 살아가던 사람들을 지칭하던 용어이다.

다만 다른 사람들이 볼 때 취향이 약간 남다를 뿐이다. 따라서 사회문화 전체에 있어 후자('라오커라')는 자아 이미지의 특이한 표현 방식에 지나지 않는다. 소설 속 화자는 말한다. "시선을 그에게서 옮겨 지금의 유행을 바라보면, 나도 모르게 이 유행이 얼마나 거칠고 저속한 것인지 알 수 있다." 이는 '취향'에 관한 서술자와 작가, 그리고 대다수 상하이 '소자본주의자'들의 사고방식이다. 『장한가』가 출판된 후 오늘날까지, 상하이 문화에서의 '라오커라' 이미지의 위상은 크게 변화했다. 그들은 더 이상 대중과 차별화된 개인이 아니라 이미 오늘날 이 도시의 시민들이 숭상하는 주류문화가 되었다.

'라오커라'의 취향과 『파가니니』에 등장하는 가죽 가공품 상인들의 고전음악에 대한 애호는 많이 비슷하다. 모두 당시 사회문화 환경 중에 내재되어 있던 고아한 심미 취향에 대한 이미지를 빌려 자신이 소속되어 있는 현실 속 사회 문화권으로부터 이미지 상승을 꾀하고자 했던 것이다. 이와 같은 '품위'의 추구에서, 우리는 다소 과장된 도시 소시민의 고상한 척 하고자 하는 허영심과 저속함을 읽어낼 수 있다. 고전예술의 심미적 이상이 '품위'가 되었다는 것은 동시에 형상화되고 표기화된 인격의 가면으로 전환됨을 의미하며, 이것은 일종의 상품으로 자아 이미지 제고에 대한 환상을 품고 있는 소비자들에게 제공된다. 물론 초월적인 고전예술 심미의 정신적 경지 또한 더불어 물화(物化)된다.

하지만 주의해야 할 것은, 고상한 척하는 취향으로 인해 상품경제 번영기를 살고 있는 시민사회의 문화소비층이 점차 구분되는 현상이 나타난다는 점이다. 만약 매슬로(Abraham H. Maslow)의 인격발전 이론을 믿는다면, 이러한 자아 이미지 제고 욕구의 인본적 근거를 받아들여야 할 것이다. 바꾸어 말하자면, 발달한 상품 경제는 시민사회에 물질적 욕망을 충족시킬 만큼의 소비 조건을 제공함과 동시에, 더 높은 생존 상태로 상승할 수 있는 가능성도 제공한다. 매슬로의 인격발전 단계론이 적극적 의미에서의 인본주의 심리학이 될 수 있었던 까닭은 바로 이 이론이 개인의 심리적 수요에 대한 낙관주의적 이해에서 출발했기 때문이다. 그는 개인의 심리 발전이 근본적으로 사회화, 이성화를 따른다고 믿었으며, 사람의 모든 수요는 발전이라는 과정 속에서 합리적인 해석을 얻을 수 있다고 믿었다. 물질적 욕망이 만족되어 가는 과정은 동시에 사람의 심리적 수요 가운데 다양한 동기가 생성되어 가는 과정이기도 하다.

물론 '고상한 척'하는 것이 폄하의 뜻이라는 것은 인정해야 한다. 이것은 고상한 예술 정신에 대한 왜곡이자 천박화를 의미할 수도 있기 때문이다. 하지만 반대 시각으로 볼 때 이것은 평민 문화를 한 단계 끌어올리는 과정이기도 하다. 상품경제가 번영기를 맞이한 사회 환경 속에서 사람들의 수요도 다양해지게 마련이며, 이에 따라 다양한 차원의 문화 소비 수요가 형성된다. 사회 영향적인 측면에서 볼 때, 이러한 취미와 문화적 수요는 객관적으로 심미 문화 소비시장을 점차 계층화하며, 상업사회 속에서 서로 다른 차원의 심미 활동이 각각 존재하고 번영할 수 있는 기회를 제공한다.

# 제2절

## 심미문화와 이데올로기

중국 당대 학술 환경에서 '이데올로기'는 매우 익숙하고 심지어 통속적이기까지 한 개념이다. 미학과 문예 연구 분야에서 심미적 경험과 미학 이론을 연구할 때 종종 이데올로기와 연관 짓는 것을 볼 수 있다. 1950년대 이래로 『문예개론』혹은 『예술개론』식의 교재들에서는 거의 아무런 망설임 없이 문학예술 활동을 이데올로기 범주에 편입시키곤 하였다. 하지만 맑시즘에 대한 비판 이론이 중국 학술계에 수입된 후에도 혼란은 마찬가지로 생겨났다. 그 까닭은 첫째, 루카치(Georg Lukacs) 이후의 서구 마르크스주의자들의 '이데올로기'에 대한 해석과 중국 본토 학자들의 전통적 견해가 서로 달랐기 때문이다. 둘째, 이데올로기 비판이 다루고 있던 것이 중국의 미학과 문예계에서 연구를 시작한지 얼마 되지 않은 당대 문화 문제라는 새로운 대상이었다는 사실이다. 따라서 최근 미학계나 문예계에서 사용하고 있는 중국 학술문맥에서의 '이데올로기' 개념의 의미를 다시금 살펴보는 일은 심미 문화와 이데올로기 상호관계라는 최근 연구에 내재되어 있는 모순과 엇갈린 해석과 모호함을 해결하는 데 도움이 될 것이다.

## 1. Omo는 무슨 말을 했나?

이데올로기 문제를 연구하기 위해서는 '이데올로기'라는 개념의 함의를 명확히 파악할 필요가 있다. 트라시(Deatutt de Tracy)가 이 용어를 처음 사용한 이래, 수많은 학자들이 이 개념에 대해 나름대로 해석을 진행했고, 이로 인해 수많은 의미들이 파생되었다. 최근 이데올로기 비판이론을 이용해 중국 당대 문화를 연구하는 학자들이 사용하는 이데올로기의 개념은 마르크스의 『도이치 이데올로기』에 근거해 이데올로기를 분석하는 프랑크푸르트 학파의 영향을 많이 받아, 이데올로기를 일종의 통치적 개념으로 간주한다. 즉 일정한 사회 관계 속에서 통치 계급이 전체 사회에 정신적 통제를 가하는 권력으로 본다. 이는 현존 질서에 대한 이성적인 합법화이다. 더욱 통속적으로 말하자면, "진리로 여기며 체험해야 하는 거짓말"[1]이다. 이러한 입장에서 출발하여 이데올로기 비판의 칼끝이 향한 곳은 바로 익숙한 일상생활 현상 뒤에 숨어 있는 이데올로기의 음모이다. 루카치에서 제임슨(Frederic Jameson)까지 서구 마르크스주의 학자들이 이데올로기 문제를 논할 때 주로 관심을 기울이는 것은 모두 당대 자본주의 문화에 관한 문제였다. 그들이 연구한 이데올로기는 사실상 당대 자본주의의 이데올로기만을 가리킨다. 이데올로기 비판이론의 사회적 의의는 매우 명확하다. 즉 당대 자본주의 권력이 어떻게 이데올로기의 조작을 통해 민중을 통제하게 되었는지를 밝히는 데 그 목적을 둔다. 이와 같은 비판성이 중국 학자들에게 끼친 영향은 지대했다. 1980년대 개혁개방 이래 문화연구가 새롭게 당면했던 가장 중요한 문제가 바로 중국에 끼친 서구 자본주의 문화의 영향이었기 때문이다. 서구 마르크스주의 문화비판 이론을 수용한 중

---

1. 지젝(Slavoj Zizek), 「도회 이데올로기(圖繪意識形態)」, 팡제(方傑) 역, 난징대학교 (南京大學)출판사, 2003년, p.18.

국 학자들에게 있어, 루카치와 제임슨이 당면한 문제는 곧 중국이 당면한 문제였다. 따라서 사람들은 그들의 이데올로기 비판이론을 이용해 중국 당대 문화 문제를 연구했다. 이러한 연구가 얼마나 과학적이고 또 얼마나 가치 있는지는 이 이론의 원형과 관계 있을 뿐만 아니라 이러한 이론이 중국에 수입된 후에 생겨난 새로운 문제와도 연관된다.

이데올로기의 사회사상 통제 기능은 이데올로기 비판에서 주목하는 핵심으로, 주로 이러한 통제 기능이 어떻게 발생했는지를 밝히는 일에 치중한다. 학자들은 텍스트 분석을 통해, 혹은 각양각색의 문화현상이나 문화 텍스트를 통해 그 배후에 숨어져 있는 이데올로기를 찾아낸다. 이러한 분석은 간단한 개념으로 나타낼 수 있는데, 그것이 바로 버밍햄(Birmingham)의 스튜어트 홀(Stuart Hall)이 제기한 '기호화와 해독'이다. 홀의 관점에 따르면, 대중매체가 전파하는 정보는 모두 전파자의 기호화를 거치면서 이데올로기적 의미가 부가된다. 그러나 이를 수용하는 사람들은 각기 다른 해독 방식이 있어 이데올로기의 전파 효과는 다 같지 않다.[1] 홀이 말한 것은 전파학적 문제에 지나지 않지만, 이데올로기의 '기호화' 관점은 대다수 이데올로기 비판 이론에도 적용할 수 있다. 달리 말해, 자본주의 이데올로기가 당대 각종 문화현상을 통해 소리없이 대중의 심리에 영향을 미치고 또 통제하고 있다고 보는 관점은 바로 '기호화'라는 관념 위에서 생겨난 것이다. 이데올로기의 영향을 분석하고 비판하는 이러한 작업은 사실상 일종의 '해독' 작업이다. 그러나 홀이 말한 첫 번째 해독 방식(주도적 해독)과 두 번째 해독 방식(협상적 해독)이 아닌, 세 번째 해독 방식(대항적 해독)일 가능성이 높다. 즉 감추어져 있는 이데올로기를 들춰내고 이를 뒤엎고자 하는 방식인 것이다.

---

1. 닉 스티븐슨(Nick Stevenson), 『매체문화 이해하기(認識媒介文化)』 참조 바람. 왕원빈(王文斌) 역, 상무인서관. 2001년, p.59~76.

롤랑 바르트(Roland barthes)의 대중 심미 문화에 대한 기호학적 분석과 해석은 이와 같은 해독 작업의 전형적인 사례이다. 예컨대 그는 합성세제 Omo(상표 이름)의 광고를 분석한 문장에서 광고의 의미를 이렇게 해독했다. "Omo의 이미지 속에서, 먼지와 때는 왜소한 적이다. 발육 상태도 좋지 않은 데다가 시커멓다. 이 때는 Omo라는 길을 막고 있는 정의와 만나 순백의 리넨으로부터 몰래 도망친다. ……Omo는 세제류에서는 제법 새로워 보이는 두 가지 특성을 사용하고 있는데, 그것은 바로 깊이와 거품이다. 만약 Omo가 깊숙이 있는 때를 깨끗이 없애줄 수 있다고 한다면(영화관에서 막간에 상영하는 광고를 보라) 이는 곧 리넨이 깊이 있는 천이라고 가정한 것이나 다름없다. 과거 그 누구도 이렇게 생각하지 않았다. 하지만 결과, 사람들은 이것의 효과를 의심하지 않고 찬양하였다. 왜냐하면 이와 같은 멘트가 리넨을 인체처럼 감쌀 수 있고 어루만질 수 있는 모호한 물체로 미화시켰기 때문이다. 거품의 경우, 주지하다시피 사치를 상징한다. (중략) 세제를 부드러우면서도 깊이 있고 감미로운 이미지로 윤식하는 방식을 통해 그것이 지닌 마모성을 위장시킨다. 세제는 이제 옷감의 분자처럼 미세한 질서를 통제하기에 충분해 보인다. 옷감에 아무런 손상도 입히지 않으면서."[1] 이 글은 애초 시작부터 "제1회 (파리) 세계 세제 회의가 전세계를 Omo '게으름뱅이의 천국(The land of cockagne)'에 빠져들게 해주었다."라고 선언하였다. 위에 인용한 분석은 광고가 만들어낸 소비의 (게으름뱅이의) 천국 이미지에 대한 구체적 해독 작업이라 할 수 있는데, 주로 이 광고가 소비자들을 '빠져들도록' 유인하는 이데올로기 의도를 밝혀내고 있다. 글의 마지막에서 바르트는 이렇게 요약한다. "하지만 이 '게으름뱅이의 천국'은 우리로 하여금 퍼실과 Omo가 어떤 행성에서

1. 롤랑 바르트(Roland Barthes), 『신화: 대중문화 해석 (神話-大衆文化詮釋)』 참조. 쉬창창(許蓄薔) 등 역, 상하이인민(上海人民)출판사. 1999년, p.33~35.

는 같은 물건 즉 위니르베 합작회사임을 안 잊어버리게 한다." 다시 말해 이 두 가지 세제의 광고 이미지가 서로 다르기는 하지만, 결국엔 같은 회사 제품이라는 뜻이다. 서로 다른 이미지는 그저 다른 홍보 형식에 지나지 않는다.

이 문장은 분석이 아주 훌륭하다. 그러나 진지하게 연구하다 보면 한 가지 의문이 생긴다. Omo 가루세제가 홍보하는 철저한 세정력과 옷감 손상을 줄여준다는 효과에 과연 기술적 근거가 있는지 하는 질문이다. 만약 없다면 이 홍보는 순전히 사기이다. 그러나 사기와 이데올로기 기호는 같이 다를 수 없는 것처럼 보인다. 반대로 Omo의 홍보 효과에 정말 기술적 근거가 있다면 또 어떻게 이해해야 할까? 사실 수십 년 동안 세제의 세정력과 옷감 손상을 줄여주는 효능은 확실히 제고되어 왔다. 제1회 세계세제회의가 Omo를 대신해 거짓말을 한 것이 아닌지는 여전히 의문이다. 그렇게 되면 Omo의 광고 이미지 해독에 한 가지 문제가 생긴다. 이는 어쩌면 과학기술과 인간생활과의 관계에 새로운 발전이 있음을 의미할 수도 있기 때문이다. 롤랑 바르트의 해석은 몇 가지 가능한 해석 가운데 한 가지일 수 있다. 비록 홀은 해독의 여러 가지 가능성을 인지했지만, 그가 말한 세 종류의 해독에는 주도적 이데올로기 기호가 존재한 후라야 패권, 협상, 대항 등을 주도하는 서로 다른 해독이 생겨날 수 있다는 공통된 전제가 따른다. 그러나 위에서 분석한 광고에 정말로 주도적 이데올로기 기호가 존재할까? Omo는 옷감 깊숙이 침투할 수 있다고 말하는데, 롤랑 바르트는 "이는 곧 리넨이 깊이 있는 천이라고 가정한 것이나 마찬가지다. 과거 그 누구도 이렇게 생각하지 않았다."고 말했다. 이 말을 리넨은 깊이가 없는 천이라는 뜻으로 이해해도 좋은가? 말투가 그다지 긍정적인 것 같지 않으니 말이다. 만약 기술적인 면에서 이 가루세제가 과연 옷감 깊숙이 침투할 수 있고, 옷감의 훼손과 부식을 최소화할 수 있다면, 롤랑 바르트의 해독은 여전히 유효한 것인가? 물론 롤랑 바르트는 자신이 말한 이 기호에 여러 가지 의미 기호와 해독 가능성이 있다고 주장할 것이다. 그러나 이는 이데올로기 기호적 관점이 여타 문화 해독방식에 비해 그다지 우월하지 못하다고 말하는 것이나 다름없다. 이 해독방식은 그저 분석자의 개인적 관점의 표현에 지나지 않을 수도 있다. 이데올로기 기호의 주도적 지위가 사라질 때, 이러한 문화 비판이론의 효력은 의심받기 시작한다.

당대 문화현상에 대해 이데올로기 기호를 이용한 해독을 진행하기 위해서는 기호학 또는 서술학적 분석방법론이 필요하다. 이것은 상당히 전문적이고 기술적인 언어 분석 행위이다. 이처럼 심오한 해독 기교를 통해 얻어진 결과는 때론 난해하고 심지어 의심쩍기까지 하다. 이러한 까닭에 러셀 자코비(Russell Jacoby)는 제임슨이 보나벤츄라(Bonaventura) 호텔에 대해 진행한 문화 기호학적 해독을 비판한다.[1] 제임슨은 이 호텔의 '변증대립적 엘리베이터와 에스컬레이터'의 서술 형식을 분석하면서, "……보나벤츄라에서 우리는 이 과정이 변증법적으로 강화되어 있음을 발견할 수 있다. 이곳에서는 엘리베이터와 에스컬레이터가 인간의 걸음을 대신한다. 게다가 가장 중요한 것은 이것들이 걸음을 대체하는 새로운 기호와 상징으로 간주된다는 사실이다. 여기서 이러한 서술적인 느린 걸음은 강조되고 상상화되고 구체화되며 또한 기계에 의해 대체된다. 이 기계는 과거 느린 걸음의 상징물이 된다. (중략) 이것은 현대문화의 모든 자동성(automaticity)에 대한 일종의 변증법적 강화이다."라고 말했다. 이에 대해 자코비는 다음과 같이 비평했다. "보나벤츄라에 대한 마르크스식 숭배에는 몇 가지 문제가 따른다. 첫 번째 문제는 보나벤츄라 자신이다. 구조주의와 기호학의 최신 이론을 이용해 자신을 분장한 마

---

1. 자코비, 『최후의 지식인(最後的知識分子)』 참조 바람. 홍제(洪潔) 역, 장쑤인민(江蘇人民)출판사, 2002년, p.149.

르크스주의 문화비평가들은 이 간단하기 그지없는 질문이 무엇을 드러내고 있는지조차 발견하지 못한다. 제임슨은 새로운 방법으로 측량할 필요가 있는 초험적 포스트모더니즘 건축물이 실은 모더니즘 이전의 것들이라고 생각한다. (중략) 권위 있는 마르크스주의 비평가가 보나벤츄라를 도시에 '새겨 넣어야 한다'고 소리쳐 외치고 있지만, 그것이 도시를 배척하고 있음과 그로 인해 도시에 활력이 사라지고 있다는 사실은 아랑곳하지 않는다. 이로써 마르크스주의의 '폭발적' 역량은 학술회의 중 휴식 시간에만 적용될 수 있는 것임을 알 수 있다. ……" 하나의 건축물의 풍격을 바라보는 시선에는 여러 가지가 있을 수 있다. 그러나 현묘하고 또 현묘한 해석 술어들은 사람들로 하여금 언어의 의미와 객관 세계와의 관계를 확인하지 못하게 한다. 이것은 어쩌면 해독활동에 있어 치명상이 될 수도 있다. 제임슨에 대한 자코비의 비평은 이와 같은 기호 해독방식이 어쩌면 일반인의 심미적 경험과 동떨어진 것일 수 있음을 설명해준다. 따라서 이것을 이데올로기적 의미를 내포한 문화 기호에 대한 해독이라기보다는 기존의 문화 기호에 대해 진행한 이데올로기적 재부호화라고 말하는 편이 나을 것이다.

롤랑 바르트와 제임슨의 예를 통해 이데올로기 비판이론이 구체적으로 적용될 때 이데올로기의 보편화 경향이 나타남을 알 수 있다. 간단히 말하자면 모든 심미 문화 활동을 숨겨져 있는 동기라는 관점에서 해독하고 분석하려는 경향이다. 버밍햄 학파의 이데올로기 기호에 대한 관점은 그다지 극단적이지 않다. 그들은 이데올로기 부호가 무조건적으로 대중에게 수용되지는 않는다고 본다. 왜냐하면 대중에게는 자신들만의 해독 책략이 있기 때문이다. 그럼에도 불구하고 이데올로기 동기라는 관점에서 문화활동의 기호적 의의를 이해하는 데 주의력을 집중하게 되면 문화현상 속에 숨어 있는 이데올로기적 의의를 지나치게 강조하려는 경향이 생겨난다. 다시 말해 실증적인 현상이 아니라 은유적인 추측에서 출발해 문화현상을 해독하고 비판하려 한다. 이로 인해 '이데올로기 기호화/해독'의 사유방식은 현실 문화 문제를 진정으로 접하고 이해하려는 시도를 제어하거나 대체하게 된다.

애버크롬비(Nicholas Abercrombie)는 『주도 이데올로기 명제(主導意識形態命題)』라는 책에서, 당대 자본주의 문화의 실제 상황을 살펴볼 때 유한한 이데올로기의 통일 국면은 이미 쇠락하였고, 자본주의는 상당 부분 이데올로기 부재 상태로 운영되고 있다고 지적했다. 당대 자본주의 사회가 경제활동 등 방면에서 통일성을 지닐 수 있도록 것은 이데올로기 때문이 아니라 경제활동의 객관적 수요 덕분이라는 것이다. "제도적으로 정합된 비규범성은 한 사회가 통일될 수 있는 기초를 제공했다. 그들이 공통된 가치관을 지니고 있는지 여부와는 관계가 없다. 사회적 정합과 제도적 정합은 독립적으로 다양한 면모를 드러낸다. 사회 각 계층은 확실히 서로 다르고 서로 모순되는 이데올로기를 지니고 있다. 그러나, 객관적 사회관계망에 의해 한데 묶여 있다."[1] 애비크롬비는 다양한 이데올로기가 공존한다는 관점을 주장했다. 이 관점에 따르면, 당대 사회는 매 개인 혹은 매 집단의 활동이 공동의 게임 규칙을 준수하도록 강요한다. 그렇다고 해서 그들이 같은 이데올로기를 지니고 있는 것은 아니다. 예컨대 똑같은 상업광고라면 당연히 비슷한 기술과 문화 특징을 지니고 있을 것이다. 그러나 이런 활동에 대한 각 개인과 각 집단의 의미 부여와 기대는 서로 다를 수 있다. 정말 그렇다면, 광고가 지닌 이데올로기에 대한 의미 해독은 기호 자체로서의 광고가 지니고 있는 다의성으로 인해 그 가치를 잃게 될 수도 있다.

『도이치 이데올로기』에서 주장한 내용대로 이데올로기를 이해한다면, 다양

---

1. 지젝, 『도회 이데올로기』 참조 바람. 팡제 역, 난징대학교출판사. 2003년, p. 219.

한 이데올로기의 출현은 사실상 이데올로기의 소멸을 상징한다. 애비크롬비의 관점이 이데올로기 비판이론을 주장하는 학자들에 의해 꼭 받아들여진다는 보장은 없지만, 진지하게 연구해 보아야 할 문제임은 분명하다. 특히 오늘날 중국에는 다양한 경제 소유제와 문화 층위, 사회정치 관계 등이 사업활동, 대중전파, 문화예술 등 각종 사회 활동 속에 개입되어 있어, 똑같은 문화활동에 매우 다른 맥락과 의미가 내포되어 있을 수 있다. 따라서 만약 보편적으로 적용되는 추상적 해독 시스템을 통해 형형색색의 문화 텍스트 안에 내포되어 있는 이데올로기적 의미를 해독하려 한다면, 그 해독 결과는 어쩌면 의심쩍은 것이 될 수도 있을 것이다.

어찌되었건 주류 이데올로기가 점차 물러나거나 최소한 더 이상 문화영역을 독단하지는 못하는 상황에서 당대 중국의 심미 문화가 안고 있는 이데올로기 문제는 사라지지 않았을 뿐더러 도리어 더욱 복잡해지고 있다.

## 2. 여성은 '섬멸' 되었는가?

이데올로기 비판이론의 한 가지 중요한 개념은 그람시(Antonio Gramsci)가 말한 '패권'이다. 그람시 이론에서 '패권(hegemony)'의 함의는 비교적 복잡하다. "한 계급이 성공적으로 사회 기타 계급을 설득하여 자신의 도덕, 정치, 문화적 가치 기준을 받아드리도록 하는 것"[1]을 가리킨다고 보는 사람이 있는가 하면 "패권은 찬성을 조직해 내는 것(the organization of consent)으로 이해하는 사람도 있다. 즉 후자는 종속 이데올로기의 형식이 폭력 혹은 강제 없이 구조되는 과정"[2] 이라고 말한다. 이러한 해석은 'hegemony'의 원

---

1. 스트리나티(Dominic Strinati), 『대중문화론(通俗文化理論導論)』, 옌자(閻嘉) 역, 상무인서관, 2001년, p.184.

2. 지젝, 『도회 이데올로기』 팡제 역, 난징대학교출판사, 2003년, p.312.

래 뜻(지배, 영도, 맹주)과 비슷한 점이 없지 않아 대체적으로 비교적 중성적인 학술 용어라 볼 수 있을 것이다.

그러나 현대 중국어에서의 이 '패(霸)'라는 글자에는 폄하적 의미가 내포되어 있어서, 야만적이고 비이성적이며 폭력적인 것을 의미하곤 한다. 1970년대 중국에서 이 글자는 국제정치를 상징하는 중요한 개념으로, 미국과 소련이라는 두 초강대국이 자신의 경제적, 군사적 힘으로 다른 나라에 군사 위협, 정치 협박, 경제 박탈 등을 행사한 강권적 행위를 주로 지칭했다. 이러한 언어적 배경으로 말미암아 중국에서의 그람시의 '패권' 이론은 주로 정치비판 색채와 전투성이 강조되었다. 90년대부터 존 톰린슨(John Tomlinson), 에드워드 사이드(Edward Said), 이합 하산(Ihab Hassan), 가야트리 스피박(Gayatri Chakravorty Spivak) 등의 관점과 저서가 차례로 중국에 소개됨에 따라 중국 학자들은 '문화제국주의', '포스트 식민주의', '오리엔탈리즘' 및 '페미니즘' 등의 개념에 더욱 익숙해지고 더욱 동화되었다. 미국을 대표로 하는 서구문화의 주도적 지위에 대한 비판의식이 날로 강해지면서 '패권' 개념의 비판성이 부각되기 시작했다.

문화 비판의식의 칼날이 향한 '패권'은 광범위한 뜻을 포함하고 있는 문화 개념이다. 국제정치에서의 강대국의 간섭에서부터 넓은 의미의 서구문화 중심주의, 종족 차별, 성 차별까지 실로 많은 뜻은 내포하고 있다. 따라서 반패권주의 이데올로기 비판은 일종의 전면적인 문화 저항이다. 즉 '포스트모더니즘'이라는 개념으로 개괄되고 또 서로 다른 여러 각도에서 현존하는 문화 중심과 문화 질서를 해체하거나 전복하고자 하는 좌익 급진주의 사조이다. 중국의 심미 문화와 문예 비평에서 이러한 비판 사조의 전형을 보여주는 것이 바로 페미니즘 비평이다.

중국에서는 서구 마르크스주의와 포스트 모더니즘이 들어오기 전부터 여성이 처한 불평등 지위와 여성이 받는 차별 대우 등에 대해 일찍부터 비판을 진행한 바 있는데, 이것이 바로 '여성 해방', '남녀 평등' 운동이다. 이 운동은 20세기 초부터 시작된 자유, 민주, 인성 계몽운동의 일부라 할 수 있다. 오늘날 페미니즘 문예비평은 이것과 다르다. 페미니즘의 목적은 단순한 사회 평등이 아니라(사실 이런 평등주의 운동이 사회의 도의적 광범위한 지지를 얻을 수는 있지만 이데올로기의 '패권'을 해체시킬 수는 없다) 남성 중심 즉 리처드 로티(Richard Rorty)의 말을 빌려서 말하면 "근육이 발달한 사람이 근육이 발달하지 못한 사람을 지속적으로 괴롭혀온" 문화 정통과 질서를 근본적으로 뒤엎으려는 데 있다.[1] 근본을 뒤엎으려는 비판의 시도 가운데 가장 사람의 이목을 끄는 것은 이데올로기의 도구인 매체 및 기타 각종 예술 형식이 구축한 여성 이미지에 대한 해체와 비평이다.

서구의 여성 이미지 비판이 주목하는 것 중 중요한 문제는 바로 대중매체가 '여자의 이미지를 섬멸하고 있는' 현실이다. 즉 매체는 부재(Abwesen), 비난 혹은 천박화를 통해 여자를 '상징적으로 섬멸'하고 있다. "수많은 내용 분석이 이미 말해주고 있다. 여자들은 아내, 어머니, 딸, 여자친구로 묘사되거나, 전통적인 여성의 일(비서, 간호사, 접대원)을 하고 있는 것으로 묘사되거나, 혹은 성적 대상으로 묘사되긴 하지만 대중 매체에 거의 등장하지 않는다. 이 밖에도 여자들은 보통 젊고 예쁘지만 훌륭한 교양을 지니고 있지는 못하다. 인지심리학적 전통 방식에 따라 실시한 다음과 같은 실험 연구는 이러한 가설에 힘을 보태준다. 매개 ─ 내지는 가정 ─ 가 사회화의 대리 역할을 하는데, 매개는 적당한 성별별 역할을 자녀들에게 가르치고, 이에 상응하는 행위

---

1. 지젝, 『도회 이데올로기』, 팡제 역, 난징대학교출판사, 2003년, p.306.

를 했을 시 상징적으로 상을 주고 격려해준다. (중략) 바로 이 매개가 성별 역할이라는 낡은 규칙을 오랫동안 존재 가능하게 해준다. 왜냐하면 이것이 주도적 사회 가치표준을 반영하고 있고, 매개 생산자인 남성 또한 이 낡은 규칙의 영향을 받고 있기 때문이다."[1] 이러한 분석은 페미니즘 비평의 전형이라 할 수 있다. 중국 페미니즘 비판의 현실적 근거 또한 대략 이와 비슷하다. 여기에는 개별 텍스트 중 성별 의의에 대한 분석과 일정 범위 내 현상들의 집합인 소설, 영화, 드라마, 광고 등에 대한 사회학적 통계가 포함되어 있다.

여기서 짚고 넘어가야 할 것은, 현재중국의 대중매체에 드러난 여성의 이미지와 위에 인용한 미국 학자의 분석이 전혀 다르다는 점이다. 비교적 선명한 차이로, 현재 중국 매체에 반영된 여성의 이미지가 '부재' 혹은 '극히 드문 출현'이 아니라, 반대로 거의 나오지 않는 곳이 없다시피 하다. 또 한 가지 의문은 '천박화'라는 것이 과연 무엇인가 하는 것이다. "여자들은 보통 젊고 예쁘지만 훌륭한 교양을 갖추고 있지는 못하다"라고 했는데, 한 사람이 교양이 있는지 없는지, 어떻게 판단할 수 있을까? 수많은 매체 연구자들의 관점을 종합해볼 때, 남녀 역할에 대한 자리매김법은 일반적으로 남성은 지도자이고 여성은 고용원, 남성은 생산자이고 여성은 소비자, (신상품을 소개하는 광고에서) 남성은 판단자 혹은 결론을 내리는 사람이고 여성은 종종 문제를 야기하는 사람이다. 이러한 차별이 천박 여부를 판단하는 표지가 될 수 있을지는 아직 의문이다. 게다가 이러한 구분은 이미지 창조적 관점에서 볼 때 진부한 느낌이 없지 않아 초기의 이미지 특징에 속하는 부분이 많은 듯하다. 현재 대다수 매체 이미지는 이와 다르다. 이러한 차이가 존재함에도 불구하고 중국의 학자들은 여전히 서구 페미니즘 비평의 기본 정신을 수용한다. 매체 속 여성

---

1. 스트리나티, 『대중문화론』, 옌자 역, 상무인서관, 2001년, p.200~201.

이미지가 증가하고 또 중시를 받는다 해서 여성의 지위가 제고되었다고 이해할 수 없다. 도리어 남성의 눈요기 대상이 된 부분이 더 많다고 이해해야 옳을 것이다. 따라서 여성은 여전히 심지어 더욱 심하게 차별 받는 대상인 것이다.

위에서 서술한 바대로 서로 다른 상황이 존재하기는 하지만 이것이 근본적인 사실, 즉 바로 여성의 차별로 인해 생겨난 사회적 역할과 지위의 차이를 바꿔놓지는 못했다. 매체가 이러한 역할 훈련을 시키지 않았어도 차이와 차별은 여전히 존재했다. 전형적인 예로, 중국이 50년대부터 70년대까지 사회 선전에서 보여주었던 여성 지위, 남녀 평등에 대한 중시는 전례 없던 것이었다. 하지만 이러한 장기적 훈련에도 불구하고 일반인이 자식을 낳아 기르는 태도에는 심지어 아무런 영향도 미치지 못했다. 이러한 관점에서 볼 때 성 차별에 대한 페미니즘의 비판은 필요할 뿐만 아니라 그 임무가 막중하고 갈 길이 멀다 하겠다.

그러나 이데올로기 비판으로서의 페미니즘 이론과 위에서 말한 여성 해방과 남녀 평등을 취지로 삼는 사회운동 사이에는 여전히 차이가 있다. 간단히 말해, 성별 차이와 차별 문제는 인류학적인 문제이다. 부계사회로부터 시작되어 현대문명에까지 이어지고 있는 문제이다. 그러나 오늘날 이데올로기 비판 이론이 주목하는 문제는 현대만이 가지고 있는 고유한 문제이며, 사실상 자본주의 심지어 소위의 '말기 자본주의'만을 특별히 지칭하는 문제이다. 이데올로기 비판 시야에서 성에 대한 차별은 자본주의 가치관과 정치질서를 구성하는 한 부분으로 여겨지는데, 그 목적은 '노동의 성별 분업을 재생산하여', 여성이 '자원해서 자신의 사회적 종속 지위를 받아들이도록'[1] 하는 데 있다. 여기서 '남성-가장' 원형(原型)은 사실상 '남성-자본가' 원형으로 해석된다. 전통 문화의 특징으로서의 부권이 자본의 패권으로 해석된 것이다.

---

1. 스트리나티, 『대중문화론』, 옌자 역, 상무인서관, 2001년, p.223~224.

이와 같은 전환으로 인해 생겨난 것이 바로 현대문명의 발전을 어떻게 해석하느냐 하는 문제이다. 우리는 20세기 중국 여성 해방운동의 사상적 배경이 서구 근대 계몽주의 사조, 즉 고전적 의미에서의 자유주의 사상임을 잘 알고 있다. 바꾸어 말해, 서구의 자본주의는 근대 이행 과정에서 자본주의 시장경제 체계 및 이에 상응하는 이데올로기를 재생산했을 뿐만 아니라, 동시에 비체제적(즉 비이데올로기적) 자유주의 의식, 다시 말해 인도주의와 민주, 인권 의식도 생산해냈다. 19세기 이래 전개된 노예 폐지운동, 노동운동, 여성 해방운동 등은 모두 초기 자본주의 이데올로기에 대한 반항이라 말할 수 있지만, 그 자체 또한 자본주의 문화가 현대로 이행하는 과정에서 생겨난 결과물이기도 하다. 현대는 여전히 성별 차이와 차별이 존재하는 사회이다. 이것이 바로 페미니즘이 존재하는 현실적 기초인 것이다. 그러나 현대사회의 성별 차이와 차별이 사회 주도적 이데올로기가 드러내고 있는 '패권'에 속하는 것인가 하는 점은 여전히 문제로 남는다. 바꾸어 말해, 한 세기 동안의 세계문명 발전이 부권 전통을 강화시켰는지 아니면 약화시켰는지, 현재 세계경제의 시장 메커니즘과 재생산의 요구는 반드시 성별 등급 차이와 남성의 지배권을 존재의 기초로 삼는지, 또 페미니즘의 실질적 요구, 예컨대 남녀의 평등한 노동과 평등한 대우, 가사 책임의 공동 부담, 남녀 권력 지위의 평등 등은 당대 사회체제에 해가 되는지 하는 일련의 문제들은 페미니즘 이데올로기 비판이론 앞에 놓여진 채 근본적으로 모든 것을 뒤엎고자 하는 이론의 난제가 되어 앞을 가로막고 있다.

　　특정 문화의 이데올로기와 보편적 가치관 사이에 도대체 구별이 있는가 하는 페미니즘 이데올로기 비판이론이 당면한 문제는 기실 '패권' 비판이론이 보편적으로 당면하는 문제이기도 하다. 페미니즘 문제와 비슷한 것으로 최근 들어 이데올로기 비판에서 주목하고 있고 눈에 띄는 또 하나의 문화 '패권' 문제는 미국 문화가 전세계로 확장되어 가는 데 대한 문제의식이다. 할리우드, 맥도날드, 미국의 소리(The Voice of America)와 항공모함으로 상징되는 미국 문화패권의 위협이 미치는 범위는 이미 과거 사람들이 말하던 비주류 문화만이 아니라 전통적으로 서구 중심에 속하는 유럽문화까지 섭렵하고 있다. 이로 인해 일종의 보편적인 우려가 생겨나게 되었다. 국제정치 국면의 이익관계에서 생겨나는 모순과 충돌을 제외하고, 이러한 '패권'의 의미는 일반적인 문화, 특히 심미 문화 방면에 있어 여전히 애매하다. 많은 중국과 외국의 학자들은 할리우드와 오스카상을 미국 문화제국주의 '패권'의 선명한 표지로 여긴다. 하지만 자세히 연구해보면 이러한 표지는 사실 그다지 선명하지 않다. 사람들은 할리우드 영화에 표현되어 있는 것이 바로 미국의 가치관 이나 이데올로기이며, 그것이 확보하고 있는 거대한 시장과 영향력을 통해 이러한 이데올로기가 세계 각지로 퍼져나간다고 믿는다. 그러나 만약 중국의 당대 영화 발전 역사와 현상을 진지하게 연구하다 보면, 할리우드 영화의 기본적 미학 특징은 미국 문화만의 것이 아님을 발견하게 된다. 심지어 할리우드 영화와 완전히 격리되어 있던 60년대 중국 영화 중에도 할리우드 영화와 유사한 특징을 보이는 작품이 있다는 것을 발견하게 된다. 다만 기술적인 면에 있어 조금 뒤질 뿐이다. 할리우드 영화가 표현하고 있는 미국인 고유의 가치관은 서로 다른 문화적 맥락에서 그것을 수용할 때 종종 오독되는 경우가 있다.[1] 할리우드 영화는 미국의 경제적, 정치적 역량에 의해 형성된 자금, 기술, 시장 방면의 우세 외에도 기타 방면, 특히 미학적 의미에서 미국적이라기보다 세계적이라는 말이 더욱 어울린다. '드림웍스'에서 제작하는 백일몽들은 대부

---

1. 가오샤오캉(高小康), 「할리우드와 당대 문화 속 미국 우상(好萊塢與當代文化中的美國偶像)」 참조. 『중국사회과학문적(中國社會科學文摘)』, 2001년 제4기.

분 서로 다른 문화권 사람들의 공통된 심리적 요구이다. 이러한 비이데올로기적 성질을 파악해야만 우리는 왜 이라크 전쟁 전날 밤, 이라크의 반미 정서가 가장 강렬하던 그 시점에서도 바그다드의 극장가에 할리우드 영화가 넘쳐났는지를 이해할 수 있을 것이다.

거시적인 시각에서 볼 때, 이데올로기 '패권'에 관한 우리의 이해는 가장 기본적인 경제 영역에서까지도 의심해 볼만하다. 예를 들어, '상품 물신주의(commodity fetishism) 이론'에서는 상품 교환관계를 이데올로기적 사유로 일반화하는데, 이는 논리상 별 문제 없어 보인다. 왜냐하면 자본에 있어 가장 기본적인 정치적 요구는 당연히 상업 이윤과 자본 재생산 관계를 유지하는 것이어야 하기 때문이다. 그러나 여기서 간과해서 안 될 문제는, 상품 교환과 상업 이윤에 대한 요구가 자본주의보다 훨씬 앞서 생겨났다는 점이다. 이러한 요구는 결코 당대 자본주의 사회에만 있는 것이 아니다. 초국가적 자본 시대를 맞아 이러한 요구의 주체야말로 더욱 복잡해진다. 예를 들어 사람들이 초국가적 자본이 자국 경제에 미친 지배적 패권을 공격할 때, 자국의 노동조합에서는 마찬가지로 자본과 취업의 기회가 해외로 흘러나가 자국 노동자의 이익이 침해되었다고 공격할 수 있다. 여기서 우리가 당면한 문제는 애비크롬비가 말한 '여러 가지 이데올로기'가 뒤섞여 있는 난제이지 간단히 '패권'이라 정의 내릴 수 있는 것이 아니다. 그렇다면 기타 문화에 비해 상대적으로 우위를 점하고 있는 문화현상을 간단히 이데올로기의 '패권'으로 귀속시키는 일은 전통적 또는 보편적 수요와 당대 자본주의의 특정한 정치적 수요 사이의 차이를 뒤섞는 결과가 될 것이며, 이로 인해 문화현상의 내재적 특질에 대한 오해가 생길 수도 있을 것이다.

## 3. 누가 유행음악을 필요로 하는가?

　　당대 대중심미문화에 대한 비판은 이데올로기 비판의 중점 방향이다. 프랑크푸르트 학파의 '문화 공업' 이론은 이러한 비판을 하는 가장 효과적인 무기이다. 즉 "프랑크푸르트 학파의 견해에 의하면 문화 공업은 상품 물신주의의 강화, 교환 가치의 통치, 그리고 국가자본주의 독단의 우세 등을 반영한다. 이는 대중의 감상 능력과 편애를 조장했는데, 각종 허구의 수요에 대한 욕망을 반복적으로 주입함으로써 그들의 이데올로기를 생산해낸다. 따라서 이 이데올로기는 현실적 수요나 진실한 수요를 배척하고, 선택할 수 있는 급진적인 개념과 이론을 배척하며, 정치적으로 대립되는 사유방식과 행동방식을 배척하는 역할을 담당한다. 이 이데올로기는 이런 작업을 매우 효율적으로 수행하기 때문에 대중들은 무슨 일이 벌어지는지조차 알아차리지 못한다."[1] 당대 대중심미문화는 프랑크푸르트 학파가 말한 '문화 공업'의 산물이다. 아도르노((Theodor Ludwig Wiesengrund Adorno)의 견해에 따르면, 이처럼 공업화된 문화 산물이 대중의 심미 수요를 만족시킬 때 적어도 다음 두 가지 해악이 발생한다. 첫 번째는 취미의 해체이다. 공장에서 제조된 예술품들은 허위의 개성으로 공업 생산의 표준화를 감추고, 대중을 독립적 판단력과 감상 능력이 결여된 우민(愚民)으로 전락시킨다. 두 번째는 암암리에 이데올로기를 주입시키는 것이다. 즉 몽상과도 같은 거짓을 통해 대중의 자주성을 박탈하고, 대중을 맹목적 추종자로 변질시킴으로써 노동계급의 비정치화를 획책하며, 더 나아가 일체의 비이데올로기적 관념을 몰살한다.

　　'문화 공업' 이론과 상응되는 것으로 대중전파매체 이론이 있다. 앞서 언

---

1. 스트리나티, 『대중문화론』, 옌자 역, 상무인서관, 2001년, p.71.

급한 스튜어트 홀의 이데올로기 기호화 이론이 이 방면의 대표적인 연구이다. 홀의 관점에 따르면, 대중매체는 당대 자본주의의 주요 이데올로기 체제를 형성하고, 사회를 응집시키는 패권 암호를 생성함으로써 영향력을 행사한다.[1] 홀은 비록 매체전파 정보가 지니고 있는 이데올로기적 성격을 인정하긴 했지만, 그것을 해독하는 데는 여러 가지 다른 입장과 방법이 존재할 수 있다고 주장했다. 그가 말한 세 가지 입장 중에 첫 번째 입장 즉 '패권 주도적' 입장은 프랑크푸르트 학파의 관점에 제일 가깝다. 이는 매체란 사실 아도르노가 비판한 문화 공업 중의 일부분으로, 대중을 향해 허구의 필요를 주입하는 이데올로기의 공모자임을 뜻한다.

아도르노가 말한 거짓 개성화의 상징물인 표준화된 공업 생산품들, 이를테면 대중음악과 기타 종종의 유행 예술 취미 등을 생산하고 소비하는 것이 바로 프랑크푸르트 학파가 관심을 기울이는 당대 대중심미문화의 기본 내용이다. 이와 같은 문화현상이 중국 대륙의 문화 생활 속으로 들어온 것은 1970년대부터였다. 덩리쥔(鄧麗君), 청바지, 커다란 선글라스 등의 트렌드가 사회 배경 속으로 비집고 들어와 사람들의 감각기관과 신경계, 더 나아가 가치관까지 자극했다. 80년대를 지나면서 유행가 등 당대 대중심미문화 활동은 사회문화 생활의 중요한 부분이 되었으며, 또한 중국 학자들이 관심을 기울이는 대상이 되었다. 아도르노의 대중문화비판은 바로 이때부터 중국학계에 영향을 미치기 시작하면서 많은 학자 문인들이 '세속에 아부하는 것에 저항하고', 예술의 상품화를 비판할 때마다 꺼내 드는 중요한 이론 무기가 되었다. 그의 이론이 지니고 있는 전투성과 일방성은 중국 당대 심미 문화연구에 큰 영향을 끼쳤으므로 한번 진지하게 분석해볼 가치가 있다.

---

1. 닉 스티븐슨, 『매체문화 이해하기』 참조 바람. 왕원빈 역, 상무인서관, 2001년, p.64.

대중문화를 바라보는 아도르노의 구체적 관점은 유행가에 대한 전문적 비판에서 특히 잘 드러난다. 그는 문화 공업이 낳은 통속 음악이 표준화와 허위의 개성화 이 두 가지 과정의 지배를 받는다고 주장한다. 표준화란 각종 대중음악 사이에 실질적으로 존재하는 유사성을 가리키고, 허위의 개성이란 그들 위에 부가된 각종 차이를 가리킨다. 표준화를 통해 문화 공업에서는 도전적이고 창의적이며 진실되고 지혜를 자극하는 일체의 것들을 음악 생산 속에서 배제하였고, 허위의 개성화를 통해 소비자에게 '덫' 즉 표면상의 신기함과 독특함을 제공하였다. 대중음악에 대한 아도르노의 이와 같은 판단은 이른바 '엄숙한 음악', 즉 고전 음악과 전위 음악과의 대조를 기반으로 한다. 그의 주장에 따르면 '엄숙한 음악'이 미세한 마디마디 또 악곡 전체 및 전체 속에서 그것이 차지하는 위치를 통해 의미를 부여 받는 데 반해, 대중음악에서는 모든 부분이 마음대로 교체될 수 있다.[1] 요컨대 아도르노의 관점은 대중음악=표준화=상품화=이데올로기와(상품 물신주의), 엄숙한 음악=유기적 전체와 개성화=반상품화=고아한 문화로 개괄할 수 있다. 리비스(Frank Raymond Leavis)와 마찬가지로, 대중문화를 비판하는 그의 무기는 고전문화였으며, 경향 면에 있어서도 사실상 귀족문화나 엘리트 문화의 입장에 서서 상업문화의 세속성과 평민성을 반대하였다.

대중음악에 대한 아도르노의 비판을 어떻게 평가해야 할 것인가? 대중음악과 '엄숙한 음악'의 차이에 대한 그의 관점에는 일리가 있다. 그러나 대중음악의 의의에 대한 이데올로기적 해석에는 문제가 있을 수 있다. 그 문제 중의 하나인즉, 그가 말한 대중음악의 표준화란 어쩌면 보수파들의 상투적 말투일 뿐이며, 이는 상업예술만의 특징은 아니다. 대대로 이어져 내려온 고정

---

1. 스트리나티, 『대중문화론』, 옌자 역, 상무인서관, 2001년, p.75.

된 틀과 마음 내키는 대로 교체할 수 있는 마디들, 소시민들의 백일몽, 미친 듯한 욕망의 분출 등을 그는 상업예술이나 저속한 예술의 특징으로 보았는데, 사실 이러한 것들은 민간예술에 늘 존재해오던 전통적 특징이었다. 다시 말해 상투적으로 '표준화' 현상을 반복했지만, 이는 꼭 상업적 수요(사실 지금의 상업은 명백히 계급을 나눌 수 있고 세분화할 수 있다)만은 아니며, 민간성 혹은 평민성에 내포되어 있는 전통적 특징일 수도 있다는 것이다. 문화 공업의 표준화 생산이 이러한 민간문화 전통을 부추기는 작용을 했는가? 이러한 작용에 과연 이데올로기적 의미가 담겨 있는가? 한 세기 가까이 발전해온 당대 대중심미 문화활동의 특질을 과연 '표준화'라는 말 한 마디로 개괄할 수 있는가? 두 번째 문제는, 아도르노(리비스를 포함하여)가 대중음악을 싫어한 이유는 이러한 평민예술이 이른바 고아한 예술을 대신하고 사회 전체의 심미적 취향과 정신 문화를 무너뜨렸기 때문이다. 이러한 우려 의식은 80년대 중국에서 일찍이 나타났다. 중앙에서 활동하던 음악과 무용 단체가 참담히 흩어지는 지경에 이르렀지만, 유행가와 브레이크 댄스는 뜨거운 인기를 누렸다. 문예 명저를 찾는 사람은 없지만, 대중문학은 끄떡없이 잘 팔렸다. 가정에서든 공공장소에서든 전통미술 작품은 찾아보기 힘들고 눈에 보이는 것은 온통 저속하고 요염한 미녀들의 사진들뿐이었다. …… 이 시기를 사람들은 고아한 예술의 '내리막'이라고 불렀다. 평민과 귀족의 입장은 일단 논외로 하고 실증적 사회문화 연구의 각도에서만 바라볼 때, 대중예술의 번영은 확실히 20세기 심미 문화발전의 전형적인 특징이었다고 할 수 있다. 하지만 문제는 그것이 정말로 고전 예술을 대체했느냐 하는 것이다. 이 문제에 관해서는 리비스의 관점이 비교적 명확하다. 그가 볼 때 고아한 문화란 소수의 손에 장악되어 있는 것으로, "소수의 사람들에 의지해야만 우리는 과거 인류의 가장 보배로운 경험 속 장점을 획득할 능력을 지닐 수 있다. 그들은 전통 가운데 가장 미묘하고 가장 쉽게 파괴될 수 있는 부분을 지켜내고 있기 때문이다. 또 그들이 있기에 한 시대 인류가 더욱 잘 살아갈 수 있도록 해주는 내재적 표준을 가질 수 있고, 저쪽이 아니라 이쪽이야말로 앞으로 나아가야 할 방향이라는 의식을 가질 수 있으며, 여기에 중심을 두는 것이 저기에 두는 것보다 낫다는 의식을 가질 수 있었다."[1] 또 그는 민주 정서가 만들어 낸 문화 위기를 비평하였다. 즉 공중이 사회문화의 품위와 전통을 바꿔놓았다는 것이다. 그의 시각에서 보면 대중예술이 고아한 예술의 수용자들을 빼앗아 간 것이 아니다. 왜냐하면 고아한 예술이란 본디 소수의 것이었기 때문이다. 그가 우려한 것은 사회예술 문화 활동의 주류가 일반인으로 바뀌어버려 더 이상 고아한 소수의 취향이 주류가 되지 못하게 되었다는 점이다.

하지만 사회 구성원적 시각에서 볼 때, 대중가요가 고아한 예술을 대체하지는 못했다. 일반인에게 있어 고아한 예술이란 본디 그들의 것이 아니었기 때문이다. 당대 중국의 상황도 이와 흡사하다. 80년대 사람들은 고아한 예술이 '내리막'을 걷고 대중의 심미 취향이 저급해지는 것을 통탄했지만, 한 가지 중요한 사실을 잊고 있었던 것 같다. 즉 그 전 시기 중국 일반 민중들의 문화적 소양, 예술적 수양, 그리고 심미적 취향이 그 당시보다 더 높지 않았다는 사실이다. 전 시기 '내리막' 문제가 대두되지는 않았던 것은 당시 고아한 예술단체들이 정부의 지원으로 유지되었기에 관중 수에 연연해하지 않을 수 있었기 때문이다. 게다가 당시 대중들은 심미 방면에 있어 더 이상 선택할 수 있는 여지나 권리가 없었다. 따라서 이른바 '내리막'이란 사회적 심미 수요의 차이와 층위가 드러난 것에 지나지 않는다. 이런 점에서 볼 때, 일반인이

---

1. 존 스토리(John Storey), 『문화연구와 대중문화이론(文化理論與通俗文化導論)』, 양주산(揚竹山) 등 역, 난징대학교 출판사, 2001년, p.38.

문화 공업의 이데올로기 음모에 의해 포로가 된 것이 아니라, 문화 공업이 평민의 심미 수요를 확대시키고 이를 합법화한 것이다. 다시 말해 일반인의 취향을 사회문화 생활 무대 앞으로 내보낸 것이다. 그렇다면, 문화 공업이 제조해낸 표준화 상품들이 민중의 심미 수요가 승화할 수 있는 가능성을 차단하고, 대중으로 하여금 자신도 모르는 사이에 돌이킬 수 없는 용속함 속에 함몰 된 채 영원히 빠져 나오지 못하도록 막은 것은 아닐까? 그러나 이는 아도르노 이론의 논리적 추론으로 실제 사회문화 활동에 반드시 부합하는 것은 아니다. 다이아나 크레인(Diana Crane)은 미국 유행문화 발전의 역사적 변천을 연구한 후에, 표준화된 문화 생산물이 확실히 1930~50년대의 특징이기는 하지만 그 후 문화생산에 다음과 같은 변화가 생겨났다고 지적하였다. "1950년대 중반부터 경제적 차원에서 실행 가능했던 문화 정신의 표준화 조건들이 사라지기 시작했다. 텔레비전의 등장은 모든 오락매체에 지대한 영향을 미쳤다. 특히 주목해야 할 것은 기타 매체들이 하는 수 없이 특정 관중들을 향해 활동하기 시작했다는 점이다. 이렇다 보니 필연적으로 대량의 전파 채널이 생겨나게 되었다. 그 후 몇 십 년 동안, 사람들은 수많은 유행 잡지를 창간했다. 모든 잡지들은 고도로 전문화되어, 전적으로 스포츠광, 뉴스광, 계산기광 등을 대상으로 그들의 취미에 부합하는 기사만 썼다. (중략) 이런 상황은 사람들에게 대중을 향해 광범위하게 전파되고 있는 문화가 현실 사회에서 담당하는 기능에 대해 새로운 이해를 갖게 했다. ……"[1] 크레인의 관점이 얼만큼 보편성과 설득력을 지니고 있는지는 잘 모르겠지만, 그가 서술하고 있는 사실들은 90년대 이래 중국 문화의 발전 과정에서도 찾아볼 수 있었다. 그렇다면 이 사실이 어떤 문제를 설명해줄 수 있을까? 적어도 예술

---

1. 다이아나 크레인, 『문화생산: 매체와 도시 예술』, 자오궈신(趙國新) 역, 이린(譯林)출판사, 2001년, p.3.

문화 생산에 끼친 상업의 영향을 간단히 표준화와 동일시할 수는 없다는 것만은 설명해줄 수 있을 것이다.

사실 아도르노와 초기 프랑크푸르트 학파가 연구한 문제들은 기본적으로 19세기에서 20세기 초반의 사회문화 발전 상황과 관련되어 있다. '표준화'된 예술 생산방식은 주로 표준화된 대공업 생산방식으로부터 생겨났지, 이데올로기로 인해 생겨나지는 않았다. 역사적으로 볼 때, 예술 생산에 끼친 상업의 영향은 반드시 표준화나 용속화는 아니었다. 반대로 예술 개성의 다양한 발전과 심미 취향의 승화를 촉진하기도 했다. 르네상스 시기의 피렌체, 16~17세기의 네덜란드, 중국 명청시기 창장 중하류 지역의 예술문화 발전 모두가 이를 입증하는 사례들이다.

결론적으로 말해 당대 심미 문화에 끼친 이데올로기의 영향을 연구하는 것은 매우 복잡한 과제이다. 프랑크푸르트 학파와 기타 서구 마르크스주의 이데올로기 비판이론이 사회에 끼친 이데올로기 차원의 영향을 이해하게 하는 데 일정한 도움을 주지만, 시대가 다르고 환경이 다르기 때문에 이 이론들이 지니고 있는 진정한 가치가 무엇이고 중국이라는 환경에서 이 이론들이 지니는 의미가 무엇인지에 관해서는 분명 조심스럽게 관찰해야 한다. 그래야만 우리의 문화 연구와 미학 연구가 현실적이고 과학적인 것이 될 수 있을 것이다.

# 제3절

# 심미문화와 생활방식

　　문화는 하나의 큰 개념이라고들 말한다. 문화는 포함하지 않는 것이 없어, 인류의 모든 활동과 산물을 다 포괄할 수 있다. 1950년대에 미국의 저명한 인류학자 알프레드 크뢰버(Alfred Louis Kroeber)는 문화에 관한 정의 170여 종을 열거한 바 있는데, 이로부터 문화가 얼마나 방대하고 복잡한 범주인지 알 수 있다. 하지만 문화는 흔하고 익숙한 개념이기도 하다. 누구나 알고 있고 누구나 쓸 수 있다. 또 포괄하고 있는 범위가 매우 넓어서, 익숙하고 이해하기 쉬운 개념이기도 하다. 분과적 시각에서 출발하면 보다 쉽게 문화의 정의를 파악할 수 있다. 이를테면, 인류학에서 강조하는 문화는 일종의 특정한 생활 방식이고, 사회학에서 생각하는 문화는 한 지역이나 공통의 언어를 사용하는 군체의 생활 양식이다. 이러한 측면에서 볼 때, 우선 생활방식을 일종의 문화라고 부를 수 있을 것이다. 그런데 심미 문화는 본질적으로 "일종의 전형적인 의미 기호체계이다. 이것은 기압계처럼 크고 작은 것을 놓치지 않고 사회의 각종 변화를 보여준다."[1] 이로써 심미 문화와 생활방식 사이에 상호 인증 관계가 존재하며, 이들은 상호 표리(表裏)가 되는 관계임을 알 수 있다. 심미 문화는 전형적인 의미기호로 생활방식 중에 존재하며, 생활방식의 변화를 나타내고 더 나아가 인류의 발전과 사회의 변천을 상징한다. 생활 방

---

1. 저우셴(周憲), 『중국 당대 심미문화 연구(中國當代審美文化研究)』, 베이징대학교출판사, 1997년, p.5.

식은 인류의 생활양식 상의 선택으로, 또 한 시대나 한 군체의 잠재적인 심미 취향과 심미 이상을 드러낸다. 사람들은 생활방식에 대한 다른 선택과 다른 경영을 통해 심미문화 기호를 형성하며, 이것을 문화 역사 속에 누적해 나간다. 이성적 사고 형식을 심미문화라는 영역으로 접근하여 의미 기호체계 분석을 통해 사회 변화를 관찰하고, 인류 심미 활동의 법칙을 파악한다. 이런 측면에서 말해볼 때, 만약 심미문화가 하나의 전형적인 의미 기호체계라고 한다면, 생활방식에 나타나 있는 심미문화 기호는 바로 이 체계 속의 서브 시스템이다. 프랑스의 사회학자 부르디외(Pierre Bourdieu)의 이론에 따르면, 심미문화는 전체 문화시장에서 두 번째 층위의 시장이다. 따라서 생활방식 중에는 심미문화 기호 외에도 기타 사회문화 기호가 더 존재한다. 우리는 이제 생활방식이라는 시각에서 관찰하여 변화와 층위를 정리하고, 역사적 변천 과정 속에서 이상적 패턴이 등장하는 특징을 발견함으로써 심미 문화의 발전 상황을 관찰해야 한다.

신중국 건립 이래 중국인 생활방식의 변화에 대해 대략적인 설명을 해보면, 전통에서 현대로 접어들었고, 보수에서 개방으로 나아갔으며, 일원에서 다원으로 전환하였다. 가오빙중(高丙中)은『문화 공간 속에 살며(居住在文化空間裏)』라는 책에서 소비 차원에 대해 다음과 같이 총괄했다. 1980년대 전의 30년은 물자가 궁핍하고 소비 경제도 단조로운 일종의 배급제 소비형태였다. 각종 배급표는 80년대 말에 이르러서야 역사의 무대에서 퇴출했다. 이 시기는 소비의 차이로써 갖고 사람을 구분하지 않았다. 그러나 80년대에 들어와서는 부를 과시하고자 하는 심리로 인해 일종의 과시형 소비 형태가 생겨났다. 사람들은 사치와 호화로움을 추구하면서 앞다투어 부를 과시했다. 90년대에 와서는 품위 있는 소비 단계로 진입하여 문화적 내용을 중시하고 개성과 풍격을 추구했다. 거시적인 관점에서 이러한 생활방식을 총괄하면, 일반화에서 특수화로, 전국민화에서 지방화로, 집단화에서 개인화로의 이행이었다고 할 수 있다. 생활방식 상의 전환과 변화는 생활 각 방면에 잘 표출되었는데, 우리는 전형적 의의를 지닌 몇 가지 생활 현상을 통해 그러한 변화를 일일이 고찰할 수 있다.

## 1. '장소' 사이를 부유하는 삶

생활은 우선 개체적 속성을 지닌다. 그러나 생활방식의 선택은 종종 군체성(群體性)으로 표현된다. 이러한 군체성은 또 일종의 사회성이기도 하다. 따라서 우리가 이야기하고 있는 생활방식 또한 사회적인 것이며, 개체의 행위가 표현해낸, 사회 속성을 상징하는 행위 방식이나 관념 형태이다. 다시 말해 사회 변화는 사실상 사람들의 생활방식의 변화에 깊이 영향을 미치며, 일정 정도에서는 사회의 각종 요소가 공동으로 개체의 생활 방식을 창조해낸다. 반면, 생활방식은 심미문화의 기호체계로 사회 변천의 면면을 상징한다. 사회학자 부르디외의 이론에 따르면 사회는 문화장, 정치장, 경제장, 종교장, 과학장 등 각종 '장(場)'으로 구성되어 있다. 그는 분석적 각도에서 이 '장소'들을 '각종 위치 사이에 존재하는 객관적 관계들의 네트워크나 원자 배열'[1] 로 정의했다. 각종 장들 중에서 과학장의 자율성이 가장 높고 정치장의 자율성이 가장 낮다. 한 사회의 발전 정도는 각종 장의 분화(分化)와 자율성의 획득 정도로 드러나는데, 막스 베버는 분화된 자율성의 획득을 본질적으로 합법화된 과정이라 주장했다. 정치장에 자율성이 결여되어 있는 것은 그것이 시종 권

---

1. 부르디외(Pierre Bourdieu) 등, 『성찰적 사회학 – 성찰 사회학 입론(實踐與反思–反思社會學引論)』, 리멍(李猛) 등 역, 중앙편역(中央編譯)출판사, 1998년, p.142.

력과 밀접히 관계되어 있기 때문이다. 권력 관계는 전통사회에서 곧 관계 전환의 중심 축이었다. 권력 관계는 사회 재부(財富)의 분배를 결정 짓고, 경제적 계층을 분화하며, 문화적 신분차이를 낳는다. 다시 말해 어떤 장의 자율성이 높을 수록 그것과 권력과의 관계는 더욱 멀다 할 수 있다. 즉 분화가 명확할 수록 사회의 발전 수준도 더욱 높은 셈이다. 이런 점에서 말해볼 때, 정합도가 높고 분화 정도가 낮은 사회일수록 현대화 수준이 높지 않다고 말할 수 있다. 동시에 사회학자 에밀 뒤르켐(Emile Durkheim)의 주장에 따르면, 한 사회의 발전은 기계적 정합에서 유기적 정합으로 전환하는 과정을 거친다. 이 전환 과정은 여러 장의 분화와 자율을 겪어야 하므로 기계적 정합은 사회발전 단계에 있어 필연적인 선택이라 할 수 있다.

이상의 이론에 근거하여 우리는 당대 심미 문화의 발전 과정 속에서 현재 중국 사회는 기계적 정합에서 유기적 정합으로, 정합도가 높고 분화 정도가 낮은 사회에서 각종 장이 분화되고 자율화되는 사회로 전환하고 있음을 발견할 수 있다. 예컨대 신중국 건립 직후 30년은 정합도가 높고 정치화된 사회였으며, 사람들의 생활방식에서 다음 열거하는 몇 가지 시대의 흔적이 뚜렷한 문화적 표징으로 나타나있었다.

우선 공공영역이 개인의 영역을 침범했다. 하버마스(J. Harbermas)의 공공영역이론에서 말했듯이, 새롭게 정치화된 사회영역은 '공'과 '사'의 구분에서 벗어나 본래 개인영역에 속했던 자유주의 공공영역을 없애버린다. 이러한 상황은 봉건사회 말기와 유사하다. 따라서 하버마스는 이를 공공영역의 '재봉건화(refeudalization)'[1]라고 칭했다. 이에 비해 당시 중국에는 기본적으로 개인영역이 존재하지 않았다. 개인화된 경제 관계도 존재하지 않았다.

---

1. 하버마스((J. Harbermas)), 「공론장의 구조 변동(公共領域的結構轉型)」 참조. 차오웨이둥(曹衛東) 등 역, 쉐린(學林)출판사, 1999년, p.170~179.

사회주의 공유제가 강조하는 것은 사유제를 폐지하는 것이었고, 노동량에 따라 대가를 받는다는 규정 하에 등장한 것은 균등주의에 입각한 분배원칙이었다. 개인 관계에 속하는 혼인과 가정에도 당시에는 정치화 경향이 뚜렷했다. 예를 들어 개인의 출신성분이 혼인을 성사시키기도 하고 망쳐놓기도 하면서 가정을 꾸리는 데 중요한 요소로 작동하였다. 따라서 당시의 생활방식은 일종의 전국민화, 보편화된 생활이었다고 정의할 수 있다.

그 다음으로, 기관 단위를 중심으로 하는 작업식 생활방식이 주요 패턴으로 자리잡았다. 작업이라는 개념은 사회 발전의 결과로 파생된 것이다. 원시인들이 사냥하고 생산한 것은 생존을 위해서였으며, 농경사회의 자급자족에는 이른바 작업이라고 할만한 것이 없었다. 작업은 사유재산을 위한 것이므로 고용과 피고용 관계가 생긴 후에 파생된 사회경제적 행위이다. 고용자에게 있어 작업은 재부를 늘리기 위함이고, 피고용자에게 있어서는 대가를 받기 위함이다. 그러나 당대 중국에만 존재하는 '단위'라는 조직은 수많은 흥미로운 사회현상을 빚어냈다. 중국인에게 있어 '단위'는 결정적 의의를 지닌 개념이다. 단위는 신분의 상징일 뿐만 아니라 이익을 획득할 수 있는 곳이기도 하다. 단위는 생로병사와 혼인, 장례, 결혼 등 개인의 일체를 관리했다. 사회 전체에 단위 중심 구조가 형성되었으며 개인은 단위에 소속되는 개인이 되었다. 이것은 바로 작업화된 생활방식의 결과물인데, 이로 인해 중국인의 생활은 집단식 생활이 되었다. 하지만 이러한 생활방식은 최초의 '공장을 집으로 여기다', '단위를 집으로 여기다'라는 봉사식 작업에서 점차 균등주의, 일의 분량보다 나누어 작업하는 사람이 많은 작업 형태로 발전해나갔다. 이렇듯 작업화된 생활방식이 장기간 사람들의 사유와 행동 방식에 영향을 미쳤기 때문에 갑자기 체제화되고 정치화된 생활방식에 변화가 생겨나자 사람들은 쉬이 적응하지 못했다. 개혁개방 이래 철 밥통 깨기, 샤하이(下海, 철밥통을 버리고 상업활동에 종사)[1], 샤강(下崗, 정리 실업)[2], 회사 지원 등 개혁과 진통을 겪은 후에 사람들은 점차 이러한 생활방식으로부터 벗어나기 시작했다.

그 다음은 영웅주의적 심미 이상이다. 정치화 색채는 시대의 주선율로 생활 각 방면에 스며들어 있었다. 하지만 심미 이상에 대한 사람들의 선택을 배제하지는 않았다. 비교 차원에서 볼 때, 심미 이상은 이성과 사회와 보편성에 편중하고, 심미 취향은 감성과 개성과 필연에 편중해있었다. 정합도가 높고 분화 정도가 낮은 사회에서는 모든 생활 장소가 정치장에 의해 좌지우지된다. 그러나 개체에 편중되어 있는 심미 취미는 사회화되고 시대화된 심미 이상 앞에서 은폐 아니면 홀시된다. 사람들이 일종의 생활방식을 선택한다는 것은 곧 일종의 심미문화 기호를 선택하는 것이고 심미문화 기호는 심미 이상을 드러낸다. 복식을 예로 들면, 신중국 건립 초기에 소련 '다거(형님)'를 모방하기 위해 사람들은 모두 레닌 복장과 원피스에 열광했다. 가난하고 소박한 가치관을 소리쳐 외침으로써 물질적 빈곤을 영광의 상징으로 미화했기에 사람들은 옷이 해지지 않아도 기워 입었다. 이는 이미 순수한 심미도 실용적 수요도 아니다. 그저 이데올로기 표현일 뿐이다. '문화대혁명' 기간에 중국에는 온 국민이 군복을 착용하는 현상이 나타났는데, 여기에는 정치운동 외에도 장기간 존재해온 영웅주의적 정서의 영향이 크다. 예를 들어, 장기간 수립해온 정신 모범이나 항일전쟁, 해방전쟁, 항미(抗美)원조 전쟁 등 역사 사건 속 영웅주의에 대한 낭만적 서술 등으로 인해, 군대를 열렬히 사랑하고 영웅을 숭배하는 것이 일종의 집단적 정서가 되었다. '문화대혁명'이

---

1. [역자주] 시장경제의 번영과 더불어 형상에 만족하지 못하고 상업에 종사하는 등 경쟁사회에 뛰어드는 것을 일컫는 말.

2. [역자주] 국유기업의 개혁 등으로 실직했거나 재취업을 기다리는 것을 가리키는 말.

선동한 것은 분명 청소년 영웅주의의 광적 몽상이었다.

생활방식이라는 각도에서 볼 때 이 30년 간 아무런 변화가 없었다고는 말할 수 없지만, 총체적으로 볼 때 개혁개방 이전 중국인의 생활방식은 아주 느리게 흐르는 시냇물처럼 물결도 일지 않을 만큼 잔잔했다. 소비경제도 단조롭고 문화생활도 결핍되어 있었으며 정치가 모든 것을 포괄했다. 정합도가 높고 보편화된 시대 속에서, 사람들은 생활이란 본디 개체여야 한다는 사실을 거의 잊고 살았다. 그러나 정치장의 지배적 지위가 무너지고 각종 사회 요소들의 독립적 발전이 가능해지자 각종 장소에서 정치적 요소의 영향으로부터 벗어나고자 하는 경향이 생겨났으며, 상호 간의 분화도 갈수록 명확해졌다. 그 변화가 가장 뚜렷하게 나타난 것이 바로 문화장과 경제장이다. 문화와 경제적 요소가 사회 생활에서 더욱 확실한 영향력을 행사하게 되자 이들은 점차 상대적으로 독립된 합법적 권리를 획득하기 시작했다. 부르디외의 이론에 따르면, '장소'는 권력과 자본을 쟁탈하는 곳이다. "장소는 힘의 관계 — 의미 관계일 뿐만 아니라 — 와 장소를 개혁하고자 하는 투쟁 관계로 얽힌 곳이다. 따라서 쉼 없이 변혁이 일어나고 있는 곳이기도 하다."[1] 그는 또 "고도로 분화된 사회에서, 조화로운 통일체는 상대적으로 자율적인 미시적 세계로 조직된다. 사회의 미시적 세계란 객관적인 관계로 이루어진 공간이며, 논리적이고 필연적인 장소이다. 기타 장(場)을 통제하고 있는 것들에게 있어 이 논리와 필연성은 특수한 것이자 생략할 수 없는 것이다."[2]라고 말했다. 끊임없이 분화되는 각종 장이 협력하여 사회 생활에 대해 역량을 행사하고 있는 상황에 처하다 보면 생활방식에 가장 먼저 드러나는 것은 맹목성

---

1. 부르디외 등, 『성찰적 사회학 – 성찰 사회학 입론』, 리멍(李猛) 등 역, 중앙편역출판사, 1998년, p.142.

2. 부르디외 등, 『문화자본과 사회연금술(文化資本與社會煉金術)』, 바오야밍(包亞明) 역, 상하이인민(上海人民)출판사, 1997년, p.142.

과 충돌성인데, 이 또한 각종 요소의 발전이 아직 성숙하지 못한 상황에서 성급히 발전을 도모하다 나타나게 된 현상이다.

어떤 면에서 볼 때 문화는 사회 군체의 '사회적 계승'이다. 모든 문화 계승은 사람들의 문화 행위에 드러나며, 이런 행위에는 축적된 역사와 민족 문화의 흔적이 명확히 남아 있다. 사람의 사유 패턴, 행위 방식, 가치관, 취미와 기호는 모두 전통 문화의 함양 속에서 점차 형성된다. 중국에 몇 천 년 동안 축적되어 온 문화 관념은 곧 농경사회 관념과 봉건종법 관념으로, 농사를 중시하고 상업을 폄하하는 것, 관본위(官本位) 사상과 균등주의, 이 모든 것은 시장경제, 공업사회의 발전과 서로 잘 맞지 않는다. 관념의 충돌로 인한 방황, 체제 전환이 가져온 진통 등이 생활방식에 표현되면 전형적인 의미에서의 문화현상이 나타나는데, 예를 들어 'XX붐'은 당시 자주 등장하던 용어였다. 샤하이 붐, 창업 붐, 사교 댄스 붐, 시가 붐, 철학 붐 등등, 사회에 만연했던 쏠림 현상은 전환기에 처한 사람들이 새로운 사물을 대했을 때의 흥분, 방황, 그리고 갈팡질팡으로 인해 생겨난 것들이었다. 몇몇 전통 관념들은 엄혹한 도전을 받거나 가치 폄하되고, 이전의 사상 행위에서 근거로 삼았던 도덕 표준과 가치 표준이 바뀌며, 심지어는 이와 상반되는 규정이 생겨나기도 했다. 한편 대량의 서구 문화상품과 관념들이 한꺼번에 사람들의 시선 속으로 들어오자 사람들은 신선함과 두려움을 동시에 느끼기도 했다. 생활방식 면에 있어 사람들은 단조로운 패턴이 지겨웠지만, 감별하고 선택할 만한 능력도 없었다. 따라서 각종 요소들이 갑자기 영향력을 행사하기 시작하자 정신적 충격과 물질적 자극에 미처 대응할 능력을 잃고 말았다. 이에 생활방식을 바꿀 것인가 말 것인가하는 선택의 기로에서 맹목성과 충돌성을 드러내기에 이르렀다.

심미 문제에 있어 이러한 충돌성은 취미 차원의 충돌에서 주로 나타났다.

경제 발전은 무엇보다 먼저 재부의 불균등을 초래했고, 이로 인해 재부의 계층화와 사회의 계층화가 생겨났다. 사회학적 각도에서 볼 때 사회의 계층화는 사회와 변동의 필연적 결과이며, 재부와 권력, 지위의 차이는 다시 필연적으로 문화의 계층화를 초래한다. 또 서로 다른 경제적, 정치적, 사회적 지위에 의해 문화가 계층화되고 그에 상응되는 문화 취미도 결정된다. 1980년대에 우리는 문화 취미가 분화되는 것과 그 거리가 갈수록 벌어지는 현상을 똑똑히 목격했다. 창업 붐과 비교할 때 철학 붐, 시가 붐, 사교 댄스 붐은 대중문화와 엘리트 문화 간의 명확한 취미 차이를 보여준다. "사회에 거대한 변화가 생겨날 때, 문화가 전환되는 기점에 서있을 때, 명확한 취미의 충돌이 생겨난다는 것을 역사와 현실이 말해주고 있다."[1] 역으로, 80년대 이념의 대립, 취미의 충돌은 이 시기의 문화 배경을 설명해준다.

중국인의 생활방식이 정치장의 절대적 통제에서 벗어나 기타 각종 장소의 영향을 받게 되자 심미 문화기호로서의 지시 의미에도 서로 다른 지향적 특징이 나타났다. 예를 들어, 문화장의 영향으로 인성에 대한 사고, 개체에 대한 존중, 개성 표현에 대한 제창 등이 생활방식의 선택 속에서 드러나기 시작했다. 또 경제장의 영향으로 생활방식 면에 소비주의와 시장 논리 원칙이 더욱 부각되었다.

인성 회복 과정에는 두 가지 경로가 있다. 하나는 서구 근현대사조의 영향을 받아 사상 계몽적 특색을 띤 것으로, 개체를 존중하고 주체를 숭상하며, 인성의 본능적 요소를 강조함과 동시에 전통 도덕관념의 인성에 대한 억압을 비판한다. 예컨대 혼인관계의 경우, 1980년대는 역사상 두 번째 이혼 절정기였는데, 신중국 건립 초기의 첫 번째 절정기와는 그 상황이 달랐다. 그 당시 높았던 이혼율은 정부의 지지 하에 봉건적 혼인의 독단에 반대하는 것

---

1. 저우셴, 「중국 당대 심미문화 연구」, 베이징대학교출판사, 1997년, p.206.

이 주요 이유였다. 그러나 80년대의 이혼은 대부분 개체적 이유에 의한 것이었다. '사랑 없는 혼인은 도덕적이지 못하다'가 이 시기 이혼 대전(大戰)의 주제였다. 대량의 문학 예술 작품들이 이 주제에 집중했을 뿐만 아니라 평등한 시선으로 '제3자'적 입장을 바라보기 시작했다. 인성 회복의 또 다른 경로는 전통문화 관념에 대한 긍정과 재창조인데, 여기에는 민족주의적 색채가 강했다. 서구 문화의 충격에 봉착하여 사람들은 이제 전통 문화가 얼마나 남았는지 성찰하기 시작했다. 전통 문화가 할 수 있는 역할이 더 남았을까? 개혁개방은 물질적인 발전과 관념의 혁신을 가져왔지만 동시에 걷잡을 수 없는 물욕과 배금주의 사상, 부정부패 등 일련의 사회 부작용을 낳기도 하였다. 우리는 묻지 않을 수 없었다. 왜 물질은 날로 풍요로워지는데 정신은 갈수록 공허해지는 것일까? 이 시점에서 사람들은 이 사회에 전통 문화 중에 담겨 있는 정신 신앙과 도덕 표준, 그리고 이상 인격이 결여되어 있음을 깨닫게 되었다. 마침 사람들이 인간적인 온정을 보편적으로 갈망할 때 상영되었던 〈갈망(渴望)〉은 모든 사람들을 거리로 쏟아져 나오게 하였고, 류후이팡(劉慧芳)은 전통시대 미덕의 대변인이 되었다. 이러한 갈망과 외침은 후에 더욱 강렬해졌다. 90년대 이후에는 지역사회를 단위로 한 중국 전통 가정 색채를 띤 생활 패턴이 보편적인 긍정을 받았다. '우리 집 어르신 모시듯 남의 집 어르신을 모시고, 우리 집 아이를 돌보듯 남의 집 아이를 돌본다'는 전통 관념이 광범위하게 수용되면서, 누구나 건강하고 편안하고 즐겁게 사는 것이 이상적인 생활 방식으로 선택되었다.

우리는 앞에서 권력 관계가 정치장의 핵심이라고 했다. 정치장이 모든 것을 총괄할 때, 권력은 정통을 지키고 타자를 배척한다. 그 여파가 미친 문화장에도 문화 권력과 문화 규칙이 있으며, 타자를 배척하고 정통을 수호한다는 운행 규칙이 있다. 사회학자 부르디외는 전통 사회를 움직이는 것은 일종의 우호적-적대적 논리임을 발견했다. 예를 들면 문혁 때 있었던 각종 비판 운동이 바로 그러하다. 그러나 정치 역할이 날로 옅어지면서 각종 장소는 더욱 큰 자율성을 획득하게 되었고, 권력 관계와 일정한 거리를 유지하게 되었다. 정치장, 경제장, 문화장, 생활장, 예술장 등 각종 장의 운행 논리와 가치관이 상호 작용하면서 문화 이념에 가치중립적 추세가 생겨났다. 사실 이것은 일종의 관념상의 공존 융합이다. 이러한 문화 배경이 생활방식에 반영되면서 사람들은 다양한 개체화된 선택을 할 수 있게 되었으며, 서로 다른 생활방식의 선택을 건강하고 관용적이고 평등한 시선으로 바라볼 수 있게 되었다. 1980년대에 유행했던 구호 '이해 만세'가 반영하고 있는 것은 바로 대립과 충돌 속 모두의 공통된 요구였다. 이에 억만장자, 제3자, 출국 붐 등의 현상에 대해서도 이상해하거나 놀라워하는 시선으로 바라보지 않게 되었다.

빠른 속도로 성장하던 청년 하위문화에서 우리는 틀을 깨고 뛰쳐나오는 개성 표현의 외침을 들을 수 있었다. 발언권과 지위의 차이로 인해 문화장에는 주차(主次) 관계가 생겨나고 정반(正反) 가치관이 종종 달라지는 상황이 생겨나는데, 이렇게 해서 문화는 다시 주류문화, 하위문화, 그리고 반(反)문화로 나뉘며 이들은 서로 변증법적 발전 관계를 맺는다. 지위 측면에서 보면 반문화는 일종의 하위문화이다. 이 하위문화가 일단 발언권을 장악하게 되면 곧 주류문화가 된다. 청년 하위문화는 문화장에 줄곧 존재해오면서 서구에서든 중국에서든 분명한 문화적 특징과 전형적인 형태를 유지해왔다. 청년은 쉽게 새로운 관념을 수용하고 전통에 집착하지 않으며, 상상력이 풍부하고 행동에 과감하다. 때문에 청년 하위문화는 종종 반역의 색채로 전통을 뒤엎고, 전위적인 방식으로 사조를 이끌면서 문화 발전의 원동력이 되곤 했다.

생활 형태 면에 있어, 80년대 청년 하위문화의 특징은 비교적 외재적인 것으로 드러났다. 처음 그들은 기이한 복장을 편애했다. 나팔 바지, 선글라스, 청바지 등 기이하기 짝이 없는 외형이 당시 사람들의 관념에 가져다 준 충격은 홍수나 맹수 못지 않았다. 하지만 한 발 앞서 가는 청년들의 용기는 사람들의 습관적인 감상 패턴을 자극하면서 심미적 지각능력을 배양했다. 80년대 말에 이르러서는 락 음악이 청년 하위문화에 또 한 차례 맹렬한 충격을 가했다.

전체적인 문화배경 속에서 각종 장의 분화 속도는 같지 않았다. 개혁개방은 경제장의 신속한 분화와 강력한 자율성을 촉진하였고, 그 덕분에 경제장은 여러 측면에서 정치장을 대신하면서 기타 장에도 영향을 미치기 시작했다. 이에 생활장에는 경제 운행 논리와 소비주의 가치관이 팽만했다. 시장 메커니즘이 아직 온전치 못하고 체제가 아직 궤도에 오르지 못한 상황에서 생산은 발전하였고 재부는 증가하였다. 따라서 교환 규칙이든 소비 행위든 모두 무질서하고 불건전한 상황에 처하고 말았다. 유령회사가 천하에 가득하고, 배금주의 열풍이 세상을 습격했다. 80년대 소비행위는 일종의 부를 과시하고 부를 다투던 기형의 상태였다. 벼락부자식 소비심리가 일반인들에게까지 만연하여 돈이 곧 신분과 지위를 과시하는 상징이 되었고, 세간의 전형적인 행위, 예컨대 결혼같은 것마저도 부를 겨루는 경기장이 되어버렸다. 츠리(池莉)의『태양, 세상에 나오다(太陽出世)』에 다음과 같은 이미지 서술이 나온다. "냉장고, 칼라 TV, 비디오, 자동 세탁기, 스테인리스 주방 용품, 가스레인지 후드, 고급 단자 겉감에 수를 놓은 이불 여덟 채가 언덕처럼 쌓여있고, 긴 막대 위에는 높이 도시가스 구좌가 매달려 있다. '택시' 스무 대는 붉은 리본을 드리우고 화려한 꽃다발 장식을 하고 있었다."[1]

---

1. 츠리(池莉),『태양, 세상에 나오다(太陽出世)』, 창장문예(長江文藝)출판사, 1992년, p.52.

## 2. 놀며, 즐기며

이론계에서는 당대 중국문화의 구조를 일반적으로 주도 문화, 엘리트 문화, 그리고 대중 문화로 나눈다. 대중문화는 개혁개방과 더불어 생겨난 것으로, 1980년대 말에 대략 모습을 갖추고 전통문화 국면에 커다란 충격을 가져왔다. 90년대에 접어들면서 지속적인 과학기술의 발달로 새로운 문화와 소비 방식이 끊임없이 생겨났고, 이에 대중문화는 이미 확고한 주류 문화로서의 위치를 확고히 하였다. 장악하고 있던 범위로 볼 때, 대중문화가 확보하고 있는 소비 군체가 가장 광범위하다. 발전 과정을 살펴볼 때, 아직까지 대중문화의 자리를 대신할 만한 새로운 문화 형태는 나타나지 않고 있다. 사회적 영향력과 발언권으로 볼 때, 비록 정부에서 주도 문화를 제창·지지하고, 엘리트 문화 계층 또한 여전히 문화 관념과 심미 가치에 대한 일정한 비판권을 지니고 있지만, 창작 주체이건 이론 비평이건, 아니면 상품의 생산과 소비 과정이건, 주도 문화와 엘리트 문화 내부 깊숙이 대량의 대중문화적 요소가 침투되어, 이들마저 대중문화적 특색을 드러내고 있음을 인정하지 않을 수 없다. 주도 문화와 엘리트 문화가 대중문화와 타협하고 대중문화를 참고했다는 사실은 대중문화가 이 시대의 주류임을 설명해준다. 따라서 우리가 다음에서 주목하고자 하는 심미 문화부호는 분명한 대중문화적 특징을 지니고 있다.

프랑크푸르트 학파 이론가인 아도르노는 '문화 산업'이란 개념으로 대중문화 개념을 대체하였다. 그는 이렇게 설명한다. "문화 산업은 반드시 대중문화와 엄격히 구분해야 한다. 문화 산업은 오래되고 익숙한 물건을 새로운 특질의 것으로 주조해낸다. 각각의 분파에서, 대중의 소비에 적합한 상품, 소비적 특성을 크게 결정지을 수 있는 상품들은 어느 정도 계획에 의해 생산된다."[1] 아도르노는 대중문화의 기본적 특질을 짚어냈는데, 그것은 바로 대규모 생산과 소비의 교환, 유통 논리에 따라 이러한 문화 특질이 일종의 소비주의 이데올로기를 이끌어낸다는 사실이다. 소비주의 이데올로기가 일상 생활을 이끌어갈 때 필연적으로 향락주의와 현세주의가 만연하게 되며, 감각 기관의 자극과 천박한 쾌락을 추구하는 취미적 선택이 배양된다. 이것이 바로 향락주의와 쾌락의 원칙이다. 우리는 80년대 이후로 사람들이 갈수록 물질생활을 중시해왔음을 알 수 있다. 80년대 벼락부자식 소비 방식이건 90년대 문화 품위를 따지던 소비 방식이건, 홈 데코에서 복장까지, 외부 활동에서 양생(養生)까지, 그 모든 각양각색의 소비는 다 누리기 위해서이고 이 누리기는 쾌락을 위해서였다. 쾌락의 원칙은 지금 수많은 사람들의 생활의 준칙이 되어 있다. 오직 쾌락만이 첫째 가는 선택이다. '나는 즐거워, 나는 건강해', '네가 즐거우니 나도 즐거워', '통쾌하고 즐거워.' 쾌락은 이제 시대를 상징하는 표어가 되었다.

쾌락이 첫 번째 선택이라면, 쾌락을 생산하는 일이 중요할 것이다. 무엇이 쾌락을 가져다 줄 수 있을까? 정답은 유희이다. 여기서의 '유희' 개념은 일종의 범칭으로, 주로 오락성을 지닌 행위 방식을 가리키며, 가라오케나 텔레비전 아마추어 노래대회처럼 개체의 행위에서 군체의 행위까지를 모두 포괄한다. 유희가 일단 일종의 방식이 되고 나면 많은 활동 속으로 침투할 수 있다. 독서를 예로 들어보자. 지금 사람들은 도감류의 책을 좋아한다. 상하 오천년 도감이니 세계 명저 도감이니 하는 것처럼, 이야기 그림책이 어린이의 손에서 성인들의 세계로 흘러 들어왔다. 도감류 가운데 지금 가장 유행하고 있는 것이 아마 만화일 것이다. 또 다른 예로 사이버 공간에서의 생활을 들 수 있다.

---

1. 저우셴, 『중국 당대 심미문화 연구』, 베이징대학교출판사, 1997년, p.65에서 재인용.

허구의 혼인 관계도 좋고 소비 행위도 좋다. 이런 것들은 허구성과 단계성으로 인해 유희적 색채를 띠게 되며, 이러한 유희의 논리와 비현실적 느낌은 사이버 공간에서의 행위와 현실 생활과의 거리를 더욱 벌여놓음으로써 유희자의 쾌감을 증대시킨다. 유희 심리의 또 다른 특징은 과정만을 중시하고 결과를 따지지 않는 것이다. 90년대 한때 '죽더라도 하고 지금 싶은 일을 하리라'라는 말이 유행한 적 있는데, 이 말이 좀 극단적이긴 하지만 과정을 중시하는 유희적 태도는 분명 많은 사람들의 생활 원칙이 되어 있다. 우리는 '성공'이 사회적 범주에 속하는 말임을 알고 있다. 성공이란 사회 가치체계에서 모두가 인정하는 결과를 말한다. 한 사회의 가치판단이 어느 한 방향만을 가리킬 때, 필연적으로 한 시대의 이상적 생활방식을 만들어 낸다. 이상주의가 심령을 가득 메운 시대에, 사람들은 신앙을 위해 청교도적인 생활을 할 수도 있고 심지어 목숨도 내놓을 수 있다. 성공이란 사회, 군체, 집단, 역사로부터 인정을 받았음을 의미한다. '사람은 죽어 이름을 남기고, 기러기는 죽어 소리를 남긴다'는 말처럼, 일생 동안의 추구는 오직 최후의 결과를 위해서이다. 그러나 현대인들은 '지금'이 중요하다고 말한다. 지금을 놓치지 않고, 무언가를 추구하는 과정 자체를 즐겁고 의미 있는 것으로 바꾸는 것, 그것도 성공의 또 다른 표현이다. 이는 두 시대 가치관의 차이라 말할 수 있는데, 이러한 차이는 생활방식의 차이를 초래한다. 예를 들어, 현대인들은 생활의 외재적 형식을 중시하며 의식주행(衣食住行) 모두에 심미를 따진다. 그들은 현재 생활의 질을 더욱 중시하기 때문에 오늘의 생활을 위해 내일의 돈을 쓸지언정 오늘의 쾌락을 내일에 넘기고자 하지 않는다.

이러한 유희 심리와 쾌락의 원칙이 생겨난 데는 그만한 이유가 있다. 그 이유 중의 하나로 경제소비 원칙과 논리가 사람들의 사유 및 행위 방식에 미친 영향을 들 수 있다. 경제활동이 따르고 있는 것은 평등교환의 원칙이다. 당신이 지불한 것이 돈이건 진심이건 재능과 지략이건 체력이건, 그에 상응하는 대가만 얻을 수 있다면 심리적 만족을 얻고 즐거움을 생산한다. 두 번째 이유는 현세주의적 가치관이다. 이와 같은 쾌락의 원칙은 일종의 세속화된 문화의 표현으로 매우 강한 평민적 색채를 띠고 있는데, 이 세속 문화가 따르고 있는 것은 언제나 실용 철학이었다. 세 번째 이유로는 서구 현대사조의 영향으로 개체 생명의 가치를 강조하는 것을 들 수 있다. 사욕과 본능은 감성적 차원의 것이고, 사회 규칙은 이성적 차원의 것이다. 따라서 감성적 선택을 존중하되 이성적 규칙을 위배하지 않는 것, 이것이 바로 현대인의 처세 원칙이다. 사회 규칙은 한 사회의 현대화 정도를 나타내주는 척도이다. 또한 개인에게 있어서는 개체가 더욱 잘 생존할 수 있도록 해주는 매개이기도 하다. 따라서 현대인은 사회 규칙을 배척하지 않는다. 다만 더욱 강조하고자 하는 것이 개체의 권리와 가치, 그리고 생명의 자연스런 상태를 편안히 영위하는 것일 뿐이다. 이러한 사상은 중국 전통문화 속 중용 사상과 확연히 다르다. 네 번째 이유로 경제생산의 발전을 들 수 있다. 생산의 발전은 사람들에게 많은 휴식 시간을 가져다 주었지만, 그와 동시에 경제사회의 불안전함은 거대한 정신적 압박도 가져다 주었다. 넘치는 시간을 소모해야 하는 한편 정신적 스트레스도 풀어야 하기 때문에 현대인들은 아무런 책임과 부담 없고 결과에 신경 쓰지 않아도 되는 유희를 선택한다. 이것은 일종의 필연이다.

우리는 이러한 유희 심리와 쾌락 원칙에 강한 평민적 색채도 있음을 지적해야한다. 바흐친(Mikhail Bakhtin)의 '카니발 시학이론'에서는 광장의 카니발 행위를 일종의 전형적인 대중문화 행위이자 민간 자발적인 군체적 활동으로 간주하면서, 그 주된 특징이 대중성에 있다고 지적하였다. 이러한 대중적인 문화 활동은 등급에 대한 배제, 정서 발로, 전복 등을 통해 자신의 특징을 명확히 표현한다. 즉 사람들이 군체화된 카니발에 참여하고 즐기는 이유는 우선 참가자 누구도 신분이나 지위를 고려할 필요가 없기 때문이다. 이 활동에 참가하고 있는 사람들은 모두 완전히 미친 듯 즐길 뿐이며, 평등한 신분을 지닌다. "광분의 즐거움 속에서, 사람과 사람 사이에는 일종의 새로운 상호 관계가 수립되는데, 이러한 관계는 구체적인 감성 형식을 통해, 반은 현실적으로 반은 유희적으로 표출된다."[1] 이밖에 소위의 광분의 즐거움이란 용어 자체는 정서 발로, 방종, 마음껏 등의 의미를 표현한다. 이처럼 자신의 감정을 한껏 표출하고 생활 속 중압감을 모두 터뜨려버리는 활동에 참여함으로써 잠시 현실 생활을 망각하고, 차별도 없고 등급도 없는 상황에 몰입하여 실컷 자신을 풀어놓는 행위에는 강한 비현실성이 담겨 있다. 카니발은 민간의 각종 의식에서 비롯되었다. 근본적으로 말하자면 이상 생활에 대한 동경, 현존 질서에 대한 전복, 심적 압박감에 대한 정서 발로, 생활에 대한 낙관적 수용이라는 특징을 지니고 있다. 오늘날의 수많은 오락 활동도 이와 같은 카니발 행위의 색채를 띠고 있다.

---

1. 바흐친((Mikhail Bakhtin)), 『바흐친문론선(巴赫金文論選)』, 둥징한(佟景韓) 역, 중국사회과학(中國社會科學)출판사, 1996년, p.100.

## 3. 신신인류(新新人類), 샤오쯔(小資)와 보보스

'신신인류'는 외래한 용어이다. 이 말은 일본의 작가 아츠 타이치(渥太一)가 처음 사용했는데, 주로 1960년대에 태어나 70에서 80년대에 성장한 일본의 신세대를 가리킨다. 이 세대들은 전쟁과 기아를 경험한 적 없고, 좋은 교육을 받았으며, 풍요로운 생활을 하면서 현대 과학문명과 더불어 성장했다. 그들은 자신의 사유방식과 행위 방식을 부모 세대의 그것과 구분 짓는다. 지금 중국의 대도시에도 이와 비슷한 신신인류가 등장하였다. 그들은 70년대 후반에 출생하였거나 이보다 더 젊을 수도 있다. 시대와 사회의 재난에 대한 기억이 없고 좋은 교육을 받았으며 물질적 조건도 풍족하다. 지식도 풍부하고 신기술이나 새로운 관념을 수용하는 능력도 강하다. 또 대개 성숙한 편이어서 연령을 초월하는 사고력과 이해력을 지니고 있다. 현세주의를 신봉하며, 아무런 약속도 하지 않고 부담도 갖지 않는다. 개성을 표방하고 트렌드를 좇는다.

그렇다면 샤오쯔(小資)는 또 어떤 사람들을 지칭하는가? 혹자는 "샤오쯔란 '고급스런 소자산계급 정서를 지닌' 한심한 동물"[1]이라고 표현한다. 샤오쯔들은 주로 젊은이들이지만 연령대는 불명확하다. 이들은 여러 가지 특징을 지니고 있다. 예컨대, 그들은 고등교육을 받았고, 문화적 수양을 중시한다. 어느 정도 경제적 기반을 지니고 있고, 중산층과의 경계선상에 서 있다. 여가를 즐기고 명품을 즐기지만 편안한 복장을 선호하며 과시하지 않는다. 고정적인 취미와 습관이 있다. 유럽 영화를 좋아하고 할리우드를 증오하는 등 예술에 대한 사랑이 남다르다. 유행을 좇는 것을 우습게 여긴다.

이제 보보스족과의 비교를 진행해보자. 보보스는 미국의 저명 작가 브룩스

---

1. 「샤오쯔: 가장 유행에 민감한 한심한 동물(小資 : 最時尚的無聊動物)」, 신화넷(新華網) 유행 채널(時尚頻道), 2002년 7월 31일.

(David Brooks)가 『천당의 보보스』라는 책에서 지어낸 새로운 명사이다. '보보스(Bobos)'는 부르주아와 보헤미안의 조합어로 부르주아와 보헤미안의 혼혈아라고 할 수 있다. 구체적으로 말해, "보보스란 이런 사람들이다. 그들은 특별히 소비를 갈망하는 소비자이다(부르주아의 특징이다). 하지만 그들은 사람의 주의를 끌지 않으면서 소비하기를 희망한다. 그들은 추악한 벼락부자가 아니다.(보헤미안의 특징) 그들은 구속 받지 않는 자유로움을 갈망하고(보헤미안의 특징) 동시에 흡연을 반대하며, 채식을 좋아하고 환경보호를 중시한다. 또 건강과 안정성을 중시한다.(부르주아의 특징) 고급 장소에서 소비하는 것은 그들에게 전혀 문제가 아니지만(부르주아의 특징) 그들은 컴퓨터를 수리하고, 로켓 모형 만들기 등의 소비를 좋아한다.(보헤미안의 특징) 그들은 자신들이 받은 교육 배경에 자부심을 느끼며(보헤미안의 특징) 엘리트 의식에 반대하는 엘리트들이다. 그들은 이 문화 안에서 안락하게 지내지만 생활에 타협하려는 태도가 없지 않다. 정치적으로는 온건한 편이며 혹은 냉담하다고 말해도 무방하다(부르주아의 특징)."[1] 만약 샤오쯔가 중산층과의 경계선상에 있는 사람들이라고 한다면 보보스는 전형적인 중산층이다. 그들은 샤오쯔의 이상이다. 샤오쯔는 노동계층의 보보스이다. 사실 생활이념과 행위방식 면에 있어 샤오쯔와 보보스 사이에는 매우 커다란 유사성이 존재한다. 신신인류, 샤오쯔, 보보스, 이들은 전세대와 차별화되는 특징으로 세간의 주목을 받았다. 따라서 그들을 통틀어 사람들은 '신인류'라 부르기도 한다.

신신인류이건 샤오쯔이건 보보스이건 간에 우리가 이 집단을 놓고 담론하고 구분 지을 때, 사실은 이미 그들의 특별한 생활방식을 인정하고 있는 셈이다. 그들은 자신들의 문화 행위와 이념을 가지고 새로운 생활을 제창하였으

---

1. 싱후이민(邢慧敏), 『트렌드: 클럽의 보보스(時尚: 俱樂部裏的波波士)』, 『삼련생활주간(三聯生活周刊)』, 2002년 제1기(期).

며, 그러한 생활방식상의 특징을 가지고 기타 집단과 차별화를 선언하였다. 하지만 신신인류와 샤오쯔, 보보스가 연령, 경제적 지위, 문화 차원 등에 있어 서로 다른 점이 있다 하더라도, 우리는 그들 사이에서 똑같은 면모들을 쉽게 찾아낼 수 있다. 예를 들어 이들은 모두 도시에서 생겨난 도시 문화의 일부분이다. 이들의 생활은 무엇보다 먼저 우월한 물질적 기초를 조건으로 한다. 이들은 모두 좋은 교육을 받았고, 현대 문명에 매우 적응을 잘하며 또 이를 맘껏 누리고 있다. 이러한 공통점을 통해 우리는 이 새로운 생활방식 배후에 숨겨진 깊은 차원의 함의를 읽어낼 수 있다.

소비경제적인 면에서 볼 때, 80년대는 비이성의 시대였다. 벼락부자식 심리는 금전의 자극하에 생겨난 물욕의 팽창을 대변한다. 90년대 이후부터 소비가 점차 이성적으로 변하면서 문화의 품위를 추구하기 시작했다. 샤오쯔나 보보스들은 이런 벼락부자식 소비를 매우 증오했다. 그들이 추구한 것은 단순한 생활이었다. 하지만 이 단순한 생활이란 정교하고 세련함을 전제로 한 단순함이다. 또 다른 각도에서 볼 때, 비록 그들이 물질주의를 반대한다고는 하지만 그들 또한 물질의 추종자들이었다. 물질 소비 풍조는 어느 정도 그들이 만들어낸 것이라고 말해야 옳을 것이다. 사실 그들이 반대한 것은 조악한 물질주의였고, 그들이 필요로 한 것은 정교하고 세련된 물질적 향유였다. 따라서 샤오쯔, 보보스, 신신인류 할 것 없이 모두 첫 번째로 경제적 기초를 강조했다. 일정한 물질 소비 수준을 갖추지 못하였다면 신인류가 될 자격이 없는 것이다. 그러나 그들은 물질로 인한 인간소외로부터 벗어나 물질의 속박을 뛰어넘고자 시도하면서, 소박하고 진실한 상태로 회귀하기를 원했다. 잡지 〈트렌드 홈〉이 2002년에 개최한 포럼에서는 '제3의 생활'이라는 새로운 개념이 제시되었다. 즉 미래 중국인의 생활 방식이다. 이 토론에 참가한 예술가와 대중문화 종사자들은 '제3의 생활'에 대한 각자의 이해를 발표했는데, 그 가운데 비교적 핵심적인 개념으로는 간단한 생활, 소박한 생활, 자연적인 생활, 즐거운 생활, 개성적인 생활 등을 들 수 있다. 이러한 개념에는 사실 비교적 일관된 함의가 담겨 있다. 그것은 바로 자신에게 맞는 생활 방식을 선택한다는 것이다. 물질에 조종당하지 않고, 물질을 이용하려는 타인의 계획에 지배당하지도 않으면서, 생활방식을 생활 자체로 환원시켜 진정한 생활이 되도록 하는 선택이다. 물론 이것은 아직 이상일 뿐이다. 가장 간단해 보이는 생활 상태는 사실 가장 도달하기 어려운 생활의 경지이기 때문이다.

물질적 만족을 추구함과 동시에 물질주의에서 벗어나고자 하는 모순 이외에도, 신인류에게는 또 하나의 공통점이 있다. 그것이 바로 트렌드에 대한 강조와 개성의 추구이다. 트렌드는 지극히 불완전하고 지극히 모순된 개념이다. 유행의 풍향계처럼, 유행의 계절풍이 불기 전에 이것은 예언가와 선봉장의 이중 신분을 수행하지만, 일단 트렌드가 유행이 되고 나면 가장 유행하지 못한 것이 되고 만다. 때문에 신인류는 트렌드를 포착하는 민감한 촉각과 트렌드를 창조하는 우수한 두뇌를 종종 지니고 있다. 그들은 트렌드 문화의 창조자이자 추종자이다. 그 안에는 정신적인 핵심이 담겨있다. 신인류는 청년의 대명사이고, 청년은 종종 문화 선봉장 역할을 담당한다. 60년대 히피족에서 70년대 여피족, 다시 오늘날의 신인류까지, 그들은 세속을 증오하고 구속 받지 않은 채 방랑한다. 그러다 세상을 업신여기며 삶을 상대로 장난 치고, 다시 자신에게 집중하며 정서를 고른다. 우리는 반역의 색채가 일렁이는 붉은 빛이 점차 평온한 녹색으로 바뀌어가는 과정과 정치 사회에 대한 열정이 개인 사업과 생활의 경영으로 바뀌어가는 과정을 볼 수 있다. 결론적으로 말하자면 사회와의 타협인 것이다. 청년들의 왕성한 정력과 반역의 천성이 개성의 추구와 트렌드의 창조로 응집된 것이다. 한 경제학자의 분석에 따르면, 새로운 경제생활은 이미 농업경제, 공업경제, 서비스경제에서 네 번째 단계인 체험경제, 즉 소위의 '맞춤형 제작' 단계로 진입했다고 한다. 상품은 개인을 위해 설계되며, 개성적 요구가 그 기준이 된다. 이를 보여주는 전형적인 예는 고도로 개성화된 '초현실주의 주택'과 '표현주의 복식'[1]이다. 또 예컨대 핸드폰의 생산과 소비만 보아도 최대의 소비자층은 신인류이다. 핸드폰은 외형에서 벨소리까지, 화면에서 성능까지, 갖가지 기술을 끊임없이 선보이고 있으며, 핸드폰에 대한 신인류의 사랑 역시 식을 줄을 모른다. 개성화된 핸드폰은 개인의 정취화, 품위, 신분, 지위를 드러내는 지표가 되었다. 사실 개성화에 대한 추구는 소비자를 평균화시키는 대중문화에 대한 반발이라 볼 수 있다. 그러나 개성화된 상품이 줄지어 쏟아져 나오고 있는 상황 하에서는 개성화에 대한 추구 또한 어쩔 수 없이 대중문화가 미리 설치해 놓은 올가미 속으로 빠지고 만다.

대중문화에는 탈분화(脫分化: dedifferentiation) 현상이 존재한다. 즉 수많은 경계선을 흐리게 만들거나 지워버리고자 하는 현상이다. 일상생활과 예술을 예로 들 수 있다. 예술의 생활화, 생활의 예술화는 현재 대중심미에서 추구하고 있는 일종의 생활방식으로, 이러한 추구를 제기하고 창조하고 추종한 것이 바로 신인류나 준신인류들이다. 일상생활의 예술화에 관해서는 생활 속에서 많은 인증물을 찾아낼 수 있는데, 홈 데코와 복식에 대한 심미적 추구 같은 것이 대표적인 예이다. 일상생활의 예술화는 포스트 모더니즘의 문화적 특징에 잘 부합하는, 일종의 혼종 문화 표현이다. 그러나 중국에는 현재 전형적인 포스트 모더니즘 문맥이 존재하지 않기 때문에 우리는 이를 문화 글로벌화의 영향으로 해석하는 한편, 80년대 벼락부자 이미지에서 벗어나기에 급급해하는 우리의 입장이

---

1. 왕딩딩(汪丁丁), 『자아실현의 시대 속에서(在自我實現的年代裏)』, 『독서(讀書)』, 2002년 제6기.

라고 말할 수밖에 없다. 그러나 사물이 극에 달하면 돌아오기 마련, 이른바 문화 품위에 대한 추구는 다시금 물질추구라는 또 다른 극단으로 나아갈 뿐이다.

물론 80년대 소비 심리에서 벗어났다는 것은 우리의 소비경제가 정상 궤도로 향하고 있음을 말해준다. 과도한 물질 추구가 건전하지 못하다는 것을 인식하게 되자 물질생활과 정신생활의 균형을 찾고자 시도한 것이다. '잡지 〈트렌드 홈〉 2002년 포럼'이 개최한 포럼에서 제기한 것처럼, "20여 년 전 우리는 제1의 생활을 위해 바삐 지냈다. 즉, 매일 따뜻하게 입고 배불리 먹는 문제를 해결하기 위해 분주했다. 10여 년 전 우리 중의 일부는 제2의 생활을 즐기기 시작했다. 이리하여 생활을 누릴 수 있는 가능성이 생겨났다. 뛰어난 성능을 갖춘 각종 시설들이 우리의 일과 생활에 제반 편리와 즐거움을 제공했고, 우리는 부와 고급 기술로 이루어진 광대한 세계를 누리게 되었다." "하지만 오늘날에 이르러 물욕의 팽창이 우리의 생존 환경을 침해하기 시작했고, 자신만이 옳다고 생각하는 태도는 자신을 이 세상의 유일한 기준으로 여길 만큼 우리를 소외시키고 있다. 물질에 대한 숭배는 선량하고 관대한 영혼 위에 서서 우리의 행위를 주재하고 있다. 우리의 삶의 품질은 이미 저하되어가고 있는 것이 아닐까?"[1] 현대인들은 '제3의 생활'을 외치고 있다. 즉 건전하고 진실하며, 인성에 맞고 개인의 풍격과 독자적인 품위를 지닌 생활을. 이러한 생활방식을 예측했다는 사실을 통해, 건강하고 진실하며 개성적인 생활의 선택이 곧 자연스럽고 자유로운 심미의 최고 경지임을 알 수 있다. 물론 이것은 아직 이상일 뿐이다. 우리는 아직 물질주의와 현세주의로부터 벗어나지 못하였고, 인성의 소외로부터 자유롭지 못할 뿐더러 심미적 경지에 아직 제대로 진입하지도 못하였다.

---

1. 〈제3의 생활(第三種生活)〉, 『트렌드 홈(時尙家居)』, 2002년 『포럼 특집(論壇專刊)』.

## 4. '. COM' 속에서의 생활

전파학 연구에서는 매개(媒介)라는 시각을 통해 인류 문화의 발전을 구어 매개 시기, 인쇄 매개 시기, 그리고 대중전파 매개 시기 세 역사 단계로 구분한다. 첫 두 단계에 비해 대중전파 매개 시기의 두드러지는 특징은 문화에 대한 기술의 개입이다. 이를 통해 전파의 방식, 대상, 내용과 성격이 바뀌었다. 대중매체는 이미 전파기호에 그치지 않는다. 이것은 더 나아가 개조와 제조의 기호이다. 우리가 접하고 있는 소식은 대중매체가 개조해낸 소식이고, 우리가 보고 있는 세계는 대중매체가 재현해낸 세계이다. 따라서 대중전파는 사회생활 중 가장 중요한 부분으로 자리 잡았다. 혹자는 우리가 현재 대중매체의 세계에서 살고 있다고도 말한다.

대중매체는 글로벌화라는 문화 현상을 만들어냈다. 대중매개가 지니고 있는 사회성은 글로벌화의 문화적 특징이기도 하다. 영국의 사회학자 앤소니 기든스(Anthony Giddens)는 글로벌화란 곧 현대성의 발전이라고 주장한다. 그는 글로벌화의 기본 특징을 '시공간의 거리화(time-space distanciation)'로 설명하였다. 즉 시간과 공간이 뒤섞인 채 배열되어 있다는 것이다. 글로벌화는 국제 간의 새로운 힘의 질서 체제를 수립함과 동시에 우리의 일상생활을 바꾸어 놓고 있다. 기든스는 현대 생활에서 포착되는 매우 중요한 현상 중의 하나가 바로 원거리 작용(action out distance)인데, 이 또한 대중심미 문화 중 두드러진 현상이라고 지적하였다. 전통사회에서, 사람들은 시간과 공간의 제한을 받아 오직 어떤 시, 공간에 존재할 수밖에 없었다. 과학기술이 발달함에 따라 전파매체는 시공의 분리를 실현하였다. 즉 '시간과 공간이 허공화'된 것인데, 사건과 사람에 대한 특정 시간의 제한이 사라졌을 뿐 아니라, 지역적

한계도 사라졌다. 기든스는 이것을 '탈역(脫域: disembeding) 메커니즘의 발전'이라고 설명했다. "이것을 통해 사회 행동은 지역화라는 상황 속에서 '분리되어 나와', 드넓은 시공간적 거리를 초월하여 새로운 사회 관계를 형성하였다."[1] 이제 사람들은 전통적으로 제한되어 있던 시간과 공간에서 빠져나올 수 있게 된 것이다. 과거 우리들은 현지 생활의 영향만을 받았다. '현지에 존재하는 것만이 유효했다.' 그러나 지금은 현지에 존재하지 않는 사건도 마찬가지로 우리의 생활에 영향을 미치거나 심지어 현지 생활보다 더 크게 작용하기도 한다. 이것이 바로 매체화된 경험을 통해 실현한 '원거리 작용'인데, 이러한 원거리 작용이 가능했던 것은 바로 전자매체의 시대가 도래했기 때문이다.

오늘날 사회는 매개화된 사회이다. 우리의 생활방식, 심지어 이데올로기마저도 매체의 조종을 받는다. 텔레비전 없이 사는 사람이 몇이나 될까? 하루도 인터넷을 떠나지 못하는 사람이 몇이나 될까? 전화나 핸드폰으로 외부와의 연락을 유지하는 사람은 또 몇이나 될까? 우리는 거의 매체에 기생하는 생물이 되어버렸다. 매체는 바로 이러한 원거리 작용을 이용해 개체의 생활을 사회 생활로, 현지의 생활을 세계의 생활로, 지역의 문화를 글로벌 문화로 바꿔 놓았다. 이러한 변화는 모든 생활 부분에서 진행되고 있다. TV, 인터넷, 신문 등의 매체를 통해 우리는 다른 지역의 사람이 무엇을 하는지 동시에 볼 수 있고, 서로 다른 시대 서로 다른 지역의 문화와 명사가 우리에게 그들의 사상을 설명해주고 행위를 해석해주는 것을 들을 수 있다. 지금은 매체와 매체 사이에도 일종의 네트워크가 형성되어 있어서 각자의 장점을 더욱 충분히 발휘하면서 원거리 작용의 영향력을 한층 더 강화시키고 있다. 예를 들어 이라크 전쟁을 생중계할 때, 각종 매체 자원을 십분 활용하여 TV, 라디오, 인터

---

1. 앤소니 기든스(Anthony Giddens), 『현대성의 결과(現代性的後果)』, 톈허(田禾) 역, 이린출판사, 2000년, p.47.

넷, 전화 등 매체 수단을 총동원하는 경관을 실현해냈다. 사회자와 기자 이외에도 군사전문가, 국제문제 전문가, 학자, 정치가들의 분석과 평을 곁들였다. 원거리 작용으로 인해 우리의 감각기관은 매체를 따라 끊임없이 뻗어나갔으며, 그 결과 목소리와 사건은 우리로부터 갈수록 멀어져 갔다. 당신이 언제 어디에 있든, 어떤 계급에 속하고 어떤 사회적 지위에 있든, 매일같이 접하는 소식은 언제나 세계라는 범위 안에서 가장 중대한 것부터 시작된다. 시간과 공간의 경계선은 이미 매체에 의해 무너지고, 우리의 생활방식 내지는 이데올로기도 매체의 원거리 작용에 의해 영향을 받고 있다. 당신은 혹 파리 패션위크가 당신과 요원한 것이라 느낄 수도 있다. 텔레비전 화면을 통해 보더라도 그저 한번 감상하면 그만이라 생각할 수 있다. 하지만 사실상 그것이 전달해 주고 있는 정보들은 다시 디자이너, 모델, 매체, 생산자, 광고업자, 판매자 등 일련의 부문들을 거치면서 끊임없이 당신에게 영향을 미치고, 당신의 관점을 바꾸고, 당신의 시선을 끌다가 결국엔 당신의 선택을 바꾸어 놓는다. 원거리 영향의 가장 큰 특징은 시간과 지역을 초월한다는 것이다. 이러한 초월은 우리 생활방식에 여러 가지 변환을 초래하였다. 예컨대, 이전에는 설날에 친지들을 직접 찾아가 방문하던가 멀리 있는 친지에게는 편지로 안부를 물었다. 그러다 전화로 새해 인사를 하거나 연하장을 보내는 등 그 형식이 훨씬 간단해졌으나, 그래도 그가 무엇을 하는지 느낄 수 있었고, 목소리를 들을 수 있었고, 손 글씨를 볼 수 있었다. 오늘날 대부분의 젊은이들은 메시지로 새해 인사를 하거나 인터넷으로 연하장을 보낸다. 형식은 더욱 간편해졌고, 정해진 시간에 정해진 양을 발송할 수도 있으며, 화면과 멘트를 선택할 수도 있게 되었다. 하지만 직접 움직이는 느낌은 이미 사라졌다. 따라서 매체화의 원거리 작용에 관한 우리의 사고와 인식에는 두 가지 측면이 있을 수 있다. 그것이 우리에게 편리와 넓은 시야를 제공하는 동시에, 사람과 사람 사이의 거리를 끌어 당기는 것일까? 아니면 벌어지게 하는 것일까?

원거리 작용이 생활방식에 끼친 영향이 지대하다고 말한 이유는 생활이란 본래 각종 방식에 의해 진행되고 있기 때문이다. 따라서 원거리 작용이 몇몇 방식을 바꾸게 되면 근본적인 생활의 면모도 그에 따라 바뀌게 된다. 당신이 한 가지 방식을 선택할 때, 그에 상응하는 어떤 행위와 사상 관념까지 선택하게 된다. 다시 전화를 예로 들어보겠다. 과거에 전화는 기본적으로 쌍방이 1대1로 교류하는 비교적 개인화된 행위였다. 전화를 건 주체는 상대적으로 밀폐된 공간에 놓여있었다. 설사 공중전화라 해도 결국은 전화 부스 안에 있었다. 이런 교류 방식을 통해 사람들은 전화 거는 행위를 개인화된 것, 일정한 프라이버시를 지닌 것으로 인식하게 되었다. 하지만 오늘날 이러한 방식에 변화가 생겼다. 핸드폰이 유행함에 따라 전화 거는 행위는 상대적으로 밀폐된 공간에서 벗어났다. 거리에나 버스에나 너 나 할 것 없이 손에 모두 핸드폰을 쥐고 있다. 사람들은 낯선 이들 앞에서 어떤 사실을 노출하거나 감정을 표현하는 것에 아무런 거리낌도 없다. 전화가 기타 매체와 결합될 때, 예를 들어 라디오 전화 연결 같은 경우는 이러한 행위를 더욱 공개화, 확대화한다. 이러한 현상은 기술도구의 변화가 행위 방식의 변화를 가져온다는 사실을 설명해 준다. 사람들은 이러한 기술 도구가 가져다 준 편리함에 크게 의존한다. 더 나아가 그것이 전달해준 의식 관념을 수용하면서 사상과 행위 방식에 큰 변화를 보인다. 사람들은 현대화 속 바쁜 생활 리듬에 적응도 해야 하는 한편 개체의 주체 표현과 느낌도 중요시하기 때문에 모든 것이 자기 중심적이 될 수밖에 없다. 그들이 표현해야 하는 이유는 주체에 자신을 내보이고 싶은 욕망 때문이지만, 더 심층적으로는 현대인의 교류에 대한 곤혹과 친밀함에 대한 갈망 때문이다. 매체화의 원거리 작용은 사람들의 매체 의존도를 더욱 높여놓았다. 전통적인 교류와 표현방식도 변하였고, 사람들의 사상관념도 변하였다. 사람들은 현대화된 생활방식에 더욱 잘 적응하고 즐기고 있지만, 한편 전통적인 정감 표현 방식을 못내 그리워하고 있다. 현대인은 매우 모순된 존재이다.

텔레비전과 인터넷을 막론하고 그것이 생활방식에 미친 또 다른 영향은 허구화이다. 허구화된 시공간과 사회관계가 전통사회식 사유방식과 행위 방식, 그리고 사람과 사람 사이의 관계를 바꾸어놓았다. TV의 초핍진성은 비현실화를 야기시켰고, 인터넷은 더욱 많은 사람에게 허구 생활의 가능성을 제공하였다. 인터넷을 통한 생존은 사람들의 생활방식을 변화시켰는가 하면, 사람들의 이데올로기를 변화시켰다. 사람들은 인터넷에서 쇼핑하고 연락하고 수다 떨고 친구를 사귄다. 일상 속 대부분의 시간과 내용들을 인터넷이 점유하고 있다. 이 허구화된 공간 속에서 사람들은 다른 성격으로 다른 성별로 살아볼 수 있다. 가면 무도회에 참가한 것처럼, 얼마든지 가면을 쓰고 사람들을 대할 수 있으며, 누군가 자신을 알아볼까 걱정할 필요도 없다. 이곳이 그저 허구의 세계임을 누구나 알고 있기 때문이다. 허구의 세계에는 허구 세계만의 게임 법칙이 있다. 허구의 세계에는 현실 세계처럼 우리 몸에 부가된 각종 속박과 짐이 없기 때문에 마음이 가볍고 즐겁다. 시간과 공간이 허구화되어 있기 때문에 사람들은 두 가지 신분과 사회관계를 가지고서 동시에 두 개의 세계에서 살 수 있다. 이러한 전제를 기초로 '인터넷 연애'뿐 아니라 '인터넷 가정' 등 각종 현상까지 등장했다. 이처럼 허구화된 인간 관계는 허구화된 교류 방식으로 인해 생겨났다. 이를 영국의 학자 톰슨(John B. Thompson)은 '매체화의 준상호작용'이라고 칭하였고, 하버마스는 '준상호작용성'이라고 칭하였다. 이상적인 교류방식은 직접적 대면, 즉 '순수한 의미에서의 상호작용성'이다. 그런데 허구화된 교류방식은 기계와 마주하거나 상상 속의 대상과 마주하므로 사실 일종의 허구적인 상호작용에 불과하다. 따라서 인터넷 연애에서 가장 기피하는 것이 바로 만남이다. 이른바 '해를 보면 죽는다'는 말은 이런 관계의 존재 전제가 진실하지 못함을 드러낸다. 이들은 허구의 세계에만 존재할 수 있으며 허구의 게임 법칙을 따라야 한다. 그렇지 않으면 모든 것이 사라지고 만다. 그러나 생활방식은 오히려 이런 것에 의해 변질되고, 이는 사람들의 사유와 행위에까지 파고든다.

## 5. '심추족(審醜族)'

1747년, 프랑스의 미학자 바퇴(Charles Batteux)는 'fine arts'라는 개념을 제시하면서 처음으로 예술계를 '미(美)의 예술'로 정의하고 '아름답지 못한'(즉 실용적인) 예술과의 구분을 천명하였다. 이전의 아름다움은 대부분 기예를 가리켰다. 바퇴는 예술의 유형을 회화, 음악, 조각, 시가, 무도 다섯 가지로 한정했다. 1750년에 독일의 미학자 바움가르텐(Alexander Gottlieb Baumgarten)의 명저『미학(美學)』이 출간되었는데, 혹자는 바움가르텐은 이처럼 좋은 책을 써서가 아니라 훌륭한 제목을 취한 덕에 '미학의 아버지'가 될 수 있었다고 말한다. '미학'과 '예술' 이 두 가지 중요한 개념에 대한 학문 차원의 명확한 정의가 거의 동시에 내려졌다는 것은 결코 우연이 아니다. 이는 이 역사 단계에서 예술 실천과 미학 연구가 독립적인 발전을 요구하고 있었고, 하나의 분과 학문으로서 미학과 예술학이 자율적으로 발전한 가능성을 지니고 있었음을 설명해줌과 동시에, 적어도 이 시기에 미와 예술 사이에 매우 긴밀한 연관성이 있었음을 설명하고 있다.

사실 바움가르텐의 정의에 따르면 Aesthetic은 '감성학'으로 번역되어야 옳다. 왜냐하면 그것이 연구하는 것은 감성 인식의 완벽함이기 때문이다. 이 것이 중국어로 '미학'이라 번역되는 것은 순전히 일본인 나카에 쵸민(Nakae Chomin)의 번역을 따른 것이다. 그런데 이 번역어의 범주로 인해 일반인들 은 미학과 예술을 쉽게 연관 지을 수 있었다. 역사적 근원을 탐색해보면 우 선 플라톤은 "미란 무엇인가?"라고 물으면서 미학의 향후 발전을 위한 방법 을 모색했다. 즉, 미의 본질에 대한 질문이 2천 년이나 지속되면서 결국 서양 미학사로 자리잡았다. '미'가 서로 다른 사물의 내재적 공통성을 규정하는 것 이라면, 즉 사물이 '아름다운 것'으로 일컬어질 수 있는 공통된 무언가를 규 정하는 것이라면, 이러한 '아름다운 것'의 형태와 특징을 가장 집중적으로 또 전형적으로 재현하고 있는 것이 바로 예술일 것이다. 이로 인해 늦어도 헤겔 이후로는 미학이 예술철학으로 간주되었고, 예술은 미학 연구의 전형적인 대 상이 되었다. 사람들은 이론적인 측면에서 '미란 무엇인가'를 묻는 한편 창작 적인 측면에서 '미란 무엇인지'를 표현해냈다.

그런데 시대가 발전함에 따라 이 두 가지 방면 모두 예상치 못한 도전에 직면했다. 우선 이론적인 측면에서 미학은 20세기에 접어 들면서 분석 철학 의 도전을 받았다. 비트겐슈타인(Ludwig Josef Johann Wittgenstein) 등 의 관점에 따르면, '미란 무엇인가?'와 같은 미학 영역에서의 기본 문제가 그 토록 오랫동안 해결되지 못한 이유는 문제의 난이도 때문이 아니라 질문하는 방식이 틀렸기 때문이다. 분석 철학의 주장에 따르면 사람은 오직 논리적으 로 대답할 수 있는 문제에만 대답할 수 있는데, '미란 무엇인가?' 같은 것은 사실을 증명할 수도 거짓을 증명할 수도 없는 형이상학적 명제이며 의미 없는 거짓 명제이다. 다음으로 창작 측면에서도 예술은 20세기에 접어들면서 고유의 심미 영역을 초월하여 심숭고(審崇高), 심황당, 심지어 심추(審醜) 영역으로 확장되기 시작했다. 각양각색의 모더니즘, 포스트 모더니즘 예술이 과거의 조화로움과 아름다움을 잃고, 괴이하기 짝이 없는 물상과 내장을 찢는 듯한 소리로 가득해지면서 이내 미와 철저히 '이별'을 고하게 된다.

예술은 역사적이고 발전적인 개념이다. 미학도 마찬가지다. 그러나 오늘날의 예술은 반드시 아름다운 것만은 아닌 것이 되었고, 미학은 다시 '감성학'이라는 원초적 의미로 돌아갔다. 심추 현상은 우선 선봉장처럼 나서서 전통에 저항하고 비판하던 현대 예술로 인하여 생겨났다고 보아야 할 것이다. 이러한 저항과 비판이 관념적 차원에서 감각기관적 차원으로 승화될 때, 과거의 대칭적이고 조화롭고 아름다웠던 예술 형상은 전에 없던 도전에 직면한다. 선봉장과도 같은 자신의 위치를 표명하기 위해, 예술가들은 제재부터 기법까지 온통 전통과 판연히 구분되는 경향을 표출했다. 러시아의 형식주의적 이론으로 설명해보면, 이런 창작의 동기는 아름다움을 창조하기 위해서가 아니라 '낯선 느낌'의 효과를 자아내기 위해서이다. '낯선 느낌'의 두드러진 특징은 예술 형식의 변화로 표현된다. 수 천년이나 보아온 아름다운 예술에 너무나 익숙해져 피곤함을 느낄 때, 숭고하고, 황당하며, 추악한 작품의 등장은 경이로움, 심지어 참신한 느낌을 선사한다. 감각기관의 능력이라는 면에서 볼 때 사람들이 아름다움만 살피고 체득할 수 있는 것이 아니라 숭고함, 황당함, 추악함도 살피고 체득할 수 있다는 것은 최소한 감각 능력이 온전하다는 것을 나타내주는 표시이다. 사회적 역사 관점에서 볼 때, 20세기 이래 고도의 물질 문명이 동반한 심각한 정신적 소외 현상으로 인해 사람들은 아름답지 않은 예술을 통해 현대생활을 성찰해야만 했다.

물질은 정신의 향방을 결정하고, 시대는 취미의 발전을 좌지우지한다. 이에 중국이 전통 농업사회에서 공업사회로, 포스트 공업사회로 변천해가는 과정 속에서, (심미족이 아닌) 심추족이 역사적으로 등장하게 되었다. 전통 예술에 대한 도전으로서 중국의 전위적 예술가들은 심추 예술에 대한 시험을 진행하기 시작했는데, 그 안에 엄숙한 사고와 편면적인 깊이가 없다고는 할 수 없다. 엘리트 예술이 주변화됨에 따라 심추 현상도 점차 깊은 사고와 예술성을 추구하는 데서 물질화, 평면화, 그리고 감각화 방향으로 전환하기 시작했고, 마침내 대중의 취미를 바꾸어 놓는 데 성공했다. 부르디외의 이론에 따르면, 예술 능력은 일종의 예비 지식이다. 이러한 지식을 통해 예술 규칙은 무의식적으로 내면화되어 사람들의 '습성'이 된다. 그래서 사람들은 더 쉽고 더 적합하게 모종의 문화 유형을 받아들이며, 이 문화 유형을 다른 문화 유형보다 더욱 가치 있는 것으로 받아들인다. 이런 '습성'이 바로 심미적 취미인 것이다. 대중문화 자체는 현대 공업과 더불어 발전했으며, 시민 계층의 출현과 더불어 형성되었다. 때문에 그 내재적 메커니즘으로 인해 물질성과 세속성을 추구하도록 결정된 것이다. 대중문화는 일종의 문화 산업이다. 즉 유행 문화는 문화 산업이 제조해낸 것이다. 따라서 공식화, 평면화 등의 특징은 필연적인 것이다. 상업사회의 물질주의에 세속 문화의 향락주의가 더해지면서 감각의 자극을 추구하는 용속한 취향이 생겨나게 되는데, 그 외재적인 특징은 성적 욕구, 폭력, 프라이버시, 내막 등에 대한 과도한 소비 수요로 드러난다. 예를 들어 문예계에 최근 등장한 미녀 작가, 육체적 글쓰기, 하체적 글쓰기[1] 등의 현상이 그렇고, 시각 예술 특히 영화 예술에서 성과 폭력을 대한 지치지 않고 표현하는 것이 그렇다. 이는 이미 심미의 범주에서 한참 벗어나 있다. 걱정스러운 것은 이처럼 원래 보조적 지위에 있던 심미적 취미가 시

---

1. [역자주] 육체적 글쓰기나 하체적 글쓰기는 모두 육체와 性에 관한 내용을 표현하는 것을 말한다.

장의 힘을 빌려 점차 위로 치고 올라오고 있는 현재, 이것이 사람들의 감각능력을 풍부하게 해주는 반면 영혼의 공간을 침범하기도 한다는 점이다. 서구 문화 연구자들은 대중문화 속에서 그레샴(Thomas Gresham)의 법칙을 발견하였다. 즉 가치가 높지 않은 물건이 비교적 가치 높은 물건을 유통 영역으로 밀어낼 수 있다는 것이다.

여기서 우리는 심추 예술을 일괄적으로 반대하지는 않는다. 또 예술을 심미라는 우리 안에 다시 가두어 놓아도 안 된다. 다만 예술의 진정한 발전을 도모하는 일도 진정 가치 있는 것을 찾는 일도 예술장에 진정한 자율성이 생길 때까지 더 기다려야만 가능할 것이다.

# 제14장

## 전망

1990년대 이래 당대 심미문화를 둘러싸고 전개된 대토론은 중국 당대미학발전의 새로운 경관과 새로운 형태이면서 새로운 추세임에 틀림없다. 신중국 건립 이래 전국적인 미학 대토론이 크게 세 차례 있었다. 제1차 토론은 1950년대말 1960년대초에 미의 본질을 둘러싸고 전개되었고, 제2차토론은 1980년대 초, 중기에 미감(美感)과 예술의 본질 문제를 중심으로 전개되었으며, 제3차토론은 1990년대부터 지금까지 이어지고 있다. 이번 제3차 심미문화토론의 주요 표징은 과거 두 차례의 대토론처럼 '본질주의'의 학술 입장과 목표에 연연해하거나 이성적이고 추상적인 논리 연역과 개념 사유, 그리고 체계구성 등에 집착하지 아니하고, 이론의 촉각을 일상 속의 문화와 생활의 감성적 측면으로 뻗어 거세게 타오르는 당대 심미문화 현상과 심미문화 사조를 직시·체험하고 개입하며, 반대의 목소리를 낸 데 있다. 이로써 현실을 외면한 순수 학문 추구가 아닌, 현실을 직시하고 적극적으로 참여하는 학술적 태도를 보여주었다. 이는 중국 당대미학발전에 있어 긍정적인 변화라 할 수 있다.

물론 혼잡하고 다양한 당대 심미문화현상과 사조에 직면했을 시, 이러한 학술태도에 이론적 준비가 부족했던 탓에 '방황'과 사유관성으로 인해 '궁지'에 처하기도 하여, 해설과 명명, 풀이 등 과정에서 많은 모순 내지는 차이를 보이기도 했다. 이와 같은 현상을 포스트모더니즘 문화와 모더니즘 경관으로 보는 사람이 있는가 하면 대중문화와 시민문화로 해석하는 사람도 없지 않다. 심지어 중국 전통문화의 부활로 해석하는 시각도 있다. 이와 같은 수많은 충돌과 서로 다른 해석은 정상적인 학술현상이다. 왜냐하면 이들이 직면했던 새로운 사회문화 환경과 심미문화 추세는 전무후무한 것으로, 기존의 미학이론 자원으로 '해석'해본 적이 없었기 때문이다. 바로 이러한 문화 환경과 문화 발전 추세의 역사적 특수성이 이번 심미문화 대토론에 있어 새로운 도전과 새로운 과제로 등장한 것이다. 이는 당대 심미문화 건설의 중요성과 절박함을 잘 보여준다. 심미문화 건설은 우선 이론적인 측면에서 이루어져야 하고 다음과 같은 질문에 해답을 제시해야 한다. 1990년대 이래 중국의 사회 문화 환경과 심미문화 발전 추세가 어떠한지, 그리고 어떤 새로운 요소를 지니고 새로운 특징을 지니는지, 이런 새로운 요소와 특징들은 기존의 심미문화 자원, 외래의 심미문화와 어떤 관계에 있는지, 또 전통적인 '오랜' 심미문화 자원, 그리고 외래 심미문화 특히 서구의 심미문화 요소가 당대 심미문화 건설의 역사 발전과정에 어떻게 참여했는지 등이 바로 당대 심미문화 건설이 절박히 해결해야 할 문제들이다.

# 제1절

## 심미문화와 시민사회

당대 심미문화의 건설과 발전을 추진하기 위해서는 동서고금, 신구 간의 관계를 이론적으로 정확하고 철저하게 분석하고 앞을 내다보아야 하는데, 그러기 위해서는 먼저 당대 심미문화의 현실 환경과 시대적 성격, 역사적 품격 등을 이론적으로 규명하고 인식해야 한다. 그중에서도 당대심미문화를 배태하고 창조하며 나아가 지탱하고 소비하는 사회 역량 기초를 깊이 분석하고 해석하는 것이 무엇보다 중요하다.

### 1. '초월론' 미학 명제의 소실

1990년대 이래 중국의 심미문화 발전에는 당시 사회문화 환경과 그 사회 환경 자체의 의미와 구조 형태 면에 있어 과거에 찾아볼 수 없던 새로운 징후와 새로운 특징, 새로운 경향들이 나타나기 시작했다. 이런 새로운 징후와 새로운 특징, 새로운 경향들은 대략 경제적 원인, 과학기술적 원인 등으로 귀결시킬 수 있다. 이를테면 신중국 건립 이래 줄곧 이어온 사회주의 계획경제가 사회주의 시장경제, 상품경제에 의해 대체되고 전면적으로 실시되는 등, 크게 변화하고 있는 사회현실을 예로 들 수 있다. 이는 기존의 경제 패턴과는 전혀 다른 것으로, 사회주의 시장경제, 상품경제의 전면적인 추진은 생산방식과 경제제도에서 인간관계와 사회구조, 의식형태, 문화심리 등 여러 면에 이르기까지 거대한 변화와 심각한 전환을 가져왔다. 그중에서도 시장법칙과 상품개념, 이익원칙 등이 사회주의 문화영역에 적용되면서 경제적 동기가 사회문화행위를 주도하는 요인으로 승격되고, 가치법칙이 사회문화 활동을 지배하는 기본 방향으로 설정되었는데, 이러한 현상은 물질적 실익이 정신적 열망을 대체하여 인류의 일상적인 추구가 된 데서 가장 집중적으로 드러난다. 이처럼 새롭고 강력한 사회현실은 1990년대 이래 심미문화의 출현을 야기하여, 심미문화에 상품성과 공리성, 소비성 등을 비롯한 새로운 변화와 새로운 발전 추세가 나타나게 되는 주요 계기를 제공하였다. 또 현대 과학기술과 정보산업(또는 이른바 '문화제조업/culture industry')의 기초 위에서 매스미디어의 신속한 발전은 문화의 내적 구성과 활동 방식을 변화시켰다. "기술의 객관 법칙이 문화 고유의 객관 법칙을 밀어냈다."[1]는 지적처럼, 인간의 지각방식과 교류방식, 표현형식 나아가 삶의 방식에까지 커다란 변화를 가져다 주었다. 이에 시각적이고 대중적이며 게임화되고 관능적이며 더 나아가 향락적인 문화 방식과 체험 형식이 점차 주류가 되어갔다.

이상의 원인 외에도 사실 또 하나의 중요한 요소가 있다. 시장경제 발전과 중국의 도시화 발전, 도시화 건설이 날로 팽창되고 전면적으로 전개됨에 따라 중국의 시민사회는 전례 없이 광범위하고 심층적인 발전을 이룩하게 되었는데, 이는 1990년대 이래 심미문화 변화에 등장한 가장 생동적이고 가장 중요한 요소이다. 최근 몇년 사이 급성장한 시민사회는 당대 심미문화가 성장하고 발전할 수 있었던 가장 비옥한 토양으로, 충분히 중시할 가치가 있다. 야우원팡(姚文放)은 심미문화의 개념을 특별한 개념으로 설명하면서 "이는 현

---

1. 저우셴(周憲), 『중국당대심미문화연구(中國當代審美文化硏究)』, 베이징대학교(北京大學)출판사 1997년 P.293.

대 상품사회의 발전 요구에 의해 생겨나, 매스미디어를 담체(擔體)로 하고 현대도시 대중을 그 주요 대상으로 삼는 문화형태이다."[1]라고 정의한 바 있다. 여기에서 현대도시 대중을 심미문화의 주요 대상으로 한다는 내용은 자못 정확한 표현임에 틀림없다. 타오둥펑(陶東風)은 심지어 "어떤 측면에서 보면 1980년대 초반 이후의 사회 전환은 과거의 정치사회에서 시민사회로의 변화 발전을 의미한다. (중략) 이는 심미문화의 개방과 다원적 발전에 종전에 찾아볼 수 없던 가능성을 제공해 주었다."[2]라고 하면서 당대 심미문화와 시민사회 발전의 내적 연관성을 더욱 분명히 해주었다. 사실 시민사회나 도시대중은 시민문화 소비자일 뿐만 아니라 당대 심미문화를 배태하고 전승하며 창작하는 역할도 한다. 시장경제 배경 하에서의 심미문화 생산체재를 볼 때, 심미문화의 가장 주된 소비자인 도시 대중, 시민사회는 특정적인 문화의 품종과 유형, 수준, 양식 등을 결정하고 문화 생산과정에도 참여하는 진정한 주체이다. 이를 떠난 심미문화의 번영과 발전은 상상할 수도 없다. 이처럼 신속하게 팽창하는 시민사회가 있었기에 당대 심미문화는 중국에서 공전의 발전을 이룩할 에너지 원천과 동력을 얻고, 상품화, 공리화, 대중화, 소비화, 오락화, 향락화, 비이데올로기화 등 경향 외에 세속화, 유행화, 트렌드화, 오락화, 생활화 등 뚜렷한 특징도 지니게 되었다.

당대 시민사회나 도시대중의 신속한 성장은 중국 시장경제 발전에 가장 활력적인 생산주체와 소비주체를 제공해주었다. 또 당대 심미문화의 새로운 변화에 가장 광범위한 사회적 기초를 마련해주었다. 이와 같은 중국 시민사회의 독특한 생존 형태와 문화 수요, 소비 특징, 가치 취향, 생활태도와 심미정취가

---

1. 야우원팡(姚文放), 「당대 심미문화의 기본모순(當代審美文化的基本矛盾)」, 『베이징사회과학(北京社會科學)』, 1998년 제2기.

2. 타오둥펑(陶東風), 「당대 심미문화의 새로운 상태(當代審美文化的新狀態)」, 『문예쟁명(文藝爭鳴)』, 1995년 제1기.

당대 심미문화 발전의 기본 발전 추세와 방향을 결정했다고도 말할 수 있다. 그렇다면 이런 발전 추세와 동향의 가장 두드러지고 가장 주된 특징은 무엇일까? 학술이론 측면에서 볼 때, 이는 플라톤 이래 전통 미학 지식체계와 경전 이론에 대한 강력한 위반이자 도전이었다. 특히 칸트 이래 형성된 예술과 현실, 심미와 공리 간의 이원대립적 '초월론' 권력담론과 미학 신념에 큰 타격을 주어 소멸시켰다. 주지하는 바와 같이, 플라톤이 구체적 사물이나 현실세계가 아닌 절대 형이상학적인 '이념'의 세계에 '미 자체'를 포함시키면서 일종의 지배적 지위를 차지하게 된 '초월론' 미학사상이 역사적으로 형성되었다. 플라톤에게 있어 미의 본질 세계와 구체적 현상은 대립되고 나뉘어진 것이었다. 구체적인 현상과 사물의 미는 단지 절대 미의 일부 이념을 '나누어 가졌을 뿐', 그 자체에는 이른바 미라는 것이 존재하지 않는다. 이렇듯 이성과 감성, 본질과 현상이 상호 대립되고 상호 분리된 미학사상은 칸트에 의해 명확하게 '심미(예술)의 초공리, 무목적'이라는 명제로 승격되면서, 심미와 공리, 예술과 현실 간의 차이가 더욱 분명해져 각자 다른 발전의 길을 걷게 되었다. 칸트의 미학사상은 사실 우리의 심미와 예술본질 특성에 유일한 보편적 인식으로 자기매김할 정도로 큰 영향을 미쳤다. 따라서 거의 모든 미학 이론서에서는 어김없이 이 미학 명제를 그대로 또는 풀이해서 소개한다. 실천적 측면에서 볼 때, 장기간 성행해 온 이원대립 구조의 '초월론' 미학 토론과 명제는 엘리트적이거나 귀족적이다. '상류'에 속한 계층이 심미와 예술자원을 독차지한 반면 대중과 시민사회는 심미권력을 역사적으로 박탈당해왔다. 그러나 현재 거세게 일어나고 있는 심미문화의 물결 속에서, 이 권위적이고 전형적이며 정통적이었던 '초월론' 미학 명제는 빛을 잃고 무기력해졌다. 과거 엘리트적이고 귀족적이며 '상류'적인 심미를 독점하던 세력이 하룻밤 사이에 심미문화의

'중심'에서 '주변부'로 밀려난 것이다. 과거 소수에 의해 독점되다시피 한 예술적, 심미적 '권력'은 공전의 규모와 깊이로 일반 민중들의 삶 속으로 '복원'되고, 시민계층과 세속 대중들에 의해 장악되기 시작했다. 그 누구도 부인할 수 없는 것은 심미적 추세가 시민계층과 도시대중 특유의 가치 측면 상의 상품화, 공리화, 향락화와 소비 측면 상의 시각화, 유희화, 비이데올로기화, 그리고 오락 측면 상의 세속화, 트렌드화, 생활화 등의 경향으로 나아가, 전통 '초월론' 미학을 가장 강력히 희석시키고 해체시키는 무기로 부상하면서, 당대 심미문화 발전의 생생한 경관과 뚜렷한 추이를 형성하고 있다는 사실이다.

관념적 측면에서뿐만 아니라 '예술'이라는 심미문화의 전형적인 요소나 그 발전현황 면에서 볼 때, 중국 시민사회와 도시대중의 막대한 영향력도 강하게 드러나고 있다. 사람들에게 늘 '신비'하고 '신성'한 존재로 여겨져 왔던 예술은 1990년대 초에 들어와 현실생활로 복귀하는 이른바 '통속화' 내지는 '저속화' 현상들을 뚜렷이 보여주었다. "한동안 중국의 문예계는 '초현실주의', '신낭만주의', '실험소설', '신감각파의 시', '심근문학', '구조주의', '선봉문학' 등 모더니즘 문예사조와 유파들로 인해 당혹스러워하면서 이를 둘러싸고 끊임없이 논쟁을 벌였는데, 어느날 불현듯 이 모든 것이 무의미해더니 신속하게 오늘날 문화배경 속에서 자취를 감추었다. 대신 일종의 세속적이고 감성적이며 시민적이고 소비적인 대중예술이 뜬금없이 나타나 걷잡을 수 없는 기세로 문화예술의 넓디넓은 시장을 포위하고 분할, 점령하였다."[1] 이러한 심미가 세속영역, 시민층, 대중사회에서 깊고 폭 넓게 발전하면서 예술은 감성, 통속, 표상화, 오락화 측면에서 기쁨을 누리게 되었다. 결론적으로 말해, 이것은 심미와 예술의 일상생활으로의 회귀이다. 과거 줄곧 피동적으로 수용만 해야 했

---

1. 이핑처(儀平策), 『중국의 예술 대중화와 '포스트모더니즘' 문제(中國的藝術大衆化與 "後現代" 問題)』, 『동방총간(東方叢刊)』, 1993년 제1집.

고 '엘리트' 계층이나 '교사'들로부터 사상 주입과 지식 전수와 지도를 받아야만 했던 시민 대중은 심미와 예술의 '가장자리'에서 심미문화의 '중심'에 진입하였고, 청중, 관중, 독자라는 '객체'의 지위에서 심미문화를 이끌어 나아가고 심미문화를 규정하며 나아가 심미문화를 창조하고 소비하는 '주체'로 탈바꿈하였다. 따라서 예술은 종전에 없던 확고한 자세로 과거 '신성'했던 특정 '문화권'에서 벗어나 가장 광범위한 대중들 속으로 들어갔으며, 대중들은 작가, 작품과 직접 교류하고 대화하면서 가장 권위 있는 감상가이자 평론가의 역할을 하게 되었다. 이로써 라디오 방송과 홈 쇼핑, 리뷰, 구매 등 방식을 통해 대중들은 개인 수요와 취향에 따라 문예작품을 선택하게 되었으며, 심지어 창작 과정에 직접 참여하기도 하였다. 이들의 취미 기준과 판단은 작품의 운명과 가치를 직접 결정했다. 대중은 예술의 종신 법관이자 진정한 황제가 된 것이다.

이는 분명 플라톤 이래 권위적인 엘리트주의 미학이 보여준 '초공리, 무목적의 심미' 패턴과 전혀 다른 일종의 심미문화 형식이라 해야 할 것이다. 이것이 보여주는 반역성, 특이성, 당대성, 반전통성은 상당히 일목요연하다. 해석이 분분하지만 심미문화 형식을 전통 심미문화와 결부시켜서 보는 관점은 적은 편이다. 많은 학자들이 보기에 당대 심미문화의 역사 품격 기초는 대체로 '전근대'나 고전문화, 전통문화 측면과 경계선이 분명하다. 바꾸어 말하면 당대 심미문화의 역사적 품격 자체가 일종의 초고전, 반전통이라는 것이다. 그렇다면 고전주의와 전통적인 문화요소를 제외하고서 진정으로 당대 심미문화를 설명할 수 있을까? 더 나아가 당대 심미문화를 잘 건설할 수 있을까? 만약 당대 심미문화에 일어난 모든 것들이 중국 시민사회의 신속한 성장에서 비롯된 것이고, 중국 도시대중이 심미문화의 무대에서 주인공으로서의 신분을 확립함으로써 비롯된 것이라는 데 주목한다면, 중국 시민사회의 시각을 통해 분석하는 것이 우리의 사고 방향 조절, 그리고 당대 심미문화와 전통 심미문화 간의 일종의 깊은 연관성 모색에 도움이 되지 않을까?

## 2. '전통' 심미문화자원

심미문화의 이른바 '전통'이란 사실 두가지 차원에서 이해할 수 있다. 먼저 '전통'을 서구의 고대에서 근대에 이르는 철학, 미학 속의 주관 객관 이원적 사상체계와 이론체계, 특히 줄곧 정통 지위에 놓여 있던 '초공리 심미'의 미학이론으로 보는 입장이다. 이를 주장하는 학자들이 당대 심미문화를 미학 전통에 대한 초월이자 전복으로 보는 것은 정확하고 깊이 있는 분석이다. "당대 심미문화는 전통에 대한 초월적인 해체 경향을 보인다."[1]는 말은 바로 이를 뜻한다. 다음은 '전통'을 고대 특히 중국 고대의 심미문화 전통으로 이해하는 입장이다. 이론의 통일이라는 측면에서 볼 때, 당대 심미문화의 '포스트모더니즘' 특히 '모더니즘'을 주장하는 학자들은 당대 심미문화를 중국 심미전통과 대립시켜 서술하곤 한다. 혹자는 당대 대중 심미문화가 가져온 결과가 바로 "본위 문화였던 전통문화의 퇴보와 일반화, 그리고 분해"[2]라고 말한다. 이러한 추세에 대해 어떤 학자들은 우려를 표하기도 한다. "대중 심미문화 상황은 우려를 자아낸다. 이는 의미의 상실, 감관문화의 범람으로 표현된다. 또다른 중요한 표지로는 전통 심미문화 정신과의 단절이 있다."[3] 하지만 이는 당대 심미문화와 전통문화 정신을 양립할 수 없는, 대립 충돌의 관계로

---

1. 샤오잉(肖鷹), 「당대 심미문화의 정의(當代審美文化的界定)」, 『상하이사회과학원학술(계간)(上海社會科學院學術季刊)』, 1994년 제4기.

2. 숭정(宋錚), 「대중심미문화의 해체 요소를 논함(論大衆審美文化的拆解因素)」, 『광시사범학원학보(廣西師院學報)』, 2002년 제1기.

3. 리시젠(李西建), 「당대 심미문화 연구에 대한 회고와 전망(當代審美文化研究的回顧與展望)」, 『철학동태(哲學動態)』, 1996년 제6기.

간주하고 있는 것이다.

우리가 지금 말하는 '전통' 심미문화 자원은 대체적으로 두 번째 해석에 가깝다. 그렇다면 당대 심미문화 사조 속에서 중국고전 심미문화 전통은 과연 사람들이 말한 것처럼 반드시 '포스트모더니즘'이나 '모더니즘' 환경 속에서 전복되거나 '퇴장'해야만 할까? 이 문제에 관해 적지 않은 학자들은 의심과 반대를 표했다. 중국 전통철학과 포스트모더니즘 간의 관계에 대해 깊이 분석한 바 있는 장스잉(張世英) 선생은 "포스트모더니즘 철학의 특징에는 인간과 자연과의 조화, 사고와 시의 융합이라는 중국 전통철학과 유사하거나 혹 서로 통하는 면이 없지 않다. 비록 이 사이에 차이가 있긴 하지만 중국철학 전문용어를 빌린다면 '천인합일(天人合一)'로 표현을 할 수 있다." "중국 전통철학도 서구 포스트모더니즘도 독립자주적 확정성이나 궁극의 진리에 뜻을 두지도 이를 추구하지도 않는다. 대신 인간과 사물, 인간과 자연과의 조화로운 융합을 통해 모호한 심미의식을 향유하고 일종의 시적 경계를 체득하는 데 뜻을 둔다"라고 설명하였다.[1] 이 해석은 적어도 '포스트모더니즘'을 포함한 당대 대중심미문화가 중국 전통문화를 해체시키는 것이 아니라, 어떤 측면에서 오히려 중국 전통문화와 우연히 일치되고 더 나아가 새로운 역사환경 속에서 더 풍부해지고 더 발전하도록 자극할 수 있음을 의미한다.[2] 또 어떤 학자들은 대중 심미문화와 중국 전통문화의 내적 연계에 대해 학술 이론적으로 긍정하면서, "현재 중국의 대중문화를 구체적으로 분석해보면 중국 전통문화와 민족성격의 정신요소가 여러 방식으로 다양한 통속문화 속에 필연적으로 내재되

---

1. 장스잉(張世英), 『중국의 전통철학과 서구의 포스트모더니즘철학(中國傳統哲學與西方後現代主義哲學)』, 『사회과학전선(社會科學戰線)』, 1994년 2기.

2. 천시후이·푸리(陳喜輝·付麗) 『도가철학과 포스트모더니즘 비교연구의 기인과 현황(道家哲學與後現代主義比較研究的緣起與現狀)』, 『하얼빈공업대학교학보(哈爾濱工業大學學報)』, 2001년 제2기.

어 있음을 발견할 수 있다.”[1]고 말한다. 다시 말해, 이른바 '모더니즘', '포스트모더니즘' 등 요소들과 비교해볼 때, 당대 대중문화는 사실 더 '통속적'인 중국 전통문화의 표현방식이라는 뜻이다. 위의 분석들은 서로 다른 측면에서 당대 심미문화와 중국 전통문화 간의 역사적 연관성을 긍정한 것에 해당한다.

당대 심미문화가 전통 심미문화 자원을 효과적으로 이용할 수 있는 가능성을 모색하기 위해서는 당대 심미문화의 역사적 품격을 설명하고 고대 심미문화 '전통'의 당대 전승과 변화, 발전을 설명해야 하는데, 사실 이는 여러 측면에서 접근할 수 있다. 즉 이는 어렵게 입증할 필요 없는 역사 사실이면서 실제 존재하는 문화현상이다. 따라서 이 문제를 도시대중이나 시민사회 구성으로부터 바라보는 것도 괜찮을 듯 하다. 이런 시각을 선택한 이유는 당대 심미문화가 도시대중이나 시민사회와 불가분의 관계에 있기 때문이다. 당대 심미문화의 구성 메커니즘은 기본적으로 중국의 도시대중과 시민사회의 심미적 염원 및 취향을 대표한다. 그렇다면 당대 심미문화의 주된 소비층이자 창작자이며 전승자이기도 한 중국 도시대중과 시민사회의 인격 구조와 생존 상황, 문화 이상과 심미 취향은 어떠한가? 바꾸어 말해서 이들은 과연 어떤 유형의 당대 심미문화를 필요로 할까? 그들이 필요로 하는 심미문화는 전통문화와 어떤 관계일까? 이것이 아마도 가장 중요한 문제일 것이다.

중국의 도시대중 특히 시민사회 개념 문제는 1990년대부터 끊임없이 제기된 관심의 대상이었지만 시민사회(Civil Society)라는 개념 해석에 있어서는 종종 견해를 달리했다. 그러나 서구 시민사회의 기준으로 볼 때 중국에 시민사회가 이미 형성되었다고 하는 것은 억지라는 인식에 대해서 많은 사람들이 상대적으로 공감한다. 심지어 오천년 역사를 지닌 문화 배경, 즉 중국의

---

1. 류상위(劉象愚), 「類포스트모더니즘과 당대 중국의 문화논리(類後現代主義或當代中國的文化邏輯)」, 「베이징사범대학교학보(北京師範大學學報)」, 1995년 제5기.

구체적인 실정으로 보았을 때 중국에서는 서구식 시민사회가 형성될 수 없다고 단언하는 사람들도 없지 않다. 사회발전사적 측면에서 보면 서구의 시민사회는 대체적으로 다음 몇 가지 주요 특징을 지닌다. 첫째, 도시시민으로 구성된 사회계층이다. 둘째, 국가 권력으로부터 독립된 '공공영역'을 갖고 있다. 셋째, 자유로운 민간경제와 상품경제를 기초로 한다. 넷째, 자각적으로 민주정치 요구를 제기한다. 다섯째, 일종의 사회적 존재로서 세속과 문명의 방향을 모두 대표한다. 여기에 중국 '현실'에 잘 어울리는 특징은 별로 많지 않음을 알 수 있다. 비록 중국 시민사회의 탄생이 상품경제와 도시화 발전, 그리고 시민계층의 확대와도 연관되어 있고, '세속적'인 영역에도 속하지만, 서구의 시민사회와는 아직 큰 차이가 있다. 이를테면 중국의 시민사회는 국가 권력으로부터 독립되어 있지 않고, 그것의 탄생 기초인 자유경제와 민간경제도 아직 발달되어 있지 않으며, 민주정치에 대한 호소도 아직 충분히 자각적이지 못하다. 또한 '세속성'은 시민사회만의 특성이 아니며 심지어 중국 시민사회의 문명수준은 아직 대표성을 지니고 있지 못하다. 따라서 중국에서 서구식 시민사회의 형성이 불가능하다는 관점은 어느 정도 일리가 있다. 그러나 그렇다고 해서 중국에 시민사회가 없는 것은 아니다. 중국에는 역사적 뿌리와 문화적 전통을 지닌 중국 특유의 시민사회가 있다. 사실 중국에 도시가 생겨난 이래, 이를테면 송(宋)에서 명청(明淸)에 이르기까지 도시가 비교적 크게 발전하면서 시민사회도 이와 더불어 생겨났다. 심미문화의 발전으로 보면, 송사(宋詞), 원곡(元曲), 그리고 명청시기의 희극과 소설 등 장르의 탄생과 발전은 모두 시민계층의 발전, 성장과 밀접하게 관련되어 있다. 1980년대, 특히 1990년대 이래 중국 사회개혁의 발전 과정에서 시장경제가 전면적으로 전개되고, 또 이로 인해 도시인구가 급증함에 따라 중국의 도시 대중 특히 시민계층의 발전, 성장은 사상 최고 수준에 달했다. 이러한 사실을 무시하고 아직도 중국에 시민사회가 없다고 한다면 이는 분명 객관적이고 과학적이지 못하다. 그렇다면 중국식 시민사회는 어떤 특징을 지닐까? 복잡한 이론 문제지만 여기서 간단히 서술해보겠다.

고대와 오늘날 심미문화의 역사적 연관성을 확인해보면 가장 두드러진 중국 시민사회의 특징이 다음 두 가지면에서 포착된다. 첫째, 뚜렷한 '세속성'을 꼽을 수 있다. 시민사회는 보편적으로 세속성을 지니고 있는데, 이는 시민사회가 순전히 사적인 영역이다보니 재산권, 이익, 욕망 나아가 사상까지 모두 짙은 개인성을 띠고 있기 때문이다. 시민사회가 지니고 있는 '공공영역'의 특징도 개인성을 기초로 하며 이것이 체현하는 바는 개인 사이에 자유로이 단체를 결성하는 계약관계이다. 따라서 이런 개인 범위를 초월하여 상대적으로 소원하고 요원하며 허황되고 거리감이 있으며 심지어 형이상학적이기까지 한 '거대 서사'는 시민사회가 관심을 갖는 주요 내용들이 아니다. 오히려 삶의 이익을 좇고 세속적인 욕망을 만족시키며 감성적인 생명을 즐기는 등, 개인 수요와 직접 연관되는 구체적인 사물들에 관심을 갖는다. 마르크스는 시민사회의 특징을 분석하면서 "시민사회에서 인간은 개인적으로 활동하는 세속적인 존재이며, 이런 인간은 개인 및 다른 사람의 사욕의 노예이다. 따라서 오늘날의 시민사회는 개인주의 원칙을 철저하게 실현한다. 개인의 삶이 궁극적인 목표이고 활동, 노동, 내용 등은 그저 수단에 불과하다."라고 지적했다.[1] 이런 '세속적인 존재'로서의 인간이라는 점에 있어 중국의 시민사회는 특히 대표적(심층적인 의미에서 이는 물론 중국문화의 전반적 의식구조와 연관됨)이라 할 수 있다. 중국의 시민사회는 종종 "자신의 실제 이익에서 출발

---

1. 『마르크스엥겔스전집(馬克思恩格斯全集)』, 제1권, P.345~346.

해 자신의 개인성을 요구하고 '자유, 평등, 공정' 등 지난날 지식인들에 의해 이상적인 격정을 부여받았던 내용들을 가장 저속한 것으로 해석하며, 나아가 전통문화와 딱딱한 국가체제의 통제 및 간섭에 적극적으로 저항했다."[1] 이는 어느 정도 정확한 요약이라고 할 수 있다. 개인과 관련된 이익을 극히 중시하고, 개인의 실제 욕구에 관심을 돌리며, 인간의 현세 향락에 열중하지만 추상적인 가치 목표, 대중 이익과 정치 윤리를 '존경하되 가까이 하지 않는' 이와 같은 특징들은 중국 시민사회의 최대 '세속적'인 인격 표징들이다. 고대의 도시경제와 시민사회가 초보적으로 형성되는 단계에서 시작해 당대 중국의 도시와 시민계층이 전례 없는 발전을 이루기까지, 이 세속화의 인격 표징은 날로 뚜렷하게 드러나고 심미문화의 세속화 발전 과정은 날로 힘있게 추진되고 있다. 이를 테면 명나라 중엽 이후 상품경제가 발달함에 따라 시민사회가 전성기를 맞이했는데, 상업도시의 골목마다 현세의 감성적이고 잡다하고 세속적인 것, 심지어 가무와 여색, 유흥업을 포함한 생활 정취가 가득해 통속문화의 일대 번영을 누렸다. 당시 대부분의 문인 작가들은 가대(歌臺)나 누각을 찾아다니고 시정을 누볐다. 이들은 시정 평민들의 생활상과 정취를 잘 알고 있을 뿐만아니라 대중언어 나아가 상업경제에도 능했다. 또한 시민사회에 오랫동안 물들어 있어 인생태도나 생활방식, 가치관, 심미정취 등도 점차 시민층과 가까워졌다. 이에 소설과 희극을 대표로 하는 통속문학 창작이 고조를 이루어 이 시기 문학의 주요 형식으로 자리매김했다. 〈삼언(三言)〉, 〈이박(二拍)〉 등 속세의 욕망을 나타내고 현세 향락을 주제로 한 작품이 대표적이다. 그렇다면 현재 중국의 시민사회에는 어떤 변화가 일어나고 있을까? 근본적인 변화는 별로 없는 듯하다. 청두(成都), 창사(長沙), 우한(武漢), 난징(南

---

1. 차이상(蔡翔), 『일상생활속 시적 정취의 상실(日常生活的詩情消解)』, 쉐린(學林)출판사, 1994년, P. 176.

京) 등 도시 대중의 특징을 기술한 어떤 글에서는 청두 사람의 생활을 향락적이라고, 창사 사람들의 생활을 오락적이라고 표현했다. 극도로 생활화된 도시인 청두에는 성, 정, 소비, 서비스 등과 관련된 뜬소문이 가득하고, 창사 TV 매체에 있어 오락이란 개그와 선정(煽情) 두 키워드로 정리할 수 있다. 우한의 경우, 장아이링(張愛玲)의 "청고한 여성이 고개 숙여 기꺼이 세속으로 들어가 꽃을 피움은 사랑하는 사람을 만나 평범한 행복을 원하기 때문이다."라는 말을 떠올리게 한다. 난징의 한 언론에서 '난징 10대 문화상징' 리스트를 작성한 적이 있는데, 진링호텔(金陵飯店), 가로수 길(林蔭大道), 오대산(五臺山), 부자묘(夫子廟)와 같은 명소는 물론, 다뤄보(大蘿蔔), 옌수이야(鹽水鴨), 쑤퉁(蘇童)을 위시한 작가, 난징방언 희극영화 '별일도 아닌걸(多大事啊)', '양쯔완바오(揚子晚報)', '비상주말(非常周末)' 쇼 프로 등도 선정되었다. 이는 완전히 시민문화 범주에 속하는 것들이다.[1] 이러한 서술은 매우 흥미롭다. 사실 거의 모든 당대 중국도시의 시민사회는 뜬소문을 간절히 바란다. 속세의 즐거움을 추구하는 향락 속에는 짙은 세속화 정취가 배어 있다. 세속화 분위기는 중국문화의 전반적 구조에 있어 '주변화'된 듯 보이지만, 사실 시민사회에서 '중심' 위치에 놓여 있고 또 주류를 이룬다. 이는 중국 시민사회가 '세속화' 품격 면에 있어 예전과 현재, 전통과 당대 간에 일맥상통한 관계에 있음을 보여준다. 이 점을 지적하는 이유는 짙은 세속화 색채가 오늘의 시민사회에서 시작된 것이 아니라 예로부터 중국 시민계층에 일관되게 존재하던 문화특징이었음을 상기시키고자 함이다.

둘째, 중국 시민사회의 또다른 뚜렷한 특징은 농촌, 농민과 문화적 혈연관계를 줄곧 유지해 왔다는 점이다. 서구사회는 도시가 발달하여 대다수 인

---

1. 허수칭(何樹青), 「시민성격에 의해 만들어지는 유언비어 문화, 차기 중국의 유언비어 도시는 어디일까?(市民性格造八卦文化, 誰會是中國下一個八卦城市?)」, 『신주간(新周刊)』, 2003년 8월 8일.

구가 도시에 거주한다. 따라서 도시시민을 주체로 이루어진 서구의 시민사회는 일종의 상대적으로 독립된 사회형태이다. 어떤 학자의 설명처럼, "서구 사회발전사에서 시민사회는 도시시민으로 구성되며, 봉건 국가와 교회에 저항한 독립적 사회형태를 주로 가리킨다. 이는 문명적이고 세속적이며 개인의 독립적인 경제, 민주와 연결되는 모종의 사회적 존재의 표현이자 지칭이기도 하다."[1] 그러나 중국의 경우 서구와 달리 대다수 인구가 도시에 거주하는 것이 아니라 농촌에서 생활한다. 그렇기 때문에 도시의 발전과 확대는 종종 농촌인구의 대량 유입과 연결되어 있다. 이를 테면 서진(西晉) 말년 '영가(永嘉)의 난'과 동진(東晉)의 건립, 북송(北宋) 말년 북방지역의 여러 해 동안 이어진 전란과 남송(南宋)의 건립으로 인한 두 차례의 남부로의 인구이동은 직접적으로 고대 난징(옛 명칭 建康)과 고대 항저우(杭州, 옛 명칭 臨安) 등 강남 도시의 발전을 이끌어냈다. 두 차례에 걸친 남부 인구이동으로 토지를 잃고 살 곳을 찾아 헤매던 대량의 농촌 유동인구가 강남도시의 중요한 인구 구성원이 되었다. 명나라 중엽 이후 연해도시는 더욱 큰 발전을 이루었는데, 늘어난 인구 중에는 농민 출신이 여전히 주류를 이루었다. 이들 중에는 생활고에 시달리다 하는 수 없이 토지를 버리고 대거 도시로 밀려든 무산자들도 있었다. 또 명나라 조세제도의 개혁으로 많은 농민들이 자유를 얻게 되었는데, 이를 계기로 이들은 상업에 종사할 수 있었다. 이들은 명나라 중엽 이후 도시 경제와 시민 계층의 주체로 성장했다. 신중국 건립 이래, 특히 개혁개방 이후 농가생산청부제의 실시로 중국 농민들도 토지 의존도가 낮아지고 개인 노동력을 지배할 수 있는 권력을 갖게 되었다. 또한 도시 진입을 허가하는 일련의 정책이 실시됨에 따라 대량 농민들의 도시 유입이 현실화되었다. 1980년대 중

---

1. 위안주서(袁祖社), 「중국 특유의 '시민사회' 문제연구: 이론 취지와 실천적 의의(中國特色 '市民社會' 問題研究: 理論旨趣與實踐意義)」, 『이론과 현대화(理論與現代化)』, 1998년 제7기.

엽 이래 중국 도시와 시민사회가 전례 없는 발전을 이루었는데, 이때 도시로 대량 몰려들어 상업에 종사하고 노동에 종사하며, 기업을 경영하고 취학, 전업 등을 통해 도시에 남은 농민들이 도시 인구의 중요한 구성원이 되었다. 이는 우리에게 중국의 도시와 도시 시민사회의 발전과정이 사실 농민들의 도시로의 유입 과정과 직접 연관되어 있음을 생생하게 보여준다. 이에 중국의 도시와 도시의 시민사회, 광범위한 농민계층, 농촌문화간에 혈연관계가 역사적으로 형성되었다. 우푸후이(吳福輝)는 '라오서(老舍) 소설: 신구시민과 국민성 비판'이라는 연설에서 "우리 중국의 도시에는 몇 세대 동안 다 도시인이었던 경우가 거의 없다. 있어도 아주 적다. 둥베이에 갔을 때 둥베이 도시의 시민이나 노동자에게서 이 점을 발견할 수 있었는데, 아버지와 할아버지가 농민이었냐고 물으면 그 답은 영락없다. 도시는 완전히 농업사회에 의해 관통되어 있다. 완전히 현대적인 도시란 중국에서 줄곧 찾아볼 수 없다."[1]라고 말했다. 이 말은 거의 사실에 가깝다. 사실 대부분 도시 시민은 농민출신일 뿐만 아니라, 도시 시민이 되었어도 중국 전통 종법(宗法) 문화의 '고향'에 대한 정감과 '효' 사상의 지배 하에 농촌 지역의 '본적'과 혈육 간의 정, 풍속, 경제 등 각 측면에서 밀접한 연계성을 지니고 있다. 따라서 서구와 달리 중국의 시민사회는 농촌문화, 농민계급과 긴밀한 관계를 맺고 있다. 바로 이런 원인으로 중국의 시민사회는 고대의 전통적인 심미문화자원을 포함한 중국 고대의 전통문화와도 긴밀한 관계를 맺는다. 왜냐하면 중국현대사 발전과정을 보면 농민계급은 대체적으로 고대 전통적인 문화역량을 대표해왔기 때문이다.

중국 시민사회의 생활방식과 문화취향을 통해 우리는 심미문화가 '현재'와 '과거', 현대와 전통을 전승하고 발전시키는 역사적 연결고리임을 확신할 수

---

1. CCTV.com' 교육채널 · 백가강단(教育頻道 · 百家講壇)'에서 인용.

있었다. 바로 이 역사적 연결고리가 있기에, 당대 심미문화가 전통을 초월하고 반전통적인 색채를 어느 정도 갖고 있다고 느껴질지라도, 또 '모더니즘'이나 '포스트모더니즘'적인 요소를 어느 정도 지니고 있다고 느껴질지라도, 그또한 내재적으로는 수천년 동안 유구한 역사를 지닌 중화민족의 고전심미문화 '전통'에 변화가 생겨난 것임을 알 수 있다. 어떤 측면에서 볼 때, 이는 심지어 심미문화전통의 당대에서의 연장과 '촉진', 나아가 '부흥'으로 간주할 수있다. 이론적인 측면에서 심미문화는 늘 사람들에 의해 창조되고 소비되며향유되는데, 이 '사람'은 늘 민족적이고 문화적이며 전통 '유전자'를 선천적으로 지닌 사람들이다. 당대 심미문화라는 범위 내에서 보면 중국 도시대중과시민사회를 주체로 하는 사람들일 것이다. 따라서 이런 사람들은 민족적이고문화적이며 당대 시민적이고 도시 대중적이다. 이들은 당대 심미문화의 역사적 품격 속에 전통 심미문화의 원천을 필연적으로 흐르게 하고, 전통 심미문화의 색채를 두드러지게 하는 역할을 담당한다.

# 제2절

## 심미문화와 민족전통

당대 심미문화는 우연히 등장한 새로운 사물이 아니라 세계화라는 배경 속에서 중국의 시민사회와 도시대중을 매개로 해서 여러 심미문화 요소와 서로 어우러져 이룩한 성과이다. 따라서 이 중 전통 심미문화와 관련된 심각한 역사적 연관성에 특히 주목할 필요가 있다. 이 내용을 논의함에 있어 전통적인 심미문화자원을 어떻게 효과적으로 이용할 것인가 하는 문제가 부각된다. 이 문제에 대해 우리는 중국 전통 심미문화가 내포하고 있는 독특한 의미와 발전법칙을 깊이 이해하고, 전통 심미문화 사상이 당대 중국발전에 지니는 내재적인 작용을 충분히 인식하며, 당대 심미문화건설에 있어 그 무엇으로도 대체할 수 없는 전통 심미문화 자원의 잠재적 가치를 전면적으로 평가해야 한다. 더 나아가 이 '전통' 자원과 당대 환경 속 여러 문화 요소, 특히 '모더니즘'과 '포스트모더니즘'적 요소가 상호보완하고 융합하도록 적극 추진함으로써 당대 심미문화의 전면적 건설과 과학적 발전을 이룩해야 한다.

이러한 이해, 인식, 평가, 건설의 과정에서 전통적인 심미문화자원을 당대 심미문화와 완전히 일치시키는 기본적인 사상요소야말로 우리가 관심을 기울여야 할 핵심이라고 해도 무방할 것이다. 이 기본적인 사상 요소는 다음 두 가지 기본적인 측면에서 이해할 수 있다.

## 1. '도불원인(道不遠人)'의 철학사상

위에서 지적했듯이 뚜렷한 세속화, 대중화, 생활화 경향은 당대 심미문화의 새로운 증후이자 새로운 추세 중의 하나이다. 이런 새로운 증후와 추세를 사람들은 '포스트모더니즘'이라고 부른다. 그러나 사실 이는 더욱 많이는 전통 심미문화 중 모종 고유한 사상의 '부활'이다. 구체적으로 말해서, 고대 심미문화자원이 당대 배경 하에서 효과적으로 이용될 수 있는 중요한 가치 중 하나가 바로 고대 심미문화자원 속에 가득한 인간화, 세속화, 현세화 사상, 다시 말해 '도불원인'의 철학·미학 정수이다. 이 사상의 의미는 "심미의 도는 단순하게 '인성'과 서로 대립되는 '물질적' 세계나 초경험적이고 형이상적인 '이념'(또는 '신'이나 '절대적 정신') 세계에 있는 것이 아니라, 생기 넘치는 '인간' 세상에 있다. 심미의 도는 인생의 도, 인륜의 도, 인격의 도를 떠날 수 없다. 한 마디로 '인간사'의 도를 떠날 수 없다."는 것이다. 중국 심미문화가 "'인간사'의 도를 떠날 수 없다는 것은 '인간'의 주체성과 '생존성'을 떠나 심미와 예술을 논할 수 없음을 의미한다. 이는 중국인이 '인간'으로서의 자신을 '인생'의 현실적 존재로 보고 그 이상적인 생존상황에 대한 절대적 관심을 표하는 것으로 드러난다."[1] 감성적이고 구체적인 표현방식에 있어 중국 심미문화가 내포한 깊은 의미와 지상경계는 사실 일상적인 현세의 인생 경험이나 인간 관계 생활 속에서만이 아니라, 감성적이고 살아 있는 인성의 존재와 생명활동 속에서도 분명하게 나타난다. 모든 비인간적인 것들, 세상과 떨어져있고 생명을 초월한 것들, 비현실세계와 절대 형이상학적인 것들은 중국 고대 심미사상, 심미문화의 기본적인 미학 문제에 속하지 않아, 사실상 "공경하되

---

1. 이핑처, 『중국 미학문화 해석(中國美學文化闡釋)』, 수도사범대학교(首都師範大學)출판사, 2003년, p.87~88.

가까이 하지 않다(敬而遠之)”, “간직하되 논하지 않는다(存而不論)”는 책략에 의해 한 켠으로 밀려나 있었다. 주(周)나라 시기의 “귀신을 공경하되 가까이 하지 않다(敬鬼神而遠之)”(『예기(禮記)·표기(表記)』)는 가르침에서 시작해 춘추시대 정국(鄭國)의 자산(子産)이 말한 “천도는 멀고 인도는 가깝다(天道遠, 人道邇)”(『좌전(左傳)』, 소공(昭公)18년)라는 명제에 이르기까지, 거기서 다시 “괴·력·난·신에 대해 말하지 않았다(不語怪·力·亂·神).”(『논어(論語·술이(述而)』)는 현실에 대한 공자의 이성적인 태도와 궁극적으로 지향한 “도는 사람으로부터 멀지 않다(道不遠人)”(『중용』 제13장)에 이르기까지, 이것이 바로 중국 특유의 문화사상인 것이다. 이 철학적이면서 미학적인 사상 발전과정은 중국 전통문화의 가치 중심이 초현실적인 형이상학적 세계나 비현실적인 물질적 자연세계에 있는 것이 아니라 일상적이고 현실적인 세속 영역과 생활세계 속에 구체화되어 있고 감성적이고 실재적인 인성 경험과 삶의 활동으로 귀결시킬 수 있다는, 서구와 전혀 다른 특점들을 잘 보여주고 있다. 이것이 곧 중국 심미문화 전통의 ‘세속성’이다. 사실 세속성이란 종교 지향과 상대되는 개념으로, 현실세계를 제외하거나 현실세계를 기초로 한 형이상적 피안(彼岸)의 세계에서 심적 위로와 도움, 삶을 기탁하는 것이 아니라, 평범하고 현실의 생활세계에서 신심의 즐거움을 추구하고 삶의 행복을 실현하는 것을 말한다. 따라서 세속성은 생명을 초월한 형이상학적 이상도 열망하지만, 이러한 형이상학적 이상은 추상적이고 허황된 ‘천상의 세계’가 아니라 감성적이고 풍부한 ‘인간 세상’에 그 근거를 둔다. 또한 인생의 초경험적인 목표(경계)는 이러한 차안(此岸)의 삶의 세계와 통상적이고 범상적인 일상생활 속에서 실현된다. 따라서 중화민족은 심미문화라는 짙은 세속성으로 종교적 의향을 대체하고, 심미적 예술적 형식으로 개체의 심령을 위안하며, 자아 초월을 통해 자아를 실현하는 중요한 문화적 기능을 실현했으며, 이로써 중국 심미문화의 '세속성'의 중요한 내용을 구성했다.

한 연구에 의하면 일찍이 양사오(仰韶) 문화 시대에 중국의 선조들은 채도 (彩陶) 제작과정에서 음식생활의 '세속성'에 대한 심미적 추구를 초보적으로 드러냈다고 한다. 당시 채도의 복잡한 제작과정과 다양한 이미지들은 '음식 문화'에 대한 선조들의 강렬한 기호와 추구를 보여줄 뿐만 아니라, 정교한 무 늬 장식과 화려한 색채는 세속생활의 미에 대한 넘쳐나는 흥취를 특히 잘 보 여준다. 대체적으로 실천적 측면에서 '인간성', '차안화(此岸化)', '세속화'라는 중국 심미문화의 기본관념을 수립함과 동시에 이 기초 위에서 '오미(五味)', ' 자미(滋味), '운미(韵味)' 등 미감을 강조하는 후세의 중화 미학 사상의 선구가 되었다.[1] 그 뒤를 이어 하상(夏商)의 무악(舞樂), 은상(殷商)의 무술(巫術)과 제례(祭禮) 등 원시적인 종교형식에서 내포하고 있던 것은 왕권적이고 공리 적이며 현세적이고 나아가 향락적인 내용이었다. 쇠북과 종소리가 울려 퍼지 는 주나라의 예악(禮樂), 사람을 감동시키는 『시경(詩經)』과 『초사(楚辭)』등 은 가송하고 감정을 표출하는 문화 예술형식을 통해 왕도와 명교(名敎), 인 륜과 애욕을 표현했다. 한나라의 대부(大賦)는 교훈을 목적으로 했지만, 역 효과를 얻는 '권백풍일(勸百諷一)'의 표현 형식을 통해 조정의 사치와 속세의 천태만상에 대한 과장적인 묘사를 극으로 끌어올렸다. 한나라 악부민가(樂府 民歌)는 소박하고 현실적인 서사(敍事) 속에서 민속 풍토와 인정, 역사인물과 사건, 일상생활, 남녀 간의 사랑 등을 눈에 보이듯 생동하게 묘사했다. 한나 라의 화상석(畫像石)은 소박하고 자유로운 구도의 예술 묘사를 통해 배알 연 향(宴享), 악무와 백희(百戲), 수렵, 말타기, 활쏘기, 요리하기와 농사짓기 등

---

1. 랴오췬(廖群), 「중국심미문화사 · 선진권(中國審美文化史 · 先秦卷)」, 산동화보(山東畫報)출판사 2000년, P.17~24.

가장 일상적인 인간활동과 생활정취들을 빠짐없이 보여주었다. 이밖에도 많이 있지만 이와 같은 심미문화의 경관들은 우리에게 속세와 단절된 허망하고 신묘한 종교의 천국도 아니요 차갑고 딱딱하고 서로 분리된 채 대립하고 있는 순수 물질세계도 아닌, 강한 인성과 혈육지정, 천륜과 애욕, 생활정취로 가득한 세계를 보여주었다. 한나라 말기 이후 문인 시화가 점차 발전했지만 전반적으로 보면 예술적 제재나 심미 의미에 있어 여전히 생명 경험, 감정 의지, 의상(意象) 운치, 포부 정취 등 인성, 인심, 인륜, 인간세상 범주에 속하는 내용들이 주를 이루었다. '현세적'이고, '내향화(內向化)'되고, '체험형'이고 '생활상태' 속의 '인간'이야말로 줄곧 문인 작품이 관심을 갖고 표현하고자 하는 중심 취지였다. 문인 시화는 대체적으로 '연정설(緣情說)'과 '상의론(尚意論)'을 심미 이념으로 삼았는데, 여기에서의 '정(情)'과 '의(意)'는 "자신이 처한 모든 상황"(주쯔칭(朱自清)의 말) 속의 '정'이나 혹은 개인의 '가슴 속 기운'(예운림(倪雲林)의 말) 속의 '의'의 의미를 벗어나지 않는다. 총체적으로 말하면 생활경험과 삶의 경력을 기초로 한 예술가의 내적 감수이자 생각인 것이다. 문인 시화는 대부분 '아(雅)'를 숭상했으나 이런 '아'는 절대적으로 세상을 초월하고 세속을 벗어난 신비스러운 경지가 아니라 여전히 개체의 성정, 인생 정취 등 측면에서의 감성적인 '아'와 인성적인 '아'이고, 그 심미의 초점과 예술의 촉각은 시종 세속적인 삶과 현실적인 인간세상을 벗어나지 않았다. 따라서 문인 예술가들도 남조(南朝)의 '궁체시(宮體詩)'처럼 '음란하고 퇴폐적'이며 화려하고 속된 시가나 '여성사(女性詞)'처럼 지분 냄새를 물씬 풍기는 작품을 창작할 수도 있었고, 더 나아가 서민사회를 가까이 해 시민감정과 대중취향을 진정으로 반영한 잡극, 통속 가곡, 소설 등을 쓸 수도 있었다. 왜냐하면 중국심미문화에서 이른바 문인 정취와 민간(시민) 기풍 사이에는 분명한 경계선이 없고, 인간화, 차안화(此岸化), 세속화라는 심미문화 기조에 있어 양자는 완전히 어우러져 있어 비교적 많은 근원을 공유하고 있었기 때문이다. 중국인이라면 모두 알고 있는 이야기 특히 문학, 희극, 전설에 많이 보이는 '속세에 내려온 칠선녀(七仙女下凡)' 이야기는 이러한 특징을 가장 잘 보여주는 전형적인 사례라 할 수 있다. 칠선녀에게 있어 '하늘나라'는 먹을 걱정, 입을 걱정이 없는 곳이지만 가장 이상적인 곳은 아니었다. 왜냐하면 '하늘나라'는 쓸쓸하고 적막하고 고독해 삶의 정취가 부족하고, 인륜의 정이 결여되어 있어 인간세상의 즐거움을 누리기 힘들었다. 칠선녀는 차라리 '하늘나라'에서 '인간세상'으로 내려와 속세에서 온갖 고생을 하더라도 충족과 기쁨을 느낄 수 있었다. 왜냐하면 '인간세상'에서 칠선녀는 '하늘나라'에 없는 이성과의 사랑과 남녀간의 애정을 체험해보고, 인간세상의 모든 생동감 넘치는 인성의 정취와 생명의 다채로운 미를 맛보면서 '천당은 인간세상에 있다'는 중요한 이치와 진리를 터득할 수 있었기 때문이다. '천당은 인간세상에 있다'의 함의야말로 중국예술의 영원한 주제이면서 중화민족의 진정한 이상이기도 하다. 그러므로 인생, 인정, 인륜, 인간사 등과 시종일관 연계되는 '세속성(즉 '비종교성')'은 심미 창조와 소비로 심미 현실생활을 구축함으로써 중국 전통 심미문화의 일대 특색을 이루었으며, 이를 통해 세속성과 중국 당대 심미문화의 전반적 취향 및 기본적인 발전적 추세를 연관짓고 규정했다.

하지만 비종교적인 세속성이 심미, 예술내용 속에서 '재세(在世)'와 '초세(超世)', '현실'과 '이상', '형이상'과 '형이하', 즉 '도'라는 속세를 초월한 경지와 '인간' 생활세계 간의 모순 관계를 어떻게 처리할 것인가 하는 문제가 생겨난다. 바꾸어 말해, 심미문화사상의 세속화는 꼭 저속화를 의미하고, 세속화를 초월한 이상화된 형이상학적 심미 경지의 결여를 의미할까? 이 점을 설명하려면 우선 중화민족의 문화지혜 측면에 대해 깊이 생각해보아야 할 것이다. 이는 심미문화의 기본 가치취향이 궁극적으로 중화민족의 문화지혜에 의해, 즉 인간과 세계, 존재와 본체, 감성과 이성, 현실과 이성이라는 기본 모순 관계에 대한 화하민족의 해석 패턴과 처리 방식에 의해 정해지기 때문이다. 바로 이러한 문화지혜의 제한이 있기 때문에 중국 심미문화의 가치관은 뚜렷한 종교적 지향은 보이지 않으면서도 초월성과 이상성에 대한 추구를 버리지 않을 수 있었던 것이다.

중국문화 지혜 중에서 '천도는 멀고 인도는 가깝다'(정국(鄭國) 자산(子産)의 말, 좌전(左傳)>·소공(昭公)18년)'와 '도불원인'(『중용』 제13장)이라는 두 가지 비교적 전형적인 철학 명제에 주목할 필요가 있다. 첫 번째 명제에서는 공허하고 어렴풋한 '천도(天道, 즉 자연계, 물질세계의 절대적인 힘이나 보편적인 법칙을 뜻함)'를 아득하여 헤아리기 힘들며 알 수도 없는 요원한 존재로 간주하고, 인간세상의 변치 않는 일상 인륜의 도만이 가까이 있어 쉽게 이해하고 장악할 수 있다고 여겼다. 이는 문화지혜 측면에서 자연의 '천도'를 멀리하고 인간세상의 '인도'를 가까이함으로써 '인도'가 문화 관심의 초점이면서 중심이 되게 했다. 두 번째 명제에서는 세간의 '인도'를 다음과 같이 해석했다. 즉 '인도'는 인류사회 영역의 본체적 개념으로 비록 보편적인 윤리의 '도'와, 인간사의 '이(理)', 인간세상의 '법(法)' 등을 포함하지만, 추상적인 형이상적 형식으로 세속적인 '인간 위나 인간 밖에 자리하지 않으며, 절대적인 차안(彼岸)의 신비스런 자태로 개체의 감성적인 '인(人)'과 상호 분리되거나 대립되지도 않는다. 반면 '도불원인'의 정확한 의미에 관해서는 주희(朱熹)가 해석한 "도란 성을 따름이다. 따라서 모두가 능히 알고 능히 행할 수 있는 것이다."(『사서장구집주(四書章句集註)·중용(中庸)』의 글귀)가 가장 정확할 것이다. 본체적 범주에 속하는 '도'는 기실 보편적인 윤리규범과 인간사 법칙으로, 인간의 천부적인 본성에 내재해 있으며, 한마디로 '도'와 '성(性)'은 내재적으로 통일되어 있다는 뜻이다. 즉 중국문화사상 속에서 '도'는 서구의 '수(數)'나 '로고스(logos)', '이념', '절대적 사상', '하나님' 등의 순 형이상학적 본체 범주가 아니라, 시종 형이하의 현세와 나뉘어있지 않고, 현세의 삶, 세속적인 인성과 떨어져있지 않다. '도'(선종에서 후에 말한 '불(佛)'도 포함)에 이르기 위해 외부를 통해 추구하거나 피안(彼岸)의 형이상적 세계를 경건하게 바라보고 추구하는 것이 아니라 '성을 따를 뿐'이다. 즉 개인의 내재적인 본성을 발휘기만 하면 '도'('佛')과 합일을 가져올 수 있음을 의미한다. 문화실천적 측면에서 보면 사실 이렇듯 내재적인 '인성'에 기초한 '도'만이 만질 수도 없고 이해하기도 어려운 거리감 내지는 신비감을 주지 않는다. 이는 사람들이 본래 이해 가능하고 실현 가능한 내용들이고, 또 세속적인 개체들이 장악할 수 있고 실현할 수 있는 생활의 경지이다. 이로써 문화지혜에 있어 본체인 '도'의 존재성, 현세성, 인륜성, 세속성을 확립하고 본체론적인 '도'에 뚜렷한 인성화, 인사화(人事化), 일용화(日用化) 색채를 부여했다. 이 명제는 유가의 주장이지만 중국문화 지혜의 보편적인 취향과 전형적인 특색을 반영하고 있다.

문화지혜가 철학적인 측면에서 비교적 전형적으로 표현된 것이 바로『주역·계사상(周易·繫辭上)』의 '도기불이(道器不二)' 명제이다. 이는 중화민족에 깊이 뿌리 내리고 지속적으로 전승되어 온 기본 사상이면서 언어 패턴이라 할 수 있다.『주역·계사상』에서는 "형이상을 도(道)라 하고, 형이하를 기(器)라 하며, 변화를 적절히 조절하는 것을 변(變)이라 하고, 미루어 실행하는 것은 통(通)이라 하며, 그것으로 천하 백성에게 조치를 취하는 것을 사업이라 한다."고 말했다. 즉 도와 기는 형의상, 형의하 구분이 있지만 '조화를 재단하여' '변'을 낳고, '미루어 실행해' '통'에 이르게 한다. 도와 기의 변화를 융통하는 '이'를 천하 백성들에게 맡기면 곧 '사업'을 이룰 수 있고 성공을 거둘 수 있다. 이른바 '도기화통(道器化通)' 사상은 '도'가 '기'의 형체이고 '기'가 '도'의 용도인 '도기불이(道器不二)', '체용여일(體用如一)'을 강조하고 있음에 분명하다. 목적론적 의미에서 보면, '존재'와 '현세', '형이상의 세계'와 '형이하의 세계'의 상호 통일 표현 방식으로서의 '도기화통'을 통해, 감성적인 인간의 세속적 존재를 긍정하는 한편 감성적인 인간의 세속적 가치를 향상시킨다. 따라서 『주역』의 '도기불이' 사상은 철학 지혜적 측면에서 중국 심미문화의 세속적 사상에 기본적인 사유 모형과 표현 패턴을 제공했다고 할 수 있다.

구체적인 이론 자원에서 보면, 중국의 심미문화관념은 자연히 유교, 도교, 불교의 사상과 떨어질 수 없다. 전반적으로 볼 때, 유교, 도교, 불교의 사상은 '도기불이' 사유 모형과 언어 양식에 대한 구체적인 기술로, 그것이 관심을 갖는 핵심적인 문제에 있어서 내재적 공통성을 지니고 있다. 그것이 잘 드러난 것이 바로 유교, 도교, 불교의 이상적 가치목표가 모두 순수한 '물(物)'이나 초경험적인 '신(神)'에 있는 것이 아니라 일상적이고 생동적이며 삶의 정취로 가득한 '인간' 세상에 있다는 점이다. '인(仁)'을 근본으로 하는 유교에서 '인이란 사람이다(仁者, 人也)'라고 하였으니, 그 관심의 초점이 '인간'에 있음은 의심할 바 없다. 도교의 경우는 좀 복잡하다. 나도 없고 나를 잊는다(无己忘我)와 외물과 더불어 화한다(與物俱化)를 강조하여서 겉으로 보기에는 순자(荀子)의 비판대로 "하늘에 가려 사람을 알지 못하는 듯"(『순자(荀子)·해폐(解蔽)』) 보인다. 그러나 사실 천도를 위주로 하고 자연에 근본을 둘 것을 주장하는 도교는 궁극적으로 인간의 삶의 방식과 삶의 경지를 지향한다. 즉 여전히 "참된 도로 몸을 다스릴 것"(『장자·양왕(讓王)』)을 지향한다. '도'의 진리는 온몸을 수양하는 데 있다. '치신(治身)'은 '활신(活身)'이라고도 하는데, '활신'은 인간의 더할 수 없이 즐거운 경지를 말한다. 이른바 '지극한 즐거움과 몸을 살리는 길'(『장자·지락(至樂)』)로, 도교 사상은 궁극적으로 인간이 어떻게 사는 것이 가장 좋고 가장 이상적인가 하는 생존 계획과 삶의 경지에 관심을 두었다. 불교는 성불지도(成佛之道)를 자세히 설명하면서, '누구나 부처', '자성(自性)이 부처'임을 강조한다. 즉 '불'는 '인간' 외부에 있는 것이 아니라 인성에 있고, 인간의 자유로운 본질이며 천연적인 본성이라는 것이다. 따라서 '도(道)'에 해당하는 '불(佛)'이라는 범주를 '기(器)'에 해당되는 '인간'으로 현실화함으로써 '도기불이'의 중국철학의 지혜를 관철시켰다. 인간과 부처, 천국과 인간, 차안과 피안 등의 차이와 경계를 타파했기에, 불교 철학은 단순한 종교적 신학이 아닌 일종의 세속화, 인성화된 삶의 지혜에 가깝다. 왜냐하면 그 귀결점을 '신'이 아닌 '인간'에 두었기 때문이다. 원나라의 연남지암(燕南芝庵)은 유교, 도교, 불교의 특징을 이렇게 요약했다. "도교는 정을, 불교는 성을, 유교는 이를 숭상하듯이, 세 종교의 주장은 각기 숭상하는 바가 있다."[1] 이 서술은 간단하기는 하지만 유교, 도교, 불교의 특징을 개괄함에 있어 전반적으로 간단명료하며, 세상일에 치우치고 인간의 삶을 배려하는 유교, 도교, 불교 사상의 정수를 잘 포착했다고 할 수 있다. 유교, 도교, 불교의 '인간' 본위의 사회화, 일용화 경향은 전반적으로 '도기불이', '도불원인'의 중국사상문화에 호응하면서 중국 심미문화에 세속화 사상을 부여했다. 이렇듯 세속화된 심미문화 사상은 인생, 생활, 삶의 측면에 표현되어, '천당은 세상에 있다'는 심미 가치관념과 "누구나 요순이 될 수 있다"(맹자, 〈고자하(告子下)〉)는 자아긍정 의식, 그리고 '심즉진여(心即真如)', '범부즉불(凡夫即佛)'(맹자, 〈고자하〉)이라는 개체 초월적 이상을 부여했다. 이처럼 자아긍정 의식과 문화가치 관념, 개

---

1. 중국희극연구원(中國戲曲研究院) 펴냄, 『중국 고전희극 논저 모음집(中國古典戲曲論著集成)』, 중국희극(中國戲劇) 출판사, 1959년.

체 초월적 이상은 순수한 종교 대신 중국인의 정감을 만족시켜 주었고, 영혼을 다스리고 신념을 확고히 하며 삶을 즐길 수 있는 주된 문화 형식이 되었다. 심미문화 영역에서는 현재를 중시하고 현세를 위주로 하며 인간 세상을 숭상하고 효능을 따지는 심미 정취가 형성되었다. 이런 심미정취는 심미문화의 중심을 인생, 인간사, 인륜, 인정 등 속세에 두어 종교문화의 신비성과 허무함을 없애고, 감성적 생명에 대한 종교 금욕주의적 폄하, 억압, 부정을 타파했지만 그렇다고 감성과 관능과 욕망의 '저속'한 차원으로까지 심미문화를 끌고가지 않았기에 '인성(人性)'이 '물성(物性)'이나 혹은 '수성(獸性)'으로 타락하는 일은 생기지 않았다. 중화민족은 심미문화 활동을 통해 인간의 감성과 이성, 인성과 신성(神性), 천국과 속세, 공리와 심미 등을 오히려 조화롭게 통일시켰다. 이 때문에 중국의 고대 심미문화가 비록 '사람'을 축으로 하고 인생, 인간사, 인륜, 인정을 핵심으로 삼지만, 여기서 '사람'은 완전히 감성적이고 생물학적인 존재가 아니라 생활(실천)의 이성으로 가득한 사람이고, 더 심층적인 문화적 의미에서는 시종일관 '도'를 지키고 '도'에 의지하며 '도'를 잃지 않고 본체와 작용을 함께하는 사람일 수 있는 것이다. '인성'에 관한 이와 같은 이해는 의심할 바 없이 삶과 생명에 대한 문화지혜로, 일종의 심미문화 사상이기도 하다. 이런 이해는 일종의 심미문화 사상으로서 예술과 현실, 심미와 생활의 경계를 자연히 크게 약화시킬뿐더러, 일상체험을 자유롭게 표현하고 세속적인 감정을 토로하는 특수한 예술 형식을 통해 집단적 화합을 감성적으로 유지하고, 자아 초월을 실현하며, 우주의 이치를 터득하고 삶의 정취를 깨닫게 한다. 또 심신의 위로를 얻고 생존의 즐거움을 터득하며 삶의 의의를 충분히 과시한다.

이로써 세속적인 정신으로 가득한 중국 심미문화와 소위 '저속화' 정취는 분명 현격히 다른 것임을 알 수 있다. 왜냐하면 중국 전통문화에 초월적 정서와 이상적 경지가 전혀 없지 않으며, 심층적이고 근본적인 의의에서 보면 '도'라는 본체적 가치가 중국 심미문화세계를 시종 관통하면서 사라진 적이 없기 때문이다. 정통 의식형태에서 '도'는 시종일관 '삼강오륜'의 윤리규범과 도덕율령, 왕도예법, 집단규범의 근본으로 존재하는데, 이는 당송(唐宋)시기의 '문이재도(文以載道)', '문이명도(文以明道)'라는 문학사상에서 가장 뚜렷하게 나타난다. 하지만 일반 사대부의 관념세계에서 '도'는 개체가 정서를 발산하고 인생을 체현하며 의지와 취향을 체험하고 즐거움을 터득하는 예술활동을 통해 추구하던 이상적이고 초월적이며 자득한 경지였다. 이 세속적인 심미문화 사상은 중국 전통예술 속에서 특히 넓고 깊게 나타나있는데, 구체적인 예를 들어 간단하게 설명하자면 다음과 같다.

심미문화의 핵심인 예술활동의 기능을 옛 사람들은 보통 '위락(爲樂)'(또는 '악')이란 단어로 표현했다. 즉 인생의 경계나 심미의 목적은 '쾌락'을 창조하고 체험하는 데 있음을 뜻한다. 『악기(樂記)』에는 "백성의 도 중 즐거움이 크다"(〈낙상편(樂象篇)〉)라고 기술되어 있고, "따라서 즐거움이란 천지의 명이요, 중화의 기강이라, 인정상 없앨 수 없는 것이다."(〈낙화편〉)라고 기술되어 있다. 또한 명나라 왕양명(王陽明)은 "즐거움은 마음의 존재이다."(『왕문성공전서(王文成公全書)』 권3, 〈어록(語錄), 전습록하(傳習錄下)〉)라고 제기했다. 이런 기록들은 '즐거움(樂)'이 중국인에게 있어 중요한 지위를 차지하고 있음을 보여준다. 그러나 이런 '즐거움'은 순수 감관적인 의미만이 아니라 문화적인 기능도 담당한다. 이를테면 『좌전(左傳)·양공11년』에서는 "즐거움은 덕을 편안하게 한다. (중략) 그런 후라야 나라를 안정되게 할 수 있고, 복록을 함께 누릴 수 있으며, 멀리 있는 사람을 불러들일 수 있다. 이것이 바로 이른바 즐거움이란 것이다."라고 했다. 『악기(樂記)』에서도 "즐거움이란 덕의 정화이다."(〈악기·낙상편(樂記·樂象篇)〉)라고 명시했다. 이는 '즐거움'이라는 삶의 체험 형식에 도덕, 정치, 심미 등 깊은 이성적 의미가 담겨 있음을 보여준다. 그 중에서 옛 사람들은 특히 '즐거움'이나 '즐거움 행하기'가 지니는 특유의 심미기능을 중시했다. 『논어』에서는 "공자께서 제(齊)나라에서 <소(韶)>라는 음악을 듣고 세 달 동안 고기 맛을 잊었다. 공자께서 말씀하시길, '〈소〉 음악하는 것의 지극함이 이렇게 사람을 취하게 할지 몰랐다.'고 하였다."(〈술이(述而)〉) 그렇다면 공자가 여기에서 말한 '위락(爲樂)'은 과연 어떤 의미로 해석될까? 이는 분명 생리적이고 감관적인 체험 위주가 아니라 일종의 심리적, 정신적인 측면에서의 향유이면서 심신이 느낄 수 있는 일종의 심미를 초월한 경계일 것이다. '위락'이 정신적 향유의 성격을 지니고 있었기에 공자는 이를 도덕 수련의 중요한 경지로 보면서 인덕에 대한 개체의 추구에 대해 "아는 것은 좋아하는 것 못하고, 좋아하는 것은 즐기는 것만 못하다(知之者不如好之者, 好之者不如樂之者)."라고 말했다. 왜냐하면 '아는 것'과 '좋아하는 것'은 각각 이성적인 것과 감성적인 것이라, 감성과 이성을 통일한 '즐기는 것'만이 감정과 정신 측면에서 인덕의 경지에 자유롭게 융합할 수 있기 때문이다. 이런 의미에서 공자는 "시로 감흥을 일으키고, 예의로 행동하며, 음악으로 인격을 완성한다."(『논어·태백(泰伯)』)는 인격수양 과정을 제시하고, '낙(樂)'(음악을 지칭하기도 하고 쾌락을 지칭하기도 함)을 최고의 인격 수양 형식으로 보았다. 왜냐하면 '낙(樂)'의 개념에는 정감과 심신적인 쾌락적 체험도 들어있지만 인덕 수양이라는 이성적 형식도 포함되어 있어 군자가 인격을 갖추어 가는 단계이기 때문이다. 여기에서 '위락(爲樂)'은 감성과 이성·심리와 정감·윤리와 덕행·향유·쾌락과 초월·이상적인 것을 아우르는데, 그 안에 담긴 미학 요지와 이치는 '도기불이'의 문화정수와 철학이상을 여전히 깊이 체현하고 있다. 훗날 맹자가 제기한 "이(理)와 의(義)가 내 마음을 즐겁게 하는 것은 고기가 내 입을 즐겁게 해주는 것과 같다"(『맹자·고자장구상(告子章句上)』)와 순자(荀子)가 제기한 "미(美)와 선(善)이 서로 즐거워한다"(『순자·낙론(樂論)』) 등의 기본 사상은 모두 공자의 '위락(爲樂)' 사상을 구체화한 것이다. 도가의 '낙(樂)'은 정신, 심신, 생명적 초월성으로 인해 의미가 좀 더 뚜렷하다. 장자는 '천락(天樂)'을 표방하였다. '허정(虛靜)'으로써 천지까지 미루어가고, 만물과 통하는 것, 이것을 천락이라 한다.(〈천도(天道)〉)라고 하면서 '천락'의 본질을 '허정'으로 보았다. '허정'의 본질은 '무아(無我)'·'무욕(無欲)'·'무식(無識)'·'무위(無爲)'로, 이는 생명과 정신적 측면에서 무한히 초월적인 경지이다. 이 '허정'의 '천락' 경지는 후세 사대부들이 예술 창조를 함에 있어 추구하던 최고의 심미 목표가 되기도 했다. 이를 테면 구양수(歐陽修)는 서예를 배우는 것을 '우의(寓意)'와 '낙심(樂心)'을 위해서라 했다. 그렇다면 '낙심(樂心)'이란 무엇인가? 이는 곧 '외물이 누(累)가 되는지를 모른다'는 뜻으로, 물질욕의 속박에서 벗어나 마음 속의 '허정'이라는 '즐거움'을 실현하는 것을 말한다. 따라서 구양수는 '낙심(樂心)'을 '정중(靜中)의 즐거움을 얻는 것'이라고도 불렀다.[1] 이는 분명 도가 사상을 이어받은 것이다. 소식(蘇軾)은 진정한 '즐거움'은 '외물에 뜻을 기탁하는 것'이지 '외물에 뜻을 두는 것'이 아니라고 보았다. '외물에 뜻을 두는 것'이란 '외물'에 미혹되어 '외물'에 얽매이는 것을 뜻한다. 그러나 '외물에 뜻을 기탁하는 것'은 '외물'에 '짐짓 마음을 맡기고' '잠시 즐기는 것'이다. 이는 주체의 태도를 두고 한 말이다. '외물'을 놓고 말하자면, "기뻐할 만한 외물은 사람을 흐뭇하게 만들 수는 있지만 사람의 마음을 움직이기에

---

1. 베이징대학교 철학과 미학교연실(北京大學哲學系美學敎硏室) 편찬, 『중국 미학사자료선집(中國美學史資料選編)』 하권, 중화서국(中華書局), 1981년, P.4.

는 부족하다." 즉 사람을 흐뭇하게 만들 수 있지만 속박하지 않아야 '기뻐할 만하고', '즐거워할 만한'[1] 것이다. 소식의 이 말도 도가와 일맥상통하는 면이 대체적으로 없지 않다. 송나라 정초(鄭樵)는 '시(詩)'와 '즐거움'을 직접 연계 시키면서 "시란 마음의 즐거움이다"라고 하였으며, 풍(風)과 아(雅)를 논거로 들었다. 이로 보아 대체적으로 유가 사상을 이어받았음을 알 수 있다.[2] 마음 으로 즐거움을 체험했기에 시가 나올 수 있는 것이다. 여기서 그는 시가의 탄 생 근원인 '즐거움'을 '마음'에 직접 귀결시켰는데, 이 또한 '즐거움'이라는 생 명체험의 심령적 속성, 정신적 속성을 설명해준다. 왕양명(王陽明)이 말한 " 즐거움은 마음의 본체"(『왕문성공전서(王文成公全書)』3집, 〈어록·전습록하( 傳習錄下)〉)설은 대체적으로 정초의 주장에 대한 해석으로 볼 수 있다. 다른 주장들은 그 뜻이 거의 비슷해 일일이 설명하지 않겠다.

옛 사람들이 말한 '위락'이라는 단어로부터 볼 때, 예술이라는 심미문화 의 핵심적 요소는 사람들에게 정감적 즐거움, 심신적 쾌락 등 심미적 향유 기 능을 제공하는 것이다. 지셴린(季羨林)이 "중국과 서구를 비교해보면, 서구 의 미는 정신적 것에, 중국의 가장 원시적인 미는 물질적인 것에 치우쳐 있음 을 알 수 있다."[3]라고 말한 것처럼, 이 심미적 향유 기능에 비교적 짙은 감성 색채가 있음으로 인해 중국예술의 세속화 심미 품격이 비교적 두드러지게 나 타난다. 한편 예술이 부여한 이 '위락'의 경지는 크게 보면 본체의 '도'에 대한 내재적이고 심리적인 심미체험 형식이기도 하다. 즉 여기서 '위락'은 감관적이 고 공리적인 단순한 '즐거움'도 아니고, 본능적인 저속한 즐거움도 아니다. 대 신 감성의 체험형식 중 개체가 향유하는 일종의 초감성적, 초공리성, 초본능

1. 베이징대학교 철학과 미학교연실 편찬, 『중국 미학사자료 선집』 하권, 중화서국, 1981년, P.33~34.

2. 위의 책, P.52.

3. 지셴린(季羨林), 『미학의 전형(美學的轉型)』, 『문학평론(文學評論)』 1997년 제5기.

적인 '즐거움'이요, 깊이 터득한 정신·심신의 정감적 '즐거움'이다. 이것이 지향하는 바 역시 심미의 초월적, 이상적, 자유적 경지이다. 이는 중국예술의 세속화 미학 사상이 예술의 의미 정취에 있어 '저속화'나 초세속화, 이상화의 심미품격이 결여되게 하는 것이 아니라 오히려 자기만의 독특한 표현 방식으로 종교의 문화적 기능을 대체함으로써 중국 예술이 감성적인 삶의 체험 속에서 개체의 내적 정감과 마음을 다스리고 현세적인 생활 분위기 속에서 초월성과 이상적인 심미 경지를 체득하게 한다.

중국 당대 심미문화의 판단이라는 문제로 다시 돌아가보겠다. 당대 심미문화에 대한 사람들의 비판에는 다음과 같은 보편적 경향이 보인다. 즉 당대 심미문화 정취의 '세속화'를 '저속화'로 해석하고, 나아가 심미활동에 있어 당대 심미문화의 출현을 인문정신의 상실, 예술활동의 '숭고성'의 소실로 받아들이며, 미와 예술의 '초월성' 본질에 대한 전복으로 간주한다. 이와 같이 당대 심미문화를 우습게 보고 부정적인 태도를 보임과 동시에 거꾸로 심미와 예술의 비공리성과 그 궁극적 관심 가치의 형이상적 절대성을 강조한다. 크게 보면 이는 서구의 종교문화 배경에서 형성된 순수 '초월론'적 미학 관점으로 중국 당대 심미문화를 살피고 분석한 것이다. 그러나 이런 서구의 '초월론'적 미학 내용에 있어 천국, 신성(神性), 피안(彼岸) 등 소위 본체 범위 내의 동경은 속세, 인성, 차안(此岸) 등 경험적 세상에 대한 관심을 종종 초월한다. 이런 미학 속에서 심미나 예술은 인성이 신성으로, 속세가 천국으로, 차안이 피안으로, 감성이 이성으로 승화하기 위한 필요한 경로이다. 하지만 이 점은 중국 고대심미문화의 전통 관념과 근본 사상에 크게 부합되지 않을뿐더러 심지어 현저하게 어긋난다. 물론 당대 심미문화 발전에 어느 정도의 '저속화' 경향이 있기는 하지만 그렇다고 주류를 차지하는 것은 아니다. 감성적인 즐거움과 향락 속에서도 심리적이고 정감적이며 정신적인 만족과 즐거움을 여전히 요구하고 있기에, 이는 대다수 중국인의 심미태도이면서 방식이라고 해야 할 것이다. 문화적 기원에서 보면 중국의 전통 심미문화는 절대 감관이나 욕망적인 측면의 저속문화에 머물러 있지 않는다. 오히려 생활세계와 현실 영역에서 이상을 추구하고 초월을 현실화하는 데서 그 특징이 드러난다. 그중에서도 특히 심미적 즐거움, 즉 비종교적인 금욕 방식을 통해 '세속적'으로 이상을 실현하고 초월을 완성하는데, 이러한 이상적 경지로의 상승 초월은 인간의 생활, 인간의 '현재성'과 상호 대립되고 상호 분리되는 이원적 틀에서 완성되는 추상적 초월이 아니라, '도불원인'이라는 철학, 미학 정신의 지도 하에서 완성된 구체적인 초월이다. 위에서도 언급했듯이 중국의 당대 심미문화와 고대 전통 심미문화 간에는 일종의 역사적 공감대가 형성되어 있다. 때문에 당대 심미문화는 심층적 성격 특징 면에 있어서 자연히 인생, 인간사, 인륜, 인정을 축으로 삼아 '도'를 시종 유지하고, '도'에 귀의하며, '도'와 떨어지지 않는다는 전통 심미문화적 취향에서 벗어나지 못한다. 바꾸어 말하면 '도불원인'의 문화적 품격은 '도기불리(道器不離)'라는 중국문화 총체적 사상의 전형적인 표현으로서, 고금을 일맥상통하는 심미문화의 내적 영혼을 구축했다. 따라서 당대 심미문화의 '세속성'을 중국 전통문화라는 틀에서 자세히 들여다 보고 고대 전통와 문화유전적 연결성을 지닌 시민사회 속에서 고찰한다면, 우리는 서구의 '초월론'이라는 미학관념을 가지고 이에 대해 편면적으로 질책하거나 간단히 부정하는 대신 학술적 관용과 깊이 있는 이해를 시도하게 될 것이다. 또 당대 심미문화가 지닌 오랜 전통 축적의 배경을 충분히 고려하고, 더 합리적인 학술 입장으로 해석을 하게 될 것이며, 더 분명한 실천 태도로 대하고 나아가 당대 심미문화를 더욱 건강하고 과학적으로 추동하고 세워 나갈 것이다.

## 2. '중화론(中和論)' 의 미학사상

중국의 전통 심미문화의 발전 추세에는 뚜렷한 세속화, 대중화, 생활화 경향성을 제외하고도 또 다른 주요 특징이 있는데, 그것이 바로 일련의 이원대립관계에 대한 제거이다. 이러한 제거 현상은 대체적으로 첫째, 예술과 상품, 문화와 시장의 상호 융합, 둘째, 첨단기술의 예술세계 점령, 셋째, 예술의 깊이와 의미의 제거, 넷째, 예술과 비예술, 고급 예술과 통속 예술의 차이 제거, 다섯째, 관능적이고 감성적인 순간의 충격과 인스턴트식 오락 소비에 대한 만족 등 다섯가지 특징으로 표현된다.[1] 이러한 특징은 신세기 예술발전 속에서 갈수록 두드러진다. 예술을 핵심으로 하는 당대 심미문화는 전통초월론 미학이 서술하던 고아와 통속, 엘리트와 민간, 감성과 이성, 공리와 심미, 예술과 생활의 격차와 경계를 극대로 흐려놓고 소멸시켜, 과거 서로 대립되고 분리되어 있던 데로부터 차츰 상호보완하고 동화되는 모습으로 바꾸어놓았다. 과거 먹고 입는 것만으로 만족하던 초라한 현실생활은 심미와 예술 차원에서 전면적으로 제고되었다. 예술이 현실화되고 현실이 예술화되며, 심미가 생활화되고 생활이 심미화되는 문화세계와 문화구조가 우리의 생활을 가득 채우고 있다. 이에 '심미와 생활의 동일(同一)'로 오늘날 심미문화의 기본 특징을 개괄하는 학자도 없지 않다.[2]

일반적이고 전통적인 관점에서 보면 심미문화의 여러 요소 가운데는 다음과 같은 이원대립 관계가 존재한다. 문화적인 인격 대립으로는 대중과 엘리트, 상인과 문인, 학자와 문맹, 귀족과 평민, 정부와 민간, 향토적인 분위기와

---

1. 이핑처, 「중국의 예술대중화와 '포스트모더니즘' 문제」, 『동방총간(東方叢刊)』, 1993년 제1집.

2. 판즈창(潘知常), 「심미와 생활의 동일: 해석을 통해 오늘날의 당대 심미문화를 읽기(審美與生活的同一———在闡釋中理解當代審美文化)」, 『저장학간(浙江學刊)』, 1998년 제4기.

시민적인 분위기 등이 있다. 문화적 의미의 대립으로는 고아함과 통속, 위대함과 평범함, 중요함과 사소함, 신성과 세속 등 문화적 품격 대립이 있다. 이밖에 감성과 이성, 초세와 현세, 현재와 영원, 욕망과 도덕, 현실과 역사 등이 있는가 하면 주체와 객체, 본질과 현상, 우연과 필연, 표상과 심도, 기표(signans)와 기의(designatum), 실재와 허무, 진상과 환상, 진실과 허위 등 문화철학적 대립도 있다. 문화를 다룰 때도 경제와 문화, 공구와 상상, 기술과 예술, 실용과 관상 등으로 나뉘고, 심미와 공리, 예술과 현실, 형상과 의미, 묘사(寫實)와 사의(寫意), 심미(審美)와 심추(審醜), 장엄함과 허황, 숭고와 해학 등 문화심미의 대립으로 나뉜다. 문화적 기능 대립은 개성 원칙과 효율 원칙, 예술 본성과 상품 가치, 심령 체험과 감관 향유, 독창과 세속에의 영합 등으로 나뉜다. 하지만 당대 심미문화에 있어 이와 같은 이원대립은 일시에 제거된 듯 하다. 따라서 이런 깊이와 차이, 대치, 거리, 충돌 등 이원대립 관계의 소실을 간단하게 '포스트모더니즘' 사유의 형성과 '포스트모더니즘' 시대의 도래로 보는 사람도 적지 않다. 왜냐하면 우리나라의 당대 심미문화 비평에 가장 큰 영향을 준 프레드릭 제임슨(Fredric Jameson)과 다니엘 벨(Daniel Bell) 등의 견해로부터 보면 '심미와 생활의 동일'이나 유사한 구조의 심미문화 형태는 곧 '산업사회(industrial society, post-industrial society)'나 '산업자본주의(industrial capitalism) 속에서 생겨난 소위 '포스트모더니즘(postmodernism)' 문화의 기본적인 특징이기 때문이다.

그러나 중국사회의 현황을 조금이라도 이해하는 사람이라면 '포스트모더니즘' 사유의 형성, '포스트모더니즘' 시대의 도래라는 주장이 대부분 심리적 환상이고 주관적 상상임을 잘 알 것이다. 여전히 농업경제를 기초로 하고 있고, 공업경제가 이제 막 발전하고 있으며, '산업사회(정보산업)' 경제가 겨우 걸음마 단계에 있는 생산 패턴과 문화형태 속에서, '포스트모더니즘'이 벌써 당대 심미문화의 주요 특징이 되었다고 한다면 과연 누가 믿을까? 좀 더 인내심을 갖고 연구해 보면 더욱 놀라운 상황을 발견하게 될 것이다. 그 상황이란, 전통 미학과 정통 이론이 강조해 온 이른바 심미문화 내부의 확연히 구분되는 일련의 이원대립관계가 중국 심미문화 발전 속에서는 한번도 주류가 된 적이 없다는 사실이다. 바꾸어 말해, 이른바 이원대립이란 대부분 저서나 개인 발언, 이론에 나타날 뿐, 실제 심미문화 실천에는 거의 나타난 적 없으며, 적어도 그렇게 전형적으로 뚜렷히 나타난 적이 없다. 이를테면 심미와 공리, 예술과 생활의 관계에 있어서도, 고대가 아닌 1990년대 이후에 진정으로 분리되고 대립되는 경우를 찾아볼 수 있던가? 정부 문서나 민간 견해, 교재 기술과 대중들의 일반 언론에서도 모두 양자의 통일성을 강조하지 않았던가? 문학의 경우를 보더라도 20세기 초 '문학계 혁명', '소설계 혁명' 및 5·4운동 시기의 '문학혁명' 구호, '인생의 문학', '평민의 문학'이라는 문학사상의 제기, 그리고 루쉰(魯迅)을 대표로 하는 현실주의 문학의 주류화, 취추바이(瞿秋白)의 '신문학대중화' 이론주장, 1930년대 좌련(중국좌익작가연맹(中國左翼作家聯盟)의 약칭) 프롤레타리아문학 운동의 전개와 마오쩌둥이 '옌안문예좌담회에서의 연설(在延安文藝座談會上的講話)'에서 제기한 '문예는 농공병을 위해 복무한다'는 사상, '문예는 정치에 소속된다'라는 원칙의 확립, 그리고 1978년 이후 '문예는 인민을 위해 복무한다'와 '문예는 사회주의를 위해 복무한다'는 사상의 전환까지, 더 나아가 뉴밀레니엄 시대의 '문예대중화', '심미생활화' 등 새로운 사상의 등장에 이르기까지, 이 문학발전의 노선 속 그 어디에서 문학과 생활, 예술과 공리, 문예와 대중, 심미와 현실 등 관계가 진정으로 '이원' 분리되고 대립된 적이 있었던가? 물론 이 기간에 일부 창작사들이 가끔

'예술독립론'을 외치고 신월파(新月派)가 '미는 예술의 핵심'이라는 설을 주장하며 린위탕(林語堂)이 견지한 '솔직한 감정을 그려내라'는 등의 현상이 없었던 것은 아니지만, 전반적으로 보면 이처럼 순예술주의적이고 유미주의적인 사상은 시종 비주류 지위에 놓여 있어 주류 지위를 차지한 적이 한번도 없다. 따라서 위에서 제기한 심미문화 요소의 이원 대립은 고대에서 지금에 이르기까지 중국의 심미문화 이념과 실천 속에서 줄곧 현실화된 적이 없고 대체적으로 중국의 현대나 당대 '서구화'된 문예 권위이론이나 미학 주류사상 속에만 '살아 있었지' 현실적 심미 실천이나 예술활동 속에서는 존재한 적이 없었다.

나아가 우리는 왜 그랬는지 하고 캐묻게 된다. 그 원인은 복잡다단하겠지만, 중국전통 심미문화의 사고방식과 미학이상이 아마도 가장 심층적인 역사적 원인일 것이다. 중화민족의 문화심리와 문화성격에 상대적으로 안정되어 있는 '원형적(原型性)' 요소로 작용하는 심미문화의 사고방식과 미학이상은 심미문화 세계의 여러 모순관계를 처리하고 해결하는 데 그 주요 사명을 두며, 이를 통해 중국인의 내재적 천성과 삶의 요구에 더욱 다가간다. 중국 심미문화가 과거에서 오늘날까지 첨예한 내적 대립과 충돌을 보이지 않고 안정과 중립적인 문화구조를 보이는 것은 근본적으로 특유의 사고방식 및 미학 추구와 밀접히 연관되어 있다. 그렇다면 중화민족의 전통 사고방식과 미학추구는 무엇일까? 요약해서 정리하자면 '이화위귀(以和為貴)'의 '중화론(中和論)' 사상이다. 당대 심미문화와 전통 심미문화의 관계를 이해할 때는 이러한 사유 차원과 이상 차원의 기본 미학정신이 특히 근본이 되므로, 깊이 중시할 필요가 있다.

이른바 '중화론' 심미문화 사상이란 전반적으로 '화해'를 미로 삼는 미학사유이자 미학사상이다. '화해'는 절대 어떤 패턴을 뜻하는 것은 아니며, 구체적이고 다양하지만 크게 '조화(調和)'와 '중화(中和)'로 구성되어 있다. '하나에 여러 가지를 깃들게 하다'라는 뜻의 '화(和)'로서의 '조화'는 보통 '다양성의 통일미'를 카리킨다. 여기에서의 '다(多)'는 두 가지 이상의 심미문화 요소로 구성된 수량관계를 의미하고 '일(一)'은 통일된 총체를 뜻한다. '하나에 여러 가지를 깃들게 한다'란 서로 다른 심미문화 요소를 잘 조화시켜 하나의 통일된 총체를 구성함을 의미한다. 따라서 부분과 총체의 관계로 연관지을 수 있다. '중화'란 '그 가운데를 취하는 것'의 '화(和)'로 우리가 흔히 말하는 '대립통일'의 미와 비슷하다. 즉 두 가지 심미와 예술적 요소가 모순될 때, 이것 아니면 저것 식의 극단적인 태도로 어느 한 측에 치우치는 것이 아니라 중용, 조화의 방식으로 이들을 공존하게 함으로써 중간을 취하고 어느 한 측에 기울지 않도록 화합, 통일된 발전 추세를 형성하는 것을 말한다. 서구 고대의 심미문화에도 화해사상이 있지만 상대적으로 서구 고대의 심미문화는 '하나에 여러 가지를 깃들게 하는' '조화미'에 치우쳐 있고, 총체와 부분의 관계에 더 주목했기에 예술미학 속의 '구조', '비례'와 같은 범주를 발전시킬 수 있었다. 그러나 중국 고대의 심미문화는 '그 가운데를 취하는' '중화'를 강조했고 모순된 두 대립 관계를 더 중시했는데, 이는 문예미학 속의 '중립', '결합' 등 사상을 발전시켰다. 중국 시가의 평측(平仄), 대구(對句) 율격, 중국산문 중의 사륙구(四六句)과 변려문(駢儷文), 그리고 지금도 여전히 주요 민속 형식으로 애용되는 '대련(對聯)' 등은 이러한 '결합형' 심미문화의 전형적인 외재적 표현들이다. 물론 이 표현들은 외재적인 것만이 아니라 미(美)와 선(善), 정(情)과 리(理), 예(禮)와 악(樂), 정(情)과 경(景), 물(物)과 아(我), 형(形)과 신(神), 의(意)와 상(象), 허(虛)와 실(實), 문(文)과 질(質), 아(雅)와 속(俗) 등 심미와 예술 간의 모순 관계를 처리함에 있어 '미선상락(美善相樂)', '정리상화(情理相和)', '예악개

득(禮樂皆得)', '정경교융(情景交融)', '물아양망(物我兩忘)', '형신겸비(形神兼備)', '의상호생(意象互生)', '허실상즉(虛實相卽)', '아속공상(雅俗共賞)' 등을 포함한 일련의 '대구(対偶)' 형식이나 '둘씩 짝짓는' 이론형식으로 미학명제를 해결하려 했다. 사실 위에서 말한 '도불원인'의 '세속화' 심미문화 사상도 '중화'론의 사고방식과 미학 추구를 기초로 구축되었다. 이상적이고 초월적이며 본체적 범주로서의 '도'는 감성적이고 현시적이며 경험적인 생명적 존재 '사람'과 '도불원인'이라는 서술 속에서 혼연일체를 이루고 시종 중도(中道)를 유지하고 있다. 이 명제의 의미를 세속화 정신으로 관철하면 정욕과 윤상, 감성과 이성, 인성과 신성, 천국과 인간, 현재와 최종, 본체와 존재 등은 서로 부합되고 의존하며 중화를 이루어 치우치지 않은 채 집중적으로 나타난다. 더 간략하게 말해서 중국 심미문화의 중화론 사상은 '이(理)'와 '욕(欲)'의 관계 처리에서 집중적으로 나타난다. 이 사상은 한편으로 인간 정욕의 자연성과 이를 얻고난 후의 만족에서 오는 합리성을 인정한다. 이를테면 맹자는 "식(食)과 색(色)은 본성이다(〈맹자·고지하/孟子·告子上〉)"라고 하면서 정욕은 인간의 타고난 본성이고 인간의 자연욕망의 만족은 합리적이고 응당하다고 주장했고, 심지어 진정한 '인정(仁政)' 사회의 기준을 "밖에는 홀아비가 없고 안에는 한 맺힌 여인이 없는 것"(맹자·양혜왕하/孟子·梁惠王下)이라 적시했다. 즉 어진 정치는 인간의 자연 욕구를 모두 만족시킬 수 있어야 함을 뜻한다. 한편 이 사상은 또 인간의 정욕을 만족시킴에 있어 절제해야 하고 중화를 이루어야 하며, 치우침 없이 적당히 화합해야 함을 주장했는데, 그렇지 않을 경우 '음(淫)', '사(邪)', '추(醜)'로 전락할 것이라고 단언했다. 공자는 "시 삼백을 한 마디로 표현하면 생각에 사특함이 없다."(『논어·위정(為政)』)고 말했는데 그렇다면 '사특함이 없다(無邪)'란 무슨 뜻일까? 바로 '중화'에서 어긋남이 없다는 뜻이다. 바꾸어 말하면『시경』속의 가장 근본적인 심미문화 정신이 곧 '중화'일 뿐만 아니라 이 '중화'의 핵심은 '정(情)'(욕/欲)과 '이(理)'(예/禮)가 적절히 중화되고 조화로우며 치우치지 않는 것이다. 즉 공자가『시경·관저(關雎)』를 평하면서 말한 "즐거우나 음탕하지 않고, 슬프나 애처롭지 않다."(『논어·팔일(八佾)』)의 경지이다. 이런 의미에서 보면 인성의 '욕(欲)'을 처리함에 있어 심미문화를 전범 형식으로 하는 중국문화는 금욕을 반대하고 종욕을 반대할 뿐만아니라 '절욕(節欲)'을 중요시한다. 중국문화는 중화를 이상적 본보기로 하는 전형적인 절욕형 문화로, 이런 절욕형 문화 역시 큰 범위에서 볼 때 일종의 심미문화이다. 이는 중국 고대 심미문화가 전반적으로 '세속'적이지만 '저속'하지 않을 수 있었던 요인으로 작용했다.

당대 심미문화가 이원대립을 제거한 일련의 책략을 다시 살펴보도록 하겠다. 이와 같은 제거 책략의 실시는 '포스트모더니즘' 맥락에 의해 규정되지도 않았으며 '포스트모더니즘' 의미상의 문화적 '자각'에 도달했음을 의미하지도 않는다. 이는 근본적으로 중국 전통 심미문화 사고방식과 미학 정신으로 인해 그렇게 된 것이다. 중심 해체, 대립의 전복, 깊이 제거, 평면으로의 회귀, 동일성 강조 등을 포함한 '포스트모더니즘' 책략은 사실 서구가 부정 정신을 고양하고 주체 중심을 강조하던 '모더니즘' 단계를 거친 뒤, 즉 문화의 내재적인 모순, 대립, 분열, 충돌을 충분히 겪은 후에 구축한 일종의 역사 반성이면서 문화 재건이다. 그러나 중국 심미문화와 같이 충분한 내재적 대립과 심각한 구조분열 변화의 역사적 과정을 거치지 않은 사회문화 형태에서 이러한 이원적 모순을 제거하고 대립을 전복한 '포스트모더니즘' 문화 자각이 생겨날 리 만무하다. 이는 이론적으로도 명백하고 실천에서도 쉽게 확인할 수 있다. 따라서 예술과 생활, 심미와 공리, 감성과 이성, 초세와 현세, 고아와 통속,

표기와 표의, 진상과 환상, 경제와 문화, 기술과 예술, 대중문화와 엘리트문화, 개성 원칙과 효익 원칙 등 당대 심미문화에서의 이원 대립관계가 보편적으로 해체되고 제거되는 문제를 추궁하기 위해서는 전통 심미문화의 '중화'형 사고 방식과 미학 정신을 무시해서는 안 된다. 바로 이 전통적인 사고 방식과 미학 정신의 심층적 제약이 있었기에, 위에서 열거한 이원대립 관계가 옛날부터 지금에 이르기까지 중국 심미문화사에서 진정으로 충분히 전개된 적이 없고, 당대 심미문화의 발전 속에서도 물론 진정으로 '퇴장'하거나 '결석'한 적이 없었기 때문이다. 이는 중국 심미문화의 역사, 현실과 미래의 기본적인 발전 흐름을 내재적으로 심각하게 규정짓는다. 이를 통해 상당히 긴 역사시기 동안, 민족적 특성을 지닌 사고 방식과 미학 사상이 심미문화의 전체적 성격과 발전 추세를 규정지을 것임을 미리 짐작할 수 있다.

# 제3절

## 심미문화와 모더니즘 특징

아편전쟁에 의해 중국의 문호가 열리면서부터 중국의 역사는 세계와 대화하는 새로운 발전 궤도에 진입하게 되었고, 중국의 문화도 어쩔 수 없이 서구문화와의 강렬한 대조와 충격, 중외(中外)문화의 거대한 모순과 충돌, 더 나아가 중외문화의 교류와 융합 과정이라는 회피할 수 없는 요소들에 직면하게 되었다. 특히 20세기 이후 중국에서 실시된 개혁개방 정책은 이 과정을 전례 없는 범위와 깊이로 심화, 발전시켰다. 중국의 근대, 현대, 당대 역사는 중국 본토와 외국 이역 간의 정치, 경제, 군사, 문화 등 면에서의 충돌과 모순, 협의와 조화의 역사라 해도 과언이 아니다. 그중에서 심미문화는 상기 모순관계를 집중적으로 나타낸다. 따라서 이런 역사환경 하에서 중국의 심미문화가 어떻게 자체적 민족성을 유지하느냐 하는 첨예하고도 어려운 문제에 직면하게 되었다. 바꾸어 말하면, 이는 심미문화의 세계성과 민족성을 어떻게 처리하는가 하는 문제이기도 하다. 이 문제에 답하기 위해서는 중외 심미문화 간 모순관계의 내재적인 구조와 구체형태를 어떻게 변별할지, 양자의 관계가 균형적인지 아니면 불균형적인지, 양방향적 선택인지 아니면 일방적인 인정인지, 중국 본토의 심미문화가 중외문화와의 겨룸에서 어떤 발전추세를 보이는지, 중국 본토의 심미문화가 자기 문화의 개성과 독립성을 유지할 수 있는지, 또 어떻게 유지할지, 심미문화의 시대성과 민족성 관계를 어떻게 이해할지 등을 비롯한 보다 관건적인 문제들을 깊이 생각해야 한다. 이 모든 것은 대항하면서 대화하는 당대 중외 심미문화의 역사환경 속에서 피할 수 없는 중대한 이론문제이자 중대한 실천 과제이기도 하다.

## 1. 중국 심미문화의 이성적인 변화 발전

여기서는 20세기 이래 중국 심미문화가 서구 심미문화와 충돌한 이후 생겨난 이성적인 면의 변화를 먼저 살펴보도록 하겠다. 문제를 검토하기 위해 먼저 위에서 미처 서술하지 못한 심미문화의 개념, 관련 의미와 형태 등에 대해 간략하게나마 분명히 설명하고 넘어가겠다.

적지 않은 학자들은 심미문화의 개념을 설명하면서 종종 아무 생각 없이 대중문화, 소비문화, 통속문화, 오락문화 등 범위와 동일시하거나 제한한다. 사실상 이렇게 되면 심미문화의 이성적인 형태, 사유형태와 심미관념, 이론, 사상, 의식 등을 배제하게 된다. 만약 '심미문화'를 사람에 비유를 한다면 위의 관점은 '배'만 남기고 '머리'를 잘라낸 것이므로 분명 불완전하고 불건전하다. "인류의 모든 감성적, 이성적 문화 창조활동은 심미문화 창조가 포함된 활동으로 간주할 수 있고, 모두(적어도 일부분) 심미문화의 성과라 할 수 있다. 심미문화는 구체적이고 감성적인 심미 사물 이미지나 현상, 심미활동으로 나타나기도 하고, 보편적인 이성적 미학 내용이나 미학 사상으로 체현되기도 한다. 이성적 미학 내용이나 미학 사상은 특정 민족과 특정 시대의 심미의식과 이상을 사고나 개념적 형식으로 표현한다. 감성적인 심미 사물 이미지, 심미활동이 보여준 심미의식과 이상은 종종 서로 호응하고 부합하는 추세를 보이는데, 이 두 측면은 심미문화 발전의 총체적인 모습과 총체적인 추세를 공동으로 구성하고 체현한다." 따라서 "심미문화란 무엇인가? 요약하면 심미문화는 인류의 현실문화를 기초로, 감성과 이성을 직접 통일시킨 생명을 형태로 하며, 초월적인 감성 체험과 정신 체험을 특징으로 하여 진행하는 모든 문화 활동이나 이런 활동 성과의 총화이다."[1] 심미문화가 감성과 이성을 직접 통일시킨 생명적 형태라면, 심미문화는 감성적인 것만이 아니라 이성적인 것이기도 하고, '배'만 있는 것이 아니라 '머리'도 있어야 한다. 물론 심미문화가 포함한 감성과 이성이라는 두 측면이 반드시 추상적으로 통일되거나 반씩 차지하는 것은 아니다. 특정 환경 속에서 기울기도 하는데 가끔 감성적인 형태 또는 이성적인 형태로 기운다. 대중적, 유행적, 민속적, 소비적, 생활적, 오락적 측면에서 보면 심미문화는 대부분 감성적 형태로 나타나지만 사상적, 관념적, 이론적, 학술적, 사변적 영역에서는 거의 이성적 형태로 나타난다. 근대에서 당대에 이르기까지 구체적인 심미문화 발전 과정을 살펴보면, 아편전쟁에서 1980년대의 심미문화는 이성적 발전형태를 보이고, 1980~1990년대 이후의 심미문화는 감성적인 발전형태를 많이 보이는 등 두 가지 형태가 교체되어 나타났음을 확인할 수 있다. 다시 말하면, 이 기간의 중국 심미문화의 발전은 이성에 치우치던 데에서 감성적인 영역으로 기우는 역사적 전환이 일어났던 것이다.

아편전쟁에서 1980년대까지의 중국 심미문화의 발전은 사상, 이론, 관념, 학술 측면에서 서구의 심미문화를 학습, 수용하였는데, 그 표지로 이 시기 심미문화가 주로 '미학'의 이성적 내용 형식으로 표현했다는 점을 꼽아야 할 것이다. 이 시기 중국과 서구의 심미문화 간의 관계는 대등하지 않았다. 전반적으로 볼 때, 기본적으로 중국 고대 심미문화 전통 자원을 버리고 서구 미학을 추진력, 법규, 주도 세력, 중심으로 삼았다. 이와 같은 선택은 역사적이

---

1. 이핑처, 〈심미문화인류학 건설과 관련된 몇 가지 생각(關於審美文化人類學建構的幾點思考)〉, 『문학전연(文學前沿)』(3), 수도사범대학교출판사, 2000년, p.264, p.270.

고 필연적이다. 왜냐하면 중국은 깊은 심미문화 전통을 갖고 있지만 서구를 배우고 받아 들이는 것은 당시 전국 각지 각층의 공통된 문화 인식이었을뿐더러, '미학'이라는 학과에 있어서도 서구의 미학을 전형과 대표로 삼을 필요가 있었기 때문이다.

객관적으로 보면 서구를 따라 배우던 이 과정은 중국 당대 심미문화의 발전에 있어 중요하고 필수적이었다. 학술발전과 학과 발전의 입장에서 보면 중국 심미문화는 세계로 나아가고, 세계와 교류하고 대화하고, 인류 역사의 현대화 발전으로 나아가야 했다. 그러기 위해서는 고대의 순수 전통 패턴에서 벗어나 중국 미학문화에 대한 서구의 미학 내용과 미학 사유의 거대한 도전과 심각한 충격을 받아들여야 했다. 세계를 향해 문을 열고 서구를 학습하며 특히 미학의 학과 발전을 위해 서구로부터 필요한 '개조'를 받아들이는 일은 당대 심미문화의 필연적인 선택이었다. 사실 중국의 심미문화는 여러 가지 면에서 이미 서구로부터 이와 같은 사유와 학술적 개조를 자각적으로 받아들였다. 심미문화의 이성적인 측면에서의 서구에 대한 국학의 신봉은 주로 다음 다섯 가지 측면으로 표현되었다.

### 1) '현대화'의 학술적 승인

기타 사회문화 영역에서와 마찬가지로 '현대화'는 20세기 이래 중국 심미문화의 가장 중심 되는 우려이자 거대한 갈구였다. 이러한 우려를 해소하고 갈구를 만족시키기 위해서는 본토의 고대 심미문화 전통에만 의거할 수 없었다. 이 전통에는 이미 '고전'의 낙인이 찍혀 있었고, 심지어 낙후하고 비과학적인 것으로 간주되었기에 '현대'적인 것이 될 수 없었다. 따라서 서구의 미학 내용과 미학 사유를 받아들이는 것은 아주 자연스럽고 필연적인 선택이 되었고, '서구'가 중국 미학의 '현대화' 꿈을 실현하는 데에 학술적 가능성을 제공해주리라 사람들은 믿었다. 사실 '현대화'는 굳이 증명할 필요가 없는 보편적이고 절대적인 가치신념과 문화 기준으로, 20세기 이래 중국인의 주류 의식에서 이미 '서구화'와 거의 동등시되어 있었다. 후스(胡適)가 1935년에 발표한 내용이 가장 전형적이다. 후스는 "요즘 '절충' 또는 '중국 중심'이라고들 말하는 사람이 없지 않는데 이는 모두 헛소리이다. 새로운 세계의 새로운 문명을 힘껏 받아들이는 것 외에 다른 길은 없다."[1] 여기서 '새로운 세계의 새로운 문명'은 자연히 서구 문명을 뜻한다. 오늘날 자주 듣는 '중국 특유의 현대미학 체계의 구축', '마르크스 현대미학 체계의 구축' 등 일부 '큰 소리'들은 모두 '현대(화)'를 중국미학 최고의 학술 주지로 삼고 있다. 하지만 이 '현대(화)'의 기준과 척도는 사실 여전히 '서구화'와 동등하다. 적어도 '서구화를 초과'하거나 '서구와 나란히 어깨 겨루는' 등의 의미는 담겨 있지 않다. 즉 '현대화'란 정형화된 '서구화'의 사고방식과 동일한 것이다. 당대 미학계에서는 중국미학의 현대화를 실현하려면 서구의 미학을 배우고 장악해야 하고, 서구의 미학을 배우고 장악하려면 먼저 서구의 언어를 배우고 서양 학문에 능통해야 한다는 불문율이 생겨났다. 이는 미학을 다루기 위한 기초 기능이고 기초 과정이었다. 하지만 미학 전공자에게 반드시 고대 한어에 정통해야 하고 전통문화를 알아야 한다고 강조하는 사람은 거의 본 적이 없다. 사람들의 마음 속에서 고대 한어나 전통문화는 옛 것, 시대에 뒤떨어지고 '현대(화)'와 거리가 먼 것으로서, 자연히 멀리 하고 버려야 하는 것이기 때문이다. 따라서 '서구화'를 통해 '현대화'의 학술적 인정을 받는 것은 당대 심미문화계의 공통된 인식이자 서구 심미문화의 영향을 보여주는 하나의 큰 지표이기도 하다.

---

1. 후스(胡適), 『편집후기(編輯後記)』, 『독립평론(獨立評論)』, 142호, 1935년 3월 17일.

## 2) 이성적인 인지 규범

여기에서 말하는 이성은 도덕 이성이나 실천 이성, 인문 지리, 생명 이성을 가리키는 것이 아니라 주로 사고 이성, 지식 이성, 분석 이성, 과학 이성 등 진리만을 추구하는 사고방식을 가리킨다. 총체적으로 볼 때, 중국의 미학 사상은 종종 경험과 터득의 형태로 등장하므로 전형적인 이성적 사유 형태가 부족했다. 이에 반해 후자는 서구 심미문화 특히 서구미학의 뚜렷한 특징이다. 따라서 전통을 초월해 서구를 학습하고자 하는 끈질긴 신념에 의해 서구의 이성적인 인지 방식은 당대 학술의 '현대화'를 결정하는 중요한 지표이자 규범이 되었다. 왕국유(王國維)는 20세기 초에 "우리나라 사람의 특질은 현실적이고 통속적이지만 서구인의 특질은 사변적이고 과학적이다."[1]라고 지적하였는가 하면 또 "중국의 모든 학문은 실은 윤리학에 가장 큰 비중을 두는데, 이런 윤리학은 실천에 치우치므로 이론적인 면에 생기가 떨어지게 마련이다."[2]라고 지적하기도 했다. 중서 '학문'의 특징에 대한 왕국유의 견해에는 일리가 있으며 대표성도 띠고 있다. 이러한 상황을 변화시키기 위해 그는 제번스(W. S. Jevons)라는 영국인이 쓴 '인류사상의 보편적인 형식'을 연구하는 데 취지를 둔 논리학 저서 『논리학(Logic)』을 번역하여, 각고의 노력 끝에 20세기 중국의 사고 이성, 과학 이성 발전의 길을 개척하는 데 공을 세웠다. '5·4'신문화운동 시기 '과학(賽先生, Science)'을 자각적으로 표방한 것이나 1980년대 이후 미학계에서 '이성', '과학'을 거듭 제창한 것은 왕국유의 관점과 일맥상통한다. 심미문화 면에 있어 이는 당대 미학이라는 학과의 논리성, 이론성, 개념성, 과학성에 대한 끈질기고 자각적인 추구에서도 반영된다.

---

1. 왕국유, 「신학론의 도입을 논함(論新學語之輸入)」; 『왕국유문집(王國維文集)』 제3권, 중국문사(中國文史)출판사, 1997년.

2. 왕국유, 「공자학설·서론(孔子之學說·敍論)」, 『왕국유문집(王國維文集)』 제3권, 중국문사출판사, 1997년.

1950~60년대의 미학 대토론, 1980년대의 '미학붐' 등은 여러 미학 문제를 깊이 토론한 것 외에도, 자각적이고 효과적으로 이 이론적이고 과학적인 학과의 목표와 학술 추구의 구체화를 크게 추진함으로써 당대 미학이 체계적인 이성인식 시스템과 규범을 갖추는 데 일조했다. 이와 같은 이성인식 규범의 끈질긴 추구를 통해, 사변에 정통하고 과학에 뛰어난 서구 이성주의 학술이 중국 현대, 당대미학에 가져다 주는 강한 충격과 절대적 지배, 심각한 소조(塑造)를 느낄 수 있다.

### 3) 체계적인 지식 형태

이성화 인지 기준과 밀접히 관련된 것이 서구미학의 체계화된 지식 형태이다. 이 지식 형태는 20세기 중국 미학이 서구 미학을 모방하고 본받으며 '현대' 품격을 추구한 가장 뚜렷한 지표라 할 수 있다. 미학의 '현대화'는 '이성화'이고 이런 '이성화'는 또 '체계화'와 거의 대등한 것으로 사람들에게 인식되어 있다. 즉 현대미학은 마땅히 이론적이고 체계적인 지식형태라는 것이다. 중국의 전통 철학과 미학 사상은 대부분 즉흥적이고 무질서한 어록, 담화, 응답, 주해(註解), 우화, 수필, 돈오(頓悟), 소감 등의 형식에서 왔기에 엄밀함과 완정성, 체계성이 떨어진다. 서구의 미학은 개념사고의 논리성과 질서를 강조하고, 시종 일관되며 앞뒤 질서정연한 미학이론의 체계성을 강조했다. 이 점은 근대 이후 헤겔(Hegel)에게서 특히 뚜렷하게 나타난다. 따라서 중국 당대 미학이 체계성을 중시하고자 할 경우, 서구 미학을 본받을 수밖에 없었다. 왕국유는 이 문제에 있어 "나는 서구의 철학이 반드시 중국보다 우월하다고 말하지 않겠다. 그러나 우리나라의 고서는 대체적으로 번잡하고 계통이 없으며, 군데 군데 빠져있어 완전하지 못하므로, 진리가 있다 해도 추이하기 힘들다. 서구 철학의 눈부신 체계와 엄정한 질서에 비교해 볼 때, 형식 면의 우열은 감출 수 없다."[1]고 고백하였다. 그는 "어떤 학문이건 체계적인 지혜가 부족하다면 과학이라 일컫을 수 없다."라고 확신에 차서 말했다. 여기서 '체계'와 '질서'의 유무를 모든 학문의 우열과 과학 여부를 판단하는 기준으로 명확히 삼았는데, 이 관점은 당대 철학계와 미학계에 있어 모두 대표성과 전형성을 지닌다. 그 후 중국 당대 미학이론은 거의 이 체계화와 계통화를 최고의 학술 추구로 삼았다. 모든 『미학개론』, 『문학개론』, 『예술개론』 등 이론서와 저서는 이와 같은 체계적인 지식형태를 전체 학술 목표와 기준으로 삼아 끊임없이 추구했다.

### 4) 보편적인 해석 기준

서구 미학은 중국 당대 미학에 있어 합법성과 보편성을 지닌 학술 해석 기준으로 간주된다는 또 하나의 중요한 '신분'을 갖고 있다. 이는 미학 문제에 대해 중국 본토의 미학문제에 대한 해석과 설명을 위시해, 기본적이고 합법적이며 보편적이고 효과적인 학술 기준 내지 권위 있고 표준적인 학술참조 체계를 필요로 함을 뜻한다. 중국인이 보기에 본토의 미학은 이런 것을 제공할 능력이 없었다. 그러다 보니 '현대화'와 '이론화', '체계화'를 선택한 것과 마찬가지로 서구의 미학은 자연스럽게 합법화, 보편화의 학술적 해석 기준이 되었던 것이다. 따라서 미학을 제대로 연구하기 위해서는, 특히 중국 전통미학을 연구, 발전시키기 위해서는 반드시 서구 철학과 미학에 정통해야 했다. 왕국유는 20세기 초에 "서구 철학에 정통하지 않고서는 중국철학을 이해하기 어렵다. (중략) 우리의 전통철학을 발전시킬 사람은 틀림없이 서구의 철학에

---

1. 왕국유, 『철학 변혹(哲學辨惑)』, 『교육 세계(敎育世界)』, 1903년 7월, 제55호.

도 정통한 사람일 것이다."라고 선언했다. 여기서 왕국유는 철학을 예로 들었지만 미학도 해당된다. 왜냐하면 왕국유는 미학을 '철학을 구성하는 주요 내용'으로 보았기 때문이다. 그는 또 미학 연구에도 이를 적용했다. 쇼펜하우어(Schopenhauer)의 비극이론을 응용해『홍루몽』사상을 상세히 밝혔고, 칸트의 미학사상을 응용해『미학에서 고아(古雅)의 위치』라는 저서를 펴냈다. 이는 서구의 미학 내용을 보편화, 합법화 해석 기준으로 삼아 본토의 미학을 해석한 최초의 모델이었다. 그 후 주광첸(朱光潛), 중바이화(宗白華), 우리푸(伍蠡甫) 등 학자들에 의해 서구의 미학이론은 중국과 서구의 시학과 회화 비교 연구에 절묘하게 응용되어 모두가 인정하는 학술성과를 거두었다. 신중국 건립 후, 특히 11기 3중전회 이래 중국미학사 연구는 비교적 큰 발전을 거두었는데, 그 내막을 들여다 보면 거의가 서구 미학 개념, 범주, 명제, 학설 등을 가지고 중국의 미학, 문학, 예술 문제를 연구했음을 알 수 있다. 이를테면 고전주의, 낭만주의, 현실주의, 자연주의, 모더니즘 등과 숭고, 우아, 전형, 이미지, 재현, 표현 등 가장 많이 접하고 가장 많이 쓰이는 문예학·미학 용어들은 하나같이 서구 미학과 문예학의 내용체계에서 온 것이다. 중국 본토의 미학 연구가 이러했듯 일반적인 미학이론 연구에서 서구 미학 내용을 보편적인 해석 기준으로 삼는 경우은 비일비재했으며, 심지어 당연하게 여기기도 했다. '미학을 어떻게 배우고 연구해야 할 것인가'라는 질문에 리쩌허우(李澤厚)는 "우선 서구 철학을 많이 배워야 한다. 서구 철학을 모르면 많은 미학 저서들을 이해할 수 없어서 미학을 진정으로 연구하기 어렵다."라고 답했다. 이 관점은 중국 심미문화의 이성 형태인 중국 당대 심미학계의 보편적인 학술 태도와 학술 실정을 보여준다.

## 5) 과학적인 연구방법

고증적 방법 위주인 중국 전통 학문연구 방법은 현대적인 학술연구와 미학연구에 어울리지 않는다. 따라서 당대 중국미학이 방법론에 있어 서구 미학을 기준으로 삼은 것은 당연한 결과이다. 가장 보편적인 변증법적 유물주의, 역사적 유물주의 방법에서 일반적인 자연과학방법(자연변증법), 나아가 특수한 연구내용을 연구하는 연구방법(기호학, 현상학, 해석학, 구조주의, 정신분석학, 문화인류학), 개별적이고 전문적인 방법(통계연구, 정량분석, 고증연구, 고고학연구) 등 다양한 단계별 연구방법들에 이르기까지 거의 모두 서구에서 왔다. 이런 연구방법들은 당대 중국미학 영역으로 넓고 깊게 스며들었다. 특히 1980년대 중·후기의 '방법론 붐'은 서구의 과학연구 방법을 도입하고 답습하며 응용하는 세기적 정서를 새로운 고조로 끌어올렸다. 중국 학술계는 서구의 모든 과학적 방법이야말로 사고법칙과 관련된 과학이고, 진리적 인식을 가져오는 기본 수단이며, 사물의 본질적 연계와 규칙적인 운동을 반영하는 사고형식이라고 믿으면서, 이를 장악하면 본체를 장악할 수 있고, 진리를 발견하고 법칙을 알아낼 수 있다는 신념을 가졌다. 요컨대 방법론과 본체론, 인식론은 본질적으로 일치하기에 정확하고 과학적인 것이었다. 실사구시적으로 보면 이런 '방법, 과학'의 신념에 학술적인 유토피아 색채가 있을 수 있겠지만, 중국인들의 안목을 넓히고 규범적인 사고를 키우며 미학계, 학술계의 전반적 인지력과 사고수준 향상에 기여한 바는 자못 크고 의미가 깊다.

비록 20세기 이후 중국의 심미문화가 위에서 열거한 다섯 측면에서 서구 심미문화의 이성적인 형태로서의 미학을 받아들였지만, 그렇다고 해서 서구의 심미문화가 중국 당대 심미문화를 전면적으로 정복한 것은 아니다. 사실 중국에 대한 서구 심미문화의 영향과 침투는 여전히 모종의 심층적 '차단'과

'저해'를 받아 왔다. 왕국유는 가장 먼저 이 문화적 '차단'과 '저해'를 감지했다. "나는 철학에 지친 지 이미 오래다. (중략) 위대한 형이상학, 수준 높고 엄밀한 윤리학, 순수 미학. 이 모두 내가 좋아하는 것들이고 나의 취미이다. 그러나 믿을만 한 것들을 추구하자면 지식론 중의 실증론, 윤리학 중의 쾌락론, 미학에 있어 경험론이다. 믿을만 한 것임은 알지만 사랑스럽지 않고, 사랑스럽다 여겨지면 또 믿을 만하지 못하니, 이것이 근 2~3년 사이에 가장 큰 고민거리이다. 요즘 기호가 철학에서 문학으로 차츰 바뀌는 것은, 이를 통해 직접 위로를 얻고자 함이다."[1] 왕국유가 지적한 이 '고민거리'는 상징적이고 전형적인 의의를 지닌다. 근본적으로 그는 중외 심미문화 간의 심오한 '문화적 차이'를 지적하고 있다. 미학적 측면에서만 보면 왕국유가 지적한 이른바 '순수한 미학'과 '미학적 측면에서의 경험론'의 차이는 기본적으로 서구의 고전 형이상 미학과 현대 경험론적 미학에서 비롯된다. 내용과 이치에 있어 고전 형이상 미학은 사변·초월·이상·인문에 치우쳤지만 현대 경험론적 미학은 실증·존재·현실·과학을 중시한다. 학술 기능에 있어 고전 형이상미학을 사람들은 물론 좋아하고 열망했지만, 현실생활과의 괴리감으로 현재 심미문화 실천을 직접 반영할 수 없기에 그 정확성 여부를 증명하기 힘들어 '사랑하지만 믿지 못했던' 것이다. 현대 경험론적 미학은 증명과 검증이 가능하고 사람들을 납득시킬 수 있지만 이상과의 거리가 멀어 인간의 형이상학적 추구와 초월적 심경을 만족시킬 수 없고, 심적 위로를 주기 힘들었기에 '믿을만 하지만 사랑할 수 없었던' 것이다. 고전 형이상미학이건 현대 경험론적 미학이건, 서구의 심미문화는 왕국유에게 있어 최대의 '고민거리'였다. 왕국유 식의 문화 '부적응 현상'은 기실 중국과 서구의 양대 심미문화 패턴 간의 깊은 간극을 보여준다. 서구

---

1. 왕국유, 「자서(自序)2(二)」, 『왕국유문집(王國維文集)』 제3권, 중국문사출판사, 1997년.

고전미학이 추상적인 사변 이성을 중시하는 탓에 '실용적인 일'과 '효능' 및 '경세치용'을 중시하는 중화 심미전통에 부합되지 않는가 하면, 심미문화의 구체적인 실천에도 직접 '유용'하게 쓰이지 않았기에 중국인의 지속적인 연구, 학습의 열정을 끌어내지 못하였고, 결국 '사랑'하다 '믿지 않게' 된 것이다. 지나치게 도식화, 공구화, 기술화된 서구의 현대 미학은 결국 과학적 전통이 없던 중국인의 '구미'에 맞지 않았던 것이다. 특히 냉철하고 딱딱한 언어분석법은 내적 성찰, 체험, 직감, 돈오를 주로 하고 언어분석을 중요한 방법으로 간주하지 않는 중국인의 사고 습관에 부합되지 않았기에 결국 '믿는'데서 '사랑하지 아니하는 데'로 방향을 바꾸게 된 것이다.

중요한 것은 왕국유가 서구 철학과 미학을 '사랑하면서 믿지 않는 것'과 '믿으면서 사랑하지 않는 것' 사이의 고민거리가 생기자 결국 취향을 문학과 국고(國故)[1]로 옮겼다는 점인데, 이와 같은 학술 전향은 시사하는 바가 자못 크다. 어떤 면에서 철학과 미학은 서구 체제를 대표하고 문학과 국고는 본토 문화를 대표한다. 왕국유가 철학에서 시가와 국고로 결국 전향한 것은 그의 사상이 서구 체제에서 본토 체제로 옮겨왔음을 의미한다. 왕국유의 전향은 비록 개인적인 행위이지만 상당한 전망적, 예시적, 보편적 의미를 지닌다. 사실 20세기 초에서 1990년대까지 중국 당대 심미문화는 대체적으로 다음과 같은 길을 걸어왔다. 신중국 건립 전에는 주로 서구의 미학 문헌을 번역, 도입하고 모방 해석하였고, 신중국 건립 전후로 마르크스주의, 독일 고전미학, 서구 현대미학 등 서구의 자원을 이용해 자체적인 미학이론 체계를 구축(1950년대말 60년대 초의 미학 대토론 성과물로 집중 체현됨)하고자 하였으며, 그리고나서 중외 심미문화 자원을 통해 중국 고유의 미학을 구축하고자 하였

---

1. [역자주] 중국 전통의 고대 문화·학술 등을 가리킨다.

다. 대표적인 예로 중국 미학연구의 성행과 문예미학과의 설립(1980~1990년대)을 들 수 있다. 그 후로는 중국 심미문화연구의 점차적인 발전과 자각(세기 교차의 시기)을 들 수 있다. 이런 대략적인 발전 상황은 곧 서구의 미학문화에 의지하던 것에서 본토의 미학문화에 입각하는 것으로, 서구의 미학 사상을 연구·답습하던 것에서 본토의 미학사상을 창설하는 것으로 나아가는 과정이다. 위에서 인용한 '왕국유 식 전향'과 닮지 않았는가! 그렇다면 이런 기묘한 대응은 우리에게 과연 어떤 계시를 줄까? 중국과 서구의 심미문화 관계에 있어 '서구 중심' 사상은 이론적으로 청산되어야 하고, 중화민족의 심미문화 자원을 소홀히 하는 모든 행위는 그릇되고 또 불가능함을 우리는 알고 있다. 민족성을 감싸고 본토성으로 회귀하는 것은 당대 심미문화의 내재적이고 필연적인 하나의 추세이다. 물론 이는 서구 미학의 논리 방법과 이성 범주를 장악한 후 중국 전통 심미문화에서 다시 영양분을 섭취하여 창조적인 전환을 실현하는 것이므로, 입체적 회귀와 나선식 상승이지 간단한 중복과 평면으로의 회귀는 아니다.

## 2. 심미문화의 '감성화' 발전추세

1990년대 이후 개혁개방, 특히 세계무역기구(WTO) 가입과 사회주의 시장경제의 전면적 실시라는 역사발전 과정에 따라 중국의 당대 심미문화도 새로운 발전 단계에 접어들었다. 이 '새로운' 변화는 20세기 이후에 지속된 이성에 치우친 상태에 머문 것이 아니라 감성으로의 역사적 전환을 가져왔다. 서구 미학이 지니고 있는 이론성, 사변성, 체계성, 논리성에 대한 열정은 감각형, 체험형, 세속형, 향수형의 '포스트모더니즘'과 유사한 심미문화 사조에 의해 묻혀버렸다. 물론 이성적 형태의 심미문화는 여전히 발전하고 있고, 사변적 이론과 체계적 개념의 미학형태는 '퇴장'하지 않았다. 그러나 더 이상 주류가 되지 못하였고, 대신 현상, 감성, 경험, '현재'를 중시하는 새로운 추세가 나타났다. 이를테면 미의 본질에 관한 사고는 본체론, 인식론, 공구론, 실천론 등 전통적인 이성주의 입장만을 고집하지 않고 생명, 존재, 체험, 생활 등 감성적인 범주를 둘러싼 연구를 시작했다. 미학사상이 감성적 측면으로 전향한 것 외에, 앞서 기술한 대중화, 세속화, 상품화, 공리화, 소비화, 오락화, 향락화, 생활화, 비의식형태화 등의 경향을 비롯한 심미문화의 발전 추세와 이와 관련된 심미 생활화, 생활 심미화의 특징도 '감성적' 특징을 더욱 직접적으로 보여준다.

심미문화의 이와 같은 감성적 특징에 대해 여러 가지 해석이 있는데, 그 중 가장 영향력이 큰 것은 이른바 '포스트모더니즘'이라는 학설이다. 이와 관련해서는 앞의 내용 소개에서 평한 바 있지만, 여기서 논술을 좀 더 전개해 보도록 하겠다. 전반적으로 볼 때 1980~1990년대 이래 중국 심미문화는 이미 완전히 대중화되어, 고아한 문화와 통속 문화, 순수 문학과 통속 문학 간의 경계가 거의 사라지고 예술 작품이 상품화되었는데, '포스트모더니즘'을 주장하는 학자들은 이를 포스트모더니즘 시대가 도래한 후에 나타난 가장 뚜렷한 문화표징이라고 설명한다. 경제문화 시각에서, 글로벌화와 현지화 간 문화적 상호작용에 대해 이들은 "1990년대 이래 중국에서는 확실히 포스트모더니즘이 생겨나고 있다."[1]고 확신하면서, "중국의 발전적 특징과 세계의 다극적 대화구조로 볼 때, 포스트모더니즘의 동양 유입은 의심할 바 없다."[2]고 주

---

1. 왕이촨(王一川), 『포스트모더니즘과 중국문화 건설--마카오대화록(後現代與中國文化建設--澳門對話錄)』, 『중국 사회과학 계간(中國社會科學季刊)』, 1997년 춘계호.

2. 장파(張法), 「어떤 의미에서 중국 포스트모더니즘의 유무를 논할 수 있을까(從什麼意義上可以談中國後現代的有 無)」, 『문예쟁명(文藝爭鳴)』, 1992년 제5기.

장했다. '포스트모더니즘'은 "우리와 무관한 서구의 내용이 아닐뿐더러, 우리의 언어와 삶 속에 침투된 생동적인 실재(實在)이다."[1] 이밖에 '포스트모더니즘'이 중국에 유입되는 과정에서 중국 본토의 문화와 충돌하고 융합하였기에 변형된 포스트모더니즘이 생겨났다고 주장하는 학자도 있다. 당대 문학의 경우, 이처럼 변형된 포스트모더니즘은 주로 1980년대의 선봉문학과 그 후의 신사실주의 소설, 나아가 소위 '왕쉬(王朔) 현상' 등으로 표현되었다.[2] 총체적으로 볼 때, 대외개방 특히 중국의 세계무역기구의 가입으로 중국 경제문화의 세계화 과정이 날로 심화되고 있다. 따라서 생활 세계와 심미문화 속에서 서구와 동시에 '포스트모더니즘' 현상이 나타나는 것은 자연적이고 필연적인 것이므로 전혀 이상하지 않다. 물론 적지 않은 사람들은 현재 진정한 의미에서의 '포스트모더니즘' 문화가 중국에서 생겨날 수 없다고 주장하며 이와 같은 관점에 반대의 목소리를 냈다. 왜냐하면 '포스트모더니즘'의 탄생에는 '모더니즘'의 충분한 발전이라는 기초, '산업 (정보산업)사회'라는 배경, '서구 문화'라는 내용과 환경 등 세 가지를 전제가 있어야 하기 때문이다. 이 세 가지 요소는 서로 전제와 효모(酵母, yeast)로 작용한다. 비록 중국이 이 세 가지 요소를 모두 구비하지 못한 것은 아니지만, 주도적이고 중요한 요소가 아님은 분명하다. 예컨대 중국이 현재 전근대에서 현대로의 발전 과정을 밟고 있으나 '현대'에 아직 도달하지 못했으니 '포스트모더니즘'을 어찌 논할 수 있겠는가? 따라서 중국의 사회문화가 '포스트모더니즘'에 진입했다고 하기보다는 '모더니즘'으로의 발전단계를 걷고 있다고 해야 할 것이다. '모더니즘'이야말로 당대 중국의 사회문화자 심미문화의 기본적인 내용이다. 바꾸어 말해, 당대

---

1. 장이우(張頤武), 「포스트모더니즘과 중국어 문화(後現代與漢語文化)」, 『중산(鐘山)』, 1993년 제1기.

2. 왕닝(王寧), 「중국 당대 문화 속의 포스트모더니즘주의 변체(中國當代文學中的後現代主義變體)」, 『텐진사회과학(天津社會科學)』, 1994년 제1기.

심미문화는 일종의 모더니즘 문화이다.[1] 이러한 인식은 일부 학자들이 당대 심미문화를 비판할 때 취하는 기본적인 학술입장이 되었다. 이를테면 많은 학자들은 서구의 마르크스주의, 특히 프랑크푸르트 학파의 입장과 시각으로 당대 심미문화의 개념을 해석하고 비판하면서, 당대 심미문화가 계몽 이성의 파괴, 공구 이성의 팽창, 주체 자신의 '타락', 인문정신의 유실, 사회가치의 허무, 형식자율의 파기 등 뚜렷한 부정적 효과를 낳고 있기에 반드시 비판의식을 유지해야 한다고 강조한다. 여기에서 견지하고 있는 마르크스 학술 입장은 분명 '모더니즘' 성격을 띤다. 당대 중국에 '포스트모더니즘'적 요소가 있음을 많은 학자들이 인정하지만, 진정한 문화 주류는 여전히 '모더니즘'이다. 혹 모더니즘과 포스트모더니즘이 공존한다고 말할 수도 있겠지만 중국 인문학자들에게 있어 주도적인 사상은 모더니즘이다.[2] '모더니즘'이라는 학술적 입장에서 보면, 당대 중국의 대중 심미문화는 고전적인 민간문화와 과거 몇십년 동안 강조되어온 대중화 간에 근본적인 차이가 있어서 단지 "현대문화 속의 대중소비 비주류문화에 속한다"고 주장하는 학자도 있을 것이다. 만약 고전문화와 현대문화의 근본적인 차이를 뒤섞고, 민간문화와 대중소비문화를 같이 놓고 이야기한다면 매우 위험하다.[3] 약간 절대적으로 들리는 이 견해에서 당대 심미문화의 '모더니즘' 성격을 중점적으로 강조했지만 사실 당대 심미문화의 복잡성을 예측함에 있어서는 부족한 면이 있는 것 같다. 특히 당대 심미문화가 시민계층을 매개로 전통문화 및 민간문화와 연계하는 점에 대해서는 제대로 주목하지 못했다.

---

1. 샤오잉, 「당대 심미문화의 정의」, 『상하이사회과학원학술계간』, 1994년 제4기.

2. 첸중원(錢中文), 「문화, 문학 속의 모더니즘과 포스트모더니즘 문제(文化′ 文學中的現代性與後現代性問題)」, 『사회과학 집간(社會科學輯刊)』, 2002년 제1기.

3. 저우셴, 「심미문화의 역사적 형태와 그 변이—고아(高雅)문화와 대중소비문화를 논함(審美文化的歷史形態及其變異—談高雅文化與大衆消費文化)」, 『문학평론(文學評論)』, 1995년 제1기.

중국 당대에 '포스트모더니즘'적 요소가 나타나긴 했어도 전반적인 발전 추세는 여전히 '모더니즘' 단계에 처해 있음을 알 수 있다. 이는 이미 다수 학자들이 인정하는 바이다. 하지만 '모더니즘'이란 개념 사용에 있어 학자들이 서구적인 '모더니즘' 지표를 많이 사용했음에도 불구하고 그것의 구체성, 역사성, 다원성 특히 민족적인 특수 표현형식에 대해서는 주목하지 않았다. 사실 중국 특유의 구체적 역사배경, 문화전통과 사회현실을 떠나 계몽, 주체, 이성, 인문, 자유 등 '모더니즘' 지표를 추상적으로 논의하는 식으로는 중국의 모더니즘 문제를 해결할 수 없다. 이는 이미 백년 남짓 되는 역사를 통해 입증되었다. 물론 '모더니즘'은 인류사회 진보의 지표로, 인류 보편성 및 공통성을 지닌다. 하지만 특정 민족과 문화에 있어 이런 '모더니즘'의 보편성, 공통성은 필연적으로 형식의 특수성, 다양성으로 나타나기 마련이다. 추상적이고 절대적으로 동일한 '모더니즘'을 기대하는 것은 현실성 없는 상상 속의 '유토피아'이다. 따라서 중국 당대 심미문화가 중점적으로 관심 가져야 할 것은 자기 발전에 있어서의 '모더니즘' 문제이다.

'모더니즘' 문제는 복잡한 사회역사 문제이면서 사상문화 문제이다. 총체적, 일반적 경향에 있어 '모더니즘'의 가장 두드러진 특징은 인간의 주체성을 자각적으로 추구하고 인간이라는 주체의 절대적 자주성과 자율성, 자유성을 극단적으로 상상한다는 데 있다. 이처럼 자주적, 자율적, 자유적인 '주체성'은 '모더니즘'의 근본적인 표징에 속한다. 이른바 자주적 주체성이란, 일체 외재적인 미신과 전제를 반대하고 완전히 자기 주체로부터 출발해 판단과 선택을 함으로써 주체가 진정으로 '자아'와 자신의 주인이 되게 하는 것이다. 또 자율의 주체성이란 '타율'과 상대적인 개념으로, 자주 실현을 전제로 자아행위 법칙에 대해 실시하는 일종의 설정이다. 즉 자주는 자아방임이 아니라 자유 의지에서 출발한 주체의 자아 제약이다. 이른바 자유적 주체성이란 '모더니즘' 주체가 생각하는 자유 의지를 충분하게 실현하는 형식으로, 일종의 심미 의의의 주체 생존상태나 삶의 상황이면서 자아실현의 최고 목표이자 경지이다. 따라서 자주적이고 자율적이며 자유로운 '주체성' 상상은 '모더니즘'의 뚜렷한 특징이라고 할 수 있다.

이른바 '모더니즘'의 주체성은 어떻게 실현할 것인가? 여기 필요한 것은 구체적이고 역동적이며 역사적인 해석이지, 추상적인 이해와 서술이 아니다. 이 문제의 관건은 '모더니즘'을 구상한 사람에게 있어 주체성의 경로나 표지가 무엇인지 하는 것이다. 서로 다른 시대와 환경 속에서 이에 대한 정의와 해석도 각각 다를 것이다. 주체성의 지표가 '이성'이라 간주될 때, 인간은 계몽에 힘쓰고 이성을 외친다. 즉 '이성'적인 측면에 입각하여 인간의 '주체성'을 빚어낸다. 하지만 '이성'이 주체성 실현의 최상의 경로와 지표가 아님이 증명되면, '감성'적 가치가 부각되어 감성의 해방과 삶의 향유가 주류를 이룬다. '감성'이 인간의 주체확립 영역이 된 셈이다. 이것이 르네상스, 계몽운동에서 20세기 중반에 이르기까지의 역사를 통해 중국과 서양의 '모더니즘' 상상과 '주체성' 추구가 보여준 대략적인 모습이다. '이성'에 치우쳤든 '감성'으로 회귀했든, 전체적인 모습은 '모더니즘' 사상의 격려 하에 '주체성'에 대한 추구였다. 이러한 과정은 전반적인 사상 경향이면서 문화 추세로서 일반적인 사회관념에 드러났을 뿐만 아니라, 심미문화에도 집중적으로 반영되었다. 특히 문예영역에서 '모더니즘' 상상의 고무 하에 '주체성'을 추구했던 그 전환의 궤적은 가장 또렷했고, 그 추세도 가장 분명했다.

'모더니즘' 상상의 격려 하에 진행된 '주체성' 추구 과정은 주체가 초탈, 초월, 객체 가상화와 객체로 구성된 첨예한 저항과 분열의 과정이었다. 심미문화에서는 상상과 현실, 심미와 공리, 감성과 이성, 정욕과 도덕 등 간의 첨예한 저항과 분열로 나타났다. 물론 다니엘 벨(Daniel Bell)이 지적한 것처럼 "서구의식 속에 이성과 비이성, 이지(理智)와 의지, 이지와 본능 간의 충돌은 늘 존재했다. 이런 것들은 모두 인간의 구동력이었다."[1] 주체를 '구동'시키는 내재적 충돌은 '모더니즘'이라는 역사적 상상에서 극대화되었다. 우선 이성의 절대적 권위의 확립, 감성에 대한 이성의 억압, 부정 메커니즘의 확립으로 나타났고, 나중에 이성의 권력에 대한 감성의 배신, 전복으로 나타났다. 이는 의지, 생명, 존재, 본능 등의 고양으로 표현되었으며, 이에 "도덕은 내버려지고 욕망은 그 어떤 구속도 받지 않았다."[2] '모더니즘'의 역사적 상상은 줄곧 이지와 욕망의 대립, 주체와 객체의 충돌이라는 모순으로 전개되고, 둘 중 하나를 선택하는 이원분열식 사고로 표현되었다. 이와 같은 '대립적' 사고방식은 '주체성' 문화 추구와 밀접하게 연관되고 동시기에 병존하는 일종의 '모더니즘'의 특징을 이루었다.

이와 같은 '대립적' 사고로 인해 '모더니즘'은 종종 주체의 '반역적' 특징을 드러냈는데, 구체적으로 현존의 사회질서, 권력내용, 윤리규범, 문화체재, 의식형태 등에 대한 주체 자각적인 이탈과 반역, 초월 등으로 표현되었다. 이런 '모더니즘'의 '반역성'은 주체 이성의 자유를 외치는 형식으로도 나타났고, 이성적이고 과학적인 회의사상과 비판의식(이를테면 서구의 계몽운동과 중국의 5.4운동시기에 '반역성'이라는 일종의 이성적 형태로 표현됨)으로도 뚜렷하게 표현되었다. 또 가끔 주체의 감성을 부각하는 형식으로 표현되기도 했는데, 주로 생명 회귀의 체험과 감성 심취(서구 현대의 '성해방' 운동과 중국 현재

---

1. 다니엘 벨(Daniel Bell), 『자본주의 문화 모순(資本主義文化矛盾)』, 자오이판(趙一凡) 등 역, 삼련서점(三聯書店), 1989년, P. 97.

2. 다니엘 벨, 『자본주의 문화 모순』 자오이판 등 역, 삼련서점, 1989년, P. 97.

의 '욕망화' 사조)로 나타났다. 그러나 어떤 시기든, 또 이성이든 감성이든 간에 '모더니즘'은 일종의 뚜렷한 '반역성'으로 표현되었다. 따라서 '모더니즘'을 고찰함에 있어, 주체 '반역성'은 우리가 주시해야 할 '지표'이다.

'대립성', '반역성'을 특징으로 하는 '모더니즘'은 '5.4운동' 이래 중국 심미문화의 '현대화' 과정 속에서 뚜렷이 나타났다. '5.4운동'시기 '민주'와 '과학'을 주제로 하는 신문화운동은 전반적으로 전통에 대한 부정을 구호로 하고, 문화계몽을 사명으로 하며, 이성주체 확립을 목표로 하는 일종의 '모더니즘' 운동이었다. 옛 전통, 옛문화를 억압하는 힘의 '표상'인 '공가점(孔家店)'은 이 이성적 계몽운동의 대립물이 되었고, '노예성'과 '물성'에 대한 반대와 자아와 인성에 대한 외침은 이 운동의 선명한 기치였다. '5.4운동' 시기 전통과 현대, 인성과 예교(禮敎), 감정과 윤리, 개인과 사회 등의 대립과 충돌이 심미문화의 기본 모순 형태를 구성하였는데, 역사적으로 완성된 이성 주체의 확립은 이 '모더니즘' 심미문화 모순형태의 내재적 동력이었다. 심미문화의 '모더니즘' 특징은 20세기 후반 새 시기에 들어와 비교적 깊이 있고 전면적으로 전개되었다. 우선 주체성이 전에 없이 고양되었다. 이는 자신의 가치와 존엄에 대한 '인간'의 간절한 외침이고 '자아'에 대한 주체의 응시이며 '인성'으로의 회귀였다. 〈상흔(傷痕)〉, 〈중년이 되어(人到中年)〉, 〈인생(人生)〉, 〈정녀(貞女)〉, 〈사람아, 사람아!(人啊, 人)〉 등을 대표로 하는 일련의 작품들은 극'좌'적인 정치가 인성 세계에 가져다 준 거대한 상처에 대한 정감 호소를 통해 일반인과 지식인의 비극적인 운명을 이성적으로 반성을 하기 시작했다. 〈참나무에(致橡樹)〉를 대표로 하는 작품이 정면으로 인간의 가치와 존엄을 선언하면서 인간의 이상적인 생존상태를 낭만적으로 그려내 '인간'을 주제로 하는 표현을 최고조로 끌어올렸다. 심미관념 측면에서 보면, 1979년의 시단에서는 '나는 나다'와 '유아독존', '자아표현'이라는 급진적인 구호가 최초로 제기되었는데, 그 뒤를 이어 '대아(大我)'와 '소아(小我)' 관련 전국적인 대토론이 일어나고, '궐기' 론과 '내전(內轉)'설이 한꺼번에 생겨났으며, 문학의 주체성과 평민성 등 화제 가 제기되었다. 이 모두가 '주체성'이라는 '모더니즘' 주제를 고양시켰다. 물론 이성적 주체의 소조에 치우치긴 했으나, 1980년대 중반 이후 계몽 범주에 속 하던 이성 주체의 소조는 침체되고 감성 주체, 욕망 주체의 확립이 심미문화 '모더니즘'의 뚜렷한 표징으로 전환되었다. 류샤오보(劉曉波)는 '감성, 본능, 삶'을 명확히 표방하고 이를 통해 이성주의 미학의 대표자인 리쩌허우(李澤 厚)와 대화(실은 대립, 대항)함으로써 심미문화 전형의 중요한 지표로 거듭났 다. 1980~1990년대 이후 시장경제의 확립과 상품원칙의 침투로 감성화, 욕 망화의 주체도 확장되었다. 따라서 〈붉은 수수밭(紅高粱)〉의 디오니시안 정신 (Dionysian spirit)에 대한 외침에서 '육체창작(Body writing)'의 욕망화된 전달 방식은 당대 심미문화 속에서 홀시할 수 없는 역량이 되었다. 지금도 이 와 같은 심미문화 사조는 거세게 발전하고 있다. 표면적으로 볼 때, 일부 학 자들의 우려대로 이러한 심미문화는 주체성의 제거와 인문정신의 상실을 초 래했다. 그러나 이성과 분리된 이 감성화 취향은 일종의 주체적인 소조와 인 문사상의 새로운 목소리를 냈다. 다만 여기서 주체란 전통적인 의미에서의 이 론적 주체가 아니라 감성 형식으로 표현된 새로운 주체이다. 자신을 충분히 긍정하고 과시하는 감성적 존재의 주체이고, 삶의 자아 감수 체험과 자유를 갈망하는 주체이다. 이와 동시에 인문사상의 발양은 여기서 감성적인 생명에 다가가는 인간적인 방식으로 새로운 자태를 드러냈다. 심미문화의 영원한 이 상이자 '모더니즘'사상의 명확한 구호인 '자유'는 여기에서 개체 체험이라는 기 존과 다른 형식으로 내재적인 광채와 매력을 발했다.

현상 측면에서 보면, 1980년대 중반에 생겨나 21세기에 들어와 더욱 성행한 감성주체의 선양과 소조는 '포스트모더니즘'의 일부 심미문화 특징과 확실히 일치되는 면이 있었다. 그러나 위에서 지적했듯, 감성화, 욕망화의 심미취향과 '포스트모더니즘'은 겉으로는 같아 보이지만 사실상 다르다. 문화적 연원 면에서 이러한 심미 취향은 서구 문화의 '모더니즘' 요구와 어떤 연계가 있을뿐만 아니라, 당대 현실 속에서도 시장경제의 상품규칙과 서로 격발되며, 고대 중국의 '도불원인'이라는 '세속적' 문화사상과도 내적 연관을 갖는 등 매우 복잡한 양상을 띤다. 더욱 중요한 것은 이와 같은 심미 취향이 중국고전 심미문화사에서 늘 등장하던 감성적 형식의 '반역성', '주체성'과 비슷하고 서로 연관되어 있다는 사실이다. 이 점은 특히 주의를 요한다.

이론적으로 '모더니즘'은 '고전성', '전통성'과 다르다. 심지어 확연히 대립되는 개념이기도 하다. 거시적 의미에서 보면 '모더니즘'은 바로 '고전성', '전통성'과의 역사성 저항과 초월 속에서 산생하고 발전했다. '고전성', '전통성'과 확연히 대립되는 것이 바로 '모더니즘'이라고 해야 할 것이다. 이러한 관점에서 보면 중국 당대 심미문화의 '모더니즘' 표징과 고전적 심미문화전통 사이에 깊은 연관이 있다고 주장하는 우리의 관점은 불가사의하고 황당하게 보일 것이다. 그러나 실제 역사는 늘 이론보다 훨씬 복잡하다. 모든 사물이나 사조, 변혁은 추상적이고 근거 없이 생겨난 것이 아니라 특정적이고 구체적인 역사배경, 문화축적, 전통사상, 민족심리, 사회체재 등과 여러 가지 연계를 갖고, 이러한 역사배경, 문화축적, 전통사상, 민족심리, 사회체재 등을 자원과 기초로 해서 탄생하고 발전한 것이다. 이른바 '모더니즘'도 마찬가지이다. 이는 결코 추상적인 보편 기준이 아니며, 언제나 특정적인 역사, 민족, 문화환경 속에 놓인 특수하고 구체적인 '모더니즘'이다. 마찬가지로 중국 당대 심미문화의 '모더니즘' 요구도 중화민족의 역사축적과 문화전통과 갈라놓을 수 없으며, 자연히 중국적 특색을 지닌다. 이런 의미에서 중국 당대 심미문화의 '모더니즘' 문제는 중국 당대 심미문화가 몸에 지니고 있고, 계승해온 심미문화 전통을 고려하지 않을 수 없다.

역사적 측면에서 볼 때, 수천년 동안 규칙적인 발전을 이어온 고대전통 심미문화는 세 차례의 큰 '사상해방'의 단계를 거쳤는데, 어떤 면에서 보면 주체의 '반역성'이 자각으로 다가가던 세 단계라고도 할 수 있다. 이 세 단계란 중국 고대 심미문화에 큰 전환과 비약을 가져온 선진(先秦), 위진(魏晉), 명(明)나라 중기를 가리킨다.

선진시기는 중국 사상전통과 심미문화의 중심이자, 창시이자 기초가 된 시기이다. 따라서 이데올로기가 아직 확립되지 않은 시기이기도 하다. 유가(儒家), 도가(道家), 묵가(墨家), 법가(法家), 병가(兵家), 명가(名家), 음양가(陰陽家) 등 '백가' 학파가 서로 충돌, 격동하며 활발하고 자유로운 발전 양상을 보였다. 상대적으로 균형 있고 자유로운 현실문화 맥락이다 보니 사회사상적 측면에서 독보적인 장악 역량을 기르기 쉽지 않았다. 따라서 이 시기 심미문화의 '반역성' 특징이 비록 나타나긴 했지만 뚜렷하지는 않았다. 하지만 선진시기는 중국 사상전통의 중심 시기로서 이 시기의 '백가쟁명'은 훗날 주체 '반역성' 의식의 생성에 풍부하고 튼튼한 문화자원을 제공했다.

위진(魏晉)시기의 '사상해방'은 양한(兩漢) 시기 황제가 모든 것을 결정하던 '유가의 학술'을 겨냥한 '반역'이었다. 한나라는 무제 이후 '유술독존(儒術獨尊)'의 문화정책을 실시했다. 삼강오상(三綱五常)의 유교는 부자, 군신, 상하, 존비 등 종법(宗法) 등급제도를 강조했는데, 여기에는 주체를 부정하고 감성을 억압하는 면이 담겨있다. 특히 동한 시기에 와서 유학은 진일보 신학화되어, 주체를 부정하고 감성을 억압하는 특징이 더 뚜렷해졌다. 이리하여 위진시기 현학(玄學)의 반항과 초월이 생겨날 수 있었다. 위진시기 현학의 주요 사상 자원은 도가이지만 도가를 단순히 반복한 것은 아니다. 자연으로의 회귀, 감성의 해방, 삶에 대한 추구, 더 나아가 욕망의 방종으로 '자득(自得)'한 주체와 초월적인 인격이 생활의 근본이 되고 세계의 주인이 되게 하는 데 핵심을 둔 새로운 이론을 형성했다. 이에 사람들은 '유술독존'의 문화정책을 분석하고 비판했다. 왕필(王弼)은 인성과 자연을 '근본(本)'과 '모체(母)'로, 유가의 윤상을 '중요하지 않은 일(末)'과 '결과(子)'로 보았으며, 더 나아가 '숭본거말(崇本擧末)', '수모존자(守母存子)'의 이론을 제기했다. 그러나 실은 유학의 명교를 지킨다는 명의 하에 명교를 극도로 '주변화'시키고, 유학을 극도로 '주변화'시키며, 도가의 자연 인생관을 중심적이고 본체적인 지위에 올려놓았다. 혜강(嵇康)은 이를 더 크게 발전시켰는데, 그가 제기한 '명교를 초월하여 자연에 맡긴다'는 관점은 왕필처럼 수호와 부정 사이에서 모호한 태도를 취하는 대신 직접 '유교(이성)'과 '자연(감성)'을 대립시킴으로써 선명한 기치로 '유교(이성)'을 부정하고 '자연(감성)'을 긍정했다. 그는 "육경(六經)은 억제를 위주로 하고 인성은 종욕(從欲)을 즐거움으로 삼는다. 억제는 하고자 하는 바를 거스르지만, 종욕은 자연에 가까와지게 한다."(《난자연호학론(難自然好學論)》)라고 주장했다. '육경'을 반대하고 '인성'에 대한 긍정과 '자연'으로의 회귀, '종욕'을 추구하던 현학 사조 속에서, 위진 시기의 심미문화는 윤리와 삼강오상을 표방하고 수호하는 유학의 권위를 멀리하거나 심지어 와해시키고, 주체의 감성, 인성, 개성을 해방시키며, 유교 인륜에 억압받던 정감 나아가 정욕의 '제약을 해방시'켜 줌으로써 '아(我)', '정(情)', '욕(欲)'의 외침을 통해 고전 심미문화사에 뚜렷한 '반역성'을 부여했다. 이 시기의 사람들의 주장을 살펴보면, 왕필은 '성인유정(聖人有情)'설을 처음 제창했고, 완적(阮籍)은 "예교가 우리를 위해 만들어진 것인가?"라고 외쳤으며, 혜강은 '종욕'과 '쾌락'을 주장했고, 왕융(王戎)은 "우리는 치정에 사로잡혀 있다"고 표방했다. 진(晉)나라 사람의 저서로 널리 알려진 『열자(列子)』의 〈양주편(楊朱篇)〉에서는 "사람은 무엇 때문에 사는가? 무엇을 낙으로 삼는가? 바로 먹고 마시고 놀고 즐기며 인간의 각종 감정과 욕망을 만족시키기 위함이다"라고 하면서, 직접적으로 마음껏 방자할 것을 제창하였다. 이러한 내용들은 현학 사조에서 강조하는 '유정(有情)'과 '종욕'설을 극대화시켰다. 바로 이러한 '정(자연, 감성, 정욕)'을 고양하고 '이(유교, 이성, 윤상)'를 억제하는 기본환경 속에서, 위진의 심미문화는 '선봉파'와 '반역자'의 역할을 하면서 중국고대 심미문화사에 한차례 '큰 전환'을 가져다주어 중국고대 심미문화가 진정 '문화 자각'과 '미의 독립' 과정을 걷게 했다.

명나라 중기 '사상해방'의 원인은 두 가지 측면에서 찾아볼 수 있다. 하나는 당시 자본주의의 맹아와 시민계급의 성장, 이에 상응하는 주체의 자아관념, 개성의 자각, 정감적 욕구 등 '반고전'적인 문화의식의 성장이다. 다른 하나는 날로 교조화되고 경직되어 개체의 삶과 정감 욕구를 속박하는 문화영역의 억압 역량으로 작용한 송명 이학(理學)이다. 이 두 요소는 좁은 길에서 마주쳤는데, 전자의 후자에 대한 반항과 돌파가 고전을 초월하여 '현대(왕부지/王夫之가 말한 이른바 '파쾌계몽/破快啟蒙')'로 나아가는 낭만주의 사조를 탄생시켰다. 명나라 중기 낭만주의 문화사조는 중국고전 심미문화 발전에서의 진정한 '반역'으로, 대체적으로 종파 반대이론, 개체 자주의 호소, 인성 자연의 추구라는 '위진(魏晉) 방식'을 통해 표현되었다. 당시 이 낭만주의 사조를 이끈 대표인물 이지(李贄)는 스스로를 '이단'으로 표방했다. "속세 사람들과 위선자 모두가 나를 이단으로 보는데, 그렇게 불리느니 내가 차라리 그들의 뜻대로 이단이 되어 주겠다. 그러지 않으면 괜히 나에게 허명을 걸어주게 되니 말이다."(《초의원에게 답함(答焦獨園)》). 이 선언은 상당히 대표적인 의의를 지니고 있으며, 이 사조의 '반역성' 특징을 단적으로 보여준다. 심미문화적 차원에서 보면 이지의 '동심설(童心說)', 탕현조(湯顯祖)의 '주정설(主情說)', '공안파(公安派) 삼원(三袁)'의 '성령설(性靈說)'은 명나라 중기 '반역' 사조의 대표라 할 수 있다. 특히 이지의 '동심설'은 유가경전과 '동심'을 확연히 대립시켜 유학을 부정하고 '동심'을 고양시켰는데, 이는 사실 문명과 이성을 부정하고 자연과 감성을 고양한 것이다. 왜냐하면 '동심'은 '처음 느끼는 감정'으로 삶의 본연이자 시초이고, 인성의 순수한 감성 형태이며, 문명사회의 윤리체계에 의해 속박되고 억압당한 대상이기 때문이다. 장자가 처음 제기한 이 사상은 새로운 시기와 환경속에서 이지에 의해 새로운 의미를 부여받았는데, 사실 '모더니즘'과도 문제없이 잘 통했다. 요컨대 감성의 외침, 인성의 회귀, 정감 해방, 자연 포용, 삶의 향유, 자유의 갈망 등을 주제로 한 명나라 중기의 새로운 학설들은 감성을 초월하는 형식으로 '모더니즘'을 추구한 중국 심미문화의 뚜렷한 특색을 보여주었다.

이를 통해 위진시기의 현학과 명나라 중기 낭만주의 사조라는 중국 고대두 차례의 대규모의 '사상해방' 운동이 탄생할 수 있었던 역사적 조건이 완전히 같지는 않음을 알 수 있다. 특히 위진 현학과 명나라 중기의 낭만주의 사조는 뚜렷한 '고전성'과 다분한 '모더니즘'이라는 색채를 각기 지니지만, 모두 문화의 '반역' 의식을 감성적으로 나타내고 인간의 '주체성'을 충분히 드러냈다는 같은 방향성을 내재하고 있으며, 사회의 '이(理)'에 대한 개체의 '정(情)'의 배반과 초월, 삼강오상과 윤리에 치우치는 도덕 유교의 이(理)와 삶의 정감, 감성적 정욕에 치우치는 '정(情)' 사이의 모순과 충돌이라는 방식으로 표출되었다. 집단의 삼강오상에 대한 개체 생명의 '정(情)'의 배반과 초월은 보통 감성화, 자연화, 정욕화로 나아가 향락화된 형식으로 드러난다. 위진 남북조시기의 감성주의, 자연주의 사상운동은 이 시기 심미문화의 '연정론(緣情論)' 미학사조를 탄생시켰을 뿐만 아니라, 육조 시기의 '궁체시(宮體詩)로 이례적인 탈바꿈을 했다. 명나라 중기의 감성주의, 자연주의 사상운동은 『모란정(牡丹亭)』과 『삼언(三言)』, 『이박(二拍)』등 작품을 탄생시켰을 뿐만 아니라, 『금병매(金瓶梅)』등을 비롯한 감성화, 색정적, 욕망화 취향의 통속소설로도 발전하였다.

대중화, 세속화, 향락화, 생활화, 비이데올로기화 등을 특징으로 하는 당대 심미문화의 감성적 취향을 다시 돌이켜 보면 아마도 이를 간단하게 세계화 영향이나 이로 격화된 중서문화 교류에 의해 생겨난 '포스트모더니즘'이라 명명하지 못할 것이다. 순 서구적인 '모더니즘'으로는 더더욱 경솔하게 귀결시키지 못할 것이다. 감성적으로 전개되고 확장된 당대 심미문화는 그 구성 성분이 복잡하고 다원적이다. 즉 세계화된 '포스트모더니즘'적 요소가 있는가 하면 서구식의 '모더니즘' 요구도 있으며 '전근대'적 중국 특유의 문화 특징도 포함되어 있다. 주류적이고 뚜렷한가 하면 감성적 특징에 있어 중국 전통 심미문화 고유의 성격, 특히 '반역성' 표현과 주체성 추구라는 일관된 방식의 잠재적 영향을 보여주기도 한다. 이 점을 소홀히 해서는 안 된다.

당대 중국의 역사조건 하에는 '전근대'와 '모더니즘', '포스트모더니즘'이라는 세 가지 서로 다른 시간적 차원이 겹쳐져 있을 뿐만 아니라, 중국과 서구의 서로 다른 공간적 요소도 뒤섞여 있다. 이 모든 것은 심미문화 문제를 매우 복잡하게 보이게 만들었을 뿐만 아니라, 심미문화의 발전에 더 많은 가능성을 제공해 주기도 한다. 중화민족의 심미문화와 서구의 심미문화를 각각 '전근대', '모더니즘'과 '포스트모더니즘'으로 간단히 동등시한다면 문제는 아주 간단하고 명백해지겠지만 이로 인해 깊은 연구가 불가능해질 수도 있다. 이는 역사의 복잡성을 단순화시키는 것일 뿐만아니라 역사의 가능성도 줄이는 행위이기 때문이다. 사실 중국 당대 심미문화는 위에서 지적한 서로 다른 세 가지 시간적 요소와 두 가지 공간적 요소가 서로 교차하는 가운데 있었기에 그렇듯 정채로움을 발휘할 수 있었다. 문화전략적 의미에서 보면 당대심미문화 속에 존재하는 전근대, 모더니즘, 포스트모더니즘 요소와 중국과 서구의 민족적 특징을 대함에 있어, 이들 간의 차이와 대립만을 볼 것이 아니라 상호 간의 교류와 융합을 촉진하는 것이 더욱 중요하다. 우리가 이런 요소들을 모두 자원으로 이용을 한다면 중국 미래의 심미문화는 한없이 풍부해질 것이다.

# 당대중국 심미문화

2019년 2월 15일 초판 1쇄 발행

**엮은이** | 천옌·리훙춘
**옮긴이** | 진쥐화·장재웅
**펴낸이** | 이건웅
**펴낸곳** | 차이나하우스

**등 록** | 제 303-2006-00026호
**주 소** | 서울시 영등포구 영등포동 8가 56-2
**전 화** | 02-2636-6271
**팩 스** | 0505-300-6271
**이메일** | chinanstory@naver.com

**ISBN** | 978-89-92258-50-0 93300

값: 50,000원

**Chinese Fund for the Humanities and Social Sciences 수혜 결과물**